超链接学习者之认知旅程

（上卷）

鲍小雄 编著

浙江工商大学 出版社
ZHEJIANG GONGSHANG UNIVERSITY PRESS
·杭州·

图书在版编目(CIP)数据

　　超链接学习者之认知旅程 / 鲍小雄编著. —杭州：
浙江工商大学出版社，2024.1
　　ISBN 978-7-5178-5937-6

　　Ⅰ. ①超… Ⅱ. ①鲍… Ⅲ. ①学习方法 Ⅳ.
①G442

　　中国国家版本馆 CIP 数据核字(2023)第 253959 号

超链接学习者之认知旅程
CHAOLIANJIE XUEXIZHE ZHI RENZHI LÜCHENG
鲍小雄 编著

策划编辑	都青青
责任编辑	都青青
责任校对	林莉燕　沈黎鹏
封面设计	朱嘉怡
责任印制	包建辉
出版发行	浙江工商大学出版社
	(杭州市教工路 198 号　邮政编码 310012)
	(E-mail：zjgsupress@163.com)
	(网址：http：//www. zjgsupress. com)
	电话：0571-88904980，88831806(传真)
排　　版	杭州朝曦图文设计有限公司
印　　刷	杭州钱江彩色印务有限公司
开　　本	710 mm×1000 mm　1/16
总 印 张	56
总 字 数	990 千
版 印 次	2024 年 1 月第 1 版　2024 年 1 月第 1 次印刷
书　　号	ISBN 978-7-5178-5937-6
总 定 价	168.00 元(全 2 册)

▶ 前　言

读书是为了什么

　　读书是为了什么？比较一致的看法是为了学习知识。但这个回答只答对了一部分。那么，读书是为了解决现实中的问题。还是只答对了一部分。因为这个问题解决了，新的问题又会出现。那我们读书是为了终身学习。仍只答对了一部分。因为终身学习只是手段，读书没有目标，等于没读书。这三次回答下来，还是没有得到完整的答案。

　　我们的超链接学习法将为你提供一个完整的答案。

　　我们在读书的时候经常会碰到这个问题：读书是为了学习知识，还是为了学习智慧？大部分人的回答是学习知识。随着科技的进步，新的知识层出不穷，我们不怕读书，就怕有读不完的书。只要坚持终身读书，就可以和世界共同进步，这也没有错。但是，你觉得这个方法可行吗？我们来算一个账，从你出生的那天起，你坚持每天读完 1 本书，直到你 100 岁时，你也就读了 36500 多本书。如果 1 本书按 2 MB 的信息量计算，36500 多本书的信息量与现在互联网上每天产生的信息量相比，可以说是九牛一毛。于是，我们患上了知识焦虑症。

　　其实这种症状不是今天这个时代才出现的。2300 多年前庄子就发现了这个问题，他是这么说的：

　　　　吾生也有涯，而知也无涯。以有涯随无涯，殆已；已而为知者，殆而已矣！

　　人的生命是有限的，而知识却是无穷的，用有限的生命去追求无穷的知识，就会陷入困顿之中！已经困顿不堪了，但却仍要学习，那就更加烦上加烦了。

　　有一本书叫《知识的边界》，作者戴维·温伯格在该书第一章"知识超载"中，描述了 17—18 世纪欧洲人的知识焦虑症，他是这么说的：

　　　　1775 年，第一部现代大百科全书的主编德尼·狄德罗（Denis Diderot）写道："只要时间世代延续，书籍的数量就会一直增加。"所以，"人们可以料想，这样一个时刻终会来临，那时人们从书中学习东西，都像是从浩瀚的宇宙中直接学习一样困难"。而且,担心会被皮面装订的书籍之海淹死的,并非只有法国人。1680 年,德国哲学家戈特弗里德・莱布尼茨(Gottfried Leibniz)写到,他担忧"一直在增加的多得可怕的书籍"终有一天会令我们再也无法找到任何东西。

《知识的边界》中提到,加州大学圣迭戈分校的两名研究员指出,2008 年一年,仅美国人消费的信息就达到了 3.6 泽字节(zettabyte)。一部《战争与和平》(*War and Peace*)的电子版放到 Kindle 上,所占空间大小是 2MB,那么 1 泽字节就相当于 5×10^{14} 部《战争与和平》。假设每部《战争与和平》厚 15 厘米,那么 5×10^{14} 部《战争与和平》叠起来就超过 7.5×10^7 亿厘米。从第一本书的封面走到最后一本书的封底,就是光,都需要走 2.9 天。当然,这些信息不全是书本知识。这些数据看看也怪吓人的,难道我们就这么被吓倒了吗?

没有。今天的知识和世界照样每天在进步,而且进步得更快了。这说明什么?说明我们读书的目的不是作为手段的终身学习。读书是为了寻求生存的解决方案。讲到解决方案,这个时候,可以将知识与智慧进行比较了。知识是现有资源充分状态下的解决方案,比如说书本或他人的经验。智慧也是解决方案,但它是现有资源不充分,甚至稀缺状态下的解决方案,没有可供学习与参考的书本或经验。人类的大脑天生懒惰,有现成的当然选择利用现成的,实在没有,只能自己想办法了。于是就有了"创新"这个概念。全球有 80 亿人,每一个人都是智慧之人,都有自己的问题和解决方案,如果这种创新被写成了书,或者说成为互联网的大数据,你说需要多少年才能读完?

如果把人类智慧比作大海,那么所有载有知识的书本、信息和数据就是大海中的一朵一朵浪花。我们担心互联网带来的知识大爆炸会涌起惊涛骇浪,把我们淹死在大海中。但事实并非如此。据 2022 年世界知识产权组织发布的《世界知识产权指标》(WIPI)年度报告,2010 年以来代表智慧与创新的全球知识产权每年保持增长,而这 10 多年正是知识大爆炸的高峰期。看来人类对 18 世纪工业革命带来的知识大爆发,一直到今天信息革命带来的知识大爆炸的这种担心完全是多余的。因为人类读书的目的不是学习知识,而是学习智慧。

那么智慧可以学习吗?有一本认知科学方面的科普著作,叫《哥德尔、艾舍尔、巴赫:集异璧之大成》(*Gödel, Escher, Bach: An Eternal Golden Braid*,简称 GEB)。GEB 是数学家哥德尔(Gödel)、画家艾舍尔(Escher)和作曲家巴赫(Bach)三个人名的首字母。该书作者侯世达认为人类认知的底层逻辑是一致的,并提出了一个"脑海的本质"概念。因为他发现,像 GEB 一样,把思维中的表象(Surfaces)、本质(Essences)和类比

（Analogies）这三个书中的关键词的英文首字母提取出来，正好能凑成一个"SEA"，意思是"海"。

大海是永远不会变的，变的只是浪花。我们的目标是看到那一片智慧的海洋，而不是那一朵一朵的浪花。那些浪花是为全球 80 亿人准备的，作为个体的你不需要阅读全部浪花，可能几十朵、几百朵或者几千朵浪花，就足够你看到整片大海了。为什么呢？因为地球上每一个人在没有资源或者资源稀缺的情况下，为自己的生存提供解决方案的智慧禀赋都是与生俱来的。

这个时候我们的超链接学习法就可以登场了。传统学习法的目标是看浪花。为学日益，多多益善，于是有了跨界学习和碎片化学习的概念。但超链接学习法里面没有这种概念。浪花是大海的一部分，知识是智慧的一部分，学浪花是学部分，学大海是学整体。整体如何学，很简单，大海就是隐藏每个人大脑中的天然智慧禀赋的。我们只要把它们挖掘出来就可以了。如何挖？要经历一个过程，老子告诉我们要"为道日损"，海德格尔告诉我们要"去蔽"，波普尔告诉我们要"证伪"，等等，所有这些的目的只有一个：拨开迷雾见太阳。

我们的过程也很简单，就是"以一条超链接认知主线读懂全球好书，成为一个超链接学习者"。互联网给了我们一个启示，再多的信息节点，再远的距离，一个超文本瞬间可以把它们链接起来。这就是"超链接"的来源。就像我们大脑中的 800 亿到 1000 亿个神经元，每个神经元长得都像一棵树，树枝之间的互相碰撞可以产生 1000 万亿个节点，没有一个超链接学习方法把它们链接起来，行吗？

其实这个方法是老子发明的，庄子又把它推而广之了。面对生命有限、知识无穷的读书焦虑症，庄子把蝼蚁、稊稗、砖瓦、屎尿这些风马牛不相及的东西全部超链接在一个"道"中。

于是就有了我们这个"超链接学习者"读书系列。千万不要把超链接认知主线当作一个概念、知识或者理论，其实它只是一个超链接各种知识和认知的框架与模型而已。框架是学习者自己搭起来的。框架一旦搭起来了，被定型了也不好，因此我们用认知主线的概念，这样就可以超越模型或框架，而无限向前延伸了。

我们的"超链接学习者"读书系列，是顺着人类的认知主线去读书。《超链接学习者之认知旅程》（即第一期）是通过阅读原著去发现人类的超链接认知主线，培养学习者带着问题去读书的能力。

第二期，通过认知导航里的《句读老子》，确定超链接认知主线的存在，培养学习者发现东西方智慧差异的能力,并带着问题通读全球经典原著。

第三期,以超链接认知主线去发现中西思想融合的可能性,探讨人类第四次认知革命即将来临的奇点。这是最具有挑战性的读书目标。

在认知旅程中,我们留下了很多没有解答的问题,比如说我们阐述了三次人类认知革命,那么第四次是什么呢?它在什么时候发生?它是一场什么性质的革命?人类智慧可以和人工智能共存吗?人类可以成为一个只有和平没有战争的共同体吗?

问题—读书—新问题—再读书。读书是为了给即将到来但还未到来的不确定的未来问题,找到解决方案。不是说我们能够回答任何问题,而是我们有全球好书这个每天都在增长的超级数据库在支持着我们。波普尔说过知识的本质是猜想和反驳。为什么猜想?有问题啊。如何反驳?利用全球好书大数据啊。猜想在反驳的证伪过程中,成就了人类的智慧和知识。

欢迎大家提出问题的同时也向我们推荐好书。以一条超链接认知主线发现全球好问题,找到全球好书。我们愿意带着问题与读者且行且读书,跟随超链接认知主线,无限延伸,到达智慧的彼岸。

▶ 序

大概在 2007 年,我还在《计算机世界》做记者。在杭州参加第四届网商大会的时候,认识了一位进出口公司的管理人。

这位仁兄跟我聊天,内容和进出口一点关系都没有,而是软件与哲学。当时还没有 AI(人工智能)的应用,所有计算机的应用都称为"软件",作为一位科技公司外聘的需求设计总监,他已经完成了国内第一款普适性的软件架构原型。他当时谈了这样的感想:

"软件业的真正危机在于,软件不够平民化。"

"任何需要花一定时间去学习如何使用的软件,都不是真正意义上的软件。真正的软件是软件的使用和识字同步(初级化),软件的应用和智能同步(高级化)的大众化软件。"

"我们要从哲学根源上找到软件的出路,从根本上去解决软业业的危机。"

"现在(注:指 2007 年)的应用软件体系,是一种基于经验和精英思想的开发思路,强求每个人都要按精英的逻辑思维方法和经验去建立自我信息的联系。"

"软件的历史证明这种思路是不可能和不现实的。"

以上对未来软件方向的预测,16 年后变成了现实。他所说的精英式逻辑算法,已经被深度学习和神经网络算法所替代;他所说的高级化智能,现今已经出现了 ChatGPT 之类的语言大模型。

我依然记得他当时的样子,甚至忍不住写在了当时的文章中。"亮晶晶的额头,挥舞的双手,镜片后炯炯有神的双眼,怎么都让人想起鲁迅笔下的柔石。"

他就是"超链接学习者"读书系列的作者鲍小雄先生。

沧海桑田。我当年供职的《计算机世界》完成了普及信息科技的历史使命,相忘于传统媒体的江湖。没想到的是,这位"神人"居然在哲学与智能化软件的道路上从未停歇。16 年后的某一天,他又联系到我,发了很多微信语音,满屏洋溢着研究者拿到成果的喜悦。

既然软件的危机已经解除了,当时的想法已经慢慢在变为现实,他又有什么高见了呢？他对我说，AI 的架构和算法都解决了，但人工智能遇到了更大的麻烦。就是可信的、道德的、受人类控制的 AI 发展前景很悲观。这又回到了他所说的软件与哲学，也就是今天的人工智能和人类智慧的老问题上去了。

像 16 年前一样，他又提出了新的解决方案。机器能够懂人话和说人话的底层逻辑是从人那里得到数据和问题，然后根据算法回答人的问题。但它不知道德与价值判断是什么，只有源源不断地向机器输入智慧的数据和问题，人机共生的问题才能够真正得到解决。这个已经大大超出了技术的范畴，随着 AI 的普及和算法的进一步完善，AI 的发展前景有可能发生一个重大的改变，技术推动将逐步转化为文化推动。

鲍小雄说文化普及的最低门槛就是读书，这也是每一个普通人都可以做到的。AI 时代知识学习越容易，人类思考的问题会越多。人类由一条超链接认知主线指引，不断地提问题，AI 由深度学习算法和大数据支持，不断地回答问题。这就是将来人类学习的主要模式，也是 AI 与人类智慧友好同步发展的方向。

为此，鲍小雄提出了如何学习智慧，成为一个超链接学习者的超链接学习法。他退休之后，在没有任何专业知识的背景下，用这个学习方法，只花了几年的时间，穿越古今，横跨东西，阅读了上千本涵盖科学与人文的全球经典好书，并写下了自己的心得，身体力行，努力成为一个超链接学习者。同时他还打算把这种学习方法介绍给大家。目前已完成"超链接学习者"读书系列 200 多万字，今后将陆续出版与读者见面。

我由衷地跟他说，您的确是一位神人。

我拜读了几本书稿，热切期盼尽快面世。

是为序。

亿邦动力联合创始人/马蹄社发起人　贾鹏雷

2024 年 1 月

（贾鹏雷，《计算机世界》2007 年 10 月 15 日第 39 期《"神人"鲍小雄》采访记者，现为亿邦动力总裁。）

目　录

上　卷

≫ 上卷导读

我们读书不就是为了理解一个"道"字吗？书这么多,我们读不过来,庄子觉得那就不要读了。因此,他在《庄子·知北游》中,告诉东郭子如何就地取材得道悟道。庄子与郭子的对话是这样的(译文):

东郭子问庄子说:"所谓道,在什么地方?"

庄子说:"无所不在。"

东郭子说:"必须指出一个地方来才可以。"

庄子说:"在蝼蛄和蚂蚁中。"

东郭子说:"怎么这样卑下呢?"

庄子说:"在稊稗这类的杂草中。"

东郭子说:"怎么越说越低下了呢?"

庄子说:"在砖瓦中。"

东郭子说:"怎么更加低下了呢?"

庄子说:"在屎尿中。"

东郭子不再说话。

大家对以上这些话的第一理解,就是"道"无所不在。老子把"道"比喻为"水",但干旱的时候,水没有了,我们怎么办?因此,庄子的比喻更加现实,我们身边所有的东西里,都有"道"的身影。庄子对读不完的书,也深恶痛绝。要实现老子的目标,孔子的终身学习法肯定是不行了,怎么办?于是庄子提出了将蚂蚁、杂草、砖瓦和屎尿这些风马牛不相及的东西,统一在一个"道"之下的超链接学习法。

我们阅读的书目跨越很多不同的领域,它们之间没有逻辑关联性,你读了可能会觉得跳跃性太大,但是我们的目标就是要在这么巨大的知识反差中,循着人类三次认知革命的路径,找到人类的超链接认知主线。你可以从任何一讲进入阅读,也不需要全部读完,只要理解了超链接认知主线,你就完成了学习。

第1—4讲　生命启程:超链接认知主线的底层逻辑

我们的认知旅程就从生命开始。第1讲阅读的书目,是人工智能专家迈克斯·泰格马克的《生命3.0》,他认为人工智能绝不是像我们想象的那样,只是为人类提供各种知识解决方案那么简单,它还可以进化到生命的形式。一个比人类还智慧的物种即将诞生,你说全球的人工智能专家能不焦虑吗?这是真的吗?

我们必须从认知的源头去探讨这个问题。因此,我们从自然的生物科学、哲学的建构理论和人类的合作理性这三大底层逻辑去探讨。这为我们的超链接认知主线奠定了一个理论基础。不过我们的超链接认知主线里还有一个不在场,但自始至终贯穿全书的要素,那就是老子的思想。

第5—8讲　两次认知革命:工具理性与合作理性

从第5讲到第8讲,我们从人类学的角度,讨论了2次认知革命产生的背景和作用,一次是250万年前的工具理性,还有一次是8万—10万年前的合作理性。工具理性是对物质与自然的操控,就是我们今天科学技术的起源;合作理性是对人与社会的操控,就是我们今天文化这个概念的起源。我们通过狮子图腾的产生和语言产生的原因,知道了一个概念,叫"物质文化"。这是人类学家克里斯·戈斯登在《走出黑暗:人类史前史探秘》一书中提出来的。

第9—17讲　合作理性:文化的起源

从第9讲到第17讲,我们从不同的角度阐述了文化与合作理性的关系。首先从语言的功能谈起。一开始人类使用语言不是为了增长知识,而是为了社交聊八卦。这个功能和类人猿互相梳毛的行为是一致的。人类的这个功能至今还保留着,只不过是交流的工具变了。但聊八卦的人数一般控制在150人左右,这是人类学家邓巴的理论。

人类的社交爱好是天生的。聊八卦是为了宣泄自己的情绪,事实证明,情绪低落是会影响你的身体健康的。为什么?研究人员发现,当你的腿受伤了,你越感到疼痛(痛苦),这时你的大脑的背侧前扣带皮层的活跃程度就越高。但研究人员又发现,当你的情绪受到打击时,这个大脑部位也会产生同样的活跃程度。这个时候,给你2片阿司匹林有同样的止痛作用。这个在我们的第10讲"身上的和心中的痛苦可以用同一种药物治疗吗"中有详细的叙述。

于是,我们知道了为什么图腾可以起到促进原始人团结一致的作用。因为祭崇拜图腾时,原始人会围在一起跳舞,在激情下人们会产生一种叫内啡肽的情感激素,在这种情感激素的互相传递与影响下,人与人之间产生合作理性,文化由此产生。文化的产生原来是有神经科学原因的,这种神经科学机制现在已成为激发企业员工热情的方式。我们经常会看到商场里一个门店开始营业时,员工们会排成一列喊口号,就是这个原因。谷歌选拔 CEO 时,也是用了这个原理。

既然文化有这个功能,我们也就理解了"文化"的概念。我们对"文化"概念做了详细的解读。余秋雨先生参考了世界上的 200 多个文化定义,最终下了一个比它们更短的"文化"定义。他说:"文化,是一种包含精神价值和生活方式的生态共同体。它通过积累和引导,创建集体人格。"

我们对"文化"的定义是最简单的,就是 5 个字——"文明的同化"。因为文明里面已经包括了精神价值、生活方式和集体人格。文化不是一个名词,是一个动词,是与我们的认知由内而外、每时每刻与时俱进的。因此,文化是与知识相关的,是传承者与被传承者之间的一种知识的模仿与创新。其中,模仿占 95%,创新占 5%。

合作理性产生了人类的文化传承,那么工具理性呢?当然是产生了物质的丰富性。在西方人的视野中,他们关注的是工具理性。

第 18—27 讲 中西文化差异:由内而外与由外而内

从第 18 讲到第 27 讲,我们从原始社会开始讨论中西文化的差异。这个差异早在 4000 年前就显现出来了,可能是游牧民族和农耕民族之间的差异所造成的。游牧民族要养活自己,需要不断侵略与战争,而农耕民族要养活自己,必须团结合作。因此,一个部落如何选择领导人,成了两种文化可比较的第一个方面。第 23 讲中介绍了夏商周内部产生首领的"禅让制",而第 21 讲中的西方原始部落的首领经常会被一个逃亡奴隶杀害后顶替。第二个方面是中西文化的巫术发展历程比较,两者的差别可以用李泽厚先生的《由巫到礼 释礼归仁》中的一段话来回答。李泽厚是这样说的:

> 西方由"巫"脱魅而走向科学(认知,由巫术中的技艺发展而来)与宗教(情感,由巫术中的情感转化而来)的分途。中国则由"巫"而"史",而直接过渡到"礼"(人文)、"仁"(人性)的理性化塑建。

第三个方面是那些专业化的巫师的比较。在西方,有的巫师成了部落首领,而从中国的周朝开始,巫师成了专业化的祖先祭拜礼仪主持者。

从以上三方面的比较看,中西文化在根源上的差异就是"由内而外"与"由外而内"。中国部落内部产生首领,由内在的情绪活动过渡到祖先祭拜,产生了一批专业化礼仪文化传承者。而西方文化一直沿着"由外而内"的路径,比如以武力获得部落首领资格的外来奴隶,将外来的上帝作为自己的宗教崇拜,一代又一代地对外征战,而没有专业的文化传承者,等等。

正是因为中西文化从原始社会就已经存在这种根本性的差异,当全球进入第三次认知革命时,人类认知经历了工具理性与合作理性革命后,进入了价值理性革命。全球 4 个不同的区域同时产生了一批追求自我精神解放的哲学家与思想家,这个时代叫轴心时代。中西文化的差异从此被定型了。

第 28—33 讲　由内而外:中国文化的哲学密码

从第 28 讲到第 33 讲,我们专门讨论了中国文化"由内而外"特征在不同领域里的共同之处,发现它特别符合一种自然现象,叫"生命"。我们的超链接认知主线在经历了"合作理性"与"由内而外"之后,终于找到了"生命之道"这个源头。这就是中国文化的哲学密码。我们从佛教思想、如何成为一个成功人士、如何教育子女、中西哲学家孔子和苏格拉底、心理学等跨界领域,去论证生命之道由内而外的普遍性,并且去探索它们在各自不同的领域里是如何殊途同归,最终达到"天人合一"这个目标的。

第 34—43 讲　由内而外:生命之道的科学依据

从第 34 讲到第 43 讲,我们从生物学、分子生物学、社会生物学、遗传学以及生物进化理论等方面,对生命之道的由内而外做了一个全面的总结,得出了一个结论:凡是从生命之道出发的,其路径一定是由内而外的,其方法也一定是合作理性的。这为我们的超链接认知主线理论找到了科学的依据。

这里有一讲内容建议大家学习,就是第 39 讲"为什么达尔文的 8 字进化理论要修改了"。人们长期以来把达尔文的进化理论理解为"物竞天择,适者生存",生命之间存在着无情的相互竞争才得以生存,而这个和我们的超链接认知主线完全是背道而驰的。其实达尔文对自己的观点也是这样定义的,达尔文是第一个发现生物之中存在着合作理性的人,但为什么他用生存竞争来解释?他在原著中到底说了什么?建议大家仔细学习。

第 44—52 讲　经济学超链接认知主线:真的有"看不见的手"吗

从第 44 讲到第 52 讲,我们的超链接认知主线进入了经济领域。但我们是把经济和道德放在一起解读的。很多人对此不理解,为什么道德与经济是合在一起的?我们简单定义"道德"的概念应该是这样的:道德是一种社会意识形态,是人们共同生活及其行为的准则和规范。我们再来看"经济"的概念:经济是一种资源互通有无的交换形态,是人们进行商品交易时的行为准则和规范。

道德和经济都需要人类的合作理性才能做到,但经济比道德更容易量化。你若欺行霸市,销售伪劣产品,强买强卖,哄抬物价等,交易对方一目了然,人家马上离你而去。

作为西方现代经济学创始人的亚当·斯密，原来是一个研究道德的哲学家。由于西方文化中没有由内而外的合作理性，因此亚当·斯密对经济行为的交易结果感到困惑：每个人都自私自利地在为自己争取利益，怎么到头来反而是国民财富增长了。于是他提出了"看不见的手"这个主流经济学的金科玉律。但是在我们的超链接认知主线下，这个观点要修改了。最早提出这个观点的人是2500多年前中国的老子，详细内容大家可以学习第46讲"为什么我们要对'看不见的手'重新定义"。

第53—57讲　哲学超链接认知主线："无为"究竟是什么

从第53讲到第57讲，我们介绍了中国的老子和西方的康德的哲学思想，以此发现他们的道德哲学是如何看待我们的超链接认知主线中的"合作理性"的。老子提出的"无为"的真正意思是什么？康德为什么说"道德没有认识上的意义，只有实践上的意义"？西方的哲学家们为什么热衷于杀人游戏的道德问题讨论？一个成功的团队合作，为什么要采用自由理性才能做到互相"示弱"？

第58—70讲　政治学超链接认知主线：美国人的"规则"是什么

从第58讲到第70讲，我们把超链接认知主线转向政治领域，探讨今天西方人的单边主义究竟是从哪里来的。当然，西方人的代表是美国人。从美国人今天的所作所为去挖掘他们的文化基因，看看究竟哪里出了毛病。

现在的西方人都拱在美国人的后面，高呼"基于规则的国际秩序"。这个所谓的"规则"，在《联合国宪章》里找不到，在联合国大会和安理会的决议中也找不到，那么究竟是什么规则呢？在探讨超链接认知主线的时候，我们找到了。

第一，我们从被称为美国出生证的"五月花号公约"中去找。第二，我们从资本主义精神中去找。第三，我们从美国人的双标价值观中去找。第四，我们从美国人今天的所作所为中去找。第五，我们从西方人一直挂在嘴边的"自由观"中去找。结果，这个规则被找到了。很简单，我要追求自由，但你的自由与我无关。他们把亚里士多德和康德关于"自由是一种道德"的定义，丢到了九霄云外。他们要达到自己的目标，不是用合作理性，而是用工具理性。在他们看来，人是工具，是实现自己自由的工具。

第71—79讲　道德中的超链接认知主线：让大象自由

从第71讲到第79讲，我们回到了超链接认知主线的核心价值观——道德，讨论了人性中善与恶的问题。这个问题在我们的超链接认知主线中是不值得讨论的，但是在中西思想差异的文化根源上，值得我们讨论。我们阅读的有关这方面的书籍都是西方人自己写的。道德与心理学合在一起研究的学科，被称为道德心理学。其实他们都是心理学家,比如斯蒂芬·平克是哈佛大学心理学教授,也是当代著名的实验心理学家、认知心理学家、语言学家,提出人类需求理论的亚伯拉罕·马斯洛是心理学家,托马斯·布拉斯是国际著名的社会心理学家,乔纳森·海特是道德心理学家和幸福心理学家,等等。我们阅读的书还有是专业精神病科医生写的。这说明了什么?说明道德已经不是一种需要我们去宣扬的意识形态,而是生活中的一种认知行为。但这么多的书都不及老子的一句话——"让大象自由"。

第1讲 全球8000位人工智能专家在焦虑什么

链接书目:《生命3.0》 迈克斯·泰格马克

从这一讲开始我们进入"超链接学习者"读书系列,开始一段认知旅程。读书、学习、认知、智慧是所有知识服务的特点,但我们的特色是,用一条超链接认知主线把全球的经典原著串联起来。因此,第一本我们要阅读的书,从人类智慧的副产品——人工智能开始。

这一讲要阅读的书,叫《生命3.0》。这本书很厉害,它得到了《科学》《自然》两大著名期刊的一致推荐。它重新定义了"生命""智能""目标""意识",并澄清了人们对人工智能的常见误解,帮你构建起应对人工智能时代的动态全新思维框架,是一本人人都可读懂的未来指南。

那么明明是一本讲认知和智慧的书,怎么会与生命挂上钩呢?这里我们就要介绍一下作者的背景了。作者迈克斯·泰格马克是美国麻省理工学院物理学的终身教授,从14岁起,就开始关注科技对人类未来的影响。人工智能的突飞猛进,更是加剧了他的担忧,所以其在45岁时创立了人工智能界鼎鼎大名的非营利性组织——未来生命研究所,致力于用科技来改善人类的未来。该组织自成立起会聚了8000多位世界杰出人工智能专家,包括史蒂芬·霍金、埃隆·马斯克、比尔·盖茨、雷·库兹韦尔、拉里·佩奇等,还获得了许多著名组织的支持,包括亚马逊、谷歌、Facebook、微软、IBM等,还有研究出"阿尔法狗"的DeepMind公司。

那么什么是生命3.0呢?作者在该书"欢迎参与我们这个时代最重要的对话"一章中是这么说的:

> 我们可以根据生命设计自身的能力,把生命的发展分成三个阶段:
> 生命1.0(生物阶段):靠进化获得硬件和软件;
> 生命2.0(文化阶段):靠进化获得硬件,但大部分软件是由自己设计的;
> 生命3.0(科技阶段):自己设计硬件和软件。
>
> 经历了138亿年的漫漫进化之后,宇宙前进的步伐在我们的地球上开始猛然加速:生命1.0出现在约40亿年之前,生命2.0出现在约10万年前,而许多人工

智能研究者认为,随着人工智能的发展,生命3.0可能会在一个世纪以内降临,甚至可能会出现在我们的有生之年。到时候会发生些什么?这对我们人类来说意味着什么?这就是《生命3.0》这本书的主题。

把生命与人工智能放在一起讨论,是作者的一大创举;把硬件和软件放在生命的演化史上,更是作者的独到之处;把人工智能的终极形态以生命去统领,简直是石破天惊。为什么?因为在传统的人工智能讨论中,机器与人永远是分离的。现在作者把两者结合起来了。我们来看看作者是怎么说的:

> 这些细菌就是被我称为"生命1.0"的一个例子。生命1.0是说:生命的硬件和软件都是靠进化得来的,而不是靠设计。不过,你和我却属于"生命2.0":生命的硬件是进化而来,但软件在很大程度上却是依靠设计的。在这里,"软件"指的是你用来处理感官信息和决定行动时使用的所有算法和知识,从你识别某人是不是你朋友的能力,到你行走、阅读、写作、计算、歌唱以及讲笑话的能力,这一切都属于软件。
>
> ············
>
> 尽管我们今天拥有强大的科技能力,但从根本上来说,我们所知的所有生命形式都依然受到生物"硬件"的局限。没有人能活100万年,没有人能记住Wikipedia的所有词条,理解所有已知的科学知识,也没有人能在不依靠航天器的情况下进行星际旅行。没有人能将很大程度上了无生机的宇宙转变成一个能繁荣亿万年的多样化的生态圈,从而让我们的宇宙最终发挥出所有潜能,并彻底苏醒过来。所有这些,都需要生命经历一次最终的"升级",升级成不仅能设计自身软件,还能设计自身硬件的"生命3.0"。换句话说,生命3.0是自己命运的主人,最终能完全脱离进化的束缚。

作者的意思很清楚,生命1.0的硬件和软件是自然界给的。生命2.0开始自我设计软件了,以文化和宇宙共存。生命3.0连身体这个硬件也要自己设计了,因此,人类必须以科技和宇宙共存。这是该书的关键词。科技会成为生命的主人,那么会发生什么呢?作者设计了生命3.0发展的三种情景:第一种是不远的将来,第二种是1万年后,第三种是10亿年后。我们就举例1万年后的场景。作者在该书"劫后余波,未知世界:接下来的1万年"一章中是这么说的:

> 超级智能可能与人类和平共处的原因有两种,要么它们是被迫这么做,即"被奴役的神"情景,要么它是发自内心想要与人类和平共处的"友好的人工智能",也

就是"自由主义乌托邦""守护神""善意的独裁者"和"动物园管理员"情景。

　　超级智能也可能不会出现,原因可能有几种:可能是被人工智能("守门人"情景)或人类("1984"情景)阻止了,也可能是因为人们选择刻意遗忘技术("逆转"情景)或失去了建造它的动机("平等主义乌托邦"情景)。

　　人类可能会走向灭绝,并被人工智能取代("征服者"或"后裔"情景),也可能什么都不剩下("自我毁灭"情景)。

　　在这些情景中,有人们想要的吗?如果有,是什么,或者是哪些呢?关于这个问题,人们还没有达成任何共识。虽然每种情景中都有许多令人讨厌的元素,但重要的是,我们必须继续深入探讨有关未来目标的问题,这样,我们才不会漫无目的地驶入一个不幸的未来。

作者描述了超级智能和人类的三种场景:第一,和平共处;第二,不会出现;第三,人类灭绝。大概率出现第三种,因为第二种的前提是人类要倒回到前技术社会才有可能。我们就举第一种最乐观的场景,其实对我们人类来说也是一个悲剧。作者是这么说的:

　　即使人工智能会成为我们绝佳的后裔,但是人类会灭绝,这难道不令人伤感吗?如果你希望无论如何还是要留下一些人类,那么,"动物园管理员"的情形可能会是一个更好的选择。在这种情形中,一个无所不能的超级智能把一些人类留在世界上,而这些人类感觉自己就像动物园里的动物一样,偶尔会哀叹自己的命运。

　　动物园管理员人工智能为什么会想留下一些人类呢?因为对它来说,运营动物园的成本十分微不足道。它留下一小撮人类来生息繁衍,可能就像我们把濒危的大熊猫关进动物园,把古旧的计算机放进博物馆一样:为了娱乐和好奇心。请注意,今天的动物园主要是为了取悦人类,而不是让动物开心。所以,不要期待"动物园管理员"的情形会令人称心满意。

这难道是我们今天发展人工智能的方向吗?看来我们人类无论如何逃不出生命3.0为人类安排的命运了。为此,作者创立的未来生命研究所于2015年初在波多黎各召开了全球第一次人工智能安全大会。作者是这么说的:

　　这是一场心灵的非凡碰撞。人工智能研究者、顶级经济学家、法律学者、科技领袖等思想家齐聚一堂,这些人中包括埃隆·马斯克和提出了"奇点"(Singularity)

这个词的科幻作家弗诺·文奇(Vernor Vinge)……

……我们最后还是达成了一份了不起的共识。我们将共识的详细内容写入了一封公开信……公开信的主旨是,我们应该重新定义人工智能的目标:创造目标有益的智能,而不是漫无目标的智能……

…………

……2015年1月11日,当时马斯克在推特上发布"世界顶级人工智能开发者签署了致力于人工智能安全性研究的公开信",并链接到一个注册页面。该页面很快就收集了8000多个签名,其中包括许多享誉全球的人工智能开发者……世界各地的媒体都报道了这封公开信……但却引发了诸如"埃隆·马斯克和斯蒂芬·霍金签署公开信,以预防机器人起义"这样的头条新闻,并配上了终结者的照片。在我们看过的数百篇文章中,我们最喜欢的一篇文章嘲讽地写道:"这个标题令人联想到机器人脚踩人类头骨的场景,将复杂和变革的技术变成了一场狂欢派对。"

现在我们知道了,全球8000位人工智能专家担心的是什么?他们担心即将到来的生命3.0会让人工智能超越人类智慧。作者的逻辑推理很简单,第一步建造出与人类智慧通用的人工智能,第二步用人工智能建造出超级智能,第三步用超级智能统治人类。

其实媒体误读了马斯克与霍金的意思,他们不是反对人工智能,而是从科技的角度出发,提醒人类如何避免生命3.0可能给我们带来的危害。

因此,英国物理学家、宇宙学家史蒂芬·霍金对该书的评价是:"无论你是科学家、企业家还是将军,所有人都应该扪心自问,现在可以做些什么,才能提升未来人工智能趋利避害的可能性。这是这个时代最重要的对话,而迈克斯·泰格马克发人深省的著作《生命3.0》能帮助我们参与到这场对话中来。"

特斯拉汽车公司创始人埃隆·马斯克对该书的评价是:"在探索地球上以及地球以外的生命、智能和意识的宏伟未来的旅程中,人类该如何应对随之而来的挑战与选择,《生命3.0》这本书提供了一份精彩的指南。"

这是科技派的评价,也有人文派的评价。

世界知名历史学家尤瓦尔·赫拉利对该书的评价是:"人工智能可能是21世纪最重要的一股变革力量。迈克斯·泰格马克新作《生命3.0》一书从政治与哲学的角度预测了人工智能革命的前景与风险,并清晰地阐明了一些基本概念和重要争议,澄清了一些常见的误解……"

发明家兼未来学家雷·库兹韦尔对该书的评价更加直接,他说:"迈克斯·泰格马克著作《生命3.0》是这个时代最重要的对话的深度指南。本书描述了,当我们逐渐将生物学意义上的'思维'与我们自己创造出来的更伟大的智能相融合时,如何创造出一个友善、仁爱的未来文明。"

通读该书,我觉得迈克斯·泰格马克本人也不是一个人工智能人文派,他是一个物理学家。该书中文版序中是这么说的:

> 过去,我们一直认为,智能是一种神秘的东西,只能存在于生物(特别是人类)身上。但是,从我作为一位物理学家的角度出发,智能只是运动的基本粒子处理信息的特殊过程……关于智能,我们只看到了冰山一角,我们还有巨大的潜力来开启潜伏在大自然中的全部智能,并用它来帮助人类实现繁荣昌盛。我认为,人工智能有可能成为人类有史以来最美好的事情,也可能成为最糟糕的事情。

读了这本书,我们的感觉是,虽然作者是从生命的角度去探讨人工智能的,但讲的还是机器,只不过为机器套上了一件"生命"的马甲而已,机器和人还是两个物种。当机器可以以生命的形式去决定人的时候,这个可怕的结果有可能比纯粹人工智能更糟。但好消息是作者在书中给我们留下了两个悬念。

第一个悬念是作者在该书中文版序中的一段话,是这么说的:

> 我在这本书中主要谈论的通用人工智能(Artificial General Intelligence,简称AGI)出现的可能性,这种人工智能在任何任务上都可以与人类智能相提并论。大多数人工智能研究者认为,通用人工智能会在短短几十年内发生。如果这是真的,我认为这将发生在中国。

为什么说通用人工智能会发生在中国,作者在书中没有进行深入讨论。

第二个悬念是该书"意识"一章中的一段话,作者是这么说的:

> 虽然我们在这本书中将注意力放在智能的未来上,但实际上,意识的未来更为重要,因为意识才是意义之所在。哲学家喜欢用拉丁语来区分智慧("sapience",用智能的方式思考问题的能力)与意识("sentience",主观上体验到感质的能力)。我们人类身为智人(Homo sapiens),乃是周遭最聪明的存在。当我们做好准备,谦卑地迎接更加智慧的机器时,我建议咱们给自己起个新名字——意人(Homo sentiens)!

以上论述中有两个悬念：一是为什么通用人工智能会在中国首先实现。这个问题问得相当好。要知道现在的 ChatGPT 可是在美国先出现的，可见作者不是指某种智能技术，而是指整个智能社会。二是意识问题仅仅是意识问题吗？这是不是人类智慧的另外一种存在呢？

带着问题去读书是我们的最大特色。现在，我们认知旅程的出发点找到了，这个世界是不确定性的，充满了悬念。我们不知道以后会发生什么，但有一个事实确实存在，20 亿年前最原始的生命形态，几亿年前的爬行动物，800 万年前的类人猿，200 万年前的直立人，8 万年前的原始人，都不知道我们今天人类的现状。什么现状？就是我们的寿命比他们长，我们生活得比他们好。这个对我们的认知有什么启发吗？

在我们的认知旅程结束时，大家可以在第 149 讲"为什么智能时代陶工开宝马，程序员擦桌子"中找到全球 8000 位人工智能专家不必再焦虑的答案。

我们的终极问题是那个"意识"的新概念，作者是这么说的：

> 关于"意识"，目前还没有无可争辩的定义。我使用的定义十分宽泛，并且不以人类为中心。我认为：意识＝主观体验。

大家知道在科学面前是没有主观体验的立足之地的。这是不是意味着我们需要把视线从科学的角度转向人文的角度？科学家们会同意吗？

第2讲 一位科学家是如何羞辱人文知识分子的

链接书目:《哲学·科学·常识》 陈嘉映

《别逗了,费曼先生!》 理查德·费曼,拉尔夫·莱顿

上一讲我们讨论了全球 8000 位人工智能专家共同担心的一个问题,那就是对即将到来的人工智能时代是祸还是福不知所措。而且他们有一个共同特征,都是有科学背景的思想家。比较一致的看法是:未来生命 3.0 进化出来的机器人大概率会踩着人类的头骨进行一场疯狂的派对。其实,某些科学家对机器的信仰是由来已久的。

但是有一个观点是被普遍接受的,我们今天应该学习什么知识?答案只有一个,就是科学知识。因此,生命 3.0 成了我们自然而然应该接受的现实。果真是如此吗?我们的认知里面只有科学吗?里面有人文的东西吗?我国著名哲学家陈嘉映先生有他自己的观点。他的代表作《哲学·科学·常识》就是回答这个问题的。这本书既是对历史上人类求知历程的回顾,也是对人之本、知识之本的追问。该书导论中是这么说的:

> 科学革命的胜利,科学观念的统治,柯瓦雷称之为 kosmos 的坍塌。大地和天界的区别被取消了,几何化的空间代替了各有特色的位置,在这个无限的、无特质的空间中,静止和运动不再具有性质的区别,各种事物的本体论差异也消弭了,物质由微粒组成,微粒转而成为夸克和弦,成为只能由数学来把握的东西。实验取代了经验,量的世界取代了质的世界,"一个存在的世界取代了一个生成与变化的世界"。"所有基于价值、完满、和谐、意义和目的的想法"都是些主观的东西,"都要从科学思想中消失"。剩下一个祛魅的世界。正是由于世界不再被看作一个有意义的统一体,而是被当作一种具有因果联系的场所,对世界的宰制才成为可能,工具理性的行为因而才兴盛起来。

陈嘉映先生以上所说的两个概念,一个是"祛魅的世界",一个是"工具理性"。这是 20 世纪初社会学家马克斯·韦伯的观点。祛魅就是去掉神秘的鬼魅面纱,工具理

性就是利用客观规律作为工具达到自己的目的。近代科学从此站起来说话了,产生了与宗教、与文艺浪漫主义和与人文文化的三场冲突。陈嘉映先生是这么说的:

> 在近代科学滥觞之际,人们曾因科学与宗教真理相冲突而质疑科学的真理性。后来又有浪漫主义对科学世界观提出强烈抗议。近几十年来,则又爆发了人文文化与科学文化的争论,即所谓两种文化之争。1959 年,有一个科学家,C. P. 斯诺,在剑桥做了一个讲演,题目叫作"两种文化与科学革命",斯诺站在科学文化一边,对人文学者的流行态度提出质疑。当时所谓人文主要是指文学,在当时的大学里,文学教授很骄傲很自豪,看不起科学,觉得学科学的没什么文化,不懂莎士比亚,不会引用荷马,懂点专业,怎么算有文化呢? 技术你可以到专科学校去学,而大学应该是要学文化的。斯诺反对这种态度,他认为,我们现在生活在科技的世界里,科学揭示了关于世界的很多新的真理,你们人文学者却连科学的基本常识都不知道,怎么算是合格的学者呢? 科学和科学家在大学里应该有更高的地位。

> 后来的局面发展像斯诺所愿望的那样,应该说,超出了他的愿望。今天的局面已经完全颠倒过来了。电子学、生物学、理论物理学,这些学科在大学里是最重要的学科,在社会上得到了广泛的尊重。人文知识分子反过来叫苦了,你出去说你是教哲学的或者你是教现代文学的,人们心想,瞎混混的,没什么真才实学。

就在这种科学至上的氛围中,人文主义奋起反抗,他们搞出了一个叫建构主义的东西,那么什么是建构主义呢? 作者接着说:

> 建构主义对抗科学主义,张扬人文精神,对科学的真理性全面提出质疑。在欧美,人文知识分子在政治上多数是比较左倾的,反对资本主义。他们把科学霸权和资本主义意识形态联系起来。强建构主义或曰强纲领的建构主义(SSK)主张,科学并不是什么客观知识,而是科学家共同体内部谈判的结果;科学理论是一种社会构造,其合法性并不取决于事实性的因素;在科学知识的建构中,自然界仅仅充当微不足道的角色,科学不过是一种意识形态,就像另一个神话故事;拉图尔明称"要消除科学和小说之间的区分"。法伊尔阿本德的"科学无政府主义"和库恩的"科学研究范式转变"是建构主义的重要理论资源,但建构主义要走得更远。

其实建构主义是一个认知心理学的概念,起源于心理学家皮亚杰的儿童学习理论,也是我们这个认知旅程中的重要一环。皮亚杰认为一个个体的认知发展与学习过程密切相关,学习如何发生、意义如何建构、概念如何形成,以及理想的学习环境应包含哪些主要因素等等,这些都是建构主义研究的话题。西方当代哲学理论,如胡塞尔的现象学、波普尔的证伪主义和库恩的科学共同体都带着建构主义的影子。正因为这个不是从本质认知而是从过程认知中去探究人类认知规律的建构主义,惹恼了一批科学家。陈嘉映先生接着说:

> 在很多人文学科,特别在知识社会学领域、文化研究及科学学领域,建构主义势力强大。这种局面惹恼了纽约州立大学的一个物理学家——索卡尔。他认为这些人文知识分子对科学的攻击是不公正的,而且,这些知识分子不懂科学却经常在文章中引用科学来支持自己的观点,有点儿欺骗读者的意思。索卡尔本人是个科学家,同时是个左派,这尤其令他对建构主义恼火,他认为左翼知识分子不应当用这种带有欺骗性的方式来宣传自己的主张。这位索卡尔于是写了一篇"诈文"《超越界限:走向量子引力的超形式的解释学》,其中他介绍了不少现代科学的成果和结论,然后把这些科学结论驴唇不对马嘴地用来支持一些左派主张,例如把数学里的选择公理(Axiom of Choice)和妇女堕胎自由(pro-choice)扯在一起。反正,这篇长文总的意思是说,最新科学成果表明左翼知识分子的主张是对的。他把这篇长文寄给一家最权威的"后现代"杂志,《社会文本》。《社会文本》很有名,但从来没有著名科学家写来文章。不久,这篇文章登了出来,登在《社会文本》题为《科学大战》的一个专刊上。然而一个月后,索卡尔就在另外一个杂志上发了另一篇文章,说明他在《社会文本》发表的是一篇"诈文",里面引用的所谓科学成果在科学界是些人所共知的东西,而这些成果根本推不出那些社会意义的结论,其中的推导完全是荒谬的,明眼人一眼就能看出来。其实,"超越界限:走向量子引力的超形式的解释学"这个题目就够荒谬了。
>
> 好几个月里,美国、法国等地的建构主义知识分子目瞪口呆。他们上了索卡尔的套。怎么办呢?似乎只能反击说你索卡尔这样做是不对的,不严肃,缺德。后来,一边有罗蒂、德里达这些大牌文科教授起来批评索卡尔,另一边有很多著名科学家起来支持索卡尔,包括领军物理学家温伯格,鏖战不休。索卡尔事件发生在1996年,十年过去了,很多杂志上还在争论这些事情。

但是这种以嘲笑的方式贬低甚至羞辱人文知识分子的现象并不限于索卡尔一个人,早在20世纪30年代,大名鼎鼎的物理学家费曼也有这么一出好戏。而他讥讽的对象也是一位大名鼎鼎的哲学家,叫怀特海。有一句名言"西方两千年来的哲学,只不过是柏拉图思想的一系列注脚而已",就是怀特海说的。讥讽的主题,就是这个建构主义的认知过程,怀特海的那本书叫《过程与实在》。费曼在他的自传《别逗了,费曼先生》中,讲述了这么一个故事:

我和学哲学的坐一块儿的时候,我听他们相当严肃地讨论一本书,叫《过程与实在》(*Process and Reality*),怀特海写的。他们的措辞,好玩儿,我听不大明白他们说的啥。我现在不想打搅人家的谈话,不想没完没了地要求人家解释这个解释那个。倒有几次,我要他们解释,他们也乐意为我解释,可我还是摸不着头脑。最后,他们请我参加他们的讨论会。

⋯⋯⋯⋯⋯⋯

那儿发生的事儿,够典型的——典型到难以置信,却是真的。首先,我坐在那儿,一言不发,这就难以置信,但也是真的。一个学生做了个报告,说的是那周要讨论的那章书。在书里,怀特海不停地使用"本质对象"("essential object")这词儿,使用的方式很技术化,他想必是对这个词儿定义过,但我听不懂。

在讨论了一阵子之后,关于"本质对象"是个什么意思,主持讨论会的教授说了些什么话,意在澄清一些东西,还在黑板上画了一种像是闪电的玩意儿。"费曼先生,"他说,"你说,电子是'本质对象'吗?"

哦,我麻烦来了。我承认,我没读过这书;怀特海用这个短语是个什么意思,我一点儿不明白。我到这儿来,仅仅是看看热闹⋯⋯

我想做的,是想发现他们认不认为理论构想是本质对象。电子是一种我们使用的理论;在理解自然运行的方式上,它太有用了,我们几乎可以说它是真实的。通过类比,我想把关于理论的一个看法讲清楚。说到砖头,我下一个问题将是:"砖头的里面是怎样的?"——我将指出,没有人曾经看到过砖头里面是怎样的。你每次把砖头打碎,你只能看到表面。砖头有一个里面,仅仅是一个理论,这个理论帮助我们理解事物理解得好一点儿。关于电子的理论,是类比性质的。因此,开始的时候,我们问:"砖头是本质对象吗?"

几个回答于是就出来了。有个人站起来说:"一块砖头,作为一块个别的、特殊的砖头,那就是怀特海说的本质对象的意思。"

另一个人说："不对啊,一块个别的砖头,可不是本质对象;所有砖头共同具有的那种一般特性——即它们的'砖性'——才是本质对象。"

又有一个家伙站起来说："不,'本质对象'不在砖头自身。'本质对象',意思是心灵里的一个观念;当你思考砖头的时候,你就有这个观念。"

又一个家伙站起来,又是另外一个。我告诉你,看一块砖头,竟然有这么多别出心裁的不同方式,我以前可是闻所未闻。而且,正如在那些关于哲学家的故事里讲的那样,这讨论会在完全的混乱中结束。在他们以前的全部讨论中,他们甚至不曾问过自己,像砖头这么简单的对象,像电子这么更简单的对象,是不是"本质对象"。

以上就是科学家们的工具理性认知模式,他们对人文知识分子的建构主义完全不认同,甚至还有点欺负人的意思。陈嘉映先生是一位哲学家,他把这两种认知对抗总结为哲学与科学的矛盾,那么他有什么解决方案呢? 他在该书中是这么说的:

哲学不能提供普适理论,而另一方面,如本书尝试表明的,科学虽然成功地建立了普适理论,但它并没有达到哲学—科学欲求的普遍理解。哲学之不能建构普适理论与科学的普适理论并不提供对世界的整体理解可说是同一件事情的两个方面。为了提供纯客观世界的图画,科学不得不把最重要的东西,心灵,留在了世界画面之外。而在我们的自然理解中,世界总体上是连着我们自己的心灵得到理解的。

陈嘉映先生认为解决方案就是建立哲学的整体理解和科学的普适理论共同体。真的有这么容易吗? 我们看看作者在该书中是怎么说的。

哲学通过反思求取理解。于是,人们会说哲学家专尚空谈,并不能提供新知识。科学家不是这样,他要研究物质和心灵,不只是总坐在那里考虑物质、心灵及其相关概念,他通过电子显微镜及至粒子对撞机去发现或制造更多的关于物质结构及物质微粒相互作用的事实,他在我们脑袋上绑上电极,仔细记录脑电图的谱线。他创造新概念,提出假说,建构理论,进行计算,站在事实之外为这些事实提供说明。哲学放弃了探索事物的"客观结构"的任务,在这个意义上,哲学的确并不提供新知识。然而,明白道理也是知,也许是最重要的知。庄子说:"天下皆知求其所不知而莫知求其所已知者",老子甚至说,"为学日益,为道日损"。他们早已明知,哲学家不是要知道更多,他在我们已经知道的事情中逗留,在已知的事情里求清楚的道理。哲学之知的确不是今人通常所称的知识。它使我们更加明白自己是怎样理解世界的,从而加深我们对世界的理解。

作者以上这段话和我们的主题开始吻合了,我们不要像庄子所说的,学习知识就是永远追求那些不知道的,而是要在已知的东西里先把道理搞清楚,道理搞清楚了,未知的东西只是数据而已,哲学—科学共同体也就建立了。那么这两种不同种类的知识可以融通在一起吗?

我们的知识可以大融通吗
第3讲

链接书目:《知识大融通——21世纪的科学与人文》 爱德华·威尔逊

　　上一讲我们刚刚想开启我们的认知旅程,就碰到了一个大难题,科学家和人文学家之间出现了难以调和的矛盾。这就是认知的矛盾。什么是认知?美国著名心理学家戴维·迈尔斯对认知的定义是:"认知是指所有与思考、理解、记忆和交流有关的心理活动。我们用概念——相似的物体、事件、想法和人在头脑中形成的思维集合来简化和组织我们周围的世界。"

　　一句话,认知就是对这个世界的简化与重组。那么我们面对的是一个什么样的世界呢?这里借鉴一下科学哲学家波普尔的"三个世界"的概念,但不是完全一样的。第一个是自然世界,第二个是人类世界,第三个是个体世界。所谓认知就是我们对这三个世界的简化与重组。可是我们人类不会莫名其妙、无缘无故地去对这三个世界进行简化与重组,这和我们的日常生活有着千丝万缕的关系。这也是陈嘉映先生为什么要把"常识"放在哲学和科学一起的原因。因为我们的认知产生知识,知识就是我们面对这三个世界的解决方案。解决方案是我们认知旅程中的目标,先有目标,然后有工具。这就是康德所说的"人是目的,不是手段"。

　　这样一分析的话,科学家和人文学家的认知差异就出来了,原来他们不是在讲同一件事,他们在认知旅程出发时,目的就不一样了。科学家面对的是自然世界,他们开山辟岭,试图寻找人类的生存之路。而人文学家面对的是人类世界,他们超越现实,试图实现人类的价值目标。所以,两者简化与重组世界的方式肯定不同。那么能不能把科学家和人文学家的目标融通在一起呢?这样认知也融通了,解决方案也融通了,最后知识也融通了。

　　今天我们阅读的书就叫《知识大融通——21世纪的科学与人文》,作者爱德华·威尔逊是美国生物学家、博物学家、社会生物学奠基人,于1969年当选为美国国家科学院院士。著名科学史家杰拉尔德·霍尔顿评价这本书说:"这部大师之作无疑在大胆挑战当今普遍的世界观。为了取而代之,本书提出一个宏大、连贯的构想,其中包含了科学、人文、伦理与宗教。你会感觉被拉抬上一座高峰,将今日破碎的知识风景尽收眼底,此后你将以全新的方式理解知识。"

那么,什么是"融通"? 威尔逊在该书"融通的意义"一节里是这么说的:

"融通"(consilience)是学术统一的前提。我喜欢这个用词胜过"一致性"(coherence)一词,因为 consilience 很少被使用,所以仍然具有较准确的含义;coherence 则同时包含几个不同的含义,其中只有一个代表"融通"。休厄尔在1840 年所写的《归纳科学的哲学观》(*The Philosophy of the Inductive Sciences*)一书中,第一次采用"融通"这个词,字面上的意义是:经由综合跨学科的事实和以事实为基础的理论,创造一个共同的解释基础,以便使知识融会在一起。他说:"当我们从一组事实归纳出的结果与从另一组不同事实归纳出的结果相符合时,归纳法才算达到了融通的阶段。这个'融通'的现象是一种测试理论真实性的方法。"

作者认为这种跨学科的融通已经在自然科学内形成了。作者是这么说的:

如果我们将不同的领域聚集起来,各领域的专家能不能达成共识,找到一组共同的抽象原则和能提供证据的明证? 我认为他们能做得到。相信融通的存在是自然科学的基础,至少在研究物质世界的科学中,趋势是强烈指向观念上的统一。自然科学内各学科之间的界限正在逐渐消失,将被一些正在变化但具有内在融通的混合领域所取代。这些混合领域能跨越许多复杂程度不同的层次,从化学物理、物理化学到分子遗传学、化学生态学和生态遗传学。其中每一个新兴的专业都是一种单一焦点的研究,都是携带着新观念和先进科技的产业。

既然自然世界里的自然科学知识已经融通了,那么人类世界里的社会科学和人文科学之间的关系,以及它们与自然科学的关系是怎样的呢? 作者是这么说的:

既然人类的行动是由具有实体因果关系的事件所组成,那么为什么社会科学和人文学科不能与自然科学贯通起来? 这样的结合又怎么可能不带来帮助? 我们不能只说人类的行为具有历史性,而历史又是独特事件的显现,这个理由并不充分。无论是从星球还是从有机物的多样性来看,人类历史和物理学发展史,都没有根本上的差异。比方说,天文学、地质学和进化生物学这类基本上属于历史的学科,就是通过融通的原理,和其他自然科学相结合的……

··············

这个世界的运作方式如果真的支持知识融通的存在,我相信人类文化产业最终将可以归入科学的范畴,我所指的包括自然科学和人文科学(尤其是其中的创造性艺术)。这两个领域将是21世纪学术的两个主要分支,而社会科学的各个部门将继续细分,这个过程早已无情地开始,将使一部分社会科学变成生物学或生物学的延伸,而另一部分则和人文学科相结合。这些社会科学会继续存在,只是在形式上会发生极大的转变。在这个过程中,从哲学、历史到道德理性分析、比较宗教学和艺术诠释等的人文学科,都会向科学靠拢,并且有一部分会和科学结合。

按照作者的说法,对自然世界认知产生的自然科学、对人类世界认知产生的社会科学以及对个体世界产生的人文学科,最后都会向"科学"这个目标靠拢,并且融通。这个过程分两步走:第一步是有关人类世界的社会科学,一部分向自然科学的生物学融通,另外一部分向人文学科融通;第二步,只剩下自然科学和人文学科两个分支,也会和科学走到一起,最后实现知识大融通。也就是说自然世界、人类世界与个体世界,三个世界的认知差异消失了。那么最能代表人类最高智慧哲学的出路在哪里呢?作者是这么说的:

> 在科学家和哲学家之间,从来没有出现过比现在更好的合作机会,尤其是当他们在生物学、社会科学和人文学科的交界面上相遇时。我们正迈向一个综合的新世纪,我们对学术融通的测试是目前学术界最大的挑战。至于哲学,这个冥想、研究未知的学科,则是一个正在逐渐缩小的"自治区"。我们的共同目标是把哲学尽可能地转变成科学。

虽然我觉得这个观点有点绝对,但是方向肯定是对的,因为在知识融通的概念下,你说把哲学转化为科学,我可以说把科学转化为哲学。若两者融通了,这个就不矛盾了。有关哲学的观点,我们认为只要人类存在,哲学肯定存在,所不同的是科学家变成了哲学家。在认知旅程的阅读书目中,有不少当代哲学书籍是由科学家们写的,其实威尔逊本人就是一个科学家,但他谈论的却是哲学,无非他的哲学观点是用科学理论来证明的而已。因此,他的知识融通支点在于他自己本行的生物学理论,由自然科学去打通人文学科的命脉。他在该书"从基因到文化"一章中是这么说的:

> 要将各大学术分支相结合,并且结束它们之间的文化战争,只有一个办法,就是不把科学文化和文学文化之间的界限看作划分地域的边界,而是看成宽阔且多半是未探究的领域,有待双方合作参与研究。我们因为对这个领域无知,才导致了双方的误解,并不是因为双方在做学问的心态上有基本的差异。这两种文化该

共同分担起下述的挑战。

我们知道所有人类的行为基本上都需要经由文化来传播,我们也知道生物学在文化的起源和传播上具有重要的影响力,但是我们不明白,生物学和文化如何彼此作用,尤其是它们如何在所有社会中作用而产生共同的人性。最后要分析的是,人类总体来说长远而大半与基因有关的历史,是借由什么样的作用力才和人类广大社会最近的文化史相联结?我认为这个问题是探究两种文化关联性的核心。我们可以把它看作有待解决的问题,是社会科学和人文学科的中心问题,同时也是自然科学面对的重大问题之一。

其实,爱德华·威尔逊的知识融通支点和《生命3.0》的作者迈克斯·泰格马克的支点是一样的,都是从生命的角度去找,因此他们发现的问题也是一样的,什么问题呢?作者在该书的结尾部分是这么说的:

在这样的努力中,我们不能光说历史的过程太复杂,不适合采用化约法来分析。那只是世俗知识分子所举的白旗,相当于懒惰的现代主义者所提出的"神的意旨"。但就另一方面而言,现在若认真谈论终极目标,比如完美的绿化城市,以及用机器人远征最近的星球,也言之过早。只要能让人类在摧毁地球之前,快乐地安顿下来就够了。要度过眼前的数十年,仍需要进行许多严肃的思考。在不同的政治经济选择中,我们愈来愈能够确认出哪些可能具有摧毁性,我们也已经开始探讨人性的基础,并发掘出人类内在的最大的需求和需求的原因。我们正跨入一个新的存在主义纪元,但不是克尔凯郭尔和萨特荒谬的旧存在主义。旧有的存在主义赋予个人完全的自主权,但新的存在主义则相信,只有通过全球分享的统一知识,才可能产生正确的远见和明智的选择。

作者所担心的人类未来与《生命3.0》中所说的是一样的,但作者的担心更加具有操作性。看了我们的第1讲,有人以为我们的主题是讨论人工智能的未来,其实那只是一个问题的提出。在超级智能出现之前,通用人工智能的出现还有一段时间,在这段时间里,我们人类还要经历战争、瘟疫、贫穷等多种危机。因此,建立一个可以分享统一知识的人类智慧App是必须的,威尔逊就是在做这个工作。他不是一个哲学家,因此他没有哲学家的负担,比如说要搞清楚人类历史上所有哲学家的观点,他只要搞清楚原来从哲学分离出去的那些学科所取得的成果中的共同的认知规律就可以了。作者在书中是这么说的:

我在写《知识大融通》的三年中，咨询了许多专家的意见，在此我几乎不可能完全列出他们的姓名。他们的兴趣广泛，从研究斯拉夫文学的学者，到美国众议院发言人；从诺贝尔物理学奖和经济学奖得主，到国际保险公司的总经理。碍于版面有限，我在此只能向那些阅读过此书部分章节的专家致谢。为了感激他们给我的珍贵帮助，我要声明：假若在本书出版（1997年9月）后仍存有错误，责任在我，与他们无涉。

作者接着在书中列举了这些人的姓名以及他们的专业，现将涉及的专业摘录下来，并将重复的部分省略了。它们分别是：经济学、艺术、人工智能、大气物理、进化、文学理论、分子生物学、科学历史、复杂理论、生态学、通识、心理学、宗教、神经生物学、艺术史、科学哲学、大脑科学、物理科学、灵长类动物学、诗、神学、人类学。

以上就是威尔逊所说的知识大融通所涉及的学科，这些学科也是我们在探索认知旅程中，不可或缺的百花齐放、百鸟争鸣的美丽景观，这个要多么深的道行才能做到。著名科技史学者田松在该书的推荐序中是这么说的：

> 作为博物学家，威尔逊强调生物多样性。但他同样相信，这个多样可以统一起来。威尔逊是一个天真的人，沉迷在融通一切的迷思之中。他也是一个执着的人，用他的一生下了一盘大棋。他的《蚂蚁》开局时，就埋伏了各种后招。《社会生物学》布局，锋芒初现：把人看成动物，用动物行为学来解释人类社会，也用人类社会来解释动物行为。《知识大融通》收官，亮出他的野心和雄心，从原子到分子，从细胞到神经，从物理化学到经济政治，从生理心理到文史哲，乃至宗教，融通一切。这是自牛顿以来自然哲学家-科学家所开始营造的终极理论之梦，威尔逊走得最远。我虽然一直在消解这个梦，但是我尊重梦中的威尔逊，也欣赏他所营造的梦。

田松教授是一位科技史学者，从他的推荐语中我们读到了三个信息：第一，威尔逊是用他的一生在布局，从而实现他的知识大融通终极之梦；第二，威尔逊终极之梦的支点来自他深厚的生物学基础；第三，虽然尊重和欣赏威尔逊的梦，但他本人还是在消解梦的过程之中。为什么会这么说呢？如果你读过陈嘉映先生的《哲学·科学·常识》中的下面这段话，你就知道原因了。陈嘉映先生是这么说的：

> 哲学真的无事可做了吗？让我们想想那个常见的比喻：哲学是母体，科学是先后出生的孩子。或者，哲学是太阳，科学是行星。奥斯汀把哲学比作"处在中心的太阳，原生旺盛、狂野纷乱"，过一阵子它会甩出自身的一部分，成为一门科学，

就像一颗行星，"凉冷、相当规则，向着遥遥的最终完成状态演进"。罗森堡一一列举说："从古希腊到现在的科学史，是哲学中的某一部门不断从哲学中分化出来成为一门独立学科的历史"：公元前三世纪，欧几里得几何学；16—17世纪，伽利略、牛顿的物理学；1859年，达尔文的生物学；二十世纪初，心理学；最近五十年来，逻辑学催生了计算机科学。母亲和孩子，拉斐尔的圣家庭，倒是一幅美好的画面。但我们现在关心的是这个比喻的下文：儿女苗壮成长，母亲逐渐衰老。衰老到什么程度呢？哲学是否已经死亡？

陈嘉映先生以上所说的是一个事实，那么威尔逊说是要融通，有可能吗？威尔逊的融通方式还是通过科学，他想把哲学也转变为科学，这有可能吗？所以田松教授是持质疑态度的。但这里把威尔逊这本书的最后一段话摘录下来，请大家仔细阅读一下，看看威尔逊说的到底是科学还是哲学。作者是这么说的：

> 我相信在寻找创新思想之路的过程中，我们也会同时得到关于生存的保护主义。值得我们反复询问的是，我们最深的根源在哪里？我们似乎是旧大陆中的狭鼻灵长类，是一种突然出现的聪明动物，在遗传上具有独特的起源，并且受惠于自己新发现的生物天分；同时，如果我们愿意的话，也可以拥有一个安全的家园。这一切又有什么意义？这就是全部的含义：我们如果依赖人工替代品来维持自身和生物圈的活力，所有的事物终将变得脆弱；我们如果抛弃其他生命，必定使我们人类变得永远贫乏；我们如果放弃遗传天性，接受机器辅助下的理性，并且以进步为名，让伦理、艺术和生命意义屈服于散漫不经的习惯之下，幻想自己如神一般尊贵，而不受古老传承的束缚，那么我们将变得什么也不是。

我觉得威尔逊以上这段话，好像又偏向哲学了。因为科学的目的就是用人工替代品来维持自身和生物圈的活力，就像《生命3.0》中提及的，连生命的硬件都要自己设计了。

陈嘉映先生的哲学和科学共同体与威尔逊的科学和人文大融通，看来都存在着缺陷。陈嘉映认为哲学不提供普适理论，那么用什么道理去理解可以提供普适理论的科学呢？威尔逊认为科学最后可以把哲学的自治区占领了，那么最后他为什么又要回到古老的文化传承呢？看来要实现知识大融通不是这么简单的。陈嘉映先生有几十年的哲学功底，威尔逊有几十年的生物学功底，这是他们知识融通的支点。而我们普通人没有这些支点，怎么去实现知识融通呢？

第4讲 你愿意跟着哈贝马斯来一场冒险认知旅程吗

链接书目:《刘擎西方现代思想讲义》 刘擎

　　　　《交往行为理论》 尤尔根·哈贝马斯

　　　　《心理学的故事:源起与演变》 莫顿·亨特

　　上一讲我们讨论了生物学家威尔逊的科学与人文知识大融通的终极之梦。为什么称之为梦?因为很多人不相信这是真的。这个和陈嘉映先生用哲学道理去理解建立哲学与科学共同体是一样的,因为哲学道理也不是那么容易理解的。那么我们的认知旅程可以走出第三条路来吗?也就是说我们自己可以找一个自己熟悉的知识支点去完成这趟认知旅程吗?可以的。

　　我们的目的就是要建立人类智慧 App,那么首先要搞清楚什么是智慧。《生命3.0》的作者迈克斯·泰格马克有一个相当简单的定义,他把有无目标作为判断有无智能的一个标准。作者是这么说的:

　　智能是完成复杂目标的能力。

　　···········

　　我们正在建造日益聪明的机器来帮助我们实现自己的目标。目前,随着我们建造的机器展现出目标导向行为,我们应该力争让机器的目标与我们的相一致。

　　作者以上的定义,是为了把人与机器的完成目标能力分开。我们把人类的目标能力称为智慧,把机器的目标能力称为智能。因为机器是跟着人走的。因此,我们还是要回到人的智慧。这样,康德那句"人是目的"就派上用场了。

　　康德的意思是,人是有理性的。在我们的目的达到之前,我们必须弄清什么是"理性"。理性就是人们想象、制定、选择并去实现自己目标的原因、过程和结果。比如一个糖尿病患者,知道维持个体生命的基本元素是碳水化合物、脂肪和蛋白质,但是面对千千万万的食物,他就不能无节制地吃,因为无论哪一样,多吃都有害,但又要做到三样东西一个也不能少,同时还要做到不依赖药物。这就是一种完成复杂目标的能力,也是一种智慧的能力,更是一种理性的能力。

　　那么我们人类有多大的理性能力呢？有一本书，叫《刘擎西方现代思想讲义》，该书比较集中地回答了这个问题，书中还介绍了现代西方思想史上19位大家的生平故事和观点。该书中有这么一段话：

　　如果多年之后，你还能记住这本书中的一句话，那么我希望是这一句：人类因为理性而伟大，因为知道理性的局限而成熟。是的，请记住：人类因为理性而伟大，因为知道理性的局限而成熟。

　　理性为什么有那么高的地位？因为刘擎先生认为"推动古今之变"和"支配现代世界思想观念"的主要动力就是理性。那么，人类的基本理性有几种呢？作者在书中介绍德国哲学家哈贝马斯时，是这么说的：

　　这一节，让我们来尝试一件哈贝马斯自己也做不到的事情：通过阅读不足5000字的内容，"拿下"哈贝马斯——这位当今世界上最有名、最难懂的理论大师！这样一来，我也有可能作为文科教师中最大胆妄为的冒险家而被载入史册。

　　哈贝马斯研究非常广泛，今天我只讲其中最重大的一个问题。我把这个问题叫作"韦伯难题"。哈贝马斯挑战了这个难题，也获得了他一生中最重要的成就。

　　那么，什么是韦伯难题？我们先简单回忆一下前面讲过的韦伯对现代性的诊断：世界祛魅了，现代社会越来越理性化了，但理性本身却分裂了，分成了工具理性和价值理性。

　　工具理性很好懂，就是把理性计算作为工具，去实现给定的目标。工具好用不好用，是一个事实判断，很容易达成共识。所以，工具理性能够大行其道：建立普遍通用的规则与统一标准，广泛应用于科学技术、经济生产和官僚管理系统等领域。工具理性大大提升了现代化的速度、规模和效率，这是了不起的成就。

　　但相比之下，价值理性却严重衰落了。因为事实判断有统一标准，而价值判断则各有各的尺度。在祛魅之后的现代社会，人们失去了古代人信奉的自然、天道和上帝等客观标准。在价值问题上，大家很难达成共识。

　　你要"诗和远方"，他要功成名就；你要个人自由，他要集体温暖。现代社会在人生理想、道德规范和政治生活这些涉及价值判断的领域，陷入了相互争执的多元主义，韦伯把这个局面叫作"诸神之争"。

　　看来刘擎先生所说的工具理性和价值理性确实产生了不可调和的矛盾。那么如何解决这个矛盾呢？有没有一种更好的理性存在呢？作者继续说道：

哈贝马斯决心挑战韦伯难题。他相信,理性的潜力并没有被耗尽,启蒙的理想还可能再往前推进一步。20 世纪 80 年代,哈贝马斯发表了两卷本的巨著《交往行为理论》,英译本长达 970 页,其中韦伯的名字出现了两三百次。他当然知道韦伯问题的深度和难度,但最终,哈贝马斯出色地回应了这个挑战,也获得了堪称伟大的思想成就。

....

哈贝马斯认为,好好说话这件事本身有很深的道理。这不只是解决矛盾的调解机制,他从中发现了一种理性的类型,这种理性既不是工具理性,也不是主体性的价值理性,而是存在于人与人之间交往中的理性,哈贝马斯称之为"交往理性"。

这种理性并不是杜撰。哈贝马斯借助大量的语言学、道德心理学和社会学的研究,发现并且论证交往理性是客观存在的。这个论证过程,我们无法在此展开讲解,但请你注意这个术语。

如果说哈贝马斯为"韦伯难题"找到了解药,那"交往理性"就是这个药的名字。

....

哈贝马斯的著作那么深奥晦涩,为什么还能吸引无数不同领域的学者来研读探讨? 因为他的理论意义重大。

只要你知道韦伯命题的意义,你就会理解哈贝马斯的贡献有多重要。哈贝马斯认为,工具理性有自己适用的领域,在技术、经济活动和官僚体制中有不可替代的作用,他把这个领域称作"系统"。但人类活动在"系统"之外还有一块是精神生活、道德生活和政治生活的领域,哈贝马斯称之为"生活世界"。

好了,现在简单总结一下刘擎先生对两个理性的介绍。第一是工具理性,这是面对自然世界的技术经济领域不可缺少的;第二是价值理性,这是面对个人精神世界不可缺少的。哈贝马斯提出了交往理性,这是人类共同社会或者说生活世界不可缺少的。刘擎先生认为哈贝马斯在哲学上最大的贡献,就是解决了韦伯难题。

因此,他在介绍完哈贝马斯之后,说了下面这段话:

现在,祝贺你完成了一次思想的极限挑战,"拿下"了哈贝马斯。

结合作者所说的"我也有可能作为文科教师中最大胆妄为的冒险家而被载入史册",说明哈贝马斯的交往理性确实不是等闲之辈的一般理论。既然不是一般理论,我们就准备来一次更大的冒险,就是把哈贝马斯的交往理性扩大到我们对整个世界知识的认知领域。

交往理性不仅仅是刘擎先生在书中所说的"好好说话",而且牵涉到知识的领域。我们来看看哈贝马斯在《交往行为理论》中是怎么说的:

> 首先我们可以确定,交往理性概念必须用语言理解来加以分析。理解概念表明的是一种参与者之间达成的合理共识,它可以用批判检验的有效性要求加以衡量。有效性要求(包括命题的真实性,规范的正确性,以及主观的真诚性)表明的是不同的知识范畴,知识是通过符号体现在表达当中的。表达也可以进一步地加以分析,而且可以从以下两个角度加以分析:一是如何对这些表达加以论证,再就是行为者如何通过表达而与世界中的事物发生联系。

以上这段话,大家可能难以理解,其实只要记住两个关键点,第一个是作为理解与表达的知识就是一种符号,第二个是对这种符号的理解通过行为者共同参与才有意义。作者指出了他的理性与韦伯的理性两者之间的差异。书中是这么说的:

> 韦伯对行为概念的等级划分主要是依据目的理性行为,其他所有行为都可以划作目的理性行为的特殊倾向。韦伯通过分析意义理解方法后认为,比较复杂的情况可以放到目的理性行为的理解的临界点上:对具有主观目的的行为的理解,同时也需要(根据合理性的正确性标准)作出客观的评价。

按照哈贝马斯的意思,韦伯的理性更具有主观性,而他的理性更具有行为性。因此作者是这么说的:

> 研究的焦点也因此从认知—工具理性转向了交往理性。交往理性的范式不是单个主体与可以反映和掌握的客观世界中的事物的关系,而是主体间性关系,当具有言语和行为能力的主体相互进行沟通时,他们就具备了主体间性关系。交往行为者在主体间性关系中所使用的是一种自然语言媒介,运用的则是传统的文化解释,同时还和客观世界、共同的社会世界以及各自的主观世界建立起联系。

哈贝马斯以上所说的主体间性交往理性,不是抛弃了认知,而是把个体的认知扩展到了人类的共同认知,和我们所说的三个世界,客观世界也就是自然世界,共同社会世界也就是人类世界,各自的主观世界也就是个体世界,它们之间的交往更加紧密了。在这里,哈贝马斯更厉害的是,把交往理性的媒介与载体归结为自然语言和传统文化。这将是我们这个认知旅程中的一条超链接认知主线。

通过认知来完成知识大融通,是我们普通人和哲学家与生物学家的根本区别。现在我们介绍一下认知的概念是怎么来的。

有一本心理学入门经典,同时也是一本专业性与趣味性并重的科普读物,叫《心理学的故事:源起与演变》。作者莫顿·亨特,是一位著名心理学家、科普作家。在该书"认知心理学家"一章中,作者是这么介绍认知科学的:

> 到了 20 世纪 70 年代末,认知心理学及其相关领域被统称为认知科学,很多人把它看成一个全新的领域。到了 20 世纪 80 年代及 90 年代初,人们期望它能取代心理学。然而,事实上,心理学发生了变化,开始吸取认知科学的新观念。今天,心理学的大部分领域都涉及认知科学的课题,而认知科学的某些相对较少的独立领域也包含传统心理学的诸多或全部领域。最重要的是,认知革命绝不限于心理学的显著扩展和深化,它是关于心理过程全新认知的六门科学内同时发生的一场非同寻常的——确切地说,是令人难以相信的——伟大变革。

那么作者所说的六门科学是什么呢?它们依次是神经科学、信息学、人类学、语言学、计算机科学等,但今天这门认知科学已经扩展到哲学、伦理学、历史学,甚至物理学和生物学等,基本上可以涵盖人类的整个知识学科。因此,我们介绍的超链接学习法就是以一条超链接认知主线来阅读不同学科的经典著作,来简化与重组我们对世界的认知。

三个重要元素是我们的超链接认知主线,也是我们的认知旅程不可或缺的。第一个是本讲讨论的哈贝马斯的交往理性,为了更容易理解,我们称之为"合作理性"。第二个是威尔逊的生物学基础,第三个就是陈嘉映先生的哲学建构主义。

有关建构主义,这里再多说两句。我们喜欢网购,我们必须先下载一个 App,比如说淘宝、拼多多等。如果你仔细对比一下今天的淘宝 App 和十几年前的淘宝 App,你会发现里面的页面、内容、规则等已经完全不一样了。因为消费者变了,供应商变了,消费环境变了,支付方式变了,消费政策变了,App 本身的算法也变了。但它还是叫淘宝,基本功能没有变。为什么?因为这个 App 是与时俱进的,时刻在迭代,这个迭代就叫建构。我们的认知也是被建构的,前面我们提到的怀特海的那本书《过程与实在》,全书自始至终在讲一个概念——"有机哲学"。怀特海把枯燥的、抽象的哲学比喻为可以自我生长的有机生命,这也是一种建构主义。

但这还不是我们采用建构主义的主要理由。建构主义是今天西方主流哲学思想现象学的核心价值,在现象学里叫"构成"。许多人不明白什么是现象学,然后说现象学就是不看本质看现象。这是错的。现象学是不看结果看构成,本质还是要看的。什么是现象学？在第 116 讲"为什么现象学可以用一句话讲清楚"里有介绍，里面引用了中国研究现象学权威、北大哲学系教授张祥龙先生的话，这些话就是我们的认知旅程为什么要采用建构主义的最重要原因。张祥龙先生是这么说的：

> 现象学大大改善了东西方或者说是中西方哲理思想之间的关系。从原来的西方哲学对东方思想的殖民统治，变为比较平等的对话和相互欣赏……现在西方思想作为一个整体看对东方还是很傲慢，好像还是只有他们能代表最高深的纯思想。但无论如何，由于现象学的出现，为我们中国和东方思想进入世界哲学的话语世界提供了一个契机，这里潜藏着未来哲学发展的新的可能性。

张祥龙先生以上的见解相当精辟。中国就是现象学的发源地，老子是现象学的老祖宗。老子把代表人类最高智慧的"道"做了现象学的处理，留下了这句"道可道，非常道"。不同的解释有很多，但建构主义的解释基本上是一致的："能够言说的道，不是永恒之道。"

我们的认知旅程就是要构成对这个世界的"道"的认知。我们为什么要学习知识？因为人类是一个生活在未来的物种，嘀嗒一下，我们已经进入了下一秒，但下一秒永远是未知的。我们一出生就来到世界这个未知的迷宫，因此我们要找一条走出未知的知识之路，这条路就是每个人都理解的"道"。我们学习知识，创造知识，看似走出了迷宫，没想到又来到了一个新的迷宫。因此，我们要终身学习，终身寻找走出迷宫之"道"。今天所有的科学技术知识就是走出迷宫的不同的"道"，而且很多人都心安理得地接受了这一点。

这是我们的人生吗？这是老子所说的"道"吗？傅佩荣教授对"道"的定义是："道是万事万物的来源和归宿。"一句话，把存在于迷宫中的成千上万条知识之道，极端简化为我们这个世界迷宫的出口和入口了。这不就是超链接学习者的目标吗？我们需要学习"道路"的知识，但我们更加需要出口和入口的知识。那么入口和出口的知识怎么获得呢？一下子说不清楚，也说不出来。因为这是永恒之道。怎么办？希望我们这趟认知旅程可以帮到你。你准备好了吗？记住三大元素：合作理性、生物学与建构主义。有一辆包含着三大元素的认知旅程景观车已经准备就绪，就是老子的《道德经》，不过一路下来能不能达到预期目标，还需要有一点冒险精神。闲话少说，让我们现在出发吧！

链接书目:《哲学起步》 邓晓芒

《全球化简史》 杰弗里·萨克斯

上一讲我们讨论了合作理性、生物学和建构主义,再加上老子《道德经》的"景观车",将成为我们认知旅程的四大要素。其中哈贝马斯的交往理性很重要,因为里面有"理性"两个字。为了这个"理性",哈贝马斯绞尽脑汁,终于以"交往理性"解决了韦伯留下的"理性悖论"。今天我们的认知旅程开启了,还是拿"理性"来说事。因为理性就是人类想象、制定、选择和实现目标的原因、过程和结果。如果说认知是简化和重组这个世界的心理学概念,那么已经不够用了,要进入其他学科的话,理性这个哲学概念也要从心理和思维走向行为与实践了。今天我们回到人之初的理性状态,去发现人类的第一次认知革命是从哪里开始的。

有两本书,一本是赫拉利的《人类简史》,还有一本是被称为信息哲学领军人的牛津大学教授卢西亚诺·弗洛里迪的《第四次革命》。两本书都提到了一个名词——"认知革命"。但是两个人的观点却完全不同。赫拉利认为认知革命出现过一次,在人类历史的 7 万年之前,另外两次革命是 1 万年前的农业革命和 500 年前的科学革命,被称为人类历史的三大革命。弗洛里迪认为人类历史上出现过四次认知革命,第一次是哥白尼的日心说,第二次是达尔文的进化论,第三次是弗洛伊德的精神分析说,第四次是图灵的人工智能理论。

他们两人的观点不同。一个是在历史的视野中看认知,因此认为只有一次认知革命;另外一个是在人类认知史中看认知,因此认为有四次认知革命。但如果从认知是简化与重组世界这个概念看,两者都有偏颇。

如何把他们两人的观点结合起来,看我们人类的认知革命是怎么一步一步走过来的呢? 还是要从四大要素出发。我们把人类历史上的认知革命也分为四次,但是和弗洛里迪的完全不同,在时间跨度上比赫拉利和弗洛里迪更加遥远。按照生命 3.0 的理论,人类的智慧是以目标为导向的。原始人类一直住在非洲,300 多万年了,一直住得好好的,为什么直到 10 万年前,尼安德特人和智人才开始走出非洲? 答案很简单,因为原始人也有目标,他们看到生存空间变得狭小了。根据历史学家赫拉利的描述,人类在 80 万年前开始使用火,到 30 万年前已经处在食物链的顶端了。狩猎采集的资源逐步减少,再加上人类不同人种之间战争,迫使他们走出非洲,寻找更大的生存空间。但是,我们认为,更重要的原因还是来自人类的第一次认知革命。起因就是人类开始使用工具。

我国知名哲学家邓晓芒先生有一本书,叫《哲学起步》,是一本"我们从哪里来? 我们是谁? 我们到哪里去?"的全新个性化哲学体系的新作,特别适合初入哲学殿堂者学习。这本书的一个全新观点就是对"工具"概念的创新。

在人类学的知识体系中,我们的传统观念是,在人类从类人猿转变为人的过程中,主要的标志是工具的使用和直立行走。这是人和动物的主要区别,但是这个理论在 20 世纪 60 年代被否定了。邓晓芒先生在该书中是这么说的:

> 英国有一个动物学家叫珍妮·古道尔,20 世纪 60 年代起她对非洲黑猩猩进行了长期的观察,几十年住在黑猩猩群体旁边,每天都跟它们在一起。她发现黑猩猩居然也有制造和使用工具的能力。有个例子就是,黑猩猩想吃到白蚁,非洲草原上的白蚁窝到处都是,那是白蚁用泥和唾液制造的坚硬的窝。白蚁的蛋白质非常丰富,怎样才能吃到它们呢? 珍妮发现,有一只黑猩猩掰了一根树枝,把它的叶子去掉,制造成一根很实用的"钓竿",然后把它伸到白蚁洞里去,那些白蚁认为是大敌入侵,纷纷来咬这根树枝。黑猩猩就从白蚁洞里把这根上面咬满了白蚁的树枝抽出来,放到口里顺着一过,就吃到了一口白蚁,然后再把它放回到洞里面去,接着又抽出来,再吃一口,这样交替着来。珍妮·古道尔后来把这个过程拍成了纪录片,并且写成论文发表在《自然》杂志上,一发表就引起了轰动。这至少说明,黑猩猩也能够制造和使用工具! 它掰一根树枝,把上面多余的叶子去掉,这就是在制造工具嘛。你也许嫌它的工具太简单了,没有关系,再怎么简单它也是在有意识有目的地改造自然物啊。它有很明确的目的,就是要把它当作工具,来"钓"白蚁。好了,现在我们能不能说黑猩猩也是人呢? 好像不能! 黑猩猩不是人,它是猿,顶多是类人猿。像刚才我们说的,这件事情引起了学术界很大的震动,人和动物的本质区别到底是什么? 人们都陷入了困惑之中。很长时间大家都认为人和动物的根本区别这个问题已经没有悬念了,但现在这样说不行了。

邓晓芒先生以上关于人与动物都可以使用工具的观点,被许多人类学家所采用。另外,有关人类直立行走的依据是,由于地球气候变得干旱,原先栖息的树林消失了,变成了草原,草原上没有了树,人不能在猛兽到来时及时爬到树上躲避,所以必须在天敌还没有靠近自己、还在很远处的时候就发现它,这就需要站立起来扩大自己的视野,久而久之就形成了站立的习惯,同时又把手腾出来做别的事了。

但是,邓晓芒先生反对这种说法,他在书中是这么说的:

> 我认为,人类制造和使用工具与黑猩猩制造和使用工具有一个明显不同的地方,从整个过程来看,人类在制造和使用完工具以后,不是简单地把这个工具扔掉——像黑猩猩那样,用完就撂一边不管了,下一次碰到类似的情况,再临时去找材料来制造工具——而是用完了以后,就把它带在身边备用。这是一个很明显的区别,但是人们都没有注意到。所以,我把人的本质定义重新拟定了一下,归结到一个定义——原来那个定义也没有错,但是有缺陷,不够完整,还需要补充,补充以后就是我的定义——"人是制造、使用和携带工具的动物。"我的定义与旧的定义的区别就在于增加了"携带"工具,看起来区别不大,其实已经有了本质的飞跃。携带工具为什么这么重要?这只有运用哲学的思维才能阐明。
>
> ·············
>
> 目前,国际人类学界基本上公认,人类起源于三百多万年以前东非埃塞俄比亚的南方古猿。1974年在埃塞俄比亚发现了露西化石,露西是一具南方古猿的女性骸骨,考古学家为之起名为"露西",有二十来岁。相关研究证明,她已经能够直立行走,是介于猿和人之间的环节。我们今天的人类全部要追溯到这样一个始祖,我们把她称为"夏娃"。

邓晓芒先生不愧是个哲学家,他看问题的方式和人类学家完全不同。不同在哪里?请注意以下邓晓芒先生说的话,核心就是两个字"目标"。他是这么说的:

> 首先,从哲学上来看,携带工具这件事表明,人类已经能把间接性的东西变成一种直接性的东西。用这个东西干什么,那是间接性的目的和目标,通过这个手段来实现那个目标。由于人着眼于那个目标,但又不能直接达到它,而必须采用工具,所以那个目标是间接的。而这个工具就是促成那个目标实现的中介,用这个工具不是着眼于这个工具本身,而是要用这个工具来达到别的目的。但是人手里面拿的这个东西是直接性的,他直接抓住它,使用它。而黑猩猩还没有意识到这种直接性,它仍然把这个工具看作一种间接性的自然物,是它临时需要一下但本质上并不需要的东西。它不过是把两件间接性的东西联系在一起,然后从中留下了它想要的,而另一个用完就抛弃了。但人类不同,人意识到这个本来也是间

接性的东西现在成了他的直接性，是他把它变成了直接性的东西，所以他要把这个工具保存在身边，好像它是直接长在自己身上的。当然其实它也不是他的身体，而是他身体之外的间接性的自然物，它要是被损坏了，不能像自己的手一样自行修复、长好。但他仍然像用自己的手那样直接支配和使用它，这就使直接性的东西和间接性的东西成了一个东西，或者说通过工具，就把直接性和间接性打通了，把人和人之外的自然界打通了。人之所以要保留那个工具在身边，其实是为了达到和自然界相通的目的。这表明人类已经把间接性的东西纳入了直接性的东西，统摄进了直接性的东西。直接性的东西已经在他手里面了，他把这些工具作用于别的东西，不仅仅是这一次作用，而且可以多次使用。这就叫"以一当十"、"以不变应万变"，遇到任何情况都可以用这件工具去对付。这里面就有一种行为模式，这种模式广义地来说，叫"符号"。

············

通过分析其结构模式可以看出，人的携带工具和运用语言这两种能力是同一级别的、同一类型的能力，也就是运用符号的能力。所以美国哲学人类学家恩斯特·卡西尔给人下了这样一个定义：人是制造和使用符号的动物。他的这个"符号"就包括工具，制造和使用工具，当然也包括制造和使用语言。

邓晓芒先生有关人的定义和工具的定义，解决了长期以来人类学的困惑，"人是制造、使用和携带工具的动物"解答了人为什么会直立行走的大问题，说是为了视野开阔才直立行走，这个理论确实不靠谱。人为了生存，以工具延伸了自己的手，可以更好地采集狩猎，或者与其他种群争夺资源，工具肯定是一个睡不离手、行不离手的大宝贝，不直立行走已经是万万不能了。

同时，邓晓芒先生对工具的解释，其实把人的认知革命向前推进了百万年。他解释的重点不是携带，而是理性。人类通过间接性的目标达到了他们直接性的目标，这是人类认知史上的一次理性革命，是工具理性产生的起源。

马克斯·韦伯在《经济与社会》中是这样解释工具理性的：

工具理性的（zweckrational），它决定于对客体在环境中的表现和他人的表现的预期；行动者会把这些预期用作"条件"或者"手段"，以实现自身的理性追求和特定目标。

还是离不开"目标"二字，目标和理性是相辅相成的一对概念。人的理性包含目标，要实现目标，必须有理性。露西的后代们为什么要走出非洲？原来周围环境中，同类越来越多,食物越来越少,这是他们的预期,然后他们发明工具,创造捕获猎物的条件和手段,有了这些条件与手段,他们的目标更加高大上,已经不满足于非洲这块小地方了,原始人也要全球化了。

有一本书叫《全球化简史》,作者杰弗里·萨克斯是哥伦比亚大学教授、著名经济学家。他把人类全球化分为七个时代,该书中是这么说的:

> 为了追溯全球化的历史,我将描述七个不同的时代。旧石器时代,人类还在狩猎采集的史前时代;新石器时代,农业起源的时期;骑马时代,马的驯化和原始文字的发展使长途贸易和通信成为可能;古典时代,大帝国诞生了;海洋时代,帝国第一次跨海并超越其起源的生态区域;工业时代,由英国领导的少数几个社会迎来了工业经济;数字时代,我们当今的时代,几乎整个世界都在瞬间被网络连接起来。

对旧石器时代,他是这么描述的:

> 旧石器时代,可以追溯到公元前 7 万年至公元前 1 万年,远距离的交流是通过迁徙进行的,也就是一小群人从一个地方迁移到另一个地方。随着这些群体的迁移,他们的工具、技术和新兴文化也与之随行。当迁徙的智人(解剖学上的现代人类)进入新的地区时,要应对其他古人类(智人基因组的成员)如尼安德特人和丹尼索瓦人、新食肉动物和病原体、新的生态条件(如在高海拔地区生活),当然还包括其他现代人类群落的竞争。这种竞争与适应形成了延续到今天的文化模式。

其中除了古典时代外,作者认为 6 个全球化时代全部与工具的概念有关,分别代表旧石器、新石器、马、船、蒸汽机和计算机。因此,以工具这个间接的力量转化为人的器官直接力量去简化与重组这个世界,就是人类的第一次认知革命,这是一次毫无悬念的工具理性革命,并且一直延续到今天。如果我们问:今天最高工具理性的代表是什么? 每个人的回答应该是一致的:人工智能。但是,这个人工智能在本质上和几百万年前原始人手上的旧石器是完全一样的,都是在延伸或模仿我们的器官,把间接性变成直接性。所不同的是,石器延伸我们的肢体,人工智能延伸我们的大脑而已。石器完成的是简单的目标能力,计算机完成的是复杂的目标能力。这个解释是不是和《生命 3.0》中对智能的定义一模一样? 那么人类是怎么想到要这么做的呢?

第6讲 为什么人类使用工具要溯源到宇宙大爆炸

链接书目:《起源:万物大历史》 大卫·克里斯蒂安

《技术元素》 凯文·凯利

上一讲我们讨论了人类第一次认知革命的发生,原始人需要工具来延伸自己的生理功能,这是一次伟大的工具理性革命,从此人类可以把间接性的东西转化为直接性的东西。原始人不但制造工具、使用工具,还要携带工具,从此与工具须臾不离,如影随形。从7万年前开始,他们走出非洲开启了人类的全球化时代。那么他们为什么对工具如此青睐呢?这个原因要追溯到138亿年前的宇宙大爆炸,就是那次大爆炸决定了人类今天的工具理性。

有一本书叫《起源:万物大历史》,作者是大历史学派创始人大卫·克里斯蒂安。什么是大历史学派?比尔·盖茨认为:"大历史可以为我们理解自宇宙大爆炸至今的一切历史提供框架。通常,在学校里,科学和历史是分开教授的——有专门的物理课,也有专门的讲述文明起源的课程——但是大历史打破了这一界限。每当我学到新知识,不论是生物学的、历史学的,还有其他任何一门学科,我总是会努力将它放置在大历史的框架中。再也没有其他课程会对我看待世界的方式产生如此之大的影响。"比尔·盖茨的这段话是不是有点像《知识大融通——21世纪的科学与人文》作者爱德华·威尔逊说的话,科学与人文是可以融通的。但这次不是生物学,而是宇宙学。作者把宇宙大爆炸直至今天的宇宙历史划分成8个节点,什么东西都在变,只有一样东西从大爆炸以后至今没有变。是什么呢?作者在该书"最初时刻:节点一"一章中是这么说的:

当今最广为人所接受的有关宇宙终极起源的故事是大爆炸学说。大爆炸是现代科学认知的一个基本范式,就像生物学中的自然选择或地质学中的板块构造一样。

有关大爆炸起源说的关键证据直到20世纪60年代方才到位。那时,天文学家首次探测到宇宙微波背景辐射(CMBR),即大爆炸过后残留的能量,且至今仍散落在宇宙中。宇宙学家们非常努力地试图弄清宇宙最初乍现的那一刻,但他们所能讲述的故事却只能从宇宙开启后(即零时后)的10—43秒左右开始。

请注意,这里有一个词是理解大爆炸的关键,就是大爆炸以后有一种没有变的东西留下来了。这个东西叫"能量"。作者是这么说的:

> 有证据表明,宇宙大爆炸后最初的一刹那,充盈宇宙的是纯粹、随机、未分化且无形的能量。在此,我们可以把能量视作能够造成事物生发的潜势(potential for something to happen)、用功做事或改变事物的能力。原始原子中的能量大得惊人,温度超过绝对零度数万亿度。此后有一个阶段,宇宙膨胀的速度极快,被称作"暴胀"(inflation)期。此时宇宙膨胀的速度总体上都是特别快,以至于人类根本无缘得见宇宙中绝大部分的物质和存在。也就是说,我们今日得见的万物可能只是宇宙间全部存在的一个极微小部分。

那么,这个引起宇宙大爆炸的能量和我们今天看到的光怪陆离、形形色色的物质,又有什么关系呢?作者是这么说的:

> 物质是在宇宙大爆炸后的第一秒内形成的。所谓物质也就是能量推来推去的那种东西。直到一个多世纪以前,科学家和哲学家还认定物质和能量是截然不同的存在呢!现在我们弄清了:其实物质不过是高度压缩的能量的一种存在形式。早在1905年的时候,年轻的阿尔伯特·爱因斯坦就在一篇颇为有名的论文中证明了这一点。这就是著名的质能转换公式,即能量(E)等于质量(m)乘以光速(c)的平方,用符号表示就是 $E=mc^2$,我们由此可知单位质量的物质中蕴藏着多么巨大的能量。现在,我们合计一下:一丁点儿的物质究竟蕴藏多少能量。可不是要用物质的质量乘以光速(每小时要10多亿千米呢!),而是光速的平方啊!这数字可大得不得了,所以哪怕只是给一丁点儿的物质解压缩,就足以获得巨大的能量。氢弹爆炸就是这种为物质解压缩的过程,而早期宇宙大爆炸的过程与此正好相反。大量的能量被压缩成很小的物质,就像海量能量中的点点微尘。我们人类的高超之处,就在于我们学会了在瞬时内重新制造出巨大的能量,地点是日内瓦的大型强子对撞机(LHC)。那时,无数粒子从能量的海洋中喷薄而出。

接下来作者开始介绍地球的历史、生命的历史、人类的历史和科学技术的历史,有关生命的历史接下来我们会讨论。现在简单讲一下科学技术,也就是工具理性的历史和人类消耗能量的关系。我们的工具理性在工业革命后发生了里程碑式的转变,对化石燃料的大面积应用,比如蒸汽机、纺织机、火车、汽车、飞机、轮船,包括今天要维持一个庞大的数据处理器,甚至比特币的挖矿,无不与化石燃料有关。作者将化石燃料工具革命时代与自然能源农业时代做了一个对比,是这么说的:

> 新的信息流和能流已将人类、动物和植物,以及地球、海洋和大气中的化学物质编织成一个单一的主要服务于人类自身利益的体系。维持这一体系的是来自化石燃料的巨大能流。我们可利用附录中的统计数字大致估量一下此类能流在人类世的影响。

> 首先,这里最显眼的是最近几个世纪巨大变化的规模。在过去的 200 年里,人类的总人口(B 栏)从 9 亿上升到 60 亿以上,相当于 1000 年内增加 260 亿人,这一增长速率比农业时代快 1000 倍,因为农业时代平均每千年增加 2500 万人。这样的增长率根本不可持续;事实上,近几十年来,人口增长速度一直在放缓。但尽管如此,这些数字还是能够说明化石燃料革命对人口增长的惊人影响。

> 快速的人口增长有赖于我们这一物种能够获取更多的能量(C 栏)。从上一季冰期末至 2000 年前的 8000 年间,人类能源消耗增长了约 70 倍,而在过去短短的 200 年间——1800—2000 年——人类消耗能量的总量就增加了约 22 倍,从 2000 万千兆焦耳(20 艾焦耳)增加到 5200 万千兆焦耳(520 艾焦耳)。这一增长速度相当于每千年增长 2500 艾焦耳,是农业时代增长速度的 20000 倍。

> 化石燃料的能源富矿,如同此前农业时代来自农耕的能源富矿一样,为人口增长缴纳了熵索要的复杂税,但前者为提高人们生活水准缴纳复杂税的数额要比农业时代多得多。这是因为,在化石燃料时代,生活水准提高的远不止人口的 10%,还包括比这庞大得多的中产阶级。

> 来自化石燃料的大部分能源被用来养活日益增长的人类人口。在过去的两个世纪里,化石燃料支撑了新增的五六十亿人的衣食住行。但化石燃料富矿蕴含能源的总量比农耕富矿大得多,所以除了养活更多的人口之外还有剩余,还可支持其他用途。由附录中 D 栏可看出,在过去 1000 年中,人均可用能源增长了近 8 倍,而在上一季冰期末至 2000 年前的 8000 年间,人均可用能源的增长还不到一倍。在过去的 200 年间,人类数量以闪电般的速度增长,但能流的增长更快。

作者这里提到了一个"熵"的概念,"熵"的物理意义是体系混乱程度的度量。人体没有能量支撑,就会死亡,这就是"熵"在起作用。我们每天都在吸收能量来对抗"熵",这就是"负熵",这个观点是物理学家薛定谔提出来的。

既然今天我们要以清洁能源去替代化石燃料,能量仍然没有变,只不过我们用工具理性取得能量的方式变了,这种取得能量方式的变化被凯文·凯利称为"文明"。他在《技术元素》中,对"文明"的定义就是消耗能量,是这么说的:

> 文明是生物。它们是有机体,寿命很长,在地球表面分布很广。文明是一种存在,消耗能量,产出观念和想法。这些观念和想法以城市、机构、法律、艺术、书籍,以及回忆的形式而存在。一种文明可能会延续数千年,不断发展。与有血有肉的动物甚或人类的大脑组织相比,文明是地球上变化最快的有机体。

凯文·凯利认为,这个文明的有机体就是一个技术元素,它消耗能量到什么程度呢? 他是这么说的:

> 技术元素每年都要消耗超过 40 万亿磅煤、1.6 万亿磅铁、2000 亿磅石膏、1.2 万亿磅小麦,这只是满足其庞大胃口所需的成千上万种原料的数据中的四个数据,而全部总需求量每年增速超过 5%。在现代世界中,技术元素平均每年必须处理 20 吨原子来养活一个男人(女人或孩子)。

好了,我们从宇宙大爆炸,物质的产生,一直到今天文明的存在,始终离不开"能量"二字,看来我们的原始人确实是很聪明的,他们觉得自己的手没有这么大的能量去采集狩猎,于是发明了工具。这个好传统一直延续到今天,我们的大脑实在记不住这么多的数据,于是有了电脑能量来取代。因此,人类需要把外部环境能量转化为自己所需的能量,并且创造了观念和想法,以及城市、机构、法律、艺术、书籍等等,其实这些都是帮助人类完成能量转换任务的。谈到工具理性,它的优势一直在西方,特别是全球化过程中的海洋时代和工业时代。西方人已经走在前面了,难道西方的工具理性优势就这么一直主宰下去吗?

第7讲
为什么一个贪婪、懒惰的女人和农业革命有关

链接书目:《西方将主宰多久:东方为什么会落后,西方为什么能崛起》
伊恩·莫里斯

上一讲我们讨论了获取能量是工具理性产生的根源。这个能量可以一直追溯到宇宙大爆炸,而转换能量的工具理性可以一直追溯到原始人走出非洲的旧石器时代。能量已经成了一种文明的度量,或者说是一种衡量社会发展的指标,这不是凯文·凯利一个人的观点,也来自另外一位全球著名历史学家、斯坦福大学历史学和古典文学教授伊恩·莫里斯。他有一本书叫《西方将主宰多久:东方为什么会落后,西方为什么能崛起》。作者以能量作为一个全新的历史视角,将各个学科的最新发现联系起来,衡量不同时间和空间的东西方文明的社会发展程度,展示了财富和力量是如何从东方转移到西方,并就此奠定西方几百年来的统治地位。这也是一本科学与人文知识融通的书籍,北京大学教授韩毓海对该书的评价是:"对中国人来说,这是一部可以与《资治通鉴》相媲美的书,因为《资治通鉴》创作于中华文明第一次世界辉煌的尾声,这部书则预示着中华文明再次走向世界辉煌的先声。"

作者认为西方和东方相比,西方一直是领先于东方的,这个时期可以一直追溯到大约公元前14000年。那么为什么西方人可以领先呢?首先作者有关西方的概念和我们的理解有所不同,他是从地理上划分的。他在该书"溯源:东方和西方之前的漫长岁月"一章中是这么说的:

> 在考古学家称为侧翼丘陵区的地方,我们能够最清楚地看出早期人类的群居和定居生活。侧翼丘陵区是南亚一个跨越底格里斯河、幼发拉底河以及约旦河谷的弧形带。本章节我会花大量的笔墨讨论这个区域,因为这个地区见证了人类首次摆脱狩猎采集者的生活方式的转变——与此同时,还见证了西方的诞生。

作者把产生最古老文明的两河流域一带称为侧翼丘陵区。那么为什么他们最先产生文明呢?说出来你可能不相信,但作者确实在该书"西方领先的世纪"一章中,讲了一个懒惰、贪婪和恐惧的女人是如何学会以工具理性改变自己生活方式的故事。

在本书的前言部分,我将科幻作家罗伯特·安森·海因莱因的俏皮话"懒人想寻找更简单的方法解决问题,于是就有了进步"扩展为一个社会学理论,即历史是因为懒惰、贪婪和恐惧的人们(他们往往不知道自己在做什么)为了获得更简单、更有益和更安全的生活而产生的。这个准则在冰河时期末期对侧翼丘陵区的人们产生了巨大影响,创造了具有西方特色的生活方式,使得西方的社会发展快于地球上的任何一个地方。

我们或许可以将这一点归功于(或者归咎于)女人。在现代的狩猎采集社会,妇女主要做采集工作,而男人主要负责狩猎。男人的墓中主要是矛头和箭头,女人的墓中主要是磨削工具,据此我们可以判断,史前发生在东西方的事情差不多是一样的,这提示了目前为止本书主要问题的答案——我们在提到西方与其他地方不同的生活方式时,该从什么时间、什么地点说起——约15000年前,侧翼丘陵区妇女的聪明才智。

············

我们不知道懒惰(不想从一个地方走到另一个地方)、贪婪(想要获取更多的食物)和恐惧(对饥饿的恐惧或者恐惧他人抢先获得食物)是否真的给了人们灵感,但是有人——很有可能是一个女人——想出了一个好主意:可以把最好的种子重新种植在特别肥沃的土壤里。之后,她很可能这样想:如果我们照料这些种子——翻土,拔草,甚至给这些植物浇水,那么我们每年都可以得到它们的果实,甚至会给我们带来更多的果实。生活非常美好。

作者以上所说的那个懒惰、贪婪和恐惧的女人的故事,可是我们人类农业革命起源的故事。第一颗可以填饱人类肚子的种子从此诞生了,这是工具理性的一大进步,原来是无限消耗自然能量,现在自己可以生产能量了。懒惰照旧,因为工具理性提供了延伸服务,但贪婪和恐惧消失了。

那么如何度量工具理性所创造的能量与文明之间的关系呢?作者也不是一个人在战斗,考古学家、历史学家、人类学家和生态学家群策群力,给出了一个很好的答案。作者在该书"测量过去,验证未来"一章中是这么说的:

1971年,《科学美国人》杂志的编辑们邀请地球学家厄尔·库克(Earl Cook)写一篇名为《工业社会的能量流》的文章。文中包含一个图,显示了对采猎者、早期农耕者(指第二章中提过的公元前5000年西南亚的农民)、后期农耕者(1400年左右的欧洲西北部农民)、工业人群(1860年左右的欧洲西部),以及后20世纪"科技"社会的人均耗能的推测,耗能方式分成四类:食物(包括供食用的家畜的饲料),家庭和商贸,工业和农业,以及交通运输。这个图后来被多次引用。

好了,关于东西方的差异出来了。作者接着说:

> 关于能量的获取,最简单的方法是考虑人均能量获取,用每日获取能量的千卡数来测量。根据与城市化特征相同的步骤,从 2000 年开始,美国每日人均获取能量约 228000 千卡。这个数字占据历史最高水平,得满分 250 分(本章前面提过,我所关注的并不是评判我们掌控能源、建造城市、交流信息和发动战争的能力,只是对其进行测量而已)。2000 年,东方最高人均获取能量是日本的 104000 千卡,得 113.89 分。

以上是作者对 2000 年美国和日本的得分比较,但前 14000 年东西方的得分差异是多少呢?作者是这么说的:

> 西方社会发展分值并不是始终领先于东方。两条线在公元前的 1000 年里不断趋近,在公元 541 年相交,之后直到 1773 年,东方一直居于领先地位。(这些日期精确到难以置信,前提当然是假设我计算的社会发展分值完全正确。最合理的说法应该是,东方的分值在公元 6 世纪中期超过西方,而西方在 18 世纪后期重获领先地位。)东西方分值在古代曾趋近,东方在社会发展上领先世界 1200 年。

作者所说的 1200 年就是代表东方的中国经历了从唐代到清代早期,中国 GDP 领先全球的这段历史。作者在该书"大唐盛世:世界开始向东方倾斜"一章中叙述了这段历史,请大家阅读原著。

那么为什么作者要问"西方将主宰多久"这个问题呢?因为他觉得虽然现在美国得分最高,可是用不了多久,东方肯定会超越西方。尤其要注意 2103 年,东西方交汇的这个点。到那个时候,社会发展指数会超过 5000 分。作者是这么说的:

> 这是一个惊人的数字。在冰河时期末期到 2000 年间的 14000 年里,社会发展指数上升了 900 分。根据图 12-1,在接下来的 100 年里,社会发展指数还将上升 4000 分。900 分把我们从阿尔塔米拉岩窟的石洞壁画带到了原子弹时期,那么另外 4000 分会把我们带到哪里?在我看来,这才是真正的问题。只有了解当社会发展指数达到 5000 分时世界会是怎样的,我们才能了解中美共同体崩溃之后将会发生什么。

经济学家杰里米·里夫金(Jeremy Rifkin)在 2000 年的一次访谈中提到:"在

接下来的几十年里,我们的生活方式将比过去的几千年面临着更为根本的变革。"或许,这听起来有点极端,但是如果图 12-1 确实显示了未来的轮廓,那么里夫金的预测实际上却是过于保守了。根据图 12-1,在 2000～2050 年之间,社会发展速度将是过去 14000 年的发展速度的两倍;到 2103 年,发展速度还将翻倍。这真是对历史的极大讽刺!

之前提到的所有预言在此刻全部破灭。根据现在对未来的所有推断,我们得出意料之中的结果,即未来和现在基本一样,除了中国会变得更加富有。如果我们把整个历史都置于这个问题之上——也就是说,如果我们和圣诞过去之灵对话的话——我们将不得不承认接下来的社会发展速度将史无前例。

从 2000 年的 250 分到 2103 年的 5000 分,作者所说的这个速度其实是匪夷所思的,那么作者的根据是什么呢? 该书中是这么说的:

事实上,除非我们想出一个测量社会发展的方法,否则将永远无法回答这个问题。然而,首先我们需要建立一些原则来指导指数的设计。

作者接着说:

我选择的第一个特征参数是能量获取。倘若不是从动植物中获取能量以养活很少耕作的士兵和海员,从风力和煤炭中获取能量以发动船只驶向中国,从炸药中获取能量向中国的驻守部队开火,英国根本无法在 1840 年抵达定海,大肆破坏。能量获取对社会发展十分关键——20 世纪 40 年代,著名的人类学家莱斯利·怀特(Leslie White)提出把人类历史缩减成一个方程式:$E \times T \rightarrow C$,这里 E 代表能源,T 代表技术,C 代表文化。

如果说 T 代表技术,而技术是代表工具理性的话,那么西方统治世界就是以工具理性的进步加上能量的摄取,组成了西方的殖民地文化公式。作者把这个叫作"能量链"。该书中是这么说的:

那天下午英国人之所以能堂而皇之地闯进定海,最根本的原因是他们成功地从自然环境中获取能量,并用于实现自己的更高目标。这全都归结为西方人不仅在能量链上比其他任何人爬得更高,而且,与历史上的早期社会不同,他们的高度可以使之在整个世界范围内投射自己的力量。

这种在能量链上攀爬的过程,遵循 20 世纪 50 年代纳罗尔之后的进化论人类学家们的传统,我称之为"社会发展"的基础——主要是一个团队掌握其物质和精神环境以达到目的的能力。说得更正式一点,社会发展就是人们赖以衣食住宿的技术、物质、组织上和文化上的成就,人类以此繁衍后代,解释周围的世界,解决集体内部的纷争,以其他集体为代价拓展自己的势力,以及保卫自己应对其他集体拓展势力的尝试。我们或许可以说,社会发展衡量一个集体达成某项目的能力,而这种能力在理论上是可以跨时间和地域来比较的。

作者以上所说的就是西方人以工具理性创造的战争能力来解释西方主宰东方的根本原因,因此,作者预测 2103 年西方主宰历史将终结时,还是用了工具理性的老套路。该书中是这么说的:

> 5000 分的社会发展指数所蕴涵的意义令人瞠目结舌。如果我们假设能源获取、社会组织、信息技术和战争能力到 2013 年在社会发展指数中占的比例和 2000年大致相同,那么一个世纪后,就会出现拥有 1.4 亿人口的大城市(相当于将东京、墨西哥城、纽约、圣保罗、孟买、德里和上海合并为一个城市),每天的人均能量消耗将会达到 130 万千卡。

> 战争能力的 5 倍增长则更加难以想象。我们有大量的武器,足以摧毁这个世界好几次。21 世纪,我们不再是简单地增加核导弹、炸弹以及枪支的数量,相反,21 世纪的科技会使武器变得无用,就像坦克使得骑兵失去作用一样……

> 不过,最令人难以置信的,还是图 12-1 暗示的信息技术的变化。20 世纪把我们从录音机和电话时代带到了网络时代,21 世纪使发达国家的人们更容易得到世界上的所有信息,我们的大脑就像(或者说变成了)一台大型的计算机,其计算能力远远超过了我们这个时代所有大脑和机器的计算能力。

作者把能量得分与城市发展、战争能力挂钩,最后又与信息技术挂钩,是不是回到了我们第 1 讲所说的生命 3.0,因为摩尔定律就是一个能量指数级增长的工具理性。那么作者在书中最后要表达的观点,究竟是东方超越西方,还是西方继续当霸主呢?作者在该书"东西交汇:如果没有了东西之分"一节中,是这么说的:

> 在本章,我将进一步阐述这个观点,因为解释西方统治世界的原因也能在很大程度上解答未来将会发生什么。就像地理决定了西方得以统治世界那样,它也决定了东方会利用后发优势赶上西方,直到它的社会发展超过西方。但是这里,我们又遇到了另一个具有讽刺意味的情况。社会的不断发展总是改变着地理的意义,并且到了 21 世纪,当社会发展达到一定程度时,地理就会变得毫无意义。

到时真正有意义的就是奇点和世界末日之间的竞争。为了防止世界末日的来临，我们需要把越来越多的问题变成全球性的问题，关于世界上的哪个国家具有最高的社会发展程度这个问题将变得越来越不重要。

……我们预测未来会发生什么，会使事情变得明朗（或许事情一直都很明朗）——即真正有重要意义的历史不是关于西方，不是关于东方，也不是关于人类。真正重要的历史是关于进化和全球化，它告诉我们，我们是如何从单细胞生物走向奇点的。

以工具理性转化能量来测量一个文明社会的发展是一条好思路，以能量来决定一个国家的发展程度是一个好办法，但是，以能量优势在世界称王称霸就不行了。世界是一个人类命运共同体，最终东西方这个地理意义将会消失。如何消失？为什么消失？莫里斯的这本书中没有答案。我们需要继续寻找答案。因为工具理性不是我们人类认知中的唯一理性，我们的认知旅程才刚刚开始，还有更加五彩缤纷的知识景观在等着我们。

第8讲 狮子为什么成了我们部落的守护神

链接书目:《人类简史:从动物到上帝》 尤瓦尔·赫拉利

《走出黑暗:人类史前史探秘》 克里斯·戈斯登

上一讲我们讨论了人类的第一次认知革命工具理性的产生机制,为能量而生存,为建立能量链而建立文明,这种围绕能量而展开的工具理性一直延续到今天。如果按照这个理论,谁拥有工具理性的先发优势,谁就永远主宰这个世界,这种零和博弈的工具理性是我们的唯一理性吗? 不是的。因为我们人类接着就要产生比工具理性更有价值的理性了,不是价值理性,那么是什么理性呢? 现在我们进入人类的第二个认知革命阶段,看看我们人类还有什么比工具理性更好的东西。

泰格马克认为生命2.0的起源是从10万年前开始的,在10万年之前的只能算作是生命1.0。那么泰格马克为什么这样认为呢? 这个应该来自赫拉利的《人类简史:从动物到上帝》,书中是这么说的:

> 大约38亿年前,在这个叫作地球的行星上,有些分子结合起来,形成一种特别庞大而又精细的结构,称为"有机体"。有机体的故事,就成了"生物学"。
>
> 到了大约7万年前,一些属于"智人"(Homo sapiens)这一物种的生物,开始创造出更复杂的架构,称为"文化"。而这些人类文化继续发展,就成了"历史学"。
>
> ⋯⋯⋯⋯⋯⋯
>
> 大约就是在距今7万到3万年前,出现了新的思维和沟通方式,这也正是所谓的认知革命。会发生认知革命的原因为何? 我们无从得知。得到普遍认可的理论认为,某次偶然的基因突变,改变了智人的大脑内部连接方式,让他们以前所未有的方式来思考,用完全新式的语言来沟通⋯⋯
>
> 智人的语言并不是世界上的第一种语言。每种动物都有着某种语言。就算是蜜蜂或蚂蚁这些昆虫,也有极精密复杂的沟通方式,能够告知彼此食物所在。甚至,智人的语言也不能说是第一种有声的语言。因为许多动物(包括所有的猿类和猴类)都会使用有声语言⋯⋯那么,究竟人类的语言有什么特别的地方?
>
> 最常见的理论,认为人类语言最为灵活。虽然我们只能发出有限的声音,但

组合起来却能产生无限多的句子,各有不同的含义。于是,我们就能吸收、储存和沟通惊人的信息量,并了解我们周遭的世界。青猴能够向同伴大叫:"小心!有狮子!"但现代人能够告诉朋友,今天上午,在附近的河湾,她看到有一群狮子正在跟踪一群野牛。而且,她还能确切地描述出位置,或是有哪几条路能够抵达。有了这些信息,她的部落成员就能一起讨论,该怎么逼近河边,把狮子赶走,让野牛成为自己的囊中物。

第二种理论,也同意人类语言是沟通关于世界的信息的方式。然而,最重要的信息不是关于狮子和野牛,而是关于人类自己。我们的语言发展成了一种八卦的工具。根据这一理论,智人主要是一种社会性的动物,社会合作是我们得以生存和繁衍的关键。对于个人来说,光是知道狮子和野牛的下落还不够。更重要的,是要知道自己的部落里谁讨厌谁,谁跟谁在交往,谁很诚实,谁又是骗子。

·············

……人类语言真正最独特的功能,并不在于能够传达关于人或狮子的信息,而是能够传达关于一些根本不存在的事物的信息。据我们所知,只有智人能够表达关于从来没有看过、碰过、耳闻过的事物,而且讲得煞有其事。

在认知革命之后,传说、神话、神以及宗教也应运而生。不论是人类还是许多动物,都能大喊:"小心!有狮子!"但在认知革命之后,智人就能够说出:"狮子是我们部落的守护神。""讨论虚构的事物"正是智人语言最独特的功能。

以上赫拉利所说的这些话,信息量很大,我们来分析一下。

第一,我们确定这是一次伟大的人类认知革命。由于人类已经有了300万年前旧石器时代的工具理性认知革命,我们就把它叫作第二次认知革命。这次认知革命和第一次一样,也是为了让人类能生存下去,发现有新的目标需要完成。但和制造工具不同,人类开始思考如何相互交往,也就是制造信息交流的工具——语言。因为,更加有效的采集狩猎,以及抵御外族的侵入,人们需要合作,合作需要沟通,沟通需要工具,而这个工具就是语言。和动物可以制造工具一样,动物也有自己的语言。

第二,和动物不一样的是,人的语言不仅仅是一个工具,也是一个虚构的符号。和工具理性一样,它可以把间接性变成直接性。原始人类把间接的石斧工具变成了自己的手臂,同理,也把间接的沟通工具——语言,变成了自己的思维。认知心理学认为语言是决定和影响思维的主要因素。

第三,既然语言是思维的符号,那么表象的交往沟通,比如"小心！有狮子！",逐步发展成为一种虚构的、理性的交往沟通,于是狮子就成了加强原始人部落内部交往的一种符号。由符号组成了交往精神纽带的标的物,名字叫图腾。这是人类最早出现的一种文化现象。

第四,也是最重要的,就是第一次认知革命产生了可以转换能量的工具,我们称之为工具理性,那么第二次认知革命产生了什么呢？产生了哈贝马斯所说的交往理性的诸多元素,比如语言、表达、知识、行为、交往、主体间性和人与客观的表达关系——图腾等等诸多元素,我们能够把这些元素抽象成一个什么定义呢？

这里介绍另外一本书,叫《走出黑暗:人类史前史探秘》。作者克里斯·戈斯登,他的主要研究方向为太平洋史前史和欧洲的晚期史前史。该书结合考古学、生物学、地质学和遗传学等多门学科,从人类的流徙、农业的发明和语言的传播等角度,讲述了史前时代的一系列引人注目的议题。

克里斯·戈斯登与邓晓芒先生的观点是一致的,但他是从考古学的角度去解读工具在人类发展史上的作用的,在对比黑猩猩与人类共同掌握工具制造和使用的时候,克里斯·戈斯登提出了一个新的观点,叫"物质文化"。该书中是这么说的:

> 人类已观察到,不同地区黑猩猩之间的文化差别,体现为完成同样的任务却使用不尽相同的工具。如果黑猩猩在自然环境下掌握了技术,它们和人类的区别就荡然无存。但是,我认为两者之间有一个十分重要的差别——黑猩猩从未将物质文化作为它们社会关系的基础,而人类在建立社会关系时极少未用到过物质文化。
>
> ············
>
> 50万年前的博克斯格罗夫人已能掌握非常复杂的技术(远远超过黑猩猩所能制造的任何东西),但这些技术有多少被他们用作社会生活的基础呢？……近来有一种权威理论提出,社会生活是灵长类动物的智力基础。艾洛和邓巴已经发现了大脑尺寸与群体大小之间的相关性——群体越大越复杂,大脑的尺寸也就越大(或更精确地说,大脑占身体的比例也就越大)。大脑尺寸和群体大小之间存在这样的关系,是因为灵长类动物的生活里最复杂且最需要思考的领域就是其置身其中的社会关系,这比处理物质世界的任何当务之急都更为错综复杂。用这个思路去观察人类进化问题,就可以发现人类脑容量增加的速度远远超过我们根据人类身材的增长所对之预期的速度。在过去的100万年里,人类大脑的尺寸大大增

加,正如它的构造愈加复杂一样,而这也是非常重要的。艾洛和邓巴认为,大脑尺寸的增加是由于语言的产生和发展。我认为这个说法不够全面,语言和物质文化两者结合起来,才使人类祖先拥有的身体与智力技能达到了前所未有的复杂程度。语言只是这个变化里的一部分,但不是唯一的要素,甚至也不是决定性的要素。据我们所知,工具的使用早在 250 万年前就已经开始了,而语言的起源时间还在热烈争论中,但肯定比工具的出现要晚得多。

物质文化已表明史前史是人类社会生活的历史,也是我们的社交功能所需的各种社会与身体能力的历史。为了适应社会生活,我们需要具备一些技能和才智。我们认为比较聪明的其他物种大多数亦具备发达的社交模式(如灵长类、海豚和鲸鱼),但只有人类同时通过两条密不可分的途径——既操控物质世界也操控社会世界来发展其社会生活。

作者以上观点对第二次认知革命的定义相当有帮助。第一次认知革命的工具理性操控物质世界,产生的标的物还是物质,但第二次认知革命的交往理性操控社会世界,产生的标的物就不同了,比如说图腾,这就是文化。因此,作者把两者合并,叫作"物质文化"。

"文化"就是我们对第二次认知革命交往理性的定义。这个也符合哈贝马斯的观点,工具理性一定会走向交往理性。而交往理性是一切理性的"元理性"。为什么这么说呢?这里大家一定要注意"操控"这两个字。工具理性只能操控工具,但交往理性,也就是文化,可以操控人。什么是文化?文化就是一种观念的同化,一种文明的同化。原始人为什么要把狮子作为保护神?因为狮子强劲的体格和凶猛的攻击能力,能让原始人感到一种安全感,如果把这种安全感给到每一个人,就可以建立起一条人与人之间的信念纽带。如何去告诉每一个人,总不能口口相传,这样时间成本很高,于是象征安全感的狮子图腾产生了。就是这个象征性的图腾把原始部落里每个人的信念统一了起来,使大家更加团结,一致对外,拥有比其他部落更加强大的生存能力。

"狮子是我们的保护神。"这个信念是人类第一次以图腾这个符号载体作为知识传播给大家的,也就是说这是一种与工具物质文化不同载体的交往精神文化。从此,文化这个概念就和交往理性一起产生了。

由于哈贝马斯的交往理性概念太抽象,我们这里把它定义为"合作理性"。这样就可以和工具理性的概念相对应,工具理性是人们利用客观环境或者条件,创造工具达到自己的目的,而合作理性是人们通过自己与他人的合作或付出,共同达到大家的一致目标。从此人类进入了初级精神世界,形成了今天不同文化的种族与国家,不同地区和国家的人有不同的文化图腾崇拜。那么合作理性除了创造出一个文化符号,还有什么其他的功能吗?

第9讲 梳毛与聊八卦也是理性的吗

链接书目:《人类的算法》 罗宾·邓巴

上一讲我们讨论了第二次认知革命产生的原因和结果,把哈贝马斯的交往理性变成了"合作理性"的概念。工具理性创造了物质,合作理性创造了文化。工具理性面对的是自然世界,合作理性面对的是人类世界或者说人类社会。请大家记住"社会"这两个字,这两个字包含了人类之间的交往与合作。

那么这个社会是怎么来的呢?赫拉利认为是从聊八卦开始的。其实他的这些观点都是来自一个叫罗宾·邓巴的人,罗宾·邓巴是牛津大学进化人类学教授。他提出了一个从原始社会一直到现代社会,亘古不变的人类合作理性定律,叫"邓巴数理论"。

20 世纪 90 年代,罗宾·邓巴经研究发现,灵长类动物的大脑尺寸与其平均的社会群体规模之间存在相关性。通过大量的实验及观察,邓巴提出,人类个体所能维系稳定关系的数量在 150 左右——人们知道其中的每个人是谁,与这些人保持着一定频率的社会联系,也了解每个人与其他人的关系如何。这个数字又被命名为"邓巴数"。带着"邓巴数"的脑,叫作"社会脑"。

邓巴数理论被认为是很多社交网络服务及人力资源管理理论的基础。许多互联网从业者,尤其是对社交网络有研究的人,都极力推崇这一概念。微信创始人张小龙就曾公开表示,微信群中的很多功能都是根据这一理论设置的,如群人数在 40 人以内时,可以直接加入,大于 40 人时必须得到对方的同意,而大于 100 人时则无法通过识别群二维码来入群,这些都是为了保证微信群成员之间相互熟识,实现沟通效率的最大化。

那么"邓巴数理论"是怎么来的呢?邓巴写的《梳毛、八卦及语言的进化》里回答了这个问题。他认为人类发展语言的目的跟动物梳毛一样,都是一种社交方式。动物通过梳毛来相互结盟、分辨敌我,更好地适应复杂的生活环境,而人类则通过语言来社交,具体来说就是聊聊八卦,以增进感情。罗宾·邓巴写了很多的书,比如《最好的亲密关系》《大局观从何而来》《社群的进化》和《人类的算法》等著作,但其核心观点没有变,还是围绕着他的"邓巴数"和"社会脑"展开。今天我们阅读的书是《人类的算法》。为什么用"算法"这个词?因为算法和理性是同义词。如果说"邓巴数"和"社会脑"是一个算法,那么邓巴的聊八卦理论也是一个理性的行为。他在该书"八卦可是件大事"一节中是这么说的:

> 语言是人类交换信息的基本手段。人们通常有这么一种观点:这些用于交换的信息必须是某种关于环境或者手段的描述,例如,"湖边有一群野牛"或者"手斧是这么制作的"。语言起到的是推动技术性交流的作用。

但是作者认为这不是语言的基本功能,那么语言的基本功能是什么呢?作者认为是聊八卦,至少在语言的进化阶段是这样的,也就是说语言的社交功能远远超过语言的知识功能。其实,看看我们今天的微信聊天内容,也确实存在着这种现象。邓巴在书中是这么说的:

> 让我们看看人们在交谈的时候都谈些什么内容。大部分时间内,我们是在谈论社会性话题——喜欢什么,不喜欢什么,别人昨天在干什么,某某人怎么样,孩子们一直在干什么,明天郊游怎么办,家里或者单位里有什么棘手的事情,等等。这些话题加在一起能占到2/3。其余的内容——政治、文化、技术、音乐、运动,组成了剩下的1/3。这当然不是说所有的交谈都遵循这个比例,也不是说所有人谈话的规律都是这样。如果我断言女人们的聊天内容更多的是社会性话题,估计你也会习以为常吧(当然比例也没那么高,大概是3/4吧)。男人们则会将更多的时间放在体育和"这东西是怎么做出来的"之类的技术性话题上。

那么人们为什么会这么做呢?作者经过长期的研究得出以下结论:

> 那么语言为什么会成为一种社会现象呢?长话短说,答案就在社会脑假说(social brain hypothesis)中。在本书第2章中,我们已经看到灵长类动物的社交范围和新皮质的尺寸有着密切的关系。由这种关系预测得到的人类的群体规模约为150人,而这个规模似乎是人类社会的共同特征。灵长类动物维系群体关系的基本机制是"相互梳毛",也即一个群体内的动物互相为对方梳理毛发。我们的确说不清楚梳毛到底是怎么把群体团结起来的,但确凿无疑的是,猴子和猿类典型的群体大小,跟它们花在相互梳毛上的时间有着直接关系,群体越大,动物花在彼此身上的时间就越久。如果人类也想和猴子、猿类一样采用梳毛这种源远流长的手段,并把上述关系套用过来,那么人类每天至少要拿出日常生活中40%以上

的时间来做这件事。

这貌似是一个极好的主意,但对任何一个生活在真实世界中的生物体来说,这都非常不切实际……每天就那么点时间,先填饱肚子才是正事。如果沉溺于社会活动,那维持生存的能量就不够了。

邓巴以上提出的问题相当好。我们人类也想花较长的时间,以梳毛的形式相互交往,但是时间又没有这么多,有什么好办法,既可以长时间交往,花的时间又少,又可以维系我们人类良好的合作关系呢?这个时候语言就产生了,替代了灵长类动物的梳毛合作形式,而且效果不错。作者是这样说的:

帮助人类做到这一点的正是语言。使用语言的方式有很多种,最简单的是,语言让我们可以同时与几个人互动。如果把交谈看作"梳毛"的一种方式的话,那么我们可以同时为几个人"梳毛"。

既然语言交际比梳毛交际更加灵活,不受空间的制约,那么我们为什么不大大拓宽我们的社交圈,还要受"邓巴数"的限制呢?我们看看作者是怎么说的:

其中一个原因似乎是,当谈话的人员超过四个的时候,整个圈子就变得太大了,发言者的声音很难盖过背景噪声。在这种情况下,听众不大容易听清楚发言者正在讲些什么,既然没把握,也就更加犹豫到底要不要插嘴。于是,人们就会转向旁边的人并开始聊天。此外,随着参与人数的增加,每个人发言的机会也迅速减少。两个人交谈,其中每一个人都有50%的时间来说话,而如果是五个人交谈,每个人的说话机会就降到了20%,结果就是人们越来越感到不值得参与谈话,除非你天生就立志做一个倾听者。

但不是每一个人都会自愿成为一个倾听者,如何解决这个问题呢?作者的解决方案是这样的:

如果真要将听众的数量增加到三个以上,还要保证一场谈话不会分裂成几场小的谈话,那就只能强制推行一些严厉的谈话规则。要么有一个主持人,由他来指定谁什么时候可以发言,要么有一个正式的环境和安排,确保同一时间只有一个人在发言,其他人都要毕恭毕敬、洗耳恭听,比如演讲、布道。当然,如果这么正式的话,很多听众都会无精打采、慢慢地进入梦乡。长时间保持注意力是件很辛苦的事情,从这个意义上讲,发言几乎算得上是种解脱。

为什么会这样呢？因为交谈不是听报告，不是你说我听，而是一种梳毛形式的互动。这个时候的语言功能就是社交功能，而不是知识功能。作者是这样分析这种功能的：

> 日常会话肯定不能这样，我们需要互动，每个人在某个合适的时机都要说几句。但更重要的是，我们与发言者或其他听众进行的是一场真正的对话。别人讲话的时候，我们会有一些回应，这种附和的方式可以鼓励发言者继续讲下去。这就跟为其他动物梳毛一样，相当于在告诉对方，"我宁愿跟你待在一块儿，而不是与吉姆一起"。看，这就是我的利益声明和意向宣言。相比较而言，人类所能采取的方式已经丰富得多了。猴子或者猿类梳毛的时候，只能一个一个地来。
>
> 人类在做真正意义上的"梳毛"举动的时候也不例外：大多数情况下，如果我们与某人有着亲密的身体接触，而同时又对别人非常亲昵，那等待着我们的一定是雷霆万钧。这种"一个一个来"的特征意义深远，说明社会关系的建立绝不是简单地说一句"我们做朋友吧"就万事大吉了。相反，为了建立真正的关系，我们需要大量的时间投资，而用于绑定社会关系的总体时间又只有那么多，所以，必然存在任何一个人都可以维持的社交关系数量的上限。动物梳毛和人类聊天，假设两者规则一样，动物是一对一，而人类能做到一对三，从中我们已经可以看到语言是如何帮助我们扩大社交圈规模的了。

理解了以上作者的意思，我们对为什么梳毛和聊八卦是一种"社会脑"的理性行为有了新的认识。梳毛是一种付出的互惠帮助，交流的是感觉，聊八卦也是一种互相付出，但是交流的是思想。交流思想不能对所有人付出，一般限制在知己之间，因此人数也是有限的。这个就是合作理性。合作理性就是通过自己的付出和对方达到一致的目标。

既然聊八卦的过程其实是一种创造语言的过程，创造语言又是为了维系我们这个社会的稳定关系。那么原始社会创造语言的这个维系人际关系的"社会脑"功能还在吗？对于现代人还有用吗？当然有用，只要是理性的东西，多少年之后还是如此。查阅了2021年新出现的网络热词，发现有90%以上的词都与社会人际关系相关。

以上事实证明我们的大脑除了符合工具理性的逻辑脑之外，还有一个脑，就是符合合作理性的合作脑，邓巴把它叫作"社会脑"。那么这个合作脑的生理机制究竟是如何产生的，我们需要来自科学的支持。是什么科学支持呢？

第10讲
身上的和心中的痛苦可以用同一种药物治疗吗

链接书目:《社交天性:人类社交的三大驱动力》 马修·利伯曼

上一讲我们讨论了人类学家邓巴的社会脑假说,我们把它叫作"合作脑"。邓巴为了找到社会脑的科学依据,他和英国科学院主席亚当·罗伯茨爵士等学者共同承担了一个为期7年的人类考古学课题。这一课题由英国科学院资助,课题的名称为"从露西到语言:社会脑的考古学研究"(简称"露西课题")。为此,他们合著了一本书,叫《大局观从何而来》,里面详细叙述了我们的祖先是如何从一个脑容量很小的生物进化为拥有大局思维的全球物种的,这个进程被称为"露西的旅程"。书中有这么一段话:

> 社会脑的证据最终脱身于解剖学。脑容量的增长,特别是大脑新皮质的增长,在整个旧石器时代都是异常明显的。大脑新皮质的增长允许我们对社群规模做出预测。这意味着,由于社交网络中人员数量更为庞大,900毫升脑容量的古人类必须比400毫升脑容量的古人类花费双倍的时间在相互梳毛上。这些数字极力暗示着,最晚在50万年前或者更早,社会性梳毛的替代交流模式成为一种迫切需求。

以上是邓巴找到的社会脑在人类学、考古学和解剖学中的科学依据,也就是社会脑或者合作脑的理性根据。今天,我们从另外一条途径,即神经科学或者脑科学方面,找出了人类合作脑的科学依据。

这里推荐一本比较全面的书,叫《社交天性:人类社交的三大驱动力》,作者马修·利伯曼是社会认知神经科学领域最著名的学者之一。这本书向我们讲述了驱动人类社交的三大动力,分别是连接、心智解读和协调。它告诉我们,人类的合作脑是与生俱来的。今天我们集中讨论与神经科学有关的部分内容,其他内容以后再讨论。

我们每个人都有两种痛苦的经历,有时不小心扭伤了脚,这个叫伤痛,有时被人抛弃或出卖,这个叫心痛。但是作者认为,这两种风马牛不相及的痛,可以用同一种药物治疗。你相信吗?

这本书里有一章是"心痛不是矫情,是真痛!",这是什么意思呢?大家知道马斯洛的五个需求层次,分别是生理、安全、社交、尊重和自我实现。可是作者通过实验发现,马斯洛的理论要修改了,因为人的生理需求与心理需求是等价的,没有层次之分。那么作者是怎么发现这个秘密的呢?他的切入点很独特,就是"痛苦"二字。该书中是这么说的:

> 你不妨试着问一下自己,在你的一生中所遭遇的最痛苦的经历是什么。你是不是想到了那次断腿事件给你带来的身体上的疼痛,或是自己跌过的那个大跟头?我的猜测是,在你最痛苦的经历中,至少会有一次可以被称为社会痛苦的经历——自己深爱之人死亡、被自己所爱的人抛弃或者被当众羞辱。为什么这些事件会跟"痛苦"这个词联系起来呢?这是因为,当人类在经历对其社会连接造成威胁或损伤的事件时,大脑的反应几乎与它对物理疼痛的反应一致。

作者在这里提出了一个很有意思的伤痛概念,一个是物理疼痛,一个是社会痛苦,一个属于生理层面,一个属于心理层面。于是他决定使用功能性核磁共振成像技术来研究社会痛苦体验在人类大脑中的表征形式。

> 为了理解社会痛苦与物理疼痛之间的联系,首先我们必须把注意力集中于一个名为背侧前扣带皮层(dorsal anterior cingulate cortex,简称 DACC)的脑区——在这里,"背侧"的意思是朝向大脑顶部,"前"的意思是朝向大脑前面。其次,还要关注一个名为前脑岛(anterior insula,简称 AI)的脑区。

如何在被试者身上使用核磁共振成像技术,物理疼痛很简单,有关社会疼痛,他通过一个"网络球"游戏来测试被试者,也很简单,三个人一起玩,然后两人有意抛弃第三人,互相传球,那个被冷落的人就是测试社会痛苦的被试者。那么这两种痛苦,通过核磁共振成像技术,我们可以看到的大脑皮层反应是什么呢?作者是这么说的:

> 在关于物理疼痛的研究中,经历的疼痛更加剧烈的被试的背侧前扣带皮层的激活程度更高。这在关于社会痛苦的研究中也是如此:被排斥时遭受更加强烈的痛苦折磨的被试大脑的背侧前扣带皮层更活跃⋯⋯
>
> 这两项研究告诉我们的是同一件事:你感到越疼痛(痛苦),你的大脑的背侧前扣带皮层的活跃程度就越高。我们之前的许多研究都已经表明了这一点——但这是实验研究第一次证明,不仅物理疼痛如此,社会痛苦也是如此。同时,这两项研究的结果还表明,人们控制由于疼痛给人带来的痛楚感的能力的高低与右腹外侧前额叶皮层的激活程度有关:这个脑区越活跃,人们的控制能力越高。而且,

这反过来似乎又会减弱背侧前扣带皮层的反应。事实上，如果把两组数据并排放到一起来看，你根本就分不出哪组数据是对物理疼痛的分析，哪组数据是对社会痛苦的分析，根本看不出这两者之间的区别。

作者的结论就是物理疼痛和社会痛苦共享一个神经基础。但还没有结束，为了进一步确认这个实验结果，作者为我们提供了另外一个匪夷所思的实验。作者是这么说的：

> 通过这项研究，我们发现了社会排斥与背侧前扣带皮层的激活之间的相关性，许多研究者在跟进的研究中重现了这一研究结果，并且把它推广到了其他一些场景，比如，在所爱之人逝去之后感到悲痛欲绝时、回忆起最近一次与恋人分手的情景时、遭到了他人的负面评价时，甚至只是看到了他人不赞成的表情时。在本章开始，我曾经讲述了一位医生和三位病人的故事，前两个病人都是身体上的小毛病，而第三个病人则是悲伤过度。医生给三位病人全都开了止痛药。对于那个悲痛欲绝的病人，这个处方似乎与他的病情风马牛不相及。然而，在我们介绍了有关社会痛苦的功能性核磁共振成像研究的结果之后，读者再碰到以下这种"治疗方法"或许就不会觉得奇怪了："告诉那个被排斥的人，让他服用两片阿司匹林，然后让他明天早上再来电话。"

虽然在本章的开头，我对这种"治疗方法"也显得有点不屑一顾，但其实我真正的答案却是："嗯，是的，某种程度上确实可以这么做。"内森·德沃尔（Nathan DeWall）与娜奥米·艾森伯格和其他几位研究社会排斥的研究人员一起组织了一系列实验来检验以下这种观点：一般的止痛药不仅能减轻身体上的疼痛，还能够减轻社会痛苦。在第一项研究中，他们留意观察了两组人群。其中一半人每天服用1000毫克的扑热息痛（也就是泰诺林），另一半人则服用同等剂量的安慰剂药丸，当然在这些药丸里没有添加活性物质。两组人每天都按时服用药丸，共服了三个星期。参加这项研究的被试在每天晚上都必须通过电子邮件回答一些问题，报告他们在当天感受到的社会痛苦的严重程度。到了这项研究开始后的第9天，两组被试之间的差异就显示出来了。

根据被试的报告，服用泰诺林的这组人感受到的社会痛苦的严重程度明显低于服用安慰剂的另一组人。在第9～21天之间，这两组人痛苦感受的差异程度仍然在继续扩大。请记住，这两组人都不知道自己服用的到底是药物还是安慰剂。实验结果表明，当我们为了治疗头痛而服用止痛药后，到了头痛消失的那一天，心痛感似乎也不复存在了。

　　紧随着上面这个行为实验研究后,我们又进行了一项功能性核磁共振成像研究。在这项研究中,实验被试也被分成了两组,每天分别服用泰诺林或安慰剂,连服三个星期,然后在他们玩"网络球"游戏时,对其大脑活动进行扫描(首先让他们一起参与"网络球"游戏几分钟,然后在余下的游戏里把他们晾在一边不让他们参与)。那些服用了三个星期安慰剂的被试的大脑反应与我们早先进行的"网络球"功能性核磁共振成像研究中被试的大脑反应类似。也就是说,与自己有份参加游戏时相比,当遭到了社会排斥时,他们的背侧前扣带皮层和前脑岛的激活程度更高。相比之下,那些服用了三个星期泰诺林的被试在遭到社会排斥时,他们的背侧前扣带皮层区域和前脑岛区域却没有什么反应。服用泰诺林显著降低了大脑的疼痛网络对因遭到社会排斥而感到痛苦的敏感度。

以上是作者所说的第二个核磁共振成像研究实验,然后作者为我们介绍了第三个成像研究实验,即基因实验。该书中是这么说的:

　　而对于人类来说,疼痛的体验在某种程度上取决于 μ 阿片受体基因,这个基因的正式名称是"OPRM1"。μ 阿片受体基因在某个特定位置上会出现三种变异(这是"多态性"的表现),它们决定了基因的具体表达形式。每个人都有两个等位基因,我们的多态性就是由它们决定的。一个人会从父亲那里遗传一个等位基因,从母亲那里遗传另一个等位基因。每个等位基因或者是 A,或者是 G,因此每个人要么是 A/A,要么是 A/G,要么是 G/G,三者必居其一。之前的疼痛研究已经证明,拥有 G/G 基因的人对物理疼痛更加敏感(例如,他们需要更多的吗啡来应对术后疼痛)。

　　为了确定参与实验的被试拥有哪一种 OPRM1 基因变体,我们先对他们进行了基因采样。同时还要求他们申明,在日常生活中,他们对社会排斥的敏感程度如何。根据以往的研究报告,那些拥有 OPRM1 基因 G/G 变异的人(也就是说,那些可能对物理疼痛更加敏感的人),比那些拥有其他基因变异的人对社会排斥更加敏感。我们还让参与这项行为研究的其中一部分人也参加了"网络球"功能性核磁共振成像研究,然后在相同的遗传模式下,观察这些人在遭到社会排斥时,背侧前扣带皮层和前脑岛的激活模式。功能性核磁共振成像实验的结果是,当遭到社会排斥时,G/G 基因型的人上述脑区的激活程度显然高于其他类型的被试。

　　对于上面这两项研究(使用泰诺林/安慰剂的研究以及检验类阿片假说的研

究),我的总体感觉是,它们已经成功说服了很多科学家,使他们确信,在大脑内部,社会痛苦和物理疼痛确实共用一个神经机制。

以上作者介绍的核磁共振成像研究告诉了我们一个人类生存的基本问题,就是合作。所谓的合作理性,是由我们的生理本能驱动的,这个比为了达到通过自己的付出与他人共同达到双方的目标还要理性,作者把它叫作"连接"。作者是这么说的:

> 爱和归属感似乎就像是一种便利品,即使没有它们我们也一样可以活下去,但是,我们的生理构建让我们渴望获得社会连接,因为它与我们最基本的生存需求联系在了一起。正如我们将会看到的,连接是支持人类精妙复杂的社交天性的三大适应之首,我们对连接的需求就像一块基石,其他东西都建立在这个基石之上。

有了作者所说的这块基石,我们可以得出结论:人类的爱与归属感不是一种可有可无的便利品,而是和衣食住行、吃喝拉撒一样重要的必需品。也就是说合作脑是天生的,接下来我们看看这个天生的合作脑连接还可以创造出什么更加令人意外的东西。

原始人为什么需要图腾
第 11 讲

链接书目:《原始思维》 列维-布留尔

《社群的进化》 罗宾·邓巴

上一讲我们讨论了人类具有一个与生俱来的合作脑,这是人类学家邓巴的解剖学证据,比如梳毛行为使脑容量增大;也是利伯曼的神经科学依据,比如人类的生理需求与心理需求是等价的;等等。那么这些方面的证据对我们理解人类进化的认知革命有什么帮助呢?

其实,人类上百万年的史前进化史是包含着合作本能的,不然原始人如何共同生活。根据邓巴的观点,合作脑在解剖学上是从 50 万年前开始逐步形成的。但是为什么还不是合作理性呢? 很简单,前几讲我们谈到了工具理性的产生过程,人是制造、使用和携带工具的动物。动物也有制造和使用工具的本能,但不会携带,所以这个还不能叫理性,因为理性是一个有意识地把间接性符号变为直接性符号的过程。那么我们来看看人类是如何把合作本能转变为合作理性的。

语言和工具一样,也是一种符号,但我们还不能称它为合作理性,那么原始人从什么时候开始有合作理性呢? 还是赫拉利所说的,人类开始虚构事物,当这个虚构的东西开始被人类作为直接性事物来使用时,合作理性就开始了。

邓巴把聊八卦看成是一种另类的梳毛行为,叫语音梳毛,是一种人类必不可少的心理安慰剂,但是这种两三个人的安慰剂的效用是有限的,不能作为全体原始部落人群的安慰剂,特别是聊八卦,说不定还要背后说说别人的坏话。那么有没有一种间接性的符号可以作为原始人的集体安慰剂呢?

有的。人类的大脑是一个天生的合作脑,在这个方面人类有的是办法。这里介绍一本书,叫《原始思维》,作者是法国人类学家列维-布留尔。作者提出了相对于今天我们所说的逻辑思维的相反的概念,叫"原逻辑思维",也叫"原始思维",书中采用社会学的比较方法,广泛征引了 19 世纪西方旅行家、博物学家和传教士等有关亚非拉不发达民族的风俗、制度、信仰、神话等方面的记载,对"原逻辑思维"的性质、特征、表现及其发展趋向做了论证。相对于理性思维的逻辑思维来说,我们暂且称之为非理性思维,但是这是我们合作理性思维的起点。

那么,什么是"原逻辑思维"呢?作者认为有两个特征,一个叫"集体表象"知识,另一个叫"互渗律"思维。原始人为什么需要集体表象知识呢?该书中是这么说的:

> 换句话说,原始人周围的实在本身就是神秘的。在原始人的集体表象中,每个存在物、每件东西,每种自然现象,都不是我们认为的那样……例如,对属于图腾社会的原始人来说,任何动物、任何植物、任何客体、即使像星球、太阳和月亮那样的客体,都构成图腾的一部分,都有它们自己的等和亚等。因此,每一个人都有他特殊的亲族,他对自己的图腾、等和亚等的组成者拥有权力;他对它们有义务,他与其他图腾之间有一定的神秘关系,等等。即使在不存在图腾崇拜的社会中,关于某些动物的集体表象(如果我们的证据更充分,也许会证明这是扩及一切动物的),仍然具有神秘的性质。例如在回乔尔人(Huichols)那里,"健飞的鸟能看见和听见一切,它们拥有神秘的力量,这力量固着在它们的翅和尾的羽毛上"。巫师插戴上这些羽毛,就"使他能够看到和听到地上地下发生的一切……能够医治病人,起死回生,从天上祷下太阳,等等。"

作者的意思是集体表象来自周围的每个神秘存在物,这是一种间接性的存在,但是原始人觉得可以用来作为代表自己的一种直接性的存在,于是共同抽象出一个叫"图腾"的符号,这个图腾就是社会集体认同的表象知识,那么为什么他们需要这个东西呢?我们介绍过的社会痛苦概念就可以派上用场了。

作者不知道还有生理需求和心理需求是等价的这回事,还有物理疼痛和社会痛苦来自同一个神经基础这个科学道理。但他对集体表象的定义完全符合利伯曼的观点。该书中是这么说的:

> 所谓集体表象,如果只从大体上下定义,不深入其细节问题,则可根据所与社会集体的全部成员所共有的下列各特征来加以识别:这些表象在该集体中是世代相传;它们在集体中的每个成员身上留下深刻的烙印,同时根据不同情况,引起该集体中每个成员对有关客体产生尊敬、恐惧、崇拜等等感情。它们的存在不取决于每个人;其所以如此,并非因为集体表象要求以某种不同于构成社会集体的各个体的集体主体为前提,而是因为它们所表现的特征不可能以研究个体本身的途径来得到理解。例如语言,实在说来,虽然它只存在于操这种语言的个人的意识中,然而它仍是以集体表象的总和为基础的无可怀疑的社会现实,因为它是把自己强加给这些个体中的每一个;它先于个体,并久于个体而存在。

以上这段话说明了集体表象知识,或者说作为集体表象知识符号的图腾被创造出来的三个特征。第一,这是代表原始人产生尊敬、恐惧和崇拜等感情的一种知识。它不是逻辑知识,所以被称为表象知识。第二,作为原始部落的集体符号,其直接性的作用是唤起全体部落的共同感情,比如对神秘之物产生一种尊敬感和崇拜感,更大的功能是集体产生对恐惧的免疫力。第三,这是世代相传的、强加的、先于个体的一种理性力量,需要个体抛弃自己的认知,服从集体的认知,这是合作理性产生的前提条件。直接性结果就是每个个体觉得自己被这种图腾符号保护起来了。

既然图腾是一种集体表象的知识,是一种表达情感的知识,是一种既不逻辑又不个体的知识,那么它又是如何被原始人世世代代学习和传播下去的呢?列维-布留尔在书中是这么说的:

> 个体往往是在一些能够对他的情感产生最深刻印象的情况下获得这些集体表象的。事情的确是这样,特别是在下述时刻传给原始社会的成员的那些表象,即当他成长为一个男子,成长为社会集体的自觉的一员,当"成年礼"的仪式使他经历一次新生时,当他在那些作为神经的严酷考验的磨折中发现了该社会集体的生活本身所系的秘密时,这些表象的情感力量很难想象有多么大。它们的客体不是简单地以映象或心象的形式为意识所感知。恐惧、希望、宗教的恐怖、与共同的本质汇为一体的热烈盼望和迫切要求、对保护神的狂热呼吁,——这一切构成了这些表象的灵魂,使行成年礼的人对它们既感到亲切,又感到可畏而且真正神圣。加上各种仪式(在仪式中这些表象可说变成了行动)是定期举行,再加上我们同样熟悉的那个以表现这些表象的各种动作的形式来进行的情绪感染的效果,加上由疲劳过度、舞蹈、神魂颠倒和鬼魔迷惑的现象所引起的极度的神经兴奋,加上那可以加剧、加强这些集体表象的情感性质的一切东西,那么,当在各仪式之间的休息时间,在"原始人"的意识中浮现出这些表象之一的客体时,则他始终不会以淡泊和冷漠的形象的形式来想象这一客体,即使这时他是独自一人而且完全宁静的,在他身上立刻涌起了情感的浪潮,当然这浪潮不如仪式进行时那样狂烈,但它也是够强大的,足可以使认识现象淹没在包围着他的情感中。其他集体表象也在较小程度上具有这种性质,例如,那些通过神话和童话世代相传的集体表象,那些支配着各种似乎最无所谓的风俗和风尚的集体表象。须知如果这些风俗是必须遵行的和受到尊重的,那就意味着与它们联系着的集体表象具有必须绝对执行的、命令的性质,这些集体表象不是纯智力的事实,而是某种根本不同的东西。

以上这段话把原始文化的传播方式,一目了然地展现在我们面前,就两个字"情绪"。原始人很聪明,他们有意识地制造各种可以煽动情绪的场景,来传播他们的文化。比如说成年礼、各种祭祀的仪式、各种音乐和舞蹈的场景,等等。把原始文化的图腾、神话、童话、风俗和风尚等文化元素,事无巨细地传承了下来。今天我们知道了这些情绪是合作脑产生的,其神经科学解释是多巴胺、内啡肽、物理疼痛与社会痛苦共用的神经基础。一句话,图腾的煽情作用和采集狩猎满足生理需求一样,原始人以间接性的文化符号来直接满足自己的心理需求。因此,情绪其实就是一个隐藏的合作理性。

这一点得到了最新的人类学科学研究证明。从图腾到神话,从神话到神学,最后形成了早期人类的宗教。这里集体表象知识和情绪或者说隐藏的合作理性发挥着重大的作用。著名进化人类学家罗宾·邓巴有一本书,叫《社群的进化》。该书通过社群的建立、社群的沟通、社群与心智、社群中的亲密关系等七大板块拼出了一幅社群进化的完整图像。该书"信仰的迷思"一章中是这么说的:

> 宗教的起源要追溯到灵长类的社会性,这就又把我们带回到了邓巴数。猴子和猿类生活在一个高度社会化的世界里,在这个世界里,集体利益是通过合作实现的。实际上,灵长类与其他物种不同的是,它们的群体中存在隐形的社会契约:个人必须放弃一些直接需求,以保障群体的利益。如果你对自己的需求要求太多,最终就会把其他人都赶走,从而失去这个群体所能提供的保护和资源。

> 所有这些社会契约系统面临的真正难题是"搭便车"行为——想要社会性的好处,又不承担社会责任。灵长类动物需要一种强有力的机制,来平衡个体在机会面前想要搭便车的本能倾向。猴子和猿通过社交性的梳理毛发来完成这一任务,这一活动创造了信任,而信任反过来又为联盟提供了基础。确切地说,关于梳毛如何运作的机制还不清楚,但是,正如之前看到的,我们所知道的就是,内啡肽是一种非常重要的成分。相互梳毛会促进内啡肽释放。内啡肽能让人感觉良好,并能立即激发个体参与到让群体团结起来的活动中。

> ············

> 宗教的产生促使我们服从社会规范,它利用仪式激发大脑内的内啡肽来达到这个目的。我们在歌唱和祈祷中释放的内啡肽,可以帮助我们应付微妙的日常人际交往,从而给我们一种至关重要的归属感,将所有传统的小规模社区融合在一起。然而宗教似乎只能在进入某一认知层面时才能发挥作用——这是我们相信

自己在仪式中的所有行为的原因之一。在此之中,深刻的思想与简单的化学反应相结合,隐藏着人际关系的谜团。

以上这些话讲述了原始宗教起源的两个科学认证:第一个是社会心理学,比如"搭便车"行为,在这个群体之内,每个成员都可以量化对他人的付出,这样才能得到相应的回报,对于不付出、不合作、搭便车的行为,大家的眼睛都在盯着,没有可乘之机。第二个是神经科学,比如内啡肽。根据神经科学的解释,内啡肽和多巴胺一样,是人类大脑在情绪高涨时,分泌快乐的化学因子。在代表集体表象的图腾面前,人们以欢歌笑语的形式进行祭祀活动,每个人都可以找到独处时所没有的情绪宣泄感,虽然不知道是怎么回事,但是对集体表象的图腾会感到更加神秘和有效,进而产生需要代代传承下去的冲动。

以上是对原始人为什么需要图腾的解释,是集体表象的合作理性在起作用。接下来原始人还有一个文化特征,就是"互渗律"思维。在讲这个问题之前,我们穿越一下,回到 20 世纪或者 21 世纪,看看今天以逻辑思维全副武装起来的现代人,还有没有集体表象这个原逻辑思维的存在空间。

第12讲
你知道有一本叫《新乌合之众》的书吗

链接书目:《乌合之众》 古斯塔夫·勒庞

《新乌合之众》 迈赫迪·穆萨伊德

上一讲我们讲了原始人为什么需要图腾。原始人的生理需求是吃饱肚子,但是原始人还有两个比吃饱肚子更重要的问题:一个是认知问题,面对自然界的万事万物不理解,充满了神秘的感觉;一个是社会痛苦问题,如何加强内部合作,在资源稀缺的情况下,保持团结,使自己的部落生存下去。图腾的产生正好同时解决了这两个问题,神秘感可以通过集体表象知识解决,社会痛苦可以通过狂热的集体祭祀活动解决。原始人发现,一个虚构的东西居然可以产生如此出人意料的效果,于是以集体表象知识为主导的原始文化跨出了人类文化长征的第一步。今天,我们讨论的问题是现代人还保存着原始文化的基因吗?

答案是有的。只要有集体的地方,就有集体表象的思维逻辑和相应的知识产生。下面我们举两个例子。

大家一定读过法国社会心理学家古斯塔夫·勒庞的一本书,叫《乌合之众》。这是一本里程碑式的著作,至今已被翻译成几十种语言,再版几十次。

那么,为什么它如此畅销呢?因为作者从心理学层面揭示了人类存在着的一个奇怪的心理现象:同一个人会具备两种不同的精神与认知模式。作者在该书"群体的普遍特征"一章中是这么说的:

> 从通常意义上讲,"群体"一词可指任何个体的集合,既不管他们的民族、职业或性别,也不管他们相聚出于何种机缘。

> 但从心理学角度来看,"群体"这个词却具有完全不同的含义。在某些特定情形下,并且只有在这些情形下,一群人会具有全新特征,它完全不同于组成这一群体的个人具有的特征。个体意识荡然无存,人们的情感和观念趋于同一个方向发展,从而形成一种集体心理,虽说只是暂时为之,但呈现出十分明确的特征。

作者以上这些话可以解释我们在上一讲讨论的集体表象知识和集体认知活动与我们现代人的逻辑知识及个体认知不同的原因。

但是，作者要讨论的问题是这种群体心理在现代社会中给我们带来的负面影响，因此，这本书就叫《乌合之众》，那么乌合之众是如何产生的呢？作者从心理学层面进行分析，是这么说的：

> 这正是个体加入心理群体之后的大致状态。他已经意识不到自己的行为。和被催眠者一样，在有些能力遭到破坏的同时，另一些能力却极大地得到强化。在一种暗示的影响下，他怀着难以抗拒的冲动，投身于某种行动之中。群体的这种冲动，要比被催眠者的冲动更难抗拒，这是因为这种对所有个体相同的暗示，在相互作用下会威力大增……

> 于是，意识人格消失殆尽，无意识人格占据主导，情感和观念在暗示和传染作用下趋同发展，并倾向于将暗示观念立即付诸行动，以上便是群体中的个人呈现的主要特点。他已不再是他本人，他已变成一部不受个人意志支配的机器。

> 一个人单是加入群体这个事实，就使他在文明的阶梯上倒退了好几级。在独立时，他可能是个有教养的人；在群体中，他成了受本能支配的野蛮人。他不仅身不由己、残暴而狂热，而且表现出原始人的热情和英勇。与原始人更为相似的是，他易于被词语和形象打动（这对构成群体的个人在孤立状态下却毫无影响），并做出同他最明显的利益和最熟悉的习惯截然相反的举动。群体中的个人犹如一粒沙子，只会和其他沙粒一样随风飘落。

> …………

> 群体中的个人不但在行为上与他本人存在本质差别；甚至在完全丧失独立性之前，他的思想和情感就已经发生变化：这种变化足以使守财奴变成败家子、让怀疑者变成信徒、将老实人变成罪犯、把懦夫变成英雄。在1789年8月4日那个值得纪念的晚上，法国贵族们一时热情澎湃，投票放弃了所有的特权；这些成员如果单独行事，肯定没有一个人会表示同意。

> 通过上述讨论，可以得出以下结论：群体在智力上总是低于孤立的个人，但从情感以及由此引发的行动来看，群体依据不同情况会表现得更好或更糟。一切都取决于群体所受暗示的方式。只从犯罪角度研究群体的学者，还尚未认识到这一点。群体或许会经常聚众犯罪，但往往也会豪情万丈。为了一种信仰或理念的胜利，群体在指引下会赴死犯难；为了荣耀和名誉，他们会热情澎湃；在几乎全无粮

草和装备的情况下,正如十字军东征那样,他们会将异教徒从上帝的怀抱中清扫出去,或者亦如 1793 年那样捍卫自己的祖国。这种英雄主义或许有些无意识成分,但也正是这种英雄主义缔造了历史。如果只发动人民去实践那些冷静思考过的大事,世界历史上可记载的东西将寥寥无几。

作者的分析很到位,他从集体表象的角度,提出了一个群体决策的大问题。按照古斯塔夫·勒庞的理解,仿佛一旦融入人群,我们的个性和智慧就会湮没,变成一帮暴徒,事实果真是这样的吗?有趣的是,同样是一个法国人,写了一本书,叫《新乌合之众》。作者迈赫迪·穆萨伊德是法国心理学家、认知科学家,也是一位致力于人群行为和大众心理研究的专家。

他把"大众研究"的目光投向与我们擦肩而过的行人,追星现场涌动的人潮,还有今天动辄百万转发的社交网络。他得出的结论是:我们并非群氓无脑的"吃瓜群众",一切群体行为总有科学解答;大众也可以很聪明,群体决策将成为未来的智慧之光;群体决策取平均值的结果,可以胜过专业棋手;维基百科和验证码测试,让每个人都能为传递知识尽绵薄之力;只要制定适当规则,网民们就能在游戏乐趣中攻克科研难题。作者曾学习过计算机工程,因此他还将经典心理学案例和前沿计算机模拟成果结合,来揭示这个庞大又聪明的"乌合之众"的真实面貌。这里摘录该书"千猜万判铸一智"一章中的一小节,来说明群体智慧在勒庞写书的那个时代,已经有人研究了。但那个时代的人和勒庞一样,对大众智慧是不屑一顾的。该书中是这么说的:

"女士们,先生们,看过来!快来试试您的财运吧!"

说话的农民拔高了嗓音,想盖过身边的一片猪叫声和鸡鸣声。在他身边的木制看台上站着一头壮牛。它体形庞大,毛色光亮,用一双怀疑的牛眼打量着身边围观的人群。"只要您掏半个先令,女士们,先生们,这头漂亮的大牲口就归您啦!"

这是 1906 年一个深秋的午后,英国西南部港口小城普利茅斯正在举办一年一度的牲畜与家禽博览会。这里聚集着各色人等,牵着牲口的农户与穿修身长大衣的花花公子擦肩而过,农业专家和维多利亚时代的老幼妇孺挤在一起,他们都是来这里观赏全国最优质的牲口的。女人们都穿上了最好的鲸骨蓬裙,孩子们足蹬漆皮高帮鞋在泥水里乱踩。

那一天,一位农户照常组织着有奖竞猜以招徕路人在他的摊位前驻足。参加者只要花 6 便士,就有机会猜测这头公牛屠宰后能够产生多少公斤的牛肉。经过称重验证之后,答案最接近正确数值的竞猜者就能赢得全部的肉。

在一片攒动的高礼帽中间,有一位鬓发茂盛的 84 岁老绅士正盯着场子中间卖牛的农户收取下注的钱。他就是弗朗西斯·高尔顿(Francis Galton)爵士,19 世纪最活跃的知识精英之一。在他看来,芸芸众生的智力水平只到他的脚后跟,而眼下这群围着牛下注的乌合之众,并不比地上啄着他靴子的母鸡更有脑子。仿佛是为了证实这一点,这位研究者本人也上前到农户那里下了一注,然后转身回家,确信自己又找到了优生学理论的最新证据。

这些牛肉、这位科学家和 787 个参与下注的人,就这样成了科学史上一场惊人发现中的重要角色。一个世纪以后,这个发现引发了大众研究的全面革新。

弗朗西斯·高尔顿出身英国贵胄。他的家族在两代人之内诞生了不少当时英国最重要的知识分子,有医生、植物学家、探险家、诗人和大实业家。他的表哥不是别人,正是查尔斯·达尔文。

··········

但高尔顿如今为我们所知,主要因为他是"优生学之父"。高尔顿深信,他本人的家族中智者辈出,绝非偶然。因为聪明和愚蠢一样会遗传,父传子,子传孙。因为担心大英帝国里会诞生越来越多"低能蠢笨"之人,他提出了优生学的基本理论。他强调,为了人类的共同利益,应该鼓励聪明的人多生育。与他的表兄达尔文几十年前在《物种起源》中提出的"自然选择"理论恰恰相反,高尔顿推崇"理性选择"。

高尔顿同时也是一位出众的统计学家。他建立了人类形态研究实验室,测量不同人种的认知能力与他们各自外貌特征的联系。像他自己这样的白人颅骨光滑硕大,位于人种等级的顶层,而下等人、女性,还有他在英国殖民地各处旅行时考察的非洲当地人处于等级底端。这一套优生学理论在随后几十年中传遍世界。在其影响下,美国 1909 年首度立法,给"罪犯和智障者"绝育。而这样的"优生学"理论在纳粹德国手里发挥到了极致。

在高尔顿的时代,类似的精英主义观点并不少见。与他同时代的很多知识分子都深信乌合之众是愚昧无知的,而且他们数量越庞大,就越愚蠢。古斯塔夫·勒庞(Gustave Le Bon)在其 1895 年的著作《乌合之众:大众心理研究》中也说:"人独处时智慧,成集体时愚昧。"而早在 1841 年,查尔斯·麦凯(Charles Mackay)在《非同寻常的大众幻想与群众性癫狂》(*Extraordinary Popular Delusions and the*

Madness of Crowds）中指出："大众"缺乏反思能力。

高尔顿先生正是在这样一种时代背景下去普利茅斯"赶集"的，他的目的是收集群氓无脑的新证据。在翻遍787张下注的单子之后，他满意地记录下了结果：大多数人的预估与正确答案谬之千里，有的过低，有的则太高了。

然而，这些预估数字里却藏着一个惊人的秘密。农户将牛屠宰以后，这头大牲口变成牛肉的净重是543公斤。而参与竞猜者集体估算的平均值是542公斤，几乎堪称神算！

这难道纯属巧合？每个个体的预测都是错的，而且误差范围很大，为什么所有答案的平均值恰好是正确答案？"也许大众的民主决策，比我们以前想象的更值得信赖。"骄傲的高尔顿爵士，作为"优生学之父"，于1907年发表了他的这一研究结论，这显然对他本人的优生学理论是个讽刺。

上面两本书和观点，都是在说同一件事情，就是群体集体表象的认知作用，应该说是正能量多于负能量，为什么？因为群体这个词本身就包含着合作理性的底层逻辑。整个原始文化留下来的底层逻辑在现代社会中会起什么作用呢？

谷歌的钓鱼行动是如何成功的
第13讲

链接书目:《盗火:硅谷、海豹突击队和疯狂科学家如何变革我们的工作和
生活》 史蒂芬·科特勒,杰米·威尔
《合作的财富》 尤查·本科勒

上一讲我们讨论了乌合之众,一个是群体会变得愚蠢,一个是群体会变得聪明,变得愚蠢的结论是勒庞通过研究历史现象而得出来的,变得聪明是高尔顿通过采集数据分析得出来的。

在 100 多年前,神经科学还没这么发达,没有人知道人们在群体集聚时,大脑内啡肽会产生一种情绪冲动,这种冲动可以激发人的兴奋状态。当然,同时也可以使人的智商下降,这是一种负面的情绪。但是,在大多数情况下,像原始人一样,产生合作、共赢、荣耀与名誉的集体表象认知的正面情绪,在现代人身上也是存在的。这是一种强大的文化基因。现以互联网巨头谷歌成功招聘 CEO 的真实故事,来说明原始社会留下来的集体表象认知文化基因有多么厉害。

这个故事来自一本书,叫《盗火:硅谷、海豹突击队和疯狂科学家如何变革我们的工作和生活》。这本书有两位作者,一位名叫史蒂芬·科特勒,他是《纽约时报》《大西洋月刊》等杂志的专栏作家,另一位名叫杰米·威尔,他是人类认知发展科学领域的专家。

这是一个关于谷歌找 CEO 的故事。在经历了迅速发展,获得辉煌成功之后,谷歌董事会认为公司规模日益扩大,需要有"大人的监督",要找一个能胜任首席执行官的人选。他们找了 50 个候选人,但都不满意。因为他们的标准是"在克制谷歌花里胡哨、放任自我的文化的同时,又不泯灭员工的天赋"。这可不是一个技术标准,而是一个文化标准。硅谷不缺的就是技术人才,可既懂技术又懂文化的人才,上哪里去找呢?绝望之中灵光一闪,佩奇和布林想到了海豹突击队的训练过滤系统。作者在该书"这是什么样的火种"一章中是这么说的:

如同海豹突击队恶名昭彰的"地狱之周",前来应聘谷歌首席执行官工作的最后决赛选手必须度过五天五夜几乎没有任何睡眠的时光,这期间还必须忍受炙热

难耐的太阳光、冰冻刺骨的寒冷，以及海豹突击队 VUCA 条件下 7×24 小时的包围式攻击。当未来的领导者被推到了生理和心理的极限而无处可躲，他是缩回到自己的角落里，还是会选择与团队融合呢？

困难考验着他们的团队融合能力，海豹突击队的场地是大海，于是就有了"钓鱼"一说。那佩奇和布林也去"钓鱼"吗？在该书"谷歌钓鱼"一节中，作者是这么说的：

> 而佩奇和布林脑海中的"海滩"却已经将近 15000 年没有见到过哗哗流动的水了。那是在内华达州黑石山脉中部一个已经极度干燥的湖床，那湖床是火人节的遗址所在，属于现代社会旅游中风貌最为奇特的遗址之一。
>
> ············
>
> 佩奇和布林自然是这场狂欢极为热情的常客……

面对这么残酷的竞争，有人知难而退了，参加决赛的只有 2 个人，但最后去现场的只有一个人，就是"大鱼"埃里克·施密德。布林认为"只有埃里克一个人去了火人节，我们觉得那是一个重要的评判标准"。为什么这么说呢？该书中是这么解释的：

> 斯坦福大学社会学家福瑞德·特纳（Fred Turner）对此表示同意，他认为火人节对于硅谷精英的吸引力在于，它可以为其中大多数人带去一种精神高度集中的体验。一位谷歌工作人员是特纳的研究对象之一，他如此描述自己在出色团队中的体验："（那）把原来机械的工作变为了……一种共有的、职业性的沉浸。（我们的）注意力非常集中，很少说话，对任何事物都持开放的态度……没有自我。我们工作时，相互之间联结紧密……我喜欢团队中那种'心流的感觉'——人与人之间组合成某种单位，自始至终我们都感觉不到时间的存在和限制，对此我们有一种延伸性的、迷醉般的感觉。"

作者把参与火人节上升到了心理学和神经科学领域，这和我们在解释原始人为什么要围着图腾唱歌跳舞，因此产生了合作理性，最终导致人类文化形成的机制一样。该书中是这么说的：

> 牛津大学神经心理学家莫利·克罗基特（Molly Crockett）解释道："参加类似于火人节的活动，练习冥想，处于心流当中，又或是服用迷幻剂，所有这些都依赖于共享的神经底物。这些方法的共同点就是对血清素系统的激活。"
>
> 但构成那些协同体验的基础的并不只有血清素。在那些特殊的状态下，含量上升的神经化学物质——血清素、多巴胺、去甲肾上腺素、内啡肽、大麻素和催产

素——都对社交联系有所影响。多巴胺和去甲肾上腺素通常会加强"浪漫爱情"，内啡肽和催产素将母亲与孩子、朋友与朋友联系起来，大麻素和血清素则加强了我们信任、开放与亲密的感受。当这些化学物质相互结合并立即在团队之间流动时，人与人之间的联系就会更为紧密，合作也将因此而加强。

这种加强了的合作和共有的职业性的出神，就是佩奇、布林，以及许许多多谷歌工程师在荒漠之中所发现的东西。这是一种大脑意识的状态转换，显示了一种一起工作的更理想的方式，也是任何准领导人需要第一时间知道的感受。如果施密德能够熬过那难耐的酷热、尘暴、无眠的夜晚以及那满是陌生、自我忽视的火人节，就可能——只是可能——成为佩奇和布林想要的那个人，那个不会扼杀反而能够帮助他们完成梦想的人。

那么把施密德这条"大鱼"钓上来的方法成功了吗？通过下面这些数字便一目了然。谷歌 2001 年雇用施密德时，据说公司收入约有 1 亿美元。10 年后，当施密德最终将首席执行官的控制权交还给佩奇时，谷歌公司的收入已将近 400 亿美元。

以上就是谷歌招聘 CEO 的故事，"大鱼"施密特被钓上来了。结局是完美的，过程是令人意外的，但其文化基因却是古老的。没有一家企业会像谷歌一样，以原始文化的集体表象和集体认知活动的标准去招聘一位 CEO，其实他们是要承担风险的，万一施密特的集体狂欢走向勒庞的群体智力下降通道怎么办？

但这个一般不会发生，为什么？因为谷歌的企业文化是全世界独一无二的，有一本书叫《谷歌的断舍离》，是谷歌日本公司前总裁写的，他透漏了谷歌的四个文化密码：第一个是创新源于交流；第二个是互助文化；第三个是完全的信息共享，实现平面式，也就是无上下级差的组织模式；第四个是褒奖文化。大家看看这四条哪一条不是和合作理性有关，这是不是一个不折不扣的原始文化合作理性的基因。

这种合作理性文化基因现在已被人类学家和生物学家所认同，但过程也不是一帆风顺的。为什么？因为讲到基因，我们一般会想到道金斯的《自私的基因》。群体选择理论是反对这一说法的，因为这个理论认为文化与基因是共同进化的。也就是说合作是一种本能，属于基因范畴，但也是一种理性，属于文化范畴。

有一本书叫《合作的财富》，对此做了详细的分析。作者尤查·本科勒，是哈佛大学法学教授、跨学科研究先锋。这本书打破了《自私的基因》为我们描述的人性迷局，只有合作才能让我们超越自利，进而设计建立回报丰厚的社会体系，获得合作的财富！在普遍信仰"人性自私"的社会，为你解构获取合作红利的制胜法宝！

作者在该书"关键要素1：基因和文化的协同进化"一章中，阐述了群体选择是一种有效的进化机制，是这么说的：

利用互惠（包括直接互惠和间接互惠）概念，我们可以对很多无私行为做出解释：无私意味着帮助别人时需要助人者付出代价。但是，还有很多事情无法利用个体水平上的互惠概念给出解释。我们来看一下动物世界的另外一个例子，这个故事既不像真人秀节目，也不像神话故事，倒很像科幻电影。

"矛形双腔吸虫"（dicrocoelium dendriticum）是生命周期非常奇特的寄生虫。它在牛或羊的肝脏里进行一代有性繁殖，然后，它的卵随粪便排出，并成为陆地蜗牛的盘中餐。这些寄生虫会在陆地蜗牛的体内无性繁殖两代。再然后，这些寄生虫会以黏球的形式离开陆地蜗牛，黏球又成了蚂蚁的食物。大多数黏球进入蚂蚁的膀胱，它们在那里等待下一个周期。可是，还会有一两个黏球进入蚂蚁的食道下神经球或者神经中心，它们可以在那里操控蚂蚁的行为，强迫蚂蚁晚上爬到草叶的顶端，而不是回到蚁巢。这增加了蚂蚁连同寄生虫群体被牛羊吃到肚子里的可能性。强迫蚂蚁晚上爬到草叶顶端的寄生虫在能够繁殖之前就会死掉，但死得其所。最后，那些在蚂蚁的膀胱里耐心等待的寄生虫，又开始了一个新的生命周期。这些流氓寄生虫有效地控制了蚂蚁的大脑，它们就像是自杀炸弹，或者神风特攻队队员。

从进化适应性的角度来看，具有改变蚂蚁行为的遗传易感性的寄生虫并不能活下来并将其基因传给下一代，而其他寄生虫的基因却倾向于退缩而让这个可怜的家伙送命，这样就把它们的基因遗传下来了。那么，这样一种行为模式究竟有怎样的存在基础呢？没有哪种互惠模式能对此进行解释，因为这个个体无法存活下来进行繁殖，也就无从谈及回报了，不论回报是直接的还是间接的。

这一问题的答案是，进化也可以偏爱对群体有利的行为，群体的成员会为了其他成员的利益而牺牲自己，即使这剥夺了个体生存下来的机会。30多年来，我们称之为群体或多级选择理论的这一答案，并不被主流进化生物学所接受。群体选择的更早表述，即"物种生存而不是个体生存"的观点在20世纪50年代和60年代初就被大家所熟知。但是，这一观点招致了广泛的批评，因此，到了60年代末，群体选择基本被排除在主流思想之外。生物学家坚持认为选择发生在个体水平上。实际上，就像道金斯告诉我们的，选择发生在基因水平上。但以戴维·斯隆·威尔逊（David Sloan Wilson）为代表的一些研究者的成果，让关于这一问题的争论持续了下来。最终经过 40 多年的理论完善,再加上新的证据以及对过去一些证据的重新解释,群体选择理论已被广泛认可。今天,这一理论不仅具有崇高的地位,而且是解释我们观察到的众多合作行为的必要工具。

以上内容全面地介绍了群体进化与自私的基因的进化的不同点,自私的基因是点对点的遗传,在选择时自己是不牺牲的,最多是完成遗传后才牺牲自己,但是群体选择是牺牲一部分个体,从而达到整个群体的生存目的。

但以上说的只是群体基因层面,那么文化呢? 它是如何与基因共同进化的呢? 作者介绍了一个合作实验,是这么说的:

2008 年的《美国政治科学评论》(*American Political Science Review*)上,詹姆斯·富勒(James Fowler)、劳拉·贝克(Laura Baker)和克里斯托弗·道斯(Christopher Dawes)在洛杉矶地区进行了一个针对 400 个同卵双胞胎和异卵双胞胎的抽样调查。研究中的所有双胞胎都是一起长大的,这就是说,他们在社会经济地位或政治信仰方面没有任何差别。研究表明,遗传构成不仅对我们把票投给谁有重大影响,而且对我们“是否投票”也有非常大的影响。当研究人员分析洛杉矶的实际投票人记录时,他们发现,相对于异卵双胞胎来说,同卵双胞胎在“投票或不投票”问题上表现出相同行为的可能性更大(但他们在将票投给谁这一问题上的表现并不一致)。实际上,在进行各种各样的统计分析后,富勒和他的同事们发现,由基因所导致的行为一致的比例稍大于 50%。

大多数人无法理解,仅存在 100 年的一种社会行为,怎么可能存在基因基础呢? 100 年在整个进化史上只不过是短短的一瞬,投票基因不可能在如此短暂的时间里得到进化。

假设存在一种名为“尽责性”(conscientiousness)的遗传人格特质,它代表人们抑制自私冲动、遵守义务的程度,是人们进行决策时需要考虑的因素。现在,我们将博伊德和里彻森的理论考虑进来。假设过了 1000 年后,某些文化对“尽责性”给予奖赏与尊重,而另外一些文化没有。在“奖赏与尊重”的文化环境下,具有“尽责性”遗传倾向的群体将兴盛起来。由于他们将被视为更值得拥有的伴侣,因此将有更多的机会繁衍后代。这就是说,随着时间的流逝,这样的人越来越多。这些文化能更有效地维持合作,因为即便没有直接的监督、惩罚或者奖励,人们也会循规蹈矩地稳妥行事。

而后,随着时间的发展,文化习俗和遗传倾向更加趋向一致。因此,如果突然出现了一种新行为（例如投票），而这种行为从社会角度还可以理解为"做正确的事"，那么，在这样的社会环境下，你可以认为携带"尽责性"特质的那些人将开始通过投票或其他方式来展现它。因此，在假设这种人格特质可遗传的条件下，你就可以做出一个似是而非的解释：人类的一种全新的行为如何拥有明显的遗传构成。

研究表明，人格特质实际上只在一定程度上是可遗传的。几年前，托马斯·布沙尔（Thomas Bouchard）和马特·麦圭（Matt McGue）发表了一篇涉及双胞胎、收养和心理学研究的评论文章，文中分析了遗传因素对心理和人格差异的影响。他们的结论是：平均来说，人格特质的遗传比例是 42%～47%，而同样的环境因素，如同样的家庭环境，则与人格毫不相干。此外，还有一项重大的研究成果告诉我们：其他社会态度也是可遗传的，例如保守或者虔诚。

其实谷歌的合作理性只是一种企业文化的传承，如果我们站在更高的角度去看中华民族几千年来的人格特质，不就是合作理性吗？历史上两次遭到外来文化入侵时，外来统治者清楚地看到了这一点，不得不入乡随俗，一起帮助中华民族把这个人格特质传下去，不然，自己的位置就坐不住了。

原始文化的基因真的有这么强大吗？接下来我们讨论原始人思维的第二个特征——"互渗律"思维，在 21 世纪是如何传承下来的。

第14讲　为什么今天的大数据思维来自原始人时代

链接书目:《原始思维》　列维-布留尔

《大数据时代》　维克托·迈尔-舍恩伯格,肯尼思·库克耶

上一讲我们讨论了文化基因的问题。原始人的集体表象认知在现代人身上还在起作用。这是一种合作理性的基因,如果说合作理性是文化催产素,那么文化催产素就是文化基因。对不同环境下的双胞胎的研究,改变了我们对基因只知道传承自己后代的自私概念,文化基因有时比自私的基因更加强大。

今天我们讨论原始人留给我们的另外一个基因特征——"互渗律"思维。

和勒庞同时代的列维-布留尔,在写《原始思维》的时候,虽然还不知道有内啡肽,或者说血清素、多巴胺、去甲肾上腺素、大麻酰胺和催产素等一大堆化学物质,但是,他从原始人的思维模式入手,研究集体表象产生的原因还是有一套的。他认为集体表象的产生不是原始人的智力低下、缺乏逻辑思维,而是来自一种原始思维,也叫"原逻辑思维"。人与物之间有一种神秘的相互关联和互相渗透关系,他把它叫作"互渗律",他的这个观点得到了很多人类学家的认可。

在《原始思维》里,有这么一段话:

我们将不再试图用原始人的智力衰弱,或者用表象的联想,或者用因果性原则的素朴应用,或者用"在这个之后,所以因为这个"的谬误来解释这些关联,一言以蔽之,我们将拒绝把原始人的智力活动归结为我们的智力活动的较低级形式。我们最好是按照这些关联的本来面目来考察它们,来看看它们是不是决定于那些常常被原始人的意识在存在物和客体的关系中发觉的神秘关系所依据的一般定律、共同基础。这里,有一个因素是在这些关系中永远存在的。这些关系全都以不同形式和不同程度包含着那个作为集体表象之一部分的人和物之间的"互渗"。所以,由于没有更好的术语,我把这个为"原始"思维所特有的支配这些表象的关联和前关联的原则叫作"互渗律"。

什么是互渗律?其实很简单,就是原始人把现象之间发生的事情关联起来。作者

在该书中举了很多例子,其中讲述了一位考古学家的亲身经历。

在新几内亚,当我和妻子居住在摩图摩图人(Motumotu)那里时,一种胸膜炎流行病在整个沿岸地带猖獗……他们自然要归罪于我们,归罪于我和妻子,说是我们把瘟神一起带来了,他们大声叫喊着要求把我们和同我们一起的玻里尼西亚学校的教师处死刑……应当指出流行病的直接原因。起初,他们责怪我从前的一只不幸的牡绵羊,为了使土人们安心,只得把它杀了;但是流行病仍然猖獗如故。土人们抓住我的两只山羊,但山羊终于被救出来了。最后,土人们的诅咒和指控又针对我们餐厅墙上挂着的维多利亚女皇的大幅肖像。

列维-布留尔接着说:

在我列举过的可以作为数量极大的一类事实的简单例证中,却包含着某种更多的和某种不同的东西;这不只是因果性原则的素朴的和不正确的应用。这不只是那种把事件彼此联系起来的直接的时间上的先行。被感知或者被发现的事件连续性可以引起它们的关联,但是关联本身与这个连续性丝毫也不混淆。关联是包含在原始人所想象的和他一旦想象到了就相信的前件和后件的神秘联系中:前件拥有引起后件的出现和使之显而易见的能力。

阅读了以上这段话之后,再看看下面这段话,大家看看有什么区别。

通过给我们找到一个现象的良好的关联物,相关关系可以帮助我们捕捉现在和预测未来。如果 A 和 B 经常一起发生,我们只需要注意到 B 发生了,就可以预测 A 也发生了。这有助于我们捕捉可能和 A 一起发生的事情,即使我们不能直接测量或观察到 A。更重要的是,它还可以帮助我们预测未来可能发生什么。当然,相关关系是无法预知未来的,他们只能预测可能发生的事情。但是,这已经极其珍贵了。

这段话表达的意思和列维-布留尔的差不多。列维-布留尔认为原始人的互渗律思维就是把前件与后件的相关性当作因果性,而以上这段话却认为 A 和 B 之间的相关性是可以捕捉和预测未来趋势的,这不是回到原始思维上了吗?确实是这样的。这段话摘自维克托·迈尔-舍恩伯格与肯尼思·库克耶合著的《大数据时代》中的"更好:不是因果关系,而是相关关系"一章。由于这本书的出版,全世界似乎一夜之间都知道我们已经进入了大数据时代,并由此颠覆了原始社会之后,人类对因果性的认知。

作者为什么这么大胆?因为他是有实证案例的。事情是这样的:在 20 世纪 90

年代,亚马逊有一个 20 多人的书评团队,目的是为好书写书评,向客户推荐,从而增加书籍的销量。但是,效果甚微。这个时候,贝索斯让负责技术的林登,尝试用客户的购买数据来推荐书籍。一开始,林登利用数据分析捕获了大量的数据。比如,顾客购买了什么书籍?哪些书顾客只浏览却没有购买?顾客浏览了多久?哪些书是顾客一起购买的?然后,通过样本分析找到顾客之间的相似性。但是,林登失败了。最后林登想了一个好办法,从此开启大数据在商业上的应用之旅。书中是这么说的:

> 格雷格·林登很快就找到了一个解决方案。他意识到,推荐系统实际上并没有必要把顾客与其他顾客进行对比,这样做其实在技术上也比较烦琐。它需要做的是找到产品之间的关联性。1998 年,林登和他的同事申请了著名的"item-to-item"协同过滤技术的专利。方法的转变使技术发生了翻天覆地的变化。
>
> ············
>
> 林登做了一个关于评论家所创造的销售业绩和计算机生成内容所产生的销售业绩的对比测试,结果他发现两者之间的业绩相差甚远。他解释说,通过数据推荐产品所增加的销售远远超过书评家的贡献。计算机可能不知道为什么喜欢海明威作品的客户会购买菲茨杰拉德的书。但是这似乎并不重要,重要的是销量。最后,编辑们看到了销售额分析,亚马逊也不得不放弃每次的在线评论,最终书评组被解散了。林登回忆说:"书评团队被打败、被解散,我感到非常难过。但是,数据没有说谎,人工评论的成本是非常高的。"
>
> 如今,据说亚马逊销售额的三分之一都是来自它的个性化推荐系统。有了它,亚马逊不仅使很多大型书店和音乐唱片商店歇业,而且当地数百个自认为有自己风格的书商也难免受转型之风的影响。事实上,林登的工作彻底改变了电子商务,现在几乎每个人都在使用电子商务。

不仅仅是电子商务,世界 500 强之一的沃尔玛公司也利用大数据的相关性提高了线下零售额。书中是这么介绍的:

> 沃尔玛公司注意到,每当在季节性飓风来临之前,不仅手电筒销售量增加了,而且 POP-Tarts 蛋挞(美式含糖早餐零食)的销量也增加了。因此,当季节性风暴来临时,沃尔玛会把库存的蛋挞放在靠近飓风用品的位置,以方便行色匆匆的顾客,从而增加销量。

看来今天大数据时代的相关性算法,还是来自古老的原始人的"互渗律"思维模式,原始人不比我们现代人愚蠢,虽然那个时候的他们不懂因果性,但是原始人会利用现象之间的关联可能性,找到他们解决问题的方案。

比如说,前面列举的原始人对流行病的解决方案,现在看来他们的怀疑完全是正确的。为什么?戴蒙德的《枪炮、病菌与钢铁》一书中提供了实证案例。该书"牲畜的致命礼物"一章中是这么说的:

> 致命微生物在人类历史上的地位,从欧洲人征服新大陆的史实来看,再清楚不过了。因欧亚大陆病菌而死的美洲土著,比战死沙场的多得多。这些凶残的病菌取走了大多数印第安士兵和将领的性命,使他们的军力彻底瓦解,更让幸存者心有余悸。例如,1519 年,科尔特斯率领 600 名西班牙随从登陆墨西哥海岸,企图征服有数百万人的阿兹特克帝国。科尔特斯到了首都特诺奇蒂特兰,不久就被逐出城外,"仅"折损了三分之二的兵力,但他又企图杀到海岸,以展现西班牙的武力优势,笑傲那些天真无知的印第安人。然而,科尔特斯再次发动攻击时,印第安人已经学乖了,在每一条巷道严阵以待,准备拼个你死我活。西班牙人凭什么本事获胜?答案就是天花。1520 年,有个奴隶在古巴感染了天花后来到墨西哥。结果这场流行病杀死了半个阿兹特克帝国的人,连皇帝奎特拉瓦克也难逃一劫。这种神秘的疾病专挑印第安人而放过了所有的西班牙人,劫后余生者因而信心全无。墨西哥人口本有 2 000 万,到了 1618 年陡降至 160 万。

根据以上事实我们可以得出结论,关联可能性最后变成了必然性,其实是通过一条长长的因果链形成的。我们回过头来看看列维-布留尔在《原始思维》一书中是怎么说的:

> 首先,在与构成社会集体的那些个体的存在的关系上说,社会集体存在的本身往往被看成是(与此同时也被感觉成是)一种互渗,一种联系,或者更正确地说是若干互渗与联系。在我们拥有十分详细而可靠的资料的一切原始社会中,这个特征是显而易见的。在斯宾塞和纪林的关于澳大利亚中部各部族的两部著作中,完全证明了这一点。在阿龙塔人(Aruntas)那里,"每个个体都是'阿尔捷林加'(Alcheringa)(神话时代)祖先的直接化身,或者是某个阿尔捷林加动物的一小部分精灵……每个人的图腾被看成是……与这个人同一的东西。另方面,每个图腾集团又应该拥有一种能直接控制其名称为该集团所冠的那些动物或植物数目的能力……"最后,每个图腾都与一个明确规定的地区或空间的一部分神秘地联系

着,在这个地区中永远栖满了图腾祖先们的精灵,这被叫作"地方亲属关系"("local relationship")。

············

······这样看来,仪式和舞蹈的目的,是要通过神经兴奋和动作的忘形失神(在较发达的社会中或多或少也有类似的情形)来复活并维持这样一种与实质的联系,在这种联系中汇合了实在的个体、在个体中体现出的祖先、作为该个体的图腾的植物或动物种。在我们看来,这里必定有三个单独的实在,不管它们之间的亲族关系多么密切。但对原始意识来说,个体、祖先和图腾则合而为一,同时又不失其三重性。

从以上作者对三种关系的分析,我们可以看出表面上只是集体表象,只有相关性,但从相关性的链条中我们找到了内在的因果逻辑关系,个体、集体、图腾、仪式、舞蹈、兴奋、内啡肽,然后产生了整个原始文化,这个相关性的逻辑纽带就在于人类大脑中的神经基础,比如合作脑的容量、物理疼痛与社会痛苦的共用神经基础、多巴胺与内啡肽的产生,这是一种客观存在的理性逻辑,因此我们把它叫作合作理性。原始文化的产生不是一种偶然的情绪产物,这是原始人自己找到的一条纽带。有一种说法是,原始人的部落是以血缘关系纽带而存在的。不,大量的事实告诉我们,这条纽带不是血缘的纽带,而是文化的纽带。文化这个概念开始浮出水面,受到了人们的关注,并且融入每个人的生命之中。但可惜的是,直到今天,我们现代人对"文化是什么"这个问题,基本上是答不上来的。

你能回答"文化是什么"吗
第15讲

链接书目:《文化是什么》 李中元

《何谓文化》 余秋雨

上一讲我们讨论了原始人的"互渗律"思维和今天的大数据思维,发现我们现代人并没有比原始人聪明多少。今天的大数据思维也抛弃了逻辑思维的因果性和形成原始人集体表象的原逻辑思维,或者说和原逻辑思维的相关性差不多。而正是原始人的这种思维形成了人类第一个具有文化形态的东西——图腾。这时,你就要问了,难道人类更早的遗产,诸如石器与石斧,它们不是文化吗?今天我们就讨论文化这个概念,因为它和人类的认知历史有着千丝万缕的关系。

有关文化的概念与定义,每个人都有不同的理解,可能每天你至少说上一遍这个词汇,你肯定是用在不同场合的。你不知道它的确切概念,但是人家听起来一定不会误解。因此,对文化的理解,下面一段话你可能会产生强烈的共鸣。

西方学者罗威勒曾说:"我被托付一项困难的工作,就是谈文化。但是,在这个世界上,没有别的东西比文化更难捉摸。我们不能分析它,因为它的成分无穷无尽;我们不能叙述它,因为它没有固定形状。我们想用字来范围它的意义,这正像要把空气抓在手里似的;当我们去寻找文化时,它除了不在我们手里以外,它无所不在。"中国学者也有类似的感慨:"显然得很,在那些定义中,任何一个定义只说到文化的一个或若干个层面或要点。这也就是说,在那些定义中,没有任何一个足以一举无遗地将文化的实有内容囊括而尽。之所以如此,原因之一,是文化实有的内容太复杂了,复杂到非目前的语言技术所能用少数的表达方式提挈出来。"

以上这段话摘自《文化是什么》一书中的"文化的界定"一章。该书作者是李中元先生。这是一本文化专论类著作,书中有些观点在国内有关"文化"的论述中尚属首次,具有较高的学术水准。

那么。作者是如何定义"文化"的呢?该书中是这么说的:

综上所述,文化是人为的和为人的,作为人的社会存在和社会的人的存在的方式和样式,无论其内涵多么丰富,外延多么广大,从文化研究的角度,我们可以给出文化的初步界定:文化是对人类社会进行学术研究时所概括出的人的社会存在样式。

作者把文化的概念限制在学术的范围,那么我们普通人平常所说的文化的概念又是什么呢? 我们来请教一下文化大家余秋雨先生吧。他也有一本专门谈文化的专著,叫《何谓文化》,这是继《文化苦旅》后,余秋雨又一次振聋发聩的思想表达。文化究竟是什么? 作者在观察后,用亲身经历和鲜活的感受来解读这一最根本的问题,分别从学理和生命两个层面来解析作为一个文化大国,从精英界到公众心理,到底缺失了什么。

作者在该书中是这么说的:

你们如果到辞典、书籍中寻找"文化"的定义,一定会头疼。从英国学者泰勒(E. Burnett Tylor,一八三二一一九一七)开始,这样的定义已出现两百多个。那两百多个定义,每一个都相当长,我敢担保,你们即使硬着头皮全部看完,还是搞不清楚文化到底是什么。请记住,没有边界的国家不叫国家,没有边界的定义不是定义。

·············

我们现在所关注的文化,既不能大到无限广阔,又不能小到一些特殊的部门和职业,那它究竟是什么呢? 看来,还要想办法给它一个定义。三年前,我在香港凤凰卫视的《秋雨时分》谈话节目中公布了自己拟订的一个文化定义。我的定义可能是全世界最简短的——

文化,是一种包含精神价值和生活方式的生态共同体。它通过积累和引导,创建集体人格。

以上两位作者对文化的定义,都包含着一个共同点,就是文化是人类共同生存的一种样式。余秋雨先生加了一个"集体人格",这些定义都没有错,但我们认为还是没有把文化的底层逻辑表达出来。那么什么是文化的底层逻辑呢? 我们的定义可能比余秋雨先生还要短——文化就是文明的同化。

把文化解释为"文明的同化"也不是新的发明。英语的"文明"(civilization)一词源于拉丁语,即 civilita(城邦国家)和 civilis(城邦中有组织和法制的市民生活),"城邦"是一种高贵的象征,与野蛮相对应。

英语里的"文化"叫"culture",来自拉丁文,意思是"培育""教化",可能是对野蛮人的教化。因此在西方语境中,文明与文化的概念是一样的。

英国人类学家泰勒是最早提出文化这个概念的,他在《原始文化》一书中写道:"文化或文明,就其广泛的民族学意义来说,乃是包括知识、信仰、艺术、道德、法律、习俗和任何人作为一名社会成员而获得的能力和习惯在内的复杂整体。"

泰勒这段话把文明与文化混为一谈了,他的定义更接近文明的定义,和文化的定义还有一段距离。

中文里的文与化并列使用,见于《易经·贲卦·象传》。面对天文、地文、人文,《易经》关注"观乎人文,以化成天下"。这里的"文"指"纹理",指语言符号,后来又扩展到礼乐制度,"化"就是"教化"的意思。

"文明的同化"的中文解释更加贴切,因为这个概念从原始文化产生的那一刻就开始了。我们还是以图腾为例说明一下这个概念的基本内涵。

所谓文明的同化包含着三个要素:第一,文明是指非自然的,由人类创造的一切精神与物质的东西,必须是被他人不断重复和模仿的,以满足个体实现自己的理性目标。图腾就是这么一个被原始人凭空创造出来,并且被世世代代模仿,达到原始人内部团结目标的那个东西。第二,同化是指文明以知识的形态被模仿与传播,图腾符合这个条件,但史前的石斧不符合这个条件,因为那个时候还没有产生语言符号,重复与模仿是在个体之间传承的,具有偶然性,因此还不能算文化。今天我们在博物馆,或者在书本上,或者以照片和设计图纸的形式去介绍石斧,就成了知识,这就是文化,知识作为文化的中介或者说媒介,是文化元素不可缺少的一部分。第三,同化是指两个人以上的集体的理性目标的实现,与个体的合作理性有关。这个很重要,以上两位专家强调的就是这一点。余秋雨先生在个性化的"人格"两字之前,加上了"集体",对自我加以限制,这是同化与被同化的结果,不然就不是文化了。原始人聪明地利用了人类狂欢时会产生的多巴胺与内啡肽,轻松地达到了以图腾来同化全体部落的目的。这里的同化是一个动词,因此,文明的同化是一个进行时。

通过以上三点分析,我们可以得出进一步的结论,文化是人类的第二次认知革命,即合作理性的产物。合作理性是通过个人的付出,与他人共同实现自己的目标。文明不能强迫他人与自己共同实现自己的目标,只能是知识的同化和言传身教的同化,同化者被我们称为文化大家、老师、教授、知识传播者,被同化者被我们称为学生、学习者。但是,有的时候界限不是很分明,因为在一个集体中,任何一个人创造出比昨天更好的精神或物质文明时,任何他人都可以认可与模仿,这就是同化。甚至有的时候同化与被同化是同步的。

余秋雨先生举了这么一个案例。

在这里我想举出美国企业家贝林先生的例子来说明问题。我曾为他的自传写过序言,与他有过深入的交谈。

他对我说,他原先为自己定下的文化目标是"展现个性的成功"。其中,又分了三个阶段。第一阶段,他追求"多",即利润多、产业多;第二阶段,他追求"好",即质量、品牌都达到国际一流;第三阶段,他追求"独",即一切都独一无二,不可重复。他说:"当这三个阶段全都走完之后,我还不到六十岁。我感到了前所未有的无聊,甚至觉得连活着都没有意义了。"

直到二〇〇一年三月,一个偶然的机会,他在亚洲某地把一把轮椅推到一个六岁的残障女孩前,女孩快速学会运用后两眼发出的生命光辉,把他的生命也照亮了。几年后,在非洲,一个津巴布韦青年背着一位完全不认识的残障老妇人,用几天时间穿过沙漠来向贝林先生领轮椅,贝林先生看着这个青年独自向沙漠深处走回去的背影想:"我一直以为有钱才能做慈善。他让我明白,我这一生把梯子搁错了墙,爬到顶上才发现搁错了。"

现在,贝林先生成天在世界各地忙碌,早已没有一丝无聊之感。他在做什么,我想大家一猜就明白。

这是一位六十岁之后才找到了文化的最终目标的大企业家。

他明白了,文化的最终目标,是在人世间普及爱和善良。

余秋雨先生以上这些话说明,文明的同化是一个双向的过程,一个想通过自己的付出帮助他人的人,结果也会被他人帮助。再补充一下余秋雨先生的话,完整的概念是:文化的最终目标是追求人类的共同幸福,爱和善是其中的一个途径。

综上所述,我们可以下一个结论:文化是合作理性的产物。下面一段话是从《文化是什么》中摘录的,作者借鉴了美国学者罗伯特·墨菲的《文化与社会人类学引论》中关于"合作理性"的定义。

文化包括行为的样式或模式,即认为哪些行为是正常的、合乎道德的,甚至是神志清醒的规范。这都是学习而得的行为模式,并非源于生物学,而且至少在某种程度上为其他社会成员所共有。文化是知识和工具的聚集体,我们以这些知识和工具适应于自然环境;文化是一套规则,凭这些规则我们相互联系;文化是知识、信念、准则的宝库，据此我们力图理解宇宙及人类在宇宙中的位置。最重要的是，文化是人们相互交流的手段，就文化中的语言部分而言，这实属赘述，但就举止、礼仪、手势和表情语言而言，却是千真万确的。正是文化稳定了社会环境，使人们有可能彼此联系。社会学家格奥尔格·齐美尔（Georg Simmel）曾说，每一种社会境遇都是一个巨大的灾难，角色混乱、信号错杂、因剧本的失败脱离了原先的计划而使每一个人都变得焦虑不安、困窘万分或干脆不再行动。互动并不总是平稳的过程，通过设置每一个人在给定环境中如何行动的规则，文化尽可能减少了这种不确定性。正是在这种意义上，社会学家塔尔科特·帕森斯（Talcott Parsons）将文化定义为一个"期望集"（set of expectations）是极富启发性的。文化不仅告知我们应如何行动，而且也告诉我们对他人能够期望什么。有规则地发出声响、做出动作并赋予其意义，它们就转化成语言和社会行为。在一个没有天生的、绝对的意义的世界上，文化使宇宙及人类在宇宙中的位置得以理解、使社会互动成为可能。

以上凡是出现"文化"一词的地方，把它替换成"合作理性"，你觉得在逻辑上说得通吗？

现在我们对文化的概念有了进一步的了解，文明是我们可以用知识或信息表达的一切人类物质和精神层面的生活模式或存在方式。文化就是文明的同化，同化需要以集体的合作为前提，合作的目标是以最少的生存成本达到个体的幸福，合作的模式就是有规则的社会互动。

知道了文明的同化之后，接下来我们马上碰到一个问题，前面我们讨论了文明可以用能量的消耗来度量，那么文明的同化，也就是文化，可以度量吗？

文明的同化可以度量吗
第16讲

链接书目:《超级社会》 彼得·图尔钦

《窃言盗行:模仿的科学与艺术》 亚历山大·本特利,马克·伊尔斯,迈克尔·奥布莱恩

《从祖先到算法:加速进化的人类文化》 亚历山大·本特利,迈克尔·奥布莱恩

上一讲我们讨论了文化的概念。文化就是文明的同化,人类为什么要进行文明的同化,是人类第二次认知革命的合作理性使然,它是人类社会脑发达以后的产物。但是除了生物学意义上的进化原因,还有一个重要的原因。正是这个原因,所以文化与文明一样,也是可以度量的。那么是什么原因呢?

今天我们阅读的书叫《超级社会》,作者彼得·图尔钦是进化人类学家。该书专门从文化演进的角度,去探寻过去一万年的时间里,人类从史前的小型群体如何演变为如今的大型社会,人类合作的规模如何从几百人迅速过渡到几亿人。

彼得·图尔钦认为文化的演进和人类的演进一样,也是一种群体选择与自然选择的结果。该书"为了竞争而合作"一章中是这么分析的:

我们为什么会有文化呢?这是一个不错的问题。没有人知道确切答案,但是这个问题值得我们在那些最可能出现的解释中浏览一番。长期的气候数据可能会为我们惊人能力的来源提供一个线索。在始于260万年前、结束于12000年前的更新世时代这一地质时期,人类开始演变。更新世时代气候现象极端,是过去两亿五千万年期间气候方面最混乱的时期。气候在非常寒冷的时期(冰川时代)和温暖得多的间冰期之间经历了剧烈的震荡。大约每十万年,冰川就会从极地向四周延伸,将地球30%的表面覆盖掉。海平面会下降100米(330英尺)或更多。水被锁在几千米厚的冰层下面。当冰川消退的时候,大量区域被上升的海水和融化的冰湖水淹没。而较短的气温周期——23000年又叠加到10万年的周期之上。

起码来说,如此迅速的(从地质时代周期层面来说)环境变化给地球上的生命制造了很多困难。有些生物,如啮齿类动物,其繁殖时间短,就能够迅速进化,从

基因上适应混乱的环境变化。另一方面，像人类祖先这样寿命长一些的动物，无法足够迅速地适应环境变化——其基因演进是个缓慢的进程。祖先们，例如能人和后期的直立人，则通过逐渐扩大脑容量来适应气候条件的剧烈变化。换句话说，他们开始使用行为而非基因模式来进行调整适应。他们有了学习天赋。

行为灵活性本身并不会让早期人类区别于其他像大猩猩这样的大型猿类，他们也非常擅长进行各种不同的认知任务。然而，个体学习并不是了解环境的最有效方式。例如，如果你想亲自了解哪些浆果和蘑菇是可食用的，哪些是有毒的，你就得全部尝一遍，还得冒严重风险。有些蘑菇的毒性非常之强，以至于吃一小块就足以致命。更好的办法是，请教一位有智慧的长者吃哪些东西安全。或者你可以观察部落里有经验的成员是怎么做的，然后去模仿他们。而从其他人那里学习有用的东西就是文化。

总体来说，当环境变化如此之快，以至于基因适应无法起作用，但时间足够让前一代人积累的信息变得有用的时候，我们掌握文化的能力就会演变（假设像复杂的认知能力这种预适应是存在的）。如果环境变化得比这更快，那么你独立学习一切就更合算，即使这么做有风险而且效率甚低。但显然在更新世时代，环境变化恰好合适——既不太快，也不太慢，而且非常猛烈——这足以促使文化的演进。很多其他的哺乳动物与人类同时进化出容量更大的大脑并不是巧合。

一旦掌握文化的能力在我们的祖先群体里得以演进，就为文化演进开辟了一个全新的世界，从而让通过多层选择得以传播的文化特征的演进成为可能。

将多层选择运用于文化变体要比运用到基因上更加容易。人类是伟大的模仿者。我们通过观察他人来改变自己的行为（"入乡随俗"）。我们也很容易被成功和名望所左右（这就是为什么广告公司会给成功的运动员和有魅力的电影演员很多报酬）。正如我前面所说的，模仿是适应性的。如果你模仿了一个成功个体的行为特征，你或许就能理解是什么使其获得了成功。你也可以模仿一个与成功无关的行为（将自己打扮成猫王，发型也理得跟他一样，不太可能让你成为明星，但只要你别穿成那样出现在投资金融方面的工作面试里，这也不会有啥坏处）。有些行为甚至可能有延迟的代价（例如吸烟）。不过，总体来说，在你关注部落中最成功者的行为的同时，以部落里大多数人所做的事情为基准，你就可以变得更好。

那么模仿所导致的就是让同一群体的成员彼此变得相似。换句话说,模仿摧毁了群体内部的差异。同时,不同的群体可能各自聚集于非常不同的行为模式,结果就是群体之间的差异增加了。群体之间的人口流动对于群体之间文化差异的影响要小得多,因为新来者或者他们的孩子,在文化上会被同化——他们会采用其所在的新群体中的普遍行为。这种文化传播的特殊性,使得文化群体选择比基因群体选择更具力量。

以上这些话将文明的同化的基本原因表达清楚了,是环境逼迫人类不得不采取群体共同的生存模式,这个模式的唯一有效之道就是学习与模仿,这个文化群体选择理论和道金斯的基因选择理论有点出入,但我认为应该是群体选择和自然选择的共同结果。

那么问题又来了,人类一味模仿与学习,到底应该到一个什么程度。因为文明的东西总有一天会被模仿完,同化如此永无止境下去,我们人类不是早已灭绝了吗?这就和文明消耗能量一样,也是有一个量化的度的,那么怎么去把握这个度呢?

接下来介绍两本书,作者都是亚历山大·本特利,他主攻的研究方向是人类传播知识的方式。他的《窃言盗行:模仿的科学与艺术》里面讲的是什么呢?该书序言部分是这么说的:

> 之后发生的事与本书的主题密切相关:邻桌的一位女士,我们通常礼貌地把她们称为"有一定年龄的女性",对侍者说,"我要她点的菜"。就是这么一个简单的句子,而"她点的菜"正反映了人类惊人的社会学习能力。我们一直在学习周围的人、周围人的周围的人,以及那些无论从时间还是空间上都离我们更远的人,那些我们从来没有见过或者已经逝去的人。这本书讲的正是"她点的菜":从个人到社区到社会,社会学习是怎样从各个层面影响人类行为的。不了解"她点的菜"的重要性,就无法全面了解人类行为。

这是大多数人到一个不熟悉的饭店点菜时的一个习惯性行为,因为不知道菜单上的菜和我们实际想吃的距离到底有多远,最简单的方法就是模仿。这就是作者在书中要讨论的问题,从行为经济学到演化心理学,模仿或者说得好听一点,叫社会学习,是我们人类最主要的知识获取方式。

亚历山大·本特利的《从祖先到算法:加速进化的人类文化》讨论的是同样的问题,是《窃言盗行:模仿的科学与艺术》的升级版。为什么要升级呢?该书序言部分是这么说的:

近几十年来,文化传播的形态已经发生了巨大的变化,从"窄而深"发展为"浅而广"。所谓"窄而深"(我们可以称之为"传统")是对知识进行局部学习的形态,这些知识是我们从祖先那里继承而来的,历经许多代人的传承,更新速度很慢。经过几代人缓慢的文化适应过程,这些传统知识已经很好地适应了局部环境。"浅而广"(形状就像"地平线")描述的是被广泛分享,甚至有可能造成国际影响的新知识,或者只是单纯的信息。在这个地平线体系中,知识创造的速度已经快到与祖先的知识几乎没什么关联的程度。

这里作者提出了一个关于文明的同化的新问题,原来我们是模仿与学习,1万年来都是如此,但进入信息社会之后,突然180度大转弯了,有一个新的词经常被人们重复,就是"创新"。创新到什么程度呢?按作者的意思,文化似乎和我们的祖先没有关联了。果真是这样吗?如果我们说模仿是文明的同化,那么创新就是文明的进化。在文明的同化这个语境里,应该是包含着两个部分的。那么我们在模仿与创新两个维度上的度量应该如何把握呢?作者做了一个计算机模拟实验。在该书"创新者与模仿者"一节中,作者是这么说的:

计算机模拟技术使科学家能够同时对多个交互过程和大量的行为主体进行研究。早在2010年,圣安德鲁斯大学的凯文·拉兰德就和他的同事们举办了一场计算机算法锦标赛,拉兰德举办"社会学习策略锦标赛"的目的是帮助社会大环境下的行为主体找到最成功的默认策略。竞赛作品由软件代码组成,这种代码将会对某个主体在多轮比赛中与其他主体的交互过程进行控制。锦标赛的发起者希望优胜者能提出一种更好的社会学习策略,以解决该模仿谁以及什么时候模仿的问题。大家都认为单纯的随机模仿是不太可能获胜的,因为信息有可能是错误或者过时的。

从参赛作品可以看出,许多生物学家、人类学家、心理学家、经济学家和数学家都对这个主题很感兴趣。优胜者是两位来自加拿大的研究生丹·考登(神经系统科学家)和蒂姆·利利克拉普(数学家),这让优胜者和负责监督此次锦标赛的专家小组都颇感意外,因为他们俩都不是社会学习领域的专家。他们的参赛作品叫作"淘汰机",其基本指令就是模仿(而且是多次模仿),模仿对象更偏向于不久前成功的策略,这样可以"淘汰"旧的信息。这不是完全的随机模仿,但已经与其很接近了,即模仿任何一种成功,只要它是不久前的成功。

类似的比赛还揭示了某种成功的社会学习策略与在群体中发挥作用的其他策略的依赖的关系。迈克和他的同事亚历克斯·梅索迪设计了一个实验,要求参与者玩一款电脑游戏,玩法是"制造"用于猎杀野牛的石质抛掷箭头。每位猎人都可以创造新的形状,或者效仿那些狩猎成功的人。结果,在每轮游戏当中,具有社会性的学习者都比那些拒绝模仿成功者的人得分更高。

不过这确实有点儿让人费解,因为人们总是倾向于团队合作,而如果每个人都一直在模仿别人(意味着没有创新),那么这个群体就会有灭绝的危险。迈克和亚历克斯还算出了在抛掷箭头制造者构成的整个群体中,选择模仿的人和选择创造的人之间的比例。然后他们将群体的成功与这个比例间的函数关系绘制成图表,发现少数"创新者"和多数模仿他们的"小偷"似乎构成了一个新信息的最佳组合。我们希望一段时间之后,或者在一个治理有方的社区中,能出现由一部分创新者和大多数独具慧眼的模仿者所构成的优良组合。

但什么是"优良组合"呢?事实上,许多研究已经表明,理想的创新者的比例大约是 5%。例如,马克斯·普朗克研究所的伊恩·库赞和他的同事们发现,在鸟群中,只需要一小部分的创新者就可以让整个群体朝着一个方向飞去,因为大多数鸟儿都是在跟随邻近的同类飞行。在这些少数的创新者当中,独立的思维和准确的信息至关重要,因为虚假的警报会通过错误的信息而在群体中被传播和放大。库赞和他的同事证明了愚昧无知或者举棋不定的多数人会如何将舆论的决定权拱手让给虽然数量不多但坚决果断的少数人。不管是当少数人变得更加坚定时,还是当多数人表现得更加无知和(或)矛盾时,决定权都会从矛盾的多数人迅速转移到坚决的少数人手中。

当环境没有发生太大变化,特别是当创造新想法的成本高昂或风险较大的时候,模仿者就会急剧增多,但如果模仿者与创新者的数量过于悬殊,那留给你只有一个嘈杂的回音室。梅索迪指出,当模仿者过多的时候,他们相互模仿的次数就会增加,这样回音室里的信息质量就会下降。我们可以认为互联网的作用就是让信息的创新者的数量达到全世界的 5%,而不是某个群体的 5%。

以上是作者所说的计算机模拟实验,把文明的同化或者文化的度量给计算出来了。模仿者占 95%、创新者占 5%,作者认为这是人类文明的同化与进化的最佳比例。全部模仿,社会要灭绝,全部创新,那么人类的合作理性的底层逻辑就会被破坏,大家自顾自地,人类文明也就无法进化了。为了证明这一点,作者还介绍了一个现实环境的实验,这个现实环境就在中国。只要是检验个人主义或者说自顾自地创新,与团队模仿的创新,结果会怎么样呢?作者是这么说的:

　　对新奇事物和个人主义的痴迷不仅是一种劣势，还很 WEIRD（意为"奇怪"）。"WEIRD"是乔·亨里奇和他的同事们创造的一种说法，由"western（西方）、educated（有教养的）、industrialized（工业化的）、rich（富裕）和 democratic（民主）"的首字母组成。梅索迪和他的同事们在中国某个省会城市的一个非 WEIRD 社区做了抛掷箭头的实验，他们发现这里的居民比英国国民、英国的中国移民或中国香港的居民更倾向于模仿。结果显示，无论是在团体赛还是个人赛中，中国人设计的抛掷箭头得分都更高。西方人则倾向于坚持个体学习，所以他们的分数受到了影响。这种个人主义在文化上的差异可能需要几个世纪才能形成。

　　历史事实告诉我们，中国集体主义文明的同化程度在全球是最高的，因此先进的文明在中国同化的速度也是最快的，改革开放短短几十年就达到了经济总量全球排名第二。同时我们自己的创新也不慢，在世界知识产权组织发布的《2022 年全球创新指数报告》中，中国排名第 11 位，排到了加拿大、澳大利亚和意大利等发达国家的前面。

　　这说明同化程度越快，创新速度也越快。但文化还有一个巨大的魔力，就像一个 App 一样，它会不断迭代，迭代到里面的代码全部换一遍，但基本功能还是不变。接下来我们看看祖先遗留下来的古代文化遗产，就像这个 App 一样，已全部迭代了，但现在是不是还在呢？

世界重启，幸存者的百科全书缺少了什么
第17讲

链接书目：《世界重启：大灾变后，如何快速再造人类文明》
刘易斯·达特内尔
《交换之物：大航海时代的商业与科学革命》 柯浩德

上一讲我们讨论了文化的度量，其实也是对文明的同化与进化的度量。随着时代的进步，有人担心我们的知识与祖先的距离越来越远。是的，从知识的角度来说是迭代得越来越快了，祖先离我们越来越远了，但是大家不要忘了，文化的起源是什么，文化的底层逻辑是什么。原始人创造文化的唯一理由就是合作理性。只要合作理性没有变，我们祖先为合作理性创造出来的东西也就不会变。

今天，我们阅读另外一本书，主题与人类的未来史有关，叫《世界重启：大灾变后，如何快速再造人类文明》，作者是刘易斯·达特内尔，主要从事天体生物学和火星微生物生命的研究，在科研工作以外，他撰写过多部科普作品。

现代人对安全的焦虑并不亚于原始人，按照赫拉利的观点，这都是工具理性惹的祸。该书序言中是这么说的：

> 我们熟悉的世界已经消亡。
>
> 一种极为致命的禽流感毒株终于冲破了物种界限，成功地感染了人类宿主，或者在一次生物恐怖主义活动中被蓄意释放出来。在当今这个时代，都市人口密集，空中交通连接着不同的大洲，传染之快达到了毁灭性的程度。在任何有效免疫措施甚至隔离命令得到落实之前，全球人口的一多半便已经被病毒所杀。
>
> 或者印度和巴基斯坦之间的紧张关系终于发展到极限，一次边界冲突的升级令双方都失去了理智，导致了核武器的使用。核弹头独特的电磁脉冲被某邻国国防监控系统探测到，引发了一轮针对印度盟友美国的先发制人的攻击。美国及其欧洲盟友和以色列随即展开报复。全世界的主要城市都化作了放射性玻璃构成的崎岖原野。进入大气层的巨量尘土和灰烬减少了能够照射到地面的阳光，造成长达几十年的核冬天，继而引起了农业的崩溃和全球性的饥荒。
>
> 或者事情根本就不在人类的掌控之中。一颗直径仅有1千米的石质小行星

击中了地球,急剧改变了大气环境。距离撞击点几百千米之内的人立刻死于高温高压的冲击波,而在那个范围之外的大部分幸存者也只是在苟延残喘。小行星落在哪个国家并不重要:石块和尘土被高高地抛入大气层——此外还有热浪引发的大范围火灾生成的烟尘——在风的助力下遮蔽了整个星球。就像核冬天一样,全球气温的下降造成了世界范围内的粮食绝产和大规模饥荒。

············

我们熟悉的世界已经消亡。关键的问题是:现在该怎么办?

作者的预言还是有点准的。为什么?因为在 2020 年春天,我们确实遇到了对全球人类生命产生巨大威胁的新冠肺炎病毒。虽然不至于到人类灭绝的地步,但是每一个人都会考虑,如果真的到那种地步,人类应该怎么办?这个时候,刘易斯想到了。如果真的到了这一步,是不是应该有一本关于人类全部知识的百科全书,可以拯救人类于水深火热。作者是这么说的:

事实上,关于"全书"的想法有着悠久得多的历史。过去那些百科全书的编撰者远比今天的我们更加了解,哪怕是伟大文明也同样脆弱,而保存在人们头脑中、一旦社会崩溃就会消失的科学知识和实践技能则有着绝高的价值。狄德罗(Denis Diderot)对他主编的那部首卷出版于 1751 年的《百科全书》(*Encyclopédie*)有着明确的功能定位:人类知识的保险仓库,万一我们的文明被某次灾难性事件毁灭,就像古埃及、古希腊和古罗马等古代文明一样消亡,只留下片言只语的文字记录,这部著作可以为后人保存住我们的知识。这样,百科全书就变成了保存知识积累的时间胶囊。知识在其中以符合逻辑的方式得到安排整理,并可交互参考,即便发生影响深远的灾难,也能受到保护,免遭时间的侵蚀。

但是,在知识大爆炸的今天,已经没有一本百科全书可以囊括所有的知识了。也许作者考虑到世界毁灭的时候,人们也没有心思去看大部头的百科全书,所以作者接着说:

我认为帮助文明陷落幸存者们的最好方法,不是创造一部所有知识的全面记录,而是针对其可能身处的环境提供一份基础性指南,以及他们自己重新发现关键知识所需的技术蓝图——也就是被称为科学方法的强大知识产生机制。保存文明的关键是提供一枚内容精缩而又能很容易地成长为一整棵枝繁叶茂的知识之树的种子,而不是试图把巨树本身记录下来。用托马斯·艾略特(T. S. Eliot)的话来讲,哪些片段最适宜支撑我们的断壁残垣呢?

那么作者的基础性指南或者说简化版百科全书,可以为世界重启提供解决方案吗?作者把重启分为两大部分,我们先来看看第一部分是如何做的。

第一部分被称为重启宽限期。在这个宽限期内,按照轻重缓急的次序,急需解决的事情,就是一个字——"找"。作者是这么说的:

> 在我们曾经设想过的情形中(人员死亡,但是我们周遭的事物没有受到大规模破坏),你不大可能会缺少避难所:在灾难之后较短的时间内,废弃的建筑物不会短缺。不过,你很有必要立刻到户外用品商店开展一场大扫荡,为自己添置点新行头……
>
> ············
>
> 找到可以遮风挡雨的避难所之后,你的待办事项列表中位于第二位的将是保障清洁的饮用水……
>
> 那么,假如你是一名幸存者,独自拥有一家完整的超市,你能够利用它的货品生存多久?最佳策略是,最初几周内食用易腐烂的食物,然后转向干面粉和大米,以及更加耐久的块茎蔬菜,最终求助于最可靠的罐装食品。假设你仔细保持着平衡的饮食,有对维生素和纤维素的必要摄入(在这方面保健营养品区对你也会有所帮助),根据你的体形、性别和活动水平,你的身体每天将需要两千至三千卡路里热量。一家中等规模的超级市场应该能够供养你大约五十五年——如果你也吃罐装猫粮和狗粮的话,则是六十三年。
>
> ············
>
> 燃料是现代生活中的另一项关键消费品,在重建过程中,对于交通、农业和发电机的运行仍然至关重要……
>
> ············
>
> 灾难之后,药品将成为另一项重要搜寻对象。保证拥有各种类别的止痛剂、消炎药、止泻药和抗生素等药物,将有助于你和你的同伴过上舒适而健康的生活……
>
> ············
>
> ……现代城市里那些熠熠生辉的摩天大楼乃至中等高度的公寓楼实际上都已经不适合居住了:只有在现代基础设施的支持下,它们才会发挥功能……
>
> ············
>
> ……所以灾难发生后几天之内,便会随着电网的失效而消失。幸存者社群将

需要自己发电……

最简单的短期解决方案是从道路施工地或者建筑工地搜集移动柴油发电机……

…………

在重建过程中,一个很可能会变得常见的场景是,成长中的幸存者定居点遍布乡村。它们的选址并非随意,而是环绕着死去的城市,排布在破败失修的高楼大厦和其他城市基础设施周围。只有回收团队会冒险进入这些无人区,捡拾废城的遗骨,从中收集最有用的材料,或许还会用上土制炸药来拆除,或者临时的乙炔火焰枪来切割金属构件。

以上是作者所说的重启的第一部分,大家觉得缺少了什么? 当灾难降临的时候,最缺的是人,而不是物。谁去找,谁组织去找,找到资源以后,应该如何分配到每个人手中,每个人应该做什么,等等,书里是没有交代的。宽限期到了,接着就进入了第二部分,作者是这么安排的:

必需品就位之后,我将解释如何安排农业生产、妥善保护粮食储备,以及如何用植物及动物纤维制作衣物。纸、陶瓷、砖、玻璃和锻铁在今天都是寻常之物,以至于被认为乏善可陈,然而需要它们的时候你又该如何制造呢? 树木能够生产出大量非常有用的材料:从建造用的木材到净化饮用水的木炭——同时还是一种燃烧猛烈的固体燃料。一大批极为重要的化合物都能从木头里烘烤出来,甚至其灰烬中也含有一种制造肥皂和玻璃等必需品所需的成分(名为草碱),以及生产火药的原料之一。拥有了基本的专业知识,你便可以从周围的自然环境中提取出大量其他不可或缺的材料——纯碱、石灰、氨、酸和酒精——并开启后末日时代的化学工业。生产力恢复之后,快速启动指南将帮助你开发适于采矿和拆毁古代建筑遗骸的爆炸物,生产人工肥料和用于摄影的光敏性银类化合物。

在之后的章节中,我们将探讨如何重新学习医学、利用机械动力、掌握发电和存储电能的技术,以及组装简单的无线电装置。而由于内容中包括了如何制造纸、墨水和印刷机的信息,这本书本身便携带着其自我复制所需的遗传指令。

和第一部分一样,作者还是把人放在了一个抽象层面,只讨论技术与知识,没有提到人。于是,只能按照赫拉利的人类历史发展路径,沿着工具理性的农业革命和科学革命,重启这个世界。作者是这么说的:

　　早期阶段你将要面临的一大挑战是重新开始农业,到时会有足够的空建筑为你提供避难所,地下的燃料池能用来推动车辆及发电,但是如果你被饿死了,这一切便全都没有了意义。

　　农业革命之后的道路,就是在复制几千年前的人类所走的道路。殊途同归,最后的归宿又回到了赫拉利的套路——科学革命。

　　作者在该书"最伟大的发明"一章中专门讲述了科学方法和科学工具的重要性,是这么说的:

　　灾难的幸存者将会领悟到科学知识和批判性分析的重要性,若想尽量长久地保持现有技术,这些都是必需的,但是经过几代人之后,社会必须保护自己不会沦落到迷信和巫术的理性昏迷当中,必须培养一种好问爱学、善于分析、基于实证的思维模式,才能迅速获得自己的技术能力。这是幸存者必须保持不灭的火焰。凭借理性的思考,我们才能大幅提高食物生产率,掌握棍棒和火石之外的材料,驾驭我们自己肌肉之外的力量,建造能把我们送到自己的脚力所不能及之处的交通方式。科学建造了我们的现代世界,重建它的,也必将还是科学。

　　好了,刘易斯·达特内尔的《世界重启:大灾变后,如何快速再造人类文明》我们学到这里。如果有人要问这个百科全书里还缺少点什么?我发现它少了一个最重要的东西,就是想象与虚构的原初功能,比如说讲故事。有关道德、伦理、宗教、法律、金钱、合作、管理等等,这些人文学科知识体系其实都是用故事讲出来的。我们难道不需要吗?其实,大灾难之后大家面临的最现实的问题就是,你我找到的东西如何交换,是物物交换还是货币交换,那个时候货币还有用吗?是人与人直接交换还是通过中介交换?如果每个东西都要自己去交换,这个可能吗?那么是不是也要成立贸易公司?

　　因此,世界重启仅仅有点百科知识是不够的,说得不夸张一点,如果没有一个社会文明同时重启,或者说合作理性的重启,仅凭工具理性的重启,人类连几天的生存都维持不了。

　　这里再介绍一本书,叫《交换之物:大航海时代的商业与科学革命》,作者是美国历史学家柯浩德。作者在书中提出了一个全新的观点,他认为 16 世纪大航海时代产生的贸易与交换,不仅让世界各地的商品物资流通,更带动了知识、文化的传播,信息经济兴起,人们的世界观、价值观也随之改变,激发了科学革命。一句话,科学革命的历史就是一部商业和交换的历史。

现将该书"结论与比较"一章的结尾摘录下来,这也是我们在考虑世界重启的时候,如何做到工具理性和合作理性的共同重启。作者是这么说的:

> 欧洲之外的人的思想、知识、智力并没有什么异常,但他们中的大多数人就跟许多欧洲人一样,认为最高形式的自然知识是对事情因果逻辑的解释,因此他们将注意力转向原因而不是精确描述现象。正如新儒家学者兼内科医生向井元升在他对欧洲人天文学知识的研究中所言,欧洲人"仅在处理表象和效用的技巧上有独创性,但对形而上学的东西一无所知,在关于天堂与地狱的理论中走入歧途"。这比那些反对笛卡儿或伽利略的欧洲教士和牧师表述得更为清楚。

既然欧洲人在智力上比其他人并没有什么优势,那么欧洲为什么会成为全球第一个科学思想的发源地呢?作者接下来是这么说的:

> 人们在新哲学中所看重的东西与商业所蕴含的价值观念是一致的。商人对自然真相产生浓厚的兴趣,因为自然真相对商业也是不可或缺的。其他许多对身体经验有着充分认识的人,尤其是医生,也是如此。当然,新哲学与交易本身无关。然而,与欧洲商业密切相关的生活方式将注意力集中在自然对象上。搜集事实引发了极大的兴奋与轰动,但它不仅依赖于大量的时间、精力、专门知识、经验与金钱的投入,而且还需要协同工作。即便一些看似微不足道的信息,也必须通过大型网络的协作才能够获得。因此,耗费巨大的人力努力搜集新旧信息并进行鉴别并不是一项简单的任务。用现代科学史学家的话来说,近年来,我们对知识的生产开展了许多出色的研究,但也需要指出,积累与交换的方式改变了所产生的知识的种类。获取知识的优势在于促进人与人之间的交流,使这种交流穿越文化边界,甚至无须改变人们对世界的深刻看法,而关于自然的概念和理论则深受当地文化价值如宗教或哲学观点等的影响,并且这些概念和理论并不容易被置换。因此,所谓的科学革命与第一次全球经济的发展同时发生并不是偶然的。世界把秘鲁的银矿与中国和欧洲联系在一起,把加勒比海的甘蔗种植园和东南亚的肉豆蔻生长区域与奴隶劳工及奢侈消费品联系在一起,把在咖啡馆和演讲厅中流传着的大量新信息与书籍以及流行于欧洲的花园、珍奇屋和解剖学教室的自然物联系起来。

作者以上这段话很重要,关键词就是人与人之间的交流,这些交流不会对原来的宗教与哲学产生影响。但是通过交换商品,这些商品是来自全球各地的自然对象,这些新的自然对象产生的信息，就是科学知识的来源。一句话，这不是普通社会学中的人与人之间的合作交往，而是人与人在合作交往时，还为对方带来了所需要的商品。这个我们称之为"经济"。柯浩德将大航海时代的经济史、科学史、思想史整合在统一的框架内，发现科学革命是由商业、交换全球化引发的，科学革命的历史就是一部交换的历史。

说到这里我们是不是发现世界重启的百科全书中少了什么，它强调工具理性，而少了合作理性。世界重启应该是人人平等、互通有无。是的，如果我们重现历史，原始社会一开始也是人人平等的。这是因为 7 万年前的合作理性萌芽产生了文化，但是，随后合作理性就受到了严重的挑战。什么挑战呢？

原始社会是如何从人人平等进化到盗贼统治的
第18讲

链接书目:《全球通史》 乔治·威尔斯,卡尔顿·海斯

《枪炮、病菌与钢铁》 贾雷德·戴蒙德

上一讲我们学习了刘易斯的《世界重启:大灾变后,如何快速再造人类文明》中的思想实验,看看大灾难之后什么知识可以使我们人类重新回到文明的轨道。但刘易斯为我们留下的百科全书并不全面,强调工具理性产生的科学知识,却把最重要的合作理性产生的人文知识给遗漏了。因为它是思想实验,所以也情有可原。现在我们来看看合作理性在真实历史条件下产生的知识体系对人类文明进程的影响。

由于合作理性产生了语言、图腾和原始宗教,按照赫拉利的观点,人类开始创建讲故事的知识体系。大约在1万年前的农业革命,合作理性还起到了一定的作用,但是到了人类真正跨入文明阶段,合作理性开始被逐步瓦解了。

由英国历史学家乔治·威尔斯和美国历史学家卡尔顿·海斯联合撰写的《全球通史》是享誉全球的经典之作,被称为世界通史领域的开山大作。自出版以来,被翻译成十几种文字,受到世界各国读者的一致赞誉。现将该书"人类文明的起源和早期文明"一章中有关文明产生的过程的描述摘录如下:

> 那么,为什么人类会走向文明之路呢?当人类发展到新石器时代时,社会中奉行平等主义,而这一社会结构是很有吸引力的。在马达加斯加岛上生活着一群塔纳拉人,他们直到最近才从石器时代的文化过渡到早期的文明阶段。通过这个活生生的社会进化标本,我们似乎可以了解文明的进程究竟是怎样的。在塔纳拉人进入文明社会之前,他们依然使用最古老的刀耕火种的方法来种植旱稻。头一年他们会获得丰收,但是从第二年开始,因为土地的肥力下降,他们的收成也越来越少。等到土地变得贫瘠时,他们就要迁徙,重新找个地方建起村庄。因为居所并不固定,所以在他们中间无法实行土地私有制。所有的土地都在集体的手中,村里有威望的长者会把所有土地尽可能地均分给每个家庭。所有的家庭都在一起劳动,收获时,每个家庭按需要分配物品。这种典型的部落型的社会奉行的是平等主义,社会中的每个人,无论是经济地位还是社会地位都是相似的,没有什么差别。

从以上这段话中,我们可以得出结论,在农业革命开始时期,合作理性是原始部落里的主要治理模式,大家是平等的。但是,当生产力发展到一定程度时,合作理性开始向工具理性转向了。作者接下来是这样说的:

> 但是,当这个群体中的一些家庭不再种植旱稻,而是像其他地方的人学习种植水稻时,村庄的状况就发生变化了。因为天然的水稻田并不多,不用所有家庭一起劳作,所以这些新开辟的农田就由一些家庭独自经营。这些小家庭在一年收获过后,不再把水稻田归还给集体进行再分配,而是从此就占有了水田。因为适合种植水稻的田地很少,所以之前没有阶级之分的塔纳拉人之间开始分裂了。少数人成了土地的拥有者,其他大多数人在耕地失效之后就没有了土地。

> 种植旱稻的耕作者因为自然条件的限制要定期地迁徙,但是种植水稻的人还在之前的水田旁定居,这也让阶级的分化变得更加明显。新型的经济也使战争受到了影响,要在一个地方定居的人,开始不惜花费大量的时间来建造坚固的堡垒,保护自己的土地不受侵犯。他们还把到处流浪的人俘虏过来,当成自己的奴隶。奴隶开始变得比原来更为重要,因为在用传统的方法耕田时,奴隶派不上什么用场,但是现在,能够让奴隶在稻田里一年到头地替自己干活。在原来的平等社会里的民主现在也发生了改变,这个新生社会的最上层是专制的国王,国王下面是贵族,他们的土地是国王分给他们的。贵族之下是占人口大多数的平民,平民之下的最底层是奴隶,奴隶是由流民、战俘和他们的后代组成的。到了这时,提高社会地位的唯一标准就是财产的多少,社会的准则也因此改变了。

根据以上描述,我们可以看出,合作理性的转向不是人为的,而是从自然经济开始的。种水稻的人比种旱稻的人有自然的优势,他们可以定居下来,而且有了土地财产。为了保护自己不受侵犯,他们开始把战争中的俘虏当作奴隶来使用,这是合作理性向工具理性转向的决定性的一步。原来是利用客观环境作为实现自己目标的手段与条件,现在要把人作为实现自己目标的工具。

原来原始人争夺领地的事时有发生,但是一般都是斩尽杀绝的,因为靠采集狩猎不能养活俘虏,如果把他们放出去一起狩猎,还不知道谁杀死谁呢。大家肯定还记得300万年前走出非洲的露西,还有一支遍布大部分欧洲和亚洲的后裔,叫尼安德特人,后来全部被智人灭绝了。

但是,到了农耕时期,人类从石器工具理性中领悟到人也可以作为工具来使用,这

打破了社会平等结构,使社会产生了不同的阶层。德国社会学家马克斯·韦伯把这个过程叫作社会行动,《全球通史》的作者接着说:

> 塔纳拉人从村落到王国之间的转变,经历了漫长的过程。它原本是一个靠劳动自给自足、需要经常迁徙的部落型村庄,没有阶级,所有家庭都平等地生活在一起。到了王国时期,所有人都定居下来,不再迁徙,并出现了一个集权的政治中心。因为经济水平的区别分化出了不同的阶级,各个门第之间出现了复杂的礼仪。我们向前一点点寻找塔纳拉人社会转变的原因时发现,水稻的种植影响了改变的每一步。塔纳拉人的变化,可以看作是一个时代的缩影。在公元前 4000 年左右,新石器时代的社会结构逐渐瓦解,最终,城市和文明出现了。

原始人最初的工具理性是关注工具的客体性,农业器具的改进、种子的培育、水利和历法的改进、食物的多余产量,使人口增加了,逐步形成了复杂社会。以前那种一对一或者说少量人口的社会,通过自己的付出与他人一起实现共同的特定目标的合作理性,被逐步瓦解了,取而代之的是一个复杂社会的集权统治机构,把他人作为自己的工具,这个他人一开始当然是战争中的奴隶,后来逐步扩大到平民。因此,可以这么说,文明的产生是以工具理性的胜利和合作理性的瓦解为代价的。

美国演化生物学家贾雷德·戴蒙德的《枪炮、病菌与钢铁》被称为人类大历史叙事的开山之作,在该书"从食物到枪炮、病菌与钢铁"部分,作者把这种现象称为"从人人平等到盗贼统治"。他把集权统治称为盗贼统治,很形象地把以他人作为手段、作为达到自己的理性目标,比作就像盗贼窃取了他人的劳动成果一样。但这是无法避免的结果,因为如果不这样做,整个复杂社会就无法延续下去。作者在该书中分析了造成这种现象的四点原因,是这么说的:

> 可见,能促进人口增长的食物生产,也能以不同的方式使复杂社会的一些特征成为可能。但是,食物生产和庞大人口并不必然导向复杂社会。我们观察到,游群或部落的组织方式应付不了数十万人组成的社会,所有现存的大型社会都有复杂的集权组织,这种现象该怎么解释呢?至少有四点显而易见的原因。
>
> 第一,陌生人间冲突的问题。人口越多,这个问题就越棘手……
>
> 在游群中,人与人之间的关系非常密切,若两人发生争执,则双方亲友都会出面干涉。在部落里,大家的联系也还算紧密,至少叫得出每一个人的名字,在争吵时,双方亲友也会出来仲裁,避免冲突扩大,危害到自己。但如果人数多达"好几百",超过了一个临界点,陌生的两人组合就会越来越多。两个陌生人发生冲突

时，很少会有双方亲友都在场做和事佬的情况；旁观者大都是其中一方的亲友，因偏袒自己人，冲突就会愈演愈烈。光是这个因素，就足以说明为什么由几千人组成的社会，就非得有集权组织来垄断武力、解决冲突不可。

第二，人口规模越大，众人共同决策的难度就越高。在新几内亚的一些村落，决策仍由全体成年人一起做出，因为村子小，消息和信息很容易流通，且在开会时，人人都有表达意见的机会，也可听完每一个人的意见。如果团体太大，这就难以办到了。即使是在麦克风和扩音器极其普遍的今天，也无法让几千人都好好地表达完自己的想法。因此，大型社会必定有结构，而且有个统御一切的中心，决策才能有效率。

第三点原因和经济有关。任何社会的成员之间都会互通有无。一些重要的物品，可能今天得到的多一些，明天拿到的少一些，人人才具不同，这个人的这样东西有盈余，那样东西有缺乏，那个人则反过来，都是常有的事。小型社会中，重要物品的交换可以在个人和家庭之间进行，双方互惠即可，毕竟可以配成对的成员不多。但是，社会一大，人一多，互通有无的效率就低很多，这跟在大社会里很难去一对一地解决人际冲突是一个道理。大社会需要在互惠交换之外还有再分配的经济体系，如此一来个人多余的物品可直接交给中央，再由中央分配给匮乏的人。

最后一点和人口密度有关。基于食物生产的大型社会不但人口数量多，而且人口有集中的现象。一大片土地上可能有多个由几十个猎人组成的游群，各有各的地盘，大部分资源都可以从自己游群的地盘获得，其他的必需品则可以趁游群休战的间歇，通过与邻近游群交易得来。随着人口密度的增加，几十个人所能占据的地盘就会缩小，越来越多的生活必需品得从地盘之外获得。比方说，以下这样的事是不可能发生的：把 1.6 万平方英里的地和 1 600 万人（差不多是荷兰的面积和人口）分成 80 万份，每份是 13 英亩地和 20 个人，这 20 个人组成自治的游群，在这 13 英亩的地盘上自给自足，偶尔趁着游群休战走到和其他游群地盘交界的地方，交换一些物品，商讨嫁娶。由于空间的限制，人口稠密的地区必须有复杂的大型社会。

以上是戴蒙德从冲突解决、决策、经济和人口密度等四个方面进行分析，认定大型社会的权力必须集中。但是，权力集中有利也有弊。当信息、决策和财物的分配操控在少数人手中时，权力就会成为控制他人的最佳工具，这对所有原来处于平等地位的人来说，是一个很大的诱惑。如何去取得这个权力，这个盗贼的比喻就很形象了。对外部人来说一个是抢,对内部人来说一个是偷,因为两者都不需要动脑筋,大家比的是力气,不用比智力,一次性征服,可以终生享用。于是种群、部落、国家之间的社会兼并、战争征服、政权更迭,成为人类跨入文明之后的常态,戴蒙德的"枪炮、病菌与钢铁"理论也得以成立了。

那么,戴蒙德的理论在古老的华夏大地上行得通吗?

为什么华夏文明可以独善其身
第19讲

链接书目：《进击的智人》　河森堡

上一讲我们分析了为什么文明的产生会造成合作理性的瓦解，取而代之的是以他人为工具达到自己目标的工具理性。根据戴蒙德的理论，食物生产、人口增加及复杂社会的产生是终极原因，征服的各种近因（如病菌、文字、技术、集权政治组织）都是从终极原因发展出来的，其间的因果链在细节上各不相同，但是全部涉及密集的人口与定居的生活形态。由于那些终极原因在各大洲上有不同的发展模式，故各大洲上的征服近因也有不同的发展。戴蒙德讲得很有道理，但也不全对。

今天我们阅读的书叫《进击的智人》。作者河森堡先生毕业于首都师范大学，现为国家博物馆讲解员。要追溯人类学历史，最靠谱的不是观点，而是有现实依据的考古材料，国家博物馆的每一件藏品都是一段活生生的历史重现。河森堡以讲解藏品历史这种独特而生动的方式讲述科普知识。

讲到古代文明的变迁，河森堡在该书"文明是如何开始的"一章中是这么说的：

> 今天的学术界通常会套用三个标准来界定"文明"：成熟的文字系统、人口密集的城市以及青铜冶炼技术。一般认为，一个地区的发展只有在完全具备了上述三个要素之后，才可以被称为"文明"。距今6千到4千年前的这段时间，是人类社会发展的早期阶段，先后有四个地区的人们靠自己的坚韧和勤劳跨过了"文明"这道门槛，这四个地区分别是两河之间的美索不达米亚平原、尼罗河下游的北非、南亚次大陆西北的印度河流域以及今天中国境内的黄河流域。它们分别孕育出了两河文明、古埃及文明、古印度文明以及华夏文明。这四大自源文明再加上中美洲更年轻一些的奥尔梅克文明，成为之后人类社会发展的基石，人类历史中的无数丰功伟业和绚烂文化，都可以沿着奔腾的时间之河在以上几个文明起源地找到源头。数千年来，战火的弥漫、民族的流散深深地动摇了这几大文明基石，四大自源文明中的三个已经被岁月掩埋，唯有华夏文明昂首屹立到了今天，并依然保持着蓬勃激昂的生命力。

那么其他三大文明是如何被岁月掩埋的呢？答案很简单，就是戴蒙德所说的征服、战争与兼并。根据我们上一讲学习的《全球通史》，两河文明中出现最早的苏美尔人是被闪米特人征服的，后来又被亚述人征服，古埃及文明是被亚历山大大帝征服的，古印度文明是被雅利安人征服的。

这里有一个误解，我们通常认为雅利安人的文明就是古印度文明，但其实雅利安人的文明可以追溯到吠陀文明。吠陀文明是早先人们认为的南亚次大陆上最古老的文明，可以追溯到公元前1500年前。《全球通史》中是这么说的：

> 到了1922年，一位英国的考古学家约翰·马歇尔爵士来到这里勘探。他在仔细地研究了这里成堆的破碎砖块后向全世界宣布，这里曾经出现过文明，这里是一座存在于四五千年之前的城市的遗址。

后来，考古学家们对印度河流域进行了系统的发掘，结果发现这个古老的文明分布广阔，其面积比两河文明或者古埃及文明大上好几倍。它以印度河口以北和以南的岸为边界，向东北延伸到喜马拉雅山脉，囊括了一片三角形的土地。因此，古印度文明和吠陀文明是两个不同的文明。两个文明之间到底有什么关系，到今天为止依然是一个谜，没有确切的结论。

三个文明消失了，只留下了华夏文明。为什么？

有一种说法是代表华夏文明的中原地区位于黄河流域，黄河经常泛滥，需要大型水利系统进行治理，因此需要一个强大的国家治理体系。但戴蒙德在《枪炮、病菌与钢铁》中认为这个理论不存在，书中是这么说的：

> 这种"水利理论"……只专注于复杂社会演化到最后的阶段，跳过了大型灌溉系统成形之前，从游群、部落到酋邦的几千年发展。如果仔细考察历史和考古年代，我们会发现证据并不支持灌溉是国家形成的驱动力这一说法。在美索不达米亚、中国北部、墨西哥、马达加斯加等地，国家兴起之前已有小型的水利系统。大型水利系统的修建和国家兴起并不是同时发生的，而是国家在先，大型水利系统则是日后的事。

戴蒙德的这个说法应该是对的。那么我们最熟悉的"大禹治水"的故事是怎么回事呢？这是发生在大约4000多年前，中国历史上第一个王朝的事情。河森堡的答案既是"是"，又是"不是"。所谓"是"，大禹治水确有其事。所谓"不是"，有两点：第一，中国王朝的建立并不是从人人平等到盗贼统治；第二，大禹治水是一场自然灾害的自然结束，大禹起到的是辅助作用。那么大禹建立第一个中国王朝的主要原因是什么呢？河森堡的回答是两个字——匮乏。作者在《进击的智人》中是这么说的：

在公元前 2200 年到公元前 2000 年左右，中国突然迎来了一次降温，我们在全国各地都能找到这次降温留下来的痕迹，比如，在中国北方对应的地层中，一些喜暖植物的花粉开始显著减少，取而代之的是冷杉等喜寒植物的花粉……除此之外，在美索不达米亚平原和尼罗河畔这两个古老的农业种植区，也同样出现了降温现象，这很可能意味着 4 000 多年前的这次降温是全球性的，降温带去的干旱也使得上述两地的人们由于谷物减产而面临巨大的匮乏……

…………

匮乏会催生暴力，致命的匮乏会催生致命的暴力，在此起彼伏的屠戮和惨叫中，大团体吞噬小团体，强团体兼并弱团体，资源和权力被不断地集中和收敛，越来越多的人口也渐渐地被置于极少数人的主宰之下。就这样，在气候突变带来的巨大困境中，人口的大量聚集带来的量变终于引发了质变，第一个真正意义上的国家政权诞生了。

在气象学家看来，这一切之所以得以实现，根本原因在于急剧转冷的气候压缩了人们的生存空间，制造了前所未有的匮乏。为了应对这种匮乏，华夏社会终于实现了内部权力和资源的重新整合，轰然迈过了文明的门槛。

…………

王者大禹并没有战胜山河，而是大自然亲手对他进行了加冕。无论怎样，勇敢睿智的他都开创了一个新的时代，他也将会把上天赋予自己的权力一代一代地传递给自己的子孙。

看来华夏文明是在气候、匮乏和大禹的三重原因下产生的，并没有经历其他文明所走的从人人平等到盗贼统治的路线，但还是走了一段弯路。夏朝的继承者——商朝的统治者，开始利用合作理性产生的文化图腾作为统治的工具，相信自己活着的被人崇拜的权力，死后自己仍然能够享用，并将其带进坟墓。这就是万恶的活人殉葬制度，也是最原始的政教合一制度。

河森堡在该书"殷商的杀殉"一章中是这么说的：

商朝是一个极为迷信的王朝，3000 多年前，鬼神和巫术统治着中原大地，那是一个血腥的时代，一个活人献祭的时代。

无论是文献还是考古出土的文物，都有关于商朝人残酷而频繁献祭的证据。

贵族墓葬中,殉葬的人、狗的骨骸被精心地安置,婴儿也被一同埋入黄土。在一些大型墓葬的墓道中,十几颗头颅被摆置成统一的朝向,更有一些人被残忍地肢解,堆叠在棺木的一侧。有学者统计,在大型献祭活动中,商朝人最多曾经一次杀死了500多人当作祭品。商朝人这种对死亡的偏爱并不仅仅局限于殡葬活动,而是渗透生活中的方方面面。一些手持兵器和盾牌的武士被埋葬在房屋和宫殿的地基里,还被摆成了跪坐警戒的造型,当我在殷墟看着这些武士的骨骸时,忍不住感慨,他们守卫的宫殿和王朝早就已经化为尘土,但是数千年过去,他们似乎依然没有能够从自己的"岗位"上解脱出来。

但是,这样做会使得整个王朝人心涣散,军队士气崩溃,同时,被饥饿逼入绝境的各地方国和诸侯也会铤而走险,试图挑战王朝的权威。殷商军队在王朝末期四处镇压,然而,他们数百年来一直崇拜的鬼神终究要抛弃他们了。

就在商朝忙于应对各方战事之际,居住在陕西周原一带的周族认为时机已到,在周武王姬发的带领下,早已对殷商心怀不满的各路诸侯聚集起来,在牧野讨伐商军。河森堡先生在书中是这么说的:

> 在中国国家博物馆的古代中国展厅里,有一件文物见证了殷商的灭亡,那就是青铜利簋。正是它内壁的一列铭文,照亮了大半个中国先秦史。
>
> ············
>
> 如果大家走到国家博物馆青铜利簋的展柜前,就可以在展柜上方看到一块展板,上面是利簋内壁铭文的拓片。仔细观察可以发现,右数第二列的第一个字,看起来很像一只猫,有一个大脑袋,上面有两只耳朵,下面伸着四条腿,但那个字并不是"猫",而是"鼎"。第二列第一个字和第一列最后一个字合起来念"岁鼎"。"岁"是指木星,由于木星公转一周大约是12年,因此被称为岁星;而"鼎"字意为"正当中天","岁鼎"两字合起来就是指"木星运行到天空中最高的位置"。整个青铜器的第一段话是"武王征商唯甲子朝岁鼎",翻译成白话就是"周武王征讨商朝的那个甲子日清晨,木星运行到了天空中最高的位置"。这对研究夏商周断代工程的学者们来说是个非常重要的线索,因为天体的运行是有其自然规律的,用数学模型不停地回溯,就有可能知道"岁鼎"这一天文现象出现的具体时间。
>
> ············
>
> 也就是说,公元前1046年的一个清晨,东征讨伐商纣王的周朝联军在悠远无垠的天际之中,看到了木星正当中天的景象。

华夏上古时期一次灭国之战的时间线索,竟然闪烁在苍穹星海之中,之后又被我们的祖先用金属的文字铭刻在一件青铜礼器之上,就这样,"宇宙""上古""灭国""铭文"几个词汇,被一件文物串联在一起,让我感受到一种来自邈远时代的宏大与浪漫。

河森堡先生下面的话可以回答我们这一讲提出的问题,为什么华夏文明和其他古代文明不同,没有被岁月淘汰,可以在全球人类文明进程中独善其身? 他是这么说的:

殷商覆灭之后,周朝人建立了新的政权,之前那些残暴血腥的恐怖回忆都和商朝的王都一起被彻底地埋葬了。从周朝开始,中国人渐渐摆脱了对鬼神的疯狂崇拜,转而用道德和礼制来构建整个社会,此后数千年,中国社会中的世俗力量一直牢牢地占据着主宰地位,华夏大地上再也没有出现过一个政教合一的全国性政权。

今天,主宰这片土地的不再是曾经那些虚无缥缈的鬼神,而是千千万万普普通通的人。

按照河森堡先生的观点,华夏文明能独善其身除了因为早先的气候、匮乏与大禹之外,更重要的原因是周朝是一个政教分离的政权。那么,为什么周朝会政教分离呢? 他们是用什么道德与礼制来治理这个国家的呢? 道德与礼制的底层逻辑是什么呢?

第20讲　传播华夏文明的第一批创业者是谁

链接书目:《从诸子之学到官方经学——儒学由先秦至汉的转变研究》
梁振杰

《"孝"与中华传统》　陈正宏

上一讲提到的华夏文明在 3000 年前的一次重大转折,发生在今天河南省鹤壁市淇县附近的牧野。这是被历史学家公认为周朝结束 600 年商朝统治的转折点。按照《全球通史》中理解的华夏文明史,中国没有祭祀阶层,直接跨越到周朝的礼制制度,这是错误的。中国不但有祭祀阶层,而且祭祀阶层是华夏文明实现原始文化第一次复兴的助推者,或者说是传播华夏文明的第一批创业者。他们是从哪里来的呢?

《春秋》是我国现存最早的一部编年体史书,同时也是儒家经典之一。其中《左传·成公十三年》里有一句话:"国之大事,在祀与戎。"意思是国家有两件大事,要么是战争,要么是祭祀。战争是进入农业社会,食物产量增加,人口增加,产生了复杂的社会之后,国家为了维持这些结果,对外扩张的必然产物。而祭祀则是在原始社会就已经存在的文化现象。图腾、语言、神话、原始宗教产生之后需要传播,传播需要人去组织,这样才能使原始部落的先民们产生共同的安全保护愿景,这些组织传播原始文化的人就是祭祀阶层。

河南大学教授梁振杰先生著有一本专门研究儒学的书,叫《从诸子之学到官方经学——儒学由先秦至汉的转变研究》,学术价值很高。里面有胡适先生关于儒家产生的观点:华夏文明经过了商朝的断裂之后,又在周代开始复兴了。而这个复兴的过程就是合作理性张扬的过程。

梁振杰先生在该书"儒学的文化渊源"一章中是这么说的:

1934 年胡适发表《说儒》一文,于当时影响颇大……

周人灭商之后,按照传统做法——灭其国而不灭其族,不绝其祀,封纣王的儿子武庚禄父以续殷祀。武庚叛乱被镇压后,又封微子启于宋,以奉先祀。于是,一部分殷人集中于宋,从而殷文化亦在宋国得到保存……殷人虽然"用即命于周",但在文化上并没有弃商从周,相反却保持了自己的文化传统,并以之影响了周人。

此点,胡适显然受到比较文化史的启发:

　　希腊的知识分子做了罗马战胜者的奴隶,往往从奴隶里爬出来做他们的主人的书记或家庭教师……殷商的知识分子——王朝的贞人、太祝、太史,以及贵族的多士,——在那新得政的西周民族之下,过的生活虽然是惨痛的奴虏生活,然而有一件事是殷民族的团结力的中心,也就是他们后来终久征服那战胜者的武器,——那就是殷人的宗教。

胡适认为殷人的文化是一种宗教文化,他接着论述"儒"的身份、职业与生活:

　　这种宗教需要一批有特别训练的人。卜筮需用"卜筮人";祭祀需用祝官;丧礼需用相礼的专家。在殷商盛时,祝宗卜史自有专家。亡国之后,这些有专门知识的人往往沦为奴虏,或散在民间。因为他们是有专门的知识技能的,故往往能靠他们的专长换得衣食之资。他们在殷人社会里,仍旧受人民的崇敬;而统治的阶级,为了要安定民众,也许还为了他们自己也需要这种有知识技能的人,所以只需那些"多士攸服奔走臣我多逊",也就不去过分摧残他们。这一些人和他们的子孙,就在那几百年之中,自成了一个特殊阶级。他们不是那新朝的"士";"士"是一种能执干戈以卫社稷的武士阶级,是新朝统治阶级的下层。他们只是"儒"。他们背负着保存故国文化的遗风……在他们自己民族的眼里,他们是"殷礼"(殷的宗教文化)的保存者与宣教师。在西周民族的眼里,他们是社会上多才艺的人,是贵族阶级的有用的清客顾问,是多数民众的安慰者。

胡适的这种观点现在得到了主流学术界的认同。我们以前笼统地认为,儒就是在周朝从事祭祀工作的司仪,原来他们是有文化传承的。怪不得现存于中国国家博物馆的镇馆之宝"后母戊鼎",这件河南安阳殷墟古墓出土的祭祀礼器,是世界上最大的单体青铜鼎,高1.33米,重832.84千克,被认为是商朝最高统治者的权力象征。

周代的政教分离干得太漂亮了,他们灭了殷商,但是为了把国家的头等大事——祭祀继续下去,没有对原本从事祭祀工作的人赶尽杀绝,而是将他们原封不动地保留下来。由于他们的战俘地位摆在那里了,他们永远不会篡权夺国,估计想动这方面歪脑筋的机会都没有。周朝的政教分离理所当然地贯彻下去了。这是华夏文明继禅让制后的又一次合作理性的典范。

由于周朝统治者实施了这种怀柔政策,使从事祭祀的专职人员成为这个社会的一个被称为"儒"的知识阶层,其社会地位也不低。他们一门心思做好自己本职工作的同时,也在想如何把这个工作做得更好,而且人才辈出,老子和孔子也只是这批创业者的后辈。

1954 年 3 月 12 日,胡适在台湾大学做了一次演讲,题为"中国古代政治思想史的一个看法",其中有一段是这么说的:

> 在我那篇很长的文章《说儒》里,老子是"儒",孔子也是"儒"。"儒"的职业是替人家主持丧礼、葬礼、祭礼的。有人认为"儒"是到孔子时才有的,这是错误的观念。我为了一个"儒"字,写了五万多字的文章。我的看法,凡是"儒",根据《檀弓》里所说,就是替人家主持婚丧祭祀的赞礼的。现在大家似乎都看不起这种赞礼。其实你要是看看基督教和回教,如基督教的牧师,回教的阿洪(訇),他们也是替人家主持婚丧祭祀的。在古代二千五百年时,"儒"也是一种职业。在《礼记·曾子问》中都讲到孔子的大弟子和孔子的老师都是替人家"相"丧的。

正因为周朝初期的这个充满合作理性的政策,原来的殷商的礼器祭祀文化逐步转变为周朝的礼仪文化。一直到春秋时期,逐步演变为政治制度和道德伦理的礼制文化,华夏文明从此被固定下来传承到今天。这种人与人的合作理性最充分地体现在中国的"孝"文化上。

这里再介绍一本书,叫《"孝"与中华传统》,作者是古代文献学专家、复旦大学教授陈正宏先生。他认为"孝"起源于周朝的祭祀礼仪,但是从文字考据上看,还要更早。在该书"追根寻源:孝与祖先崇拜"一节中,作者仔细地考察了"孝"这个字是如何来的,是这么说的:

> 中国的汉字,是极有意味的文字。就拿"老"这个字来说,在殷墟出土的甲骨文里……是个龙钟的老人拄着根拐杖。到了稍后的青铜器铭文上,这老人又时常把拐杖扔在一边,换上个后生小子背着他……就是"孝"。

> "孝"字最常用的意思,照中国最早一部解释词义的专著《尔雅》的说法,是"善父母为孝"。这话译成现代汉语,便是:"待父母好就是孝。"至于怎么个好法,青铜器铭文上那个背着老人腰也直不起来的儿子,便是榜样。

> …………

> 《诗经·小雅》的《谷风之什》里,有一首《楚茨》,是描写西周贵族祭祀祖先的盛大场面的。其中讲到丰收之后贵族们用洁净的牛羊肉供奉祭庙里的祖宗神位时,有如下亦真亦幻的一幕:

> 先祖是皇,神保是飨,孝孙有庆:报以介福,万寿无疆!

> 浪漫的文辞,说的是祖宗们晃晃悠悠地回到人间,接受祭司们献上的供品。

而那对祖先有一份难得"孝"心的贵族子孙,因此被告知将有神的赐赏:给他们大福,让他们万寿无疆。当祭礼正式开始时,诗中又写道:

工祝致告,徂赉孝孙:苾芬孝祀,神嗜饮食。

那是说司仪宣布祭礼开始举行,祖宗便把福音传给主祭的贵族子孙:以"孝"为宗旨的祭祀充满了芬芳,神就喜欢饮食这种馨香。

············

值得注意的是,《诗经》三百零五篇,有十一篇里出现了"孝"字。这十一篇都属于《雅》《颂》的范围。又均诞生于西周那个辉煌的时代,而它们的性质,则大都是祭祀祖先与为贵族祝福的歌辞……

"孝"在西周时代自然也有用作"待父母好"之类的意思的。比如殷商被西周灭掉以后,周武王的弟弟康叔受命去殷商故都管理前朝遗民,曾作过一个题为《酒诰》的报告,其中就告诫殷民要"用孝养厥父母",而莫学他们的末代君王纣贪杯奢侈(《尚书·酒诰》)。《诗经·小雅》的《六月》篇里,讲到周宣王时有一回举行庆祝战争胜利的宴会,应邀参加的来宾中,有一位名叫张仲的,又以"孝友"而著名——"孝"是"善父母","友"是"善兄弟",《尔雅》对此这样解释。

按照陈正宏先生的意思,把这个"孝"的汉字和"孝"的文化传承下来,与华夏文明第一批从事文化服务的专业创业者儒家的产生,是密不可分的。同时也为华夏文明实施政教分离。安定社会起到了相当大的作用。周朝的礼仪文化其实就是孝文化,是合作理性的延续,合作理性就是通过自己的付出,与他人共同达到自己的目标,但这个"孝"还有精神上的付出,是子孙对祖先的养育付出表示感谢。通过祭祀仪式这种财力、物力和精神上的三重付出,与祖先共同达到家族兴旺的目标。其实,这个与中国人祭拜神灵的目标也是一致的。

那么,世界上其他原始文明产生的巫师都在干什么呢?

第 21 讲

链接书目:《金枝》 詹姆斯·乔治·弗雷泽

上一讲我们讨论了在原始文明中产生的中国巫师们的命运。周朝统治者很聪明,继续发挥殷商留下来的巫师们的作用,一举三得:第一,为自己能继续统治提供了一个安定的社会环境;第二,解决了就业问题,为重新创业提供了政策环境;第三,华夏文明独善其身传承了下来。那么,同样是原始文化产生的西方巫师们到哪里去了呢?

今天我们读一本重量级人类学著作,叫《金枝》。作者詹姆斯·乔治·弗雷泽是一位享有世界声誉的古典人类学家,也是早期进化学派人类学的代表人物之一。《金枝》是关于人类早期巫术、宗教、神话、仪式和习俗的百科全书,是 20 世纪最具影响力的文化人类学著作之一,对西方的社会学、文学、宗教学、哲学、思想史等都产生了不可磨灭的影响。弗雷泽考察了原始祭祀仪式,并在对各种不同文化的仪典考察与对比中,发现了完全隔绝的文化系统之间的仪式,显示出了一些相似的行为模式与信仰,特别是除中国以外的原始社会,从人人平等到盗贼统治,从祭司到巫师的这个过程。

什么叫金枝?为什么在西方不同民族都有类似金枝的习俗?金枝在原始文化向人类文明转型时的作用是什么?其实这些问题就是弗雷泽写这本书的目的。

其实,这里牵涉到维系一个原始部落的统治阶层,也就是祭司,或者说巫师们的出路问题。弗雷泽在 100 多年前考察意大利罗马附近一个叫内米的地方,那里有一座狄安娜神庙。在罗马神话中,狄安娜是月亮之神和狩猎之神,并具有控制动物说话的权力。弗雷泽的故事就是从这里开始的。该书"林中之王"一章中是这么说的:

> 在古代,这片风光迷人的林区里曾反复上演着一个怪异的悲剧。湖北岸那块险峻峭壁的正下方,曾是狄安娜·纳莫仁西斯(即林神狄安娜)的一片圣林和圣殿。有人也将这片湖和树林称作阿里奇亚湖和阿里奇亚丛林。这片圣林中有一棵大树,而在这棵树的周围则日夜徘徊着一个令人毛骨悚然的身影。他手持利剑,一刻不停地巡视四周,仿佛随时都会遭到敌人的袭击。他是个祭司,也是个谋杀者。他所提防的那个人迟早要杀死他,并取代他祭司的位子。这就是此处圣殿的规则:祭司的候补者只有杀死现任祭司方能继任,直至他又被另一个更强或更

狡诈的人杀死。

他获得了这个极不稳定的祭司职位，享有王的称号。但是，他却坐卧不宁，噩梦缠身，比任何王者都疲累。年复一年，不论寒冬酷暑，还是阴晴雨雪，他必须时刻巡逻检视。而每当他困乏至极，想要歇息片刻时，便有丧生的危险；只要稍一放松警惕，或体力和剑术稍有衰退，他都会面临灭顶之灾。

弗雷泽的故事是不是有点匪夷所思，祭司或者说部落之王的命运连一个部落的普通人也不如，这个激发了弗雷泽的好奇心。那么是谁或者说谁有资格去杀死祭司，自己取而代之呢？结果还要出人意料，他接着说：

在内米的圣殿附近长有一棵独特的树，其树枝被禁止砍折。但逃亡的奴隶是个例外，如果他能成功折断一根树枝，就能获得与祭司决斗的资格，若能杀死祭司，他就可以接替祭司之职并享有"林中之王"的称号。在古代人看来，这一决定命运的树枝就是"金枝"。据说，逃亡的奴隶象征着逃亡的奥列斯特，他与祭司的决斗是对人们曾以生人向托里克的狄安娜献祭的追忆。

原来"金枝"的出处在此，但是，经过人类学家弗雷泽的考证，这种现象不仅仅发生在意大利，在俄罗斯、非洲，古巴比伦也发生过这种现象，于是他就写了这部人类学巨著《金枝》。西方知识界普遍认为《金枝》对学术的贡献，足以媲美修昔底德的《伯罗奔尼撒战争史》和达尔文的《物种起源》。

这里有两个关键词，一个是"金枝"，一个是"逃亡奴隶"，这两个东西都是原始部落以外的，和原始部落的统治阶层由谁来继承没有半毛钱关系，那么为什么它们会决定一个原始部落的头领呢？弗雷泽解释这个和"金枝"，也就是植物"槲寄生"有关。该书"金枝"一章中是这么说的：

从前述内容来看，认为巴尔德尔的生命寄托在槲寄生中的观点同原始人的思想完全一致。但似乎有些矛盾的是，如果说他的生命寄托在槲寄生中，那么，他又怎么会被槲寄生一击而亡呢？当一个人的生命被认为寄托于某物，并与其紧密相连时，该物体如果毁灭，则这人的生命也随之毁灭，也就是说某人的生命或死亡都系于这个特殊物体。因此，认为用该物击某人，某人就必然死亡，也就很容易理解了。

············

……为何将槲寄生称作金枝呢？根据维吉尔的描写，这金枝的枝叶通体都是金黄色的。想来大概是由于槲寄生的树枝折下来存放几个月后,会整个变成鲜艳的金黄色,看上去就像一根金枝。法国布列塔尼的农民常在茅屋前挂上一捆捆槲寄生树枝,每年六月间它们呈现的金黄色泽非常耀目。还有农民把槲寄生树枝挂在畜棚的门上,以防妖邪祸害牲畜。槲寄生有时被认为具有显示地下宝藏的性能,可能也是出于它枝叶的金黄色,因为根据巫术顺势原则,黄色树枝和黄色金子之间必须存在某种联系。

弗雷泽以上的分析为西方巫师们的来源与归宿找到了依据。这是最早有记录的西方人由外而内思维模式的证据,这个和后来发展到上帝论的宗教有一定的关系。这个和工具理性也有关系,原来由合作理性产生的原始文化被替代了。所谓的图腾与狂欢也没有用了,那个令统治者惶惶不可终日的日子是不好过的。但是他们还是努力让部落接受自己。如何努力呢?弗雷泽在《金枝》"交感巫术"一章中是这么说的:

> 在对交感巫术的考察中,我们所举的事例大都属于"个体巫术",即出于个人利益而施行的巫术。但在未开化的社会,还有一些为了部落的共同利益而施行的巫术,可称之为"公众巫术"。当人们将部落利益的取得归功于这些巫术仪式时,巫师的作用变得愈加重要,他们很可能因此成为一个首领或国王。部落中那些精明能干、野心勃勃的人就会抓住这个机会,成为巫师以进一步收获声誉、财富和权势。同时他们也发现,比自己愚笨的部落同伴们极易受到蒙骗,利用这点来谋取私利轻而易举。但并非每个巫师都愿充当恶棍或骗子,他们中有的坚信自己拥有同伴们所认定的神奇能力,而且这种能力也让他洞察到,普通人信以为真的观念其实都是无稽之谈。这样说来,从事巫师职业的人都会有某种程度的欺骗倾向。巫师所宣称的某些东西只要是虚妄的,那就唯有通过有意无意的欺骗才能维持下去。因此,过于自负的巫师比处心积虑的骗子更易遭遇危险或断送前程。

> 人类社会发展到这一阶段,至高的权力往往落入那些思维最敏捷而人格最卑劣的人手中。如果将他们的欺骗行为所造成的危害,和他们的聪敏所带来的益处作一番比较,你会发现,益处远远超过危害。当这位机敏的骗子的野心达到顶点,不再寻求任何个人私利时,他就可能开始为大众服务。那些足智多谋、善于玩弄权术的政界人物,也许最终会成为一位伟大的统治者。

弗雷泽的观点和戴蒙德的相当接近,从人人平等到盗贼统治中的"贼"的角色,可能就是指巫师。原来是管祭祀组织工作的,管着管着就成了统治阶层的一员。从此,西方的巫师走上了一条和华夏巫师不同的道路。他们也为公众服务,但在内容上有所不同。弗雷泽在该书"巫术控制天气"一章中是这么说的:

> 在前面的分析中我们已经知道,巫术既可用来为个人服务,也能为全社会服务,据此可将巫术分为个体巫术和公众巫术。其中,公众巫师的地位举足轻重,如果他够精明就能一步步成为酋长或国王。在未开化的野蛮社会,一些酋长和国王之所以赢得无上权威,主要是由于其同时兼任的巫师职能为他带来了巨大声誉。

> 巫师在取得为公众服务的职位后,成了一个特殊阶层,这代表着社会的一大进步。虽然大多数巫师为实现公众愿望所采取的手段并无多少效力,但我们也不能因此否定这个制度的重要性。这些人从艰辛的体力劳动中解放出来后,承担起更重大的责任。他们需要具备有助于人与自然斗争、能减轻人们病痛并延长其寿命的一切知识,需要了解风雨雷电的成因、四季的更替、太阳的运行、月亮的盈亏等等。他所服务的公众也不断提出各种实际问题让他解答。所有这些都促使他努力了解,并想方设法控制大自然的运转。在长期的探索中,他们不断提出并检验各种假设,接受那些符合当时现实的设想,摒弃其他的。

这里由外而内的工具理性发挥了重大作用,这也是西方前科学产生的可溯源历史。盗贼统治很容易,但不足以平民心,他们本身是很聪明的人,部落里很多关于天灾人祸的现象,需要他们来回答,在这种环境下,他们也不能信口开河,只有自己去琢磨。一来二去,按自然规律的前科学思维也相应产生了。那么,后来的宗教又是怎样从巫术转变过来的呢?弗雷泽在该书"巫术与宗教"一章中是这么说的:

> 如果真如我猜测的那样,宗教的出现晚于巫术,那我们不禁又要问:有些人为什么会放弃巫术而转投宗教呢?要想给出一个满意的答案并非易事,因为需要做的解释和分析实在太过庞杂。所以,根据目前掌握的知识,我们也只能提出一种近似合理的假说:有些善于思考的人在长久的实践中认识到了巫术固有的谬误和无效性,他不再相信自己具有"引导天地运行"的能力,敌人和朋友的死亡也让他明白,不管是谁都被某种更强大的力量支配着,而拥有这种力量的就是不为人们所见的像自己一样的人物。因此,人类要承认自己对这些强有力的人物的依赖,祈求他们的怜悯、保护和赐福。思想深刻的人们也许就是在这种求索中从巫术转向了宗教。

> 但这种转变并不是突然发生的,应该经历了一个较为漫长的过程。因为巫师不可能轻易放弃自认为拥有的无上权力和力量。他意识到自己不能随心所欲地

支配事物,但他一开始可能只承认控制不了风、雨、雷、电;当他慢慢发现还有更多事物不受他支配时,他便更深切地感觉到自己的无能为力,并开始相信自己被无形的巨大力量控制着。可见,宗教对超人力量的承认是一个随着知识的增长,由部分到整体的渐进过程。只有那些知识水平较高的人,才能理解宇宙的浩渺和人类的渺小。思想狭隘者是认识不到宗教的伟大的,甚至还会觉得自己最伟大,因此他们很难真正接受宗教。虽然他们表面上遵从教义,但内心响彻的却是巫术迷信的声音。这种迷信已经在大多数人心中深深扎根,宗教是不可能彻底将其拔出的。

从以上作者的分析中,我们可以看出,当巫师觉得自己无能为力的时候,唯一的出路就是转向宗教,但也不是每个人都有这种觉悟,只有知识水平高的人才能做到,那么对于那些很难接受宗教,内心还在纠结于巫术迷信的人来说,只能做小人了。因为巫师的地位一旦坐稳,是不能轻易放弃的。小人一旦当道,从人人平等到盗贼统治就成了事实。合作理性完全让位于工具理性。

好了,我们这一讲的问题有答案了。西方的巫师们有这几个去处:第一,被人无辜地杀了,用一个奴隶去替换,这样太可怕了。第二,他们尽量利用自己的聪明才智,帮助解决一些类似看病、看天象的问题,但有时也会看走眼。第三,把天象的超自然力以宗教的形式灌输下去,这样就能把自己的责任给摘了,继续当统治者。

为什么巫术成了中西文明源头的分水岭
第22讲

链接书目:《由巫到礼 释礼归仁》 李泽厚

上一讲我们阅读弗雷泽的《金枝》,讨论了西方巫师们的出路。这个话题很重要,因为这是中西文明源头的决定性一环。其中有合作理性和工具理性在起作用。那么中国人在巫术中是如何利用工具理性的呢?

今天我们要阅读的书叫《由巫到礼 释礼归仁》。作者李泽厚先生是中国当代知名哲学家,也是研究中国思想史与美学的大家。

作者在《由巫到礼 释礼归仁》中阐释了"巫史传统"思想的两个基本观点:一是"由巫到礼",周公将传统巫术活动转化性地创造为人世间一整套的宗教—政治—伦理体制,使礼制下的社会生活具有神圣性。二是"释礼归仁",孔子为这套礼制转化性地创造出内在人性根源,开创了"壹是皆以修身为本"的修齐治平的"内圣外王之道"。这个"内圣外王"恰恰是远古巫君以自己通神的魔法来统领部族特征的全面理性化。周公和孔子使中国传统从人文和人性两个方面在相当早的时代获得了一条实用理性之途。那么是什么理性呢? 作者在该书"'巫'的特质"一章中是这么说的:

> 在"巫术礼仪"中,情感因素极为重要。巫术活动是巫师或所有参加者所具有的某种迷狂状态,它是一种非理性或无意识的强烈情感的展现和暴露。但由于在活动、操作上又受着上述严格形式规范的要求,与繁复的细节仪式相结合,上述迷狂情绪便仍然受着理知的强力控制,从而使它发展为一种包容有想象、理解、认知诸因素在内的情感状态。它大概是区别于动物、为人类所独有的多种心理功能复合物的最初呈现。因之,在塑建不同于动物心理的"人性"上,巫术礼仪也起了决定性作用。即使是各种恐怖、残忍的非理性迷狂的自虐形态(烧身、割肉、火烤……),也仍然有理知认识和想象因素在内,动物便没有这种迷狂情感。巫术在想象中支配、控制对象,并与对象在想象、情感中合而为一,这是后世科技所没有的。

作者的意思很清楚,虽然祭祀活动看上去是非理性的,但是从巫师严格的操作规范来看,仍然受到理智的强力控制,那么他们的目的是什么? 是礼仪,是社会上所有人的安定,这个也就是合作理性。但巫术中也有工具理性的元素。

原来由合作理性驱动的情感性祭祀活动,逐步演变成一个由工具理性控制的巫术活动。我们的甲骨文就记录了这个发展趋势。甲骨文中的"巫"字原来就是"舞蹈"的"舞"字,前面我们提到了围绕着图腾的音乐和舞蹈是原始人最常见的祭祀活动。后来为什么这个"舞"字变成了"巫"字呢?就是因为巫师们手上有了祭祀礼仪的专用工具,这个工具就是占卜与筮法,一般简称为"卜"与"筮"。李泽厚先生在书中的"由'巫'而'史'"一章中,指出了卜与筮应用的四个具体场景:

1.卜、筮服务于人事,主要服务于王的政治活动,世俗性和实用性很强烈很明显,仍非心灵慰安之类。它与巫君的政治统治密不可分……

2.卜、筮有一整套复杂繁难的技巧规范,特别是数字演算的复杂系统。

3.卜、筮均为预见未来,它不单纯是祈祷,而是向祖先(神)提问,要求回答(并且常常是必须回答即必有回答),以解决疑惑,决定自己的行动,趋吉避凶……

4.卜、筮虽为理知性、认知性很明显的活动,仍饱含情感因素。"诚则灵"为根本准则,即要求卜筮者、卜筮活动以及卜筮服务对象(王)必须进入和呈现畏、敬、忠、诚等主观情感状态,它们具有关键性质……

作者认为这里最重要的是"筮",这个字就是在"巫"字上面加一个"竹"字头,在古代代表草木。筮本是指用草木类来预测,后来指以类似数学的方式进行算卦。这是中国人的一大发明,把工具理性与合作理性糅合在一起了。因为以上四个场景,除了第二个数字演算外,其他全部是为合作理性服务的。按作者的说法,祭祀活动是一个理智性很强的情绪活动。

这里要纠正一下我们对中国古代文明的认知偏差,认为工具理性是西方的专利,中国人不擅长这个。这是错的。我们看看作者是怎么说的:

但筮的一大特色在于数字演算。卜骨中已有成组数字,数的出现意味着替代巫的狂热的身体操作活动,人们开始以个体进行的远为客观、冷静和认知因素极强的数字演算,来明吉凶、测未来、判祸福、定行止。在初期,数字常与图像相连,是某种"象数相倚"(王夫之)的图像—数字系统。它的成熟形态就是所谓"河图""洛书"、八卦和周易。"河图"、"洛书"究竟是什么?与卜筮是何关系?学者聚讼纷纭,兹暂不论。但"筮"、"数"、"占卜"与八卦、周易直接攸关,却为古今所公认……

那么这套东西是怎么被华夏文明用到巫术礼仪中的,或者说工具理性如何与合作理性相结合的呢?作者继续说:

> 王(巫)字亦工匠所持规矩(数学、几何工具),商周时代,巫就是数学家。由此似可猜测,传说中所谓诸"圣人"作"河图"、"洛书",作八卦、作周易等等,正表明巫师和巫术本身的演变发展。这也就是"巫术礼仪"通过"数"(筮、卜、易)而走向理性化的具体历史途径。包括《周易》中的"天地定位,山泽通气,水火相济,雷风相薄"等似乎是外在对象的客观描述,其实可能即来自巫术活动中对各种自然事物的想象性的驱使(今日小传统中犹有此种驱使自然对象的巫术残存);《周易》中的"左旋知往,右旋知来"恐亦来自原巫术中身体动作的"左旋"、"右旋"。已有学者论证八卦本与巫术舞蹈密切相关。总之,本在巫术礼仪中作为中介或工具的自然对象和各种活动,都在这一理性化过程中演化而成为符号性的系统和系统操作。它日益对象化、客观化、叙事化……

作者在这里提到了《周易》。《周易》被称为"群经之首,大道之源",被公认为全球第一本工具理性的大百科全书,其内容涉及哲学、政治、生活、文学、艺术、科学等诸多领域。原来我们认为这只是中华文明的经典传承,但是工具理性是没有国界的。量子力学的开创者、丹麦物理学家玻尔在酒会上向别人赠送太极图徽章,因为他认为《周易》中的阴阳太极反映了量子力学里互补的思想。结果,100 年后被物理实验证明了。德国哲学家、数学家莱布尼茨发明的 0 和 1 二进制,与阴阳理论天然吻合,300 年后被用在了计算机上。这里说这些是想说明 3000 年前,中国不仅仅有合作理性的文明,其工具理性在全球也是数一数二的。

我们来看这个"易"字,最早是一个会意字,就像人用双手持器(有手柄)向另一器(无手柄)倾注液体之形。这就是工具的意思,后来引申为"变化",意思是人们为了达到自己的目标,利用客体和环境,改变自己的生存状态。"易"这个字就是古代工具理性的代名词。有了工具,才能算卦。而且这个工具还是一个数学工具。

那么为什么巫术成了中西文明源头的分水岭?还是要回到中国文化的由内而外与西方文化的由外而内的话题上。作者在谈到"'巫'的特质"时,着重提到以下两点:

> 最值得重视的是,人(氏族群体)的"吉"、"福",被想象是通过这种"巫术礼仪"的活动,作用、影响、强迫甚至控制、主宰了鬼神、天地而发生的。例如巫舞促使上天降雨、消灾、赐福。在这里,人的主动性极为突出。在这里,不是某种被动的请求、祈愿,而是充满主动精神(从行为动作到心理意识)的活动成了关键。在巫术

礼仪中,内外、主客、人神浑然一体,不可区辨。特别重要的是,它是身心一体而非灵肉两分,它重活动过程而非重客观对象。因为"神明"只出现在这不可言说不可限定的身心并举的狂热的巫术活动本身中,而并非孤立、静止地独立存在于某处。神不是某种脱开人的巫术活动的对象性的存在。相反,人的巫术活动倒成了"神明"出现的前提。"神"的存在与人的活动不可分,"神"没有独立自足的超越或超验性质。

....

上述的粗略概括是想指出,"巫"的特征是动态、激情、人本和人神不分的"一个世界"。相比较来说,宗教则属于更为静态、理性、主客分明、神人分离的"两个世界"。与巫术不同,宗教中的崇拜对象(神)多在主体之外、之上,从而宗教中的"神人合一"的神秘感觉多在某种沉思的彻悟、瞬间的天启等人的静观状态中。西方由"巫"脱魅而走向科学(认知,由巫术中的技艺发展而来)与宗教(情感,由巫术中的情感转化而来)的分途。中国则由"巫"而"史",而直接过渡到"礼"(人文)、"仁"(人性)的理性化塑建。

简言之,西方的巫术向科学工具理性和宗教方向发展的过程,都是在追求由外而内,只有中国的巫术是由内而外、向人文和人性方面发展的。有什么差别? 西方人看待世界是主客两分,中国人看待世界是天人合一。这里由内而外的意思就是由内而外的建构。那么巫术对中国传统文化到底有什么影响? 作者在该书"道家及中国文化基本范畴"中是这样说的:

《老子》和"道家"甚为复杂。根据郭店出土的竹简和马王堆帛书,今本《老子》实际是一个曾经不断增益更改,历时数百年的合集。其中虽有不少抵牾矛盾,但整体仍自成系统,是为道家。儒、道区别在于"一仁二智"。简约言之,如果儒家着重保存和理性化的是原巫术礼仪中的外在仪文方面和人性情感方面,《老子》道家则保存和理性化了原巫术礼仪中与认知相关智慧方面……

作者对《老子》的理解是相当透彻的,儒、道两家都成就了巫术礼仪的文化传统,但儒家继承的是礼仪,道家继承的是认知与智慧。作者对《道德经》中"无"的观点更加犀利,他认为这个"无"就是来自"巫术"的"巫"。作者是这么说的:

拙著《中国古代思想史论》曾将《老子》一书分为三层,即社会层面上对复归原始氏族社会的幻想,政治层面上"知白守黑"、柔弱胜刚强等来自战争经验提升的策略、权术，而哲学层面上除上述"无情辩证法"外，又仍然保存了好些非常难解和神秘的章段。如"谷神不死，是谓玄牝。玄牝之门，是为天地根。绵绵若存，用之不勤"……所有这些，闪烁出的正是神秘的巫术礼仪的原始面貌。只有这样，也才好了解这些语言和描绘。从而，被今人释为所谓"本体实在"亦即《老子》一书中最为重要的观念"道"—"无"，其真实根源仍在巫术礼仪。"无"，即巫也，舞也。它是在原始巫舞中出现的神明。在巫舞中，神明降临，视之不见，听之无声，却功效自呈。它模糊而实在，涵盖一切而又并无地位；似物而非物，似神而非神，可以感受而不可言说；从而，"玄之又玄，众妙之门"，"自古至今，其名不去，以阅众甫。吾何以知众甫之状哉？以此"。也正是从这里，领悟而概括出"无"，并扩及"当其无，有车之用"、"当其无，有室之用"等日常生活的哲理和智慧，并与权术、战略相衔接以服务于现实生活。可见，不独儒家、孔子、《论语》、《中庸》，而且道家、老子、《道德经》，也都来源于或脱胎于上古的巫史传统，都具有"重过程而非对象"，"重身心一体而非灵肉二分"这些基本特征。

请注意作者最后所说的"重过程而非对象""重身心一体而非灵肉二分"，这就是我们认知旅程中需要掌握的中国哲学文化元素，由内而外的建构。现在我们来看看关于这个由内而外的建构元素，在被巫术文化传承的世俗文化中，中国人与西方人有什么差别？

中国人和西方人是如何讲同一个故事的
第23讲

链接书目:《中国通史大师课》 许宏,等

《圣经的故事》 亨德里克·威廉·房龙

《"孝"与中华传统》 陈正宏

上一讲我们讨论了中国巫术走向人性和人文的发展路径,这个和西方巫术的脱魅走向科学和宗教是两条路。从此中西文明开始从共同的原始社会分道扬镳,巫术成了它们的分水岭。但它们是带着深深的思维痕迹分开的,一条是由内而外、天人合一,另外一条是由外而内、主客两分。我们的认知旅程也要顺着这两条思维痕迹探索人类文明的不同走向。

讲起由内而外与由外而内的思维痕迹,这里还要补充一条重要的历史线索。有一本书,叫《中国通史大师课》,是当下中国历史学界的顶尖学者聚集在一块儿,给普通中国人讲述中国通史。这些学者中有亲自主持中国夏商周考古几十年的一线考古人许宏教授,有在秦汉历史研究方面最杰出的学者王子今"子老",有家学渊源深厚、领军宋史研究的邓小南教授,还有中国社会科学院历史研究所所长卜宪群教授、北京大学历史学系系主任张帆教授、南京大学胡阿祥教授、中央民族大学李鸿宾教授等。书中的观点代表着最新的历史研究成果。该书"华夏文明初兴"一章中专门讲到了一种统治者选拔制度,叫"禅让制度"。书中是这么说的:

禅让制度是中国古代影响非常深远的一种制度,这种制度的存在也是后人认为上古时代非常美好的一个原因。

禅让制度始于传说中的尧舜时代。《尚书》中的《尧典》和《舜典》记载的就是禅让制度。情况大概是这样的:尧的名字叫放勋,他的哥哥叫挚,挚本来是做国君的,后来因为能力有限,就把君位让给了尧。这可以说是禅让制度的一个开始,但这还是兄弟之间的禅让。

....

尧除了在治国方面非常出色之外,还确立了禅让制度,在当时也有很深远的影响。尧的大儿子是丹朱,但尧感觉他的儿子不成器,不想把君位传给他的儿子,所以就向他的大臣咨询,看谁有这样的能力。大臣们给尧推荐了另外一个人,就是舜。

…………

舜也是按照这个原则把君位禅让给了禹。舜在治国方面也非常出色,他选了一些很有才能的人来辅佐他。

……所以,舜最后就选择了禹作为自己的接班人。和尧的情况一样,舜去世后,禹把君位让给了舜的儿子商均,可是天下的人都去朝拜禹,而不去理会商均,禹看到这种情况,才继承了君位。这就是舜到禹的禅让。

这是由内而外合作理性的典范,在位君主主动让出权力,不但自己可以享用的资源不要了,而且自己的后代也不能享用,这就叫作无私付出。实现共同国家的强盛目标,这就是华夏文明进入复杂社会初期的"禅让"治理模式。如果说从殷商到周朝的祭司,或者说巫师们是华夏文明社会公共服务的第一批创业者的话,那么这些统治者可以说是华夏文明公共治理的第一批创始人。

西方的原始部落可能尝试过禅让制度,但为什么没有成功?有两个原因:一是从人人平等到盗贼统治,不需要一种内敛的能力,只要凭谁的力气大就可以了;二是由于内部选谁都不服众,最后只能依赖和自己毫无关系的、外来的"金枝"来选拔继任者。

这种由内而外和由外而内的基因已经深深扎根于东、西方的文化之中。今天我们不讨论统治阶层,我们来讨论一个民间流传的杀子故事,看看东、西方文明源头的分水岭"内"与"外"给出了一个怎样的不同版本。

先讲一个圣经中的故事,取材于美国作家房龙的《圣经的故事》。《圣经的故事》是房龙的代表作。他按照《圣经》的章节排序,用通俗有趣的写作手法,将《旧约》与《新约》中的故事转换为概略简要的"圣经故事",不仅保留了《圣经》原典的精神,还能使读者轻松进入《圣经》世界。这个故事摘自《圣经的故事》中的"拓荒先驱"一章。现将里面的人物介绍一下,耶和华是《旧约》中的上帝,亚伯拉罕是传说中古希伯来民族和阿拉伯民族的共同祖先,以撒是亚伯拉罕的儿子。故事是这样说的:

遵从耶和华的旨意,永远是亚伯拉罕的第一要务。他为自己的正直和虔诚感到骄傲。最后,耶和华决定要再考验他一次,这次的结果几乎致命。

耶和华突然向亚伯拉罕显现,告诉他带着以撒到摩利亚山上,杀了以撒,将他的尸体献为燔祭。

这位垂垂老矣的先驱者一直忠心到底。他吩咐两个仆人准备好短程旅行,让驴子驮上木柴,带着水和干粮,便朝沙漠迈进。他没告诉妻子自己要去干什么。耶和华已经吩咐了,这就够了。

走了三天之后,亚伯拉罕和以撒抵达了摩利亚山。以撒这一路都玩得挺开心。

亚伯拉罕吩咐两个仆人在山下等着。他手牵着以撒爬上了山顶。

到这时候,以撒也开始觉得奇怪了。他经常看见父亲献祭,不过,这次事情有点不一样。他认得献祭的石头祭坛,也看见木柴。他父亲还带着用来割断献祭羔羊喉咙的长刀。但是,他问父亲,羊羔在哪里?

"时候到了,耶和华会准备好羊羔的。"亚伯拉罕回答。

然后他抱起儿子放在石头祭坛上。

然后他拔出刀来。

他将以撒的头往后拽,如此一来他能更容易割断颈动脉。

这时响起了一个声音。

他们到了神所指示的地方,亚伯拉罕在那里筑坛,把柴摆好,捆绑他的儿子以撒,放在坛的柴上。亚伯拉罕就伸手拿刀,要杀他的儿子。耶和华的使者从天上呼叫他说:"亚伯拉罕!亚伯拉罕!"他说:"我在这里。"

天使说:"你不可在这童子身上下手,一点不可害他!现在我知道你是敬畏神的了,因为你没有将你的儿子,就是你独生的儿子,留下不给我。"

亚伯拉罕举目观看,不料,有一只公羊,两角扣在稠密的小树中,亚伯拉罕就取了那只公羊来,献为燔祭,代替他的儿子。

耶和华再次开口了。

现在耶和华知道亚伯拉罕是他最忠心的跟随者,他不再坚持要这老人再进一步证明自己的忠诚。

以撒下了祭坛。这时旁边的灌木丛中出现一只犄角被小树缠住的黑公羊,亚伯拉罕抓住它,以它代替儿子献了祭。

三天后,父亲和儿子回家跟撒拉团聚。

以上就是圣经中亚伯拉罕听从上帝的指令,要杀自己亲生儿子的故事。当然,故事的结局不是悲剧,但令人感到奇怪的是,中国也有类似的故事。不同的是中国人不是听从上帝的指令,而是自己自作主张,结果会是怎样?为什么呢?

这个故事来自复旦大学陈正宏先生的《"孝"与中华传统》中的"图说二十四孝"一章里的"为母埋儿:荒唐的逻辑"一节。故事是这样说的:

故事的主人公郭巨是东汉时代人,一家四口:老母亲、妻子、郭氏,还有个年方三岁的小儿子。因为穷,所以一家子在食品供应方面总显得比较紧张。老母亲自然是非常喜欢小孙子的,因此常常把自己的那份口粮省下一点,给郭氏的小独苗吃。郭巨却看不下去,跟妻子商量说:"家里贫穷缺粮,没法很好地供养老母,小儿子还分了老母的一部分口粮,何不就此把这小子活埋算了。儿子可以再生一个,母亲却不能再有第二位。"郭妻一听这话,自是吃惊得很,可也不敢违背丈夫的意愿,便只得答应了。郭巨于是亲自挥锄掘坑,准备为母埋儿。苍天有眼,那埋儿坑掘到三尺多深时,忽然露出一锭金灿灿的黄金,上面镌刻着十六个字:

天赐黄金,郭巨孝子。官不得夺,民不得取。

有了这上天的赐予,郭巨那三岁的小儿子才化险为夷,捡回一条性命。

据说元代福建延平府的尤溪县里,有个人叫郭居敬,是个典型的孝子,双亲去世时,哀毁过礼。他曾选辑虞舜以下二十四位孝子的感人故事,为每个故事配上一首诗,用来做儿童的启蒙读物,"二十四孝"的名称,便由此而来。但其思想是来自春秋时期的《孝经》,是孔子向自己的学生曾参传授孝道的讲义。第一章名为"开宗明义章",摘录如下(译文):

孔子在家里闲坐,他的学生曾参在旁侍坐。孔子说:"古代的圣王有至高之德、切要之道,用以顺天下人心,使人民和睦相处,上上下下都没有怨恨。你知道先王的至德要道是什么吗?"曾子离席而起,恭敬地回答说:"学生曾参愚昧,怎么会知道呢?"孔子说:"孝,是德行的根本,一切教化都从这里生发开来。你坐下,我现在就跟你讲!人的身体以至每一根毛发和每一块皮肤,都是父母给予的,应当谨慎爱护,不敢稍有毁伤,这是实行孝道的开始;以德立身,实行大道,使美好的名声传扬于后世,以光耀父母,则是实行孝道的最终目标。所以实行孝道,开始于侍奉双亲,进而在侍奉君主的过程中得到发扬光大,最终的目的就是成就自己的德业。《诗经·大雅》说:'常常怀念祖先的恩泽,念念不忘继承和发扬他们的德行。'"

"人的身体以至每一根毛发和每一块皮肤,都是父母给予的,应当谨慎爱护,不敢稍有毁伤,这是实行孝道的开始。"这句话很重要,它解释了郭巨"为母埋儿"这个故事的根本原因。如果要以生命去孝顺父母的话,自己是不能受到伤害的,不然连孝道的开始也失去了。怎么办?那只有牺牲自己的亲骨肉了。虽然在逻辑上有点荒唐,但是郭巨为母埋儿的故事依然广为流传。这个逻辑上的矛盾,在父母与自己、自己与儿子、生命与死亡之间选择的时候,最后还是以孝为准。

以上故事,都是关于残害自己的亲骨肉的,但最后并没有形成悲剧,因为古代人讲故事也是有伦理道德的。他们为什么要用这么极端的故事情节,无非是想突出自己的价值观。什么价值观呢?大家可以仔细分析一下故事中行为的动力来源:一个是受孝文化影响的自觉行为,一个是受外在上帝指令的忠诚行为,一个是由内而外,一个是由外而内,这就是中西文明最根本的差别。

那么这种差别造成了一个什么样的中国呢?中国人是如何由内而外创造出一个延续 5000 年文明的中国的呢?

为什么中国人的信仰就是中国本身
第24讲

链接书目:《惠此中国:作为一个神性概念的中国》 赵汀阳

上一讲我们讨论了中西文明在讲类似故事时,故事结局差不多,但过程完全两样。中国化的叙事过程可以一直溯源到原始社会。中国没有走战争这条路,从周朝开始政教分离,然后是由巫到礼,以及孝文化的产生与普及,搭起了一套完整的、由内而外的合作理性的文化架构。那么问题来了,那个抽象的合作理性,可以作为中国人的信仰基础吗?因为古代的文化传承还是要靠信仰来实现的。

有太多的书籍能解答这个疑惑,现找到了一本在哲学上没有人能够超越的书,叫《惠此中国:作为一个神性概念的中国》。这本书从根本上解决了我们一直疑惑的问题。中国人到底有没有信仰? 中国人的信仰究竟是什么?

该书作者赵汀阳是中国社会科学院哲学研究所研究员、中国社会科学院研究生院哲学系教授,他对中国信仰的研究是从数千年来深深影响中国人的"天下"观开始的。

赵汀阳认为就是这个"天下"观塑造了有关中国的一个神性的概念。传统观念认为中国的信仰离不开儒释道,但是赵汀阳不是这么想的。他在该书"内含天下的中国"一章中是这么说的:

> 现代儒家以为道德观念是中国文化区别于其他文化之根本,但与现代儒家自己的想象有所不同,儒家道德其实并没有被其他文化识别为与众不同的特异伦理观。这正是明末利玛窦的中国经验,他发现儒家道德与基督教道德可谓大同小异,因此相信中国确为传播基督教的大好之地,一时激动不已。后来传教士在中国遭遇的传教困难与伦理差异基本无关,而是因为思维方式及宗教态度的严重差异。当时中国的基督教"信徒们"同时继续信仰儒家、佛家、道家、祖先以及财神等诸多神灵,传教士难以接受此种"不诚"。事实上,人类生活的基本问题大致相类,各地的道德也相差不远,因此,伦理道德难以说明中国的特性。一种文化的特性恐怕与思想方法论和信仰有着更高的相关度。

那么,作者所说的作为一种文化的特性的方法论和信仰是什么呢? 作者认为有两种与天下观密切相关的神性观念:第一种是自然神性,第二种是政治神性。关于自然神性,作者是这么说的:

> 中国概念的神学化自有其演化过程。按照古代中国的想象,天下之中是中国。这个想象或许起源于地理感觉,如上所述,最早的"中国"在洛阳平原,稍后扩大为从西安、晋南到洛阳一带,也就是后来被称为"中原"的地方。这个位置四通八达,具有地理中心的感觉。尽管中国概念从一开始就借助天地空间格局的想象建立了自然神性,但在夏商时应该尚未成为一个政治神学概念。

那么政治神性是从何时开始的呢? 作者接着说:

> 周朝建立了"世界性"的天下体系,天下体系包容千邦,中国居中而为宗主国,而天下体系每个层次都是同构的,以此保证了天地神圣秩序在政治秩序中的普遍传递性,于是中国成为神圣天下的核心。虽然秦汉将天下收敛为中国,但中国继承了天下的基因而成为内含世界结构的国家,这种天下性质的负荷使中国同时成为了一个复制了天地秩序的自然神学概念和一个复制了天下秩序的政治神学概念。

讲到自然神性,我们耳熟能详的"人法地、地法天、天法道,道法自然"马上显现在我们面前,作者认为这是"天下"观的来源。书中是这么说的:

> 对于古代中国人,真正具有神性的概念首推"自然之道",其次是最接近自然之道的"天下",接下来应该是象征性地复制了天地秩序因而复制了天地神性的"中国"。这是一种在思想结构上更为复杂深刻的神学。如果说古代中国的道德信念被赋予神性表现,也是因为人道被认为符合天道:自然是神性所在,道德只是自然神性的转现;同样,诗词也为自然之道的印证,所赞美的日月、河山或草木之意不在风景的美学效果,而在于自然神性,或者在于带有自然神性负荷的生命、家国、故土。

以上作者所说的自然神性和政治神性是不是和我们一直讨论的由内而外的中国思维模式冲突了? 因为神性是一种由外而内的思想启示。不要着急,作者提出了一个更加由内而外的新概念,叫"旋涡"。该书引言中是这么说的:

> 早期中国的四方万民为了争夺最大物质利益和最大精神资源的博弈活动形成了以中原为核心的"旋涡"动力模式,旋涡一旦形成,就具有无法拒绝的向心力

和自身强化的力量,从而使大多数参与者既难以脱身也不愿意脱身,终于形成一个巨大的旋涡而定义了中国的存在规模和实质概念。旋涡模式能够解释为什么古代中国并非扩张型的帝国却能够不断扩展,其秘密就在于,中国的扩展不是来自向外扩张行为的红利,而是来自外围竞争势力不断向心卷入旋涡核心的礼物。"中国旋涡"的形成一方面与争夺核心的博弈游戏有关,另一方面也与天下秩序的发明有关。天下秩序是能够化解旋涡的激烈冲突而兼收并蓄的万民共在制度,它开创了多文化多民族的共在模式,也创制了权力分治一体模式。即使在天下体系终结之后,天下精神也作为遗产而化为中国国家的内部结构,因此得以形成一个多文化多民族的大一统国家。所谓大一统,实质就是以天下为内在结构的国家。

作者认为中国旋涡开始是由多方博弈引起的,但博弈的最终结局肯定是零和游戏。中国有了这个具有神性的"天下"观之后,这个旋涡就具有了强大的向心力。中国的地盘不是通过侵略掠夺来的,而是被这个旋涡卷进来的,也就是说中国文化的合作理性是被一种神秘的力量所推动的。作者用"化解冲突""共在制度""共在模式"三种模式解释了合作理性的底层逻辑,而且用了一个新的合作理性概念,叫"配天"。"配天"这个词,最早来自《诗经》。

从此,与天合作的"配天"构成了中国人的"天下"观。作者是这么说的:

> 正因为中国的内在结构一直保持着"配天"的天下格局,中国也因此成为一个具有神性的存在,成为一个信仰。这可以解释中国的精神信仰问题。任何文明都需要某种精神信仰,这是一个文明的安身立命之处,也是自身确认的绝对依据。通常人们认为中国缺乏严格意义上的宗教,因此缺乏精神信仰,这种理解非常可疑。假如真的缺乏精神信仰,又如何解释中国精神的整体性以及稳定性?这是一直未能得到有效解释的谜。比较流行的权宜解释是把儒家理解为一种准宗教去解释中国精神的一致性,但这种解释显然无法充分解释中国的整个精神世界。也许儒家能够大致解释古代中国的社会结构和生活方式,但很难解释中国的精神信仰,因为儒家所立乃是伦理原则。如果把伦理说成宗教,难免导致名实混乱。中国文化里不存在人与神的约定模式,所以确实没有西方意义上的宗教(religion),但另有信仰形式,即人道与天道的相配,所谓配天,凡是达到配天的存在皆为神圣存在,也就成为信仰。中国的精神信仰之所以隐而不显,是因为被默认而不知,其实,中国的精神信仰就是中国本身,或者说,中国就是中国人的精神信仰,以配天为存在原则的中国就是中国的神圣信念。

作者在这里点出了中国的精神信仰本身就是中国的主题。从精神信仰的角度来看，还是过于抽象，说合作理性可能大家更好理解。为了给由内而外"天下"观的合作理性做进一步注解，书中创造了一个概念，叫"无外"。这个概念是继承"配天"从秦统一中国开始的。作者是这么说的：

> 天下秩序往往有名无实地追溯至尧舜禹汤，甚至象征性地追溯至黄帝。大一统模式的中国则是从秦朝开始而由汉朝巩固的，秦朝放弃了天下秩序的古法，代之以大一统国家制度，自此，中国的世界史结束了，而中国的国家史开始了。

> 虽然秦汉以来的历史格局不再是世界史而收敛为中国史，然而秦汉以来之大一统中国却仍然保留了天下的观念遗产，并将天下精神转化为国家精神，将世界格局浓缩为国家格局，于是，中国成为一个内含天下结构的国家。这个"内含天下的中国"继承了天下概念的"无外"兼容能力，或者说，"无外"的内部化能力。天下之所以是神圣的，正因为天下具有无外性质而与无外的上天同构，因此，无外的天下就足以"配天"，而配天的天下因为与天同构而具有神性，如老子所言，配天乃自古以来之原则。正因为中国内含天下结构，所以中国成为一个配天的神性概念，谓之"神州"。孟子曰："充实而有光辉之谓大，大而化之之谓圣，圣而不可知之之谓神"。内含天下结构的中国也就不能削足适履地归入民族国家或者帝国之类的概念，这些概念的政治含义相对于内含天下的中国来说都过于单薄了，甚至是概念错位。

作者为什么这么说呢？因为他认为国家结构替代世界结构，这个内与外的区别，不是以地界为准，而是以"旋涡"为准。作者是这么说的：

> 天下体系终结之后，整个中原成为秦朝的直辖地（类似于王畿地区为周王的直辖地），中原以外的相关地区属于尚未治理的外部，但有别于与中土毫无相关性的外国。秦汉之后，天下不再是政治制度，却仍然是一个哲学视野，因此，内外并非指中国有别于外国之内外，而是治理之地与未治之地之别，乃是以政权为界的内外概念，非以国家为界的内外概念。因此，中国之内外只能理解为一个动态概念，即中国旋涡所及之处为内，旋涡不及之处为外。

由于作者是一位哲学家，所以他写的理论的东西多一点。如果大家要以具体历史来理解作者的意思，建议大家去读另外一本书，叫《枢纽：3000 年的中国》，作者施展是上海外国语大学全球文明史研究所教授。他的观点和赵汀阳的观点是一致的。中国不是一个地理国界概念，而是一个四通八达的枢纽概念。枢纽就是旋涡的中心，旋涡就是"无外"的中心。最后九九归一，由内而外，天人合一。

既然上述的中国没有国界的概念，那么今天我们把自己称为汉族是怎么回事呢？在《惠此中国：作为一个神性概念的中国》中，赵汀阳批驳了这种观点。他是这么说的：

> 逐鹿的旋涡模式所形成的中国既为多文化多族群混合体，其中多文化的互化是一方面，而多族群的融合又是一个问题。虽是互相同化融合，但所谓的"汉人"或"汉文化"终究是主干，因此经常被认为是汉化。这是个相当混乱的问题。"汉"的概念不仅自身具有复杂性，而且经常与"中国"概念混为一谈。汉族是现代民族观念所追认的界定，可问题是，中国从来不是民族国家，而是不断生长的弹性存在，其伸展度取决于逐鹿游戏的规模，凡是进入游戏旋涡的地区和族群都是中国的共同创造者。黄帝、炎帝是西戎或东夷，商源于东夷，周源于西戎与夏之混合，隋唐皇家血统以鲜卑为主，更不用说元与清。

大家知道，合作理性这种认知模式最大的功能就是产生文化，如果说文化是一种意义的想象与虚构，那么文化一定会依赖一种符号，特别是与图像符号类似的汉字，就像原始社会的图腾一样。作者也是这种思路，是这么说的：

> 作为天下逐鹿的关键资源是基于成熟汉字而发展起来的具有巨大政治附加值的精神世界，那么，由汉字的成熟便可推断中国大致何时具备发展出高度丰富的精神世界的条件，进而有助于推断形成"中国旋涡"的最早可能时间。
>
> ⋯⋯⋯⋯⋯⋯
>
> 汉字的超稳定性或与汉字本身的图像性有关。一方面，作为媒介的汉字在表达外在世界时建构了一个对象世界；另一方面，作为图像的汉字自身却又构成一个具有自足意义的图像世界。图像文字不仅建构了不可见的概念化意义，而且建构了可见的意象，因此不仅具有相当于抽象概念的意义，另外还具有视觉（或者说艺术）含义和情感含义，因而构成了一个包含全部生活意义的可能世界。

汉字的功能就是从图像世界到对象世界，再到精神世界的。汉字本身就是一个合作理性的产物，合作的目的是什么？就是两个字"分享"。作者是这么说的：

> 中原最早发明了书写文字并且率先发展了以汉字为载体的精神世界，这个捷足先登的精神世界不仅占有对世界的解释权，而且占有了历史的解释权。作为象形文字的汉字能够独立于语音而存在并且被理解，也就天然地具有普遍的可分享

性,所有族群都同样能够使用汉字,而不必非使用汉语不可,于是汉字具有成为通用文字的优势,以汉字为载体的精神世界也就成为一个公用的精神世界。

想想也是,今天欧洲语言的源头——印欧语系已经被瓜分为几百种语言,为什么?就是因为它是一种拼音文字。由于历史的磨损和人类的迁徙,口语肯定会发生变化,口语一旦发生变化,语言和拼音也就跟着变了。中国人也遇到了这样的问题,但是汉字的功能就是无论口语怎么变化,甚至隔了一条河的人也听不懂对方在说什么,但是只要写出来,互相马上就能理解。作为想象与虚构出来的文化,通过汉字,于是变成了一个公用的精神世界。

这种公用的、独立于对象的精神世界,在古代是何时被人类认知的?除了中国外,世界上其他地方也有独立于对象的精神世界吗?

第 25 讲　为什么老子、柏拉图、耶和华与佛陀同时出现

链接书目:《历史的起源与目标》　卡尔·雅斯贝斯

上一讲我们讨论了中国人的信仰问题。以汉字文化符号为通用语言,以天下"无外"为彼此的精神追求,以中国旋涡不断地吸引四方八达,以天之道与人之道的绝配,最后形成了中国人特有的、深藏不露的信仰——中国。

信仰是什么? 是一种价值理性。价值理性是什么? 按照马克斯·韦伯在《经济与社会》一书中的定义是:

> 它决定于对某种包含在特定行为方式中的无条件的内在价值的自觉信仰,无论该价值是伦理的、美学的、宗教的还是其他的什么东西,只追求这种行为本身,而不管其成功与否。

也就是说价值理性是一种不计客观后果的认知模式。前面我们讨论过的杀子故事,虽然在文化的驱动力方面有差距,但是在结果上是没有差别的。对于一对正常的父母来说,儿子就是自己的心头肉,无论如何也不会动杀心的。但是在价值理性的驱使下,一个信上帝,一个做孝子,还是做出了超越现实自我的举动。价值理性的功能真的如此巨大吗? 是的。

提出这个问题的是德国哲学家雅斯贝斯,这是他的历史哲学经典《历史的起源与目标》中的一个命题。这本书引起了哲学、历史学、人类学以及世界宗教史和文化史的广大学者与专家的深度关注。为什么呢? 因为雅斯贝斯在书中提出了一个今天越来越被大家接受的人类认知革命的理论,这个理论就是"轴心时代决定论"。该书"轴心时代"一章中是这样说的:

> 如果确实存在世界历史的轴心,那它就应该能够作为事实,从经验上得到发现,并且适用于所有人类,包括基督徒。这个轴心应该存在于自有人类起,在塑造人性方面最富成效、硕果累累的地方,并且,这些成果不以某种特定的信仰内容为评判标准,即便它们不是在经验上确凿无疑、显而易见的,也是在经验认识的基础上令西方、亚洲以及全人类信服的。这样,就形成了一个适用于所有民族

的共同的、历史的自我认知框架。现在看来,这个世界历史的轴心位于公元前500年左右,它存在于公元前800年到公元前200年间发生的精神进程之中。那里有最深刻的历史转折。我们今天所了解的人从那时产生。这段时间简称为轴心时代。

雅斯贝斯所说的全球共同的自我认知框架,就是价值理性。这个与我们在前面讨论过的,人类与自然打交道形成的第一次工具理性认知革命,与人打交道形成的第二次合作理性认知革命,正好形成了人类与自我精神打交道的第三次价值理性认知革命。像前两次认知革命一样,第三次认知革命也是全球化的。作者接着说:

> 这个时代挤满了不寻常的事件。在中国生活着孔子和老子,产生了中国哲学的所有流派,包括墨子、庄子、列子和其他数不清的哲学家。在印度产生了《奥义书》,生活着释迦牟尼,就像在中国一样,哲学的所有可能性不断发展,形成了怀疑主义、唯物主义、诡辩派、虚无主义。在伊朗,琐罗亚斯德(Zarathustra)传播着一幅具有挑战性的世界图景,它描绘了善与恶的斗争。在巴勒斯坦,以利亚(Elias)、以赛亚(Jesaias)、耶利米(Jeremias)、第二以赛亚(Deutero-jesaias)等先知纷纷出现。在希腊,有荷马,有哲学家巴门尼德、赫拉克利特、柏拉图,许多悲剧作家以及修昔底德、阿基米德。这些名字所代表的一切,都在这短短几个世纪中几乎是同时地在中国、印度和西方形成,且他们并不知道彼此的存在。

为什么会发生如此巧合的事情?雅斯贝斯介绍了几种历史学和社会学观点,但最后都觉得不合适。该书中是这么说的:

> 要对轴心时代的显象做出最简单的解释,似乎最终要追溯到有利于精神创造力的共同社会条件上:大量小国和小城邦;一个政治上四分五裂,烽烟四起的时代;在繁荣的同时,也存在因战争和革命而导致的贫困,但都没有发生普遍的、彻底的毁灭;质疑目前为止的状况。这些是社会学上的考量,它们对形成方法论上的研究是有意义的,但是它们最终只能揭示事实,而不是从因果关系上解释它。因为这些状况同属于轴心时代的精神总体现象。它们是促使创造性成果产生的条件,但并非必然条件,并且它们自身也有疑问尚待解开:它们之间的共性又从何而来?

> 无人可以充分领会,这里究竟发生了什么,成了世界历史的轴心!我们必须围绕着轴心时代这一突破的事实,从多种多样的角度中把握它,阐明它的重要性,这样,它才能暂时地作为一个不断增长的秘密呈现在我们眼前。

以上是作者的观点,第三次认知革命是有关人类精神世界的,这个是没有异议的。但为什么会全球同时出现?雅斯贝斯认为这是一个秘密。其实,如果从认知革命的角度去分析,这就不是秘密了。如果阅读了《金枝》,了解弗雷泽对全球原始文化的考察,那么得出原始人彼此不知道相互的存在,但他们的文化却是出奇一致的结论,也就不奇怪了。为什么?这是人类文明发展的必然趋势。

现在,我们来分析一下这个必然趋势。我们先回顾一下人类认知史上的一些共性逻辑关系:200万年前或者更早,原始人类发生了第一次认知革命——工具理性。什么是认知?就是对世界的简化与重组。人类第一次以工具作为自己肢体功能延展的符号,想象石斧是自己的拳头,木棍是自己的手臂,然后携带着工具满世界跑,足迹遍布全球,并逐步成为食物链顶端的动物。7万—10万年前,智人创造了语言这个符号,发生了第二次认知革命——合作理性,使原始人有了聊八卦的功能,想象与虚构人类合作的能力,从此,图腾、神话、祭祀等原始文化开始出现。12000年前左右的农业革命,使大部分原始人从游牧的采集狩猎转型为定居的农耕畜牧。在工具理性和合作理性的共同作用下,从旧石器时代跨入了新石器时代,生产力大大提高,食物生产开始盈余,人口增加,并出现了复杂社会。复杂社会需要高度集权的中央政府,于是祭司们开始参与管理,合作理性逐步让位于工具理性,人人平等逐步成为盗贼统治。整个人类就在干两件事:一是战争,代表工具理性;二是祭祀,代表合作理性。

战争使原来原始社会分散的游群、部落和酋邦,最后逐步合并为一个个国家。人类学家戴蒙德考察了几大洲的历史进程,认为战争征服与战争威胁是人类社会发展的终极原因,由此才派生出“枪炮、病菌与钢铁”的次要原因。当然,他说得比较委婉,将其称为社会的竞争与兼并。从历史的角度来看,社会是发展了,但是遭殃的是平民百姓,战争对他们来说就是生灵涂炭、家破人亡和妻离子散。

怎么办呢?战争是避免不了的。平民百姓需要一顿精神大餐去抚慰被战争蹂躏的心灵,这时一批为平民百姓发声的知识分子掀起了一场新的认知革命。虽然不能解救平民百姓于水深火热中,但是在精神上对他们起到了重要的慰藉作用。这就是轴心时代产生的原因。关键词有两个,一个是“超越”,一个是“精神”。我们来看看雅斯贝斯是怎么说的:

> 哲学家第一次出现了。人们敢于作为个人依靠自身。中国的隐士和漫游的思想家、印度的苦行僧、希腊的哲学家、以色列的先知,他们同属一个行列,即便他们在信仰、思想内涵和内心状态上并不相同。人有能力在内心与整个世界相抗,

他在自身之中发现了起源，从那里，他超越了自身和世界。

....

被捆绑和遮蔽在躯壳中的真正的人，他受到本能的束缚，只是模模糊糊地意识到自身，渴望着解脱与救赎，并且已经能够在世界上实现它们——不论是在向理念的飞跃中，还是在无纷扰（Ataraxie）的从容自若中；不论是在沉思的专注中，还是在作为真我（Atman）对世界和自我的认识中；不论是在涅槃的体验中，还是在与道的一致中，抑或是在对上帝意志的献身中。尽管这些方式或许在意向（Gesinnung）和信仰内容上有着明显的差异，但是在一些方面却是相同的：人通过在存在整体中意识到自身而超越自身，并且踏上了必须独自踏上的道路。他可以放弃世上所有的财富，深入荒漠，去往森林，走入深山，作为隐士发现孤独所具有的创造性力量，然后以知者、智者、先知的身份重入世间。在轴心时代，后来被称作理性（Vernunft）和人格的东西显现了出来。

这些个人达到的境界，显然不可能转移给所有人。当时，人类潜能的顶峰与大众之间的距离是巨大的。但是，个人取得的成就间接地改变了所有人。人性在整体上实现了一次飞跃。

如果你觉得雅斯贝斯的描述太哲学的话，那么你只要记住一个关键词——"超越"，这就是价值理性认知革命的关键词。在工具理性对人的自然属性进行简化和重组与合作理性对人的社会属性进行简化和重组都感到无能为力的时候，需要来一次超越自然和社会的精神属性的简化与重组。赫拉利所说的想象与虚构在新的环境下产生了，这样自然、社会和精神的三次认知革命也完成了。

在那个时代，共同提出超越思想的哲学家们确实是很孤独的。雅斯贝斯客观地描述了当时这些孤独的漫游者形象。这里特别提到了中国的孔子和孟子。

与这个新的精神世界一样，在上述三个区域中还展现出相类似的社会学状态。那里有大量的小国家和城邦，有一场所有人对所有人的斗争，这场斗争首先使惊人的繁荣成为可能，然后使力量和财富的增长成为可能。在中国，软弱无力的周朝统治外衣下，小国和城市获得了独立的主权；当时的政治发展进程是小国通过征服其他小国而得到增强。在希腊以及近东，小国和城邦享有独立，甚至一部分被波斯征服的地区也一样。印度同样有着很多国家和独立的城邦。

相互交往分别在这三个地区内部将精神运动带上了轨道。在中国，孔子、孟子和其他哲学家为了去往有名望的、适宜精神生活的地方而周游列国（他们建立了各个学派,汉学家们将之称为学院),希腊的诡辩家和哲学家同样四处游历,而释迦牟尼则终身漫游。

雅斯贝斯上述的两段话,回答了我们心中一直以来的疑惑:在所有人对所有人的战争中,为什么社会还会在竞争和兼并中得到发展,而文明依然在进化?这是轴心时代的第三次认知革命,也可以说是精神革命的功劳。公元前500年前,老子、柏拉图、耶和华与佛陀同时出现,他们有着共同的使命,且目标很简单,不要战争,发展社会。但是在当时的现实状态下,没有一个人认为有这种可能性。人口增加势必扩大土地,扩大土地势必通过战争,这是一个死循环。所以世界各地不约而同地出现了一批叫作哲学家的群体,他们试图以超越的方式,走出这种死循环。有没有走出去呢?不但走出去了,而且有意外的收获。雅斯贝斯是这么说的:

> 延续上千年的古文明普遍结束于轴心时代,轴心时代融化、吸收了它们,使它们没落,无论承载这一新时代的是同样的民族,还是其他的民族。轴心时代以前的诸文明可能非常灿烂,像是巴比伦、埃及、印度河文明和中国的原始文明,但是所有这一切看起来就像是还在沉睡之中。只有在那些进入了轴心时代,被新开端所吸纳的元素中,古文明才能得以存续。较之轴心时代通透的人性,先前最古老的文明总是覆盖在一块奇怪的面纱之下,好像那时的人还没有真正地醒来。

意外的收获就是轴心时代还有传承古老文明的功能。这段话非常重要,因为轴心时代的四大文明,只有华夏文明独善其身,这意味着轴心时代的圣人们拿出来的价值理性"超越"方案是不同的。有什么不同呢?

"天人合一"如何变成了"天人分离"和"听天由命"
第26讲

链接书目:《人类简史:从动物到上帝》 尤瓦尔·赫拉利

《奥义书》

上一讲我们讨论了公元前500年前,世界文明进入了一个平行发展期。德国哲学家雅斯贝斯把它叫作轴心时代。在中国、印度和西方三个地区,同时出现了一大批哲学家,从此一个全新的全球文明态势开始崭露头角,这就是人类第三次认知革命——价值理性。价值理性是人类首次以精神超越来简化和重组这个世界的,按照雅斯贝斯的观点,它还有一个揭开古老文明面纱的功能。

那么他们的超越解决方案是什么? 各自又有什么特点呢?

我们先回顾一下轴心时代以前的人类认知历史,也就是第二次认知革命。原始人以集体表象、集体认知与"互渗律"原始思维来简化和重组这个世界。这个有点像庄子在《齐物论》中说的:"天地与我并生,而万物与我为一。"这就是全球原始人的共同认知,是最原始的"天人合一"说。轴心时代的哲学家们很聪明,他们就地取材,在第二次认知革命的基础上,以"天"为题材,提出了各自的超越解决方案。

现在我们将轴心时代哲学家们的方案分一下类。中国哲学家提出了"道"的解决方案;印度佛教提出了彼岸世界;希腊哲学家提出了形而上的终极存在,被亚里士多德称为"不动的动者";以色列人提出了一神教解决方案;天主教或者基督教,统称"上帝"。

它们都有一个共性,围绕着"天"做文章。中国的"道"高于天,老子说:"人法地,地法天,天法道,道法自然。"印度的彼岸世界,依托的是宇宙创造神"梵天"。希腊的自然哲学,是一个物理世界的"天"。

但是,此"天"非彼"天"。除了中国的"天"之外,轴心时代其他哲人的"天"已经和人分离了,这个在逻辑上是讲得通的,因为要超越现实,普通人是没有这个本事的,怎么办呢? 只有依赖"外来"力量,也就是自然或者上帝,才能够帮到你。

中国的自我超越解决方案,我们前面已经讨论过了,体现的是由内而外的合作理性,最后成就了旋涡的中国,还有天下"无外"的精神世界。那么轴心时代其他三种超越解决方案是什么呢？我们先讨论一下其中两种解决方案，一种是以色列的一神教，还有一种是印度的多神教。如果说中国的信仰是仍然保持天人合一的天下"无外"观，那么这两种信仰已经开始天人分离了。

我们还是回到赫拉利的《人类简史：从动物到上帝》这本书。作者基本上完整地描述了原始宗教的"天人合一"是如何走向"天人分离"，最后形成"听天由命"制度宗教的。作者在该书"宗教的法则"一章中是这么说的：

> 农业革命开始，宗教革命便随之而来。狩猎采集者采集植物、猎捕动物，但认为动植物和人类拥有平等的地位。虽然人类猎杀绵羊，但并不代表绵羊就不如人类；就像是老虎猎杀人类，但不代表人类就不如老虎一样。所以，万物众生都是直接与彼此沟通，协商关于这个共同栖息地的种种规则。相较之下，农民拥有、控制着农场上的动植物，可不会纡尊降贵去和自己的财产沟通协商。因此，农业革命最初的宗教意义，就是让动植物从与人类平等的生物，变成了人类的所有物。

这段话告诉我们，在采集狩猎阶段，万物包括动物和人是平等的、合一的。这是最原始的"天人合一"文化。但是，到了农业革命阶段，随着畜牧业的发展，动植物和人的关系开始分离了。那么原来与万物沟通的功能由谁来担当呢？作者接着说：

> 讲到"神"这种概念的起源，一种主要理论就认为，神之所以重要，就在于他们可以解决这个重大问题。在人类不再认为可以和动植物直接沟通之后，就开始出现掌管生育、掌管气候、掌管医药的各种神灵概念，好替人类和这些沉默的动植物沟通协商。很多古代神话其实就是一种法律契约，人类承诺要永远崇敬某些神灵，换取人类对其他动植物的控制权；例如《圣经·创世记》第一章就是一个典型的例子。在农业革命几千年后，宗教礼仪主要就是由人类将羔羊、酒、糕点牺牲献祭给神灵，换取神灵保佑五谷丰登、六畜兴旺。

这里的神灵可以指图腾或神话，这个在农业革命之前就存在了，但是到了农业革命，"天人合一"的泛神论开始瓦解了。作者是这么说的：

> 一开始，农业革命对于泛神论系统的其他成员（像石神、水神、鬼魂和恶魔）几乎没什么影响。然而，随着人类喜新厌旧，这些神也逐渐失去地位。过去人类一辈子的生活范围大概就是几百平方公里，多数需求只要靠着当地的神灵就能解决。但随着王国和贸易网络开始扩展，光是地方的神灵已经力有未逮，人类需要的神力必须涵盖整个王国或整个贸易网络。

在这里作者还是强调天人分离的客观条件,人口增加,土地扩张,本地的神不行了,或者说要保佑的功能越来越多了,就需要一个神的团队,于是多神教就出现了。多神教之后,一神教才逐步登上历史舞台。作者是这样描述这个逻辑演化过程的:

因应这种需求,多神教(polytheistic)信仰便应运而生。这些宗教认为世界是由一群神威浩荡的神灵控制,有的掌管生育,有的掌管雨水,有的掌管战争。人类向这些神灵祈祷,而神灵得到奉献和牺牲之后,就可能赐予人类健康、雨水和胜利。

多神教出现之后,泛神论并非完全消失。几乎所有的多神教,都还是会有恶魔、精灵、鬼魂、圣石、圣泉、圣树之类的神灵,虽然这些神灵的重要性远不及那些重要的大神,但对于许多一般人民的世俗需求来说,它们也还算实用。某个国王可能在首都献上几十只肥美的羔羊,祈求打败野蛮人、赢得胜利;但同时某个农夫是在自己的小屋里点根蜡烛,向某位无花果树仙祷告,希望它能治好儿子的病。

⋯⋯⋯⋯⋯⋯

随着时间过去,某些多神论者开始对自己信仰的某位神灵越来越虔诚,也慢慢远离了基本的多神论概念,开始相信只有那位神灵是唯一的神,相信他是宇宙的最高权柄。但同一时间,他们还是认为神有私心和偏见,让人类可以和神谈谈条件。于是,在这样形成的一神论宗教里,信徒就能够直接祈求宇宙至高无上的权力来帮忙治病、中乐透或是打赢一场战争。

⋯⋯⋯⋯⋯⋯

不论在何处,多神教都不断衍生出各种一神论宗教,但由于这些宗教无法放下唯我独尊的中心思想,所以一直只能处于边陲地位。以犹太教为例,仍然认为全宇宙至高的神还是有私心和偏见的,而且关爱的眼神全在一小撮犹太民族和以色列这蕞尔之地。于是对其他国家来说,信奉犹太教几乎是有弊而无利,而且犹太教一直也没有推广到其他地方的打算。这种阶段可以称为"本地一神教"。

到了基督教,终于有了重大突破。基督教一开始只是犹太教的一个神秘教派,该教派信徒想说服犹太人,拿撒勒人耶稣就是他们期待已久的弥赛亚。这个教派最早的领导者之一是来自大数(Tarsus)的保罗,他认为宇宙的至高神有私心偏见,对人类并非漠不关心,而且他甚至还化为肉身,为了人类的救赎被钉死在十字架上,这种事不该只有犹太人知道,而应该让全人类都了解。于是,就有必要将关于耶稣的好事(也就是"福音")传到世界各地。

保罗的这个想法开枝散叶,基督徒开始组织起了对所有人类的传教活动。而在一场史上最意想不到的转折下,这个犹太教的神秘教派接掌了强大的古罗马帝国。

基督教的成功,在 7 世纪的阿拉伯半岛成了另一个一神论宗教的典范,伊斯兰教应焉而生。就像基督教,伊斯兰教一开始也只是地球上某个偏远角落的小宗教,但它又以更意想不到也更快速的脚步,打破了阿拉伯沙漠的隔绝,收服了幅员从大西洋一直延伸到印度的庞大帝国。自此之后,一神论的概念就在世界历史上扮演了重要角色。

原来一个世界里的人和神被分割到两个世界里去了,从此神开始在另外一个世界里掌管着人的世界。人的一切由神创造,从此以后,由外而内的超越成了西方文化的推动力。

一个世界变成了两个世界,我们要想了解另外一个世界,就必须以价值理性完成对自我的超越。那么对老百姓来说,这种超越意味着什么呢? 我们的生命是上天赋予的,上天是至善的。我们老百姓就应该听天由命,面对尘世间的一切痛苦,不要抱怨,要学会宽容。现在有一句流行语,叫作"与自己的过去和解,就是宽容的延伸"。

如何宽容? 只要引用《马太福音》"登山宝训"一章中所说的话,大家就明白了,是这么说的:

你们听见有话说,"以眼还眼,以牙还牙"。只是我告诉你们,不要与恶人作对。若有人打你的右脸,连左脸也转过来由他打。有人想要告你,要拿你的里衣,连外衣也由他拿去。有人强逼你走一里路,你就同他走二里。

在《马太福音》里还有一句话:"爱你的邻居,爱你的仇敌。"

这是信仰一神教的超越。现在我们讨论第二种解决方案——印度的多神教。其实佛陀传承的印度教虽然属于多神教,但也是以"梵天"主宰着无数的神灵、人类,以及生物和实质的世界。这些观点全部来自一本书,叫《奥义书》。

《奥义书》是印度古代哲学的源头,不仅婆罗门教的各个哲学流派发源于它,就连佛教、耆那教的哲学也深受它的影响。《奥义书》最早出现于公元前 7 世纪,即吠陀时代晚期。《奥义书》不仅是一本书,还是一部专门阐述婆罗门教宇宙观、人生观和解脱观的哲学经典。

人的本质是什么? 宇宙的本质是什么? 人与宇宙是什么关系呢? 该书中是这么说的:

奥义书的内容是驳杂的。但它们的核心内容是探讨世界的终极原因和人的本质。其中的两个基本概念是梵和自我。在吠陀颂诗中,确认众天神主宰一切。在梵书中,确认生主是世界创造主。而在奥义书中,确认梵是世界的本原。梵作为世界的本原的观念在梵书中已初露端倪,但在奥义书中得到充分发展,成为奥义书的主导思想。在奥义书中,"自我"一词常常用作"梵"的同义词,也就是说,梵是宇宙的自我、本原或本质。而"自我"一词既指称宇宙自我,也指称人的个体自我,即人的本质或灵魂。梵是宇宙的本原,自然也是人的个体自我的本原。正如《歌者奥义书》中所说:"这是我内心的自我。它是梵。"

这里大家要注意,这个"梵我同一",不是从我到梵,而是从梵到我,因此看上去是天人合一,但其实是天人分离。

而奥义书追求的人生最高目的是认知梵,达到"梵我同一"。人死后,自我进入梵界,摆脱生死轮回,不再返回,自然是达到"梵我同一"的标志。但达到"梵我同一"既是死后之事,更是在世之事。在《大森林奥义书》中,耶若伏吉耶向遮那迦传授了"自我"奥义后,说道:"知道了这样,就会平静,随和,冷静,宽容,沉静。他在自我中看到自我,视一切为自我。……他摆脱罪恶,摆脱污垢,摆脱疑惑,成为婆罗门。这是梵界,大王啊!你已经获得它。"

奥义书中产生的这种业报、轮回和解脱观念,不仅为婆罗门教所接受,也为后来的佛教和耆那教所接受,而成为印度古代宗教思想中的重要基石。佛教将轮回描述为"五道轮回":地狱、畜生、饿鬼、人和天(神),后来加上一个"阿修罗(魔)",为"六道轮回"。但佛教并不认同奥义书中提出的"梵"和"自我",因而佛教的解脱之道不是达到"梵我同一",而是达到"涅槃"。

我们通常理解涅槃是重生的,其实这是错的。在佛教里涅槃就是解脱的意思,"梵我同一"里还有一个自我,佛教里的涅槃连自我也没有了。如果说涅槃是重生的话,那也是在彼岸世界的重生,而不是在现实世界。佛教《杂阿含经》中记载的佛学最高境界,也叫三法印:"一切行无常。一切法无我。涅槃寂灭。"这种精神上的超越已经完全从现实世界的世俗欲望中解脱出来了。

那么这种解脱在现实生活中有用吗?对宗教信仰者来说,当然有用。20世纪的风云人物印度宗教领袖甘地,在离开印度赴英国求学之前,他的母亲就要求他发誓在英国不近女色。而甘地真正断绝情欲是在1906年他在南非期间。在组织医疗队为英国人救治的时候,他认识到要全身心投入社会事务中去,就必须放弃要更多的孩子和财富的欲望,过一种林栖期的生活。所谓林栖期就是 50 岁以后弃家隐居于森林,进行各种苦行,修身养性,为灵魂解脱做好准备。

这就是来自另外一个世界,帮助我们这个世界的人实现超越的具体行为。你说有效吗? 当然有效,在甘地非暴力的思想引导下,印度最终赢得了独立。基督教在罗马统治者近 300 年的疯狂镇压下,最后把罗马帝国的国王变成了基督教徒。

以上两种解决方案的共同点是"天人分离"。这个天不是现实世界的"天",和中国人信仰中国本身的"天"是两回事。它们的共同点是精神世界的"天",那么如何实现自我超越呢? 就是通过由外而内的"听天由命"。由外来的上帝和梵天给予力量,实现自我超越。

以上是轴心时代的两种价值理性解决方案,接下来我们讨论第三种解决方案。

为什么 2000 年来的西方思想史只是柏拉图的注脚
第 27 讲

链接书目:《理想国》 柏拉图

《蒂迈欧篇》 柏拉图

《论天人之际:中国古代思想起源试探》 余英时

《哲学导论》 王德峰

上一讲我们讨论了轴心时代的哲学家们和先知们的四种解决方案中的两种方案:多神教和一神教。它们的演化逻辑路径是:天人合一的万物与人平等相处,到神话的专职管理人员出现,然后是人神分离的多神教,最后发展到统治万物的一神教。不管是印度的多神教还是以色列的一神教,自我超越的方向是一致的,心中有一个至高无上的上帝或者梵天。从永恒的角度来看,所有世俗的欲望和恐惧都如梦幻泡影。

今天,我们讨论轴心时代以柏拉图为代表的希腊哲学的第三种解决方案。我们在前面提到过的哲学家怀特海,在《过程与实在》一书中,有这么一段话:

> 对构成欧洲哲学传统最可靠的一般描述就是,它是对柏拉图学说的一系列脚注。我这样说的意思并不是认为学者们可能从柏拉图的著述中摘取了系统的思想体系。我所说的是指散见于柏拉图各种著作中的丰富的普遍理念。

这个所谓"普遍理念"就是我们通常理解的理性主义。现在我们一般把笛卡儿当作西方理性主义创始人。其实不然,笛卡儿的老祖宗是柏拉图,因为笛卡儿倡导的以数学为基础的唯理论演绎法是从柏拉图那里学来的。他们的共同点牺牲就是由外而内。

我们大脑中的认知有一个共同的东西,就是理性。那为什么柏拉图的理性主义就是由外而内的呢? 我们现在从三条路径来看看柏拉图的理性主义是如何由外而内的。

第一条路径:两个世界。前面我们说过西方文化是由外而内推动的。基督教的天堂和佛教的彼岸世界,是外来的宗教世界。柏拉图虚拟了一个外来世界,这就是他的两个世界理论。比如他的名著《理想国》里有一个著名的"洞穴比喻",带我们进入了他的两个世界。《理想国》中是这样说的:

苏：接下来让我们把受过教育的人与没受过教育的人的本质比作下述情形。让我们想象一个洞穴式的地下室，它有一长长通道通向外面，洞口外面是自然光。有一些人从小就住在这洞穴里，头颈和腿脚都绑着，不能走动也不能转头，只能向前看着洞穴后壁。让我们再想象在他们背后远处高些的地方有东西燃烧着发出火光。在火光和这些被囚禁者之间，隔着一条路。你还可以看到，沿着路边已筑有一带矮墙。矮墙的作用像傀儡戏演员在自己和观众之间设的一道屏障……

…………

苏：不，他们是一些和我们一样的人。你且说说看，你认为这些囚徒除了火光投射到他们对面洞壁上的阴影而外，他们还能看到自己的或同伴们的什么呢？

柏拉图用"洞穴比喻"描述了一个洞穴里影子的世界，一个外部太阳下现实的世界，那么它们分别代表什么样的世界呢？柏拉图接着说：

苏：亲爱的格劳孔，现在我们必须把这个比喻整个儿地应用到前面讲过的事情上去，把地穴囚室比喻可见世界，把火光比喻太阳的能力。如果你把从地穴到上面世界并在上面看见东西的上升过程和灵魂上升到可知世界的上升过程联想起来，你就领会对了我的这一解释了，既然你急于要听我的解释。

以上这段话告诉我们，柏拉图把洞穴的影子比喻为可见世界，把外部的太阳比喻为可知世界，但帮助可见世界上升到可知世界，有一个东西是由外而内的，那就是灵魂，于是沿着这条灵魂的虚拟路线，我们进入了柏拉图的由外而内的第二条路径——"理念论"。柏拉图在书中是这么说的：

苏：至于讲到可知世界的另一部分，你要明白，我指的是逻各斯本身凭着辩证的力量而达到的那种知识。在这里假设不是被用作原理，而是仅仅被用作假设，即，被用作一定阶段的起点，以便从这个起点一直上升到一个高于假设的世界，上升到绝对原理，并且在达到绝对原理之后，又回过头来把握那些以绝对原理为根据提出来的东西，最后下降到结论。在这过程中不靠使用任何感性事物，而只使用理念，从一个理念到另一个理念，并且最后归结到理念。

这段话告诉我们，可知世界的理念是来自一个假设，然后再上升到高于假设的世界，这就成了一个虚拟的世界，这个虚拟的世界就剩下一样东西，就是理念。那么柏拉图解释这个理念在可知世界里有什么作用呢？

至于这一解释本身是不是对，这是只有神知道的。但是无论如何，我觉得，在可知世界中最后看见的，而且是要花很大的努力才能最后看见的东西乃是善的理念。我们一旦看见了它，就必定能得出下述结论：它的确就是一切事物中一切正确者和美者的原因，就是可见世界中创造光和光源者，在可知世界中它本身就是真理和理性的决定性源泉；任何人凡能在私人生活或公共生活中行事合乎理性的，必定是看见了善的理念的。

柏拉图这里要表达的思想和轴心时代的其他智慧流派的思想是一致的，最高的理念也就是超越现实可见世界的最高真理，就是"善"。当然，这种超越还是要依赖上帝。因为，上面说过了，帮我们完成这种超越的是灵魂，而灵魂是上帝创造的。柏拉图在《蒂迈欧篇》中，有这么一段关于上帝创造灵魂的话：

> 造物主将灵魂按照自己的意愿创造完成之后，就在它的内部构造整个的形体，同时将灵魂和形体二者的核心结合在一起，使它们互相调和。灵魂在宇宙中从核心到外缘无处不存在，又从外缘包盖了宇宙，其自身则不断运转，这就是有理性、无休止、永垂千古的生命的一个神圣的开始。宇宙的形体是可见的，而灵魂本身则是不可见的，但它通过我们所能认识的最美好的事物而成为存在，并且作为最美好的创造物而永远存在下去，在理性与和谐中发生作用。

理念，美、善还有灵魂是柏拉图建立的虚拟世界，是理念世界，但确实是一个真实的世界。柏拉图有一个著名的"回忆说"，他认为我们学习知识，或者说理解知识，就是在回忆理念世界中已经存在的知识而已。

柏拉图的第三条由外而内路径，就是数字世界。讲到数字世界，我们一定会想到毕达哥拉斯，他是一位伟大的古希腊哲学家、数学家。

毕达哥拉斯认为"万物皆数"，"数是万物的本质"，是"存在由之构成的原则"，而整个宇宙是数及其关系的和谐体系。他的毕达哥拉斯定理（即勾股定理）直到今天还在使用：给定一个直角三角形，则该直角三角形斜边的平方等于同一直角三角形两直角边平方的和。反过来也是对的：如果一个三角形两边平方的和等于第三边的平方，则该三角形为直角三角形。

柏拉图曾到意大利南部旅行，在那儿遇到了毕达哥拉斯学派的学者，这对柏拉图后来的思想产生了重大影响。所以今天我们学习的柏拉图思想，其实就是毕达哥拉斯关于数的思想的延伸。

柏拉图认为宇宙是由四种基本物质构成的，它们分别是火、土、水、气。但柏拉图认为构成这四种基本物质的还有一个底层东西，这个东西就是毕达哥拉斯的三角形数学概念。在《蒂迈欧篇》中，作者是这么说的：

> 首先，我认为任何人都明白，火、土、水、气都是有形的物体；而物体的形成在任何情况之下都是有体积的。其次，体积的周围必然包盖着一个表面；而直线构成的表面则包含有若干三角形。一切三角形，就其原始来说，只有两种，每一种都具有一个直角和两个锐角；其中一种三角形在底边的两端为两条等边分别范成半个直角，另一种三角形则有两条不等边，将直角分成两个不等角。我们根据结合概然性与必然性的方法，将这二者作为火和其他几项物体的原始成分；比这二者更原始的东西是什么，则是只有上帝和亲近上帝的人所知道的了……
>
> …………
>
> 这些就是一切原始的、纯粹的物体所由产生的原因。不过包含在这四项元素的范围之内的，还有许多次一级的属类，其成因须从两种基本三角形构造的变化上去求索。每一个这样的构造原来并不是只产生一种体积的三角形，而是有大小，其体积的种类正有四项元素的次一级属类那么多。这些三角体，同类自相结合，并且与异类互相结合，结果就是变化无穷的了。大凡想用概然性的推理方法去探索自然的人，必须注意到这个无穷的变化。

柏拉图认为，在我们看不见的那个外来的真实世界中，有一个东西是不变的，那就是理念。理念是由灵魂推动的，而灵魂是由上帝创造的，那么这个虚拟灵魂是如何运作这个变幻莫测的世界的呢？就是两种基本三角形的构造，一种是正方形的一半，另一种是等边三角形的一半。这两个基本三角形构成了火、土、水、气，进而构成了万事万物，最后我们看到了这个无穷变化的世界。

好了，以上我们讨论的三条由外而内路径就是柏拉图理念世界的组成部分。第一，两个世界。由灵魂帮助走出洞穴的影子世界来到太阳底下的现实世界。第二，虚拟的理念世界。和我们理解的有所不同，可见世界是不真实的，虚拟的可知世界是真实的。第三，数字世界。毕达哥拉斯的三角形原理构成了火、水、土、气四大元素，构成了整个宇宙。

现在我们明白了笛卡儿的身体与精神的二元论，以及以数学为基础的演绎方法论都是从柏拉图那里来的。那么，我们为什么把柏拉图的思想理解为由外而内的呢？柏拉图的理念论不也是来自内心的价值理性超越吗？这个就要和中国的价值理性超越作对比了。要看这种价值理性超越是内向超越，还是外向超越。

　　有一本书专门研究这个问题,叫《论天人之际:中国古代思想起源试探》,作者是当代著名历史学家余英时先生。他专门研究轴心时代中国古代文明和其他三种文明在精神超越上由内而外与由外而内的不同点。在该书"外向超越与内向超越"一节中,作者是这么评价老子和柏拉图的两种超越的:

　　　　"内向"这一描述词是以其他文明的"超越"形态为参照系而概括出来的。如果仅就中国而言,不与其他文明作比较,则"内向"一词是不必要的。理由很简单:"内向"相对于"外向"而成立。我认为西方文明可以代表"外向超越"的典型;在西方对照之下,中国的"超越"才显出其"内向"的特色。因此无论是说中国"内向超越"或西方"外向超越",都只能从相对的意义上去理解。下面我将先澄清"外向超越"的含义,然后再归结到"内向超越"的问题。在轴心突破以后,超越世界和现实世界在希腊哲学上的对照非常鲜明。这是西方专家的一个共识。关于这一问题的讨论一般都以柏拉图的看法为代表,这当然是无可争议的。柏拉图的超越世界是尽人皆知的所谓"理型"("Idea"或"Form")。

　　余英时先生所说的"理型",就是我们所说的理念。柏拉图有一句名言:"善是最高的理念。"难道和道德有关的"理性"也是由外而内的吗? 是的。我们来看看余英时先生是怎么分析的。这里他把"善"翻译为"好",以免引起对由内而外的"善"的误解。该书中是这么说的:

　　　　柏拉图在讨论理型时,他的语气常给人一种印象,好像理型存在于另外一个地方。其实这是一种误读。柏拉图说理型和"感官事物"("sensible things")不在一处,其意是在强调理型独立于感官事物之外,而自有其客观的存在。前面已指出,理型是精神的实有,是"非物质的"("incorporeal"),不可能"存在"于某一"地方",因为"地方"是空间的概念。所以柏拉图真正想表达的意思是:理型是不变的、永恒的存在,与感官事物之随时流迁完全不同。在感官世界中,盛放的花体现着"美",但花谢后"美"也就随之消逝了;而理型世界中的"美"则是长存的。专就感官事物和理型而言,其中自然不发生"内"或"外"的分别。然而从人的观点说,理型说恰恰是"外向超越"的一种表现,因为理型作为存有和价值之源完全在人性之外。关于这一点,泰勒(Charles Taylor)论"好之理型"的话值得引证,他说:

　　　　在一个重要意义上,我们依恃"理性"("reason")而认可的"道德本源"("moral resources")并不在我们的内部。这些本源可以看作是外在的,即在"好之理型"之中;或者应当说,我们同意接受一个更高的(精神)状态这件事,发生在我们和"好之理型"之间的"空间"中。

这几句话已将理型之所以为"外向超越"的性质,扼要地呈现了出来。

由于这个理性是由外而内的,和人类的第一次认知革命有相同之处,因为工具就是一个帮助人类加持自己能力的外来东西。因此,柏拉图的外向超越的理性,就是对工具理性的超越。

复旦大学哲学教授王德峰先生在《哲学导论》中,是这样评判柏拉图的工具理性的,或者叫理念工具,或者叫观念工具。该书"观念的真实性问题"一节中是这么说的:

由此还可以进一步来解释人类在工具上的进步。正因为每一种特定的感性的工具都不是工具本身,而是其特定的感性显现,用柏拉图的话说,是工具本身之不完善的摹本,所以人们必定要不断地去改变工具的感性特征,使之尽可能地接近于工具的观念原型。这就表现为工具的一个进步过程。人类之所以永远不会在工具的一种特定的感性特征上停留下来,正是由于这个缘故。这里还必须强调的一点是,所谓工具之观念的原型,绝不可误解为这种原型是在人心中的工具表象,表象还是感性的东西,只不过是在记忆和想象中的感性。观念之为观念,不是指这种东西,而是指对一种特定的"关系"之在意识中的把握。工具的进步,其实是力图让物体的感性特征更接近于实现对这种"关系"之在意识中的把握。

这就是工具理性这个人类第一次认知革命在轴心时代的一次外向超越,这种超越延续到今天也具有正面的积极意义。原来我们只是在哲学上喊喊口号,可知的世界不可见,可见的世界不可知,这句话真的有点莫名其妙。但是今天任何一个普通人只要戴上了 VR 眼镜,虽然知道自己进入了一个虚拟世界,但是一秒钟之后,马上就会沉浸在实实在在的娱乐、交流、办公和生活的场景中,你可以自己去建造一座别墅,养一只宠物,去火星探险,等等。只要是可知的世界,不可见无所谓,都可以在你的知识范畴内走入柏拉图的理念世界。正如王德峰先生所说的,"其实是力图让物体的感性特征更接近于实现对这种'关系'之在意识中的把握"。是不是我们普通人在虚拟世界里都可以成为一个"形而上者谓之器"的当代哲学家呢?这不是开玩笑,我们以后会认真讨论这个问题的。

到目前为止,我们讨论了轴心时代的三种解决方案,都是由外而内的超越。我们也讨论了中国人内向超越的解决方案。接下来我们要更进一步讨论中国人的内向超越,也就是中国旋涡的哲学密码究竟是什么。

第28讲
中国旋涡的哲学密码究竟是什么

链接书目:《论天人之际:中国古代思想起源试探》 余英时

《中国哲学十九讲》 牟宗三

上一讲我们讨论了轴心时代的第三种超越解决方案。今天我们在赵汀阳先生《惠此中国:作为一个神性概念的中国》中提及的中国旋涡内向超越的基础上,进一步讨论轴心时代中国哲学家们是用什么样的哲学密码来诠释中国旋涡的内向超越的。

余英时先生在《论天人之际:中国古代思想起源试探》的"结局:内向超越"一章中是这样说的:

在公元前第一个千年之内,世界上几个高度发展的文明,如中国、印度、希腊、以色列、波斯等,都曾经历了一次精神上的重大突破,其结果则是每一文明都完成了一场"超越"运动。因此这一千年也可以称为"超越时代"。所谓"超越"是指轴心突破以后出现了一个与现实世界相对照的超越世界。与突破前原始宗教所提供的鬼神世界不同,超越世界是最早一批哲学家或思想家,在经历了一番精神上的大觉醒之后,一方面分头发展,另一方面也通力合作,才辛勤开拓出来的。但他们的超越世界并不是无中生有的虚构。相反地,他们是对原有的精神传统进行了改造和提升,然后才推陈出新,创建出一个适合于自己独特文明系统的超越世界。例如中国的超越世界从以前的礼乐传统中转化而出,超越了后者但也保存并继承了后者的精要所在。不但如此,这批最早出现的哲学家或思想家基本上凭借着自己统合性思维与直感来建构他们的超越世界,这又和突破前的鬼神世界主要依靠原始信仰而成立,大不相同。正因如此,"超越"作为一种精神运动才能一方面"对于现实世界进行一种批判性、反思性的质疑",而另一方面则"对于超乎现实世界以上的领域发展出一种新见"。通过以上的说明,我们可以获得一种认识,即每一文明在轴心突破以后,它的超越世界便成为精神价值的终极源头。

作者以上观点是对雅斯贝斯观点的进一步阐述，也是对第三次认知革命的一次总结，即"超越世界"，成为一种"精神价值"。在分析中国的精神超越时，作者比雅斯贝斯更加驾轻就熟，雅斯贝斯把老子与孔子相提并论，作者把"道"作为中国价值理性的主线。该书中是这么说的：

> 就中国的独特情况而言，这一超越世界非它，即所谓"道"是也。所以在整个传统时期，无论对于现实世界进行反思和批判，还是推动一种超乎现实之上的理想，中国思想家无不以"道"为最后的根据。《论语》中"邦有道"、"邦无道"、"天下有道"、"道之不行"等语中的"道"字都显然指向现实之上的超越领域。但"道"不是任何一家一派所能独占的。在"道术为天下裂"之后，每一家都如《庄子·天下》篇所说，"得一察焉以自好"，并坚信自家的"一得"才是真正的"道"。孔子和儒家如此，道家《老》、《庄》两书中的"道"字更是无所不在。即使是宗教气味最浓的墨家，也认为他们所代表的是"圣王之道"。所以先秦诸子的"道"，在内涵上虽各有所偏重，但其有超越世界的功能则在各家是一致的，也就是价值根源的所在。

作者以上对"道"的诠释，是在赵汀阳先生的"道法自然"上进一步发挥的。那么，道的这种超越世界的方式或者说形态，和其他轴心时代的超越有什么不同呢？作者继续说：

> 从比较文化史的观点说，中国轴心突破的背景与方式都有其特色，这在前面已经讨论过了。现在我们必须追问的是：轴心突破所导致的结局是不是也有中国特色可说呢？这里所谓结局，主要即指超越世界的形态而言。让我先提出我的论断，即中国轴心突破最后归宿于"内向超越"，本章主旨便在说明这一论断。

那么，余英时先生认为"道"的内向超越的根据是什么呢？这个我们就不用去看余英时先生是怎么说的了，只要看看庄子是怎么说的就明白了。在庄子的《知北游》中有这么一段故事（译文）：

> 东郭子问庄子："你所说的道，究竟在哪里呢？"庄子说："无处不在。"东郭子说："请指出具体的方位处所才好理解。"庄子说："在蝼蚁之中。"东郭子说："怎么处在这样低微卑贱的地方？"庄子说："在稊草中。"东郭子说："怎么越来越卑下了呢？"庄子说："在瓦块砖头中。"东郭子说："怎么越来越低下呢？"庄子说："在屎尿中。"东郭子默而不应。

我们一般将这段话理解为大道无所不在,但庄子接下来有这么一段话(译文):

> 主宰万物的大道,与万物融为一体,是没有边际的,就一物而言是有边际的,即所谓某一物的边际而已。没有边际的边际,乃是边际中没有边际。

这段话的意思就是道是在一物之中的,但它会突破边际,由内而外超越,超越到没有边际的边际,最终与万物融为一体。这个也是在赵汀阳先生"无外"理论上的进一步发挥。一句话,中国旋涡的哲学密码就是一个字——"道",道法自然,道无边界,道无处不在,道包罗万象。说"道"是中国旋涡的哲学密码也不为过,但还是太抽象,中国人不喜欢太抽象的东西,那么这个密码究竟是什么呢?

其实可以查找到很多经典。这里介绍一本书,叫《中国哲学十九讲》。作者牟宗三先生是现代中国哲学大家。作者提出了"内向超越"的源头问题,也就是中国哲学的密码问题。该书"中国哲学之特殊性问题"一讲中是这么说的:

> 中国哲学,从它那个通孔所发展出来的主要课题是生命,就是我们所说的生命的学问。它是以生命为它的对象,主要的用心在于如何来调节我们的生命、运转我们的生命、安顿我们的生命。这就不同于希腊那些自然哲学家,他们的对象是自然,是以自然界作为主要课题。因此就决定后来的西方哲学家有 cosmology,有 ontology,合起来就是亚里士多德所说的 metaphysics。这个 metaphysics 就是后来康德所说的 theoretical metaphysics。希腊就是成这一套。

作者道出了中国哲学密码的底层逻辑就是生命。这个和西方的由外而内,以自然为对象作为哲学的目标,有着本质上的区别,为什么呢? 作者接下来是这么说的:

> 中国人就不是这样,中国人首先重德,德行这个观念首先出现,首出庶物。这个拿康德的话来讲,就是实践理性有优先性,有优越性,优先优越于 theoretical reason。中国古人对德行、道德有清楚的观念,但对知识就麻烦。知识本来就很难的,要有知识必须经过和外界接触,要了解对象,这不是尽其在我,而且不是操之在我的,德行的问题是操之在我的,我欲仁斯仁至矣。这合乎人之常情,所以古人首先对德行有清楚的观念。德行问题是操之在我,所以他讲德行问题的时候是重简易。因此后来陆象山讲简易是有道理的,因为它不需要对外界有好多知识,你对外界有好多知识是没用的,所以,朱子的道问学之所以不行就是在这个地方不行。这个道理康德讲得也很清楚,陆象山所说的简易由此可以得到充分的说明。康德说,如果依照意志的自律而行,那么你所应当行的是什么,这是很容易知道

的,平常人都可以知道,但假定要依照意志的他律而行,就需要对世界有知识。这需要对世界有知识,就很麻烦了。为什么呢?我要先经过长期的考虑。考虑了老半天,还不能懂,还要请教专家。请教专家,就是需要知识,以知识来决定,就是他律,这就不是真正的道德。

作者这里用了由内而外和由外而内的区别。生命之道的理解在于我自己,谁好,谁不好,我应该怎么做,自己知道。这个叫自律,是由内而外的。但是,自然之道就不同了,需要知识,知识就是他律,是由外而内的。作者的比喻相当到位,他把由内而外比喻为向内看,把由外而内比喻为向外看。该书中是这么说的:

> 中国人首先重视生命,他的头往这儿转,他两眼不往外看。假定你以自然为对象,你就要往外看。即使不是自然,像希伯来的宗教,有个上帝,那也要往外看、往上看。中国人也看天,但"天视自我民视,天听自我民听",这就不完全看天,他要下来看老百姓;老百姓如何听如何视,就要看你自己,所以先要明明德。你要得到老百姓的支持,你自己就要先好好地负责任,这样眼光就一步步往里转。基督教是永远往外转,向上看。科学也是永远向外看,这自不待言。就是西方的哲学也习于向外看。西方文化的特点就是如此。这头脑一旦定住了,它是很难转的,它成了个习惯,看任何东西都是这样。

作者担心西方的向外看已经传染给中国人,这对价值理性是非常有害的。作者是这么说的:

> 现在的中国人就专门学西方那一套。中国哲学,古人重视生命问题,现在没有人重视这个问题。现在人把生命首先变成心理学,然后由心理学变成生理学,由生理学再变成物理学,再转成人类学及其他种种的科学(pseudo-science)。各人由这许多不同的科学观点来看人,这一看把人都看没有了,所以这些都是假科学。固然学问无大小,真理无大小,但是却有本末。本末的次序,价值的高低不能不分辨。有些东西是不能拿科学来解决的。

其实,牟宗三的中国哲学的密码——生命之道,并不是他的发明,其源头还是在老子那里。《道德经》中说:

> 谷神不死,是谓玄牝。玄牝之门,是谓天地根。绵绵若存,用之不勤。

陈剑先生的《老子译注》是这样翻译的:

使众水注入成谷而始终充盈者,使神灵不停止而长生者,可以称为玄牝。玄牝化生天地,以出入作比喻,玄牝似有门,而天地由此出;以树木作比喻,玄牝像是天地的根,天地由此生长。玄牝微不易察,似不存在,而天地、谷、神以之为用,却源源不绝,用之不尽。

玄牝的"牝"在《道德经》中,出现过三次,意思是生命的母性之门。和《道德经》中的"有名,万物之母"遥相呼应,这说明了什么?说明"道"是宇宙的总根据,但首先是生命的总根据。宇宙离我们太远,而生命就在我们身边,所以庄子说它自为根本,超越一切,超越天地而存在。这个只有生命才能做到。

对老子的生命之道理解得最透彻的还是庄子。庄子对老子的"道"下了一个全面的定义,庄子是这么说的(译文):

道是一个有情感,有信义的东西。但它作为超越一切的最高智慧自由存在却没有形迹;道可以心传而不可以授受,可以心得而不可以显见;它自为根本,在没有天地以前就已存在;它生出了鬼神和天地,生出苍天和大地;它超越太极之上而不算高,超越六极之下而不算深,超越天地存在而不算久,超越远古而不算老。

这里特别要注意庄子对"道"的第一个定义。他说"道"是一个"有情有信"的东西,世界上什么东西是"有情有信"的?当然是生命了。大家一定要结合庄子前面说的"大道无所不在"的思想和"大道"的超越意义。只有生命的由内而外的内向超越才能做到这一点。庄子完全理解了老子关于人与道的关系,庄子的这段话突出了道的两种属性:一种是生命属性,一种是智慧属性。

中国旋涡的哲学密码,可以用一句话来总结:本体是生命之道,形态是内向超越。如果你对这个由内而外的超越还是不理解,特别是我们在解释印度佛教时,都是对世界的领悟,难道还有由内而外与由外而内的区别吗?还真的有。

第29讲
今天的佛系青年为什么读不懂乔达摩和悉达多

链接书目:《悉达多》 赫尔曼·黑塞

上一讲我们讨论了中国的哲学密码,生命之道,由内而外。其实佛教修炼的也是生命之道,那为什么在轴心时代被定义为由外而内呢?我们一般的解释是佛教是去彼岸世界寻求生命之道的,所以是由外而内的。这个解释恐怕大家不容易理解。今天介绍一本书,这本书讲透了佛教的由外而内与由内而外的重大差别在哪里。为什么要知道这个差别?因为由内而外是我们的一条主线。

这本书叫《悉达多》,作者是德国作家、诗人赫尔曼·黑塞。这本书只有七万多字,可能是黑塞最薄的一本小说,但是我们今天来阅读这本书,仍然具有现实意义。为什么这么说呢?

从2017年开始,全球掀起了一股"佛系"生活热,"佛系"这个词一夜间刷爆朋友圈,人们忽然发现,年轻人本该是"早晨七八点钟的太阳",却一改朝气蓬勃的形象,开启了恬淡虚无的生活节奏。如果你读了黑塞的《悉达多》,你就会知道这些年轻人对佛系的理解还停留在2500多年前轴心时代的认知水平。即使这些年轻人读了这本书,也没有几个人真正理解黑塞到底想说什么。为什么?因为他们不知道这本书的核心思想就是讲由外而内与由内而外。我看大多数的读后感都围绕着"找到自我",这是对的。但轴心时代的四大精神超越都是找到自我,此"自我",不是彼"自我"。这就是为什么黑塞要以小说的形式把佛陀,也就是乔达摩·悉达多分为两个人物的原因。

小说情节主要分为五段。第一段:悉达多出生在一个婆罗门教家庭,他爱思考,经常投身于精神活动中。然而,在对佛陀教义的念诵和体悟中,悉达多心生疑问。第二段:悉达多向父亲辞行,抛弃了自己的贵族身份,与友人戈文达一起成为沙门。第三段:他们偶遇乔达摩,戈文达决心皈依佛陀远去,悉达多不以乔达摩的教义为尊,继续前行,体悟世间大道。第四段:悉达多进入世俗生活,遇见名妓伽摩罗,坠入情欲之网,并且与另一位商人共事,成了一个腰缠万贯的富翁。第五段:疲乏的悉达多从这种生活状态中挣扎出来,与船夫瓦酥迪瓦同吃共住。小说的结尾是船夫得道,悉达多成为摆渡的船夫。

小说的第一段、第二段和乔达摩·悉达多,也就是佛陀,或者说释迦牟尼的经历很像。据汉译《善见律毗婆沙》"出律记",推断为公元前565年至公元前485年。南传佛教或认为是公元前623年至公元前544年,一说是公元前622至公元前543年。幼时受传统的婆罗门教育,29岁(一说是19岁)时有感于人世生、老、病、死各种苦恼,加上释迦族姓面临灭族的战争威胁,对当时的婆罗门教不满,舍弃王族生活,出家修道。

第三段是小说的重点,就是悉达多遇到了乔达摩。这个时候就变成了两个人。为什么?因为悉达多向"由外而内"发起了挑战。书中提到悉达多遇到了佛陀,请求和佛陀谈一次话,佛陀同意了。书中是这么说的:

悉达多开言道:"噢,尊敬的长者,昨天我有幸聆听了你的惊人演讲。我和我的朋友一起专门从远方来聆听你的教诲。如今我的朋友已留在你身边,他在你这里得到了庇护。而我则要开始自己新的朝圣事业。"

"你最喜欢哪些内容?"那位可尊敬的人谦逊地问。

"我的话也许过于狂妄,"悉达多接着说,"但是在我没有向尊敬的佛陀坦率地诉说我的思想之前,我不愿意离开此地。尊敬的长者肯不肯再赠予我片刻光阴呢?"

佛陀默默地点头表示许可。

悉达多便又说道:"首先,噢,最尊敬的长者,你的学说使我十分震惊。你的学说中的一切都清清楚楚、十分完美,一切都有根有据;你把世界作为一个完美的整体,作为一条没有任何断裂的链条介绍给大家,把世界当作一条永恒的链条,一条由动机和效果连接成的长链。我觉得一切从来不曾呈现得如此清晰,也从来不曾得到过如此无可争辩的表现;每一个婆罗门的心肯定会更为崇高,只要他通过你的学说学会把世界作为一个互相关联的、没有缝隙的整体来加以观察,看到世界澄清得好似一块水晶,并不依赖任何偶然事件,不依赖于任何神道。不管人们是好是坏,生活是痛苦还是欢乐,一切都是悬而未决的,还都是未定的,因为这些都不是本质的东西——但是世界的和谐统一,一切现象的相互关联,一切伟大和渺小事物的相互依赖关系,根据自身的潮流,根据一切事物产生、发展和死亡的自身规律所形成的关系,都被你的卓越学说照得通明,噢,完美无缺的圣人。但是有一处地方,我根据你的学说,认为在一切事物的统一性和连贯性上恰巧存在着断裂之处,由于这小小的缝隙,和谐统一的世界里便汹涌流进了若干陌生的东西,若干新奇的东西,若干过去没有的东西以及若干既没有被指明过,也不可能予以证实的东西:这就是你的学说中关于战胜世界,获得拯救的部分。由于这小小的缝隙,这小小的断裂,导致整个永恒而统一的世界规律又重新破裂和解体。请你务必原谅我讲出这番异议来。"

…………

佛陀的眼睛默默地俯视着土地,他那莫测高深的脸容平静地流露出无可指责的镇定沉着的神色。

"但愿你的思想并无差错,"那位可尊敬的人慢悠悠地说道,"但愿你达到目的! 但是请你告诉我:你可曾看见我那一大群弟子,我的无数兄弟,他们要从我所讲的学说中求得庇护? 你是否相信,陌生的沙门僧,你是否认为所有这些人如果放弃学习而走向世界,或者回归到欲望中去,其后果会更好些?"

"这离我的想法太远了,"悉达多大声叫道,"但愿他们人人都留下来学习,但愿他们个个能到达自己的目的地! 我绝无权利对任何其他人的生活做出判决! 我只能对自己,对我个人做出判决,我必须自己选择道路,我必须自己决定取舍。噢,尊敬的圣者,我们沙门僧寻找如何自我解脱的道路。倘若我成为你的一名年轻追随者,噢,圣人啊,我害怕自己会发生这种情况,我只是表面地、虚假地让自己达到平静和获得解脱,而实际上却依然如故,因为我爱戴这一学说,是你的追随者,还因为我爱你,要把这一僧侣集体看成为就是我自己!"

乔达摩微微笑着,用一种十分坚定而友好的目光凝视着陌生青年的眼睛,然后做出一个几乎难以觉察的手势和对方告别。

"噢,沙门僧,你很聪明,"可敬的圣者说,"你懂得如何讲聪明话,我的朋友。你的巨大智慧会保佑你的!"

佛陀转身走了,但是他的目光和那微微而笑的容貌已深深铭刻在悉达多的脑海里了。

这是一次由内而外与由外而内的谈话,或者说是悉达多反抗由外而内的一场惊心动魄的战斗。悉达多由内而外的斗志完全爆发出来了,悉达多开始觉醒了,他不但要离开佛陀,还要离开他自己。书中是这么说的:

当悉达多离开树丛,将那位佛陀、那位完美无缺的圣人留在后边,将自己的朋友戈文达留在后边时,他才感到,他也已将自己迄今为止的生活遗留在身后的树丛之中,自己也已和它们相脱离。这一感觉充溢于他全身,他沉思着慢慢向前走去。他沉入深深的潜思之中,仿佛自己已经潜过一条深深的小河,到达了这一感觉的基点,到达了根源的地方,而认识这一根源正是他所寻求的思想,唯有通过思想才可能给感觉以理性认识，而不至于迷失道路，并且还能掌握感觉的本质，开始让自己内在的东西放射光彩。

悉达多一面沉思，一面缓慢地朝前走。他发觉自己不再是年轻人，而已是一个成年男子了。他确信无疑，有一个人真的离开了他，让他感到自己好似一条蜕了一层皮的蛇，那个人如今不再在他身边，而过去，整个青少年时期，总是陪伴着他，而且是属于他的。那个人的愿望是找寻老师，聆听教诲。那位出现在他前进道路上的最后一位老师，那位最高贵、最聪明的长者，最神圣的活佛，他也离弃了，他不得不离开，否则便不能继续自己的学业。

这位思索着的人越走越慢，不断给自己提出问题："你不断学习，不断从老师处学得知识，有什么用呢？你学得很多很多，然而却不可能学完一切，这又该怎么办呢？"于是他得出结论："我就是这样一个人，我愿意学习一切的意义和本质。我就是这样一个人，一个愿意制服一切，从而得到解脱的人。但是我没有能力战胜一切，我只能够自己欺骗自己，我只能够远远逃开，我只能够隐蔽躲藏。事实上，世上万物中我头脑里考虑得最多的只有这个自我，这个不解之谜。我活着，我是单独一个人，我远远离开了所有一切人，我是和大家隔绝的，我就是悉达多！而世上万物中，我了解得最少的莫过于对我自己，对这个悉达多！"

当这个想法攫住了他时，这个缓缓朝前边走边想的思索者完全停住了步子。他脑子里倏地又冒出了另一个想法，一个全新的想法，这就是："我对自己一无所知，悉达多对于我如此陌生，完全缺乏了解，其原因只有一个，这个独一无二的原因便是我自己害怕自己，我是想从自己中脱逃出去！我寻求阿特曼，我寻求婆罗门教，我是自愿地将自己分割解体、剥去皮壳，以便脱尽外皮后找到那最不为人了解的最内在的核心，找到阿特曼，找到生命，找到神道，找到最后的一切。而我自己本人却在这一过程中消失不见了。"

以上所说的"阿特曼"，解释为"自我"或"我"，是印度哲学中最基本的概念之一。它指人本身的永恒核心，是人一切活动的基础；它是"梵"的总体的一部分，可以同这一总体相通或融合；而"梵"在印度哲学里则是最高存在，是永恒的、无限的和无所不在的。

那么这个由内而外的觉醒给悉达多带来了什么呢？带来了一个完整的中国哲学密码：生命之道、由内而外、合作理性、天人合一。悉达多在小说第四段经历了人生的酸甜苦辣之后，在第五段中与乔达摩合二为一了。这就是小说一开始讲的悉达多的终极目标:如何在自己生命内部掌握阿特曼,使自己不可摧毁,使自己和宇宙完全一致。阿特曼的最高境界就是天人合一。

那么最后悉达多达到终极目标了吗?在经历世俗生活后,最后悉达多来到了河边,见到了与他有几十年交情的船工华苏德瓦,华苏德瓦让他倾听河水的声音。要知道在佛教里河水是有特殊的意义的,是通向彼岸世界的途径。因此,佛教中的"渡",常写作"度"。度与渡同义,是舟船渡人过河的意思,又是出或离的意思,出是出离世俗,离是脱离生死。船工就是那个帮助他人渡河的人。书中是这么说的:

> 悉达多倾听着。他已完全沉浸于倾听之中,已成为一个全神贯注的倾听者,他心中一片空白,只是向河水吮吸不已,他觉得自己此刻已把倾听的本领学到了。河水中这千万种声音,他过去也常常听见,今天听来显得格外新奇。他已不能再区别这无数种声音,区别不出哭泣声中的欢笑声,成人身上的孩子味儿,它们全都紧密联结在一起,渴求者的责骂声,智慧者的嬉笑声,愤怒的尖叫,濒死者的悲叹,一切都浑然一体,一切都在互相交织,互相联系着,千百次地互相交错结合在一起。客观世界已把一切都统统集合在一起,一切声音、一切目标、一切欲望、一切苦恼、一切娱乐、一切善良和恶毒统统集合在一起。河流上发生的事情集中了一切,这就是生活的音乐。当悉达多全神贯注地谛听河水所唱出的千百种声部的歌曲时,当他既不带烦恼,也不带欢笑地倾听时,当他的灵魂并不同任何一种声音相关联,却让自我融入其中时,他所听见的是一切,是整体,是统一,因为这首由千万种声音组成的伟大歌曲已凝聚成一个独一无二、无比出众的字,它叫"唵",它就是完美无缺。

作者所说的这个"唵"是佛教咒语的发声字,由婀、乌、莽三字合成。藏语里发"Ong"声,有所谓摄伏的作用。据说行此法时,可使一切诸天龙神听从指挥。因此在佛教里有天人合一的意思。作者接着说:

> "你听见了吗?"华苏德瓦的目光再度提出询问。
>
> 华苏德瓦的笑容光辉灿烂,照亮了他那衰老脸庞上的每一道皱纹,正像"唵"字响彻于河水的一切声音之上。他带着光辉灿烂的笑容凝视着自己的朋友,此时悉达多脸上也展现了同样光辉灿烂的笑容。他的伤口开出了花朵,他的痛苦放出了光芒,他的自我已经融入和谐统一之中。
>
> 在这个时刻,悉达多停止了和命运搏斗,也停止了烦恼。他的脸上盛开着知识的欢乐之花,他再也不同任何欲望作对,他已认识完美无缺,他赞同河流上发生

的一切情况,他赞同那充满了哀伤和欢乐的生活的滚滚河水,他委身于水流,他属于和谐统一。

以上悉达多"停止了烦恼",脸上"放出了光芒,他的自我已经融入和谐统一之中"。那些达到天人合一境界的句子,如果你熟读《道德经》的话,一定会回想起老子说的"挫其锐,解其纷;和其光,同其尘,是谓玄同"。

最后华苏德瓦走了,悉达多替代他成了在河边帮助他人过河的船工。作者的隐喻是:最后悉达多还是和乔达摩合二为一了。看来中国哲学的由内而外密码确实是通往天人合一的最佳途径。不过,黑塞最后还是在书中留下了由外而内的小尾巴:一个是乔达摩在华苏德瓦的点拨之下,还有一个好友乔文达跟着乔达摩没有得道,最后也是在悉达多的点拨之下,两人都完成了天人合一的超越。这个途径和老子的天人合一路径还是稍有不同的。老子的模式是"知者不言,言者不知,塞其兑,闭其门",这是纯粹的自我超越。

这是自我与自我和解,是超越自我的天人合一。如果你是一个佛系青年,你懂得了乔达摩与悉达多吗?如果懂得了,那么在这种自我超越的天人合一里,还必须包容他人。因为在小说里作者把乔达摩与悉达多分开了,两人互相成为他人,但事实上乔达摩与悉达多就是一个人。

为什么高效能人士成功的奥秘也是由内而外
第30讲

链接书目:《高效能人士的七个习惯》 史蒂芬·柯维

上一讲我们讨论了中国哲学密码由内而外、天人合一的一个具体案例,当然这个案例是黑塞虚构的,而且主人公是佛陀本人。但是,从这个案例我们知道了2500多年前的东方哲学,却走了由内而外与由外而内两个相反的路径。据说,在由外而内思维模式下的黑塞当初写《悉达多》时也是相当痛苦的,因为这个转变实在是太大了,最后黑塞在心理学家荣格的帮助下完成了小说,自己的灵魂也得到了升华。按照西方理性世界的标准,这是一种非理性的思维模式。但现在已经深入西方人的现实生活,有一部分人已逐步认识到"由内而外"不但可以解决心理问题,还可以解决工作、事业,以及与他人的人际关系问题,最后让他们成为一个高效能人士。

今天我们阅读的这本书就叫《高效能人士的七个习惯》,作者是美国著名管理大师史蒂芬·柯维。这本书被翻译成30多种语言,在100多个国家与地区发行,为什么这本书能如此受欢迎?这个就和轴心时代的第三次认知革命,也就是中国哲学密码的由内而外、自我超越有关了。

作为一个西方人,作者为什么要写这本书?也就是说,为什么隔了2500多年突然想起世界上还有由内而外这种东西存在?根据作者在书中的介绍,是因为在他25年的职业生涯中,有太多的人,甚至包括很多成功人士,总是不厌其烦地问他以下几个问题,而且这些问题具有普遍性。现将这些问题摘录如下:

我的事业十分成功,但却牺牲了个人生活和家庭生活。不但与妻儿形同陌路,甚至无法肯定自己是否真正了解自己,是否了解什么才是生命中最重要的。

我很忙,确实很忙,但有时候我自己也不清楚是否有价值。我希望生活得有意义,能对世界有所贡献。

我上过无数关于有效管理的课程,我对员工的期望很高,也想尽办法善待他们,但就是感觉不到他们的忠心。我想如果我有一天生病在家,他们一定会无所事事,闲聊度日。为什么我无法把他们训练得独立而负责呢?为什么我总是找不到这样的员工呢?

要做的事太多了,我总是感到时间不够用,觉得压力沉重,终日忙忙碌碌,一周 7 天,天天如此。我参加过时间管理研讨班,也尝试过各种安排进度计划的工具。虽然也有点帮助,但我仍然觉得无法像我希望的那样,过上快乐、高效而平和的生活。

看到别人有所成就,或获得某种认可,表面上我会挤出微笑,热切地表示祝贺,可是,内心却难受得不得了。为什么我会有这种感觉?

我个性很强。几乎在任何交往中,我都能控制结果。多数情况下,我甚至可以设法影响他人通过我想要的决议。我仔细考虑了每种情况,并且坚信我的建议通常都是对大家最好的。但是我仍感到不安,我很想知道,他人对我的为人和建议到底是何态度。

我的婚姻已变得平淡无趣。我们并没有恶言相向,更没有大打出手,只是不再有爱的感觉。我们请教过婚姻顾问,也试过许多办法,但看来就是无法重新燃起往日的爱情之火。

我那十来岁的儿子不听话,还打架。不管我怎么努力,他就是不听我的话,我该怎么办呢?

我想教育孩子懂得工作的价值。但每次要他们做点什么,都要时时刻刻在旁监督,还得忍受他们不时地抱怨,结果还不如自己动手来得简单。为什么孩子们就不能不要我提醒,快快乐乐地料理自己的事呢?

我又开始节食了——今年的第五次。我知道自己体重超标,也确实想有所改变。我阅读所有最新的资料,确定目标,并采取积极的态度激励自己,但我就是做不到,几周后就溃败了。看来我就是无法信守诺言。

以上是作者列举的问题,我想每个人遇到的问题肯定比这还要多,大家有没有觉得这些问题好像在各说各的,互不关联?怎么办呢?作为一位有 30 多年经验的心理咨询师,作者潜心研究了自 1776 年以来美国所有讨论成功因素的文献,阅读或浏览过的论著不下数百,论题遍及自我完善、大众心理学以及自我帮助等,最终总结出了这样一个道理:如果你能成为一个高效能人士,这些问题就不在话下了。那么如何成为这样的人呢?很简单,平时注意培养七个好习惯,它们分别是:积极主动;以终为始;要事第一;双赢思维;知彼解己;统合综效;不断更新。说出来肯定让你失望了,这些早已熟知的四字箴言,看上去这么平淡无奇,和由内而外有关系吗?可以成为我们的灵丹妙药吗?

我们来看看第一个习惯"积极主动"是什么意思。作者在该书"习惯一　积极主动——个人愿景的原则"一章中,讲了这么一个故事:

> 身为犹太人,弗兰克尔曾在"二战"期间被关进纳粹德国的死亡集中营,其父母、妻子与兄弟都死于纳粹魔掌,只剩下一个妹妹。他本人也饱受凌辱,历尽酷刑,过着朝不保夕的生活。

> 有一天,他赤身独处于狭小的囚室,忽然有一种全新的感受,后来他称之为"人类终极的自由"。虽然纳粹能控制他的生存环境,摧残他的肉体,但他的自我意识却是独立的,能够超脱肉体的束缚,以旁观者的身份审视自己的遭遇。他可以决定外界刺激对自己的影响程度,或者说,在遭遇(刺激)与对遭遇的回应之间,他有选择回应方式的自由或能力。

> 这期间他设想了各式各样的状况,比如想象他从死亡营获释后,站在讲台上给学生讲授自己从这段痛苦遭遇中学得的宝贵教训,告诉他们如何用心灵的眼睛看待自己的经历。

> 凭着想象与记忆,他不断修炼心灵、头脑和道德的自律能力,将内心的自由种子培育得日益成熟,直到超脱纳粹的禁锢。对于物质环境,纳粹享有决定权和一定的自由,但是弗兰克尔享有更伟大的自由——他强大的内心力量可以帮助他实践自己的选择,超越纳粹的禁锢。这种力量感化了其他的囚犯,甚至狱卒,帮助狱友们在苦难中找到生命的意义,寻回自尊。

> 在最恶劣的环境中,弗兰克尔运用人类独有的自我意识,发掘了人性最根本的原则,即在刺激与回应之间,人有选择的自由。

现在我们再看一下"习惯六　统合综效——创造性合作的原则"一章中,作者讲了这么一个故事。

> 积多年教学经验,我深信最理想的教学状况往往濒临混乱的边缘,同时考验着师生统合综效的能力。

> 我永远忘不了曾教过一个班的大学生,课程名称是"领导哲学与风格"。记得开学3周左右,有一位同学在口头报告中,坦白道出自己的亲身经验,内容相当感人而且发人深省。全班都深受感动,十分佩服这位同学的勇气。

> 其他同学受到影响也纷纷发表意见,甚至对内心深处的疑虑也毫无保留,那种依赖与安谧的气氛激发人前所未有的开放。原先准备好的报告被搁置一旁,众人畅所欲言,展开一场脑力激荡。

　　我也完全投入，几乎有些浑然忘我。我逐渐放弃原定的教学计划，因为有太多不同的教学方式值得尝试。这绝不是突发奇想，反而给人稳当踏实的感觉。

　　最后，大家决议抛开教科书、进度表与口头报告，另订新的教学目标与作业，全班兴致勃勃地策划整个课程内容。又过了大约3周，大家强烈渴望公开这一段经历，决定把学习心得汇集成书。于是大家又重新拟定计划，重新分组。

　　每位学生都比以往加倍努力，而且是为另一个截然不同的目标而努力。这段历程培养出罕见的向心力与认同感，即使在学期结束后依然持续不衰。后来这班学生经常举行同学会，直到现在，只要我们聚在一起，对那个学期的点点滴滴仍然津津乐道。

从以上两个故事中，我们学到了什么呢？很简单，就是两种理性。积极主动是价值理性，统合综效是合作理性，还有其他五个习惯也是在这两种理性范围之内。这不就是人类的基本认知吗？是的。作者也是这么说的。不过作者用另外一个名词表示，叫"思维定式"。

　　"思维定式（Paradigm）"这个词来自希腊文，最初是一个科学名词，现在多用来指某种理论、模型、认知、假说或参考框架。但广义上是指我们"看"世界的方法，这种"看"和视觉无关，主要指我们的感知、理解与诠释。它是每个人看待世界的方式，未必与现实相符。

　　如果真正理解了作者的两个故事，我们就能知道，第一个"积极主动"是指价值理性，属于内部范畴，第二个统合综效是指合作理性，属于外部范畴。两个结合起来，就是我们讨论的中国哲学密码，内向超越或者说由内而外，达到与自我、与社会的和谐统一，就是合作理性，天人合一。

　　一个西方人怎么也知道中国哲学密码呢？还真的知道，不但知道，还大谈彻谈这个"由内而外"。

　　该书的"由内而外全面造就自己"一章和"再论由内而外造就自己"一章，都提到了"由内而外"。我们来看看作者是怎么理解由内而外的。作者在该书中是这么说的：

　　我们需要新的、更深层次的思想水平，即基于原则的思维定式，它能正确引导我们实现高效能，改善人际关系，解决深层问题。

　　这种新的思想水平就是《高效能人士的七个习惯》要阐述的内容，它强调以原则为中心，以品德为基础，要求"由内而外"地实现个人效能和人际效能。

　　"由内而外"的意思是从自身做起，甚至更彻底一些，从自己的内心做起，包括自己的思维定式、品德操守和动机。

．．．．．．．．．

　　由内而外是一个持续的更新过程，以主宰人类成长和进步的自然法则为基础，是螺旋向上的，它让我们不断进步，直到实现独立自强与有效的互赖。

．．．．．．．．．

　　由内而外的思维转换对很多人来说都堪称激烈，主要是由于个人魅力论已经成为社会流行的思维定式，其影响已经十分深入。

　　但就我个人及与人共事的经验，再加上我对历史上成功个人和社会经验的认真思考，我相信七个习惯中的许多原则早已深入人心，存在于我们的良知与常识中。但是要确认和开发这些原则以便加以利用，就必须改变观念，转换思维定式并将其提升到"由内而外"的新境界。

作者的意思表达得很清楚，由内而外是一种认知，是一种思维定式，同时也是一种行动，一种实现个人效能与人际效能的行动。如果说认知是一种品德价值观，那么行动就是不断进步，实现独立自强的原则。作者把行动称为"原则"，那么这七个习惯代表着什么原则呢？作者在书中是这么说的：

　　从世界各地的读者的经历中，我看到了作为本书基础的原则的普遍性。事例和做法可能有所不同，具有文化上的差异，但原则都是一样的。我发现七个习惯蕴含的原则在世界最主要的六大宗教中都有体现……我们的内心能感受到公正或双赢的原则，以及责任原则、目的原则、正直原则、尊重原则、合作原则、交流原则和自我更新原则。这些原则具有普遍性，但是做法各异，依环境而变化，因为每种文化都会以独特的方式解读这些原则。

作者不仅发现了全球文化背景下的普遍性原则就是一种合作理性的原则，还发现了一条实现价值理性的成功之路。该成功之路是什么呢？就是价值理性的实现是离不开合作理性的，也就是说价值观与原则不是一回事，两者是有区别的。作者是这么说的：

　　理解原则与价值观的区别非常重要。原则是外部的自然法则，最终会控制我们的行为后果。价值观是内在的、主观的，是指引我们行为的最强烈的感觉。希望我们能重视原则，这样我们就能够在实现眼前目标的同时，为未来取得更了不起的成就打下基础，这就是我对"效能"的定义。每个人都有价值观，犯罪团伙也不例外。价值观支配人们的行为,而原则支配这些行为的后果。原则独立于我们之外,无论我们是否认识它、接纳它、喜欢它、相信它、遵从它,它都会发挥作用。我逐渐相信,谦恭是所有美德的根基,它让我们知道,我们无法掌控任何东西,而原则可以,因此,我们必须遵从原则。骄傲则告诉我们,我们能够掌控局面,既然我们的行为受价值观支配,那么我们完全可以随心所欲地生活。但是我们的行为后果取决于原则,而不是价值观,因此,我们必须重视原则。

我们一直在讨论的合作理性是什么? 合作理性是通过自己的付出与他人共同达到目标。按照作者的观点,如果你不用合作理性来做事情,即使可以掌控局面,行为后果也可能不是你想要的;如果你有了合作理性,即使不能掌控局面,行为后果也还是积极的。价值理性可以支配人的行为,但合作理性是支配行为的后果。

现在我们可以在中国哲学密码——"生命之道,由内而外"的基础上,再加上"合作理性,天人合一"。这句话不是高高在上的无用哲学,而是实实在在的成功之学。那么,作者是怎么看待西方哲学思想,也就是由外而内的呢? 作者是这么说的:

> 我曾有幸与许多才华横溢、卓越不凡的人共事,其中包括企业主管、大学生、宗教与民间组织、家庭成员和夫妇,他们都渴望幸福与成功,或在寻寻觅觅,或在个中煎熬。我的经验告诉我,由外而内获得的解决办法、成功和幸福往往难以长久。

> 不但如此,由外而内的思维定式还会让人顾影自怜,故步自封,并将此归咎于别人和环境的缺陷。

作者认为由内而外可以使人成功,由外而内使人故步自封。这是作者作为一个心理咨询师,几十年来为成功人士做咨询得出的结论。如果我们还是将信将疑,可以进一步从心理学层面来分析。

玛丽为什么会得新鞋焦虑症
第31讲

链接书目:《由内而外的教养:做好父母,从接纳自己开始》
丹尼尔·西格尔,玛丽·哈策尔
《天人之际——中西哲学的困惑与选择》 张世英

上一讲我们讨论了著名管理大师柯维的《高效能人士的七个习惯》,作者把中西方两种不同的精神超越最后归咎于现实生活中的解决方案,实在是高明之举。如果你想成为一名成功人士,可以按作者的路径走走看。但作者写了这本书后,还是意犹未尽,后来又出版了一本《高效能人士的第八个习惯》。第八个习惯总结了前面七个习惯,还是由内而外,这次作者用了另外一个概念,叫"心声",发现自己的心声,发现他人的心声,并把它们共同付诸行动。

柯维有一句话说"由外而内获得的解决办法、成功和幸福往往难以长久"。这到底是什么意思呢? 我们先来阅读下面这个故事:

玛丽害怕看到孩子们把鞋穿坏,因为这意味着她得带他们去买新鞋。孩子们喜欢穿新鞋,最初的时候,他们也跟大多数孩子一样期待买鞋这件事。这本来可以成为一次快乐的出行,因为挑选新鞋是孩子们相当喜欢的事情,但结果往往事与愿违。

玛丽嘴上总是鼓励孩子们挑选自己喜欢的鞋,但当他们真的选中某双鞋时,她就开始挑剔这双鞋的颜色、价格、尺寸,竭尽所能地把它贬得一文不值。孩子们挑鞋的兴奋劲儿开始消退,取而代之的是一种妥协的态度——"随便你吧,妈妈,我怎样都好"。玛丽拿起两双鞋,反复对比斟酌很久之后,他们才买了鞋离开商店。最后,玛丽和孩子们都筋疲力尽。孩子们得到新鞋的兴奋之情完全被买鞋后的疲惫取代了。

玛丽并不想这么做,但同样的事情却反复发生。她经常在离开鞋店后向孩子们道歉,并且总是在作思想斗争。"放下鞋子吧,"玛丽自责不已,"这太愚蠢了。"她不明白自己为何一再重复连自己都痛恨不已、迫切想要改变的行为。

一天,在又一次经历沮丧的买鞋之旅后,六岁的儿子一脸失望地问她:"你小时候讨厌买新鞋吗?"玛丽的脑海里立刻浮现出一个回答"是",她想起小时候每次都充满挫败感的买鞋经历。

玛丽有八个兄弟姐妹。因为要买很多鞋,母亲每次都只在大减价的时候去鞋店,那里总是挤满了顾客,但价格倒很合母亲的心意。玛丽从来没有单独跟母亲去过鞋店,因为总会遇到三四个兄弟姐妹同时需要新鞋的情况。所以每次她都是在拥挤的人群中,带着复杂的心情挑选新鞋。她知道自己不可能得到真正想要的那双鞋。因为她不幸长了一双大众脚,打折期间适合她的鞋都被别人挑选得差不多了,她可以选择的鞋少得可怜。她还常常看上不打折的新款鞋,而那是母亲肯定不会给她买的。

而玛丽的大姐长了一双非常"修长"的脚,适合她的鞋很少打折,所以母亲总是允许她买自己想要的鞋。玛丽很生气,觉得自己被忽略了,但母亲却说她应该高兴,因为她很容易买到适合自己的鞋。等给所有的孩子都挑到合适的鞋以后,母亲已经非常疲惫了。母亲做决定时优柔寡断,花钱时不甘不愿,这使她的情绪最终变得像一座活火山,总是让玛丽担惊受怕。玛丽沦陷在一片情绪之海里,只盼着早点回家,逃避一切跟买鞋有关的场景。欢乐的购物之旅就这样毁了。

以上这个故事摘自一本育儿经典,叫《由内而外的教养:做好父母,从接纳自己开始》。这个内向超越和柯维的结论是一致的。超越什么? 就是人际关系。父母亲如何以自己的行为去影响孩子的人际关系意识,是这本书的主题。为什么说是超越? 因为孩子的人际关系意识又会影响到孩子的下一代。该书的中文版序里是这么说的:

能够向中国的读者朋友们介绍人际神经生物学在日常生活及养育孩子方面的应用,我深感荣幸。无论你有怎样的背景和经历,无论你是否为人父母,只要对人一生的发展以及培养健康的心理和良好的人际关系感兴趣,这个领域对你来说便是很有价值的。

人际神经生物学融合了各个学科的知识,以独特的视角解释什么是心理,以及如何培养健康的心理。根据人际神经生物学的观点,心理既存在于我们的身体和大脑,也存在于我们的人际关系。在《人际关系与大脑的奥秘》(The Developing Mind)一书中,我总结了这种观点。

我的三部作品均论述了人际神经生物学在实际中的运用。《第七感》展示了如何运用整合的概念发展健康的心理,分析了一些有代表性的真实案例,还给出了集中注意力的有效方法……

在我与玛丽·哈策尔合著的《由内而外的教养》中,我们指导读者理解自己的生活。科学研究发现,通过观察一个人如何反思自己的童年以及成年后如何看待童年经历,能够很好地预测他的孩子能否健康成长……

我与蒂娜·佩恩·布赖森合著的《全脑教养法》,展示了《第七感》中揭示的科学知识与整合步骤,以及本书中倡导的自我理解如何帮助孩子发展整合的生活。整合包括联结左右脑以及联结上下大脑。整合还涉及我们如何理解自己的经历,并通过给孩子讲述我们的人生故事来传递这种理解。

作者在这里提出了一个全新的概念,叫"人际神经生物学"。他讲的是由内而外,实际上讲的是合作理性的神经科学理论。如何克服玛丽的买鞋焦虑症,具体的方法这里我就不讨论了,建议大家去读原著。其实柯维的高效能人士的八个习惯也是可以参考的。

这里要讨论的是,作者对由内而外所用的新概念,即人际神经生物学,倒是为我们理解由内而外提供了一个新的思路。价值理性的实现离不开合作理性,而合作理性又不是我们的主观想象,而是基于神经生物学的。这就是这本书要告诉我们的:人际神经生物学和依恋研究发现,人际关系直接影响大脑的发育,因此,正是我们的经历尤其是童年经历塑造了我们的大脑,决定了我们的思维,影响着我们养育孩子的方式。只有更深入地理解自己的经历,解决早年未妥善处理的精神创伤,才能以健康的心理创造健康、和谐的亲子关系。

如果我们这样理解由内而外这个非常哲学化的词汇,那么我们也就很容易明白,为什么中国的哲学密码生命之道与由内而外后面要加上合作理性与天人合一,这是中国哲学的最高境界。

现将北大哲学教授张世英先生的《天人之际——中西哲学的困惑与选择》里有关天人合一的思想摘录如下。这些思想牟宗三先生已经说过了,这里我们可以从另外一个角度去理解。张世英先生是这么说的:

人们在讨论中西思想文化传统之比较时,谈到这样几种区别:中国的思想文化传统重人生和精神之探讨,重本末、源流之区分,重直觉、了悟的方法;重道德和善的追求,重义轻利,等等。西方的思想文化传统重认识、重自然之研究,重现象与实在之分,重推理、分析的方法,重真理之追求,重功利,等等。我以为,所有这些区别实则都可用天人合一与主客二分之别来说明。天人合一与主客二分,既是人对世界的两种关系,也是两种人生态度,它们的不同决定着中国与西方两种思想文化的不同。可以说,在中国,占主导地位的是天人合一的思想文化传统,在西方,占主导地位的是主客二分的思想文化传统,这便是中西文化思想传统之首要区别。

我们把作者以上说的天人合一理解为由内而外更加贴切,因为由内而外是由价值理性的超越和现实生活的合作理性两者组合起来的。作者接着说:

> 中国古代哲学史占主导地位的是生活哲学,这是天人合一的根本思想所决定的。
>
> ....
>
> 中国哲学讲本末、源流、根枝之不同,乃是与天人合一说紧密联系在一起的。老庄以"道"为本,而最终是落实到人与"道"合一,达到"知常""袭明"或"以道观物""万物与我为一"之境界。朱熹以"理""太极"为本,最终也是要落实到"圣人与理为一"的境界。王阳明以"心"为本根或"天地万物之主",是一种更透彻的天人合一的观点。

那么,西方的由外而内的主客两分会得出什么样的理论体系呢?作者是这么说的:

> 西方传统重视现象与实在之分,认为现象是表面的,实在才是真实的,其中大多数哲学家认为实在超乎现象之外,在现象的背后。这种区分乃是主客二分模式的产物。主体把客体看成是外在的东西而加以认识,这就必然产生表面认识与本质认识之分,前者是现象,后者是实在。这样区分的极致就是把实在看成是超乎现象之上、在现象背后的超感性的世界即形而上学的本体世界。西方传统形而上学就是这样产生的。

如果我们把西方由外而内的传统形而上学归类到人类的认知革命中的话,那么它应该在工具理性的范畴之内,因为,自由、道德、幸福等人生价值的问题是由上帝解决的,我们不需要自己想办法。由于它也有超越,比如说超越现象界,因此我们可以把它归类为价值理性与工具理性,这就是为什么柯维认为由外而内解决不了我们日常生活问题的根本原因。因为由内而外是价值理性与合作理性。

既然我们明白了由内而外与由外而内的区别,那么我们自然对天人合一有了一个新的认知,因为天人合一需要合作理性,而合作理性与文化的产生有着密切的关系,文化是一种相同价值观同化的过程。什么是最普遍的相同价值观?大家肯定知道,就是两个字:道德。面对这两个字,中西文化的价值观差异在哪里呢?

孔子为什么要做一条"丧家狗"
第 32 讲

链接书目:《回忆苏格拉底》 色诺芬

《丧家狗:我读〈论语〉》 李零

上一讲我们讨论了由内而外是一种基于人际神经生物学的科学依据,作为合作理性的人际关系是存在于我们的心理和大脑之中的。说起人际关系,我们都知道这是与人的道德观有关的话题。在中国人眼中,很简单,看一个人的行为结果就行了。天人合一是一种由内而外的实践哲学,但是西方不是这样的,道德是一种形而上学,为什么呢? 张世英先生在《天人之际——中西哲学的困惑与选择》一书中是这么说的:

> 西方传统所注重的推理和分析,完全是主客二分式中主体对客体的认识方法,这种方法所提供给我们的,是普遍性的、常住性的东西,它所追求的是知识,是普遍真理,而不是直觉中对生活的一次性的体验。

现在我们来看看,轴心时代初期中西两位哲学大家是怎么看待这个问题的。

被称为西方哲学开创式人物的苏格拉底有一句名言:"德行即知识。"中国人对苏格拉底这句话不理解。是什么意思呢? 道德观念不就是我们心中的行为准则吗? 和知识有什么关系?

有一本书叫《回忆苏格拉底》,作者色诺芬是苏格拉底的弟子。该书回忆了苏格拉底一生的言行,着重追述了苏格拉底对政治、宗教和道德等问题的看法。在定义什么是德行时,苏格拉底认为智慧就是正义和一切其他德行。书中是这么说的:

> 苏格拉底还说:正义和一切其他德行都是智慧。因为正义的事和一切道德的行为都是美而好的;凡认识这些事的人绝不会愿意选择别的事情;凡不认识这些事的人也绝不可能把它们付诸实践;即使他们试着去做,也是要失败的。所以,智慧的人总是做美而好的事情,愚昧的人则不可能做美而好的事,即使他们试着去做,也是要失败的。既然正义的事和其他美而好的事都是道德的行为,很显然,正义的事和其他一切道德的行为,就都是智慧。

智慧是德行,这个是说得通的。可是,人为什么会有智慧呢? 在苏格拉底和年轻人尤苏戴莫斯对话时,是这么说的:

> "我们试想一想,智慧是什么呢? 请告诉我,你以为人们有智慧是因为他们知道事情呢,还是因为他们不知道呢?"

> "显然是因为他们知道事情,"尤苏戴莫斯回答,"因为不知道事情的人怎么能算是有智慧呢?"

> "那么,人之所以有智慧,是因为他们有知识了?"

> "人有智慧如果不是因有知识,还能因为什么别的呢?"尤苏戴莫斯回答。

> "你以为除了使人智慧的事以外,智慧还会是什么别的吗?"

> "我以为不会是什么别的。"

> "那么,知识就是智慧了?"

> "我想是这样。"

既然知识就是智慧,那么智慧就是可以学习的。你如果想要做一个有德行的人,那么你必须先有知识。苏格拉底和格老孔对话时,是这么说的:

> 格老孔,要当心,你一心想要出名,可不要弄得适得其反啊! 难道你看不出,去说或做自己还不懂得的事情是多么危险吗? ……我想,你会看出,在所有的事上,凡受到尊敬和赞扬的人都是那些知识最广博的人,而那些受人的谴责和轻视的人都是那些最无知的人。如果你真想在城邦获得盛名并受到人的赞扬,就应当努力对你所想要做的事求得最广泛的知识,因为如果你能在这方面胜过别人,那么,当你着手处理城邦事务的时候,你会很容易地获得你所想望的就不足奇怪了。

以上就是苏格拉底关于德行就是知识的言论。说到这里,你可能会说:这不是很正常吗? 苏格拉底没有错啊! 其实,这就要看你从哪个角度去理解了。有知识就是有德行吗? 宋朝秦桧考中进士及第,但最后却以"莫须有"的罪名残害岳飞。"二战"时,纳粹德国有大量的高文凭成员。据北京检察院对近 5 年犯罪人员的调查,高学历犯罪占 20% 以上。2022 年有一则北京博士生诈骗 2600 万被判 10 年的新闻上了热搜榜。

那么如何去理解苏格拉底的这句话呢? 很简单,就是要理解智慧与知识的关系。智慧和知识是我们面对困难或问题时的解决方案,智慧就是知识,这是对的。智慧是一种资源稀缺情况下的解决方案,而知识是一种资源充足情况下的解决方案。这里资源的范围很广,比如经验,特别是书本经验,外部环境资源或者人力资源等。因此,知识的解决方案资源远远高于智慧的解决方案资源,但最后还是智慧胜出,为什么?智慧没有知识在经验上的优势,也就是说智慧缺乏工具理性,但智慧有价值理性和合作理性,即使缺乏资源,在理性目标的指引下,依赖当下环境和实践,也能提出解决方案。有了解决方案后,智慧不就是一个他人可以复制的知识吗?

在轴心时代,这个问题,早就被老子发现了。《道德经》里对"道"有两种定义:"无名,万物之始,有名,万物之母。"一个是无名之道,指的是资源稀缺情况下的解决方案,就是智慧;一个是有名之道,指的是万物充溢情况下的解决方案,就是知识。但是老子更看重的是无名之道,所以老子说"道常无名"。有名之道你照着做就可以了,那无名之道呢?"德"的合作理性实践属性就出来了。这个和苏格拉底的观点完全不同。为了说明"德"的合作理性实践属性,老子后面跟了一大串"德"要做的事情。老子是这么说的:

> 故道生之,德畜之,长之育之,亭之毒之,养之覆之。生而不有,为而不恃,长而不宰,是谓玄德。

其实老子这个玄德是包含价值理性、合作理性与工具理性三位一体的"道"的。这个我们以后再讨论。它隐藏在人类的理性之中。如果做不到,那就退而求其次,用合作理性的"德",再做不到,再退一步。因此老子在《道德经》中强调说:

> 故失道而后德,失德而后仁,失仁而后义,失义而后礼。夫礼者,忠信之薄,而乱之首。

德、仁、义、礼其实都是好东西,但老子为什么要把它们按顺序排列起来,甚至在最后把"礼"作为"乱之首"呢?问题就是合作理性的含量在逐步减少。最后的"礼",成了一种强制性的合作理性。老子认为是假模假样,把他推崇的道的三位一体理性完全去除了。赵汀阳先生的一个观点,很有道理。作者在《天下的当代性:世界秩序的实践与想象》的"天下概念的故事"一章中是这么说的:

> 春秋时期,周朝步步衰落而至最后崩溃,天下又成乱世,诸侯相伐,争为霸主,兼并成风,战争与权谋成为主流。以历史条件而论,周朝无疑是个好社会,2000多年来一直被当作模范王朝,可是周朝还是崩溃了,这意味着,良好秩序也难以长治久安。这是个严重的问题。文学化的传统解释往往以流俗套路把王

朝的崩溃归于末代统治者的堕落腐败。周朝中后期虽有个别荒谬故事,但周朝始终都不是一个腐败王朝。周朝不是亡于腐败,而是亡于好秩序的高尚漏洞,这才是问题所在。

"礼"是最容易学的,到处都是"礼"的影子,最后物极必反,"礼崩乐坏"。其实,康德也碰到了这样的难题,他也认为道德不是知识范畴的东西,因此,写了《纯粹理性批判》之后,又写了《实践理性批判》,把道德归于实践理性,解决了苏格拉底留下来的问题。

谈到"礼崩乐坏",肯定要谈孔子。孔子是老子的坚定支持者。庄子在《知北游》里,有这么一句话:

> 仲尼曰:"古之人,外化而内不化,今之人,内化而外不化。"

意思是:古时之人,外在千变万化,而内在原则不变,而现时之人,内心原则已变,而外在则呆滞不变。这就解释了为什么老子和孔子对"礼崩乐坏"焦虑的原因。老子是在批评这些现时之人,而孔子却坐不住了,想要身体力行,奔波一生去"克己复礼"。于是就有了我们这一讲的题目"孔子为什么要做一条'丧家狗'"。介绍一本书,作者是北京大学中文系教授李零先生。这本书一问世,就产生了很大的争议,原因就在于它的书名,叫《丧家狗:我读〈论语〉》。该书自序中是这么说的:

> 孔子不是圣,只是人,一个出身卑贱,却以古代贵族(真君子)为立身标准的人;一个好古敏求,学而不厌、诲人不倦,传递古代文化,教人阅读经典的人;一个有道德学问,却无权无势,敢于批评当世权贵的人;一个四处游说,替统治者操心,拼命劝他们改邪归正的人;一个古道热肠,梦想恢复周公之治,安定天下百姓的人。他很彷徨,也很无奈,唇焦口燥,颠沛流离,像条无家可归的流浪狗。

由于这个书名有争议,作者又出版了另一本书,叫《去圣乃得真孔子:〈论语〉纵横读》。这个名字足够高大上了,没有争议了,但是该书在"'丧家狗'解"中还是提到了这桩公案,解释了取这个名字的原因。该书中是这么解释的:

> 我在北大讲《论语》,把讲义印成书,是以"丧家狗"为题,原因很简单,因为他是夫子自道,最能反映孔子的真实遭遇。
>
> 有些人,不看书,也不看我印在封面上的话,上来就骂。
>
> 他们骂错了地方。

为什么说他们骂错了呢？作者解释道，孔子一生周游列国，向善而行，大家给他一个"圣人"的尊称，可是孔子认为自己是一条"丧家狗"：

> 读过《史记·孔子世家》的人，谁都知道，"丧家狗"是古书上的典故，它是描述孔子的无所遇，不得志。这个典故，不是一个人讲，而是见于五部古书，讲话人都是非常崇拜孔子的人。我一直认为，这个故事很有深意，它回答了子贡的大问题：孔子是不是圣人？孔子的回答很明确，我不是圣人，要说我像丧家狗，倒是很对很对。
>
> 乱世盼望救世主，古今都一样。仪封人不是预言过吗？"天下之无道也久矣，天将以夫子为木铎。"《韩诗外传》讲这个故事，也很有意思。孔子说，他生活的世界太坏，大家都在盼望救世主，因而一定要拉他出来，当这个救世主。但孔子的回答是"丘何敢当"，他说他不当。
>
> 这个故事，绝不是侮辱孔子，如果侮辱孔子，孔庙圣迹殿里的《圣迹图》不会有表现这个故事的绘画。
>
> ···········
>
> 孔府收藏的彩绘本《圣迹图》，它的题目比较原始。这个题目，很有意思，是作"累累说圣图"。"累累"，就是"累累若丧家之狗"的"累累"，代指"丧家之狗"，"说圣"是解释圣人。其实，他是以"丧家之狗"自况，用这个比喻解释，他为什么拒绝"圣人"的称号。

这个故事和前面苏格拉底的有点像，苏格拉底为了让人们"向善而行"，以普及知识为己任，每天到大街上找人辩论，因为知识越辩越明。比如"什么是美""什么是勇敢"，今天的"辩证法"就源于此。但是，苏格拉底最后的结局比孔子还悲催。雅典人受不了他的唠叨，最后判了他死刑。为什么呢？原因很简单，价值理性这个东西，普通老百姓不懂。

孔子身体力行"克己复礼"，从鲁国出发，大致走了卫国、曹国、宋国、齐国、郑国、晋国、陈国、蔡国、楚国等地，最后"克己复礼"还是没有成功。是不是有点像一条"丧家狗"？但是孔子的身体力行，让人看到了合作理性就是实践理性的希望，最后孔子被大家称为"孔圣人"，这是老子也没有的待遇啊！

但是，不管是苏格拉底还是孔子，上帝还是彼岸世界，价值理性还是合作理性，有一个事实是不容抹杀的，那就是"向善而行"这个人类共同的目标，应该早在2500多年前就已经形成了。这是轴心时代第三次认知革命对人类的最伟大贡献，区别就在于：

由内而外的向善而行是去实践、去看结果的；由外而内的向善而行是向你灌输"德行"知识的，只停留在思维层面。效果肯定是由内而外的"向善而行"好。因为由内而外是合作理性的必然途径，比如原始人有关德行的知识肯定比我们的少，但有的时候他们显得很专业，为什么呢？

为什么原始人没有医学知识，却懂得乱伦禁忌
第33讲

链接书目:《精神分析纲要》 西格蒙德·弗洛伊德

《图腾与禁忌》 西格蒙德·弗洛伊德

上一讲我们讨论了在面对道德时，由内而外与由外而内的区别。虽然轴心时代的一个共性，就是形成了人类命运的一个共同的目标——"向善而行"，但是方式方法不同，结果也是不同的。其实，我们已经从哲学、成功学、神经生物学、教育学、中西哲人的不同行为等诸方面讨论了这个问题。今天我们从精神分析心理学继续讨论，想要搞懂一个奇怪的问题：为什么原始人在没有足够医学知识的情况下，却懂得乱伦禁忌？

大家知道，本我理论是由奥地利精神病医生、心理学家西格蒙德·弗洛伊德在20世纪初创立的精神分析学说中提出来的。正是在这个基础上弗洛伊德提出了超我的概念，因此，我们在讨论由内而外自我超越时，是离不开弗洛伊德的。后来他不断地完善这个理论，他有一本极为重要的代表著作，叫《精神分析纲要》，这是他对自己为之奋斗一生的精神分析理论的全面而精辟的总结。因此，该书在弗洛伊德全部著作中具有独特的价值。他的最大贡献就是发现了由内而外的根源——本我。那么什么是本我呢？作者在该书的"心灵及其活动"部分是这么说的：

> 我们通过研究人类个体的发展，得出了关于这个精神结构的知识。我们把其中最古老的部分称为本我(id)。本我是遗传的，是生来就有的，而首要的是，本我是由本能构成的。本能源出于肉体组织，并以我们未知的形式在这里(在本我中)得到了最初的精神表现。

弗洛伊德认为人的精神结构基础是本我，本我的结构是本能。那么自我又是什么呢？他接着说：

> 在我们周围的外部现实世界的影响下，本我的一部分经历了特别的发展。从而产生了一个专门的组织，它源于本我的表层，配备了接受刺激的器官，并配备了免受刺激损害的活动程序。这一特殊组织从此便成为本我与外部世界之间的中介。我们把心灵的这一区域称之为自我(ego)。

以前我们一直在讨论自我超越，原来这个自我超越是在本我超越之后形成的。在弗洛伊德的理论里，最后还有一个"超我"。什么是超我呢？作者是这么说的：

> 在漫长的童年期，成长着的人依赖他的父母而生活，使父母的影响得到延伸的特殊作用在自我中形成，并作为沉淀物留存下来，这被称为超我（super-ego）。就此而言，超我是由自我分化而出，或者与自我相对立，构成了自我必须关注的第三种力量。

弗洛伊德不愧是一个心理学大家。前面我们讨论过童年的人际关系意识是从父母那里来的，这个就叫"超我"。那么本我、超我、自我的关系是怎样的呢？弗洛伊德说：

> 本我体现着遗传的影响，超我基本上体现着所承继的前人的影响——而自我则主要受个体自己的经验，即受偶然的和当下的事件的支配。

从弗洛伊德的理论中，我们很容易知道本我属于生理属性，自我属于个体心理属性，超我属于社会文化属性。这是一个相当完美的由内而外的合作理性理论体系。这里"内"的核心就是本我，它构成了人的生物性本能。弗洛伊德在该书里是这么描述本能概念的。

> 我们发现，本能能够改变其目标（通过移置作用）；我们同时也发现，本能能够相互取代——一个本能的能量会传递给另一个。这后一过程还没有得到充分的了解。经过长时间的犹豫不决之后，我们才毅然假定，只存在两种基本的本能：爱欲本能和破坏本能（自我保存本能和种族保存本能相对，自我爱和对象爱相对，它们都属于爱欲本能）。

弗洛伊德在这里把人类的基本本能归结为两种，爱欲与破坏。那么它们在合作理性中起什么作用呢？作者接着说：

> 爱欲本能的目标在于不断地建立更大的统一体，并极力地维护它们——简而言之，是亲和。相反，破坏本能的目标是取消联结，故而带来毁灭。就破坏本能来说，我们可以设想它的最终目标是使勃勃生机变成无机状态。由于这个原因，我们也可以称它为死的本能。

一个是生的爱欲本能，力图建立一个生命联合体，一个是死的破坏本能，带来毁灭，这不是自相矛盾吗？弗洛伊德有解决方案，是这么说的：

> 要效仿的话，则应该先假定，生物体曾经是统一体，后来被分离了，而现在力求重新联合。

在生物性功能方面,这两种基本的本能或者相互排斥,或者彼此结合。这样,吃的活动就是对对象的一种破坏,而破坏的最终目的是吸收对象;性活动是一种攻击活动,而攻击是为了最亲密的结合。两种基本本能共存和相互对抗的活动,造成了全部丰富多彩的生命现象。

弗洛伊德这些话很重要,他奠定了生命的本能就是合作理性的理论基础。一个是爱欲本能,唯一的目标就是建立一个生命统一体。另外一个是破坏本能,但这个本能不是为了消灭与摧毁对方,而是为了更进一步和对方合作。比如吃的活动与性的活动。他给这个本我取了一个名字,他接着说:

我们可以把初始的状态描绘为:爱欲全部有效的能量存在于仍没有分化的自我——本我之中,并用以抵消同时存在的破坏倾向。我们以后将把爱欲能量称为"力比多"(我们还没有一个类似于"加比多"的术语来描述破坏本能的能量)。

这就是弗洛伊德的"无意识性本能学说"。但是,这个学说最后被证明在科学治疗精神病方面疗效不佳。20世纪50年代初,心理学家艾森克参考了超过7000位病人的资料,指出神经症患者在接受精神分析疗法后,只有44%的病人有所好转。刘擎先生在《刘擎西方现代思想讲义》"精神分析学说真的是科学吗"一讲中是这么说的:

弗洛伊德发现了"无意识",打破了传统的"理性人"观念。而他的理论经历过一个大反转,在心理学界和思想文化界遭遇了不同的命运。

在心理学界,弗洛伊德的精神分析学说走向了衰落,今天美国最大的两个心理学专业协会中,属于精神分析流派的专家学者只占不到10%。而在思想文化界,弗洛伊德的影响却源远流长,至今仍然塑造着我们的精神生活。

是什么影响呢? 就是创建了"由内而外"心理学理论。我国著名心理哲学家车文博先生在弗洛伊德中文版《癔症研究》的导论中,是这么说的:

把需要、动机、人格的研究提到首位,开创了动力心理学、人格心理学、变态心理学的新领域。传统心理学往往从外向内探索、重表轻里、重知轻情、重行轻欲,而弗洛伊德主义则是从内向外、从深层向表层研究。这样,他们就不是浅尝辄止、停留表面,而是寻根究底、追本穷源。尽管他把人的行为的内在原因归结为本能的内驱力是错误的,但反对机械的外因论和直接的线性决定论还是有意义的。当前,国外很重视对人的动机、需要的研究,重视对人格的研究,这不仅符合现代系统论的观点,而且也是心理科学深入发展的需要。

　　弗洛伊德就是凭这套由内而外的理论,将他的学说全面推广到哲学、社会、宗教、文化领域,并形成一个庞大的思想体系的。那么这个思想和原始人的乱伦禁忌又有什么关系呢?

　　前面我们讨论了原始文化的图腾起源于合作理性,弗洛伊德有一本专著,就叫《图腾与禁忌》。在这本书里他分析了图腾里面隐藏着的一个重大秘密,就是对部落内部乱伦的制约。从性入手,这是弗洛伊德的强项。大家知道一个原始部落能够世代繁衍下来,性生活的制约是最关键的。因为原始人不懂什么优生优育、近亲繁殖,性生活乱伦是经常发生的事情,比如说父女之间、母子之间、兄妹之间。怎么办?因为这不仅仅是一个牵扯到道德的合作理性问题,还是一个种族延续、优生优育的问题。于是原始人想到了图腾禁忌。弗洛伊德在该书"对乱伦的恐惧"部分是这么说的:

　　　澳洲土著是一独特的种族,无论在体格还是在语言上,都与其最相近的邻居——美拉尼西亚人、波利尼西亚人和马来人毫无关联。他们从不建造房屋或永久性棚屋,从不耕田种地;除了狗以外,他们从不饲养任何家畜;他们甚至没听说过陶器制作技艺。他们的生活完全有赖于他们猎获的各种兽肉和挖掘的各种根茎。他们不知君王或酋长为何物;一切公共事务都由长老会决定。很难说他们有任何以神明崇拜为形式的宗教。与沿海部落相比,那些处在大陆腹地、因水源奇缺而在最艰难的生存条件下挣扎的部落,在各个方面都显得更为原始。

　　　我们当然不会期望,这些赤身裸体、可怜巴巴的食人野民的性生活,会具有我们所说的道德意义。我们也不期望,他们的性冲动会受到严格的规范。然而我们却发现,为了避免乱伦的关系,他们一丝不苟,处处留心,严厉得近乎痛苦。确切地说,他们的整个社会组织似乎就是为了这个目的,或者说是围绕这个目标而设立的。

以上是作者根据野外实地考察得来的结论。那么他们是怎么做到这一点的呢?作者接着说:

　　　澳洲土著人没有宗教的和社会的机构体系,凡此种种均由"图腾崇拜"体系所取代。澳洲的部落又划分为更小的分支或氏族(clans),每个都以其图腾命名。什么是图腾?图腾通常是一种动物(或是可食无害的,或是危险可怕的)。偶尔也会是一种植物或一种自然现象(如雨或水),它与整个氏族有着某种奇特的关系。图腾首先是氏族的共同祖先,同时也是向他们发布神谕并提供帮助的监护神。虽说对外族而言图腾很危险,但是它能识别并宽容自己的子民。从另一个方面来说,族人都有一项神圣的义务:不宰杀不损毁图腾,不吃图腾的肉,也不用其他方式以此谋利。图腾的品质是天生的,并非只存在于某一只动物或一种东西之中,而是存在于某一类的全体个体之中。在时常举行的喜庆活动上,族人在礼仪舞蹈中表现或模仿着图腾的动作和特性。

图腾是通过母系或父系传承的。也有可能原初盛行母系传承,只是后来才为父系传承所取代。个人与图腾间的关系是澳洲土著人一切社会义务的基础,因为它远胜于这个人在部落中的成员关系以及血缘关系。

图腾并非依附于某一特定的地方。一个氏族内的成员往往散居各地,并与其他图腾氏族的成员和睦相处。

至此,我们终于触及图腾体系中能引起精神分析学家重视的特征了。在所有有图腾的地方,我们都可以发现一条定规:拥有相同图腾的人们,不可在彼此间发生性关系,因而不可通婚。这样就有了"族外婚"(exogamy)——一种与图腾崇拜(totemism)相关的习俗。

这一严格实施的禁忌(prohibition)是十分奇特的。我无法用上面所提到的图腾的概念或某些特征来预见它。我们很难理解,它是如何涉入图腾体系的。因而有些研究者事实上认为,族外婚原初(意指起源或本意)与图腾并无关系,只是在婚姻限制(marriage restrictions)成为必然的某一时期添附上去的(没有丝毫的深层联系)。对于这样的看法,我们并不感到意外。不管怎么说,图腾崇拜和族外婚之间存在着联结,而且显然是非常牢固的。

阅读以上弗洛伊德的话,大家明白了合作理性在文化中的重大作用,因为文化是一个虚构的东西,让原始部落世代传承确实不容易,如果没有这种图腾文化的传承。原始人在性冲动的唆使下,突破乱伦禁忌,自己去试错,等知道结果了,我想这个部落离消亡也不远了。这就是合作理性由内而外的人性的光芒。

既然我们讨论的由内而外的话题,已经进入了生物学的层面,那么我们就可以再进一步。为什么?因为中国哲学的密码是生命之道、由内而外、合作理性、天人合一,由内而外也起源于生命。现在我们顺着弗洛伊德的生物学思路,进入生命的生物学层面,从自然科学的层面去理解生命之道。

生命由内而外的科学依据是什么
第34讲

链接书目：《生命是什么》 埃尔温·薛定谔

《无字史记》 波音

上一讲我们讨论了弗洛伊德的精神分析心理学，从生物学的本我出发，由内而外，一层一层向外超越，本我、自我和超我组成了一个完整的人类精神世界。原始人在没有任何医学知识、遗传知识和基因知识的情况下，居然会创造出乱伦禁忌的图腾，使人类得以延续。今天我们的话题沿着弗洛伊德的路径再向前一步，直接进入生命之道的源泉，生命本身，看看由内而外的总根据是什么。

介绍一本重量级的书，叫《生命是什么》。作者既不是哲学家，也不是生物学家，更不是心理学家，而是大名鼎鼎的量子物理学家、诺贝尔物理学奖获得者薛定谔。他提出的思想实验"薛定谔的猫"，几乎成了量子力学的代名词。就是这么一本书，引导了许多科学家从微观物理学的视角研究生命问题，直接导致了分子生物学的诞生。

那么这本书到底说了什么，使它在科学史上留下了如此光辉的足迹。为了完整地理解生命是什么，现将作者在该书"有序，无序和熵"一章中的部分文字摘录下来，是这么说的：

生命物质避免向热力学平衡衰退

生命的标志性特征是什么？什么情况下可以说一块物质是活的？答案是它会持续"做着某种事情"，不停地在移动，在和环境进行物质交换等，而且这些活动的持续时间比那些处于类似情境下的无生命物质要长得多。如果一个系统没有生命力，那么将其隔绝出来或者放在一个均匀的环境中时，其所有运动通常都会因各种摩擦力的作用而很快消停下来；电势差和化学势差会消失，倾向于形成化合物的物质也是如此；温度会由于热传导而变得均匀一致。之后，整个系统便会衰退为一堆死气沉沉的物质，进入一种持久不变的状态，观察不到任何事情发生。物理学家们称这种状态为热力学平衡或"最大熵"。

作者这里提出了熵的概念，这是一个物理学上的概念，以后我们会讨论。大家只要理解，如果一个杯子被打碎了，杯子的碎片是不会自动复原成一个完整的杯子的。这种从有序到无序的过程就是熵。但这是杯子，不是生命，生命是什么呢？薛定谔是这么说的：

千万不要错误地以为这类最终缓慢地趋向平衡的过程就是生命，对它们的讨论可以到此为止了。之所以提它们，是免得让人觉得我不够准确。

它以获得"负熵"为生

正是通过避免快速地衰退到死寂的"平衡"状态，有机体才能显得如此高深莫测，以至于自人类最早的思想出现以来，便有人宣称存在某种特殊的非物理性或超自然的力量（visviva，活力，"隐德莱希"）在操纵着有机体。如今，一些地方仍然流传着这类说法。

生命有机体是如何避免衰退的呢？回答显然是：通过吃、喝、呼吸和（对植物而言）同化。专业术语叫作新陈代谢。相应的希腊词汇的意思是变化或交换。交换什么呢？它原本所隐含的意思无疑是指物质的交换。（比如，新陈代谢相应的德语词汇为 stoffwechsel，直译是"物质交换"。）物质交换居然是最本质的事情，这很奇怪。同种元素的所有原子不都是一样的么，比如氮原子、氧原子和硫原子等，交换一下又有什么好处呢？过去相当长的一段时间里，我们被告知人类依靠摄入能量来生存，所以对这个问题早已失去好奇心。在某个非常先进的国家（我不记得是德国还是美国或者两者都是），餐馆的菜单上不仅有每一道菜的价格，还标明了其含有的能量。不必多说，这也一样是十分奇怪的。对于一个成年的有机体来说，能量含量和物质含量一样是固定不变的。因为任何一定量的卡路里和另外一定量的卡路里无疑是等值的，所以我们看不到纯粹的交换有什么意义。

那么，食物当中所含的、令我们免于死亡的那个珍贵的东西到底是什么呢？这很好回答。每一个过程、事件、发生着的事，随便怎么叫，总之就是在大自然中发生的一切，都意味着它所在的那部分世界的熵在增加。因而，一个生命有机体在不断地增加着它的熵——或者也可以说产生正熵——进而走向最大熵的危险状态，也就是死亡。它只能通过不断地从环境中获取负熵来避免这种状态并维持生存。我们马上就会看到，负熵其实是非常正面的东西。有机体赖以生存的东西就是负熵。或者换一种不那么矛盾的说法，新陈代谢在本质上就是有机体成功地去除所有因存活而不可避免地产生的熵。

薛定谔的意思表达得很明白，整个宇宙是一个熵增世界，但只有生命这个东西，它会主动抵抗熵增，从环境中取得负熵，以阻止自己的熵增。那么现在问题来了，如果说生命是个负熵系统，那么这个负熵系统起决定性作用的东西是什么？生命为什么会代代相传呢？薛定谔是一个量子物理学家，他还是从原子的量子运动的角度去寻找原因。但他的解释对我们来说还是有点难懂，现将该书的部分内容摘录如下：

对于基因的物质结构薛定谔提出了一个著名的"非周期性晶体结构"的科学预见。在第一章的"统计物理学·结构上的根本差异"一节中，他首先提出生命物质的结构与非生命物质的结构完全不同。他说："有机体中最重要的那部分结构的原子排列方式以及这些排列方式之间的相互作用，与物理学家和化学家们迄今为止在实验中及理论上研究的对象有着根本的差异。"接着，他对染色体的结构提出了科学的预见。他说："生命细胞的最基本部分——染色体结构——可以颇为恰当地称为非周期性晶体。"他指出："迄今为止，我们在物理学上处理的都是周期性晶体。对于一般的物理学家来说，这已经是非常有趣和复杂的研究对象了。"接着他生动地描述了这个对比，他说："两者在结构上的差别，好比一张普通墙纸和一幅杰出刺绣的差别，前者只不过是按照一定的周期性不断重复同样的图案，而后者，比如拉斐尔花毡，则绝非乏味的重复，而是大师的极有条理和富含意义的精心设计。"

生物大分子的非周期性晶体结构是怎样形成的呢？薛定谔在第五章的"非周期性固体"一节中阐述了这个问题。他说："微小的分子可以被称作'固体的胚芽'。以这样一个小小的固体胚芽为起点，似乎可通过两种不同的方式来建立越来越大的集合体。第一种方式是相对无聊地向三维方向不断重复同样的结构。生长中的晶体遵循的正是这种方式。一旦形成周期性，集合体的规模就没有什么明确的上限了。另一种方式是不用枯燥的重复来建立越来越大的集合体。越来越复杂的有机分子就是如此，其中的每一个原子、每一个原子团都起着各自的作用，和其他分子中相应的原子或原子团所起的作用并不完全一样（在周期性结构中则完全一样）。我们或许可以恰如其分地称之为非周期性晶体或固体，于是，我们的假设就可以表达为：我们认为一个基因——或许整个染色体结构，就是一个非周期性固体。"

薛定谔关于遗传物质是"非周期性晶体"的说法具有深远的意义：一方面由于它的非周期性蕴含着分子排列的多样性，这就意味着遗传物质包含了大量丰富的遗传信息；另一方面由于具有晶格结构，所有的原子或分子都与周围的原子或分子连接在一起,所以相当稳定。DNA双螺旋结构的发现者们正是在读了薛定谔的《生命是什么》一书,并在DNA已被证实为遗传物质后,才把DNA的具体的物质结构作为研究方向的。

以上这些话非常重要,如果不知道物理学或者量子力学知识,大家只要记住两个关键词就可以了:第一个是基因,这个概念大家太熟悉了,但另外一个概念比基因还重要,就是"非周期性晶体"。所谓晶体就是一大堆原子的活动所产生的固态物质。周期性的晶体经常在变化,这属于非生命的物质。而生命的物质内部,也就是形成基因晶体的原子的排列是相对稳定的。但是由于非周期性,故从外表看上去又是多样性的。

我们一直说这个世界是一个变化的世界,但是居然有一个稳定的不变的东西存在于我们不知道的地方。为了说明这个不变的基因有多么强大的力量,有一本书,可以去看一下,叫《无字史记》。作者波音曾任《世界遗产》等杂志主编,撰写了10多部历史类、经济类、科普类作品。这是一本寻根中国祖先的书,从百万年前开始,中华大地上就出现了一批又一批的古人类,遗憾的是,在甲骨文出现之前,远古祖先的事迹只能靠虚无缥缈的神话传说来口耳相传,真伪难辨。幸好,现代科技在某种程度上弥补了我们的遗憾。以分子遗传学为代表的新技术可以告诉我们,在没有文字记录的漫长岁月中,我们的祖先有着怎样的面貌,他们是如何生活和迁徙的,陪伴在他们身边的动植物是什么,他们又是如何形成自己的文化认同的。这是一部刻在基因上的祖先秘史,翻阅这本《无字史记》,我们会知晓自己的基因之根和文化之根。

但今天我们讨论的是生命的内在稳定性和外在多样性,因此以下内容主要围绕着基因是如何确认全球人类共用一个祖先的科学发现历程。作者在该书"神州苦旅"一章中,是这么说的:

1987年1月,美国一位女博士生丽贝卡·卡恩和她的同事们在英国权威科技期刊《自然》上发表了一篇论文《线粒体DNA(脱氧核糖核酸)和人类进化》。论文的主要观点是:人类起源地只有一个,这个起源地很可能在非洲,起源时间在距今20万年以内。今天所有的现代人都来自一个共同的女性祖先。

············

从分子生物学看,人体大约包含100万亿个细胞,每个细胞里都含有一种叫作线粒体的细胞器,它位于细胞核外的细胞液中。我们吃进肚子里的营养物质,比如糖类、脂肪等,最终是在线粒体中被氧化,释放出能量,供人体细胞使用的。简单地说,线粒体就是我们人体细胞的"能量工厂"。

从中学课本中我们学习到,人体的遗传物质位于细胞核里的染色体上,大量的基因排列在染色体的双螺旋结构上。其实,线粒体中也含有少量的遗传物质——线粒体DNA。而且我们还知道,一个人类生命的诞生,首先是从父亲的精子与母亲的卵细胞结合开启的。换句话说,线粒体这种细胞器来自母亲的卵细胞,而不是来自父亲的精子(其实父亲的精子里也含有少量的线粒体DNA,但是在受精过程中"舍身取义",被分解掉了)。因此,线粒体DNA是孩子从自己的母亲一方继承下来的。于是,分子生物学家可以通过比较人们的线粒体DNA,分析人们之间母亲一系的亲疏远近,进而追溯人们母亲一系的祖先情况。

论文作者丽贝卡·卡恩从世界各地不同人群的人体胎盘中搜集了147份线粒体DNA样本。之所以选择人体胎盘提取材料,是因为胎盘里含有丰富的线粒体DNA。丽贝卡·卡恩发现,通过所有样本的线粒体DNA追溯其所有者的母亲,最后都汇聚到唯一的一位女性祖先那里,不论现在拥有线粒体DNA的人居住在世界的哪一个角落,他们都是这位女性祖先的后代。

当时的媒体借用《圣经》中最早的人类女性夏娃的名字,把这位女性祖先叫作"线粒体夏娃"。关于这位线粒体夏娃,丽贝卡·卡恩从遗传物质里读出了很多信息。

比如,线粒体夏娃生活在地球的哪个角落?

如果我们向水池里丢下一块石头,荡起的涟漪会一圈一圈地向周围扩散。即使我们没有看到石头在哪儿落水,我们也能够根据水池涟漪的形状,判断石头落水的位置在这些涟漪的圆心。判断线粒体夏娃的生活地点,与通过涟漪判断石头落水位置的原理是类似的。

展开点儿说,人类的基因在每一代向下遗传的过程中,偶尔会发生基因突变,使后代与祖先的基因略有不同。从原理上说,后代与祖先间隔的辈分越多,基因突变所导致的遗传差别就越大。如果我们假定远古时期每一代人类的寿命差不多长,那么可以粗略地认为,后代距离祖先的时间越久,积累起来的遗传差别就越大,最外圈的"涟漪"与最中央的"涟漪"的遗传差别最大。

线粒体DNA的遗传过程就是如此。一代代母亲把自己的线粒体DNA传给孩子,这个过程中也会发生基因突变,于是后代就具有了各自的基因多样性。根据现代人群各自的基因多样性的比较,分子生物学家不仅可以判断现代人群之间的亲疏远近,还可以回溯他们的女性祖先的生活地点和生活时间。

丽贝卡·卡恩发现,现代人群的基因多样性并不是一样的,非洲现代人的基因多样性最丰富,亚洲现代人和欧洲现代人次之,美洲现代人的基因多样性最少。这个现象不仅可以让她判断不同现代人群之间的亲疏远近,还让她了解到,现代人群具有一个共同的女性祖先,这位祖先的生活地点,就在基因多样性最丰富的那个人群生活的地方—非洲大陆。引发层层涟漪的那块石头(女性祖先),最初是落在非洲的。

以上我们从物理学和分子生物学两个方面讨论了生命的内在稳定性和外在多样性,为中国哲学密码提供了科学依据。

生命是如何简化和重组这个世界的
第35讲

链接书目:《生命的运作方式》 马伦·霍格兰,伯特·窦德生

上一讲我们从物理学和生物学方面讨论了生命是如何形成一套内在稳定、外在多样的负熵系统的。这个系统和中国哲学密码的"生命之道,由内而外"取得了高度的一致性。那么,中国哲学密码的合作理性呢? 生命是不是也是朝这个方向走的呢?

今天我们阅读一本有关生命的科普书,叫《生命的运作方式》。该书作者之一马伦·霍格兰是美国的生物学家,其对生物学的最大贡献是发现了转运 RNA 和氨基酸活化机制,帮助构建了遗传学的基础。他曾两次被提名诺贝尔奖,并在 1976 年获得了富兰克林生命科学奖章。

作者打破了人们固有的生命是千差万别的观念,给出了生命同一性的概念,从微观角度描述生命是如何以合作理性的工作模式简化和重组这个世界的。该书最大的亮点是浅显与幽默,环环相扣,层层递进。该书从头到尾每一页都有一张插图,把深奥的生命之道,以浅易的语言说出来了。

那么生命这个负熵系统是如何以合作理性来工作的呢? 大家知道我们的生命是依赖于能量来维持的。那么这个能量是从哪里来的呢? 我们知道这个世界是一个从有序到无序的熵增世界,而生命却走了一条相反的路,从无序到有序。为什么? 因为它的内部有一个稳定的结构,叫基因,而这个基因可以在漫长的历史长河中不改变自己。这又是为什么呢? 作者是这么说的:

> 热力学第二定律则明确表示,能量总是不可避免地流失、浪费、扩散;也就是说,能量总是从一种容易被利用的形式,比如光能、化学键能转化成一种更不容易被利用的形式,比如热能。能量传播扩散的倾向和有序世界向无序发展的趋势被称作"熵",物理学家们认为宇宙的总熵值总是在增加。

> 这实在令人感到困惑,如果宇宙中的能量总是在扩散,如果万物总体上从有序向无序倾斜,那为什么生命看起来却像违背了自然规律? 能量在不断地扩散,生命却随着时间的推移,变得越来越有序、复杂。生命是如何逆流而上的呢?

这个时候,生命的合作理性登场了。生命的外部环境不是熵增和混乱吗? 生命要好好把握这个机会了。作者是这么说的:

> 我们可以通过进一步了解化学键的形成过程来理解这个动态的世界究竟如何运作。每当两个原子之间形成化学键,一部分能量储存在化学键里,另一部分则以热量的形式扩散到周围。换句话说,化学键形成时消耗的能量要比键内储存的能量多,多余的那部分扩散到周围了。这种看起来十分浪费热能的行为,即遵循热力学第二定律,却也有积极作用。合理的解释应该是这样:如果那多余的能量不以热的形式扩散出去,那么它将滞留在附近,随时可能回流反攻,把化学键破坏掉。热量的扩散确保已经制造完毕的化学键保持完好,至少能保存一段时间,且生成化学键的反应是单方向进行的。原子之间化学键的形成能够编写生命的遗传信息;这种信息反过来又组建了分子排列秩序。这样一来,能量虽然递减,生命的信息却不断积累,生命的复杂程度如滚雪球一般增加。

> 因此,热力学第二定律并不对生命造成威胁,相反它维持了生命的存在:(1)来源恒定的,可被利用的太阳能;(2)利用能量构建结构稳定的生命分子;(3)信息链分子的组合。生命在能量的洪流中逆势而上,靠的不是什么特殊伎俩,而是在分子水平上坚韧不拔、持之以恒地再造与修复。

面对混乱的外部环境,生命没有退缩,而是以合作理性的姿态再造与修复自己,达到与外部环境合作的目的。这可是一件十分艰难的工作,怎么办? 作者在该书中解释了生命的 16 种工作模式,其中第二种工作模式就是生命把自己组装成链。在分子层面组成一支浩浩荡荡的合作大军,大家排列起来,形成一个分子链队伍。大家知道链是什么意思吗? 今天我们经常说供应链,其实就是指产品的分工与合作。生命的合作底层逻辑就是从"链"开始的。作者在"生命把自己组装成链"中是这么说的:

> 信息链分子(DNA 和 RNA)由四种链环(核苷酸)构成。工作或结构链分子(蛋白质)由 20 种链环(氨基酸)构成。

> 在分子层面,生命采用链式结构作为组织原则。"链"是由简单的单位连接在一起形成的长而柔韧的结构。在普通的链中,每个链环都是相同的。相比之下,生命之链却由不同的分子链环连接而成。从这一方面来说,每个链环都可以看作是用来书写生命诗篇的字母。当字母以适当的顺序排列,就会构成富含意义的词语、句子和段落。同样的,链分子中各个链环的排列顺序也传递着重要信息。

> 链分子可分成两大类:信息链——用来存储和传输信息,工作链——完成维

系生命的实际操作。这两类链分子紧密合作，形成一个环路：信息链提供遗传信息及"蓝图"，转而被"翻译"成工作链；而工作链分子又反过来使得信息链分子能够精准复制，然后传给下一代。

大家可以理解一下这两个合作链，是不是和我们职场中不同部门间协同工作的流程很像。在这里，信息链分子，也就是 DNA 和 RNA 的作用最大，为什么？因为生命是靠信息来组织制造零件、构建整体的。作者这么说的：

> 生命的存续依赖于大量信息。生物体需要知道如何保持一个恒定的温度，如何更换磨损的零件，如何抵御侵略者，如何从食物中获取能量，等等。据估计，一个人体拥有的全部功能所需要的信息能写满 15 本百科全书。实际上，如果不是生命采取了一种高度有效、只存储某一种信息的策略，那生命所需要的总信息量可能还更多。也许以下的类比能使你更好地理解这种信息的本质：假设你决定制造一个复杂的机器人，需要数以百万计的手工制作的零件。照常理，这样的任务将需要对整个组件的每个部分都有一份制造手册，还有组装说明和使用指南。但现在想象一下，你有另一种选择：你可以掌握制造几千种子机器人的信息，每一个子机器人都知道如何制造一种组件的一小部分。只要通力合作，就可以装配和操作整个机器人。换句话说，一个非常复杂的机器人可以来自多个子机器人之间复杂的相互作用和配合，每个子机器人都只需执行一项相对简单的任务。

> 生命把这种信息存储在 DNA，确切地说，是基因中。基因并不包含关于维持温度、抵御入侵者、装饰房间、选择配偶等信息。它们包含的唯一信息是如何（以及何时）制造蛋白质。其他的事情就都交给蛋白质来做啦。

那么 DNA 和蛋白质是如何合作的呢？作者在介绍 DNA 时，是这么说的：

> 一、DNA 链携带着遗传信息；二、由氨基酸相连组成的蛋白质负责生命的生长、自我维护以及繁衍后代等任务。DNA 组成单位的排列顺序决定了蛋白质中氨基酸的排列顺序。因此，与其说 DNA 是一份描绘了最终作品或是与最终作品成比例的模型的图纸，倒不如说它是一份菜谱——一套有先后顺序，且要求遵守顺序的操作指南。

> 因此，生命的复杂性源自令人赞叹的简洁性。DNA 的指令是："用这个，加上这个，再加上这个……停！用这个，加上这个，再加上这个，等等。"虽然创意简单，但要达到目的还得依靠一套天才设计般的运作系统。

按照作者的意思,DNA 和蛋白质这两支分子链队伍的合作关系和软件与硬件的合作关系一样,谁也离不开谁。生命的工作模式告诉我们,合作理性的前提是由内而外,但内部合作与外部合作还是有区别的。生命的第三种工作模式:生命需要内外之分。作者是这么说的:

> 当危险来临时,麝牛群会围成一个圆圈,头、角向外,尾巴向内,把它们弱小的牛犊围在中间。这样的保护圈显示了生命中最根本的一个组织原则——内外有别。生命所需的化学物质喜欢聚在一起,这样可以很容易碰撞和发生反应。内部环境需要的盐度、酸度、温度等方面都和外部的不同。这些差异要靠某些形式的保护屏障来维持,例如婴儿的皮肤、蛤的壳以及细胞的细胞膜。

> 包围着我们的每一个细胞的细胞膜表现得就像那些受到威胁的麝牛。构成细胞膜的磷脂分子有一个亲水的头和亲脂的尾。头朝外面对细胞所处的水环境;尾部向内。由于细胞内部也是一个充满水的环境,细胞膜便发展出第二层磷脂分子——头朝内,尾向外,与外层磷脂分子的尾部相对。这样的双层磷脂分子保护结构隔开了细胞内外的环境,加上镶嵌在细胞膜上的分子泵把养料输入、把废料送出,生命因此而有效运转。

好了,生命以强大的组织能力组合成合作链,然后又知道内外有别,接下来要干什么呢? 面对熵增的外部混乱世界,生命是一个具有高度理性的物种。为什么? 它需要能量啊。因此,合作理性是唯一可以获得外部能量的途径。生命的第四种工作模式就是:生命用有限的主题塑造无穷的变化。为什么呢? 因为你不是因地制宜变化自己,不是被人灭了,就是得不到能量,因此变化就是生命的一种自我超越,超越就是今天要比昨天过得好,明天要更好。这就从合作理性升华到了价值理性。那么,分子层面的生命都知道这些道理吗? 作者是这么说的:

> 生命总是尽量利用已知有效的机制。与此同时,它又不断探索和完善。这种多变的组合催生了千差万别、各具特色的生物,这过程其实仅仅基于数量不多的基本模式和规律。例如,当细胞分裂和长大时,只使用极少的几种方式。新细胞群有时形成同心环状,就像我们在树干和动物牙齿中看到的那样;有时形成螺旋状,如蜗牛壳和公羊的角;有时形成放射状,如鲜花和海星;有时形成分支状,如灌木丛、肺和血管。生物体还可以表现为几种生长模式的组合,且规模会有所不同,但生命再怎么花样百出,超出上述范围的生长模式却是寥寥无几。

> 为了最大利用空间,生命经常会借助数学规律。例如,如果你一边转动一根

树枝，一边数转完一个整圈后从主枝上生出的分枝数量，你就会惊讶地发现分枝数和转圈数之间存在一个规律，即符合数列 1、1、2、3、5、8、13、21……这就是所谓的"斐波纳契数列"，其中每个数是前两个数的总和。又例如，每转动一个松塔八次就有十三个鳞片。类似的模式也出现在向日葵和雏菊的螺旋式小花排列中，在鹦鹉螺的横切面上，甚至在我们肺部支气管的分枝上。这样的相似性使我们能够深入了解，在不同情况下使用的简单规律是怎么产生令人瞠目结舌的多样性。大自然就像一位神奇的作曲家，用很少的音符就唱出了许多交响曲。

从作者以上的描述，我们了解到生命不是简简单单地以合作理性把自己组织起来而已，它还有一个更大的使命：重组这个世界。按作者的说法就是生命的第六种工作模式：生命通过重组信息促进多样性。作者是这么说的：

> 大自然通过交换信息创造新的组合。作为最初的生命形式，简单的细菌类生物早就发现可以把少量信息注入彼此的途径——这可以看作是一种原始的性行为。随着时间推移，生命逐渐可以交换越来越多的信息，从而发展出真正的有性繁殖，这是信息重组的一种更精巧的方式。

> ……人类基因有超过 70000 个匹配对。

> 当人体制造精子或卵子的时候，会把所有的基因放在一起，然后像切牌一样把它们分成两组，每个精子或卵子获取一组，也就是所有基因的一半。受精时，两组基因组合起来。你可以看到，由 70000 个基因拼成的可能组合数量是个天文数字。这样，你大概就能明白我们有多大的遗传潜力来实现生物多样性了。

可见生命的有性繁殖是生命由内而外产生的最高层次的合作理性。那么这个合作是怎么来的呢？

为什么"先有鸡还是先有蛋"的争论可以结束了
第36讲

链接书目:《生命的运作方式》 马伦·霍格兰,伯特·窦德生
《复杂生命的起源》 尼克·莱恩

我们讨论了在这个逐步走向无序的熵增世界里,生命逆流而上,产生了三种简化与重组的高度合作理性:第一种是把自己组织起来,第二种是一致对外,第三种是产生无穷的变化与外部合作。接下来我们讲第四种,也就是生命合作理性的最高层次——有性繁殖。这个问题可以解开我们长期以来的争论:先有鸡还是先有蛋。

在讨论这个问题之前,我们还要深入讨论一下,生命是如何通过自己的变化与外部合作的。因为这里牵涉到一个既有合作又有竞争的话题。

我们继续阅读《生命的运作方式》中的生命的第十五种工作模式:生命在合作的主题下竞争。但作者把这个叫作"融入",是另外意义上的合作理性。作者是这么说的:

"融入"的策略。

1.每种生物的行为都符合自身利益。

2.生物界通过合作而运转。

这两种说法看上去可能有些相互矛盾,但实际并非如此。生物都要为自己谋利益,而不是自我毁灭。当自私的行为趋向极致,通常会出现严重的反噬。处在统领地位的动物如果过于频繁地战斗,很可能会受伤。寄生虫如果杀死其寄主,就可能无处可去。这些自掘坟墓的策略通常会在进化路上被淘汰掉;从长远来看,大多数生物往往还是采取某种形式的"和睦相处"。

从近处看,世界似乎充满了竞争。但如果把距离拉远一点,生物合作的方方面面就会显现出来。百万颗精子互不相让,却只有一个能和卵子结合,这看起来就是一场赢家通吃的比赛。由于制造精子的成本很低,生物体便有能力制造很多,以确保至少一个精子成功与卵子结合。我们不必为那999999个失败者哭泣。它们处于一个以确保受精成功为目的的系统之中,毫无疑问它们都尽职尽力了。同样的逻辑也适用于捕食者和猎物的关系。通常捕食者只能捉到猎物中最小、最弱或最不健康的个体,这样就留下了更适应环境的成员生存和繁殖。从个体层面

上看,这确实是你死我活的竞争,但在种群层面,这是合作的表现。(虽然我们不认为生物个体能够从群体角度思考。)

以上是作者所说的生物之间看似竞争,实质是合作的现象,其实这是一种"融入"策略。就是这个"融入"策略,使竞争变成了合作,鸡变成了蛋。也就是说生命开始以一种全新的合作模式出现,这种合作模式叫共生体,这是生命有性繁殖的开端。作者是这么说的:

> 植物和动物的进化起始于细菌界里狩猎者/猎物之间的和平免战协议。叶绿体(植物细胞中的制糖组件)和线粒体(动物细胞中的耗糖组件)的祖先最初就像捕猎者一般。它们入侵比它们大得多的细菌,利用却并不摧毁这些主人。这种"有限掠夺"是在进化过程中反复出现的主题,而在其中我们也能看到生物合作的开端。随着时间的推移,宿主变得更能容忍入侵者,甚至两者开始分享对方的代谢产物。最终,它们成为完完全全的共生体,即彼此的生存对对方都至关重要。这种渐进式的合作,为更高级的生命形式拉开了帷幕。正如生物学家刘易斯托马斯所言,这样的过程说明了:不是"好人没好报",而是"好人更长久"。

那么生命的这种融入合作,也就是地球上的有性繁殖,是何时开始的呢?

这里介绍一本书,叫《复杂生命的起源》,作者尼克·莱恩是英国生物化学家。比尔·盖茨强力推荐这本书,他说:"这本书对生命起源令人叹为观止的追问,让我折服。"该书绪论中,就提出了一个让人一直迷惑不解的问题。

> 在生物学的核心地带,存在着一个未知的黑洞。坦白说,我们不知道生命为什么是现在这样。地球上所有的复杂生命拥有一个共同祖先,它从简单的细菌演化而来,在 40 亿年的漫长岁月中只出现了一次。这究竟是一个反常的孤立事件,还是因为其他的复杂生命演化"实验"都失败了?我们不知道。已知的是,这个共同祖先一出场,就已经是一个非常复杂的细胞。它的复杂程度,与你身上的细胞不相上下。这份复杂性遗产传给了你我,也传给了其他所有后代,从树木到蜜蜂。你可以试试在显微镜下观察自己的细胞,并和蘑菇细胞比较。二者几乎无从分辨。我们与蘑菇的生命显然天差地远,那么,为什么我们的细胞却如此相似?而且并不只是外观相似,所有复杂生命都有同一套细胞特征,从有性生殖到细胞衰老再到细胞凋亡,其机制之精巧复杂,与物种间的相似程度同样惊人。为什么这些特征会在我们的共同祖先身上积聚?为什么在细菌身上却找不到这些特征独立演化的痕迹?

那么这个复杂生命演化的历史是如何来的呢？该书绪论部分是这么说的：

> 生命在地球形成约 5 亿年后就已出现，距今大约 40 亿年。然而，此后的 20 多亿年中，也就是地球历史一半的时间，生命一直停滞在细菌水平。直到 40 亿年后的今天，细菌仍然保持简单的形态，虽然它们发展出丰富的生物化学代谢能力。所有形态复杂的生物，包括植物、动物、真菌、藻类和阿米巴原虫等单细胞原生生物，与细菌形成了鲜明的对比。它们是同一个祖先的后代，这个祖先大约于 20 亿～15 亿年前出现，从外形到内在都是一种"现代"细胞，拥有精细的内部结构和空前的能量代谢水平。所有这些新特征，都由一套复杂的蛋白纳米机器驱动，由数以千计的新基因编码，而这些基因在细菌身上几乎从未发现。在复杂生命的共同祖先与细菌之间，没有现存的演化中间型，没有"缺失环节"来解释为什么这些复杂的特征会出现，以及它们是如何演化的。在细菌的简单与其他一切生命令人敬畏的复杂之间，只有一片无法解释的空白。一个演化的黑洞。

作者写这本书的目的就是要把这个演化的黑洞给补上。他认为一切复杂生命的共同祖先——真核生物，出现在大约 20 亿至 15 亿年前之间，那个简单的细菌生命形式叫原核生物。原核生物的细菌和古菌是通过细胞自我分裂代代相传的，也就是说鸡和蛋是同体的，不存在"先有鸡，后有蛋"的问题。但是，到了真核生物就不同了，鸡和蛋开始分离了，也就是说有性繁殖出现了，那么它们是怎么出现的呢？或者说，原本是好好的自我分裂、自我生存的，简简单单的细菌怎么一下子变成依赖他人的真核生物了呢？

作者认为真核生物产生的根本原因是，原核生物中的细菌和古菌之间的一次美丽合作。该书有大量篇幅以分子生物学的观点来介绍不同的理论来源，这里仅摘录作者在该书绪论里说的话。作者是这么说的：

> 写作本书就是为了尝试回答以上两个问题，而且我相信二者紧密相关。我希望说服读者，演化是围绕能量进行的，我们必须考虑能量才能理解生命的各种特征。我希望向读者展示，能量与生命从一开始就密不可分，地球生命的基本特征源于一颗躁动行星的能量失衡。生命的起源由能量流推动，质子梯度对细胞的出现至关重要，但是对质子梯度的利用又限制了细菌和古菌的结构。这些限制条件主宰了细胞之后的演化历程，细菌和古菌虽然在生物化学方面花样百出，却一直保持着简单的形态。我想证明，一次罕见的内共生事件，即一个细菌入住一个古菌体内，打破了这些限制，使复杂细胞的演化成为可能。一个细胞在另一个活细

胞内生活并逐渐融合,这是很难实现的变化;形成这种关系的困难程度,解释了为什么复杂生命的起源只有一次。我还想证明,这种密切的共生关系决定了后来出现的很多复杂细胞特征,包括细胞核、有性生殖、两性,还有不朽的种系和无常的肉体——也是有限寿命和基因预定死亡的源头。最后,从能量角度思考生命能让我们认识人类自身的生物学特性,特别是演化过程中深层次的取舍权衡:生殖力和年轻时的健康,代价是衰老和疾病。我认为,这些见解能够帮助人类增进健康,至少能加深对健康的理解。

现在我们知道了,我们今天的复杂生命来源于一次偶然事件,就是一个细菌进入一个古菌的身体,然后它们产生了共生体,这个共生体繁殖的后代,不是简单地自我复制,而是出现了性别繁殖。也就是说原来有两只不同种类的鸡,一个偶然的机会,一只鸡进入另外一只鸡的体内,生出了一个有雌雄分别的蛋,然后通过蛋生生不息繁殖下来。这个结论就是先有鸡,然后有蛋。如果你现在还希望一只鸡进入另外一只鸡的体内,这是不可能的了。为什么?作者是这么说的:

> 一个细菌也能进入另一个细菌体内。在 40 亿年的演化历程中,这至少应该发生过数千次,甚至数百万次。这是一个瓶颈……宿主细胞和内共生体之间应该会发生激烈的冲突,这才是瓶颈的第二部分,一道严酷的双重打击,让复杂生命的演化困难重重。

那么,还有一个问题:两只不同种类的鸡,它们繁殖下一代,各自的基因是如何分配的呢?作者是这么说的:

> 如果从整个基因组来看,我们就会发现完全不同的模式。真核生物的很多基因,在细菌和古菌身上都找不到任何对应基因。这些基因就是所谓的真核生物"识别"基因(signature genes)。不过随着研究方法的进步,不断有基因找到了原核生物的变体,识别基因所占的比例也随之减少。即使以较为保守的标准方法衡量,也有多达 1/3 的真核生物基因可以在原核生物体内找到对应基因。这些基因必然来自原核生物和真核生物的共祖,我们称这些基因是同源的(homologous)。有趣的地方就在这里:真核生物的同源基因并非来自同样的祖先。大约有 3/4 的同源基因似乎来自细菌,剩下的 1/4 则似乎来自古菌。人类基因组是这样,而且并不是特例。酵母基因组的情况十分类似,果蝇、海胆和苏铁也都是如此。在基因组层面,似乎所有的真核生物都是怪异的嵌合体。

　　这是很有趣的现象,我们经常说合作是双方的事情,但这里出现了 3 个群体。真核生物自己的"识别"基因占 2/3,剩下的 1/3 里,3/4 的同源基因来自细菌,1/4 来自古菌。由此,开出了绚丽多彩的生命之花。这真是一个其乐融融的合作大家庭。

　　好了,中国哲学密码的生命之道、由内而外,还有合作理性,我们都用分子生物学的科学依据证明了,那么接下来的"天人合一"呢?

大象和细菌受什么样的同一法则制约

第37讲

链接书目：《生命的法则》　肖恩·卡罗尔

上一讲我们讨论了生命合作理性的最高层次——融入，解决了长期以来困惑我们的一个难题，到底是先有鸡还是先有蛋。原来复杂生命的共同祖先只有一个，而且是三方大融合。那么，接下来就应该是"天人合一"了。这里的"天人合一"不仅仅指人类，而且泛指所有来自细菌与古菌的融入的后代。它们都遵从一个法则：天人合一。

今天我们要阅读的书是《生命的法则》，作者肖恩·卡罗尔是一位获奖无数的科学大家，美国国家科学院院士、美国艺术与科学院院士、威斯康星大学分子生物学和遗传学教授、富兰克林生命科学奖获得者。

那么，作者所说的生命的法则指的就是天人合一吗？是的。我们先来解释一下什么是"天人合一"法则。老子在《道德经》中说："人法地，地法天，天法道，道法自然。"这里的"法"就是"法则"。老子把天、地、人三个世界，即自然、社会、个体全部统一在一个法则之下，这就是天人合一之"道"。作者在书中所说的"天人合一"法则，还有一个奇怪的名称，叫塞伦盖蒂法则。为什么会有这样一个名字呢？

原来塞伦盖蒂是坦桑尼亚的国家旅游公园，一次偶然的旅游机会使作者想到要写这本书。该书中文版序中是这么说的：

> 这里是世界自然遗产，是地球上迁徙动物群体最后的活动区之一……但当我到了那里时，仍然感到震惊。成群的动物在草原上漫步，其壮观的景象超出我的想象，那数量真是惊人。

> 眼前的景象让我陷入思考。我是在实验室里工作的，负责分析基因和研究动物胚胎的形成机制。望着塞伦盖蒂草原，我意识到自己根本不知道这一切是怎么形成的。很幸运，我找到了托尼·辛克莱写的一本书。他用了50年的时间研究塞伦盖蒂草原。他的书引导我了解了这个领域其他前沿研究者的理论，动物群体规模为什么会大小不一？这背后有什么机制？对我们的未来又意味着什么？

这就是作者所说的塞伦盖蒂法则的来源。作者接着说：

Gizmodo：那么，究竟什么是"塞伦盖蒂法则"呢？

卡罗尔：这是可以解释任何一个特定区域生物数量的普遍法则，它研究生物之间的相互作用，即食肉动物、食草动物、植物之间的相互作用。"塞伦盖蒂法则"可以解释"数量金字塔"：为什么一个地方只有1只老虎、50只鹿，却有1万只老鼠和4万棵树？从植物到以植物为食的动物，再到以这些动物为食的其他动物，数量总是不断减少。我把它称为"塞伦盖蒂法则"。但这只是随便起的名字，因为这也可以被称为"艾伦湖法则"或"蒙特雷湾法则"。

看到这里，你可能会说这不就是一个生态平衡吗？不是的，作者是从分子生物学的生命法则去理解这个问题的。该书引言中是这么说的：

我们对于动植物与人体自身的控制能力，来源于还在不断增加的在分子水平上对生命的理解。而在分子水平上，人类对于生命最深刻的理解，恰恰就是"一切像设计好了一样，都处于被调控的状态下"。这句略显宽泛的陈词可以进一步被阐释为：

生命体内的每一种分子——从酶与荷尔蒙到脂类、盐以及其他化学物质，都被稳定地维持在某个范围内。举一个极端的例子，血液中某些分子的丰度是其他物质的100亿倍。

生命体内的每一种细胞——红细胞、白细胞、皮肤细胞、肠壁细胞以及种类超过200的其他细胞，其数量都是维持在一个特定的值附近的。

生命体内的每一种生命过程——从细胞增殖到糖代谢、排卵，甚至睡眠，都是被某种或某类物质控制的。

人们逐渐发现，疾病的发生通常就是这些严密的调节机制发生了异常，使某些物质处于过量或是不足的状态导致的。例如，胰腺产生的胰岛素不足会导致糖尿病，血管里的"坏"胆固醇含量太高会引发动脉粥样硬化和冠心病。而如果细胞摆脱了对它们数目与增殖行为的限制，癌症就会发生。

要想干预疾病的发生发展过程，我们必须了解一切与调节有关的"法则"。对分子生物学家（特指在分子水平上研究生命现象的生物学家）而言，借用一些体育术语来说，他们的任务就是辨认比赛的参与者与比赛规则。在过去的50年间，我们了解了很多人体内各种指标得以维持的原理，包括荷尔蒙、血糖、胆固醇、神经递质、胃酸、组胺、血压、病原免疫过程以及各类型细胞的增殖过程，等等。许多在这些过程中起作用的因素以及发生机理的发现者都荣获了诺贝尔生理学或医学奖。

　　这里大家一定要注意作者提出的两个关键词，"法则"与"调控"，如果没有法则，如何去调控。其实这个法则我们在"生命由内而外的科学依据是什么"里提到过，生命的DNA是由一大堆相对稳定的原子排列组成的，叫"非周期晶体"。如果没有相对稳定的生命结构，你如何知道有法则。这就是自然存在的"天人合一"结构。作者在书中把它叫作内稳态结构。作者在"身体的智慧"中，是这么说的：

　　　　坎农开始在演讲和论文中更多地讨论"身体的智慧"。他这样写道："我们的身体具有非常精细的调节和控制功能，而我们最近了解到的一些事实不过是冰山一角。"当时的一个重大发现是胰岛素对血糖的控制。坎农详细记述了这一过程：餐后血糖升高，迷走神经刺激胰岛腺体分泌胰岛素，使得血液里多余的糖原被储存起来；而当血糖降低，自主神经系统里的其他成员发动肾上腺从肝脏里分解并释放糖原。坎农认为："生命体的组织器官正是基于这种方式，将血糖波动的幅度严格限制在一定范围内。"

　　　　坎农强调，多数器官是受到来自不同神经系统甚至是方向完全相反的信号调节的。也正是基于这种机制，器官活动的调节就在于条件性地增大某一方向的信号并同时减少其他的信号。坎农给身体这种精准的调节能力起了一个名字，叫"内稳态"（homeostasis）。这个词来源于希腊文字，前半段表示相似，后半段表示恒定不变。以病理学家们将近30年的研究经历为基础，坎农提出的这个概念并非空穴来风。内稳态本质的意义就是调控，即通过体内的一些生理过程，调节和维持身体机能，使其稳定在一定范围内。

　　如果我们把"天人合一"理解为自然存在的"内稳态"，那么这就说明，生命之道的天人合一是原本就存在的，那我们为什么要去调控，或者说我们为什么要用合作理性去实现天人合一呢？原因就是内稳态变成了非稳态，所以我们要去调控。但生命什么都知道，这个调控的任务有时候它自己会去完成，但有时候也要医生帮忙。作者接着说：

　　　　意识到身体有如此强大的自我调节功能，坎农这样评价："我们的身体本身就在行使着医生的职能。"我们需要医生的外部干预，正是由于内环境的某些机制被打破，这种内平衡的破坏是因为某些因子过于活跃或处于被抑制状态下而导致的……而医生的职责就是强化或重建体内的平衡环境。坎农认为，强大高效的内稳态机制及我们所掌握的越来越多的外部辅助手段必将成为医学界的希望之星。

　　　　坎农坚信，内环境的调节是生理学的基础，内环境失衡也是多种疾病发生的重要原因。

作者以上所说的对于中国人来说,太熟悉了,老子的"天之道,损有余,补不足"一句话解决全部问题,如果要更进一步,可以去看《黄帝内经》。但我们建立智慧 App 还是要科学数据来支撑的。现在我们明白了庄子的"古之人,外化而内不化"。内部是稳定的、不变的,而外部环境如果变化,你就必须变化。为什么要变化? 就是为了维持内部的稳定性。

有了内稳态这个基础,该书的中心思想也就全部了解了。但作者还是不罢休,因为他要把这个生命的由内而外、外化而内不化法则,应用到生态学领域。于是就有了我们今天讨论的题目:大象和细菌受什么样的同一法则制约。作者在"生命第二法则"一节中是这么说的:

> 如果说 DNA 是生命的首要逻辑,那么变构效应及其在基因与蛋白质调节过程中发挥的作用就可以被称作生命的第二法则。诺贝尔奖委员会肯定了莫诺和雅各布的发现,他们获得了 1965 年的诺贝尔生理学或医学奖。

书中提到的莫诺和雅各布发现的生命的第二法则,其实就是合作理性的算法。所有的生命包括微生物、动物与植物,都彼此知道对方的存在。它们有四种合作模式:第一,正向调节,也就是你到东,我到东;第二,负向调节,你到东,我到西;第三,双重负向调节,这里增加了一个第三者——他,你到东,我到西,而他也到东;第四,反馈调节,他影响我,我影响你。这个法则既适于生命内部,也适于生命之间。按照作者的意思,其中的双重负向调节最重要。该书"食物链中的级联效应及双重负向逻辑"一节中是这么说的:

> 在许多动物栖息地,营养级联效应及其作用机理已被发现。在这里,我们仅举几例说明。

> 俄克拉何马州的一条淡水溪流中,类似地存在着"捕食者——食草动物——藻类"的营养级联,它控制着米诺鱼及植物的数量……在被调查的 14 个池塘中,仅有两个池塘内同时存在上述两种鱼类,还是发生在一次洪水泛滥之后。在仅有鲈鱼生活的池塘中还生长着大量的绿色丝状藻类,而在仅有米诺鱼生活的池塘中就不见这种藻类的踪影。这些现象都指向了同一个方向,即鲈鱼通过调节米诺鱼的数量间接地调节丝状藻类的数量。

> …………

> ……陆地上也存在类似的"捕食者——食草动物——植物"系统。早在 20 世纪上半叶,在密歇根州苏必利尔湖区罗亚尔岛上就发现了驼鹿与狼群轮流占领的

现象。一项长期研究表明，鉴于驼鹿能够大量消耗冷杉，狼群是通过控制驼鹿的数量间接地对冷杉种群起到调节作用的。另外一个例子发生在委内瑞拉，其境内古力河流域的许多热带雨林在遭受洪水冲击之后，出现了众多"捕食者真空"的岛屿，说明这样的生态系统中也存在着营养级联现象。洪水过境，导致了行军蚁与犰狳数量锐减，解除了植食性蚁群的生存压力，这些以树叶为生的生物很快对雨林产生了致命威胁，雨林生存状态发生了改变并对众多雨林物种产生了后续影响。

作者在这里纠正了我们对生态平衡的理解误区，不是生物之间大家都相安无事，平衡者是顶端捕食者，它决定猎物的数量，食草猎物决定植物的数量，也就是关键物种决定生态平衡。于是他得出了塞伦盖蒂的六大法则，它们分别是关键物种法则、影响力法则、竞争法则、体量法则、密度法则、迁徙法则。这里介绍一下，大家可能不太了解的2个法则：体量法则和迁徙法则。作者是这么说的：

塞伦盖蒂法则4：体量法则

…………

150千克体重是一条非常明显的分界线，体重小于150千克的物种其数量基本被捕食行为控制，而150千克以上的大型动物则不受影响……

但是对于大型哺乳动物，拿水牛来说，它们的捕食者只有狮子，因此就很少死于捕食行为；而对于成年的长颈鹿、犀牛、河马和大象来说，它们被捕食的概率基本为0。

…………

塞伦盖蒂法则6：迁徙法则

回到一些你已经耳熟能详的数字：6万头水牛，超过100万头角马。在捕食者眼里，体重超过450千克的水牛的价值要远远低于体重只有170千克的角马。令人无法解释的是，塞伦盖蒂草原上的角马数量要远远超过水牛。除了体积之外，这两个种群间还存在什么巨大的差异呢？

真相是，一个相对静止，另一个迁徙不止。

这说明了什么问题？就是关键物种也不是绝对的。所有生物的目标只有一个：按法则调控自己，按自然尊重法则。这个就是老子所说的"道法自然"，这里的自然是指自己如此。该书真的有一节，叫"道法自然，殊途同归"。书中是这么说的：

　　塞伦盖蒂法则没有地域局限性,在所有生态系统中都适用。如果把它与普适的调节法则及分子量级的生命逻辑相比较,你会发现它们之间惊人的相似性。生态系统中的调节法则有其特定的对象和手段,如捕食者、营养级联等,但是正负向调节、双重负向调节及反馈调节等模式的具体含义是一致的。

　　正如分子量级的调节法则与我们的健康息息相关一样,生态系统调节法则的存在关系到万物生长,一旦遭到破坏,就连人类世界也难逃其罚。如果我们能像了解分子法则一样去了解生态法则,就能对生态系统被破坏做出精确的诊断,从而找到解决问题的方法。

如果按照作者顶端决定论的观点,天人合一就是自己如此的顶端决定者。自然决定天,天决定地,地决定人。结果如何呢? 作者把结论告诉了我们。

　　当生物学家在 20 世纪 50 年代末来到塞伦盖蒂草原时,他们曾怀疑能否有足够的资源来养活这么多动物。其实塞伦盖蒂草原在这之前刚刚遭受了致命病毒的侵袭,正处于复苏阶段。那时他们看到的 40 万只动物,在之后的 15 年里增至 150 万只。同样的事情正在莫桑比克的戈龙戈萨重现:10 年前,因战乱和偷猎,这里一片荒凉,而如今大型动物的数量已经从 1000 只增长到 7.1 万只。这就是自然的自我修复能力,如果我们能给予自然这个机会的话。

最后一句话很重要,虽然地决定人,但我们人类也要给天人合一一个自己如此的机会,这样才能有塞伦盖蒂大草原。既然生命分子的内部和生命之间的生态永远有四个合作模式在运行,那么它们的合作如果出了错应该怎么办呢?

孟德尔妖"妖"在哪里
第38讲

链接书目:《孟德尔妖:基因的公正与生命的复杂》 马克·里德利

上一讲我们讨论了生命的第二法则,也就是生命的内部与外部的合作机制,共有四种模式:正向调节、负向调节、双重负向调节和反馈调节。这些调节维护着一个目标,即"天人合一"的生命内稳态。那么这种内稳态的合作机制难道不会出错吗?如果出错,又有什么纠错机制呢? 今天,我们还是要回到生命的第一法则基因中去找答案。

今天我们阅读的书,叫《孟德尔妖:基因的公正与生命的复杂》。作者马克·里德利是英国的一位动物学家。那么他为什么要写这本书呢?

理查德·道金斯是这么评价这本书的,他说:"马克·里德利是当今杰出的进化思想家之一。在这部书里,他梳理清楚了一个重要的问题,并以他特有的机敏、学者的才智、深厚的历史功底和对目前进展的熟稔,探究了这个问题。他的正确绝非巧合。"

那么马克·里德利解决了一个什么重要问题呢?我们前几讲知道了生命的第一法则是基因,而且基因的原子组合是一个相对稳定的"非周期晶体"。我们今天的生命就是从几十亿年前的基因遗传而来的。现在问题来了,基因再怎么稳定,基因的遗传难道就不会出错吗?肯定会的,但这些错误都被基因自己给纠正过来了,是什么东西在起作用呢?就是作者所说的"孟德尔妖"。该书前言中是这么说的:

> 复杂的生命形式难以精确地复制自己的所有基因。编码复杂生命所需要的DNA,比编码简单生命所需要的DNA多。人的DNA长度为66亿个字母,为大约10万个基因进行编码。相比之下,细菌的DNA长度是200~300万个字母,为2000~3000个基因编码。DNA越长,复制错误就可能会越多。这与我们抄书一样,抄一条广告标语可以保证不出差错,即便出了错误也没关系,你可以扔掉重抄。但抄整本《圣经》——这可要耗去中世纪一位抄录者大约一年半的时间——不出任何错误就不大可能了。

我们在"为什么'先有鸡还是先有蛋'的争论可以结束了"一讲中，讲到了复杂生命是来自两个简单生命的偶然融入。那么简单和复杂生命的基因遗传纠错机制又有何不同呢？作者是这么说的：

> 复杂生命的进化，需要有机制去处理 DNA 中的复制错误。首先要有机制提高自我复制的精确性。最早的生命形式可能是每 100 个字母中犯一个复制错误，但细菌降低了这个平均错误数，每 10 亿字母中不到一个错误。如此巨大的进步，是用 DNA 进行原版复制的结果——这是一个绝对防错的分子，一个校正和修改错误的分子机构。可是，提高复制准确度的可能似乎已被细菌阶段所穷尽，那以后，基本的 DNA 复制机构一直保持未变。我们人类的每一个 DNA 字母犯复制错误的比率和细菌的差不多，但我们总的错误数却高多了，因为我们用了大大多于细菌的 DNA 编码字母。在细菌和我们人类之间，DNA 分子的长度增加了 1000 倍，而且 DNA 已开始每一个世代被复制 100 次，细菌细胞一个世代只复制一次。我们人类的总错误数上升了 10 万倍，而当细菌每 1000 个子代才犯一个错误时，我们人类每一个子代已至少犯 100 个错误。人的 DNA 中犯了那么多复制错误，怎么还幸存下来了呢？

作者的问题很尖锐，前面我们提到了有性繁殖是复杂生命的起源，也是生命之道合作理性的出发点。但是和无性繁殖的基因几乎是百分之百的概率传下去的相比，有性繁殖的基因从亲本一方传给子代的概率可能只有 50%。基因被遗传的概率从 100% 降到 50%，这个时候犯错的机会也就降下来了。但还是有错误发生。是什么呢？作者接着说：

> 当每一个基因被遗传的机会都被削减一半时，自然选择便有利于那些"自私的"基因，用理查德·道金斯（Richard Dawkins）有名的解释，这是些能扰乱系统且使自己的遗传概率增加到多于 50% 的基因。当这些自私的基因被驯服时，复杂生命才有可能进化。

这就是该书的主题，基因是如何解决遗传中被动的复制错误的。和自私的基因主动犯的复制错误不同，该书的主角孟德尔登场了。作者说：

> 本书两大相关主题都与错误有关：第一种错误是被动复制的错误，即复制DNA 中的突变错误；第二种错误是主动的，即自私的基因因其不协作及破坏性行为而危害个体。两种错误都威胁复杂生命的幸存，它们还与自己的解决方式有

关。复杂生命解决复制错误的主要方式是有性繁殖,而地球上的复杂生命用一种特别的有性方式——孟德尔式性(Mendelian sex):其基因的遗传方式在 150 年前布鲁恩(今捷克共和国的布尔若)的圣·汤姆斯修道院的菜园里,已由格雷戈尔·孟德尔(Gregor Mendel)描绘过。孟德尔遗传学说设想的,是阻止自私基因的破坏行为。

那么,什么是孟德尔遗传信息的核心概念呢? 作者接着说:

从进化的意义上说,基因只是凭借被遗传时发生的概率在进化,因为(被遗传的)幸运基因是随机(如抽签)抽出来的。孟德尔遗传理论的一个基本特征,是你无法预测某个特定基因是否会被遗传……但复杂生命的进化需要一个在遗传上带有随机成分的遗传机制。在从细菌到我们人这一期间的某一个时候——或许是在简单蠕虫阶段——上帝果真选择了。生命开始运用一种随机的遗传体系,从这以后的复杂生命形式便都必定建立在这一基础之上,即运用随机的、孟德尔式过程把基因从亲本传到子代。

孟德尔遗传学的核心概念就是两个字"随机",于是就有了孟德尔妖这个说法。作者接着说:

孟德尔遗传理论阐释了复杂生命的基因是怎么遗传的。它包括性、生殖和基因的或然性而不是确定性遗传。孟德尔本人是奥古斯丁的一个修道士,我因此乐意把机会或概率机制想象成是一个略似修道士的形象——孟德尔妖,它在亲本体内君临每一个基因,决定它是否被遗传给下一个世代、与哪些其他基因一起被遗传给下一个世代。孟德尔与物理学家麦克斯韦(James Clerk Maxwell)几乎是同时代人,著名的(或者说相当著名的)"麦克斯韦妖"(Maxwell's demon)就是以他的名字命名的。孟德尔思想发表于 1866 年,五年后,麦克斯韦妖公之于众。麦克斯韦妖是一个假设之妖。假设一个容器分成两个部分,分隔处有一个洞口,麦克斯韦妖就好像站在这个洞口,只让行动迅速的分子进入一边,这样便(轻易)使得容器的一边为热,另一边为冷。麦克斯韦妖是反随机性的。它反对分子的随机运动,为容器创造一个更为有序的状态,即让容器的一半为热一半为冷,而不是通体恒温。比较起来,孟德尔妖更为现实,它是一个随机之妖,通过抵御自然选择的破坏性力量来确立一个有序的状态(即复杂生命)。

这里有一个相当重要的概念,就是随机与反随机。随机就是不确定性,生命之道

的内在是稳态的,但碰到外部的不确定性环境怎么办?那就见招拆招啊。有什么招?唯一选择就是合作理性。作者是这么说的:

> 复杂生命有赖于孟德尔妖,而且复杂生命也许在 10 亿或 20 亿年前孟德尔妖聚集之时才开始进化。麦克斯韦妖是无规律之妖,它可能违背其中的一个物理法则,而孟德尔妖则是强化规律之妖,它把生物规律重新引向更富创造性而不是更富破坏性的方向。孟德尔妖一点也不深奥,熟悉 UNIX 计算机操作系统的人就能看出这两个在幕后进行有用的计算工作的无形之"妖"与计算机的类同之处。

作者的意思表达得很明白,孟德尔妖是随机的,但是有理性的,它的任务是反对破坏性、提倡创造性,使生命延续下去。那么,基因的合作理性是如何避免被动复制错误的呢?也就是说,我们在抄书时,如何修复抄写呢?作者认为有两个抄写员在工作,一个叫校对酶,一个叫修复酶。作者在该书"错误的历史"一章中是这么说的:

> 修复程序如下,当 DNA 被复制时,双链被解旋,互补的序列复制在每一链上。如果这链是……CATTACA……,它旁边就会复制上……GTAATGT……。复制错误可能会犯,比如 T 替代了 C。因而在原链和复制链之间会造成一个不匹配的 T-G 对。在正常的 DNA 中,我们知道 T-G 对是错误的,但不知道这个配对中是哪个字母出了错,复制后就能辨别了,因为原物与复制并排而立。如果你指导缮写室的和尚,可以越过他们的肩膀去看他们抄写不完善的复本旁边的那份原稿。假如两者不一致,那是新的抄写复本需要修正。同样,DNA 的复制机制也"知道"哪一股是原链,哪一股是复制链。如果有不匹配,更可能是复制链而不是原链出了差错。特殊的修复酶能在错误匹配出现时探测到它们,并重新复制这些字母。

> 整套的修复酶和校对酶无疑经过很多阶段才得以进化。错误率的改善也经过了很多阶段。但我们无法证明是些什么阶段,只能看到它们最终协同的结果:表 3 中是我们所能解读的关于细菌的美妙复制。RNA 病毒没有校对和修复酶,但细菌都有,而且细菌与其他生命,包括我们人,使用的基本上是相同的一套酶。酶加 DNA 的协同效果,将错误率降低大约 10 的 5 次方,降至每一个字母 10 的负 9 次方。这个数字在细菌以及包括我们人的更复杂的生命中基本是稳定不变的。这就意味着除了病毒之外,所有生命每一字母的复制准确性是相同的。这暗示,我们第一次在细菌中看到的多酶、减错机制充当了最好的一揽子解决问题的方法。获取它是很有价值的,但获取后就很难改善了,错误率减少是一次性事件。

以上是作者所说的基因复制的被动错误，然而，基因里面还有一部分自私的成员，它们为了自己的利益而主动犯错误，这些基因被作者称为"刺杀"基因。作者在书中是这么说的：

违背孟德尔第一规律有几个出名的基因。典型的也是最好理解的一个例子，就是一种叫"分离畸变体"（segregation distorter）的果蝇的基因，它是20世纪50年代被发现的，那以后，大多数（但不是所有）果蝇群体都发现有这种基因。虽然发现了，但它们非常稀少，因而大多数果蝇还依然遵从着孟德尔遗传规律。我要把这种分离畸变体基因称为"刺杀"基因。正常的基因遗传给子代的机会是一半，而刺杀基因的机会超过一半，因为它杀死了基因其他的正常版本。我把被刺杀基因的正常版本称为"受害"基因。

其实，我们的癌细胞就是这种刺杀基因引起的。如何处理这些刺杀基因呢？有一种基因叫抑制基因，它们就是干这个活的。作者接着说：

其实有不少基因在影响刺杀基因。有些基因能抑制或者部分抑制刺杀基因，有些基因则在提高刺杀基因的效力，或者抑制那些抑制刺杀的基因。基因的位置是可预测的，DNA中，抑制基因往往离刺杀基因比较远，而抗抑制的基因往往靠刺杀基因比较近。我们还不知道这些个体基因是怎么各司其职的，但我们知道它们能够产生一个特殊的分子，结合到刺杀基因上并中和它，或者进入目标序列并保护它。这样的分子游戏继续进行着，但我不知道它们是不是能解释孟德尔的第一规律。

看来抑制基因能起到一定的作用，但是抑制基因通常离刺杀基因较远，远水救不了近火，怎么办呢？除了孟德尔分离第一规律，孟德尔还有第二规律，叫独立分配定律，是他在研究豌豆遗传机制时发现的：

基因独立遗传是因为我们前面论及的遗传重组过程引起的。重组是有性繁殖过程中重新组合基因的机制。它是一种遗传机制，我们第五章中性动力机制的类比，就是建立在这种机制之上的：我描述过，拆卸并重新组装各汽车之间的好、坏零件，比如动力和刹车系统。生命中基因组的挪动有赖遗传重组……

…………

……基因重组打乱了基因，刺杀基因与它要攻击的目标基因结合。自然选择这时抵制刺杀基因，孟德尔遗传规律又得到了巩固。因此，从进化的意义上说，我们可以把导致刺杀基因和目标基因之间重组的这个基因,看成是刺杀基因的抑制者。

重组使 DNA 中的信息随机化了,该信息可用来区分一对染色体中的两种染色体。目标序列起初像一面写着"此染色体没有刺杀基因复本"的大旗。刺杀基因确实奉旨行事。重组摒除了此信息,因而造成了一种不确定,即目标序列是与刺杀基因在同一染色体上呢,还是不在同一个染色体上。这为孟德尔遗传规律提供了有效施行的后盾。我在本章开篇就提出,我们探讨的机制,就好比两支军队士兵间互换了制服。现在我们发现,这一机制比互换制服还要巧妙得多。基因被打乱后,刺杀基因不仅不知道谁是朋友,谁是敌人,连自己是谁也不知道了。刺杀基因不得不玩起俄国人轮盘赌的决斗游戏,输赢各为 50%。

从作者以上叙述中,我们可以清楚地看到孟德尔妖确实厉害,他可以利用独立和重组的基因遗传信息,让刺杀基因找不着北。今天我们的复杂生命全部依赖于这个孟德尔妖。那么如何给这个对自私的基因严防死守的孟德尔妖定性呢? 我们来看看作者是怎么说的:

散布于细胞内的基因,是特别的反理查德•道金斯理论的例子。道金斯理论认为,自然选择有利于产生最多拷贝的那些基因。道金斯将这些基因描述成"自私的"基因,因为每个基因都在进化着去最大限度地复制自己,而不是其他基因。我们说人自私时,一般既指他们行为的经济效果,也指他们的动机。而基因的"自私"只指它们的经济效果,基因没有动机。基因自私的力量在复杂生命进化的过程中已被抑制。复杂生命不仅由许多基因构建,还由很多相互合作的基因构建而成。人身上有 6 万个左右的基因在为它们生活在其中的生物体的健康和繁殖而共同工作着。生物体的基因之间不仅有合作,这合作还需要特殊的机制为它进化,这些机制安排事务,以至每个基因能通过与其生物体内其他的基因进行最大限度的结合,以达到最大限度的自私。今天我们在探讨复杂生命时,我们其实是在探讨祖先设法解决它们的基因之间矛盾冲突的形式。

作者以上说的话给我们的生命基因盖棺定论了。一句话,基因不是自私的,而是合作的。孟德尔妖"妖"在哪里? 四个字"合作理性"。既然我们知道了生命之道的由内而外、合作理性,那么,我们需要对达尔文的"物竞天择,适者生存"进化理论做出一些必要的修改了。

第39讲

链接书目:《物种起源》 达尔文

上一讲我们讨论了基因在被动复制和主动复制时,如何以孟德尔妖的随机性来纠正两种复制过程中的错误。这个孟德尔妖也可以表述为合作理性。为什么? 因为原来我们以为基因就是为了自私地把自己的后代传下去,其实不是的,基因是有合作理性的物种。它不知道自己的最后方向在哪里,它只知道当下只有合作才能让生命之花永远不会凋零。那为什么它有这种想法呢? 因为生命也是受外部环境制约的,自然选择仍然是生命之花开放的绝对因素。这就是达尔文进化论的八字箴言:"物竞天择,适者生存。"但是,当我们知道了基因的合作理性之后,我们是不是应该给这个八字进化理论做一下修改? 太放肆了吧! 居然想修改人类认知史上最没有争议的一个绝对真理。大家不要误会,其实这个修改也是达尔文自己的意思。

今天我们就来阅读达尔文的《物种起源》。在这本书中,你是找不到"物竞天择,适者生存"这8个字的。那么这是从哪里来的呢? 我们先看一下"适者生存"这4个字。译林出版社出版的中文版《物种起源》的译者序中是这么说的:

> 有人曾戏言,达尔文的学说像块豆腐,本身其实并没有什么特别的味道,全看厨师加上何种佐料;个中最著名的例子,莫过于曾风靡一时的"社会达尔文主义"与"优生学"以及后来更为时髦的"历史发展的自然规律"一说了。即令在当下互联网的"谷歌"和"百度"时代,鼠标一动,达尔文的文字便可跳上显示屏,却依然发生了一些蜚声中外的研究机构把自己的话硬塞到达尔文嘴里的怪事。在伦敦自然历史博物馆(即原来的大英自然历史博物馆)的网页上,竟一度出现过下面这一句所谓摘自达尔文《物种起源》的引语:"在生存斗争中,最适者之所以胜出,是因为它们能够最好地适应其环境。"事实上,达尔文压根儿就未曾说过这样的话,尽管他从《物种起源》第五版开始,引用了斯宾塞的"适者生存"一语,但他对此却是不无警戒的!

北京大学出版社出版的《物种起源》中就有"适者生存"这4个字了。北大版本把译林版本的第四章"自然选择"改为了"自然选择即适者生存"。这里引用北大版本的译文,看看达尔文对自然选择的定义是怎么解释的:

> 我们还应记住,一切生物彼此之间及生物与其自然生活条件之间有着多么复杂密切的关系;因而,构造上那些无穷尽的变异,对于每一生物,在变动的环境下生存,可能是很有用处的。既然家养生物肯定发生了对人类有益的变异,难道在广泛复杂的生存斗争中,对每一个生物本身有益的变异,在许多世代相传的历程中就不会发生吗? 由于繁殖出来的个体比能够生存下来的个体要多得多,我们可以毫不怀疑地说,如果上述情况的确发生过,那么具有任何优势的个体,无论其优势多么微小,都将比其他个体有更多的生存和繁殖的机会。另一方面,我们也确信,任何轻微的有害变异,都必然招致绝灭。我把这种有利于生物个体的差异或变异的保存,以及有害变异的毁灭,称为"自然选择"或"适者生存"。无用也无害的变异,则不受自然选择作用的影响,它们或者成为不固定的性状,如在某些多型物种里所看到的性质一样,或者根据生物本身和外界生存环境的情况,最终成为生物固定的性状。

> 对于使用"自然选择"这个术语,有的人误解,有的人反对,有的人甚至想象自然选择会引起变异。其实自然选择的作用,仅在于保存已经发生的,对生活在某种条件下的生物有利的变异。

达尔文的这个解释很重要,自然选择是什么? 不是生物之间的你死我活,而是两个字"变异"。自然环境对生物有利的变异就生存下来,无用的变异就淘汰出局。如果学习了天人合一稳态结构,以及基因的合作理性,我们就知道,这是生物与大自然的一次合作大联欢。你想要大自然接受你,就要朝着对其有利的方向去变异。那么,生物之间的生存斗争,又是怎么回事呢? 达尔文是这么说的:

> 应先说明的是,作为广义和比喻使用的生存斗争不但包括生物间的相互依存,而且更重要的是还包括生物个体的生存及成功繁殖后代的意义。在食物缺乏时,为了生存两只狗在争夺食物,可以说它们真的是在为生存而斗争。可是生长在沙漠边缘的植物,与其说是为了生存而与干旱作斗争,不如说它们是依靠水分而生存。一株年产1000粒种子的植物,平均只有一粒种子可以开花结籽。确切地说,它在和已经遍地生长的同类和异类植物相斗争。槲寄生依附于苹果树和其他几种树木生活,说它们是在和寄主作斗争,也是说得过去的。因为如果同一棵树上槲寄生太多,树木就会枯萎死去。如果同一树枝上密密缠绕着数株槲寄生幼

苗,说这些幼苗在相互斗争倒更确切。因为槲寄生靠鸟类传播种子而生存,各类种子植物都得引诱鸟类前来吞食和传播它的种子。用比喻的说法,各种植物之间也在进行生存斗争。以上几种含义彼此相通,为了方便起见,我就使用了一个概括性的术语——生存斗争。

这里达尔文首先把"生存斗争"解释为生物间的相互依存,然后是生物个体的生存与繁殖。我们在"为什么'先有鸡还是先有蛋'的争论可以结束了"一讲,讲到了一个细菌进入一个古菌体内产生了内共生体。这里我们可以用外共生体这个概念去理解达尔文所表达的意思。沙漠边缘上的植物,只有一粒可以开花结果,是因为它与环境中的水分形成了共生体,槲寄生是森林生态系统中联系鸟类与其他木本植物的纽带,成为调节森林物种多样性和物种外共生体的重要一环。

达尔文其实把外共生体生物之间的合作看作是一个生态链,所谓生存战争只是两个合作体之间发生了细微的变异,合作不能继续下去了,也就是说,生态链发生改变,生物生长的数量就会改变,生态链上下游的物种也会发生改变,那个不叫灭绝。作者在该书中是这么描述"生存斗争中动植物间的复杂关系"的:

> 因此,在巴拉圭如果某种食虫鸟减少了,这些寄生昆虫就会增加,在脐中产卵的蝇就会减少,那么牛和马就会变成野生的,而这肯定又会极大地改变植物界(在南美的部分地区我确曾见过此类现象)。接下去植物的变化又会影响昆虫;而后,正如我们在斯塔福德郡看到的那样,受影响的将是食虫鸟类,以此类推,复杂关系影响的范围就越来越广了。其实自然状态下动植物间的关系远比这复杂。一场又一场的生存之战此起彼伏,胜负交替,一点细微的差异就足以使一种生物战胜另一种生物。但是最终各方面的势力会如此协调地达到平衡,以至于自然界在很长时间内会保持一致的面貌。可是对于这一切,人们往往知之甚少,而又喜好做过度的推测。所以在听到某一种生物绝灭时,不免感到惊奇,在不知绝灭的原因时,便用灾变来解释世界上生命的毁灭,或者编造出一些法则来测定生物寿命的长短。

达尔文在这里让我们不要轻易用生命毁灭或绝灭这样的词去形容生态链之间的复制关系和胜负交替,最终的结局就是自然界的协调与平衡。"自然选择"不是你死我活,而是"自然保存",不是消灭物种,而是保护物种。作者在该书"自然选择即适者生存"一章中的这段话很重要,是这么说的:

可以说，一切生物都会遭受意外死亡，但这并不会影响或极少影响自然选择的进行。例如：每年大量的种子和卵会被吃掉，如果它们发生了某种可免遭敌害吞食的变异，通过自然选择它们就会改变这种情况。如果不被吞食，这些卵和种子长成的个体，可能比偶然存活下来的个体更能适应其生活条件。同样，无论能否适应生活条件，大量成年的动植物每年也会因偶然原因死亡，而这种死亡并不因它们在其他方面可能具有对生物有利的构造和体质有所减轻。但是，不论遭受多么大的毁灭，只要一个地区的动物没有完全被消除，只要卵和种子有百分之一或千分之一能够生长发育，在这些幸存者中最能适应生活环境的个体，就会通过有利的变异，比那些适应较差的个体，繁殖出更多的后代。如果一种生物因上述原因被全部绝灭，（事实上常有此等情况发生）那么，自然选择就不能再在有利生物的方向上发生作用了。但不会因为这一点而使我们怀疑，自然选择在其他时期、以其他方式产生的效果，因为没有任何理由，可以设想许多物种，是在同一时间、同一地点发生变异的。

通过以上这段话，我们可以得出结论：自然选择不是物种之间打得你死我活，最终我胜出，而是物种的外共生体由自然选择来形成保护机制，所谓适者生存是生物与环境之间产生的一次最美丽的合作，这个合作就叫"变异"，而且能力很强。哪怕它们的种群濒临灭绝，只要有百分之一或千分之一的卵和种子剩下来，更强更多的后代会源源不断而来。这么说来，我们今天理解的，达尔文自己也没有说的"物竞天择"这个词，应该是"物变天择"了。这个最符合达尔文《物种起源》的核心概念。那么，为什么后人要用"物竞天择"呢？这个就是由对达尔文"生存斗争"这个词的误读引起的。那么，达尔文为什么要用这么一个有争议的词呢？原来是事出有因的。达尔文在"生存斗争"一章中是这么说的：

一切生物都有高速率增加其个体数量的倾向，这必然会导致生存斗争。……由于生产出的个体可能多于存活下来个体间的数目，那么自然界中将不可避免地要发生生存斗争：同物种内个体与个体间的斗争，或是不同物种间的斗争，或是生物与其生存的自然环境条件斗争。其实这正是马尔萨斯（Malthus）的学说。

原来达尔文是用了马尔萨斯的理论，才引起后人的误读。其实对达尔文最有权威的抨击来自科学哲学家波普尔。1959年，在《物种起源》出版一百周年庆祝会上，波普尔对达尔文做出了以下抨击，他说："达尔文主义不是真正的科学理论，因为它的核心学说自然选择是一种全能的巧辩。通过仔细观察就会发现，适者生存是同义反复，是必然性的宣言,只是前人没有发现两者的关系罢了。"波普尔为什么这么说? 因为这不符合他的证伪理论,他说:"这种逻辑上同义反复的理论是无法检验的,因为适者才能生存,而生存的当然都是适者,我们找不出任何相反的例证,所以这个理论无法证伪。而科学理论必须能够证伪,也就是从理论上可以被证明是错误的,无法证伪的理论不是科学,或者是伪科学。"

这真是误解了达尔文,以下是《物种起源》中的一段话:

> 放眼未来,我们可以预见,能产生新的优势物种的那些最终的胜利者应该属于各个纲中较大优势群内那些最为常见的,广泛分布的物种。既然所有现生生物都是那些远在寒武纪以前就已生存过的生物的直系后代,我们可以断定,通常情况下的世代演替从来都没有中断过,而且也没有使全球生物绝灭的灾变发生。因此,我们会有一个安全、久远的未来。由于自然选择只对各个生物发生作用,并且是为了每一个生物的利益而工作,所以一切肉体上的,以及心智上的禀赋必将更加趋于完美。

明明是一个合作理性的完美诠释,但达尔文却用了一个完全相反的概念来诠释他的理论。如果我们把"物竞天择,适者生存"这句话改成"物变天择,合者生存",就完全符合达尔文的原意了,波普尔也就不会指责他的理论是伪科学了,为什么? 可以证伪啊! 只要举例不合作的生物,也就是碰到环境变化不会变异的种群最后消失了,达尔文的理论就成立了。那么达尔文为什么要用马尔萨斯的竞争理论来解释他的进化论呢?

第40讲

为什么基因知道"物变天择，合者生存"

链接书目：《人口原理》 托马斯·罗伯特·马尔萨斯

　　　　　《技术的本质》 布莱恩·阿瑟

　　　　　《其实你不懂进化论》 史钧

上一讲我们讨论了达尔文的《物种起源》，发现达尔文的进化理论根本不是我们所理解的"物竞天择，适者生存"，而是"物变天择，合者生存"。今天我们再进一步理解达尔文的进化理论。

上一讲我们留下了一个问题，就是为什么达尔文要选择马尔萨斯的理论来解释他的进化论。这里我们解释一下。

托马斯·罗伯特·马尔萨斯，是18世纪末19世纪初英国著名的经济学家、人口学家，使马尔萨斯声誉鹊起的是他于1798年匿名出版的《人口原理》。

那么，《人口原理》要说明一个什么道理呢？作者在该书"概要"一章中，提出了两条公理：

我认为，可以合理地提出两条公理。

第一，食物是人类生存所必需的。

第二，两性间的情欲是必然的，且将几乎保持现状。

自我们对人类世界有所了解以来，这两条法则似乎就一直是关于人类本性的不变法则。既然到目前为止，它们都未曾发生任何改变，我们也就无权推论它们将来一定会发生改变，除非最初安排宇宙秩序的神采取直接的干预。但是，迄今为止，为了其创造物的利益，神仍然按照既定法则操纵着一切。

…………

读者若接受我提出的这两条公理，那么我便可以说，人口的无限增殖力大于土地为人类提供生产生活资料的能力。

人口若不加抑制，将按照几何级数增长，而生活资料仅以算术级数增长。凡懂得一点算术的人都知道，与后者相比，前者的力量该有多么巨大。

有多么巨大呢？马尔萨斯在该书中有这么一个公式。

> 设世界人口为任一数目，如 10 亿，则人口将按照 1、2、4、8、16、32、64、128、256、512 这样的比率增长，而生活资料将按照 1、2、3、4、5、6、7、8、9、10 这样的比率增长。225 年后，人口与生活资料之比将为 512∶10；300 年后，人口与生活资料之比将为 4096∶13；2000 年后，人口与生活资料之间的差距将大得几乎无法计算，尽管那时生活资料已增至极高的水平。

马尔萨斯以上这段话，其实就是《人口原理》要表达的全部意思，那么有没有抑制人口野蛮生长的方案呢？有，比如战争、瘟疫和饥荒。但马尔萨斯认为土地和食物的匮乏所带来的贫困对人口增长的抑制作用远比战争、瘟疫、饥荒等因素大得多。

那么现实情况如何呢？如果当时全球人口是 10 亿，按照马尔萨斯的理论推演，现在人口应该有 5120 亿了。但事实是我们没有这个天文数字的人口。2022 年 11 月 15 日，联合国宣布全球人口这一天正好达到了 80 亿。全球人口大国中国宣布：2022 年全年出生人口 956 万人，人口出生率为 6.77‰；死亡人口 1041 万人，人口死亡率为 7.37‰；人口自然增长率为 -0.60‰。看来马尔萨斯的无限竞争才可以阻止人口增长的理论是站不住脚的。那么为什么达尔文要用马尔萨斯的理论呢？

有一本书，叫《技术的本质》，有可能会给我们答案。这本书被称为是技术理论体系的先河之作，打开"技术黑箱"的钥匙。作者是斯坦福大学经济学教授、"复杂经济学"创始人布莱恩·阿瑟。作者在该书"科学与数学中的发明"一节里，详细介绍了达尔文采纳马尔萨斯理论的细节，是这么说的：

> 科学理论化的起源说到底也和技术一样是一种链接，一种对一个可观察的给定问题与一个对此有模糊暗示的原理之间的链接。科学最后需要用一套完整的原理再现这一切。

作者的意思是科学家先发现问题，找到一大堆证据，然后再找一个可以链接这些证据的原理暗示，最终形成了自己的理论。最好的案例就是达尔文进化理论的创建过程。作者是这么说的：

> 让我用一个读者耳熟能详的科学例子来阐明这一观点。在达尔文完成贝格尔号航行后大约一年的时间里，他一直在寻找一个关于物种进化的理论，来解释诸如他在加拉帕戈斯群岛观察到的不同种类的雀类是如何形成的问题。从他的阅读和经验当中，他将一组事实和观点放在一起，这可以帮助他找到一个支撑原

理:进化的时间尺度与地质时间是相符合的;个体应该是物种形成的中心元;性状的变化在某种程度上可以遗传;变异可以使物种适应缓慢变化的环境;在个体生命过程中获得的习性,可能会以某种方式促成可遗传的变化;动物饲养员可以选择他们想要的对遗传有利的特质。事实上,"我很快就认识到选择是人们成功获得动植物育种的基石。但是选择是如何被应用于生活在自然状态中的生物身上的,对我来说还是个谜"。达尔文纠结于这些不同的候选组件将如何共同建构起一个关于物种进化的解释。

在1838年,达尔文写道:"我为了消遣,碰巧阅读了马尔萨斯的人口论,并为去理解书中随处可见的生存斗争的论述做好了思想准备。这种准备来自我对动植物生活习性的长期观察。醍醐灌顶般地,我认识到,在这种情况下,有利于生存的变异将会被保存下来,而不利的将被摧毁。结果就会形成新的物种。这时,我终于找到了一个有效的理论。"

用我的话来讲,达尔文并没有从马尔萨斯那里得来理论,他只是借用了一个次级原理:对稀缺资源的持续的竞争选择了群体中最具适应性的个体。然后他应用这个次级原理,使得他的两个主要原理之一成为可能:那些有利的适应会被选择,并被积累下来,从而产生新的物种。但对于另一个主要原理,即变异产生了一系列特征,在此基础上选择才得以进行,他还不能归纳出更好的解释,所以不得不将其作为一个前提。但是我们必须承认,将部分组合起来形成解释功能,使他找到了一个令他得以展开工作的理论。经过15个星期的艰苦思考,他完成了他的基本原理。而余下的工作,即运用所有的支持片段进行从基本原理到完整理论的细节转化,并最终使自己达到满意的过程,则用了大约20年。

作者以上的这些话,解开了我们心中的谜团。首先,达尔文是在采集生物进化证据之后才写的《物种起源》,他并没有先入为见的理论准备。其次,达尔文面对这些生物进化的事实,自己也在纠结究竟用什么理论去解释"物变天择"的生物进化现象,而是一次偶然的机会读到了马尔萨斯的书,给了他一个链接暗示,或者说启发。最后,也是最重要的一点,达尔文并没有完全继承马尔萨斯的全套理论,而是借用了一个次级原理。因此,说达尔文完全使用了马尔萨斯的理论是不对的。

但是,我觉得还有一个外在的重要原因促使达尔文匆匆忙忙地借用了马尔萨斯的理论,这个原因来自一个叫华莱士的年轻人。

有一本书,叫《其实你不懂进化论》,作者是知名科普人史钧,该书获得了第十六届文津奖。作者认为进化论容易理解只是表象,它的核心内容极难准确把握。正因为如此,有关进化论的论战跨越了 3 个世纪,该书是一本进化论观点交锋的集大成者。在该书"谁才是进化论之父"一章中,作者描述了当时对外公开进化论理论的具体过程。书中是这么说的:

> 1858 年 6 月,隐居乡间的达尔文收到了远在地球另一端的华莱士的论文。论文只有四千多字,虽然写得不是很规范,字迹也因为激动而略显潦草,但内容并不难读,因为涉及达尔文正在研究的理论。这个理论可以解释世间一切生灵的起源与进化的机制,华莱士相信这个理论会让整个世界大吃一惊。
>
> 但华莱士没想到,首先大吃一惊的是达尔文。
>
> …………
>
> 对于华莱士的论文,达尔文面临着两难选择:他可以推荐华莱士的论文抢在他之前发表,以后人们谈起生物进化论时,就很少会提起达尔文的名字,而只会提起华莱士。达尔文在"贝格尔号"航程中的发现以及二十多年来的辛劳都将变成辛酸的往事,永远埋在心里,无人感知。而如果不推荐华莱士的论文,又似乎是一件极不光彩的事情,达尔文贵族般的自尊心就会受到巨大的伤害。这种伤害不是来自别人,而是来自他自己。达尔文不明白,自己为什么会遇上如此惊人的巧合,那简直就是命运的捉弄。
>
> …………
>
> 他怀着矛盾的心情不断地给赖尔写信,反复诉说自己的苦恼,直言自己简直要瘫倒了,请赖尔无论如何要想出一个解决的办法。
>
> 就在同时,胡克也知道了这件麻烦事,毕竟他和赖尔都读过达尔文以前的那封信,于是两人一道利用自己在英国科学界的特殊影响力,为达尔文安排了一个折中的解决方案:要求达尔文立即整理一个简洁的文章纲要,和华莱士的论文同时于 1858 年 7 月 1 日提交给林奈学会,经他人宣读后在学会刊物上同期发表。

以上这个故事告诉我们,达尔文和华莱士都有绅士风度,但更绅士的是华莱士。从另外一个方面也告诉我们,达尔文用错了概念的链接是情有可原的,因为当时的他,确实是焦急万分,马尔萨斯的理论体系最接近他的发现。所谓接近,即当时统治西方的主流文化思想就是由外而内的上帝"神创论"。马尔萨斯的理论,虽然也是由外而内的,但是比起"神创论",不知要好上多少倍。这也许就是达尔文错误链接的一个原因,但真正原因是达尔文生不逢时。那时,生命起源和生命进化合作机制的科学发现还没有现在这么普及,特别是基因的发现,如果那时达尔文阅读了道金斯的《自私的基因》,那么他的理论就更加完善了。为什么?因为道金斯从自私的基因角度回答了马尔萨斯的难题。

道金斯认为自私的基因自己会进行计划生育,他在《自私的基因》里,是这么说的:

> 野生动物几乎永远不会因衰老而死亡:远远等不到它们老死,饥饿、疾病或者捕食者都可以使它们丧生。直到前不久人类的情况也是如此。大部分动物在幼年时期就死亡,还有许多尚在卵子阶段就结束了生命。饥饿以及其他死亡因素是野生动物不可能无限制增长的根本原因,但正如我们所看到的,我们的物种没有什么理由一定要沦至这样的地步。只要动物能调节其出生率,就永远不会发生饥荒。温-爱德华兹就认为,动物正是这样做的。但即便在这一点上,学界存在的分歧可能没有像你在读他的书时所想象的那样大。拥护自私基因理论的人会欣然同意:动物的确会调节自己的出生率。任何具体物种的窝卵数或胎仔数都相当固定:任何动物都不会无限制地生育后代。分歧不在于出生率是否得到调节,而在于怎么得到调节:计划生育是通过什么样的自然选择过程形成的呢?

道金斯以上这段话很重要。不管是英国动物学家温-爱德华兹的群体理论,还是自私的基因理论,动物包括我们人类为了不使自己的后代灭绝,都会采取计划生育。群体选择理论,这里就不摘录原著了,就是合作理性的逻辑。现在我们来看看道金斯的自私的基因理论是如何进行计划生育的:

> 现在,自私基因的理论要求我们去探究,这些基因中究竟哪一种会在基因库中越来越多。表面上看,使雌鸟下4只蛋的基因毫无疑问会胜过下3只或2只的基因。然而稍加思索就会发现,"越多越好"的论点绝非事实。以此类推的结果就会是,5只比4只好,10只更加好,100只还要好,数量无限最好。换句话说,这样类推,逻辑上就要陷入荒谬。显然,大量生蛋不仅有所得,也有所失。增加生育必然要以抚养欠佳为代价。

接着道金斯以鸟类抚养后代为例,说明动物也懂得计划生育。

> 育养雏鸟是一件代价昂贵的事情。雌鸟在孕育蛋的过程中必须投入大量的食物和精力。为了保存它生下的蛋,它需要付出大量的劳动去筑巢,这也可能是在其配偶的协助下完成的。雌鸟要花几个星期的工夫耐心地去孵化这些蛋。雏

鸟出壳后，雌鸟就要累死累活地为它们找食物，几乎得不到喘息的时间。我们已经知道，雌性大山雀在白天平均每30秒就要往鸟巢衔一次食物。哺乳动物，如我们人类本身，进行的方式稍有不同，但繁殖作为一件代价昂贵的事情——对母亲来说尤其如此——其基本概念是相同的。显然，如果母亲将有限的食物和精力资源分给太多的子女，结果育成的子女反而更少，倒不如一开始就谨慎一些不要贪多为好。她必须在生育和抚养之间进行合理的平衡。每个雌性个体或一对配偶所能搜集到的食物和其他资源的总量，是决定它们能够抚养多少子女的限制性因素。按照拉克的理论，自然选择对窝卵数（胎仔数等）进行调节，以便最大限度地利用这些有限的资源。

生育太多子女的个体要受到惩罚，不是由于整个种群要走向灭绝，而是仅仅由于它们自己的子女能存活下来的越来越少。使之生育太多子女的基因根本不会大量地传递给下一代，因为带有这种基因的幼儿极少能活到成年。

道金斯的结论很简单，无限生育会给抚养后代带来更大的麻烦，反而得不偿失，因此，自私的基因还是要从自己种群遗传的效果去进行计划生育。基因其实是不知道计划生育的，但它知道外部的环境是否适合自己的生存，基因最大的功能就是突变。为什么要突变？这又回到了合作理性的逻辑。两个合作前提：一个是与外部环境的合作，包括自然和其他生物的共生条件；另一个是个体之内的合作，基因要代代遗传下去，必须保证生物个体每一代是活的，如果生物个体得不到抚养，那么寄宿在生物个体上的基因遗传也就失败了。因此，基因要和生物个体共同合作下去，还是要依赖合作理性。通过自己的付出，和他人共同达到自己的目标。是什么付出呢？就是牺牲数量，增加质量。

其实这个基因的理论也可以和达尔文的理论配合起来，就是把"物竞天择，适者生存"改成"物变天择，合者生存"，这一改把达尔文和道金斯要说的话都说出来了。达尔文讲的是生物个体与种群的自然选择，通过个体的变异，而不是被消灭，继续存在，是合作理性。而道金斯讲的是，这个变异也是基因做出的贡献，因为基因是根据自然选择进行突变的，这样繁殖的下一代就有了与环境或者其他生物共生共存的机会，还是合作理性。

提到道金斯，我们不要忘记一位更伟大的生物学家，他就是合作理性生物学理论的泰斗级人物——爱德华·威尔逊，也就是我们在"我们的知识可以大融通吗"一讲中提到的那位作者。他走的是一条和道金斯不同的路径。什么路径呢？

第41讲

道金斯与威尔逊，谁对谁错

链接书目：《合作的财富》　尤查·本科勒

《社会生物学》　爱德华·威尔逊

《自私的基因》　理查德·道金斯

上一讲我们讨论了达尔文的错误链接是怎么发生的。明明是合作理性，达尔文说是生存竞争，原因就是他一直想为他的理论找一个依据，最后时间来不及了，因为华莱士要公布的新发现要和他的理论撞车了，无奈之下看到了马尔萨斯的理论，便急忙套用了进去。这么一套，方向反了，原来是由内而外，通过自我变异适应环境的进化论，最后变成了被大家普遍理解的由外而内，由环境来决定生物命运的"自然选择"论，最后还是回到了"神创论"，虽然没有全部回去，但已经有回去的嫌疑了。这里不是指达尔文，而是指误解达尔文的后人们。

达尔文在那个时候完全不知道基因和遗传学这回事。但是，他的由内而外、合作理性的理论根据，已经明明白白告诉我们了。由中国科学院院士、西北大学教授舒德干翻译的《物种起源》中，有一个比较完整的导读，是这么说的：

遗传学是生物进化论的重要基础，但遗憾的是，达尔文时代尚未形成遗传学，人们对遗传和变异的机理几乎一无所知。达尔文坦诚地承认："关于变异的法则，我们几乎毫无所知。"尽管如此，达尔文运用"比较的方法"，仍然通过仔细的观察总结出一些变异的法则，的确难能可贵。

1.环境条件与非环境条件（注：暗指生物本性）皆可引起变异，而且后者（内因）比前者（外因）更为重要。

2.器官如果不断使用，则可以得到增强；不使用则退化、减缩，即"用进废退"。

3.相关变异律：某些器官变异被自然选择累积时，与此相关的器官也会随之发生变异。

4.由于重复构造、残迹构造和低等级构造不受或较少受自然选择的作用，所以更易于发生变异。

5.种征比属征形成得晚，稳定性较差，因而易于变异。

以上五点就是在强调变异的内因是决定性的。这样看来达尔文认为内因比外因更重要,是无可非议的。即使没有遗传学做支撑,由内而外是生命起源的铁律也是不可更改的。这样说起来,生命的铁律是合作理性应该没有争议了。不是的,在这一点上生物学家们还是有争论的。

基因是生命由内而外发展的基础,这一点已经毋庸置疑了。但是基因是合作的还是自私的?生物的变异是个体选择还是群体选择?生物科学家们有不同的看法。

最有名的当数道金斯的《自私的基因》一书了,其观点至今还被不同学科引用。但是,也有不同的声音。据说为对抗这本书中的观点,哈佛大学法学教授尤查·本科勒专门写了一本书,叫《合作的财富》。书中把两种不同的观点拿出来,让读者自己比较,了解这方面的知识。作者在该书中是这么说的:

> 过去 30 多年,关于进化与遗传对人类道德的影响作用,人们存在很大的分歧。了解分歧焦点的最好方式,就是比较一下这一时期两段最有代表性的叙述,它们分别出自两位杰出科学家之手。一段叙述来自理查德·道金斯 1976 年出版的名著《自私的基因》;另一段叙述来自 30 年后马丁·诺瓦克发表在《科学》杂志上的关于合作进化的评论文章。

> 如果你和我一样,想建立一个人与人之间慷慨大度、无私合作、为共同利益而努力的社会,那就不要指望人类的生物学特性能帮上什么忙。因为我们天生就是自私的,只有通过"教育",大家才能明白什么是慷慨,什么是利他。我们要弄清的是:我们自私的基因究竟要达到什么目的。这样,我们至少有机会去打乱它们的行动计划,而这是其他物种从未想过要做的事情。(理查德·道金斯,《自私的基因》)

> 也许,进化的最神奇之处,就是它在竞争世界里产生合作的能力。因此,我们可以将"自然合作"视为"突变"和"自然选择"之外的第三个基本原理。(马丁·诺瓦克,《合作进化的五个规则》,《科学》2006 年)

其实,他们两个人争论的观点有点像孟子和荀子的"性善论"与"性恶论"之争。道金斯认为人的善与恶是后天教育的结果。诺瓦克认为人是天生合作的,应该在达尔文的"适者生存"和"自然选择"之外,再增加一个原则,叫"自然合作"。如果把这些规律加起来,是不是已经接近"物变天择,合者生存"了?其实,这还是达尔文的原意。为什么呢?

因为达尔文后来在《人类的由来及性选择》一书中提出了一个新的观点,叫群体选择理论。这个理论和道金斯的亲缘选择理论是相对的。《合作的财富》中有一篇浙江大学跨学科社会科学研究中心主任叶航教授为该书写的推荐序,在推荐序里详细地叙述了两种理论的历史之争。

根据美国社会心理学家大卫·洛耶(David Loye)的研究,在《人类的由来》中,"适者生存"这个词汇只出现了两次,而其中有一次还是达尔文提到他在《物种起源》中夸大了它的重要性,"竞争"在整本书中也只出现了9次。与此形成鲜明对比的则是:在《人类的由来》中,"合作"出现了24次,"同情"出现了61次,"道德"出现了90次,而"爱"则出现了95次。究竟发生了什么情况,让达尔文用来描述人类进化的词汇与他描述一般生物进化时所用的词汇出现了如此之大的差别呢?

达尔文认为,"在人和低等动物之间的种种差别之中,最为重要而且其重要程度又远远超出其他差别的是道德感或良心";人作为一种"道德的动物"与一般动物最大的区别就在于,人类具有一种其他动物所不具有的道德反省力和道德判断力,"所谓有德性的动物就是这样一种动物,他既能就他的过去与未来的行为与动机做些比较,又能分别地加以赞许或不赞许。我们没有理由来设想任何低于人的动物具备这种能力"。

为了解释人类道德感的起源,达尔文在《人类的由来》中提出了一种不同于他在《物种起源》中所阐述过的另一种含义的"自然选择"。他写道:"一个部落,如果拥有许多成员,由于富有高度的爱护本族类的精神、忠诚、服从、勇敢与同情心等品质,几乎总是能随时随地进行互助,而且能为大家的利益而牺牲自己,这样一个部落会在绝大多数的部落之中取得胜利,而这不是别的,也就是自然选择。在整个世界上,在所有时代里,一些部落总是在取代另一些部落。道德既然是前者取胜的一个重要因素,道德的标准就会到处都倾向于提高,而品质良好的人的数量也会到处倾向于增加了。"

这就是后来被人们称为"群体选择"的进化模式,它与达尔文在《物种起源》中提出的进化模式,在演化动力学上存在着重大区别。达尔文认为:"种种社会性的本能——人的道德组成的最初原则,在一些活跃的理智能力和习惯的影响的协助之下,自然而然地会引向'你们愿意别人怎样待你们,你们也要怎样待别人'这一条金科玉律,而这也就是道德的基础了";"在人的一切属性中,它是最为高贵的,它使人们毫不踌躇地为他的同伴去冒生命危险,或者在经过深思熟虑之后,在正义或道义的单纯而深刻的感受的驱策之下,为某一项伟大的事业献出生命"。

············

　　不过,在个体选择理论大行其道之时,一些非主流的生物学家,比如哈佛大学的爱德华·威尔逊(Edward Wilson),自从20世纪70年代创立社会生物学至今,在将近半个世纪的时间里一直坚强地,甚至是孤独地捍卫着达尔文的群体选择理论。20世纪末至21世纪初,威尔逊在生物学领域之外得到了一批支持者,包括哲学家、政治学家、经济学家、社会学家、人类学家和演化动力学家,等等。本书作者尤查·本科勒,也是其中重要的一员。

　　2010年8月,威尔逊和诺瓦克等人在《自然》杂志上发表的一篇论文中,对个体选择理论提出了全面批评。2011年4月,以道金斯为代表,来自全球近百所大学和研究机构的137位生物学家、动物学家和遗传学家,接连在《自然》杂志上发表了5封措辞强硬的信件。他们认为,"威尔逊和诺瓦克完全误解了生物进化理论",并指责"威尔逊甚至不知道自己在说些什么"。

那么道金斯认为威尔逊的理论主要错误在哪里呢? 被称为第一个把生物学理论系统化地引入社会科学里的生物学家威尔逊出版了《社会生物学》一书,这本书是社会生物学领域的开山之作。威尔逊以大量案例配合行为、遗传、族群、生态等学说与证据,建构了一套完整的体系,解释了社会行为的脉络,这标志着一个新学科的诞生。这里将前言摘录一段,让大家看看这本书的影响力。

　　1975年及接下来的几年,读者们对《社会生物学》一书的评价是褒贬兼有。客观地说,这部书中的动物学知识,即除了第1章和第27章以外的所有内容,都受到了广泛的好评。这一部分内容的影响力还在稳步增长。1989年,《社会生物学》一书战胜了达尔文1872年的经典著作《人与动物的表情》(*The Expression of The Emotions in Man and Animals*),被国际动物行为协会官员和成员评为"历史上最重要的关于动物行为的著作"。这部书将许多研究者的发现整合在一个因果理论的框架中,有助于将动物行为的研究改造成与主流进化生物学有着广泛联系的学科。

可是,也不知道什么原因,道金斯的《自私的基因》的影响力远远超出威尔逊的《社会生物学》,很多人是从道金斯的评论中知道《社会生物学》这本书的。作者在《自私的基因》"基因种族"一章中,是这么说的:

　　威尔逊的《社会生物学:新的综合》(*Sociobiology:The New Synthesis*)一书,在各方面都堪称一本杰出的作品,但它却把近亲选择说成是群体选择的一种特殊表现形式。书中一张图表清楚地表明,他在传统意义上,即我在第1章里所使用的意义上,把近亲选择理解为"个体选择"与"类群选择"之间的中间形式。类群选择,即使按威尔逊自己所下的定义,是指由个体组成的不同群体之间的差别性生存。诚然,从某种意义上说,一个家族是一种特殊类型的群体。但威尔逊论点的全部含义是,家族与非家族之间的分界线不是一成不变的,而是属于数学概率的问题。汉密尔顿的理论并没有认为动物应对其所有"家族成员"都表现出利他行为,而对其他的动物则表现出自私行为。家族与非家族之间并不存在着明确的分界线。我们没有必要决定,譬如说,第二代堂兄弟是否应列入家族范围之内,我们只是预计第二代堂兄弟接收到利他行为的概率相当于子女或兄弟的1/16。亲属选择肯定不是类群选择的一个特殊表现形式,它是基因选择所产生的一个特殊后果。

威尔逊关于亲属选择的定义有一个甚至更为严重的缺陷。他有意识地把子女排除在外:他们竟不算亲属!他当然十分清楚,子女是他们双亲的骨肉,但他不想引用亲属选择的理论来解释亲代对子代的利他性关怀。他当然有权利按照自己的想法为一个词下定义,但这个定义非常容易把人弄糊涂。我倒希望威尔逊在他那本立论精辟的具有深远影响的著作再版时把定义修订一下。从遗传学的观点看,父母之爱和兄弟/姐妹的利他行为的形成都可以用完全相同的原因来解释:在受益者体内存在这个利他性基因的可能性很大。

现在我们知道群体选择和个体选择(或者叫亲缘选择)的区别了吧?这个牵涉到基因在本质上是自私的,还是利他的。个体选择认为利他只发生在亲缘范围之内,群体选择认为利他可以发生在超亲缘关系之外。其实都在讲利他,只是范围不同而已。

我们说过,这个问题很好解决,就是四个字"合作理性"。其实,达尔文一开始就是这个意思,但被马尔萨斯理论带到沟里去了,后又要修正,因此引起了后人们的无休止争论。这里包括威尔逊与道金斯的争论。其实,他们两个人的观点在基因的"合作理性"上都没有错。基因要保持稳态复制到下一代,需要两性合作,需要适应外部环境改变自己,需要获取能量等,这些都是在合作理性下进行的。从单个基因的角度去做这些事情,看上去是自私的,但是从群体角度去做这些事情,这就是合作。这些事实,难道生物科学家们没有看到吗?他们看到了。因此威尔逊在《社会生物学》中是这么说的:

随着生物用更加复杂的社会行为作为辅助基因自我复制的手段,利他行为便开始盛行,最终以超越常规的形式出现,社会生物学的中心理论问题也由此而生:利他行为(定义是降低个体的适合度)怎样通过自然选择而进化? 其答案就是亲缘关系:如果导致利他行为的基因由于共同的血缘关系而被两个机体分担,并且如果一个机体的利他举动能够增加这些基因对第二代的共同贡献,那么,利他行为的倾向将会传遍整个基因库。即使利他者因利他举动付出代价而对基因库的单独贡献有所减少时,也会出现这种现象。

威尔逊虽然主张群体选择论,但他没有否定亲缘选择论,群体的利他就是来自亲缘的利他。出乎意料的是,道金斯在《自私的基因》再版时,更加夸张。再版序言里是这么说的:

> "合作的基因"是《自私的基因》另一个好的替代书名。虽然这听起来自相矛盾,但这本书主要的一部分便是讨论自私基因的合作形式。需要强调的是,基因组们并不需要以牺牲同伴或者他人的代价来换取自身的繁荣发展。相反,每一个基因在基因库里——生物体以性繁殖洗牌获得的基因组合,以其他基因为背景,追求着自身利益。其他基因是每一个基因生存大环境中的一部分,正如天气、捕食者与猎物、植被与土壤细菌都是环境的一部分。

对比后发现两位生物学家的观点相反,但是我们对他们忠诚于科学事业的敬意不禁油然而生。两人不约而同地修正了自己的观点,即从基因到生物,从生物到人类,有一条颠扑不破的真理:合作理性。看来我们这一讲的题目"道金斯和威尔逊,谁对谁错"是没有结论了。因为合作永远是生物学家们的共同认知。但威尔逊更加有道理,为什么? 因为威尔逊的理论更加接近人类。人类就是从分子层面一步步走过来的,从细胞走向个体,从个体走向群体,从小群体走向大群体,最后从大群体走向共同体。这不是意识形态,而是科学。接下来我们讨论群体选择的威力到底有多大。

第42讲 为什么人类是 17 个真社会性生物群体中的一员

链接书目:《创世记:从细胞到文明,社会的深层起源》 爱德华·威尔逊

《蚂蚁的故事》 博尔特·霍尔多布勒,爱德华·威尔逊

《蚂蚁的社会》 博尔特·霍尔多布勒,爱德华·威尔逊

上一讲我们讨论了两种进化理论:一种是道金斯的自私基因和亲缘选择,另一种是威尔逊的合作基因和群体选择。两者看似矛盾,其实是不矛盾的。生命合作的目标在先,自私的动力在后,目标与动力都只是一种理性的欲望,最后还要看结果。存在先于本质,这句话用在生命现象上,就是合作先于自私。其实,我们已经花了很多时间讨论了生命的起源问题,从头到尾,就贯穿着一个思想——合作理性。今天,我们阅读合作理性开创者威尔逊的两本书,来做一个小结。

第一本书叫《创世记:从细胞到文明,社会的深层起源》,这是被称为"当今的达尔文"的威尔逊对他一生的思想进行的总结。虽然这本书只有 6 万多字,但威尔逊提出了人类未来走向的哲学问题。他为什么要用"创世记"做书名?原来英文单词 Genesis 是来自《圣经》的上帝 7 天创造天地的故事。他是以科学家的视角看待"创世记"的,因此该书的副书名是"从细胞到文明,社会的深层起源"。我们可以通过他在该书中的话来复习一下前几讲的内容。作者在该书"演化史上的大转变"一章中是这么说的:

地球生物的历史始于生命自发形成的那一刻。在数十亿年的时间里,生命先形成细胞,再形成器官,又形成组织,最后,在过去两三百万年里,生命终于创造出了有能力理解生命史的生物。人类,具备了可无限拓展的语言与抽象思维能力,得以想象出生命起源的各个步骤——"演化史上的大转变"。它的顺序如下:

1.生命的起源;

2.复杂(真核)细胞的出现;

3.有性繁殖的出现,由此产生了 DNA 交换与物种倍增的一套受控系统;

4.多细胞生物体的出现;

5.社会的起源;

6.语言的起源。

你我体内还残留着一些痕迹,它们记录了生命历史的每一次大转变。首先,是微生物,在我们的消化道内和身体各处,都有熙熙攘攘的细菌,这些细菌的数目是人体细胞的 10 倍。其次,是人体细胞,在很早的时候,人体细胞的祖先与一些微生物细胞发生了融合,变得更加复杂,从而有了线粒体、核糖体、核膜与其他细胞器,使得今天的细胞形式如此高效。融合之后的细胞被称为"真核细胞",以区别于细菌的较为简单的"原核细胞"。再次,是器官,这是由大量的真核细胞组成的结构,在水母、海绵和古代海洋中的其他生物体内都能发现它。最后,出现了人类。在遗传基因的决定下,通过语言、本能与社会经验的复杂融合,不同的人类个体组成了社会。

在以上六大转变中,第六个转变最伟大,因为人类的文明因此而产生。但威尔逊认为第五个转变是最伟大的,它有一个专有概念,叫"真社会群体"。作者是这么说的:

> 第五个转变,是同一物种内的许多个体组成了群体。这一步转变的顶峰,就是出现了真社会性(eusociality)群体,这意味着高水平的合作与劳动分工,还有一些特化个体比其他成员繁殖得更少。换言之,真社会性生物实践的是利他主义。目前已知最早形成真社会群落的是白蚁,可以追溯到约 2 亿年前的早白垩世。在白蚁出现之后,又过了大约 5000 万年,蚂蚁出现了。白蚁分解死去的植物,蚂蚁分解死去的白蚁和其他小型猎物,于是,它们联手主宰了昆虫世界的生态系统。在非洲的原始人类里,真社会性最有可能是在能人身上出现的,距今至少有 200 万年了。

威尔逊这里提到了蚂蚁,其实他一生都在研究蚂蚁,为什么?因为从蚂蚁身上,他发现了生命的超级合作理性个体,威尔逊把它叫作"超个体"。这不是一个哲学概念,而是一个生物学概念,是威尔逊通过数学模型和科学实验得出来的概念,由此建立了他的社会生物学学科。有关这个过程,大家可以去阅读威尔逊写的自传,叫《博物学家——爱德华·威尔逊自传》。这是威尔逊的唯一自传,被《洛杉矶时报》誉为"迄今最优美的科学回忆录"。

如何理解"超个体"?我们来看一下威尔逊是怎么说的。他有一本社会生物学经典著作,叫《蚂蚁的故事》。他在该书"超个体"一章中是这么说的:

> 集群等价于超个体,这是生物学中欲了解集群物种时必须检测的单位。我们以最像所有昆虫社会的有机体——非洲矛蚁的大集群为例说明什么是超个体。

从远处看(不要太对准焦距),矛蚁集群的一支劫持队(觅食队)就像一个生物体。它就像一只巨大的变形虫的伪足横穿 90 多米的地面。再细看,这是由数百万只工蚁组成的、有组织地从地下巢(在地下挖成的由多条隧道和小室组成的一个不规则的网络系统)跑出来的一支觅食队。当这支觅食队出现时,先是像一张铺开的床单,然后变成树的形状,树干从蚁巢长出,往前长的树冠宽度相当于一座小房子,有许多相互交织的大、小枝把树干和树冠连接起来。这支觅食队没有领导者。工蚁的先头部队前后跑动,平均速度约为每秒 4 厘米。在先头部队的那些蚂蚁先是前进一段距离,后再斜返回进入后面队伍,以让出路供其他先头部队前进。这些觅食者的各队伍,很像躺在地面上的一根根的粗黑绳,实际上是一条条由蚂蚁构成的劫持队。以每小时 20 米前进的先头部队,在它们的所经之处吞没了地面上的所有植物和低矮植物,搜集和捕杀了几乎其他所有昆虫、蛇甚至别的未逃脱的大型动物(偶尔还包括未被照顾好的婴儿)。数小时后,部队反向而动,进入自家地下巢。

以上作者所说的超个体是指,一个没有统一组织的集群如此统一目的、统一行动。每一个个体好像既是组织者,又是行动者,集群等于个体,个体又等于集群,这就是超个体的概念。但是,还有更绝的。就是那个"工蚁",它不是雄的蚂蚁,而是雌的蚂蚁,专门被分工为勤劳工作的角色,不用参与繁殖工作,是一个名副其实的"超个体"。作者是这么说的:

美国西南部的得州切叶蚁(Atta texana)则在黑夜举行婚飞。笨重的处女蚁后,猛烈地拍打翅膀飞向空中,在那里相继遇到 5 只或更多雄蚁并与之交配。在空中,每只蚁后从交配者那里(雄蚁交配后在一两天内死亡)获得 2 亿或更多精子并储存在储精囊中。囊中的精子可保存长达 14 年(已知蚁后的最长寿命)且无活性,有时还可更长。这些精子一个接一个地从囊中排出(排出后精子恢复活性),然后与排出输卵管外的卵结合。

切叶蚁的蚁后在其漫长的岁月中,可生产多达 1.5 亿个女儿,其中绝大多数是工蚁。当该蚁后的集群成熟时,某些女儿不会成为工蚁而是成为(处女)蚁后,每个(处女)蚁后自己都能建立一个新集群。蚁后未受精的卵子成为短命的雄蚁。

大家注意以上的生殖分工。蚁后从雄蚁处获得精子是一次性行为,为什么?因为雄蚁完成交配后会在一两天内死亡,而蚁后体内的精子可以保留 14 年。雄蚁数量极少，为什么？因为它们是短命的。雄蚁是从蚁后未受精的卵来的，而受精的卵成了雌蚁，大多数蚂蚁是雌蚁，就是我们看到的那些辛辛苦苦工作的蚂蚁群。因此一个蚂蚁窝就是一个"女儿国"，它们永远没有交配和生殖的机会。但是，为了使种群延续，少数雌蚁会有机会成为蚁后，然后由这个蚁后开始建立新集群。

当我们在说自私的基因时，往往是指一个完整的生殖体系，基因为了传宗接代，让人们做这做那，要说是合作理性，那么也仅仅体现在两性交配上，可是蚂蚁的合作理性是超个体的，为什么？因为单独的个体无法完成蚂蚁的繁殖，也就是说，蚂蚁的合作理性是具备生物特性的。不是你想合作就合作，你不想合作就不合作。后面威尔逊描述蚂蚁培养下一代的情节更加曲折。建议大家阅读一本专门研究切叶蚁的书，是威尔逊与他人合著的，叫《蚂蚁的社会》。

威尔逊写《创世记：从细胞到文明，社会的深层起源》的目的，最终还是要为他的群体选择理论辩护，但是他并没有反对亲缘选择理论。他在该书中是这么说的：

> 可以设想，群体内不同个体之间的合作源于不同形式的互动，并在互动中演化。首先，是亲缘选择（kin selection），一个个体的行为可以促进非直系亲属的生存与繁衍。亲缘程度越高（比如，亲兄弟姐妹就高于表兄弟姐妹），这种影响就越大。即使利他主义者遭受了损失，由于其他亲属也携带着跟他们自己一样的基因，这些基因仍然会受益。比如，大多数人可能会冒着失去生命或财富的危险去帮助一位兄弟，但对于第三代远亲可能就不会如此。从直觉来看，亲缘选择很有可能在群体里助长偏袒行为，但在某些情况下，它也有助于创造新群体。

我们所说的自私的基因，就是支持亲缘选择的基因。但威尔逊认为，没有亲缘关系的个体，也可以产生利他行为。这种利他不是自私的基因为了保护自己可以传宗接代，而是更高层次的利他，就是直接互惠、劳动分工以及社会层次的产生。其效果就是真社会性在群体选择中产生。威尔逊是这么说的：

> 现在，许多信息都已尘埃落定。在 1953 年，我曾经测量过世界上 49 个属的蚂蚁，它们的工蚁里都包括不止一种亚等级（subcaste），即工蚁又可以分成次要工蚁和主要工蚁，后者有时也被叫作兵蚁（soldier）。许多物种还有介于中间状态的工蚁（中间工蚁），少数几个物种还有个头更大的第三种等级，叫作超级兵蚁（supermajor）。在高级社会组织的形成过程中，新增的亚等级不仅要在幼虫发育的过程中增加一两个额外的决定点，而且要在蚁群发展的不同阶段，对不同等级

个体的相对数量进行调控。这种调控,就好比是人类社会里的职业分工,以及对不同行业人数进行的文化调控。

于是,就出现了蚂蚁帝国与人类帝国。

要获得必要的遗传变化,并克服独处基因组带来的障碍,唯一的途径是群体选择,因为只有群体选择才足以产生基于基因的利他主义、劳动分工和群体内成员之间的合作。这种更高水平的自然选择已经得到了翔实的记录,而且在蚂蚁和其他社会性昆虫里可以直接观察到。

威尔逊所说的蚂蚁帝国和人类帝国就是一个真社会性的群体,但不是所有的物种都是真社会性的群体。威尔逊是这么说的:

即使是在现代,具有真社会性的昆虫也非常少见,这也进一步证明了它在地质史上的稀缺性。在今天,据我们所知,只有 17 种独立起源的动物形成了真社会性的群落。其中三个独立的支系属于枪虾,生活在热带海洋的浅水区(是已知的唯一一类具有真社会性的海洋动物)……还有两种产生了真社会性的独立支系属于胡蜂,常见的例子包括大黄蜂、小黄蜂和造纸胡蜂。还有两种是树皮甲虫……还有两种真社会性生物是非洲裸鼹鼠(mole rats),它们生来就没有视力,也没有毛发,只吃植物,生活在地下挖出的洞里。

此外,独立起源的真社会性生物还有七种,它们分别演变成了今天的蚂蚁、白蚁、泥蜂(sphecidae)、小芦蜂(allodapini)、绿金蜂(augochlora pura)、蓟马和蚜虫。

除以上提到的动物之外,还有一种就是人类了。我们明白了自私的基因的亲缘选择是生命进化的自然选择,接着威尔逊告诉我们,还有另外一种自然选择,叫群体选择。群体选择里也有亲缘选择,但那是在群体选择之后。那么,群体选择是如何表达基因进化的自然选择的呢? 威尔逊是这么说的:

群体选择指的是自然选择作用于那些规定了社会性状的等位基因(同一个基因的不同形式)。那些被自然选择青睐的社会性状,牵涉到群体内的个体间的互动,包括群体最初的形成过程。当由同一个物种组成的不同群体竞争的时候,它们成员的基因就会受到筛选,自然选择就驱动着社会演化向上或向下发展。通过博物学观察和实验室研究,众多研究者对这个过程做了详尽的记录。

接下来我们都知道了,自然对基因的选择只有一个标准,选择那些会改变自己的基因。群体选择就是自然对具有合作理性的基因,也就是威尔逊所说的具有社会性状的基因进行选择。还是那句话,"物变天择,合者生存"。

　　最后我们来看一下威尔逊介绍的切叶蚁的合作理性有多么强大。一群蚂蚁看到路上有一堆叶子,于是它们把叶子切碎,每只蚂蚁头顶着一片小小的叶子,排队回家,这群蚂蚁就是切叶蚁。那么这些叶子是用来吃的吗? 不是的,它们是用来培养真菌的,真菌才是蚂蚁的主食。培养的过程也是一个超聪明的过程。这里,我们又有疑问了,你说一个蚂蚁群体繁殖下一代是分工合作的,而且是生物体征的分工合作,在解决温饱方面也是分工合作的,而且是食物形态的分工合作,这些是合作理性。但切叶蚁自己培养真菌作为自己的食物,就有一点工具理性的味道了,简直达到了人类智能的地步。合作理性可以产生高智商,这是真的吗?

第43讲
为什么蚂蚁、象棋和神经网络用的是同一规律

链接书目:《涌现》 约翰·霍兰德

《失控》 凯文·凯利

《同步》 斯蒂芬·斯托加茨

上一讲我们讨论了蚂蚁的合作理性,其实我们人类帝国和蚂蚁帝国一样,也属于威尔逊所说的真社会性的群体,其主要特征就是合作与分工,而且是分层次的合作与分工。那么,为什么这种高层次的合作理性会产生如此高级的智慧呢?今天我们讨论合作理性在 21 世纪的一个新概念。为什么说是 21 世纪的新概念?因为蚂蚁在组成群体时为何会表现出如此的精密性和理性目的性,和我们今天讨论数以亿计的神经元是如何产生像意识这样极度复杂的事物,是一样的。那么这是一个什么样的新概念呢?

今天我们阅读的书叫《涌现》,这个新概念就叫"涌现"。该书是涌现理论奠基人、遗传算法之父约翰·霍兰德关于涌现现象研究的奠基之作,被称为复杂科学领域里程碑式著作。那么什么是涌现呢?说出来,你可能不相信,涌现就是我们一直在讨论的话题:由内而外,由简到繁。这个我们在阅读有关生命之道的书籍时,已经多次提到过。

前面介绍过的《生命的运作方式》中说,生命之道的第一种模式是"由简单到复杂"。一粒小小的种子为何能够长成红杉、雏菊、豆苗等独特的植物?蚂蚁个体的行为非常机械,为何蚁群却展现出非凡的灵活性?国际象棋只有二十几条规则,为何人们能不断发现新的走法?错综复杂的神经网络为何能产生高级智能?这些都使用了同一条简单规律——"由简到繁",即简单的规则产生复杂的事物。作者在该书"神秘的涌现现象"一章中是这么说的:

> 如果组成系统的元素具备适应或学习能力,即使这种能力很初级,也可以产生复杂的涌现现象。在第 4 章,我们将研究一个具有学习能力的国际跳棋程序。虽然从涌现问题成为热点以来,研究成果层出不穷,但相比于国际跳棋程序,这些后来的成果便黯然失色了。这个程序通过学习居然战胜了它的设计者!很显然

这是一个产出大于投入的案例。它根据学到的经验,不断对组成自身的单元进行小的改进,最终使自己的整体能力达到锦标赛选手级别。这个程序完全可以还原成定义它的规则(指令)本身,原原本本地展现在你面前,然而它产生的行为并不是通过观察那些规则就可以轻松预测到的。

这种基于明确规则的系统,往往会导致无法预测的异常行为,这正是涌现现象的一个重要方面。而正是这种无法预测、出其不意产生的诱惑,吸引人们投身到涌现现象的研究中来。然而,我并不认为出其不意是支撑这一领域的本质因素。简而言之,涌现现象并不像"神秘产生美"那样,人们一旦理解它就会离它而去。

如果把涌现行为的产生者看作主体(agent),我们就能更好地理解,什么比"神秘产生美"更具吸引力。对基于主体的涌现现象的经典描述,当数侯世达(Douglas Hofstadter)于 1979 年用蚁群做的隐喻。不管这些独立的主体(蚂蚁)能力多么有限,整个蚁群在探索和开拓其周围环境的过程中却展现出了非凡的灵活性。不知什么缘故,这些主体中存在的简单规律,产生了一种远远超过个体能力的涌现行为。值得注意的是,涌现行为是在没有一个中心执行者进行控制的情况下发生的。通过模拟大量相互关联的神经元而构建的模拟神经网络,是这类涌现现象的另外一个例子,我们将在第 5 章介绍。模拟神经网络表现出较为清晰的涌现现象,这与前面提到的国际跳棋程序形成了一个有趣的对比。

国际象棋或者围棋,我们就不说了,大家都理解简单的游戏规则可以产生无穷无尽的结局。这里作者把蚁群的活动比喻为神经网络的工作,如果理解了这一点,我们就知道为什么蚂蚁是这么高智商的动物了。作者在该书"神经网络模型"一章里是这么说的:

像蚁群一样,中枢神经系统也由大量相互影响的个体组成,这些个体被称为神经元。单个神经元就像蚂蚁个体一样,有一套行为指令系统,这个指令系统可以根据数量不多的规则建立起来。而且像蚁群一样,无论在时间还是在空间上,中枢神经系统所调控的行为都比单个神经元本身的行为要复杂得多。当然,蚁群和中枢神经系统有着很重要的区别。例如,神经元之间的相互连接和相互影响在空间上讲,基本上采用"有线"方式,然而蚂蚁的交互网络却具有流动、变幻不定的特点。然而,这两种情况最令人迷惑的地方都在于:这样一个如此稳定而灵活的组织是如何从一群相对不灵活的组成部分涌现出来的?

因为蚁群的活动细节比中枢神经系统的活动细节更容易观察,我们用肉眼就可以看到蚂蚁个体,并观察到它们之间的相互影响,所以蚁群中的涌现现象就显得不那么神秘了。在这方面,隐喻是很有效的手法:通过对蚁群的观察和对比,就可以很合理地解释神经网络的行为指令系统为何比其成员(神经元)的行为指令系统优异很多。在建立这样的网络模型的过程中,我们会用类似观察蚁群的方式来研究这一现象。我们可以使用不同的方式来干扰模拟神经网络,从中挑选出在涌现中扮演关键角色的个体神经元的特征。而且,由于这种网络的结构超出了塞缪尔评估函数的范畴,所以当我们在不同的情况下检验塞缪尔的众多观点时,还会涉及在他的国际跳棋程序中不易观察到的涌现的其他层面。

我们理解了简单的规则可以产生复杂的结果,这个和合作理性有什么关系吗?当然有。作者是这么定义涌现的合作理性的:

涌现最初是一种具有耦合性的相互作用的产物。在技术上,这些相互作用以及这些作用产生的系统都是非线性的:整个系统的行为不能通过对系统的各个组成部分进行简单求和得到。我们不可能在棋类游戏中通过统计棋子各步走法来真正了解棋手的策略,也不可能通过蚂蚁的平均活动了解整个蚁群的行为。在这些情况下,整体确实大于部分之和。

这也是作者对这本书的观点的总结。整体大于部分之和,这是对超级合作理性的定义。什么是超级合作理性?就是大家的付出所达到的目标,已经远远超出行为者本来的目的。

有一本畅销书叫《失控》,作者是凯文·凯利,他被称为互联网经济的未来学家。什么叫失控?就是网络经济造成的去中心化,中心目标消失了,剩下的只有合作理性,但合作理性走到哪里,完全失控了,请注意这是合作理性走向有序的失控,而不是给人类带来灾难的无序失控。凯文·凯利的其他著作也都在表达这样一种思想。该书里的很多预言后来都一一实现了。该书"网络经济学"一章里是这么说的:

我有一种感觉,从网络文化中还会涌现出一种全球意识。这种全球意识是计算机和自然的统一体——是电话、人脑还有更多东西的统一体。这是一种拥有巨大复杂性的东西,它是无定形的,掌握它的只有它自己那只看不见的手。我们人类将无从得知这种全球意识在想什么。这并不是因为我们不够聪明,而是因为意识本身就不允许其部分能够理解整体。全球意识的独特思想——以及其后的行为——将脱离我们的控制，并超出我们的理解能力。因此，网络经济所哺育的将是一种新的灵魂。

要理解由网络文化形成的全球意识，最主要的困难在于，它没有一个中心的"我"可以让我们去诉求。没有总部，没有首脑。这是最令人气恼和气馁的地方。过去，探险者们曾经寻找过圣杯、寻找过尼罗河的源头、寻找过约翰王的国度或者金字塔的秘密。未来，人们将会去寻找全球意识的"我在"，寻找其内在一致性的源头。很多灵魂会尽其所有来寻找它；关于全球意识的"我在"究竟藏匿何处，也会有许多种学说。不过和以往一样，这也将会是一个永远没有终点的探索。

这里再介绍一本书，叫《同步》，作者用了一个新的涌现功能概念，叫同步。反正不管叫什么，我们还是从合作理性的层面上去理解，从生命之道去理解。作者斯蒂芬·斯托加茨是康奈尔大学应用数学教授，在混沌理论和复杂性理论方面的开创性研究工作获得了广泛的认可。作者在该书中对"同步"这个概念是这么描述的：

宇宙的核心存在一种稳定、持续的搏动：同步的循环之声。它遍及自然界的每个尺度，小到原子核，大到宇宙。每个夜晚，沿着马来西亚的潮汐河流，成千上万只萤火虫聚集在红树林中，同步闪烁着，要知道，它们没有收到任何指挥或来自环境的暗示。上万亿个电子在超导体中步调一致地前进，使电流在零电阻的状态下流过。在太阳系中，引力同步可以将巨大的石块弹射出小行星带，飞向地球，这种流星产生的巨大影响被认为是恐龙灭绝的原因。甚至我们的身体本身也是一曲富有韵律的交响乐，通过心脏中成千上万的起搏细胞持续不断且协调一致的发射，维持着我们的生命。无论哪种情形，这些同步的壮举都是自发出现的，仿佛大自然对于秩序有一种怪异的向往。

于是，这些同步现象引发了一个深刻的思考：长期以来，科学家一直对宇宙中自发秩序的存在感到困惑。热力学定律似乎指向了对立的方向：大自然会无情地向更无序的状态、更高的熵值退化。然而，在周围环境中，我们看到的宏伟结构，如星系、细胞群、生态系统、人类，都以某种方式自组织。这个谜题困扰着今天几乎所有的科学研究。只有在少数情况下，我们才能清楚地理解秩序是如何自发产生的。第一个例子是物理空间中的一种特殊秩序，其中涉及完全重复的结构，即当温度下降到低于冰点的时候，数万亿个水分子会自发凝结成刚性、对称的冰晶。然而，要解释时间上的秩序则存在更多的疑问，即使是最简单的可能性，即相同的事情同时发生，也被证明是非常微妙的，我们把这种秩序称为同步。

乍看上去，似乎没有什么需要解释。你和朋友在餐厅约会，如果你们两人都准时到达，那么你们的到来就是同步的。一种类似的寻常的同步是由对相同刺激的反应所引发的：一群鸽子受到汽车爆胎声的惊吓一齐起飞，在短时间内，它们拍打翅膀的节奏几乎是同步的，这只是因为它们对相同噪音的反应相同。鸽子其实并未相互沟通拍打翅膀的节奏，并且最初的几秒过后，这种同步就会消失。其他类型的瞬态同步可能会偶然出现，比如在周日早晨，两座教堂的钟声可能会同时响起，并保持一段时间，然后分道扬镳。当坐在车里等红灯时，你可能会注意到，你的车和前车的信号灯以完美的时间间隔同步闪烁，并持续一段时间。但这种同步纯粹是巧合，几乎没有关注的价值。

引人注目的是持续的同步。当两件事情长时间同时发生的时候，同步或许就不是巧合了。这种持续的同步很容易出现在人类身上，而且不知何故，它常常给我们带来快乐。人们喜欢一起跳舞，一起合唱，共同组成一个乐队演奏。完美的同步十分壮观，例如"火箭女郎"（Rockettes）啦啦队的同步踢腿，以及花样游泳运动员合拍的动作。当观众不知道下一段音乐或下一个舞蹈动作会如何继续时，艺术感就会在瞬间倍增。因此，我们也将持续的同步解释为智慧、筹划和精心编排的一种体现。

当无意识的实体出现同步时，例如电子和细胞，它们看上去就像是奇迹。动物的协作也会让你十分震惊，如夏日的夜晚，成千上万只蟋蟀齐声鸣叫，以及鱼群优美地游动。但更令人震惊的是，一些无意识的群体也会自发陷入同步。这些现象令人难以置信，以至于一些评论家否认它们的存在，将其归于错觉、意外或知觉错误。还有一些观察者甚至利用神秘主义对其进行解释，将同步归因于宇宙中的超自然力量。

直到几年前，关于同步的研究还是一个单独分离出来的分支，生物学家、物理学家、数学家、天文学家、工程师和社会学家分别在各自的领域耕耘，通过看似独立的方法进行探索。渐渐地，同步科学开始整合从各学科中得到的见解，这一新科学的核心是对"耦合振子"展开研究。萤火虫、行星或起搏细胞群体，都是振子的集合。所谓振子，是指自动循环的实体以或长或短的规律性时间间隔一次次重复自己的行为，例如萤火虫的闪光、行星的公转以及起搏细胞的发射。对于两个或两个以上的振子，如果某些物理或化学过程使得它们相互影响，那么则称之为"耦合振子"。萤火虫用光交流，行星通过万有引力相互作用，心脏细胞来回传递电流,正如这些例子所暗示的,大自然在利用各种可能的渠道,使得它的振子相互交流。交流的结果经常是同步,所有振子开始整齐划一地运动。

以上该书的前言部分基本上把这本书的大概意思讲明白了。什么是同步?同步就是从混沌到有序的一种运动。同步是如何形成的?作者用了一个物理学上的合作理性概念——耦合振子来解释。在物理学上,耦合是指两个实体相互依赖于对方的一个量度,振子就是一种物理上的合作行为。

作者用数学的语言,具体描述了耦合振子究竟如何自发同步,在什么条件下同步,什么时候同步不可能出现,什么时候又不可避免;当失去同步时,会出现什么样的组织形式;我们正在努力学习的一切,其实际意义是什么。通过阅读该书,了解这些问题,我们将遇见一个隐藏的美丽世界,一个只有通过数学才能看到的世界。建议大家阅读原著。合作理性不是生物学界的事情,而是整个科学界的事情。

列举以上例子是想说明,合作理性可以在粒子、原子和分子中实现,也就是说它们懂得在什么条件下,如何与对方合作,才能达到自己的目的。那么,人类自己呢?

为什么人类还不能从利己主义的神话中走出来
第44讲

链接书目:《合作的财富》 尤查·本科勒

《利维坦》 托马斯·霍布斯

我们经历了历史学、哲学、人类学、生物学等方面的讨论,我们的认知旅程也经历了工具理性、合作理性和价值理性三次认知革命。我们的焦点逐步集中在合作理性上。为什么? 因为接下来人类的第四次认知革命,将超越前三次认知革命,其中合作理性就是核心。因此,从这一讲开始我们将把视野投向更加宽广的其他领域,比如政治、经济、道德、幸福、社会学、心理学,等等。这个认知旅程比前三次更加复杂和曲折。

上一讲我们讨论了一个合作理性的新概念:涌现。综合我们讨论的观点,合作理性一直是人类进化的主旋律,也就是说,在地球的演化史中,唯有生命还保持着几十亿年不变的本性。人就是生命的载体,那么,为什么我们现在这个世界的主流意识还是道金斯的影子? 人本自私,要知道道金斯本人最后也否认了这一说法。

今天我们要读的书是前面读过的,叫《合作的财富》。作者尤查·本科勒在互联时代知识传播、知识产权研究领域颇有建树和权威。2006 年获得非营利性组织"公共知识"颁发的 IP3 奖,2007 年荣获电子前线基金会"先锋奖",2011 年荣获福特基金会"远见奖",2012 年荣获牛津大学互联网学院"终身成就奖"。他在该书中,一针见血地指出了我们碰到问题的终极原因:钟摆效应。该书引言中是这么说的:

艾伦·格林斯潘(Alan Greenspan)在 2008 年 10 月 23 日向美国众议院监管和政府改革委员会所做的证词如下。

艾伦·格林斯潘:我们很多人,特别是我,都曾希望能够借助贷款机构的自私来保护股东的权益,但我们现在非常怀疑这一点。

参议员亨利·韦克斯曼(Henry Waxman):这是因为你的世界观和你的思想意识出了问题。它不再适用了。

艾伦·格林斯潘:确实如此。这也是让我感到震惊的地方,因为过去的 40 多年间,我的世界观和思想意识特别行之有效。

曾为美联储主席的格林斯潘对利己主义力量的坚定信仰,建立在社会上被广泛认可、长期存在,却是错误的两个假设的基础之上。

第一个假设就是为哲学家霍布斯带来灵感的"利维坦":从根本意义和普遍意义上说,人是自私的。管理人的唯一方法就是建立政府并由它对人进行控制,这样,人们就不会在盲目追求自利的过程中伤害到彼此,或是让彼此的生活陷入悲惨的境地。

第二个假设就是亚当·斯密提出的应对自私的另外一个解决方案:"看不见的手"。亚当·斯密在《国富论》中指出,因为人天生就是自私的,人的决策都是在权衡利弊之后做出的,所以我们在自由市场上的行为最终将给大家带来共同利益。换句话说,在追求自利的过程中,我们最终将满足彼此的需要。这并不是因为我们会为对方的利益着想,而是因为这样做能实现互惠互利。

尽管他们的表述相去甚远,但是"利维坦"和"看不见的手"的出发点是一样的,即认为人类都是自私的。前者试图通过监督和惩罚限制人的自私行为,而后者则认为,在市场上自私将导致人们的行为有利于共同利益。

作者认为霍布斯的"利维坦"和亚当·斯密的"看不见的手"成了西方历史发展的钟摆轮回。该书中是这么说的:

> 从当代欧洲和北美的历史来看,它们的社会、政治和经济体制一直在交替发展,要么走向"利维坦",要么以"看不见的手"为基础。从 17 世纪到 18 世纪,欧洲的君主独裁统治都可以视为不太成功的"利维坦",只是在程度上略有不同(仅仅是将"政府"换成了"君主统治")。正是"利维坦"在履行控制职能方面缺乏效率,才使得"看不见的手"和重视社会行为的"合作"得以出现与发展,但是,后者的发展或多或少有些不太正规。到了 19 世纪,随着君主统治的日趋没落和工业革命的爆发,以及随后的自由贸易兴起,"看不见的手"威力尽显。"看不见的手"在欧洲和北美发威了很长一段时间,但 19 世纪不断出现的恐慌与崩溃,导致它的威力逐渐被削弱。1929 年,随着市场的崩溃和大萧条的来临,"看不见的手"失效了。

作者这里所说的"利维坦"和"看不见的手",其实都指向一个东西,就是人的自私。霍布斯想用"利维坦"来压制人的自私,而亚当·斯密用"看不见的手"去释放人的自私,这个一正一反,对自私的认同正好构成了西方的现代历史。果真是这样吗?作者提出了第三条路径,就是"合作"。该书中是这么说的:

> 我们该走向何方?既然"利维坦"把持的命令控制体系和自由市场上的"看不

见的手"都不能有效地管理社会,那我们该怎么办呢? 以合作为基础的体系,除了能为我们带来自由的操作系统或全球在线百科全书,还能为我们做什么呢?"合作"能否为我们带来稳定、有效的社会和经济体系,让我们冲出这一残酷的怪圈呢?

我相信它能。

于是作者提出了实现合作的七大关键因素:基因和文化的协同进化、心理影响与社会影响、共情和群体认同、沟通、公平、道德与行为规范、动机导向的奖惩制度。今天我们不讨论他的合作解决方案,而是重点讨论作者是如何认知利己主义的。为什么呢? 因为这是检验作者的解决方案是否可行的关键所在。作者在"为什么利己主义的神话仍在流传"中是这么说的:

如果我们有充分证据证明协作的力量和光明的未来,为什么我们仍然坐在会议室里,聆听演讲者的一面之词呢? ⋯⋯在全球经济危机的背景下,华尔街这只"看不见的手"仍比其他选择更好吗?

在我们中间,为什么仍有这么多人还在坚持"人是自私的动物"这一让人不舒服的观点呢? 为什么我们对众多的否定证据视而不见呢? 为什么我们总把人类往最坏处想呢? 我认为有四个原因。

第一,关于人的利己主义假设是部分正确的。

第二,从历史上看,自私和自利观念太深入人心了。

第三,对于我们自身以及我们所生活的世界,我们希望给出简单而清晰的解释,即便这些简单的解释是错误的。

第四,是习惯的力量让我们的感觉与思考偏离了正确的轨道。

以上是作者为利己主义把脉时找到的根本原因。这个对不对呢? 跟着我们学习了这么久,大家应该马上意识到,作者还没有找到根子上的问题。什么根子? 由内而外与由外而内的根子。

我们现在来读一下托马斯·霍布斯的《利维坦》。霍布斯一生没有担任过什么重要官职,只是长期做贵族的家庭教师。1640 年,英国资产阶级革命爆发后,霍布斯避居法国,并担任查理二世的数学教师。后因《利维坦》一书,遭到保皇派的攻击。在克伦威尔执政期间,他返回英国。斯图亚特王朝复辟后,遭到迫害,其著作被禁止发行。但他的《利维坦》是近代西方第一部系统阐述国家学说的著作,书中的无神论、人性论、社会契约论和国家的本质、作用等思想在西方思想史上有着很大的影响。

他为什么要写这本书？因为他认为在没有法律之前，人与人的关系就是一切人对一切人的战争。他在该书"论有关人类幸福和苦难的自然状况"一章中是这么说的：

> 对个人与个人之间的战争来讲，它产生另外一种结果，那就是没有什么事情是不公平的。在这里不存在正确和错误，公正和不公正。在每个人对每个人的战争中，没有凌驾于每个人之上的共同的权力。在这种战争中，暴力和欺诈是两个主要的美德。公正和不公正既不是身体的才能也不是智力的才能。如果他们是的话，当一个人与世隔绝时，这种才能也会像感觉和激情一样存在于他身上。在这种状态下，结果也不会有财产、主权和领地、我的和你的区别；每个人所得到的只是尽其所能尽可能长的时间占有的东西。在这种糟糕的状态下，人由他的天性所决定，只能生存于激情和理性之间。

> 使人们趋于和平的激情是人们对死亡的恐惧，对舒适生活所必需事物的渴望以及通过自己的勤奋获得这一切的希望。于是理性提出可以使人们达成一致的方便易行的条件。这些条件在别的方面被称为自然法。

那么什么是霍布斯的自然法呢？首先需要一个国家权力，他把它比喻为"利维坦"。霍布斯在该书"论赏罚"一章中是这么说的：

> 到此为止，我已经阐明了人类的天性，（他们的骄傲和其他激情使他们被迫服从政府），此外又阐明了人们的主权者的巨大权力，我把他比作利维坦；这个比喻取自《约伯记》第四十一章的最后两节，上帝在这说明了利维坦的巨大力量之后，把他称为骄傲之王。上帝说："在地上没有像他造的那样无所惧怕，凡高大的，他无不藐视，他在骄傲的水族上做王。"

那么这个利维坦或者说国家是怎么来的呢？作者在该书"论国家的起因、产生和定义"一章中是这么说的：

> 建立这样的国家——能使人们抵御外敌的入侵、避免相互伤害以及由此保障人们通过自己的劳动收获果实，从而滋润地生活并生活得很满意——的唯一途径就是人们把他们所有的权力和力量授予一个人或一个人的集合，这样把所有人的意志或多数的意见转变为一个意志。这也就是说，任命一个人或一个人的集合使他承担群体的人格，每个人必须承认他自己授权给承受他们人格的代表人在关于共同和平和安全方面所做出的任何行为和命令。在那里每个人的意志服从于代表人的意志，每个人的判断服从于代表人的判断。这不仅是同意和和谐一致的问

题,也是他们所有人的人格统一于一个人并且是同一个人的人格之中,这一统一通过每个人与每个人之间相互订立契约的方式来实现。这就好像每个人对每个人说:"我放弃管理自己的权力并将这项权力授予这个人或者人的集合,条件是你也放弃自己的权力并把权力授予他,并且以同样的方式承认他所有的行为。"……

获得主权者的权力有两种方式:其一,是通过自然力量而获得。例如一个人可以使他人成为其子孙而服从于他的统治,如果他们拒绝则他能够处死他们;或者通过战争使敌人屈服于他的意志,并以此为条件让他们生存。其二,人们相互之间达成契约,在确信能被保护和免受所有其他人的侵害的条件下自愿地服从于某一人或某一个人的集合。

这就是霍布斯理论的精髓。如果要避免人类一切人对一切人战争的发生,最好我们相互之间订立一个契约,把战争的权力交出去,选一个代表出来,让他行驶"利维坦"的权力,这样不是大家都相安无事了吗? 后来洛克和卢梭的社会契约论,都是受霍布斯的影响。今天我们不讨论霍布斯思想的细节,而是看看霍布斯的这些思想在由内而外与由外而内的思维模式的分水岭下,霍布斯是怎么想的。也就是说,他为什么要写这本书? 该书序言中是这么说的:

自然(即上帝创造和治理世界所依据的艺术),也和许多其他事物一样受到了人类技艺的模仿,从而可以创造出人造动物。既然生命仅仅被看作是一种肢体的运动,起源于身体内部的某些主要部分,那么我们为什么不可以说,所有的"自动机械装置"(即像钟表那样通过发条和齿轮自行运转的机械装置)都具有人造生命呢? 因为"发条"不就是"心脏","丝线"不就是"神经",而那许许多多可以按制造者的意图引发整体运动的"齿轮"不就是"关节"吗? 不仅如此,技艺甚至还模仿了大自然最优秀而且有理性的作品——"人"。因为被称作"共和国"或者"国家"(拉丁语为 Civitas)的庞然大物利维坦正是由这种技艺创造出来的。尽管它在身形和力量上远远大于自然人,但是它只不过是一个人造的人,它是被创造出来保护自然人的。在这个庞然大物中,"主权"是人造的"灵魂",使整体获得生命和运动;官员和其他司法、行政人员则是人造的"关节";"赏"和"罚"(用来紧密连接最高主权职位并推动每一关节和成员执行其任务)则是"神经",和自然人身上的神经发挥同样的作用;所有个别成员的"财产"和"财富"都是"力量";"人民的安全"则是它的"任务";向它提供必要知识的顾问们是它的"记忆";"公平"和"法律"是人造的

"理智"和"意志";"和谐"是它的"健康";"动乱"是它的"疾病",而"内战"是它的"死亡"。最后则是用来把这个政治团体的各部分最初建立、联合和组织起来的"契约"和"盟约",就像上帝在创世时的"命令",或者是他所宣布的"我们要造人"一样。为了讲述这个人造人的性质,我将讨论如下问题:

第一,它的制造材料是什么;创造者是谁? 这两个问题的答案都是人。

第二,它是怎样而且是用什么"盟约"组成的;什么是统治者的"权利"、"正当的权力"或"权威",以及维持和解除这一权力的又是什么?

第三,什么是基督教国家?

第四,什么是黑暗的王国?

以上是霍布斯《利维坦》的序言的主要部分。他也是从人的生命出发,去写这本书的。但是,他的全部思想是由外而内的。首先,生命是上帝创造的。其次,生命的动力仅仅是来自生命的内部装置,也就是生命的器官,是机械的。最后,由人组成的国家,就像这个机械的器官一样,不过是一个由外而内的人造人而已。这是霍布斯对利己主义的政治解决方案。那么,亚当·斯密呢? 他的"看不见的手"是怎么来的?

一个道德哲学家为什么成了一个经济学家
第45讲

链接书目:《道德情操论》　亚当·斯密

　　　　《看不见的手》　亚当·斯密

上一讲我们讨论了西方历史进程中的钟摆效应,一个是"利维坦",一个是"看不见的手"。其根源只有一个:利己主义的幽灵还在西方的上空游荡。

提起亚当·斯密,大家都知道他是西方古典经济学和现代经济学的奠基人,最熟悉的就是他的"看不见的手"理论。简而言之,个人在经济生活中只考虑自己的利益,通过分工和市场的作用,可以达到共同合作富裕的目的。在此之后,"看不见的手"逐渐成了资本主义自由竞争经济模式的代名词,这成为世界的共识。无论之后经济学如何演变,如何分帮立派,未再有人质疑市场机制的作用。

其实大家公认的"经济学之父"亚当·斯密,当时是苏格兰格拉斯哥大学的道德哲学教授。他先写了《道德情操论》,后写了《看不见的手》。那为什么一个道德哲学家搞起了经济学? 这个答案等一下你就知道了。

我们先来看一下亚当·斯密在《道德情操论》里想要表达一个什么样的思想。在该书"论同情"一章中,作者是这么说的:

> 一个人的性格中,显然存在某些天性,无论他被认为私心有多重,这些天性也会激励他去关注别人的命运,而且还将别人的快乐变成自己的必需品。他因目睹别人快乐而快乐,不过除此之外,不啻一无所获,然而他依旧乐此不疲。同情或怜悯,就是这种天性,亦即这样一种情感:当我们或亲眼目睹,或浮想联翩地设想他人的痛苦时,我们就会感同身受。

这个是不是和孟子的"性本善"理论有点相同? 孟子在《公孙丑上》中说的话和亚当·斯密的意思差不多。孟子认为,之所以说每个人都有同情他人之心,是因为现在人们忽然看见小孩将要掉到井里,都会产生恐惧怜悯之心,这并不是要和小孩的父母交朋友,不是为了在邻里朋友中博取好名声,也不是因为厌恶小孩子的啼哭声才这样的。由此可见,没有同情之心,不能算人。

如果把以上两段话放在一起,真的看不出它们是两个时代的。两种文化说出来的话,果真是一样的吗?不是的。为什么?下面我们接着分析。

《道德情操论》,顾名思义,是阐述人类道德情感的性质、起源、内容、功能及其社会后果的书。亚当·斯密在书中也一直在讨论人类为什么会有道德判断,在人与人的交往中,道德作为一种社会现象,是否有人性的基础,如果有,它是什么,等等问题。但是作者在该书中却提出了"看不见的手"这个经济学的概念。作者是这么说的:

> 骄傲而冷酷的地主眺望自己的大片土地,丝毫未想到自己同胞们的需要,而只想象着独自消费从土地上得到的一切收获物,这是徒劳的。眼睛大于肚子,这句朴实而又通俗的谚语,在他身上会得到最为充分的证实。在任何时候,土地产出所供养的人数都接近于它所能供养的居民人数。富人只是从这大量的产品中挑选了最珍贵和最中意的东西。他们消费得并不比穷人多多少;虽然他们的天性是自私的和贪婪的,虽然他们只图自己方便,虽然他们雇佣千百人来为自己劳动所企图的唯一目的是满足自己无聊而又贪得无厌的欲望,但是他们还是同穷人一起分享他们所作一切改良的成果。他们被一只看不见的手引导着,对生活必需品作出几乎同土地在平均分配给全体居民的情况下所能作出的一样的分配;就这样,他们在既非意欲,也毫不知晓这种分配的情况下,增进了社会利益,为人类种族的繁衍提供手段。

以上这段话是在讨论富人的道德问题,但是最后话锋一转,变成了"看不见的手"的分配问题。亚当·斯密认为,富人虽然贪得无厌,但是最后还是与穷人分享成果,只是富人自己不知道而已。到了《看不见的手》,这个基调没有变,但多了社会分工的元素。作者在《看不见的手》中是这么说的:

> 但是任何社会的年收入总是与其产业的年总产量的可交换价值绝对相等,也就是说,年收入与年总产量的可交换价值完全是同一回事。由此看来,既然所有个人都会尽可能地利用自己的资本支持国内产业,并竭尽全力使该产业产生最大价值,所有个人也必然会尽可能地利用劳动为社会创造最大收入。当然,他既不是在为公众谋福利,也全然不知自己为公众贡献了多少福利。他宁可支持国内产业也不愿支持对外贸易,因而我们说他只关心自己的安全。他全力引导产业,使其产量达到最大价值,我们说他只是为自己赚取利润,在种种情形下,他都是由一只看不见的手引导着,不由自主地去达到并非出于本意希望达到的目的。当然,并非出于本意而达到目的,对社会来说不一定就有害。在为自己谋福利的过程中,他往往能够比出于本意更有效地提升整个社会的福利。

亚当·斯密的目的是讨论国家富裕和道德情操,这没有错,但他认为这个目的的完成,并非处于人的本意才达到的。于是,他把这个原因归咎于一只"看不见的手"在操纵。一个认为同情心是人的先天道德基础的哲学家,摇身一变,成了鼓吹利己主义的经济学家,迷惑了一大批后来者。在 19 世纪后期,德国历史学派代表人物之一布伦塔诺,就提出了所谓的"亚当·斯密悖论",认为这两本书对人性和道德的说法矛盾,并把亚当·斯密视为伦理学上的利他主义者和经济学上的利己主义者。于是,近一个半世纪以来,围绕着"看不见的手"这个"悖论"产生了无数的争论。

如果按照亚当·斯密在《道德情操论》里的理论,很明显,道德就是一种合作理性,那么,这一只"看不见的手"应该是合作之手,怎么成了自私之手呢? 如果你去仔细阅读《道德情操论》英文版原著,就会恍然大悟。在书中,他经常会用一个英文单词,"nature",我们一般会把它理解为自然,一种独立于人的意志之外的、由外而内的客观存在。在《道德情操论》中,亚当·斯密描述人的同情心时就是用"nature"这个词的,译者把它翻译为人的"天性",这个和我们前面一直讨论的"生命之道,由内而外,合作理性"有点相似。如果按照这个逻辑走下去,亚当·斯密的疑问就解决了。

但是,还是由外而内的套路,这是西方文化中根深蒂固的认知模式。还是那个"nature",亚当·斯密改了一下,改成了"Author of Nature",而且在书中出现的频率相当高,原意是自然的创造者,译者把它翻译为"造物主"。这样一来,原来的生命之道就变成了上帝之道,由内而外就变成了由外而内。为什么会发生这样的事? 原来亚当·斯密本人就是一个自然神者。因此,有时候他会在书中用"神""上帝"来替代"自然"和"自然的创造者"。他认为我们所有的情感与行为,包括道德都是自然神赋予的。因此,如果说道德是一种自我价值超越的话,那么在亚当·斯密那里,道德就是一种外向超越,是决定论的。他是不是和霍布斯站在同一条战壕里了? 在《道德情操论》中,作者是这么说的:

> 全知全能的造物主就以这种方式教导人们尊重自己同胞的情感与判断;教导人们当同胞赞同自己行为时或多或少就会开心,不赞同时或多或少有些痛苦。是他使人类,如果我可以这样说的话,成了人类自身的审判者;而且在这方面,就如同在许多其他方面一样,按照其自己的形象创造人类,并委派人类为他在人间的代理人来监督自己同胞的行为。人类受教于造物者,要承认被赋予的这种权力及裁判权,当受到其训诫时要或多或少谦卑些、克制些,当受到其赞扬时要或多或少开心些。

要知道,虽然亚当·斯密提出了自私自利背后的那只"看不见的手"是有正面价值的,但他还是一个对自私自利深恶痛绝的道德哲学家。那么如何解释"看不见的手"这个悖论呢?亚当·斯密有一个办法,就是把责任推到"自然创造者"的骗术上。

在《道德情操论》中,就是亚当·斯密提出"看不见的手"的那一段,他大谈特谈是"自然"在欺骗我们。作者在书中是这样说的:

> 自然就是以这种方式蒙骗了我们。正是这种蒙骗激起了人类的勤勉并使其永不停息。正是这种蒙骗,最初促使人类耕种土地,建造房屋,创立城市和共同体,并且创造和推进所有的科学和技艺,以使人类的生活变得高贵和丰富多彩;正是这种蒙骗,完全改变了世界面貌,使自然界的原始森林变成肥沃宜人的平原,把杳无人迹和荒凉的海洋变成人类赖以维生的新源泉,变成通达世界各个国家的大道。因为人类的这些劳动,土地的自然产出必然将加倍,从而供养更多的居民。

那么,自然是以什么方式欺骗人的呢?这里指出了问题的实质,就是"效用"两个字。这里的"效用"指一切满足人们物质需求的使用功能。这个又回到了霍布斯"人是私欲的产物"这个观点上,甚至人们的美感和同情心都来自这个外来的效用。亚当·斯密说:

> 官殿、花园、马车、大人物的扈从,它们具备的明显便利就是打动每个人的目标,无须其主人向我们指出其效用何在。我们发自内心地理解其效用,而且出于同情心,非常欣赏和赞同它们为其主人提供的便利。

亚当·斯密认为大多数人就是为了这种效用的便利手段,而不是为了崇高的目的,而生活在这个世界上。这里同情心从对人的苦难的同情,演变为对便利和效用的同情。其实,他的发现也没有错,有这么一段话很符合当今的现实。

> 同样,一只每天走慢超过两分钟的手表,就会遭到表迷的遗弃。他也许只要几个基尼就把它卖掉,而后花五十基尼另买一只两周都不会慢过一分钟的表。然而表的唯一用途就是告诉我们几点钟,避免我们爽约,或者由于我们在那一具体时刻的忽视而造成的其他不便。但是人们发现如此善待此表的人并非总比其他人更加严格地守时,或者出于其他原因更急迫地关心究竟是几点几分。令他更感兴趣的并不是这只表使他获得的时间信息,而是这只表帮助他获得这些信息时的完美性。

亚当·斯密所说的这种现象,在消费主义泛滥的今天变本加厉了。从手表、手机、家具生活用品到汽车,商家和厂家无时无刻不在为消费者制造这种完美性,每年都会升级产品的功能,美其名曰是新技术的升级,真的是这样吗? 世界头号科技企业苹果公司的手机用了一两年,耗电量会自动加快,就是为了让你加快换手机的频率,满足消费者的效用欲望。但是,也有不买账的,欧洲消费者为此向苹果提出了天价索赔,苹果最后也败诉了。

浙江大学罗卫东教授为《道德情操论》写导读时,是这么说的:

> 而人们因审美和利益而产生的感觉就是这个伟大骗术的主要奥秘。人,如果去掉由于审美和功利所造就的动力,就不会殚精竭虑去做事,不会披星戴月去劳作,不会克勤克俭去积累财富,社会也就不会繁荣和进步。造物主在下一盘很大的棋,而每个人只是其中的一枚棋子,其进退看似自主的行动,实则不过是实现造物主意图的一个工具。每个人都关心自己的利益,都以为在为自己的利益而奋斗,其实从客观上而言,常常是达成了出乎个人想象和欲求以外的公共目标。

以上的分析大家一定会接受,因为社会繁荣的动力确实与自私的"看不见的手"有关。如果大家接受了这个观点,说明我们人类还没有从利己主义的神话中走出来。我们能够走出来吗? 能! 为什么?

第 46 讲
为什么我们要对"看不见的手"重新定义

链接书目:《理性乐观派:一部人类经济进步史》 马特·里德利

《斯坦福极简经济学》 蒂莫西·泰勒

上一讲我们讨论了亚当·斯密的"看不见的手"这一悖论。社会道德的利他主义和经济领域的利己主义会达到同一个目的,这使大家很困惑。亚当·斯密也同样困惑,所以他把责任推给了自然的创造者,认为是自然蒙骗了我们。虽然亚当·斯密没有发现这只"看不见的手",但是有一点大家可能忽视了,就是谈道德、谈经济是同一个问题。可是现在很多人认为这是两个风马牛不相及的问题,这才出现了所谓的"亚当·斯密悖论"。

如何破解这个悖论?很简单,还是要从合作理性产生的那一时点去寻找。有一本书很值得推荐,叫《理性乐观派:一部人类经济进步史》,作者马特·里德利是著名科普作家,曾任《经济学人》专栏编辑。

作者认为经济,或者说市场经济,或者说人类的交换与分工,这些概念不是从亚当·斯密开始的,而是始于10多万年前。而这些概念的产生,从物的交换到知识的交换,使人类从石器时代走向了互联网时代。在该书"集体大脑"一章中,作者是这么说的:

交换是需要由人来发明的。对大多数动物而言,它都不是自然而然出现的。其他动物很少有以物易物的。家庭之间存在分享,包括昆虫和猿类在内的不少动物也存在拿性换食物的交易。但除了人之外,没有哪一种动物会把一件东西给另一种跟自己没关系的动物,用来交换不同的东西。"没人见过狗故意拿骨头跟另一只狗公平交换。"亚当·斯密说。

这里,我必须跑个题,请见谅。我讨论的可不是交换恩惠——所有古老的灵长类动物都能做到这一点。猴子和猿类都存在大量的"互惠"行为:你帮我抓背,我就帮你抓。又或者,像勒达·科斯米德斯和约翰·托比所说:"一方在某一刻帮助另一方,以便将来某一刻双方位置互换时,这一行为可以得到报答。"这种互惠是人类社会的重要黏合剂,是合作的源头。这种来自祖先的固有习惯,无疑为人类的交换行为奠定了基础,但它和交换并不是一回事。互惠意味着在其他时候给对方一种相同的东西（通常而言）。交换（如果你愿意，也可以叫它以物易物，或者交易）指的是在同一时间给对方不同的东西（通常而言），即同时交换两种不同的物体。用亚当·斯密的话来说就是："把我想要的那个给我，你就可以得到你想要的这个。"

以物易物比互惠要奇特多了。毕竟，除了捉虱子，生活中哪儿有那么多值得双方同时为对方做的事情呢？……比方说，过去几个世纪里，喀麦隆草原上的棕榈油生产者因为居住在土壤极为贫瘠区域的边缘地带，要辛辛苦苦地生产出低价值的产品，去跟邻居交换谷物、牲畜和铁。平均而言，他们要花 30 天的劳动，才负担得起铁锄头的价格，而制造铁锄头的工人，只需要干 7 天。然而，在他们自己的土地上，用他们自己的资源，能找到的最有利可图的资源就是棕榈油了。对他们来说，获得铁锄头最廉价的方式，就是生产更多的棕榈油。还可以想象一下，巴布亚新几内亚特罗布里恩岛住在海岸边的部落拥有充裕的鱼，另一个内陆部落则拥有丰裕的水果，只要这两群人继续生活在不同的栖息地，他们必然会看中对方的东西甚于自己有的东西，交易对双方都有利。他们交易得越多，专业化带给他们的利益也就越大。

进化心理学家以为，两个人同时都有价值提供给对方，这种条件是很罕见的。但这其实不对，因为人们总是对自己无法拥有的东西赋予高价值。他们对交换依赖越多，越是专业化，交换的吸引力就越大。故此，交换成了一件能够带来无限可能的东西，一种能繁衍、能激增、能发展、能自我催化的东西。它也许是建立在互惠这种古老的动物本能之上的，也许语言给了它极大的便利和推动——互惠和语言当然有可能是拉开交换序幕的重要人类本性，对此我毫不否认，但我更想说，以物易物（同时交换不同的物体）本身就是人类的一项巨大突破，说不定，它还是为人类带来生态优势和空前物质繁荣最重要的因素呢。从根本上讲，其他动物并不以物易物。

以上这些话告诉了我们一个有关经济学的合作理性概念。

第一，人类的第一次交换是互惠交换，是从原始人的互相抓背挠痒痒开始的，这个互惠交换的结论是符合人类本能的，这是原始人初级阶段的合作理性。

第二，由于语言的产生，后又发展到思想的交换，也就是聊八卦，这个应该是合作理性的第二阶段。

第三，互惠的交换是给对方相同价值的东西，但人们需要互通的是不同价值的东西,于是就有了不同价值的物品相互交换,即以物易物。这是第三阶段的合作理性。

第四,由于交换越来越多,人们对不同物品的欲望也越来越大,于是人们干脆用自己的拿手物品去交换,一来可以发挥自己的资源优势,二来可以换来更多的物品。但是以物易物的范围太小,人们为了扩大交换的边界,于是想出了货币这个物品等价物。这应该是合作理性的第四阶段了。

通过以上痒痒互惠、思想互惠、物品互惠、相同价值互惠,这种循序渐进的合作理性层层递进,随即一系列的市场、分工、合作、交易、服务、货币、垄断、竞争等经济学的概念,也就产生了。其实,我们是看得到的,通过合作理性,每个人利用自己的优势去换回更多的物品,要换回更多的物品就要生产更多的东西,要生产更多的东西就要把自己做的东西更加细分。亚当·斯密给这个现象,取了一个比较优雅的经济学名称,叫劳动分工。他在《看不见的手》中是这么说的:

> 人类劳动生产力最显著的提高,以及人们在劳动、应用劳动时所体现出来的绝大部分技能、熟练性和决断力,似乎都是劳动分工的结果。
>
> 要了解劳动分工在社会一般事务中的作用,比较容易的方法是考察其在某些具体的制造业中是如何进行劳动分工的……
>
> 试举一个非常微型的制造业,在该制造业中人们往往能够注意到劳动的分工,比如别针制造行业。一个没有受过任何职业培训(劳动分工使之成为一种专门的职业),也不熟悉该职业所使用的机械如何应用(同样,这类机械的发明很可能是劳动分工的结果)的人或许无论怎样吃苦耐劳,勤勤恳恳,也不一定能一天做1枚别针,更不用说20枚了。但是别针制造业发展到今天,不仅整个工作已成为专门的职业,而且这种职业又分成了许多部门,其中大部分部门又逐渐成为专门的职业……我见过一间这种类型的小工厂,只雇用了10个人,几个人负责两三种不同操作。尽管他们资金缺乏,不会购买必要的机械设备,但如果足够勤勉,每天仍能制造12磅重的别针。中等大小的别针,1磅最多可达4000枚。依此计算,10个人一天最多可生产48000枚别针,每个人的生产量为这一总数的1/10,可以大致推断出,每人每天能制造4800枚别针。但如果这些人分开独立工作,且其中没有人受过该行业的专门培训的话,则每人每天制造的别针数量不会达到20枚,甚至有可能1枚也制造不出来。

有一本书,叫《斯坦福极简经济学》,作者蒂莫西·泰勒是斯坦福大学经济学教授。该书用生活实例引入主要原理,解释、分析经济现象,概念清晰,即使没有经济基础,也能轻松理解。

作者在该书中把劳动分工概念扩大到了全世界。在"做自己最适合做的事,就有更好的生产力"一节中,作者是这么说的:

> 我们现今的世界,即使是看起来简单的消费品,也经常通过一个涉及全球的复杂过程来生产,让我们以铅笔为例。1958 年,经济学教育家伦纳德·里德(Leonard Read)写了一篇文章,叫作《我,铅笔》,描述铅笔绝妙的生产过程。木材来自北加利福尼亚州,在那里砍伐、运送和加工。铅是斯里兰卡生产的石墨与密西西比州开采的黏土之混合物,两者的结合过程又是在另一个地点完成的。铅笔外观的黄色涂料是用蓖麻子做成的,需要三个步骤(种植、运送、制成涂料)。支撑橡皮擦的黄铜套管是用锌、铜和镍合成的,它们也必须被开采、运送与提炼。橡皮擦是印度尼西亚的蔬菜油、意大利的浮石与各种黏性化学制品的混合物。想象一下,光是做橡皮擦就需要多少步骤? 在这篇文章中,里德宣称世界上没有人可以独自从头包办制作铅笔,而他很可能是对的。

> 铅笔是可能被随意抛弃的小物件,如果掉了一支在地上,你很可能会不假思索地让它滚到旁边。但是,制作一支铅笔所花费的工夫,仔细想想是令人惊叹的。更令人惊讶的是,社会上的每样东西,几乎都是这种近乎神奇的经济协调的成果。

以上亚当·斯密的别针案例和泰勒的铅笔案例,说明了一个问题:合作理性的底层逻辑就是互惠交换,交换的底层逻辑是分工,没有分工,没有交换,合作这个概念就不存在了。表现在经济学里,就是三个基本问题,也是泰勒在《斯坦福极简经济学》中提到的经济学大厦的三个最基础问题。作者是这么说的:

> 社会应该生产什么? 应该如何生产? 谁来消费所生产的东西? 这三个问题是每种经济制度乃至每个社会的基础,无论是资本主义、社会主义还是共产主义社会,或是低收入、中等收入或高收入社会。

社会应该生产什么? 应该生产消费者需要的东西。应该如何生产? 应该通过劳动分工合作生产。谁来消费? 这更是一个高度合作理性的问题。你生产出来的东西是不是符合消费者的需求? 这由消费者来监管。消费者监管的最有力武器是什么? 就是在双方交换时的斤斤计较和讨价还价。正是消费者的讨价还价,使生产者更加要提高劳动生产率,生产更多物美价廉的产品。按照泰勒的意思,劳动分工就是让每个人做自己最合适的事情。合作理性在这里得到了充分展示,社会总财富最后得到了最大的增值。

从以上分析中,我们基本理解了原来那只"看不见的手",不是一只自私自利的手,而是一只互惠交换、合作理性的手。我们是不是要对这只手进行重新定义?不需要!老子在 2500 多年前就已经定义好了。

老子是分三个层次来定义的。

第一个层次:复制。生命之道的本性是什么?这也是亚当·斯密一开始困惑的问题,最后他把这个锅甩给了上帝。但老子的认知和我们前面讨论的基因复制代代遗传的运行机制是完全一致的。为什么这样说呢?《道德经》中说:

> 致虚极,守静笃。万物并作,吾以观复。夫物芸芸,各复归其根。归根曰静,静曰复命,复命曰常,知常曰明。不知常,妄作凶。

致虚和守静的工夫,做到极笃的境地。万物蓬勃生长,我看出了往复循环的道理。万物纷纷芸芸,各自返回到它的本根。返回本根叫作静,静叫作复制生命。复制生命是永恒的规律,认识永恒的规律叫作明。不认识永恒的规律,轻举妄动就会出乱子。

第二个层次:合作。既然生命是循环往复的,是永恒的,面对外部多变的环境,基因靠自己的突变来适应环境,来保持自己可以代代遗传的永恒性,这就是合作。《道德经》中说:

> 知和曰常,知常曰明。益生曰祥。心使气曰强。物壮则老,谓之不道,不道早已。

认识合作的道理叫作"常",认识常的叫作"明"。贪生纵欲就会有灾难。心机主气就是逞强。过分强壮就趋于衰老,这叫作不与道合作,不合作很快就会死亡。

第三个层次:分工。基因的遗传,包括细胞在内,有大量的分工,这是为了保证整体生命延续,是进行合作的必要条件。这个老子肯定是不知道的,但是他知道有合作必有分工,最后才能合作成功。《道德经》中说:

> 天之道,其犹张弓与?高者抑之,下者举之;有余者损之,不足者补之。天之道,损有余而补不足,人之道,则不然,损不足以奉有余。孰能有余以奉天下?唯有道者。是以圣人为而不恃,功成而不处,其不欲见贤。

对这句话的解释,绝大多数人采用的是河上公的意思:天之道人人平等,人之道贪得无厌。这极大地误读了老子的意思。因为在老子那里,人之道与天之道一样,充满了正能量。老子绝不可能把负能量赋予人之道。那么应该如何解释这段话呢？王弼的解释最到位。他是这么解释的：

> 与天地合德，乃能包之如天之道。如人之量，则各有其身，不得相均。如惟无身无私乎？自然，然后乃能与天地合德。言唯能处盈而全虚，损有以补无。和光同尘，荡而均者，唯其道也。是以圣人不欲示其贤，以均天下。

人要与天地合德，才能包容一切，就像天之道和人之道一样，两者有各自的特点，不能混为一谈。人之道如果能够无私奉献，就能与天地合德。如何才能奉献？自己必须处于盈满的状态，源源不断，这样才能以自己的有余弥补他人的不足。和光同尘，各得其所，这就是道，因此，圣人不会以自己的聪明才干强迫天下。

王弼的解释符合老子在《道德经》里的一条主线："万物作焉而不辞，生而不有，为而不恃，功成而弗居，夫唯弗居，是以不去。"这里不需要霍布斯的"利维坦"，也不需要亚当·斯密的那只"看不见的手"，而是需要一只合作理性的"手"。圣人不需要强迫天下人做这做那，而是让大家自己去取长补短，与整个社会和光同尘。其实，主流解释的误读是因为他们忽略了两个最重要的区别：天之道是"补"，指弥补，人之道是"奉"，指"奉献"。他们以为人之道也是"弥补"，所以错了。

这里"看不见的手"，也就是分工与交换的合作理性，渐渐浮出了水面。它不仅仅是一个经济学的概念，还是一个生物学、人类学、知识学的概念。真核生物需要有性繁殖，生物之间的生态链，类人猿之间的梳毛，一直到人类的物品、思想和知识，都是在"天之道，损有余补不足"和"人之道，损不足奉有余"下进行的，这才有了今天我们这个现代社会。

这么看来，合作理性是我们整个经济学大厦的基础，但是为什么我们看见的经济学是由一堆数学公式组成的呢？

为什么经济学家对人性的认知是苍白的
第47讲

链接书目:《企业、市场与法律》 罗纳德·H.科斯

《财富的起源》 埃里克·拜因霍克

上一讲我们讨论了如何对"看不见的手"重新定义。亚当·斯密其实没有错,他是从研究道德的利他主义开始研究经济的,结果是可以预料的,社会的整体财富增加了。这个自私的利己主义究竟是如何达到目的的? 老子的"天之道"与"人之道"的合作理性,给了我们一个明白的答案,这是现代经济学的底层逻辑。亚当·斯密的经济学人性困惑直到今天还在影响着大部分经济学家。因此,我们这一讲的题目是"为什么经济学家对人性的认知是苍白的"。

这个题目不是我们发明创造的,而是大名鼎鼎的诺贝尔奖获得者、经济学家罗纳德·H.科斯说的。他有一本叫《企业、市场与法律》的书,书中是这么说的:

本书所选文章没有一篇和人类偏好特征有关,正如我所说过的,如果没有生物社会学家和其他非经济学家的大量研究成果,经济学家就不会有多大的研究进展。在经济学文献中,经济学家对人性的认识是苍白的,对应该成为他们工作核心内容的制度的态度也是这样。这些经济学家应该研究的制度是企业和市场,它们共同构成了经济体系的制度结构。

作者以上这段话信息量很大。第一,他的经济学没有跟风大部分经济学家去研究人类偏好;第二,经济学必须来自生物社会学;第三,经济学研究的中心应该是制度。因此,他被称为制度新经济学派的领军人物。什么是制度? 就是人们以合作理性共同制定规范人们行为的规章、合约、章程,甚至法律。小到企业,大到国家,离开了制度,将一事无成。那么,科斯的新制度经济学到底有多厉害呢? 该书的"译者的话"中是这么介绍的:

至此,以科斯教授为先驱的新制度经济学运动完成了一次经济学革命。尽管新制度经济学仍然沿袭了新古典经济学的方法,但两者之间有着重大区别。这一区别可以比之为物理学的牛顿时代和爱因斯坦时代的区别。从绝对时空走向相对时空,是物理学走向现实世界的一步,从零交易费用的世界走向正交易费用的

世界,使经济学获得了对现实经济问题的新的解释力。正如科斯教授在1983年召开的新制度经济学第一届年会上的发言中指出的那样:"在当代制度经济学中,我们应该从现实的组织制度出发,同样,让我们从现实的人出发……当代制度经济学应该从人的实际出发来研究人,而实际的人是在现实制度所赋予的制约条件中活动的。"

科斯的核心概念就是"交易费用"。那么什么是"交易费用"呢?首先我们要知道什么是交易,这个交易不是我们通常理解的交易,而是制度经济学特有的"交易"概念。该书"译者的话"中是这么说的:

> "交易"这个概念在正统经济学中早已存在,但是一个应用范围相当窄的概念,到了制度经济学的代表人物之一康芒斯那里,"交易"概念一般化了。康芒斯将"交易"概念和正统经济学中已被一般化的"生产"概念相对应。按照他的划分,"生产"活动是人对自然的活动,"交易"活动是人与人之间的活动。"生产"活动和"交易"活动共同构成了人的全部经济活动。这种"交易"活动被康芒斯视为"制度"的基本单位,也就是说,"制度"的实际运转是由无数次"交易"构成的;"交易"因而就成为康芒斯的制度经济学的基本分析单位。康芒斯进而将"交易"分为三种基本类型:买卖的交易,即平等人之间的交换关系;管理的交易,即上下级之间的命令和服从关系;限额的交易,主要指政府对个人的关系。这三种交易类型覆盖了所有人与人之间的经济活动。这样的分类更清楚地表明了,被康芒斯一般化了的"交易"概念将过去人们认为毫不相干的事情,如买卖活动、经理对工人的指挥,以及国家对居民征税等等联系和归纳在一起。不同的经济制度不过是这三种交易类型的不同排列组合。例如,在市场经济中,以买卖的交易为主,在计划经济中,以管理的交易为主。

从以上叙述中,我们可以得出一个简单的结论:所谓制度经济学就是交易经济学,交易经济学就是人与人之间的活动经济学。只要是人的活动,必然受到两个因素制约:第一,你在损不足奉有余的时候,不是无私奉献,而是要计算活动成本的,这就是企业的交易费用。第二,社会在损有余补不足的时候,什么方式能使总体交易费用成本最低,这就是社会的交易费用。

有关企业的交易费用很好理解,科斯针对亚当·斯密的横向一体化,即专业分工生产由市场价格决定,越细越好,最后达到效率最大化的观点,在《企业、市场与法律》一书中提出了这样的问题:

　　然而,假如生产是由价格机制调节的,生产就能在根本不存在任何组织的情况下进行。面对这一事实,我们要问:组织为什么存在?

于是作者提出了作为替代价格机制的"纵向"一体化概念。

　　在企业之外,价格变动决定生产,这是通过一系列市场交易来协调的。在企业之内,市场交易被取消,伴随着交易的复杂的市场结构被企业家所替代,企业家指挥生产。显然,存在着协调生产的替代方法。

科斯的理由很简单,如果每一个生产环节都由外部市场去决定,那么肯定会产生很多费用,比如找供应链、找市场、谈价格。企业的功能就是把自己擅长的环节放在组织内部自己解决,这样交易费用才能下来。另外,企业只是一个有限的组织,自己不擅长的环节,还是要通过外部来解决的,于是就产生了社会成本。科斯在该书"社会成本问题"一章中,提出了以下在经济活动中经常碰到的问题。

　　我在早先发表的文章中列举了糖果制造商的机器引起的噪声和震动干扰了某医生的工作的事例。为了避免损害医生,糖果制造商将遭受损害。此事例提出的问题实质上是,是否值得去限制糖果制造商采用的生产方法,并以减少其产品供给的代价来保证医生的正常工作。另一事例是走散的牛损坏邻近土地里的谷物所产生的问题。倘若有些牛难免要走散。那么只有以减少谷物的供给这一代价来换取肉类供给的增加。这种选择的实质是显而易见的:是要肉类,还是要谷物?

这是科斯在处理人与人之间活动时的一个典型场景。外部侵害问题,实际上是一个用何种方式正确地度量和界定利益边界的问题。这里科斯提出了著名的"科斯定理":若交易费用为零,无论权利如何界定,都可通过市场交易达到资源的最佳配置。实质意义就是双方合作理性的最大化。双方通过自愿的原则而不是通过法律的原则,去解决这个问题。作者在"社会成本问题"一章中是这么处理这个问题的,他假设糖果商和医生都诉诸法律,无论法院判谁赢,都是社会交易费用的增加,对双方都不利。作者是这么说的:

　　法院判决确定了医生享有不让糖果制造商使用机器的权利,但当然也有可能通过当事人之间的讨价还价来修改法院判决所做的安排。如果制造商支付给医生一笔钱,且其数目大于医生将诊所迁至成本较高或较不方便的地段所带来的损失,或超过医生减少在此地看病所带来的损失,或多于作为一个可能的建议而建造一堵墙以隔开噪声与震动所花的成本,医生也许愿意放弃自己的权利,允许制造商的机器继续运转。如果制造商付给医生的钱少于他改变在原地的生产方式或停止生产或搬迁他处所需要的费用,制造商也许会愿意这样做。问题的解决实质上依赖于他继续使用机器是否使制造商的收入增加大于给医生带来的收入减少。但现在考虑如果制造商胜诉的话,那么,他将有权继续使用有噪声和震动的机器而不必支付给医生任何赔偿费。于是,情况就要倒过来了:医生将不得不付钱给制造商以求他停止使用机器。如果医生在机器继续使用时减少的收入大于他付给制造商的费用,那么显然在由医生付钱以使制造商停止使用机器方面就大有讨价还价的余地。这就是说,制造商继续使用机器并且向医生赔偿由此产生的损失的不利情境(如果医生有权不让制造商使用机器的话),将变为医生想付钱给制造商以促使他不继续使用机器的情境(如果制造商有权使用机器的话)。此案的基本情况与牛损坏谷物的例子完全一样。在市场交易的成本为零时,法院有关损害责任的判决对资源的配置毫无影响。

以上这段话很绕,只要记住一点,不管是法院的判决还是双方的协商,都要考虑到社会成本是否增加。这个不用法院去计算,糖果商和医生自己会计算。很简单,你补偿的损失款只要高于我们纠纷的损失标的,我就可以接受。糖果商或者医生,其中一个继续自己的营生。为什么?因为即使赔偿了,还是有的赚的,这样社会成本就降到了最低点。这就是科斯的"零交易费用"概念。在该书"社会成本问题的注释"一章中,作者是这么说的:

零交易费用的世界已常常被说成是科斯世界。真理多走半步往往会变成谬误。科斯世界正是我竭力说服经济学家离开的现代经济学理论的世界。我在《社会成本问题》中所做的,只是揭示这一世界的某些特征。我指出,在这样的世界里,资源配置将不取决于法律规定……

伴随着零交易费用,生产者将作出各种对于产值最大化来说是不可或缺的契约安排。如果存在可以采取的、其成本少于其带来的损失减少量的行动,并且这些行动是成本最低的适于减少损失的手段,那么人们就会采取这些行动。可能由单个生产者提出或数个生产者一起提出采取这种行动。

以上是科斯的零交易费用概念,但是,在现实中零交易费用是很难实现的。比如说以上举例的糖果商和医生,在现实中他们会妥协吗?但科斯的交易费用理论提醒人们注意合作理性的契约,即制度或权力对经济资源配置的最大化。现在新制度经济学家们已经将交易费用的概念应用于广泛的领域,如代理关系、寻租活动、企业内部考核、外部性问题、纯粹市场与科层组织之间的各种类型的经济组织形态、经济史、政治制度,甚至扩展到包括度量、界定和保证产权(即提供交易条件)的费用,发现交易对象和交易价格的费用,讨价还价的费用,订立交易合约的费用,执行交易的费用,监督违约行为并对之制裁的费用,维护交易秩序的费用,等等。我们的理解是:交易费用就是经济学底层逻辑合作理性的价格,价格越低,整个社会利用资源的成本就越低,资源的利用率就越高。

这是提醒经济学家们经济的重点还是在于人的合作理性本性。什么是人的合作理性本性? 就是生命的本性,因此科斯认为他的思想来自生物社会学的启示。但可惜的是,现在大多数经济学家不是这么认为的。有一本书叫《财富的起源》,它被认为是一本"互联网的国富论"。作者埃里克·拜因霍克是牛津大学新经济思想研究所掌门人、麦肯锡全球研究院合伙人。这本书的重点思想——复杂经济学,我们将在后面讨论。但是书中对当前经济学现状提出了自己的担忧。在该书"传统经济学的时代已经结束"中,作者讲了这么一个故事:

> 时值 1984 年,约翰·里德(John Reed)遇到了一个难题。在 45 岁这年,里德刚刚当选为世界顶尖公司花旗银行的董事长和首席执行官。然而,里德所接手的公司刚刚经历了一场重创。在整个 20 世纪 70 年代,花旗银行同美国其他主要银行一道,向发展中国家的政府发放了大量贷款,尤其是拉丁美洲的政府。里德的前任沃尔特·里斯顿(Walter Wriston)宣告这些贷款是"安全的银行业务",因为主权政府从不拖欠债务。里斯顿后来被证明大错特错——1982 年 8 月,墨西哥政府宣告无法偿还它所背负的巨额债务。
>
> 一连串类似事件最终导致了全球金融危机的爆发。在随后的几年里,有多个国家出现了大范围的违约、货币贬值和经济崩溃。尘埃落定后,数以百万计的穷困民众发现他们更加贫穷了,银行则发现 3000 亿美元从它们的资产负债表上蒸发了。仅花旗银行一家就在一年内损失了 10 亿美元,另外还产生了 130 亿美元的坏账。
>
> 里德试图弄清究竟发生了什么,是如何发生的,以及如何防止它再次发生。花旗银行和其他所有大型银行里的优秀人才为何会严重地误判了相关的风险? 为何没有任何人能够预测到这些贷款将导致的问题? 为何在墨西哥发生的局部事件会升级为一场全球危机? 为何全世界其他政府的应对措施丝毫不起作用?

里德咨询了各种专家，包括来自学术界、华尔街和各国政府的顶尖经济学家。自就读于麻省理工学院起，里德就对经济学产生了浓厚的兴趣。如果说回答这类问题是某些人的工作职责，那么这些人必定是经济学家。然而，经济学家对于这场危机却给不出任何新颖的或有用的说法。事实上，里德认为他们在危机中给出的建议错得离谱。据科学作家米歇尔·沃尔德罗普（Mitchell Waldrop）所言："里德判定，在面对世界金融市场时，专业的经济学家毫无用处……里德认为我们或许需要一种全新的经济学方法。"

………………

里德并非唯一一个质疑经济学状况的人。在过去几十年里，人们对于经济学理论的批评声不绝于耳。1996 年，约翰·卡西迪（John Cassidy）在《纽约客》杂志上撰写了一篇极具争议而阅读者众多的文章：《经济学的衰落》。卡西迪指出，经济学已经沦为象牙塔中高度理想化的理论，未经数据检测，充满着不现实的假设。他声称，经济学已发展成一场"大型的学术游戏"，经济学家在游戏里写文章互相吹捧，炫耀各自的数学才华，但毫无兴致证明他们的理论与现实世界的关联。卡西迪认为，大部分企业已经对经济学表示绝望，他还指出 IBM、美国通用电气等公司已经关停了它们的经济学部门。

不知道你阅读了以上作者的观点后，对现在这种绝望的经济学有什么感想。这本书的作者找到了一种新方法，什么方法呢？还是科斯的路径，生物进化的方法，也就是由内而外、合作理性的方法。这个我们在后面讨论复杂科学时，再为大家介绍。

为了把老子的天之道和人之道阐述得更加清晰，我们接下来谈谈当今互联网经济的主流商业模式，看看还是不是老子的"天之道"与"人之道"路径。

为什么羊毛出在猪身上,狗会付钱
第48讲

链接书目:《免费:商业的未来》 克里斯·安德森

《增长智商——有效构建企业未来的十大路径》 蒂法妮·博瓦

《刷新:重新发现商业与未来》 萨提亚·纳德拉

上一讲我们讨论了经济学的本质,是关于人的学问,而人的本质是合作理性,因此,经济学就是人类合作理性学。老子在2500多年前为这门学科做了注释,就是天之道与人之道的融合,彻底解决了亚当·斯密的有关个体自私、群体利他的悖论。如果这句话是在20世纪说的,大家有可能还会质疑,但到了21世纪的互联网经济时代,原来被认为是悖论的合作竞争,今天成了事实,成就了羊毛出在猪身上,狗会付钱的一种主流商业模式。

讲到这种悖论式的商业模式,我们必须阅读一本书,叫《免费:商业的未来》,作者是克里斯·安德森,他被誉为"信息时代的精神领袖"。这本书值得阅读有两个原因:一是本书出版的时间是2009年,很多商业模式已被后来的实践验证过。二是作者还有一本书叫《长尾理论》,和这本书合起来正好是我们讨论的天之道与人之道的悖论问题。《免费:商业的未来》的序言中是这么说的:

对于我而言,该书始于《长尾理论》一书没有讨论完的话题。在《长尾理论》一书中,我们主要探讨了在商品种类应有尽有……互联网上无穷大的货架空间使得"长尾"式多样化的产品销售成为可能。不论是大众市场还是细分市场,也不论是主流商品抑或非主流商品,互联网成为有史以来首个同时适用于它们的销售平台。这种情形造就了一种差异化极大的新兴文化,也给主流媒体和大牌音乐公司等带来了莫大的冲击。

要想得到海量的货架空间只有一个途径,那就是把货架空间的成本压缩到近乎为零。数字销售近乎为零的"边际成本"(这里指的是在必备硬件设备的固定成本之外,额外售出一件商品所增加的成本)使得我们无须严格区分使用这种销售手段的目的,也不需要经过谁的许可来使这种销售的广度遍及全球。网络一切免费的特点成就了它今日的奇迹,使得它成为有史以来人类知识、经验和表达方式的集大成者,这也正是免费货架空间的功效。我在惊讶于这种特点所带来的成效之时，也开始对"免费"进行更深刻的思考，我意识到"免费"现在已经是包罗万象了。这不仅可以解释在线商品种类繁多的现象，也成了在线商品的定价策略。这种"免费"和我们已经习惯的传统营销中免费试用和颁发奖品等伎俩不同，网络上流行的"免费"手段并没有什么陷阱，它并不是为了吸引你日后购买的一种手段，而是实实在在的免费奉送。我们中间的大多数人每天都需要依靠 Google 网站提供的各种服务功能，但是我们的信用卡上并没有因此而增加消费记录。同样，你在使用 Facebook 社交网站时并不会有计费器在记录使用时间，你在维基百科上查阅资料也是不要钱的。

作者以上这两段话信息量很大，传达了以下几个意思：

第一，什么是长尾理论？就是和传统的"二八定律"市场理论完全不同的一种互联网经济理论。传统市场遵循 20% 的产品产生 80% 的利润，而长尾理论认为每一个产品，都可以在市场上找到它的地位，也就是在主流产品后面排着一条长长的非主流产品的队伍，像一条尾巴。

第二，长尾理论何为可能？这是因为数字网络平台提供了一个近似免费的销售空间，只要付一点平台入驻费的边际成本，销售多少产品随便。

第三，此免费不是彼免费，它不是商家搞促销的一种噱头，是你实实在在地享受着的免费。比如谷歌搜索引擎和脸书社交媒体等。

如果我们再仔细分析一下，就会发现长尾理论和免费商业模式就是天之道与人之道合作理性经济学的一体两面。长尾理论为每一个人提供了"损不足奉有余"的可能性，传统经济的这个可能性门槛是很高的，但免费平台的门槛却很低。它又为整个社会提供了"损有余补不足"的共同合作可能性。说起来，你可能不相信，英语里免费这个词，本身就有合作的意思在里面。作者在该书中是这么说的：

那为什么最终只用 free 这一个词就可以表示"免费"呢？为什么选用了这个词呢？也许你想象不到，这个词来源于古英语中"朋友"的词根。以下是语言学家道格拉斯·哈普尔（Douglas Harper）的解释：

（现代英语里的"免费"和"朋友"）都来自古英语中的 freon/freogan，表达的是"给某人自由、爱某人"的含义，最主要的含义是"喜爱、友谊、相爱"，在一些语言（尤其是在日耳曼语或是凯尔特语）里，还衍生出了"自由"的含义，或许是因为"喜爱"或是"朋友"主要用于某个部落里的自由成员（而非奴隶）。

"给予而不收费"的含义在 1585 年产生于"免予收钱"的概念。

"free"是朋友的意思,朋友就是最好的合作者,在老子《道德经》里也有这个意思,我们以后重点讨论。那么在免费商业模式中,谁是"羊"、谁是"猪"、谁是"狗"呢?该书序言里讲了这么一个故事。

2008 年 11 月,英国蒙提・派森飞行马戏团在世的成员因为他们的表演视频盗版猖獗而被触怒,在 YouTube 网站上郑重地发表了一则声明:

在过去三年里,你们在 YouTube 网站上可占了我们不少便宜,把成千上万段我们的表演视频短片上传到了网站。现在我们决心改变这种局面,眼下该是我们掌握主动权的时候了。

我们可以挖出你们到底是谁,可以找到你们住在哪儿,也可以用令人发指的手段来报复你们。但经过深思熟虑,我们想出了一种更好的方式。我们已经在 YouTube 网站上开设了自己的蒙提・派森飞行马戏团频道。

求求你们了,别再上传那些画质差得要死的视频片段了。在我们的频道上,你们可以下载到画质很棒的视频,你们可以找到自我们出道以来的很多高质量视频。不仅如此,我们还选出了自己最喜欢的视频短片,也上传了高清晰的最新视频版本。更让你们动心的是,下载这么多精彩内容都是免费的。你还等什么,还不赶快点击我们的频道!

不过,我们也想要一点儿回报。

希望你们不要在我们的频道上胡言乱语,不要发一些无厘头的评论帖子。我们希望大家点击频道上的链接,购买我们喜剧短片的电影和电视剧 DVD 碟,这样也可以舒缓一下我们这些年被大家占足了便宜而痛如刀割的心情。

仅仅过了三个月,这一看似草率的做法便收到了奇效。蒙提・派森飞行马戏团的 DVD 碟销售量跃升至亚马逊电影和电视剧销售榜单的榜眼席位,在一个季度之内销售量令人惊讶地增加了 230 倍之多。

以上这个案例中,白看马戏表演的人肯定是"羊",那些 DVD 碟制作者是"猪",而付钱买 DVD 碟的人就是"狗"了。最后的马戏表演者是谁?就是免费服务的提供者。这个时候,你可能就要说了,最后还不是消费者买单,还是羊毛出在羊身上。

是的,因为如果一味地免费到底,我们这个社会就不能运转了。其实这里真正的内涵不是免费,而是合作。大家要注意的是,原来传统经济下的合作竞争模式是产品服务商之间的合作,而免费商业模式已经把合作从产品服务商延伸到消费者了,原来的合作竞争为消费者提供统一的增值服务,现在的免费商业模式为消费者提供个性化增值服务,消费者有了做"羊"和做"狗"的选择。产品服务商之间的合作,比如马戏表演者和 DVD 碟制作者属于产品服务商与消费者合作,比如马戏表演者和观看者属于消费者与消费者合作,这种多元合作模式把老子的"天之道,损有余补不足"做到了极致。

从传统经济的合作竞争走向互联网免费经济的多元合作,微软无疑是一个绝好的典型案例。微软的发展经历了比尔·盖茨上升阶段、鲍默尔停滞阶段和萨提亚·纳德拉恢复性增长阶段。巧的是,比尔·盖茨时代是合作竞争时代。

有一本书叫《增长智商——有效构建企业未来的十大路径》,作者是蒂法妮·博瓦。该书提供的 10 条简单但容易被误解的增长路径,可以帮助企业的领导层和管理者做出明智的发展决策。其中第九条路径就是"合作竞争",里面讲了一个微特尔的故事。作者在该书中是这么说的:

> 微特尔(Wintel),即微软、英特尔和 IBM 组成的联盟,其在合作竞争这个用语被发明之前就展现出了很多合作竞争的特质。近 30 年来,一直被《福布斯》(Forbes)杂志称作"科技史上最强联盟"。

作者为什么这么说呢?其实很简单,微软提供操作系统,英特尔提供芯片,IBM 提供个人电脑,这是开启信息时代和智能时代的黄金绝配。因此,作者认为这是史上最成功的合作竞争案例。作者是这么说的:

> IBM 和其制造厂商很快就占据了 80% 以上的个人计算机市场,作为合作竞争的三人组,IBM 和微软、英特尔一道,成为全球经济中规模最大的新兴产业标准,并因此成为世界上最有价值的公司之一。
>
> ……与此同时,苹果公司将自己孤立起来并拒绝与其他公司合作,其市场份额从近 90% 降至 10% 以下。苹果错失了电脑游戏的爆发式增长,微特尔联盟借此取得了更高水平的发展。这一合作竞争商业关系是历史上最成功的,产生了超过 1 万亿美元的财富,改变了世界上每个人的生活。自此,它一直是类似关系的典范,特别是在技术领域——为了行业标准和品牌价值,有时互相竞争的多个品牌会进行合作。

但是,时势造英雄,这个美好的时代被迅速崛起的移动互联网和免费商业模式所取代。2000 年微软进入了鲍默尔治理时代,到 2013 年,微软一直在走下坡路。为什么?因为出现了谷歌和移动互联网。谷歌一直是互联网免费策略的倡导者和实践者,为了跟微软的版权收费策略叫板,谷歌先后把图书馆资料检索、邮箱、地图、照片管理、办公软件等等都免费提供了。结果谷歌成了全世界最大的互联网公司。

痛定思痛,2014 年微软的新继任者纳德拉上任,大刀阔斧进行改革,方法很简单,就两把斧子:一是继续合作竞争,二是增加免费商业模式。有一本书是纳德拉写的,叫《刷新:重新发现商业与未来》。作者把免费商业模式叫作成长性思维,在该书"文化复兴"一章中,是这么说的:

> 作为一名首席执行官,我也会问自己这样的问题。我会认真细查我的每一个业务决定,看它是否有助于微软转向我们所希求的成长型思维。
>
> 固化型思维决策会强化我们以往的做事风格。依照惯例,当我们发布新的 Windows 版本时,现有的 Windows 需要付费才能完成升级。微软 Windows 和设备部门的负责人特里·迈尔森就拥有成长型思维;他放弃一部分收入,将之前的 Windows 付费更新转为限时免费升级。在短短一年多的时间里,这一策略就成就了有史以来最受欢迎的 Windows 升级,升级用户数达到数亿,而且还在继续上升。

另外,书中有许多关于合作竞争的案例,在"是敌是友"一章中,作者讲了这么一个故事:

> 当我伸手从正装外套口袋里拿出一部 iPhone 时,现场观众发出了明显的惊讶声和阵阵笑声。在近期的记忆中,没有人见过微软首席执行官公开展示苹果产品,尤其是在一个竞争对手的销售会议上。
>
> 这是 Salesforce 的年度营销会议,在现场观众安静下来之后,我说:"这是一部非常独特的 iPhone。"作为客户关系管理(CRM)软件服务提供商的 Salesforce,在在线服务方面既是微软的竞争对手,也是微软的合作伙伴。"我喜欢把它称为 iPhone Pro,因为它安装了微软的所有软件和应用。"
>
> 在我背后的巨幅屏幕上,出现了这部手机的一个特写镜头。手机屏幕上的应用图标——出现,包括微软的经典应用 Outlook、Skype、Word、Excel 和 PowerPoint,以及更新的移动应用 Dynamics、OneNote、OneDrive、Sway 和 Power BI。现场观众爆发出热烈的掌声。
>
> 苹果是我们最难对付和最持久的竞争对手之一。看我在由苹果设计和制造的 iPhone 上展示微软软件,人们感到出乎意料,甚至有一种耳目一新的感觉。微软和苹果一直鲜明对立,甚至持续对抗,以至人们忘记了我们从 1982 年以来就为

Mac 开发软件。今天,我的首要任务就是满足我们的数十亿客户的需求,而无论他们选择何种手机或平台。唯有如此,我们才能持续成长。为此,我们有时候会和长期对手握手言和,追求出人意料的伙伴关系,重振长期关系。这些年来,我们更专注于客户需求,因而也就学会了共存与竞争。

其实,纳德拉的这些话就是在实践老子的"天之道"与"人之道"的合作理性。如果在经济社会中每个人都明白了这个道理,我们会看到什么呢? 如果我们从上帝的视角看世界,我们看到每个人正在用自己的优势去补足对方的不足,这就是"天之道"。如果我们从自己的视角去看世界,我们看到了他人的不足正是自己的优势,每个人把自己的优势拿出来彼此合作,这就是"人之道"。

这么说来,我们人类的文明就是沿着这条"天之道"与"人之道"的合作之道走下来的。但是,很多人不知道,今天我们的金融体制就是来自古代人的一个"跨期合作"创新的。

为什么古代人要把女儿外嫁到远方
第49讲

链接书目:《文明的逻辑——人类与风险的博弈》 陈志武

上一讲我们讨论了经济学的底层逻辑"天之道"与"人之道"在互联网经济中的应用。在传统经济中,我们要从两个视角分别去观察"天之道"与"人之道",但是免费商业模式允许我们同时观察这两个模式是如何推动我们的经济活动的。如果说经济学是一门合作理性学,而我们以前讨论过的文明的同化,也是基于合作理性的,那么两者合二为一,文明的逻辑也是"天之道"与"人之道"的融合吗?

今天我们阅读的这本书就叫《文明的逻辑——人类与风险的博弈》,作者是经济学者陈志武,著有《金融的逻辑》和《财富的逻辑》等系列书。

陈志武先生虽然是一位经济学者,但是在研究文明的逻辑时,他发现西方人对文明的判断标准存在很大的悖论,就是唯 GDP 论。他们认为世界文明史上,只发生过一件事,就是 1800 年的工业革命,证据是从公元前 1000 年到公元 1800 年,近 3000 年的历史中,全球的平均劳动生产率和人均收入一直在原地徘徊。该书中援引了历史学家麦迪森的《世界经济千年史》一书中的数据,是这么说的:

> 根据麦迪森的估算,汉朝时中国人均收入大约为 450 美元(以 1990 年美元算),到清朝道光时的 1820 年,大约为 600 美元。至 19 世纪末期回到 530 美元。1950 年落回原点——439 美元。也就是说,依据劳动生产率这把尺子,至少从秦汉以来的 2000 多年里,中国没进步过,甚至还有些许下降。虽然儒家秩序在其间不断完善巩固,深深影响中国人的生老病死等方方面面,但那些努力没有对劳动生产率产生实质影响,因此是无用功……整个时段是一年还是 2000 年之久,这些细节都意义不大,因为这些朝代不管叫什么,都没从根本上改变劳动生产率,不值一提。当然,这些判断很难让人接受,尤其是其间儒家文化的推进、宗族的细化完善、商业市场的扩展,甚至还有科举考试的普及等,即使这些创新与变迁没有提升生产率,那只能说明"生产率"不应该是评估人类创举之价值的唯一标准,不是判断文明进步的唯一准则,因为这些创举要么对文明化进程发挥过长久作用,要么还沿袭至今,长久的存在必有其合理性。这种片面的分析框架必须改变。

那么，如果GDP或者生产率不能成为文明的判断标准，文明的逻辑究竟是什么呢？作者提出了新的观点，就是这本书的副书名是"人类与风险的博弈"。什么是风险？风险就是人类对未来不确定性而产生的忧虑。孔子说："人无远虑，必有近忧。"说的就是要提高人类的风险防范意识，这是人类减轻或者消除恐惧心理的最好办法。这种好办法一代一代地传下来，就是文明的同化。那么作者发现了什么好办法呢？该书中是这么说的：

> 人类自一开始就受到自然风险的折磨，一场旱灾、一次瘟疫、一波地震，都可致众人于死地；即使到了农业社会，也面临"年有余而月不足"的挑战，一年粮食产量可能有余，但年中并非月月充足，青黄不接的月份里民众照样可能饿死。直到18世纪中期，全球人均预期寿命还仅有30岁，所以杜甫才会有"人生七十古来稀"的诗句。要想克服风险挑战、进而降低暴力，一方面是通过技术创新提高生产率，另一方面是强化人与人之间的跨期合作、互通有无，包括资源共享、风险互摊。可是，怎样使人际跨期互助变得可靠，避免卷款逃跑、虚假欺诈、恶意违约、频搭便车呢？这是人类自古一直希望解决的核心挑战，因为在所有人际关系中，让人最难放心的就是跨期承诺：一旦涉及跨期，只要兑现承诺、履行义务之前还有逃避的时间或空间，造假违约的机会就存在，信任就难以达到百分之百，连亲兄弟也不可掉以轻心。这就要求有规则和秩序，规范跨期承诺，强化跨期信任。本书中的各章节将阐明，在人类文明化历程中，从迷信的创立到仪式、礼节、婚约、家庭、宗族、族谱、宗祠、灵牌的发明，到宗教、教义、教规、礼拜、祷告的推出，到立法、司法、行政之国家体系的建立，再到保险、股票、债券、基金的发明，无不围绕规则和秩序，或为加强人际跨期互信与合作。我们会看到，虽然许多创举并不能提高生产率，但却改善了规则和秩序（law and order）。提升了人类跟风险博弈的胜算概率。可以说，在人类历史上，尤其在工业革命之前，是风险催生了文明，如果没有风险挑战，人类可能缺乏压力去创新以建立合作秩序、提升大家的风险应对力，也就难有文明化发展。

以上作者把人类整套文明架构建立在一个基础上，就是"跨期合作"的规则与秩序。想想也是，股票、基金和债券等，就是投资者为取得融资者未来盈利的跨期合作的一套规则，这样就避免了两个风险：一是货币的贬值风险，二是融资人失信的风险。

我觉得作者用"跨期"这个概念相当好，这就是文明的逻辑。作者在书中介绍了九种文明逻辑，依次是定居农耕，迷信的起源，婚姻的起源与变迁，礼制与家秩序的兴起，宗教的兴起与避险，商业市场与文明化，海上丝路与全球化，金融市场，风险、福利与国家的起源。难道这些都和"跨期"有关吗？这里举一个农业革命的例子。该书引言中是这么说的：

> 第二章介绍了马特兰加基于过去 2.2 万年全球气候面板数据库的研究，他认为是气候风险的上升逼迫原始人定居下来，发明跨期储存技术（用陶罐储存）和驯化种植。大约两万年前，地轴倾斜度增大，导致各地的冬夏温差上升、跨季降水差增加。从此，在万物不长的冬季，原始人即使从一地迁徙到几十公里之外，也未必能找到食物，所以"靠天吃饭"的"狩猎采集"生活的风险大增，原始人必须尝试新技术：定居一地，驯化植物和动物，春夏秋生产食物，同时发明陶罐储藏食物过冬，也就是通过跨期储藏技术"驯服"风险，提升生存力。采用农业生产方式是气候风险所迫。

其实，人类不同的抵御风险能力，就是一种不断"损不足奉有余"的能力，然后我们把这种能力同化到所有人类，就是为自己"损有余"，为他人"补不足"的文明体系。如果我们深入分析一下，其实"跨期"这个概念，是将"损不足奉有余"和"损有余补不足"里面的逻辑关系用时间去拆开，把即时变成了跨期，时间差产生了人类的长期合作机制。该书引言中是这么说的：

> 如何实现人际跨期交换，做到既避免失信、赖账和跑路，又不助长懒惰搭便车呢？今天有余者可以补当下不足者，但今后在前者短缺时，后者必须补回，或者无论如何，后者今后必须给予回报。

这是作者把老子的"天之道"与"人之道"用在了跨期合作理性上，这是一个新发现。因为，在信息极不发达的古代社会，即时信任合作是很难的。怎么办？婚姻是个好办法。作者接着说：

> 婚姻和家庭是远古时期不同社会做出的回应，亦即借助姻亲网络和血亲网络解决信任问题：血缘关系与生俱来、永恒存在，永恒关系就是信任，而姻缘通过习俗、仪礼和伦理加以强化，也可以成为终生难变的承诺关系……
>
> ············
>
> 一个具体实例来自马克·罗森茨魏希（Mark Rosenzweig）跟合作者的研究，他们讲到一个有意思的现象：在印度农村，父母通常将女儿外嫁很远，尤其是收入低、农业产出不确定性高（即风险大）的农村家庭，更倾向于让女儿外嫁到远方。为什么会这样呢？他们发现，这些印度家庭主要还是为了降低收入风险。对于农人，收入风险的空间性尤为突出；一村发生灾害，另一村未必同时遭遇同样的灾

害。两村间的距离越远,两地降雨量和其他气候指标的相关性就越低,收入相关性也低。这些特征给农民跨地区分散风险提供了机会。可问题是,一方面传统社会没有发达的保险公司或其他金融机构,另一方面越是相距甚远的村庄间,跨期互换的契约风险就越高。所以,就如同汉代中国的"和亲"策略一样,印度农人在联姻中找到答案:通过女儿远嫁他乡建立跨期交换关系,尤其是女儿越多,可以往不同方向外嫁,以最大化联姻带来的消费保险效果。两位教授的实证研究表明:在自然灾害发生时,与远方村庄联姻的家庭受影响较小。婚姻的确可以提升人们的风险应对力,但前提是必须由长辈包办婚姻,年轻人不能有恋爱自由,因为婚姻不只是当事男女的事,两方的直亲和宗亲都在其中有"生老病死"风险保障的利益。

那么,人类社会为什么会出现金融体制?这个和跨期合作有关联吗?该书中给出了许多实例和实证研究结果,这些实例和结果更清晰地展现了金融促进社会和谐、实现普惠共赢的通道。作者是这样说的:

> 实际上除了利用社会关系解决互助之外,传统社会还开发了像土地、房产,甚至妻妾和子女这样的"避险资产":在风险冲击下求活路的关键时刻,还可以卖地、卖房,或卖妻卖女,以所得换取粮食,救活家人。但是,不管是基于婚姻家庭宗族,还是基于妻女去解决风险,这些都是以"人"或"人际关系"作为跨期交换的工具载体,不仅带来人的工具化和人际关系的异化,而且交易成本太高,牺牲了人际关系尤其是亲情关系的温情面。虽然土地和房产非人,作为避险载体并无人文代价,但其作为资产的流动性一般太低,而且越是灾荒时期,这些资产和妻妾的价格会越低,使其保险价值大打折扣。此外,商品市场的救急价值是靠跨区域运货实现的,这跟金融靠跨期配置资源的方式实现避险与救急不同。

> 因此,从非人格化、流动性、交易成本、跨期交换等多方面,金融提供了一系列更有效、更精准的风险应对和资源共享手段。

以上作者的观点强调了一点,文明的逻辑,不是文明的象征。如果问,文明是什么?GDP、生产率、人均收入、科技、教育、公共建设等都可以在这个范畴之内,但这些都是表面上供人享受的文明成果。文明的逻辑就不同了,它强调的是合作理性的人文价值,强调的是"天之道"与"人之道"合作理性学的底层逻辑。

因此,总结一下什么是文明。文明就是人类面对不确定风险时,以合作理性共同铸就的安全篱笆。文明就是我们出门路上突然遇到歹徒,一个电话或者说没有电话,110也能够在 5 分钟之内赶到的跨期合作制度性的安全篱笆。

为什么我们不怕所谓的脱钩

第50讲

链接书目:《丝绸之路》 米华健

《政治经济学及赋税原理》 大卫·李嘉图

上一讲我们讨论了经济的逻辑就是文明的逻辑,文明的逻辑就是合作理性的逻辑。人们为了避免风险,会进行不同层次的跨期合作,这种合作符合老子的"天之道"与"人之道"的合作理性学。这是历史的必然,也是人类未来的必然。但是,近几年美国和西方一直在嚷嚷着要与中国脱钩:一方面,他们要发展自己的制造业,另一方面,对中国的科技企业进行打压,从特朗普对华为的打压到拜登对中国所有芯片企业的打压。英国的媒体公开评论,这种打压会把中国的科技一下子打回到石器时代。这是真的吗?

难道石器时代就是一个孤立的时代吗? 我们还是要从石器时代说起,看看那个时代有没有文明的逻辑的身影。这里介绍一本有关丝绸之路的书,叫《丝绸之路》。原来我们认为世界文明的起点是从2000多年前汉代的丝绸之路开始的,但这本书的作者认为丝绸之路的起始点可以追溯到石器时代。

《丝绸之路》的作者是一位美国历史学教授,他的中文名字叫米华健。为了写这本书,他亲自到丝绸之路沿线考察,走访了新疆和中亚的许多地区,因此这本书的学术地位相当高,被牛津大学出版社列入《牛津通识读本》之一。作者首先厘清了丝绸之路的概念,是这么说的:

> 第一个将"丝绸之路"用在标题中的人是另一位德国地理学家奥古斯特·赫尔曼,他在20世纪初期出版了有关这一主题的几本专著和地图集。他完成于1915年的论文的标题"从中国到罗马帝国的丝绸之路"突出了丝绸之路概念的另一个常见但误导性的意义,时至今日,这仍然牢牢盘踞在人们的头脑中:丝绸之路的重要意义主要在于把中国和地中海流域,即"东方"与"西方"联系在一起。这一说法关注跨欧亚贸易的终点……但只关注丝绸之路的两端却难免错失要领,表现在如下几个方面。
>
> 首先,欧亚跨大陆交流——这一现象被概括为"丝绸之路"一词——的主要意

义并不全在于丝绸贸易本身。实际上,横跨欧亚大陆的贸易涉及多种货物,也有许多思想观念在此间传播,其中的一些(驯养的马、棉花、纸以及火药)要比丝绸的影响大得多。此外在丝绸不再是主要贸易品之后,远距离交易仍然持续了下去。另一方面,中国与地中海以东的中亚伙伴之间的丝绸纺织品贸易丝毫没有衰退,一直持续到 19 世纪,其重要性也没有削弱;在满族人统治的清帝国将版图扩张到中亚,将中国领土增加了六分之一的过程中,除了其他贡献,它还是主要的资金来源。

我们也不应认为丝绸之路只涉及跨越大草原路线、发生在大陆中央的东西方交流:这样就忽略了如今的印度北部和巴基斯坦地区,那里不仅是大多数汉朝—罗马贸易的中转站,而且还向欧亚大陆的商品市场贡献了棉纺织品、向其观念世界贡献了佛教这样重要的内容。同样,历代波斯帝国不仅促进和管理丝路贸易并从中征税,还通过他们对特定物品的需求和流向东西方的文化贡献,对丝绸之路产生了重大影响。此外在若干个世纪,波斯语都是丝绸之路的通用语言。

按照作者的观点,丝绸之路的路线图、丝绸之路的参与者,以及丝绸之路的交换物品都远远超出了我们传统的认知。那么作者是如何定义丝绸之路的呢?该书中是这么说的:

狭义的丝绸之路,作为位于中国和罗马之间的东西方路线,还掩盖了另一个事实,即它不是一条"路",而是将许多货仓连接起来的一系列路线。史学家们更倾向于把丝绸之路看作一个网络,而非一条线状的道路。

作者认为丝绸之路应该定义为丝绸之网,时间点是从农耕文明开始,其中的重要贡献者是游牧民族。该书中是这么说的:

最后,关注城镇化的农耕文明间的接触而忽略"其间的地带"——这是英国探险家和政治家罗里·斯图尔特的说法,这反映了欧亚大陆的农民和城市人口对于中央欧亚地区的游牧人口的古老偏见。尽管局外人往往把这些人称为蛮族,实际上他们却是丝绸之路贸易主要的历史推动者和促进者——他们是"最初的全球化者",同时也是征服者。举例来说,公元前 2100—前 2000 年从欧亚大陆大草原出口的铜矿,为美索不达米亚和伊朗高原的青铜时代冶金革命供给了原料。战车武士以及战车本身的技术也遵循了相同的路线。还可以举一个文化的例子:如今欧洲和亚洲乐队中的很多弹拨和弓弦乐器,其原型都是大草原上养马的各民族首先发明或在其帮助下发展而来的,并由中央欧亚的游牧民族传播到整个大陆。

　　按照作者的观点,这个丝绸之网就是全球化的原型。作者从生物学、技术和艺术三个方面解释了丝绸之路是如何实现全球化的,时间跨度最大的距今 10000 年。作者在该书"丝路上的生物学"一章中是这么说的:

　　　　丝绸之路上也发生过类似的交流,不过其特征并非突然的接触,而是跨越数千年的无数次邂逅。虽然欧亚大陆东部和西部各民族从未彼此完全隔离,但长期的跨欧亚交流把此前各自独立的新石器时代农业系统联结了起来,互相吸收和补充。考古学家和历史学家认为,中国和东亚的农业发展独立于新月沃土、埃及和印度。欧亚大陆西部的早期农业起初建立在小麦和大麦耕作的基础上,东亚则是依靠小米和大米。然而,从史前时代开始,能够为人类所利用的各种动植物一直就是在这些起初截然分离的极点之间扩散和传播的。

　　最令人称奇的是今天中国的馒头并不是我们自己的文化,而是一个全球化的产物。作者在书中是这么说的:

　　　　不过吐鲁番博物馆里的馅食却是沿丝绸之路广泛传播的一种特殊食物。它与三角形的中国"饺子"相似,把肉馅包在未发酵的小麦粉制作的圆形薄皮里,或蒸或煮;英语里有时把这种面食叫作"北京饺子"(Peking ravioli),如果是油炸的就叫"锅贴"。然而这种食物真正横贯了整个欧亚大陆:在日本、韩国、尼泊尔、阿富汗、吉尔吉斯斯坦、哈萨克斯坦、乌兹别克斯坦、西伯利亚、俄罗斯、亚美尼亚、乌克兰、波兰、拉脱维亚和立陶宛都有这种馅食,意大利和西欧其他地方也有类似馅料和包法的面食……

　　　　…………

　　　　这种馅食起源于何方? 中国? 意大利? 中亚? 平日里温和持重的欧洲和亚洲学者们在这个问题上陷入激烈的争执……就算详尽的语言学分析能够确定土耳其语的 manti 是源自汉语的"馒头",仍然无法就这种古老而常见的馅食类食物的起源达成定论。但可以确定的是,manti 这种馅食之所以无处不在,归根结底是因为小麦的传播,也在很大程度上有赖于从东欧到东北亚的定居民族与游牧民族之间的关系,所有这些民族都贡献了自己的调味和食用方式。那小巧的面团中包裹的,是一部浩瀚的历史。

　　那么,作者为什么要把丝绸之路的历史放在人类发展史的层面去讨论呢? 该书中是这么说的:

丝绸之路并没有一个如此清晰可辨的出发点,其性质更接近于逐渐了解而非突如其来的遭遇。但它对世界史的影响却与哥伦布交流同样深远。通过理解这块大陆所共享的生物、技术和文化共性,我们可以看到,我们所认为的"西方"或"东方"——或基督教国家、伊斯兰国家、欧洲、非洲、亚洲——的知识、宗教、政治或经济传统,从最根本的层面来看,实际上不过是一个非洲—欧亚共同体的不同表现方式而已。

有这么一个说法:20世纪前的科技1.0是先有发明家的产品,然后资本家投入生产,比如说福特汽车等。20世纪后的科技2.0倒过来了,是资本家先投给发明家一个想法,把它孵化出来,再有产品,比如说苹果和微软。今天的科技3.0更不同了,是发明家、资本家和企业家同时行动,美国有发明家和资本家,但缺乏企业家。因为美国缺乏制造业,需要依赖中国企业家强大的制造业体系以及相应的供应链,才能实现其资本家和发明家赚钱的梦想。这个理论听起来是很对的,但有一个问题,美国人现在豁出去了,只讲意识形态。这不就是因为制造成本高吗?可以用威逼利诱让其回来,如果实在回不来,高就高吧。自损一千,伤人八百,也无所谓。这个果真行得通吗?

从《丝绸之路》的作者的观点来看,这是不可能的。因为全球化不是你想有就有,你想没有就没有的,这是一个文明的逻辑,是合作理性的逻辑。合作理性来自何处?人类的生物本能啊。

这是历史的必然。如果说丝绸之路是全球化1.0,那么哥伦布发现美洲大陆的殖民历史就是全球化2.0。西班牙与葡萄牙有着大把的机会,把美洲的金银财宝都抢回家,但为什么没有成为老大?因为他们给美洲带去了不自由的枪炮与病菌。19世纪的英国后来超过荷兰成为日不落帝国是全球化3.0,虽然手里拿着大棒,但表面上是自由贸易。"二战"后美国超过英国,建立了自由的全球产业链,自己专门做资本家和发明家,成就了全球化4.0。现在,21世纪迎来人类命运共同体的全球化5.0,大棒不能用了,企业家登上了历史舞台。结果为了意识形态,美国人不惜要把全球化的自由精髓扔掉,不但限制技术、限制产品,实行新的出口管制,还限制美国人择业的人身自由。

这是行不通的,为什么?其实我们不需要从历史中去得出这个结论,有一个东西美国人是阻挡不了的。是什么东西呢?就是资本。因为美国是个资本主义国家,资本会答应吗?资本在全球化中比谁都积极。

有一本政治经济学的经典著作,叫《政治经济学及赋税原理》,作者是大卫·李嘉图,他提出了全球化贸易的比较优势理论。大家千万不要误解这个比较优势,以为我有 A 产品,你有 B 产品,我们互相交换一下就可以了。这是 10000 年前全球化 1.0 的套路,但他这个理论是为全球化 3.0 和 4.0 准备的。作者在书中是这么说的:

> 英国的情况可能是生产布匹需要 100 人一年的劳动,如果要酿制葡萄酒则可能需要 120 人劳动同样长的时间,因此英国看到了进口葡萄酒的利益并通过出口布匹来购买葡萄酒。

> 葡萄牙生产葡萄酒可能仅需要 80 人一年的劳动,而生产布匹则需要 90 人一年的劳动。因此,出口葡萄酒换取布匹对它来说是有利可图的。即使葡萄牙进口的商品所需的劳动少于英国,这种交易也可能发生。虽然它能用 90 人的劳动生产布匹,但它仍会从需要 100 人的劳动生产布匹的国家进口布匹。因为它宁愿把资本投在葡萄酒的生产上并以此从英国换取更多的布匹,也不愿意挪用种植葡萄的一部分资本去生产布匹。

> 英国将以 100 人的劳动产品换取 80 人的劳动产品。这种交易不会发生在同一国家的个人之间。100 个英国人的劳动不能与 80 个英国人的劳动相交换,但是 100 个英国人劳动的产品却能与 80 个葡萄牙人、60 个俄国人或 120 个东印度人的劳动产品进行交换。一个国家和许多国家在这方面存在的差异是很容易解释的。我们只要想想资本从一国转移到另一国寻求更有利用途的困难和资本在同一国家中从一省转到另一省的快捷,这一点就很明确了。

李嘉图的意思表达得很明白,如果仅仅以劳动产品成本来计算是不是利用了比较优势,这是不对的,这个只能在一个国家内有效,而全球化跨国贸易,哪怕我所有的劳动产品成本比你低,也是要进行交换的。

交换不仅仅是互通有无,而且是一个资本增值的过程。你觉得美国资本家会放弃这个机会吗?美国人的全球化不是通过美元霸权实现的吗?2017 年特朗普当选总统之后,关税、制裁、脱钩等什么武器都用上了,结果呢?2021 年前 8 个月,美国从中国的进口额同比增长了 13.4%,而美国对中国的出口额更是增长了 35%。美国投资人持有的中国证券和债券,在 2020 年底时达到了 1.2 万亿美元,比 2017 年增长了 57%。无论看贸易数据还是看投资数据,中美经济并没有出现明显的脱钩。你说以后会脱钩吗?

以上事实说明美国人这么做是行不通的。但是如果他们还是要违背经济规律,我行我素,会有什么结果呢?

为什么以德报怨和以直报怨都是合作圣经
第51讲

链接书目:《梁捷西方经济思想史讲稿》 梁捷

《合作的进化》 罗伯特·阿克塞尔罗德

上一讲我们讨论了美国人执意要和中国脱钩,我们从资本的角度进行了分析,发现这个是行不通的。今天,我们从合作理性出发,从经济学规律的角度来分析这种做法的不可能性。

有一本书叫《梁捷西方经济思想史讲稿》,作者梁捷是上海财经大学经济学院教授。该书主要讲述自古希腊直至今天的经济思想的发展和演变过程,从源头开始直至今天经济学的新进展,这是一本带有哲学味道的经济学史教科书。这本书打破了传统的黑板经济学陈旧模式,带着"田野调查"的全新视角走出家门,从生活化的场景出发,从身边开始探索日常生活中的经济学。在该书"经济学的最新进展"一讲中,有关博弈论是如何从理性策略发展到行为策略的,作者做了简单的梳理,是这么说的:

1944 年冯·诺依曼和摩根斯坦合作的《博弈论和经济行为》出版,标志着博弈论这种工具正式诞生。他发现,博弈双方中的任何一方,如果对每种可能的博弈策略都考虑了可能遭到的极大损失,从而选择"极大损失"中最小的一种策略,那就是"最优"策略。从统计角度来看,他能够确保方案是整体最佳的。这一发现被称作最小最大定理,是当代博弈论的基础,也是博弈论发展史上第一个里程碑。

博弈论诞生时,冯·诺依曼就意识到它能用于分析寡头垄断等市场机制,也能用于分析个人决策机制。当时已有一些经济学家注意到他的工作,但并未意识到他的工作会对经济学造成革命性影响。1950 年,普林斯顿的纳什提交《非合作博弈》的博士论文,其中提出重要的"纳什均衡"概念。纳什的这一发现非常重要,后来的经济学和博弈论基本是沿着纳什均衡的思想发展下去,但冯·诺依曼却对天才的纳什表示反对。纳什很快陷入精神分裂,直到 1990 年代才逐渐恢复,并在1994 年获得诺贝尔经济学奖。纳什的传记及其电影《美丽心灵》记录了这一段历史。

博弈论在 20 世纪 50 到 70 年代并非经济学中的主流,但是许多学者都对其有所贡献,陆续提出今天我们所熟悉的各种博弈论工具……

…………

博弈论被广泛运用于各个领域,法国经济学家蒂若尔的工作就是其中的典范。20世纪八九十年代,蒂若尔先后出版了两本教科书,一本《博弈论》,另一本《产业组织理论》,马上就成为欧美各个大学的指定教材,经久不衰。

那么博弈论是如何从理性经济学发展为行为经济学的呢？作者继续说：

博弈论专家在20世纪50年代就深入研究了囚徒困境,并且用纳什均衡来解囚徒困境。我们都知道,囚徒困境的标准解是双方都背叛。按照理性人假设,在非合作博弈中,博弈双方不应该相互信任。

但是另一些经济学家怀疑这种假设。1982年,德国经济学家古斯等开展了一个经济学实验——"最后通牒博弈"实验,从而揭开行为经济学的序幕。实验的设计是这样的,两位被试者瓜分4马克。其中一个人扮演提议者(Proposer)提出分钱方案,他可以提议把0和4之间任何一个钱数归另一人,其余归他自己。另一人则扮演回应者(Responder),他有两种选择:接受或拒绝。若是接受,实验者就按他们所提方案把钱发给两人。若是拒绝,钱就被实验者收回,两个人分文都拿不到。按照标准的博弈论预测,提议者应该只分0.1马克给回应者,回应者也应该接受。但事实上,相当多的提议者提议平分。同时,大量低于0.1的分配方案被回应者拒绝。这个发现结果与博弈论的预测存在系统性的偏差。

这项研究的意义在于:第一,采用新的研究方法即实验方法来检验经典理论;第二,发现人的行为中存在与经典理论不符的特征,即非理性特征。从此以后,大量类似实验被开发出来,不断得到验证。这种理论后来被称为社会偏好理论,即承认人在理性决策之外还有信任、追求公平、追求合作等社会偏好。

作者以上说的话,有两点要说明一下:第一点,所谓"最后通牒博弈",就是人们在钱是白拿的情况下,分钱者宁愿自己少拿,也要和对方平分,而得钱者宁愿自己不拿,也不接受对方少得可怜的嗟来之食。中国有一句古话叫"争气不争财",就是这个"最后通牒博弈"。第二点,经济学家们把这个叫作非理性,是不对的。人们在博弈中,双方的信任、公平与合作比钱财更重要,那么这个情感是从哪里来的呢？肯定是来自合作理性。合作理性在这里被误读为非理性,后面我们会继续讨论。

既然博弈论成了经济学中的一种新的理论,经济学的底层逻辑是合作理性,合作理性又是中国哲学的密码之一,那么我们的老祖宗知道不知道呢？知道的。老子与孔子早在 2500 多年前就建立了博弈论的原型。

《道德经》中说:"为无为,事无事,味无味。大小多少,报怨以德。"《论语》中说:"或曰:'以德报怨,何如?'子曰:'何以报德? 以直报怨,以德报德。'"

老子说"报怨以德",孔子说"以直报怨",后人一直在争论,到底谁对谁错。今天,有一个科学实验已经得出了结论,老子胜出,但孔子也没有输。到底怎么回事? 我们来看一下。

推荐一本好书,叫《合作的进化》,作者罗伯特·阿克塞尔罗德是著名的行为分析与博弈论专家、美国科学院院士。他擅长运用计算机模型来分析社会科学问题,是这个领域的权威学者。著名进化生物学家理查德·道金斯为这本书作序,是这么说的:

> 我确实认为,如果每一个人都学习和理解它,这个星球就会更美好。世界的领袖们将陷入这本书所说的困境,直到他们读了这本书之后才能解脱。这对他们来说是件好事,而对我们其他人来说是福音。《合作的进化》值得取代圣经。

那么这个合作圣经究竟用的是什么方法呢? 它用了世界上最简单的合作理性方法。该书英文版前言中是这么说的:

> 让我们从一个简单的问题开始:在与他人的持续交往中,人什么时候应该合作,什么时候只需为自己着想? 一个人会继续帮助他的一位从来不思回报的朋友吗? 一个公司会给另外一个濒于破产的公司及时的支持吗? 一个国家应如何面对另一个国家的敌意行为,应遵循怎样的行为模式才能赢得其他国家的合作?

> 有一个游戏可以帮助我们理解上面的问题,这就是被称为"重复囚徒困境"(Iterated Prisoner's Dilemma)的游戏。这一游戏允许双方从合作中得到好处,同时也提供了一方占另一方的便宜或双方都不合作的可能。和大多数现实情况中的人际关系一样,游戏双方没有严重的利益冲突。为了找到处理这一情形的最好策略,我曾邀请对策专家提交计算机程序参加这一游戏的较量,就好像计算机棋赛一样。每一程序在决定当前是否选择合作时,可以参考游戏双方以前的交往历史。有 14 位来自经济学、心理学、社会学、政治学和数学领域的对策专家提交了参赛程序。我让这些程序及一个随机程序进行循环赛,令我十分惊讶的是,胜利者竟然是所有程序中最简单的程序——"一报还一报"(TIT FOR TAT),它不过是一个以合作开始,随后只模仿对方上一步选择的策略而已。

> 其后,我公布了这一竞赛结果并征集第二轮竞赛的参赛者。这一次,我收到了来自 6 个国家的 62 个程序。大部分参赛者是计算机爱好者,但其中也有进化

生物学、物理学和计算机科学以及在第一轮比赛中出现过的 5 个学科的教授。与第一轮竞赛一样,有些参赛者提交的程序复杂而精巧,其中,有几个是对"一报还一报"策略进行的改进。而"一报还一报"本身还是由第一轮的胜利者多伦多大学的阿纳托尔·拉帕波特(Anatol Rapoport)提交,结果,它又胜利了。

那么这个程序的规则是什么? 这个总是获胜的阿纳托尔·拉帕波特的程序有什么过人之处呢? 作者在该书"'一报还一报'在计算机竞赛中的胜利"一章中,是这么说的:

> 竞赛是循环进行的,即每一个参赛程序都与其他程序相遇。按照事先宣布的竞赛规则,每一个参赛程序还要与它自己以及一个"随机"程序相遇。这个随机程序,以相等的概率随机地选择合作或背叛。每轮游戏有 200 次对局。每次对局的支付矩阵与在第一章中描述的一样。对双方合作奖励每人 3 分,对双方背叛只给 1 分。如果一个人背叛而另一人合作,背叛者得 5 分,合作者得零分。
>
> ⋯⋯⋯⋯⋯⋯
>
> ⋯⋯在 200 次对局的游戏中,优秀成绩的基准线是 600 分,它相当于双方总是合作时对策者的得分。差劣成绩的基准线是 200 分,它相当于双方从来不合作时对策者的得分。虽然从 0 到 1000 分之间的得分是可能的,但大多数的得分在 200 和 600 分之间。胜利者——"一报还一报"——每次游戏的平均得分是 504 分。
>
> 出乎意料的是,有一个特性可以把得分相对高的程序和得分相对低的程序区别开来,它就是善良性,即从不首先背叛⋯⋯
>
> 名列前 8 名的参赛者(或规则)都是善良的,其他则都不是。在善良的规则和其他规则的得分之间有个很大的差距。善良的规则的竞赛平均得分在 472 分到 504 分之间,而不善良的规则平均得分是 401 分。因此,不首先背叛或至少在游戏快要结束之前不背叛,是区分这次计算机"囚徒困境"竞赛中成功的规则和不成功的规则的唯一特性。

现在我们知道了,所谓"一报还一报"策略,是老子与孔子思想的一次完美结合,是一种重复的博弈。在不知道对方是什么策略时,甚至在第一次背叛的情况下,自己首先采取合作策略,这个就是老子的"报怨以德"。然后接下来就跟在对方的策略之后,你合作,我合作,你背叛,我背叛,如果背叛的对方恢复了合作,我也恢复合作,这个就是孔子的"以直报怨"。那个两次获胜的阿纳托尔·拉帕波特就是采取了这个最简单的策略,这是最稳定的成功之道。

作者最后把老子与孔子的重复博弈论做了这么一个总结：

> "一报还一报"的稳定成功的原因是它综合了善良性、报复性、宽容性和清晰性。它的善良性防止它陷入不必要的麻烦，它的报复性使对方试着背叛一次后就不敢再背叛，它的宽容性有助于重新恢复合作，它的清晰性使它容易被对方理解，从而引出长期的合作。

说到这里，我还是要纠正大家对老子的误解，其实孔子的"以直报怨"也是从老子那里学来的。孔子没有明说，为什么？因为他要把宽容性与报复性放在一起，让博弈的一方自己去领悟，如果不合作，就只能"以直报怨"了。但"弱者道之用"，老子永远是一个引而不发的博弈高手。你不相信吗？《道德经》中是这么说的："和大怨，必有馀怨；报怨以德，安可以为善？是以圣人执左契，而不责于人。"调解深重的怨恨，必然还有余留的怨恨；用德来报答怨恨，这怎能算是妥善的办法呢？因此圣人保存借据的存根，但是并不向人索取偿还。

这里我们可以得出结论了，老子的博弈理论完全胜出，不仅和孔子比，还可以跨越几千年和当今层出不穷的博弈理论比一个高下。"报怨以德"和"以直报怨"结合起来就是西方经济学家们苦思冥想的重复博弈理论，现在被称为"人类合作的圣经"。

那么，这个合作的圣经在实践中有没有效果呢？美国的脱钩，中国方面还没有"以直报怨"，自己开始受累了。据日媒的一组数据，2022年美方限制中国的太阳能电池板以及其他关键设备进入美国后，美国大型公用事业规模的太阳能项目装机容量，相比上一年减少了40％，太阳能新增装机容量也减少了23％左右。这就是违反经济学合作理性底层逻辑的后果，看来我们理解经济学就是合作理性学是对的。美国人试图通过政治外力去摧毁合作，最后把自己也搭进去了。这个道理在2000年前中国的统治者们就已经知道了。为了促进合作理性，需要政治的外力去帮忙，而且自己还是亏本的。为什么？

为什么古代中国接受他国朝贡时自己是亏本的

第52讲

链接书目:《丝绸之路:一部全新的世界史》 彼得·弗兰科潘

《丝绸之路大历史:当古代中国遭遇世界》 郭建龙

《朝贡贸易与仗剑经商:全球经济视角下的明清外贸政策》

骆昭东

上一讲我们讨论了经济学中的博弈论,并且以计算机实验证明了这个博弈论的最完美解释就是"报怨以德"和"以直报怨"相结合。其实,真正胜出的还是大家看不太懂的"报怨以德"。这个是老子在2500多年前发明的,并且一直在使用,效果相当好。

今天我们又要读一本关于丝绸之路的书,叫《丝绸之路:一部全新的世界史》。作者彼得·弗兰科潘是英国著名历史学家。这本书的写作视角,也是很独特的。《亚洲图书评论》对该书的评价是:"一本让你不停翻页的书,从2500多年前的古代波斯及亚历山大大帝一直演绎到当今时日的史书……如果有谁想挑一本记录到眼前时代的史书,又希望能看到世界史的全貌,此书应为首选。"

为什么呢?因为作者把丝绸之路当作了世界文明的起点。他用散文一般的笔法将张骞通西域、亚历山大东征、罗马帝国崛起、波斯帝国辉煌、基督教和伊斯兰教的斗争、十字军的东征、成吉思汗的西征、美洲大发现、明代《金瓶梅》等文学的出现、王阳明心学的繁盛,甚至两次世界大战、美苏冷战、中东战争、阿富汗战争、伊拉克战争、"9·11"事件、中国政府提倡的"一带一路"等人类历史上几乎所有的故事全都串联在一起。他认为丝绸之路的历史就是一部浓缩的全球通史,一部人类简史,它不仅塑造了人类的过去,更将主宰世界的未来。

那么,这个起点发生了什么事,才引出了如此宏大的世界文明史呢?作者是这么说的:

> 将游牧草原与一个相互制约、相互关联的世界联系在一起的进程,因中国不断增长的雄心而强化。在汉朝(公元前206年至公元220年),扩张的浪潮将中国的边界推进到更为广阔的疆土,并逐渐抵达当时所谓的西域(西方的疆域),也就是今天的新疆……
>
> 中国的疆域扩张将整个亚洲连在了一起。此前,这些交通网络曾受到月氏,

特别是匈奴人的阻碍。匈奴是中亚地区像斯基泰人一样的游牧民族,他们一直引人担忧,但又是重要的牲畜贸易伙伴。据记载,公元前 2 世纪时,成千上万头牲口都购自这些草原民族。汉人十分需要马匹却又经常得不到满足,因为他们需要装备有效的兵力以确保国内的稳定,同时还要应对匈奴或其他部落的进攻和偷袭。来自西域的马匹最为珍贵,部落酋长们可以从中赚到大笔的钱。有一次,一位月氏国首领用马匹换取了一批货物,然后将货物转手卖掉,他的财富一下子多了十倍。

·············

匈奴人驰骋在中国以北的整片蒙古干草原,他们和汉人的关系并非一直和睦友好。当时的历史学家将这些部落人群描述为蒙昧无知、茹毛饮血的野人;有位学者还说他们是"被上天遗弃的民族"。汉人宁可向他们进贡也不愿他们进犯自己的城市。汉人常常派大使造访这些从小就擅长捕捉耗子、小鸟甚至狐狸和兔子的游牧民;皇帝还会恭敬地问候匈奴大单于"无恙"。在一套正式的朝贡体系下,汉人要给游牧部落送去许多奢侈的礼品——包括大米、美酒和纺织品——只求换得和平。中国最重要的贡品是丝绸,游牧部落极为看重这种丝织品,因为它质地好、分量轻,铺床做衣都用得上。丝绸同样是一种政治权力和社会地位的象征:拥有那么多的高级绸缎是单于尊贵身份的体现,并将之赏赐给手下侍从。

为换取和平而付出的物资总量十分巨大。比如在公元前 1 年,匈奴共收到 3 万匹丝绸和大约相同数量的原材料,另加 370 套衣物。一些汉代官员相信,匈奴人喜欢奢侈品,说明他们将一事无成,濒临灭亡。"如今你们已离不开中国货了!"一位特使毫不客气地对部落首领说。他认为匈奴的习俗正在发生变化,并且信心十足地预言,中国最终会赢,并征服整个匈奴。

这是一种强烈的渴望。事实上,和平相处在经济和政治上都需付出巨大的代价。不断的进贡不仅是经济上的负担,也显出政治上的软弱。所以汉帝国决定一劳永逸地解决与匈奴的纠缠。首先夺取河西走廊,控制农业富庶的西域地区,接着经过近十年的多次征战(结束于公元前 119 年),将游牧部落赶回到他们原来的地方。河西走廊通向西部的帕米尔高原,高原以西就是一个崭新的世界。中国为一条横跨大陆的交流通道打开了大门——"丝绸之路"就此诞生。

原来丝绸之路的开始,并不是我们所说的以贸易为主,而是从中国的朝贡体系开始的。而且这个朝贡制度不是我们所想象的:中国的皇帝们高高在上,坐在龙椅上,等着那些小国与部落向自己献礼。恰恰相反,是汉人低下了高贵的头,向小国甚至一些游牧部落提供他们想要的东西,而且是奢侈品。为什么呢? 让你知道我的合作诚意啊。大家知道汉朝的治理体系是走黄老之学的路径,他们肯定理解《道德经》里的这段话(译文):

> 大国要像居于江河的下流,处在天下雌柔的位置,是天下交汇的地方。雌柔常以静定而胜过雄强,因为静定而又能处下的缘故。所以大国对小国谦下,就可以汇聚小国;小国对大国谦下,就可以见容(于大国)。所以有时(大国)谦下以汇聚(小国),有时(小国)谦下而见容于大国。大国不过要聚养小国,小国不过要求容于大国。这样大国小国都可以达到愿望。大国尤其应该谦下。

这个朝贡制度就是大国向小国谦下的产物。既然已经谦下了,那么肯定不是一桩公平买卖,而是一桩亏本买卖,是一桩匪夷所思的朝贡亏本买卖。著有"中央帝国密码三部曲"的郭建龙先生有一本书叫《丝绸之路大历史:当古代中国遭遇世界》,书中讲了一个汗血宝马的故事。

> 大宛的新王并没有坐稳位置,老王的弟弟联合其他的贵族杀掉了新王,自己当了国王。汉朝与大宛产生了一种特殊的关系,表面上,大宛每年向汉朝进贡两匹"天马",同时在名义上成了汉朝的属国。但事实上,由于距离太远,花费太大,汉武帝也知道不能再组织另一次远征,他采取了贿赂的办法,也就是以赏赐的名义贿赂国王,让他乐于维持这种关系。事实上,国王仍然保持着完整的独立性。但毕竟,大宛已经是汉朝权威能够到达的极限了。

> 汉朝与大宛关系的建立,也为中央帝国与属国关系提供了一个重要的蓝本。事实上,截至清代的历代政府与海外打交道,往往是一种亏本买卖,也就是用丰厚的赏赐和贸易机会,吸引对方表示臣服。大宛用每年两匹马,换取西汉提供的大量的赏赐。到了明清时期,皇帝的赏赐同样是对方进贡的数倍,也正因为此,几乎所有的小国都争先恐后来中国进贡,使中国产生了强烈的财政负担,并不时引起一次次灾难。

汉武帝刘彻被后人称为杰出的政治家、战略家、文学家,而他的父亲汉景帝,就是以黄老之学治理国家的"文景之治"创始人之一。汉初为了休养生息,对匈奴采取守势,实行和亲政策、互通关市,派张骞出使西域,试图与匈奴世仇大月氏结成军事同盟。于是开始了丝绸之路的故事,开启了世界文明之旅。虽然张骞在途中被匈奴扣押,最终没有实现这个计划,但是他开启了世界文明起点这个历史事实是不容抹杀的。

"文景之治"黄老之学合作理性朝贡体系,后来一直作为中央大国统治者的手段。后来的儒家代表孔子又提出了"怀柔远人"的思想,这更加被历代皇帝所采纳。这个结论可以从社会科学文献出版社出版的《朝贡贸易与仗剑经商:全球经济视角下的明清外贸政策》中得到佐证。作者骆昭东是南开大学经济学博士、福州大学 21 世纪海上丝绸之路核心区建设研究院特约研究员。该书从全球经济发展的视角研究明清对外贸易政策的成败,以经济史研究照亮现实发展道路,摆脱了历史学研究明清对外贸易政策"开关—闭关"模式的窠臼,也突破了国际贸易理论研究中比较优势理论的束缚,提出仗剑经商才是西方国家占据国际贸易优势地位并最终摆脱生态陷阱,进而成为世界强国的秘密武器。作者在该书"大航海时代欧洲国家海洋贸易扩张和明代朝贡贸易体系建立的比较"一章中是这么说的:

> 明政府并不关心中外贸易发展状况,如何"怀柔远人",使"四夷宾服,万国来朝"才是其最为重要的目标,贸易仅仅是达成这一目标的手段。《明经世文编》中有言:"柔远之道,此前代之所行,亦我朝之故事也。"……在关于明朝对外关系的所有史料中,都体现出了三个方面的信息:首先,是"怀柔远人",贸易是实现这一目标的手段而不是目的;其次,注重"文德"的手段,重要的是使夷国畏威怀德,实现文化上的感化,而不是武力统治;最后,征讨是次要的,只是在迫不得已的情况下才会采取。可见,与西方截然不同,欧洲国家将贸易扩张作为政策的最终目的,而明朝仅仅将贸易作为达成政治目标的手段之一。

> …………

相比之下,华夷关系是一种和平的关系。华夷关系的实现既不是依靠政治上的从属关系,也不是以武力征服他国使其屈从,而是依靠"怀柔远人"使他国产生"向化之心"。朝贡体系的基本精神,是强调"耀德不观兵"的"德化",这一点在孔子的"远人不服,则修文德以来之"中,在《礼记·中庸》的"柔远人,则四方归之"中,都有充分的体现。明初朱元璋在谈到对外政策时说:"海外蛮夷之国,有为患于中国者,不可不讨;不为中国患者,不可辄自兴兵。"武力只是维护基本国家安全的手段,而不是征服他国的工具。朝贡贸易体系得以维持几百年的原因是夷国对中华帝国文明的需求,以及中华帝国通过朝贡贸易向夷国的经济流动。通过朝贡中的封赏与朝贡贸易,朝贡国获得了巨大的经济利益,而中国换来的是宗主国的地位被周边国家承认。从这个角度来说,华与夷的关系是互惠互利的关系,只是双方利益诉求有所不同。

作者写该书的目的是比较中西贸易体系,因此从该书中我们也可以看到,两种不同的贸易体系,给中西经济发展带来了不同的结果。我们是和平相处,西方是坚船利炮。作者是这么说的:

> 因此,两种体系相比,西方强调的是积极扩张,而中国追求的是"四夷来朝"、"德化来远",一个强调的是"去",一个强调的是"来"。正是朝贡制度的这种特征,决定了朝贡贸易体系不可能以中国对夷国的掠夺为机制,而是以周边地区对中国文明的内在需求为动力。"华夷"之间的经济交往虽然较少,但是经济关系是平等互惠的,经济交流促进了各国经济的发展和社会的进步。相反,西方贸易体系的建立,是以掠夺殖民地的财富、资源和劳动力为基础的,资源、财富从殖民地向宗主国流动,从而形成了一种征服与被征服、剥削与被剥削、掠夺与被掠夺的国际贸易关系,这是西方贸易体系的一个基本特征。

最后结果是我们被西方殖民主义者撬开了大门。看来这个"以直报怨"失效了。我们的话题是在双方平等的基础上展开的,西方的强权政治是违背道德伦理的。为什么?我们前面已经讨论过了,西方社会在"利维坦"的强权政治和"看不见的手"的利己主义下来回摆动,他们没有走合作理性之路。这就是由 2500 多年前由内而外与由外而内的两种价值理性所决定的。那么中国哲学密码产生的合作理性道路是一条什么样的道路呢?我们还是要请教老子。

"无为"究竟是什么
第53讲

链接书目:《老子今注今译》 陈鼓应

上一讲我们讨论了为什么中国在接受他国的朝贡时是亏本的。原因很简单,我们想要一个稳定的外部环境。那么,问题来了,朝贡也就是一年几次的事情,难道这是中国人的权宜之计吗? 因为如何治国不仅仅是与外部的关系,还有自己内部的关系。如何从统治者的角度去实践中国哲学密码,这是一件头等大事。这时大家会不约而同地想起老子在《道德经》中的一句名言:"无为而治。"今天我们就集中讨论这个"无为",为什么呢? 因为现在绝大多数的书籍对这个词的解释,要么是片面的,要么是不正确的。因此,我们有必要详细讨论。

陈鼓应先生是公认的研究《道德经》的大家,他的《老子今注今译》是我们阅读《道德经》的经典范本。该书"老子哲学系统的形成和开展"中是这么说的:

老子著书立说最大的动机和目的就在于发挥"无为"的思想,甚至于他的形上学也是基因于"无为"思想而创设的。

"无为"一观念,散布于全书,其中五十七章说到"无为"的结果:

我无为而民自化,我好静而民自正,我无事而民自富,我无欲而民自朴。

事实上,"好静"、"无事"、"无欲"就是"无为"思想的写状。"好静"是针对于统治者的骚乱搅扰而提出的;"无事"是针对于统治者的烦苛政举而提出的;"无欲"是针对于统治者的扩张意欲而提出的。可知,"好静"、"无事"、"无欲"都是"无为"的内涵。如果为政能做到"无为",让人民自我化育,自我发展,自我完成,那么人民自然能够安平富足,社会自然能够和谐安稳。

"无为"主张,产生了放任的思想——充分自由的思想。这种思想是由不干涉主义而来的,老子认为统治阶层的自我膨胀,适足以威胁百姓的自由与安宁,因而提出"无为"的观念,以消解统治者的强制性与干预性。在老子所建构的社会里,虽然不能以"民主"的观念来附会它,但空气是自由的。

老子的"无为",并不是什么都不做,并不是不为,而是含有不妄为的意思。"无为"的思想产生了很大的误解,尤其是"无为而无不为"这句话,许多人以为老子的意思是表面上什么都不做,暗地里什么都来,因此,误认为老子是个阴谋家。其实老子绝非阴谋家,他整本书没有一句话是含有阴谋思想的。导致这种误解,完全是因为不了解老子哲学术语的特有意义所致。所谓"无为而无不为"的意思是说:"不妄为,就没有什么事情做不成的。"

陈鼓应先生把"无为"的来龙去脉都说清楚了。首先这个解释没有错,但是不是精确呢?我们来看看庄子是怎么说的,庄子《逍遥游》中有这么一段话:"今子有大树,患其无用,何不树之于无何有之乡,广莫之野,彷徨乎无为其侧,逍遥乎寝卧其下。"如果我们把这里"彷徨乎无为其侧"中的"无为"解释为"不妄为",那么这个句子的意思就成了:悠闲不妄为地徘徊在大树的旁边。这个就完全不是庄子的原意了。如果解释为"无所作为"倒还是蛮贴切的,但这又违反了老子的原意。

那么庄子是如何理解"无为"的呢?我们来看看庄子在《天地》中是怎么用这个"无为"的。他说:"无为为之之谓天,无为言之之谓德。"这里如果用"不妄为"去解释"无为为之之谓天",就成了"不妄为而为之,就是顺其自然",这个是说得过去的。但是,如果用"不妄为"去解释"无为言之之谓德",就成了"不妄为去表达就是道德",这就说不通了。

那么,庄子究竟是如何理解这个"无为"的呢?其实很简单,庄子用"无为"和他用"逍遥"这两个字,是一模一样的,意思就是"自由"。这样,上述庄子《逍遥游》中的那段话翻译为:"现在你有这么一棵大树,却愁它无用,为什么不把它种植在虚无的乡土、广漠的旷野,悠闲自由地徘徊在大树的旁边,怡然自得地睡卧在大树的下面呢?"上述庄子《天地》中的那句话翻译为:按照自由的意志去做事是顺其自然,按照自由的意志去表达就是道德。

这里的"言"其实是一种行为,因为老子在《道德经》里经常把"言"作为政令来解读。

还有一种"无为"的解释很多人在用。有一本由上海古籍出版社出版、陈剑译注的《道德经》,叫《老子译注》,该书中是这样解释的:

> 无为就是"顺其自然而不加以人为的意思"(陈鼓应)。与无为相对,人为即是有为,有心为之就是人为。例如"善政"就是一种人为,求其为善,善心已生,循此心以行事,即是善政,是谓有为。无为是无心而为,不知善或不善,不求善,顺其自然而已。

以上是对"无为"的三种主流解释。它们分别是"不妄为""自由"和"无心而为"。这里大家觉得哪一种解释最符合老子的原意呢?我们接下来开始分析。

我们先来看这个"为"字。为，会意字。图 A 是早期的图形文字"为"，像一只形状毕肖、躯体备全的"象"正驯顺地站在地上，象头之上有一只控象的"手"，表示牵象去干活，役象以代劳。因为是"干活"，所以"为"字本来便是"做""干"的意思。在图 B 的甲骨文里，平站在地上的象已经变为竖象，像一只手牵着一头象，表示会劳作之意。发展到图 C 的金文时，整个字已讹变到渐失原形。图 D 的石鼓文和图 E 的小篆中，"手"已变成"爪"，整个字的形体讹变更大。隶变（图 F）以后，看不出半点"以手牵象"的形迹。图 G 的楷书"为"字，是继承汉隶，把"爪"简化为点（丶）演变过来的。"为"的构形，原是以手控象。

以上是"为"字的演变史。很简单，这是农业文明后产生的，是从人类可以畜牧开始的，这是工具理性的升级，最早的工具是延展人的手，搞一些石斧之类的。这个升级版工具理性把手、眼、足等最基本的功能给延伸了，就是役使动物为人干活，以后就逐步演化到人自己干活了。

"为"是手牵大象为自己干活，那么"无"又是什么意思呢？这也是一个关键字，最早的竹简版是"亡为而亡不为"。"亡"字始见于商代甲骨文。亡的基本义是失去，引申为逃跑、逃亡，由此又引申为死亡、死去，还引申指一个国家的灭亡或朝代的衰亡等。亡也通无，读作 wú，由失去引申为没有。

现在我们可以完整地解释"无为"了，最形象的解释是"放开大象，让它自己干活"。再抽象一下，就是"让大象自由"，如果进一步延伸，就是"让他人自由"。这样，我们可以把老子的整句话连在一起解释了。"无为而治"就是"让他人或百姓自由，达到治国的目的"。"无为无不为"就是"让他人自由，什么事情都可以做到"。与"不妄为""无心而为"和"自由"这三种解释相比，我们认为第四种解释"让他人自由"最符合老子的原意。因为"不妄为"并不是什么事情都一定能做到，"无心而为"更是什么事情都做不到。庄子的"自由"和老子的原意接近，但他强调的是个人的自由，而不是合作的自由。"让他人自由"把人类第二次认知革命的合作理性全部体现出来了。

　　《道德经》通篇讲的"生而不有,为而不恃,功成而弗居",就是"让他人自由,什么事情都可以做到"的具体表现。这是不是回到了中国哲学的合作理性上了? 其实,老子这句话的关键不是"无为",而是"无不为"。为什么? 因为每个人活在这个世界上,都有自己的目标。如何想象、选择、制定和实现目标,就是一个人的理性。如果你的目标是"无不为",你不付出,人家会和你合作吗? 给他人自由,你才能自由。因此,《道德经》中说:"爱民治国,能无为乎?""生而不有,为而不恃,长而不宰,是谓玄德。"

　　老子把"让他人自由"放在道德的最高境界,把"自由"和"道德"画等号,这个在人类认知历史上是极为罕见的。因为自由和道德都属于我们的价值理性,但是达到这个目的用的却是工具理性的方法,因此两者是不相容的。比如说我们在前面讨论的人类发展的三条路,"利维坦""看不见的手"和"合作理性",好像都是互不相容的。但老子一个简简单单的"无为"却把这三条路合并成了一条路,把政治、经济、道德,甚至我们的认知、心理等诸多领域都囊括进来了。这个"无为"是怎么来的,是通过"为道日损,损之又损"简化而来的。看来这个被简化到极致的"无为"可以担当起统领我们认知革命融合的大任了。什么大任? 就是工具理性、合作理性和价值理性融合的大任。这个可以做到吗?

　　我们的认知旅程走到今天,似乎看到了目标。但我们这个结论到底对不对,还要通过经典阅读,或者说还要通过"为学日益"才能知道。我们说老子把道德和自由画等号,这个在人类认知史上是罕见的。"罕见"说明有同样的人是这么做的。那他是谁呢?

为什么道德没有认识上的意义
第54讲

链接书目：《康德哲学讲演录》 邓晓芒

《人性论》 大卫·休谟

上一讲我们讨论了老子的"无为"思想，认为这是人类认知史上最伟大的创举。因为，他把我们的认知简化又简化，最后统一在"无为"的层面。但是把道德与自由融合在一起，并不是老子一个人的想法，西方有一位思想家也想到了，他就是大名鼎鼎的德国哲学家康德。

今天我们就来学习康德的著作——《实践理性批判》。同时，我们也来对照一下老子和康德的思想究竟在哪些方面一致。康德有一句名言："两样东西，人们越是经常持久对之凝神思索，它们就越是使内心充满常新而日增的惊奇和敬畏：我头上的星空和我心中的道德律。"该名言被作为墓志铭刻在了他自己的墓碑上。大家知道这句话来自哪里吗？就是来自康德的《实践理性批判》。由于康德的著作太过深奥，因此今天我们不直接阅读原著。我引用了我国著名哲学家邓晓芒先生的一本书，叫《康德哲学讲演录》。邓晓芒先生对康德的研究在国内是无人可以超越的，他整理的《康德〈纯粹理性批判〉句读》，为中国人学习康德思想提供了一个很好的平台。

那么康德所说的实践理性又是一个什么概念呢？这个东西和道德有什么关联呢？康德认为要先理解道德的实践理性，必须先知道一个叫"自由"的东西，因为自由的属性和道德一样，没有认识意义，只有实践意义。

邓晓芒在该书"《实践理性批判》"一讲中专门有一节分析《实践理性批判》的导言部分，标题就是"导言：自由和道德只具有实践意义，不具有认识意义"。作者他是这么说的：

> 人具有一种纯粹的实践能力，这是毫无疑问的，因为人是活的，人跟物不同，可以有一种意志行为。你在进行认识的时候，你可以怀疑，认识是不是能获得知识？但你自己是有自由意志的，这是不用怀疑的。我的自由意志也可能没有达到它的目的，也可能没有实现出来，这都不要紧。尽管没有实现出来，我还是在发挥我的自由意志的能力，谋事在人，成事在天，我具有谋事的能力嘛。这种能力也许

不能实现,在感性世界中不能成功,但我为自己设定了目标,失败了也好,"杀身成仁""舍生取义"也好,这个目标是我自己定的,我心甘情愿,失败了也心甘情愿,这种能力我是有的……

康德认为,我们虽然不能证明有自由,但是我们也不能否认、不能证明没有自由,所以我们有理由、有根据提出一个先验自由的理念。虽然在认识领域里它没什么用——放在那里没有用,它不能认识——但在别的地方有用。在什么地方呢? 在实践理性批判中。"自由"的概念形成了从纯粹理性批判到实践理性批判两者之间的一个过渡,也就是说,先验的自由已经肯定了它是可能的,虽然没有被证实。因此,我们在实践理性的活动中就不必对它加以理论证明,而用我们的行动来实践它;不必在知识的层面上对它加以证实,而用我们的行动来对它加以证实。

那么自由和道德是一回事吗? 康德为什么写了《纯粹理性批判》之后,又要写《实践理性批判》呢? 邓晓芒先生接着说:

这种实在性从认识的角度看不出来,但你只要不否认,只要在认识领域里保留一个余地,那么在实践的时候,在实践的领域里,你就可以把这种自由表现出来。在认识领域里,也许人们会把这个自由行为归结为另外一些规律,比如,一个人杀身成仁,有的人就可能从自然科学的角度分析,这个人根据一种什么样的因果关系走向了刑场? 是不是他的脑子出了问题,违反了怕死求生的生物学规律? 以及那颗子弹射穿了他的身体,他的心脏停止了跳动,等等。人们可以做这种描述,但这些描述不能反映这件事情的本质。这件事情的本质是自由,是道德。从自然科学、理论理性上看,它是不正常的,但从纯粹实践理性的角度看是最正常的。自由和道德只具有实践的意义,不具有认识的意义。这就是康德通过这种方式为人的自由、人的道德留下了一个地盘,把知识悬置起来了。知识我不否认,但是知识不能解决道德问题、自由问题。所以,在谈自由的问题的时候,我们首先要把知识悬置起来,存而不论,然后才能谈道德的问题,才能把握道德行为的本质。知识不能把握道德行为的本质。由此可以看出,就像康德所说,"自由"的概念通过实践理性这样一种解释、一种实在性,就成为了两大批判之间的一个"拱顶石"。

康德为了解决道德没有认识意义,只有实践意义的问题,先把自由抬出来,然后通过这个自由的"拱顶石",把理论理性和实践理性串联了起来。因为康德要解决老子所说的,或者大家普遍认为的,道德有时候会做一些让我们常人看上去愚蠢的行为,比如好端端要去做一个弱者,不顾生死去救一个溺水的小孩,等等。其实这不是愚蠢的行为，这是道德的行为，这种行为不是知识教出来的，而是在实践中产生的。书本里面说的那一套，我把它悬置起来，在实践中另做一套，这个另做一套的机制就是人的自由，为什么？因为道德不是理性的，而是情感的。情感是人们的直觉，是人们的自由，在书本中是找不到的。

英国哲学家休谟，有一本书叫《人性论》。在该书"道德的区别不是从理性得来的"一节中，作者是这么说的：

> 如果道德并不自然地影响人类的情感和活动，那么，我们那样尽力去谆谆教人以道德，就是一种徒劳；而且再也没有任何东西要比为所有道德学家所拥有的大量的规则和规矩更为无用的了。哲学一般可以分为思辨的和实践的两个部分；而由于道德总是被包含在实践的部分中，所以，它就被假定为对我们的情感和行为有影响，而且会超出知性的平静的、懒散的判断之外……

> 因此，既然道德原则对我们的行为和感情有一种影响，所以，随之发生的就是：这些原则并不是得自于理性。这是因为，正如我们已经证明了的，单单是理性决不可能有任何那样的影响。道德原则激起情感，并且引起和阻止各种行为。在这一方面，理性自身是完全无力的。因此，道德规则并不是我们理性的结论。

如果我们纯粹把道德归于情感，那么我们去做不道德的事也归于情感，这种无差别的情感论，会不会让恶人们找到借口？不会的，哲学家们是不允许这么做的。这里还是有理性存在的。邓晓芒先生在《康德哲学讲演录》里是这么说的：

> 道德律对人有一种震慑感，使人产生一种敬重。这种敬重是否定了人的一切世俗情感的，但它还是感性的，它立足于人是感性的存在。人是理性的存在，同时也是感性的存在，所以唯有这种敬重感是一种道德情感。但这个道德情感不是道德的根据。英国经验派经常把道德立足于人的道德情感，如休谟、伯克、哈奇森，认为人的道德情感就是人的道德来源，就是人的道德的源泉。康德反对这种观点。道德情感当然可以使人出于道德律去做有道德的事情，成为道德的动机或发条——"动机"（Triebfeder）这个词就是"发条"的意思，道德的动机就好比钟表的发条，能够推动人去做有道德的事情，人出于敬重感，做到为义务而义务，为道德而道德。但正因为如此，道德的动因（Bewegursache）就不是情感，而是自由意志。自由意志有一个"为"，如何才能"为"？如何为义务而义务？要有情感的驱动，要有敬重感的驱动，才能做出纯粹道德的事情。但这种情感不是道德的源泉，而只是道德实现自身的一种动机，一种现实的手段。道德的源泉只能是纯粹实践理性。

康德在这里对休谟的道德情感源泉是持批评态度的,他承认情感是一种因素,但这是一种来自情感又高于情感的敬重感,我们今天把它叫作"敬畏感"。康德把它叫作道德律。这个道德律是很难解读的,它既是理性的,又是情感的,既是动机,又是自由意志,最后邓晓芒先生把它解读为良心,这是相当到位的。

> 在日常生活中,道德律始终在我们心中,规定着我们的行为,强迫我们承认它。它的这个资格是由何而来的? 它凭什么能够在日常生活中强迫我们听从它的警告? 你要使你的意志的准则始终成为一条普遍的立法原则,你要能够自律,也就是通常所讲的听从良心的呼唤,而良心凭什么能够在人心中进行这样一种呼唤? 人为什么在日常生活中处处要考虑良心? 虽然人在生活中很可能大多数时候都没有按良心办事,特别是在当今物欲横流的时代,但良心总在心中发出呼唤,影响我们。在不按良心办事的时候,我们会感到一种愧疚。这种愧疚有大有小,但只要是人,总会感到愧疚。这就是良心在起作用。我做这件事是伤天害理的,是不对的,但是没办法,所以我要给自己找种种理由。之所以要找种种理由,就是因为还有点愧疚,不然找理由干吗? 当你抓住一个卖假货的,或是一个诈骗的,他总是会说活不下去了,家里还有孩子啊,还有老母啊……找各种理由来解释,因为他知道他的行为是不对的。而且他也知道他再怎么推诿,最终还是要负责的,他总是要怪罪于自己,感到愧疚。这说明良心总是在人的现实的实践活动中起作用的。

用良心来解释道德律最恰当了。对这段话的理解是,道德既是有理性的,又是有情感的。说它是有理性的,是因为道德是动机驱动的,说它是有情感的,是因为道德是人对在场环境的一种即时反应的自由意志。这里有两个因素制约:一个是时间,道德是短暂的理性;一个是场景,道德是在场的实践理性。

以上我们讨论了这么多康德的道德思想,现在我们来看看老子是不是也有和康德一样的观点:道德没有认识上的意义,而只有实践上的意义,也就是在场的意义。《道德经》中说:

> 上善若水。水善利万物而不争,处众人之所恶,故几于道。居善地,心善渊,与善仁,言善信,正善治,事善能,动善时。夫唯不争,故无尤。

这段话最关键的就是"处众人之所恶"。道德就像水一样,不是高高在上的,而是在人们不喜欢的地方待着,这就是道德的实践意义。后面的七个"善"都是道德所要达到的目标,这是老子"人之道,为而不争"的核心思想。庄子认同老子的观点:道没有认识上的意义,只有实践上的意义。在《知北游》中,庄子和东郭子先生的对话,把这个观点说透说清了。现将译文摘录如下:

> 东郭子问庄子说:"所谓道,在什么地方?"
>
> 庄子说:"无所不在。"
>
> 东郭子说:"必须指出一个地方来才可以。"
>
> 庄子说:"在蝼蛄和蚂蚁中。"
>
> 东郭子说:"怎么这样卑下呢?"
>
> 庄子说:"在稊稗这类的杂草中。"
>
> 东郭子说:"怎么越说越低下了呢?"
>
> 庄子说:"在砖瓦中。"
>
> 东郭子说:"怎么更加低下了呢?"
>
> 庄子说:"在屎尿中。"
>
> 东郭子不再说话。
>
> 庄子说:"先生所问的,原本就没有问到实质上。司正和司获向市场管理员询问踩猪验肥的方法,市场管理员便说'每下愈况',猪的下腿肥了,猪的全身还能不肥吗?你不要限定道在何处,没有脱离物外的道。大道原本就是无处不在的,使用再大的言辞来说明它,也是一样。'周'、'遍'、'咸'这三种称谓,名称不同而实质是相同的,它们所指的是同样的意思……说到盈虚衰杀,大道能使万物盈虚,而大道并不盈虚;大道能使万物衰杀,而大道并不衰杀;大道能使万物有始终,而大道并非有始终;大道能使万物有积散,而大道并非有积散。"

你说"道"存在,但又认识不到。因此东郭子就找庄子理论了,让庄子找一个"道"出来。庄子的回答很巧妙,就从东郭子最不喜欢的地方开始。我们一般认为庄子这些话的意思就是大道无所不在,但一定要看最后的那几句,大道能使万物盈虚、衰杀、始终、积散,这些都是可以在现实生活中看到的。但是在认识意义上,大道并没有盈虚、衰杀、始终、积散的意义,这又是你认识不到的。因此,如果要找大道,就到离你最近的蚂蚁、砖瓦和屎尿中去找吧。

那么,如果道德真的没有认识上的意义,认识没有了,理性也没有了,那么道德不就成了一个摆设吗?康德有办法解决这个问题。什么办法?

"人是目的"是什么意思

第55讲

链接书目:《实践理性批判》 康德

《康德哲学讲演录》 邓晓芒

上一讲我们讨论了道德的认识意义,按康德的说法,道德只具有实践理性,没有认识理性。有一点要重申一下,这里一直在用一个词叫"认识意义",这个词和"认知意义"还是有差别的。因为我们对认知的定义是:想象、选择、制定和实施我们简化与重组这个世界的过程。这里包含实践理性。那么康德是如何解决道德在认识和实践上的矛盾的呢?

我们谈到了道德律产生于人的良心,这个和我们普通人的认知一样,康德是个大哲学家,他不会用这么简单的方法去解决问题。那么,他是用什么方法呢? 康德在《实践理性批判》的"纯粹理性在规定至善概念时的辩证论"一章里有这么一段话:

> 在种种目的的秩序中,人(以及每一个理性存在者)就是目的自身,也就是说,人永远不能被某个人(甚至不被上帝)仅仅当作手段来使用,而不同时自身就是目的,因此,我们人格中的人性对我们自己来说必然是神圣的,这是从现在起自行得出的结论,因为人是道德法则的主体,从而是那种就自身而言神圣的、一般来说某种东西只是因为它并且与它相一致才能够被称为神圣的东西的主体。因为这种道德法则乃是建立在他的意志的自律之上的,作为一种自由的意志,他的意志按照自己的普遍法则必然能够同时与它应当服从的东西协调一致。

这里康德提出了他的著名论断——"人是目的"。当人不被他人,甚至上帝作为手段来使用,同时也和自己的目的相一致时,这个时候人就是自由的。人的道德就是一种自由意志产生的约束自己的神圣主体,或者说道德律。但这样说,理由还是不够充分的,这就要回到康德的大法宝了,就是先于经验的先天认知模型。康德在《实践理性批判》中是这么说的:

> 在古希腊各学派中,真正说来只有两个学派,虽然它们在规定至善概念时就它们不承认德性和幸福是至善的两个不同的要素,因而按照统一性的规则来寻求原则

的统一性而言遵循着同样的方法;但就它们在二者中间以不同的方式选择基本概念而言,它们又分道扬镳了。伊壁鸠鲁学派说:意识到自己导向幸福的准则,这就是德性;斯多亚学派说:意识到自己的德性,这就是幸福。对于前者来说,聪明就等于道德;对于为德性选择了一个更高尚的称谓的后者来说,唯有道德才是真正的智慧。

康德的这段话告诉我们,西方哲学家对最高的至善的看法是有分歧的。分歧的原因就在于幸福和道德往往不是一致的,伊壁鸠鲁学派认为幸福就是道德,斯多亚学派认为智慧才是道德。康德认为他们的观点是分析论的,他要用先天综合判断来解决这个问题。他是这么说的:

> 但是,使它成为一个难以解决的课题的东西,在分析论中已经给出了,亦即幸福和道德是至善的两个在种类上完全不同的要素,因而它们的结合不能被分析地认识到(例如,如此寻求自己的幸福的人在他的这个行为中通过对其概念的纯然分解就会发现自己是有德性的,或者如此遵循德性的人在对这样一种行为的意识中就会发现自己已经实际上有福了),而是这两个概念的一种综合。但是,由于这种结合被认为是先天的,因而在实践上是必然的,从而不是从经验中派生出来的,而至善的可能性不基于任何经验性的原则,所以,这个概念的演绎就必须是先验的。通过意志的自由产生出至善,这是先天地(在道德上)必然的;因此,至善的可能性的条件也必须仅仅基于先天的知识根据。

康德认为至善就是德福一致,而至善不是从道德、智慧或者幸福中分析出来的,它早就存在于人的大脑之中,是一种先天的知识。这里,康德和老子的区别就显示出来了,老子认为道德来自生命之道,是由内而外的,但康德的先天知识是由外而内的。康德做了两件事情:第一,由外而内把灵魂与上帝引进来,有了上帝在背后做推手,这个道德律就有用武之地了;第二,取消假言命令,"如果怎么样,我就怎么样",提倡定言命令,"没有如果,我只能这样",最后自由走向了宗教。邓晓芒在《康德哲学讲演录》中把这个逻辑关系讲得清清楚楚,是这么说的:

> 那么,道德和幸福如何能够达到一致?这个先天综合判断如何可能?必须要有更高的条件。更高条件是什么呢?主要有两个:一个是灵魂不死。一方面,活人受肉体的束缚,总难做到为道德而道德,只有等死后摆脱了肉体,才有希望接近纯粹的道德心;另一方面,好人在此生没有得到好报,就有待来生,有待彼岸世界,有待死后灵魂上天堂,在上帝那里得到报偿。我们在基督教经典里经常看到这样

一句话,这个人一生没有做什么坏事情,上帝会保佑他,他在天上会得到报偿。《圣经》里也是这样讲的:你们不要注重地下的财富,你们在天上,主给你们储藏了更大的财富。那个财富是小偷偷不走的,是虫蛀不烂的,是总在那里的。你要相信你死后会得好报。一个人做坏事,人家说他死后会下地狱的,他不得好死,死后还要遭受折磨。用这种方式来达到德福一致,那就必须有个前提呀,那就是灵魂不死,人有来生。第二个条件就是有上帝。灵魂不死还不行呀,灵魂不死,如果你到了来世你还是得不到好报,那怎么办呢?这就必须设立一个上帝,上帝是公正的,上帝是最后的审判者。

德福一致的两个条件——灵魂不死和上帝存在——在纯粹理性批判里已经作为一种先验的幻象被批倒了。但在实践理性批判这里又恢复了……
…………

有了自由意志的人就会有信仰,所以康德认为宗教是从道德里推出来的,有了道德就一定会有宗教。但道德比宗教要更基本,道德立足于人的自由意志,道德是宗教的基础。道德本身可以没有宗教,它可以独立,但宗教不能没有道德。而道德一旦确立,它必然会推出宗教。道德本身是自足的,一个有道德的人,会逐渐走向上帝,走向宗教。这是康德的实践理性批判所阐明的道理。所以康德力图把基督教建立在道德基础之上,变成一种道德宗教。当然,当时很多人反对他,神学家、教会都谴责他,说他把道德看得比宗教更基本。他的书也因此遭到查禁。国王亲自批示,禁止他以后再谈宗教问题。康德还写了一份检讨,说我保证作为您的臣民,以后再不讨论宗教问题。但过了两年,国王死了,而康德在检讨中打了埋伏:作为你的臣民,我不再探讨宗教问题,但现在我已经不是你的臣民,你已经死了嘛。康德后来又探讨宗教问题了。(掌声)

现在我们把同样由自由引起的道德观,在老子和康德之间做一个对比。康德把自由意志定位为先天的知识,而且有上帝和灵魂的支撑。这就是康德自由观和老子自由观的根本区别。老子的自由观是由内而外的,你一个人独处的时候,你想怎么自由,就怎么自由,但当你和他人在一起的时候,你的自由必须收敛起来,先给他人自由,你才有自由。所以老子把至善比喻为水,为什么?这个水处在人们厌恶的地方,你说它有幸福感吗?也就是说,你在追求至善的时候,你不一定幸福,但你也没有必要硬在自己大脑中安一个道德律。你只要做到"让大象自由",也就是"让他人自由",这样你的所有目标就达到了。"无为无不为。"当然,这个"无不为"里面就包含了幸福与道德。不就是"德福一致"了吗？康德也认为德福是一致的，但他绕远路了。这个也没有办法，因为这个种子早在2500多年前轴心时代，在第三次认知革命中就已经种下了。认知模型要改变还是比较难的。

讨论到这里，不知道你有没有理解"人是目的"这句话的意思。很多人解释这句话都是不全面的，他们只是从字面上去理解：不要把人当作手段，要把人当作目的。这句话说了也是白说。再仔细回味一下康德的原话："人永远不能被某个人（甚至不被上帝）仅仅当作手段来使用，而不同时自身就是目的。"康德的意思是，人要达到目的，是手段与目的并行的。这不就是"合作理性"的标准定义吗？什么是合作理性？就是通过自己的付出，与他人共同达到双方的目的。而不是把对方当作手段，目的达到了，自己一跑了之。

不过康德的解释还不是最到位的。我们看看老子的解释。人的目的是什么？有一个常识是不言而喻的。就是人要追求永恒。那么这个世界上有没有永恒呢？你一定会回答没有。错了！有的。而且是老子说的。这就奇怪了，老子不是说"道可道，非常道"吗？说出来的道，就不是永恒之道。可问题是"道"都是说出来的呀，不说出来谁知道。于是，有人拼命去《道德经》里找。总算找到了。在《道德经》里找到了一句"天乃道，道乃久"。这不就是"道"的永恒吗？还是错了。

我们说过，老子对合作理性的三个定义：第一，"复命曰常"，就是生命的内部复制；第二，"知和曰常"，合作；第三，分工，"天之道，损有余补不足"。在整部《道德经》里，"常"即"永恒"这个词经常出现。但被老子亲口定义为"常"，也就是"曰常"，只有两个地方，一个是"复命曰常"，还有一个就是"知和曰常"。而"道乃久"和"复命曰常"是同时出现在《道德经》里面的。

永恒就是人之目的。这个永恒可不是形而上的，是生命之代表基因几十亿年来刻下的痕迹，它为了保持自己的稳定性，不惜不断改变自己，与外界充分合作，并且和谐相处，才延续至今。而人类又是地球上所有生命的杰出代表，永恒、合作与自由是生命的目的，也是人之目的。虽然老子和康德的生物科学背景几乎是空白的，而且他们出现的时代不同、地域不同、文化不同，但他们最后还是殊途同归，想到一起去了。如果理解了这一点，我们这一路走来的认知旅程也算是没有白费。

虽然我们明白了康德对"人是目的"的定义，也了解了实践理性就是合作理性，但理性毕竟是抽象的，如何将其应用到实践中去？不要紧，老子为我们解释了实践理性在每个人生活中的具体应用。是什么呢？

为什么"弱者"是极度成功的密码
第56讲

链接书目:《极度成功》 丹尼尔·科伊尔

上一讲我们讨论了康德的"人是目的"的概念。这是他解释实践理性的关键词,即"合作理性"。但是,康德的实践理性还是太抽象,特别是对自由的解释。最后把上帝和灵魂都拉出来了,才为我们拼起了一块"道德"地图。而老子不是这样的。他的《道德经》也是抽象的,但我们无论从哪个角度去解读,理解的难度肯定都比康德的小。今天我们就来讨论老子的实践理性。

老子在《道德经》中专门对道德的实践性提出了自己的看法,是这么说的:

> 修之于身,其德乃真;修之于家,其德乃余;修之于乡,其德乃长;修之于邦,其德乃丰;修之于天下,其德乃普。故以身观身,以家观家,以乡观乡,以邦观邦,以天下观天下。吾何以知天下然哉? 以此。

拿这个道贯彻到个人,他的德会是真实的;贯彻到一家,他的德可以有余;贯彻到一乡,他的德能受尊崇;贯彻到一国,他的德就会丰盛;贯彻到天下,他的德就会普遍。所以要从个人观照个人,从家观照家,从乡观照乡,从国观照国,从天下观照天下。我怎么知道天下的情况呢? 就是用这种道。

这里老子告诉我们这个"德"是怎样炼成的。德不是一个认识问题,而是一个实践问题。如何实践呢? 一步一个脚印。合作理性不是一个远大的目标,而是无所不在、如影随形。这里大家一定要领悟庄子的话,大道无所不在,不是虚无缥缈的,而是在离我们最近的蚂蚁、砖瓦和尿屎中。虽然庄子有点夸张,但合作理性一步一步走过来是千真万确的。陈鼓应先生在《老子今注今译》中,对这段话的引述是这么说的:

> 例如《管子·牧民》也提出家、乡、国、天下之为治的主张,但它认为:"以家为乡,乡不可为也;以乡为国,国不可为也;以国为天下,天下不可为也。以家为家,以乡为乡,以国为国,以天下为天下。"《牧民》的观点与老子"以身观身,以家观家,以乡观乡,以邦观邦,以天下观天下"相一致,两者与《大学》修齐治平却有较大的不同,《大学》由修身到齐家之后,便由齐家急速推广到治国。然而"家"与"国"不

仅性质、领域不同，所处理的事各也各异，能齐家的未必能治国。不过，《大学》的夸夸其谈，颇深入人心。

其实我觉得陈鼓应先生误解了《大学》中的意思，《大学》中是这样说的：

> 古之欲明明德于天下者，先治其国；欲治其国者，先齐其家；欲齐其家者，先修其身；欲修其身者，先正其心；欲正其心者，先诚其意；欲诚其意者，先致其知；致知在格物。物格而后知至，知至而后意诚，意诚而后心正，心正而后身修，身修而后家齐，家齐而后国治，国治而后天下平。

这和老子的"以身观身，以家观家"是一样的，是一个人端正自己当下的位置，由内而外、讲究实践、逐步成长的过程。这就回到了我们一直在讨论的中国哲学密码：由内而外。为什么？因为生命系统的外部环境是不确定的，而生命的内部结构是稳态的。如何以稳态对付不确定性？唯有改变自己，记住不是改变自己的稳态，而是改变自己与外部环境的合作程度。这个改变只能是走到哪里，改到哪里，没有跳跃，只有渐进。

老子为强调这个"德"的实践性，还放了狠话，在《道德经》中说："上德不德，是以有德；下德不失德，是以无德。"

很多人对这句话感到迷惑，怎么"不德"倒是"有德"，"不失德"倒是"无德"？一般我们将这句话翻译为："上德的人不自恃有德，所以实是有德；下德的人刻意求德，所以没有达到德的境界。"这个也没有错。但是结合老子强调的"以身观身，以家观家"，这个解读就不同了。应该这样解读：认知到形而上的德，只是"道"，虽然不具有实践条件，但还是有德，认知到形而下的德，这是实践的"德"，但不管周围环境与条件，在实践中刻意保持形而上的德，表面自己不失德，其实那是无德。老子为什么这么说呢？因为"道"和"德"的关系是"道生之，德蓄之"，"道"管认知，"德"管实践。是什么实践呢？老子在《道德经》中讲得很具体，就是"长之育之，亭之毒之，养之覆之"。如果说这个太抽象，你还是不理解，那么老子在《道德经》中又以具体的实践行为来告诉我们（译文）：

> 上善的人好像水一样。水善于滋润万物而不和万物相争，停留在大家所厌恶的地方，所以最接近于道。
>
> 居处善于选择地方，心胸善于保持沉静，待人善于真诚相爱，说话善于遵守信用，为政善于精简处理，处事善于发挥所长，行动善于掌握时机。
>
> 只因为有不争的美德，所以没有怨咎。

老子认为水是合作理性的典范，是由内而外的典范，它随便在哪个场合，永远处于卑贱的地位，不争不抢，不是故意做出来的，而是顺势而为实践出来的。合作理性不像工具理性，工具理性在你想象和虚构出来之后，可以一步步制订一个计划，可以计算和量化，你知道一个月之后可以做什么。但是合作理性，你是不能计算和量化的，你不能制订一个月后的合作理性计划。因为和谁合作，合作环境如何，合作人的脾气如何，你是不知道的。你只知道一件事，不管碰到什么事情，合作为先，合作的宗旨就是"上善若水"。这个顺势而为的意思大家听起来很明白，但真要做起来，就不怎么容易了，因为谁愿意总是待在人们厌恶的地方呢？于是，老子教了我们一个绝招，不管到什么地方，遇到什么人，只要记住一句话就行了。这句话就是《道德经》中的"弱者，道之用"。你示弱了，谁不和你合作？为了这个"弱者"，他在《道德经》中多次强调："不敢为天下先"，"夫唯不争，故无尤"，"善用人者为之下。是谓不争之德"，"人之道，为而不争"。你不去和人家争，谁都会把你当作朋友。最后的结果会是什么呢？老子说："夫唯不争，故天下莫能与之争。"其实，他还是回到了"无为无不为"的思想上。但这些都是说起来容易做起来难的，好像有点违背人的本性。

老子是认识到这个问题的，他认为这些在认识上看似愚蠢的话，在实践中是个好东西，因此，《道德经》中说："古之善为道者，非以明民，将以愚之。"

很多人在翻译这句话的时候，为了证明老子不是在推行愚民政策，把这个愚蠢的愚字，翻译为淳朴，包括王弼与河上公都是这样翻译的。其实这个就是老子的原意。让你做一个弱者，让你不要去和他人争，甚至让你像水一样停留在人们厌恶的地方，这不是愚蠢，是什么？如果你明白了道德不是一个认识问题，而是一个实践问题，那你就明白了老子的这句话的字面意思。古之善为道者，不是在知识上叫人怎么做，而是在看似愚蠢的实践上叫人怎么做。可惜的是，我们到今天还不明白老子这句话的意思。

因此老子在《道德经》中说：我的话很容易了解，很容易实行。大家却不能明白，不能实行。为什么？比如老子说的"弱者，道之用""柔弱胜刚强""守柔曰强""坚强者死之徒，柔弱者生之徒"等等。在这个竞争激烈的现代社会，谁会相信一个弱者会有一席之地呢？从对知识的认识上，我们不理解，但是从实践的经验中，我们不但理解了，而且获得了成功，并且是极度的成功。

有一本书，就叫《极度成功》，是一本专门解释"弱者，道之用"这个合作理性的实践作用的书。作者是丹尼尔·科伊尔，他用了 4 年的时间进行团队方面的深入研究，深入采访了包括皮克斯、DEO、海豹突击队在内的国际上最先进的组织，参与了哈佛大学、沃顿商学院、斯坦福大学等一流学府的研究,最终完成了这部科学性与实用性并重的作品。

《极度成功》的引言中是这么说的:

> 我发现这些团队的文化都是由一套信号系统塑造的,这些信号通过挖掘社会脑的力量来产生互动,完全就像幼儿园小朋友搭建意面棉花糖塔时所使用的。这些信号构成了本书的框架:创造安全感,探索的是归属信号如何缔造出归属和认同的纽带;提升合作性,说明的是脆弱信号如何驱动相互信任的合作;推动自组织,讲述的是如何通过目标信号传递共同的目标和价值观。这3种信号自下而上发挥作用,帮助我们建立起团队联系,并把这种联系转化为行动。

其实作者所说的3种信号,归属信号、脆弱信号和目标信号,是我们一直在讨论的合作理性的主要元素,因此这本书也算是给合作理性做了一个详细的注脚。该书引言的最后两句话,特别引起读者的共鸣:

> 文化是一套致力于共同目标的生活关系。文化无关乎你是谁,只关乎你做了什么。

实践、实践、再实践,文化就是合作理性实践出来的,我们一开始讨论原始文化的产生时就已经得出了这个结论,我们今天只是接过祖先的接力棒继续走下去而已。

该书中用了大量的案例来说明企业强文化的3个信号,也叫3个终极密码,是如何具有现实性和操作性的。这里把该书中有关"弱者,道之用"的终极密码的目录摘录给大家看一下,这样可以帮助大家打开对老子这句话的理解思路,具体案例大家可以去阅读原著。

第二部分　终极密码2,脆弱信号提升合作性

第7章　共享脆弱,顺畅的合作源于尴尬的互动

第8章　构建脆弱环,让陌生人更聪明地合作

第9章　信任机器,即兴喜剧与珠宝大盗

第10章　与团队合作,脆弱信号让团队无懈可击

第11章　与个人合作,脆弱而真诚才能实现一致性

第12章　共享脆弱的13条原则

这里举一个案例,这个案例是从清华大学经管学院教授、清华大学苏世民书院副院长钱小军为该书所写的推荐序中摘录下来的。

共享脆弱——作者在书中分享了 1989 年 7 月美联航 232 次航班遭遇的一次危机。在那次危机过程中,作为领导的机长海恩斯数次表现出"脆弱"——求助于他人,而不是发号施令;乘坐该次航班、危机发生时主动参与救难的美联航飞行员教练菲奇也是如此。他们通过表达"脆弱"所发出的信号非常强烈,那就是由机长、副机长、飞行工程师以及飞行员教练所组成的团队必须通力合作,否则任何个人都无法挽救飞机。对这一案例的解读以及分析所得出的结论让我想到,我们从小受的教育都是鼓励我们要自立自强,勇敢担当,却从来没有人鼓励过我们要适当地"示弱"。"示弱"就是给别人机会,就是邀请别人参与,就是建立团队成员之间的紧密联系。如果每当团队遇到问题,需要团队成员集思广益时,那些反应特别敏捷的少数"聪明人"总是急于"示强",不给团队其他成员参与意见的机会,这样的团队就很难让其成员拥有归属感,很难让团队成员之间产生联系,很难真正发挥团队多元组成的优势,也很难像美联航 232 次航班飞行控制团队那样,发挥每一个人的独特优势,为实现团队目标——安全着陆而齐心协力、共同奋斗。这一点非常值得读者深思——或许这就是卓越的团队如此寥若晨星的原因?

钱小军先生已经把"弱者,道之用"的原理讲得很清楚了。这不是我们在浅层次理解的做人谦虚一点而已,这是合作理性的一大法宝。一个人单独放在那里是弱者,但是放在一个团队里面,对内共享脆弱的话,对外就是一个强者。

大家还记不记得我们在前面提到的科斯的交易费用理论?它是指两个方面,一个是企业,一个是社会。我们没有讨论过企业交易费用的问题。《极度成功》就是告诉我们,如何降低企业交易费用,共享脆弱可以把企业的交易费用降到零,什么结果呢?就是社会资源配置的最大化。企业是一个在自己可控范围内降低交易费用的商业组织,如何降低?就是组织起一支共享脆弱的团队。

这就是《极度成功》中自认为的终极密码。《道德经》为这个终极密码做了一个总结,是这么说的:

> 天下莫柔弱于水,而攻坚强者莫之能胜,以其无以易之。弱之胜强,柔之胜刚,天下莫不知,莫能行。是以圣人云:"受国之垢,是谓社稷主;受国不祥,是为天下王。"正言若反。

世间没有比水更柔弱的,冲击坚强的东西没有能胜过它的,因为没有什么能代替它。弱胜过强,柔胜过刚,天下没有人不知道,但是没有人能实行。因此有道的人说:"承担全国的屈辱,才配称国家的君主;承担全国的祸难,才配做天下的君王。"正言犹如反着说。

老子的实践理性和康德的实践理性还是有区别的：老子承认正言反着说，有时会违背人之常情，但你去做了是有好处的。但康德就不同了，不管结果如何，由上帝支撑的道德律令就是一道紧箍咒，是一个普遍法则，你是不能违反的。那么康德是如何选择的呢？

你会杀死那个胖子吗
第57讲

链接书目:《康德哲学讲演录》　邓晓芒

《你会杀死那个胖子吗?一个关于对与错的哲学谜题》

戴维·埃德蒙兹

上一讲我们讨论了老子的合作理性,也就是实践理性。很简单,"以家观家,以乡观乡",在什么山头唱什么歌。因为道德没有认识意义,只有实践意义。道德最终目标的天人合一不在天边,就在眼前。因此,"弱者,道之用",做起来有点勉强,但你马上可以享受合作的成果。而康德的实践理性就不同了,他认为人是目的,不能当作手段,这是符合自由与合作理性的。但康德把道德捆绑在上帝身上,一个好端端地与他人合作成了强迫自己的道德律,这是一条普遍法则,违反了就不道德。于是就产生了上一讲我们遗留下来的说谎与不说谎的道德悖论。

邓晓芒先生在《康德哲学讲演录》里提到了一条道德金规则,叫"己所不欲,勿施于人"。但康德有自己的金规则,该金规则有什么特点呢?邓晓芒在该书中是这么说的:

> 康德的金规则的模式有什么特点呢?康德的金规则的模式就是他所谓的道德律令,具有严格的形式规范和逻辑上的普遍必然性。这个律令是这样说的:"要仅仅按照你同时也能够愿意它成为一条普遍法则的那个准则去行动。"……这是金规则的一种比较学术性的表达方式。

> 当然,这样说很抽象,我们可以举一个例子来说明,康德也举了这个例子,就是说谎。说谎是否道德?说谎这样一条准则,如果把它当作一条普遍法则,那就意味着世界上人人都说谎……一旦它成为普遍法则,它就会自我消灭。

> 不说谎行不行?康德设想,如果这个世界上人人都不说谎,人人都说真话,那这个世界就很好了,就会形成良性循环。用控制论的话来说,说谎是负反馈,不说谎是正反馈。说真话的人越多,说真话就成为一条普遍规律。所以,用康德的这条金规则,可以衡量什么行为是道德的,什么行为是不道德的。

康德承认人是目的不是手段,但是仍拘泥于道德的形式主义,这是什么原因造成的呢? 邓晓芒先生是这么说的:

> "要仅仅按照你同时也能够愿意它成为一条普遍法则的那个准则去行动",这句话里没有"他人"的字样。前面两条金规则都有。"己所不欲,勿施于人",这个"人"就是"他人"了;"你愿意人家怎样待你们,你们也要怎样待人",也有"他人"。唯独康德的这条金规则没有"他人"。为什么? 因为在康德看来,他所追求的不是仅仅与他人相协调的关系,而是要与自己身上的人性相协调,也就是与自己的理性相协调,与自己的实践理性相协调。一个人如果能与自己身上的人性相协调,那么他与他人相协调是很自然的,他对得起自己的良心,难道他还对不起别人吗? 所以每个人只要按照康德的金规则去行事,首先对得起自己,首先与自己的人性相协调,首先自己按照理性的规则去行动,那么整个社会就会和谐了,不需要制定我和他人应该怎么相处的规则。
>
> 在西方人看来我和他人应该怎么相处更多的是法律的问题,不是道德的问题,而道德的问题主要是自己的良心的问题……

以上这段话很重要,大家一定要记住,因为我们以下要讨论的所有有关道德、伦理、自由、幸福、人生意义,以及政治、国家等话题,都和这段话有关。老子的道德观是"让大象自由",康德的道德观是"心中的道德律令"。它们都没有毛病,但它们之间唯一的区别就是把他人放在什么位置。大家试想一下没有了他人的道德观是不是成了跛脚的道德观。

康德的这种带有工具倾向的绝对道德论,或者说排除了一切情感的情感论,给西方人的道德观带来了根深蒂固的困惑。有一本书叫《你会杀死那个胖子吗? 一个关于对与错的哲学谜题》,就是西方人道德两难境地在当代的体现。为什么? 因为我们这个现代社会似乎被各种各样的工具给包围了。原来康德一直想以自由来冲破工具对道德的束缚,结果还是没有冲出去,他把这个问题留给了后人。

这本书就是讲一辆疯狂的电车和一个虚构的"胖子"之死构成了一道道德难题,也是一道哲学难题。半个世纪以来,许多哲学家为之着迷,他们想知道:人的道德判断有法则吗? 是非对错有标准吗? 该书作者是戴维·埃德蒙兹。

该书围绕着两个困境展开。第一个是救多人和救一人的岔道困境。书中是这么说的:

> 一个男人站在铁道边,突然他看到一辆失控的电车正朝他呼啸而来。显然,

刹车失灵了,而前面有五个人被捆绑在铁轨上。如果这个人什么都不做,这五个人将被电车轧死。幸运的是,他身边有一个开关,只要扳动开关,就能让失控的电车转向另外一条铁轨,即他面前的一条铁路支线。不妙,又出差错了:他看见另一条铁轨上也绑着一个人,改变电车的方向肯定会让这个人送命。他该怎么办?

从现在起,我们将把这一困境称作"岔道困境"。

第二个就是胖子困境。书中是这么说的:

这回你站在铁轨上方的天桥上,看到电车沿着轨道呼啸而来,前面有五个人被绑在铁轨上。这五个人能获救吗?当然,道德哲学家在救人方面又做了狡猾的安排。有一个大胖子正在倚着栏杆看着电车。如果你把他推下天桥,他会跌在下面的铁轨上。他过于肥胖以至于他的块头足以让电车颠簸着停下来。悲哀的是,这一做法会要了胖子的命,但却会救了那五个人。

你会杀死这个胖子吗?你应该杀死这个胖子吗?

对这个人肥胖的描述并非毫无意义,如果电车可以被任何体型的人阻止,而你恰巧站在一个胖子边上,也许你该做的不是把胖子推下去,而是纵身跳过护栏牺牲自己。这是一个勇敢而无私的举动,然而在这个事例中,这可能是无用的举动:因为根据假设,你的块头不够大,不能让电车停下来。

围绕着岔道困境和胖子困境,该书通过讲述一个个引人入胜的故事,告诉读者哲学家们为什么以及如何与这个哲学谜题抗争,而他们对这一问题的回答将告诉我们许多关于对与错的知识。哲学家与社会学家透过这个问题的思辨来探讨进退两难的道德问题,诸如堕胎、战争、牺牲少数成全多数等。最近,它更进一步吸引了神经科学家、心理学家和其他一些思想者的目光。

我们来讨论一下该书中的几个主要观点。第一个就是康德的绝对道德观,作者称之为康德的"道义论"。作者是这么说的:

没有道义论就没有电车学。

....

康德认为,人不能仅仅被当作是达成其他目的的手段。这一点在他提出的"定言令式"(Categorical Imperative)阐述得最清楚。定言令式是一条适用于任何时代、任何情况、任何场合的绝对道德要求,所有其他的义务和责任都由此产生。康德认为定言令式只要通过我们理性的锻炼就能得到。定言令式的第二种形式指出，我们永远不能"仅仅把人作为达到目的的手段，而始终要将之作为目的"。

这一观念说来容易，但要在现实或者虚拟的具体事件中搞清楚它的含义却很困难。尽管如此，其影响却十分广泛：如果没有康德，现代人权运动就无法萌芽（最讽刺的是，纳粹战犯、负责将犹太人赶入集中营的阿道夫·艾希曼，在1961年的耶路撒冷审判中也引用了康德的定言令式这一理论为自己开脱）。

作者认为康德的道义论就是这个电车难题的始作俑者，在"什么是目的"和"什么是手段"之间徘徊。既不能扳开关，又不能推胖子下去，什么也做不了。既然道德能够上升到理性的高度，那么电车难题就是奔着这个主题来的，我们可以用工具来计算一下，于是产生了第二种观点，即边沁的功利主义，用数量来衡量道德。该书"用数量决定道德"一章中是这么说的：

> 边沁认为，判断一种行为是否重要关键是看它产生了多少快乐和避免了多少痛苦。他叮嘱我们行事时始终要将快乐最大化，痛苦最小化。在他最具影响的著作《道德与立法原理导论》（*An Introduction to the Principles of Morals and Legislation*）中，他甚至为了计算这一结果而发明了一种运算法则，他称之为"幸福微积分"……
>
> …………

> 边沁认识到了在常识道德中认为"故意"和"预见到"之间有区别，或者如他所说，在"直接故意"和"间接故意"之间有区别。但他否认这二者之间有任何本质的道德区别。所以边沁不会在电车问题上考虑很久。假设所有生命都等价，那么杀死一个人，不论是否故意，都比要五个人死更可取。数字才是关键。死亡是否故意无关紧要，死亡是因作为还是因不作为而产生也无关紧要。我们必须忽略我们的道德直觉：在岔道情景和胖子情景之间不存在有效的伦理差异。胖子应该被推下去。

作者介绍的第三种理论是"双重效果理论"，作者是这样说的：

> 这一原则，最初在将近一千年前由托马斯·阿奎那所发现，至今仍有着强烈的直觉共鸣。其核心是区分故意和预见。在岔道情景中，我们预见到但并不故意让人死亡，但在胖子情景中我们却是故意的。这一区别在功利主义者面前毫无意义，因为无论在岔道情景还是胖子情景中，救五个人的条件是一样的：一个人会因此而死去。但大多数非功利主义者认为很明显意图的本质与行为的判断息息相关。

作者的意思表达得很明白，这是道德的直觉主义。不管结果如何，我们做这件事不是故意的，但推胖子是故意的，是不可取的。扳开关是情急之中救 5 条人命，结果杀死了一个人，但是"善"的效果还是存在的。

我们现在来分析一下道德的三种观点：第一，道德是绝对的理性命令，最后什么也不做。第二，根据数量来计算道德，两个都可以做。第三，根据动机去做，不要故意杀人，但在 5 条命与 1 条命中是可以取舍的。其实，西方有关道德的理论还有很多，比如契约论、义务论、德性论等。

那么，你同意哪一种呢？如果让中国哲学密码来解开这道难题，会有什么结果呢？在《孟子　卷七·离娄上》中有关救人与男女授受不亲之间，有这么一段对话（译文）：

> 淳于髡说："男女之间不亲手递接东西，这是礼制吗？"
>
> 孟子说："是礼制。"
>
> 淳于髡说："嫂嫂掉到水里，用手拉她吗？"
>
> 孟子说："嫂嫂掉到水里而不拉她，是豺狼。男女之间不亲手递接，是礼制。嫂嫂掉到水里，用手拉她，是变通的办法。"

孟子说的是什么意思呢？这里中国哲学密码的由内而外开始起作用了，礼制也好，契约也好，功利也好，生命之道至上，所有外来的东西都是可以变通的。那么，如果要具体到如何让他人自由，我们应该怎么做呢？老子也有好办法，《道德经》中是这么说的：

> 我有三宝，持而保之：一曰慈，二曰俭，三曰不敢为天下先。慈，故能勇；俭，故能广；不敢为天下先，故能成器长。
>
> 今舍慈且勇，舍俭且广，舍后且先，死矣。夫慈，以战则胜，以守则固。天将救之，以慈卫之。

老子所说的"三宝"全部和他人有关，但是最重要的是第一宝，就是"慈"。什么是"慈"？"慈"就是对他人的爱心和同情。因此，老子在第二段专门说明了"慈"的功能。意思是：现在舍弃慈爱而求取勇武，舍弃俭啬而求取宽广，舍弃退让而求取争先，是走向死路！慈爱，用来征战就能胜利，用来守卫就能巩固。天要救助谁，就用慈爱来卫护他。

如果我们按老子和孟子的标准来看待岔道困境和胖子困境，那么他们要做的第一件事，就是先赶快给被绑在轨道上的 5 个人和 1 个人松绑，立刻停止这种所谓的道德实验,然后下面的问题就不存在了。因为道德是合作理性,合作理性是实践理性,实践理性没有认识上的假设和实验。

那么,如果真的在现实中遇到了这个问题,在危急时刻,你不得不做这种多与少的选择时,你会怎么办呢? 肯定是"慈爱"在先,计算第二。第一,你不会去推胖子;第二,你会竭力把血肉横飞的画面减少到最低限度。结论是:你不会杀死这个胖子。那么西方人为什么会如此热衷地讨论这种道德困境呢? 其实是由把他人从道德的领域中摘出去这个悖论引起的。而且这种悖论是根深蒂固的,一直是西方人崇尚的普世价值观,那么会带来什么后果呢?

谁是美国人
第58讲

链接书目:《谁是美国人? ——美国国民特性面临的挑战》

塞缪尔·亨廷顿

上一讲我们讨论了康德的道德悖论。一个明明是合作理性的道德观,一个有自由意志的道德观,但是当一个外来的上帝参与进来之后,成了没有他人容身之处的道德观,从此变成了一条一成不变的普遍法则,实践理性又回到了工具理性。以工具理性来实现自己的价值理性,成了西方文化的主流意识。从今天开始,我们就从伦理和道德的角度去探讨西方文化的根源性问题出在哪里。

讲西方,肯定先讲美国。因为美国是当代西方文明的一个缩影。美国的问题搞清楚了,西方的问题也就搞清楚了。首先我们去看看近年来在美国发生的事件。

2022年,在美国独立日迎来246周年的时候,美国发生了几件与文明的逻辑完全背道而驰的大事。美国伊利诺伊州海兰帕克市"独立日"游行活动发生大规模枪击事件,造成至少6人死亡,30余人受伤。独立纪念日成了死者哀悼日,据说枪手为此准备了一周时间。

接下来美国最高法院的一系列判决,更加引起了美国社会的严重撕裂。

第一个判决是美国大法官克拉伦斯·托马斯和其他保守派以6∶3推翻了一个多世纪前颁布的纽约枪支法《第二修正案》,该法对在户外隐秘携带手枪进行了限制。托马斯认为应该扩大民众携带枪支的权利,指责各州法院无视宪法赋予民众携带枪支的权利。他不仅推翻了纽约法律,而且制定了一个新的标准,法院应根据该标准评估其他枪支法律。这标志着美国民众携带枪支更加自由,给美国各地的禁止枪支运动泼了一盆冷水。

第二个判决是美国最高法院推翻"罗伊诉韦德案",阿利托法官代表保守派撰文表示,1973年,法院在一项具有里程碑意义的意见中承认了联邦宪法规定的堕胎权,从而误入歧途。对阿利托来说,"罗伊诉韦德案"和1992年"凯西案"的判决从未解决任何问题,它们只是"激化了矛盾,加深了分歧",因此,他认为必须加以禁止。该判决发表一周后,美国一个研究所表示,堕胎在美国十几个州将被禁止或严格限制,是在大多数女性还不知道自己怀孕之前就禁止这项手术。更悲催的是，一位年仅 10 岁的女童遭到性侵怀孕，也被划入禁止对象。

第三个判决是美国最高法院以 6 票对 3 票的多数票，限制了美国环境保护局广泛监管现有发电厂碳排放的权利。理由是这个权利应该归国会。

美国最高法院以上的判决，进一步加剧了美国社会的意识形态分裂，民众对美国最高法院的信任度也越来越低。盖洛普公布的一项民意调查显示，只有四分之一的美国人对最高法院"非常"或"相当"有信心。这是历史最低水平，同比下降了 11 个百分点。自由主义作家唐·温斯洛写道："周一是独立日，然而，到了 2022 年，我们却没有基本的公民权利和人权，也没有女性的独立和基本自由。"福克斯新闻进行的民意调查显示，仅有 39% 的美国人为今天的美国感到"自豪"，比 2017 年 6 月下降了 12 个百分点。

美国怎么啦？美国不是自认为是当今世界上最民主、最自由、最平等、科技最发达、教育水平最高，也就是最文明的国家吗？怎么做出来的事情，这么 shame 呢？这在全世界中，也是屈指可数的。这个时候，有人会说美国是个自由的国家，是全世界精英向往的地方，多元化的移民族群里，这种小摩擦是在所难免的。但还是有很多声音去质疑美国人引以为傲的普世价值观。正是这种价值观造就了美国的文化。今天我们就来仔细分析一下美国人的文化与价值观。

有一本书，叫《谁是美国人？——美国国民特性面临的挑战》，很好地回答了这个问题。原来今天美国社会、种族、意识形态和政治的种种撕裂现象，是美国人的文化造成的。那么美国人的文化是从哪里来的？今天美国的主流文化是什么？这种文化对一个移民国家起到了什么作用？每一个外来移民认同这种文化吗？作者是美国哈佛大学教授塞缪尔·亨廷顿。他 23 岁就拿到了哈佛大学的博士学位，后在哈佛大学任教，前后长达半个多世纪。亨廷顿继《文明的冲突与世界秩序的重建》之后，秉承其"文明冲突论"的视角，提出了"谁是美国人"的问题，阐发国民认同（国民特性）这个概念，以及当下美国国民认同面临的危机和挑战。

在该书"国民特性危机"一章中，作者提出了"实质：我们是谁？"的问题。他认为在"9·11"事件之后，美国人好像特别"团结"，对外宣称美国人的决心与意志。但作者不认同这是美国人的国民特性。作者是这么说的：

> 9·11 以后展现出来的国旗是美国的象征，但旗帜并不能表达出美国的实质意义……我们的星条旗图像明朗，但只说明合众国最初由 13 个州、现在由 50 个州所组成。除此之外，这旗帜还有什么意义，就任凭美国人和别国的想象了。

那么什么是美国人,什么是美国人的国民特性呢? 作者提出了以下九大质疑,是这么说的:

> "我们美国人"这句话,其主语就体现出国民特性的一个实质问题。我们是"我们"吗? 我们是一种人,还是几种人? 如果说我们确实是"我们",那么"我们"和"他们"即美国人以外的人们又区别何在呢? 在于人种和民族属性、宗教、价值观、文化、财富、政治或别的什么吗? 美国是不是像某些人所声称的那样,是一个"普世之国",它所依据的价值观对全人类来说都是通用的,原则上囊括了所有各国人民? 或者,我们是否只是一个西方国家,我们的特性是由我们的欧洲传统和体制所决定的? 或者,我们是不是像"美国例外论"的鼓吹者二百多年来所说的那样,有我们自己的独特的文明? 我们是否基本上是一个政治群体,我们的特性只存在于《独立宣言》及其他开国文献所体现的社会契约之中? 我们是多文化的,还是双文化的,抑或是单文化的;是一幅镶嵌画,还是一个大坩埚? 我们有没有超出于人种特性、民族特性和宗教特性之上的一种有意义的国民特性?

作者以上提出的九大质疑,不仅仅是美国人自己看自己,还是全世界的人看美国人的国民特性的眼光。为什么是全世界? 因为全世界的人也搞不懂,为什么美国人总是以老大自居,对别人指手画脚,总是要忍不住地问:"你美国人是谁啊?"作者回答了这个问题。

> 美国人在 18 世纪后期实现独立时,人口不多,而且是清一色:基本上全是白人(当时黑人和印第安人还不能具有公民身份),是英裔人和新教徒,有着共同的文化,绝大多数人都忠于《独立宣言》、宪法及其他开国文献中所体现的政治原则。到 20 世纪末,美国人口增加了几乎一百倍,多种族(大约 69% 为白人,12% 为拉美裔人,12% 为黑人,4% 为亚洲裔和太平洋岛裔人,其余约 3%),多民族(没有任何一种民族属性的人占人口大多数),多宗教信仰(新教徒占 63%,天主教徒占 23%,其他宗教的信徒占 8%,还有 4% 的人不信教)。美国的共同文化以及"美国信念"的两条主要原则,即平等和个人主义的原则,受到了美国社会中许多个人和团体的攻击。冷战的结束使美国失去了一个邪恶帝国对立面。我们美国人已不是我们过去那样的人,而且说不准我们将会成为什么样的人。

作者表达的意思很清楚,美国人由两个部分组成:第一个部分是人种;第二个部分是文化,即美国信念。那么,什么是美国信念呢? 作者在"盎格鲁—新教文化"一章中是这么解释的：

> "美国信念"（American Creed）一词因冈纳·米达尔1944年的《美国的抉择》一书而成为大众用语。他指出，美国人在人种、民族属性、宗教、地域和经济等方面多种多样，参差不齐，但仍有"共同之处：一种社会气质，一种政治信念"，接着他用大写字母写出了"American Creed"。大家接受了这一名词，作为原先许多人论述过的同一现象的通用名称。由此，美国国内和国外的观察家们都将"美国信念"定为美国特性的一个关键组成部分，它往往还被说成是美国特性的唯一重大决定因素。

那么，美国信念又是从哪里来的呢？作者接着说：

> "信念"的源泉包括启蒙运动的思想，它们于18世纪中期在一些美国精英人士当中深入人心。然而，承受启蒙运动思想的土壤是盎格鲁—新教文化，而这一文化在美利坚已存在了一个世纪之久。在这一文化中，最重要的是久已存在于英格兰的一些思想，即自然法和习惯法，对政府权力的限制，以及可以追溯到大宪章的英格兰人的权利。英格兰革命时期出现的较激进的清教这一教派又带来了新的思想，即平等以及政府应对人民作出回应。正如威廉·李·米勒所说，宗教在美利坚"促成了信念的形成而且与信念相容……在这里，自由新教与政治自由主义、民主宗教与民主政治、美国信仰与基督教信仰都彼此渗透，彼此产生深刻影响"。约翰·海厄姆指出，新教信念和美国政治信念包含了类似的和平行的思想，它们走到一起，形成了"19世纪把美国人民团结在一起的最强有力的纽带"。杰夫·斯平纳也指出："很难区分什么是新教的主张，什么是美国自由主义的主张。"总之，"美国信念"是新教的世俗表现，是"有着教会灵魂的国民"的世俗信条。

好了，作者所问的"谁是美国人"的答案已经浮出水面了，以大多数的盎格鲁后代白人种群为中心，以盎格鲁—新教文化为传承，以美国信念为轴心，这就是美国人，这就是美国的国民特性。大家觉得这个结论和以上美国的社会撕裂有关联吗？如果你觉得没有，那么作者在该书最后一章中所表达的观点可以告诉你答案。作者提出了美国人自己界定谁是美国人的三种方案。

> 美国人怎样界定自己的特性，将决定美国在世界上起什么样的作用，而世界怎样看待这一作用，也会影响到美国的特性。在现今这一新阶段，美国与世界各地保持什么样的关系，这方面可以有3种总的方案。美国人可以拥抱世界，也就是向别国人民和文化开放自己的国家；或者，美国人可以试图按照自己的价值观

去改造别国的人民和文化;或者,美国人可以保持自己社会和文化的特性,使之不同于别国人民的社会和文化。

以上三种方案代表什么呢? 第一种是全球多元主义,也就是世界主义;第二种是单极主义,也就是帝国主义;第三种是盎格鲁—新教主义,也就是美国的国民特性主义。那么美国人会选择哪一种呢? 在该书的最后一段,作者是这么说的:

> 现今美国精英人士中有不少人主张美国成为一个世界主义社会。另有一些精英人士希望美国充当帝国角色。绝大多数美国人则是赞成美国保持和加强自己已有三个半世纪之久的民族和国家特性。

现在,你知道美国社会撕裂的根本原因了吗? 从认知上来说,世界主义是合作理性,帝国主义是工具理性,而代表美国国民特性的盎格鲁—新教主义是价值理性,这个价值理性的根源是来自400多年前盎格鲁民族对美洲大陆的殖民,也就是说这是美国人普世价值观的政治基因。接下来我们要去发现这个政治基因里究竟隐藏着什么先天发育不良的缺陷。

第59讲
《五月花号公约》里隐藏着什么秘密

链接书目:《英格兰的商业冒险史》 约翰·巴特曼,西蒙·塔吉特

上一讲我们讨论了美国社会撕裂的原因,在探究美国人的国民特性是什么的时候,我们发现美国的主流文化仍然是盎格鲁—新教文化。而这个文化的起源,也就是今天美国社会的政治基因,要回溯到 1620 年 11 月 11 日。因为这一天,有一艘叫"五月花号"的帆船登陆了今天位于美国东海岸马萨诸塞州的普利茅斯港。

那么这个"五月花号"和我们讨论的问题有什么关联呢? 清华大学资深研究员徐弃郁在"得到"知识服务平台上有一门课"徐弃郁·美国简史 30 讲",该课程里是这么说的:

> 今天我们看美国,很明确它是世界第一强国。但是从历史时段来看,美国最引人注目的地方,是它的民主政治……

> 这种源头,或者说国家的政治基因,可以一直追溯到北美殖民地刚刚开创的时候,它浓缩在一份文件里面,叫《五月花号公约》。这份文件重要到什么程度? 美国历史学家干脆把它称为美国的"出生证明"。

原来我们提到的"五月花号"帆船和美国的"出生证明"有关。为什么呢? 作者接着说:

> "五月花号"上的乘客里面有一个很特殊的群体,叫作"清教徒"……

> ……这批人人数很少,但宗教信念特别坚定。他们跑到北美的目的就和其他殖民者不一样。其他人主要是为了开荒致富,改变命运,我们说是经济驱动。但这批人是政治驱动。为什么呢? 他们跑到北美这块新大陆是要建立一个心目中的理想社会。这第一批清教徒移民坐的就是这艘"五月花号",登陆的地方就是今天美国马萨诸塞州的普利茅斯。

> …………

> 历尽艰苦到了北美以后,出现了一个奇怪的现象:船上的人不着急上岸,干什么呢? 踏踏实实地在船上商量一份文件,最后 41 个成年男人在上面签字。这份文件我不说你也能猜到,就是著名的《五月花号公约》……

....

《五月花号公约》非常短,全文不到 200 字,但主旨非常清晰,那就是我们自愿结成公民的政治团体,制定、实行公正平等的法律制度。所以你看,这份契约可不是一般的行为约定,而是一份政治约定。它要规范的还不光是眼下的行为,还有未来社会的建构。后来美国的政治理念和政治建构就是发端于它的。

....

所以你看,实际上美国独立的合法性,源头就在《五月花号公约》的自治原则里面。听到这里你肯定就理解了,为什么美国人把《五月花号公约》捧得那么高,说它是美国的出生证……我再强调一遍,因为这个公约是后来美国独立合法性的源头。

徐弃郁先生的观点完全正确,《五月花号公约》确实是美国人在推行自己的民主、平等和自由普世价值观时,经常引以为傲的得意之作。那么,事情果真是这样吗?

我们不妨看看《五月花号公约》,仔细阅读一下,看看里面在说些什么。

以上帝的名义,阿门。

我们,下面的签名人,作为伟大的詹姆斯一世的忠顺臣民,为了给上帝增光,发扬基督教的信仰和我们祖国和君主的荣誉,特着手在弗吉尼亚北部这片新开拓的海岸建立第一个殖民地。我们在上帝的面前,彼此以庄严的面貌出现,现约定将我们全体组成政治社会,以使我们能更好地生存下来并在我们之间创造良好的秩序。为了殖民地的公众利益,我们将根据这项契约颁布我们应当忠实遵守的公正平等的法律、法令和命令,并视需要而任命我们应当服从的行政官员。

大家有没有注意到,有一个词在不到 200 字的短文里出现过两次,这个词就是"殖民地"。他们不是去追求自由吗?为了证明清教徒签这份公约的合法性,同时还流行着一个清教徒在英国本土受迫害的故事,所以才有后来追求自由的故事。但是,自由和殖民地是两个完全不同的概念,就和我们出国去打工谋生还是去占领人家的土地一样,两个概念是完全对立的。打工者是在自己的地盘上活不下去了,去国外找个工作,已养活自己。而殖民者不是去找工作,而是去找地盘的,让别人地盘上的人为自己打工。

带着对《五月花号公约》的质疑,我们发现了一本书,叫《英格兰的商业冒险史》,这是迄今为止全方位、客观地描述那段历史的不可多得的书籍。该书作者有两位,其中一位是约翰·巴特曼,他是作家、编辑,专注于观察社会和商业变化的交叉问题,帮助世界各地的知名思想家和战略家拓展他们的思想,创作和出版专著。作者在该书"通

往'美国梦'的路"一章中详细地描述了"五月花号"从英国出发前的一些历史细节,是这么说的:

弗吉尼亚公司为私人种植园寻找殖民者的消息一传十、十传百。最终,无论是致力勾勒美洲梦近70年的商人、朝臣、冒险家,还是神话作家等几乎毫无关系的人群,都对弗吉尼亚公司的消息了如指掌。

1617年,两位英国人罗伯特·库什曼(Robert Cushman)和约翰·卡弗(John Carver)从荷兰的高校及纺织业中心莱顿(Leiden)出发横渡英吉利海峡前往伦敦。时年40岁的库什曼是位梳毛工,30岁的卡弗是位商人,两人代表英国新教徒的激进派。激进派被称为"清教徒分离派",以教会的形式在荷兰生活、工作及礼拜近10年之久。后来,外界将他们称为"朝圣客"……

按照分离派的称谓,库什曼和卡弗是莱顿大教堂的执事,两人带着重要任务来到伦敦,接洽弗吉尼亚公司,希望得到能让教众们在其公司的美洲管辖区建立殖民地的特许状,这对清教徒分离派来说是重要一步。两人带着名为《莱顿教会致英格兰议会的由于他们的判决原因决定于1618年前往弗吉尼亚的七项条款》(简称《七项条款》)的文件以支撑他们的观点。文件内容主张莱顿教派与英国国教所有教众有同样的"神领圣体",承认詹姆斯国王为教会"最高领袖"。这份文件是由两位曾就读剑桥大学的教众领袖签署的。这两人是约翰·罗宾逊(John Robinson)和威廉·布鲁斯特(William Brewster),他们深受国王议会成员的尊重。罗宾逊是新教中受人敬仰的牧师,在诺维奇附近的圣安德鲁大教堂担任副牧师,开启了自己的教会生涯;布鲁斯特是位年纪较长的分离派,16世纪80年代曾在伊丽莎白统治下的宫廷任职,是国务大臣威廉·戴维森爵士(Sir William Davison)麾下一员。

库什曼和卡弗认为带着《七项条款》很有必要,因为莱顿分离派对皇室的忠诚度似有若无。1606年,当英国国内宗教紧张局势达到顶点时,分离派主要成员第一次在诺丁汉郡的斯克鲁比村(Scrooby)举行集会。与另一支新教激进派系清教徒一样,分离派希望净化英国国教天主教会的成分,特别针对权力巨大的主教,他们认为主教沉迷于性滥交,洗劫教会财富供自己享乐。不过另一支清教徒派别谋求现有教会内部改革,而分离派认为他们别无选择,只能从堕落的教会中彻底分离出去。

以上这些话向我们传达了四个信息:

第一,弗吉尼亚公司是 1606 年成立的,是一个专门为那些去美国开发殖民地,或者说专门出去找地盘,实现美国梦的人服务的私人风险投资公司,它的幕后老板其实是英国的国王。

第二,所谓的清教徒分离派,不是因被迫害而去美国的,而是自愿去的。不但是自愿去的,而且带着忏悔的合同书,而这个合同书是由当时在英国最有影响力的主教级别的人签署的。

第三,也是最重要的,他们去美国的目的,不是所谓追求自由与平等,而是去取得一块殖民地,发展自己的美国梦。

第四,这批清教徒已经近十年不在英国本土居住了,他们十年之前,因为不满某些主教的行为,而不是对国教的不满,流浪到荷兰莱顿这么一个地方,而且已经有了自己的生计,如果说有英国教会的迫害,那也是时过境迁了。

看来所谓被迫害去追求自由的清教徒神话该破灭了。事实上,他们不但没有被迫害,而且得到了国王的特许。书中要这么说的:

> 但只有弗吉尼亚公司的同意远远不够,莱顿教众还需要国王的准许,能让他们在美洲以适合的方式进行宗教活动。试探詹姆斯国王对此事微妙态度的任务落在了罗伯特·农顿爵士(Sir Robert Naunton)头上……在向国王陈述时,农顿重点突出了此次冒险旅程背后的商业动机,因为詹姆斯一世曾询问分离派的收益实现计划。农顿表示,他们会通过"捕鱼"创收,詹姆斯一世赞许这是"诚实可靠的生意,是这群信徒的使命"。最终,詹姆斯一世同意授予特许状,但拒绝颁布正式法令准予他们在美洲享受宗教自由。即便如此,他向农顿承诺,只要分离派"和平共处",便不会干涉他们的自由。

这批早有谋划的莱顿清教徒不仅得到了国王政治上的支持,还得到了一批热心殖民地冒险乐园的资本家的青睐。书中是这么说的:

> 即便莱顿教众最终拿到了特许状,他们仍需解决另一个问题:资金。他们很快了解到,弗吉尼亚公司承诺的"帮助"不包括资金支持。公司能给他们划分土地,但这不是现成资源。因此,分离派不得不另寻他处,不过愿意投资殖民地的人并不少。
>
> ············
>
> 最终,莱顿教众与一位名叫托马斯·韦斯顿(Thomas Weston)的英国年轻商人磋商谈判……

　　韦斯顿很会说服人。布雷德福透露，韦斯顿与莱顿的首领进行了"很多次会议"，承诺他能帮助他们，同时保证会联系商人朋友们，然后募资、筹备各项事宜等。当然，分离派必须赞成韦斯顿提出的商业条款。

　　莱顿教众的首领们同意与韦斯顿合作，他们起草协议之际，韦斯顿返回英国开始募集资金。他共吸引来 70 位投资人，包括贵族、商人及"手艺人"，一部分人投资巨大，另一部分人的投资金额中规中矩。根据约翰·史密斯提供的数据，韦斯顿共筹集到 7000 英镑，不过此次募资没有确切记录，另有人推算金额不少于 2000 英镑。如果史密斯的数据准确无误，那么这是一笔规模庞大的融资。大部分投资人来自伦敦，少部分则来自分离派内部，而且他们似乎没有在其他新世界冒险项目上投资。显然，英国商业圈沉浸在投机氛围中，愿意冒风险投资商业前景充满变数的殖民活动。

资金找到了，那么接下来是那些资助者如何让这些清教徒在新的投资领域里开展业务的问题了。书中接着说：

　　大约这个时候，代理商从韦斯顿那里打探到消息，获悉弗吉尼亚公司已向韦斯顿的同事约翰·皮尔斯（John Peirce）颁发了第二份修订版特许状。特许状签署日期为 1620 年 2 月 2 号，同一天弗吉尼亚公司通过了一项决议，明确解释了"特定的"或私人种植园的意思，同时赋予特许状持有人更大的自治权。

　　…………

　　对于莱顿的教众来说，新特许状更加称心如意，他们可以在殖民地自由地"发布命令、制定法令和章程"，从产业和与印第安人贸易中获得商业利益。他们接受了韦斯顿的建议，接受新特许状条款。

现在大家明白了吧，原来"五月花号"是奔着开发殖民地去的，有国王的政治支持，有殖民开发者弗吉尼亚公司的许可证，还有资本家的资金资助，剩下的事情大家也知道了。1620 年并没有发生清教徒躲避迫害去新世界追求自由的故事，整个故事是一个计划缜密、团队协作并且有投资回报的商业计划书的执行过程。《五月花号公约》里面所说的"创造良好的秩序""公正平等"，其实是在履行弗吉尼亚公司给予的特许权力的义务，团队自己订立的内部管理协议而已。这就是《五月花号公约》的秘密所在。

《五月花号公约》的故事还没有结束，紧跟着又一个美丽的故事开始了，就是感恩节的故事。如果说《五月花号公约》只是一个英格兰商业家的冒险故事的话，那么感恩节的故事又是怎么来的呢？

第 60 讲 美国出生证无法摆脱的"美国悖论"是什么

链接书目:《险路漫漫:早期美洲征服史——维京人,西班牙冒险家,与失落殖民者的奇闻逸事》 托尼·霍维茨

《美国四百年——冒险、创新与财富塑造的历史》 布·斯里尼瓦桑

《从公司到国家:美国制度困局的历史解释》 范勇鹏

上一讲我们讨论了《五月花号公约》签订的来龙去脉。那么之后又发生了什么呢?我们先来讲讲英国本土那些投资者的命运。《英格兰的商业冒险史》中的前言是这么说的:

> 1621 年 5 月 6 日,"五月花"号从尚未完全开发的普利茅斯美洲殖民地返回英国。在这艘小船离开英国海岸线后的 8 个月以来,资助此次航行的 70 位投资人没有收到一点儿消息。其中大部分投资人是伦敦商人。如今,船长克里斯托弗·琼斯(Christopher Jones)将"五月花"号慢慢驶入罗瑟希德(Rotherhithe)码头……
>
> 但他们的愿望落空了。"五月花"号没有带回热销品或其他任何有价值的东西。相反,船上堆满了石头,以此作为压舱物,替代留在遥远海岸线的 102 位乘客的重量。
>
> 赔了夫人又折兵,投资人非常失望,不愿意再投钱,大部分人最终卖掉了"五月花"号的风险投资,与普利茅斯美洲殖民者划清界限。这群定居在美洲的人后来称自己为"朝圣客"。然而 400 年后,事情出现了翻天覆地的变化。"五月花"号航行的组织者已淹没在历史长河中,而那群普利茅斯美洲殖民者却被奉为真正意义上的国家开创者——美国的缔造者。的确,最畅销的英语出版物《牛津英语词典》将他们称为"美国奠基人"。

提到"朝圣客",我们一定会联想到感恩节,有一本书叫《险路漫漫:早期美洲征服史——维京人,西班牙冒险家,与失落殖民者的奇闻逸事》,这本书既具有学术严谨性,

也有文学作品的独特魅力。作者托尼·霍维茨是美国知名作家、记者,曾荣获 1995 年度的普利策新闻奖。在该书"普利茅斯:两块石头的故事"一章中,作者是这么说的:

> 感恩节是"普利茅斯三件套"中最崇高的第三件事,甚至比五月花号和普利茅斯岩更神圣。它把美国建国的故事带出普利茅斯,带进数百万的家庭,每年秋天通过火鸡、甜番茄和南瓜派,更新对朝圣者们的记忆。
>
> 唯一会对此感到惊讶的,也许是朝圣者们自己。关于殖民地的第一年,他们写下洋洋万言,仅有两段提到了他们著名的盛餐。他们没有记下日期,或者称之为感恩餐——那对加尔文派来说意味着庄严的宗教仪式。他们甚至没有明确说火鸡是其中一道菜。
>
> "我们收割了庄稼,"一位移民写道,"我们的总督派了四个人去捕鸟,那样我们就能以一种特别的方式庆祝了。"猎人们满载而归。但是,他没有提到他们捕获的是火鸡,还是大雁或野鸭。
>
> 朝圣者们一开始也没打算跟印第安人分享丰盛的猎物。马萨索伊特带着 90 个人不请自来,嗷嗷待哺的嘴几乎多了三倍。印第安人出去猎鹿,接下去三天的宴会菜单加上了鹿肉。鱼类也很丰富,还有谷物,毫无疑问上述这些都以某种形式吃掉了。但是,许多熟悉的配菜——南瓜派、甜番茄、蔓越橘酱——却没有书面的依据。
>
> 跟普利茅斯岩一样,朝圣者的宴会也被几代人遗忘了。后来,新英格兰人继续举办丰收宴会和宗教感恩节日——还有其他活动,来庆祝对印第安人的血腥胜利。但是,直到 19 世纪早期,作家们重新发现了 1621 年的盛餐,把它重塑为"第一次感恩节"——美国人回家省亲的传统宴会的前身,火鸡经常是餐桌中央的主菜。

作者在这里揭示了一个所谓感恩节的秘密,确实有其事,但不是传说中的主动邀请,而是他们自己来的。最重要的是,这件事在 19 世纪初才被提起。为什么?

《英格兰的商业冒险史》为我们提供了答案。该书的后记中是这么说的:

> 实际上,直到首个感恩节后的 200 年,朝圣客才在美国建立历史中扮演重要角色。当时,度过在殖民地的第一个年头的他们选择"欢聚一堂",拿出"野火鸡"和印第安人带来的 5 只鹿,同印第安人共享盛大筵席。直到 19 世纪早期,他们的故事才被提起,拭去陈年灰尘,作为美国建立的经典神话,一个道德高尚、民族美善的故事被重新讲述。商业因素被淡化或压制,结果美国民族性格中最重要的一面在很大程度上被抹去了,正如当年伊丽莎白一世从英格兰地图上撕下西班牙标

志一样。

....

作为美国人默认的建国传说，普利茅斯故事从它自身反映美国想成为什么样的国家、如何看待及展现自己的事实中汲取力量。但现在的流行观念认为，故事是有误导性的，因为其中排除、忽略、漠视、低估了美国人生活的一大重要特征：商业、贸易和企业。

这点引起了我们的注意和好奇。回顾以往，我们看到商业和商人在创立和打造北美早期殖民地、在法律和公民制度上发挥了关键作用。甚至朝圣客这一道德的典范群体，也是由伟大而谦逊的商人、企业家和商业领袖提供资金支持，并按商业公司模式组织送往美洲的。虽然管理不善，但如果没有他们的资助和商业机构的支持，朝圣客也许永远无法离开莱顿。

这就是《五月花号公约》和感恩节的终极答案，一个英格兰人商业冒险的真实故事。和我们前面所说的为了纯粹的宗教目的和理想，完全不是一回事。《英格兰的商业冒险史》中的一些话，为我们今天的故事结尾做了总结：

但另一位更著名的史密斯——约翰·史密斯船长，波卡洪塔丝传说中的主角，新英格兰的命名人，最先、最清楚地表达正是商业冲动因素，即商业精神创造了美国。

史密斯在 1616 年写道："我没笨到认为还有比财富之外更强的动机去建立自治政区。"

但是我们的故事并没有结束，因为《五月花号公约》这张美国的出生证，被宣称为是为了清教徒的宗教理想而诞生的，于是留下了一连串的悖论，悖论的历史包袱至今美国人还背在身上。这主要反映在以下三个方面：

第一，宗教信仰和商业规则的悖论。其实，清教徒们去美国商业冒险，也是带着宗教信仰去的，但是一开始就遭到了挫败，最后成功还是靠商业规则。有一本书叫《美国四百年——冒险、创新与财富塑造的历史》，作者布·斯里尼瓦桑是一位跨界创业者，他从创业的角度分析了，今天硅谷的风险投资规则就是 400 年前"五月花号"的重生。但是，宗教的目的没有达到。在该书"风险投资"一章中，作者是这么说的：

按照最初的协议，定居点和公司的所有人都要参加种植劳动。给养船的到来一再推迟，即使到来，又常常带来比食物更多的需要喂养的人口。在这个时候，种植庄稼关系到人们的生存问题。然而，"人人为我，我为人人"的思想造成的粮食短缺，说明这种集体劳动方式是靠不住的。经过激烈争论，大家决定所有家庭都分得一份土地。每个家庭可以自由支配自己的劳动成果。殖民地总督说："这个办法很成功，它让所有人都勤快起来。女人们积极主动地去地里干活，还带上小孩子帮她们往地里撒玉米种子，不再说孩子没力气不会干活的话了。"这种实验性的共产主义生产形式，至少在种庄稼方面，在这些朝圣者中结束了。

第二，被迫害思维与殖民思维的悖论。清教徒由于不满英国本土的教会迫害，来到美国是为了寻找自己信仰宗教的自由，寻找商业冒险成功的自由，但是，正如《五月花号公约》中两次出现"殖民地"一样，他们最重要的目标还是"殖民"。因为你到全世界任何一个地方，都是为当地人打工去的。唯有将该地变成自己的地盘，才可以当家作主，让当地人为你打工，这样就达到了信仰自由和商业自由的双重目的。当殖民成为首要目标时，当地人肯定是不欢迎的，掠夺和战争就无法避免了。

殖民的英文叫"colony"，这个词来自古罗马的"colonia"，原指由罗马公民及其家属组成的守卫亚平宁半岛海岸的村社。当罗马人征服邻近的部族后，就组成村社，作为贸易前哨或军事基地。同时在支配的地区内掠夺各项资源、奴隶，送回罗马。随着罗马统治地域的扩大，这一制度逐渐推广到新征服地区，逐渐演变成殖民制度。

其实这就是美国人最沉重的历史包袱，因为第一批到达美洲殖民地的英国人并不是这些清教徒，也不是在普利茅斯，也没有和印第安人的感恩节盛餐，而是早在1606年，在相距800多千米的弗吉尼亚的詹姆斯敦，无情地屠杀当地的印第安人。

根据《险路漫漫：早期美洲征服史——维京人，西班牙冒险家，与失落殖民者的奇闻逸事》中的描述，第一个登陆詹姆斯敦的船长约翰·史密斯，是"一个毛发浓密的爱吹牛的矮个子、骗子、逃跑的艺术家和熟练的杀手"，他登陆美洲去过40多个印第安人的部落，一个世纪后，有人再去访问时，发现只剩下8个，其余的已经绝迹了。

那么第一个实现美国梦的人为什么被后世遗忘了呢？作者在书中是这么说的：

> 相对被人们忽略的一个理由是，一代又一代的历史学家，尤其是19世纪的新英格兰人，对詹姆斯敦的猛烈抨击。他们渴望把普利茅斯选定为美国的诞生地，把这个国家的英格兰起源塑造成一个宗教道德剧。朝圣者们在寒冷的马萨诸塞州，凭借虔诚、共享的劳动渡过困难。

第三，公司契约与国家治理的悖论。很多历史学家认为《五月花号公约》大唱赞歌的根本原因，除了去殖民地追求自由、实行自治的目标外，就是公约里的美国契约精神。其实这是一个最大的道德悖论包袱，"五月花号"去美国干什么？是去投资的，是一个商业行为，因此也必须以商业规则来规范大家的行为。公约里的契约，是指商业冒险公司团队中每个人的行为准则，肯定不是和印第安人之间的契约。因此，这种契约精神最多只能算是一个企业文化而已。

400年前的商业冒险家登陆美洲后，对印第安人视而不见，把英格兰人的企业文化当成自己的国家文化了。因此，就产生了亨廷顿在《谁是美国人？——美国国民特性面临的挑战》中所说的文化认同的悖论。国家与国家的关系，就像市场竞争中公司与公司的关系，就两种行为，一种是多边主义，也叫合作主义，另一种是单边主义，也叫垄断主义。亨廷顿搞出了一个叫盎格鲁—新教主义的第三种主义，希望可以解决美国当前的国内外矛盾。国内矛盾要靠美国人自己努力，但是如果用公司企业文化去解决国际矛盾，可能性就不大了。

有一本书值得大家去读一读，叫《从公司到国家：美国制度困局的历史解释》，作者范勇鹏，现任复旦大学中国研究院副院长、研究员，美国斯坦福大学政治学系富布赖特学者。该书通过对美国制度的建立进行探源与复盘，提出了美国是"公司型国家"的观点，认为其制度逻辑是以商业利益为导向的，而非其所宣称的所谓"普世价值"。由此，作者进一步揭示了根植于美国宪法的制度弊端，不仅受商业利益考虑影响，更受制于权责不清、真正权威的缺乏。

那么，美国悖论的根源是什么呢？

第61讲　为什么韦伯没有解决这个悖论

链接书目:《新教伦理与资本主义精神》　马克斯·韦伯

　　　　　《光荣与梦想》　威廉·曼彻斯特

　　　　　《原则:应对变化中的世界秩序》　瑞·达利欧

　　上一讲我们讨论了被称为美国出生证的《五月花号公约》留下的3个美国悖论:宗教信仰和商业规则的悖论、被迫害思维与殖民思维的悖论、公司契约与国家治理的悖论。其实西方学者看到了这些悖论,他们除了在历史叙述上,以宗教和道德来掩饰其商业冒险的实质外,还力图要从普世价值的角度去弥补这些悖论。

　　韦伯最著名的一本书就是《新教伦理与资本主义精神》。韦伯的书我们前面已经介绍过部分内容,我们的合作理性概念就是从他的工具理性和价值理性概念中衍生出来的。韦伯的这本书在西方思想史上的地位可以和《资本论》媲美,曾被100位哈佛大学教授联名推荐,多次入选世界名校的各类必读书目。韦伯是德国人,难道他知道美国的问题吗?他确实知道,《新教伦理》在1905年发表不久,韦伯根据他在美国的游历,在1906年又写了《新教教派与资本主义精神》这一姊妹篇。在一定程度上,可以认为它是对《新教伦理》命题的扩展。他就是在讲第一个美国悖论:宗教信仰和商业规则。

　　那么,什么是资本主义精神呢?韦伯认为不需要用高深的概念去解释,因此,他在该书"资本主义精神"一章中引用了富兰克林的话。作者是这么说的:

　　　　切记,时间就是金钱……

　　　　切记,信用就是金钱……

　　　　切记,金钱可以再生增值。钱能生钱,生出的钱又可再生,如此生生不已……

　　　　切记下面的格言:善付钱者是别人钱袋的主人。谁若被公认是一贯信守诺言、按时还钱的人,他便可以在任何时候、任何场合聚集起他朋友们的所有闲钱……

　　　　…………

　　　　谁若白白流失了可值5先令的时间,那就是白白流失了5先令,这就等于故意将 5 先令扔进大海。

谁若丢失了 5 先令,实际上丢失的便不止这 5 先令,而是丢失了这 5 先令在周转中可能带来的所有收益,这收益到一个年轻人变老了的时候会积成一大笔钱。

韦伯在这里把主要意思表达清楚了。时间是金钱,不能浪费,这样金钱可以生金钱,信用也是金钱,不能滥用,这样别人钱袋里的钱就是你的钱。那么这个和伦理道德有什么关联呢?韦伯接下来的分析是这样的:

富兰克林的全部道德态度都带有功利主义的色彩。诚实有用,因为诚实能带来信誉;守时、勤奋、节俭都有用,所以都是美德。按逻辑往下推理,人们或许可以得出这样的印象:在富兰克林看来,假如诚实的外表能达到相同的目的,那么有个诚实的外表就够了,让这种美德无端过剩只能徒劳无益。

那么,如何来判断富兰克林所说的,不是功利主义,而是道德意义上的资本主义精神呢?韦伯接下来是这样说的:

事实上,这种伦理所追求的 summum bonum(至善),完全没有幸福主义的成分掺杂其中,更不用说享乐主义成分了,这一点至关重要。就是说,既要挣钱,而且多多益善,同时又要力避一切本能的生活享乐。它被十分单纯地看作了目的本身,以致从单独某个人的幸福或功利角度来看,它显得完全是超验的,是绝对无理性的。人活着就要去赚钱,就要把获利作为生活的最终目的。经济获利活动不再作为人满足自身物质需要的手段而从属于人了。它颠倒了我们所说的那种自然关系,从一种素朴的观点来看,它是极其无理性的,但却显然是资本主义的一项指导原则,这一点确凿无疑,而同样确凿无疑的是,它和一切没有受到资本主义影响的民族都不相干。与此同时,它又表达了一种与某些宗教观念密切相关的情感类型。富兰克林虽是一个无倾向性的自然神论者,但他自幼便记住了父亲——一位一丝不苟的加尔文教徒——反复向他灌输的一条《圣经》古训。因此,如果我们发问为什么"要在人身上赚钱",他的回答就是用在自传中的这条古训:"你看见办事殷勤的人么? 他必站在君王面前。"(《圣经·箴言》,22:29)在现代经济秩序中挣钱,只要挣得合法,就是忠于并精于某种天职(calling)的结果与表现;而这种美德和能力,正如在上面那段引文以及在富兰克林的其他所有著作中都不难看出的,正是富兰克林伦理观的全部内容。

要尽到天职的义务,这一独特的观念事实上正是资本主义文化的社会伦理中最具代表性的因素,在某种意义上说,乃是资本主义文化的根本基础。

以上这些话,韦伯向我们传达了三个意思:

第一,拼命赚钱也是一种道德伦理,判断标准就是看它的目的。为了钱生钱,多工作,少享乐,或者不享乐,这个在韦伯看来也是不理性的,颠倒了自然关系。

第二,那么富兰克林为什么会成为这种颠倒自然关系的人呢?韦伯开始和宗教扯上关系了,说富兰克林从小受加尔文教,也就是新教的影响,不是无事献殷勤,而是站在了神圣的君王面前,这是一种由外而内的精神力量,在这种力量面前,自己那点可怜的小心思算得了什么呢?

第三,什么是站在君王面前,感到的由外而内的精神力量呢?韦伯用了“calling”这个词,在英文里这个词有使命感和责任感的意思,尤其是指帮助他人的强烈愿望。译者翻译为“天职”,恰到好处。韦伯认为赚钱只要不是为了享乐,虽然违背了人之常情,但这是从新教传承下来的精神,就是资本主义精神。

说到这里,大家是不是觉得韦伯的解释有点牵强附会?因为宗教是严格禁止欲望的,而韦伯巧妙地把赚钱的欲望一分为二,有人赚钱是为了享乐,有人赚钱不是为了享乐,纯粹是为了赚钱的义务和责任,这就是新教的天职观。他在书中是这么说的:

> 同这个词的含义一样,这种观念也是崭新的,是宗教改革的产物。也许可以假定这一点早已众所周知。确实,这种天职观所包含的对常规尘世活动的积极评价,早在中世纪甚至在古希腊晚期就已存在某些苗头了。这一点我们以后再谈。但是,至少有一点无疑是崭新的:把履行尘世事务中的责任看作是个人道德活动所能采取的最高形式。这就必然使日常的世俗活动具有了宗教意义,并且第一次产生了这个意义上的天职观。于是,这一天职观便引出了所有新教教派的核心教理,它放弃了天主教道德戒律的 praecepta(命令)与 consilia(劝诫)的二分法。令上帝满意的唯一生活方式,不是以修道院的禁欲主义超越世俗道德,而只是履行个人在尘世的地位所加诸于他的义务。这就是他的天职。

虽然韦伯解释了天职的概念,但还是有悖论存在。例如,100 个人在赚钱,在拼命地工作,为了钱生钱,他们也很节俭。你说他们中间有几个人的最终目的是履行天职、尽义务,有几个人的最终目的是追逐财富、安逸享乐。在最终结果没有出来之前,我们都不能下结论,因为通过目的和过程我们不能评判资本主义精神和新教伦理有任何关联。那么,事实真相是什么呢?

有一本书叫《光荣与梦想》，作者威廉·曼彻斯特是 20 世纪中期美国著名作家、记者。该书讲述了美国 1932—1972 年间，从罗斯福总统上台前后到尼克松总统任期内"水门事件"共 40 年的历史，为我们详细描述了这个时期美国政治、经济、文化，以及社会生活的全景图。在该书"走投无路"一章里有这么一段话：

> 所有这一切都使得美国人文主义者非常不安。这些人在政治上属于自由主义者，而在社会态度上却越来越保守。40 年代末，《1984》一书为他们敲响了警钟。在艾森豪威尔时代，一种文化贬值的风气在他们之中流行起来，因为随着技术进步浪潮而形成的拜物风潮让他们非常不安。在他们看来，美国正逐渐被有意操纵消费者喜好的人所奴役。在通过新兴计算机得出的数据中，有对操纵大众的行为如何影响消费者负债情况的分析。消费者负债率从 1956 年到 1967 年间增加了 133 个百分点，达到 991 亿美元。单是购车的负债率就增加了 117 个百分点，达到 312 亿美元。这样看来，威尔·罗杰斯一直没错；这个国家正坐着汽车奔向贫民收容所。

以上情况发生在七八十年以前美国崛起时期，好像有点像我们今天中国年轻人用花呗消费一样，把未来的钱提前用掉，这样做只有一个目的，就是赚钱养活自己，并且养活得更好。

韦伯所说的赚钱是为了履行工作天职，为了节俭的资本主义精神，但现在在美国几乎一点影子也找不到了。下面引述桥水投资公司创始人瑞·达利欧的一段话。达利欧被称为"投资界的乔布斯"，他曾被美国《时代》杂志评选为全球 100 位最有影响力的人物之一。以下这段话摘自《原则：应对变化中的世界秩序》中的"中国和人民币的大周期兴起"一章，作者是这么说：

> 在这段全球化时期，中美形成了一种共生关系，中国人以极低的成本生产消费品，同时借钱给美国，以便其购买中国消费品。对美国人来说，这是一笔极有利的"先买后付"交易。中国人也乐见这种交易，因为他们能借此积累美元外汇储备。令我感到奇怪的是，平均收入只有美国人 1/40 的中国人会借钱给美国人，因为通常来讲是富人而不是穷人会借钱给别人。这也让我想到，美国人为了支撑自己的过度消费是多么愿意借债，而中国人是多么重视储蓄。这也反映了新兴市场国家想积累主要储备货币国家的债券/债权，会如何导致储备货币国家过度负债。

达利欧的意思表达得很明白,作为富人的美国人,依赖美元是世界储备货币的优势,要么滥发货币,要么加息,一直在心安理得地过度举债消费,安逸享乐。达利欧看到了这个问题,作为一个美国人,他也在担心,美国是否能够走出过度消费的困境。在该书"未来"一章中,作者是这样说的:

美国能减缓或扭转自身的相对衰落吗?历史告诉我们,扭转衰落是很难的,因为这需要逆转许多已经做过的事情。例如,如果一个人的支出大于收入,负债大于资产,那么只有通过努力工作或减少消费,才能扭转这样的情况。问题是我们美国人能否诚实面对挑战,为应对挑战而调适和改变。

韦伯和达利欧相隔一个世纪,但两个人在谈同一个话题:如何努力工作,减少消费。一个是为了阐述资本主义精神的本质,一个是为了挽救资本主义制度,这是一个历史的悖论。这只能说明一个问题:韦伯没有从根本上解决 400 年前《五月花号公约》遗留下来的美国悖论。所以,我们看到西方世界一直在这种悖论里走不出来。既然美国悖论与宗教有关,那么我们再往前追溯,会发现什么呢?

第62讲　美国人双标价值观的文化根源来自何处

链接书目:《世界文明史:宗教改革》　威尔·杜兰特

《新教伦理与资本主义精神》　马克斯·韦伯

《刘擎西方现代思想讲义》　刘擎

上一讲我们讨论了韦伯的《新教伦理与资本主义精神》,他试图解决第一个美国悖论的问题,就是宗教信仰和商业规则的悖论。但是,无论从哪个角度去分析,要把宗教的禁欲和资本主义的赚钱联系在一起,逻辑上都是说不通的。不过有人要说了,禁欲是原来的天主教,而不是新教。对的,新教是一次宗教改革,宗教改革和文艺复兴与启蒙运动并称为西方三大思想运动。那么,宗教改革前与改革后,有什么差别呢?

《世界文明史:宗教改革》的作者威尔·杜兰特是美国作家、哲学家、历史学家。以下这段话,摘自该书结语部分。从这里我们可以了解到,杜兰特总结的西方三大思想运动留下来的、延续了几个世纪的西方价值观悖论到今天还是存在的。书中是这么说的:

> 文艺复兴与宗教改革是近代史的两个源泉,也是近代生活中知性与道德的两个敌对的根源。人会由于好恶和传承而互相分化,会感激文艺复兴解放人的心智和美化人生,或者会感谢宗教改革鼓舞了宗教信仰和道德意识。伊拉斯谟与路德的争论会持续下去。

这里的伊拉斯谟是一位荷兰思想家,维护天主教的教义。路德是德国人,也是宗教改革的发起人。他们在争论什么呢? 就是新教和天主教每一派坚持的价值观,而这些价值观存在于生活的点点滴滴之中。作者接着叙述了天主教是如何对新教进行批判的,是这么说的:

> 近代的天主教徒从近代生活的每一方面继续他们一贯的论辩。"你们强调信仰而反对工作是有害的,你们的宗教貌似虔敬,心里隐藏的却是冷漠;百年来慈善事业几乎在你们几个胜利的心中死去。你们停止了忏悔,却在人们的灵魂里引生本能与文明间争斗的千百种紧张,虽然现在你们用各种令人难以置信的形式来复

原那个有治疗作用的机构，但是太迟了。你们几乎摧毁了我们建立的所有学校，也逼使天主教会创办的大学软弱到死亡的边缘。你们的领袖也承认，你们瓦解信仰的结果，在德意志与英格兰导致了危险的道德败坏。你们纵容的个人意义，使道德、哲学、企业与政府陷于一团混乱。你们把所有的愉悦与美从宗教中剥除，而用魔鬼与恐怖来代替；你们酷责人类大众应受天谴而永不能得救，而以'选民'和'得救'来安慰傲慢的少数人。你们使艺术的生长窒息，你们胜利的地方，却使古典的研究萎谢。你们把天主教会的产物移转到国家与富人手里，使穷人更穷，却还要罪责不幸的人。你们原谅高利贷与资本主义，却剥夺了仁慈的天主教会赋给工人休息的假日。你们拒斥教皇权柄，只是高捧了国家。你们赋予自私的主仆们决定他们子民的宗教之权力——宗教许可了他们的战争。你们使国与国分裂对立，使许多国家和城市对自己不利；你们毁坏了国际对各国权力的道德审核，产生各民族国家间的混战局面。你们自己招供，你们拒绝了神子所创的天主教会的权威，却准许了绝对独裁，提升各国国王的神权。你们很不聪明地破坏了'圣道'的力量，使在金钱与剑之外别无选择。你们要求私下做判断的权利，可是你们得手之后，却不再给别人。你们不能宽容叛教者，比我们的更不可理喻，因为我们从不辩称自己是宽容的；人们除非漠不关心，不然怎能宽容。同时，看看你们的私自判断引出什么结果来。每个人无形中都自以为是教皇，在他的年岁不够成熟，尚不足以体会宗教在社会与道德方面的功能及人们对宗教信仰的需要时就判断教义。某种导致碎裂的狂热，在没受到任何统整的权威影响之下，导致你们的徒众陷于荒谬与残暴的争执，人人开始疑虑所有的宗教，基督教本身也会解体，而人们在面对死亡时精神上也就没什么防卫了；我们天主教会在各种意见与争辩的泛滥中，在各种科学与哲学的时髦中，不是屹立无恙吗！当你们之中的真正基督徒开始了解，而把你们个性与知性的骄傲托付给人类的宗教需求，不再介意这个不幸时代的那些渎神的意识形态而回到能保存宗教的这一圈时，我们不是一直把我们的羊群照顾得好好的吗？"

以上是天主教对新教的价值观审问。这里摘录下来，是为了让大家了解，今天世界上发生的许多不平等的事，是宗教改革以后的事情。我们可用两个假设：第一，以上天主教对新教的批判是对的，那么韦伯所说的新教伦理与资本主义精神完全南辕北辙，韦伯是在为新教做粉饰。第二，天主教对新教的批判是不对的，说明天主教和新教在道德的认知上基本是一致的，那么韦伯把新教和资本主义放在一起解读也是错误的。当然新教对天主教也有反驳，这里省略了。接下来是人文主义对宗教两个派别的质疑。作者是这么说的：

> 人文主义者也起来论辩，而且还肩挑评估新旧教的责任。
>
> 新教的精神重视知性，而知性是善变的，这是新教的光荣，也是它的弱点；天主教的力量在于不依附科学理论，从史学的体验观之，科学理论很少能够立足百年。天主教教义最适合那些很少听到哥白尼、达尔文、斯宾诺莎、康德的学说的人的宗教需要；这类人很多，而且又多子嗣。但是，一个重视知性、强调布道的宗教，一旦发现这个曾经容纳神子的行星，在日益扩张的宇宙里，原只不过是太空中迁流着的小沙粒，而主牺牲生命去救赎的物种也不过在生命的梦幻中生存片刻时，将何以自适？

作者认为天主教不相信科学是情有可原的，但是新教是知性的，或者说是理性的，但它还是宗教信仰，也要布道，他相信《圣经》的神创论是确定性的。可是科学的发现是不确定性的，新教如何面对永恒与变化的矛盾，如何去自圆其说呢？这时人文主义和两个教派的观点对立。于是，作者又总结出第三个观点。该书中是这么说的：

> 近代心灵的真正问题并不存在于天主教与新教之间，也不在宗教与文艺复兴之间，而是基督教与启蒙运动之间。启蒙运动的时间很难追记清楚，大约是随弗朗西斯·培根而起始于欧洲，志在理性、科学与哲学。就像艺术是文艺复兴的主调，宗教是宗教改革的灵魂，科学与哲学也就成为启蒙运动的神。从这个立足来看，文艺复兴的确传承了欧洲心灵发展的主流，后来导出了启蒙运动；而宗教改革却逸出常轨，排斥理性，重新肯定中世纪的信仰。

看来以上有关价值观互相对立的文化根源全部来自三大运动。人文主义批判天主教和新教，天主教和新教互相批判，启蒙运动对宗教信仰更是持批判的态度。对于这些互相对立的价值观，西方文化究竟是怎么处理的呢？

还记得我们讨论过的第一个美国悖论是什么吗？宗教信仰和商业规则的悖论。看来关于这些价值观的对立，要理出头绪，还是要从宗教入手。这个还得去请教韦伯，因为是他把新教和资本主义精神连在一起的。也就是说新教不是一个出世的信仰，而是一个入世的信仰，那么是怎么入世的呢？

韦伯在《新教伦理与资本主义精神》一书的"入世禁欲主义的宗教基础"一章中，介绍了加尔文宗。加尔文宗是新教的一个派别，流行于当时的法国、荷兰与英格兰。加尔文宗相信得救预定论,认为虽然谁是上帝的"选民"是个奥秘,但人可以凭借自己对基督的信心和按《圣经》的准则行事来获得救恩的确证。"选民"在现世的使命是尽力遵守上帝的诫命,在社会上有所成就,以彰显上帝的荣耀。"五月花号"上的清教徒们就属于加尔文教。韦伯在书中是这么说的:

> 宗教发展中的这一伟大历史进程——尘世的除魅,在这里达到了它的逻辑结局。这个进程开始于古代希伯来的先知,尔后与希腊人的科学思想相融合,摈弃了一切用于拯救的巫术手段,将其视为迷信和罪恶。真正的清教徒甚至在墓地也拒绝举行任何宗教仪式,甚至为至亲至爱者举行葬礼也会免去挽歌及其他仪式,以防迷信乘虚而入,以免不知不觉中相信了巫术力量和圣事力量的拯救作用。

> 对于那些上帝拒绝赐予恩宠的人来说,不仅不可能通过巫术手段获得恩宠,而且任何方法都不可能。上帝的绝对超验性以及和肉体有关的一切都是堕落等严厉教义,与个人的内在孤独感结合在一起,一方面可以解释为什么清教徒对文化、宗教中一切诉诸感官和情感的成分都抱着彻底否定的态度,因为它们根本无助于得救,而只能平添一些感伤的幻想和偶像崇拜式的迷信。因此,这种结合便为从根本上对抗所有形式的感官文化提供了一个基础。另一方面,它也形成了趋于幻灭及悲观的个人主义的根源之一,即使到了今天,也还能从那些有清教历史的民族的国民性或制度中辨认出这种个人主义,因为它与后来启蒙运动借以观照世人的那副完全不同的眼镜形成了鲜明的对比。即使在得救预定论作为一种教理的权威已经衰落的地方,我们也仍然能够清晰地辨认出得救预定论教义在我们所关心的那个时代对基本的行为方式及生活态度发挥影响的痕迹。事实上,我们所感兴趣的只是那种以最极端的形式表现出来的对上帝的绝对信赖。例如,特别是英国的清教文献,总是非常频繁地反复告诫人们切莫相信他人的友善帮助。甚至仁厚的巴克斯特(Baxter)也奉劝人们哪怕对最亲密的人也要多加怀疑,而贝利(Bailey)则直截了当地告诫人们切勿相信任何人,切勿对任何人让步。唯有上帝才是你的知己。

以上这段关于新教教徒文化特征的话传达了两大信息:一个是除魅,也叫祛魅,还有一个是个人主义。

先说个人主义,这也是亨廷顿在《谁是美国人?——美国国民特性面临的挑战》中所说的美国信条之一。为什么美国人个人主义至上?按照新教的说法,是因为在每个人出生之前,上帝已经决定了你是上天堂还是下地狱,并且这是不可更改的。因此,此生不需要去追求什么出世之类的信仰,这是已经确定好了的事情,外人帮助也没有用,只有靠自己,比如努力工作,做上帝的知己,去证明自己原来就是在天堂的。韦伯所说的资本主义精神的天职观就来于此。

然后是祛魅,不能相信他人,又要靠自己的努力,一个人有这么大的通天本领吗?没有!怎么办?工具理性是唯一的帮助,就是利用客观环境与他人达到自己的目标。这里引用刘擎先生在《刘擎西方现代思想讲义》中"韦伯Ⅰ:为什么说'祛魅'是人类的梦醒时分"一讲里的一些话。刘擎先生是这么说的:

> 那么,祛魅意味着什么呢?简单地说,就是用理性的力量驱散了神秘的魅惑。有一种很常见的误解是把祛魅当成是世俗化——人们不信宗教,就是祛魅了。实际上,真实的历史要比这复杂一点。我们中国人习惯把"宗教"和"迷信"连在一起说,"宗教迷信"。但在西方历史里,宗教和迷信其实并不是一回事。对应到祛魅这件事情上,祛魅其实分了两步,先针对迷信,再针对宗教。

> 祛魅的第一个阶段叫"宗教的理性化",就是驱逐原始宗教中的各种巫术,用哲学理性来论证宗教的合理性,论证它的救赎意义。就好像中国人也会区分江湖迷信和真正的佛法高僧,祛魅的第一个阶段就是去除那些装神弄鬼的事情,让宗教走到理性思辨的道路上来。在这个阶段,祛魅并没有瓦解宗教,反而使宗教获得了理性化的发展。

> 说到这儿,你就能明白为什么那么多科学家都是虔诚的教徒。比如牛顿,再比如发现了遗传定律的孟德尔(他本身就是一个神父)。还有明清时期来到中国的那些耶稣会传教士,利玛窦、汤若望等,他们的科学素养都很高,也给中国带来了很多科学知识和科学仪器。他们都重视理性,追求理性的发展。

要想理解西方的价值观,寻根真是太难了,绕来绕去都绕晕了。大家说是不是?现在我们可以给美国悖论找原因了。有两个基本原因,一个是个人主义,一个是工具理性,它们都是从宗教里衍生出来的。

美国悖论一,既相信宗教,又要商业冒险,是因为要以拼命工作的实际行动证明自己原来就是被上帝预定上天堂的。资本主义精神的天职观来于此,商业冒险是为了个人的利益最大化。冒险会不会把自己的小命搭上?不会,有工具理性。

美国悖论二,既有迫害妄想症,又要殖民称霸,这是由一种天生对他人的不信任造成的。这得追溯到康德的道德普遍法则,在西方的道德观里,是没有他人的。先把自己保住,接下来还是要把自己保住。怎么办?称霸呀。称霸的底气来自工具理性。

美国悖论三,以公司规则处理国际关系。公司是什么? 是一个代表一小群人的个体意义上的"法人"。全球有 200 多个国家和地区,美国人把它们看成是 200 多家公司。

有一本书叫《美国陷阱》,讲的是一个真实的故事。2013 年 4 月 14 日,在美国纽约肯尼迪国际机场,法国阿尔斯通集团锅炉部全球负责人弗雷德里克·皮耶鲁齐刚下飞机就被美国联邦调查局探员逮捕。这是美国政府针对法国阿尔斯通公司的系列行动之一。之后,美国司法部指控皮耶鲁齐涉嫌商业贿赂,并对阿尔斯通处以 7.72 亿美元罚款。阿尔斯通的电力业务,最终被行业内的主要竞争对手——美国通用电气公司收购。而该书作者正是弗雷德里克·皮耶鲁齐本人。这个故事马上使每一个中国人回忆起 2018 年 12 月 1 日孟晚舟在加拿大温哥华被捕,美国向加拿大要求引渡她,罪名是洗钱,但目标是针对华为。

这种价值观的悖论混乱必然会带来现实中的全球秩序混乱、文化思想混乱和价值取向双标。虽然韦伯在宗教信仰的禁欲和资本主义的贪欲,这两种完全不同的逻辑悖论的价值观中找到了关联性,即理性的祛魅和个人主义的张扬,是西方价值观悖论,也就是美国人双标价值观的原因,但还是不够。因为"五月花号"的秘密还没有被彻底溯源。这才是西方价值观悖论形成的最底层逻辑。

为什么要彻底溯源"五月花号"的秘密
第63讲

链接书目:《中国的宗教:儒教与道教》 马克斯·韦伯

《帝国》 尼尔·弗格森

《印加帝国的末日》 金·麦夸里

上一讲我们讨论了西方价值观悖论,也就是美国人双标价值观的文化根源,是西方三大思想运动,文艺复兴、宗教改革和启蒙运动的混合体。在这个混合体里,存在着不可调和的矛盾。但韦伯从社会学的角度,把它们之间的逻辑关系理顺了,即理性与个人主义。但是,大家一定还记得我们在第59讲中提到的被称为美国出生证的《五月花号公约》里的一个秘密,就是"殖民"两个字。这个秘密告诉我们,英国清教徒不是因受迫害而去追求自由的,那是一次精心策划的商业投资冒险活动。那么为什么现在的主流观点要掩盖这个事实呢? 还是要回到对西方学术界有重大影响的社会学家韦伯那里。

韦伯有一本书,叫《中国的宗教:儒教与道教》。在韦伯诸多作品中,这本书与《古犹太教》《印度的宗教》构成了韦伯研究世界三大宗教的鸿篇巨制《宗教社会学论文集》,影响深远。在《中国的宗教:儒教与道教》中,韦伯专注于探索中国社会里那些与西欧不同的地方,以此突显西方基督教文明的特色,并且他提出了一个问题:为什么资本主义没有在中国发展呢? 今天我们不讨论这个问题,我们看看韦伯是如何定义资本主义的。在该书"结论:儒教与清教"一章里,作者把资本主义分为两种类型:一种是非法的资本主义,还有一种是伦理的资本主义。作者是这么说的:

> 近代资本主义企业家所不可或缺的伦理特质是:极端专注于上帝所昭示的目的;禁欲伦理下的冷静无情而实用的理性主义;事业经营上讲求实事求是的有条理观念;嫌恶非法的、政治的、殖民的、掠夺的、独占的资本主义类型——这些类型的资本主义是基于君王与他人的恩惠,而相反于日常经营的冷静、严密的合法性与有节制的理性动力;理性地计算技术上的最佳策略,与实际上的可靠性及方便的办法,而非传统主义式地享受相传下来的技术,或如古来艺匠一样经营作品特色的优美。所有这些都特别是近代资本主义企业家所不可或缺的"伦理"资质,并且也是虔敬的工作者所特具的劳动意欲(Arbeitswilligkeit)。

　　我们就按韦伯的逻辑思路走,如果伦理的资本主义是近代的,那么那些非法的、掠夺的、殖民的资本主义就是早期的,也就是说资本主义的原始基因是不光彩的。那么,西方人为什么还要把写有"殖民地"的《五月花号公约》奉为圭臬,将其作为今天西方文明集大成者美国的出生证明呢? 他们有意要掩盖什么东西呢? 我们现在就来溯源这段历史。

　　既然"五月花号"的主角是英国人,那么我们就从英国的一个片段历史中去溯源。大家一定要记住一个日期,就是"五月花号"登上普利茅斯港的日期:1620 年 11 月 11 日。今天我们要读的书《帝国》,是英国金融历史学家尼尔·弗格森的书。该书描述了在短短 400 年间,大英帝国是如何崛起,如何塑造现代世界的。这不仅仅是英国历史所关注的问题,也是世界历史所需解释的基本问题。什么基本问题呢? 就是今天我们看到的全球化。如果说古代第一次全球化是从中国的丝绸之路开始的,那么近代的全球化,应该是从英国开始的。那么,400 年前英国人为什么想起要全球化呢? 那时的英国人应该还没有这种概念,可能只是有一点点想法而已。但这个想法也不是英国人自己的创意,因为那个时候还有一个比英国更大的帝国,甚至是英国的敌人,那就是西班牙。那么西班牙人如何激起英国人的全球梦的呢?

　　为了了解西班牙对英国的影响,我们必须阅读另外一本书,叫《印加帝国的末日》。作者金·麦夸里是一位作家、人类学家。位于秘鲁境内神秘的印加古国现在已经不存在了,但一直吸引着众多人的目光。几百年来,印加城市比尔卡班巴的传说一直深藏在西班牙编年史中。这是一段印加帝国反抗西班牙人的史诗故事,读来令人唏嘘。

　　说起西班牙,一定要提到发现美洲新大陆的哥伦布。意大利航海家哥伦布,生于热那亚,公元 1478 年移居葡萄牙,曾向葡王建议探索通往东方的航路,但未被采纳。1485 年移居西班牙。1492 年,奉西班牙统治者伊萨伯拉与斐迪南二世之命,携带东方君主的图书,率船 3 艘、水手约百人,从巴罗斯港启航,横渡大西洋,到达今巴哈马群岛、古巴、海地等地。此后又 3 次西航(1493 年、1498 年、1502 年),到达牙买加、波多黎各诸岛及中美、南美洲大陆沿岸地带。

　　从此,美洲大陆理所当然就成了西班牙的殖民地。西班牙人比英国人整整早了 100 多年。那么,除了哥伦布之外,那些探险的人究竟是什么人,他们为什么要去探险,他们是怎么去的呢? 在该书"几百个全副武装的创业者"一章中,作者是这么说的:

　　　　因此,前往新大陆的西班牙人中绝大多数都不是受雇于国王的,他们只是些想要到新大陆追求财富和地位的人,因为他们在自己的国家里根本不可能获得这些。加入征服新大陆探险的人们都期盼由此发家致富……然后依靠掠夺他们的财富、剥削他们的劳动来满足自己的生活。每支征服者队伍都是由从事各种不同职业的人组合起来的,他们通常由一个最有经验的老征服者来带领。加入队伍没有任何报酬可拿,但是所有人都盼着在征服和掠夺成功之后能分到属于自己的那一块蛋糕。分配的原则是依据个人为探险投入的多少。比如说,如果一个人带着自己的武器、穿着自己的铠甲加入队伍,那么他将来可以获得掠夺成果中一定比例的财富;但是如果他还提供了一匹马,那么他将来获得的分成就会相应地增多,以此类推。一个人投入的越多,那么在探险活动获得成功之时,他享受到的回报就越多。

从 16 世纪 20 年代开始,大多数征服探险活动的领导者实际上是以组建公司的形式进行探险的,他们一般会起草正式的合同并进行公证。因此,参与活动的人们就成了公司的合伙人,也相当于股东。与那些以提供服务或制造商品为业的公司不同的是,征服者公司的盈利计划是基于谋杀、酷刑折磨和强取豪夺的。因此,征服者们实际上并不是千里之外的西班牙国王雇用的士兵或使者,而是一种新型的资本主义风险投资的自主参与者,简言之,他们就是穿着铠甲的创业者。

以上这些话的历史节点在 1520 年,正好比"五月花号"登陆北美早了 100 年。但是,他们征服殖民地的意愿、组织发生、行动逻辑被英国人照单全收了,也就是说英国人不是西方历史上的第一批殖民创业者。这个时候,该书的主角登场了,他的名字叫弗朗西斯科·皮萨罗。他是稍晚于哥伦布出海的第一批探险者,但是他在外面游荡了 20 多年,没有什么建树。1524 年,他的机会来了。书中是这么说的:

> 到了 1524 年,已经四十六岁的弗朗西斯科·皮萨罗和他的两个合伙人建立了一个黎凡特公司(Company of the Levant),同时开始加紧招募潜在的征服者来参与他们计划的第一次风险投资活动。

> 这次风险投资活动的两个队长皮萨罗和阿尔马格罗从 1519 年开始就一起参加探险,已经建立起了一种牢固的工作关系。而且他们还是同样来自埃斯特雷马杜拉的同乡。皮萨罗在合伙事务中总是扮演领导者的角色,因为他在西印度群岛地区比阿尔马格罗多待了十多年,所以更有经验,而后者则是 1514 年才来到新大陆的。

公司成立了,他们要行动了,于是皮萨罗带着两个合伙人于 1527 年去了一趟印加帝国,但是他们并没有动手。为什么?和"五月花号"的套路是一模一样的。因为还没有国王的授权。于是他们又回来了。干什么呢？这个初创公司要以行贿的手段先搞定当时的西班牙国王查理五世。作者在书中描述了这一过程，是这么说的：

> 五十一岁的弗朗西斯科·皮萨罗于1528年年中抵达了有城墙围绕的塞维利亚。曾经资助过哥伦布的费迪南德国王和伊莎贝拉女王在十几年前就已经去世了。现在在位的是他们的外孙——二十八岁的查理五世。皮萨罗很快就赶到了托莱多并在那里请求获得国王召见。此时距离一贫如洗的二十四岁青年启程前往新大陆寻找致富机会已经过去了近三十年。皮萨罗此时不但拥有三十年探险和征服的经验，协助发现了太平洋，还驾船沿着南海未知的海岸行驶到了其他任何欧洲人都没到达过的更靠南的地方。皮萨罗百般小心地将美洲驼、珠宝、衣物、少量的黄金和那两个美洲印第安男孩都带回了西班牙，那两个男孩的西班牙语都进步神速。皮萨罗打算凭借他认为的自己攥住的这张王牌——在一片被他称为秘鲁的地方发现了一个此前无人知晓的印第安帝国——来向国王施加影响。
>
> ············
>
> ……在国王和他的朝臣面前，皮萨罗献上了他的美洲驼，当地的衣物、器皿、陶器和其他物品。他还描述了他和他的手下在这片刚开始被探索的地区看到的那些事物——井然有序的通贝斯城、城中的建筑和居民，还有那些经过复杂切割的石料，尤其是室内墙面上铺满的闪闪发光的金箔。平时沉默寡言的征服者这次显然成功地推销了自己的行动，在1529年7月，国王查理五世已经启程前去出席自己的加冕仪式之后，王后伊莎贝拉（Queen Isabella）签署了一份皇室授权，许可皮萨罗为唯一有权征服未被探索的秘鲁地区的人。不过王后也明确地提出了自己要从皮萨罗那里得到的回报……

以下是王室给皮萨罗的授权书。大家仔细阅读一下这个授权书，因为授权书的内容，和我们在上一讲讨论的美国悖论之三，以公司规则治理国际关系的长臂管辖模式是一个意思。看来这个悖论不是美国人的专利，而是500年前西班牙人传承下来的政治基因。授权书上是这么说的：

> 至于你，弗朗西斯科·皮萨罗队长，既然你有意为王室效力，你可以自费继续进行前述的征服和殖民活动，除本授权中授予你的权力之外王室在任何时候都不负责承担这些活动中可能产生的费用。
>
> 首先我许可并授予你权力……可以以王室以及卡斯蒂利亚王国的名义为王室继续在秘鲁沿海岸地区二百里格（七百英里）范围内进行前述的探索、征服和殖

民活动……

（此外）你应当清楚自己是我们的主和王室共同意志的执行者，为表示对你的尊敬，以及出于协助你行动的目的，王室承诺将任命你为总督和总司令，管辖两百里格范围内秘鲁所有地区现在及将来存在的土地和村庄，你在有生之年还会获得每年七十二万五千西班牙金币（maravedis）的薪水。上述钱款从你启程开始进行占领和征服活动之日起计算，可在你从殖民地获得的属于王室的收益中扣除……

另外，我们授予你秘鲁总督和元帅的头衔，终生有效。

以上是授权书的内容。这个初创商业冒险公司，没有要政府一分钱，政府只给政策，但这个已经足够了。作者接着说：

这个合同已经是皮萨罗能期待的最好的结果了，而且经过了正式的公证、签字，加盖印章后被送到他的手上。王后陛下特别声明的就是在费用方面，皮萨罗几乎完全要靠自己解决。鉴于皮萨罗是黎凡特公司的首席执行官之一，他和他的合伙人们必须负责筹集资金来添置所有必需的工具和设备，这样他们的公司才能去开展自己最擅长的事业——掠夺。要让一个印第安帝国俯首称臣所需要的装备包括船只、枪炮、刀具、弓箭、匕首、长矛、马匹、火药和补给等，这些都要靠征服者自己想办法筹集，就如他们之前进行那些探险活动时一样。

好了，合同也签好了，万事俱备，名正言顺，皮萨罗开始行动了。作者接着说：

1532 年 9 月，弗朗西斯科·皮萨罗带领着一百六十八名西班牙人来到安第斯山脉，其中包括六十二名有战马的骑兵和一百零六名步兵。征服者们把装着大三角帆的船队停泊在深蓝色的太平洋上，当时这片海域还被称作"南海"（Southern Sea）。西班牙人最终爬上了海拔八千英尺的地方直捣龙潭虎穴，印加帝国君主阿塔瓦尔帕带领着由至少五万名印加勇士组成的大军已经等候在那里了。

具体过程这里就不描述了。现将结果摘录如下：

由一小拨独立的创业者团队发起的征服活动让那些创业者都变成了"受封人"，如今他们的祖国已经接手了这项事业，而且它掌控一切的触手还在不断地增长、扩大，并紧紧地缠住了这片新资源。1532 年，印加帝国中的人口大约是一千万，那时他们面临的是区区一百六十八个西班牙人的入侵。四年之后，当曼可·印加发动起义之时，帝国各处的西班牙人加在一起大约有一千五百人，曼可最终消灭的不到 15％。1544 年曼可去世之时，西班牙人的人数已经增长到五千人左右,此外还引进了两三千名非洲奴隶来协助他们殖民化的进程。又过了不到二十年,到 1560 年,西班牙人的数量又翻了一倍,达到了一万人,非洲奴隶的人数也翻了一倍,达到了五千人。

那么那些创业者得到了什么呢? 该书中是这么说的:

最初的这批征服者现在都成了腰缠万贯的富人——大概相当于今天的百万富翁;那些在秘鲁定居的人还获得了大片的地产。这些征服者都被封为封建领主,成为各自家族世代的创始者。他们脱下铠甲,穿上了精致的亚麻衣物和时髦的亚麻长袜,戴着装饰了华丽羽毛的帽子和招摇卖弄的珠宝。无论是在西班牙及其他欧洲王国,还是在加勒比海区域内分布的各个受西班牙统治的岛屿,秘鲁的西班牙征服者都被看作传奇一般的人物:无论老少,谁不梦想能够和他们一样名利双收。

我们这一讲的目的是溯源"五月花号"的秘密。这就是为什么《五月花号公约》里,不到 200 字,"殖民地"出现过 2 次的秘密。殖民不是一个国家派自己的军队去占领他国,而是一个全民的商业风险行为,是一个有程序、有政策、有自有资金、有回报,甚至还有政治荣誉的全民狂欢性的创业运动。更可笑的是,还有在当事人缺席下的合同与公证人。原来美国人今天对待法国阿尔斯通和中国华为的行为,是事出有因的。

这个西班牙人征服秘鲁的传奇故事传遍了整个欧洲,当然也触动了英国人的神经,突然给他们带来了无限的希望,因为他们住在一个不到 24 万平方千米的欧洲孤岛上,更需要全球化的商业冒险活动。那么他们是怎么做的呢?

比"五月花号"早100年的西方文化基因究竟是什么
第64讲

链接书目:《帝国》 尼尔·弗格森

上一讲我们讲述了西班牙殖民者如何以区区 100 多人,硬生生地把 1000 万人口的印加帝国给灭了。这个令人震惊的历史大事件起源于 16 世纪初,比 17 世纪初的"五月花号"整整早了 100 年。但是他们这个流程是完全一样的。为什么英国人会比西班牙人晚 100 年呢? 英国人是用什么手段追上去的呢? 现在我们回到尼尔·弗格森的《帝国》一书。《帝国》总体上以时间顺序为框架,分为六章:第一章"英国何以强大"讲商品市场全球化,第二章"白人祸患"讲劳动力市场全球化,第三章"使命"讲文化全球化,第四章"天之娇子"讲政体全球化,第五章"帝国的旗帜"讲资本市场全球化,第六章"帝国的衰落"讲战争全球化。该书通过这六大主题记述了一个帝国从崛起到衰败的原因,以及对其他国家的深远影响。

那么英国的全球化是如何开始的呢? 该书中的一段话就点出了英国全球化的根本原因。书中是这么说的:

> 欧洲人为什么变得如此强大;或者说,为什么他们能轻易踏上亚洲和非洲的土地,无论是开展贸易还是进行掠夺;为什么亚洲人和非洲人未能踏上欧洲人的海岸线,在欧洲人的港口建立殖民地,并在殖民地制定法律呢? 要知道,把他们带回去的那阵风同样也能把我们带到那里。

作者所说的根本原因就是殖民,他们不是外出打工,而是去占领地盘的。这个话题又要回到西班牙上了。因为,早在 100 年前,西班牙和葡萄牙已经捷足先登了。但秘鲁传奇故事对英国人的打击还是比较大的。该书"海盗"一节中是这么说的:

> 西班牙在征服秘鲁和墨西哥后,发现了大量白银。而英国人找遍加拿大、圭亚那、弗吉尼亚和冈比亚,却一无所获。因此,不走运的英国人只有一个办法,那就是掠夺西班牙人。16 世纪 70 年代,德雷克就是靠这种方法在加勒比海和巴拿马挣钱的。

其实,西班牙人刺激英国人的神经不是听了秘鲁传奇故事后才开始的,而是在哥伦布发现美洲大陆的传奇故事时就开始了。书中是这么说:

从亨利七世开始,英国人就开始梦想着找到他们的"黄金之国",以期自己也能依靠美洲的贵金属发财。但长期以来,他们总是无功而返。获得财富的方法只是利用他们的航海技能去掠夺西班牙的船只和殖民地。早在1496年3月,显然是受3年前哥伦布代表西班牙王室发现美洲的故事所触动,亨利七世向威尼斯航海家约翰·卡伯特颁发了许可证,全权授权他及其儿子开展以下行为……

这个许可证是这么说的:

打着大英帝国的旗号乘船开赴太平洋东岸、西岸和北岸(南岸就不去了,以免与西班牙利益相冲突)的所有地区……以开发和探索那些对基督教教徒来说未知的、野蛮人和异教徒聚居的任何岛屿、国家、地区或者省份,无论它位于世界的哪个位置……从而攻克、占领和占据他们发现的任何有能力统治的城镇、城堡、城市和岛屿,因为我们在那里的封臣、代理总督和代表已经为我们获得了治理这些城镇、城堡、城市和岛屿的统治权、资格和司法权……

以上这段话表明英国人就是受了西班牙人的刺激,才开始出发奔向全世界的。但他们又怕西班牙人,因此一开始还是很绅士的,不和西班牙人发生冲突。但几十年下来运气不佳,一无所获,那就只能撕下面具开始抢了。书中接下来是这么说的:

以无耻的海盗传统为基础,英国发展了"武装民船"或民间海战制度。面对西班牙的直接威胁——强盛的西班牙发展起了强大的"无敌舰队",以及更强大的国力——伊丽莎白一世作出了一个显然很敏感的决定,准许了这种民间海盗行为,反正这一切已经发生了。就这样,掠夺西班牙就成了一项战略行动。英国在1585～1604年间与西班牙多次发生战事,每年差不多有100～200艘船负责在加勒比海骚扰西班牙船只,抢夺回来的财物每年至少价值20万英镑。这是彻底的海上大混战,同时,英国的"暴力复仇船只"会攻击任何一艘离开或者驶入伊比利亚港口的船只。

比不过人家就抢,而且每年的收入达20万英镑,这个数字是惊人的。我们今天讨论的是文化基因,也就是英国成为一个日不落帝国的文化基因是什么。从以上片段可以得到答案。那么,这个文化基因是如何传承到美国手中的呢?还是回避不了1620年的"五月花号"。作者在书里是这么说的:

1620年11月9日,也就是在离开南开普敦近8周后,这群清教徒在科德角登陆。就好像是为了给自己一片净土,他们绕行320公里,绕开了弗吉尼亚,到了北部更为寒冷的海岸,也就是被约翰·史密斯命名为"新英格兰"的地方。你也许会好奇,如果当年"五月花号"上的乘客都是这帮清教徒,那么,新英格兰最终会变成什么样呢?毕竟这些清教徒并不仅仅是原教旨主义者,他们还希望能平均分配他们的财产和收益。实际上,在149名乘客中,只有1/4的人是清教徒,大多数人都是应弗吉尼亚公司的广告而来的,他们更多是怀着物质性而非精神性的目的穿越大西洋的。有的人实际上是为了逃离东盎格鲁纺织工业城那沉闷的家。他们希望出去闯天下,而不是为了寻找什么神圣之地,吸引他们来新英格兰的,也并非因为这里没有主教或者天主教会的其他遗风,而是这里有大量的鱼够他们生存。

有关清教徒是否受迫害,或者说得到了当时詹姆斯国王同意的叙述,我们在"《五月花号公约》里隐藏着什么秘密"一讲中已经讨论过了,这里就不重复了。这里摘录书中的这一段话是为了说明,哪怕退一步说,有点宗教迫害理由的话,也是站不住脚的:第一,清教徒只占25%,是极少数;第二,清教徒是奔着财产的目的,但需要平均分配收益而去的。接下来的事情大家都知道,美国人带着这个文化基因闹独立了。后来又发生了第二次世界大战,英国人的锐气差不多被磨光了。大家理所当然地认为英国人的衰败肯定是由纳粹德国造成的。错了。英国人最后是被美国人踢了一脚,才掉出了世界第一霸权这个位置的。是什么原因呢?作者在该书"帝国的衰败"一章中是这么说的:

> 当纳赛尔进而着手将苏伊士运河收归国有(英国政府仍然持有迪斯雷利当初买入的大量运河股份)时,英国再也无法容忍了。"这里(埃及)发生的事,"丘吉尔在1953年声称,"将为我们在非洲和中东的统治树立典范。"这句话说得太对了。时任首相的安东尼·伊顿也认为,自己要对付的俨然是中东的希特勒,因此,他决定对纳赛尔的"私有化运动"发起反击。

> 美国人的态度再明确不过,他们反对英国人插手埃及……因为他们害怕这将把阿拉伯国家推入苏联的阵营。杜勒斯警告道,在埃及或者其他任何地方的单边行动将"把自由世界的联合撕得粉碎"。正如艾森豪威尔总统后来问的:"我们怎么可能支持英国……这么做的话,我们将失去整个阿拉伯世界。"但是,这些警告并未得到关注。1956年11月5日,一支盎格鲁—法国远征军从苏伊士运河登陆,声称他们是和平卫士,任务是阻止一场以色列—埃及战争。

> 接下来的事情,更彻底地暴露了英国新的软肋。首先,入侵者无法阻止埃及人封锁苏伊士运河,阻挠运油船的通过。接下来,当投资者撤资后,埃及发生了英

镑挤兑的情况。事实上,大英帝国就是在英格兰银行手中失去的。当该银行的黄金和美元储备在危机中迅速流出后,哈罗德·麦克米伦(当时的财政部部长)只有两条路可走:要么让英镑贬值,要么向美国寻求大规模援助。如果选择前者,他警告道,那么英国将面临一场"灾难,不仅英国人的生活质量会受损,而且……我们所有的对外经济关系也会受到影响"。如果选择后者,那么英国就得听从美国人的指令了。最后,直到伊顿同意无条件撤离埃及,艾森豪威尔才通过国家货币基金组织和进出口银行安排了一项10亿美元的援助计划。

……苏伊士运河事件却向整个大英帝国的民族主义者传递了这么一个信息:争取自由的时候到来了。但是,具体时间是由美国人,而非这些民族主义者选择的。

以上这几段话是针对"二战"以后,英国的殖民地纷纷闹独立的情形所说的。美国人有自己的私心,因为战争没有打到美国国土上,美国人比英国人强大了。艾森豪威尔反对英国人镇压殖民地起义,说是为了不让苏联人有机可乘,这是一点原因,但不是全部原因。为什么?因为美国人已经看上了英国人的全球霸主地位,美国人自己想接班了。因此他们的目标就是让英国人尽快让出地盘。于是,他们拿出了撒手锏,成为压垮英国人的最后一根稻草。是什么撒手锏呢?作者在该书"权力交接"一节中是这么说的:

底线当然是经济。在胜利的成本下不堪重负的英国,在日本和德国战败后又得不到重新开始的机会,显然,它不再有能力承担大英帝国的成本了。民族主义者的叛乱和新的军事技术的出现迫使大英帝国的防线拉得过长,达到前所未有的程度。1847—1987年,英国的国防开支占其国内生产总值的5.8%。一个世纪之前,这个比例是2.6%。在19世纪,英国长期的贸易赤字可以用海外一系列投资收益填补。而如今,英国只能靠发发可危的外债来解决问题,而且,全民健康医疗、交通和工业成本的增加也让英国财政部疲于应付。

正如凯恩斯所说,1945年战争结束——《租借法案》到期后——英国向美国借债,"主要是……为了筹措海外的政治和军事开支"。但是,借款的附加条件立刻产生了削弱英国海外势力的效应。答应出借37.5亿美元贷款的同时,美国人要求在12个月之内,英镑能够兑换美元。这直接导致了英格兰银行发生挤兑,拉开了一系列英镑危机的序幕,从而加速了英国从帝国领土的撤退:到苏伊士运河事件发生时,这一势头已经无法挽回了。20世纪50年代初,哈罗德·麦克米伦宣称,英国所面临的选择是,"要么作为一个第二世界国家,要么向建立第三个大英帝国迈进"。而苏伊士运河事件之后,就只剩下第一个选择了。

接下来的事情,大家都知道了。1944 年 7 月,西方主要国家的代表在美国新罕布什尔州布雷顿森林举行了联合国国际货币金融会议,安排战后的全球金融体系。英国人还想和美国人拼一拼,在会议上提出了有利于自己的"凯恩斯计划",但美国人不给面子,实力决定地位的文化基因派上用场了。凭借战后美国拥有全球四分之三的黄金储备和强大军事实力,美国财政部前助理部长哈里·怀特提出了建立美元金本位制的"怀特计划"。结果美国人如愿以偿。

这最后一根稻草的效果,书中是这么说的:

> 大英帝国以惊人的速度——有些情况下,甚至是以超常的速度——分崩离析了。

我们今天讨论的是《五月花号公约》里的文化基因,从西班牙到英国,后来又传给了美国。对外巧取豪夺,对内契约精神,最后凭实力说话。这殖民基因比"五月花号"早 100 年就形成了,这个也是西方价值观悖论的根源所在。为什么在巧取豪夺之下需要契约精神?有两方面因素:第一,内部要名正言顺,我得到的,就是我的,内部人不要再来抢。第二,外部要和平环境,巧取豪夺之后,地盘有了,如果继续巧取豪夺,谁来为你干活。因此,该书后记里是这么写的:

> 当然没有人会声称大英帝国的纪录毫无污点。相反,我已尽力表明,它常常不能履行它自己所鼓吹的个人主义自由的信仰,尤其是在早期……甚至对他们进行"种族清洗"。然而,在 19 世纪,大英帝国不可否认地引领着自由贸易、资本的自由流动、废奴运动和自由劳动力运动。它为全球现代化通信网络的发展投入了巨额资本。它在广大地区传播和实行了法治。

现在大家明白了为什么西方人崇尚"契约"与"法律"了吧。这是针对内部人的。我在拿地盘之前,自己内部人需要契约,我用强权拿到地盘,把外部人变成了内部人之后,还是要讲"契约"。为什么?节约治理成本啊。英国人的国防开支就说明了问题。20 世纪前英国是一个日不落帝国,占领全球 25% 以上的土地,但国防开支只有 GDP 的 2.8%,进入 20 世纪后,地盘越来越小,但国防开支反而上升到了 5.8%。现在我们来看看《五月花号公约》里的话,看看对外殖民、对内契约的双标是如何名正言顺地成为美国的出生证的:

　　吾等越海扬帆,以在弗吉尼亚北部开拓最初之殖民地,因此在上帝面前共同庄严立誓签约,自愿结为一公民团体。为使上述目的得以顺利进行、维持并发展,亦为将来能随时制定和实施有益于本殖民地总体利益的一应公正和平等法律、法规、条令、宪章与公职,吾等全体保证遵守与服从。

　　这是一张堂而皇之的双标出生证,是一则不用任何东西掩饰的美国人的价值理性宣言。那么会造成什么样的后果呢?

第65讲

美国和印度一样也有种姓制度吗

链接书目:《美国不平等的起源》 伊莎贝尔·威尔克森

上一讲我们讨论了西方的文化基因是从西班牙开始的,然后由英国人继承,最后又由美国人接棒传承到今天。这个文化基因一开始就发育不良,是带着悖论出生的,一方面对外巧取豪夺,另一方面内部又要讲契约精神。这种双重的价值观给西方人带来了重重矛盾。我们不说西方人和不同文化、不同民族的矛盾,就讲他们内部的矛盾。

首先,我们讨论一下美国和英国的关系。美国人的双重价值观是英国人给的,当时的英国殖民者在美国落地生根之后,原来的英国人成了美国人。这个时候双重价值观就开始发酵了。美国人成了内部人,而英国人成了外部人,哪怕是自己原来的老祖宗也是外部人。外部人还要继续在这里收税,搜刮更多的财富,并且希望北美永远做它的原料产地和商品市场,美国人当然不干了,于是就有了独立战争。美国的独立宣言就是内部人以契约精神共同对抗外部人的价值观体现。现在我们来看看美国《独立宣言》中是怎么说的:

我们认为这些真理是不言而喻的:人人生而平等,造物者赋予他们若干不可剥夺的权利,其中包括生命权、自由权和追求幸福的权利。

为了保障这些权利,人类才在他们之间建立政府,而政府之正当权力,是经被治理者的同意而产生的。

当任何形式的政府对这些目标具破坏作用时,人民便有权力改变或废除它,以建立一个新的政府;其赖以奠基的原则,其组织权力的方式,务使人民认为唯有这样才最可能获得他们的安全和幸福。

但是,当追逐同一目标的一连串滥用职权和巧取豪夺发生,证明政府企图把人民置于专制统治之下时,那么人民就有权利,也有义务推翻这个政府,并为他们未来的安全建立新的保障。

这就是这些殖民地过去逆来顺受的情况,也是它们不得不改变政府制度的原因。大不列颠国在位国王的历史,是接连不断的伤天害理和强取豪夺的历史,这些暴行的唯一目标，就是想在这些州建立专制的暴政。为了证明所言属实，现把下列事实向公正的世界宣布——

以上内容完完全全是一个双重价值观的美国版。这里大家一定要注意独立战争的时间。原来的殖民者已经繁衍了好几代了，是正宗的美国人了，于是他要独立了，这个时候他要反对殖民者了。为什么？按双重价值观的标准，内部对外部从来是不客气的。因此，原来的殖民者变成反殖民者。标准没有变，只是换一下位置而已。这个内外有别、在利益面前六亲不认的价值观，美国人心满意足地用到了今天，而且还发了大财。

今天的俄乌战争，大家知道是以美国为首的北约集团东扩引起的，他们对待俄罗斯、美国是内外有别的，无条件站在自己的利益集团一边。但是，要赚钱了，共同意识形态不起作用了，内外有别的双重价值观又回来了。美国首先跳出来对俄罗斯能源出口进行制裁，取而代之由自己供应天然气。结果呢？不少欧洲国家发现，美国送来的天然气，价格并不"友好"。美国财经媒体《商业内幕》援引业内人士的话说，以约6000万美元价格从美国购买的一船天然气，运抵欧洲后出售价格立即飙升至2.75亿美元，涨幅达358%。除去运输等成本，每艘运输船获利逾1.5亿美元。法新社称，欧洲从美国进口的天然气的价格，至少超出了俄罗斯天然气管道供应价格的3倍。趁欧洲国家急切填满自家天然气库之时，美国能源巨头赚得盆满钵满。

但问题不在这里，大家知道为什么吗？因为在俄乌战争前，法国总统马克龙曾经说北约已经是脑死亡，欧洲人要独立了。美国人当然不满意。俄乌战争给美国人送上了一份大礼，所以美国拼命拱火，同时又不忘赚钱。

有一本书，叫《美国不平等的起源》，作者伊莎贝尔·威尔克森是美国记者、作家，是第一位获得普利策新闻奖的非洲裔美国人。这本书短短几个月内就在全球热销近百万册，被《纽约时报》《时代》《出版人周刊》《柯克斯书评》《财富》等权威媒体评选为年度好书。为什么这本书如此畅销呢？答案只有一个，人们对西方双重价值观竟然可以内外兼修，而且还出现在全球化的今天，感到不可思议。但还是发生了。作者在该书"病原体的新生"一章中是这么说的：

> 这次大选将引导美国走向孤立主义、部落主义、筑墙与自我保护、崇拜财富和以牺牲他人甚至整个地球为代价的巧取豪夺。计票结束和宣布亿万富翁获胜之后，全世界——特别是不太了解美国的种族与政治史的那些人——惊愕地发现，佐治亚州一个高尔夫球道上的男人可以更自由地表达自我了。他是南方邦联

（即美利坚联盟国）的子弟，该邦联曾为了争取奴役他人的权力而向美利坚合众国开战。这次大选无论对他还是对他出生时的社会秩序来说，都是一场胜利。他对身边的人说："我记得有个时代，每个人都知道自己的位置。现在咱们回到这个时代了。"

重返旧秩序、回归祖辈封闭的等级制度的情绪，很快就在仇视性犯罪和大规模暴力抢夺头条新闻的浪潮中传遍这片土地。总统就职日过后没多久，堪萨斯的一名白人射杀了一位印度裔工程师，他朝这位移民及其印度同事开枪时命令他们："滚出我的国家。"接下来一个月，一名剃平头的白人退伍军人坐长途车从巴尔的摩来到纽约，前去执行屠杀黑人的"使命"。他在时报广场跟踪一名 66 岁的黑人，用剑将他刺死。这名袭击者将成为纽约州第一个因恐怖主义指控而被定罪的白人至上主义者。

作者在这里没有用我们一直在讨论的西方文化基因的概念，而是用了一个负面的词——"病原体"。什么病原体？就是种姓制度。我们只知道美国曾经贩卖黑奴，而从来没有听说过美国有种姓制度，因为种姓制度只出现在两个国家，一个是几千年前流传至今的印度，还有一个就是屠杀犹太人的纳粹德国。那美国的种姓制度是何时开始的呢？作者在该书"一个美国'贱民'"一章中是这么说的：

美国种姓制度始于 1619 年夏第一批非洲人抵达弗吉尼亚殖民地后的那几年，殖民地在这段时间内试图完善谁将终身为奴和谁将免遭此劫之间的区别。随着时间的推移，殖民地的法律赋予英国和爱尔兰契约佣工比和他们一起工作的非洲人更大的特权，欧洲人融合成为新的身份，他们被归类为白人，也就是与黑人相对的一极。历史学家肯尼斯·M.斯坦普称这次对种族的定义建立了一个种姓制度，"它把那些外貌允许其自称拥有纯粹高加索血统的人，与那些外貌表明其祖先部分或全部是黑人的人区分开来"。按他的说法，高加索种姓的成员"信奉'白人至上'，并保持高度的种姓内团结以确保这一点"。

原来美国的种姓制度开始的日子，竟然是"五月花号"登陆美洲大陆的日子。这也太巧了。这说明什么？说明被称为美国开拓者的双重价值观，不仅仅是英国人的基因传承，还是自己实践出来的。到什么程度呢？作者接着说：

因此，你会在本书里看到我多次提到美国南方，也就是这个种姓制度的诞生地。在美国历史的大部分时间里，南方是从属种姓被允许生活的地方，因此也是种姓制度正式成形和执行得最残酷的地方。正是在这里，跨种姓关系的信条首先扎根，然后向全国扩散，作家亚历西斯·德·托克维尔在 1831 年指出："关于种族的偏见在已经废除奴隶制的各州似乎比在奴隶制尚存的各州更加强烈，而强烈得不允许异议存在的则是从未出现过奴役现象的那些州。"

这个就有点匪夷所思了，有奴隶制的南方种族存在偏见很正常，但废除了奴隶制的北方存在偏见更加强烈，最强烈的偏见来自从来没有奴隶制的州。这真是奇了怪了。为什么会这样？原来《五月花号公约》中出现的契约和法律被用在了种姓制度上。这就是美国的内婚制法律。作者在该书"支柱三：内婚制"一章中是这么说的：

早在美利坚合众国建立之前，号称由上帝规定的内婚制就已经存在了。在美国，关于后来的种族问题，最早的记载就和欧洲人与非洲人之间的性关系有关。1630 年，弗吉尼亚州议会判处休·戴维斯当众领受鞭刑，因为他"与一名黑人同榻，玷污自己的身体，因此侮辱了上帝，使得基督徒蒙羞"。州议会甚至煞费苦心地特别要求黑人必须到场见证对戴维斯的鞭笞……因此进一步羞辱了他；这一判罚同时还向在一个尚不存在的国家里被贬为最低种姓的那些人发出警告："既然这是一个越出种姓边界的白人的命运，那么你们的命运就只会更加凄惨。"

…………

1691 年，弗吉尼亚州成为第一个宣布黑人与白人婚姻非法的殖民地，在接下来的 3 个世纪里，美国的大多数州都会沿用这项禁令。有些州不但禁止非洲裔美国人与其他所有族裔通婚……尽管没有针对跨种族通婚的全国性禁令——其实也有过几次尝试——但 50 个州里有 41 个通过了法律，规定跨种族通婚是犯罪，可判处最高 5000 美元罚款和最高 10 年监禁。有些州甚至禁止任何允许跨种族通婚的法律在未来获得通过。法律之外，尤其是在南方，非洲裔美国人哪怕只是有破坏这根种姓支柱的嫌疑，也会面临被私自处死的惩罚。

直到 1967 年，联邦最高法院才推翻这些禁令。但有些州在正式废除其内婚制法律上进展缓慢。亚拉巴马是最后一个完成废除内婚制的州，该州直到 2000 年才舍弃禁止跨种族通婚的法律。然而即便如此，在那次公投中，依然有 40% 的人支持保留婚姻禁令。

要知道印度的种姓制度是在 1947 年废除的，而纳粹德国的种姓制度在历史上昙花一现，但美国的最后一个种姓制度废除时已经是 21 世纪了。作者在种姓制度的第四支柱"纯洁性"里，是这么把三种种姓制度作对比的。

在印度的一些地区,最低种姓的成员在公共场所行走时必须与高种姓的所有人保持一定步数的距离——距离在 12 步到 69 步之间,具体取决于另一方的种姓。他们必须戴铃铛,提醒高于他们的种姓的人们,以免他们的存在污染了后者……

…………

纳粹德国禁止犹太居民踏上犹太人自己的避暑别墅的沙滩,例如在柏林城郊的度假胜地万湖;第三帝国的所有公共游泳池也禁止犹太人进入。让-保罗·萨特曾经说:"他们认为一个犹太人的身体泡在水里,就会污染整个游泳池。"

在美国历史的大多数时期里,甚至一直到进入 20 世纪之后,从属种姓在生活的每一个方面都受到隔离,实现了美国式的不可接触。在南方,从属种姓的大多数成员在很久以前就被发配到这里了,黑人儿童和白人儿童连教科书都不同。在佛罗里达州,黑人儿童和白人儿童用的教科书甚至不能一起存放。非洲裔美国人被禁止使用白人的饮水龙头,在拥有自己单独的饮水龙头前,他们只能在南方的暑气中喝马槽里的水。

看来美国的种姓制度比印度和纳粹德国的更加可怕,为什么? 因为印度和德国无法在外表上区分种姓,而美国从外表上就可以区分种姓,因此有些看似白人的美国人想投机钻营,但没门,法律出来冠冕堂皇地保护种姓制度。作者是这么说的:

1896 年,种姓的这根支柱被迎入法律的殿堂。这是因为新奥尔良的一名男子挑战了路易斯安那州于 1890 年颁布的一项法令。这项法令规定铁路车厢内必须将"白人和有色人种"分开。重建崩溃之后,权力回到前南方邦联分子手中。忧心忡忡的有色人种组成委员会筹款,在法庭上抗议这项法令。1892 年 6 月 7 日,在这个约定好的日子里,荷马·A. 普莱西——一名鞋匠,看似是白人,但按美国对种族的定义则是黑人——买了东路易斯安那铁路公司从新奥尔良到卡温顿的头等车票,坐在了白人专用的车厢里。在那个时代,一个种族出身模棱两可的人会被认为不属于白人,因此,车长命令他去有色人种的车厢。普莱西拒绝从命,因此被捕——一如委员会的预料。他的案子被递交到最高法院,最高法院以 7∶1 的投票结果裁定路易斯安那州的"分隔但平等"法令胜诉。这一事件在美国开启了一个持续近 70 年的时代:国家的裁定将一个种姓隔离并排斥于另一个种姓之外。

以上这个案例是针对看似白人的,那么针对比白人还要"白"的人种,法院是怎么处理的呢?作者接着说:

> 有一位名叫小泽隆夫的日本移民,在美国生活了20多年。他试图证明自己有资格获得公民身份,也有资格被定为"白人",因为他的皮肤比许多"白种人"更白。他申辩道:区别究竟在哪儿?假如一个人的皮肤不白,那么他怎么能是白人呢?假如一个人的皮肤确实很白却不是白人,那么这个"白"到底是什么意思呢?
>
> 他的案子一直打到了美国联邦最高法院。1922年,法院毫无异议地通过判决:"白"指的不是肤色,而是"高加索人",而日本人不是高加索人——尽管事实上美国没几个白人的祖籍在高加索山脉,而祖籍在那里的人在当时反而被拒之门外。

我们前面所提到的白人是"高加索人",就是来自这个判例。但是,白人也是分三六九等的,这个案例只是针对非白人。白人的等级是怎么样的呢?作者是这样说的:

> 制度的缔造者从一开始就认真研究了应该允许哪些人进入支配种姓的问题。绝大多数人,包括现在被认为属于白人的许多群体,都不符合他们彼时的定义。美国独立战争前25年,本杰明·富兰克林担心随着德裔人口的增长,宾夕法尼亚州将"成为外来人的殖民地"。"他们的数量很快就会多到将我们德国化,而不是我们将他们盎格鲁化的地步,他们永远不会接受我们的语言和习俗,就像他们不可能拥有我们的相貌一样。"
>
> ⋯⋯⋯⋯⋯⋯
>
> 1790年,国会将美国公民的身份限制为白人移民,根据法条的规定,他们是"自由的白种人"。但"白"是什么,尚需界定⋯⋯
>
> 在美国历史的大部分时期里,一个人只要不是盎格鲁-撒克逊血统,就会被贬为人类"污染物"。支配种姓就像在多个战场上保卫侧翼的战地统帅,在20世纪伊始前后,他们以有史以来最严厉的两条移民禁令来阻止"受玷污的"新移民的涌入。

以上这些话可以回答美国种姓制度的本质了。还是回到"五月花号"那100多位殖民淘金者身上。连本杰明·富兰克林这样一个被美国人赞誉有加的,具有崇高道德的人，都觉得在美国这片土地上，有盎格鲁-撒克逊血统的人具有生存资格的排他性。这样看来，《五月花号公约》里的契约精神，《独立宣言》中有关自由、平等、独立的概念，是为盎格鲁-撒克逊人准备的。

从第 60 讲开始到现在，我们一直在寻找《五月花号公约》中的秘密，因为里面隐藏着今天美国人价值观中的双重标准，以及美国悖论的三大原因。那么这和一直在讨论的认知革命有关联吗？有，而且有很大的关联。

为什么要修改裴多菲的《自由与爱情》
第66讲

链接书目:《自由论》 以赛亚·伯林

上一讲我们讨论了美国不平等的起源来自美国的种姓制度,追根溯源,种姓制度起源于"五月花号"的英国殖民者,英国人又是向西班牙人学的那一套,就是巧取豪夺与契约精神内外有别的双重价值观。那他们的共同价值观又是从哪里来的呢?这个就要回到我们一直在讨论的第三次认知革命。大家一定记得我们在讨论轴心时代的四大价值理性时,除了中国由内而外的内向超越外,其余的三大价值理性都是由外而内的外向超越。在这三大超越中,其中有两个是来自西方的,一个是外在的希腊自然哲学的超越,一个是犹太上帝的超越。为什么人类会同时产生这种精神上的超越现象?原因很简单,在现实中得不到的,可通过超越在精神上得到。得到什么呢?就是精神上的自由。因此,可以这么说,所有价值理性都是人类通向自由之门。我们以上的话题全部与自由有关,西方人觉得宗教上的精神自由还不够,要来一点世俗的财富自由,于是就去占领他人的地盘。而原住民为了不被占领,也要自由,这样麻烦就来了。为了自由、安稳地生活在这片土地上,于是殖民者想出了一套契约、法律之类的东西,于是内外有别就出来了。这个内外有别,最后导致美国人反对起自己的老祖宗英国人来了,要自己搞独立了。这还是为了自由。这样看来,一切的源头就在于这个价值理性的自由。

今天我们要阅读的书,是译林出版社出版的《自由论》,里面有一篇英国哲学家以赛亚·伯林专门讨论自由的文章。1958年,他就任牛津大学齐切里社会与政治理论教席教授,就职时他发表了题为"两种自由概念"的演讲。这篇演讲稿被誉为20世纪最具影响力的单篇政治哲学文献,影响广泛而深远。但我们要说的是,伯林的自由概念是有漏洞的。为什么?我们先来看看他是如何定义自由的。书中是这么说的:

> 强制某人即是剥夺他的自由。但剥夺他的什么自由?人类历史上的几乎所有道德家都称赞自由。同幸福与善、自然与实在一样,自由是一个意义漏洞百出以至于没有任何解释能够站得住脚的词。我既不想讨论这个变化多端的词的历史,也不想讨论观念史家记录的有关这个词的两百多种定义。我只想考察这些含

义中的两种,却是核心性的两种,我敢说,在这两种含义的背后,有着丰富的人类历史,而且我敢说,仍将会有丰富的人类历史。freedom 或 liberty(我在同一个意义上使用这两个词)的政治含义中的第一种,(遵从许多先例)我将称作"消极自由",它回答这个问题:"主体(一个人或人的群体)被允许或必经被允许不受别人干涉地做他有能力做的事。成为他愿意成为的人的那个领域是什么?"第二种含义我将称作"积极自由",它回答这个问题:"什么东西或什么人,是决定某人做这个、成为这样而不是做那个、成为那样的那种控制或干涉的根源?"这两个问题是明显不同的,尽管对它们的回答有可能是重叠的。

伯林总结了世界上所有的自由概念,最后得出了两种自由观:一个是"积极自由",另一个是"消极自由"。那么你觉得积极好还是消极好呢? 我们看看伯林对"积极自由"的进一步解释:

> "自由"这个词的"积极"含义源于个体成为他自己的主人的愿望。我希望我的生活与决定取决于我自己,而不是取决于随便哪种外在的强制力。我希望成为我自己的而不是他人的意志活动的工具。我希望成为一个主体,而不是一个客体;希望被理性、有意识的目的推动,而不是被外在的、影响我的原因推动。我希望是个人物,而不希望什么也不是;希望是一个行动者,也就是说是决定的而不是被决定的,是自我导向的,而不是如一个事物、一个动物、一个无力起到人的作用的奴隶那样,只受外在自然或他人的作用,也就是说,我是能够领会我自己的目标与策略且能够实现它们的人。当我说我是理性的,而且正是我的理性使我作为人类的一员与自然的其他部分相区别时,我所表达的至少部分就是上述意思。此外,我希望意识到自己是一个有思想、有意志、主动的存在。

以上伯林的意思表达得很清楚,我要达到目标,我希望意识到自己是一个有思想、有意志、主动的存在。这是主动自由,也叫作积极自由。而消极自由就是伯林所说的:一个人或人的群体被允许或必须被允许不受别人干涉地做他有能力做的事,这是被动自由。以上我们讨论了殖民主义的历史,大家认为是积极自由还是消极自由呢?

为了帮助大家分析,现摘录 2022 年 7 月 18 日光明网上的一篇来自新华社的新闻报道。

> 美国前总统国家安全事务助理约翰·博尔顿几天前在接受媒体采访时"自曝"曾协助策划他国政变,日前又接受媒体采访为这段言论辩护,称"为了美国最

大利益,这就是该做的"。

这不禁让人回想起,博尔顿在任期间曾拿着写有"向哥伦比亚派遣 5000 名士兵"的记事本参加新闻发布会。当时外界只是猜测美国可能会对委内瑞拉动武。

如今博尔顿的表态可谓直白,说起策划政变时毫无遮掩。显然,"策划政变"对这名美国知名鹰派人物来说已经是轻车熟路。

·············

厄瓜多尔国际政治分析人士德西奥·马查多近日对新华社记者说:"这件事足以证明特朗普政府当时有多无耻,他的顾问公开承认参与了拉丁美洲国家的政变阴谋,我相信这种事绝不止发生在委内瑞拉。"

马查多还列举了美国干涉拉美国家内政的种种"罪状":1954 年支持危地马拉政变;1973 年在智利支持政权更迭;1983 年入侵格林纳达;1989 年入侵巴拿马……

·············

事实上,博尔顿并不是第一个提及美国干涉他国内政企图的美国前政要。时任特朗普政府国防部长的马克·埃斯珀在今年 5 月出版的回忆录《神圣的誓言》中披露,美国政府曾计划入侵委内瑞拉。美国中情局前高官杜安·克拉里奇曾在一次采访中说:"只要我们认为干预其他国家的内政符合我们国家的安全利益,我们就会这么做。如果你不喜欢,就忍着。"

看了以上这则新闻,大家的心中一定有答案了,这个和伯林分析的两种自由观完全是一个套路。分辨什么是消极自由,什么是积极自由,十分容易:消极自由是不愿意被他人干涉与强迫的自由,就是委内瑞拉要的自由;积极自由只考虑我想自由地做自己的事情,而不考虑他人的不自由,就是博尔顿要的自由,美国利益至上的根源。

那么伯林所说的积极自由和消极自由的概念是不是有漏洞呢?伯林要传达这么一个意思,消极自由用 free from 表达,我要免于被迫害、被侵犯,积极自由用 free to 表达,我要主动实现我的利益目标。于是,美国人的双重自由标准出来了。400 年前的清教徒要免于被迫害,200 多年前要从英国独立出来,今天的"9·11"恐怖事件要免于被侵犯,要消极自由。但是,到美洲人地盘去殖民,到伊拉克、阿富汗,干涉他国内政,我要主动实现我的国家利益,我要主动出击,去颠覆他人的政权,我也没有错,这是积极自由啊,你们不愿意,你们就忍着吧。

伯林的自由观在美国人那里怎么说都可以,这里漏洞就出来了。实现自由是要依靠手段的,而依靠手段就牵涉到道德问题。其实,全世界所有的自由和道德都是一体的。这就是为什么老子《道德经》的主题是"无为无不为",让他人自由,自己才能自由,康德一定要把道德和自由意志捆绑在一起的原因了。

讲到道德问题,合作理性也出来了。合作理性出来了,伯林自由观的漏洞也找到了。所谓积极自由,它们是以工具理性去实现的目标,西班牙人就100多人,居然把1000多万人给灭了,就是凭着先进的洋枪洋炮。可是,消极自由是为了反抗压迫,为了恢复合作理性而产生的,当然也有以牙还牙、用工具理性去反抗的。因此,伯林的自由观是把道德排斥在外的。伯林是一位哲学家,那么他本人是什么态度呢?

在《自由论》中,伯林谈起"两种自由概念"时,是这么说的:

> 有人怀疑我捍卫消极自由而反对积极自由,以为消极自由更文明,那只是因为我觉得,积极自由在正常生活中虽然更重要,但与消极自由相比更频繁地被歪曲和滥用……弱者一定要保卫自己不受强者侵犯,就此而言,自由就要减少。如果积极自由充分地实现,消极自由就会被减少。

虽然伯林倾向于消极自由,但是他也没有否认积极自由的价值,他接着说:

> 关于两种自由之间要保持平衡,尚未有明确的原则对此予以阐释。积极自由和消极自由两者都是明确有效的概念,而我觉得历史上虚伪的积极自由所造成的危害比现代虚伪的消极自由所造成的危害更大。

伯林的态度是两可的,偏向于消极自由,但也不排斥积极自由。那我们为什么反复在这个问题上做文章呢?因为我们要回归我们的认知旅程的目标。一路走来,只讲合作理性了,工具理性谈得比较少。这里为什么要提工具理性,还是要让大家回顾一下关于道德的中西方差异。按照康德的观点,道德是一个普遍法则律令,是约束自己的,与他人无关。但中国的生命之道,由内而外、合作理性、天人合一的道德观,首先考虑的是他人。道德和自由里面有没有他人,这就是中西文化的分水岭,也是我们一直在追根溯源的西方双重价值观的终极原因所在。

但是,在中国哲学的合作理性下,我们也可以用积极自由达到目标。1847年1月1日,匈牙利诗人裴多菲在他24岁生日时创作了一首流芳百世的诗歌,叫《自由与爱情》,是这么写的:生命诚可贵,爱情价更高;若为自由故,二者皆可抛!

按照伯林的自由观,这是一首消极自由的诗歌。是的,当时裴多菲受黑格尔的影响,反对君主专制主义,主张资产阶级革命的自由。如果在全球化的今天,我们把这首诗的主张改为积极自由,把合作理性放进去,想必伯林也是赞同的。这首诗可以修改为:生命诚可贵,自由价更高;若为合作故,两者都可要。

这里中国哲学由内而外的包容性,把西方价值观的悖论以及自由观的对立全部包容了。可惜的是,西方人的消极自由和积极自由的价值观悖论,不是马上可以扭转的。在现实中,如果要西方人争取消极自由,他们能做到吗?

欧洲人为什么要逃避自由
第67讲

链接书目：《逃避自由》 埃里希·弗罗姆

《西方的困局：欧洲与美国的当下危机》

海因里希·奥古斯特·温克勒

上一讲我们讨论了伯林的两种自由观，即积极自由和消极自由。积极自由是一种主动自由，西方人是用工具理性去实现的。同理，如果要实现被动的消极自由，也只能依赖工具理性，那么手中的工具比不过积极自由的那一方，怎么办呢？中国人的解决方案已经在第51讲讨论过了。今天我们讨论崇尚积极自由的西方人的解决方案。什么解决方案呢？4个字：逃避自由。

今天我们要阅读的书就叫《逃避自由》。作者是西方精神分析领域的重量级人物、人本主义精神分析的开创者埃里希·弗罗姆。这本书是弗罗姆最著名的代表作之一，被誉为社会心理学的里程碑式著作。

为什么要把弗罗姆的《逃避自由》和欧洲人连在一起？因为这是有现实参考意义的。大家知道2022年爆发的俄乌战争，现在虽然还没有结束，但是结果已经出来了。俄乌在战场上流血，欧洲人在经济上流血。欧洲人响应美国的制裁号召，在能源上自断后路，造成通货膨胀。但是，英国人一方面举行大罢工，要求政府增加工资，另一方面还在向乌克兰提供重型武器。这种情况在欧洲是普遍的，与此同时，美国人却在享受战争红利。难道是欧洲人笨吗？明明知道这是在损己利人，明明骨子里瞧不起美国人，明明时不时自诩为全世界最自由的国家，不会屈服于强权，但是在自己国家民生的大是大非问题上，还是唯唯诺诺，听命于美国人。这又是一个价值观悖论。这个问题的答案就在弗罗姆的这本《逃避自由》里。

弗罗姆和弗洛伊德都是精神分析大师。与我们前面分析西方价值观悖论的方法不同，弗罗姆是借用个体的精神分析案例来分析群体与社会的心理，该书"逃避机制"一章中是这么说的：

> 许多读者会产生疑问，通过对个人的观察所获得的发现是否能够应用于对群体的心理认识。我们的回答是完全肯定的。任何群体都由个人组成，而且只能由

个人组成,因此群体的心理运行机制便只能是个人的心理运行机制。

那么他是从哪一个角度去分析个人的自由概念的呢?该书"个人的出现及自由的模棱两可"一章中是这么说的:

> 人类的社会历史始于他在与自然世界的一体状态中,开始意识到自己是与周围的自然及人相分离的实体之时。不过,这种意识在相当长的历史时期内是非常朦胧的。人继续与他赖以发生的自然及社会世界保持密切联系;尽管他部分地意识到自己是个独立实体,但他还认为自己是周围世界的一部分。我们可以称这个个人日益从原始纽带中脱颖而出的过程为"个体化"。它似乎在现代历史上从宗教改革至今的几个世纪达到巅峰。

> 在个人的生命历史中,我们发现了同样的过程。儿童出生后便断绝了与母亲的一体化状态,成为与之完全分离的生物实体。然而,尽管生物上的分离是个人存在的开始,但在功能上,儿童在相当时期内仍与母亲一体。

> 形象地说,在个人完全切断束缚他进入外面世界的"脐带"之前,他无自由可言;但这些纽带给了他安全,使他有归属感,他感到生命的根。我想称这些先于个体化进程而存在,并导致个人完全出现的纽带为"始发纽带"。

弗罗姆分析自由的出发点和伯林完全不一样,伯林的自由观是自我要达到一个无拘无束的目标,而弗罗姆居然用了中国哲学的生命之道的套路。人在切断脐带之前,虽然没有自由,但自己生活得很开心,在母亲的生命之根里感到安全与归属。但婴儿终究要成长,于是身体与心理开始产生悖论。该书中是这么说的:

> 儿童的年龄越大,达到断绝始发纽带的程度越高,他渴望自由与独立的愿望就越强烈。但是,我们只有认识到日益加剧的个体化进程的辩证特征,才能充分理解这个愿望的命运。

> 此进程有两个方面:一是儿童在肉体、情感和精神上越发强壮,各方面的强度和活动都在增加。在个人意志和理性的引导下,有组织的结构发展起来。如果我们把这个有组织完整的整个人格称为自我,也可以称个体化进程日益加剧的一方面为自我力量的增长。个体化增长与自我的局限部分地受制于个人的条件,但主要受制于社会条件。因为,虽然个人之间这方面的差异很大,但每个社会的个体化水平程度是有一定限度的,一般的正常个人无法逾越。

脐带没有解开的安全与归属和儿童长大需要的独立与自由,是一种心理上的悖论。什么悖论呢？

　　个体化进程的另一方面是孤独日益加深。始发纽带提供了安全保护，以及与外面世界连为一体的基本条件。这种状况一直持续到儿童意识到自己在赖以发生的世界里的孤独状态，意识到自己是与别人分离的个体。个人独立存在，与世界分离；与世界相比，个人觉得世界强大无比，能压倒一切，而且危险重重，由此，他产生一种无能为力感和焦虑感。只要个人还是那个世界不可分割的一部分，还没意识到个人行动的可能性和责任，他就用不着害怕。一旦成为一个个人，他就形只影单，只能独自面对世界各方面的危险和强大压力。

如何去克服在个体化进程中又要独立又要不孤独的悖论呢？作者认为有两种途径，于是就引出了作者关于"积极自由"和"消极自由"的概念，和伯林的完全不同。该书"逃避机制"一章中是这么说的：

　　一旦赋予个人以安全的始发纽带被切断，一旦个人面对着与自己完全分离、自成一体的外在世界，他就面临两种抉择，因为他必须克服难以忍受的无能为力和孤独状态。道路之一是沿"积极自由"前进；他能够自发地在爱与劳动中与世界相连，能够在真正表达自己的情感、感觉与思想中与世界相连；他又能成为一个与人、自然、自己相连的人，且用不着放弃个人自我的独立与完整。

这个不是中国哲学的"生命之道，由内而外，合作理性，天人合一"吗？这里的爱就是合作理性，不用放弃自我，人与自然合为一体，就是"天人合一"。那么由内而外呢？弗罗姆用了心理学的名词，叫自发活动，这个和"道法自然"中的"自然"被解释为"自己如此"是一个意思。作者认为就是"自由"的意思。该书"自由与民主"一章中是这么说的：

　　为什么说自发活动是自由问题的答案？我们说过，消极自由本身把个人变成孤立的存在，他与世界的关系很遥远，也不信任它，个人自我很软弱，并时时受到威胁。自发行为是一种克服恐惧孤独的方法，同时人也用不着牺牲自我的完整性。因为在自我的自发实现过程中，人重新与世界联为一体，与人、自然及自我联为一体。爱是此类自发性的最核心组成部分，爱不是把自我完全消解在另一个人中的那种爱，也不是拥有另一个人的那种爱，而是在保存个人自我的基础上，与他人融为一体的爱。爱的动力特性恰恰在于它的两面性，一方面它出于克服分离状态的需求；另一方面，它又导致一体，但并未消灭个性。劳动是此类自发性的另一个组成部分,劳动并不是为逃避孤独的强迫活动,不是对自然的这种关系,即,一方面要通过劳动主宰自然,另一方面又崇拜自己用双手创造的劳动果实,甚至受劳动果实的奴役;而是一种创造,人在创造活动中与自然融为一体。适用于爱和劳动的也适用于所有自发活动,无论是实现感官欢乐,还是参与共同体的政治生活。它肯定自我的个性,同时又把自我与人及自然联为一体。人的自发活动在更高的基础上解决了自由与生俱来的根本矛盾——个性的诞生与孤独之痛苦。

作者在这里引出了"消极自由"的概念,把离世界遥远的、孤独的、强迫的、非爱心的归咎于消极自由。这里也引出了该书的主题——逃避自由。前面说了有一条道路是"积极自由",那么另外一条就是"消极自由",也就是"逃避自由"的道路。该书中是这么说的:

> ……另一条道路是退缩,放弃自由,试图通过消弭个人自我与社会之间的鸿沟的方式来克服孤独。这个第二条道路永远不会再把他与世界融为一体,永远也达不到他作为"个人"出现之前的那种状态,事实是,一旦分离,便不能再返回。这是一种摆脱难以忍受之境地的逃避,如果这种境地继续下去,生活将不可能了。因此,像逃避任何一种恐惧一样,这种逃避便具有强迫特征。它多少还带有完全放弃个体性及自我完整的特征。所以,它并非一个解决办法,不能带来幸福与积极自由。原则上讲,它是一种见诸所有精神病症现象中的一种解决方式。它缓解了无法忍受的焦虑,避免了恐惧,使生活成为可能。但它并未解决根本问题,所谓的生活常常只是些机械的强迫活动。

在对待自由的问题上,作者没有用伯林那样的消极自由概念,也就是反抗压迫去争取自由,这个自由的可能性我们在第51讲"为什么以德报怨和以直报怨都是合作圣经"中已经讨论过了。作者的观点是要么积极自由,要么逃避自由,他运用了心理学分析的方法,归纳出三种逃避自由的机制。该书"逃避机制"一章中是这么说的:

> 我要讨论的第一种逃避自由的机制是,放弃个人自我的独立倾向,欲使自我与自身之外的某人或某物合为一体,以便获得个人自我所缺乏的力量。或者换句话说,欲寻找一个新的"继发纽带",以代替已失去的始发纽带。
>
> 这种机制的更明确的形式在于渴望臣服或主宰,即我们所说的受虐——施虐冲动,它们程度不同地存在于常人及精神病症患者身上。我们将先描述一下这些倾向,然后再表明它们都是对无法忍受的孤独的一种逃避。

两者二选一,并且为逃避自由设置了三种机制。作者接着说:

> 受虐冲动最常见的方式表现为深感自卑、无能为力、个人的微不足道。对受这些情感困扰的人分析表明,虽然他们主观意识上抱怨这些情感并想除掉它们,然而潜意识里有些力量驱使他们感到自卑或觉得微不足道。他们的情感不仅仅是缺点与弱点的现实化(尽管它们常常被理性化了,好像真的一样)。这些人有一种倾向,贬低自己,自甘懦弱,不敢主宰事物。这些人非常有规律地呈现出极度依赖于自身之外的权力、他人、机构组织或自然。他们不敢伸张自我,不去做想做的事,而是臣服于事实上或假想的这些外在力量的命令。他们常常无法体验"我想"或"我是"的情感。总的说来,他们觉得生活整个就是某种强大无比的东西,根本无法主宰或控制。

现在的欧洲人就是处于这种心理受虐心态,敢怒不敢言。欧洲最大的两个国家,一个是德国,另一个是法国。德国过去是战败国,像日本一样,美国有驻军;法国虽然是战胜国,但完全依赖美国才获得了地位,戴高乐时期,法国还有点硬,退出了北约,但30多年之后,又回去了。

有一本专门写美国与欧洲的关系的书,叫《西方的困局:欧洲与美国的当下危机》,作者海因里希·奥古斯特·温克勒,是德国当代具有影响力的史学家。该书紧跟时代脉搏,深度解析了欧洲时政和世界格局,关注过去10年间欧洲和美国发生的大事和面临的挑战:欧债危机、英国脱欧、中东局势及叙利亚难民的安置、特朗普上台和欧美分歧等等。该书"欧洲 vs 美国?"一章中,介绍了"9·11"之后美国发动伊拉克战争,面对欧洲的不同声音,美国是怎么解释的。这个案例也可以用在今天的乌克兰危机上。书中是这么说的:

> 对于欧洲知识分子所坚持的国际法方面的要求,小布什早已于2002年6月1日("9·11"恐怖袭击事件之后9个月)在西点军校进行的一场演讲中亮明了自己的态度。他宣称,"采取'单边行动'来保卫我们的自由和守护国民的生命"是作为世界强国的美国的一项主权——这已经远远超出了《联合国宪章》所允许的行使自卫权的前提:受到直接的、紧迫的威胁。
>
> 这一说法,已经表达了"布什主义"的要旨,该主义的最终定本出现在2002年9月17日由总统宣布的美国国家安全战略之中。美国不会让其敌人先发制人——在这个口号之下,这份文件记录了美国要实施到那时为止最为强烈的单边强权政策的意愿。若是顺着这位安全战略起草人的逻辑讲下去,那就是说,尽管

一切国家都是有主权的,但美国比其他国家更有主权。这就不单对其潜在对手,而同时也对其欧洲盟友构成了挑战,但小布什及其顾问觉得这种局面可以接受。

············

面对欧洲对自己入侵行动的批评,美国的新保守主义者很淡定。政治评论家罗伯特·卡根(Robert Kagan)在 2003 年出版的《天堂与实力——世界新秩序下的美国与欧洲》(*Of Paradise and Power*:*America and Europe in the New World Order*)一书中写道:在 20 世纪 90 年代,美国与欧洲之间出现了一种力量平衡。其中,欧洲是一个后现代的乐园。"欧洲人已经脱离了无法无天的霍布斯世界,进入了永久和平的康德世界中。"相反,美国则依旧停留在"普世性民族主义中独一无二的美国模式"之中。书中还说,在小布什的时代,"西方"作为一个与外交政策紧密相连的概念已经丧失其意义。"美国在 9 月 11 日这一天并没有发生什么改变。它只是找回了它自己。"因此,曾经的西方阵营之内并不一定会发生"文化冲突",但欧洲人和美国人都必须使自己适应美利坚霸权这个新的现实。

作者的意思表达得很清楚,现在的西方概念里已经没有欧美的分别,也不存在"文化冲突",因为欧洲已经在美利坚霸权下享受着康德的和平世界。这个在弗罗姆那里就是逃避自由的第一种机制——心甘情愿地受虐。在个体上,弗罗姆认为这是一种精神疾病,并在书中举了一个精神分析案例。这是一个关于医科学生的故事,他从小想当一名建筑师,但父亲认为他应该学医,于是他选择了学医,但是上课时经常会记不起学过的内容。他想做一名建筑师,可是父亲反对,于是弗罗姆为他实施了精神疗法。《逃避自由》中是这么说的:

这个例子是个典型,它反映了人的真正愿望受到压抑,而不得不以某种方式接纳别人的愿望,但又似乎是自己的愿望。可以说是伪愿望取代了原始愿望。

伪活动取代思想、感觉和愿望的原始活动,最终导致伪自我取代原始自我……

那么这个伪自我最后会导致什么结果呢?作者接着说:

自我丧失,伪自我取而代之,这把个人置于一种极不安全的状态之中。他备受怀疑的折磨,因为由于自己基本上是他人期望的反映,他便在某种程度上失去了自己的身份特征。为了克服丧失个性带来的恐惧,他被迫与别人趋同……

现代社会里个人自动与他人趋同,这加剧了普通个人的无助感和不安全感。所以,他准备臣服于能为他提供安全并使他摆脱怀疑折磨的新权威。

　　弗罗姆的分析是很到位的,为了避免进一步增强无助感和不安全感,受虐者最好的办法就是接受受虐,臣服新权威,于是就产生了第一种逃避自由的机制。这也是国际政治关系中,欧洲被美国人拿捏的根本原因。那么第二种和第三种逃避自由的机制是什么呢?

第 68 讲 美国人随意树立假想敌的心理机制究竟是什么

链接书目:《逃避自由》 埃里希·弗罗姆

《许倬云说美国》 许倬云

《美国人的性格》 费孝通

上一讲我们讨论了弗罗姆的《逃避自由》一书,这一讲继续讨论。现在我们继续讲弗罗姆的另外两种逃避自由的机制。在第一种逃避自由的机制中,我们只讨论了受虐方,还有一个施虐方没有讨论。作者接着是这么说的:

除这些受虐倾向外,还有与之对立的施虐倾向,它们也存在于同一种性格的人身上。虽然它们的程度不同,多少能意识到,但却从未消失过。我们发现有三种施虐倾向,它们或多或少地缠纠在一起。一是让别人依赖自己,以绝对无限的权力统治他们,以便让他们仅仅成为自己手中的工具,像"陶工手中的泥土"。二是不但有以这种绝对方式统治别人的冲动,而且还要剥削、利用、偷窃、蚕食别人,把别人吸净榨干,不但包括物质,而且还包括情感与智慧之类的精神方面。第三种施虐倾向是希望使别人受磨难,或看别人受磨难。磨难也可能是肉体上的,但多数是精神上的折磨。其目的是主动伤害、羞辱他们,让他们难堪,要看他们狼狈不堪的窘相。

出于明显的原因,施虐倾向常常不很明显,也较理性化一些,比受虐倾向的社会危害更大。人们常常用对他人的过分友善、过分关心来掩盖施虐倾向。一些最常见的推理是:"我统治你是因为我知道什么是对你最好的,为了你自己的利益,你就必须绝对服从我。"还有,"我是如此伟大,如此不凡,所以我有权力期望他人依赖我"。另外一个经常用来掩盖剥削倾向的推理是:"我已为你付出了很多,现在我有权力从你那里得到我想要的一切。"更具攻击性的那类施虐倾向有两种最常见的借口:"我已受到别人的伤害,我想伤害他们,这不过是以牙还牙。""我先制人,只不过为了自卫或使我的朋友免受伤害。"

大家看看作者所说的施虐者形象是不是美国人当今的现实写照。对欧洲人,他实行第一种施虐手段,把他们当工具;对阿富汗人和叙利亚人,他用第二种施虐倾向,占领并且偷窃他们的石油;对待基地组织,他采用第三种施虐手段,比如说在古巴关塔那摩湾海军基地设置的军事监狱。然后他们的理由也和弗罗姆所说的一模一样,但是有一点大家可能不知道,施虐者和受虐者一样,心理上也是一个孤独者。作者提到了一个在日常婚姻中会出现的场景。作者是这么说的:

> 由于受虐者的依赖性是显而易见的,所以我们期望施虐者应是另外一个样子:他似乎强大无比,完全统治了受虐者,受虐者则怯弱臣服。所以很难想象强大的一方怎么会依赖于他所统治的一方。不过,深入的分析却表明这确实是事实。施虐者需要他所统治的人,而且是非常需要,因为他的力量感是植根于统治他人这个事实的。这种依赖有可能完全是潜意识的。故此,比如,一个男人可能会极恶劣地虐待妻子,并反复告诉她可以随时离开家庭,那样他会非常高兴。她常常被吓住了,根本不敢试一试,而且她们都将继续相信男人说的是真的。但如果她鼓足勇气宣布要离开,某些始料未及的事就会发生在他们两人身上:男的就会绝望,立刻软下来,哀求她不要离开,他会说离开她他将无法活下去,会信誓旦旦地说他是多么爱她,等等;女的由于不敢主张自我,就会容易相信他,就改变主意答应留下来。

这段话给了我们一个启示,为什么看似强大的美国,明明知道别人打不过它,别人也不想打它,可是它经常会莫名其妙地树立假想敌。我们一般理解为,它只是找一个理由来恶心你,或者来霸凌你。其实这里还有一种心理机制,它是想通过对他人的施虐来排解心中的孤独感和恐惧感。但弗罗姆的施虐心理分析还没完。紧跟着施虐心理的第二种逃避自由机制随之而来,这就是"破坏欲"。作者是这么说的:

> 说到施虐狂,我们常把它与破坏欲与敌视相联。确实,破坏欲多少总是与施虐倾向联在一起。但受虐狂也是如此,对受虐特质的每例分析都表明了这种敌视……
> 　　…………
> 　　……破坏欲之所以不同,是由于其目的不在主动或被动的共生,而在于消灭其对象。但它的根源也在于难以忍受个人的无能为力与孤立。与自身之外的世界相比,我感到自己无能为力,为了避免这种感情,我可以摧毁世界。可以肯定,如果我成功地驱逐了它,我仍孤独孤立,但我的孤立是光荣伟大的孤立,其中我自身之外的强大权力无法将我击碎。毁坏世界几乎是挽救自己不被击碎的最后绝望一招。施虐狂的目的是吞并其对象,破坏欲则欲除掉它;施虐狂欲借统治他人增大尘埃似的个人的力量,破坏欲则要消灭所有的外在威胁。

按作者的说法,破坏欲与施虐受虐来自同一个需求,就是通过逃避自由来摆脱孤独。虽然仍会孤独,但这是伟大的孤独。不同的是施虐者要主宰目标,破坏者要摧毁目标。2016 年 6 月 12 日,美国奥兰多一家同性恋酒吧发生的一起大规模枪击案,共造成数十人死亡,几十人受伤。行凶者的第一任妻子说他经常虐待她,而且控制不了自己的情绪。他曾经两次报考警察,没有被录取,后来成了基地组织成员。这就是一个从施虐者到破坏者的历程。有统计数据显示,近 20 年来,美国在叙利亚、伊拉克、阿富汗等多国发动空袭超过 9 万次,在空袭中丧生的平民最多可能达到 4.8 万人。然而,这样的罪行却很难遭到问责,美军还在继续打着"反恐"等旗号滥杀无辜。逃避自由者毁灭了他人的自由。

以上两种逃避机制,一种是施虐他人,增强自己的控制感,一种是毁掉他人,彻底消除外部的威胁感。这就是美国人害怕中国崛起的原因所在。比如说,对中国的芯片断供,美国只允许把低端芯片给中国,可以控制中国芯片供应链,而高端芯片,包括光刻机完全禁止,就是要毁掉中国的芯片发展前程。但是,还有一种逃避机制比较适合类似"五眼联盟"和北约的那些国家。心理学家弗罗姆将其定义为第三种逃避机制,叫"机械趋同"。作者是这么说的:

> 这种特殊的逃避机制是现代社会里的大多数常人所采取的方式。简而言之,个人不再是他自己,而是按文化模式提供的人格把自己完全塑造成那类人,于是他变得同所有其他人一样,这正是其他人对他的期望。"我"与世界之间的鸿沟消失了,意识里的孤独感与无能为力感也一起消失了。这种机制有点类似于某些动物的保护色,它们与周围的环境是那么相像,以至于很难辨认出来。人放弃个人自我,成为一个机器人,与周围数百万的机器人绝无二致,再也不必觉得孤独,也用不着再焦虑了。但他付出了昂贵的代价,那便是失去了自我。

其实,美国人不但有第一种和第二种逃避机制,第三种他也没有缺席。每一次他对中国施虐时,总要拉上他的价值观联盟的小兄弟们。但是,现实的经济利益使他的小兄弟们有点勉为其难,因为他们觉得与中国合作是摆脱孤独的最好办法。但美国人还是不依不饶,因为施虐与破坏已经解决不了他的独家单边制裁,以及他在世界中的孤独感,因此只能抱着"机械趋同"这棵逃避大树了。

这就是美国人往往会无中生有树立假想敌的心理机制的原因所在。弗罗姆的精神分析法真是入木三分。该书还有一章是专门为纳粹帝国的极权主义把脉的。因为他觉得极权主义或者说霸权主义就是一种心理变态的精神疾病。和我们的思路一样，他也要去寻找这种心理疾病的文化基因。

从宗教出发去为美国人把脉以探究他的心理疾病，是许多思想家的共同点。这里介绍两本书。一本叫《许倬云说美国》，作者许倬云是著名的华人史学家，20 世纪 50 年代就去了美国，曾执教于美国匹兹堡大学，1986 年当选为美国人文学社荣誉会士，在中国文化史、思想史研究领域有着巨大影响力。他以历史学、社会学等跨学科的宏观视野和综合研究方法，总结了 60 年的实地观察和鲜活记录，是我们了解和研究美国历史与现实的难得之作。他觉得今日美国衰败的原因与美国文化传承的孤独感是有关系的。该书"不断发展的文化脉络"一章里是这么说的：

> 总而言之，上述各种美国社会大众的集体性格：新教伦理延伸而来的个人主义，应该是美国价值观的主体；以资本主义为基础而凝聚成的"好利"的价值取向，则是其实践。美国的工业化和都市化这两大浪潮，冲散了原本聚合个人的社区与社群。科学知识的普遍和文化的多元，卷去了教会的约束，也削弱了人们对信仰的依靠。
>
> 清教精神和个人主义之间，原本彼此依靠足以安顿人心。目前，单独、散乱的个人必须构建另一群体、另一依傍。这就留下空间，出现许多个人组合而成的大群体。而且，如此大群体必须是可见的、可以感觉的集合体。前述大型集会，亦即大型音乐会或者大型球赛聚合的群众，正好符合这一需求。无数散乱的个人，于是有了虚拟的归属，填补了无所依傍的孤独。
>
> 球场与大型演唱会反映为群众主义，将无数个人席卷入热闹而不必负责的盲目、冲动之中。于是集体意志呈现为民粹；"平等"观念导致轻视"优异"，甘于凡庸；从"自由"观念出发，则蔑视传统与规范的约束。
>
> 美国的社会结构走到这一地步，也就可能因为缺乏真正的归属，也缺乏心灵依靠的理念，渐渐由疏离而致涣散解体。如此危机，令人担忧。

作者认为清教精神和个人主义是互相依赖的，但是资本主义工业化大生产和城市化把宗教的社群给冲散了，于是个人陷入了孤立，要去找归属感了。在国际上的归属感我们已经讨论过了，在美国国内的这种归属感被娱乐主义的球场与演唱会文化所替代。这个是不是和弗罗姆所说的"机械趋同"一致？

但是，这里有一个问题，美国人的宗教一开始就是个人主义的，如果说有社群意识，也是内外有别的。这个已经讨论过了。为什么说一开始就是个人主义的，也就是说今天的种种逃避自由的三种机制在美国人身上一种也没有少。问题就来自美国的宗教。这一点大家都忽视了,但心理学大师弗罗姆却发现了。该书"宗教改革时代的自由"一章中是这么说的:

> 但是,尽管中世纪的人在现代意义上是不自由的。不过他既不孤单,也不孤独。由于自降生起人便在社会世界中有了一个确定的、不可变更而又毋庸置疑的位置,所以他扎根于一个有机整体中,没必要也无须怀疑生命的意义。人与其社会角色是一致的,他是农民,是工匠,是骑士,而非偶尔从事这种或那种职业的个人。社会等级便是一种自然等级,也是给人以安全感和归属感的明确部分。那时几乎没有什么竞争。

弗罗姆认为中世纪以前的欧洲天主教一统天下,没有自由,但不孤单。每个人都可以绕过教会直接与上帝对话,获得自由。但同时也陷入了孤独,个人主义倾向开始抬头,但他们认为这是人的本性。他接着说:

> 16世纪初中产阶级的个人尚不能从新自由那里获取很大权力和安全。自由带来的更多的是孤立及个人的微不足道感,而非力量和信心。此外,他对富裕阶级,包括罗马教会的统治集团的奢侈和权力怒火万丈。新教正表达了这种微不足道感和憎恨情绪。它摧毁了人坚信上帝无条件爱人的信条;它教人鄙视和不信任自己及他人;它把人变成工具而非目的;它向世俗权力投降,还放弃了自己的原则,即:如果世俗权力与道德准则相矛盾,那么作为一种存在,世俗权力便是不合理的。犹太—基督教传统的根本在这种种过程中彻底被放弃了。新教教义描绘的是一个人、上帝及世界的风景画。它坚信人的微不足道感和无能为力感是人的本性使然,人应该有这样的感觉。因此,人的这些情感便是完全合乎情理的。

弗罗姆在这里把个人主义的根源连根拔起了。为什么要个人主义?因为要宗教自由,但宗教自由只是一种精神上的慰藉,个人的微不足道还是没有解决,于是资本主义就上来推了一把,从此西方人的价值观与个人主义紧紧绑在了一起。就像弗罗姆描述一个儿童的成长一样,进入了个体化进程。作者在该书"现代人自由的两个方面"一章中是这么说的:

> 新教是给那些惊恐异常、备感动荡而又孤立无援的个人欲同新世界相联的人性需求提供的答案。因经济和社会变革形成的性格结构,在受到宗教教义的强化

后,反过来又成为塑造未来社会经济发展的一个重要因素。恰恰是那些植根于这个性格结构中的特质——强迫自己去劳动、厉行节俭、甘愿把自己的生命当成他人达到目的的工具、禁欲主义以及强迫性的义务感,已成了资本主义社会的生产力,没有它们,现代经济与社会的发展是无法想象的……

……………

　　这里要提及的第一个因素是资本主义经济的总体特征之———个人活动原则。中世纪封建制度下社会等级森严、秩序井然,每个人的位置都是固定不变的。与它相比,资本主义经济却完全让个人自力更生。做什么,如何做,成功还是失败,完全是他自己的事。这个原则显然进一步深化了个体化进程,并总被视为现代文化的一个重要方面。但在深化"摆脱束缚,获得自由"的过程中,这个原则又有助于切断个人与他人的所有纽带,并使个人陷于孤立,将他与同胞分离开来……新教使个人独自面对上帝。路德的信仰和加尔文的得救信念都完全是个人的主观体验。个人独自面对强大的上帝,不禁会有被击溃的感觉进而会彻底屈服以求得救。从心理角度讲,这种精神个人主义与经济个人主义并无太大差别。在这两种情况下,个人完全形单影只,孤立面对强大的力量,或者是上帝,或者是竞争者,或者是非人的经济力量。人与上帝的个体化关系是人的世俗活动个体化特征的心理准备。

以上就是弗罗姆所说的真正的新教伦理和资本主义精神,韦伯把宗教的天职观和积极赚钱、节俭作为新教伦理和资本主义的价值观纽带是不完整的,真正的价值观纽带是新教的个人主义和资本主义的个人主义。只要是个人主义,个人的微不足道和无能为力感觉就会永远存在。那么,弗罗姆的自发行动的积极自由不是为他们指明了一条摆脱孤独和无力感的光明之路吗?但他们已经回不来了,因为工具理性的力量,在资本主义初期已经显现,这个是能够保证个人主义走下去的。但是,当人家也有工具理性时,资本主义的大生产需要全球化了,于是隐藏在个人主义内心的微不足道感和无能为力感又出现了,以前一直是用工具理性来解决的,现在还要用工具理性来解决,这种个人主义恐惧感与工具理性价值观组合的道德观所产生的三种逃避自由机制施虐、破坏与机械趋同需要由对象来实现,逼得他树立假想敌,如果这个假想敌不在他的可控范围内,就要拉帮结派搞小圈子。这个可以从美国建国以来的几次重大国际关系调整中,得到证明。

大家肯定知道美国有一个"门罗主义"。1823 年,美国总统詹姆斯·门罗发表了第

我们的世界会变成一个国家吗
第69讲

链接书目:《人性悖论:人类进化中的美德与暴力》 理查德·兰厄姆

上一讲我们讨论了美国人树立假想敌的心理机制,最终溯源到宗教改革。被天主教压制多年的自由激情突然大爆发,个人可以和上帝直接对话,为个人主义价值观奠定了信仰基础。但同时也带来了个人的微不足道感和无能为力感。这个时候资本主义给了一点心灵鸡汤,工具理性的胜利挽回了自己的孤独感,但人家也工具理性了,由此又产生了恐惧感,他急需在自己的可控范围内树立假想敌,目的就是延续个人主义,不要被对方超越。这个话题我们从第58讲开始,一直讨论到现在。今天换一个角度,从道德的层面,看看这个问题到底是无解还是有解的。

今天我们要读的书,叫《人性悖论:人类进化中的美德与暴力》,就是继续我们的价值观悖论话题,去寻找解决方案。作者理查德·兰厄姆在剑桥大学获得动物学博士学位,现为哈佛大学生物人类学教授。

该书通过对人类、黑猩猩、倭黑猩猩之间的行为差异的研究,对来自六大洲、十几个学科、几十个物种和几百万年的进化史的研究与整合,从进化视角来探讨人性问题——人类为什么既是最善良的物种,也是最暴力的物种,从而形成了一种“人性悖论”。同时该书也研究了“人性悖论”对家庭暴力、死刑、战争、情感与道德等的影响。该书包含人类学、历史学、政治学、经济学、认知心理学、脑科学等多门学科,囊括了人类进化过程中的重大历史事件及其产生的重要作用,是一部研究人类进化的巨著。

所谓人性悖论就是我们经常遇到的“性善论”和“性恶论”之争,因为这个都和“道德”两个字有关。为了这两个字,苏格拉底和孔子都认为,只要学习知识和普及教育就行了。但是别人不买账,结果苏格拉底把命丢了,孔子把自己弄成了“丧家狗”。于是人们就有了疑惑,我们人类到底是“善”还是“恶”。我们先来看一看中国思想家是怎么说的,性善论的代表孟子在《孟子·告子上》中是这么说的(译文):

从人的天赋资质来看,是可以使它善良的,这就是我所说的人性本善。至于有些人做坏事,不是天赋资质的错。同情心,人人都有;羞耻心,人人都有;恭敬心,人人都有;是非心,人人都有。同情心就是仁,羞耻心就是义,恭敬心就是礼,是非心就是智。仁、义、礼、智,不是外界赠给我的,是我本来就具有的,只是没深入思考过罢了。

性恶论的代表荀子在《荀子·性恶篇》中又是另一种说法(译文):

人天性是恶的,善只是一种勉励矫正的人为的东西……所以一定要有老师和法制的教化,礼义的引导,然后才能出现谦让,才能与礼义秩序符合,达到社会安定。从这点上看,人性恶是很明明白白的了,人性之善只是后天人为的东西。

作者在该书"人性悖论:为什么美德和暴力在人类生活中都如此显著"一章里是这么说的:

卢梭派认为,人类是受社会腐蚀但天性和平的物种,而霍布斯主义者则认为人类是被社会文明化的天性暴力的物种。这两种观点都有道理。但说人类既"天性和平",又"天性暴力",我认为这是矛盾的。这种组合所造成的不匹配,就展示了本书的核心悖论。

首先,针对人性的本源是善还是恶,作者引用了两位西方哲学家的相对立的观点。为什么呢? 因为他在乌干达考察两种和人类相似的动物黑猩猩与倭黑猩猩时,发现倭黑猩猩的头盖骨和黑猩猩的不同,因此,相比之下倭黑猩猩更加爱好和平,而黑猩猩则相对好斗。为什么会这样呢? 作者把这种结果归咎为自我驯化。

为什么作者要用驯化这个概念? 是因为人类驯养家畜肯定是从幼小的、温顺的野生动物开始的,经过长期的几十代的驯养,这些家畜会产生解剖学意义上的改变,比如头小、短脸等改变。作者在该书"驯化综合征"一章中是这么说的:

狗是在1.5万多年前开始被驯化的,山羊和绵羊是在约1.1万年前开始被驯化的,随后,在不到1000年的时间里,牛、猪和猫也开始被驯化。其他家养动物被认为是在近五六千年内被驯化而来的,如美洲驼、马、驴、骆驼、鸡和火鸡等。这些动物被识别出在几千年前就是家养动物,因为那时其骨骼的解剖构造已经出现了驯化综合征的特征,而这些特征在此后一直保持或有所扩大。驯化综合征一旦出现,就可以持续数千代。

那么,作者在倭黑猩猩身上发现了什么呢? 该书"野生动物的自我驯化"一章中是这么说的:

　　我和布莱恩·海尔、维多利亚·沃伯于 2012 年试验了这一预想,并在野生物种中发现了第一个关于驯化综合征的证据。事实证明倭黑猩猩的头骨解剖构造非常符合驯化综合征的要求。首先,倭黑猩猩的大脑(或颅容量)比黑猩猩小。这种缩减在雄性中尤为明显,多达 20%。这与几乎每一种家养脊椎动物大脑跟其野生祖先相比都有所变小相呼应。驯化综合征的所有其他主要颅骨特征也都存在于倭黑猩猩身上。倭黑猩猩的脸相对较短,且没有黑猩猩的脸那么凸出。倭黑猩猩的颌骨较小,咀嚼齿也较小。倭黑猩猩头骨的男性特征也没那么夸张,雄性倭黑猩猩比雄性黑猩猩更雌性化,雌雄之间的性别差异也更小。

作者认为倭黑猩猩比黑猩猩更性善是自我驯化的结果,同理人类之所以性善也是因为自我驯化。

　　人类在这种驯服或驯化的分裂中的地位很明确。与典型的野生动物相比,我们很镇定——更像狗而不是狼。我们可以直视彼此,不会轻易发脾气,而且通常能控制自己的攻击性冲动。对于灵长类动物来说,最强的攻击性刺激之一是陌生个体的出现。但儿童心理学家杰罗姆·凯根说,在数百次观察两岁儿童与陌生儿童的交往中,他从未见过一个人对另一个人出手。这种与他人,甚至是陌生人和平交往的意愿是与生俱来的。同家养动物一样,人类进行反应性攻击的门槛很高。在这方面,人类与家养动物的相似度远远高于其与野生动物的相似度。

作者在该书"人性悖论:为何美德和暴力在人类生活中都如此显著"一章中,是这么说的:

　　根据本书中的证据,人类的反应性攻击倾向下降是出于自我驯化过程,这个过程肯定在 20 万年前就开始了,也可能是在 30 万年前最初出现智人时就已经开始了。以语言为基础的合谋是关键,因为这让窃窃私语的低等男性有能力联合起来,杀死欺凌他人的男性首领。如同当今在小规模社会中所发生的那样,语言让劣势者通过计划达成一致,让原本极危险的对抗变成可预测的安全谋杀。针对反应性攻击倾向的遗传选择是消除潜在暴君的一个不可预见的结果。针对阿尔法人格的选择让男性头一次变得平等。大约经过 1.2 万代,人们生活的主旋律变得越来越平静。尽管人类这个物种不像理想中那样和平,但我们当前表现得比以往任何时候都更像卢梭派。

作者的这个观点和我们讨论过的第二次认知革命合作理性的产生是相吻合的。人类有了语言，就有了文化，有了文化这个载体，人类的合作理性愿望就能够实现。那么人类在驯化过程中出现了哪些文化现象呢？作者套用了达尔文在 1871 年发表的《人类的由来及性选择》中的死刑假说理论的最初轮廓。该书"性别差异与暴君问题"一章中是这么说的：

> 驯化综合征表明，在 30 万年前的非洲中更新世，较低的攻击性心理开始出现，并被用来给智人下定义。随着时间的推移，智人的头骨变得越来越女性化，驯化综合征变得更加明显，人类的神经嵴细胞基因经历了积极选择。虽然这些趋势表明我们的祖先变得越来越温顺，但没有说明反应性攻击倾向被选择出来的方式和原因。幸运的是，死刑假说对此做出了明确解释……
>
> …………
>
> 执行死刑的能力带来了自我驯化，也创造了道德感。过去，一个不守规矩的人，违背群体规则，或名声卑劣，都是极其危险的；从某种程度上来讲，今天仍然如此。破坏规则的人威胁到长者的利益，他们有可能因被当作外来者、巫师或女巫而受到排挤，随后可能会被处决。因此，选择会有利于情感反应的进化，让个人感觉到并展示出群体的团结。顺从对于每个人来说都至关重要。

好了，到此为止，我们的阅读应该结束了，但是没有结束。因为我们只是讨论了人性的本能有可能是恶的，但经过了语言与文化的自我驯化，人性由此变善了。但作者的意思可不是这样的。他的意思是人进化到今天为止，还是善与恶并存的。

为什么这么说？因为作者从头到尾一直在重复一个有关人性恶的概念，这个概念就是有关人的攻击性分类。他认为攻击可以分为两类，一类是反应性攻击，另一类是主动性攻击。我们针对性本恶被驯化的讨论，是围绕着反应性攻击被驯化展开的，而主动性攻击还没有被驯化。那么两者的区别是什么呢？作者在该书"两种性质的攻击：反应性与主动性"一章中是这么说的：

> 反应性攻击是一种对威胁的反应。这是德尔加多的公牛所表现出来的攻击类型，也是我们大多数人非常熟悉的攻击类型。在体育比赛中，当运动员彼此之间或与裁判发生争执时，反应性攻击很普遍……
>
> …………
>
> ……主动性攻击也被定性为预谋性的、掠夺性的、工具性的或"冷"的。与反应性攻击不同，主动性攻击以获得外部或内部奖励为目标，是有目的的攻击行为，

而不是为消除恐惧或威胁而做出的努力。它是职业杀手精心策划的行为活动,如有意驾驶飞机撞向人群密集的建筑物、故意驾驶租借来的卡车撞向无辜的人群;或是由凶手周密计划并实施的,诸如校园枪击案之类的行动。

作者的观点很具有现实性。该书引言中是这么说的:

阿道夫•希特勒下令处决了数百万犹太人,且他对数千万人的死亡负有责任。据他的秘书特劳德•琼格所说,希特勒曾待人和蔼可亲、友好,如父亲一般,他痛恨虐待动物,是一个素食主义者,并且很喜欢自己的狗——布隆迪,布隆迪死的时候,他伤心不已。

柬埔寨原领导人波尔布特通过颁布政令处死了整个国家约 1/4 的人,但熟悉他的人都认为他是一个言语温和、和蔼可亲的法国历史老师。

其实,我们自己身边的例子也很多。1937 年 12 月 13 日,在华中派遣军司令松井石根和第 6 师团长谷寿夫指挥下,侵华日军于南京及附近地区进行长达 6 周有组织、有计划、有预谋的大屠杀和奸淫、放火、抢劫等血腥暴行。遇难人数超过 30 万。

今天的美国以反恐与维持全世界和平的名义入侵阿富汗,时间长达 20 年,造成包括 3 万多平民在内的 17.4 万人死亡,千万民众沦为难民。数以百万计的阿富汗人正挣扎在死亡边缘,约 300 万阿富汗儿童因贫困失学,1890 万阿富汗人面临严重粮食短缺。但美国人还要吞没阿富汗的血汗钱 80 亿美元。

与美国具有同样价值观的是澳大利亚,澳大利亚军人在阿富汗将 2 名 14 岁男孩割喉,被澳大利亚特种部队枪杀的平民达 19 人。作者在该书中分析了主动性攻击的原因,是这么说的:

至于主动性攻击,根据前面几章的重构,至少在 30 万年前,我们的智人祖先就有了预谋暴力的倾向。至于它的出现时间有多早,尚未发现类似驯化综合征这样的具体标志。然而,根据对祖先行为的推断,高度的联盟式主动性攻击倾向可能至少在更新世的 250 万年里一直存在,而且可能出现得更早。

这种说法的原因在于狩猎的古老性。直立人是智人的第一个祖先,像我们一样,他们大约在 200 万年前开始进化,致力于直立地生活在地面上。直立人在有肉的骨头上留下了切割痕迹,这表明他们屠杀了与大型羚羊一样大小的动物。到了 100 万年前,有证据表明伏击狩猎出现了(人类反复利用旧石器时代的肯尼亚奥洛戈赛利叶遗址,在那里,猎物被困在窄路上,很容易就能被杀死),这也暗示着存在合作……在过去的几十万年里,我们只在智人和尼安德特人中发现了足够的证据,表明智人的狩猎行为显然已经变得有所预谋:他们使用弹射点,明目张胆地设置陷阱来捕捉小动物,从高处捕猎。因此,保守的解释是,主动狩猎可能会被限制在更新世中期,但对于解释智人如何在 200 万年前就能获得大部分动物作为食物,伏击狩猎仍然是个合理的说法。

……出于这些原因,200 万年来,人类狩猎似乎很可能与杀死相邻群体对手的能力有关。就像黑猩猩和狼会寻找机会攻击陌生动物一样,一旦人类祖先获得了保守性杀戮的能力,也可能会出现杀戮的动机。

我们这里简单总结一下作者的观点:第一,人性悖论是永远存在的,无法改变。第二,驯化,也就是我们今天所说的教育和知识是可以改变人的反应性攻击的,但是改变主动性攻击的可能性不大。第三,死刑可以增加人的道德感。但作者在该书中还是反对死刑。一句话,作者最后也没有走出悖论的阴影。因此,在该书的结尾,作者是这么说的:

我们有时认为,合作总是为了有价值的目标。但是,与道德一样,合作可好可坏。

人类的重要追求不应该是促进合作。这个目标相对简单,而且坚定地建立在人类的自我驯化和道德感之上。更具挑战的是降低人类有组织地实施暴力的能力。

我们已经开始了这一过程,但仍有很长的路要走。

作者的这个观点,特别是主动性攻击,和以赛亚·伯林的积极自由有点像。其实伯林的两种自由观也是有悖论的,这是从西方价值观的原始悖论里传承下来的。这个我们已经讨论过了,解决方案就是弗罗姆的积极自由和合作理性,但作者否认合作理性的作用。虽然作者没有在理论上分清人类善与恶的根源,只是在动物身上找到了支持他的观点的证据,但作者下面这些话值得我们肯定,该书"攻击心理学对战争的影响"一章中是这么说的:

本书的目的一直是让人们更好地理解进化如何在将人类塑造为最好物种的同时也是最坏的物种,而不是说故事如何结束。

然而,我们至少可以控制悲观情绪。正如我之前所强调的,在更新世描述攻击性如何适应,并不会得出战争将在人类的发展中继续的结论。

　　大量证据表明，暴力致死的比例在长期下降。除其他原因外，社会随着时间的推移变得越来越大，而在更大的社会中，直接参与战争的人口比例较低。这种下降是可以理解的。人类努力让自己生活得更加安全。

　　这种下降会持续多久，持续多彻底，是一个开放性问题。在更新世末期，也就是农业革命开始之前，智人占据了世界的大部分地区，要么是流动的狩猎采集者，要么是定居的狩猎采集者。当时，可能有几万个不同的社会，也许大约有 3.6 万个，每个社会都对自己的居住区域拥有主权。由于所有人都是猎人和潜在的战斗人员，在社会间互动时出现暴力死亡的概率也就非常大。当今有近 200 个国家，每个国家都有控制暴力的责任。随着独立社会的数量减少，战争发生的频率也在下降。不幸的是，近期的数据表明，和平的时间越长，战争最终爆发造成的伤亡数字往往越大。尽管如此，在其他条件相同时，如果国家的平均规模继续增加，死于暴力的概率应该会继续下降。在遥远的未来，人类可能会变成一个国家：从过去的趋势推断，世界国家的建立时间应该在公元 2300—3500 年。尽管暴政的可能性会让其他类型的杀人行为变得越来越多，但世界各国仍有望将无政府暴力的死亡率降到最低。

作者的观点虽然是矛盾的、悖论的，但是他对全球人类命运共同体的前途还是乐观的。他认为世界变成一个国家的时间点在 2300—3500 年。但是，如果你能够走完我们这个认知旅程，你就会知道这个时间点应该会提前到来。

美国人频繁发动战争的文化特征是什么
第70讲

链接书目：《超级社会》 彼得·图尔钦

上一讲我们讨论了人性的悖论，性善还是性恶，理查德·兰厄姆并没有解决这个悖论，他认为两种道德观是并存的，目前还没有解决方案。但是，他从人类学家的角度，提出了一个乐观的预言：2300—3500年世界会变成一个国家。这个结论离我们今天看到的世界现实，是不是有点远？而且作者的因果关系论证不能令人信服。

今天我们阅读一本相同题材，但能够让人信服的书。这本书我们在第16讲"文明的同化可以度量吗"里已经介绍过了，叫《超级社会》，作者彼得·图尔钦是进化人类学家。当时我们是从合作的角度去读这本书的，是讲人性善的一面的。今天我们从竞争或者说战争的角度，也就是人性恶的一面去读这本书，看看该书作者和《人性悖论：人类进化中的美德与暴力》的作者有什么不同的观点。首先，彼得·图尔钦不否认人类之间存在着战争。该书"上帝创造了人，萨姆·科尔特使人平等"一章中，是这么说的：

> 当群体之间的竞争非常激烈的时候，合作特征的演进就会受到推动。群体之间竞争的最极端形式当然是战争。纵观整个生物世界，我们发现只有两种生物会进行大规模战争：人类和蚂蚁。这两个群体都建立了高度合作的大型社会，这一点不应该让我们感到惊讶，虽然两种社会的组织原则截然不同。

作者的观点是不是有点惊世骇俗？大规模战争为什么只发生在人类和蚂蚁身上？原因很简单，人类和蚂蚁是一个合作的群体，群体越大，战争规模也越大。有关蚂蚁的合作性，我们在第43讲"为什么蚂蚁、象棋和神经网络用的是同一规律"中已经讨论过了。今天我们讨论为什么图尔钦说群体之间的极端竞争形式战争会推动合作的演进。作者在该书"人类的战争方式"一章中是这么说的：

> 记住，当我将战争称为"创造性的"或"建设性的"事物时，我并不是要美化战争，也不是认为战争从任何意义来说都是有益处的。我说的"创造性"，仅仅是指战争是大型合作性社会最重要的选择力量之一。

　　所以,在什么情况下人类群体之间的致命性冲突是创造性的,在什么情况下是破坏性的呢?我们必须再一次转向多层选择理论。正如群体之间的竞争促进合作而群体内部的竞争摧毁合作一样,外部战争(不同社会之间的战争)往往成为破坏性的创造力量,而内部战争(社会内部的战争)往往仅仅是破坏性的力量(或者以伊恩·莫里斯的话来说,是反建设性的)。

　　这听上去很简单。但是就像大多数简单的思想一样,它隐藏着一些重要的复杂性。战争是内部的还是外部的,这只是决定战争是否是有建设性的第一步而已。社会之间的战争可能是非常非常血腥的事件,很多的士兵和平民被杀,但是如果战争是非决定性的,那么就不会成为文化群体选择的力量。这是非常重要的一点:战争之所以具有创造性,并不在于有多少人死亡,重要的是,战争对文化演进的影响。战争只有在产生更优胜的文化特征时,才是一种演进的创造性力量。

作者这里把文化与战争相提并论,并且提出了四种文化特征演进的战争形态。

第一,纯粹的种族清洗。作者是这么说的:

　　打败的一方被屠杀。影响就是那些"寄居于"失败一方大脑里的文化特征,以及他们的集体性机构都被清除。胜利的一方可以将自己的领土扩张到失败一方的范围,或者,也许派人去殖民。无论何种情况,胜利一方的文化特征会以失败一方文化特征的消失为代价得以传播。这非常残暴、丑陋,但这是文化演进得以进行的一种方式。

第二,种族文化清洗或文化清洗。作者是这么说的:

　　在这种情况下,失败的一方并不遭受身体意义上的灭绝,而是被迫同化到胜利一方的文化当中。被迫皈依另一种宗教,不得不学习征服者的语言,并采取他们的社会规范和制度,这也可以非常具有杀伤力,而且历史证明,很多文化群体宁愿战斗至死也不愿意放弃自己的文化。但是如果他们屈服于种族清洗,至少受害者可以保全生命。

第三,征服性的主动性文化同化。作者是这么说的:

　　相比于在死亡的威胁下被迫皈依,种族文化清洗也可以以更温和的方式进行。在现实中,帝国很少会有意进行文化破坏。同化是逐渐发生的,而且通常都是主动性的。对于一个臣民来说,接受强国文化通常是有意义的,因为它的文化有很高的声誉(例如,拥有大量世界级的文学和艺术),而且也符合被征服者的经济利益。在这个过程中,失去自己文化的被征服者加入了胜利者的一方,而且能够随着时间的流逝,变得跟胜利者一样处于平等地位。

第四,非征服性的选择性文化同化。作者是这么说的:

> 一种更温和的文化选择是不需要任何征服做法的。人类是聪明的,而且非常擅长模仿他人。当一个社会发现自己落后于其他社会时,通常会做一些内省。政客们和知识精英可能会问,我们在什么地方出了错?最终,社会可能会达成集体一致的意见:我们需要做出改变。在20世纪80年代末和90年代初,俄罗斯决定放弃计划经济,转向市场经济。中国在这之前就这么做了。

作者把战争放在文化的背景下分析确实是一个创新,但也有问题。比如说第三种征服性的主动性文化同化,也有反例。中国的元朝与清朝是一个征服外来文化、被汉文化同化的典范,这说明发起战争的并非先进文化的代表。还有第四种非征服性的选择性文化同化,作者举了中国的案例。而中国的改革开放并没有照搬西方的文化,并且发展的速度远远超出西方。但是,苏联时代的计划经济改革确实是一个"破坏性"的创新。因此,作者下面这段话是实事求是的。

> 所有这些情形的共同之处在于,成功社会的文化特征是以不太成功社会的文化特征消逝为代价而获得演进的。在这个过程中,从残酷的种族清洗,到和平主动的同化,都起到了作用。"破坏性"的部分并不一定带来杀戮。需要破坏的,是那些让社会变得不那么成功、不擅长合作、不利于内部和平富有的文化特征。

那么问题来了。美国人频繁发动的战争属于哪一种文化特征呢?自1776年宣布独立以来,在240多年的历史中,美国发动和参与的战争多达200多次,没有参与战争的时间不足20年。美国人为什么这么喜欢战争?原因我们在阅读《逃避自由》时已经讨论过了。但是美国并没有赢得战争,为什么?现在我们还是从文化特征的角度去分析。图尔钦在该书中分析新几内亚恩加族350年来长期内战的原因时,也发现了这个问题。该书中是这么说的:

> 当一个宗族击败另一个宗族并攫取领土之后,失败的群体就被消灭了。但胜利的一方和失败的一方都有着同样的文化——他们说同一种恩加语方言,在战争中使用同样的武器,种植同样的庄稼,遵循同样的社会行为规则。简而言之,每一

代人中都有超过 1/3 的男性和不少女性遭到杀戮,有些宗族消失了,而胜利的宗族则扩大了领土,但是总体来说,文化特征的演进频率几乎没有什么改变。

作者说得有道理。今天非洲国家战争不断,但谁也征服不了谁,就是文化特征趋同的原因。同理,美国人发动了这么多次战争,全世界没有人服他,也是文化特征的问题。而美国的文化特征不是趋同的问题,而是和当地文化相背而行、唱反调。因为美国人的价值观悖论问题,人们无所适从。也就是我们所说的双标,双标就是没有标准。

我们可以从美国占领利比亚、伊拉克和阿富汗等事件中找到相同的答案。美国人侵略这些国家的冠冕堂皇的理由就是这些国家没有建立秩序的能力,出现了恐怖主义,他们是去帮助这些国家重建秩序的。因为我们无法怀疑一个超级大国的秩序重建能力。按照图尔钦的文化演进逻辑,美国应该拥有先进的文化,但为什么别人不喜欢、不买账呢?这些被侵略的国家,没有一个觉得美国的文明有可以同化自己文化的任何价值,为什么?因为美国由于枪支泛滥、恐怖主义横行每年要死几万人,可能比被侵略的国家还要多,因此美国人来了,反而把被侵略国家原来的文明秩序给破坏了。结果怎么样?给这些国家带来更深重的灾难。根本原因就是美国的文化不具备先进性,不但没有影响到那些国家的文化演进,反而使文化倒退。可见图尔钦的战争文化演进理论用到美国人身上再适合不过了。

图尔钦在《超级社会》中体现出的价值观和《人性悖论:人类进化中的美德与暴力》的作者理查德·兰厄姆的一致。理查德·兰厄姆没有找到能破这个局的方案,图尔钦找到了解决方案的方向,是什么呢?他在该书中是这么说的:

> 如果我们想要世界各地的人们生活得更好,我们就需要了解如何来挽救那些失败国家以及重启它们的失败经济。正如我们所看到的那样,关键就是合作。在几百万陌生人可以彼此合作的地方,我们会看到强盛的国家和繁荣的经济。在合作失败的地方,国家和经济也会遭遇失败。这就是为什么解决超级社会之谜如此重要,为什么理解人类在大型去个性化社会中合作的能力如何演进如此重要。

> 我不会假装我有所有的答案。然而我确信,解决我们书中涉及的这些大问题——合作的演进、战争破坏性和创造性的两面,以及人类平等主义的奇怪轨迹——将会是制定有效政策建议的关键一步。我们现在需要做的事情是发展合作科学,直到我们可以利用这种科学来改善人民的生活。

《人性悖论：人类进化中的美德与暴力》和《超级社会》都是讨论人类性本恶的极端形式——战争的发生根源和文化特征。一个是动物学家从动物演化的角度出发，一个是人类学家从文化演化的角度出发，但他们有一个共同点，都没有像弗罗姆那样，从心理学的角度出发，得出人的自发行为的"积极自由"。

《超级社会》的作者彼得·图尔钦更加实事求是，他承认自己没有答案，而《人性悖论：人类进化中的美德与暴力》的作者理查德·兰厄姆已经有了答案，但是答案的因果关系不明确。其实图尔钦要做的事情，就是我们认知旅程中一直在做的事情，我们叫"合作理性"，他叫"合作科学"。不管怎么说，现在学术界都没有这样的概念。因此，有很多人怀疑其可行性。图尔钦是这样说的：

> 而这就引出了本书的最后一个话题：我们如何发展合作科学？正如我们一再看到的那样，研究者们几乎对本书提及的所有问题都没有一致意见。我这里要提出并阐释的理论只是众多理论中的一个而已。为什么你们就应该相信我的解释是正确的呢？

> 实际上，我并不想让你们相信这个理论。首先我是一个实践科学家，而且我非常清楚，科学中没有任何理论可以成为最终真理。在我的科学生涯中，我已经看到几个模式的急剧变化（文化演进是一个迅速发展的领域，这一点很有帮助）……正如德国社会学家爱德华·伯恩斯坦（Eduard Bernstein）在1898年所说："终极目标是虚无；运动就是一切。"而尽管终极目标确实是虚无，但运动（变化）确保了我们以越来越好的理论不断接近真理。这就是我们对人类社会如何运作和变化的理解。我们最终可以利用科学来进行理论排除。

> 你可能会问，是什么阻止了我们让科学方法在此前所有现存的理论中大行其道呢？简单的回答是，数据的缺乏。其实，数据是存在的。知识就分散在无数已经发表和未发表的文章之中。相当大一部分知识存在于那些专门研究具体地区和时代的考古学家与历史学家的大脑里。让这些材料在系统理论检验中唯一有用的办法，就是把它们从人脑和论文中翻译转录到计算机可读的电子媒介上。成千上万的历史学家和考古学家共同告诉了我们很多过去的事情。如果我们能够有办法将他们的知识汇集到一起，我们就拥有了非常令人惊奇的、丰富的历史画卷。尤其重要的是，这些知识将允许我们拒绝很多理论，并构建新的且有所改进的理论。

图尔钦的这些话是我们的认知旅程的使命，我们不仅需要历史学家和考古学家的数据，我们还需要更多跨界知识的数据来完成这个使命。不过在结束我们的认知旅程时,希望大家能够看到这个结果。

　　另外,从作者上述话语中,我们也得出一个结论:在西方由外而内的价值观体系之下,他们是不会相信中国哲学的生命之道、由内而外、合作理性和天人合一是人类认知的终极目标,唯一能够使他们信服的就是科学,尤其在像道德与自由这样的形而上学问题上。接下来我们就讨论关于道德的科学问题。

你我素不相识,为什么要捐献器官给你呢
第71讲

链接书目:《人性中的善与恶》 阿比盖尔·马什

我们讨论了性本恶的极端形式战争起源的文化特征,文中提及的两位作者都是科学家,他们都相信前景是美好的,但现实是残酷的。如何从根源上防止战争发生,他们没有解决方案。一个根据人类社会发展的概率,提出了2300—3500年世界成为一个国家的愿景;另外一个还要继续去找数据,来证明人类本来就是一个合作群体。为什么他们没有得出结论,因为两人都是去考古学中寻找证据链的科学家。今天我们继续人性善恶的话题,继续以科学来解读西方人眼中的道德观。不过这次是从心理学的角度去讨论,心理学可以做实验,得到的证据链数据比考古方便得多。

今天要阅读的书是《人性中的善与恶》。作者阿比盖尔·马什,是美国乔治城大学心理学教授。她的研究专注于追溯行为在大脑里的根源,试图从科学的角度回答我们以上讨论的问题:如果人性本善,为什么有人会犯下暴行? 如果人性本恶,为什么那么多人不惜牺牲自己的生命来帮助他人? 究竟是什么促使人们去帮助或伤害他人的呢? 说白了,就是回答"利他主义是怎么来的"这一问题。

有关利他主义,我们前面讨论生物进化时,了解到有两种类型:一种是亲缘关系的利他主义,是道金斯模式的;另一种是群体合作关系的利他主义,是威尔逊模式的。但该书作者却提出了第三种利他主义,叫"非凡利他主义"。那么,作者这个观点是怎么来的呢? 该书序言中是这么说的:

> 我的亲身经历告诉我,确实存在利他主义者。在我19岁的时候,一位与我素昧平生的利他主义者救了我一命,而且,他冒着生命危险救我并没有得到任何好处。他只是众多利他主义者中的一个。每年,都会有几十位冒着不同程度人身危险挽救陌生人生命的美国人获得卡内基英雄基金奖章。每年,都会有超过100名美国人冒着巨大风险接受外科手术将自己的一个肾脏捐献给陌生人,而且通常都是匿名捐献。在全世界,有数百万人无偿捐献骨髓或者血液,当然,他们做出的牺牲比较小,但是他们的动机同样高尚:对需要帮助的陌生人施以援手。

作者把这种亲缘与合作以外的利他主义，称为非凡利他主义。由于作者的专业是心理学，所以她一直致力于如何从心理学或者神经科学角度去破解这个非凡利他主义之谜。作者是这么说的：

> 自身获救的经历激励我运用这些新的方法来探寻利他主义的起源。当时，我还是一名大学生，此后不久，我把自己的学习重点转向了心理学研究……此后，又到哈佛大学攻读博士学位……我对这个问题的探索因一些机缘而取得了突破。此前，人们在实验环境中尝试各种方法，试图发现高度利他主义者的标记，基本上都无功而返。而我在研究过程中发现，利他主义与人们对他人恐惧情绪的识别有着紧密联系。那些能够准确标记恐惧表情的人恰好也是那些在受控实验室条件下为陌生人捐出最多钱、自愿投入最多时间帮助陌生人的人。相较于性别、情绪、研究对象自述其同情心丰沛程度等指标，识别他人恐惧情绪的能力这项指标能够更准确地预测利他行为。之后，我们又在不同的研究活动过程中一再印证了这种正相关性。遗憾的是，我们还是没有能够解决本质性的问题——为什么会有这种正相关性。

这是作者的一个重大发现，非凡利他主义不是在双方合作时产生的，而是产生于一种恐惧的心理因素。那么这种说法有没有科学依据呢？后来作者是如何突破这个问题的关键的呢？作者是这么说的：

> 后来，我在美国国立精神卫生研究所（National Institute of Mental Health）詹姆斯•布莱尔博士主持的实验室中继续深入研究该问题，并渐有所得。国立精神卫生研究所位于马里兰州贝塞斯达，我加入的时候，那里正在开展最早的大脑成像系列研究，其目的是发现导致青少年出现冷血精神病倾向的机理。实验采用磁共振功能成像技术对有冷血精神病风险的青少年进行脑扫描。研究结果显示，这些青少年大脑中叫作杏仁体的那个结构都存在功能障碍。杏仁体位于大脑内部，负责某些基本社交和情感功能的实现。杏仁体结构存在功能障碍的青少年缺乏与他人产生共情的能力，或者说他们缺乏同情心。在看到恐惧表情图片的时候，他们的杏仁体毫无反应。杏仁体无法正常工作的直接结果似乎就是，这些青少年无法识别他人恐惧的表情。既然杏仁体功能障碍使得人们同时失去了同情和识别恐惧的能力，那么，我们是否可以假设以杏仁体为基础的对他人恐惧表情的敏感性是催生利他主义的重要因素呢？当然，其中也包括我救命恩人表现出来的那种非比寻常的利他主义精神。

从现象层面的恐惧,一直到大脑生物机制的恐惧,作者的探究终于有了重大的发现。原来恐惧来自大脑的杏仁体,如果杏仁体功能有障碍,就缺乏同情心,并且患有冷血精神障碍,因此他们做任何事情,不知道什么是恐惧。那么反向推理,是不是杏仁体功能强大和敏感的人,知道恐惧,并且富有同情心呢? 接下来,作者要去寻找真实世界的非凡利他主义者存在与否与恐惧有关这一证据。作者是这样说的:

> 要找到这个问题的答案,就需要找出真正的利他主义者,并对他们的大脑进行扫描。之前,从来没有人这样做过。在国立精神卫生研究所完成博士后研究之后,我开始在乔治城大学任教。在那里,我和我的研究团队一起招募了19名利他主义肾脏捐献人,他们都把自己的一个肾脏捐献给了陌生人。有些人是因为看到了陌生人张贴的寻找肾源的传单,而另外一些人则主动打电话联系当地的器官移植服务中心,提出愿意无条件为任何需要的人匿名提供肾源。他们中没有任何一人因为捐献肾脏接受过任何报酬,而且独立承受了外科手术带来的各种不便、痛苦以及潜在的严重伤害或者死亡的风险(尽管风险不太大)。甚至没有人承担他们因为捐献肾脏而产生的误工和交通费用。这些人的性别、年龄、宗教信仰以及政治派别各不相同,他们来自美国各地,捐献肾脏的动机也各不相同。但是,我们的研究表明,他们确实有一些共性:当看到其他人害怕的时候,他们的杏仁体异常活跃,相应地,他们识别他人恐惧的能力也非常强。

那么这个杏仁体的工作机制是什么呢? 为什么恐惧可以产生利他主义呢? 作者在该书"发生在杏仁体内部的神迹"一节中是这么说的:

> 任何能够激发各种情感的感官信息都会被输送到杏仁体。关键性婴儿特征刺激,比如圆圆的脑袋和眼睛,还有下半张脸比较小这些有经典婴儿特征的信息一旦被发现,将立刻被输送到杏仁体。莱斯利·泽布洛维茨以及其他一些研究者都曾经发现,任何有这种外表特征的信息都肯定会激活杏仁体,无论这是个真正的婴儿还是一个看起来像孩子的成年人。婴儿啼哭声也会被传输到杏仁体,而且哭声更能够激发体的活跃度,即便两个声音的音调和音高是非常接近的。这个发现与杏仁体总是会对苦难信号非常敏感的特征相符。而杏仁体之所以会对恐惧指征反应如此强烈,原因可能有两个:恐惧表情和尖叫不但传达了有人在受苦的信号,还携带着对杏仁体而言非常重要的婴孩特征。真正有趣的问题是,接下来会发生什么? 如果恐惧表情或者尖叫这样既表明婴儿存在又显示有人受苦的刺激一起到达杏仁体会发生什么呢? 这些信号要在杏仁体内经历怎样的加工

过程才会引发关爱冲动？

∙∙∙∙∙∙∙∙∙∙∙∙

这说明，在回应他人苦难的时候，杏仁体内部发生了一些近乎神奇的事情。它促使观者在头脑内部对他人的恐惧状态进行了模拟，产生了共情，但是，这种虚拟的恐惧让人产生了靠近的冲动，这样的行为与逃离冲动完全相悖，反倒跟关爱和保护一脉相承。而且，做出这种举动的反应时间非常短，只有差不多一秒钟。想要靠近处于恐惧中且特别需要保护的人的冲动，很显然来源于这个人与特别吸引人靠近的婴儿之间的相似之处。

以上只是作者从外部观察杏仁体的工作机制，那么杏仁体为什么在受到恐惧刺激时，会产生一种接近而不是逃离的冲动呢？作者进一步进行了研究。

但是，到底是谁，或者说是什么在操纵这个转化呢？很可能，完成神奇改变的扳道工并非某个特定的大脑结构，而是一种能够同时改变包括杏仁体在内多个大脑结构行为的化学物质。这种化学物质就是由 9 种氨基酸连接在一起构成的神经递质，而地球上能够产生这种神经递质的地方只有一个，就是所有活体哺乳动物的下丘脑。这种具有点石成金能力的分子结构被称为后叶催产素。

那么这个后叶催产素是干什么的呢？作者接着说：

后叶催产素主要负责协调同哺乳动物的生殖有关的心理功能。第一个功能就是诱发子宫平滑肌收缩，帮助婴儿顺利出生……

后叶催产素对哺乳动物的另外一个作用就是促进乳汁分泌。它本身并不直接参与分泌乳汁，其作用是确保分泌出来的乳汁是可以饮用的……

当然，分泌乳汁的能力也不是完全孤立的。只有跟所有让婴儿能够获得乳汁并从中获益的行为、认知以及情感的变化配合在一起，泌乳过程才能真正发挥作用。这些变化包括跟孩子长时间亲密相处的愿望、不害怕它们、坚持喂养、清洁和保护的各种行为。看起来，要让哺乳动物的母亲在那么短的时间内掌握那么多技能并不是轻松的任务，事实也的确如此。不过，令人难以置信的是，这些过程都是靠后叶催产素支持的，就是帮助婴儿出生并帮助他们吃到母乳的那种化学物质。

后叶催产素可以产生母爱的结论，得到了生物学家们的实验证明，他们在大鼠身上做了实验。作者接着说：

直到 20 世纪 70 年代,各种想要发现引发母爱行为的神经介质的努力都徒劳无获,所得甚少。雌激素、黄体酮还有催乳素都是与雌性动物繁殖有关的激素,看起来都很像引发母性的候选化学物质。将这些激素注射到无交配经历的雌鼠大脑中之后,未能改变它们回避幼崽的行为。然而,当科特·佩德森等人将后叶催产素注射到雌鼠的大脑中之后,短短几分钟内,它们对待鼠崽的态度就发生了转变。

后叶催产素可以产生母爱,但它和恐惧有什么关联呢? 有的,杏仁体就是两者的媒介。作者接着说:

后叶催产素可作用于整个大脑,而且,对于不同物种,其发挥作用的具体位置也各不相同。不过,对所有相关物种,其作用的核心区域都包括杏仁体。后叶催产素在杏仁体内发挥的作用就是抑制本体逃避婴儿所散发出来的不熟悉的气味、景象或者声音的本能,阻止其逃离或者对宝宝施以暴力,而且打开了母亲头脑中的关爱之门,也可以说连通了关爱之路。近期完成的每一项研究都证明,后叶催产素对人类的作用也是如此。

· · · · · · · · · · · ·

要证实上述观点,就要证明后叶催产素能够同时完成两项任务。首先,它必须能够唤起人们对不愉快线索,比如恐惧表情的强烈共情反应,这样人们才能够识别这些线索。其次,它还要能够抑制住逃避和躲闪的冲动,并使人对处于恐惧中的对象产生亲近和关爱之意。2016 年进行的一项针对大鼠的研究表明,后叶催产素真的能够很好地平衡这两项工作。当研究人员给受到威胁的大鼠注射后叶催产素之后,这些大鼠表现出来一些跟恐惧相关的生理学特征,比如心跳加快,这是共情反应的表现之一。但是,这些老鼠并没有因此而做出其在受到惊吓时通常会表现出来的逃跑或者吓呆的行为。这样对比鲜明的表现——完整的恐惧生理反应却没有受惊行为,这种让动物在感到害怕的时候却行动丝毫不怯懦的能力来自后叶催产素的作用,它同时对杏仁体中核内的两组独立细胞发生了作用。这些发现能够帮助我们理解大鼠身上一些看似矛盾的现象:越是焦虑的大鼠做母亲反而越称职,甚至在保护自己的幼崽不受伤害的时候也更加勇敢。发现幼崽遇到危险时,它们的杏仁体活动异常活跃,后叶催产素水平也骤升,这一系列变化应该就是它们勇气的源头。第一次读到这些发现的时候,我的兴奋之情难以抑制。这表明,父母之爱,或者更宽泛意义上的利他主义拼图,又找到了一个新的拼块。

　　以上是作者从心理学、生物学、动物学和神经科学等方面对人类有非凡利他主义行为的论证,这是一个事实,但这个事实只是为中国哲学的生命之道、由内而外、合作理性背书,丝毫没有改变美国人在自由和道德的价值观里没有他人、只有个人,以及内外有别这个文化基因。这里文化基因超越了生物基因,但也从另外一个角度告诉我们,如果文化改变了,美国人也是可以改变的,这个我们后面还要讨论。

　　忽视文化基因强调生物基因,最后得出的结论就不像大鼠实验这么有说服力了。我们看看作者在该书中的 3 个观点,是不是和事实相符。

　　首先,作者认为美国的财富增加了,所以暴力下降了。查了一下数据,美国的财富确实是增加了,但贫富差距却扩大了。据美联储 2021 年中期发布的美国财富分布情况,截至 2021 年第二季度,美国收入最高的 1% 的家庭总净资产为 36.2 万亿美元,超过了中产家庭持有的 35.7 万亿美元。这是自 1989 年美联储开始追踪该数据以来,1% 富人拥有的财富首次超越 60% 的中产家庭,这里还没有提到 40% 不富裕或者贫困家庭。

　　有关暴力,美国更加有增无减。2019 年,美国造成 4 人以上死伤的枪击事件多达 400 多起,为近 5 年来最多。与枪支相关的死亡人数已达 1.48 万人,伤者超过 2.8 万人。但是到了 2022 年 9 月 29 日,美国非营利机构 Gun Violence 统计数据显示,美国已发生伤亡人数 4 人以上的大规模枪击事件达 512 起,有 3.3 万人死于枪支,约 3 万人受伤。

　　其次是教育普及。按照该书中的介绍,全球捐款指数第一的是缅甸,因此缅甸的财富是全球垫底的,但这个国家的识字率却达到了 94.5%。查一下数据,发现美国的识字率居然也是低于全球水平的。根据国际成人能力评估计划的研究,美国的识字率低于许多发达国家,美国人的平均读写水平只有七至八年级之间(就是初中水平)。具体来说,4% 的美国人的识字能力是低于 1 级的(全球平均是 3%),14% 的美国人的识字能力是 1 级(全球平均为 12%),34% 的美国人的识字能力是 2 级,而以上这三部分人群加起来已经超过 50% 了。

　　最后是慈善捐款。美国被认为是全球慈善捐款最多的国家,这也是《人性中的善与恶》的作者为自己理论背书的主要原因。但是,据中国发展简报援引美国驻华大使馆的数据,2019 年美国的个人捐款达 3096 亿美元,占总捐款的 69%。如果按这个比例计算,受益的前三位的大致比例是宗教机构占 28%,教育占 14%,人道服务占 12%,还有其他。如果只按照给贫穷的人道服务计算,只有 370 亿美元左右。根据美国人口普查局的调查,2016 年美国的贫困线标准是个人年收入不到 11880 美元,一个四口之家的收入不到 24300 美元。按照这个标准,美国 12.7% 的家庭生活在贫困线以下,贫困人口是 4060 万人。那么 370 亿美元的人道捐款,人均 1000 美元也不到,比一个贫困人口收入的 10% 补贴还少一点,简直是杯水车薪。这个和中国完全实现脱贫形成了鲜明的对照。

以上举的案例并不是说美国人不善良,而是说明一个善良的根本性问题,既需要生物基因,又需要文化基因,人类在没有搞懂生物基因以前,一直依赖文化基因才能走到今天。其实这个问题,作者自己也很清楚,在该书"补全正态分布曲线"一章中说了这么一个事实:

> 1988 年,有人在美国选取了 2000 多人的样本,向他们提出下面的问题:"在美国,人们总是想要满足自己利益的倾向是不是很严重?"80% 的人回答"是"。1999 年,《纽约时报》和哥伦比亚广播公司(CBS)联合对近 1200 名美国人进行问卷调查,60% 的人认为大部分人主要关心自己而对其他人关心不够,63% 的人相信大部分人是不值得信任的,43% 的人认为大部分人只顾自己。2014 年,一项综合社会调查认为,60% 左右的人认为大多数人不值得信赖。

理想是美好的,现实是骨感的。这种认知上的矛盾不是作者一个人所有,还有一位大名鼎鼎的世界级心理学家也难逃这种悖论的困境。

人性中的善良天使是什么
第72讲

链接书目:《人性中的善良天使:暴力为什么会减少》　斯蒂芬·平克

上一讲我们讨论了为什么人类的恐惧感和利他主义是关联在一起的,原因就在于我们大脑中既负责恐惧又负责爱心的杏仁体在起作用,而这个作用是一种叫后叶催产素的化学物质所引起的。但是,美国的道德现状并没有被作者所说的生物基因所决定,因为他的文化基因脱离了生物基因的轨迹,和价值观双标一样,在道德上也显示出内外有别的双标。

今天我们阅读的书叫《人性中的善良天使:暴力为什么会减少》,作者斯蒂芬·平克,是哈佛大学心理学教授、当代著名的实验心理学家、认知心理学家、语言学家和科普作家。2016 年,平克入选美国国家科学院院士。比尔·盖茨对这本书的评价是:"这是我一生读过的最重要的书,这本书不只是一项历史学术贡献,而且是对整个世界的重要贡献。"

其实这本书的主题是讨论暴力心理学的。鉴于这本书的重要性,我们将分两讲来阅读这本书。从人类认知史的角度对这本书的两个重要侧面——善良和暴力进行分析,也就是我们一直在讨论的话题:人之初究竟是性本善还是性本恶? 这一讲讲善良,下一讲讲暴力。

先表达一下平克对以上问题的看法,该书序言中是这么说的:

> 人之初并非性本善,亦非性本恶,但是他们生来就具备某些动机,这引导他们远离暴力,倾向合作和利他。

平克的这个结论前半部分是错的,后半部分是对的。为了弄清人之初性本善还是性本恶,我们在开始阶段就花了大量的篇幅来讨论生命的诞生起源,这里就不重复了。作者把这本书分为六大趋势、五个心魔、四位善良天使、五种历史力量四大部分,我们这里讨论后两个部分。

平克认为人性是中性的,心魔让人性变恶,但是天使可以让人性变善。我们来看看是哪四位天使。该书序言中是这么说的:

"共情"（empathy），特别是同情意义上的共情，让我们对他人的痛苦感同身受，并对他人的利益产生认同。"自制"（self-control），让我们能够预测冲动行事的后果，并相应地抑制冲动。"道德感"（moral sense）将一套规则和戒律神圣化，用以约束和管治认同同一文化的群内相互关系。有些时候，这些规则和戒律使暴力减少，但部落的、威权的和道学的规则却经常会增加暴力。"理性"（reason）让我们得以超脱有限的视角，思索我们的生活方式，追寻改善的途径，并引导我们天性中的其他几种美德。

共情、自制、道德和理性就是作者所说的四位天使。大家有没有注意到作者所说的道德定义和我们讨论过的西方道德观是一致的：第一，具有神圣感；第二，是针对内部的；第三，由于存在着前面两种由外而内与内外有别的悖论，内部有时候还会推动暴力，就像美国的不平等起源。看来平克在这个问题上并没有遮遮掩掩。

现在我们来看看第一位天使：共情。作者在该书"善良天使"一章中是这么说的：

"共情"（empathy）一词只有一个世纪的历史。人们通常认为是美国心理学家爱德华·铁钦纳（Edward Titchener）在 1909 年的教学中最先使用了此词，尽管《牛津英语大词典》说英国作家弗农·李（Vernon Lee）在 1904 年就用过此词……

"共情"一词在迅速流行的同时开始具有了新的含义，一种很接近于"同情"（sympathy）或"悲悯"（compassion）的意思。各种含义的混合很符合民间的心理学说：对他人的仁慈在于能够为他人设身处地，感其所感；穿上他人的鞋子，站在他人的立场上，用他人的眼睛看世界。

作者认为这是一个心理学的概念，但是近 20 年来，共情已经成了一个神经科学的概念。作者是这么说的：

1992 年，神经科学家贾科莫·里佐拉蒂（Giacomo Rizzolatti）和他的同事在猴子的大脑里发现了某些神经元；猴子捡到葡萄干或者猴子看见人捡到葡萄干的时候，这些神经元都会变得活跃。其他神经元对其他类型的行为有同样的反应，包括自己做出的和看见的行为，比如触摸和流泪。虽然神经科学家不能在人脑里插进几根电极棒，但我们可以相信，人类的大脑有一样的神经元：脑神经成像实验已经在顶叶和内额叶找到几个这样的区域，在人们自己做出某些特定动作，或看见其他人做同样动作的时候就会发亮。镜像神经元的发现虽然并非完全出乎人们的意料，但是仍然意义重大：如果我们的大脑不能对同样的动作做同样的理解，不论这个动作是谁做出的，我们都不会在第一人称和第三人称时使用同样的动词……

…………

共情研究已经证明，同情可以推动真正的利他主义，对个体的遭遇换位思考所产生的同情可以扩展至个体所在的群体，这个个体甚至可以只是小说中的虚构人物。人们一直在揣测，是对人类苦难的感受，以及减轻其苦难的真挚愿望推动了人道主义改革，实验研究证明了这一猜测。

但是，平克和这些神经科学家的看法还是不同的，他认为他们过度扩大了镜像神经元在共情中的作用。作者是这么说的：

……但是，这个发现立刻被炒作成一个巨大的泡沫。一位神经学家声称，镜像神经元之于神经科学意义之重大就像 DNA 之于生物学的意义。加上报道科研新闻的记者推波助澜，有科学家将镜像神经元吹成是语言、模仿、文化学习、潮流和时尚、球迷、代祷，当然还有共情的生物基础。

…………

……里夫金这样写道："所谓的共情神经元，让人类和其他一些物种能够设身处地地感觉和体验其他实体的境遇。"他得出结论说："我们从根本上是共情的物种，寻求与我们同胞的亲密参与和伙伴关系。"……里夫金承诺"在不到 10 年的时间内普及全球共情意识"。很不幸，他的承诺所依据的却是他对神经科学非常有问题的诠释。

那么作者是怎么看待共情的呢？他同意共情产生利他的作用，但反对泛化共情。作者是这么说的：

通过共情——在感染、模仿、感情换位或者镜像神经元意义上的共情——建设美好世界的问题是，它触发的共情未必是我们想要的共情。也就是说，它所开启的不一定是对他人同情关切的情感。同情是内生的，是人们如何相处，即人际关系的结果，而不是原因。关系主体如何认识这种关系，决定了他对他人的痛苦是共情，还是无动于衷，或者是反向共情。

于是作者请出了第二位天使：自制。这个问题容易理解。现在我们看看第三位天使：道德，全称是"道德与禁忌"。大家也许有疑问，怎么这个道德天使还有一个禁忌的身份。这个就是我们一直在讨论的西方道德观。因为它是一个外来的、命令的、没有他人的、不是内心自发的东西。因此，作者是这么说的：

　　世界上的道德规范实在是过多了。如果我们将在追求自助正义中发生的凶杀、宗教冲突和革命战争带来的死难、因无受害人犯罪和过失被处决的人，以及意识形态大屠杀的对象加总在一起，这个数字肯定要超过不道德的掠夺和征服造成的死亡。人类总是用道德感作为原谅自己残忍行为的借口，认为自己动机纯正，且暴力也不曾给自己带来任何实际利益。对异教徒和改宗的犹太人实施酷刑，对女巫处以火刑，监禁同性将不遵闺训的姐妹和女儿处死——受道德驱使的人给世界带来了无数的苦难……

　　虽然人类的道德感对人类福祉的总贡献很可能是一个巨大的负数，但在某些关键时刻，如果运用得当，道德感也可以是推进人类进步的强大动力，比如启蒙运动中的人道主义改革和最近几十年发生的权利革命。对于毒化人们心灵的意识形态，道德既可以是疾病，也可以是解药。人们的禁忌心理和道德心态一样，都是双刃剑。它可以让不同的宗教见解或者性取向的偏差成为必须严厉惩处的罪恶，但同时它也能够抑制人们的某些危险的邪念，例如武力征服、使用化学武器和核武器、对其他族裔怀有歧视性偏见、强奸，以及杀死已经成形的胎儿。

　　这部分天性似乎是我们身上最美好的资源，但在实践中，它却可以比我们心中最恶毒的魔鬼更残忍。我们怎样才能理解这个癫狂的天使呢？

　　为了理解在暴力减少历史进程中道德感的作用，我们必须先解开几个心理学之谜。第一，在不同的时代和不同的文化中，人们是怎样从各自的经验出发确立符合某些"道德"的追求，而以我们现在的道德准则，已经完全无法接受那些"道德"。第二，为什么一般来说道德感非但不能减少苦难，反而经常增加痛苦？第三，道德感何以如此割裂：一个正直的市民怎么会殴打自己的妻子和孩子？一个崇尚民主和自由的人怎么会蓄奴和进行殖民征伐，为什么德国纳粹对动物格外仁慈？第四，无论是好是坏，为什么道德感会进入人们的思想和行动，制造出禁忌悖论？而最大的迷惑当然是：是什么发生了变化？在历史进程中，人类的道德感得到多大程度的解放，最终驱动暴力水平不断下降？

这里是想让大家记住一句话："道德感对人类福祉的总贡献很可能是一个巨大的负数。"请大家与前面我们讨论的主题做一个比较。比如说，为什么美国人到处发动战争，但国内的慈善捐款这么多；为什么美国人这么喜欢自由，但不给他人自由；为什么美国人已经这么强大，但还是患有迫害妄想症；为什么美国人冠冕堂皇地承认自己就是双标。这些心理之谜，大家可以自己去解开。

平克是借用了三位心理学家和人类学家的伦理规范来解开这个谜的。他们分别是：施伟德的伦理理论、海特的道德基础理论、菲斯克的关系模型，这里就不介绍了。为什么？因为平克认为共情、自制和道德三位天使都不能胜任这个工作，他最依赖的是"理性"这位天使。该书中是这么说的：

> 我将理性排在人类天性中四位善良天使的最后一位是有道理的。当一个社会达到一定的文明程度之后，理性是人类得以进一步抑制暴力的最大希望。从我们成为人的那一天起，其他三位天使就和我们形影相随，但是在人类漫长的历史中，她们既未能防止战争，也未能阻止奴隶制、专制、制度化的施虐和压迫妇女。共情、自制和道德感的重要性毋庸赘言，但是就推动近几十年和近几百年来的人类进步而言，她们自己也没有多大的自由度，行动的范围非常有限。

> 共情的圈子可以扩大，但是其弹性受限于亲族、朋友、同类和讨人喜爱的特性。理性告诉我们，我们的道德关怀应该延及整个群体，但共情圈子的极限距离理性指出的边界还非常遥远。此外，共情很容易变成纯粹的情感。只有理性能够教会我们扩张共情的窍门，也只有理性能够告诉我们，如何以及何时我们可以将对可怜的陌生人的同情心转换为有行动意义的政策。

> 自制是一块能够锻炼增强的肌肉，但是，它仅仅能够防范那些源于我们内心诱惑的伤害。而且，20世纪60年代的口号至少在一个问题上说对了：人在一生中总有一些时刻，应该摆脱束缚，做自己想做的事情。理性则告诉我们，不论这些时刻在哪里：当人们做自己事情的时候，不能侵犯其他人做自己事情的自由。

> 道德感针对人的社会角色和社会资源提出三项伦理规范。但是道德感的运用却没有多少道德可言，它们大多是与部落、权威或清规戒律联系在一起的。只有理性能够告诉我们，在道德感的运用模式中有哪些应该被奉为规范。法理型思维，是真正可以为最大多数的人带来最大幸福的伦理规范，而它却与自发的道德感毫不相干。

那么理性的功能呢？出乎意料，平克得出了以下结论。该书中是这么说的：

> 理性能够满足这些需要，因为它是一个开放性的组合系统，是一个能够产生无数新思想的引擎。它只需要以基本的自利原则和与他人沟通的能力进行编程，假以时日，其内在的逻辑就会要求它尊重他人的利益，而这个"他人"的数量可以是不断增长的。也只有理性可以认识以前推理过程中所犯的错误，对自己进行更

新和改善。如果你发现我这里所做的论证有缺陷,是理性允许你指出疏漏所在,并给出你自己的论证。

平克不愧是世界顶尖的认知科学家,人性中的最大善良天使就是理性,而且这个理性里面必须有"他人"这两个字。但问题是平克的理性概念中没有生命之道的合作理性。如果是工具理性,那么他人只能是工具或手段了,如果是价值理性,双标又出来了。这两个理性无论如何也不能导致平克的结论。就像我们阅读理查德·兰厄姆的《人性悖论:人类进化中的美德与暴力》一样,他认为性本恶不能改变,但最后的结论是2300—3500年世界会统一为一个国家,论证的因果关系没有逻辑性。平克没有合作理性的概念,那么他是如何论证得出这个结论的呢?

为什么平克的暴力心理学观点是错误的
第73讲

链接书目:《人性中的善良天使:暴力为什么会减少》 斯蒂芬·平克

《超级社会》 彼得·图尔钦

《动机与人格》 亚伯拉罕·马斯洛

上一讲我们讨论了平克的四位善良天使,共情、自制、道德和理性。在它们中间平克最欣赏的是最后一位理性天使,这个和我们的主题吻合,就是"合作理性"。理性是认知的结果,是为了达到人类预期目标的一种思考与实践模式。我们有三种理性模式:工具理性、价值理性和合作理性。毫无疑问,这个理性的善良天使应该是合作理性。平克也认为工具理性和价值理性都不是合格的善良天使,但他也没有中国哲学生命之道、由内而外的合作理性概念。于是他有了一个新的理性概念,叫"理性的滚梯"。这个概念是不是有点怪怪的。《人性的善良天使:暴力为什么会减少》的"善良天使"一章中是这么说的:

开启理性思考,就像在黑暗中踏上上行的滚梯。一旦我们迈出了第一步,能够走多远已经不由我们的意愿所决定,我们也无法事先知道哪里是我们的终点……

如果我们不知道滚梯是什么东西,那么我们登上滚梯后,打算跟着它移动几米,弄明白我们所处的位置,但是这个时候,已经很难避免一直前行,直到终点。同样,一旦开始理性思考,人们也无法知道它会在哪里停止。人们之所以会有为自己的行为进行客观公正的辩解的想法,是因为人的社会属性以及群体生活的需要,但是,一旦理性思考开始运作,它有自身的运行逻辑,不受社会集团边界的制约。

平克的这个观点来自一位叫辛格的哲学家,书中是这么说的:

这正是彼得·辛格最早提出的"扩大的圈子"理论。我借用了他的修辞手法,用"扩大的圈子"来形容一种历史进程——人们有了更多换位思考的机会,因此对更多样的人群产生了同情心……对辛格而言,人们的伦理圈子之所以在向外扩大,不是因为软心肠的共情,而完全是冷静思考的理性结果。

这个扩大的圈子是不是有点像我们一直在讨论的由内而外,但平克没有意识到这一点,他把这个归功于由外而内。该书"在天使的翅膀上"一章中是这么说的:

> 扩大的圈子和理性的滚梯都是受同样的外生因素的推动,例如识字率、都市化和教育。因为它们有同样的利益结构,所以两者的和平效应可以用同一个和平主义者博弈模型进行描述。但是在概念上,扩大的圈子和理性的滚梯是有区别的(第9章)。前一个要求我们换到他人的视角,设身处地,想象他人的情感。后一个要求我们上升到一定的高度,站在奥林匹亚的山顶,从超理性的角度,永恒的角度,没有立场不偏不倚的角度,在思考中将自己利益和他人的利益视为等价。

> 理性滚梯还有一个外源的动力:现实性。现实的逻辑关系和经验事实独立于试图把握现实的思考者的心理变化。当人类磨砺他们的知识和理性体系,并从信仰系统中剔除迷信和矛盾,必定得出某些特定的结论,就像一个人擅长算数,他的运算必然会得出某个特定的和,或者某个特定的乘积(第4章和第9章)。在很多情况下,人们得出的结论都让人们越来越少地诉诸暴力。

其实平克的解释已经逐步接近我们一直在讨论的道德具有实践性,而缺乏认知性的观点了。但他的论证却反其道而行之,认为外源现实性是来自理性,其实老子一句话就把这个扩大的圈子问题解决了。《道德经》中说:

> 修之于身,其德乃真;修之于家,其德乃余;修之于乡,其德乃长;修之于邦,其德乃丰;修之于天下,其德乃普。故以身观身,以家观家,以乡观乡,以邦观邦,以天下观天下。吾何以知天下然哉? 以此。

平克把道德的由内而外解释为由外而内,使他的暴力心理学产生了悖论。今天我们不讨论和他观点的误差在哪里,而是用西方人自己的观点来剖析他的观点到底错在哪里。我们要阅读的书就是图尔钦的《超级社会》。图尔钦是研究合作科学的,虽然他还没有总结出合作科学的理论概念,但他对平克的理论进行了批判,而且这种批判一针见血。该书"人类进化的曲曲折折以及历史科学"一章中是这么说的:

> 我们这里所说的是一个自相矛盾的结论。正是暴力——社会之间的互相交战——驱动了超级社会的演进,而且正是超级社会最终使暴力减少。这种动态关系可不是什么"外在因素"。

斯蒂芬·平克是演进心理学(Evolutionary Psychology)这个相对新兴的学科的先驱之一。现在,演进心理学和文化演进虽然在名字里都有"演进"一词,但它们对于人类行为的研究采取了不同的方法。具体来说,平克在人类个体心理中寻找暴力减少的原因。他在书的前言中解释他的书要达到的目标时,写道:

本书大部分内容是在探讨暴力和非暴力的心理。我将大量援引的心智理论是一种综合性科学,涵盖认知科学、情感和认知神经科学、社会和演进心理学,以及我在《心智探奇》(*How the Mind Works*)、《白板》(*The Blank State*)和《思想本质》(*The Stuff of Thought*)这些书里探索的与人类本质有关的其他科学。根据这一理解,心智是一个由大脑实施的具有认知和情感能力的复杂系统,而大脑对这些能力的基本设计要归功于人类进化的过程。这些能力的有些部分让我们倾向于做出各种暴力行为。其他部分,用亚伯拉罕·林肯的话来说,"我们本性中的善良天使"使我们倾向于合作和和平。解释暴力减少的方式,是为了识别我们的文化和物质环境中有哪些变化让我们和平倾向的动机占了上风。

平克并没有提到我们文化环境中的变化,但他强调的是这种环境是如何塑造个体心理的。对他来说,文化是一种"在不同时间以不同方式影响着我们心智的外部因素"。他对文化演进具有强烈的批判态度,尤其是批判"社会演进的主要动力是社会之间的竞争"这种思想。在一篇发表于 2012 年、名为《群体选择的错误诱惑》(*The False Allure of Group Selection*)的文章里,他写道:"你越仔细思考群体选择,就越觉得这个理论并不能讲得很通,也越觉得它对人类心理和人类历史来说并不是很适合。"平克构建的这个观点是用来反对文化多层选择理论的,这与理查德·道金斯的理论不谋而合,我们在第三章就提到过这些。像道金斯一样,平克也将亲缘选择理论、互惠利他主义和声誉管理理论作为合作演进的替代解释。

图尔钦对平克的批判,如果大家没有跟着我们学习,是不会理解的。很简单,合作理性创造了文化,而平克只是从个体认知的演化去分析这个问题,而且是由外而内,是无论如何不会把文化与合作理性扯到一起去的,虽然他想到里面有理性的作用,但没有想到是合作理性。该书序言中是这么说的:

五种历史力量(第 10 章)。在最后一章中,我试图结合心理学和历史学,找出那些有利于人类的和平动机和驱使暴力大幅减少的外生力量。"利维坦"(leviathan),即国家和司法垄断了武力的使用,可以化解掠夺性的攻击,抑制复仇的冲动,避免各方自以为是的自利式偏见。"商业"(commerce)是一个各方都可以是赢家的正和博弈,因为技术进步使商品和思想可以跨越的距离越来越远,参与的人群越来越庞大,他人的生命也因此更有价值。他们也就更不会成为被妖魔化和非人化的目标。"女性化"（feminization）社会文化越来越尊重女性的利益和价值的过程。既然暴力主要是男性的消遣，提高妇女赋权的文化总是更少鼓吹暴力，也更不会在无所寄托的年轻男性中滋生危险的亚文化。"世界主义"（cosmopolitanism）的力量，例如识字率、流动性和大众媒体，都有助于人们从与自己不同的人的角度出发，扩大共情的范围，接纳他人。最后……"理性的滚梯"（escalator of reason）使得人们认识到暴力循环有害无益，克制将一己之私置于他人利益之上的特权，并且重新审视暴力，将其看作一个需要解决的问题，而不是一场争夺胜负的竞赛。

图尔钦针对平克的五种历史力量，即利维坦、商业、女性化、世界主义和理性的滚梯，逐一进行了批判。这里不重复了。最后图尔钦把两本书做了以下的对比：

> 《人性中的善良天使》讲了一个关于人类历史的故事，在某种程度上与本书中一直在拓展的主题重合。但是平克的版本不仅从理论角度来说不如我的强有力，而且在实证支持方面也不够充分。这是一个尝试用"科学"的方式来研究历史的有趣例子，我本人完全支持这种方式，但是我认为我们可以做得更好。如果我们想确认暴力是减少的，我们就需要理解为什么它会减少。

有兴趣的朋友可以去阅读原著，批判性的阅读对提高认知是很有帮助的。图尔钦是从文化演进的角度对平克的个体认知演进提出了批评。今天我们就从平克的角度，也就是个体心理学的角度看看平克的理论有什么错误。

今天我们所讨论的平克的错误，不是图尔钦指出的关于个体心理和文化演进观点的冲突，而是这本书的主题——暴力为什么会减少。平克把人类暴力减少的历史进程分为 6 个阶段，从 5000 年前的农耕文明一下子把暴力死亡率降低了 20% 开始，一直到 1948 年，平克用大量的数据来支撑他的观点，即人类暴力在不断减少。其中有一张西欧 5 个国家的凶杀率统计图，从 1200 年每 10 万人有 100 人死亡，一直到 2000 年只有 1 人死亡。该书序言中是这么说的：

> 本书篇幅巨大，但我别无选择。首先，我必须要说服你，在人类历史上，暴力确实在减少。我知道，此论必定遭到质疑、责备，甚至激起愤怒。我们的认知将我们预设为相信自己生活在暴力时代，特别是在这个时代，有媒体推波助澜，其信条是"见血的消息上头版"。人类的大脑在估算事件概率时，总是避难就易地从回想案例和图像开始。与老人安然辞世的画面相比，残暴杀戮的场景更易令人产生身

临其境般的感觉,让我们刻骨铭心。不论暴力死亡的比例有多小,它的绝对数都足以填满媒体的晚间新闻,让人们对暴力的印象与其实际比例完全脱节。

平克以历史数据来说明暴力为什么减少,是让人们相信这个世界正在变好,我们不用担心。但事实上,平克的数据也是有问题的。有一个关于美国暴力的数据,是这么说的:

> 根据最新的《美国统计摘要》(*Statistical Abstract of the United States*),2005年美国人口死亡数为 2 448 017。2005 年也是美国卷入伊拉克和阿富汗两场武装冲突后最糟心的一年,阵亡人数创下近 10 年新高。两场战争共造成 945 名美国人死亡,占当年美国总死亡人数的 0.04%(万分之四)。即使我们算上 18124 个国内凶杀死亡,暴力死亡率也只有 0.8%,也就是 8‰。其他西方国家的暴力死亡率比美国更低。至于全世界的暴力死亡率,《人类安全报告》(*Human Security Report Project*)计算的数字是政治动荡(战争、恐怖袭击、种族灭绝,以及军阀和地方武装制造的杀戮)直接导致的暴力死亡为 17400 例,死亡率为 0.03%(万分之三)。这是一个非常保守的估计,仅仅计算了那些有直接证据的战争死亡,但如果我们从宽计算没有文献记录的战争死亡和饥荒疾病导致的间接死亡,将其按照有记录的战争死亡的 20 倍来计算,暴力死亡率还是低于 1%。

平克是美国人,他应该知道美国的现状吧?枪支暴力的阴霾笼罩着美国,同样的悲剧在不同场合反复上演。美国人没有恐怖感吗?

这里我们阅读一下马斯洛的《动机与人格》中关于人的需求层次的理论。作者在该书"人类动机理论"一章中是这么说的:

> 本章试图构架出一套积极的动机理论,它将既满足前一章列举的理论要求,又符合已知的、临床的、观察后的以及实验的事实。不过,它最直接的来源在于临床经验。我认为,这个理论满足詹姆斯和杜威的功能主义传统,并且融合了韦特海默(Wertheimer)、戈尔茨坦、格式塔心理学,以及弗洛伊德、弗罗姆、霍妮、赖克(Reich)、荣格和阿德勒的动力主义。这种整合或综合可以称为整体动力理论。

马斯洛的动机理论是建立在大家耳熟能详的五个需求层次上的。五个需求层次分别是:生理需求、安全需求、对爱和归属的需求、自尊需求、自我实现的需求。

平克所说的对暴力的恐惧就是人类的第二个需求。这是人类的底层需求,按马斯洛的说法,和生理需求属于同一个档次。作者是这么说的:

如果生理需求得到了相对较好的满足，那么就会出现一系列新的需求，我们可以将这些需求大致归为安全需求（安全性、稳定性、依赖性、保护性，免受恐吓、焦虑和混乱，对结构、秩序、法律、限制的需要，对保护者的力量的需要等）。之前讨论到的生理需求具有的所有特点都适用于安全需求，不过程度较弱。安全需求也同样有可能完全控制机体，它或许是行为的唯一组织者，在机体能力的服务过程中，调动它们的所有能力，我们也因此可以将整个有机体公正地描述为一种寻求安全的机制，将感受器、效应器、智力以及其他能力认作是寻求安全的工具。

马斯洛这里所说的安全需求和生理需求一样，都是行为的唯一组织者，这个很重要，这是一个非此即彼、大是大非的问题。那么，什么样的安全呢？马斯洛是这么说的：

有一些条件是满足基本需要的直接前提。这些前提面临的威胁就好像是基本需求本身面临的直接威胁。诸如言论自由、在不伤害他人的前提下做自己想做的事情的自由、表达自己的自由、调查和寻求信息的自由、自卫的自由、公正、公平、诚实、有序等，这些都是满足基本需求的先决条件。阻碍这些自由将会威胁到个人或令他们做出紧急反应。这些条件本身并不是目的，但它们近乎目的，因为它们与基本需要密切相关，而满足基本需要本身显然就是唯一目的。人们有理由保卫这些条件，因为没有它们，基本需求就不可能得到满足，或者至少会受到严重的威胁。

这里马斯洛给人身遭到威胁的安全需求下了定义。暴力是什么？暴力是人身自由遭到直接威胁的表现，在人类情感的度量上，它与言论自由、在不伤害他人的前提下做自己想做的事情的自由、表达自己的自由、调查和寻求信息的自由、自卫的自由、公正、公平、诚实、有序等遭到间接威胁时的表现，是一模一样的。这是什么意思呢？这个意思是在和平年代我们受到了被剥夺活动自由的强权，比如说美国人对中国企业的断供，美国对叙利亚人道物质的制裁，与战争年代被剥夺人身自由的暴力是等价的。但媒体不用夸大事实，只要如实报道，现代人的恐惧感比古代人有过之而无不及。平克忽视了文化的环境，只是简单地在暴力死亡数量上做比较，是说不通的。我们是普通人，不是心理学家，都觉得这个方法论是不对的，不要说他的同行了。那么在现实中我们应该如何留住善良天使，远离暴力呢？

我们应该如何找回心中的善良天使
第74讲

链接书目：《只需倾听》 马克·郭士顿

《道歉的力量》 艾伦·拉扎尔

上一讲我们讨论了如何以马斯洛的需求层次理论来理解平克的暴力心理学。如果只看数字，人类的暴力现象确实在减少。原因是我们前面讲的，人类像倭黑猩猩一样可以自我驯化，也就是人类可以创造文化来制止暴力的发生。但现实好像并不乐观。如果说我们可以做一个全球安全问题调查，有多少人会说自己是安全的。平克所说的四位人性中的善良天使到哪里去了呢？我们应该如何找回心中的善良天使呢？

给善良天使下定义，不用平克那么复杂，一位就绰绰有余了。我们一直在讨论认知旅程中的合作理性，它就是一位可以胜任所有工作的善良天使。老子那句"无为无不为"，远远超过世界公认的道德黄金规则"己所不欲，勿施于人"。这句话只是一个被动的理性天使。而老子那里全部是主动理性，一个是让他人自由的理性，一个是让自己自由的理性，超越了平克的走到哪里算哪里的"理性的滚梯"。老子把这位善良天使定义为水，相当恰当。水自己自由自在，同时又滋养万物而不争，而且自己没有恐惧感。《道德经》中给水定义了七大功能，是这么说的：

> 居善地，心善渊，与善仁，言善信，正善治，事善能，动善时。夫唯不争，故无尤。

有人就有社会，有社会就有矛盾，老子的这位"水"善良天使就是为解决矛盾而存在的。因为善良天使不以排除他人为目的，也不以排除自我为手段。他的最终目的是满足马斯洛的人本心理需求，既有他人的心理需求，又有自我的心理需求。终极目的就是自我的"无尤"。这就是善良天使干的活。

今天我们阅读两本书，关于老子善良天使七大功能中的"言善信"，关于人际沟通的合作理性。但这两本书角度不同，是让我们找回人性中的善良天使，让他帮助我们做两件比说话更重要的事情：第一，沟通前如何避免矛盾；第二，沟通破裂，如何修复关系。

第一本书叫《只需倾听》,作者马克·郭士顿是一位优秀的精神科医师,他服务过的客户包括 FBI、IBM、联邦快递、柯达、美林证券、高盛及美国洛杉矶警察局等。他也曾受邀担任《华尔街日报》、《财富》、《新闻周刊》、路透社、美国国家公共电台、"奥普拉秀"和"今日秀"的特约嘉宾,向人们传授处理各种复杂人际关系的方法技巧,引导他们通过学会倾听来解决各种棘手问题。一般沟通是说话的艺术,但能说会道并不能证明你心中有善良天使,在沟通中最难的就是倾听。

首先,作者开门见山排除我们心中的误区,认为倾听是最容易获得的能力。作者是这么说的:

"有多少人认为自己很擅长倾听,或起码水平还不错?"在一家地产公司的全国年会上,我问场内的 500 名地产经纪人。

每个人都举起了手。我接着问,"如果我告诉你们,你们没有一个人懂得倾听是怎么回事,而且从来都没倾听过别人,有多少人同意?"

我停下来,看着全场听众。"真的吗? 有意思啊,没一个人举手。"

············

我继续说道:"如果我能证明你们没有一个人会倾听,而且从来也没倾听过,然后告诉你们如何纠正这个问题,让你们的工作更有成效,有多少人愿意继续听下去呢?"

有些听众举起了手,可人们的脸上清楚地写着:"好吧,就给你一次机会,否则要你好看。"

············

"现在,"我说,"想象一下:星期一的早晨,你问这个人,'星期三要交到过户公证公司的文件,你准备好了吗?'此人说,'没有'。有多少人会想'这人真没用'?"房间里满是高举起来的手。

"接下来你会怎么做? 无名火起,开始大声嚷嚷,给他下命令? 对另一个销售员抱怨? 告诉办公室里的人,你不想让此人再参与你的业务? 或是满心厌恶、气呼呼地走开,抱怨公司里的人的素质怎么都这么低?"我这样问道。

我从他们的表情中看得出来,我说中了。显然,不少销售员每天都能遇上这样的窝火事。由于我正确地映照了他们的想法,他们接受了我正在说的东西……到目前为止。

"现在,"我说,"想想这种情景。假设你镇定地说,'你为什么没做完?'而这个人哭了起来，说：'其实我在周末把这份文件做了不少，已经准备好今天上午带给你的，而且今天下班前我肯定能做完。可昨天晚上，得了阿尔茨海默病的爷爷哭着给我打了个电话。他说我奶奶得了严重的中风，就要被送到医院里去。我的父母都过世了，我是唯一能够照顾爷爷奶奶的人。所以我放下一切去处理这些事，整夜没有合眼。我知道，我不是头一回搞砸了，可照顾他们两个真的不容易，有些时候我真有点扛不住了。'"

"这些会不会让你对这位助理的想法发生改变？甚至会有完全不同的反应？"我问道。

低语声四处响起，这是想法发生改变时的声音。"当然会，"不少人回答道。

"那么我的话说完了，"我说，"你们没有倾听。你们的行为正是大家每个人都会做的。你从先前和此人打交道的经历中获得了一些信息，草率下结论，并且形成了印象。这些印象上刻着这种词儿：懒、马虎、工作态度不认真、这人真没用。这些词语成了过滤器，你透过它们去听，却并没有真正倾听对方。"

解决方案是，我解释道：摘掉过滤器。你自认为了解别人，比如这个人"懒"、"真没用"、"爱发牢骚"、"充满敌意"、"没法沟通"，可这些阻止了你获得你需要知道的东西。把这个心智上的障碍移除，你就做好了准备，开始接触那些你认为难以接触的人们。

以上故事告诉我们，我们要倾听他人，不要先入为主。最难的倾听是作者的九大倾听法则中的第九大法则："远离有'毒'的人"。作者是这么说的：

我说的不是所有的人。我人生中最严重的压力之源——"有毒"的人——这种人特别容易不高兴，极难取悦，一次次让我失望；这种人不愿意合作，不愿意公平竞争；这种人不停地找理由，而且埋怨别人。

作者把他们分为以下几类：贪婪的人、恃强凌弱的人、爱占便宜的人、自恋的人和精神病患者。怎么办呢？最好的方式是远离他们。但作者还是没有放弃，在书中是这么说的：

在你可能会碰到的"有毒"的人中，我刚才谈到的只是一部分。其余的还有很多，但绝大多数都容易接触，容易改变（如果你聪明的话，甚至更容易避开）。在后面的章节中，你会找到化解招数或摆脱的方法，甚至可以把他们变为财富。

然而，当你遇到"有毒"的人，试图分析他们的问题时，心里要牢记一件事。有没有可能,小小的可能:有问题的那个人是你自己?

··············

当你进行这项艰难的工作,对着镜子检视自己的时候,你很可能会发现,你才是那个有毛病的家伙。但是别担心,人人都有搞砸的时候,好人和"有毒"的人之间的区别就在于,好人有能力面对这些搞砸了的事儿,并且从中吸取教训。

那么好人搞砸了事情,应该怎么办呢?作者回到了老子的套路"弱者道之用",他的第八大倾听法则是"茫然无助的时候,主动示弱"。作者是这么说的:

让别人看见你的软弱,他们也会让你看见他们的。

和绝大多数年轻人一样(特别是年轻小伙子),我一度相信,赢得尊重就等于永不示弱,尤其是在父亲面前。赢得尊重就等于掩盖错误,用虚张声势来掩饰恐惧。可是,从那段影响深远的经历里,我学到了很多东西。

其中一条就是,如果你坦白地承认错误人们会原谅你,甚至会试着帮助你,还有就是让人们生气或失望的并不是说出真相,而是你为了不说出真相所做的一切。

我也学到了,在你搞砸事情之前开口求助,结果会好得多。等到你真搞砸了,然后再请求帮助,别人会认为你是在逃避惩罚。可即便如此,搞砸了之后求助,也比闭嘴什么都不说要强。

··············

当你很害怕,觉得受伤,觉得丢脸,却依然在掩饰的时候(因为你害怕失去对方的尊重),就会发生以下的事情:

你的镜像神经元接受匮乏会加重。你感受不到别人的理解,因为别人没法理解你。这是因为没人知道你出了什么事。你形单影只,而这是你自己造成的。

你害怕失去对方的尊重(此人可能是你的父母、老板、孩子、伴侣),但此人没有办法映照体察你的抑郁和悲伤,没法理解你。相反,此人感觉到的是你用来掩饰抑郁和悲伤的态度。如果你用气愤来掩饰恐惧,你得到的就是气愤;如果你用"滚一边去"的态度来隐藏无助,你得到的就是"行啊,你也滚一边去"。

原来老子所说的"弱者道之用"是有神经科学依据的。你示弱了,对方的镜像神经元共情机制就会发生作用,对方也就不可能穷追猛打了。所以,和人打交道不要情绪化,要用你的善良天使合作理性,能够首先做到"倾听",你就学会了沟通的第一课。另外倾听的法则还有让对方感觉到你的理解;对别人感兴趣,而不是证明自己有趣;让别人感到自己有价值;帮助他人抒发郁结;等等。

以上是"言善信"善良天使在矛盾发生前的做法。那么矛盾发生之后呢?有一本书可以帮助我们,叫《道歉的力量》。作者艾伦·拉扎尔,是美国精神病学教授、知名的道歉学专家。

大家有没有注意到这位作者又是一位精神病学专家。说点题外话,为什么我们引经据典的有关西方道德的书籍,其作者都是从事心理学、精神病学和神经科学研究工作的专家呢?这个正好说明一个问题,他们注重由外而内的工具理性,而科学的发展是远远落后于哲学思想的,特别是中国的哲学思想,因此,我们中国人不能妄自菲薄,中国人的最高智慧是要靠科学的演化来慢慢证明的。《道歉的力量》这本书就告诉了我们这个道理。

首先,作者告诉我们道歉的力量是什么。作者在该书"日益重要的道歉"一章中分析了道歉对双方的好处。作者是这么说的:

> 道歉与接受道歉,都是意义深远的人际沟通行为。道歉可以让冒犯他人的一方不再那么恐惧会遭到报复,减轻内心挥之不去的内疚感、羞耻感,不让它们成为紧箍心灵的桎梏;接受道歉则可以化解被冒犯一方的屈辱与怨恨,打消其报复的念头,进而给予对方宽恕。道歉的理想结果,是和解,是修复破裂的关系。

那么西方人是从何时开始研究这个问题的呢?作者本人被称为现代西方道歉学的开创者。该书中是这么说的:

> 1992年,我刚开始研究道歉的过程时,只有1991年出版的《我错了:道歉与和解的社会学》在这个领域提供了广泛的视野。这本书颇具影响力,也经常被引用。作者尼古拉斯·塔乌奇斯因为自身经历的驱动,而开始研究道歉,这令我相当感兴趣。我研究道歉的动机同样也是受个人经历的影响,这点我将在本章稍后加以说明。
>
> ············
>
> 我很好奇自己的主观印象——道歉行为在增长,能否得到数据支持⋯⋯这两份最具影响力的美国报纸,分别比较1990年至1994年与1998年至2002年期间,使用了"道歉"或"致歉"的文章数。同样是五年,1990年至1994年间,两份报纸共有1193篇文章关于道歉;1998年至2002年间则有2003篇文章。我还分析了1990年至2002年总共13年间的报纸,发现道歉文章出现的频率在1997年至1998年间达到高峰(两份报纸平均每年共有456篇),此后略微下降,文章数保持平稳(2002年两份报纸共有392篇)。

其他人也发现了这波"道歉现象"。关注国内与国际新闻的报纸专栏作家,纷纷撰文来讨论公开道歉日益增加的重要性。同时,许多文章、漫画、咨询专栏、广播与电视节目等,都不约而同地谈及私下道歉的主题。有关道歉的话题甚至被当作插科打诨的笑料,深夜秀主持人大卫·莱特曼与杰·雷诺就曾拿名人的道歉开玩笑;而广受欢迎的情景喜剧《宋飞正传》也曾花了整整一集,争论谁应该道歉,以及什么事值得道歉。此外,道歉自助类读物和文章也越来越有市场,《家庭天地》与类似刊物刊载大量的相关文章,《道歉的力量:改善所有关系的治愈性步骤》、《一分钟道歉:使事态变好的有效方法》等书籍的出版都表明了这一点。连法律界、医学界的专业人士,也开始发表有关道歉的文章。从 20 世纪 90 年代早期开始,专门有文章解说道歉在民法、刑法中所扮演的角色,并分析道歉在审判前与审判期间如何发挥作用。甚至医生应当为医疗差错向患者道歉,这样之前讳莫如深的主题,也已成了医学、法律文献所讨论的议题。

作者以上的数据说明,所谓的道歉学现在已经成了西方伦理学中的显学,因此,作者这本书是道歉学领域的权威著作,作者成了专家。这本书从心理学、社会学、文化差异等角度全面介绍了道歉的意义和方法,分析了道歉看似简单实则复杂的心理机制,广泛引用历史上和当代各种真实的道歉案例,阐述了道歉的疗愈功能、道歉的方法、道歉和拒绝道歉的原因、道歉的时机,以及道歉与宽恕的关系等。详细内容请大家阅读原著。这里要研究的是:当时这么简单的一个道德问题,为什么在西方会姗姗来迟呢?该书中是这么说的:

道歉不只是承认自己犯了错,并露出自责的样子,它是犯错的人不断改变自己行为举止的承诺。想要化解冲突,除了争论谁更有权势、谁更好之外,还有一种别具意义的方式,就是道歉。在宗教与司法体系里,道歉也以一种略有变化的形式,成为强有力的、建设性的解决纷争之道。人类在这个星球上的共存方式正在发生剧烈转变,而道歉作为修复社会关系的方法,也日益重要。在过去,个人、群体或国家的道歉常被视为软弱无能,但今天,人们逐渐认为这是坚强的表现。想要好好道一个歉,当事双方都要具备诚实、宽宏、谦卑、担当的态度,还要鼓起勇气才行。

请注意作者以上这段话中"坚强"与"软弱"的字眼。我们人性中明明有一个合作理性的善良天使,这个时候到哪里去了。难道还要犹豫不决吗?还要鼓起勇气吗?按照平克的理论,我们人性中的善良天使是存在的,但是艾伦·拉扎尔似乎是让我们去找回那个善良天使。难道西方人的善良天使睡着了吗?

为什么善良天使会沉睡不起
第75讲

链接书目:《老子今注今译》 陈鼓应

《传习录》 王阳明

《当良知沉睡:辨认身边的反社会人格者》 玛莎·斯托特

上一讲我们讨论了人际沟通中比说话更重要的两件事情:第一件是学会倾听,第二件是学会道歉。道歉是道德中最重要的一环,可是西方人直到近20年才意识到,并且还搞出了一个道歉学出来。也就是说西方人性中的那位善良天使,一直是沉睡的。为什么这么说呢?

我们还是要先请教一下老子。《道德经》中说:

天之道,不争而善胜,不言而善应,不召而自来,繟然而善谋。

《道德经》中又说:

天之道,利而不害;圣人之道,为而不争。

按照老子的理论,不管是天之道还是人之道,这位合作理性善良天使原本就在我们的人性中。我们在人际沟通中随时随地可以用上,难道还要去找吗?难道还要先打一架,再去道歉吗?这样社会成本不是太高了吗? 比如1970年德国总理勃兰特在波兰犹太人墓碑前下跪,相比日本人至今还没有为军国主义道歉的行为,好了不知多少倍。但是欧洲600万犹太人成为希特勒屠刀下的屈死鬼,其中还包括100万儿童,整个世界当时三分之一的犹太人成为纳粹种族主义学说的牺牲品。这么一个小小的道歉够吗?

问题就在于西方价值观体系中的那位善良天使睡着了。因为具有个人主义价值观的人是很在乎自己的尊严的,软弱和不争是他的对立面。怪不得作者最后呼吁沟通双方都要有诚实、宽宏、谦卑、担当的态度,还要鼓起勇气才行。他们有可能认为"圣人之道,为而不争"是一件耻辱的事情。不过如果西方人理解了陈鼓应先生在《老子今注今译》中,对"不争"的解释,就可以省去很多先打架后道歉的成本(有的时候是巨大的社会成本),比如《道歉的力量》这本书中研究的道歉案例。陈鼓应先生是这么说的:

老子喜欢以水作比喻，来说明他的道理。他说柔弱的水还具有居下、不争、利物的特点。人生的态度也应该如此，要能处下、不争而利民。

"处下"是老子"柔弱"道理的另一种运用。它含有谦虚容物的意思。老子常用江海作比喻，由于它的低洼处下，所以百川都汇归于海。老子有感于世上的人，大家都想站在高处，都要抢在亮处，所以他以"川谷之于江海"（三十二章）来说明"处下"的好处。他认为，若能"处下"，自然能够消解争端，而培养容人的心量。

"不争"的观念也基于此。在现实社会上，没有一个角落不是在为着私自的利益而争嚷不休的，老子深有所感，所以他要人"利万物而不争"（八章），"为而不争"（八十一章）。老子的"不争"，并不是一种自我放弃，并不是对于一切事、一切人的放弃，也不是逃离社会或遁入山林。他的"不争"的观念，乃是为了消除人类社会不平的争端而提出的。他仍要人去"为"，而且所"为"要能"利万物"。"为"是顺着自然的情状去发挥人类的努力，而人类努力所得来的成果，却不必擅据为己有。这种为他人服务（"利万物"）而不与人争夺功名的精神，也可说是一种伟大的道德行为。老子所说的"功成而弗居"（二章）、"功成而不有"（三十四章）、"功成名遂身退"（九章），都是这种"不争"思想的引申。由此推知，老子"谦退"、"居后"的观念都蕴含在这种"不争"的思想里面，主要的目的乃在于消弭人类的占有冲动。

我们人性中的善良天使不用事前倾听、事后道歉，而是从一开始就把善良天使唤醒，参与到我们的人际关系中。至于怎么做，我们已经讨论了很多，只要记住"无为无不为""弱者道之用"就可以了。但是在个人主义至上的西方价值观里，道德里面是没有他人的地盘的。因此，有的人心中的善良天使一直在沉睡。为什么呢？今天我们从西方人的观点中，去寻找善良天使沉睡的原因。

这本书叫《当良知沉睡：辨认身边的反社会人格者》，作者玛莎·斯托特是美国临床精神病学专家。该书中，她是从实证科学的角度，用大量例证揭示了一种强烈遏制善良天使醒来的精神疾病，叫反社会人格症。因此，作者告诫我们要警惕身边这样的人。

说起"良知"，大家一定会联想到中国哲学家王阳明。有关良知的定义，王阳明在《传习录》中是这么说的：

> 先生曰："'先天而天弗违'，天即良知也。'后天而奉天时'，良知即天也。"
> 良知只是个是非之心，是非只是个好恶。只好恶就尽了是非，只是非就尽了

万事万变。

> 又曰:"'是非'两字是个大规矩,巧处则存乎其人。"

> 圣人之知如青天之日,贤人如浮云天日,愚人如阴霾天日。

意思是:先生说,"先天而天弗违",天就是良知;"后天而奉天时",良知就是天。良知只是个是非之心,是非只是好恶。知道好恶就穷尽了是非,懂得是非就穷尽了万事万物的变化。又说,但"是非"这两个字也只是个大的原则,具体运用还得因人而异。圣人的良知好比晴天的太阳,贤人的良知好比多云天的太阳,愚人的良知好比阴霾天的太阳。

如果我们把平克的善良天使比喻为良知,那就太贴切了。良知就是天,就是一位能辨别大是大非的善良天使,不过善良天使是因人而异的。什么意思?就是有些人的良知是醒的,可以看见晴天时的太阳,有的是半醒的,只能看见多云时的太阳,有的是朦朦胧胧的,可以看见阴天时的太阳。可是阴天哪有太阳,可见是睡着了。

王阳明的这个观点被《当良知沉睡:辨认身边的反社会人格者》的作者给证明了。该书"良知的起源"一章中是这么说的:

> 自然选择的层面各式各样,难免会造成彼此之间的相互冲突,尤其是跟利他行为以及良知这样的情感有关的层面。在基因层面和群体层面上,良知有着生存适应性,所以自然选择会把良知保留下来;但在个体层面上,良知的"缺失"有时候更适合生存。大自然会以这种方式,一方面持续在大多数人身上培育良知,而在另外一个层面上,会让少量没有情感依附和良知的个体茁壮成长。

> 正如进化论学家戴维·斯隆·威尔逊所言:"我们有足够的学术根据和实际理由来区分两种截然不同的行为,一个是为群体组织做出贡献而得以延续的行为,一个是因破坏群体组织而得以延续的行为。这就是我们平日所说的'自私'和'无私','道德'和'不道德'。"威尔逊在这里所描述的就是之前那个会把人搞糊涂又让人觉得很熟悉的二分法:多数人都希望减少冲突,必要时与人进行分享,与自己所爱的人一起生活;而少数人利用冲突壮大自己,人生对他们而言无非就是一场以主宰他人为目的的持续竞争。

> 因此我们发现,即便是在最为简单的生物层面上,善恶之争也要远远早于人类的出现。然而,这种斗争的结果很有可能取决于我们,它的终极解决方案将取决于我们怎样面对人类给这个世界带来的尖锐挑战,反社会人格问题就包含其中。我们现在才开始理解,自然选择偏爱人类当中出现的某种程度的利他特质,

而且也会让人类形成爱的能力,让人类在依旧微弱的良知之声的呼唤下,以积极的意向紧密地联系在一起。至少96%的人是这样的,但我们最终如何解决那4%的人制造出来的人类生存问题,目前来说仍然不得而知。

作者不愧是一个科学工作者,居然能够把王阳明的良知分类做了一个量化的分析。给那些善良天使还在睡觉,并且有反社会倾向的人,统计出这么一个精确的数据:4%。那么,这4%的良知沉睡者是一个什么样的概念呢? 该书导言中是这么说的:

这4%的人口对社会到底意味着什么? 我们不妨参照对比一下那些常见的病例,看看下面这些统计数据吧:厌食症的患病率估算为3.43%,虽低于反社会人格症的比率,但却已经要被视为一种流行病了;而知名度很高的精神分裂症的发生率大约只有1%,仅为反社会人格症发生率的1/4。美国结肠癌的发病率是每10万人当中约有40人,美国疾病控制与预防中心认为这个数字已经"高得惊人",但也只不过是反社会人格症发生率的1/100。说得更简洁一点,我们当中的反社会人格者要比广泛报道的厌食症患者还多,其人数是精神分裂患者的4倍,是结肠癌这类已知重大疾病患者的100倍。

按作者的统计,良知沉睡者数量确实有点可怕,也就是说我们身边每25人中,就有这么一个反社会人格,那么他们是一种什么样的症状呢? 作者是一个医生,因此她还有一个量化诊断标准。她继续说道:

根据目前精神病学领域的权威机构,美国精神医学学会发布的《精神疾病诊断与统计手册》(第四版),如果一个人至少拥有以下7个特征中的3个,那么这个人在临床上就足以被确诊为患有"反社会人格障碍":

1.无法遵守社会规范;

2.惯于欺骗和操控他人;

3.行事易冲动,无法提前做出计划;

4.易怒,具有攻击性;

5.毫不顾及自身或他人的安危;

6.一贯不负责任;

7.在伤害、虐待他人或偷窃他人东西之后毫无悔意。

如果一个人同时表现出上述任何3项"症状",许多精神病学专家就足以据此推定他患有反社会人格障碍。

以上作者说的每一条反社会人格障碍,大家可以去对照美国人的所作所为,几乎每一条都可以对号入座。就拿乌克兰危机这件事来说,美国躲在背后,不断拱火,让欧洲人自己打自己,美国大发战争财,还被记者揭发炸毁北溪管道等等,一下子就满足了不遵守规则、操控他人、不负责任、具有攻击性、不顾他人安危、伤害他人却毫无悔意等全部诊断标准。

前面几讲我们一直在讨论美国人的文化根源,对外横行霸道,对内暴力有增无减,那么作者作为一个精神病医生,她是怎么看待反社会人格症的文化根源的呢?令人惊奇的是,她的观点和我们的观点基本上是一致的,她从两种不同的文化比较中找到了根源。该书"无罪感的病因:反社会人格是如何炼成的"一章中是这么说的:

> 虽然不管什么地方、什么年代都会有反社会人格者存在,但有可靠证据表明,某些文化里的反社会人格者就是比其他文化里的数量少。有趣的是,在东亚的一些国家(尤其是日本和中国),反社会人格者相对稀少。在中国台湾的农村和城市所做的研究发现,该地区反社会人格障碍的发生率极低,范围是 $0.03\%\sim0.14\%$,虽然不是零,但已远低于西方国家的平均值 4%,即 25 人中就有 1 人。而令人烦恼的是,反社会人格在美国的发生率却在节节攀升。由美国国家心理健康研究所赞助的"1991 年流行病集结地区研究报告"指出,在开展此项研究之前的 15 年间,美国年轻人群中反社会人格障碍的发生率增加了近一倍。我们很难、也几乎不可能用遗传学或神经生物学的理论来解释这种现象。很明显,文化影响对任意给定群体中反社会人格的发展(与否)起到了非常重要的作用。

毫无疑问,作者所说的东亚地区的反社会人格障碍的发生率远低于西方国家的平均值 4%,这个差距确实有点大,于是作者在东西方文化上对良知进行溯源。作者是这么说的:

> 它让人们不禁要问:为什么有些文化似乎能够鼓励"利社会"行为?为什么有些社会能够冲破万难,对天生无能力以正常方式进行情感交际的反社会人格者施以正面的影响?我想提出一个观点:某些文化拥有压倒性的信仰体系,能够让天生的反社会人格者从认知上来弥补自己的情感缺陷。与我们极度强调个人主义和个人控制的文化形成鲜明对比的是,有些文化(多数都在东亚)的神学观念认为宇宙万物有着相互依存的内在联系。有趣的是,这种价值观正是良知(即根植于依附感的责任介入感)的基础。如果一个人没有办法或因神经障碍无法体验到与他人的情感联系,那么"把这种情感联系当作信仰"的文化或许就能够让他严格地从认知的意义上逐渐理解人际间的责任。

这里没有提及老子的善良天使,情有可原。但是在溯源美国人的文化根源时,作者一针见血,居然和我们所见略同。她把这种文化上的病因,追根溯源到《五月花号公约》的时代。接下来书中是这么说的:

> 很少有人会反对以下这个看法:从过去美国西部的拓荒时代到如今的企业犯罪,美国社会似乎纵容甚至鼓励为获取支配地位而生的"以我为先"的态度。罗伯特·黑尔写道,他认为:"我们这个社会正在朝着一个错误的方向前进,它开始容许某些列在'精神病态检测表'上的特质(如冲动、不负责任、毫无忏悔意识等)的存在,并开始强化这些特质,甚至在某些情况下还会将其视为珍贵特质。"黑尔的这种观点得到了理论学家们的支持,他们认为以个人主义为核心价值的北美文化很容易培养反社会行为,而且也倾向于对这类行为进行伪装。换句话说,在美国,操控他人而丝毫不觉得罪恶的行为已经"混同"于社会期望,其程度远远高于中国或其他讲求集体主义的社会。

作者刨根问底把西方人性中善良天使为什么沉睡的原因一直追溯到"以我为先"的个人主义核心价值观。这是对的。但作者毕竟是一位精神病学专家,在心理学和认知层面不及平克,因为平克把善良天使的重心放在了理性大师身上,虽然他对理性的解释是不完美的。那么作者是如何从心理学层面看待善良天使沉睡的原因的呢?该书"良知发展史"一节中是这么说的:

> 并不是每个人都有良知,良知这种干预性的义务感建立在我们对其他人的情感依附之上。有些人从来都不会因为让别人失望、伤害别人、剥削别人甚至杀害了别人而感到强烈的不安。如果前五感(视觉、听觉、触觉、嗅觉、味觉)属于生理范畴,而"第六感"是我们所谓的直觉,那么良知至多可以算作第七感。第七感在人类的进化过程中发展得比较晚,而且目前还远谈不上人人皆有。

作者认为良知不是一种理性,而是一种直觉,直觉不是人人皆有,她的 4% 理论原来是指文化的影响,现在又回到了本能。那么作者的这种观点到底对不对呢?我们下面会讨论这个问题。我们在讨论这个问题之前,还想搞懂一件事,西方具有反社会人格症的也就只有 4%,那么为什么美国政客一到大选,拼命炒作无中生有的外来威胁论时,还是有那么多的普通民众跟进。这究竟是怎么回事?

好人为什么会作恶
第76讲

链接书目：《好人为什么会作恶》 托马斯·布拉斯

《恐惧：推动全球运转的隐藏力量》 弗兰克·菲雷迪

上一讲我们讨论了西方人，特别是美国人中有 4％ 的人，他们的良知是沉睡的，或者说根本从来就没有良知。那么还有剩下的 96％ 的大多数呢？按《当良知沉睡：辨认身边的反社会人格者》的作者斯托特的说法，这 4％ 的人能量还是很大的。

在美国，操控他人而丝毫不觉得罪恶的行为已经"混同"于社会期望，其程度远远高于中国或其他讲求集体主义的社会。

难道这 96％ 的人这么容易被操控吗？今天这个世界上，美国人到处打压中国人，把中国视为眼中钉、肉中刺，为什么？2010 年，美国前总统奥巴马在接受澳大利亚媒体采访时，说出了一句震惊世界的话："如果让十多亿中国人民都过上美国人的生活，那将是世界的灾难！"这才是问题的本质。

那么，为什么一大批美国的普通人，其中包括不少具有悲天悯人宗教意识和道德同情心的人，也会盲目地跟在这些美国政客后面呢？在选举中炒作中国议题容易当选，于是这些政客就捕风捉影、无中生有地攻击中国。但选举还不是问题的实质，奥巴马自己是一个非洲人，在美国是一个长期被霸凌的少数族裔。在道德上，奥巴马应该对美国白人的非合作理性文化具有免疫力，但他为什么还有这种操控他人而丝毫不觉得这是罪恶的行为，并堂而皇之将其作为美国人的社会期望呢？

有一本书很能说明问题，叫《好人为什么会作恶》。作者托马斯·布拉斯是一位享有国际声誉的社会心理学家，主要研究方向为服从权威。而服从权威是 20 世纪最杰出心理学家和实验科学家之一的斯坦利·米尔格拉姆，于 1960 年在哈佛大学做的实验，当时他的服从实验震惊了世人。如果你不知道什么是社会心理学，该书是一本很好的入门书。因为该书一开始就向我们介绍了最著名的社会心理学七大实验。书中是这么说的：

测一测：七大著名社会心理学实验，你知道几个？

··········

1. 从众实验（Conformity Experiments）

当其他人都持一致意见时，即使有人认为这样是错的，也会随大流地将错就错。

··········

2. 斯坦福监狱实验（The Stanford Prison Experiments）

情境可以立刻改变一个人的行为。一旦被指派了特定的角色，即使是一个温文尔雅的绅士，在某些情境下也会变成嗜血的狂魔。

··········

3. 服从权威（Obedience to Authority）

人类有一种服从权威命令的天性，在某些情境下，人们会背叛自己一直以来遵守的道德规范，听从权威人士去伤害无辜的人。

··········

4. 旁观者效应（Bystander Effect）

如果一个人被要求单独完成任务，责任感就会很强，会做出积极的反应。但如果要求一个群体共同完成任务，群体中的每个个体的责任感就会很弱，面对困难或遇到责任往往会退缩。

··········

5. 认知失调（Cognitive Dissonance）

当一个人的行为与自己先前一贯对自我的认知产生分歧时，如果不能改变行为，就只能改变对自我的认知，来消除这种不舒适、不愉快的感觉。

··········

6. 晕轮效应（Halo Effect）

人们对一个人的某种特征形成好或坏的印象后，会倾向于据此推论此人其他方面的特征。本质上是一种以偏概全的认知上的偏误。

··········

7. 社会认同理论（Social Identity Theory）

认为个体对群体的认同是群体行为的基础。

其实，社会心理学就是我们介绍过的《乌合之众》和《新乌合之众》中所说的大众心理学，或者叫群体心理学。以上七大实验，法国人勒庞已经从无数的历史案例中分析过了，他得出的结论和上述七大社会心理学实验差不多，群体或者大众很容易被一些别有用心者鼓动,从而失去判断力。

那么什么是服从权威实验呢?由于太复杂,这里简单描述一下:主试是权威,被试是服从。被试者包括学生和从事不同职业的人,他们在实验中必须服从主试的权威。向学生问问题,如果学生答错了,被试者就给学生电击,这时被试可以停止问问题,也可以继续回答下去。当然,回答问题的学生和电击都是演戏而已,被试是不知道的。实验分别在四种场景中进行,结果怎么样呢?被试会不会因为实验对象受不了电击,出于同情心,不服从主试的命令,停止实验呢?不会的。该书中是这么说的:

> 米尔格拉姆发现,在实验过程中,即使来自主试的命令违背了被试根深蒂固的行为标准,他们也愿意服从。还有一点也很重要,被试完全相信了实验室中的一切,他们相信自己正在给另一个人施加特别痛苦的电击,虽然受到"电击"的人只是在演戏而已。被试还出现了各种紧张的表现,一名被试神经质地抓头发,手紧握椅子扶手,不断地摸着自己的脸。还有一名被试不停擦拭手心的汗,沮丧地摇头。被试的这些紧张行为似乎是在向"学生"传达一个信息:他对正在做的事情感到很遗憾。很多被试都完全服从了主试的命令,不断提高电击强度,一直到最强的 450 伏特,但是当主试问他们是否想试试被电击的感受时,他们都拒绝了。

这个实验说明了一个问题,在权威的命令下,被试心安理得地违背了自己的人性。这个结果也吓坏了心理学家米尔格拉姆,在该书"是什么导致了'平庸的恶'"一章中,作者是这么说的:

> 在实验开始之前,他在与同事朋友往来的信件中传达出来的是对实验的热情期盼。但几个月后,他的期盼却得出了清晰但是阴暗的结论。1961 年 9 月 21 日,他写信给美国国家科学基金会社会科学主任亨利·瑞肯说:
>
> 结果令人恐惧而沮丧。实验结果显示,人性,或者更准确地说,美国社会所创造出来的人的性格并不那么可靠。当邪恶的权威发出指示,美国性格也无法让民众避免暴行,美国人同样也会对他人做出非人之举。之前我曾经有一些天真的想法,我曾经设想,如果美国出现了一个邪恶政府,它是否能在美国全境找到足够多的道德白痴,帮助它将整个国家体系变成一个死亡集中营,就像德国一样。但现在,我开始觉得,即使只在纽黑文这个小地方就能找到足够多的人选。大多数人只是做他们被要求做的事情,根本不在乎做的事情是什么。他们不会受到良心的谴责,只要他们认为这个命令来自一个合法的权威。

首先我们还是这个观点,这种实验和电车难题一样,只能在个人主义道德价值观的场景下进行,因为他们要去寻找道德究竟在哪里。书中还介绍了米尔格拉姆的老师,心理学家所罗门·阿希的另外一个服从权威实验,叫阿希从众实验,就是我们提到的七大社会心理学实验中的第一个。这次没有道德问题。书中是这么说的:

> 当被试在规定的时间来到实验室时,会看到 7 名被试坐在桌子前。主试指引他和大家坐在一起,然后对这位被试说,这个实验的目的是研究知觉判断。主试将给被试看 18 组卡片,每组 4 张,一张画着标准线,其他 3 张则画着不同长短的线,其中一张与标准线长度相同。被试要在 3 条不同长短的线中,找到与标准线相同的线。小组中的每名成员依次说出他们的结果,被试排在最后一名。这个实验乍一看上去似乎太简单了。但是被试很快就会面临进退两难的局面。事实上,其他 7 人都是假被试。他们将在 18 次实验中给出 12 次错误答案,这 12 次实验被称为"关键"实验。

> ……但是第一名"被试"宣布答案是"1 号线",第二名被试亦然。随着越来越多的参与者陆续给出"1 号线"答案,那名真正的被试可能会想:不对啊? 轮到他宣布答案时,他已经陷入了困惑和挣扎之中,但他必须马上做出决定:相信自己的判断还是附和大多数人的判断? 结论令阿希很惊讶,在 18 组线条判断中,被试在约 1/3 的判断中附和了"伪群体"的答案。

这个实验还要匪夷所思,连假的被试者都被带到沟里去了。说明了什么问题? 就是中国人的一句老话——近墨者黑。不过对于这个问题,老子有另外的答案。我们以后再讨论。

有了这两个实验为基础,还不够美国的政客们去操弄民心,这个时候马斯洛的需求理论上场了。按马斯洛的说法,人可以"描述为一种寻求安全的机制,将感受器、效应器、智力以及其他能力认作是寻求安全的工具。"

于是美国的政客们找到了方向,宣扬威胁论和恐惧论是最好的工具。比如说把中国的气象气球说成是间谍气球,还煞有介事地用导弹把它击落,在美国民众中掀起了"中国威胁论"。而这种气象气球美国一年中飞到中国的有 10 多次,全世界还有很多此类气球。这么简单的常识问题,美国人还是信了。为什么呢?

有一本书值得我们阅读,叫《恐惧:推动全球运转的隐藏力量》,作者弗兰克·菲雷迪是英国肯特大学社会学教授。弗兰克·菲雷迪的这本书一问世,随即引起了社会各界的关注,人们为书中超前的观点震撼不已。随着时间的推移,那些超前的观点得到了印证。那么什么是恐惧文化呢? 该书绪论里是这么说的:

"恐惧文化"用来指超越任何具体经验的情感结晶。这种用法标志着这个概念演变过程中的重要转折。从此,该用语被越来越多地与影响整个社会的文化实践和模式联系在一起。

那么这个没有任何经验证据,只是一个情感上的东西是从什么时候开始的呢? 和道歉学一样,也是从 20 世纪 90 年代开始的。作者接着说:

在 20 世纪 90 年代,"恐惧文化"被提到的次数从 8 次增加到 533 次。到了这十年的中期,该用语已经得到充分认可,并被用在了报刊标题中。标题中包含这个用语的第一个例子出现在 1996 年 1 月。在一定程度上,这种用法的大量增加是两本出版物刺激的结果。一本是 1997 年出版的拙作《恐惧文化》,另一本是巴里·格拉斯纳(Barry Glassner)在 1999 年出版的同名著作。这两本书的出版导致很多评论家在报道中使用该用语,人们在日常交流的时候频繁地使用"文化"和"恐惧"这两个纠缠在一起的概念。"恐惧文化"这一说法被广泛使用的事实在 21 世纪的头十年里得到了证实:2005 年,Nexis 提及这个词共 576 次;十年后,在 2015 年,提及的次数已经增长到 1647 次,到了 2016 年已经多达 2222 次。

那么这种恐惧是确有其事,还是空穴来风呢? 作者在该书"恐惧与道德管理"一节中是这么说的:

当然,缺乏证据并没有阻止那些倡议者坚持自己的信仰。在很多情况下,缺乏证据被重新解释为证明威胁实际上比现今所想的更为严重的证据。某些支持入侵伊拉克者的人反复强调了这一点,他们声称,联合国核查人员找不到萨达姆·侯赛因(Saddam Hussein)持有的大规模杀伤性武器这一事实本身就暗示,此人的威胁比人们从前想象的严重得多。未能成功探测到这些武器并未打消美国前国防部长唐纳德·拉姆斯菲尔德鼓吹入侵的念头,他的回应是"证据的缺乏并非证明大规模杀伤性武器不存在的证据"。

这种对证据地位漫不经心的态度显示,威胁论证常常建立在先入之见而非科学发现的基础之上。难怪在恐惧语言之中,区分科学和道德范畴是如此之难。然而,在现代社会,人们常常因为非理性偏见而饱受斥责,这些偏见会导致人们对"错误的事情"感到恐惧。

作者的意思表达得很明白,恐惧文化是一种缺乏证据的基础上的谎言文化。但这个文化却成了西方政客手中的"恐惧工程",而且百试百灵。作者在该书"恐惧视角——恐惧的成功之道"一章中,举了英国脱欧的案例。

在英国 2016 年的欧盟成员国身份公投期间,正是对积极促使举棋不定的公民做出决定的能力缺乏信心才导致各方采取"恐惧工程"。双方都批评对方打"恐惧牌",但似乎忘记了自己也是"恐惧政治"的参与者。至于有关谁撒谎、撒了什么谎以及哪些恐惧诉求可以得到实证性证据支持的争论不过是把水搅浑的伎俩。很典型地,最激烈的争论围绕着这个问题展开:到底是留在欧盟还是离开欧盟会导致更大的损失。双方都不是通过积极的论证说服对方,而是依赖一连串耸人听闻的故事。

那么这种只知道散布恐惧情绪,而不知道用事实去说服对方的谎言文化的根源是什么呢? 作者在该书绪论里就给说清楚了,是这么说的:

正如拙作《恐惧文化:冒险与低期望的道德》一书的标题所暗示的那样,将关注的焦点放在道德上仍然是恐惧文化论的核心。由于对道德规范模糊不清,西方文化变得越来越难以对人性和个人应对风险及不确定性的能力做出积极的描述。人们经常呼吁规避风险,也可以被解释成对人们信心丧失的反映。相互不信任和悲观厌世的心态继续影响公共政策和相关讨论。

其实我们今天讨论的两个社会心理学实验和这个恐惧文化一样,都是来自西方道德价值观。一个排除他人的道德规范,永远是模糊不清的,这个牵涉道德心理学。即使是好人,道德心理有问题了,虽然他也不会无缘无故去伤害他人,但结果是帮助他人作恶。有一位道德心理学家把这个问题说得比社会学家弗兰克·菲雷迪更加清楚。他是谁呢?

为什么我们不能很好相处
第 77 讲

链接书目:《正义之心:为什么人们总是坚持"我对你错"》 乔纳森·海特

上一讲我们讨论了好人为什么会作恶,也就是说美国的政客们是如何煽动民意的。他们手中有两种武器,一种武器是社会心理学中的服从权威心理,还有一种武器就是人本心理学中的底层安全需求层次,散布恐惧文化,或者说用谎言文化去欺骗民众。

今天我们还是围绕这个话题,介绍一个新的理论,即道德心理学,阅读的书叫《正义之心:为什么人们总是坚持"我对你错"》。作者乔纳森·海特是大受欢迎的 TED 演讲人、美国社会心理学家。如果我们说他是一本专门讲幸福的心理学经典《象与骑象人》的作者,你就知道他是谁了。这本书的副书名很能说明问题,一个具有道德感的人,当被宗教和政治所左右时,马上分不清好坏了。为什么呢? 该书序言中是这么说的:

"我们能好好相处吗?"黑人罗德尼·金(Rodney King)于 1992 年 5 月 1 日发出了这一句家喻户晓的呼吁。一年前,他遭到 4 名洛杉矶警官的殴打,险些丧命。全美国人民通过电视看到了殴打过程,因此,在评审团认定警察无罪后,这个无罪判决引发了民众大规模的愤怒,洛杉矶陷入了长达 6 天的骚乱,53 人丧生,700 余座建筑物被烧毁。新闻摄像机从盘旋于城市上空的直升机上追踪了这一事件,直播了很多这期间发生的暴力行径。在一名白人卡车司机遭遇可怕的暴力伤害后,金受到震动,发出了和平请求。

金的呼吁如今已被滥用,成为一种庸俗文化,人们更多的是拿它来说笑,而非认真地请求相互理解。因此我才犹豫要不要用这句话作为本书的开场白,但我最终还是决定用了,原因有二:一是,如今美国人再问这个问题时,多数是针对政治关系,或者不同政党路线之间合作的瓦解,而非种族关系。很多人觉得晚间新闻里的华盛顿就像战场一样混乱,那些报道简直就像是从直升机上发回来的战况。

我使用这句俗套话开场的第二个原因是,金随后又说了一些感人的话,但却很少被引用。在电视采访里，他结结巴巴，强忍住泪水，颠三倒四地说着："求求你们了，我们能在这儿好好相处。我们是能好好相处的。我是说，我们注定得生活在这里。让我们尽力去做到这点吧。"

这本书写的就是，为什么好好相处会那么困难。确实，我们注定要活在这个世界上几十年，所以，至少应该尽可能地弄清楚，为什么人们如此轻易地就被划分为互相敌视的群体，并且都坚信自己是正义的一方。

那些终身致力于某项研究的人常会认定他所钟情的对象就是解开万事万物之谜的钥匙。近些年出版的一些书，讲述了烹饪、育儿、战争甚至盐在人类历史的诸多演变中的作用，我的书也是其中的一本。我研究道德心理学，我将要阐述的是，道德是人类卓越的本领，它使文明成为可能。我的意思并不是说烹饪、育儿、战争或者盐不重要，不过在本书中，我将从道德心理学的角度带你启动了解人之天性和人类历史的旅程。

那么乔纳森·海特对道德心理学的定义是什么呢？该书序言中是这么分类的：

本书分为三个部分，可以视为三本独立的书，不过每一部分都建立在前一部分论述的基础上。每一部分都呈现了道德心理学的一种主要原则。

第一部分，第一原则：直觉在先，策略性推理在后……

第二部分，第二原则：道德的内涵不仅止于伤害和公平……

第三部分，第三原则：道德凝聚人心，但具有盲目性……

第一部分我们将在下一讲中和他的另一本书《象与骑象人》一起讨论。第三部分内容，即人的道德是群体选择还是个体选择，我们一直在讨论。我们这一讲就是针对第二部分。作者是这么说的：

第二部分，第二原则：道德的内涵不仅止于伤害和公平。本部分4章的核心隐喻是，正义之心就像能感受6种味道的舌头。西方世俗道德就像仅能激发一两种味觉的菜系，要么关注伤害或者受苦，要么在意公平以及不公——但是人们还有很多强烈的道德直觉，比如那些与自由、忠诚、权威和圣洁相关的道德直觉。我会解释上面说到的6种味觉从何而来，它们是怎样成为世界上那么多道德风味的基础，以及为何右翼政客在"烹煮"选民喜欢的竞选"菜肴"时拥有内在优势。

作者为什么说保守派的右翼会占有优势呢？他把道德分为六种直觉味道：关爱、公平、自由、忠诚、权威、圣洁。在做竞选"菜肴"时，自由派加了关爱、公平、自由三种味道,自由意志极端派只需要个人自由一种味道,保守派把六种味道全部加进去了。因此,在竞选中右翼更加得人心。

但是,我们已经分析过美国的自由观是一种个人主义的自由观,自由和道德是孪生兄弟,自由观决定道德观,道德观决定政策观。作者是这么说的:

> 所有人,包括左派、右派和居中派,都关注自由/压迫,但是每个政治阵营以不同的方式在关注。在如今的美国,自由主义者最关心的是某些弱势群体(比如少数族裔、儿童和动物)的权利,他们寄希望于政府去保护弱者不受强者的压迫。相对的,保守主义者持有一些更传统的自由观念,即自由有权不受干涉,所以他们通常会憎恶某些自由主义项目,这些项目为保护自由派们最关注的群体而使用政府权力来侵害他们的自由。比如,小企业主绝大多数都支持共和党,部分是因为他们痛恨政府要他们在保护工人、少数族裔、消费者和环境的种种限制下做生意。这也就帮我们理解了为什么自由意志主义者在近几十年来站到了共和党一边。自由意志主义者关注的自由几乎是排斥所有干扰的,他们对自由的构想是和共和党人一致的:放任自流的权利,避免受政府的干涉。

以上是美国人自由道德观与国内政策的分歧。在对外政策上,或者说在对中国的政策上,作者没有说,但是他分析的美国左、中、右派的道德观说明了这个问题。作者是这么说的:

> 公平/欺骗基础涉及的是对称性和因果报应原则。它指的是确保人们得到应得的,得不到不应得的。所有人,包括左派、右派和居中派,都关注对称性。如果有人得到了超出他应得的东西,所有人都会愤怒。

现在我们知道了,美国的政客在操控选民的时候,手中往往拿着"自由"的诱饵,而选民们则自愿被操控。美国政客在做竞选"菜肴"时,对内,保守派是关爱、公平、自由、忠诚、权威、圣洁六种味道,自由派是关爱、公平、自由三种,自由意志极端派只需要个人自由一种,但对外,左、中、右三派不约而同地选择个人自由一种味道。因为他们的共同味道是建立在"人们得到应得的,得不到不应得的"这一道德基础上。"奥巴马们"认为中国人超越美国就是不应得的。这就是美国人关于"对称性"的道德观,也是我们中国人百思不得其解的问题所在。

美国的这种"唯我独大"对称性道德观,也不是专门对付中国的。世界上任何国家,包括美国的盟友,都要为美国保持这种"不应得的"对称性,也就是说美国人永远要保持对他人的"非对称性"。因此美国政客们在大选中往往散布"对称性"要被打破了的恐惧情绪，然后去操控选民。选民们在恐惧威胁论的鼓动之下，"自由"的诱饵开始发酵，"伤害"妄想症情绪开始弥漫，谁的威胁论声调高，就跟在谁的后面。但是美国忘记了合作理性才是"自由"的底层逻辑。道德是不具备对称性的，让他人自由，你才能获得自由。你必须先付出，才能得到回报。如果美国认识到这一点，世界上的战争和恐怖主义会少之又少。

有关这一点，作者是清楚的。该书的中文版序中是这么说的：

在写作我的第一本书《象与骑象人》时，我认识到任何伟大的社会对于人类兴盛的原因以及人类道德的独特性都有很多相同的结论。《论语》和《希伯来圣经》都教导人们互帮互助的重要性，而佛祖和耶稣都敦促我们克服心中深植的伪善。

在《象与骑象人》一书的结尾，我以中国古代的"阴阳"观念为例，论述了"对立"的价值。最后一段大意是这样的：

以中庸之道（平衡），找寻人生的智慧——不管古与今，东方与西方，甚至保守与自由，中庸之道都可以让我们选择正确的人生方向，找到人生的满足、幸福及意义。

现在你手上的这本书就是我对上述观念的践行。写作《象与骑象人》时，我是一个政治自由主义者，热烈支持美国的民主党，很不喜欢当时的总统小布什。但当时我也正在研究与政治相关的道德心理，尽力去理解那些在我的同胞中约占40%的奇怪生物——保守主义者。我强迫自己读他们的书，看他们的电视节目。我试图从内心去理解他们的道德。他们真正在乎的是什么？为什么他们会对堕胎、同性恋还有美国国旗那么在意？

最初我很纳闷，但渐渐地我开始看到一些以前从没看到过的东西。我开始在自由主义者的说辞中发现了缺陷，在保守主义者的观点中察觉到优点，比如相对于鼓励人们自力更生，减少依靠政府救助的人数才更重要。我并没有成为保守主义者，但对于自身的道德和政治信仰不再那么信心满满。我意识到所有人都生活在群体之中，不得不介怀于某些道德问题，但它们也使得我们忽视了其他道德问题的存在。我开始认识到，在旷日持久的道德和政治争论中，所有的派系在某个大问题上通常都是正确的，但他们却不知道自己还有很多不知道的东西。道德凝聚人心，却也使人们盲目。

作者以自己的亲身经历，从一个政党派别极端主义，走向了中国人的中庸主义。道德凝聚人心的意思就是道德是群体选择理论的产物，这个和我们一直在讨论的合作理性是一致的。这里我们把作者的观点和我们讨论的话题对比一下,作者在该书"我们自私,我们也无私——支持群体选择的证据"一章中列举了四大证据,是这么说的:

证据1:进化的重大转变

⋯⋯⋯⋯

这是关于地球生命的一段隐喻式历史。在最初10亿年左右的时间里,唯一的有机体是原核细胞(比如细菌)。每一个都是单兵作战,与其他细胞竞争,通过复制自身繁殖后代。

但大概20亿年前,两个细菌不知何故在一个细胞膜中结合了,这就解释了为何线粒体中有与细胞核DNA毫不相干的自身DNA。这就是我例子中的那对两人组合。有了内部细胞器的细胞可以从合作与分工(看看亚当·斯密的著作)中获益。因它们只能随细胞整体繁殖,因此这些细胞器之间再无竞争,这就是"个体为集体,集体为个体"。地球上的生物经历了一个被生物学家称作"重大转变"的过程。自然选择像以往一样发挥作用,但现在被选择的是一个全新物种。自私的基因使用一种全新的运载工具来进行自我复制。单细胞真核生物取得了巨大成功,在海洋中广泛蔓延开来。

⋯⋯⋯⋯

证据2:共享意向性

⋯⋯⋯⋯

与此不同的是,人类从早期就开始有共享意向,打猎、采摘、养育后代以及对临近群体发起突袭等各项技能突飞猛进。群体中每个人对要完成的任务都有心理表征,人们知道自己的搭档也有同样的表征,也能看懂搭档想要阻碍成功或是想要独占战利品时的表现,并且会对这样的背叛表示出愤慨。群体中每个人对事情应该如何完成都有共同理解,对任何违背这些预期的个体感到厌恶,第一个道德阵营便由此形成。(这个阵营其实是指一种交感的错觉。)而我相信,这便是我们人类的卢比孔河。

⋯⋯⋯⋯

证据3:基因和文化的共同进化

⋯⋯⋯⋯

而后,大约1 800 000年前,一些东非的原始人开始制造更为精致的新工具,这就是阿舍利石器。阿舍利文化的主要工具是泪滴形的手斧,它的规整性和精细工艺像是有着我们这样心智的人才能做出的物件。这些手斧引人注目，会一下子抓住你的眼球。这看起来似乎是我们讨论文化积累起始的绝佳起点。不过有件奇怪的事：在100多万年的时间里，无论是在非洲、欧洲还是亚洲，每个地方的阿舍利石器几乎一模一样。几乎没有任何差异，这意味着如何制造这些工具的知识很有可能并没有作为文化传递下去。或者恰恰相反，这些如何制造工具的知识成为本能，就像海狸天生就知道那些如何筑堤的"知识"一样。

···········

证据4：快速的进化

我们究竟何时具备了超社会性？全世界人类都体现出了群体归属性，而在大约50 000年前，在我们的先祖从非洲和中东扩散开之前，大部分的基因改变必定已经完成。（我怀疑这是一种合作性群体归属性的进步，使得我们的祖先可以占领世界，迅速接管了尼安德特人的领土。）但是基因和文化的共同进化就这样停止了吗？我们的基因进化停滞不前，而后全部的适应性调整都留给文化创新去处理了？数十年来，很多人类学家和进化理论家均认同这个观点。在2000年的一次采访中，古生物学家史蒂芬·杰伊·古尔德说，"自然选择几乎已经与人类进化不再相关了"，因为文化变迁所起的"数量级"变化要远远快于基因的变化。他接着断言，"人类已经有40 000～50 000年没有生物学意义上的变化了。我们用不变的身体和头脑建立起了所有的文化与文明。"

以上四大证据就是我们从一开始讨论到现在的人类认知革命史，我们是以合作理性为圆心，作者是以道德进化为主线，最后的证据很能说明问题，你有再多的知识，再发达的文明，只要是一个地球村的，你出门第一件事就是如何与他人打交道。有他人就有知识的用武之处，使用知识必须和他人合作，有合作就有道德。你在价值理性上可以独自面对上帝，声称在心灵上获得了个体的自由。但是，你从教堂一出来，就要按照他人已经为你铺设好的道路回家。你说你自由了吗？

最后，我们把道德心理学家乔纳森·海特的有关道德体系的定义告诉大家，看看和我们所说的合作理性相距有多远。该书"善之力，还是恶之源 对宗教的误解"一章中是这么说的：

我对于道德体系的定义将矛盾双方结合起来：

道德体系是互相连锁的价值观、美德、规范、仪轨、身份、制度、技术以及进化心理机制，它们共同合作以抑制或规范个体私利，让合作型社会成为可能。

　　这是作者利用中国的中庸之道给道德下的定义，最后回归合作理性，和我们的主题无缝衔接。但这里还有一个问题，就是道德的直觉和理性的矛盾如何解决。我们要弄懂作者的原意，必须再去读他的另一本书《象与骑象人》。

谁可以成为"直觉之狗和理性之尾"的主宰
第78讲

链接书目:《正义之心:为什么人们总是坚持"我对你错"》 乔纳森·海特

上一讲我们讨论了道德心理学代表人物乔纳森·海特的道德心理学。美国政客是如何利用美国选民的个人自由观引申出来的道德观,让自己当选的。乔纳森的直觉与群体道德心理学理论最后还是殊途同归,指向了合作理性。今天我们继续阅读乔纳森·海特的经典之作《正义之心:为什么人们总是坚持"我对你错"》,但里面有他的另外一部经典《象与骑象人》的内容。海特为什么要在《正义之心:为什么人们总是坚持"我对你错"》里大量引用《象与骑象人》这本书的内容呢?《象与骑象人》是讨论幸福问题的,虽然是讲幸福,但是其底层逻辑和《正义之心:为什么人们总是坚持"我对你错"》讲道德一样,用的是直觉的概念,但这个直觉和玛莎·斯托特的观点不同。斯托特认为良知只是一个第七感,也就是人类的一种本能情感。而海特却认为情感也是一种认知模式,情感和理性的关系就是象与骑象人的关系。作者在《正义之心:为什么人们总是坚持"我对你错"》中的"直觉之狗和理性之尾 道德的两种认知过程"一章里是这么说的:

> 数千年来,西方哲学一直崇尚理性,怀疑激情。从柏拉图开始,延续到伊曼努尔·康德,再到劳伦斯·科尔伯格。在本书中我将这种备受尊崇的论调称为唯理论错觉。称它为"错觉",是因为当一群人认为某件事物是神圣的,那么群体的成员就失去了清醒思考的能力。

作者这里说的观点似乎有点矛盾,一方面他认为怀疑激情是一种错觉,另一方面他又认为这种错觉是怀疑人们的清醒思考能力。这是怎么回事呢?作者接着说:

> 对情感的定义则略为困难一些。长久以来,情感都被认为是静默的、发自内在的,但从 20 世纪 80 年代开始,科学家们逐渐认识到情感中充满了认知。情感是逐步出现的,它的第一步是,看看刚出现的某事物是促进还是阻碍了你的目标,基于此对它进行评价,这样的评价正是一种信息处理,属于认知范畴。当某一评价过程侦测到特殊的输入类型时,它就会启动你头脑中的一系列变化,让你准备

好作出恰当的反应。比如,如果你在一条幽暗的街道听到背后有人跑过来,你的恐惧系统就会侦测到威胁并触发你的交感神经系统,激活"打还是跑"这一反应,加快心跳频率,放大瞳孔以助于接收更多信息。

看来情感也是重要的,而且还是一种认知模式,于是作者就拿情感大象与理性骑象人做比喻了。作者接着说:

> 在《象与骑象人》里,我将这两种认知称为骑象人(可控过程,包括"脑中推理")和大象(自发过程,包括情感、直觉和所有形式的"眼中认出")。我选择了大象而不是马,这是因为大象要比马庞大得多,也聪明得多。自发过程操纵着人类意识,正如同它们5亿年来一直操纵着动物的意识那样,因此它们很擅长此道,就像经过无数次测试而得到完善的软件。当人类在近百万年的某一时间点上进化出了语言和推理的能力,大脑并没有把自己的缰绳交给一个新的、毫无经验的驾驭者。相反,骑象人(基于语言的理性)的进化是出于他做了对大象有益的事情。

> 骑象人可以做几件很有用的事情。他可以有更远的预见力(因为我们可以在头脑中预审各种不同场景),因此他可以帮大象针对眼下形势作出更好的决定。他可以学习新能力、掌握新技术,这些都能帮大象实现目标、躲避灾害。并且,最重要的是,骑象人能作为大象的代言人,尽管他未必清楚大象在想些什么。骑象人很擅长为大象已做的事情编造事后的解释,也精通于为大象下一步要做的事情进行辩护。一旦人们发展出了语言能力并开始相互说长道短,背上一个全天候的"公关公司"对大象来说就变得极有价值了。

如果说大象代表情感,骑象人代表理性,那么我们的认知就是"情感"和"理性"二分法两种模式了,但是作者对道德认知的认知也是在进步的。他读到了一本书,受到了启发,最后走出了两种非此即彼的认知模式。该书中是这么说的:

> 我读到一本心理学家们极少提及的出色的书:《模式、思维和认知》(*Patterns, Thinking and Cognition*),作者是芝加哥大学的公共政策学教授霍华德·马格里斯(Howard Margolis)。马格里斯想尝试着弄明白,为什么人们对政治问题的信仰常常和客观事实联系不大,他希望认知科学可以解决这个谜题。

> ············

> 我花了好些年才完全领会马格里斯的观点的内涵。之所以出现困难,是因为我的思考曾经被一个流行却无用的"认知-情感"二分法牢牢束缚住了。我想要验

证认知独立于情感发生作用,在遭遇反复失败之后,我开始认识到这种二分法根本讲不通。认知仅涉及信息处理,其中包括了高级认知(例如有意识的推理)和低级认知(例如视觉感知和记忆检索)。

············

马格里斯帮助我摆脱了"情感-认知"的分立观。他的著作帮我认识到道德判断同所有形式的判断一样,是一个认知过程。关键的区别其实在于两种不同的认知:直觉和推理。道德情感属于一种道德直觉,只不过大多数道德直觉是更加微妙的,它们不会上升到情感的层次。

既然马格里斯打破了情感—认知的二元对立,那么应该还有第三种道德认知模式。这里我们可以回顾一下认知心理学家平克的四位善良天使理论,其中的共情天使就是情感,但是平克认为其作用不大,他最后还是认为理性在其中起了重要的作用。那么海特有什么解决方案呢? 有的。奇怪的是,他的灵感竟然是一封情书激发的。作者是这么说的:

托马斯·杰弗逊(美国第三任总统)为理性和情绪的关系提供了一个较为平衡的模式。1786 年,他在担任美国驻法大使时坠入了爱河。27 岁的玛利亚·科斯韦是一名英国艺术家。两人通过共同的朋友介绍而相识。在接下来的几个小时里,杰弗逊和玛利亚与其他陷入疯狂爱恋中的情侣一模一样——他们漫步在阳光明媚的巴黎街头,分享着两个异邦人对这座伟大城市的由衷赞美。为了让美好的时刻延续到晚上,杰弗逊派出信使取消了晚上与别人的会见。玛利亚已婚——尽管这桩婚姻看上去并没有什么约束力。历史学家们不清楚接下来的几周里这件风流韵事是如何进展的,但是不久玛利亚的丈夫就坚持带着妻子返回英国,留下杰弗逊一人黯然神伤。

为了缓解悲痛,杰弗逊给玛利亚写了一封情书。情书用了一些文字游戏,瞒天过海地向已婚女人倾诉爱恋。杰弗逊把信写成了头脑和心灵的对话,两者为是否应该追求一段他明知应当结束的"友谊"而论争。杰弗逊的头脑是柏拉图理性的完美化身,指责他的心灵将两者都拉进了一团混乱之中。心灵请求头脑的怜悯,但头脑严厉地训斥道:

世间的一切都是计算。因此要小心行动,手中掌握平衡。在天平的一端放上事物带来的快感,在另一端放上随之而来的痛苦,然后看天平向哪边倾斜。

在驯服地被骂了一遍又一遍之后,心灵最终决定维护自己,让头脑管它该管

的吧,也就是那些与人们不切身相关的问题:

> 大自然赐予我们的这块共同的生存之地是一个分封的国度。她将科学分封给了你,而将情感赐予了我。计算圆形面积,跟踪彗星的轨道,研究弓箭的最大力量、固体的最小阻力,这些问题属于你。大自然没有赋予我认知它的能力。同样的,你也与同情、仁慈、感恩、正义、爱情、友谊这些感觉不相干。她令你不受它们的控制,只有心灵的机制才适用于它们。道德对于人类的幸福至关重要,让它与理智时不时地结合就太冒险了。因此,道德的基础是人对万事万物的敏感多情,而不是科学。

作者从杰弗逊的情书中发现了第三种模式,成了理性和情感的共同主宰者。作者是这么说的:

> 现在我们有三种模式了。柏拉图认为理性应该成为统治者,尽管只有哲学家们才能达到高水平的统治。休谟认为理性应该成为激情的仆人。杰弗逊则提出了第三种观点,理性和情感是互相独立的共同统治者,就像罗马帝国的皇帝们,将整个帝国分成了东罗马与西罗马。那么,谁是正确的呢?
>
> ············
>
> 在 20 世纪 90 年代,我还没发现"象与骑象人"的比喻,但当我不再思考"情感-认知",而是开始思考"直觉-推理"时,一切就都明朗了。我拿出我早期的杰弗逊式双路径模型,作了两处重大修改。

作者在书中附上了一张修改图,有兴趣的可以去读原著,这里我们只讲他的结论。作者接着说:

> 因为这两个改变,我将我的理论称为"道德判断的社会直觉主义模式",并将其公布在 2001 年发表的一篇题为《情感之狗及其理性之尾》的文章里。后来我觉得当时应该称这只狗为"直觉的",因为那些仍困于"情感-认知"二分法的心理学家们常望文生义,认为我在宣扬道德总是由情感推动的,然后他们会论证认知的重要性,以为他们找到了反对直觉主义的证据。但直觉(包括情感反应)也是一种认知,它们只是不属于推理的范畴。

这里大家一定要注意作者的用词,直觉不代表情感,里面有理性的成分,这个成分就是我们一开始所说的合作理性,我们说文化是合作理性的产物,可是原始社会哪有理性,图腾就是一种把大家的情感聚集在一起的文化符号。当人们愿意为某个文化符号约束自己的时候,就是理性彰显的时候。这个就是海特的社会直觉主义模式,当一个人的直觉放在人与人之间的场景中,你的直觉视角必须改变。海特接着说:

> 社会直觉主义模式为令人沮丧的道德和政治争论提供了一个解释:道德理性是直觉之狗身后摇晃着的尾巴。狗摇尾巴是为了交流。你没法强摇狗尾巴来让狗高兴,你也不能通过彻底驳倒别人的观点来让他们改变主意。

那么怎么样来改变他人的观点,不是利用理性,而是以他人的视角去看问题。作者是这么说的:

> 如果你想改变人们的想法,你就必须跟他们的“大象”交谈。你必须运用社会直觉主义模式中的连线 3 和 4 来引出新的直觉,而非新的理论。
>
> 戴尔·卡内基(Dale Carnegie)是历史上最伟大的大象耳语者之一。在他的经典著作《人性的弱点》(*How to Win Friends and Influence People*)中,卡内基反复规劝读者避免正面冲突。相反,他建议人们“以友好的方式开始”,“微笑”、“做一个好的聆听者”,以及“绝不说‘你错了’”。一个劝说者的目标应当是,在陈述个人的意见之前,传递出敬意、温情以及坦诚交流的意愿。卡内基正是在敦促读者们使用连线 4(社交劝服)来为连线 3(以理服人)做好准备。

这不就是老子的“无为无不为”,让大象自由,自己也自由,“弱者道之用”“圣人之道,为而不争”吗?可是这个道理也许只有道德心理学家明白,一般人很难明白。因此作者是这么说的:

> 虽然这个道理如此明显,但我们当中极少有人将其运用到道德和政治的争论中,因为我们的正义之心如此轻易地就转变成了争斗模式。象与骑象人完美配合,致力于抵抗攻击,并抛出像炸弹一样的激烈言辞。这种行为也许能给我们的朋友留下深刻印象,向盟友表明我们是队伍中的坚定成员。但是,如果对手也处于争斗模式,不管我们的逻辑有多完善,都无法让他们改变观念。如果你真的想改变某人关于道德或政治问题的观念,你就得不分彼此地从他人的视角看待问题。如果你真的能深入地、直觉式地从他人的视角看问题,你会发现自己相应地也心胸开阔了。共情的确是正义感的解药,尽管想要跨越道德分歧来实现共情十分艰难。

情感里面有理性,理性里面有情感,主宰者是直觉社会主义,但两者也有一个先来后到的顺序,因此,最后的结论就是:

直觉在先，策略性推理在后。道德直觉几乎于瞬间之内自动弹出，而道德推理开始运作则要晚很多，并且最初的直觉还试图操控后面的论证。如果认为道德推理的作用是发现真理，那么当看到人们在反对你时所表现出的愚蠢、偏颇和不合逻辑后，你将会非常沮丧。但如果将道德推理理解为人类进化出来的一种本领，其目的是强化社会功能——为自身的行为辩护、捍卫我们的集体，那么这一切就有意义了。盯住直觉，不要只从表层理解人们的道德争论，它们几乎都是事后所建的空中楼阁，是为了服务一个或多个战略目标。

但是，海特的这个观点还是有所欠缺的。欠缺在哪里？我们后面再讨论。现在我们继续海特的《象与骑象人》，看看幸福与我们的合作理性有没有关联。

老子是如何让幸福大象自由的

第79讲

链接书目:《象与骑象人》 乔纳森·海特

前面我们阅读了道德心理学家乔纳森·海特的《正义之心:为什么人们总是坚持"我对你错"》,理解了一个和认知心理学家平克一样的问题,我们的道德认知里的三种模式,我们的人性中有四位善良天使,最终合作理性是主宰者。这个问题我们还要进一步讨论。今天我们继续阅读海特的《象与骑象人》,从个体层面看幸福与合作理性的关系。

《象与骑象人》还是讨论情感和理性的问题。看看幸福是与我们的情感有关,还是与我们的理性有关。乔纳森·海特是一位道德心理学家,但是这本书出来之后,他被认为是21世纪不可忽视的积极心理学的开创人物。在《象与骑象人》中,作者把人类思考了2000多年的幸福问题,归结为10个假设,放在科学的天平上,到底哪些是真理,哪些是谬误? 海特提出,人的心理可分为两半,一半像一头桀骜不驯的大象,另一半则是理性的骑象人。这两个分裂的部分,使得人们常常陷于理性与非理性的思想争战之中,而这种争战不仅会影响我们的决策,也会削弱我们的幸福感。乔纳森·海特融合了心理学、哲学、伦理学、宗教以及人类学等学科知识,大量引用了古今东西方哲学、文学与宗教中有关人的心理的看法,继而以现今神经科学与社会心理学的研究成果,来验证关于古老的幸福的假设。

不过,在讨论这个问题之前,我们要复习一下"无为"的定义。在甲骨文中,"为"字就是人们牵着一头大象,为什么呢? 就是让它为我们干活。老子"无为"的意思就是不要牢牢牵着大象,而是"让大象自由"。你别说,乔纳森·海特还真的是这个意思。他在该书"分裂的自我,使你产生心理冲"一章中是这么说的:

> 现代的理性选择理论及信息加工理论并不足以解释人类意志的软弱。古代人驾驭动物的比喻则十分有用。当我在思考自己为何老是那么软弱时,我联想到的自我形象就是我是一个骑在大象背上的人。我手里握着缰绳,只要动动缰绳,我就可以指挥大象转弯、停止或往前走。不过,只有在大象没有它自己的欲望时,我才指挥得了大象。一旦大象真的想做什么,我就根本斗不过它。

海特的这个观点也不是自己想出来的，而是从古代智者佛陀与柏拉图那里得到了启发。书中是这么说的：

翻开历史，人类一直和动物生活在一起，也一直想操控动物，于是，古代人便拿动物来做种种比喻。例如，佛陀便将人的"心理"比喻为野生大象：

我此过去心——任意随所欲，随爱好游行。我今悉调伏，如象师持钩，制御泌液象。

柏拉图也用过类似的比喻。他把自我"心灵"比喻成一辆马车，而由"心理"的冷静、理性的那一面来驾驭马车，柏拉图的马夫必须驾驭两匹马：

右边这匹马气宇轩昂，体形挺拔强健，脖子长又直，鼻子有贵相……这匹马很自爱，也知谦虚自制；重视荣誉感，所以无须鞭打，只要下口令即可。但另一匹马却四肢弯曲，关节粗大……动作粗野无礼，耳朵四周毛发杂乱，聋得像根柱子似的，只有用马鞭抽它，用马刺刺它，才能让它就范。

作者以上举的例子就是轴心时代由外而内超越的两个典范。柏拉图的方法我们已经介绍过了，就是由理性的骑象人去驾驭这个激情的大象，而佛陀以修炼禅定的直觉思维去控制大象，海特根据现代科学的控制化处理和自动化处理的原理，想出了这个大象与骑象人的比喻，并进行了幸福的实验。作者是这么说的：

20 世纪 90 年代，当我逐渐发展出大象和骑象人的比喻时，社会心理学界也开始对人的心理采取类似观点。曾经长期醉心于信息加工模式及电脑程序这类比喻的社会心理学家们开始发现，人的心理一直有两套处理系统在运作——控制化处理过程和自动化处理过程。

幸福实验：

假设你自愿成为以下实验的被试。首先，实验人员会给你几个跟文字有关的问题，告诉你答完后就过去找她。这些问题很简单：有几组各含 5 个词的词组，你可利用其中 4 个词随意造句。比如，用"他们/她/打扰/探望/经常"来造句，变成"他们经常探望她"或者"他们经常打扰她"。几分钟以后，你做完了测验，并依照指示从实验室出来到走道上。这时，实验人员就站在那里，但她正和某人聊天，看都不看你一眼。你认为你会怎么做？嗯，如果你造的句子中有一半的句子有粗鲁之意（比如，打扰/厚脸皮的/侵略地），你可能会在一两分钟内打断她的谈话，并对她说："嗨，我做完了。现在我该做什么？"可是，如果你拼凑的句子中用到跟礼貌有关的词（他们/她/尊重/看见/通常），那么你很可能就会乖乖地待在原地，等实验人员发现你,而且一等就等了10分钟。

同样的道理,接触到与"年老"有关的词,我们走路会变慢;接触与"教授"有关的词,会让人在玩棋盘游戏时变得更聪明;接触到跟"足球流氓"有关的词,人则会变笨。这些效应不是因为我们有意识地阅读这些词所产生,而是当这些词出现在我们的潜意识里,这种效应就会发生。也就是说,这些词是以几百分之一秒的速度闪现在屏幕上,速度快到连我们的意识都捕捉不了。不过,我们心理的某个部分真的会看到这些词,并设定出后续动作,而心理学家检测的就是这些后续动作。

作者认为我们自己也不知道为什么会做出等待与不等待、走路快与慢的决策,这是人的大脑自动化决策。那么控制化系统,也就是骑象人是如何出现的呢?作者认为是语言,在书中是这么说的:

不论你是赞成200万年前还是4万年前,语言、推理与规划能力都是在进化中瞬间出现的。它们就像一种新软件,一种可称为"骑象人版本1.0"的软件。虽然人类语言的部分运作良好,但在推理和计划程序方面仍有许多问题。相反,自动化处理在经过数千次产品周期的考验后已接近完美状态。自动化处理和控制化处理的成熟度不同,这可以解释为什么便宜的电脑解决逻辑、数学、下棋等问题的能力,胜过任何人类(大多数人做这些事都很吃力)。然而,无论造价多昂贵的机器人,要它走路穿越树林,一定都会输给6岁大的小孩(人类的知觉和运动系统是一流的)。

那么控制化系统的骑象人和自动化系统的大象,两者是如何合作的呢?作者是这么说的:

控制化系统的功能则比较像一名顾问,它就像是一个骑在大象背上的骑象人,可帮助大象做出更好的选择。骑象人看得远也想得远,只要跟其他骑象人交谈一下,或研究一下地图,他就能学到宝贵信息。但是,骑象人无法在违背大象本身意愿的情况下命令大象。苏格兰哲学家大卫·休谟(David Hume)曾说道:"理性,应该只是激情的奴隶,除了服从之外,没有其他可能。"我相信休谟这句话比柏拉图的话更接近真理。

总的来说,骑象人扮演的是顾问的角色,也是一位仆人,他不是国王、总裁,也不是能紧控缰绳的马夫。骑象人是加扎尼加所称的"诠释模块",它是有意识的、控制后的思考。相反,大象则是骑象人以外的一切。大象包含我们内心的感觉、本能反应、情绪和直觉，这些都是自动化系统的组成要件。大象和骑象人各自拥有聪明才智，只要配合良好，便可造就出杰出的人类，但是两者的合作关系总是状况百出。

象与骑象人有这种矛盾，看来我们是找不到幸福了。怎么办？作者提出了一个幸福假设的问题。我们可以从假设中找到解决方案吗？

到这个阶段，我们准备好要提出以下问题：幸福来自何处？关于幸福，有几个不同的"假设"，其中一个假设为：幸福来自得到自己想要的东西，但是我们都知道（研究也证实）这种幸福维持不了多久。另一个假设则是：幸福来自人的内心，但强求世界符合自己内心的想法，是不可能得到幸福的。古时候很盛行这种观念：印度的佛陀和古希腊及罗马时代的斯多葛学派的哲学家，无不劝大家断除自己对外在的人和事的情感依恋，因为外在的人事变幻莫测，难以掌控，还不如自己学会接受现实。

以上是两个截然不同的幸福假设，一个来自外部，一个来自内部。那么到底哪一种是对的呢？我们先来看看作者是怎么评价来自外部的幸福的。作者在该书"幸福来自何处"一章中是这么说的：

人无法从外在事物中找到幸福。

佛陀及爱比克泰德要是听到前述研究结论，一定会鼓掌赞同，因为他们早就发现，人无法从外在事物中找到幸福。现代人跟古代人一样，把自己的时间和精力拿来追求一些不会让自己更幸福的目标，却在盲目追逐的过程中忽略了个人内在成长及精神层面的修为，而这才是真正能带给我们满足感的东西。古圣贤哲一再教诲我们，要懂得放手，不要再汲汲营营，选择一条新的人生道路。转向自己的内在，最重要的是不要再强求外在世界符合己之所愿。克利希纳指出，人有劣根性，而且克制不了这些劣根性，人会用各种希望把自己捆上几百个手镣脚铐，内心充满怒气与欲望，用尽各种不公义的手段积聚财富，以满足自己的贪欲。克利希纳用讽刺的语气道出这些贪婪人魔的嘴脸：

今天我得到这个，明天一时兴起我就要满足另一种欲望；这是我的财富，以后还会有更多财富。谁要成了我的敌人，我就杀了他，有多少敌人，我就杀多少人。我是这里的大王，我高兴怎样就怎样，我是个快乐、成功的强者。

前面这段话只要把"杀人"改成"打败"，就可充分描写出现代西方世界的理想境界——起码能非常鲜活地描绘出弱肉强食的商业界。因此，就算鲍勃跟玛丽一样快乐，但是如果他是一个傲慢、强势、对人恶劣的坏人，从精神层面及美学层面而言，他的生活也仍然比较差。

按照作者的意思，寻找外来的幸福假设肯定是不对的，那么，大家一定以为内在的幸福假设肯定是对的。也不对。作者是这么说的：

> 古代这种想法有其值得尊敬之处。面对挫折，改变自己的内心确实要比改变外在世界来得容易。但是我会提出证据证明，第二个有关幸福的假设是错误的。最近的研究已指出，有些事物是值得我们努力追求的，某些外在生活条件能让我们更幸福。其中一个条件就是关系，即我们跟别人之间形成的必要联结。我会提出相关研究来证明爱来自何处，为何激情很快就消退，以及哪一种爱才是"真"爱。我也建议将佛陀及斯多葛学派所提出的幸福假设修正如下：幸福不只来自我们的内心，也来自外在。我们需要古老的智慧及现代科学的引导，以获得两者间的平衡。

这里作者又说外来的幸福假设是对的。这不是矛盾吗？作者到底要表达一种什么样的观点呢？按作者的意思理解，应该是这样的：外在的东西不是一种财富，而是一种关系，一种联结，幸福就是这个外在和内心的结合。而不是像佛陀与斯多葛学派，只关注内心，与外在断绝关系的那种幸福。

如果你明白了我们的认知旅程中一直在用的中国哲学密码——生命之道、由内而外、合作理性、天人合一，你就明白了作者的意思。但作者不是用这个思路，他的思路也来自中国，是一种表面化的中庸之道。在《象与骑象人》的结尾处，作者是这么说的：

> 一个没有自由派的社会，对许多人而言是一个严酷暴虐的社会，而一个没有保守派的社会，则会出现涂尔干所说的社会结构及束缚解体的乱象。人越自由，社会就越混乱。想寻找人生的智慧，就要从自己最想不到的地方开始——死对头的"内心"。自己阵营的想法，你已知之甚详，如果你能放下"对方是恶魔"这样的心理，你可能就会第一次发现对方的想法也有其可取之处。以中庸之道（平衡），找寻人生的智慧——不管是古与今，东方与西方，甚至保守与自由，中庸之道都可让我们选择正确的人生方向，找到人生的满足、幸福及意义。人生不单单只是选定目的地，然后一直走过去——骑象人没有这大的能耐。不过，只要善用人类的智慧及科学知识，我们就能驾驭大象，掌握自己的潜能与限度，拥有充满智慧的人生。

在上一讲中海特把中庸之道用在了道德上，这次又用在了幸福上。在上一讲结尾处，我们说过这是有一点欠缺的，因为作者让我们用自己的科学知识，去驾驭大象。但问题是作者又认为道德的原则是直觉在先、推理在后，那么如何用后发的知识，去控制先发的自由自在大象激情呢？老子是怎么看待这个问题的呢？老子的宗旨是让大象自由，当然也包括让大象的幸福自由。但老子的自由不是放纵，而是理性的自由。如何做到？两个字：修炼。《道德经》中是这么说的：

　　载营魄抱一，能无离乎？专气致柔，能婴儿乎？涤除玄览，能无疵乎？爱民治国，能无为乎？天门开阖，能为雌乎？明白四达，能无知乎？生之畜之。生而不有，为而不恃，长而不宰，是谓玄德。

不要小看这段话，里面有六步修炼模式：载营魄抱一、专气致柔、涤除玄览、爱民治国、天门开阖、明白四达。通过修炼达到六层思想境界：无离，即由内而外；婴儿，即共情能力；玄览，即直觉能力；无为，即让大象自由；为雌，即弱者道之用；无知，即简化认知。这些都是直觉的基本要素，后面我们还要详细讨论。如果是一头大象，被骑象人训练成为生而不占有、为而不依赖、长而不主宰，一句话让它成为一头具有合作理性的大象，骑象人最后与大象合二为一，最后的最高境界就是玄德。在第55讲，我们讨论过康德的幸福与道德一致论，最高的道德就是最高的幸福。这里比乔纳森·海特的道德和幸福中庸方法论棋高一着。

按照德福一致的观点，道德等于幸福。但有时道德不一定是幸福，因为道德里有他人，幸福是个体的体验与感受。确实，讲道德的人有一种幸福的体验，但是如果你碰到了极端的处境，比如说被纳粹关在了集中营，你如何与他讲道德，这个时候你的道德观肯定派不上用场，难道你只能在幸福的反面，也就是绝望中等死吗？

超链接学习者之认知旅程

（下卷）

鲍小雄 编著

浙江工商大学 出版社
ZHEJIANG GONGSHANG UNIVERSITY PRESS
·杭州·

目 录

下 卷

▶▶ 下卷导读

第 80—92 讲　心理学中的认知主线：大脑不听使唤怎么办

从第 80 讲到第 92 讲，我们的认知主线逐步鲜明起来了，因为我们可以通过自我实践来检验这条认知主线是否有用。我们每天要做 3 万多个决策，除了潜意识和习惯性的决策是我们感觉不到的，其他所有决策都是在意识下进行的。我们对自己的大脑很有信心，因为我们可以随时使唤我们的大脑。但我们的大脑没有那么乖，有时候也不听使唤。比如说，我们总觉得自己生不逢时，钱比别人少，房子比别人小，工作比别人差，别人对我不好，再极端一点，身患重病或者失去亲人，我们便失去了对生活的信心，失去了人生的幸福感，进而出现焦虑、愤怒、嫉妒、内疚等负面情绪。生理特征是吃不下饭，睡不好觉。大家也知道，长期这样下去对身体不好。于是你的大脑命令你忘掉一切，好好吃饭，好好睡觉，但平时十分听话的大脑偏偏此时不听使唤。怎么办？为什么会这样？

原来我们的大脑中有两个管理部分，一个是前额叶，管理决策的，还有一个是边缘系统，管理情绪的。管理决策的是骑象人，管理情绪的是不听使唤的对象。但心理学家有办法，让它们共同参与管理，通过认知的、讲道理的、理性的方法，让大脑在极端情况下也听我们的使唤。请阅读全球意义疗法创始人弗兰克尔的《活出生命的意义》，人本心理学家阿德勒的《自卑与超越》，积极心理学家马丁·塞利格曼的《真实的幸福》，心理学大师埃利斯的《我的情绪为何总被他人左右》和《理性情绪》，"情商之父"丹尼尔·戈尔曼的《情商——为什么情商比智商更重要》，等等。

读了以上心理学经典之后，你会发现原来大脑中的边缘系统除了会产生愤怒和焦虑，还可以产生共情和爱。合作理性是我们大脑里与生俱来的东西，关键是我们如何通过认知主线，由内而外地把它们挖掘出来。如果说前额叶为你提供"智商"，那么边缘系统就为你提供"情商"。"情商"有多大的分量？第 92 讲"为什么有人春风得意，有人怀才不遇"中有一段话，这是检验是否理解和活学活用了人类认知主线的一条终极考核标准。这段话是这样说的：

> 智商高，情商也高的人，春风得意。智商不高，情商高的人，贵人相助。智商高，情商不高的人，怀才不遇。智商不高，情商也不高的人，一事无成。

第93—96讲　理性与非理性:西方社会进入了一个铁笼

从第93讲到第96讲,我们进入了认知主线中关于理性的讨论。我们的认知主线中只提到合作理性,没有工具理性和价值理性。为什么? 我们先回顾这三个理性的定义:工具理性就是利用环境与客观规律作为工具达到自己的目标。价值理性是超越环境与客观规律,在精神上达到自己的理想目标。这两个定义是从韦伯的《经济与社会》中解释过来的。韦伯没有提到合作理性,合作理性的定义是从阅读经典中发现的。很简单,合作理性就是通过与他人的合作,共同达到双方的目标。从心理学上来说,这也是我们大脑边缘系统责无旁贷的工作之一。但在西方文化字典里,这属于情感类,是非理性的。但现实问题是西方工业社会的理性发展,在20世纪进入了一个瓶颈期,马尔库塞称之为"现代化的铁笼"。他们自己也发现了理性的局限性,于是,来源于人的生命之道的非理性开始逐步露头,代表非理性的"荒谬"小说居然获得了诺贝尔文学奖。西方有一个专有哲学名称,叫存在主义。

第97—105讲　认知主线的回归:尼采打响生命之道第一枪

从第97讲到第105讲,我们专门讨论了西方20世纪的显学——存在主义。什么是存在主义? 首先它是从胡塞尔的现象学概念里来的。什么是现象学? 现象学就和我们一开始介绍的建构主义差不多。原来我们看事物是找那个深藏在事物后面不动的本质,而不动的本质没有办法解释我们眼前千变万化的现象。但本质也不能放弃啊,因为它毕竟是千变万化的根源。你看我们既要本质,又要现象。这能够两全吗? 这个问题在中国文化中是不存在的,为什么? 就是我们的认知主线。生命之道里就包含了动与不动的双重性。至少有两个东西是不动的:第一,生命的基因是不动的。现在我们的人类学考古就是根据这个不动的东西,得出了我们整个人类世世代代都来自非洲的同一个夏娃祖先这一结论。第二,生命循环往复的周期是不动的。但生命之道又是千变万化的,它是由内而外进化而来的。除了那个基因没有太大的变化,其他一切都在变,人类就是从单核细胞生物开始变成了今天的我们,你可以想象变化有多么大。

对生命之道的变与不变的认知,是老子在2500多年前确立的,那时候还没有生命科学产生。那么西方人是从什么时候开始认知的呢? 应该是从尼采开始的。尼采打响了生命之道的第一枪,硬是把由外而内的上帝让路给由内而外的生命,而且把老子的生命"复命曰常"的观点发挥到了淋漓尽致的地步。我们把尼采的革命性行为称为第四次认知革命的第一枪,也就是说第四次认知革命开始在西方的土地上发芽了,为后来存在主义的出现扫清了障碍。如果你理解了这层逻辑,你就理解了被大家认为很难理解的"存在主义"了。存在主义就是"生命主义",如果你理解了这一点,萨特的《存在与虚无》和海德格尔的《存在与时间》,你阅读起来就没有障碍了。因为你拥有了一条人类的底层逻辑的认知主线。

第 106—115 讲　科学认知主线:21 世纪的新理论

确定了底层逻辑的认知主线之后,我们把目光投向科学。有人认为,我们这条认知主线是一条主观上的逻辑路线,和自然世界的客观运行逻辑是不一致的。不要忘记我们讨论过的康德和 AIGC(生成式人工智能)的"哥白尼革命",不是主观围绕着客观转,而是客观围绕着主观转。这时候你要质疑了,这不是唯心主义吗?不是的。人类的认知主线是自然世界在主观上的再现。因此,所有的科学发现都离不开这条认知主线。

从第 106 讲到第 115 讲,我们进入当代最前沿的科学发现,量子力学和复杂科学理论的发现与确立过程。看看我们这条认知主线有没有离开自然世界的怀抱。如果你还是不相信,那么第 115 讲中 2020 年诺贝尔物理学奖得主罗杰·彭罗斯的《宇宙的轮回》会告诉我们这个结论。我们都知道宇宙是从大爆炸起源的,根据大爆炸理论,宇宙的终极命运是毁灭。那不就远离了我们的"生命之道,由内而外,合作理性,天人合一"的认知主线了吗?大爆炸之前是什么?毁灭之后又是什么?罗杰·彭罗斯回答了这个问题。罗杰·彭罗斯是科学领域里的泰斗,碰巧的是人文领域里的泰斗,拿下世界科幻小说雨果奖的刘慈欣的《三体》中也回答了这个问题。他们两人肯定是没有商量过的,但他们两人的答案是一致的:宇宙像生命一样,是可以轮回的。这不是回到我们以"生命之道"开始的认知主线了吗?为了让大家更好地理解认知主线,我们对被称为异类哲学家的王东岳先生的观点,以批判性思维进行了比较论述。很多人觉得王东岳的《物演通论》有毛病,但到底是什么毛病,大家说不清楚。因为王东岳先生是跨越科学与人文的,因此科学家不能驳倒他,哲学家也不能驳倒他。但如果你有了认知主线,你心中就有答案了。

第 116—133 讲　认知中的超链接:横向思维

我们的认知就是对世界的简化和重组,每一个知识的创造者都有自己简化与重组世界的方法。但殊途同归,最后还是会回到我们的认知主线。从第 116 讲到第 133 讲,我们把需要阅读经典的范围扩大到哲学的现象学和后现代主义、物理学、佛学、道学、文学、心理学、认知科学、人工智能、经济学、传播学等各个方面,目的只有一个,看看一条认知主线,也就是一个超链接思维模型,能不能在这些大家认可的知识中找到新的知识。比如说如何在物理学中发现"生命之道"的第 117 讲"物理学是怎么解释佛学中'空'的概念的",佛学是如何按认知主线完成与中国文化融合的第 119 讲"一个舂米工是如何完成中国佛学'哥白尼革命'的",认知科学家是如何解释老子"无为"观点的第 120 讲"老子是如何让认知大象自由的"。同时,我们还用传统的批判性思维学习法对目前一些主流观点进行了批判,比如第 125 讲"为什么卡尼曼的《思考,快与慢》是有缺陷的",第 129 讲"我们应该给'非理性'一个什么科学名头",第 133 讲"为什么这么多专家搞不清信息与数据的区别"。

第 134—149 讲　人工智能:不是数学而是超链接思维

从第 134 讲到 149 讲,我们的内容回归到我们的初衷,理解什么是人工智能。我们一直在讨论的认知主线是人类专有的。自 20 世纪 50 年代以来,突然冒出一个人工智能。也就是说,人类 250 万年前的工具理性,从替代人类体力劳动开始向替代人类脑力劳动方向发展了。其实这是向我们人类认知主线发出的一个挑战信号。

我们第 1 讲的内容就是关于人工智能的,我们说的挑战就是在第 1 讲中出现的。我们原来以为,人工智能只是一个复制人类思维、替代人类做高强度算法的东西,想不到人工智能居然和我们的生命挂上钩了。按泰格马克的观点,这个地球上的人类生命沿着生物阶段的生命 1.0、文化阶段的生命 2.0 和科技阶段的生命 3.0 路径,一路狂奔,可能会把我们人类替代掉。明明是用来替代工具的,怎么把我们的生命也给替代掉了?因此,包括马斯克和霍金在内的全球人工智能专家、科学家和成功人士,都不约而同地患了人工智能焦虑症。我们的初衷就是为大家治疗焦虑症。

你想知道人工智能是什么,必须先知道人类智慧是什么。想知道人类智慧是什么,必须先知道人类的认知主线是什么。这里我们再一次强调认知主线不是人类的主观认知,而是和宇宙之道以及生命之道一起来到这个世界上的,只不过是人类用自己的语言把它描述出来了而已。

我们讨论的人工智能发展路径和其他人工智能课程不同,我们注重人文层面。因为对人类的工具理性来说,你不用任何怀疑,工具是什么都可以做到的。我们尽量少谈工具,而是从由内而外、合作理性的人文层面来观察这个人工智能是怎么一步步来的。这里要告诉大家一个简单好记的真理,就是"科学不是算法"。因此,认知也不是算法。这个道理是 2500 多年前老子提出来的,到 19 世纪末才被西方的尼采完全接受。到了 20 世纪,西方科学哲学家波普尔和库恩加以确认。确认了什么呢?第 144 讲"是谁把'非理性'大旗插上了科学哲学高峰"告诉我们,科学不是算法而是猜想,这是波普尔的观点。他反对一步步地观察与学习、积累经验最后发现科学真理的终身学习法，也就是归纳法，他认为科学家们都是超链接学习者。为什么？因为科学家们可以用他们的超链接思维武器——猜想来完成科学发明。由于科学是猜想出来的，因此波普尔的科学论证方法也与众不同，别人是证实，他是证伪。其实这个和我们讨论过的通才与专才问题是一致的。爱迪生一生中有1000多项发明，但真正成功的只有几个，说明什么？都被证伪掉了。但一个电灯的成功就足以证明他是世界上最伟大的发明家之一了。

波普尔用猜想超链接思维，库恩则是用信念超链接思维，库恩还要极端，第145讲"科学是如何回归人文的"告诉我们，库恩把研究人类历史发展阶段论的革命概念引入了科学发现的语境，认为科学是一群共同体信念一致下的范式革命。

人工智能就是在这种氛围下发展起来的。谁被公认为今天人工智能的第一人？不是图灵，也不是冯·诺依曼，而是200年前英国伟大诗人拜伦的女儿埃达·拜伦。在第143讲"黄金圈法则是如何解密'道可道，非常道'的"中，我们阅读的一本书，叫《创新者》，里面介绍了数字科学是如何在合作理性的认知主线下，一步步走到今天的。这本书的首尾部分都是围绕着埃达展开的。为什么？因为埃达在当时被称为人类第一台计算机（也叫"差分机"）的发明人巴贝奇的合作者。计算机上第一个程序是埃达开发的。埃达是怎么开发出人类第一个程序的呢？该书的结论是埃达的诗意创造力。也就是说，人工智能的底层逻辑不是数学，而是人类的诗意创造力，这是超链接思维的另外一种表达。在这个超链接思维中数学只是一个部分，而不是全部。正好有一本书，也是介绍埃达的诗意创造力的，叫《信息简史》，作者是美国作家格雷克。该书"将思想的力量注入齿轮机械（喔，欣喜若狂的算术家啊！）"一章中是这么描述的：

> 她也曾反思过自己不断增强的思考能力。她认为，它们并非严格都是数学能力。事实上，她只是把数学看作一个更广阔的想象世界的一部分。数学变换让她联想到"人们读到过的某种精灵和仙女，它们刚才以一种形状近在咫尺，下一刻就变成了非常陌生的另一种形式；数学的精灵和仙女有时会出奇地富有欺骗性、令人烦恼却又撩人心弦；它们就如同我在小说世界里发现的那类精灵和仙女"。想象力——这是尤为宝贵的特质。她思虑及此，以为这是从她那素未谋面的父亲那里遗传而来的。

想象力让我们得以穿透进入周围看不见的世界,即科学的世界。它让我们得以感知和发现事物的实质,而其真实原先我们看不见,其存在原先我们感官感受不到。那些已经学会在未知世界边缘徘徊的人……借助想象力的洁白翅膀,就有可能深入翱翔到我们所在世界当中的那些未经探索的领域。

为什么弗兰克尔能在 9 天内写出一部传世之作
第 80 讲

链接书目:《思维的囚徒》 亚历克斯·佩塔克斯,伊莱恩·丹顿

《活出生命的意义》 维克多·弗兰克尔

上一讲我们讨论了有关幸福的话题。这个话题和道德一样,都是象与骑象人的关系,也就是情感与理智的问题。海特认为两者都可以用中庸之道来解决。这个中庸之道就是海特在《正义之心:为什么人们总是坚持"我对你错"》中所说的第三种模式,问题是海特的理智可以控制情感的问题,最后还是没有解决。《正义之心:为什么人们总是坚持"我对你错"》的序言中是这么说的:

> 人的意识是分裂的,如同象与骑象人,而骑象人的工作就是服务大象。骑象人是有意识的论证,即我们完全自知的语言和图像流。而大象就是其余 99% 的精神过程,它发生在我们的意识之外,却实际操控着我们的大部分行为。我曾在上一本书《象与骑象人》里阐释过这个隐喻,描绘了骑象人与大象是怎样合作的。当我们跌跌撞撞地试图找寻人生的意义和关联时,两者的合作显然不尽如人意。

是啊! 我们说幸福是一个由内而外的东西,但是幸福的对立面绝望、恐惧、抑郁、孤独和焦虑,一般都会受到由外而内的影响,比如说被出轨、被背叛、被诬陷等等。这个时候,我们必须找到幸福与绝望的中间线,因为所有幸福与绝望都是从这条中间线出发的。那是什么呢? 就是生命的意义。意义是一个情感和理智共同参与,也就是象与骑象人不分彼此的东西。因此,如何让大象自由,是一个如何认知生命意义的大问题。

有一本书,叫《思维的囚徒》,这不是一本关于思维的书,而是一本关于意义、关于"让大象自由"的书。作者认为我们每一个人的心中都有一个东西,叫"意义意志"。在该书"原则 2 实现有意义的目标"一章中,作者是这么说的:

> 不择手段地、无休止地追求财富也是一种十分原始的意义意志。在我们的文化中,很多人都已经习惯性地认为拥有金钱和物质是成功的象征,而且越多越好。拥有金钱和物质已经成了我们的终极目标,因为我们可以计算和统计自己的财富,然后再拿我们拥有的去和别人比较。如果我们不这样做,或者如果我们的财

富或物质没有别人多,我们自然就会认为自己做得还不够好……

…………

意义意志来自我们的内心深处。只有我们才能发现它,控制它,实现它。不管我们一生会拥有多少权力和欢乐,真正支撑我们走完一生的是意义。最重要的是,意义会帮助我们成功摆脱无法逃避的痛苦与磨难。乔恩·卡巴金在他的大作《多舛的生命》中写道,不管我们的健康、幸福和福祉遭遇何种挑战,我们都要与最初的完整自我保持联系。他在书里研究了很多人的生活,正是一些危及生命的疾病让他们的人生发生了巨大的改变。他们带着宽恕仁爱之心,不仅与别人建立了联系,而且也与自我保持着联系。有些人战胜了病魔,活了下来,有些人则被病痛夺去了生命。尽管他们遇到了各种不同的挑战,但他们每一个人都以自己的方式,在生死关头实践了对意义的承诺,从而加深了自己的人生体验。

从以上作者的话中,我们可以理解意义意志是一种中性的东西,因为它就是我们直觉和情感中的一部分。但是作者认为第二种原始的意义意志,一不小心就成了人的"权力意志",而失去了意义意志的内涵。作者是这么说的:

拥有多少金钱才算够?不管是计划之中还是意料之外,不管是显性还是隐性,为了赚取更多金钱,我们花费的成本之高简直令人吃惊。很多人忙于寻求和积累财富,不得不推迟享受快乐。我们在积累财富的时候往往也会忽略人际关系。同样,为了获得更多,我们也会忽视自己的健康。有些人花费了很多时间和精力积累财富,到头来却发现,由于担心失去财富,他们反倒需要花费更多的时间和精力来保护自己的财富。遗憾的是,除了财富之外,他们可能还会失去自己的"身份"。我们知道,通过金钱或其他方式追求权力与追求享乐十分相似。两者追求的都是身外之物,与我们的真实自我无关,而且它们"无处不在"。人们总是渴望拥有权力去控制别人,比如员工、老板、客户、股东、孩子、饭店的女服务员或者零售商店的售货员。权力,往好了说,是一种错觉;往坏了说,非常具有破坏性。我们认为自己可能会拥有权力,但却永远无法确切地知道我们是否会拥有权力。即使我们知道,在权力的游戏中也会遇到强劲的对手。而且,总有人会伺机而动,游戏的场地也会时刻发生变化。追求权力是一个令人身心俱疲的游戏。权力与快乐一样,转瞬即逝,而且会受到不可预见的力量的制约。

以上作者对意义意志和权力意志的划分来自两位心理学大师的观点。一位是著名的奥地利精神病学家阿尔弗雷德·阿德勒,他是人本主义心理学先驱和个体心理学的创始人,他曾追随弗洛伊德探讨神经症问题,他也是精神分析学派内部第一个反对弗洛伊德的心理学体系的心理学家。有意思的是,另外一位是阿德勒的学生维克多·弗兰克尔,他是维也纳第三心理治疗学派意义治疗与存在主义心理治疗的创办人。

该书作者当然是站在弗兰克尔的意义意志一边,因为他们是弗兰克尔意义治疗的积极倡导者。他们写《思维的囚徒》的目的,就是想为弗兰克尔的一部成名作做一个理论上的总结,这部成名作是弗兰克尔花了 9 天时间写成的,被称为 20 世纪的一个奇迹。

那么这本书叫什么呢?它就是《活出生命的意义》。为什么这么一本传世之作只花了 9 天时间就完成了呢?该书自序中是这么说的:

> 在我 1945 年提笔创作这部作品时,我并没有太多的想法。在随后的九天时间里,我一直坚持要匿名出版这部作品……我的初衷很简单,只是想通过具体的事例向读者传递一种观点——生命在任何条件下都有意义,即便是在最为恶劣的情形下。如果这种观点在某些极端的环境中得到验证,我的作品或许会引起人们的关注。因此,我认为我有责任将自己的经历写下来,或许对那些绝望中的人们会有所帮助。

那么是什么"自己的经历"呢?原来弗兰克尔是一个生活在奥地利的犹太人,在纳粹时期,他全家都被关进了集中营,他的父母、哥哥、妻子都死于毒气室中,但是他却奇迹般地活了下来,并且把这段经历写成了书。这不是一般的书,而是一本能够让人从绝望中走出来的心理治疗方面的书。我们可以从该书举的案例中,了解作者所说的生命的意义不是一个空穴来风的抽象概念。作者在该书"在集中营的经历"中是这么说的:

> 我有一次亲身体会到丧失对未来的信念跟这种危险的放弃之间的密切联系。F——我的号长是一名小有名气的作曲家和词作家,有一天,他告诉我说:"我跟你说点事,医生。我做了个奇怪的梦,梦里有个声音说,我可以许个愿,问任何我想知道的事,我都会得到答案。你猜我问了什么?我问他战争什么时候结束?你明白我的意思,医生。我就想知道什么时候能够得到解放。"
>
> "你什么时候做的这个梦?"我问他。
>
> "1945 年 2 月。"他说。当时是 3 月初。
>
> "那个声音怎么回答你的?"
>
> 他诡秘地耳语道:"3 月 30 日。"

当 F 告诉我这个梦时,他充满了希望,确信梦里那个声音所说的是正确的。但随着日子的临近,我们根据得到的消息判断,战争极不可能在那个日子结束。2月 29 日,F 突然病了,发高烧。3 月 30 日,就是梦中声音告诉他战争将结束的那一天,他陷入了昏迷。第二天,他死了。从所有外表的症状看,他是死于伤寒。

凡是了解人的心理状态,了解他的勇气和希望或者缺乏勇气和希望与他自身免疫力有紧密联系的人都理解,突然失去希望和勇气会导致死亡。我朋友最终的死因是预言没有如期兑现,他绝望了。这使他身体抵抗力急剧减弱,导致潜伏的伤寒感染发作。他对未来的希望和活下去的意志都没有了,身体也就成为疾病的牺牲品——虽然他梦里声音所说的最终都应验了。

那么有了生命的意义之后,是一种什么样的结果呢? 作者举了自己的例子。

人对意义的追寻会导致内心的紧张而非平衡。不过,这种紧张恰恰是精神健康的必要前提。我敢说,世界上再没别的能比知道自己的生活有意义更能有效地帮助人活下去(哪怕是在最恶劣的环境下)。尼采的一句话很有智慧:"知道为什么而活的人,便能生存。"我认为这句话是任何心理治疗都应当遵循的座右铭。在纳粹集中营里,你会发现,那些知道自己的生命中还有某项使命有待完成的人最有可能活下来。写过集中营题材的其他作者及在日本、韩国和越南战争的战俘营里做过精神病调查的人也得出了相同结论。

就我个人而言,我在被关押在奥斯威辛集中营时,一部待出版的手稿被他们没收了。重写这本书的渴望的确有助于我战胜集中营严酷的处境。比如,在巴伐利亚集中营时,我得了伤寒热,却在碎纸片上记了许多笔记,希望如果有幸活到解放那一天,这些笔记会帮助我重写那本书。我确信,在巴伐利亚集中营那漆黑的监狱里重写那部被没收的书,这有助于我避免可能发生的心血管衰竭的危险。

但是仅仅依赖使命感,这在弗兰克尔的意义意志里还只是第一步。如果说大象是人的直觉与本能,那么骑象人就是去挖掘这个本能的人,使命感是大象与骑象人的合作,里面有理性的成分。那么生命意义里面的本能是什么呢? 当然是合作。那么弗兰克尔的合作本能是什么呢? 弗兰克尔是这么说的:

找到生命之意义的第二种方法是通过体验某种事情——如真善美——通过体验自然和文化或体验另一个人的独特性——就是说去爱某个人。

爱是直达另一个人内心深处的唯一途径。只有在深爱另一个人时,你才能完全了解另一个人的本质。通过爱，你才能看到所爱的人的本质特性，甚至能够看到他潜在的东西即他应当实现而尚未实现的东西是什么。只有通过爱，才能使你所爱的人实现他的全部潜能。通过使他认识到自己的所能和应为，他就会实现自己的潜能。

在意义疗法中，爱不是被解释为仅仅是性欲和本能的副现象（即所谓升华）。爱与性一样，都是一种主现象。通常，性是爱的表达方式。只有作为爱之载体的性才是正当的，甚至是神圣的。这样，爱就不能仅仅被理解为性的副产物，相反，性是被称作爱的最终合一这种体验的表达方式。

弗兰克尔以上这些话，我们在《复杂生命的起源》中已经讨论过了。人类爱的源泉在生命诞生时已经由基因们决定好了，但弗兰克尔是怎么体验到爱的本能的呢？因为他的妻子也在集中营，他的第一种使命依赖感的意义意志在这里失效了。作者是这么说的：

我的意识还停留在对妻子的思念上，一个想法突然闪现在我脑海中：不知妻子是否还活着。于是，我终于明白了一件事，如今我对这件事理解得更加深刻，那就是爱一个人可以远远超过爱她的肉体本身。爱在精神和内心方面具有深刻的含义，无论伴侣是否在场，是否健在，爱以什么方式终止是很重要的。

我不知道妻子是否还活着，当然，也不可能弄清楚（集中营里无法通信）。但在这一刻，一切都不重要，对于我来说也没必要知道。没有什么能阻挡我的爱、我的思想以及对于爱人形象的回忆。即使我知道妻子已死去，也不会影响我对她的殷切思念，我与她的精神对话同样生动，也同样令人满足。"心就像被上了封条，一切如昨。"

以上我们介绍了弗兰克尔的两种发现生命的意义的方式，一种是使命感，一种是爱的体验。弗兰克尔还有第三种发现生命的意义的方式，那就是被其称为"忍受不可避免的苦难时采取某种态度"。该书中是这么说的：

让我回忆一段可能是我在集中营里最深切的体验。在集中营，生存下来的概率不超过二十八分之一，这可以通过精确的统计数字得到证明。我第一本书的手稿（我在到达奥斯威辛集中营后就把它藏在大衣里）能够抢救回来的可能性就更加渺茫了。因此，我不得不努力地减轻失去自己智力成果的痛苦。而现在看来，集中营的幸存者中似乎没有谁比我活得更长，也没有人的智力成果能够超越我。因此我发现自己面临这样一个问题：我在那种境遇中的生命是否完全没有意义？

…………

过了一些时候，我觉得自己马上就会死去。在这个关键的时刻，我的担忧与绝大多数狱友不一样。他们的问题是："我们能从集中营活着回家吗？如果不能，所有这些苦难就都没有意义。"而我感到困惑的问题是："所有这些苦难、死亡到底有没有意义？如果没有，那么压根儿就不该忍受。基于这种偶然之上的生命——不论你是否逃跑——压根儿就不值得活下去。"

如果说弗兰克尔的第一种方法是以骑象人为主，第二种方法是以大象为主，那么第三种方法就是"让大象自由"了。我们比较一下老子的合作理性六步修炼法，弗兰克尔用了三个，由内而外、共情、无为，特别是第一个由内而外修炼法"载营魄抱一，能无离乎"，意思是肉体生活与精神生活可以不分离吗？就是苦难之意义。如果你认为苦难是没有意义的，那么就压根儿不该去忍受，如果这个逻辑存在，今天我们的人类也就不存在了。为什么？因为我们都知道苦难的意义，大家就是这么过来的。

让大象自由，让意义意志自由，就是不要做思维的因徒，但是需要我们用合作理性修炼法才能做到。这个基本上达到了老子"无为无不为"的境界，不仅仅是让大象自由，也要让骑象人自由，不做思维的因徒，在情感和理智上都可以做到"无不为"。这就是生命的意义。《思维的因徒》中是这么总结弗兰克尔的一生的：

意义是人类的核心本质。但是，如果我们不能医治、拯救自己，就不可能医治、拯救职场和社会。正如我在本书所建议的那样，最终，每个人都能拿到打开内心精神囚笼的钥匙。所以，如果我们决定去行使权利，把自己从囚禁中解放出来，不再做思维的囚徒，那么我们每一个人不仅有这个权利，而且也有能力去这么做……

…………

弗兰克尔去世前一直过着有意义的生活。这说明，他的存在哲学和治疗方法都有深厚的实践基础。在他漫长的一生中，无论是作为纳粹集中营的幸存者，还是受人敬仰的思想领袖，他的经历告诉我们，人类具有无限潜力。弗兰克尔用自己丰富的人生经历向我们证明，挣脱人生囚牢（不管这囚牢是真实存在，还是在你的意念之中），获取自由的钥匙就掌握在我们自己手中，而且触手可及。正如弗兰克尔所说，我们随时随地都可以找到意义，可以在我们的整个人生经历中或通过人生经历去寻找它。意义就像能量,既不能被创造,也不能被毁灭,只能被转化。意义存在于这一瞬间,乃至所有的生命瞬间,就等着你去发现。

以上,我们理解了弗兰克尔的意义意志,但总觉得少了点什么。是什么呢?就是少了点现实中的我和弗兰克尔的我,是否可以等同。两者的差距不是那么一点点。他是一位心理学家,又有这么丰富的人生阅历,而我就是一个为柴米油盐发愁的普通人,生命的意义对我有作用吗?我能够以一个骑象人的身份让大象自由,我自己也可以获得自由吗?可以的。为什么?因为我们每个人都经历过一种叫自卑的情感。如果你经历过,那么你肯定也能够找到生命的意义。

我们的自卑情结来自哪里
第81讲

链接书目:《自卑与超越》 阿尔弗雷德·阿德勒

《洞察人性》 阿尔弗雷德·阿德勒

　　上一讲我们学习了弗兰克尔的意义意志,我们可以通过让大象自由的方式,也就是"无为"的方式,冲破自己思维的牢笼,其实就是冲破财富诱惑和苦难折磨的牢笼,让自己自由地找到生命的意义。如何做到这一点?通过使命感、爱的合作本能,以及对苦难的态度。但是,这个东西还是离我们太远。今天,我们讨论另外一种生命的意义,这个和我们每一个人都密切相关。是什么呢?就是近在咫尺,我们无法逃避的东西:权力与财富。

　　这一讲讨论的话题就是上一讲提到的个体心理学创始人阿德勒的幸福理论。在讨论之前,还是要提醒大家,我们一直围绕着人类的认知革命这个主题,生命的意义属于价值理性的范畴。如果我们不像美国人那样,用工具理性去实现价值理性,而是以合作理性去实现,这个在心理学家看来行得通吗?我们就从阿德勒的权力意志去找解决方案。

　　虽然弗兰克尔反对阿德勒的有关权力意志的理论,但阿德勒也写过有关生命的意义的书,叫《自卑与超越》,这是一本心理学领域的超级代表作。作者阿尔弗雷德·阿德勒,是与弗洛伊德、荣格齐名的心理学三巨头之一。和弗兰克尔对待阿德勒一样,阿德勒和他的老师弗洛伊德观点也不同,阿德勒强调社会文化和自我奋斗对个人的影响,他是人本主义心理学先驱,被称为"现代自我心理学之父",极大地影响了西方心理学的发展。

　　人们说他的心理学理论是建立在权力意志上的,说的没错。如果学习过我们前面的内容,就会知道西方的个人主义价值观就是权力与财富的孪生兄弟。作者并没有否认这一点。但他认为,这只是他的理论出发点,而不是他的理论终点。为什么?因为他觉得权力意志确实存在,是一种文明的弊端的存在。他有一本书叫《洞察人性》,书中是这么说的:

　　　　在人类文明的弊端中,追逐权力堪称最严重的一种,要阻挠该弊端的发展,最卓有成效的方法是什么?由于婴儿阶段,人们便开始追逐权力了,要跟如此幼小的孩子沟通难度颇高,因此对上述问题的研究遭遇了很多难题。改良、矫正举措都要等孩子稍大一些后才能开始,但此时再发展孩子的社会感,使之完全消除对个人权力的追逐,是不可能的,就算我们跟孩子朝夕相对,也无法做到这点。

孩子会把追逐权力隐藏于友情与柔情中,不会公然对外展现出来,这是另外一个难题。为了隐藏自己的思想,孩子小心翼翼进行掩饰。若任由孩子追逐权力,不对其进行束缚,孩子的精神发展就会退化。过度追逐安全与力量也许会把勇敢变成草率,把遵从变成怯懦,把柔情变成狡诈——以此成为世界的统治者。一切自然感情或表现,最终都将披上伪善的外衣,同时确立一项最终目标,就是征服身边所有的事物。

以上就是我们所说的阿德勒的权力意志的理论来源。难道这就是我们人类生命的意义吗?我们还是回到阿德勒的《自卑与超越》这本书,阿德勒在该书"我们对于意义的追寻"一章中,阐述了生命中的三大问题。作者是这么说的:

> 每个人的人生不同,但所有人都需要铭记于心三大问题。这三大问题对于每个人都十分重要。可以说,这三大问题涉及了人生的主要内容,它们困扰着我们,让我们不得不去重视和处理。对于这三大问题的回答,可以折射出人们对于生命意义的解读。"我与地球":此乃第一问题。我们生活在地球上,依靠地球所提供的资源生存,除此别无选择。所以,我们需要善待地球,延续地球的生命……

> ……"我和他人/种族":此乃第二问题。任何人都是人类族系的一员,每个人必然要与他人发生关系……我们生存于与他人的联系中,如果我们选择孤独,便等于选择了死亡。

> "我和他":此乃第三个问题。这一问题涉及爱情与婚姻。人类有两种性别,男和女。任何人的一生都无法避开爱与婚姻这一问题。

追寻生命的意义,也就是追寻自己的价值理性,作者首先不是考虑文化、习俗、信仰等因素,也不考虑像弗兰克尔那样的使命感。而是首先考虑人类认知的底层逻辑合作理性,也就是和他人的关系,比如说环境、他人和爱情这三大问题,这里的爱和弗兰克尔的理论是一致的。那么作者为什么是这么认为的呢?

这个和作者童年时期的生活有关。阿尔弗雷德·阿德勒出生于奥地利维也纳郊区的一个小镇,家庭富裕,在维也纳长大。他的父亲是一名做谷物生意的犹太商人,在六个孩子中他排行老二,他的哥哥是个典型的模范儿童。三岁时,睡在身旁的弟弟去世,他幼年有两次被车撞的经历,这使他十分畏惧死亡。他患有佝偻病,直到四岁才会走路。五岁时,因得了肺炎,痊愈后决定当医生。求学时成绩平平,数学成绩极差,被老师视为差等生,老师建议他的父亲让他去做一名制鞋工人。当然,他的父亲拒绝这样做。

这些童年的经历使他产生了一种强烈的自卑感。但是自卑感并没有阻挡他的进步,反而刺激了他的好强心,他努力学习,在数学上有了很大进步。偶然的一个机会,他解开了一道连老师也感到头疼的数学题,成了班上的优等生,这更增强了他的自信心。阿德勒后来经常提到这件事,这也是阿德勒研究个体心理学的一个重要原因。

我们一般认为自卑心理是人们进步的最大障碍,但是,阿德勒不这样认为。他在该书"自卑与超越"一章中是这么说的:

"自卑情结"是个体心理学的重大发现,现在已经广为人知。众多心理学派都使用这个名词,并将其付诸实践。但是,我不敢确定他们是否都充分了解这个名词的意义或准确无误地运用了这个名词。

阿德勒举了这么一个例子:

三个孩子第一次来到动物园,当站在狮子笼前时,第一个孩子躲在妈妈身后胆怯地说:"我要回家。"第二个孩子站在原地,脸色苍白,用颤抖的声音说:"我一点儿都不害怕它。"第三个孩子目不转睛地盯着狮子,问他的妈妈:"我能向它吐口水吗?"

你觉得这三个孩子,谁是自卑的?阿德勒认为每一个孩子都是自卑的,只是表现形式不同而已。他接着说:

我们每个人都有不同程度的自卑感,因为我们都想让自己更优秀,让自己过更好的生活……

…………

自卑感本身无可厚非,它是推动人类进步的动力。比如,只有人类认识到自己的无知,才会进一步学习,以便更好地在世界上生存。可以说,自卑感是人类文化的基础。

看来自卑感是好事,那我们今天也不要去讨论这个问题了,但阿德勒认为自卑感还是有坏处的,问题就在于你的解决方案。作者是这么说的:

如果我们勇往直前，便能通过直接、实际的方法改变我们的生活，逐渐摆脱自卑感。没有人能一生被自卑感折磨，人们可以寻求合理的解决方法来释放自卑感。当一个人失去自信，不再认为通过自己脚踏实地的努力可以摆脱自卑感，但他依旧不能忍受自卑感的折磨时，他会继续设法摆脱它们，只是他所运用的方法是不切实际的。他不再设法克服困难，反而沉醉于一种优越感中，强迫自己认为自己有优越感。这样不但不利于消除自卑感，反而使自卑感不断累积。产生自卑的真正原因没有克服，问题就会一直存在，所采取的每一个自欺欺人的行动都会让他的自卑感更加强烈。

以上是阿德勒对我们的自卑感来自哪里的回答：首先是与生俱来的权力意志，其次是权力意志得不到满足。但阿德勒认为自卑感是好事，不是坏事。为什么？因为每个人的内心都有一种改变自卑感的冲动，这种冲动成了我们克服自卑的最好方法，能把坏事变成好事。那么是什么方法呢？阿德勒的方法很简单，就是两个字"超越"。真的这么简单吗？

"超越"这两个字是轴心时代智慧家们集体发明的东西，人们不用通过发明和使用工具，也不用和他人合作，就可以在精神和行动上达到自己的目的。这就是人类历史上继工具理性和合作理性之后的第三次认知革命——价值理性的产生。

所谓超越，就是今天比昨天好，明天要比今天好。在阿德勒那里，叫追求优越感，或者叫生命的意义。该书中是这么说的：

> 人人都在追求属于自己独有的一种优越感。它取决于人们赋予生命的意义。这种意义不单单是浮于表面，而是体现在一个人的生活态度和生活模式上，它像一个独特的生命基调贯穿人的一生，然而，从一个人的行为表现里我们并没有找到明确的目标，我们只能通过他的行为举止来推测。了解一个人的生命意义就像了解一位诗人的作品一样。

那么生命的意义是从人生的什么时候开始的？它对于一个人来说，有什么用呢？作者接着说：

> 生命的意义是在我们四五岁的时候开始建立的，这并不是通过数学精确计算出来的，而是在黑暗中一点一点摸索出来的。像盲人摸象一样，得到一点儿认知，并做出自己的解读。优越感目标的确立也是摸索出来的。它是我们对生活的一种追求，一种前进的动力，而不是地图上一个静止的点。没有人能说清楚他所追

求的优越感的目标是什么,也许他知道自己的职业目标,但这只是他毕生追求的目标的一小部分。例如,一个人的梦想是成为一个医生,医生需要具备很多素养,他不但要有医学专业知识还要有仁慈的心。我们要看他是否更善于关心他人,从这一点,我们可以看出,这个职业是他用来补偿自卑感的一种方法。

这个时候阿德勒的个体心理学方法论出来了,就是补偿论。自卑与超越是互相补偿的,因为有了自卑,才有了超越的动力,因为有了超越,才补偿了人的自卑。因此,阿德勒个体心理学就是自卑与超越的循环往复,这样,人始终在生命意义的追寻过程中。《洞察人性》中是这么说的:

> 对孩子的不安全感有意无意做出补偿,是教育影响孩子的手段之一,此外还有如下手段:传授孩子生活的技巧,给予孩子经过严格训练的理解力,给予孩子面对其他人时要用到的社会感。无论本身有何种源头,上述举措都能帮孩子战胜成长期间的不安全感与自卑感。由于孩子展现出的性格特征就像反映他们精神活动的镜子,因此一定要以这些性格特征为依据,为孩子的精神活动做出判定。孩子对不安全感与自卑感的理解,决定了其不安全感与自卑感的权衡标准。孩子在真实生活中占据的不利地位却与该标准无关,哪怕这种不利地位对孩子的精神状态关键至极,也不能改变这一点。

> 就算是成年人,也无法在各种处境中正确判断自身,更何况是孩子,各种困境就这样产生了。孩子拥有相当复杂的成长环境,部分孩子会对自身不利地位做出种种错误判断,这是无法避免的,部分孩子则或许会对自身处境有略微清楚的认知。总体而言,在成长过程中,孩子对自卑感的理解会逐渐改变,最终以一种清晰的自我认知形式确定下来,即孩子一切行为中的自我评价常量。以这种固定标准(也可以说是自我评价常量)为依据,孩子便能建立一种倾向,让自己的自卑感得到弥补。

> 为了减轻折磨人的自卑感,精神尝试借助弥补机制。在有机领域中,也有这类情况发生。若人体的重要器官受到伤害,能力降到正常值以下,器官便会增生或功能强化,这点大家都已了解。所以心脏好像都会在血液循环不流畅之际,集中所有力量,相较于普通心脏,其也许会变得更大更强。精神也会在自卑感的压迫下,或在觉得自身脆弱无援的思想压迫下,为战胜自卑情结,不惜倾尽所有力量。

> 若孩子有很强的自卑感,以至于担心自己的脆弱再也得不到弥补,便会不断

引发危险。其在寻求弥补时，会以过度弥补、超乎寻常的均衡为目标，单单是恢复力量均衡，已无法再让其感到满足。

过度弥补我们的自卑，就是超越。超越有两种模式，其中有一种就是轴心时代的由外而内。《自卑与超越》中是这么说的：

> 我们不打算对人们追求优越感过程中的特殊情况做评价，但是我们发现了一个共同的目标——希望做超人……
>
> …………
>
> 人们会以比较合乎常理的方式将变成超人的目标表现出来。可是，不论我们是想让生命不朽，让生命轮回，还是想预知另一个世界，这些想法都是以变成超人的欲望为基础的。在宗教的思想中，上帝是永垂不朽的。我们先不说这种说法的对错，这些都是对人生的解读，都是生命的意义。我们也都有这种认知，即上帝是至高无上的，并且想让自己像上帝一样。

其实，自从进入轴心时代以来，西方人的生命意义就是想把自己变成上帝，2500 年后，以色列历史学家赫拉利写了一本书，叫《人类简史：从动物到上帝》。这本书我们以后会深入阅读。阿德勒是一位心理学家，心理学是要从我们在现实生活中可以做到的那个点去找解决方案的。那个点在哪里呢？《自卑与超越》中是这么说的：

> 个体心理学认为人类的所有问题都可归于职业、交际和两性这三个问题。每个人对于这三个问题的反应，都明了地显现出他对生命意义的深层次诠释。比如：一个人完全没有爱情，生活遭遇挫折，在工作上也表现得平平庸庸，并且不善交际，朋友甚少，他觉得与同伴交往是非常痛苦的事情。那么，我们似乎可以得出这样的结论：生活于他是痛苦而危险的事，活下去也是一件很困难的事情。用他的认知观念来说，应该是："为了让自己活下去，我必须保护自己免受伤害，尽量不与别人发生接触，这样，我才会安然无恙。"看得出，他把活着视为一件艰难且危险的事，最后只有现实失败接连不断，而且生存机会越来越少。

面对这种情况，我们应该怎么办呢？阿德勒在《自卑与超越》一书中，通过对婴儿的观察，发现了合作理性可以作为另外一种由内而外的超越方式去解决自卑的问题。作者是这么说的：

> 婴儿的身体是非常脆弱的，他们需要大人多年的精心呵护和照料。每个人都是从婴儿时期开始的，如果人类之间不能合作，就只能任环境宰割。所以我们可

以想象如果一个人在童年时期没有学会合作，那他就会越来越悲观，并引发自卑情结。我们也知道，即使具备良好合作能力的人，也难免会遇到生活中各种各样的问题。任何人都不能说自己已经是一个完人，可以解决生活中所有的问题。人的一生很短暂，生命很脆弱，我们还需要不断地克服困难，完善自己，绝不能放弃努力寻求生命的意义。但是，只有与他人合作，融入社会，才能实现这一目的。

因此，他通过大量的心理咨询实践，在《自卑与超越》一书中是这么说的：

对于生命意义有着真正的正确理解，才可以真正了解人的性格。常有人说，人性是无法改变的。我认为，人性之所以无法改变，是因为没有找到改变的正确方法。如果找到了人性曲解的初始端，并配以有效的治疗方法，那人性是可以改变的。这里所谓的有效方法即培养个体与人合作的勇气和精神。

…………

如果我们按照这种方向对误入歧途的人进行引导，就能说服他们。人类对价值和成功的判断最后总是要以合作为基础，这是我们人类最伟大的共同点。我们对行为、理想、目标和行动的要求，都是为了更好地与他人合作。作为一个人，不可能没有一点儿社会属性。神经症患者和罪犯也深知这一点，比如他们会为自己的罪行辩解，也会为自己的行为找出说得通的理由。但是他们缺乏的是正常人的勇气。他们的自卑感让他们认为自己无法与他人合作。他们远离了人生的正确轨道，避开了生活中问题的本质，缘木求鱼，在不切实际的幻象中寻找安慰。

因此，阿德勒在该书中分析了一些罪犯的心理特点。他是这么说的：

我们在犯罪分子中发现了大量孤儿。这个原因就只能怪我们的社会了。因为没有人和机构教会他们合作的精神，他们也不懂关心他人。私生子也是同样的情况，因为一直缺乏家人的关爱，他们也没有关心他人的意识。被遗弃的孩子也是因为得不到他人的关心，从而走上了犯罪的道路……

…………

下面我从费尔巴哈所著的一本古老德语书中选出的几个例子加以说明。

…………

玛格丽特·史文齐格，人称"投毒女"。她从小在孤儿院长大，外表瘦小丑陋。她就像个体心理学所描述的，很想受到别人的关注，却处处受到冷落。

在她遭受很多次打击之后，她开始绝望，她曾经三次想要投毒杀掉别的女人，为了占有她们的丈夫。她觉得是她们抢了她的东西，除此之外，她不知道该怎么办才能得到这些"自己的东西"。此外，她还利用假装怀孕或者自杀来博取这些男人的关怀。在她写的自传里（很多罪犯都爱写自传），我们看到这样的话："我每次做了坏事，都会想：'为什么要为他们感到悲哀呢，反正他们早已经对不起我了。'"她虽然不太了解自己的想法，但是这也为个体心理学中潜意识的观点提供了证据。

　　从这段文字，我们可以看出她是如何开始犯罪的，并为自己的罪行找到了借口。当我跟别人说要学会合作，要培养对别人的兴趣时，我总能听到这样的话："可是别人也不关心我啊！"我就会说："总是有人要先开头的，如果别人不和你合作是他们的事，我的观点是你自己先开头，不管别人合作不合作。"

阿德勒的方法论就是以人类的权力意志为起点的。由于人永远无法满足自己的权力意志，于是就产生了自卑。如何走出自卑的阴影？就是超越。这种超越是一种落地的超越，是一种合作理性的超越，强调的是人的社会性和社会感，从而影响一个人的人生观和价值观在形成性格的过程中所起的作用。合作理性可以作为生命意义的起点，来改变一个人的人性，甚至有心理问题的神经症患者和罪犯也是可以的。那么，现在有一个现实问题，自卑与超越还只是我们心理上的认知问题，生命的意义需要行为上的落地，有没有比阿德勒的超越更好的方法呢？

第82讲
为什么每当我找到生命的意义，它又变了

链接书目：《每当我找到生命的意义，它就又变了》 丹尼尔·克莱恩

我们讨论了心理学家弗兰克尔和阿德勒有关生命意义的观点，一个是意义意志，一个是权力意志，但是两个人殊途同归，最后还是以积极的心理理论为我们提供了生命意义的解决方案。

但是，阿德勒在《自卑与超越》中的一句话，又使我们感到了迷茫。作者是这么说的：

> 我们知道人类永远无法达到生命的终极目标。如果一个人已经没有任何做不到的事情，那么他的生活一定是索然无味的。当一个人生命中所有的事情都已预知，那么我们的生活还有什么意义呢。生活的不确定性正是我们希望的来源。

阿德勒表达的意思很简单，生命的意义永远在路上，生活是不确定性的，言下之意就是超越也是短暂的。这个和阿德勒的个人主义价值观有很大的关系。虽然他也想到了合作理性是唯一的解决方案，但一个人一辈子都活在超越中，累不累啊。那么我们怎么办呢？我们不超越，也可以达到同样的目的吗？

今天我们要读的书有可能给我们答案，叫《每当我找到生命的意义，它就又变了》，作者是丹尼尔·克莱恩。这本书提出了这样的问题：生命的意义是什么？我们每个人如何尽可能活出精彩的人生？这几乎是所有人的追问，但却很难找到问题的答案。该书作者思考了很多重要的哲学命题，比如生与死、爱与孤独、道德与伦理、存在与意义等，看到了2000多年来，从伊壁鸠鲁到尼采，从叔本华到萨特，历史上那些伟大的哲学家探寻其中，乐此不疲。

现将几个主要哲学家的金句摘录下来，大家思考一下，他们有关生命的意义的共性是什么。

希腊哲学家伊壁鸠鲁说："莫因渴望你没有的，而错过你已拥有的；要知道，你现在拥有的，也曾是你渴望的。"

罗马帝国皇帝、哲学家马可·奥勒留说："要把每件事都当成生命中的最后一件事

去做。"

德国哲学家叔本华说："生活摇荡如钟摆，于痛苦与无聊间徘徊。"

美国哲学家威廉·詹姆斯说："我的第一个自由意志行动将会是相信自由意志。"

美国/西班牙哲学家乔治·桑塔亚那说："上帝不存在，而他的生母是玛利亚。"

法国哲学家萨特说："存在先于本质。"

德国哲学家尼采说："从存在中收获最大成果和快乐的秘诀就是：过危险的生活！"

意大利诗人、哲学家贾科莫·莱奥帕尔迪说："大自然以其惯常的善意，注定了人直到完全失去了活着的理由之时，才懂得该如何生活；直到无力再享受鲜活的快乐之时，才找到生活的乐趣所在。"

奥地利/英国哲学家路德维希·维特根斯坦说："死不是生活里的一件事情：人是没有经历过死的。如果我们不把永恒性理解为时间的无限延续，而是理解为无时间性，那么此刻活着的人，也就永恒地活着。人生之为无穷，正如视域之为无限。"

美国哲学家托马斯·内格尔说："不光是说我不信仰上帝，同时自然希望我的信念是正确的，而是说我希望世界上根本没有上帝！我不愿意有上帝存在，我不想宇宙是那个样子的。"

以上摘录的金句，是作者在学生时代读哲学专业时记录下来的，最后一句话就是我们的话题："每次我刚找到生命的意义，他们就把意思改了。"这是美国社会哲学家莱因霍尔德·尼布尔说的。

当作者几十年后拿出来重温这些话时，是什么样的感想呢？作者是这么说的：

正是上面这一条，促使我在三十多岁时搁下笔、合上本子，不再抄录"金句"。这个曾经看起来雄心勃勃的事业，现在却让我备感幼稚与徒劳。真是够了。

但是四十多年后"故地重游"时，我再次被这些哲学家有关如何生活的观点折服了。只是现在重新思考尼布尔的这句话，我却感到比以往更加茫然困惑——或许这正是尼布尔教授的本意吧。

和他的神学家导师保罗·田立克一样，尼布尔也是从存在主义者的角度来分析人的困境的。两人提出了一个基本的问题：如果人有彻底的自由去创造自己及自己的价值观，为什么还无法摆脱自己的罪恶呢？

尼布尔说，答案就是，即便人可以苦心孤诣地思考神圣，他也无法摆脱有限的大脑思维，永远不可能全面地领悟超然的价值观念。根本而言，完全地理解罪孽，并不在我们能力所及的范围之内。我们无法从存在主义的二元性中爬出来；我们有能力去沉思人的必死性、善与恶、"生命的意义",却永远没办法看清"大局"。我们根本没有做到这一点的禀赋。

作者以上说的话不知道大家有没有理解。我们对意义的理解,永远不能由外而内。为什么?因为这个"外"的范围实在太大了,超过了我们大脑思维的能力,我们永远不能像上帝一样看清大局。那怎么办呢?作者总结了30多位哲学家金句的精髓,就是"由内而外"。

对于每一个金句,作者都有自己的思考,我们来看看作者是如何解释萨特的"存在先于本质"的。作者是这么说的:

第一次读到萨特和他的存在主义同好阿尔贝·加缪的东西后,我便心醉神迷了。这可是关于人生、关于寻找意义、关于自身行为方式的哲学。诚然,其中有些内容是很抽象,让人迷糊[有个学生跟我说,他试着读了一下萨特的《存在与虚无》(*Being and Nothingness*),可读到"虚无"两个字的时候,眼睛就直了],但这不正是我一直以来寻找的那种哲学吗?

如果来场大比拼,用最短的话概括一整套哲学立场,萨特上面的这六个字肯定会赢——或者至少可以与乔治·贝克莱的"存在即被感知"(*Esse est percipi*)打成平手。当代存在主义的基础就是建立在萨特那句话上的。

而他所说的,就是人不同于物品——比如我的烤面包机——不能用他的特性来定义。烤面包机被制造出来是为了烤面包,烤面包的能力就是它的目的和本质。但是,我们人类可以创造和改变自己最根本的特性和目的,所以说人拥有某种无法更改的、决定性的本质是说不通的。首先,我们存在;然后,我们创造自己。而我的烤面包机想做也做不到这一点。

当然,萨特并不是在说我们可以自己创造我们的身体特性。我没办法让自己变高,也不能让自己在摩洛哥出生。但那些重要的东西,那些本质上让我成为一个独立个人的特质——比如,我希望怎么生活,我要用有限的生命来做些什么,我愿意为什么献出生命——是由我来决定的。它们是人人都可争取的,我也有份儿。

存在主义的老祖宗就在中国,存在主义就是由内而外,当你不明白什么是存在主义时,你只要把它翻译为"生命主义",就是中国哲学的"生命之道",你就明白了。为什么萨特说"虚无"?因为西方人的价值理性超越是外向的,如果你一辈子超越不到上帝那么高的层次,这不就是虚无了吗?

但中国人的超越是不会产生虚无的。为什么?老子在《道德经》中有一句话,出现过两次，而且两次出现的前提条件是不同的，很容易造成误读。这句话就是："终不自为大，故能成其大"。

大家知道这里的"大"是指什么吗？老子在《道德经》中说："吾不知其名，强字之曰'道'，强为之名曰'大'。"老子说"道"就是"大"，陈鼓应先生在《老子今注今译》里解释这个"大"就是没有边际、无所不包的"道"。但是，老子两次让我们不要把"道"当作是没有边际、无所不包的"道"，最后可以得道悟道。怎么做到的呢？第一个前提条件是养育万物而不自以为主，可以称它为"小"；第二个前提条件是天下难事从简单开始。"小"和"易"是老子为我们解答生命意义的法宝。老子说"见小曰明"。这个"明"，就是得道悟道的"明明德"。但是，我们一般人还是不明白，于是老子干脆把这个问题说穿了，搞了一个在社会上不同层次的人都可以理解的方法论，这个方法论就是"故以身观身，以家观家，以乡观乡，以邦观邦，以天下观天下"。这个我们在第56讲"为什么'弱者'是极度成功的密码"和第73讲"为什么平克的暴力心理学观点是错误的"中已经讨论了，就是道德具有实践性。人生意义和道德一样，虽然可以超越，但也具有实践性。如果我们用一句大白话来说，就是四个字——"活在当下"。

现在我们可以揭开"为什么每当我找到生命的意义，它又变了"这个谜了。该书后记中是这么说的：

> 在翻看自己这本格言警句集的过程中，我才突然意识到，毫无保留地活在当下这一至高无上的价值观出现的频率到底有多高，以及不同的哲学家最终同归到这个观点前所走过的殊途。伊壁鸠鲁把这一点变成了他哲学的核心部分，劝诫我们不要总是试图去追逐更多，或想拥有与现在不一样的东西。马可·奥勒留谈到这个概念时更鞭辟入里，建议我们要把每次行动都当成是此生的最后一次。千年之后，亨利·戴维·梭罗则用朴素和热情的明确表达，告诫我们要"让自己奋力冲上每个浪头"。而维特根斯坦用一句动人心魄的宣言——"此刻活着的人，也就永恒地活着"——便将这个观点弹升进了超验论的王国。
>
> 当然，"此时此地"这句宣言不停地在这本集子里出现的主要原因还在于，这本集子的编纂者是我，而我又向来倾心于这个观点。但直到重新审视过这些各式各样的表述后，我才更加通透地思考明白，为什么人很难做到——至少于我而言是这样——彻底活在当下。

现在大家肯定明白了"为什么每当我找到生命的意义，它又变了"的根本原因了吧，也明白了这么多的哲学家告诫我们不要贪欲，是让我们活在当下，在当下就可以找到生命的意义。生命是一棵成长着的大树,它是从种子发芽,慢慢从树苗成长开始,最后才能成为参天大树。你在什么成长阶段,就做好什么阶段的事情,这才是生命的意义。为什么?因为意义是被发现的,而不是我们事先设计好的。那么是不是有这么一种假设,生命的意义本来就隐含在生命之中,要靠我们主动去发现,那么发现生命意义的动力又是什么呢?

第83讲　你的企业能够理解职场意义的员工有多少

链接书目:《思维的囚徒》　亚历克斯·佩塔克斯,伊莱恩·丹顿

上一讲我们讨论了为什么生命的意义总是在变。原因很简单,以身观身,以家观家,生命的意义是被发现的,生命成长的每个阶段都有不同的美好意义在等着我们。按照萨特的说法,存在先于本质,本质是不变的,而存在时时刻刻都在变。但是,生命的原因也有不变的。这个不变就是活在当下,如何活在当下,还是老子"以身观身,以家观家"中的那个"观"字。老子有一句话叫"见小曰明",就是告诉我们哪怕是细微至极的东西,如果你发现了,就找到了生命的意义。

我们还是再次回到《思维的囚徒》这本书,看作者是如何从"见小曰明"的角度去发现生命的意义的。该书"原则 3　发现生命瞬间的意义"一章中是这么说的:

> 生命的意义本身并不重要,重要的是在你的生活中去寻找意义。意义对每个人来说都不尽相同。不存在绝对的正确答案,只有适合你的答案。然而,在我们的生活中寻找意义似乎是一件大型工程。我们该从哪里着手? 这一章的主要内容就是把这个任务化繁为简,让它具有可操作性。在这一章,我们会介绍弗兰克尔的第三大原则:发现生命瞬间的意义。
>
> ············
>
> 我们无法创造意义,意义需要我们去发现。当然,如果不去寻找意义,肯定就发现不了意义。意义会以各种不同的形式出现。有时它在我们的生活中赫然出现,显得举足轻重,有时在几乎无人察觉的情况下悄无声息地进入我们的生活。我们可能会错失发现意义的良机。直到过了数日、数月,甚至数年以后,事实证明,曾经看似微不足道的某个瞬间却是改变我们一生的关键时刻。或许,是许多时刻的整体意义最终吸引了我们心灵的目光,就好像我们把许多不被人注意的时刻碎片放在一起,拼成了一床象征生活的花被子。弗兰克尔说:"尽管我们不一定能感觉到意义,可是无论我们去哪儿,意义无时无刻不在我们身边。我们唯一要做的就是在日常生活和工作中认识到意义的重要性,并关注意义。"
>
> 生命的真正意义,必须在大千世界中去追寻,而不能在人身上或内在精神中

寻找，因为它不是一个封闭的体系。

人生的意义是什么是一个很难回答的大问题，但如果我们找到了生活中的小问题的答案，这个大问题就会迎刃而解。这些小问题包括：我们正在做什么？我们为什么做？这种关系意味着什么？我们的工作有何意义？每天，我们的生活都会给我们提供很多有意义的答案，但是只有当我们慢下来，抽出一定的时间去欣赏意义，意义才会在我们的生活中开花结果。我们需要亲自发现和了解意义，可是大部分时间我们却在忙于其他事情，无暇分身。令人烦心的工作和家庭琐事让我们对存在的本质提出了质疑。假如我们不能停下来，好好寻找和感受我们自己的存在，意义就会成为一个无法实现的梦想。我们的一生都有丰富的意义，我们所做的一切事情都有意义。我们会为了心中的爱自由地做出某种决定，当我们停下来思考做出决定的理由时，我们就会发现意义。花点儿时间反思每一个生命瞬间的意义，这是让我们最终获取个人整个生命的深层意义的第一步。

作者在书中举了正反两个例子，一个怨天尤人，提前退休，一个拥抱变化，投身社会。善于发现和不善于发现生命意义的人，他们的人生结果是不同的。该书中是这么说的：

米歇尔整日忙于在工作和家庭中释放自己的压力，几乎没有时间去寻找自己痛苦的真正根源。所以，渐渐地，她变得越来越沮丧，她开始学会用各种理由来为自己开脱，并养成了这种习惯。她无视自己的角色和职责，不知道自己也是让自己处于窘境的始作俑者之一。由于她忙于抱怨生活对她的不公，所以她实际上已经与生命瞬间的宝贵意义失之交臂。在她看来，生活对她很不公平，所以她只能忍受痛苦，大声抱怨，让周围的人，包括她的家人、朋友和同事，听到她的痛苦。在电影《重返荣耀》中，高尔夫球手沃尔特·哈根说过："一切意义在于没有意义。"米歇尔肯定会赞同这一说法，因为寻找意义对她来说没有什么价值。她看似过着毫无意义的生活。她认为，除非奇迹发生，否则她还会继续过没有意义的生活。米歇尔拒绝寻找意义，她已经选择了提前退休。

亚当的情况则正好相反。亚当是本书早些版本的一位读者。他读完这本书以后给我写了一封信。他在信中说，他运用本书提到的原则解决了自己在生活和工作发生转变时遇到的重要问题。他是一位工程师，在公司工作了三十年，突然间，他发现自己就要被迫离开喜欢的工作，进入一个对他来说无事可干的部门工作。因为公司正在进行改革，所以亚当担心这次工作变动也许离自己被解雇不远了，或许自己很快就要被扫地出门了。他突然发现，他的生活没有了意义。一连好几个月他都在自怨自艾中煎熬，他无形中成了这种思维的囚徒。看完我的书之后，他不再把自己的困境看作一个问题，而是将其看成一个机会。因此，他开始改变自己。尽管他不能马上改变自己的现状，但至少他可以改变自己对待现状的态度——能在现状中找到深层意义。

随着亚当生活态度的转变，他的性情、人生观和工作观也得到了改善，并且他在追求全新的个人成就和职业成功方面取得了长足的进步。亚当认为，他看问题的视角和行为方式之所以发生如此巨大的变化，原因就在于，他学会开始欣赏生命的潜在意义了。生命的潜在意义存在于生命的每一个瞬间，甚至在那些让人感到不是特别愉快、不受人欢迎以及意想不到的瞬间。亚当开始意识到，以前的"可怜的我"的想法不能改变自己的窘境，他需要独自承担起发现自己生命中的意义种子的责任。亚当与米歇尔不同，亚当愿意而且能够为自己的困境承担起全部责任，他拒绝提前退休，拒绝停止寻找意义。

作者也讲了自己面对金钱和财富时，是如何领会生命意义的。作者是这么说的：

如果能更多地关注生命瞬间，我们就能更加接近意义。许多人把意义定义为"重要性"或"某种重要的事情"，但我们把意义定义为"与自己核心本质或真实本性达成的共鸣"。如果感觉某事很重要或知道某事很重要，这是因为它与我们的真实自我产生了共鸣。例如，我（伊莱恩）多次去希腊小村庄旅游，目睹了生活朴素的村民如何在彼此的交流中找到了深层意义。我想到了自己在美国家庭拥有的所有"物质"，开始思考我为什么会需要那么多的物质。就在这些反省的瞬间，我的意识就提升了。这不是一个金钱至上或反金钱至上的问题，而是金钱和物质在我的生活中应该扮演什么角色的问题。我得出的结论是，最终的目标是首先让自己的内心充实，然后再去追求物质，这和先追求物质然后再去寻找意义正好截然相反。从希腊回国后，我决定处理一部分家里的东西。我决定集中精力追求意义。这个有意义的瞬间或经历教会了我如何提升意义意识，并且过上了一种（我认为）与自己的核心本质能产生共鸣的生活。

作者发现在生命的认知过程中，金钱和财富是一种由外而内的改善我们生活的工具，但是生命的意义是由内而外的，让内心充实的。这不是中国哲学生命之道由内而外的路径吗？那么接下来作者要说什么我们就知道了。那肯定是合作理性了。生命的意义在于发现,发现的动力来自由内而外的合作理性。这是我们的逻辑推理,作者是不是也是这么认为的呢? 接下来看看作者是怎么说的。

不过,知道做事的动因也极其重要,它是我们开始真正自由而有意义的生活的开端。如果我们深入探索,就会发现,"爱"和"良知"是我们做事的两大动力。弗兰克尔将其描述为直觉能力,即不用思考而自然而然做事的能力,对我们自身进行最深刻的解释的能力。弗兰克尔在《活出生命的意义》中写道:"事实是,爱是人类追求的最高终极目标。"

很难说清"爱"和"良知"会在何时何地对我们的生活产生影响,但是假如我们停下来思考一下自己的决定,它们马上就会浮现在我们的脑海里。我们上夜班是为了第二天早上与孩子在一起,送他们上学。我们种植有机蔬菜是为了给社区提供健康的食品。我们做小买卖是为了在经济困难时期能获得收入。我们写诗可以勉励家人和朋友。我们与别人商量事情是为了帮助他们应对压力。我们给旧城区家庭困难的孩子讲解航海知识。我们管理公司是为了让海外的工人得到公平合理的工资。我们为无处安身的家庭做被子。我们之所以干不喜欢的工作,是因为工作报酬可以让我们做自己喜欢的事情。我们组织筹划为社区建造价格实惠的住房。我们为地方慈善机构捐赠一千美元。我们把一美元放到乞讨者的手中。我们建造节能环保的草砖房。我们当服务员是为了能够上台演出、抚养孩子、饲养小狗和交电费。所有这一切实质上都是因为爱和良知。当我们明白了世界上万事万物之间的关联,我们就可以说出做事的动因,知道什么是深层意义。

作者认为生命意义是我们"爱"和"良知"的动力,而且还是我们治愈生命无意义空虚症的良药。现在得这种无意义空虚症的人还不少。作者在该书"工作的核心意义"一章中有这么一个统计:

大量的从业人员调查显示,从业者在敬业度上的得分较低,这充分说明职场存在意义危机。盖洛普咨询公司从 20 世纪 90 年代起就开始研究敬业度。该机构的报告称,只有大约 30% 的美国员工非常敬业。令人吃惊的是,这些研究表明,不敬业的员工人数超过了敬业员工人数。该公司在调查研究的基础上,根据敬业程度确定了三种类型的员工:

1. 敬业型员工。他们对工作充满热情,感觉自己与公司有十分密切的联系。他们有创新动机,能够推动公司向前发展。(约有 30% 的员工。)

2.消极怠工型员工。他们基本都被解雇了。他们在工作日浑浑噩噩,出工不出活儿,缺乏工作热情,或者没有把精力放在工作上。(约有52%的员工。)

3.积极怠工型员工。他们不光感觉工作不开心,还忙着到处宣泄他们的苦恼。每天,这类员工都会破坏敬业型同事取得的成就。(约有18%的员工。)

其实,作者所说的美国人理解职场意义的只有30%的员工,一点也不奇怪。那么如何改进呢?既然动力来自合作理性,那么解决方案的出路也应该是合作理性。作者提出了OPA意义准则:O是与他人建立有意义的联系,P是对从事的工作要有崇高的目标,A是用积极的态度拥抱生活。作者是这么说的:

在工作中与别人的互动交流可以让我们感觉一整天过得很有意义,意义无处不在。回忆一下第七章介绍过的汽车司机温斯顿。他把每一个开车的瞬间和每一位乘客都看作建立有意义的联系的机会。乘客在他的生命中都是匆匆过客,但他却在每日与他们分享生活的经历中找到了意义。按照维克多·弗兰克尔的观点,这是"实现经验价值"的典型实例,也是意义的重要来源。

我们在意义工作中访谈过的大部分人,包括来自不同背景和工作环境的客户,都表示想与同事建立有意义的联系。大部分人都希望有一种集体"村落"归属感,这正是OPA意义准则不可分割的一部分。

如果你是一位企业家、总经理、人事部经理或者部门经理,学习了这一讲之后,也可以在自己的员工中做一个调研,看看理解职场意义的员工有多少。这是你改进企业文化最好的方法。怎么改进?可以试一下OPA方法论。

这一讲提到了生命的意义要靠我们自己去发现,而发现的动力来自爱和良知,也就是合作理性的动力。那么问题来了,现在,某些家长对孩子的爱是有过之而无不及的,已经到了溺爱的程度,但这些孩子非但没有合作理性的表现,而且十分自私。我们怎么办呢?

第84讲　我们怎么做到既疼爱孩子,又不溺爱孩子呢

链接书目:《有限管教:如何培养独立、自信、上进的孩子》　三谷宏治

《自卑与超越》　阿尔弗雷德·阿德勒

上一讲我们讨论了生命意义的动力来自爱和良知。当我们把爱给了孩子的时候,并没有发现孩子有太多的合作理性,其实这个问题我们在前几讲提到阿德勒的个体心理学时已经说过了。阿德勒的个体心理学方法论就是自卑与超越的互相补偿,而这种自卑与超越从儿童时期就形成了,因此阿德勒认为从小培养儿童的合作理性是十分重要的。这一讲我们就从"爱"的角度去发现儿童的合作理性。

父母疼爱自己的孩子是本能,但这种本能也应该有一个度,如果超出了,就是溺爱。总结起来有以下几点:第一,给予孩子特殊待遇。孩子在家庭中的地位高人一等,处处享受特殊照顾,比如吃独食等。第二,过分聚焦在孩子身上。所有人的目光都在孩子身上,一家人都在时刻关照、陪伴孩子,家里人都围着孩子转。第三,轻易满足孩子的要求。孩子要什么就给什么,父母总是轻易满足孩子的要求。第四,生活习惯懒散。不给孩子的饮食起居、玩耍学习制定规则,孩子想怎样就怎样。第五,教育方式不当。总是边哄边求孩子吃饭睡觉,或者答应给孩子讲几个故事,孩子才会吃完饭这样的条件。

那么那些明智的家长会用什么方法来改进自己的教育方法呢?

资深心理咨询师武志红先生有一本书叫《为何越爱越孤独》,作者在该书中是这么说的:

我们国家的孩子普遍被认为经不起挫折,并且,较一致的看法是,溺爱导致了这一结果。

然而,最近和几个家庭的聊天让我觉得,这一看法是片面的。溺爱未必就是孩子们低挫折商的主要杀手,这一问题的一个重要原因是,父母们为了让孩子听话,常使用要挟的方法。

所谓要挟,即如果你在事情 A 上不听我的,那么我就剥夺你在事情 B 上的好处。

这样的做法导致了挫折扩大化。假设事情 A 是一个问题,而事情 B 本来不是

问题,那么,当父母们使用要挟的做法时,就是将事情 B 和问题 A 捆绑在一起了。这时,坏苹果效应就发挥作用了,因为问题 A 这个坏苹果和事情 B 这个好苹果被捆绑在一起,事情 B 也被感染成坏苹果了。

并且,假若父母们常使用要挟的手法,那么挫折就会不断扩大,最终,事情 C、事情 D、事情 E 等全被感染成了坏苹果。

这样发展下去,孩子最终会形成一个糟糕的心理机制:他一看到一个小问题产生,立即就担心一个很大的恶果出现,于是对这个小问题非常恐惧。这就是所谓的经不起挫折,也即低挫折商。

以上的要挟教育法可能是一部分家长的做法,其他家长还有其他各种方法,同时认为溺爱是可以用增加孩子的挫折感来纠正的。这其实是大错特错了。

方法只有一个,还是合作理性。为什么? 因为以上所述的 5 种溺爱表现形式全部与不合作挂上了钩。按下来分析一下它们的后果。

吃独食的后果:让孩子习惯于高人一等,孩子有可能变得自私,缺乏同情心,不会主动关心他人。

过分聚焦的后果:所有人的目光都在小孩子一人身上,大人稍有疏忽,小孩一旦觉得自己缺乏关注,就会大哭大闹以博得大人的注意,恢复一人独大的感觉。

轻易满足的后果:一切来得太容易,这种情况下,孩子可能会不珍惜手里的东西,并且讲究物质享受、浪费金钱和不体贴他人,缺乏吃苦耐劳的精神。

生活习惯懒散的后果:孩子想怎样就怎样。睡懒觉不管,不吃饭不管,沉迷于电子产品不管,不运动不阅读不管。这样的孩子长大后会缺乏上进心与好奇心,做人得过且过,不求上进。

教育方式不当的后果:孩子无法建立正确的是非观,培养不出责任心和落落大方的性格,有的家长甚至在孩子在外面受到一点委屈时,就不分青红皂白,把责任全部推到他人身上。这样,小孩长大以后会很难和他人共事。

以上几点原因与结果的底层逻辑,全部指向合作理性的缺乏,可是不求上进,和合作理性有关联吗? 这是最重要的一点,生命的意义就是超越,超越的方法论就是合作。阿德勒在《自卑与超越》中针对孩子的教育是这么说的:

合作是防止神经症产生的唯一保障。鼓励孩子学会与人合作,独立处理生活或游戏中他人与自己的关系是十分重要的。妨碍任何形式的合作,都会导致不好的后果。如果你对孩子太过娇宠,孩子很可能会将这种自私和独我意识带到与上学后其他孩子的交往中；他对学习的兴趣也会建立在"学习可以换得老师的宠爱"的错误认知上。当他成年后，他缺乏合作意识会表现得越发明显。所谓的责任感、独立性、合作的重要性此时已经唤不起他的重视和努力，这时，他已无力应对人生。

当然，面对这样的人，我们不能一味指责，我们需要做的是帮助他重新学会与人合作。这需要正规的训练，因为我们无法让一个从没有上过地理课的孩子在地理测试中取得好成绩；我们无法让一个对合作精神没有任何概念的孩子在需要合作的事情上表现良好。生活中所有的难题都离不开合作。而所有的合作都要以为人类谋取福利为前提。只有一个人明白生命在于奉献，才会有勇气去直面困难，获得成功。

那么，用什么正规的训练方法去培养孩子的合作精神呢？该书中的方法论都是针对问题儿童心理辅导的，对我们今天这些既要疼爱孩子，又不想溺爱孩子的父母来说，实操意义不大。我们要找一本专门培养孩子合作精神的书籍。

这里推荐一本书，叫《有限管教：如何培养独立、自信、上进的孩子》。作者三谷宏治，是日本金泽工业大学虎之门研究生学院教授。这是一本针对未来人工智能时代的儿童教育书籍，因此，有很大的现实意义。该书里面的许多方法，大家不必纠结，其中有一个方法最简单易行，就是让孩子帮忙做家务。你不相信可以试一下，你肯定会得到意想不到的结果。作者在该书"帮忙至上主义，让孩子参与做家务等家庭活动"一章中是这么说的：

帮忙干活是连接孩子与社会的桥梁。让孩子早些明白：人活着不仅是为了自己，还要能够帮助别人。父母将任务委托给孩子，也是在锻炼他们的决策力和想象力。让孩子参与家庭活动计划，承担更重要的工作吧。孩子其实比我们想象的更能干！但是，父母不插手非常重要。父母要克服怕麻烦或担心孩子的心理，凡事只要委托给孩子了，就不要过多地干涉，要信任孩子！

做家务时，让孩子作为负责人帮忙。分配家务时，不要把孩子当成临时工，而要把他当成负责人。根据日本教育部门的调查，经常帮父母干活的孩子与不帮忙的孩子有许多不同之处，前者比后者：成绩好，正义感和道德感强，沟通能力、解决问题的能力强。

帮助父母分担家务与优秀不存在必然的因果关系，但是很明显，分担家务与孩子各方面能力的提升具有很强的相关性。

为了锻炼孩子的能力，父母不能把孩子当成临时工，让孩子接受临时的需求。

比如,"去帮我××""这个也帮忙××",等等。

当被委托某项任务时,孩子会根据工作任务进行独立思考,这是锻炼决策力和想象力的绝佳机会。所以,父母应该以委托的形式布置工作,比如,对孩子说:"以后家里浇花的工作就交给你负责了。"注意,一定是某件事完全交给孩子负责。

家庭工作和家务都可以委托给孩子,让他们成为负责人,即使是很小的事情也没关系。如果孩子没有如约完成,怎么办?

父母一定要做好让孩子分担家务会带来一些小麻烦的心理准备,即使孩子没有如约完成,也绝对不能替他们做!

其实,采用三谷宏治的这个方法的最大收益,就是将来这些孩子为人父母时,他们的婚姻心理是健康的。在提倡个性化的今天,有许多年轻的父母,都是从父母溺爱着的独生子女时代走过来的,在处理夫妻关系时,不合作情绪经常会战胜合作理性。中国的离婚率已经从 1990 年的 0.68%,上升到 2020 年的 3.09%,增长率高于一些倡导自由的西方国家。因此,阿德勒在《自卑与超越》里是这么说的:

> 我所研究的很多成年人,身上都带有童年时期留下的创伤痕迹。这些痕迹是要伴随他们一生的。这些童年创伤中,家庭地位就是很大的一个方面。很多成年人在成长中出现的问题都是由于家庭关系不和谐、合作关系缺乏所引起的。如果你静下来看看周围的世界,你会发现我们生活的世界充斥着太多的敌对和竞争。是的,我们人类总是想要超越他人,成为征服者、统治者,于是我们时时刻刻都在追求超越。这种人生目标与童年创伤有着不可分割的关系。如果一个成年人,在作为孩子时,就感受到家庭中的不公平待遇和被忽视感,为了追求平等和重视,他努力拼搏,全力去追赶、超越他人,那么成年后这种生活模式就会延续下去。所以,为了避免这种现象的发生,我们唯一能做的就是培养孩子的合作精神。

这一讲我们提供了怎么做到既疼爱孩子,又不溺爱孩子的方法论。很简单,让孩子参与做家务等家庭活动。这个方法论最难的地方是家长的坚持。因为幼小儿童的学校作业负担不重,可以尝试,但到了高年级,有可能作业多了,父母就不忍心了。但那个时候,小孩帮忙做家务的习惯已经养成,如果孩子要坚持,父母千万不要代替。因为父母对孩子的关系是爱的关系,而小孩对父母的关系是一种依赖关系,坚持下来了,就是把父母的爱与孩子的依赖两种关系,共同转化为双方合作的责任关系。或者说在父母老了的时候,孩子对父母的依赖会变成对父母的爱。有这个可能性吗?这个在中国的2000 多年前是通过孝文化来解决的。但为什么我们不能通过本能来解决这个问题呢?

为什么父母的爱与生俱来要胜过孩子对自己的爱
第85讲

链接书目:《疯狂人体进化史》 史钧

《裸猿》 德斯蒙德·莫利斯

上一讲我们讨论了既可以疼爱孩子又不溺爱孩子的方法论,就是让孩子参与家庭事务,叫帮忙至上主义,我们也可以称之为合作理性主义。有一句话叫"可怜天下父母心",说的就是父母对孩子的爱是与生俱来的,不管孩子怎么做,父母对孩子的爱是永远不会变的。那么,这种无私的爱的底层逻辑是什么呢?说出来,你可能不相信,还是合作理性,是一种生物意义上的合作理性。

我们阅读过尼克·莱恩的《复杂生命的起源》,了解了20亿年前复杂生命以两性机制作为生物间合作的基础,那个时候的两性生命间是否有爱,我们不知道,但是今天人类两性之间存在着真爱,这是不容置疑的。那么从生命进化的角度,这个人类的两性之爱是怎么发展过来的呢?

介绍一本书《疯狂人体进化史》,作者史钧是一位生物医学工程博士。这本书旁征博引,妙趣横生,风格从容幽默,带领读者开展了一次波澜壮阔的人类身世探寻之旅。下面这段话摘自该书的导读,我们来看一下作者的观点疯狂不疯狂。

> 从某种意义上来说,人类进化的历史就是身体进化的历史。人类的行为,甚至历史的宏观变化趋势,都无法超越身体结构的制约。要是没有直立行走,女人就不可能表现出亭亭玉立的曼妙身姿,男人也无法器宇轩昂健步如飞;两性的顺利结合需要大量醒目的性信号,这些若隐若现的性信号不断构建着我们的外表;如果没有挺立的乳房,也就没有丰满的嘴唇,其间的联系错综复杂,却真实存在,因为几乎所有嘴唇都曾接触过乳房;女人遭遇的生育困境为一夫一妻制奠定了坚实的基础,并进一步引导了文明的发展;身体甚至还是战争的发源地,所有战争的根本目的都是为了满足身体的需要。身体结构在某种程度上也决定了战争的胜败。

那么我们的爱情也和身体的进化有关吗?该书"为什么动物只求偶,人类却要结婚"一章里的"爱情也是一种生物性需求"一节,作者着重解释了两性之爱和父母之爱的形成机制。

由于生育困境的影响,人类的后代依赖父母的时间最长,所以晚熟现象最为典型,对婚配关系起到了直接作用。稍有责任心的男人都知道,至少要把孩子抚养到成年才能离开家庭,但往往到了那时,他们早已失去了当初的雄心壮志。这就是很多男人感慨"身不由己"的由来,他们被困在自己设置的围城中不能自拔。

针对抚养后代造成的困局,雄性的解决之道是争取更长的寿命,在后代成年以后仍然存在寻花问柳的机会。但做到这一点并不容易,因为寿命与生殖之间存在着巨大的矛盾。一般而言,生殖越早,死得也就越早。有一种雄性螨虫在母亲肚子里就开始和姐妹们交配,结果刚出生就死了。似乎生殖才是生物的终极任务,生存只是达成这一任务的途径。问题是具体到了某一生物时,它们无不千方百计地延长自己的寿命,完全不爱惜生命的物种必然遭到自然的淘汰,那样也就无从谈起生殖。所以,寿命在生存和生殖这两大任务之间形成了某种博弈。更早的生殖和更长的寿命,是所有生物面临的两大选择。折中方案是尽量推迟生殖时间,自觉实行晚婚晚育,当然,这不是由社会舆论或法律决定的,而是由生物内在的发育机制决定的。当雄性有足够的生长时间强化身体时,也就意味着有强大的力量战败更多的竞争对手。

男人是推迟生殖的典范,当很多哺乳动物不到 1 岁就迫不及待地开始交配时,男人却把可交配年龄推迟到了 10 岁以后。与男人热衷于推迟性成熟相对应,女人有着相反的表现,她们更倾向于提早性成熟,因为她们是性选择游戏中的选择者,早熟明显有利于获得更优秀的男性,这就是先下手为强原则。

男性倾向于推迟生殖年龄,女性倾向于提早生殖年龄,这就是两性二熟现象,是自然选择和性选择双重作用的结果。这一结果导致在人类的婚配实践中,出现了女人比男人年龄小的普遍现象,事实上强化了女性对男性的依赖,由此也出现了典型的情感专一现象,用文学语言表达就是:忠诚与爱情。

现实的问题是,如果女人身体进化的目标是为了拴住男人,那么她该如何拴住特定的男人,而不是每晚拴住一个不同的男人呢?这涉及男女双方为什么会彼此忠诚,特别是没有完成生殖大业的青春期男女,一旦坠入爱河,确实有为了对方死去活来的故事发生——罗密欧与朱丽叶、梁山伯与祝英台,都不是凭空编造的神话,而是某种世俗现象的写照。

但只爱上确定的某人,不等于画地为牢吗?天涯何处无芳草,何必抱定一株死?

除了人类豢养的宠物,很少有动物像人类这样对另一个体如此难分难舍,其根源正是直立行走所带来的生育困境。早产的婴儿不得不长期待在母亲身边,所以必须进化出相应的生化机制,对母亲产生深深的依赖,从感情上再也难以离开母亲。当不得不离开时,就必须找一个人来填补情感空缺,这个人当然就是未来的人生伴侣——人类通过延伸的依赖性强化了配偶关系。

现已证明,人类的大脑在适当激素的刺激下,确实会产生情感专一效果,此类激素被统称为爱情激素,其中包括我们熟知的多巴胺和内啡肽等小分子物质,它们是人类情感生活的小小黏合剂,也是爱情专一性的生物学基础。

从以上这些话中,我们大致可以了解人类的生育与动物是完全不同的,直立行走使人类的生育变成了一件很困难的事。许多人类学家一致的看法是人类是天生的早产儿,因为婴儿的头部发育成熟至少需要 14 个月,但我们现在十月怀胎就生下来了,因此需要父母更多的照料。动物的后代都是足月出生的,一生出来就可以自由行动,没有人类后代亲子间的那种难舍难分。

既然两性是产生爱的根源,有一本书更加值得大家阅读,叫《裸猿》。作者德斯蒙德·莫利斯是英国著名动物学家、生物人类学家。他的"裸猿三部曲"被翻译成 20 多种语言,全球畅销几千万册。

什么叫"裸猿"?现存的猴类和猿类共有 193 种,其中的 192 种全身长毛,唯一例外的物种是一种全身裸露的猿类——人类。莫利斯把人类称为"裸猿",作为动物来研究,从起源、性行为、育儿、探索与游戏、争斗、觅食与进食、整饰与安抚等方面探讨了人类的生物行为。在该书"性行为"一章中,作者专门描述了人类为了巩固和维持配偶关系,如何不断强化配偶性行为的报偿功能。

我们经常会听到这样的新闻,生活在外地或者国外动物园的大熊猫,需要经常回到熊猫基地,第一,是看"毛片",让其发情,实在不行就人工授精。为什么?因为雌性大熊猫一年的发情期只有 5 天,发情期和排卵期是同步的。错过了这个时间,就要等下一年了。其实这是大部分雌性哺乳类动物,或者说灵长类动物的共性,有可能有的时间长一点,有的时间短一点。作者认为人类的性行为与动物有 3 个重要的差别:第一,人类没有固定的发情期,365 天中的任何一天都可以。第二,排卵期和发情期是分离的。第三,雌性动物没有性高潮,如果有,也是轻微的性反应,只有人类女性才有性高潮。

就是以上3点使人类的性生活时间延长,摆脱了动物性生活的单一繁殖的目的,这样有助于配偶之间关系的固定化。在该书"性行为"一章中,作者是这么说的:

> 每个经期只有一次排卵,所以非排卵期的性交根本就没有生殖的功能。人类的性生活,显然大多与繁殖后代没有关系;其关注的重点,是凭借性伙伴的互相报偿来增强配偶关系。由此看来,配偶性生活中反复达到圆满的顶点,显然并不是现代文明高度精细、腐败没落的产物,而是根深蒂固的、有生物学基础的、合乎演化要求的、健康的趋势。

为了稳定配偶关系,对于性生活中一般处于被动地位的女性来说,要给予一定的激励机制。作者把它称为"报偿机制"。这个报偿机制就是人类独一无二的女性性高潮。作者是这么说的:

> 对于我们这个配偶固定的物种来说……有两种机制非常有利于女性性高潮的形成。第一种是她从性合作中所得到极大报偿的机制;正如其他改善性行为的进化一样,女性的性高潮能强化配偶关系,起到维系家庭的作用。第二种机制是性高潮增加受精的机制。如果要弄懂这一点,我们又必须回头看一看我们的灵长目近亲。雌猴交配以后,她可以若无其事地立即开始游荡,而不必担心精液流失,因为精液潴留在她阴道里最深的部位。当她四肢着地行走时,其阴道走向仍然与地面基本平行。但是,倘若我们人类的女性对性交无动于衷,她也立即起身走路,情况就完全不同了。因为她直立行走,行走时阴道几乎与地面垂直。在简单的地心引力作用下,精液会顺着阴道往下流,因而会丧失很大一部分。所以,性交结束后,任何促使女性保持身体平行的生理反应都是非常有利的反应。女性性高潮时的强烈反应,能使她因满足而感到疲倦。这正是女性性高潮的效果,它具有双倍的价值。

作者所说的双倍价值,就是女性性高潮,它既可以维持与固定配偶的关系,又可以帮助人类繁殖后代,这真是"繁殖和幸福两不误"的最佳机制。

我们这一讲的题目是"为什么父母的爱与生俱来要胜过孩子对自己的爱",这个问题的反面就是"为什么孩子对父母的爱如此吝啬",换句话说,就是"为什么孩子对父母从依恋关系走向反叛关系"。我们来看看作者是如何分析的:

> 显然,人类还需要进一步修改繁衍后代的体系,即需要一种外婚制。为了维持配偶制度,必须要让子女能找到自己的配偶,这个要求对实行配偶制的物种来

说并非异常之举,许多低级哺乳类中也能看到这一制度。但是大多数灵长目动物都是社会化的动物,其社会性增加了外婚制的困难。大多数有配偶关系的动物中,后代长大以后,家族就分裂开来各奔前程。由于裸猿的社会有合作精神,他不能采纳这种家族分散解体的办法。所以外婚制这个问题就成了一个摆在家门口的迫切问题,不过其解决办法基本上是普遍一致的。正如所有实行配偶制的动物一样,父母彼此有强烈的占有欲望。母亲在性生活上"占有"父亲,反之亦然。一旦子女开始出现性征,他们就成为父母的性对手,儿子是父亲的对手,女儿是母亲的对手。父母有赶走子女的倾向。后代也需要建立以自己的家庭为基础的"领地"。他们之所以有这种要求,首先是因为父母建立了一个养育后代的家庭,可供其效仿。他们只需复制父母安家的模式。父母的家庭基地,自然由父母支配,属父母所有,所以父母基地的属性里没有适合子女建立领地的属性。父母家中以及家庭成员的身上,到处都是父母的信号,包括基本的信号和联想的信号。青春期的子女自然要排斥这些信号,要着手去建立自己繁衍后代的基地。这是具有领地欲的食肉动物的典型特征,而不是灵长目动物的特征。这是另一种基本行为的变化,裸猿在演化过程中必须完成这一变化。

从作者的分析中,我们可以看出,孩子在"繁殖与幸福两不误"上,一点也不输给他们的父母。这就是人类"爱"的进化。

今天原始裸猿的性生活生物习惯,作为基因传承的一部分,还是留在了我们价值理性的词典里,这个词就是"幸福"。当我们进入高度的文明社会时,我们的幸福边界肯定更大了,那么是什么呢?

真实的幸福究竟是什么

第86讲

链接书目:《真实的幸福》 马丁·塞利格曼

《持续的幸福》 马丁·塞利格曼

上一讲我们讨论了裸猿,也就是人类性生活的进化,从繁殖的目的到维系家庭的目的,最重要的两种机制是女性性高潮的进化,以及生育抚养孩子产生的两性之爱和亲子之爱。这是合作理性产生的生物机制,或者说是一种客观规律。按照人类认知进化史,利用客观规律达到自己的目的,应该属于工具理性。但是人类的第二次认知革命是合作理性,文化的元素逐步渗入两性生活中,远远超过了生物的元素。因此,我们在讨论价值理性中对幸福的追求时,更多的考虑是合作理性。

前文介绍了个体心理学家阿德勒有关合作理性的观点,今天介绍积极心理学家马丁·塞利格曼,他是积极心理学的创始人,是世界公认的"积极心理学之父"。他擅长将深奥的心理学研究与大众的日常生活融合起来,他的著作被译成多种语言并畅销全球。

今天介绍他的两本书,一本是幸福1.0《真实的幸福》,还有一本是幸福2.0《持续的幸福》,这两本书是他积极心理学理论的集大成者。他把幸福的定义从裸猿与生俱来的"性福"扩大到了五个元素,哪五个元素呢?作者在《持续的幸福》中是这么说的:

积极情绪(positive emotion)。幸福2.0理论的第一个元素是积极情绪(快乐的人生)。这也是幸福1.0理论中的第一个元素。它仍然是幸福2.0理论的基石……

投入(engagement)。投入仍然是一个元素。就像积极情绪一样,它也只能靠主观的评估。("有没有感觉到时间停止?""你完全沉浸在任务中了吗?""你忘了自我吗?")积极情绪和投入是幸福2.0理论里两个靠主观来评估的元素……

………………

意义(meaning)。意义指归属于和致力于某样你认为超越自我的东西,我保留它作为幸福的第三个元素。意义有主观成分("昨夜宿舍里的通宵畅谈难道不是最有意义的吗?")……

意义不是单纯的主观感受。从历史、逻辑和一致性的角度出发的冷静客观的评判，很可能会与主观的判断不同。林肯非常忧郁，也许在绝望的时候，他会认为自己的人生毫无意义，但我们认为他的人生充满意义。在萨特(Jean-Paul Sartre)和第二次世界大战后他的那些追随者看来，他的《禁闭》(*No Exit*)是有意义的，但今天人们一致认为，与他人的交往和关系能带来意义和目的。因此现在看来，《禁闭》("他人即地狱")是错误的，而且几乎毫无意义……

成就(accomplishment)。塞尼亚认为，有人为了成功、成就、胜利、成绩和技艺本身而追求它们，她对真实的幸福理论的这一质疑带来了这个元素。我逐渐相信她是对的，前面提到的那些暂时的状态(积极情绪和意义，或者进一步说，愉悦的人生、有意义的生活)，不能包括人们所有的终极追求……

…………

人际关系(relationship)。有人曾经要求积极心理学的创始人之一——克里斯托弗·彼得森(Christopher Peterson)用两个字来描述积极心理学是讲什么的，他回答说："他人。"

积极很少见于孤独的时候。你上一次开怀大笑是什么时候？上一次喜不自禁是什么时候？上一次感觉到深刻的意义和目的呢？上一次为成就而极端自豪呢？即使我不知道你在生活中何时经历过这些闪光点，我也能知道它们的特点——它们都与他人有关。

以上是塞利格曼的幸福2.0，这是他在《真实的幸福》中提出的幸福1.0的基础上升级的。原来的幸福1.0只要三个元素：积极情绪、投入和意义，到了幸福2.0，又加了成就和人际关系。

首先，有关幸福的定义，中国人早就有了，而且五个元素基本上都包含了。中国有句老话，叫"久旱逢甘露，他乡遇故知，洞房花烛夜，金榜题名时"。这是一种典型的中国幸福2.0，"久旱遇甘露"表达了一个人当下满足的积极情绪，"他乡遇故知"是一种完满的人际关系，"洞房花烛夜"是一种情感的投入，"金榜题名时"是一个人取得成就的幸福写照。看来全世界对幸福的理解是差不多的。

有关幸福就是生命的意义，塞利格曼的观点和阿德勒是一样的。《真实的幸福》中是这么说的：

所以积极心理学很严肃地看待美好的未来，假如你发现自己山穷水尽、一筹莫展、万念俱灰，请不要放弃。天无绝人之路，积极心理学将带你经过优美的乡间,进入优势和美德的高原,最后到达持久性自我实现的高峰——生命意义和生命目的。

这个时候你可能有疑问,生命的意义和目标可以产生生理上的巅峰体验吗?这个问题原始人已经给我们答案了,就是他们在人类第二次认知革命的时候,把单一的性生活巅峰体验转换为文化元素的巅峰体验。原始人发现从梳毛、聊天,一直到图腾崇拜,这些非性生活类的集体活动可以产生类似性生活一样的多巴胺和内啡肽冲动,这个惊人的发现,为人类寻找多元化巅峰体验打开了一条光明大道。这就是文化的力量。人类在不断地动脑筋,设计出一个又一个可以超越自己身体本能的某种活动,比如说音乐、舞蹈,专注某一工作和事业,发明创造,乐于助人,甚至看一场电影,等等。只要你把情绪投入了,产生了忘我的境界,这就是巅峰体验。有一个时髦的名词,叫心流。这是 20 世纪 90 年代美国积极心理学家米哈里·契克森米哈赖提出来的,他有好几本有关心流的畅销书,如《发现心流》《自我的进化》《心流:最优体验心理学》等,专门介绍巅峰体验的来龙去脉。

现在,我们还是回到"什么是真实的幸福"这个话题,这里还是聚焦合作理性的人际关系问题。这个不是指一般男女之间的亲密关系,而是自己和他人的关系。塞利格曼在《真实的幸福》"幸福的误区"一章里,是这么说的:

> 我的女儿卡莉七周大时开始了她的社交。她在吃奶时,常常停下来望着母亲笑,母亲报以微笑,卡莉喉咙里发出快乐的声音。当这些程序完成时,母女之间爱的联结就形成了。拥有这种安全型依恋的孩子长大后,在各方面都会表现得更好,包括毅力、问题解决、独立性、探索性及热忱。表达积极的情绪不但是母子连心的关键,也是所有爱情和友谊的关键。我最好的朋友并不是心理学家,也不是其他专业领域的学者,而是跟我一起打扑克、玩桥牌、打排球的人。

> 有一种面部麻痹的病叫"莫比乌斯综合征"(Moebius Syndrome),患者无法微笑。有这种病的人无法用面部表情来显示积极情绪,再友好的谈话,患者脸上都是无动于衷的冷漠表情,这使他们常常无法交到朋友。当我们体验到积极情绪时,我们会表示出来,并引发别人的积极情绪,但如果没有得到回应,配合爱和友情之舞的音乐就会戛然而止。

> 一般心理学的研究集中在病态行为上,研究人员去了解抑郁的、焦虑的或愤怒的人,调查他们的生活形态及人格特质。我自己也做了 20 年这种研究,而埃德·迪纳(Ed Diener)和我决定去做相反的事,看看最快乐的人的生活形态和人格

特质是怎样的。我们随机选了222名大学生,用六种不同的方法测量他们的幸福程度,然后挑了最幸福的前10%的学生来做研究。这些非常幸福的人与一般人或不幸福的人之间有一个很重要的差别:社交生活丰富与充实。最幸福的人是独处时间最短的人,也是花最多时间在交际上的人。他们和他们的朋友都在"好的人际关系"上给他们最高分。最幸福的22个人中,只有一个人没有朋友。这些幸福的人的钱都不多,他们和那些不幸福的人所经历的好的和坏的事情都差不多,睡眠时间上也没有差别,在看电视、运动、抽烟、喝酒和宗教活动上都没有差别。许多研究显示,幸福的人比不幸福的人拥有更多朋友,更可能结婚,更喜欢参与群体活动。

幸福的人有一个共同的特点就是利他行为。在我看到这份资料前,我一直以为不幸福的人比较能同情别人的痛苦,因为他自己感受过,应该更会有利他行为出现,所以当我看到幸福的人更可能是利他主义者时,真的吓了一跳。在实验室中,幸福的大人和小孩都更有同情心,也更愿意捐钱给需要的人。当我们幸福时,我们不会把注意力集中到自己身上,我们会更喜欢别人,甚至愿意与陌生人分享我们的幸福。当我们心情低落时,我们不相信别人,变得很内向,并且集中注意力来保卫自己的需求。

以上这些话,作者的推理是循序渐进的。首先,孩子对母亲的依恋,母亲精心照料孩子,从一种自然的亲子之爱中,产生毅力、问题解决、独立性、探索性及热忱等积极情绪。其次,这种积极情绪在孩子长大以后可以移情给他人,使孩子很容易与他人相处,结果就是这些人普遍具有好人缘,幸福感满满,而且还会产生利他行为。

这个时候有人会提出一个问题:既然好的人际关系可以使人产生激发积极情绪的多巴胺和内啡肽,那我们是不是可以不用这么累地去建立人际关系,而是用生物技术来实现这个目标。不要着急,这个问题心理学家早就想到了,并在20世纪60年代就做了实验,结果发现,这是行不通的。作者在《真实的幸福》"塞式幸福法则3:抓住现在的幸福"一章中是这么说的:

不管是身体的还是更高层次的愉悦,都有一个共性。这个共性使它们不能成为永久的幸福来源。我叫学生做一些好玩有趣的事,如去看场电影,他们会发现电影演完时,趣味也就终止了。一旦外界的刺激停止,积极情绪也就沉入日常生活之中,看不见了。

马上重复原来的刺激并不能带给你同样的愉悦:第二口法国香草冰激凌带给

你的愉悦没有第一口的一半,吃到第四口时,你心里想的可能就是卡路里了。一旦身体对热量的需求满足后,冰激凌吃起来就没味了。这个过程叫习惯化或适应,这是神经作用的结果。我们天生对新奇的东西敏感,当事件不再能提供新信息时,神经就不再反射。我们总是注意到新奇的事物,忽略已经熟悉的事物。

愉悦不但会迅速消失,有时甚至还有消极后果。20世纪60年代,我们发现了老鼠大脑中的"愉快中枢"。实验者在那个区域放了一根很细的探针,当老鼠按杆时,就会有轻微电流通过,刺激那个区域。结果这些已经很饿的老鼠宁可去按杆直接得到快感,也不会去按另一根杆去获取食物,最后饿死在能直接获得快感的杆下。实验者从中发现了上瘾的原因:对电刺激产生强烈的渴求,必须有下一个刺激才能满足这个渴求;很不幸,下一个刺激又会带来更大的渴求,这样就形成了恶性循环,直到老鼠累死、饿死为止。老鼠后来再按杆已经不是为了愉悦,而是为了满足这个渴求,这种激起渴求而无法停止渴求本身就是消极的。

作者以上的回答可以解开我们心中的一个谜团,吸毒者明知道自己在通向死亡的路上,但却任何人都挡不住他。

今天我们讨论的积极心理学和我们以前讨论的人本心理学、个体心理学一样,都是在实现自己价值理性的过程中产生的合作理性使然。但对有的人来说,经常要与陌生人建立好的人际关系,是有一定难度的。特别是对于一些年龄大的朋友,社交面逐步在减少。那么,有没有成本低、幸福指数高的方法呢?

老同学,为什么我只记得你
第 87 讲

链接书目:《为什么我只记得你》 迈克·维金

《幸福脑》 丹尼尔·亚蒙

上一讲我们讨论了积极心理学对幸福的 5 个定义:积极情绪、投入、意义、成就、人际关系。人类对幸福的理解,从单一地对"性福"的追求,发展到多元的文化追求,这个不是现代人发明的,而是 10 万年前的原始人发明的,由此产生了第二次认知革命的合作理性。为什么? 因为当下人类的生物运行机制还是 10 万年前的,这个东西没有变。人类多元化的幸福体验和人在进行性生活时的体验是一样的,在心理学上叫"巅峰体验"。积极心理学家认为这些"巅峰体验"都是来自人类本身的生物机制,但是,作为一个普通人,特别是老年朋友,"巅峰体验"的机会越来越少了。因为随着社交圈越来越小,投入、人际关系、成就等可以激发幸福元素的东西越来越少了。有没有好的方法,可以为我们带来哪怕是"小确幸"般的幸福体验呢? 有的。

现在流行的同学会,大学的、高中的、初中的、小学的,甚至还有幼儿园的。为什么人们如此热衷同学会? 其实这是我们有意而为之,在为自己制造幸福体验的一个好机会。通过回忆获得幸福体验是最简单、成本最低、体验感最强的一种人的心理需求。

推荐一本书,叫《我为什么只记得你》,作者是迈克·维金。为了让平凡的人把平凡的生活过得有意义,他做了一项大型的全球调查,从全球征集了 1000 个幸福的回忆,并对这份数据进行分析,得出了这样的结论:生命中真正重要的不是你遭遇了什么,而是你记住了那事,又是如何铭记的。

作者在该书一开始就介绍了制造幸福回忆的 8 种原料。它们分别是:利用第一次的魔力寻找新奇的体验,让平凡的日子变得特别;利用自己的感官,不仅仅是视觉,还可以利用听觉、嗅觉、触觉和味觉,让回应立体起来;要用心像对待约会对象一样对待你的快乐时光,关心它;制造有意义的时刻,让有意义的时光成为难忘的时光;用情绪高亮笔,high 起来;记住你的巅峰时刻和奋斗时刻,站在巅峰,让人无法忘怀,向巅峰奋进的过程一样让人难忘;用故事跑赢遗忘曲线,分享你的故事;外包回忆,写日记,拍照片录音录像,收集你的回忆。

作者考察了"回忆"这个词的来源,最初来自 1688 年开始使用的拉丁文"怀旧"这个词。但是想不到的是,这个最初由瑞士医生约翰内斯·霍佛使用的词,意思竟然是"痛苦的回归",因为他认为这是一种精神疾病。一直到 20 世纪,这个观念才被转换过来,现在成了很多积极心理学科学家研究的对象。作者在书中是这么说的:

> 怀旧的确值得研究。首先,这是我们人人都有,而且是经常会有的体验。在一项针对英国大学生的研究中,80% 的人表示自己一周至少会有一次怀旧的经历,而且这种体验似乎不分国界。世界各地的人都会怀念深爱的人和特别的事。怀念婚礼,怀念黄昏,怀念我们在一起的日日夜夜,怀念篝火的温暖,怀念海面初升的朝阳。通常我们都是故事的主角,而且我们怀念的这些事情,几乎都与我们亲近的人有关。

> 其次,越来越多的证据表明,怀旧所产生的积极情感会提高我们的自尊感,让我们感觉到被关爱,同时减少孤独感或无意义感这类负面情绪。

以上大家读出了什么意思吗?两个意思:第一,怀旧总是和人际关系有关;第二,怀旧是一种积极的情绪。这两条就是我们一直在讨论的合作理性生物基础的底层逻辑。

那么我们为什么会产生怀旧这种情感呢?我们来看看作者所说的第一种怀旧原料:利用第一次的魔力寻找新奇的体验。作者在该书中是这么说的:

> 随便问个年长的人,让他们讲讲自己的过去,他们讲的很可能都是他们 15 岁到 30 岁之间的故事,这就是我们说的怀旧效应,或者叫怀旧高峰。

作者在书中列举了丹麦和美国研究人员对百岁老人做的一项回忆研究,结果发现,不管是他人提示性的回忆,还是自己讲本人的人生故事,回忆的高峰点从 5 岁开始一直到 25 岁,然后曲线一直向下,25 岁最高峰的回忆占比达到 30% 以上,25 岁以后的回忆都低于 5%,甚至都低于 5 岁时的高点。作者是这么说的:

> 读一些名人自传的时候,你也能很明显地发现怀旧高峰现象:他们青少年时期或者刚刚成年时期的经历,相比其他时期会占据更大的篇幅。比如阿加莎·克里斯蒂的自传一共 544 页,她 33 岁的时候母亲去世,写在了第 346 页。换句话说,在怀旧高峰的时间段内,她每一年的回忆要花 10 多页的篇幅来描写。与此相对应的是,1945 年到 1965 年,也就是阿加莎 55 岁到 75 岁的这些年,她只花了 23 页的篇幅:算下来每年只有一页多一点。

　　怀旧高峰背后有一个理论是,青少年时期或者刚成年的那个时期是我们的性格形成期,是决定性的几年。那一时期,我们的自我正在形成。有些研究发现,决定我们怎么看待自己的那些经历,会被我们经常谈起,因为我们要向别人解释自己是个什么样的人。也正因如此,这些经历会让我们铭记一生。还有一个理论是,在这个时间段里,我们经历了很多人生的第一次:第一次接吻,拥有第一座房子,得到第一份工作。你可能还记得我们前面说的,在幸福回忆研究中发现,人们有 23% 的记忆都跟新奇的经历有关。

　　在回忆这件事上,新奇就意味着持久。好几个研究都表明,我们的大脑更容易记住那些新奇的、不寻常的日子。英国研究者基里安·科恩(Gillian Cohen)和多萝西·福克纳(Dorothy Faulkner)的研究发现,73% 的生动回忆要么是第一次的经历,要么是一些独一无二的事情。新奇的经历会由大脑进行更深度的认知处理,因此也会对这些回忆进行更好的编码储存。这就是第一次的魔力,非比寻常的日子就是会让我们终生难忘。

　　现在我们明白了,老同学,为什么我只记得你。那是因为你在 25 岁以后,可能会接触大量的人和事,但是你所经历的人际关系中很多的第一次,已经在你学生阶段,和你的同学共同经历过了,其中包括友情、亲情,特别是一些说不清道不明的恋情,这些成就了你的幸福回忆原料。那么,我们在一生中学会了那么多的知识,它们会不会成为我们的幸福原料呢? 如果会,为什么呢?

　　有一本书叫《幸福脑》,作者是世界知名脑成像专家,被誉为“美国大脑健康之父”的丹尼尔·亚蒙,他还创建了世界闻名的亚蒙诊所。在《幸福脑》中,作者结合真实生动的案例以更广阔的视野解释了人类各种异常和正常的行为,详细解释了心身关系的所有价值,揭示了远离抑郁、冲动、偏执、愤怒的秘诀,让人优化自己的大脑,在人际关系、工作、学业,还有对自身的认识和感受上更加成功,从而拥有更完满的人生。因此,作者把该书的主题定为大脑决定幸福人生。大脑不生病,人生更美好。他认为在大脑中决定我们幸福的是我们的情绪,而情绪是来自大脑中的一个区域,叫深层边缘系统。作者在该书“总郁闷的人生”一章中是这么说的:

　　　　深层边缘系统位于大脑中靠近中央的位置。虽然它只有胡桃核般大小,但是却集聚了各种各样的功能,这些功能与人类的行为和生存息息相关……更高级的动物进化出了大脑皮层,尤其是人类,这使得我们拥有了更多的能力,比如解决问题、计划、组织和逻辑推理等。但是为了让这些能力影响世界,人类还需要有各种激情、情绪和希望事情发生的意愿。于是,深层边缘系统就提供了情绪这一调味剂,使你可以按照自己的意愿产生积极或消极的情绪。

．．．．．．．．．．．

深层边缘系统产生的情绪阴影将会成为你认知日常生活事件时的过滤器,或者说给你戴上了有色眼镜。它会根据你的情绪状态为生活中的琐事涂抹上不同的色彩。当你悲伤的时候,即深层边缘系统出现过度激活时,你会用消极过滤器来解释中性的事件……而当这部分脑区"冷静下来",或者说功能正常的时候,我们才更可能对事件做出中性或者积极的解释。为生活事件贴上情绪标签对人类的生存是至关重要的。我们对生活中某类事件的评价能够驱使我们开展行动(比如追求异性配偶)或者躲避某种危险(比如避开曾经伤害过我们的人)。

现在我们才知道,我们的负面情绪是在深层边缘系统激活的时候产生的。如果我们得到了幸福,就需要自己有意而为之不去激活它,或者说去平复它。作者在书中提到了 11 种为自己带来好情绪的方法,其中第 8 种方法是多回顾美好的记忆。作者是这么说的:

当回忆起某个特定事件时,你的大脑就会释放出一种化学物质,这种物质和这个事件发生时你大脑释放的物质非常相似。因此,回忆会带给我们与事发时相似的心境和情绪。例如,当你回忆起自己的宠物狗被车撞死的情境,你就会陷入悲伤之中。那些和父母非常疏远的人或是那些童年有很多创伤的人,他们的大脑中已经留下了消极的化学模式,所以他们会倾向于从消极的角度看待新的事件。一旦有人对他们不好,大脑中类似经历的化学模式就会被诱发。他们还会忽视别人的友善微笑,把它们解读成非善意的,因为这些积极的信息与他们之前的经历是不一致的。

虽然很多人并不需要在日常生活中和抑郁症做斗争,但我们仍会发现,自己常常处于一种比正常感受更加消极的状态中。当不幸的事情发生后,我们会不断地想起它,这种痛苦的持续时间远远比解决问题本身所花费的时间要长。为了平复糟糕的记忆所带来的创伤,并治愈我们大脑的深层边缘系统,我们必须要记住生命中那些带来积极情绪的时刻。

列出你一生中最快乐的 10 件事。尽可能用 5 种感官信息对它们进行描述:你记不记得那情景是什么颜色的?空气中有什么味道?当时是否有音乐?总之要尽可能让画面变得生动起来。你正在日常生活的"图书馆"里漫步,并要找到那本最想看的"书"。

作者所说的那本"书",就是焕发积极情绪的怀旧之书。《为什么我只记得你》里还真的讲了这么一件真实的故事——"曾经的老熟人",书中是这么说的:

温蒂·米歇尔(Wendy Mitchell)是英国约克郡人。她在 NHS(英国国家医疗服务体系)做了 10 年的团队负责人。她很爱运动,比如跑步、徒步、爬山。一个人拉扯两个女儿萨拉和杰玛长大。

2012 年的一个早上,温蒂去约克郡的乌斯河边跑步。她摔了一跤,伤得很重,流了很多血。她自己去了医院急诊室。事后她回到河边摔倒的地方,想找到绊倒自己的那块石头或者小坑……

……2014 年 7 月 31 日,距离她第一次摔倒后的两年,她被诊断为阿尔茨海默病早期。

现在的她觉得写作比说话更容易一些。在代笔的帮助之下,她写了一本书叫《曾经的老熟人》。书里讲了一个动人心弦、感人肺腑的故事,让我们了解:如果失去回忆,我们会失去什么。它向我们展示了得阿尔茨海默病之后生活中将会面临的挑战:为什么从你最喜欢的咖啡馆到家的路变得那么难走,为什么在厨房找到你收起来的茶叶会成为一个难题。

但同时这也是一个鼓舞人心的故事,它让我们看到温蒂如何重新掌控生活,如何与疾病作斗争。

她在自己座椅的扶手上放了好多便利贴,设闹钟提醒自己吃药,在柜子上画画提醒自己茶叶的位置。她买了一辆粉色的自行车,不是因为她喜欢粉色,而是因为很容易一眼找到。现在她已经看不了小说了,所以她爱上了诗歌和小故事。

不过最难的还是阿尔茨海默病把她珍爱的回忆偷走了。每睡一觉,"小偷"就会把她最珍贵的东西偷走一些。温蒂努力地和这个小偷作斗争。她盯着一张1987 年拍的照片,照片里是一片沙滩,蓝蓝的天空,她的两个女儿,一个 3 岁,一个6 岁,盯着镜头。她努力地记着所有的细节,一想到有一天她会认不出照片上她女儿的笑脸,她就心如刀绞。

她腾出一个房间作为她的"回忆室",房间的墙上一排排贴满了照片。她给照片打满了标签,比如地点、人物、为什么拍照,等等。有一排全是她女儿的照片,有一排是温蒂之前住过的地方,还有一排是她最喜欢的景色,例如湖区和布莱克浦的海滩。

"我坐在床边,看着墙上的照片,感受到一种宁静和幸福。虽然大脑内的回忆慢慢褪去,但它们还会保留在墙上——不会再变化,像是一个提醒,让我回想起那些幸福的时光。"她在书里写道。

温蒂把我们不同的回忆系统比喻为书架。一层放的是事件,一层放的是情绪。放事件的那一层很高,但不稳,时间越近的回忆放得越靠上;而放情感的那一层虽然矮一些,但很结实、稳当。

"我们永远不会丢掉自己的情感,因为它位于我们大脑的另一个区域。"温蒂在《卫报》读书播客的访谈中说道,"我们每天都会遗忘事件的细节,比如,明天我肯定想不起来我们现在谈了些什么,但我会记住我来这里的感受。我们要记住,'情感书架'很重要,因为虽然人们会忘记所爱的人,但他们内心一定还记得那种情感的寄托和牵挂。"

为什么我只记得老同学?温蒂这个故事提醒我们,我们一生中不但有老同学,还有老同事,虽然老同事可能比老同学还要多,但他们都被放在那层高高的事件的书架上,而老同学永远被放在那层矮矮的情感的书架上。因此建议朋友们趁自己年轻的时候,多开开同学会,去仔细阅读心中的那本怀旧的情感之书。

幸福的回忆可以制造我们的积极情绪。那么消极情绪呢?我们可以回避吗?由于积极情绪和消极情绪都是来自同一个大脑区域,而且是由我们的生物机制来控制的,我们似乎没有办法回避,但是你仔细分析一下,我们的所有情绪,不管是积极的还是消极的,其实都是和他人有关的,都是在和他人打交道时产生的。如果我们有合作理性,我们可以在认知上回避这种消极情绪吗?

为何我的情绪总被他人控制
第88讲

链接书目:《我的情绪为何总被他人左右》

阿尔伯特·埃利斯,阿瑟·兰格

《控制焦虑》 阿尔伯特·埃利斯

上一讲我们讨论了如何通过回忆为自己制造幸福的体验,但回忆是一种情感,情感需要我们的生物机制去触发。根据《幸福脑》作者的研究,这种生物机制也就是大脑深层边缘系统,它管理着两种相反的情感,积极情绪和消极情绪。但隐藏着的生物机制我们不了解,也不好控制。今天我们从我们可以理解的认知角度,去发现当我们一不小心激活了这个深层边缘系统,我们应该如何去平复它,这个可以做到吗?

《我的情绪为何总被他人左右》的作者阿尔伯特·埃利斯,是一位超越弗洛伊德的著名心理学家,是"理性情绪行为疗法之父",是认知行为疗法的鼻祖。埃利斯创立了对咨询和治疗领域影响极大的理性情绪行为疗法,为现代认知行为疗法的发展奠定了基础。该疗法适用范围广、实用性强、见效快,是中国心理咨询师最常用的方法,也是中国心理咨询师国家资格考试必考的疗法之一。

埃利斯是精力充沛而多产的人,也是心理咨询与治疗领域内著作最丰富的作者之一。他一生撰写了几十本书籍,其中有许多成为常年畅销的经典,还有几本著作销售量高达几百万册。

所谓的理性疗法,阅读了他的一系列著作就可以理解,首先就是要认识身边的他人和他物。因为我们所有的情绪,不管是积极的还是消极的,都是为他人和他物所控制的。

作者在《我的情绪为何总被他人左右》中提出了这个问题:我们如何就让他人他物牵着鼻子走了呢? 作者是这么说的:

> 人只有三件事可做,且你正在做这三件事。(这当中至少不包含你可能正在考虑的某些事情。)你几乎整天都在做这三件事,甚至睡觉也不例外。首先,你在思考(thinking)。你们中有些人在想是哪三件事。或者,你也许在想今晚或这个周末会有什么安排。又或者,你在想刚刚别人跟你说的话或这本书会谈些什么。

总之,你几乎一直在想事儿。有时候,你都不知道自己在思考——可如果你停下来,注意一下,你就大体知道自己在想什么。

其次,你几乎总在感觉(feeling)什么,我们说的不是身体上的冷暖、疲倦、疼痛,而是指情感方面。有时候是温和的感觉,如"有点"烦、"有点"开心、"有点"情绪低落、"有点"快乐或"有点"内疚;有时候是强烈的感觉,如气得发疯、愤慨、心花怒放、激动、沮丧、灰心丧气、欣喜若狂、高兴、吓坏了或者愧疚"万分"。数不清的感觉和强烈情绪被你自始至终地感受着。

最后,你行为(即行动——acting)不断。当你读这本书时,哪怕是最轻微的手势和身体部位的移动都是行为。你刚才眨眼了吗?你呼吸了吗?你在做鬼脸,或在椅子上扭动?只要你还活着就会动。

指出人在思考、感受和行动不算什么了不起的理论。不过,这是一个良好的开端,因为如果我们不想被人或事所操纵,就最好学会管理和控制我们心理、情绪和行为上对那些操纵我们的人和事做出的反应。

如何不被他人和他物控制? 首先,作者从每天三件事中的第二件事,即感觉或者说情绪切入,看看我们为什么这么容易被他人控制。作者是这么说的:

世上主要有四种"略带神经病的"感觉("screwball" feelings)。也就是说,你在任何时间有了其中一种,就会无法游刃有余地应付局面,多半会面临沮丧郁闷,被某人某事牵着鼻子走。

那么是哪四种呢?有什么样的表现呢? 作者是这么说的:

第一,如果你过分烦躁(anxious;或紧张、沮丧、恼火、担惊受怕等),你就不能有效地处理人或事。比如,你也许因一个工作面试极度紧张,或因为要跟一个凶巴巴的上司说话而紧张;也许你因工作中的截止时间即将到来而心烦意乱,或因为生活中的一个重大决定,或孩子最近的表现而烦躁。如果你有此类情绪,说明你已受制于人或事。

第二,如果你过分生气(angry;或戒备、被激怒、气得发疯、愤愤不平、嘴巴不饶人、脾气一触即发、挫败),你就可能把事情搞砸。也许,当你的配偶批评你的工作、厨艺、教育孩子的方式或做爱方式时,你真的就不依不饶;也许,当你的青春期孩子蔑视或不尊重你,或你工作上的同事不能干或不合作时,你真的就大发雷霆。

……如果你过分抑郁（depressed）或无精打采（burned out，一蹶不振），你会一事无成，而且有可能把自己弄得郁郁寡欢。同样，如果你因失去所爱的人，或因失去工作，或因悲惨的徒劳无功而长期抑郁，你就是让某人某事控制了你。

第四，如果你过分内疚（guilty；过分承担责任、过分悔恨、过分自责），其他人就能操纵你，你就无法做出正确判断，你就会因错误的因素做出错误的决定（因为你如此愧疚）。比如，你会让孩子们逃脱杀人的惩罚，因为你离婚了，为离婚给孩子们带来的痛苦而愧疚；或者，你花太多的私人时间与一个你并不真正喜欢的人在一起，因为"你是他们唯一的朋友"——如果忽视他或她，你会觉得自己卑鄙。

其实小脾气每个人都有，但关键是作者所说的"过分"两个字。这个"过分"就是我们讨论过的大脑深层边缘系统的过激反应。作者是这么说的：

关键概念来自"过分"这个词。但什么是"过分"？什么时候你的情感是过分的？这个概念太主观了！虽然实际上，我们敢肯定在85%的时间里，你能真正辨认出什么时候你是反应过激。有时候你不愿意承认，但你心里清楚。如果你发火的时候有人轻叩你的肩膀，好脾气地问："你是不是反应过激了？"你抢白道："是啊——关你什么事？"这时，你往往已经知道自己反应过激了。要承认这一点是很难的，但你一定觉察得到。

那么这些"过分"是如何引起的呢？作者从可以自己观察、自己分析的角度，提出了三种病态思维方式，即被作者称为"我们内心让人牵着鼻子走的疯狂信条"。作者是这么说的：

第一种叫灾难性思维方式（catastrophic thinking）。这是一个10美元的词儿，意思仅仅是，我们把什么都看成灾难。我们把不是灾难的事情放大成灾难。许多灾难性思维从"万一……怎么办"（what if…）开始。比如，你在外间办公室等待一场重要的求职面试。你能想到多少"万一……怎么办"，以至于在面试中因紧张而丢盔卸甲？"万一我答不出他们的问题怎么办？万一我不够格怎么办？万一我是大材小用怎么办？"……诸如此类。这些问题强烈表明，如果真是如此，这就不仅仅是值得关注的事，而是意味着真正的灾难——恐慌时刻到来了。带着这种思想去面试，你早已精神崩溃，不战而败。

…………

第二种病态思维方式（screw ball thinking）被称作绝对论者思维方式（absolutist

thinking）。又是一个 10 美元的词儿。绝对论者思维倾向以下面几种形式出现："我必须……""我应该……""我不得不……""我只能……""我一定得……""我非……不可"诸如此类。我们中有些人整日纠结于自己的事。"我应该做这件事。我应该做那件事。我应该（should）把这事儿跟那人说的。我必须更那个一点。我应该思路更清楚一点。我应该更有吸引力、更聪明、更机智、更受欢迎、更具有行动力。我应该更坚定一点。我不应该那么咄咄逼人。我不得不（I've got to）无保留地说出来。我真的必须管好自己的嘴巴。"等等。

…………

第三种类型的神经病想法恰好是另一个极端：合理化（rationalization）。合理化就是弱反应。这是对发生的事否认或不当一回事的拙劣举动。它们以这种思维形式出现："谁会当回事？""天还没塌呢！""别烦我。"及"那又怎样？"这些都是否认我们有所反应的表现。实际上，它们是骗局，即使用它们，我们就是在欺骗自己！

……合理化可能在短期内"发挥作用"，但会让你在操纵者面前不堪一击，因为你压根儿没去正面交锋。

以上是作者所说的我们普通人经常会碰到的四种过激情绪：烦躁、生气、抑郁和内疚，以及由这四种过激情绪引起的三种病态思维：恐惧化、必须化和合理化。但作者是一位心理学家，根据他的临床经验，结合他人的研究成果，他把这四种情绪和三种病态思维的非理性情绪，进一步过滤，最后得出了一个共同的源头。是什么呢？

我们再来看看他在另外一部大作《控制焦虑》中的"使你产生焦虑的非理性信念"一章里是怎么说的：

随后，我对人们的非理性信念又进行了进一步的临床试验和研究，当我得知我之前对非理性信念和那些变体进行的 12 种归类完全准确时，我感到有点惊喜。另外我还总结出可以进一步将这些非理性信念归纳为三大类，事实上，所有其他非理性信念（实际上有几百种）都可以归为这三大类。这三种基本的非理性信念都会导致情绪干扰，究其原因，都是源于一种绝对必须的要求或命令：无条件应该、义务或必须。虽然几年前我就曾预料到这种方法的真实性，但我还是感到有些惊讶。卡伦·霍妮是一个非同寻常的分析师，她曾在 1950 年就得出了类似的结论，当年她就提出了使人们感到不安的"强硬的应该"观点。20 世纪 50 年代中期，我将理性情绪行为疗法应用于客户身上，那时我专心研究"绝对应该"和"必

须"的信念,我发现存在以下三种强大的"必须"信念,我将它们称为必须强迫症(musturbation):

1. 针对我自己的必须信念。例如,"我必须成功地完成每一个重要的任务","我必须受到那些重要人士的赞许,至少我应该被完全认可","我必须在我选择从事的项目中表现出优秀或完美的水平",这是一种极其常见的必须强迫症,世人都会在生活中的某个阶段产生这种信念,当他们未能实现生活中的目标时,这种信念会让他们感到焦虑、抑郁、自轻自贱和不安。

2. 针对他人的必须信念。例如,"他人必须帮助我得到任何我想要的东西,并阻止那些我不希望的事情的发生","当我希望他们喜欢我、认可我时,他们必须这么做",当他人不遵守你的命令,不能完全按照你所想的方式来对待你时,这种形式的必须强迫症会导致生气、发怒、暴怒、暴行、仇恨、争斗和毁灭等情绪的产生。

3. 针对客观世界和环境条件的必须信念。例如,"工作条件必须能确保我从事自己喜欢的职业,而且这种职业的待遇必须很好","天气状况必须符合我的心意,完全按照我的需求而改变","政治经济形式在任何时候都必须符合我所需,不能有违我的个人利益",这种形式的必须强迫症会降低你对挫折的忍耐力,导致抑郁、拖延、耽溺和其他各种不良后果。

正如我所说的,这三大必须信念涵盖了所有非理性信念,并且还能产生许多各式各样的不安情绪和不正常行为,这点多少让我感到有点儿惊讶,它们会造成人类机能障碍。任何重要的必须信念或非理性信念都包含在这三大必须信念之中,到现在为止我还未发现有例外情况。

作者认为非理性情绪来自我们的非理性信念,他把几百种情绪分为 12 大类与 3 种信念,最后得出了一个结论:所有这些非理性情绪全部来自一个"必须"的信念,被称为"必须强迫症"。那么作者有解决方案吗? 有的!

第89讲
你知道老子有一套水认知疗法吗

链接书目:《理性情绪》 阿尔伯特·埃利斯

上一讲我们讨论了为什么我们的情绪总是被他人和他物所控制,原因只有一个,就是因为我们患了"必须强迫症"。我们所有的非理性情绪原来是在"必须"这顶冠冕堂皇的"理性"帽子下产生的,这里大家一定要仔细理解这个"必须",因为这是一个表达"理性"的词语。怎么办?那个超越弗洛伊德的心理学大师埃利斯认为,既然理性是总根源,而我们又是理性动物,那我们就用理性来治愈我们的非理性疾病,因此他这个疗法就叫"理性情绪疗法"。今天我们就阅读阿尔伯特·埃利斯的《理性情绪》。该书前言中是这么介绍的:

> 过去的日子里,事物都在日新月异地发展变化着,理性情绪行为疗法自1987年起也发生了很多变化。第一,它的名称发生了改变,它由1993年的理性情绪疗法(RET)更名为现在的理性情绪行为疗法(REBT)。第二,现在的理性情绪行为疗法已经越来越多元化。它更加强调想法、情感和行为三者之间的关系。因此,可以说它比以往更加认知—情感—行为化了。

> 另外,理性情绪行为疗法比以往更加注重哲学观。与大多数认知行为疗法不同,理性情绪行为疗法强调三大基本哲学观。我近期出版的书都非常注重这三大基本哲学观,尤其是《克服不合理信念、情感和行为》(*Overcoming Destructive Beliefs, Feelings and Behaviors*)、《控制愤怒》、《控制焦虑》、《理性情绪行为疗法:一种行之有效的治疗方法》(*Rational Emotive Behavioral Therapy: It Works for Me, It can Work for You*)、《如何打造耐力:理性情绪行为疗法哲学》(*The Road to Tolerance: The Philosophy of Rational Emotive Behavior Therapy*)。这三大基本哲学观是从让你认识到自身扭曲、不合理信念开始,再通过认知—情感—行为三个层面的辩驳,实现建立有效新信念或者合理的应对观念的效果。

这里大家一定要注意作者以上的"哲学观"用词。在西方,心理学以前就是归在哲学范畴之内,后来作为一门独立的学科分离出来。但是,作者这里却把21世纪的最新心理学疗法回归哲学,这样我们就可以请出老子来与作者进行平等的对话了。

那么作者的三大哲学观是什么呢?作者是这么说的:

> 理性情绪行为疗法强调的三大基本哲学观如下。
>
> 用无条件的自我接纳(unconditional self-acceptance,USA)替代有条件的自尊(conditional self-esteem,CSE)。用自己的主要生活目标以及是否能助你达成目标来评价、判断自己的信念、情感和行为。如果能达成目标,你则认为它是"好的"或"有用的";反之,你则认为它是"不够好的"或"没用的"。但是,谨记不要让这些影响了对自我的评价,无论你的表现好或不好,无论别人是否认同你和你的所作所为,你都需要接纳并尊重自我、自己的人生和作为人存在的价值。
>
> 无条件地接纳他人(unconditional other-acceptance,UOA)。用自己以及社会公认的标准评价他人的信念、情感和行为或"好"或"坏",但是永远不要评价他人本身。接纳并尊重他人本身,不是因为他们身上具有的某些特质或他们的行为,只是因为他人与你一样,都有人的尊严。对所有人都抱有怜悯之心,甚至对所有生物都是如此。
>
> 无条件地接纳生活(unconditional live-acceptance,ULA)。用自己以及社会群体的标准评价生活和社会的"好"与"坏"。但是请不要评价生活或境况本身是"好"还是"坏"。正如莱茵霍尔德·尼布尔(Reinhold Niebuhr)所说,尽你所能改变你不喜欢的生活,安然接受你不能改变的,并拥有区别两者的智慧。

作者以上所说的三个"无条件接纳"是不是和老子六步修炼法中的"载营魄抱一,能无离乎"有点相似。由内而外,拥抱世界,互不分离。但是仅仅有哲学观是不够的,作者是一位临床心理学医生,因此他有一套相应的训练方法。作者在《我的情绪为何总被他人左右》一书中提供了四个步骤训练法,是这样说的:

> 步骤一 如果我被此事牵着鼻子走,我的感受和行为是多么不恰当呢?
> ············
> 步骤二 我有哪些非理性思考方式致使我过分烦躁、生气、抑郁、愧疚或行为欠妥?
> ············
> 步骤三 我如何反制自己的非理性思考方式?
> ············
> 步骤四 我用何种更佳之选来替代非理性思考方式?

作者把这四个步骤训练法推广到所有生活的场景,比如说工作场景,和爱人处理关系的场景,甚至还有出去吃饭可能遇到的不愉快的场景。这里摘录一条,大家可以仔细琢磨一下,他的解决方案在哲学观上和老子的解决方案有没有共同之处。作者在"如何调节自身的非理性思考方式:通往成功的四步骤"一章中,是如何对待和同事的关系的。该书中是这么说的:

你跟与你一起工作的那个人性格不合。你不知为什么,但看上去就是相互搞不好关系,你们就是互相看不顺眼。这种局面已影响到你们的工作,他越来越不合作,忙帮得越来越少,你们常为小事拌嘴。交流和效率都受到影响。

步骤一　对此,我该如何感受和行动呢?

恰当的:遗憾和无可奈何。

不恰当的:过分生气、不开心、喜欢争吵、不想见人、嘲弄和戒备。

步骤二　我有哪些非理性思考方式致使我过分烦躁、生气、抑郁、内疚、不想见人、嘲讽和戒备?

a.关于自己,我有什么非理性思考方式?

"我是傻瓜!我不应该让这个混蛋影响到我。我不应该如此不成熟。我为何这么在乎?"或者"我才不会从他或任何人那里拿这样东西!我不会让他占上风!我要他好看!"

b.关于这种情形中的其他人,我怎么看?

"我就是无法忍受这个变态。他逼得我恨不得杀了他。我不理解他是怎么得到这份工作的。他肯定上面有人。万一他一直跟我过不去而且关系越处越糟怎么办?他除了他自己,什么人都不放在眼里。(这个杂种,他怎么能这样!)"

c.关于这种情形,我有什么非理性的想法?

"这个工作本来挺有趣。万一因为他不合作,我的工作不达标,我由此惹上麻烦怎么办?我不会因为试过了就会赢,我没那本事。越讨好,越吃力不讨好。如果我不理他,他会更难相处,这场仗肯定是他赢了。真恶心!"

步骤三　我如何挑战和对抗自己的非理性思考方式?

"毫无疑问,我们处不来,但我真的就无法忍受?我不开心是不是也导致矛盾激化了呢?他就必须按照我认为他应该有的行动去行动吗?如果不是这样,到底是件可怕的事,还是我把它变成了可怕的事?"

步骤四　我能用何种更佳之选来替代自己的非理性思考方式?

"我想要他更合作一点，希望我俩相安无事。如果真是如此，那就太棒了！如果处不来，也不糟糕、可怕、恐怖。运气不好而已，我感到遗憾。我担心这种局面，我决心改善这层关系。"

"如果改善不了，我也无须把自己弄得凄凄惨惨的！我没必要给他念'应该'经，也没必要把该事恐怖化。假如我的工作没受到这种冲突的影响，那是最好，我会尽力阻止这种事发生，但假如已经影响了我的工作，我也能应对。我还会继续跟他坦诚地、不乏敬意地交流。我没必要为了做那件事而强迫自己喜欢他。我想要他待我如我待他，但假如他不这么做，只怪我运气不好，但这并不意味着很恐怖的事发生了。我会找他谈谈究竟哪里不对劲了，并努力解决这个问题。能解决，那就太好了。解决不了，我也死不了。

作者把和他人的不愉快与不合作分成几步心理暗示疗法，最后一步就是尽量摈弃"应该"思维，并努力解决问题，如果解决不了，自己也死不了。这是心理治疗师的一般操作手法，他们的目的是让你从心理阴影里走出来。但这种疗法有用吗？我们再来看看作者在《理性情绪》一书中推荐的理性情绪疗法，这是针对焦虑和愤怒的。作者是这么说的：

如果你感到不健康的焦虑、紧张或惊恐，思考一下这类必须、必要、糟糕透顶、我不能忍受这些、自我挫败（self-downings）和过度概括："如果我丢了工作，我就再也找不到好工作了，这会表明我是一个彻头彻尾的窝囊废！""我必须保证我的伴侣绝不能死，因为一旦他去世了，我就无法忍受这样的孤独，我肯定痛苦终生。""我万万不能失明，因为如果我失明了，我妻子肯定会承受不了，会被吓坏的，而且我再也不能享受任何生活了。"

请注意，这些是无条件、十足痛苦的先兆，而且它们使你面对频繁的痛苦，无处可逃。

再次想象一下，如果一些糟糕的事情真的发生在你身上，如果你丢了所有的钱，有一个对你总是吹毛求疵的老板，或者被你最好的朋友或伴侣不公对待。当你想象这些的时候，你会只感到失望、悲伤和后悔吗？还是你也会感受到不健康的沮丧或者愤怒？

如果你感到沮丧，请寻找一下这样的应当、应该和必须："我应当更小心保管我的钱。不早早提高警惕真是太傻了！""我的老板不应该对我这样吹毛求疵！我忍受不了这样一而再再而三的批评了！"

如果你感到愤怒,请寻找这类"必须要"的内心自我对话(self-statements):"我最好的朋友绝对不能对我不公! 他真是个卑鄙小人!""我的生活条件应该比他们好! 现在的一切实在太不公平、太可怕了!"

无论何时,由于不幸的事情真的发生在你身上或者你想象这类事情发生而产生了强烈的负面情绪,请看一下这些情绪是不是由你对好事的希望和期待而产生呢? 或者是不是因为超出了想要的范围,并且抱持了强有力的"应当、应该、一定、需求、要求和必要"而创造了这些负面情绪呢? 如果是这样,你正将担心和谨慎转变成过度担心、严重焦虑和惊慌。请观察你情绪情感中这些真实的区别吧。

这个方法和前面的不合作还是一样的,先用"必须"去设想你的负面情绪处境,想通了这个"必须"有可能是你对自己、对他人和对环境的超预期需求,放下"必须、应当、一定"的超预期,这样你就会从负面情绪中走出来。一句话,认知你的"必须"是不是真正的"必须",不是的,就乖乖放下。这就是作者的哲学观。

那么,我们来看看老子的哲学观里有没有"无条件接纳"和放下"必须"的方法论。

第一,老子的哲学观很简单,一招制胜,和他人打交道就是"弱者道之用"。你要自由,先给他人自由,你要他人对你好,你先对他人好,不需要绕多么大的圈子。为什么? 因为改变自己的信念,只是一种思维认知,你改变了,你就走出了焦虑和愤怒。如果结果没有变,人家还是我行我素,你怎么办? 所以最后还是消极的结果,就像四个步骤中的最后一步,大不了一走了之。这个在现实中是行不通的。因此老子的方法就是行为疗法"无为无不为",我让你自由,你总要给我自由吧? 最后的目的还是在于"无不为",从而达到了你的预期结果。

第二,老子的行为疗法我们一直在讨论,但老子也不缺乏认知疗法。以下译文摘自陈鼓应先生的《老子今注今译》。

委曲反能保全,屈就反能伸展,低洼反能充盈,敝旧反能生新,少取反能多得,贪多反而迷惑。

所以有道的人坚守这一原则作为天下事理的范式。不自我表扬,反能显明;不自以为是,反能彰显;不自己夸耀,反能见功;不自我矜恃,反能长久。

正因为不跟人争,所以天下没有人和他争。古人所说的"委曲可以保全"等话,怎么会是空话呢! 它实实在在能够达到的。

....

江海所以能成为许多河流所汇往的地方,因为它善于处在低下的地位,所以能成为许多河流所汇往。

所以圣人要为人民的领导，必须心口一致地对他们谦下；要为人民的表率，必须把自己的利益放在他们的后面。所以圣人居于上位而人民不感到负累；居于前面而人民不感到受害。所以天下人民乐于推戴而不厌弃。因为他不跟人争，所以天下没有人能和他争。

·············

我有三种宝贝，持守而保全着。第一种叫作慈爱，第二种叫作俭啬，第三种叫作不敢居于天下人的前面。

·············

善做将帅的，不逞勇武；善于作战的，不轻易激怒；善于战胜敌人的，不用对斗；善于用人的，对人谦下。这叫作不争的品德，这叫作善于用人，这叫作合于天道，这是自古以来的最高准则。

·············

勇于坚强就会死，勇于柔弱就可活。这两种勇的结果，有的得利，有的遭害。天道所厌恶的，谁知道是什么缘故？

自然的规律，是不争攘而善于得胜，不说话而善于回应，不召唤而自动来到，宽缓而善于筹策。自然的范围广大无边，稀疏而不会有一点漏失。

以上是老子说的认知疗法，总结起来就是两个字——"不争"，这是"必须"的反义词，这是老子从天之道和人之道的规律中总结出来的理性疗法。老子认为人之道有两个特点，一个是"损不足奉有余"，还有一个是"为而不争"。他为什么这么说呢？因为，每个人"损不足奉有余"，全社会综合起来就是"天之道"的"损有余，补不足"，"利而不害"，处于一种平衡的自然状态。这里有一个和西方人哲学观不同的地方，西方人认为人生而平等，所以他老是要和人家比。可现实情况是人生而是不平等的，比如说先天的性别、禀赋、长相、能力，或者说后天的职业、知识、财富和地位等等。这个不平等是永远存在的。因此你自己想象的"必须"和百分之百的平等是不存在的。如何使这个社会平等，就是减少自己的劣势"损不足"，发挥自己的优势"奉有余"啊。但是人在"奉有余"的时候，往往会斤斤计较，奉献出来的有余，有的多一点，有的少一点，这些都是引起负面情绪的因素。怎么办？为而不争呀！那么，别人要控制我怎么办？就向"水"学习啊。

上善的人好像水一样。水善于滋润万物而不和万物相争，停留在大家所厌恶的地方，所以最接近于道。

如果你向"水"学习了，那么：

> 天下莫柔弱于水，而攻坚强者莫之能胜。

你看老子的认知疗法，一步一步，逻辑性相当强，这就是 2500 多年前的"理性情绪疗法"，我们可以称之为"水认知疗法"。谁甘愿不平等，停留在大家看不起的地方？就是那个"水"。用由内而外把自己比喻为水的"不争"，替代由外而内事事都要"应当"和"必须"，就是我们讨论过的"活在当下"的生命意义和幸福感。像水一样的时候，你的心态必定是平衡的。现在已经最低下了，已经很糟了，难道还有比这个更糟的吗？如果你对方还要和你争，就用"无为"的行动去面对。先让他一下也无妨，你给他自由，他就会给你自由。如果你还是走不出自己的心理阴影，就一报还一报呀，以德报怨，这样总行了吧。如果对方还是咄咄逼人，走法律道路啊。但老子还是不让我们把对方逼上绝路，按《道德经》中说的，圣人保存借据的存根，但是并不向人索取偿还。有德的人就像持有借据的人那样宽容。老子从心理到行动，从行动到法律救济，一整套"水认知疗法"步骤，层层递进，环环相扣，最后成为江海百川、许多河流汇集成的"百谷王"，成就了一个心胸辽阔的人，天下没有人能和他争。无论是哲学观还是具体疗法，它们不仅能治病，还会助你获得成功人生。是不是比阿尔伯特·埃利斯的理性情绪疗法更加高明？其实老子不只有"水认知疗法"，还有一套大脑锻炼法，这个我们以后讨论。

但是在利用理性情绪来控制非理性情绪上面，老子与埃利斯的观点还是相同的。无非是方向不同，一个要你保持内在的"不争"理性，一个要你去除对外的"必须"思维。既然情绪是可以理性的，那么神经科学是怎么看待情绪的呢？

第90讲

如何用神经科学解释七情六欲

链接书目:《情绪是什么》 乔瓦尼·弗契多

《〈存在与时间〉读本》 陈嘉映

我们讨论了为什么我们的情绪总是被他人控制,原因就在于一种病态的思维,埃利斯教了我们一招——理性情绪疗法,就是去除"必须"的思维模式,结合我们学过的意义疗法、认知疗法,会发现老子的方法更管用,就是一整套"水认知疗法"。这种理性控制情绪的水平远远超过这些当代心理学家的观点。老子为什么有这个绝技,原因还是在于我们一直在讨论的合作理性。合作是一种本能,但同时又是一种理性。这个说法本身就是矛盾的。但是如果我们学习了象与骑象人的原理,就不觉得矛盾了。

今天我们从大脑功能这个角度来讨论情绪与理性的关系。和象与骑象人的比喻一样,我们的大脑有一个情绪脑,也有一个理性脑。今天我们专门来讨论这个情绪脑的工作原理。有一本畅销书,书名我暂时不说,我们先来看看情绪脑的工作原理。作者在该书"情绪的功能"一章中是这么说的:

> 脑干是大脑最原始的部分,也是情绪中枢的起源。经过几百万年的进化,情绪中枢进化成会思考的大脑,即"新皮层",这层充满皱褶的灯泡状器官位于大脑的最外层。思考脑从情绪脑进化而来,这一现象很能说明思维和情感的关系;情绪脑的出现要早于思考脑。

> 人类情绪最早起源于嗅觉,更准确地说是起源于嗅叶,即接收并分析气味的细胞。每一种活的个体,无论是好吃的还是有毒的,无论是性感的伴侣,还是天敌或者猎物,都携带着一种独特的分子标签,可以在风中传播。在原始时期,嗅觉对生存无疑具有至关重要的意义。

> ···········

> 最早的哺乳动物出现之后,情绪脑新的关键神经元层也形成了。情绪脑的新神经元层包围着脑干,看起来就像是被人咬了一口的面包圈,脑干正好安放在中空的底部。由于这部分大脑环绕并包裹着脑干,因此又被称为"边缘"(limbic)系统,"边缘"一词来源于拉丁语"limbus",意为"衣领"。这一新的神经区域为大脑

的指令系统添加了恰当的情绪。当我们渴望或愤怒的时候,坠入爱河或因恐惧而退缩的时候,正是受到了边缘系统的控制。

....

大约在1亿年前,哺乳动物的大脑发生了生长突增。在原先薄薄两层皮层——这部分的功能是计划、理解感受、协调行动——的顶部,出现了几层新的大脑细胞,从而形成了大脑的新皮层。和最初的两层大脑皮层相比,新皮层具有异乎寻常的智能优势。

"智人"的新皮层比其他任何物种的都要大得多,这正是人类所独有的。新皮层是思想的所在,它包含综合和理解感觉的神经中枢。新皮层还使我们的思考伴随着某种感觉,而且使我们对观点、艺术、符号和图像等产生感觉。

....

新皮层虽然是大脑的高级中枢,但并不能控制全部的情绪生活。对于心灵至关重要的问题——尤其是情绪的紧急状况,新皮层需要服从边缘系统。由于大脑的高级中枢发源于边缘系统,或者说扩展了边缘系统的功能范围,情绪脑在神经结构中扮演着关键的角色。情绪脑是新大脑发育的基础,情绪区域通过神经回路与新皮层的所有部分产生了千丝万缕的复杂关系。因此,情绪中枢对包括思考中枢在内的大脑其他部分的运作具有强有力的影响。

以上这些话很重要,作者把我们的大脑功能分为两个模块,一个是产生情绪的情绪脑,位置在大脑的边缘,叫作边缘系统。这个概念我们在"老同学,为什么我只记得你"中已经讨论过了,也可以叫作"深度边缘系统",它为我们提供情绪的调味品。另外一个系统就是思考脑,它位于大脑的新皮层,负责我们的理解、计划和行为的思维指导。两者的分工是一个负责感觉本能,另一个负责思维理性。但有一个前提,大脑负责思维理性的功能是在负责感觉本能功能成熟之后才出现的,因此情绪脑最终会控制思考脑。

说到这里,我们可以分析一下我们在前面讨论过的人类合作理性的底层逻辑是什么了。原来情绪占有很大的比例,原始人在性生活中获得的愉悦感、在梳毛与聊八卦中产生的内啡肽与多巴胺,都是在为情绪助力。为什么是理性的?因为他们发现按这个互相合作的固定套路可以带来更多的情绪宣泄和身心快乐。于是,从此开始乐此不疲、有意识地把这个人类的本能挖掘出来,产生了有意而为之的理性文化现象。这个文化起到了双重作用:一方面可以诱导我们良性情绪的宣泄,另一方面可以制约我们不良情绪的失控。这个时候代表理性的思考脑就登场了。这就是我们一直在讨论的合作理性的大脑神经科学产生机制。

那么人类的本能，即情绪，为什么和人的合作连在一起了呢？这里介绍一本书，叫《情绪是什么》，作者乔瓦尼·弗契多是欧洲新锐神经科学家。

他的这本书共七个章节，每一个章节都对应着我们人类的一种基本情绪。这七种基本情绪分别是：愤怒、内疚、焦虑、悲痛、共情、快乐、爱。我们前面讨论过的情绪基本上就在这个范畴之内。它们都有一个共同之处，就是和他人有关，合作的就是良性情绪，不合作的就是不良情绪。我们看看作者是怎么说的：

第一，愤怒。

愤怒是一种粗暴的情绪，是一股很难控制的巨大力量。发泄愤怒足以使事情发展到我们所期望的反面。当遭到不公正的对待时，当感到被轻视、被冒犯时，或者当无法容忍某种行为时，我们便会表达愤怒。愤怒是穿戴着盔甲的恐惧，是在别人伤害我们之前做出的防御性反应。愤怒可能是冲动的、不由自主的，短促而猛烈；也可能是静默的、有预谋的，愤怒者头脑清醒，比较克制。愤怒可能是对挑衅的直接反应，也可能是未来反击的推动力。愤怒的有趣之处在于它可以被克制，潜藏很长时间，也可以短暂性地猛烈喷发，然后恢复到比较平静的状态。令人失去理智的愤怒电光火石地喷发之后，你对某人的怒气可能持续很长时间。

无论什么形式，愤怒不可避免地涉及道德。我们的品行会因为无法控制冲动反应而受到质疑，这会被看成是软弱或缺乏意志力的表现。发泄愤怒对我们在社交世界中的处境可能会产生不良后果，还有可能破坏人际关系。

第二，内疚。

内疚感就像鬼魂一样，经常出现在梦中，它变换着不同的伪装，有时神秘，有时离奇。1895年夏天，弗洛伊德自己也做了一个以内疚为主题的梦，这帮助他构建了解释夜晚谜一般的潜意识流的理论。

在弗洛伊德的梦中，一切都指向因为他误诊了一位患者而产生的内疚感，这位患者就是弗洛伊德的朋友伊尔玛。根据弗洛伊德的诊断，伊尔玛患有歇斯底里症。经过一段时间的治疗，伊尔玛的病情有所好转，但她依然会感到身体疼痛、不舒服。然而弗洛伊德没有理会她的症状，认为她的感受并非来自器官的病变。

············

内疚感涉及不当的行为，甚至也包括只是认为自己做错了的想法。错事一般包括冒犯、忽视他人，或者给他人造成伤害、违反规则或社会规范。它必然包含判断正确与错误，区分什么是可接受的、什么是卑鄙的、什么是有利的、什么是有害的……内疚是一种道德情绪，或许是典型的道德情绪，它关系到价值观。

第三，焦虑。作者对焦虑的定义是对未知的恐惧，这是作者讨论的重点。因此，在该书中他从心理学、神经科学与哲学三个方面对焦虑的概念进行了解释。那什么是哲学方面的诠释呢？作者认为就是海德格尔的存在主义。作者是这么说的：

> 海德格尔无疑使我以新的眼光来看待有关恐惧和焦虑的神经科学。结果我开始寻找证明焦虑在生活中的作用，以及为如何管理焦虑提供实用线索的研究。

那么究竟是海德格尔的什么理论使作者改变了自己原本的眼光呢？海德格尔是如何看待焦虑的呢？作者是这么说的：

> 海德格尔认为焦虑非常重要。就像为了生存，在出现危险时我们需要感到恐惧一样，为了在这个世界上生存，我们也需要焦虑。为什么？每天我们在由事物、人、行为和环境构成的网络中小心地穿行。我们早上起床，送孩子去学校，上班，和同事、朋友交往，去健身房或酒吧，为假期做计划，给家里添置新家具，买新 CD、新款手机，玩 iPad……这些事情占据了我们所有的时间和精力。海德格尔将这种占据称为"陷落"。简单来说就是，我们沉迷于日常事务中，忽视或停止了寻找生命真正的意义。当被卡在这种陷落的惯性中时，我们会脱离自我。我们远离了有意义的生活，因为这样做更容易。我们抑制焦虑，但是"焦虑就在那里，它只是在沉睡"。

> 当焦虑醒来，我们与世界密切的共生关系就会消失。在焦虑中，上述那些事物、环境和人都会变得没有意义，消失不见。一切都会下沉，直到无影无踪。之前与世界的联系和对它的解释都会受到质疑。为了表达焦虑令人不安的感觉，海德格尔使用了"unheimlich"这个词，它的意思是无家可归。焦虑发作时，我们被迫更多地感知自我，在这样做的时候，我们会重新思考我们过去非常看重并参与其中的一些事情的重要性。我们质疑自己。焦虑剥去了多余的装饰，揭示了世界和我们状况的本真。

以上有关海德格尔关于焦虑的分析，很好地诠释了什么是存在主义。存在主义就是生命主义，生命主义就是共生主义，共生主义就是我们与他人的合作主义。焦虑是沉睡在我们心中的一种东西，当它醒来的时候，我们与这个世界的密切共生关系就消失了。

我们都说海德格尔的《存在与时间》最难读懂。其实,海德格尔就在说一件事情:人的存在本质究竟是什么。海德格尔把它叫作"此在"。如果你从心理学的角度去读这本难懂的哲学书,就一通百通了。陈嘉映在《〈存在与时间〉读本》的"操心——此在的存在"一章中有这么一段话,大家可以去仔细理解。

> 这种现身情态就是畏。畏为鲜明地把握此在源始存在的整体性提供了现象基地。通过畏这种现象,我们得以把此在之在把握为操心。操心不同于意志、愿望、嗜好与追求。操心也不是从这些东西派生出来,这些东西倒奠基在操心之中。传统曾给人下过种种定义,其中有些曾得到验证。我们现在把这些都撇在一边而把此在阐释为操心,人们难免会觉得我们牵强附会,提出的是一种理论上的虚构。平庸的理智只会从熟知的东西着眼;我们从存在论上认识到的东西对它陌生特异,这原无足为怪。不过,我们并非没有先于存在论的证据。我们将表明,此在刚刚开始理解自己的时候,就早已把自己解释为操心了。

这里把人的存在,也就是"此在",通过"畏惧"的现象,扩大到"操心"的本质,这就是我们理解《存在与时间》的钥匙。

作为一个理性人,我们可以不要操心,让焦虑沉睡,发挥我们的思考脑功能,这个可能吗?按照海德格尔的"情绪是人的本质"这个原理,看来是不可能了。不过有一个人认为是可能的。他是谁呢?他的理论是什么呢?

第91讲　为什么情绪智力比思考智力更重要

链接书目：《情绪是什么》　乔瓦尼·弗契多

《情商——为什么情商比智商更重要》　丹尼尔·戈尔曼

《七堂思维成长课——精英群体的行为习惯》　卡罗琳·韦布

上一讲我们从神经科学机制方面讨论了人类的情绪脑和思考脑，介绍了与他人有密切联系的三种情绪，即愤怒、内疚和焦虑。其实还有三种情绪与他人有关：悲痛，失去所爱之人的情绪；共情，自我在他人情绪上的共鸣；爱，对他人的一种情感，甚至生命的付出。这些都与他人有关，这里就省略了。现在我们讨论一下最后一种人类的情绪——快乐。这个完全是一种内省体验，难道也和他人有关吗？《情绪是什么》一书的作者，在该书第六章"快乐　幸福的碎片"中的"测量幸福"一节里，以科学的实验数据告诉我们，快乐也是和他人有关的。作者是这么说的：

无论你是否像我一样，被问到幸不幸福时会感到不自在，心理学家已经开始研究如何量化幸福了。典型的幸福调查探究人们在所有考虑因素上是否对生活感到满意、满意的程度，或者是否希望改变什么。

在经济学家理查德·莱亚德（Richard Layard）关于幸福科学的著作中，他谈到了幸福的7大要素：健康、事业、收入、自由、个人价值、家庭、社会关系和朋友。与通常的想法不同的是，金钱和财务状况对幸福的影响很小，收入增加并不一定会提升幸福感。富人并不比穷人更幸福。调查显示，一旦我们的收入足以满足基本需求，多余的金钱并不能买来幸福，只会使人欲求更多。

我们选择如何花钱似乎确实能影响幸福水平，尤其是把钱用于自私的消费，还是采取比较利他的方式。美国的一项调查让大约600人报告他们的幸福程度和收入状况，然后让他们列出每月收入中有多少用于日常开支，多少用于给自己买礼物，多少用于捐助或给别人买礼物。比较幸福的人是为别人花钱比较多的人。与之类似，调查者让一些员工评估发奖金之前和之后的幸福水平，并报告他们如何使用这笔奖金。如果把钱花在给别人买礼物、捐给慈善机构或请朋友吃饭上，而不是花在给自己买东西上，他们的幸福程度明显更高。重要的不只是意外之财的金额,对他人的慷慨才是获得幸福感的重要因素。不只考虑自己、帮助和关心他人通常能带来幸福。谦逊的态度会增加我们获得的回报。

············

令人满意的社会关系能够改善生活品质,还能明显延长寿命。对世界各地大约 30 万人的死亡率研究进行系统性综述后发现,与社会关系糟糕或不足的人相比,拥有令人满意的社会关系的人生存概率会提高 50%。拥有好朋友的效果几乎等同于戒烟,甚至比锻炼身体或戒酒的效果更好。

朋友能够令我们精神振奋,且友谊的影响不只是表面上的。如果积极情绪有益于身体和健康,那么我们就应该能发现这种改善的身体指标。

在搜寻这类线索时,心理学家芭芭拉·弗雷德里克森(Barbara Fredrickson)发现了一个神经层面的测量指标,那就是迷走神经。大脑有一条长长的尾巴。在前文中我提到过迷走神经在达到性高潮中的作用,它对社交互动似乎也有帮助……

············

在一个实验中,弗雷德里克森和她的合作者对一些个体的迷走紧张进行了连续 9 周的监控,同时监控了他们与朋友亲人的日常互动相关的幸福感。

一开始就具有较高迷走紧张的人社会联系增加得很快,并报告说感受到了快乐、爱、感激或希望等积极情绪。与此同时,社交联系和积极情绪的改善也预测出他们在研究结束时迷走紧张的提高。从根本上说,这项研究的发现是当我们发展亲密的关系、促进与他人的社会交往时,我们的心迷走紧张得到了调节,它又反过来支持并稳定了我们的积极情绪。这是身体健康与心理健康之间完美的互惠交易。在上述研究的追踪研究中,弗雷德里克森提出了进一步的问题:人们是否可以刻意地改善自己的迷走紧张。她用冥想技术来引发爱、善意、对自己和他人的同情等积极情绪。较高的迷走紧张与冥想方法相结合不仅改善了对社交关系的认知,而且增加了积极情绪,反过来再一次提升了最终的迷走紧张。

这些研究令我着迷的地方在于神经生理方面微小但有意义的改变会如何影响我们的社交行为。有趣的是,迷走神经的分支所连接的肌肉正是控制着面部表情和凝视的肌肉,它还与中耳里的肌肉相连,这些肌肉能够加强我们适应人类声音频率的能力。因此,积极的迷走神经活动使我们具有了从事社交行为所必需的特性。

因此,在有意义的友情和社会互动上进行投入是明智之举,有利于你自己和他人的身心健康。达尔文曾说:"一个人的朋友是衡量他价值的最佳方法。"

从以上的讨论中,我们知道了情绪脑的底层逻辑是合作,那么如何控制我们的七情六欲呢?很简单,找到不良情绪和良性情绪的共同源头,衡量标准就是与他人合作。合作了,你的幸福也会悄悄来到你的身边。这个时候我们不得不佩服老子的远见,他不给他创造的"道"以永恒的地位,"道可道,非常道",而是让后人们自己去揣摩。但他给了合作以永恒的地位,《道德经》中说"知和曰常,知常曰明",知道合作就是永恒,知道永恒就是明白人。但是明白到什么程度呢?

从作者对情绪的科学研究成果来看,情绪是可以量化的,也是有一个度的。汉语里有一个字,叫"商",本义是计量、计算。如果情绪是可以量化的,那么我们是不是可以把它叫作"情绪商",简称"情商"。

1990年,美国的两位心理学家约翰·梅耶和彼得·萨洛维,第一次提出了"情绪智力"的概念,后来他们用"情商"作为主题发表了一篇文章,但是并没有引起人们的关注。那么现在为什么每个地球人都知道了呢?这就要回到上一讲我们提到的那本畅销书,这本书就是《情商——为什么情商比智商更重要》。作者丹尼尔·戈尔曼被誉为"情商之父",是哈佛大学心理学博士,专门研究行为与头脑科学。

作者揭开了情绪智力和思考智力在大脑中的地位。那么他为什么认为情绪智力优于思考智力呢?作者举了一个智商高、情商不高的真实例子,是这么说的:

杰森·H是佛罗里达州科勒尔斯普林斯中学高中二年级全优生,考入医学院是他的梦想。他想考的不是普通的医学院,而是哈佛大学医学院。他的物理老师波洛格鲁图在一次测验中给他打了80分,仅仅是"良"。杰森认为这个分数会使他的哈佛梦泡汤,于是他带着一把菜刀来到学校。杰森在物理实验室与波洛格鲁图发生了争执,他用刀砍中了老师的锁骨,后被人制服。

············

专家导读:高智商的人个人业绩会很优秀,但是如果情商不高,其个人生活就会一团糟。决定一个人成功的因素,智商占20%,其他因素占80%,其中最重要的是情商。高智商的人抱怨怀才不遇,是因为情商不够。

作者把情绪智力叫作"情商",把思考智力叫作"智商",两者的比例是80:20,可见情绪脑优于思考脑不是那么一点点。作者还对两种智力的历史数据做了详细的研究,在该书"情绪智力与命运"一节中是这么说的:

很难用智商解释前途、教育及机会大体均等的人为什么会走向不同的人生。20 世纪 40 年代就读于常春藤联盟学校的学生,他们智商的分化程度要高于现在的学生。有研究者对当时的 95 名哈佛大学学生进行了跟踪研究,发现他们进入中年后,在学校分数最高的学生较之分数较低的学生,在薪水、工作效能或地位方面并没有显示出特别的成功。高分学生对生活的满意度不是最高的,对友谊、家庭和爱情的幸福感也不是最强烈的。

此外,研究者还对 450 名男孩进入中年后的情况进行了类似的跟踪研究。这些男孩大多数是移民的儿子,有 2/3 来自依靠福利救济生活的家庭。他们在马萨诸塞州的萨默维尔长大,当时这个地方被称为"枯萎的贫民窟",离哈佛大学只有几个街区的距离。其中有 1/3 的男孩智商低于 90。但研究再次证实,智商与这些人的工作表现或日后的生活没有太大的关系。比如,7% 智商低于 80 的人在 10 年或更长时间里处于失业状态,不过 7% 智商高于 100 的人也出现了同样的情况。当然,在他们 47 岁时,智商与其社会经济水平总体上有关联(总是如此)。不过他们在童年期表现出来的各种能力,比如应对挫折、控制情绪以及合群等,会导致更显著的差异。

············

不妨再来看看目前正在进行的一项研究,对象是 1981 年毕业于伊利诺伊州多所高中的 81 名告别演说者或毕业典礼致辞者,这些学生当然是所在学校平均学分绩点最高的人。他们在大学的表现依然很好,学习成绩优秀,但到了将近 30 岁的时候,他们取得的成就仅为中等水平。在高中毕业 10 年之后,他们当中只有 1/4 的人在所在职业领域处于同龄人的最高水平,很多人表现得并不是很好。

这里的问题是,思考智力我们是可以通过学习知识而得到改善的,使人变得聪明。那么情绪智力如何改善呢?我们又要回到合作理性这个话题上了,合作是人的情绪本能,本能可以让它聪明起来吗?作者认为可以的。该书"聪明的情绪?"一节中是这么说的:

为了全面理解我们的孩子需要什么样的训练,我们必须认识一下与加德纳持相同意见的其他学者——最知名的心理学家彼得·萨洛维和约翰·梅耶。他们详细描述了向情绪注入智力的多种途径。他们的努力并不新鲜,近年来,即使是最狂热的智商理论家偶尔也会试图把情绪纳入智力研究的范围,而不再把"情绪"

和"智力"看成是一对固有的矛盾。因此,在 20 世纪 20～30 年代大力推广智商理论的著名心理学家 E. L. 桑代克(E. L. Thorndike)在《哈泼斯》杂志撰文指出,情绪智力的一个方面——社会智力,即理解他人以及巧妙处理人际关系的能力,本身就是智商的一个方面。当时其他心理学家对社会智力的看法更为偏激,将其视为一种操控他人的技能,即让他人按照你的想法行事,不管他们愿不愿意。但这些社会智力的相关理论并没有对智商理论家产生很大的影响,1960 年美国还出版过一本关于智力测试的教科书,声称社会智力是一个"无用的"概念。

但人事智力不会被忽略,主要原因在于它符合直觉和常识。比如,耶鲁大学心理学家罗伯特·斯腾伯格(Robert Sternbery)要求人们形容"聪明人",结果,实用的人事技能被认为是主要的特质。斯腾伯格在进行更多的系统研究后,回到了桑代克的结论:社会智力不仅有别于学业能力,而且还是决定个体在实际生活中具有杰出表现的重要因素。比如在实用性智力当中,在工作场所很有价值的是敏感性,高效的经理人员可以凭借这种能力接收到心照不宣的信息。

作者所说的否定社会智力,也就是否定合作理性的观点,是 20 世纪 60 年代的事了,那个时候"情商"的概念还没有被提出来。进入 21 世纪,合作理性或者说情商被许多著名的国际咨询公司作为高级管理人员的必修课。

有一本书叫《七堂思维成长课——精英群体的行为习惯》。这是一本麦肯锡内部的培训教材。麦肯锡是一个什么地方?一个既声名显赫又低调神秘的国际公司,从这里走出了管理学大师汤姆·彼得斯、Facebook 首席运营官雪莉·桑德伯格、腾讯公司执行董事刘炽平、智联招聘 CEO 郭盛……他们拥有优秀的品质,敏锐的思维,充沛的精力,高效的工作能力,丰富的生活状态,他们遵循的就是"麦肯锡内部人士践行的 7 个行为习惯"。

让人惊讶的是这七堂精英课大部分都与情绪智力有关,这里摘录标题如下:

第一节　目标课:为每天设定行动主题

第二节　效率课:营造适合自己的最佳工作状态

第三节　社交课:寻求受益终生的人脉关系

第四节　决策课:做最聪明、睿智、有创造力的自己

第五节　沟通课:一言一行扩大你的影响力

第六节　调节课:顺利面对挫折与烦恼

第七节　精力课:时刻散发热情和愉悦感

　　以上的社交课、沟通课、调节课和精力课都与你的情绪智力有关,其实其他课也可以和你的情绪智力挂上钩,特别是决策课。那么,为什么决策和情绪有关呢?这个问题我们以后再讨论,现在的问题是既然我们可以用情绪智力来管理自己,那么我们有没有能力来管理他人的情绪呢?

第92讲
为什么有人春风得意,有人怀才不遇

链接书目:《情商——为什么情商比智商更重要》 丹尼尔·戈尔曼

《共情时代》 弗朗斯·德瓦尔

上一讲我们讨论了"情商之父"丹尼尔·戈尔曼的情绪智力为什么优于思考智力的理论。根据麦肯锡的行为法则,一个精英的思维成长,离不开情绪的自我管理。但是,情商的功能不但可以管理自己,还可以管理他人。今天,我们看看如何利用我们的情商来管理他人的情绪。先来看一下《情商——为什么情商比智商更重要》的作者丹尼尔·戈尔曼在书中讲的这个故事:

这是5岁的孩子与年纪更小的孩子相处时经常发生的一幕。莱恩对两岁半的小弟弟杰伊完全失去了耐心,杰伊把他们玩的积木弄得一团糟。莱恩怒火中烧,咬了杰伊一口,杰伊哇哇大哭起来。他们的妈妈听到杰伊痛苦的哭声,过来责骂莱恩,命令他把引起纷争的积木收起来。莱恩觉得妈妈的裁断不公平,也大哭起来。妈妈仍然很生气,拒绝安慰他。

令人意外的是,莱恩却得到了杰伊的安慰。虽然他是最初的肇事者,但哥哥的哭声引起了他的关注,他试图让莱恩冷静下来。

"莱恩,不要这样,"杰伊恳求道,"不要哭,哥哥,不要哭了。"

可是莱恩还在哭。杰伊直接的恳求没有奏效,他转而为莱恩向妈妈求情:"莱恩哭了,妈妈! 莱恩哭了。看。我指给你看,莱恩哭了。"

接着杰伊对着莱恩扮演起妈妈的角色,他一边轻轻拍打哭泣的哥哥,一边温柔地说:"看,莱恩。不要再哭啦。"

莱恩不理会杰伊的安慰,还在继续抽泣。于是杰伊又换了一种方法,他帮莱恩把积木放到袋子里,友好地说:"啊,莱恩。我给莱恩放好了,嘿?"

莱恩依然在哭。机灵的杰伊采取了另一个策略,即转移注意力。杰伊把一辆玩具车拿给他哥哥,试图让他忘记之前发生的小摩擦。"这里有个人。莱恩,这是什么? 莱恩,这是什么?"

莱恩对此毫无兴趣。什么也安慰不了他,他哭个没完……

....

杰伊受到启发想出了最后一招。他模仿妈妈严厉而权威的口吻,威胁莱恩:"不许哭,莱恩。再哭打你屁屁!"

这段小插曲充分展示了 30 个月的幼儿为调节他人情绪所表现出的非常老到的情绪技巧。杰伊为了安慰哥哥,运用了好几种策略,从简单的恳求,到向妈妈寻求结盟(可惜她拒绝帮忙),再到用行动安慰哥哥,帮哥哥收拾积木,转移哥哥的注意力,最后还用到了威胁和命令。毫无疑问,杰伊所用的这一套办法,正是自己情绪困扰时别人对待他的方式。不管怎样,最重要的是杰伊小小年纪就能够自如地运用这些技巧。

这是什么安慰技巧?丹尼尔·戈尔曼把这个叫作同理心。同理心是人类的本能。作者是这么说的:

婴儿的这种行为被称为"动作模仿"(motor mimicry),"同理心"的原始含义就是"动作模仿"。"同理心"一词由美国心理学家 E. B. 蒂奇纳(E. B. Titchener)在 20 世纪 20 年代最早使用。同理心现在的意义与其最初从希腊文"empatheia"转化为英文时的原意稍有不同。"empatheia"意为"感受到",美学理论家最初用它来形容感知他人主观体验的能力。蒂奇纳提出,同理心起源于一种对他人困扰的身体模仿,个体通过模仿引发相同的感受。他用"同理心"与"同情心"进行区分,同情心是指对别人的遭遇感到同情,但并没有体会到和别人一样的感受。

其实,我们在前面多次提到的"共情",就是同理心。我们在"人性中的善良天使是什么"一讲中已经讨论过了。《情商——为什么情商比智商更重要》的作者丹尼尔·戈尔曼认为这是利他主义,而什么是利他主义呢?利他主义不是我们经常提到的看到有人落水,不顾个人安危去救人。利他主义在我们的具体生活中就是互相关怀、互相感同身受对方的痛苦情绪。戈尔曼在该书"同理心和道德:利他主义的根源"一节中是这么说的:

16 世纪英国诗人约翰·多恩的"不要问丧钟为谁而鸣,它就是为你而鸣"是英语文学史上最著名的诗句之一。多恩的诗句说出了同理心与关怀之间关系的核心:他人的痛苦即自身的痛苦。与他人感同身受也就是关怀他人。从这个意义上说,同理心的反面是厌恶。同理心的态度是不断地进行道德判断,因为道德困境会牵涉潜在的受害者:你该为了不让朋友感情受到伤害而撒谎吗?你该履行诺言去探望生病的朋友,还是接受最后一刻的晚宴邀请? 对于没有生命维持系统就会死去的病人,生命维持系统应该运行到什么时候?

上述道德问题是同理心研究专家马丁·霍夫曼提出的,他认为道德的根源在于同理心,因为正是与潜在受害者——比如遭受痛苦、威胁或者贫困的人——感同身受,愿意与之分担困苦,才促使人们行动起来帮助他们。霍夫曼认为,同理心除了与人际交往中的利他主义有直接的联系之外,设身处地为他人考虑的力量还促使人们遵循一定的道德准则。

除了道德,作者提出了情商不但可以管理自己的情绪,也可以管理他人情绪的神经科学机制。这种说法肯定会遭到相信自私的基因这部分人的极力反对,为了反对这些反对者,荷兰著名动物学家弗朗斯·德瓦尔专门写了一本研究共情的书——《共情时代》,其中就有互相关怀、管理他人情绪的描述,而这个描述是作者通过对动物的研究得出来的。他认为共情,也就是让"我"成为"我们"的这种机制是在1亿年前,和哺乳动物一起产生的。动物通过身体情绪的互相感染,共同管理对方的情绪,形成了你中有我、我中有你的和谐共生体。作者在该书"身体的对话"一章中是这么说的:

> 但情绪感染对生存并非无用。在野外,小啮齿动物听到另一只松鼠受惊吓的尖叫,恐惧油然而生,立马开溜或躲起来,或许就能躲过降临在同类身上这一劫。另外,一个啮齿类的幼崽由于种种不爽而制造超声波噪声,妈妈被搞得烦死了。除非把幼崽哄舒服了,或者拎起来换个暖和点的地方,否则自己也别想获得半点喘息。在上述例子中,动物都不需要特意关怀他人的安危,只要情绪被调动起来,就能趋利避害,或照顾好后代。这种适应性已经够了。

> 那些通过为幼崽排忧解难而让它们闭嘴的母亲,实际上是出于自我中心的动机,做出为他人谋福利的事。我暂且叫它"出于自我保护的利他主义",即通过帮助他人来使自己免受情绪刺激。这种行为的结果对他人有益,但确实缺乏真正的利他精神。关心他人有可能是这样演化而来的么? 利他真的始于以自我保护为目的的助人,然后才逐渐演化成无私的助人为乐吗? 科学界已经积累了长篇累牍的著述,想在自私和利他之间划出一道清晰的界限。然而我们所面对的,或许根本就不是一片非黑即白的区域。感同身受显然不能归为自私,纯自私的结果是对他人的情绪置若罔闻;相反,说感同身受无私的显然也不对,因为驱动我们采取行动的是我们自身的情绪。自私—无私之争有混淆视听之嫌。凭什么非得把

"我"从非我里撇清，凭什么非要把他人从"我"里摘除出去？或许你中有我、我中有你，正是人类合作的秘诀。

弗朗斯·德瓦尔的这种你中有我、我中有你的身体情绪的互相感染，一直到人类的合作理性，彻底打破了道金斯的自私的基因理论的框框。他承认人是自私的，但这个自私会通过身体的共情机制，演化为利他主义。他举了两个现实中发生的事来佐证他的观点，一个是关于黑猩猩的。他在《共情时代》"生物学：自私或温存"一章中是这么说的：

> 所有社会都需要应付这种"先己后人"的态度。类似的故事每天都在上演。这里我指的可不是人的社会，而是耶斯基国家灵长类研究中心（Yerkes National Primate Research Center）的黑猩猩群体。该中心在亚特兰大市东北有一处野外站，我们把黑猩猩养在露天畜栏里，有时会给它们一些可以分享的食物，比如特别大的西瓜。多数黑猩猩都想率先拿到食物，因为一旦什么东西被据为己有，就很少会再被其他人抢走。你能在这个群体中看出个体对占有权的尊重，即使是处在最低阶级的雌猩猩也能在最强势的雄猩猩眼皮底下霸占住自己的吃食。没有食物的个体时常凑到有食物的黑猩猩旁边，伸开手掌讨吃的（看，这个手势人也通用）。它们告哀乞怜的时候一点都不会不好意思，恨不得贴到别人脸蛋儿上。如果有食的富猩猩坚决不让，讨食者甚至可能突然爆发，哭天抢地、满地打滚，好似末日来临。

> 黑猩猩种群里既能看到占有也能看到分享。一般只要 20 分钟不到，纷争就尘埃落定，所有黑猩猩都至少能分到一点吃的。抢到食物的把食物分给好友和家人，被分到食物的继续分给自己的好友和家人。尽管过程中能见到不少冲撞场景，不过基本上可以算是和平演变。曾经有位摄像师来拍摄食物分配过程，他转过身来对我说："我该把这段给我小孩看。他们一定能从中学到点什么。"

以上是黑猩猩通过共情去管理他人的不良情绪的真实案例，花了不到 20 分钟，最后那些哭天抢地、满地打滚的黑猩猩也一起莺歌燕舞了。弗朗斯·德瓦尔还举了一个 21 世纪发生在人类身上的反例，来说明缺乏共情，只保留自私的基因的后果。作者在该书中是这么说的：

> 这都要感谢得克萨斯州的安然能源公司。它们发明了一种搅和市场的新方法，那就是人为制造能源短缺事件，好让市价飙升。那些连着呼吸机的人怎么办？

困在电梯里的人怎么办？让他们自生自灭去吧！"社会责任"四个字根本不在安然公司的字典里……该公司的前 CEO 杰夫·斯基林(Jeff Skilling)——当然他现在正蹲在监狱里——是理查德·道金斯《自私的基因》的大粉丝，他曾特意效仿"自然的法则"，在公司内部煽动你死我活的竞争。

斯基林组织了一个同行评审委员会，这个委员会有项让人胆战心惊的工作——"评级与封杀"。委员会根据员工表现为他们评级，最好的为 1，最差的为 5。得 5 的就被毫不留情地扫地出门——每年这样被裁掉的员工高达 20%。不仅如此，这些人还不能悄没声儿地溜，在离开之前，他们的个人信息得被放在网站上示众，供他人嘲弄。示众期间他们将被流放到所谓"西伯利亚"，意思是说他们有两个星期时间在公司内寻找其他职位。如果没找到，那对不起，请自谋生路。斯基林的委员会遵循的理念是，人类这个物种只有两种基本的驱动力，那就是贪欲和恐惧。反复不停地说，人们就对这句话信以为真，觉得自己本心就是如此。为了在安然公司内安然生存，员工能毫不手软地对同伴使出必杀技，结果，整个公司内部尔虞我诈，对外贪婪剥削。这样的公司终究没法长久，2001 年，公司走向了全面解体。

现在我们知道了情绪智力或者说情商是我们人类合作的润滑剂，情商来源于共情能力，有了共情能力，我们就可以互相管理对方的情绪。大家开开心心、和和气气的，难道还不能达到利他的目的吗？如果缺乏了这种共情能力，大家互相猜忌，让自私的基因在我们身体内发酵，就会毁了自身。人类之所以没有被自我毁灭而是一直在进化，就是因为这种共情力量，或者说情绪智力的力量在支撑着我们。

以上几讲我们一直在讨论情绪智力胜于思考智力，也就是情商胜于智商。在《情商——为什么情商比智商更重要》一书首页上的一段话可能会吓到你，是这么说的：

智商高，情商也高的人，春风得意。智商不高，情商高的人，贵人相助。智商高，情商不高的人，怀才不遇。智商不高，情商也不高的人，一事无成。

这句话的结论是什么？就是大象胜于骑象人，即非理性胜于理性。这个是不是在挑战我们的常识底线？但我们从身边大量的事实中发现，确实是情商高的人比智商高的人混得好。是不是我们原有的认知搞错了呢？

为什么大张伟一时语塞
第 93 讲

链接书目:《刘擎西方现代思想讲义》 刘擎

前面几讲我们一直围绕着情商与智商的问题展开讨论,其实包括对道德、自由、生命意义、积极心理学、幸福等话题的讨论,都和人的情绪有关,而情绪是一个非理性的问题,也就是说我们一直在讨论非理性的问题。

到目前为止,我们已经讨论了人类的 3 次认知革命。第一次是几百万年前的工具理性,人类通过改变环境,以特有的符号来延展自己的生理功能。第二次是 10 万年前,人类大脑产生了虚构的能力,以合作理性创造了文化来延续人类的生存。第三次是 2500 多年前的轴心时代,人类通过超越自我的价值理性来弥补工具理性与合作理性达不到的精神安慰,比如说理解自由与人生意义之类的问题。

也就是说人类的 3 次认知革命都与人的理性有关。刘擎先生希望读者看完他的《刘擎西方现代思想讲义》之后,只要记住一句话就行了。是什么话呢? 该书结尾处是这么说的:

> 西方的现代始于理性主义的勃兴,人类创造了空前的成就,也带来了崭新的挑战。在本书中,我们阐述了 20 世纪一些卓越的思想家对现代性问题的探索与反思。而在今天,理性主义主导的现代性仍然在全球扩展,同时又遇到多种困境与危机。这些思想家的真知灼见以及他们未竟的难题,都会对我们自己的处境和选择带来丰富的启发意义。

> 如果多年之后,你还能记住这本书中的一句话,那么我希望是这一句:人类因为理性而伟大,因为知道理性的局限而成熟。是的,请记住:人类因为理性而伟大,因为知道理性的局限而成熟。

有一次看到刘擎先生作为嘉宾参与了综艺节目《奇葩说》第五季的决赛,他和另外一位嘉宾大张伟有如下一段对话。刘擎问了大张伟这样一个问题,大致意思是他的书末尾的一句话:人类因为理性而伟大,因为知道理性的局限而成熟。他有时候感到很迷惑,看到大张伟经常不通过理性而口出妙言,不知道这些本事究竟是从哪里来的。

要知道大张伟现在是主持圈内最火的主持人之一,哪个节目都可以看到他的身影,被称为"随便一张口就是教科书式的主持"。因此,刘擎问这个话也是有道理的。但大张伟听了刘擎的这个问话,竟然一时语塞,不知作何回答。这个在他的主持过程中是相当罕见的。

为什么大张伟一下子回答不上来这个问题呢?因为在理性和非理性之间,我们不知道正确的答案在哪里。刘擎要我们记住的那句话,本身就是一个两难选择。

其实这个两难的问题不是今天才有的,也不是西方现代思想才有的。而是在2500多年前就有了。庄子《天道篇》中有这么一个故事(译文):

> 桓公在堂上读书,轮扁在堂下砍制车轮。轮扁放下椎子、凿子,走到桓公跟前,问桓公说:"请问,您所读的书,是什么人的言论?"
>
> 桓公说:"是圣人之言。"
>
> 轮扁问道:"圣人还在吗?"
>
> 桓公说:"已经死了。"
>
> 轮扁问道:"那么您所读的,不过是古人的糟粕罢了。"
>
> 桓公说:"寡人读书,造轮的人岂能随便议论!说出个道理也就罢了,说不出个道理来就得去死!"
>
> 轮扁说:"我是用我从事的工作来观察的。就说砍造车轮吧,做工太慢太细了就会因为甘滑而不牢固;做工太快太粗了就会因为苦涩而榫头难入。只有做工不缓不急,得心应手,才能恰到好处。其中的门道,口里说不出来,却有难言的心术存在其中。这心术,我无法明示给我的儿子,我的儿子也不能从我那里获得传授,因此我都七十岁了还在制造车轮。古时的人和他不可言传的东西都已经消失了,那么您所读到的,不过是古人留下的糟粕罢了!"

这就是刘擎先生所说的"理性的局限",轮扁明明知道怎么做,就是说不出来。另外,古人的知识明明是理性的,轮扁却说它是糟粕。这左也不是,右也不是的问题延续到今天还是个问题。是不是理性本身出了问题,或者说是我们的认知出了问题?

都没有。理性还是伟大的,认知也是没有问题的。问题是我们所说的三大认知革命的工具理性、合作理性和价值理性,三者好像各行其道,没有走在一起,有时候甚至是相互对立的。

下面我们就刘擎和大张伟的对话引出的理性与非理性的两难问题,去探究人类第四次认知革命是如何发生的。人类第四次认知革命的内容是什么?为什么第四次认知革命和中国哲学密码有关?为什么第四次认知革命是人工智能,但又不限于人工智能?人工智能为什么会产生危机?最后这场危机是以什么方式结束?第四次认知革命的终极目标是什么?等等。这个话题太庞大,因此,我们先从人类的认知旅程讲起。

我们接下来讨论的话题是第四次认知革命的前奏——理性与非理性之争。首先,我们一定要先搞清楚理性的概念。理性是我们制定目标、选择目标、实施目标的认知过程,而认知是一个简化和重组世界的思维与行为的过程。老子和康德都是理性大师。康德认为理性是一个从纯粹理性到实践理性的过程,老子认为理性是一个"终不自为大,故能成其大"的过程,强调的是实践过程。他们的不同点在于由内而外还是由外而内,但他们要解决的人类认知问题是相同的。一共有 4 个:(1)我能认知什么?(2)我应该做什么?(3)我希望什么?(4)人是什么?这个正是我们从开始到现在一直离不开的 3 个理性,工具理性、合作理性和价值理性。其中合作理性始终是一条主线。为什么?因为它解决了文化的问题、人的本能问题、直觉思维的问题、人生意义的问题,甚至人的心理问题等,然后又延续到政治、经济、人文、科学等各个领域。请大家跟着我继续我们的认知旅程。首先要解决一个概念问题——什么是非理性。

我们一直在讨论的非理性概念,分为以下几种:

第一种是文化的观点。从社会思想发展史来看,继承柏拉图理性主义思想是理性的,与之对立的是宗教的"蒙昧",是非理性的。以下是《刘擎西方现代思想讲义》中所说的文化启蒙理性主义:

> 古希腊的理性主义传统经过漫长而复杂的历史传承,在 18 世纪的启蒙运动中达到了巅峰,发展为现代的启蒙理性主义。当时,德国的大哲学家康德说过,启蒙运动的口号就是大胆地"运用你自己的理智"!只有这样人类才能摆脱蒙昧的"不成熟状态"。他还主张,启蒙时代是一个批判的时代,就是用理性来检查以往未经反思的信念,无论是神圣的上帝,还是威严的法律,都要接受理性的检验。他说:"只有经得起理性的自由、公开检查的东西才能博得理性的尊敬。"

> 因此,启蒙就是用理性的光芒打破黑暗,让人摆脱非理性的蒙昧,走向成熟。理性成为区分真理与蒙昧的决定性标准,成了衡量一切的准绳;理性甚至取代了神的位置,具有近乎上帝一般的神圣地位。这是启蒙理性主义的确切含义。在思想层面上可以说,启蒙理性主义是西方古今之变的核心。

第二种是心理学和神经科学机制的观点。非理性是无意识的或者说是情绪的,理性是一个可以控制情绪的开关。

　　第三种是我们一直在讨论的价值理性。韦伯是这么说的："无论该价值是伦理的、美学的、宗教的还是其他的什么东西，只追求这种行为本身，而不管其成功与否。"不管成功与否还要去做，这就是非理性。

　　第四种是我们已经或者即将讨论的，在哲学上叫荒谬，在认知上叫快系统，在道德与幸福眼里是一头大象，在决策上叫直觉，等等。

　　但不管怎么样，我们现在对贴上"非理性"标签的东西，已经不怎么反感了。现在有很多心理学、生物学、认知科学、神经科学和行为经济学方面的书籍，都在为"非理性"平反。为什么？因为西方启蒙时代开创的去非理性的理性现代化过程出现了问题。刘擎先生的《刘擎西方现代思想讲义》就是来解决这个问题的，该书中是这么说的：

　　　　书中出场的主要人物有：韦伯、尼采、弗洛伊德、萨特、鲍曼、阿伦特、波普尔、哈耶克、伯林、马尔库塞、罗尔斯、诺齐克、德沃金、桑德尔、沃尔泽、泰勒、哈贝马斯、福山和亨廷顿。

　　　　这19位学者来自英、美、德、法等不同国家，分属哲学、社会学、心理学、思想史和政治学等多个学术领域。他们的学说论述深刻地介入了现代生活的重要议题，获得了超越特定地域和具体学科的巨大影响。

　　　　⋯⋯⋯⋯⋯

　　　　本书对现代思想的探索，主要着眼于"晚期现代思想"。早期与晚期有一个明显的区别，就是进入20世纪，越来越多思想家不再抱有18世纪启蒙时代对"进步"的乐观主义态度，而是在现代化过程及其后果中看到了许多问题、提出了不少疑问，他们更多地以反思和批判的眼光来审视现代性。"现代性"这个词继而经常与"问题""困境"和"危机"联系起来。我们经常听到的术语也是"现代性问题""现代性困境"或者"现代性危机"。关注现代思想中的反思性和批判性特征，是本书的核心视角。

　　从西方早期的启蒙时代去非理性化，到晚期现代化非理性化的复兴，西方思想界到底发生了什么？西方现代性为什么经常和"问题"与"困境"绑定在一起？所有这些出场的大人物，只是以批判的态度把这些问题揭示了出来，那么有没有找到根源呢？刘擎先生在书中没有告诉我们，但他在该书的结尾留下了悬念：人类因为理性而伟大，因为知道理性的局限而成熟。什么叫理性的局限？为什么知道了局限，我们人类就成熟了？我的妙语连珠到底是理性还是非理性？这些疑问在我们的认知旅程中会找到答案。

第94讲　为什么"荒诞"会获得诺贝尔文学奖

链接书目:《局外人》　阿尔贝·加缪

　　　　　《加缪传》　赫伯特·R.洛特曼

　　　　　《西西弗斯的神话》　阿尔贝·加缪

　　西方启蒙运动之后,由于过多地强调理性,产生了西方现代社会的危机与困境。于是一股丢弃理性、崇尚非理性的思潮在西方大地上飘荡,并且渗透到人们的行为、文化、思想和价值等方面。那么,这种非理性的表现方式是什么呢?总不会是杀人越货、男盗女娼吧?当然不是,因为这种所谓的非理性是过于理性造成的,就是两个字——荒诞。荒诞与其说是过于理性,不如说是对理性的抗争。我们来看下面的摘录:

　　今天,妈妈死了。也许是在昨天,我搞不清。我收到养老院的一封电报:"令堂去世。明日葬礼。特致慰唁。"它说得不清楚。也许是昨天死的。

　　养老院是在马朗戈,离阿尔及尔八十公里。我明天乘两点的公共汽车去,下午到,赶得上守灵,晚上即可返回。我向老板请了两天的假。事出此因,他无法拒绝。但是,他显得不情愿。我甚至对他说:"这并不是我的过错。"他没有搭理我……

　　我乘上两点钟的公共汽车,天气很热。像往常一样,我是在塞莱斯特的饭店里用的餐。他们都为我难过,塞莱斯特对我说"人只有一个妈呀。"我出发时,他们一直送我到大门口。我有点儿烦,因为我还要上艾玛尼埃尔家去借黑色领带与丧事臂章。几个月前他刚死了伯父。

　　…………

　　我走进小屋,里面是一个明亮的厅堂,墙上刷了白灰,顶上是一个玻璃天棚,地上放着几把椅子与几个X形的架子,正中的两个架子支着一口已盖合上了的棺材。棺材上只见一些闪闪发亮的螺丝钉,拧得很浅,在刷成褐色的木板上特别醒目。在棺材旁边,有一个阿拉伯女护士,身穿白色罩衫,头戴一块颜色鲜亮的方巾。

　　这时,门房走进屋里,来到我身后。他大概是跑着来的,说起话来有点儿结巴："他们给盖上了,我得把盖打开,好让您看看她。"他走近棺材,我阻止了他。他问我："您不想看?"我回答说:"不想。"他只好作罢。我有些难为情,因为我觉得我不该这么说。过了一会儿,他看了我一眼,问道:"为什么?"但语气中并无责备之意,似乎只是想问个清楚而已。我回答说:"我说不清。"

阅读完你有什么感想吗? 以上场景是,一个人收到了妈妈死去的消息,然后向老板请假,同事们送他到汽车上,最后他走进妈妈的灵堂。整个过程他没有表现出任何的悲伤,反而像一个局外人一样,在走处理妈妈后事的程序。是跟妈妈有仇吗? 或者不爱妈妈了吗? 都不是,因为他觉得妈妈一个人太孤独,主动送妈妈去养老院的。那么,这是什么呢? 这就是荒诞。以上这些话就是从法国作家加缪的小说《局外人》中摘录下来的。

有一本书,叫《加缪传》,是关于加缪的首部传记,也是公认的经典,被誉为"加缪传记中极受欢迎的一部"。长期旅居巴黎的美国传记作家洛特曼采用英美人撰写传记的严谨方法,努力贴近加缪的生活,向读者揭示了一个在阿尔及利亚贫民区长大,经历长期的贫穷、无尽的苦难,却通过不懈的努力荣获诺贝尔文学奖的法国作家的成长历程、创作历程、生活历程和心路历程。该书中有关加缪获得诺贝尔文学奖的描述是这样的:

……把诺贝尔奖授予加缪,完全是瑞典科学院的选择,因为加缪不是任何重要团体推举的候选人,再说人们普遍认为诺贝尔奖旨在褒奖一位作家的毕生创作及其作品。加缪年仅四十四岁,而且法国当年一共提出九位诺贝尔文学奖候选人……但是诺贝尔委员会选中了加缪,着实有些出人意料……

…………………

1957 年 10 月 16 日,帕特丽西亚·布拉克和加缪在福赛圣贝尔纳街的一家饭店楼上吃饭(也许是以做鱼菜出名的马里尤斯饭店),这时跑来一个穿制服的服务员,告诉加缪——显然这儿他人头很熟——他得了诺贝尔文学奖。他顿时脸色苍白,显得非常震惊,不住地说应该是马尔罗拿奖。

那么瑞典科学院为什么要把诺贝尔文学奖授予这个"荒诞"的作品与作家呢? 现将当时瑞典科学院常务秘书安德斯·奥斯特林的一段授奖词摘录如下:

同时,加缪还代表着称为存在主义的哲学运动,它通过否认一切个人的意义,只在其中见出了荒谬,来概括人在宇宙里处境的特征。"荒谬"这个用语,往往出现在他的著作里,因此可以称它为他创作的类母题……

…………

在这个简短的授奖词里,不允许我再次连篇累牍地论述加缪那一向诱惑人的心智发展。更富价值的是叙述一下,他运用全然古典风格的纯真和强烈的集中关注来体现这些问题的作品,而体现的方式又是作者不加评论,让人物和动作使他的思想跃然活现在我们眼前。这就是使《局外人》(1942)蜚声卓然的原因。其主要人物是政府的雇员,他在一连串的荒诞事件以后,杀死了一个阿拉伯人;然后,他又对自己的命运麻木不仁,听着人们宣判自己的死刑。不过,到了最后时刻,他还是鼓起了勇气,从几近迟钝麻木的消极状态中奋起。

以上这些话表达了两个意思:一是加缪的荒诞是一种存在主义的风格,二是局外人最后回归了世界。说出来你可能不相信,这个回归的描述,在《局外人》整部书中,只用了寥寥几十个字,是在得知自己明天要被处死了,晚上在监狱中的一段独白。该书中是这么说的:

……我筋疲力尽,扑倒在床上。我认为我是睡着了,因为醒来时我发现满天星光洒落在我脸上。田野上万籁作响,直传到我耳际。夜的气味,土地的气味,海水的气味,使我两鬓生凉。这夏夜奇妙的安静像潮水一样浸透了我的全身。这时,黑夜将尽,汽笛鸣叫起来了,它宣告着世人将开始新的行程,他们要去的天地从此与我永远无关痛痒……如此接近死亡,妈妈一定感受到了解脱,因而准备再重新过一遍。任何人,任何人都没有权利哭她。而我,我现在也感到自己准备好把一切再过一遍。好像刚才这场怒火清除了我心里的痛苦,掏空了我的七情六欲一样,现在我面对着这个充满了星光与默示的夜,第一次向这个冷漠的世界敞开了我的心扉。我体验到这个世界如此像我,如此友爱融洽,觉得自己过去曾经是幸福的,现在仍然是幸福的。为了善始善终,功德圆满,为了不感到自己属于另类,我期望处决我的那天,有很多人前来看热闹,他们都向我发出仇恨的叫喊声。

小说的主人公在经历了妈妈死亡、未婚妻离开、神父召唤、法庭审判等一系列局外人角色之后,在临死时突然回归这个冷漠的世界,这已经是灵魂或者说是精神的回归了,但芸芸众生的肉体还没有回归,因为还要看他被处死的热闹。这就是存在主义的荒诞,想拥抱这个世界,但理性的世界已经失去了自己的情感,小说讲的就是人与世界的关系。由于人和世界的分离,世界对于人来说是荒诞的、毫无意义的,而人对荒诞的世界是无能为力的,因此不抱任何希望,对一切事物都无动于衷。难道这么一本宣扬荒谬的小说,会引起人们的欣赏共鸣或者说共情吗? 诺贝尔文学奖为什么要颁给加缪呢?

不要急,被授予诺贝尔文学奖肯定不是一本小说定乾坤的。加缪还有一本哲学论文集,叫《西西弗斯的神话》,这也是他得奖的主要原因之一。为什么? 因为这本论文集从头到尾都是在讨论"荒谬"。它分为三个部分:荒谬的推理、荒谬的创造和荒谬的人。最后一章,就是"西西弗斯神话"的故事。

在西方,西西弗斯神话的故事由来已久。柯林斯国王西西弗斯在地狱中受到神的惩罚:把一块巨石推上山顶,石头因自身的重量又从山顶滚落下来,屡推屡落,反复至无穷。神认为这种既无用又无望的劳动是最可怕的惩罚。这个就是加缪想讨论的荒谬问题。但西西弗斯做了什么呢? 书中是这么说的:

> 你已经看明白了,西西弗斯是荒谬的英雄。他的激情和他的痛苦成就了这个英雄人物。他对诸神的蔑视、对死亡的痛恨、对生活的热情为他带来了那不可言状的惩罚——运用全身心的精力去完成无用功。这是世俗的热情必须要付出的代价。关于西西弗斯在地狱的事情我们一无所知。神话都是用想象吹活的,至于这个神话,人们看到的只是一个人的全部劳作,他费力抬起一块巨石,然后滚动巨石,成百上千次把它推上一个斜坡;人们看到的是一张拧紧的脸,面颊紧贴着石头,肩膀撑着沾满泥土的大石块,双脚插入土里,每迈出新的一步双臂都要伸展拉伸,人身安全只有靠那双沾满泥土的手来保障。漫长劳作的最后是紧贴头顶的天空和没有边际的时间,此时目标便达成了。然后西西弗斯看着石头冲下山去,没一会便到了下面的世界,从那里,他又得重新把石头推上山顶。他又回到了平地。

> 正是这种往返、停歇,使我对西西弗斯产生了兴趣。那张磨炼得如石头般的脸已然成了石头。我看着这个人走回山下,迈着沉重而稳健的步伐,走向一种他永远不知道终点的折磨。这段喘息时间和他所要遭受的折磨一样,定时回来,这便是意识的时刻。每当他走下山顶,慢慢陷入众神的巢穴,他都高过自己的命运,强于那块巨石。

> 如果说这个神话是个悲剧,那是因为它的主人公是有意识的。如果他每迈一步都充满了胜利的希望,那么何谓对他的折磨呢? 今天的劳动人民每天都在完成同样的任务,这种命运堪称荒谬,但是只有到了意识出现时(这种情况很少出现),它才是悲惨的。西西弗斯是众神的无产者,手无缚鸡之力,心有反抗精神,他完全

明白自己的悲惨处境；这正是他下山期间所思考的。清醒的头脑是他痛苦的原因，但同时也加冕了他的胜利。没有轻蔑征服不了的命运。

以上加缪说的这些话，受到了诺贝尔文学奖的高度赞扬，授奖词中是这么说的：

> 希腊神话中的西绪福斯，永不停息地将巨石推向山顶，而巨石又一成不变地滚下来。这在加缪的一篇随笔里，成了人类生活的简约象征。然而，依照加缪的解释，西绪福斯在心灵深处感到十分高兴，因为这种尝试本身就使他满足。对于加缪，本质的问题已不复是人生值得过活与否，而是带着它所引发的那份折磨，如何去过活。

以上对加缪作品的赞扬是不是很熟悉，如果大家学习了我们讲的关于生命的意义，关于什么是幸福，关于如何走出焦虑，等等，就会知道这是一种由内而外所产生的合作理性在起作用。那么，加缪为什么要通过荒诞的世界来发出这种对生命张力的大声呼喊呢？

为什么我们变成了"铁笼"中的"单面人"
第95讲

链接书目:《刘擎西方现代思想讲义》 刘擎

《单向度的人——发达工业社会意识形态研究》

赫伯特·马尔库塞

上一讲我们提到了20世纪60年代,法国人加缪以一部荒诞小说获得了诺贝尔文学奖。原因是什么?原来加缪看到这个生命的世界离自己越来越远了,因此,他想通过对这个世界的荒诞描述来唤醒对生命的渴求。西西弗斯无数次地把巨石推上山顶,每一次巨石都会滚下来,这个有意义吗?人人都不喜欢荒诞,人人都想过有意义的幸福生活,但现实很残酷,你不想要的荒诞世界却主动来找你了。这就是西方现代化的困境。其实,这种困境在20世纪初已经开始显现出来了。理性主义的现代化把这个世界变成了"铁笼",把"铁笼"里的人变成了"单面人"。

《刘擎西方现代思想讲义》对这个铁笼有详细的描述,刘擎在该书"现代思想的成年"一章中介绍韦伯思想的时候,是这么说的:

现代世界在打破了古代世界的种种设定之后,逐渐呈现出一种独特的面貌。最终,韦伯对现代社会的基本判断是,理性化把现代铸造成了一个"铁笼"。为什么会这么说?是什么让韦伯得出这样一个结论?我们就来讲一讲这个"铁笼"的故事。

"现代的铁笼"的由来和上一节提到的官僚制密不可分。我们提到过,官僚制并不只是政府的行政制度,它出现在每一个有管理需求的地方,如公司、社团、学校,等等。

比如说,一家奉行官僚制的公司遵循的工具理性的逻辑,采取的"非个人化"原则,会把个人的复杂情况简化成一些指标——要评价一个雇员,就只看他的业绩,业绩还可以进一步数据化,变成KPI。和工作无关的个人因素就忽略不计。经过这种简化和抽象,系统就能够通过计算高效处理事务。

只是,官僚制并不只有优越的一面。你应该可以想见:"非个人化"在赋予一家公司强大的执行力和效率的同时,也让组织内部变得机械坚硬、冷酷无情,宛若机器。很多采取流水线运作的公司,就是官僚制下组织最典型的缩影。

当然,不光是公司内部,现代社会也好似一条流水线,社会中的每一个部门,从政府到企业到学校,都是这个自我循环的流水线上的一环。社会呈现出机器的属性,人则被"非人化",被看作是机器的零件。这种倾向成为现代社会制度的基本特征,韦伯形象地把这个特征概括为"铁笼"。

照理说铁笼是我们不喜欢的东西,那我们为什么还要这么心甘情愿地生活在铁笼中呢?我们可以冲出铁笼吗?作者给出了答案,是这么说的:

没有这么简单。韦伯清醒地看到,铁笼一方面囚禁了人的灵性,但另一方面也保护了我们。

没有这个铁笼,就没有现代优越的物质条件,以及建立在物质基础上的文明。铁笼虽然冷酷无情,但它让整个社会高效地运转,创造出巨量的工作机会,提供空前丰富的物质和文化产品,在大范围内解决了那些困扰人类数千年的问题:贫困、匮乏、奴役、疾病,等等。

铁笼是冷酷的,但它同时又是现代生活的基础和保障。铁笼束缚我们,但也庇护我们。而且,它用来束缚和庇护我们的是同一个东西。"非个人化"是一把双刃剑,建立在"非个人化"原则上的"铁笼"同样如此。

以上作者的描述给了我们一个荒诞世界存在的理论根据,一个活生生的生命就在这个荒诞世界里逐步变成了一个"单面人",也叫"单向度的人"。这是一本哲学著作的书名,作者赫伯特·马尔库塞是法兰克福学派左翼主要代表人物。这是赫伯特·马尔库塞最负盛名的著作,旨在揭示当代发达工业社会型的极权主义特征。

那么这本书为什么这么重要呢?我们看看这本书的导言是怎么说的:

能够毁灭人类的核灾难的威胁,不也能够保护使核灾难的危险永恒化的那些势力吗?防止这一灾难的种种努力掩盖了对它在当代工业社会中的潜在原因的探究。这些原因还没有被公众所认识、揭露、抨击,因为公众在一切来自外部的即东方对西方、西方对东方的极其明显的威胁面前退却了。同样明显的是,必须进行战争准备,必须生活在战争的边缘,必须面对挑战。我们不得不和平地生产毁灭的工具、不得不极度地浪费、不得不接受防卫训练,这种防卫使防卫者和他们所防卫的东西成为畸形。

如果我们试图把这一危险的原因同社会的组织方式和社会组织其成员的方

式联系起来,那么我们就会立即面临这样一个事实,即发达工业社会在使这种危险永恒化的同时,变得更加富裕、更加庞大、更加美好。社会的防卫结构使为数越来越多的人生活得更加舒适,并扩大了人对自然的控制。在这些情况下,我们的大众传播工具把特殊利益作为所有正常人的利益来兜售几乎没有什么困难。社会的政治需要变成个人的需要和愿望,它们的满足刺激着商业和公共福利事业,而所有这些似乎都是理性的具体体现。

然而,这个社会作为总体却是非理性的。它的生产率对于人的需要和才能的自由发展是破坏性的,它的和平要由经常的战争威胁来维持,它的发展取决于对各种平息(个人的、国家的、国际间的)生存竞争的实际可能性的压抑。这种压抑不同于在我们的社会之前的较不发达阶段的压抑;它今天不是由于自然的和技术的不成熟状况而起作用,而是依靠实力地位起作用。当代社会的力量(智力的和物质的)比以往大得无可估量——这意味着社会对个人统治的范围也比以往大得无可估量。我们社会的突出之处是,在压倒一切的效率和日益提高的生活水准这双重的基础上,利用技术而不是恐怖去压服那些离心的社会力量。

以上这些话使我们明白了为什么以美国为首的西方社会总是虚构出他国威胁论或者假想敌,因为他们把自己的富裕和美好永远绑在了危险永恒化的战车上,把自己的生存发展寄希望于平息自己心中的压抑。那么,在如此文明的国家,这种被作者称为非理性的社会总体是怎么来的呢?这就是作者要写《单向度的人——发达工业社会意识形态研究》的原因。

什么是单向度的人?顾名思义就是千人一面的人。它是由什么造成的呢?作者认为有两个原因:第一个原因是"单向度的社会"。作者从技术、政治、文化和言论等领域描述了一个技术控制下失去反抗力量的单向度社会。在这种社会里,发达的工业文明使得技术成了新的社会控制形式。政治领域也日趋单面化,原来对立的双方已经结合在了一起。在文化领域中,西方高级文化中对抗社会现实的因素被消除了。在言论领域里,大众传播使得语言同一化,造成了一种言论的封闭。第二个原因是"单向度的思想"。作者描述了工业文明社会思想的单向度性。哲学否定性思维的挫败和实证性思维的胜利使得思想失去了否定性和批判性的向度,从而整个社会陷入一种单向度的思想中。

从单向度的社会到单向度的思想,西方个人的自由空间不断在缩小,整个社会都被关进了现代化的铁笼里。作者是这么说的:

"内心自由"的观念在这里有它的现实性，它指的是人们可以借以变成和保存"他自己"的私人空间。

今天，这一私人空间已被技术现实所侵占和削弱。大量生产和大量分配占据个人的全部身心，工业心理学已不再局限于工厂的范围。在几乎机械式的反应中，潜化的各种不同过程都好像僵化了。结果，不是调整而是模仿：即个人同他的社会、进而同整个社会所达到的直接的一致化。

这种直接的、自动化的一致化过程（它也许曾经是原始协作形式的特征）再现在高度的工业文明之中；但这种新的"直接性"是高级的、科学的管理和组织的产物。在此过程中，反对现状的思想能够深植于其中的"内心"向度被削弱了。这种内心向度本是否定性思考的力量也即理性的批判力量的家园，它的丧失是发达工业社会压制和调和对立面的物质过程在思想意识上的反应。进步的冲击使理性屈从于现实生活，屈从于产生出更多和更大的同类现实生活的强大能力。制度的效率使个人的认识迟钝，使他对不表达整体之压制力量的事实视而不见。如果人们发现自己身处构成其生活的那些事物之中，那是他们接受而不是创造了事物的规律的结果，不过这一规律并非物理规律，而是社会规律。

但这还不是最惨的，最惨的是在这个失去了个人空间，失去了理性否定性思维的单向度铁笼里，西方人不但没有意识到自己被关在里面，还觉得自己是自由的、舒服的。因此，作者说单向度的人就是"在一种舒舒服服、平平稳稳、合理而又民主的不自由在发达的工业文明中流行，这是技术进步的标志"。

通过以上讨论，我们可以得出一个结论：西方现代化文明就是一种舒服的不自由，而西方人自己一点也没有意识到自己被关在铁笼里，也就是加缪所说的荒谬的世界里。原因大家也知道了，是过度的工业现代化。本来我们的讨论也应该结束了。但是，如果我告诉你这个只是表面现象，不是真正的原因，你相信吗？

为什么现代化的铁笼是 2500 多年前遗留下来的
第 96 讲

链接书目:《西方文化的传统与演进》 赵林

《新教伦理与资本主义精神》 马克斯·韦伯

上一讲我们论述了西方人生活在一个现代化铁笼中,变成了"单向度的人",而他们自己却浑然不知,但其实他们已经失去了自由。于是就跟着政客们对自己洗脑,活灵活现地把加缪的荒谬世界表现了出来。根据马尔库塞的说法,这是由于科学技术的发达,全面控制了这个社会里的人,使其失去了原本应该具有的对社会的批判性和否定性,导致这个社会的主体——人,成了单向度的人。而人也在无意识状态下接受了这个单向度的社会。

但这只是表面原因,真正的原因是我们一直在讨论的人类认知的第三次革命,也就是轴心时代的价值理性。轴心时代的四种文化都不约而同地完成了一次对自我的精神超越,这种超越是在工具理性与合作理性不能为人类带来幸福的时候,产生的一种带有非理性成分,也就是不管成功或失败,在精神上为自己带来一种安慰与体验的价值理性。但是,这里有一个重大区别,在四种文化中,除了中国哲学是一次由内而外的超越,其他三种超越都是由外而内或者说是外向的超越。那么有人要说信仰不是一种由内而外的,基于自己内向的自觉吗? 这个是对的,但是这个自觉首先是来自外来上帝的呼唤,也就是宗教中的诫命。

武汉大学哲学系赵林教授在《西方文化的传统与演进》中,对于西方宗教的诫命是这么说的:

在基督教中,有两条诫命是最大的,即"你要尽心、尽性、尽意、尽力爱主你的上帝。其次就是说:'要爱人如己。'再没有比这两条诫命更大的了。"这两条诫命分别构成基督教的最基本的教义和最基本的道德。这是基督教的真义和精髓,其他一切教义和教规都是在此基础上发展出来的。尽心、尽性、尽意、尽力地爱上帝,是要人执着于宗教信仰,轻视世俗的物质生活,潜心于精神修养,超越现世,追求彼岸。神谕的迷信被取消了,信仰成为宗教的标准和权威。对上帝之爱构成了一种绝对的自由的基础,自由不再是对外在的命运和律法的依赖和屈从。

赵林先生所说的两条诫命就是西方文化由外而内的外来源头。正是这两个源头，使内心信仰宗教的人轻视世俗的物质生活，超越现世，追求不屈服于外在的绝对自由。但这种精神上的绝对自由还是压抑的。因此，到了宗教改革，总算有了一个理由，可以把这个绝对自由变成个人自由了。这就是我们讨论过的，韦伯所说的现代资本主义精神。如果说宗教信仰是一种限制自我的禁欲主义，而禁欲主义又是一种人为制造的铁笼的话，那么西方现代化铁笼的溯源应该回到2500多年前的外向超越。这个不是我们的推理，而是韦伯说的。我们现在经常引用韦伯有关现代化铁笼的观点，但从来没有人说得清楚韦伯这个"铁笼"的含义来自何处。现将韦伯的《新教伦理与资本主义精神》"禁欲主义与资本主义精神"一章里的部分内容摘录下来，作者是这么说的：

> 现代资本主义精神乃至整个现代文化的基本要素之一，就是天职观念基础上的理性行为，它的源头则是基督教的禁欲主义精神——这就是本文力图论证的观点。只需重温一下本文开头援引的富兰克林言论就不难看出，被称为资本主义精神的那种态度，其根本要素与我们这里刚刚揭示的清教入世禁欲主义的内涵并无二致，只不过它已没有宗教的基础，因为这个基础在富兰克林时代就已经消亡了。认为现代劳动具有禁欲主义性质，这当然不是什么新观点。局限于专业化劳动之中，抛弃其中包含的浮士德式的人类共性，是现代社会任何有价值的工作得以进行的条件，因此，有所为有所不为在今天就必然要互为条件。如果说，中产阶级的生活毕竟还想成为一种生活方式而不光是把某些东西置之度外的话，那么它的根本上是禁欲主义的特征，也正是歌德在处于智慧巅峰时写下的《威廉·迈斯特的漫游时代》以及他赋予了《浮士德》以生命力的那个结局中所要告诉人们的。对他来说，这种得也就意味着一种失，就是与追求完美人性的时代分道扬镳；我们的文化发展进程中已经不再可能重现那个时代了，一如古代雅典文化的兴盛不会再现一样。

以上作者所说的歌德的《浮士德》最后的生命力，是指歌德在《浮士德》中为了将理性主义和古希腊的感性主义结合在一起，创造了浮士德和海伦的儿子欧福良这个人物的新生，以及欧福良这个人物的消逝。他无疑是希望把近代科学理性和古希腊审美的感性结合在一起，创造出一个符合当时社会环境的完美的审美观念。但是韦伯认为这种结果永远不会出现。为什么？因为两个由外而内的外在之物，禁欲主义和现代化就像一座铁笼，已经把人禁锢在其中了。接下来作者是这么说的：

清教徒是为了履行天职而劳动;我们的劳动却是迫不得已。因为,当禁欲主义从修道院的斗室里被带入日常生活,并开始支配世俗道德观时,它在庞大的现代经济秩序体系的构造过程中就会发挥应有的作用。这种经济秩序如今已经深为机器生产的技术和经济条件所制约,而这些条件正以不可抗拒的力量决定着降生在这个机制中的每一个人的生活,而且不仅仅是那些直接参与经济获利的人的生活。也许,这种决定性作用会一直持续到人类烧光最后一吨煤的时刻。在巴克斯特看来,外在之物只应"像一件可以随时甩掉的轻飘飘的斗篷披在圣徒肩上"。但是,命运却注定了这斗篷将变成一只铁笼。

自从禁欲主义开始重塑尘世并在尘世贯彻它的理想起,物质财富对人类的生存就开始获得了一种史无前例的控制力量,这力量不断增长,最终变得不可动摇。今天,宗教禁欲主义的精神已经逃出了铁笼——有谁知道这是不是最终结局?——但是,大获全胜的资本主义已不再需要这种精神的支持了,因为资本主义有了机器这个基础。宗教禁欲主义那个笑逐颜开的继承者——启蒙运动,脸上的玫瑰色红晕似乎也在无可挽回地渐渐褪去,天职义务的观念则像死寂的宗教信仰的幽灵一样在我们的生活中徘徊。如果履行天职已不再与最崇高的精神和文化价值观发生直接联系,或者从另一方面说,如果它仅仅变成了经济强制力而不必被感知,那么一般来说,个人也就根本不会再试图找什么理由为之辩护了。在它获得最高度发展的地方——美国,对财富的追求已被除去了原有的宗教和伦理含义,变得越来越与纯世俗的感情息息相关,这实际上往往就给了它一种体育运动的性质。

没有人知道未来谁将生活在这个铁笼之中,没有人知道在这惊人发展的终点会不会又有全新的先知出现,没有人知道那些老观念和旧理想会不会有一次伟大的新生,甚至没有人知道会不会出现被痉挛性妄自尊大所美化了的机械麻木。因为,完全可以这样言之凿凿地说,在这种文化发展的这个最近阶段,"专家已没有精神,纵欲者也没有了心肝;但这具躯壳却在幻想着自己达到了一个前所未有的文明水准。"

以上这些话是《新教伦理与资本主义精神》最后一章中的内容,给我们带来的震撼不是一点点。这本书是韦伯在 100 多年前写的,今天读来仍然具有强烈的现实感。为什么? 2500 多年前西方人从上帝那里得到了精神上的绝对自由,但同时也进入了禁欲主义的铁笼,500 多年前的宗教改革,总算使他们从禁欲主义的铁笼里出来了,但他们又进入了现代化的铁笼,而这个铁笼里的西方社会已经逐渐在衰败,他们想是否可以找到一条逃出铁笼的光明之路,于是开始酝酿第四次认知革命。

第97讲　谁打响了第四次认知革命的第一枪

链接书目：《查拉图斯特拉如是说》　弗里德里希·尼采

上一讲我们论述了韦伯所说的现代化铁笼是 2500 多年前西方价值理性认知革命时遗留下来的产物，按照韦伯的观点，宗教禁欲主义和资本主义精神是一脉相承的，都是由外而内的产物。19 世纪末到 20 世纪初，西方思想界已经开始觉悟了，掀起了一场声势浩大的思想运动，这个运动就叫"存在主义"。其实我们前面介绍的加缪就是存在主义的代表人物之一。

什么是存在主义？我们已经讨论过了，存在主义就是生命主义。为什么这么理解？很简单，轴心时代的四种价值理性，有三种是由外而内的，只有一种，也就是中国哲学，是由内而外的。这个由内而外是怎么来的？我们在讨论中国哲学密码的时候说过了，来自生命之道。存在主义就是对西方长期以来被由外而内价值理性霸占的领地发起进攻，掀起一场由内而外对由外而内的认知革命运动。那么这场运动是谁发起的呢？也就是说是谁打响了由内而外运动的第一枪呢？

学术界在讨论这个问题时，一般会把存在主义的源头追溯到尼采。这就是尼采在西方有那么高地位的原因。但是，我觉得应该是上一讲中韦伯提到的那个人——歌德。为什么这么说？我们已经讨论过了，中国的哲学密码来自生命之道。按照老子的说法"复命曰常"，只有生生不息的生命才是永恒的道。于是"道生万物"，生命之道哺育万物，成为"万物之母"。歌德应该是最早认识到这一点的西方人之一。在德国作家艾克曼写的《歌德谈话录》中就有关于"道生万物"和"万物之母"的，是这么说的：

> 永远生活在朦胧和岑寂之中的众母是化育宇宙万物的母性，她们是创造的原则和保持的原则，地球表面上一切有形体和生命的东西都是众母创造出来的。一切停止呼吸的东西作为精神气质回到了众母那里，众母保管着它们，直到它们重新找到机会变为新的存在为止。所有的灵魂以及过去和将来的一切生命形式，在众母栖居的无边无际的空间里，像云一样在众母周围游荡。如果魔术师想通过魔术控制一种生命，或让早先的创造物过一种行尸走肉的生活，他就得走进众母的王国。

　　由此可见,地球上万物的永恒的变化、产生和生长、破坏和重新形成,是众母永不停息的活动。如果说地球上的万物通过继续生育——在这方面,起主要作用的是母性——而获得新的生命的话,那么创造万物的神灵理所当然是女性的神。正是由于这个缘故,那些创造万物的神灵有理由获得众母这一光荣称号。

　　哲学家黑格尔对歌德的思路有着极其深刻的理解,他准确地指出,"歌德的初始现象并不已经意味着一种理念,而是意味着一种精神——感性的本质,在纯粹的本质概念和感性世界的偶然现象之间进行调和"。

　　黑格尔所说的"感性的本质"就是指生命之道,歌德只是认识到西方由外而内价值理性的缺陷,他想做一种理性与感性的调和而已。但歌德应该是西方存在主义的源头,西方开始认识到由内而外的价值理性。但是真正打响反对由外而内价值理性革命第一枪的还是尼采。

　　对于尼采这个人大家已经很熟悉了,他是德国哲学家、文学家,西方伟大的思想家之一。他致力于反思欧洲整个文化传统,提出了著名的"超人""权力意志""永恒轮回"等学说,对 20 世纪的哲学、文学、心理学乃至音乐、电影等领域,都产生了深远影响。他的主要著作有《查拉图斯特拉如是说》《悲剧的诞生》《权力意志》等,他影响了海德格尔、黑塞、荣格、加缪、萨特等思想家。

　　但是,尼采是如何打响反对由外而内价值理性第一枪的,我们可能知之甚少。今天我们要阅读的是尼采的《查拉图斯特拉如是说》。这本书是尼采创作巅峰时期的作品,也是尼采最珍爱的作品,他认为这本书的重要性可以和《圣经》媲美,该书被后人称为"现代西方哲学思想的里程碑"。为什么?因为它改变了西方思想路径的转向,即由外而内开始试图转向由内而外。他不像歌德那样做理性和生命之间的调和,而是直截了当地把生命放在了首位。这本书是很难读懂的。尼采自己也说过,只要你能够读懂其中的 6 句话,你就读懂了这本书。我看到很多介绍尼采这本书的人,都会用以下这段金句:

　　每一个不曾起舞的日子,都是对生命的辜负。一个人知道自己为什么而活,就可以忍受任何一种生活。其实人跟树是一样的,越是向往高处的阳光,它的根就越要伸进黑暗的地底。

　　我们来看看尼采的第一枪是怎么打的。首先我们要搞清楚这个主人公查拉图斯特拉是谁。在该书第一卷"查拉图斯特拉的序白"中,作者是这么说的:

查拉图斯特拉三十岁的时候离开他的家乡，以及家乡的湖泊，来到山里。他在这里从精神与孤独中得到享受，乐此不疲地度过了十年时间。但是他的心中终于起了变化——有一天早晨，他迎着朝霞起床，来到太阳面前，对着太阳如是说：

"你这伟大的天体！假如你没有你所照耀的一切，你的幸福何在！

十年了，你来到这里，来到我的洞穴：要是没有我，没有我的鹰与蛇，你会慢慢厌倦这光芒、这道路吧。

但是每天早晨，我们等候你，接受你的丰盈，并为此祝福你。

瞧啊！我像采蜜太多的蜜蜂一般，对我的智慧感到厌倦，我需要向我伸出的双手。

我想要赠送和分发，直到人群中的智者再一次为他们的愚蠢，穷人再一次为他们的财富而高兴。

为此我必须下山：就像晚上你所做的那样，你下到大海后面，给下面的世界带去光明，你这过于富有的天体！

我像你一样，必须下山，就如人类如此称呼的那样，我将要到他们那里去。

那就祝福我吧，你这平静的眼睛，它可以看见一种太大、太大的幸福，却不含丝毫妒忌！

祝福这将要溢出的杯子吧，让水金子般从中流出，把你祝福的反光带到任何地方去！

瞧！这杯子将再次变空，查拉图斯特拉将再次变人。"

——于是，查拉图斯特拉开始下山。

从以上描述中，我们可以大致了解查拉图斯特拉是一个怎么样的人。他应该是一位到深山老林里修道悟道的得道者。他和太阳对话，认为太阳给了他幸福，因此他也要像太阳一样，下山去拯救人类，给人类幸福。其实这个查拉图斯特拉是有原型的，他的原型是一个波斯的先知，尼采用他作为自己的代言人，可以为自己打响对这个时代批判的第一枪找到一个合适的理由。

那么他的第一枪是怎么开的呢？就是大家耳熟能详的，在当时应该是一个划破苍穹、振聋发聩的呐喊：上帝死了。

在该书第四卷的"退职者"中，作者是这么说的：

可是，在查拉图斯特拉离开巫师后不久，他再次看见某个人坐在他走的路上，一个脸色苍白、面孔瘦长、黑不溜秋的高个子男人：这个人格外令他恼火……

·············

　　查拉图斯特拉心中不耐烦地如是诅咒,考虑如何把目光避开,悄悄从那黑不溜秋的男人身边溜过去;可是,瞧啊,事与愿违。因为那个坐着的人马上就看见他了;就像是一个意外地被好运撞上的人那样,他跳起来,直奔查拉图斯特拉而去。

　　"无论你是谁,你这个漫游者,"他说,"请帮助一个迷路者,一个寻求者,一个在这里很容易受到伤害的老人!

　　这个世界对于我来说很陌生、很遥远,我还听见野兽的咆哮;能给我提供保护的人自己都不复存在。

　　我寻求最后的虔诚者,一位圣人和隐士,他独居在自己的森林里,一点都没有听说当今全世界都知道的事情。"

　　"当今全世界都知道些什么?"查拉图斯特拉问,"也许是,全世界曾经相信的老上帝不再活着?"

　　"让你说着了,"老人忧伤地回答,"我伺候这老上帝直到他的最后时刻。

　　可是我现在退职了,没有主人,然而却不自由,也不再有任何快乐的时刻,除了在回忆中。

·············

　　我就这样徒然来到这森林里、这山区里。这时候我下决心找另一个人,找一个最虔诚地不信上帝的人——,找查拉图斯特拉!"

尼采的第一枪可谓是厉害,他借查拉图斯特拉的口杀死了上帝,并宣布了这个死讯。为什么? 因为他要把 2500 多年前由外而内的西方柏拉图与基督教联手创造的价值理性彻底毁灭。那么毁灭了以后,他要干什么呢? 由内而外呀。那么他是怎么做的呢?

尼采为什么要7次重复老子的那句话
第98讲

链接书目:《查拉图斯特拉如是说》 弗里德里希·尼采

尼采宣布了上帝的死讯之后,于是查拉图斯特拉进入了第二步。该书中是这么说的:

当查拉图斯特拉来到那个离森林最近的城市时,他发现市场上聚集了许多人:因为预言说,人们会看到一个走钢丝演员。查拉图斯特拉对众人如是说:

我教你们超人。人是应该被超越的东西。你们做了什么来超越他呢?

一切生物至今都创造了超越自己的东西:你们要做这大潮中的落潮,宁可回到动物那里去,也不愿意超越人类?

对人类来说,猿猴是什么? 一个笑柄或是一个痛苦的耻辱。对超人来说,人也一样:一个笑柄或是一个痛苦的耻辱。

你们完成了由虫到人的过程,你们身上许多东西仍然是虫。你们曾经是猿猴,现在人比任何一只猿猴更是猿猴。

但是你们当中的最聪明者,也不过是植物与幽灵的矛盾体与共同体。但是我吩咐你们变成幽灵还是植物?

瞧,我教你们超人!

超人是大地的意义。让你们的意志说:超人应是大地的意义!

我恳求你们,我的弟兄们,忠实于大地,不要相信那些向你们谈论超越大地之希望的人! 那是投毒者,无论他们自己知道与否。

那是生命之轻蔑者、垂死者,其本身就是中毒者,大地对他们已经厌倦:所以让他们逝去吧!

亵渎上帝曾经是最大的亵渎,可是上帝死了,这些亵渎者也随之死亡。现在最为可怕的是亵渎大地,是将不可探究者的内脏看得比大地的意义还高!

....

真的,人是一条污水河。你必须是大海,才能接受一条污水河而不致自污。

瞧,我教你们超人:他便是这大海,你们的伟大轻蔑可以在其中下沉。

你们可能有的最伟大经历是什么？是伟大轻蔑的时刻。在那样的时刻，你们甚至你们的幸福，还有你们的理性和德性，都会使你们感到厌恶。

尼采认为上帝死了，是不是人就成了生命的轻蔑者？于是，他要教导人类成为一个超人，成为大地，成为大海。那么如何做到呢？接下来尼采走了第三步。我们来看看他是怎么说的。作者在该书第二卷的"论自我超越"中是这么说的：

你们这些最有智慧的人，驱使你们、使你们激动不已的东西，你们称之为"求真意志"吗？

认为一切存在物都可以想象的意志：我如是称呼你们的意志！

你们想要首先使一切存在物都可以想象：因为你们十分怀疑它是否可以想象。

可是，它应该同你们相适应，服从你们！你们的意志如是要求。它应该变得顺溜，臣服于精神，作为它的镜子和映像。

这就是你们作为一种强力意志的全部意志，你们这些最有智慧的人；尽管你们谈论善恶，谈论价值判断。

你们还要创造你们可以跪拜的世界：所以这是你们最后的希望和陶醉。

…………

你们的危险、你们善恶的终结不是这河流，你们这些最有智慧的人：而是那种意志本身，那种强力意志，——那种不可穷尽的、具有生殖力的生命意志。

…………

在我发现有生物的地方，我就发现强力意志；我还在仆人的意志中发现了当主人的意志。

弱者应该为强者服务，弱者的意志劝说他，弱者的意志是要当更弱者的主人：他单单不想放弃这种乐趣。

正如卑微者屈从于伟大者，从而能从最卑微者那里获取乐趣和力量：最伟大者也为了强力的缘故而屈从，并贡献——生命。

…………

我宁愿毁灭，也不愿意放弃这唯一；真的，在有毁灭和落叶的地方，瞧，就有生命做自我牺牲——为了强力！

我不得不是斗争、生成、目的和目的间的对立：啊，猜得出我的意志的人，也就猜出我的意志不得不走怎样曲折的道路！

无论我创造了什么，无论我多么爱它，——不久我必然成为它和我之所爱的对手：我的意志要求如此。

甚至你这位认知者，也只是我的意志的一条小径和足迹；真的，我的强力意志踩着你的求真意志的足迹行走！

向真理射去"存在意志"之言的人当然是射不中真理的：这种意志——不行！

因为：不存在的东西，是不可能有意志的；而已经存在的东西，怎么可能还要实现存在！

只是，在有生命的地方也有意志：然而不是求生意志，而是——我如是教给你听——强力意志！

有许多东西被有生命的事物评价得比生命本身更可贵；可是作为评价本身发言的是——强力意志！

查拉图斯特拉帮尼采说出了他最想说的话——强力意志，也有翻译为"权力意志"的。尼采认为这就是生命的本质，周围所有的存在在自我这个强力意志下，是多么的渺小，如果你想成为超人，只有恢复你原本就有的那个由内而外的、属于自己的强力意志，自己去创造这个世界。这就是西方思想史上第一次明确提出这个世界是由内而外创造出来的，而不是上帝。当然，他的由内而外和老子的由内而外目的是相同的，但实现途径完全不同，老子讲"弱者道之用"，尼采讲"我的强力意志踩着你的求真意志的足迹行走"，但我觉得这个也不能怪尼采，不破不立，尼采的任务是先破了再说。因为面对这个被由外而内包围得死死的西方思想界，尼采想自己先露出头来，去外面的世界看一看，体验一下生命是什么。没有强力意志，你是走不出来的。

尼采对这个由外而内创造的世界的改造，第一步是打响第一枪——杀死上帝，第二步是设立目标——成为超人，第三步是依靠实现路径——强力意志，那么第四步是什么呢？他应该也有自己的方法论。说出来你肯定不相信，他的方法论居然和老子的一模一样。是什么呢？在尼采这里有一句名言，叫"永恒轮回"。该书译者在注释中是这么说的：

这是尼采思想的另一个重要概念，德文是 ewig wiederkommen 或 die ewige wiederkunft，国内有翻译成"永恒轮回"的，但"轮回"是佛教术语，德文中是 Samsara，尼采所要表达的意思显然有所不同。为避免引起不必要的误解，这里译成"永恒复至"。

这个翻译真是令人拍案叫绝，这不就是老子的"复命曰常"吗？因为在这个世界上，能够在变化中得到永恒的，只有生命这个东西。既然这样，我们觉得最恰当的翻译应该叫"复命永恒"。而且,尼采好像在冥冥之中表达对老子的敬意,一连7次重复了这个意思。尼采把这个叫作"七印记"。现将相关内容摘录下来,虽然长了一点,但是可以让大家直接感受到尼采对生命永恒的呼唤,他把生命的永恒当作他心爱的女人。大家请注意,第一句"复至之环"是肯定句,后面几个都是疑问句。书中是这么说的:

· 1 ·

如果我是一个先知,充满那种漫游在两海之间高高山隘里的先知的精神,——

在往昔与未来之间像一块沉重的云朵一般漫游,——与闷热的洼地,以及一切疲倦的、不能死也不能活的东西:为敌。

在黑暗的胸膛中已准备好闪电,准备好救赎的光芒,孕育着说"是!"、笑言"是!"的闪电,准备好先知的霹雳之光:——

——然而,如此的孕育者有福了! 真的,有一天将会点燃未来之光者,必然早就像疾风暴雨一般依恋着山峦! ——

哦,我怎会不渴望着永恒,渴望着婚姻的环中之环,——复至之环!

我还从来没有找到我会同她生子的女人,除非是我所爱的那个女人:因为我爱你,哦,永恒!

因为我爱你,哦,永恒!

· 2 ·

当我的愤怒破坏了坟墓,移动了界石,砸碎旧牌匾让它滚下陡峭的山谷:

当我的讽刺把腐朽的词语吹散,我像一把扫帚一样来到十字架蜘蛛跟前,作为旋风来到沉闷的古老墓室:

当我快乐地坐在古老的诸神被埋葬的地方,坐在古老的世界诽谤者的纪念碑旁,祝福世界,热爱世界:——

——因为只要苍天以纯净的目光透过教堂和神之墓的破碎屋顶俯望,我甚至也爱教堂和神之墓;我愿意像青草和红罂粟一样坐在教堂的废墟上——

哦,我怎会不渴望着永恒,渴望着婚姻的环中之环,——复至之环?

我还从来没有找到我会同她生子的女人,除非是我所爱的那个女人:因为我爱你,哦,永恒!

因为我爱你,哦,永恒!

· 3 ·

当一阵创造者的气息,一阵甚至迫使偶然性跳星星之轮舞的天堂必然性的气息向我袭来:

当我以创造性闪电的笑声欢笑,长久的行为之雷隆隆作响,却恭顺地追随其后:

当我在大地的诸神之桌上和诸神掷骰子玩耍,乃至于大地震动、破碎、呼呼地冒出火流:——

——因为诸神之桌便是大地,因造物主的新道和诸神的掷骰而颤动:——

哦,我怎会不渴望着永恒,渴望着婚姻的环中之环,——复至之环?

我还从来没有找到我会同她生子的女人,除非是我所爱的那个女人:因为我爱你,哦,永恒!

因为我爱你,哦,永恒!

·4·

当我从冒泡的混合香料罐中痛饮一口,万物皆出色地调和于其中:

当我的手将最远的注入最近的,将火注入精神,将快乐注入痛苦,将最恶劣的注入最善良的:

如果我自身是一粒拯救之盐,它使万物在混合罐中出色地调和:——

——因为有一粒盐,它将善与恶拴在一起;甚至最恶者也有做佐料的价值,也可以用来做最终溢出的泡沫:——

哦,我怎会不渴望着永恒,渴望着婚姻的环中之环,——复至之环?

我还从来没有找到我会同她生子的女人,除非是我所爱的那个女人:因为我爱你,哦,永恒!

因为我爱你,哦,永恒!

·5·

当我仁慈地对待大海和一切大海一类的东西,尤其在其愤怒地反驳我的时候最仁慈:

当在我身上有那种扬帆驶向未被发现之物的乐趣,当我的乐趣中有一种水手的乐趣:

当我的快乐欢呼:"海岸消失了,——现在我摆脱了最后的锁链——

——无边之物在我周围咆哮,时空朝我遥远地发出光芒,行了! 好吧! 年老之心!"——

哦,我怎会不渴望着永恒,渴望着婚姻的环中之环,——复至之环?

我还从来没有找到我会同她生子的女人,除非是我所爱的那个女人:因为我爱你,哦,永恒!

因为我爱你,哦,永恒!

·6·

当我的美德是一个舞蹈者的美德,我的双脚经常跳进黄金和绿宝石组成的狂喜中:

当我的恶是一种笑中之恶,以玫瑰花坛和百合花篱为家:

——因为在笑中所有的恶并存,却通过自身的极乐被宣判无罪,变得神圣。

当一切重的都变成轻的,一切身体都变成舞蹈者,一切精神都变成鸟,这样的情况是我的关键:真的,这就是我的关键!——

哦,我怎会不渴望着永恒,渴望着婚姻的环中之环,——复至之环?

我还从来没有找到我会同她生子的女人,除非是我所爱的那个女人:因为我爱你,哦,永恒!

因为我爱你,哦,永恒!

·7·

当我将宁静的天空铺开在头顶上,用自己的翅膀飞向自己的天空:

当我玩耍着在纵深的光之距离中游泳,我的智慧之自由飞鸟到来了:——

——可是智慧之飞鸟如是说:"瞧啊,没有上,没有下! 辗转反侧吧,把自己扔出去,扔回来,你这轻者! 唱吧! 不要再说了!"

——"所有的词语不是为重者而形成的吗? 所有的词语不都是对轻者的撒谎么! 唱吧! 不要再说了!"——

哦,我怎会不渴望着永恒,渴望着婚姻的环中之环,——复至之环?

我还从来没有找到我会同她生子的女人,除非是我所爱的那个女人:因为我爱你,哦,永恒!

因为我爱你,哦,永恒!

尼采打响了第四次认知革命的第一枪,杀死了上帝,还要做一个大地的超人,通过由内而外的强力意志,最后回归永恒的生命之道。这些在当时的西方是很不受待见的,他被看成是一个离经叛道的人。于是,大家不约而同地给尼采的哲学思想贴上了很多标签,比如存在主义、虚无主义、非理性主义,甚至还有战争哲学。

可是大家一定要记住尼采在《查拉图斯特拉如是说》中重复7次的那些话,这些话从认知意义上才是尼采真正的核心思想。

第99讲　如何几分钟读懂《存在与时间》

链接书目：《〈存在与时间〉读本》　陈嘉映

《形而上学导论》　马丁·海德格尔

上一讲我们讨论了尼采的《查拉图斯特拉如是说》，尼采通过查拉图斯特拉完成了冲出西方2500多年来练就的"铁笼"四部曲，杀死上帝、成为超人、权力意志、复命永恒。后来西方思想界把尼采作为西方现代化、非理性思想和后现代主义的开创者，他的影响力一直延续到今天。

我们重新阅读一下被尼采重复了7次的话：

哦，我怎会不渴望着永恒，渴望着婚姻的环中之环，——复至之环？

我还从来没有找到我会同她生子的女人，除非是我所爱的那个女人：因为我爱你，哦，永恒！

因为我爱你，哦，永恒！

这是尼采的生命主义的最强呼声，过去大家阅读这些话的时候，往往把重点放在"因为我爱你，哦，永恒！"上，这是讨论西方哲学史的思路，现在我们讨论的是人类认知史，所以重点应该放在"我还从来没有找到我会同她生子的女人"上。为什么？因为他也知道生命再强大，再是超人，再有强力意志，没有那个他爱的女人的参与，是不能够成功的。但是，他终究找不到那个他爱的女人，所以永恒复命或者说永恒轮回，只能停留在他的价值理性上。

认知是什么？是对这个世界的简化与重组。用什么去简化和重组？工具理性、合作理性和价值理性。中国哲学思想偏重合作理性，西方哲学思想偏重工具理性，如果说三种理性是一个三角形结构，那么处在三角形顶端的价值理性是跛脚的，站不稳的。因此，需要来一次人类认知的第四次革命，那么这个革命走向何方呢？我们慢慢道来。但是，从尼采开始，我们看到了曙光。

从认知的角度看，尼采虽然发起了这个认知革命，但是方法论不对。他以由内而外的生命之道来对抗由外而内的上帝之道，还是停留在价值理性层面，操作性不强。

这个工作后来由海德格尔接着做,最后在萨特手上才得以完成。

现在我们阅读陈嘉映的《〈存在与时间〉读本》,看看海德格尔究竟是如何定义他的生命主义的。我们已经在第 90 讲"如何用神经科学解释七情六欲"中,从心理学和神经科学的角度介绍了《存在与时间》的核心思想。因此,我们说几分钟读懂海德格尔的《存在与时间》是有原因的。就是用"生命与人"的概念来读。海德格尔自认为不是一个存在主义者,而是一个存在论者。因此他的《存在与时间》中反反复复地讲存在者和存在本身的差异,就是要把存在与人、存在与生命绑在一起讨论。陈嘉映编著的《〈存在与时间〉读本》中是这么说的:

> 存在总是存在者的存在,所以,要寻问存在,就必须问及存在者,不妨说,要从存在者身上来逼问出它的存在来。但若要使存在者不经歪曲地给出它的存在性质,就须如存在者本身所是的那样通达它。然而,我们面对形形色色的存在者,我们行为所及的,我们说到的,我们想到的,这一切都"是"个什么,都"存在着"。我们自己的所是以及我们如何所是,这些也都"是",都"存在着"。实在、持存、此在,这种种之中,都有存在。我们应当从哪种存在者掇取存在的意义? 我们应当从哪种存在者出发,好让存在开展出来? 有没有一种存在者具有优先地位?
>
> 通达存在者,理解其存在并形成概念,这些活动都是寻问的一部分,所以就是某种特定的存在者的存在样式,是我们这些发问者的存在样式。因此,彻底解答存在问题就等于说:着眼于发问的存在者本身的存在,使这种存在者透彻可见。寻问存在本身就是这种存在者的存在样式,从而寻问原是由问之所问即由存在规定的。我们用此在(Dasein)这个术语来称呼这种会发问的存在者,称呼我们自己向来所是的存在者。事先就此在的存在来对这种存在者加以适当解说,这是存在的意义问题所包含的应有之义。

以上这些话看似很复杂,其实很简单,就是要说明四个问题:第一,存在就是存在者的存在;第二,世界上有形形色色的存在者,比如大海与山川;第三,真正可以被认定为存在者的只有一个,就是那个问"存在是什么"的发问者;第四,这个发问者被海德格尔叫作"此在"。

海德格尔把存在主义和人挂上了钩,但是还没有完,为什么? 因为还有许许多多的人不明白海德格尔为什么要这么做。陈嘉映先生在该书中是这么说的:

> 我们的时代重新肯定了"形而上学",并把这看作自己的进步。但"是"这个问题,或"存在"问题,仍始终付诸遗忘……

············

　　无论希腊的定义还是神学的理解,都遗忘了人这种存在者的存在问题,似乎这种存在不言而喻,和其他受造物的现成存在没什么两样。

　　那么,海德格尔用什么方法把我们的遗忘找回来了呢? 他有一个好办法,就是从"存在者"这个词在不同文化中的起源,去考察"存在"究竟是什么意思。在《形而上学导论》里,专门有一节叫"'在'这个词的词源学",该节讨论了这个存在概念。海德格尔认为存在是一个被遗忘的形而上学问题。一到形而上学,人们经常会问一个在常识中没毛病,但在哲学中人们永远也解答不了,或者说解答了但普通人也理解不了的问题。这个问题就是:为什么在者在,而无反倒不在?

　　其实我们也查阅了不少哲学著作,他们都从哲学的角度回答了这个问题,但很多人还是不明白。为什么? 因为他们没有从生命这个角度去理解。那么海德格尔本人想表达什么意思呢? 现将张祥龙先生在《海德格尔思想与中国天道》一书中对海德格尔分析希腊语"存在"词源学的总结摘录如下:

　　除了这种语法转换与思想演变的比较之外,海德格尔还探讨了"存在"在印欧语言中的三种词源义,即"es",意为"生命";"bhu",意为"出现";"wes",意为"保持住"。

　　有了张祥龙对海德格尔"存在"的三种词源义打底,现将海德格尔关于存在意义在希腊哲学中的演变摘录下来,这就是关于"为什么在者在,而无反倒不在"的最好解读。海德格尔是这么说的:

　　一开始我们就提出了这个问题:"究竟为什么在者在而无反倒不在?"我们还断言:哲学活动就是对这一问题的追问。如果我们有所远见,沿着这一问题的方向思下去,那么,我们首先就不会停留在在者的任何一种日常领域中。我们超越了日常事物,我们所询问的不是日常熟悉的和处于日常秩序中的正常事物……

············

　　西方哲学最先的和决定性的发展是希腊时代。对存在者整体本身的发问真正肇端于希腊人,在那个时代,人们称存在者为 φύσις,希腊文里在者这个基本词汇习惯于译为"自然"。在拉丁文中,这个译名,即 natura 的真正意思为"出生"、"诞生"。但是,拉丁译名已经减损了 φύσις 这个希腊词的原初内容,毁坏了它本来的哲学的命名力量。这种情形不仅在这个词的拉丁文译名中发生,而且也同样存在于所有其他从希腊语到罗曼语的哲学翻译中。这一从希腊语到罗曼语的翻译进程不是偶然的和无害的,而是希腊哲学的原始本质被隔断被异化过程的第一阶段。这一罗曼语的翻译后来在基督教中和在基督教的中世纪成为权威性的。近代哲学从中世纪过渡而来,近代哲学在中世纪的概念世界中运行,并从而创造了那些仍在流行的观念和概念词汇,而今天的人们依然通过这些观念和概念来讲解西方哲学的开端。这样含意的开端就是今天人们号称早已克服了且已弃置身后的东西。

但是,我们现在跳过了这整个的畸变和沦落的过程,并且企求重新获得语言和语词之未遭破损的意指力量,因为语词和语言绝非什么事物都可装入其中赖以交谈和书写方式进行交流的外壳。事物在言词中、在语言中才生成并存在起来。因此,语言在纯粹闲谈中,在口号以及习语中的误用使我们失去了与事物的真实关系。那么,φύσις 这个词说的是什么呢?说的是自身绽开(例如,玫瑰花开放),说的是揭开自身的开展,说的是在如此开展中进入现象,保持并停留于现象中。简略地说,φύσις 就是既绽开又持留的强力。按照词典的解释,φύειν 的意思为生长、使成长。但是什么是成长呢?仅仅是量上的增多,是变得愈来愈多和愈来愈大吗?

φύσις 作为绽开是可以处处经历到的,例如,天空启明(旭日东升),大海涨潮;植物的更生,动物和人类的生育。但是,φύσις 作为绽开着的强力,又不完全等同于我们今天还称为"自然"的这些过程并不等同。这种绽开和既朝里又朝外的绽出(In-sich-aus-Hinausstehen)不可与我们在作者那里观察到的过程混为一谈。这一 φύσις 是在本身,赖此在本身,在者才成为并保留为可被观察到的。

希腊人并不是通过自然过程而获知什么是 φύσις 的,而是相反。他们必得称之为 φύσις 的东西是基于一种对在的诗—思的基本经验才向他们展示出来的。只有在这种展示的基础上,希腊人才能看一眼狭义的自然。因此,φύσις 原初的意指既是天又是地,既是岩石又是植物,既是动物又是人类与作为人和神的作品的人类历史,归根底是处于天命之下的神灵自身。φύσις 意指绽开着的强力以及由这种强力所支配的持留。像"在"(从滞留不变的狭义来理解的在)一样,"变易"也包括在这种绽开着,同时又持留着的强力中。φύσις 就是出—现(Ent-stehen),从隐秘者现出来并且才使它驻停。

但是,如像在大多数的情形下那样,φύσις 不是在原初的意义上被理解为绽开着,又持留着的强力,而是在后来和今天的意义上被理解为自然;此外,如果物质实体,像原子、电子这些近代物理学作为 Physis 来研究的东西的运动过程被规定为自然基本现象,那么,希腊人最初的哲学就在走向一种自然哲学,走向一种认为所有事物本来都具有物质本性的想法。

海德格尔以上说的这些话,有意将希腊语的"存在",不直接翻译出来,而是用希腊语写出来,这是有深刻用意的。他是想让读者把这个作为一个符号而不是意义去理解。为什么?因为按照词源去分析,就有四个意思了,分别是"生命""出生""常住"和"自然"。这里也从另外一个方面解释了为什么希腊的哲学传统是偏向"自然"而不是"生命"。因为海德格尔认为这个翻译减损了"生命"的原本意义,最后走向了自然哲学,而不是东方的生命哲学。

这个时候我们反过来理解"为什么在者在,而无反倒不在"这句话就容易多了。我们可以这么说:"为什么生命(现象)在,无(生命现象)反而不在?"海德格尔在这里把"无"和生命现象的"有"对立起来,把生命的本质说了出来。生命是什么?是永远处于"出现"和"绽放"过程之中的。这是海德格尔最愿意用的一个词。因此,在他后来所有的著作中,一直沿用这个"绽放"的观点。当你看到一个生命现象时,它已经早就在经历这个"绽放"过程了。这是一个被遮蔽的现象,所以你看不到。等你看到了,已经是一个存在者了,你只能对没有看到的、被遮蔽的绽放说"无"。我们现在很多人不理解现象学是怎么一回事,说是只看现象、不看本质,这是错的。你只要记住现象就是一个"绽放"过程就可以了。下面这些话摘自陈嘉映先生的《〈存在与时间〉读本》,主要讲述了现象学的概念。

> 我们就必须区别现象学的现象概念与流俗的现象概念。现象学要"让人来看"的是什么?什么东西依其本质就应在与众不同的意义上称为"现象"?显然,这种东西首先和通常恰恰不显现,但同时又从本质上包含在首先和通常显现着的东西之中:它构成这些东西的意义与根据。
>
> 这个在不同寻常的意义上隐藏不露的东西,或又反过来沦入遮蔽状态的东西,或仅仅以伪装方式显现的东西,却不是这种那种存在者,而是存在者的存在。存在可以被遮蔽得如此之深,乃至存在被遗忘了,存在及其意义的问题也无人问津。然而,现象学作为一种方法所要应用于其上的,正是这个已被遗忘的存在。现象学是探讨存在论研究对象的方法。无论存在论以什么为课题,它都必须通过展示方式亦即现象学方式来规定这种东西。存在论只有作为现象学才是可能的。

　　我们说几分钟读懂《存在与时间》是有点夸张,但几十分钟肯定够了。当你知道了海德格尔的"存在"或"此在"是指人或者生命,你可以在潜意识中把《存在与时间》中的"存在"改为"生命"或者"人"。这样的话,我们理解海德格尔说此在的本质是"畏"与"操劳",就容易得多了。那么人、生命或者操劳等,和时间又有什么关系呢?

制造一个生命需要多少钱
第100讲

链接书目:《人体简史》 比尔·布莱森

《存在与时间》 马丁·海德格尔

《〈存在与时间〉读本》 陈嘉映

上一讲我们讨论了如何几分钟读懂海德格尔的《存在与时间》。只要你在潜意识里把这个书名改一下就可以了,可以改成《生命与时间》或者《人与时间》。我们今天就来讨论生命、人或者操劳和时间的关系。

有一本书,叫《人体简史》,作者是比尔·布莱森。该书一经出版,不但得到了普通读者的喜爱,更是得到了医学专业人士的肯定,诺丁汉医学院的安格斯·布朗教授称赞道:"布莱森咨询了一群令人印象深刻的国际医学专家,将他们的专业知识和独特观点作为资料来源,这无疑增加了本书的严谨性。"

这里要引用该书的一个科学观点,证明海德格尔所说的生命是一个"绽放"过程是科学的,告诉我们不要遗忘在生命绽放过程中,有一部分是被遮蔽的,但那也是生命的一部分。《人体简史》中是这么说的:

> 要制造出一个你,总共需要 7000 亿亿亿(7,000,000,000,000,000,000,000,000,000 或 $7×10^{27}$)个原子。没有人能说出为什么这 7000 亿亿亿个原子这么迫切地渴望成为你。说到底,它们是无意识的粒子,它们自己没有任何想法或概念。然而,不管怎么说,在你存在的时间长度里,它们将建造、维护数不清的必要系统和结构,让你哼哼作响,让你成为你,赋予你形状和相貌,让你享受到一种稀罕而又极为愉悦的状态,而这种状态就叫作"生命"。
>
> …………
>
> 但你的原子仅仅是积木块,它们本身并不是活的。生命是从什么地方开始的,这不大容易说明白。生命的基本单位是细胞——人人都同意这一点。细胞里充满了各种忙忙碌碌的东西:核糖体和蛋白质、DNA、RNA、线粒体,还有其他大量微观层面上的神秘东西——但它们本身无一是活的。细胞本身仅仅是一个隔间,一个容纳上述种种的小房间,它本身没有生命,就跟其他所有的房间一样。然

而，天知道怎么回事，所有这些东西聚拢到一起，你就拥有了生命。这是科学无法解释的部分。我有点儿希望它永远保持这种神秘状态。

最值得注意的地方是，细胞中的任何东西都不行使掌控之责。细胞的每一个组成部分都响应着来自其他部分的信号，这些信号就像许多辆碰碰车一样碰撞反弹，但不知道怎么的，当细胞与你个体宇宙不同部位的其他细胞进行沟通时，在细胞之间，也在人的整个身体之间，这些随机的运动产生了平稳、协调的动作。

以上作者这些话是说生命是由一堆没有意识的原子组成，这个时候你看到生命现象了吗？没有！然后又到了细胞阶段，它们是生命吗？还不是！只有当它们聚合在一起，绽放了，才叫生命。生命是一个由合作理性造就的吸取能量的负熵系统。

既然我们的生命是由这么一堆原子组成的，而且现在这些物质都可以在实验室合成，那么作为化学物质的生命值多少钱呢？该书中是这么说的：

很久以前，还在美国念初中的时候，我记得生物老师教过，构成人体的所有化学物质，花上差不多 5 美元，就可以在五金店买到。我不记得实际的数目了，可能是 2.97 美元，也可能是 13.5 美元，反正即使是放在 20 世纪 60 年代，那也是笔小钱。我还记得当时自己大吃一惊：居然只要花这几个钱，就能造出一个像我这样满脸疙瘩的懒家伙？

生命就是由这么一些不值钱的，我们看不见摸不着的"无"组成的。海德格尔问得好："为什么在者在，而无反倒不在？"这些"无"是在时间中运动起来后才能被看见的。因此我们理解海德格尔的《存在与时间》，如果理解为"生命与时间"，保证你会很快进入海德格尔的思想境界。

如果把海德格尔的"存在论"理解为"生命论"，那么你只要抓住三个关键词，就可以通读《存在与时间》了。这三个关键词，既不包括"存在"，也不包括"时间"，而是与人的生命休戚相关的三个词，它们是"操心""畏"和"死亡"。这三个词加起来，就是存在主义心理学中的"焦虑"。带着这两个字去通读《存在与时间》，几分钟搞定海德格尔就不再是难事了。

我们来看看海德格尔在《存在与时间》中把"操心"放在什么地位？他在该书一开头就说：此在的整体存在即是操心。如果把这个句子里的"此在"理解为"人"，"存在"理解为"生命"，那么这句话就可以翻译为"人的整体生命就是操心"。

我们阅读神经科学家乔瓦尼·弗契多的《情绪是什么》时，特别介绍了"焦虑"的定义，里面引用的概念就是从海德格尔的"操心"中来的，现在很多心理学家称之为存在主义心理学。但海德格尔不是心理学家,他是要从哲学的高度去找"操心"的源头。陈嘉映先生在《〈存在与时间〉读本》中是这么说的:

> 操心是生存论上的基本现象。这却不是说它是一种简单的现象,更不能把它还原到某种实际存在上的基本元素。我们最终还会表明,一般存在也和此在的整体存在一样不是简单的。操心的规定是:先行于自身而已经在世寓于世内存在者的存在。这就摆明了:这个现象分成环节具有结构。但这岂不提示我们还需要找出一种更源始的现象,而它必须能够从存在论上把操心的多重环节的统一结构承担起来?我们将在第二篇深入探讨这个问题。在这之前……提出一项先于存在论的证据,表明我们从存在论上提出的"新东西"在历史上其实甚为古老。

以上这段话中,若把"存在"二字,都用"生命"来替换,大家就可以读懂海德格尔的意思了。以下摘录内容表明海德格尔认为生命的本质是操心这个观点不是他发明的,历史上本来就有一个叫"操心"的女神。《〈存在与时间〉读本》中是这么说的:

> 即使我们不把"操心"仅仅从实际存在上理解为"担心忧虑",而是坚持从存在论上来理解,把此在之存在概括为操心,仍然和"人"的传统定义相去甚远,难免显得生僻。所以现在我们来援引一项先于存在论的证据。这虽然只是历史方面的旁证,但这项证据的有利之处在于,这里出现的此在自我解释是"源始的",不掺杂理论因素。而且,此在之存在从根本上就是历史的,所以,历史上的说法具有特殊的分量。

> 下面引用的是一则古老的寓言。笔者是在布尔达赫的《浮士德与操心》一文中发现的下面这个故事的。他还告诉我们,歌德从赫尔德那里把它吸收过来,加工后用于他的《浮士德》第二部。

> 从前有一次,女神"操心"横渡一条小河,在岸边看见一片胶土,她若有所思,从中取出一块胶泥,动手把它塑造。她正琢磨着自己造出来的玩意儿,朱庇特神走了过来。"操心"便请求朱庇特为这块成形的胶泥赋予灵魂。朱庇特欣然从命。可是事后两位天神争执起来,各自要用自己的名字来为这块成形的胶泥命名。这边还争执不下,又冒出了土地神台鲁斯,争说该用她的名字来命名,因为是她从自己身上贡献出了泥胚。他们争论不休,请农神来作裁判。农神的评判看来十分公正:你,朱庇特,既然你提供了灵魂,你该在它死时得到它的灵魂;既然你,土地,给了它身躯,你就理该得到它的身体。而"操心"最先造出了这东西,那么,只要它活着,它就归"操心"所有。至于它的名称,就叫"homo"(人)吧,因为它是由 humus(泥土)造的。

这则寓言说得很明白,人只要活着,人只要在此,就隶属于操心。特别重要的还在于,寓言接受了人是躯体(泥土)和精神的复合这一熟知的看法,而同时仍给予操心以优先地位。"操心最先造出了它":人的存在源于操心。"只要它活着,它就归操心所有":人生在世,离不开操心,由他的源头统治着。人的名称来自他的肉胚,人的存在却是由他的源头即操心来规定的。对此作出裁决的则是司时间四季的农神。这一本质规定一开头就从人生在世的时间性着眼来规定人的存在方式。这则寓言表明,我们的生存论阐释绝不是一种虚构,而是一种存在"建构",而这种建构自有种种初级的草图。

海德格尔找到了人"操心"的历史依据,说明人的生命是由操心规定的。于是马上就出现了另外一个问题:我们到底要操心到什么时候? 这里就引出了海德格尔的另外一个概念——时间。人的生命加上时间,再加上时间,等于什么? 答案大家肯定知道,就是死亡。死亡是《存在与时间》中的第二个关键词,其实这本书可以分为两个部分,一个部分讨论操心,一个部分讨论死亡。陈嘉映在《〈存在与时间〉读本》中是这么说的:

> 此在存在的意义是时间性。我们不仅要从生存论上对时间性进行分析,而且要就其时间意义反过头来剖析先前已经初步提供出来的此在诸结构。这不仅意在具体验证我们的时间性分析,而且时间性现象本身也将变得更加透彻明晰。于是我们将能理解:为什么此在是历史性的,为什么它能够建立历史学。

> 时间性是此在存在的意义,而此在的整体存在是操心,所以,操心需用"时间",并从而需要"计时"。

由于人的生命状态在时间中被操心与死亡所规定,于是出现了生命中的第三个关键词——"畏","畏"就是畏惧的意思。海德格尔指出,畏惧和日常生活中出现的实际恐惧是完全不同的。人们在日常生活中所害怕的人或事情都是看得见、摸得着或者说得出的,而这里的畏惧却是无法感知的,人的生命基本状态中的畏惧,无边无际、包罗万象。正如海德格尔所说,"畏之所畏者,就是在世本身"。《〈存在与时间〉读本》中是这么说的:

> 畏不仅有所畏;其为现身情态同时也有所为而畏。威胁者本不确定,所以,畏所为而畏者,不是此在的一种确定的存在方式。畏所为而畏者,就是在世本身。在畏中,世内事物整体沉陷了,"世界"已不能呈现任何东西,他人的共同此在也不能。所

以畏使此在不能再从"世界"以及从公众讲法方面来理解自身。畏把此在抛回此在所为而畏者那里,即抛回本真的能在世那里。畏使此在个别化为其最本己的在世,使它从最本己处领会自身理解自身,从本质上向各种可能性筹划自身。畏所为而畏者把此在开展为个别化的存在。畏在此在中公开出最本己的能在,公开出选择与掌握自己的自由。畏把此在带到它的自由存在之前,带到它的本真生存之前。不过,我们已经说过,本真生存不是脱离世界的生存,自由总是沉浸在某种事业之中的自由。

以上这段话引出了与"畏"相关的三个概念:沉陷、可能和自由。"畏"使人的周围世界沉陷了,这个沉陷不是人的堕落,而是把人抛向了本真的可能性世界。人的唯一出路就是找到自己在这个世界上的可能性。什么是自己的可能性?就是自己选择生存的自由。

这里大家一定要注意海德格尔所说的自由,已经不是轴心时代那个由外而内超越自我的精神自由,而是实实在在由内而外的通过自己努力得来的人的生存自由。它不是像尼采那样用强力意志去争取生存自由,而是通过自我的由内而外,与他人共同实现自由。陈嘉映先生在《〈存在与时间〉读本》中是这么说的:

> 决心是缄默的、准备畏的、向着最本己的罪责的自由筹划。下了决心的此在解放自己,自由面对其世界。唯有率先解放了的此在才会把一道存在着的他人的能在一道开展出来,唯有断然下定决心的此在才会让他人在他们自己最本己的能在中去"存在"。下了决心的此在可以成为他人的良知。心怀猜忌的许诺,为共同完成一项业务而喋喋不休地称兄道弟,这些不能造就本真的共在,唯当此在在决心中本真存在,才能造就本真的共在。

第四次认知革命需要西方世界完成由外而内到由内而外的转向,这个工作在海德格尔手上完成了。虽然海德格尔认为这个由内而外追求可能性的自由是可以和他人一起实现的,海德格尔称之为"共在",也就是说由内而外之后接下来应该是合作理性了,但海德格尔的被学术界普遍认可的生命观是一种消极避世的人生观,它预示的是个体的觉醒,而不是合作理性的觉醒。因为他和叔本华一样,对现实社会并不抱有任何的希望。在日常生活中,人的社会性越强,越容易失去个性和自由。难道他人是自己的地狱吗?这和西方个人主义价值观是一致的,当每个人想凸显与张扬自己的个人主义时,他人在逻辑上确实是一个阻碍自由的地狱。但萨特说这不是他的本意。那萨特的本意究竟是什么呢?

第 101 讲　为什么他人不是地狱

链接书目：《〈存在与时间〉读本》　陈嘉映

《刘擎西方现代思想讲义》　刘擎

《二十世纪法国文学在中国的译介与接受》　许钧，宋学智

上一讲我们讨论了海德格尔是如何完成由内而外之外转向的。在一般逻辑上，由内而外之后接下来就应该是合作理性了，海德格尔确实也是按照这个路径走的。陈嘉映的《〈存在与时间〉读本》中有这么一段话：

> 但"此在"这个术语明白表示：此在作为存在者可以与他人区别开来，可以与他人无涉。然而就其存在而言，此在本质上就是共同此在。他人能够作为共同在世界中的存在者为某一个此在开展出来，只因为此在自己本来就是共同存在。

如果把以上这段话中的"存在"按照海德格尔的词源考察，翻译成"生命"的话，海德格尔的意思就是人本来就属于一个生命共同体。海德格尔只讲了生命的合作可能性，在理性的可能性上，海德格尔却持另外一种态度。他把每一个共在的他人还原为一个常人，一个推卸责任、失去了合作理性的常人。陈嘉映是这么说的：

> 此在不是自己存在，他人从它身上把存在拿去了。在日常共处中，此在处于他人的号令之下。然而，各具特点的他人却也消失不见了，每一个他人也都和其他人一样。发号施令的不是确定的他人，与此相反，每个人都属于他人之列并巩固着他人的权力。谁代表这些他人无关紧要，要紧的只是他人在不知不觉之中取走了此在的各种可能性而形成对日常生活的统治。称之为"他人"，只是为了掩盖自己从属于他人的情形。谁日常在世？这个谁不是这个人，不是那个人，不是人本身，不是一些人，不是一切人的总数。这个谁是日常共处中首先和通常在此的人，是个中性的东西：常人（das Man）。
>
> ·············
>
> 常人预定了一切判断与决定，已经从每一个此在身上把责任拿走了。尤其当此在轻举妄动之时，常人就用卸除存在之责的办法去迎合它。这种迎合巩固着常

人的顽固统治。信誓旦旦的常人到处在场，为一切担保。然而，凡此在挺身出来决断之处，常人却总已经溜走了。因为一直为事情担保的，原是"查无其人"。日常生活中的大多数事情都是由我们不能不说是"不曾有其人"者造成的。

如果把以上这些话的意思和海德格尔在《存在与时间》中提到的第一个关键词"操心"结合起来看，逻辑上就一致了，他人是此在不可避免的共在，他人推卸责任，我不"操心"能行吗？这也是人们为存在主义戴上一顶独善其身的个人主义哲学帽子的原因。所以，当萨特说"他人即地狱"时，引起了存在主义拥护者的一片叫好声。为什么？就是因为人们已经承受不了西方现代化带来的那个荒谬的、器物用具带来的那个脱离人性的世界了。

但是，作为一个以生命之道为底层逻辑的存在主义，或者说生命主义，难道说除了发出超人的呐喊，回归由内而外，就没有其他解决方案了吗？比如说，海德格尔认为存在就是一个生命绽放的过程，我们是不是能够从这个过程中去找到答案呢？这个时候萨特出来了。萨特的解决方案就是"虚无虚无化"。

要理解萨特这句话，首先我们要理解一直以来被人误解的萨特的那句"他人即地狱"。这句话是什么意思呢？现把刘擎先生的《刘擎西方现代思想讲义》中的解释摘录如下：

> 这就要说到萨特的另一句名言了："他人即地狱。"这句话出自萨特写的一个剧本，名字叫《禁闭》。说的是三个被囚禁起来的鬼魂等着下地狱，但在等待的过程中，三个鬼魂彼此之间不断欺骗和折磨。最后他们忽然领悟到，不用等待地狱了，他们已经身在地狱之中。地狱并不是什么刀山火海，永远和他人在一起，这本身就是地狱。
>
> "他人即地狱"，要明白这句话的真谛，还是要回到萨特的哲学思想中。我们已经知道了，人能够自由地掌握自己的生命，哲学上把这叫作人的主体性。我是主体，就意味着我有主导权。那问题来了，你是自由的，我也是自由的；我们俩在一起的时候，到底谁是主体，谁有主导权呢？
>
> 萨特认为，人总是要维护自己的主体性，所以人与人之间一定会为了争夺主体性而斗争。每个人在和他人相处的时候，都想把他人变成客体，以此来维护自己的主体性和自由。
>
> ·············
>
> 萨特认为，我们生活在一个有他人存在的世界里，每个人都是自由的，但我们

不可能实现那种理想中的共同自由,因为每个人都要实现自己的主体性。我们没办法既承认别人的自由,又让别人承认我们的自由,或者说把人的主体性和人的对象性调和起来。因此,人与人之间只有永恒的斗争。在这个意义上,萨特是一个悲观主义者,他不相信自由主义所向往的那种主体与主体之间的相互承认、平等尊重的关系。

以上这些话的意思是,因为每个人都要争取自己的自由,在他人也需要自由的情况下,我们与他人之间只存在着永恒的斗争,于是他人就变成了地狱。这是萨特的本意吗? 在《萨特说人的自由》中有这么一段话:

> 那么,这种互相折磨、互相敌对的人际关系困境,是否无法摆脱了呢? 萨特的回答是否定的。他说:"'他人就是地狱'这句话总是被别人误解,人们以为我想说的意思是,我们与他人的关系时刻都是坏透了的,而且这永远是难以沟通的关系。然而这根本就不是我的本意……"

那么萨特的本意是什么呢? 中国学者许钧和宋学智合著的《二十世纪法国文学在中国的译介与接受》中是这么说的:

> 新时期初青年学生对存在主义观念片面化、浅表化的接受,尤其体现在上述的"他人即地狱"、"自由"和"自我选择"等关键词上。例如"他人即地狱",我们不能仅看到它的表层意思,还应联系萨特的哲学思想看到它的深层含义。1965 年,萨特在为《禁闭》制作录音时,对"他人即地狱"做了全面的阐释,发表在一月份的《费加罗文学报》上。他的阐释包含了下面几层含义:如果你与他人的关系被扭曲而恶化,那么他人只能够是地狱;如果别人认为你是什么样,你就按什么样生活,那么他人也是你的地狱;如果你囿于一系列陈规定见为之痛苦却不设法加以改变,你就犹如生活在精神地狱中的活死人;如果你有自由去砸碎外在的禁锢而不付诸行动,你就是自由地将自己置于地狱中。值得注意的是,从 1980 年到 1999 年,对"他人即地狱"类似上述的解释至少有过五次,持续了整整二十年时间。这就充分说明了这一"名言警句"具有强烈的望文生义性,在接受过程中确实需要不时的提醒。同样,那时的青年学生对于"自由"的理解,多半也是浅层次的、不够全面的。虽然萨特"并不取消""资产者所理解的那种自由",但存在主义哲学意义上的自由,用萨特自己的话来解释,"不是说人可以随心所欲,为所欲为,而是说人在每一件事情上,或每一个处境中,都要根据自己的判断做出决定……没有任何原

则应该先验地指导他的判断"。这是一种走向"自为"的自由,一种把自己塑造为真正的人的自由。我们还应注意到,萨特的"自由观"也是发展的、变化的。1964年,萨特在拒绝诺贝尔文学奖的声明中就这样说过:"在西方,人们理解的仅仅是一般的自由。而我所理解的却是一种更为具体的自由,它在于有权力拥有不止一双鞋,有权力吃饱饭。"

看来人们对萨特的"他人即地狱"至今还有争论。这里我们解释一下,萨特是1980年去世的,该书中所说的1980年到1999年对"他人即地狱"的五次解释,是指国内研究萨特的不同专家,在核心期刊或者专著中对这句话的解释。但我同意他们的一致看法,今天大多数人对这句话的理解还是望文生义的。为什么会出现这种情况呢?我认为主要原因还是在于大家不明白萨特所说的"虚无"到底是什么。

有关萨特的"虚无"思想,我们已经在第82讲"为什么每当我找到生命的意义,它又变了"中讨论过了。如果不从西方哲学史,而是从西方认知史的角度看,继尼采打碎由外而内的枷锁,提出生命之道的呐喊,海德格尔在理论上完成由内而外的转向之后,按照中国哲学密码"生命之道、由内而外、合作理性、天人合一"的发展路径,萨特应该是第三阶段的完成者,那么他是如何完成的呢?我们必须仔细阅读他的《存在与虚无》,看看他是如何完成合作理性这个艰巨工作的。

第102讲 存在主义为什么是一种人道主义

链接书目:《精神现象学》 黑格尔

《存在与虚无》 萨特

在第99讲,我们教了大家一个绝技——如何几分钟读懂《存在与时间》,关键技巧就是要理解海德格尔的"存在"的意思。"存在"有生命、出生、常住和自然等意思。海德格尔喜欢把这几个意思融合在一起,用"绽放"这个词,这里就包含着"有"与"无"的相互交替,所以海德格尔用时间来表示《存在与时间》,就是"生命在时间中绽放"。按照这个思路,萨特的《存在与虚无》应该理解为"生命与绽放中的无",但萨特用了另外一个思路。他在《存在与虚无》的第一卷"虚无的问题"中,按照黑格尔的"否定之否定"的套路去探讨虚无,因此,他在该书第一章中探讨了否定的起源。像黑格尔一样,萨特的文章不好读,既然萨特走黑格尔路线,那么我们把黑格尔的否定之否定观点中最容易懂的一段话拿出来,也就是黑格尔在《精神现象学》序言中的一段话:

花朵开放的时候花蕾消逝,人们会说花蕾是被花朵否定了的;同样地,当结果的时候花朵又被解释为植物的一种虚假的存在形式,而果实是作为植物的真实形式出而代替花朵的。这些形式不但彼此不同,并且互相排斥互不相容。但是,它们的流动性却使它们同时成为有机统一体的环节,它们在有机统一体中不但不互相抵触,而且彼此都同样是必要的;而正是这种同样的必要性才构成整体的生命。

看来黑格尔也不例外,和海德格尔一样还是拿生命来说事,因为这个是普通老百姓最容易理解的。在冬天我们看到一棵光秃秃的桃树,可是我们大家都知道3月开始它会发芽、开花,最后结果,而现在这些存在过的东西都不存在了。黑格尔的说法是虚假的存在,海德格尔的说法是在绽放的过程中,萨特把他们的观点拿过来,称之为"虚无"。因此,我们可以把《存在与虚无》理解为"生命与绽放中的自我否定"比较贴切。我们看看萨特在《存在与虚无》中是怎么说的:

要想把这个问题深入研究下去,就首先应该认识到,我们不能把"自我虚无化"(se néantiser)的性质赋予虚无。因为,尽管动词"自我虚无化"已被认为是消除虚无中的最后一点与存在相象的东西，还是应该承认，唯有存在才能自我虚无化。因为，无论如何，为了自我虚无化，就必须存在。然而，虚无不存在。我们之所以能谈论虚无，是因为它仅仅有一种存在的显象，有一种借来的存在，这一点我们在前面已经注意到了。虚无不存在，虚无"被存在"（est été）；虚无不自我虚无化，虚无"被虚无化"（est néantisé）。因此无论如何应该有一种存在（它不可能是"自在"），它具有一种性质，能使虚无虚无化、能以其存在承担虚无，并以它的生存不断地支撑着虚无，通过这种存在，虚无来到事物中。

以上萨特对虚无来源的定义相当正确，看上去否定是一种"自我虚无化"的动作，但虚无实际上是不存在的，它只是一种借来的存在。桃树从光秃秃的树枝到开花、结果，又回到了光秃秃，你说这些存在过的存在是不是暂时借来的，可以叫虚无虚无化的存在，或者叫否定之否定的存在。那么这是一种什么存在呢？萨特把它叫作"自为"的存在。自为是自在的虚无化，那么"自为"的虚无化是什么呢？于是萨特引出了"自由"和"存在先于本质"的思想。萨特是这么说的：

> 事实上，我们至此完成的分析清楚地表明自由不是能被孤立地考察及描绘的人的灵魂的性能。我们试图定义的东西，就是人的存在，因为他制约着虚无的显现，而且这个存在已对我们显现为自由。因此，自由，作为虚无的虚无化所需要的条件，不是突出地属于人的存在本质的一种属性。此外，我们已经指出在人那里，实存（existence）与本质的关系不同于在世间事物那里的存在与本质的关系。人的自由先于人的本质并且使人的本质成为可能，人的存在的本质悬置在人的自由之中。因此我们称为自由的东西是不可能区别于"人的实在"之存在的。人并不是首先存在以便后来成为自由的，人的存在和他"是自由的"这两者之间没有区别。

以上一切由虚无的自在，到虚无的自为，最后到达自由，人的存在就是一种自由，自由先于存在。我们已经讨论过了，萨特的自由不是一种自我解放、放任自流的自由，他是"他人即地狱"语境下的"自由"，怎么办？和他人明争暗斗去争夺自由吗？不是的，于是就出现了萨特独有的自由概念，自由是一种选择的责任。这个就是西方思想史上最后完成的合作理性的闪光部分。什么是合作理性？合作理性是通过自己的付出，与他人共同达到自己选择的目标。最高层次就是老子的"让他人自由，自己才能自由"。

萨特的《存在与虚无》中的第三卷"为他"，就是专门讨论与他人的关系的。其中他谈到了海德格尔的"共在"与"我们"的概念，是这么说的：

人们也许会注意到,我们的描述是不全面的,因为它没有保留某些具体经验的地位,我们凭借经验不是在与他人的冲突中,而是在与他人的联合中发现我们自己的。我们经常说"我们",这是千真万确的。存在本身和这种语法形式的应用必然归结为共在的实在经验。"我们"能是主体,并且在这种形式下,"我们"相当于"我"的复数……

…………

因此,似乎对"我们"的经验,尽管它是实在的,却不能够改变我们前面探索所做出的结论。关键在于对象—我们吗?它是直接依赖第三者的,就是说,依赖我的为他存在的,并且正是在我的为他的外表存在的基础上它才被构成。关键在于主体—我们吗?正是一种心理经验按一种或另一种方式设定:在我们面前被揭示的,是别人的存在。因此人的实在无法摆脱这两难处境:或超越别人或被别人所超越。意识间关系的本质不是"共在",而是冲突。

萨特在这里指出了出现"他人即地狱"的原因。作为对象的我们,生命的存在是依赖他人的一种共在,但作为主体的我们,生命的存在是一种意识中超越与被超越的冲突。这就是我们如何对待他人的两难境地。怎么办?萨特求助于道德,在该书最后的结论"道德的前景"中,他把《存在与虚无》称为存在本体论与精神分析法。

本体论和存在的精神分析法(或人们总是以这些描述造成的自发的经验的应用)应该向道德主体揭示,他就是各种价值赖以实存的那个存在。这样,他的自由就会进而获得对自由本身的意识并且在焦虑中发现自己是价值的唯一源泉,是世界赖以实存的虚无。对存在的搜寻和把自在化归己有一旦被他发现为是他的诸种可能,他就通过焦虑并在焦虑中认识到,这些可能只有在别的可能性的基础上才是可能的。

那么什么是别的可能性?肯定是他人的可能性。这里萨特的结论居然与老子的"无为无不为"走了一条相同的道德理性之路,或者说达到了合作理性的最高境界:让他人自由,自己才能自由。萨特是这么说的:

人为了成为上帝而自我造就为人,人们能说:按这个观点考察的自我性能够表现一种利己主义;但是正因为人的实在和这实在想成为的自因之间没有任何共同的尺度,所以也同样可以说,人自失以便自因存在。

人想要自由自在，最好像上帝一样"无不为"，这是人自己成为自己的因素，也叫作"自因"，这就是由内而外。但是，如何做到这一点，萨特说首先要"自失"，就是"自我失去"，也就是自我付出。"人自失以便自因"，就是通过自己的付出与他人共同达到目标这个合作理性的完美解释。

看来萨特很累，要说出老子在两千年前的那句话，还要兜这么大一个圈子，其实整个西方思想界都很累。原因很简单，要打破由外而内的传统思维模式，只能一个个去解决。正因为萨特很累，所以在《存在与虚无》的最后，"无为无不为"的思路还是没有厘清，书中是这么说的：

> 尤其是，自由由于把本身当作目的，它逃避了一切处境吗？或者，相反，它仍然在处境中？或者，它越是作为有条件的自由把自己投入焦虑中、越是作为世界赖以存在的存在者收回它的责任，它就越是明确地、个别地处在处境中吗？所有这些问题，都把我们推到纯粹的而非复合的反思，这些问题只可能在道德的基础上找到答案。我们将在下一部著作中研究这些问题。

《存在与虚无》首次出版于1943年，萨特的下一部著作就是《存在主义是一种人道主义》。在2012年上海译文出版社出版的《存在主义是一种人道主义》里，还有一篇对话录，叫"今天的希望：与萨特的谈话"。在该书中，萨特说了以下这些话：

> 我有些厌恶人用来赞美自己的人道主义。那就是《恶心》中人们期待那个自学成才的人来强调的问题。我历来拒绝这种类型的人道主义，我现在仍然如此。我也许太绝对了。我的设想是，等到人真实地、完全地存在的时候，那么他和同时代人的关系以及他独自存在的方式，就可能是我们可以称作人道主义的目的了，就是说，那就是人的存在方式，他和他的邻居的关系以及他自身的存在方式。但是我们现在并不在那个时刻；我们是前期人（pre-man），就是说，是没有达到一个他们可能永远无法达到的目的的存在（beings），但是他们显出自己是朝着那个目的前进的样子。在这个时刻，人道主义会有什么意义呢？如果有人把存在看作是完美的封闭的全体（totalities），在我们的时代就不可能有人道主义。恰恰相反，如果有人认为这些前期人身上有某些原则是合乎人性的，我的意思是指能使这种前期人成为人并预先防止构成前期人的存在的胚芽，然后根据眼下迫切的原则来思考个人对个人的种种关系，这样我们才能把它叫作一种人道主义。那主要是同别人的关系的道德。这是一个道德的主题，等到人将来成为人的时候，它仍将存在。这样一个主题能产生一种对人道主义者的肯定。

　　这是萨特对存在主义是一种人道主义的理解。他特别强调真正的道德是与他人关系的道德,是一种合作理性的道德,甚至是一种自己要像上帝一样"无不为",但首先自己要付出的道德,而不是一种他所说的"封闭的人道主义"。但在萨特那个荒谬的时代,他还是比较悲观的,认为目前我们只是前期人阶段,还没有到那个高度。可见在西方世界,要把合作理性加到人的认知环节中不是一件容易的事,还好萨特的存在主义是一种人道主义的合作理性思想,最后被当今的心理学家接受了,并且取得了临床上的成就。如果理解了萨特的存在主义,那么你就可以轻松成为一名心理治疗师。但是前提是要知道存在主义如何找到我们的病症。

第103讲
为什么孤独是一种现代流行病

链接书目:《人的自我寻求》 罗洛·梅

　　　　《孤独传:一种现代情感的历史》 费伊·邦德·艾伯蒂

　　上一讲我们讨论了萨特的《存在与虚无》以及他提出的一种人道主义的理想化状态。萨特认为虽然我们这个"我"的复数在对象上是一体的,但在主体的意识层面往往都把他人看成地狱,他人也把对方看成地狱。怎么才能让我们互相之间不在意识上把对方看成地狱,不像尼采那样采取粗暴的强力意志,也不像海德格尔那样躲进自己个人的小屋?萨特提出了一种新型的存在主义理想,"人为了成为上帝而自我造就为人",这就是萨特所说的人成为人由内而外的自因,但要实现这个自因,他又说:"人自失以便自因存在。"这个理想就是老子的"无为无不为"思想的翻版。但是如此境界的合作理性在工具理性横行的那个荒谬时代,萨特自己也不看好。这个由尼采和海德格尔掀起的存在主义思潮,或者说生命主义,或者说追求合作理性的生命主义,不仅对西方乃至世界的哲学、文学、艺术、史学、心理学、社会学、政治学等产生了广泛影响,还深刻影响了"二战"前后那几代人的世界观、人生观和价值观。为什么是"二战"前后?因为2次世界大战是人类历史上发生的最大的灾难,总死亡人口超过了一个亿,受伤者不计其数,几十个国家陷入其中。因此,萨特的合作理性存在主义的出现不是偶然的。这是对10万年前由合作理性产生的原始文化的一种回归。特别在心理学领域,萨特的存在主义逐步成为一种主流的心理治疗法。

　　今天我们要阅读的这本书,叫《人的自我寻求》,作者是"美国存在主义心理学之父"罗洛·梅,也是人本主义心理学的杰出代表。20世纪中叶,他把欧洲的存在主义哲学和心理学思想介绍到美国,探讨人的存在价值和生存意义,开创了美国的存在分析学和存在心理治疗,其思想内涵带给了现代人深刻的精神启示。作者找到了我们这个时代与他那个时代的共性问题,他在该书"现代人的孤独与焦虑"一章中,把患有焦虑和孤独的人称为"空洞的人"。不过大家可以结合前面读过的弗罗姆的《逃避自由》,看看2位心理学家在这个问题上的共同点。罗洛·梅在该书中是这么说的:

当我说,根据我的心理学和精神病学同事们以及我自己的临床实践,20世纪中期人们的主要问题是空虚,这样说听起来可能会让人觉得吃惊。我所说的空虚不仅指许多人不知道他们想要什么,而且还指他们通常对于自己的感受没有任何清晰的概念。当他们谈论缺乏自主性或者哀叹自己无力作出决定(这是所有时代都存在的难题)时,事情就会立刻变得非常明显,即他们潜在的问题是,他们对于自己的欲望和需求没有明确的体验。因此,他们感觉到自己会这样或那样地摇摆不定,会带着痛苦的无力感,是因为他们感到空洞、空虚。例如,促使他们前来寻求帮助的主诉症状或许是,他们的爱情关系总是破裂,他们不能完成婚姻计划或者他们对婚姻伴侣不满意。但是他们没谈多久就会清楚地暴露出,他们希望婚姻伴侣(无论是现实的还是理想的)来填补他们内心的某种欠缺和空虚;并且他们会因为他或她不能做到这一点而感到焦虑和愤怒。

其实,焦虑、恐惧、死亡的人生体验是一种人类与生俱来的主观体验,而恶心、荒谬、孤独、空虚,这种空洞的主观体验在原始人身上是不曾有过的。那么这种孤独的空洞人是从什么时候开始出现的呢?我想先把罗洛·梅的书放下,把离我们最近的空洞的人的体验场景描述出来。

有一本书叫《孤独传:一种现代情感的历史》,专门讨论现代社会爱情、丧偶、年老、社交媒体、无家可归导致的孤独,是第一部追溯"孤独"情感历史的著作。作者费伊·邦德·艾伯蒂,是英国约克大学历史系高级讲师、文化史学者,特别关注与情感、性别、身体、医疗相关的问题。

要理解孤独,必须要和我们讨论过的西方启蒙运动结合起来,宗教的铁笼被打破之后,接下来要打破的是工具理性的铁笼。因此,作者认为空洞的孤独人应该是从18世纪开始出现的。该书导论中是这么说的:

> 孤独已经成了一种"流行病",正在毁掉人们的健康。根据《经济学人》的说法,孤独无异于情感上的麻风病,和麻风病一样,孤独也会传染,让人慢慢衰竭。它让人感到恐惧,不惜一切代价去逃避。这种现象显然是普遍存在的。据英国医学杂志《柳叶刀》,以及传统英国价值观的老牌捍卫者《每日邮报》报道,英国正在经历着一场孤独流行病。研究表明,在英国和北美的被调查者中,大约有百分之三十到百分之五十的人感到孤独。事实上,英国向来被称作"欧洲的孤独之都",这还是在我们自愿选择了政治上的孤独——脱欧——之前的情况。孩子是孤独的,青少年是孤独的;年轻的母亲、离了婚的人、老年人、丧失亲人的人也概莫能

外,这些只是英国媒体定期挑选出来特别关注的社会群体中的一部分。可以说,我们正处于一场道德恐慌之中。

就在英国对孤独的关注与日俱增之时,政府于 2018 年 1 月宣布设立"孤独部长"……

…………

……现代意义上的孤独于 1800 年前后出现,是继社会交往和世俗主义观念之后,对社会和政治结构至关重要的一大观念……这一过程涉及诸多影响,从宗教的衰落到工业革命,新自由主义不过是其中最新近的、有毒的迭代。本书的每一章不仅指出作为经验的孤独之复杂性,还会涉及它同个人与社会的关系,以及它与情感和身体需求之间的关联。

作者认为个体意识的兴起、宗教的衰落和工业化革命是造成孤独的根本原因,这个我们已经讨论过了,我们把原因归结为轴心时代西方由外而内思维体系遭到了前所未有的挑战,宗教的由外而内被工业化的由外而内替代了,但还是由外而内,人们还在铁笼之中。这样的解释对 20 世纪或者以前时代的人应该是有效的,那么对于 21 世纪进入社交媒体时代的年轻人是否有效呢? 作者在该书"晒图焦虑症? 社交媒体与线上社区的形成"一章中是这么说的:

因此,当年轻人中的孤独和精神病态频发时,人们常常会归咎于社交媒体就不足为奇了。千禧一代的孤独引发了政治关切,这仅次于老年人孤独的问题。2008 年英国国家统计局的一项研究发现,年轻人比其他任何年龄层的群体更容易感受到孤独。2018 年英国广播公司所做的"世界上规模最大的孤独调查"显示,年轻人的孤独感表现得相当显著。这项研究得出的结论是:尽管通常人们会有"孤独的老年人"这种刻板印象,但实际上年轻人比老年人还要孤独。然而,年轻群体的孤独对社会保障和健康的影响较弱,这也是它不太受公共卫生政策关注的原因之一。年轻人的孤独问题能被谈及,通常(或许是无意识地)与社交媒体的使用和离线之后关系的变化相联系。2015 年由健康保险公司资助的一项调查发现,社交媒体导致的面对面社交关系的瓦解可能会加剧孤独。

社交媒体对心理、情感、身体健康,以及在现实生活中建立人际关系的能力有着长期影响,这类话题已经掀起了人们激烈的讨论。有人认为,社交媒体削弱了真实生活中建立关系的能力,催生了暴力行为,导致肥胖,而这些都使得年轻人难以遵守社会认可的行为规范。在 2012 年的一篇论文中,营销学专家马塞尔·科斯特廷斯和安德里斯·安比利基斯将社交媒体形容为一股"邪恶的力量",认为"社交媒体造成的伤害远甚于它们做出的贡献"。过度使用社交媒体往往与年轻人缺乏自尊心及孤独有关。《福布斯》杂志 2017 年的一篇文章报道了千禧一代的孤独现象。这篇报道得出了这样的结论:自 1985 年以来,没有亲密朋友的美国人的人数翻了三番,且在年轻人中尤其普遍。

除了以上所说的社交媒体是引起孤独的原因之外,作者认为 21 世纪盛行的消费主义和物质主义也是引起孤独的一大原因。该书"喂养饥饿:物质与我们孤独的身体"一章中是这么说的:

> 在 21 世纪,肆意蔓延的消费主义和物质主义被认为是过度个人主义的表征,并被指责为各种社会弊病的根源。杜克大学的莫妮卡·鲍尔等心理学家和神经学家已经得出了这样的结论:"物质至上的人"(虽然这样的定义无疑是有问题的)比不那么物质的人更不容易快乐。人们认定物质至上的价值观损害了社会联结,削弱了个体满足亲密关系需求的能力。无法满足的贪欲和商品消费,以及随后对更多或不同商品进一步的需求(这种需求永不会被满足),这种消费主义的"恶性循环"被认为对社会各阶层都产生了影响,包括希望寻求同伴认同的青少年和穷人。因此,物质至上的人可能会被看成以自我为中心、自私自利、社会适应性弱。物质主义消费和个人主义之间的关系已经很明确了,即一个人更倾向于根据自己的个人财产来自我定义,而且通常与他人处在竞争关系而非合作关系。

> ……孤独实际上可能会让人更加物质至上,而不只是物质至上的产物;孤独与物质主义之间已经建立了关键联系,这种联系周而复始地循环起作用。这就意味着,人们越渴望、越去购买消费品,他们对于社会联系的需求明显就会越低,然而,人的社会联系越少,就会越渴望消费品。这种模式假定了人们对于"相互关联"(relatedness)和社会联结有着基本的需求;这是一种可以导致物质产品取代人际关系的需求。

按照对作者以上这些话的理解,就是我们从宗教的"铁笼"走出来了,又进入了工业化的"铁笼",好不容易从 20 世纪的自由革命里出来了,又进入了 21 世纪的物质至上的"铁笼"。作者看到了问题的所在,但他有解决方案吗?有的。作者在该书结尾是这么说的:

正因为是流行病，是一种病态，孤独才被划定为一个需要通过生物医学来解决的问题。没有什么比新闻更能说明孤独医疗化的问题了：2019 年 1 月，神经学家研发出了一种"孤独药片"。"比赛开始了"，大大小小的报纸纷纷发声。为什么不呢？"如果类似于抑郁和焦虑这样的社交痛苦都有药可医，孤独为什么就不能有呢？"《卫报》的劳拉·安特里斯如此问道。芝加哥大学普利兹克医学院脑动力学实验室主任斯蒂芬妮·卡乔波与她已故的丈夫约翰·卡乔波在孤独的社会神经科学方面所做的个人及合作研究工作都很有影响力。

大家觉得作者的解决方案如何？其实这还是一个由外而内、治标不治本的解决方案。这个时候我们再次回到《人的自我寻求》这本书，看看罗洛·梅的解决方案是什么？所谓"人的自我寻求"是不是和我们所说的树立自我意识，争取自己的自由一致呢？是，又不是。现阅读罗洛·梅在该书"自由与内在的力量"一章中的这几段话：

自我意识与自由的相配表现在下面的事实中，即一个人的自我意识越弱，他就会越不自由。这就是说，他越多地受控于抑制作用、压抑以及那些他已经有意识地去"遗忘"但却仍然在潜意识中驱使他的儿童期条件作用，他就越会受到那些他无法控制的力量的推动。例如，当人们第一次前来进行心理治疗时，通常会抱怨他们在许多方面都受到"驱使"：他们经常会突然感到焦虑、恐惧，或者在学习或工作中无缘无故地受阻。他们是不自由的——这就是说，他们受到潜意识模式的束缚和驱使。

在心理治疗进行几个月之后，一些很小的变化可能会开始出现。这个人开始有系统地回想起他的梦；或者在某一次治疗过程中他主动地提出他想换一个话题，想就另一个问题得到一些帮助；或者有一天当心理治疗师说了某些东西的时候，他能够说出他感到非常愤怒；或者他以前对什么都从未有过多少感觉，但现在他能够哭了，或者突然能够自然而然地、开怀地笑了，或者能够说出他不喜欢玛丽，但确实喜欢卡罗琳，尽管他与玛丽是多年的老朋友。以这样一些看起来似乎非常微不足道的方式，他的自我意识随着他指导自己生活的能力的增强而初露端倪。

随着这个人获得越来越多的自我意识，他的选择范围和自由也会成比例地增加。自由是逐渐增加的，带着自由的一种要素作出选择，就会使更为自由地作出下一个选择成为可能。自由的每一次行使都会扩大自我这个圆圈。

　　作者所说的"扩大自我这个圆圈",和平克的"扩大理性的圈子"是一致的,其实就是走出由外而内的"牢笼",但作者强调的是一步一步走出来。如果说老子的"无不为"是最大的自由,那么老子也是一步一步地,也就是每天减少对牢笼的依赖,"为道日损,损之又损。以至于无为"。如果你不明白什么叫由内而外,那么我告诉你这就是由内而外,这就是中国哲学的密码。明白了这个密码,你也可以成为一个存在主义的心理治疗师吗?

第104讲 为什么你也可以轻松成为一位存在主义心理治疗师

链接书目:《人的自我寻求》 罗洛·梅

《存在主义心理学的邀请》 博·雅各布森

上一讲我们讨论了如何走出自己的孤独,这个和弗罗姆的逃避自由方法论有点不同。弗罗姆是继续由外而内,把这种孤独感施加于他人,但《人的自我寻求》的作者罗洛·梅是让你利用内在的动力解决这个问题。由外而内,你自己不孤独了,但他人遭殃了。应该由内而外,慢慢培养自我意识,扩大自己的自由圈,不要把注意力放在砸碎由外而内的铁笼上,而是把注意力放在自己身上。罗洛·梅在该书中将其比喻为与自身的依赖性抗争的过程,并分为四个阶段。作者在该书"与自身依赖性斗争"一节中是这么说的:

我们已经看到,成为一个人意味着要经历个人自我意识的几个阶段。第一个阶段就是婴儿在自我意识出现之前的天真无知。第二个是反抗的阶段,此时个体竭力想获得自由以建立某种属于他自己的内在力量。这个阶段可以在两三岁的小孩或者青少年身上看到,而且像在俄瑞斯忒斯为其自由而进行斗争的极端形式中所表现出来的一样,可能会夹杂着挑衅和敌意。从各个不同的程度上说,反抗都是个体在切断旧的联系并寻求建立新的联系这一过程中的必要过渡。但是,我们不可以将反抗与自由相混淆。

我们可以称第三个阶段为正常的自我意识。在这个阶段,个体能够在某种程度上看到他自己的错误,考虑到自己的偏见,将自己的内疚感和焦虑看作是可以从中进行学习的体验,并且能够负有某种责任心地做出决定。这就是大部分人在他们谈到人格的健康状态时所指的意思。

但是,意识还有第四个阶段,从大部分人都很少体验到它这个意义上说,它是非同寻常的。当某个人突然得到关于某个问题的顿悟——出其不意地、似乎从天而降地冒出来那个他苦思冥想了好多天却仍没有结果的问题的答案时,这个阶段就能够得到非常清晰的论证。有时候,这些顿悟出现在梦中,或者出现在个体考虑其他问题而陷入的沉思中;无论如何,我们知道,这个答案出自人格之中我们所称的下意识层面。这种意识可能会以同样的方式出现在科学、宗教或艺术活动中；有时人们通俗地称之为观念的"开窍"或"灵感"。正如所有从事创造性活动的研究者都清楚知道的，这种意识水平存在于所有创造性工作中。

这个水平应该怎么称谓呢？因为它隐约窥探了客观真理，可以像在一些东方思维中那样称它为"客观自我意识"吗？或者像尼采那样将其称为"自我超凡意识"吗？或者像伦理—宗教传统中那样称其为"自我超越意识"吗？所有这些术语都澄清了这个概念，但又都有些歪曲。我建议使用创造性自我意识这个术语，虽然它不那么惹人注目，但是对于我们这个时代而言它可能更能让人满意。

作者以上所说的由内而外四个阶段，最后到达的自我意识目的地，被作者称为"自我超越意识"，其实就是一种超越理性的思维，和轴心时代的超越是一回事。作者认为这种思维可以在东方思维、尼采和宗教那里找到影子，但他又说不出来。如果知道了生命之道的原理，作者的概念肯定会更加清晰。但作者找到的路径还是与之相同的，这种由内而外的超越导向的目的地就是合作理性。因此，作者在该书"创造性的良心"一章中是这么说的：

人是"道德的动物"——即使很不幸实际上这种道德不存在，但是却有存在的潜在可能。他进行道德判断的能力——像自由、理性以及其他人类特有的特征——是以他的自我意识为基础的。

几年前，霍巴特·莫勒（Hobart Mowrer）博士在哈佛的心理学实验室做了一个著名的小实验。其目的是测验老鼠的"道德"感。老鼠能平衡其行为长期结果的好坏并相应的做出行动吗？莫勒博士将食物颗粒扔进放在一群饥饿动物面前的一个饲料槽里，但计划是要让它们学会一种老鼠的仪式——等3秒钟才能拿食物。如果老鼠不能等，它就会受到以通过鼠笼底板进行电击的形式出现的惩罚。

当老鼠过分仓促地抓取食物而立刻遭到惩罚以后，它们很快就学会了"有礼貌地"等，然后拿起食物，安静地享用。这就是说，它们能够将自己的行为与这一事实，即"稍等片刻，否则你会后悔莫及"结合起来。但是当老鼠违背了仪式的规则而惩罚推迟了如9秒或12秒时，它们的处境就非常艰难了。于是大多数老鼠不能从惩罚中进行学习。它们开始变得"懈怠"——也就是说，它们强迫性地抓取食物，而不管是否会出现惩罚。或者它们会变得"神经质"——它们会完全地避开食物，忍受着饥饿，感到灰心沮丧。这里根本的一点是，它们不能平衡某个行动在将来产生的不好后果与它们当前对食物的欲望。

这个小实验突出了人类与老鼠之间的区别。人类能够"瞻前顾后"。他能够超越当前时刻，能够牢记过去，计划未来，因此与一个较小的即时好处相比，他会优先选择一个更大的但要到将来某个时刻才能出现的好处。由于同样的原因，他能够设身处地地感觉到另一个人的需要与欲望，能够想象自己处于他人的位置上，因此能够做出既以自己的利益为目的又以同伴的利益为目的的选择。虽然这在大多数人身上还不够完善，发展还不完全，但是它是"爱你的邻居"以及意识到他们自己的行动与社会利益之关系的能力的开始。

作者以上的实验就是老子的"让他人自由，自己才能自由"在人与老鼠之间的区别。老鼠没有这个能力，而人有。什么能力？就是既以自己的利益为目的，又以同伴的利益为目的的选择能力。选择就是一种自由，是一种合作理性的自由。虽然作者认为在西方这种理念在大多数人身上还不够完善，但作者看到了这种道德的最高境界，已经很不错了。最让人佩服的是，和传统存在主义者的看法不同，他们从宗教铁笼和现代化铁笼的角度，去观察个人的自由，或者说他们提倡一种由外而内、砸碎铁笼的自由。作者旗帜鲜明地把由内而外后的自由看成人的超越性，这是每个时代的人的共同特质，看来这是作者为2500多年前轴心时代中国哲学由内而外的超越提供的理论依据。在该书"人，时间的超越者"一章中的"无论是什么时代"一节里，作者是这么说的：

根本的问题是，在他对自己以及他所生活的时期的意识中，个体怎样才能通过他的决定获得内在的自由，并依照他自己内在的完整而生活。不管我们是生活在文艺复兴时期、13世纪的法国，还是罗马衰亡的时期，从各个方面讲，我们都是我们时代的重要部分——那个时代的战争、它的经济冲突、它的焦虑以及它的成就中都有我们的一份。但是，没有一个"完美整合的"社会能够替个体完成一切，替他们完成获得自我意识以及负责任地自己做出选择的能力这一任务，或者让我们解除这一任务。而且，任何创伤性的世界形势都不能剥夺个体做出关于自己的最后决定的特权，即使这仅仅是确认了他自己的命运。对于人们来说，若生活在另一个时代似乎从表面上看能更容易"适应"——如那些人们可能非常渴望回顾的希腊"黄金时代"或文艺复兴时期。但是，除了在幻想中这么希望以外，这种希望生活在那些时代的想法，是基于一种对人与时间之间关系的错误理解之上的。实际上在那些时代，个体要想找到并选择成为自我，可能并不比现在容易。在我们当前，人们更需要与自己的自我达成协议；我们不能在我们历史时期的"母亲般的怀抱里得到歇息"。因此，如果这是一个可以在休憩室谈论的问题，那难道人们不应该认为个人最好应该学会找到自己,好好地生活在我们这个时代吗?从表面上看,生活在任何时代都有利弊。从一个更为深刻的层面上看,每一个个体都必须恢复他自己的自我意识,而且他是在一个超越了他所生活的特定时代的水平上做到这一点的。

作者以上这段话里有两句话给为什么要建立"由内而外"自我意识找到了外部底层逻辑。第一句话是"没有一个'完美整合的'社会能够替个体完成一切",第二句话是"我们不能在我们历史时期的'母亲般的怀抱里得到歇息'"。

由于西方社会在由外而内文化的长期熏陶下,没有人相信还有"由内而外"这样的事情存在,那么是不是这样的事情只能在上帝那里才能发现呢?作者在该书的结尾处,给了一种理想化的憧憬,是这么说的:

> 自由、责任心、勇气、爱以及内心完整等特质是理想的特质,从来都没有人曾完整地认识到这些特质,但是它们是我们的心理目标,为我们走向整合的过程赋予了意义。当苏格拉底在描述理想的生活方式和理想的社会时,格劳孔(Glaucon)反驳说,"苏格拉底,我不相信地球上任何地方有这样一座上帝之城"。苏格拉底回答说,"无论这样一座城市是存在于天堂,还是将来会存在于地球上,智者都将会遵循那座城市的方式而生活,与其他任何东西都没有关系,而且在这么看待它的时候,他就将会井然有序地布置自己的家"。

我们已经来到了 21 世纪,20 世纪存在主义心理学大师的憧憬已经变成了一套成熟的心理治疗方案。如果你已经理解了以上作者的话,那么恭喜你,你已经迈过了存在主义心理治疗的初级门槛。如果你想轻松成为一个合格的存在主义心理治疗师,建议你去阅读另外一本书,叫《存在主义心理学的邀请》,作者博·雅各布森是哥本哈根大学社会学系存在主义和社会学研究中心教授,深耕于存在主义心理学领域。他曾在伦敦讲授关于存在主义心理学和心理治疗的课程,他的宗旨就是让人们坦然地接纳生命里的好与坏,实现潜能,找到自身存在的意义,从而更加自由开放地与世界相遇。现将该书的附录二"存在主义治疗的基本特征"中的内容摘录下来,希望大家以"生命之道、由内而外、合作理性、天人合一"这个哲学概念去理解,看看会发现什么。作者是这么说的:

> 如今,存在主义观点已经成为某些治疗流派的一部分,许多治疗师认为自己是从存在主义视角来工作的。然而,在下文中,我将以最纯粹的形式来描述存在

主义治疗,尽管其创立者包括瑞士的宾斯旺格、博斯,奥地利的弗兰克尔,英国的莱恩、斯皮内利和凡·德意珍,美国的亚隆和罗洛·梅,等等。总的来说,存在主义治疗具有以下显著特征:

1. 存在主义治疗在问询和谈话中始终运用现象学方法。治疗师不执着于因果关系,也不会问"你认为自己为什么会有那种感觉"。相反,他们会说:"试着向我描述一下你现在的生活,尽可能地详细和具体。"通过这种详细的描述,治疗谈话会逐渐展开来访者的生活经验,使其自行呈现在来访者和治疗师所建构的空间里。

2. 治疗谈话是基于来访者与治疗师之间直接的个人关系,而不是移情关系。同时,存在主义疗法强调治疗师和来访者之间相互尊重,平等对话。它不鼓励只是治疗师提出问题、来访者回答问题的谈话形式。这种不对等性被视为对来访者自主性的损害。相反,它鼓励我们对来访者的状况进行合作性检查。理想的状态是两个人齐心协力,对呈现在眼前的事物(即来访者的生活)感到好奇。亚隆采用"旅途伙伴"(fellow travellers)这个词来表达这种愿景。

3. 存在主义治疗对话会检视日常经验和基本存在处境之间的关系。在有些情况下,这些关系是不言而喻的,比如在遭受袭击、疾病或意外之后的危机体验中,这种冲击感会自动触及存在的深度。在其他情况下,某个日常事件和基本存在处境之间的关系,可能需要进行更具反思性的探索。"啊,不,我似乎总是时间不够用,我必须快点"这样的日常经验,在某种程度上可能与个人无法接受生命终结有关。

在这种情况下,存在主义治疗师将尝试建立一种本体论的联系(海德格尔的术语,即实在的日常层面和本体论的存在层面之间的联系)。这种联系将促进来访者直接参与他们的基本存在处境。与基本存在情境(如死亡)保持一种平静的关系,将使一个人走向更自由、更开放和更有根基的生活。

4. 存在主义治疗几乎不怎么强调诊断。如果精神病学系统提供了这样的诊断,它们可能会成为谈话的一部分;在谈话中,来访者和治疗师会一起思考如何使用这些诊断。此外,治疗师通常也不会刻意追溯来访者的童年经历,因为童年和父母并不被视为必须立即"摆上台面"的病因。相反,诊断和童年经历很容易阻碍或遮蔽来访者对其生命潜能的洞察。存在主义治疗会直接处理来访者当前的生活处境,正是当前的生活处境导致了来访者和治疗师现在的会面。此外,来访者会详细描述他们的生活处境,不仅是消极的方面,也包括积极的方面。

对来访者处境的最初定位,有时是基于对来访者各个生活领域的探索:工作、教育、家庭、娱乐、个人生活,等等。这个探索可以根据四维(身体的、社会的、个人的和精神的)生活世界的理论被结构化,它是由凡·德意珍基于宾斯旺格的经典理论而提出的。根据这个四维理论,若在其中某个世界或生活领域无法栖居,很容易导致其他领域也出现问题。例如,如果你在个人生活领域感到不自在,也就是说,如果你对自己没有一种基本的认识,这往往会使你在社会交往中感到不足,并且会破坏你与自己身体的关系。

因此,治疗过程的第一步是描述和澄清来访者当前的生活。然后,将来访者对自己过去和未来的看法作为中心主题,这样一个人在空间和时间上的立场就都被包括进来了。

5.存在主义治疗的目的通常被视为使来访者过上尽可能丰富多彩的生活,并在现代世界中展现和释放他们的潜能,因为他们生活在一种困境中。存在主义治疗的主要目标不是消除症状,即使这些症状可能会得到缓解。最重要的是,用博斯的话来说,这个人将越来越能够自由和开放地与这个世界相遇。与一些人本主义心理学家截然相反,博斯不断强调个体不能被孤立地看待,而应该总是在他们的关系中,在他们的"在世之在"状况中被理解。博斯将这种"在世之在"的理想状态描述为"从容欢快的平静",这时个体将以清醒和开放的心态拥抱着世界。

如果说中国的哲学密码16字还不能作为你成为一个存在主义心理治疗师的秘诀,那么我们也可以把以上5个存在主义治疗基本特征简化为16字秘诀,那就是:生命主义、由内而外、敞开自我、拥抱彼此。大家一定要注意这16字里的最后4个字,"拥抱彼此",这个和中国的哲学密码里的"天人合一"是一个意思。我们第四次认知革命的终极目标就是"天人合一"。

要做到这一点,按照罗洛·梅的意思,只能在人的第四层意识中才能实现。按照罗洛·梅的说法,这种意识可能会以同样的方式出现在科学、宗教或艺术活动中,有时人们通俗地把这种意识称为观念的"开窍"或"灵感",我们将其称为"非理性"。可是20世纪的发展历史,这个非理性似乎成了主流。为什么呢?

第 105 讲 为什么"非理性"成了 20 世纪发展的主流

链接书目：《非理性的人》 威廉·巴雷特

《极简宇宙史》 克里斯托弗·加尔法德

上一讲我们讨论了如何成为一个存在主义心理治疗师。其实这个话题是从非理性开始的，它揭开了第四次认知革命的序幕，也就是说第四次认知革命是从非理性开始的，然后引出了存在主义哲学和心理学。

今天我们阅读的这本书，就叫《非理性的人》。这本书是美国哲学家威廉·巴雷特的代表作，被公认为英语国家中研究、解释和介绍存在主义的最优秀著作，在西方学界享有很高的声誉。它在问世后多次再版，长销不衰，至今仍是一些西方大学的"当代哲学"课程的教科书。

首先要知道谁是理性的人。作者的观点和我们的一样，认为这个要追溯到轴心时代。作者在该书"希伯来文化和希腊文化"一章中是这么说的：

> 我们可以看到的发生在柏拉图作品里的这种理性崛起，是一个重大的历史事件，它跨越柏拉图本人的一生。我们可以测度出这种时间跨距，这就是在它的源头标画出两个比柏拉图更早的思想家：赫拉克利特和巴门尼德，他们的鼎盛期在公元前 480 年左右，而在它的终点标画出柏拉图的学生亚里士多德，他实际上把柏拉图在后期学院草拟出来的理性理想推向了极致。公元前 399 年苏格拉底被处以死刑，无非是因为犯了理性罪，即一种破坏部落神的理性行为，保守的雅典人就是这样认为的。这些年代可以标画为一条曲线上的各点，而这条曲线便是人在其历史上曾经标画出来的最有意义的曲线之一。从公元前 480 年赫拉克利特和巴门尼德时代起到公元前 322 年亚里士多德谢世，只不过一个半世纪多一点。而在这一个半世纪里，人作为理性的动物进入了历史。

那么谁是非理性的人呢？作者认为现代哲学都带有非理性的成分，和存在主义有或多或少的牵连。作者在该书"存在主义的问世"一章中是这么说的：

> 存在主义不是一种一时流行的风尚，也不只是一种战后时期的哲学情绪，而

是直接存在于现代历史主流中的人类思想的一项主要运动。过去一百多年,哲学发展已经显示出一种引人注目的内容拓展,一种趋于直接的与定性的、存在的与实际的事物的进步方向,用阿·诺·怀特海借用威廉·詹姆斯的话说,就是趋于"具体与适当"。哲学家们不能再像英国经验主义者洛克和休谟那样,试图用简单观念和基本感觉构建人类经验。人的精神生活不是这样一些心理原子的镶嵌图案,而哲学家墨守这种信念如此之久只是由于他们用他们自己的抽象概念取代了具体的经验。因此怀特海自己,虽然作为一个柏拉图主义者几乎不能同存在主义者相提并论,然而当他把哲学本身规定为"批评抽象概念"——为把精神气球拖回实际经验地面作不懈努力时,他也就分享了内在于现代哲学的这种一般的存在主义倾向。

《非理性的人》中介绍了四个非理性的重点人物,也就是人们公认的存在主义大师,他们分别是:基尔凯戈尔、尼采、海德格尔和萨特。除了基尔凯戈尔以外,其他三位我们都介绍过了。今天我们的主题是为什么20世纪成了存在主义的世纪,为什么荒谬、恶心、焦虑、恐惧、死亡、孤独、空虚等非理性主观体验成了哲学家们关注的主题,为什么非理性成了20世纪发展的主流。我们讨论过的两个铁笼是两个充分原因,但作者提出了第三个原因,而且是我们无法驳倒的原因。作者在该书"遭遇虚无"一章中列出了三个理由,第一个是宗教的衰微,第二个是社会的理性安排,第三个就是科学与有限性。其中最大的秘密是,以理性为傲的科学也成了非理性。是什么非理性呢?作者拿20世纪物理和数学中的最新科学发现来说事。两个物理学家和一个数学家。是谁?是什么新发现?作者是这么说的:

> 海森堡的测不准定理表明我们认知和预测事物物理状况的能力有本质性的局限,还使我们隐隐约约地看到了一个可能归根到底是非理性的和混沌的自然——至少,我们关于自然的知识十分有限,我们不可能知道它的情况不是如此。这项发现标志着物理学家古老梦想的破灭,他们为纯粹理性偏见所激发,以为实在必定可以完全彻底地预测到。"拉普拉斯精灵"的形象是这方面的一个很显著的象征:拉普拉斯说,让我们设想一个生物,他知道宇宙里每颗分子的位置与动量,以及支配这些分子运动的规律;这种生物还能够预测宇宙以后的一切状态。现在,物理学家不可能再依据这样一种潜隐神学的信仰从事研究活动,而必须只在经验范围内进行预测。

> 物理学的这种情况为玻尔的并协原理弄得更加自相矛盾,根据这个原理,必

须把电子看作既是波动的，又是微粒的，随着它的关联域的不同而不同。应用这些矛盾的名称，在19世纪物理学家看来是根本不合逻辑的。事实上，一些物理学家已经提出了一种新的逻辑形式，据此，古典排中律（或者A或者非A）将会被抛弃。而且，在构建新的逻辑形式时，人们仅仅能够得出结论说，理性事物和非理性事物的性质是容许怀疑的。在实践上，并协原理给物理学观察设定了严格的界限，冯·泡利写道，作为一个物理学家，"我可以选择去观察实验装置A而毁掉B，或者选择去观察B而毁掉A。我不能够选择不去毁掉它们中任何一个的做法。"在这儿，这种语言也完全适合于各个生活领域知识的悲剧性质：我们知道一个事物是以不知道某些别的事物为代价的，我们并不能够同时认知一切事物。在这里，值得注意的是，在精确实验能够达到的最高成就里，在自然科学中最严谨的学科里，我们的人类有限这个普通平凡的事实也出现了。

哥德尔的发现似乎具有更加深远的影响。在西方传统中，从毕达哥拉斯派和柏拉图起，数学作为理性所能把握的东西的楷模，它本身一直是理性主义的中心堡垒。现在，哥德尔的发现却表明，即使在最精确的科学中，在理性似乎万能的这一领域，人也不能逃避他的本质的有限性：他构建的每个数学体系都注定是不完全的。哥德尔表明数学包含着不可解决的问题，因此决不能使之成为一个完全的体系。换言之，这意味着数学决不能转交给一台巨大的计算机；它将永远是未完成的，而这样一来，数学家——构建数学的人——就将永远有事干。人的因素超出机器：数学像人的任何生活一样永远是未完成的。

作者以上提到的三位大科学家海森堡、玻尔和哥德尔，在20世纪的不同领域里的发现，给理性的人带来了极大的困扰。特别是哥德尔的不完备定理，把2500多年以来一直统治西方思想界的柏拉图理性中心堡垒给摧毁了。作者接下来是这么说的：

由于数学家最近半个世纪已经提出了一些十分讨厌的悖论，上述情势就更是令人烦恼。数学就像一艘驶进大洋突然破裂出现漏缝（悖论）的轮船；漏缝虽然被暂时地塞住了，但我们的理性却永远不可能担保这艘轮船将永远不会出现别的漏缝。在一向是最安全的理性学科中，居然有人的这种不安全，这标志着西方思想出现了新的转折。数学家海曼·魏尔惊呼："我们一直在努力大闹天宫，而我们却只是成功地堆积了一座永远不能竣工的通天塔，"此时他情绪激昂地表达了人类自傲的破产。我们也可以确信，数学作为有限的人的一种活动或存在方式已经最终恢复到了它的适当的地位。

这就是刘擎先生所说的,我们看到了理性局限性的秘密所在。但这还不是全部的秘密,物理世界的这些非理性发现进一步揭示了另外一个秘密,就是中国哲学密码的"生命之道、由内而外、合作理性、天人合一"的逻辑也同样适用于物理世界。

有一本书叫《极简宇宙史》,是一本专为文科生提供的物理书。它讲述了人类对宇宙的认识过程,在冲破了第一个宗教的非理性铁笼之后,发现这个宇宙是理性的,是可以认识的,是有规律可循的。但时间不长,又发现这个宇宙是非理性的,又是不可认识的,或者说是理性与非理性并存的。作者克里斯托弗·加尔法德是剑桥大学理论物理学博士,师从史蒂芬·霍金,主要从事有关黑洞信息悖论的研究,致力于向公众传播现代科学知识。

该书中把理论物理学家对宇宙的认知分成了三个阶段,我们看看分别是什么。作者在该书第二部分"理解外部空间"中是这么说的:

> 英国天文学家、物理学家、数学家、自然哲学家艾萨克·牛顿创造了一种全新的语言——数学分析法(微积分)——使自己能够描述人类所感觉到的任何事物。我们可以说,这个王国是伴随着这个发明开始建造的。某人或某物如何跌下悬崖而非在空气中行走,就可以通过他的公式描述,只要有人知道这个跌落如何开始,牛顿的公式就能告诉你这个跌落将在哪里、以多快的速度结束。同样的公式还告诉你,在忽略了空气带来的摩擦力后,无论从悬崖上跌落的是人、海绵还是一块石头,都没什么差别。它还告诉我们月亮会在围绕地球运行的轨道上每隔近 28 天的时间转一圈,地球绕着太阳每年转一圈。这个独特的公式被称为牛顿的万有引力定律,因为这项成就,来自英国剑桥大学的牛顿在今天依然被认为是历史上最伟大的学者之一。

但这个散发着理想主义光芒的万有引力碰到了一个小问题,什么问题呢? 就是水星的引力问题。

> 在水星这里,出了一点点问题。一点点不符。不大。差别实在很小,肯定,这没什么大不了。实际上,这点误差很重要。牛顿的工作完成后又过了几百年,这一点点误差改变了人类对于空间以及时间和与之相关的一切事物的认知。
>
> ……我刚才已经说过,对于所有其他行星,牛顿的计算在当时(也包括现在)都与观察结果完美吻合。如果那些行星转动时可以在身后留下印迹,所有的行星都会在天空里画出一个鸡蛋的外形,一个被压扁的圆环,一条年复一年不断重复的轨迹,就如牛顿所预言的。但水星例外。水星那个鸡蛋状的轨道自己会旋转,

因此水星每次画出的轨迹并不与上次重合……

············

牛顿的公式给物体如何互相吸引定了量，但它没有解释引力到底是什么东西。可怜的牛顿（以及许多别的科学家们）花了自己生命中相当多的时间试图理解引力来自何处……

牛顿终于迎来了自己生命的最后一刻，去世了。那一年是 1727 年，他依然没有找到解释。188 年过去了，有个人突然提出了一个很奇怪的新想法。

以上是关于宇宙的第一个认知阶段——牛顿阶段，接下来就是第二个阶段——爱因斯坦阶段。还是那个由水星问题引起的"引力是什么"的问题，爱因斯坦认为是宇宙空间的弯曲造成的。作者是这么说的：

仔细考虑一下这种想法，引力就仅仅是这种弯曲的结果，当一个人跌落时，并不是有一个往下拉的力让他跌落，而是他沿着宇宙构造中一个不可见的斜坡滑行而已（直到他撞到地上或其他类似地方阻止了他进一步跌落）。

一个疯狂的想法，是的，但是，无论如何，试试又有什么关系？在这样的宇宙里物体是如何运动的呢？

对除了水星之外的所有行星，使用这种"弯曲"理论进行几何计算的结果与牛顿公式给出的完全相同。这让人既兴奋又放心。那水星怎么样？

那个想出这种疯狂的"弯曲"理论的人发现，在他的宇宙中，水星那被压扁的圆环轨道会绕着太阳转动。多快呢？大概是每 100 年转 1 秒钟角度的 1/500。不可思议。牛顿死后 150 多年里，没有人能够解决的问题，他解决了。他是对的。突然之间，引力不再神秘了。引力原来是宇宙的构造被它所含的物体弯曲引起的。牛顿没有看到这些。在此之前，没有人看出来，直到今天，我们依然在试图了解这种看法带来的各种后果。

············

他的名字叫阿尔伯特·爱因斯坦，我们刚才介绍的理论——那个将物质与宇宙的局部几何性质联系起来并用以解释引力本质的理论，称为广义相对论。

············

没有爱因斯坦的方程式，我们就会与祖先们一样，对我们的宇宙具有历史这一事实一无所知。我们就无法建立模型解释我们的宇宙在整体上如何运行。

没有这个模型，你就无法发现暗物质。同样也无法发现暗能量。

　　但是广义相对论只是理性地解决了宏观宇宙问题,对于微观世界我们还是知之甚少,于是我们进入了对宇宙认知的第三阶段——量子阶段。这个量子完全是一个非理性的产物,它是离散的、不固定的和不确定的,更加不可思议的是两个量子相隔遥远,但它们会结合在一起,这个叫"量子纠缠",还有量子可穿墙破壁,自由来往,这个叫"量子隧穿"。作者在该书第四部分"跃入量子世界"中是这么说的:

　　　　这个量子隧穿我第一次听到时也觉得是天方夜谭。有人告诉我,爱因斯坦有一次上完一堂量子物理学课时曾经对他的学生们说过:"如果你们理解了我所要告诉你们的事,那么显然我没有讲清楚。"所以如果你也觉得这些东西完全就像胡扯,很正常。大自然并不会生气。它只是在那里等着我们去发现,仅此而已。但这真的是真的吗?

　　现在我们来到了非理性的量子世界,如果你经历了量子理论的发现过程,你就知道非理性的力量有多么强大。接下来我们着重去探索这个非理性的理性科学的第三阶段,我们会发现科学家要向上帝寻找帮助了。

上帝真的是在掷骰子吗

第 106 讲

链接书目：《上帝掷骰子吗？：量子物理史话》 曹天元

　　上一讲我们讨论了 20 世纪为什么是"非理性"的，除了存在主义以荒谬和恶心对工具理性的反叛之外，还有科学理性本身发起了对柏拉图理性堡垒的冲击的原因。这就是 20 世纪初量子理论的发现。难道这个理性世界真的就像老子所说的那样，有一个看不见、听不到、摸不着，一个恍恍惚惚的、神龙不见首也不见尾的东西，既可以成为宇宙的原始，又可以成为我们现实生活的解决方案吗？这个究竟是什么东西呢？难道真的是上帝在背后掷骰子指导我们人类吗？

　　还真的有这么一本书，叫《上帝掷骰子吗？：量子物理史话》。该书带领我们进入了一个比无序世界还要神秘的世界，这个世界就叫量子世界。我把它叫作非理性世界。该书序言中是这么说的：

　　　　量子理论是一个极为复杂而又难解的谜题。她像一个神秘的少女，我们天天与她相见，却始终无法猜透她的内心世界。今天，我们的现代文明，从电脑到激光，从核能到生物技术，几乎没有哪个领域不依赖量子论。但量子论究竟带给了我们什么？这个问题却至今依然难以回答。在自然哲学观上，量子论带给了我们前所未有的冲击和震撼，甚至改变了整个物理世界的基本思想。它的观念是如此的革命，乃至最不保守的科学家都在潜意识里对它怀有深深的惧意。现代文明的繁盛是理性的胜利，而量子论无疑是理性的最高成就。但是它被赋予的力量太过强大，以致连它的创造者本身都难以驾驭，连量子论的奠基人之一玻尔（Niels Bohr）都要说："如果谁不为量子论而感到困惑，那他就是没有理解量子论。"

　　这段话告诉我们有关量子论的两个信息：第一个信息，量子论是摧毁经典物理学的一次革命；第二个信息，量子论神秘到自己的创始人都难以驾驭，有时候会被它带到沟里去。那么，它究竟神秘在哪里呢？该书用武侠小说般的语言，清晰勾勒了量子物理发展的六大神秘世界。现在我们跟随作者来一次神秘之旅。

　　第一个神秘性：两朵乌云。书中是这么说的：

1900 年的 4 月 27 日,伦敦的天气还有一些阴冷……

……不过,对科学界来说,这可是一件大事。欧洲有名的科学家都赶来这里,聆听这位德高望重,然而却以顽固出名的老头子——开尔文男爵(Lord Kelvin,本名 William Thomson)的发言。

开尔文的这篇演讲名为《在热和光动力理论上空的 19 世纪乌云》。当时已经 76 岁,白发苍苍的他用那特有的爱尔兰口音开始了发言,他的第一段话是这么说的:

"动力学理论断言,热和光都是运动的方式。但现在这一理论的优美性和明晰性却被两朵乌云遮蔽,显得黯然失色了……"

这个"乌云"的比喻后来变得如此出名,以致几乎在每一本关于物理史的书籍中都被反复地引用,成为一种模式化的陈述。联系到当时人们对物理学大一统的乐观情绪,许多时候这个表述又变成了"在物理学阳光灿烂的天空中飘浮着两朵小乌云"。这两朵著名的乌云,分别指的是经典物理在光以太和麦克斯韦-玻尔兹曼能量均分学说上遇到的难题。再具体一些,指的就是人们在迈克尔逊-莫雷实验和黑体辐射研究中的困境。

…………

年迈的开尔文站在讲台上,台下的听众对他的发言给予热烈的掌声。然而当时他们中间却没有一个人(包括开尔文自己)会了解,这两朵小乌云对于物理学来说究竟意味着什么。他们绝对无法想象,正是这两朵不起眼的乌云马上就要给这个世界带来一场前所未有的狂风暴雨、电闪雷鸣,并引发可怕的大火和洪水,彻底摧毁现在的繁华美丽。旧世界的一切将被彻底地荡涤干净,曾经以为可以高枕无忧的人们将被抛弃到荒野中,不得不在痛苦的探索中过上 30 年艰难潦倒、颠沛流离的生活。他们更无法预见的是,正是这两朵乌云,终究会给物理学带来伟大的新生,在烈火和暴雨中实现涅槃,并重新建造起两幢更加壮观美丽的城堡。

第一朵乌云,最终导致了相对论革命的爆发。

第二朵乌云,最终导致了量子论革命的爆发。

有关两朵乌云的物理学细节这里就不再叙述了,我们今天的话题是在"第二朵乌云"上,即如何解决黑体辐射问题。这个时候德国物理学家普朗克登场了,他要解决的问题是黑体辐射的长波和短波问题。在这里,西方科学家擅长的以数学为工具理性的由外而内的思维方式发挥了作用。但是由于是由外而内的,不是我们人类可控的,量子论的又一个神秘性就出来了。

第二个神秘性：临时拼凑的数学公式。书中是这么说的：

> 在那个风云变幻的世纪之交，普朗克决定彻底解决黑体辐射这个困扰人们多时的问题。他的手上已经有了维恩公式，可惜这个公式只有在短波的范围内才能正确地预言实验结果。另外，虽然普朗克当时不清楚瑞利公式，但他无疑也知道，在长波范围内，ρ 和 T 成简单正比关系这一事实。这是由他的好朋友，PTR 的实验物理学家鲁本斯（上一节提到过）在 1900 年 10 月 7 日的中午告诉他的。直到那一天为止，普朗克在这个问题上已经花费了 6 年的光阴，但是所有的努力都似乎徒劳无功。
>
> ············
>
> 在柏林大学那间堆满了草稿的办公室里，普朗克为了那两个无法调和的公式而苦思冥想。终于有一天，他决定不再去做那些根本上的假定和推导，不管怎么样，我们先尝试着凑出一个可以满足所有波段的普适公式出来。其他的问题，之后再说吧。
>
> 于是，利用数学上的内插法，普朗克开始玩弄起他手上的两个公式来。要做的事情，是让维恩公式的影响在长波的范围里尽量消失，而在短波里"独家"发挥出来。普朗克尝试了几天，终于灵机一动，他无意中凑出了一个公式，看上去似乎正符合要求！在长波的时候，它表现得就像正比关系一样。而在短波的时候，它则退化为维恩公式的原始形式。这就是著名的普朗克黑体公式……
>
> ············
>
> 10 月 19 日，普朗克在柏林德国物理学会（Deutschen Physikalischen Gesellschaft）的会议上，把这个新鲜出炉的公式公之于众。当天晚上，鲁本斯就仔细比较了这个公式与实验的结果。结果，让他又惊又喜的是，普朗克的公式大获全胜，在每一个波段里，这个公式给出的数据都十分精确地与实验值相符合。第二天，鲁本斯便把这个结果通知了普朗克本人，在这个彻底的成功面前，普朗克自己都不由得一愣。他没有想到，这个完全是侥幸拼凑出来的经验公式居然有着这样强大的威力。
>
> 当然，他也想到，这说明公式的成功绝不仅仅是侥幸而已。这说明，在那个神秘的公式背后，必定隐藏着一些不为人们所知的秘密。必定有某种普适的原则假定支持着这个公式，这才使得它展现出无比强大的力量来。

普朗克再一次注视他的公式,它究竟代表了一个什么样的物理意义呢?他发现自己处于一个相当尴尬的地位:知其然,但不知其所以然。是的,他的新公式管用!但为什么呢?它究竟是如何推导出来的呢?这个理论究竟为什么正确,它建立在什么样的基础上,它到底说明了什么?这些却没有一个人可以回答,甚至公式的发现者自己也不知道。

为了找到这个公式在物理学上的意义,第三个神秘性又出现了。

第三个神秘性:能量的不连续性。书中是这么说的:

那段日子,是普朗克一生中最忙碌,却又最光辉的日子。20 年后,1920 年,他在诺贝尔得奖演说中这样回忆道:

"……经过一生中最紧张的几个礼拜的工作,我终于看见了黎明的曙光。一个完全意想不到的景象在我面前呈现出来。"

什么是"完全意想不到的景象"呢?原来普朗克发现,仅仅引入分子运动理论还是不够的。在处理熵和概率的关系时,如果要使我们的新方程成立,就必须做一个假定:假设能量在发射和吸收的时候,不是连续不断,而是分成一份一份的。

为了引起各位读者足够的注意力,我想我应该把上面这段话重复再写一遍,而且必须尽可能地把字体加大加粗:

必须假定,能量在发射和吸收的时候,不是连续不断,而是分成一份一份的。

在了解它的具体意义之前,不妨先了解一个事实:正是这个假定,推翻了自牛顿以来 200 多年、曾经被认为是坚不可摧的经典世界。这个假定以及它所衍生出的意义,彻底改变了自古以来人们对世界的最根本的认识。极盛一时的帝国,在这句话面前轰然土崩瓦解,坍塌得是如此干干净净,就像爱伦·坡笔下厄舍家那间不祥的庄园。

好,回到我们的故事中来。能量不是连续不断的,这有什么了不起呢?

很了不起。因为它和有史以来一切物理学家的观念截然相反(可能某些伪科学家除外,呵呵)。自从伽利略和牛顿用数学规则驯服了大自然之后,一切自然的过程就都被当成是连续不间断的。如果你的中学物理老师告诉你,一辆小车沿直线从 A 点行驶到 B 点,却不经过两点中间的 C 点,你一定会觉得不可思议,甚至开始怀疑该教师是不是和校长有什么裙带关系。自然的连续性是如此地不容置疑,以致几乎很少有人会去怀疑这一点。当预报说气温将从 20 摄氏度上升到 30 摄氏度,你会毫不犹豫地判定,在这个过程中气温将在某个时刻到达 25 摄氏度,到达 28 摄氏度……总之,一切在 20 摄氏度到 30 摄氏度之间的值,只要它在那段区间内,气温肯定会在某个时刻,精确地等于那个值。

…………

普朗克的方程倔强地要求,能量必须只有有限个可能态,它不能是无限连续的。在发射的时候,它必须分成有限的一份份,必须有个最小的单位。这就像一个吝啬鬼无比心痛地付账,虽然他尽可能地试图一次少付点钱,但无论如何,他每次最少也得付上 1 分钱,因为就现钞来说,没有比这个更小的单位了。这个付钱的过程,就是一个不连续的过程。我们无法找到任何时刻,使得付账者正好处于"付了 1.005 元"这个状态,因为最小的单位就是 0.01 元,付的账只能这样"一份一份"地发出。我们可以找到他付了 1 元的时候,也可以找到他付了 1.01 元的时候,但在这两个状态中间,不存在别的状态,虽然从理论上说,1 元和 1.01 元之间,还存在着无限多个数字。

普朗克发现,能量的传输也必须遵照这种货币式的方法,一次至少要传输一个确定的量,而不可以无限地细分下去。能量的传输,也必须有一个最小的基本单位。能量只能以这个单位为基础一份份地发出,而不能出现半个单位或者四分之一单位这种情况。在两个单位之间,是能量的禁区,我们永远也不会发现,能量的计量会出现小数点以后的数字。

如果大家不明白量子的不连续性理论,就让我们回到老子的"无名之道"。什么是"无名"?老子下的定义是"万物之始"。什么是"万物之始"?老子把它和"万物之母"的"有名之道"做对比,有名之道是万物之母,是我们一直可以依赖的"道",但是老子认为这条"道",走着走着,就会断掉,是不连续的,你必须经常从头走起,所以"道常无名","道隐无名"。因此,这个量子理论就是好好的"有名之道"不去走,好好的有母亲不去依赖,偏偏要离经叛道,去走那条永远处于开始阶段的、一份一份的、不连续的断头路。就好比你的车从 A 点出发到 B 点,人家问你,你从哪里来,你回答说,我从 C 点来,人家大吃一惊,明明看到你是从 A 点出发的。这个时候,你应该回答这条路断了,我只能重新开始从 C 点出发。

大家不要小看这个一份一份、不连续的断头路,在中国哲学上有着重大的意义,因为由内而外就是这样来的。既然是断头路,那么任何遥远的目标都是没有意义的,每一次都要重新找路。还是先解决走得通的问题,再解决遥远目标的问题吧,一步一个脚印,这样走起来踏实。如何走得通?就在当下采取合作理性的方法,和外界的人也好,路也好,环境也好,达成默契与一致,这就是天人合一的境界,这就是中国人讲情感的道理。我不知道 10 天之后我的情感是什么,可是我知道我当下的情感是什么,我需要当下的解决方案。

但失去了遥远的目标,对西方人来说是很痛苦的,因为他们是由外而内的思维模式。普朗克乱撞乱碰搞出这么一条断头路理论,着实对他们打击不小。书中是这么说的:

> 请各位记住 1900 年 12 月 14 日这个日子,这一天就是量子的诞辰。量子的幽灵从普朗克的方程中脱胎出来,开始在欧洲上空游荡。几年以后,它将爆发出令人惊奇的力量,把一切旧的体系彻底打破,并与联合起来的保守派们进行一场惊天动地的决斗。我们将在以后的章节里看到,这个幽灵是如此地具有革命性和毁坏性,以致它所过之处,最富丽堂皇的宫殿都在瞬间变成了断瓦残垣。物理学构筑起来的精密体系被毫不留情地砸成废铁,千百年来亘古不变的公理被扔进垃圾箱中不得翻身。它所带来的震撼力和冲击力是如此之大,以至于后来它的那些伟大的开创者都惊吓不已,纷纷站到了它的对立面。当然,它也绝不仅仅是一个破坏者,它还是一个前所未有的建设者。科学史上最杰出的天才们参与了它成长中的每一步,赋予了它华丽的性格和无可比拟的力量,人类理性最伟大的构建终将在它的手中诞生。

看来上帝掷骰子的时代来到了。为什么? 因为由外而内的工具理性是在偶然中创立量子论的。这扇原本由牛顿守护的确定性大门一经打开,更加不可思议的事情发生了,有人迫使那些量子论的开创者也站到了量子论的对立面去了。是谁呢?

为什么上士与下士的对立延续到了薛定谔的猫上
第107讲

链接书目:《上帝掷骰子吗?:量子物理史话》 曹天元

《薛定谔的猫:改变物理学的50个实验》 亚当·哈特-戴维斯

上一讲我们讨论了量子论的三个神秘性:物理学中的两朵乌云,普朗克临时拼凑出来的数学公式,以及能量的不连续性。今天继续讨论量子发展道路上的神秘性。

第四个神秘性:量子究竟是一种光波,还是一种微粒,变得扑朔迷离。曹天元在《上帝掷骰子吗?:量子物理史话》中的"殊途同归"一章里是这么说的:

> 回顾一下量子论在发展过程中所经历的两条迥异的道路是饶有趣味的。第一种办法的思路是直接从观测到的原子谱线出发,引入矩阵的数学工具,用这种奇异的方块去建立整个新力学的大厦。它强调观测到的分立性、跳跃性,同时又坚持以数学为唯一导向,不为日常生活的直观经验所迷惑。但是,如果追根究底的话,它所强调的光谱线及其非连续性的一面,始终可以看到微粒势力那隐约的身影。这个理论的核心人物自然是海森堡、波恩、约尔当,而他们背后的精神力量,那位幕后的"教皇",则无疑是哥本哈根的那位伟大的尼尔斯·玻尔。这些关系密切的科学家集中资源和火力,组成一个坚强的战斗集体,在短时间内取得突破,从而建立起矩阵力学这一壮观的堡垒来。

> 而沿着另一条道路前进的人们在组织上显然松散许多。大致说来,这是以德布罗意的理论为切入点,以薛定谔为主将的一个派别。而在波动力学的创建过程中起到关键指导作用的爱因斯坦,则是他们背后的精神领袖。但是这个理论的政治观点也是很明确的:它强调电子作为波的连续性一面,以波动方程来描述它的行为。它热情地拥抱直观的解释,试图恢复经典力学那种形象化的优良传统,有一种强烈的复古倾向,但革命情绪不如对手那样高涨……

> …………

> ……不出意外,薛定谔的波动方程以其朗朗上口、简明易学,为大多数物理学家所欢迎的特色,很快在形式上占得了上风。海森堡和他那佶屈聱牙的方块矩阵虽然不太乐意,也只好接受现实。

以上作者所说的就是量子论里最具争论性的问题。量子是一种原子，这个原子到底是以粒子形式存在的，还是以光波的形式存在的，在量子物理学家内部引起了争论。即便有了许多科学实验结果，但也是见仁见智。比如说双缝实验公布后，甚至粒子学派的精神领袖玻尔也要接受波动理论了。作者在该书中是这么说的：

> 时间是 1927 年 2 月，哥本哈根仍然是春寒料峭，大地一片冰霜。玻尔坐在他的办公室里若有所思：究竟是粒子还是波呢？5 个月前，薛定谔的那次来访还历历在目，整个哥本哈根学派为了应付这场硬仗，花了好些时间去钻研他的波动力学理论，但现在，玻尔突然觉得这个波动理论非常出色啊。它简洁、明确，看起来并不那么坏。在写给赫维西的信里，玻尔已经把它称作"一个美妙的理论"。尤其是有了波恩的概率解释之后，玻尔已经毫不犹豫地准备接受这一理论并把它当作量子论的基础了。

但这个时候，神秘性又出现了。

第五个神秘性：1×2 不等于 2×1，海森堡的不确定性原理横空出世。该书中是这么说的：

> 嗯，波动，波动。玻尔知道，海森堡现在对这个词简直是条件反射似的厌恶。在他的眼里只有矩阵数学，谁要是跟他提起薛定谔的波他准得和谁急，连玻尔也不例外。事实上，由于玻尔态度的转变，使得向来亲密无间的哥本哈根派内部第一次产生了裂痕。海森堡……他在得知玻尔的意见后简直不敢相信自己的耳朵。现在，气氛已经闹得够僵了，玻尔为了不让事态恶化，准备离开丹麦去挪威度个长假。

那么这个时候坚持粒子说的海森堡在干什么呢？他不相信波动论，但总要找出方法去说服玻尔。大家知道，物理学家手中唯一可以战胜对方的，只有数学，他要从数学中找出一条通往胜利的路。这个"数学"就是 1×2 不等于 2×1，我这里只是打比方。作者在该书中是这么说的：

> 窗外夜阑人静，海森堡冥思苦想而不得要领。他愁肠百结，辗转难寐，决定起身到离玻尔研究所不远的 Faelled 公园去散散步。深夜的公园空无一人，晚风吹在脸上还是凛冽寒冷，不过却让人清醒。海森堡满脑子都装满了大大小小的矩阵，他又想起矩阵那奇特的乘法规则：
>
> $$p\times q\neq q\times p$$

理论决定了我们观察到的东西？理论说，$p \times q \neq q \times p$，它决定了我们观察到的什么东西呢？

Ⅰ×Ⅱ什么意思？先搭乘Ⅰ号线再转乘Ⅱ号线。那么，$p \times q$ 什么意思？p 是动量，q 是位置，这不是说……

似乎一道闪电划过夜空，海森堡的神志突然一片清澈空明。

$p \times q \neq q \times p$，这不是说，先观测动量 p，再观测位置 q，这和先观测 q 再观测 p，其结果是不一样的吗？

等等，这说明了什么？假设我们有一个小球向前运动，那么在每一个时刻，它的动量和位置不都是两个确定的变量吗？为什么仅仅是观测次序的不同，其结果就会产生不同呢？海森堡的手心捏了一把汗，他知道这里藏着一个极为重大的秘密。这怎么可能呢？假如我们要测量一个矩形的长和宽，那么先测量长还是先测量宽，这不是一回事吗？

除非……

除非测量动量 p 这个动作本身，影响到了 q 的数值。反过来，测量 q 的动作也影响到了 p 的值。可是，笑话，假如我同时测量 p 和 q 呢？

海森堡突然间像看见了神启，他豁然开朗。

…………

"关键就在这里！测量！"海森堡敲着自己的脑袋说，"我现在全明白了，问题就出在测量行为上面。一个矩形的长和宽都是定死的，你测量它的长的同时，其宽绝不会因此而改变，反之亦然。再来说经典的小球，你怎么测量它的位置呢？你必须得看到它，或者用某种仪器来探测它，不管怎样，你得用某种方法去接触它，不然你怎么知道它的位置呢？就拿'看到'来说吧，你怎么能'看到'一个小球的位置呢？总得有某个光子从光源出发，撞到这个球身上，然后反弹到你的眼睛里吧？关键是，一个经典小球是个庞然大物，光子撞到它就像蚂蚁撞到大象，对它的影响小得可以忽略不计，绝不会影响它的速度。正因为如此，我们大可以测量了它的位置之后，再从容地测量它的速度，其误差微不足道。"

…………

海森堡的这一原理于 1927 年 3 月 23 日在《物理学杂志》上发表，被称作 Uncertainty Principle。当它最初被翻译成中文的时候，被十分可爱地译成了"测不准原理"，不过现在大多数都改为更加具有普遍意义的"不确定性原理"。

作者以上所说的海森堡的不确定性原理,告诉了我们一个有关量子论的关键问题,看不见、听不到、摸不着的东西,不是这个东西不存在,而是和观察者的在场与不在场有关,和观察者有没有去测量有关。你没去测量,这个东西就不在;你去测量了,东西又出现了。这个就是量子论要告诉我们的。原来我们在讨论复杂系统的合作理性时,分子是主动对外界产生刺激反应的,彼此互相合作,从无序到有序。现在是原子的合作理性,它好像知道我们人类在观察它,你在我在,你不在我不在。是不是合作理性升级了,变成了天人合一的合作理性呢? 作者在书中是这么说的:

> 如果不定义一个测量动量的方式,那么我们谈论电子动量就是没有意义的? 这听上去似乎是一种唯心主义的说法。难道我们无法测量电子,它就没有动量了吗? 让我们非常惊讶和尴尬的是,玻尔和海森堡两个人对此大点其头。一点也不错,假如一个物理概念是无法测量的,它就是没有意义的。我们要时时刻刻注意,在量子论中观测者是和外部宇宙结合在一起的,它们之间现在已经没有明确的分界线,是一个整体。在经典理论中,我们脱离一个绝对客观的外部世界而存在,我们也许不了解这个世界的某些因素,但这不影响其客观性。可如今我们自己也已经融入这个世界了,对于这个物我合一的世界来说,任何东西都应该是可以测量和感知的。只有可观测的量才是存在的!

以玻尔和海森堡为代表的哥本哈根学派的匪夷所思的结论,理所当然地受到了以爱因斯坦和薛定谔为代表的另外一派的反对。该书中是这么说的:

> 爱因斯坦当然是不服气的,他如此虔诚地信仰因果律,以至决不能相信哥本哈根那种愤世嫉俗的概率解释。玻尔后来回忆说,爱因斯坦有一次嘲弄般地问他,难道亲爱的上帝真的掷骰子不成?

于是量子论的第六个神秘性出现了,就是薛定谔的猫。

在讨论薛定谔的猫之前,我们还是要回顾一下,我们一直在讨论的中国哲学的核心思想,就是不确定性。《道德经》里充满了关于不确定性的论述,我们假设一下,如果我们穿越回到2500多年前,老子这么告诉你,一个东西既是这样又是那样,哪怕你没有一点点物理知识,你会相信吗? 可问题是老子确实这么说了,确实也有人不相信。那么他们不相信什么呢? 是谁不相信呢? 我们看看老子在《道德经》中是怎么说的(译文):

> 上士听了道,努力去实行;中士听了道,将信将疑;下士听了道,哈哈大笑。——不被嘲笑,那就不足以成为道! 所以古时候立言的人说过这样的话:光

明的道好似暗昧;前进的道好似后退;平坦的道好似崎岖;崇高的德好似低下的川谷;最纯洁的心灵好似含垢的样子;广大的德好似不足;刚健的德好似懦弱的样子;质性纯真好似随物变化的样子。

如果我们认为量子论是宇宙之道,那么,即使今天量子论已经进入了应用阶段,比如说中国的量子卫星、谷歌的量子计算机,我们在理解量子论时,还是将信将疑,也就是说我们还是中士和下士的水平。这不能怪我们水平不够,因为即便是大名鼎鼎的爱因斯坦都不相信,何况我们呢? 于是,新时代的上士、中士与下士之间的争论就纷纷登场了。薛定谔的猫也登场了。什么是薛定谔的猫? 就是老子所说的,光明就是黑暗,前进就是倒退,平坦就是崎岖,崇高就是低下。这个活着的猫就是死的,你相信吗?

据说,这场论争今天还在继续,我不说谁对谁错。推荐一本书,就叫《薛定谔的猫:改变物理学的 50 个实验》。这本书以 50 个突破性实验,纵览了物理学 2500 多年发展脉络,搭建了物理学知识体系。作者亚当·哈特-戴维斯是英国科学家、作家。

薛定谔的猫是其中一个实验,摘录如下:

量子力学悖论

一只猫如何能够同时既死又活? 1935 年,奥地利物理学家埃尔温·薛定谔提出了这个颇富哲学意味的问题。在此之前的 15 年里,诸多理论物理学家和数学家一直在完善量子力学的框架细节,哥本哈根的尼尔斯·玻尔和维尔纳·海森堡是这幢大厦的首席建筑师,他们建立的理论后来被称为量子力学的哥本哈根诠释。但薛定谔认为,哥本哈根诠释应用于宏观物体时会出现一个问题。

玻尔和海森堡曾提出过一套"量子态叠加"理论。如果某个粒子(或者某个光量子)拥有两种可能的状态或位置,但我们无法确认它到底处于哪种状态(或位置),那么按照量子态叠加理论,在被观测到之前,它同时拥有两种状态(或位置)。一旦被观测,它会立即坍缩成一个态。所以,只有观察者才能将粒子固定在某一可能的状态下。

薛定谔不喜欢量子态叠加的主意,所以他通过思维实验提出了一个悖论。

并没有猫受到伤害……

假如有一只猫被关在一个铁盒子里,无法逃脱。除了这只猫以外,盒子里还有少许放射性物质、一台盖革计数器和一瓶致命的氰化物毒素。如果放射性物质的某个原子发生了衰变,那么盖革计数器会探测到它的衰变并激活开关,推动一把锤子敲碎瓶子释放毒素,导致猫死亡。

放射性原子的衰变完全无法预测。盒子里的放射性物质可能下一秒就会衰变,也可能一年都不会衰变。因此,既然谁也看不到盒子里的情况,那么半小时以后,谁也说不清里面的放射性元素到底有没有发生衰变。根据量子态叠加理论,这些原子同时处于衰变和未衰变的状态。

观察者的重要性

但是,这也意味着盒子里的猫既是死的,又是活的——除非有观察者打开盒子,确定最终的结果。薛定谔表示,这毫无道理,量子态叠加理论在真实世界里显得如此荒谬。他写道,这个悖论"使得我们无法接受用这种'模糊的模型'来代表现实。虽然就这套理论本身而言,它没有任何不清楚或矛盾的地方"。

有人反驳说,那只猫也算是观察者,它应该知道原子是否发生了衰变——如果它还活着。

尼尔斯·玻尔本人却认为观察者的出现并无必要,他觉得在观察者打开盒子之前,猫的死活早已确定。他指出,猫的死活是由盖革计数器决定的,所以事实上,这个计数器充当了观察者的角色。这种解释是不是更合理呢?但阿尔伯特·爱因斯坦却并不认可。1950 年,爱因斯坦给薛定谔写了一封信:

"如果一个人足够诚实,他就无法逃避对'真实'的设想……在当今的物理学家中,只有你做到了这一点。大部分人根本不明白自己正在对'真实'玩弄多么危险的把戏——他们以为真实是纯然的理论假设,与实验得出的结果完全无关。但是,你用放射性原子＋……[原理]……＋盒子里的猫……以最优雅的方式驳斥了他们的诠释。谁也不会真正质疑这一点:猫的存在或不存在与观察行为全然无关。"

以上是玻尔和海森堡,爱因斯坦和薛定谔对那只猫互相对立的看法。其中的焦点就在"观察者"上。这里我们回忆一下,在"为什么'弱者'是极度成功的密码"一讲中,提到了观察者的问题。那就是老子的"以身观身,以家观家"思想,当时我们讨论的是道德的实践性,在团队中表现出来的就是"弱者"之间的合作理性。还有,在"为什么每当我找到生命的意义,它又变了"一讲中,我们也提到过这个"观察者"的问题。这是我们理解活在当下的生命意义问题的方法论。

这里给了我们一个启示,面对这个神秘的、非理性的世界,我们应该如何去简化和重组。于是我们来到了第四次认知革命的关键一步,找到面对非理性的解决方案。

第 108 讲 为什么非理性的解决方案还是理性

链接书目:《隐藏的宇宙》 肖恩·卡罗尔

《同步》 斯蒂芬·斯托加茨

《隐秩序——适应性造就复杂性》 约翰·霍兰德

前面我们讨论了物理世界的六个神秘性,传统科学理性遇到了瓶颈,连爱因斯坦都被绕了进去。特别是第二个神秘性,特别匪夷所思,普朗克的一个临时拼凑的数学公式,竟然是打开量子世界之门的钥匙。这是一种偶然的解决方案,因此,不能够说是一种理性的解决方案。那么,如果没有理性的解决方案,还有什么别的解决方案吗?有的。既然是第四次认知革命,人类肯定有不同于传统理性的解决方案。

首先,我们还是看看威廉·巴雷特的《非理性的人》中所说的存在主义者们的解决方案是什么。作者在该书第四编"整体的人对理性的人"中是这么说的:

> 同传统哲学,或同其他当代哲学学派相比,存在主义,如我们所见,企图把完整的人——整个日常生活场景里具体的个人,连同他的全部神秘性和可疑性——带进哲学。各种不同的存在主义者都做过这项尝试,只是成功的程度有别。但这项尝试本身,即使它完全没有成功,对于我们时代也是必要的、有价值的。尤其是近代哲学(笛卡儿以来的哲学),差不多全都把人设想成一个认知主体,设想成一个登记感觉材料,制造命题,进行推理,并且寻求理性知识确定性的理智,而不是把他设想成一个处于这一切表面形式之下的人,一个有生有死、受苦受难的人。很自然,要尝试着看到完整的或整体的人而不是只去看他的理性或认知的片段,也必须去看看某些很煞风景的东西。如今,尤其是在我们美国,许多人空谈"完整的人"或"完人",这些名词在这种语境里唤起的只是一些惬意的神往,以为只要参加补习课程、培养有益嗜好或积极参与社会运动,就可以知书达理,拓展自我。但是,完整的人若是没有诸如死亡、焦虑、罪过、恐惧和颤抖以及绝望之类很煞风景的事,也就不再完整了。

以上就是作者提出的非理性时代,也就是非理性时代的解决方案。那么这个哲学上的解决方案可以用在物理世界吗?

大家还记得我们在讨论生命之道的合作理性时,提到了"为什么蚂蚁、象棋和神经网络用的是同一规律",我们是不是也可以把那个规律拿过来试试呢? 可以的。因为这个规律就是整体大于部分之和。在科学上的专有名词就是"涌现"。关于"涌现"的具体定义,大家可以去看看我们在第 43 讲中介绍的,涌现理论奠基人、"遗传算法之父"约翰·霍兰德关于涌现现象研究的奠基之作《涌现》,该书中谈到了量子问题。

但是最权威的以"涌现"理论解释量子世界的人还要数肖恩·卡罗尔,他是美国理论物理学家,主要从事场论、引力、宇宙学、量子力学等方面的研究。他还是美国国家科学院院士、美国艺术与科学院院士。肖恩·卡罗尔的《隐藏的宇宙》,巧妙地揭开了量子的神秘面纱,展现了奇怪又奇妙的现实。

现摘录一部分,作者以涌现来说明量子与我们空间的关系的语句。该书"为什么会有空间?"一章中的几段话,大家在理解的时候,只要记住整体大于部分之和的逻辑就行了。作者是这么说的:

> 涌现不是自动发生的。涌现非常特别,也非常宝贵,当涌现现象发生时,会让情形大为简化。假设我们知道地球上全部 10^{50} 个粒子的位置,但不知道任何粒子的动量。我们有了大量信息——能得到的所有信息量中的整整一半——但仍然完全无法预测地球接下来会去哪。严格来讲,就算知道了地球上除了一个粒子之外所有粒子的动量,如果对这个粒子的确切动量一无所知,我们也无法说出地球接下来的动向;因为有可能这一个粒子拥有的动量,就足以跟其他所有粒子动量的总和相当。

> 物理学中这种情况很普遍。如果想精准预测一个由多个部分组成的系统接下来的动向,我们需要记录所有组成部分的信息。就算只是缺失了一小块,我们也会变得一无所知。涌现刚好是在相反的情形下发生:我们可以扔掉绝大部分信息,只留下一小部分(只要你能弄清楚是留下哪部分),但关于即将发生的事情,仍然能说个子丑寅卯。

> 对由很多粒子组成的物体的质心来说,涌现描述中我们需要的信息就跟我们一开始的信息(位置和动量)一模一样,只是少了很多。但是,涌现还能更加简约,涌现描述可以跟我们一开始的描述完全不同。

> 想想我们房间中的空气。假设我们把空间分成了很多个很小的格子,比如说边长均为 1 毫米。每个格子中仍然含有大量分子。但是,我们不去记录每个分子

的状态,而是记录一些平均物理量,比如说每个格子的密度、压力和温度。结果表明,如果我们想准确预测空气的动向,所需要的全部信息就是这些。涌现理论描述的是另一种对象,一种流体,而不是分子的集合,但流体描述就足以很精确地描述空气。把空气看成流体需要的数据比把空气看成粒子的集合要少得多,流体描述就是涌现的。

记住作者所说的重点就是整体。量子世界告诉我们,这个世界是一种整体的涌现而已,我们无法还原每一个分子,甚至粒子,哪怕全宇宙所有的粒子你都了解,但只要缺了一颗粒子,你就前功尽弃。这个整体的概念是不是太夸张了? 这就是我们解决非理性世界的认知的解决方案。什么解决方案? 就是让一个你无法理解的非理性、混沌和无序的世界,变成理性和有序的世界。这是人类第四次认知革命的一大进步,涌现替代了传统理性的因果还原论解决方案。

涌现就是以简单的规则让无序的世界变得有序。如何变得有序? 我们在第43讲"为什么蚂蚁、象棋和神经网络用的是同一规律"中提到过另外一本书,就是美国康奈尔大学应用数学教授斯蒂芬·斯托加茨的《同步》,这个比整体大于部分之和还要好理解。你只要记住这个世界的每一个粒子都是互联互通的、通晓合作理性的,就可以了。巴西的一只蝴蝶拍动翅膀,就可能在美国得克萨斯州引发一场飓风,整个世界处于一种互相关联关系的蝴蝶效应之中。《同步》一书中的以下这些话,很能说明问题。

> 混沌的现象引起了一些微妙的哲学问题,这些问题蒙蔽了一些粗心的人。例如,我的几名学生对蝴蝶效应嗤之以鼻,认为它平淡无奇。我们都知道,小事情确实可以在我们的生活中引起巨大的不同,甚至会影响国家的命运。由于如此多的复杂性、如此多的无法解释的变量夹杂其中,微不足道的事件有时确实会引发与之不相称的连锁反应。下面是一首描述王国没落的古代诗歌。
>
> > 断了一枚钉子,掉了一只蹄铁;
> > 掉了一只蹄铁,折了一匹战马;
> > 折了一匹战马,摔死了一位将军;
> > 摔死了一位将军,吃了一场败仗;
> > 吃了一场败仗,亡了一个国家。
>
> 但直到混沌理论出现后,这首诗才得到了广泛的认同。

以上这首诗看似没有逻辑性,一个钉子怎么和国家的灭亡连在一起? 混沌理论告诉我们,万事万物间都存在着一种合作链,问题是我们如何把它们挖掘出来。万事万物的合作理性就是干这个活的。这个和我们讨论的中国哲学密码不是一致的吗？就是生命之道、由内而外、合作理性、天人合一。如果把生命存在的外部环境作为天的话，生命为了生存与外部合作，那不就是天人合一吗？这个生命之道的原则怎么跑到宇宙世界去了呢？

以上我们讲的两个概念"整体"和"同步"，确实可以和我们人类社会的合作理性挂上钩，我再举一个更加具有科学语境的概念。有一本书，叫《隐秩序——适应性造就复杂性》，意思是这个世界存在着一种隐蔽的秩序，涌现就像海德格尔一样，为这个"遮蔽"的隐秩序世界"去蔽"。该书作者是约翰·霍兰德。

约翰·霍兰德认为我们看到的世界看似很复杂，其实是井井有条的，他认为至今为止没有人能够说清楚这一点，包括亚当·斯密。这就是他提出隐秩序理论的原因。作者在该书中是这么说的：

> 我们观察大城市千变万化的本性时，就会陷入更深的困惑。买者、卖者、管理机构、街道、桥梁和建筑物都在不停地变化着。看来，一个城市的协调运作，似乎是与人们永不停止的流动和他们形成的种种结构分不开的。正如急流中一块礁石前的驻波，城市是一种动态模式。没有哪个组成要素能够独立地保存不变，但城市本身却延续下来了。我们再一次提出前面的问题：是什么使得城市能够在灾害不断而且缺乏中央规划的情况下保持协调运行。

> 对于这个问题目前有些现成的标准答案，但是事实上它们并没有解开这个谜。例如可以说，是亚当·斯密（Adam Smith）的"看不见的手"，或人们的社交，或习俗，保持了城市的协调运行。然而，我们必然要进一步发问：它是如何做到这一点的？

于是作者提出了复杂适应系统的概念，其实理解起来很简单。复杂系统是由非复杂元素组成的，在它们组成复杂系统之前，这些元素必须具备和其他元素相互合作的意愿与行为，其他元素接受了，它们就组合在一起，然后又向更大的系统组合进化，这就和我们之前讨论的生命进化由简单到复杂是一模一样的。那么生命的基因知道自私与合作，元素知道吗？它们又是怎么知道的呢？我们看看作者在该书"基本元素"一章中是怎么说的：

> CAS（指复杂适应系统）无例外地皆由大量具有主动性的元素（active element）组成，这一点我们从例子中已经看到。这些元素无论在形式上还是在性能上都各不相同。设想一下纽约市鳞次栉比的公司和免疫系统中完美运作的抗体。为了说明具有主动性的元素，同时不求助于专门的内容，我借用了经济学中的主体

（agent）一词。这个术语是描述性的，应当避免先入之见。

如果我们准备搞明白大量主体的相互作用，我们就必须首先能够描述单个主体的性能。将主体的行为看成是由一组规则决定的，这一点很有用。刺激—反应规则（stimulus-response rules）非常典型而且通俗易懂。IF（若）刺激 s 发生，THEN（则）作出反应 r。IF 市场行情下跌，THEN 抛售股票。IF 车胎撒气，THEN 拿出千斤顶。还可以举出很多很多。为了对一个给定的主体定义其刺激—反应规则，我们必须首先描述主体能够收到的刺激和它能够作出的反应。

虽然刺激—反应规则的应用范围是有限的，但是可以通过一些简单的方式拓展这个范围。事实上，通过很少的一些变化，应用范围就可以有效地扩大，使得使用一组规则，就能够生成可用计算方法描述的任何行为……

任何 CAS 的建模工作，主要都归结为选择和描述有关的刺激和反应，因为各个分主体（component agents）的行为和策略都由此而确定。对中枢神经系统中的主体（神经元）而言，刺激可以是到达每个神经元表面的脉冲，反应则是发出的脉冲。对免疫系统中的主体（抗体）来说，刺激可以是入侵抗原表面的分子构型，反应则是对抗原表面的不同的黏着（adhesions）。对经济系统中的主体（公司）来说，刺激可以是原材料和货币，反应则是生产出的产品。对其他 CAS，我们都可以进行类似的选择。

这个刺激与反应模式就是 CAS 的基本建模模式。每一个元素都是合作的主体，只要给予刺激，它们就会有反应，但是它们的反应不是分离，而是合作。当然，也存在着分离现象，这个就是自然选择了。你受到了外来的刺激，你的反应如果是合作，人家就来合作。反之，你的反应不是合作，那么人家就离你而去。这个是不是和生命之道的由内而外法则有点相似？为什么？因为最后呈现出来的是复杂的多样性，这就说明大部分元素是抱着合作理性去刺激与反应的。在复杂系统中，我们从外表看不出有理性的地方，只能用"涌现"这种非理性的语境，或者以结果为导向的"整体"语境去描述。但在最底层的逻辑中，我们还是发现了理性，而且是合作理性。物理世界的这种有意识的合作理性难道是真的吗？既然是合作理性，西方那些科学家有没有想过中国哲学思想呢？

西方科学家们为什么不约而同从中国寻根
第 109 讲

链接书目:《从混沌到有序——人与自然的新对话》

伊·普里戈金,伊·斯唐热

上一讲我们讨论了三位西方科学家为非理性世界找到的认知解决方案,涌现理论的整体大于部分和隐秩序的复杂适应系统。我们知道涌现是指在混沌的状态下,系统由无序走向有序。那么怎么做到这一点?CAS 理论说复杂系统是在个体适应外部环境的情况下逐步成长起来的。那么,在什么条件下,它们会加速成长呢?

今天我们介绍的这位科学家叫普里戈金,他提出了系统如何在"耗散结构"下由无序走向有序。因此,他获得了 1977 年的诺贝尔化学奖。普里戈金是一位比利时的物理化学家和理论物理学家,他和我们前面提到过的研究生命是什么的物理学家薛定谔一样,也是研究熵增条件下的负熵体系的。热力学第二定律使这个世界不可逆地走向毁灭,普里戈金研究的就是这个不可逆过程热力学。1945 年他提出了最小熵产生定理,该定理是线性不可逆过程热力学理论的主要基石之一。他和同事们于 20 世纪 60 年代提出了适用于不可逆过程整个范围内的一般发展判据,并发展了非线性不可逆过程热力学的稳定性理论,提出了耗散结构理论,为认识自然界中(特别是生命体系中)发生的各种自组织现象开辟了一条新路。

那么什么是"耗散结构"呢?普里戈金与伊·斯唐热合写了一本科普类书,叫《从混沌到有序——人与自然的新对话》。著名的第三次浪潮观点提出者阿尔文·托夫勒专门为这本书写了一个前言。为了精练起见,现将他对耗散结构理论的描述,摘录如下:

> 用普里戈金的术语来说,一切系统都含有不断"起伏"着的子系统。有时候,一个起伏或一组起伏可能由于正反馈而变得相当大,使它破坏了原有的组织。在这个革命的瞬间——作者把它称作"奇异时刻"或"分叉点",根本不可能事先确定变化将在哪个方向上发生:系统究竟是分解到"混沌"状态呢,还是跃进到一个新的更加细分的"有序"状态或组织的高级阶段上去呢?他们把这个高级阶段称作"耗散结构",因为比起简单结构来,这些物理结构或化学结构要求有更多的能量

来维持它们。

围绕这一概念的一个关键性论战和普里戈金的如下思想有关：普里戈金坚持认为，有序和组织可以通过一个"自组织"的过程真的从无序和混沌中"自发地"产生出来。

为了掌握这个极有力的概念，我们首先要区分"平衡"的系统、"接近平衡"的系统和"远离平衡"的系统。

让我们想象一个原始部落。如果它的出生率和死亡率相等。则人口的数量保持稳定。假定食物和别的资源都足够，这个部落就成为处于生态平衡的局部系统的一部分。

现在增加其出生率，少数新增加的出生者（与死亡人数相抵之外的出生人数）可能只有很小的影响。该系统可能转到一个接近平衡的状态。此外再无别的事情发生。在处于平衡或近平衡状态下的系统中，要产生大的结果，就要有一个大的变动。

但是，假如出生率突然猛增，该系统就被推入了一个远离平衡的状态，而且这时占统治地位的是一些非线性的关系。这个状态下，系统就完全两样了，它们变得对外部影响特敏感，小的输入能产生巨大而惊人的效果。整个系统可能以我们觉得异乎寻常的方式重新组织它。

在《从混沌到有序》中有许多这种自组织例子，平滑地通过液体而运动的热，在某个阈值上，突然地转化为一种对流，从根本上重新组织了该液体，千百万个分子像是受到了暗示似的突然把它们自己组织在六角形的元胞中。

以上是托夫勒对耗散结构理论的通俗解读。大家只要记住两个关键概念，一个是"远离平衡的状态"，一个是"自组织"。这就是耗散结构产生的地方。什么是"远离平衡的状态"？ 就是"最无序"或者说"最混沌"的状态。什么是"自组织"？ 就是系统自发产生的，没有他人操控的一种合作理性关系。这里用合作理性的概念特别恰当。按照《隐秩序——适应性造就复杂性》的作者约翰·霍兰德的观点，每一个元素都是主动的，它们的目标是对刺激产生反应。但是反应到什么程度？ 在什么状态下反应最激烈？ 反应的方式是什么？ 普里戈金说明白了，反应到一个高级的耗散结构，在最无序的状态下这个结构才出现。反应的方式是自发的，一层层的，由内部元素主动向外部环境取得能量，最后形成一个有序的秩序。这个自然世界的复杂现象，是不是有点像我们讨论的"以身观身，以家观家"，逐步由内而外，最后达到天人合一的过程？ 这不就是中国人的认知模型吗？难道这些西方科学家也知道？对的，他们确实知道。

在《从混沌到有序——人与自然的新对话》的中译本序言中，是这么说的：

> 中国文明具有了不起的技术实践，中国文明对人类、社会与自然之间的关系有着深刻的理解。近代科学的奠基人之一莱布尼茨，也因其对中国的冥想而著称，他把中国想象为文化成就和知识成就的真正典范，这些成就的获得并没有借助于上帝，然而在欧洲的传统中十分流行对上帝的信任，把上帝比作造物主和立法者。

> 因此，中国的思想对于那些想扩大西方科学的范围和意义的哲学家和科学家来说，始终是个启迪的源泉。我们特别感兴趣的有两个例子。当作为胚胎学家的李约瑟由于在西方科学的机械论思想（以服从普适定律的惯性物质的思想为中心）中无法找到适合于认识胚胎发育的概念而感到失望时，他先是转向唯物辩证法，然后也转向了中国的思想。从那以后，李约瑟便倾其毕生精力去研究中国的科学和文明。他的著作是我们了解中国的独一无二的资料，并且是反映我们自己科学传统的文化特色与不足之处的宝贵资料。第二个例子是尼尔斯·玻尔，他对他的互补性概念和中国的阴阳概念间的接近深有体会，以致他把阴阳作为他的标记。这个接近也是有其深刻根源的。和胚胎学一样，量子力学也使我们直接面对"自然规律"的含义问题。

> 在我们把这本书奉献给中国读者的时候，我们希望李约瑟和玻尔的传统都能永远继续下去。我们和他们一样相信，科学还处在它的初始时期，而且在历史上科学是被嵌入十七世纪的文化之中的，尽管这种嵌入富有成果，但是太受限制，以致对我们今天与自然的对话所引起的问题和疑问无法给出某种解释来。

> 由于这个原因，我们在本书中强调西方科学因为把自然描述成一个自动机而造成的文化危机，这个自动机甚至不能给出过去与未来之间的任何内在差别。不过，我们认为这个危机正在从内部接近其解除。科学开始容纳它先前排除过的问题了。

以上是作者写该书时的想法。无独有偶，约翰·霍兰德的《隐秩序——适应性造就复杂性》中文版序里是这么说的：

> 我并不是故意削弱西方传统中基于规则的方法。2500多年前古希普初期米利都的泰勒斯（Thales of Miletus）就开始引入其坚实的化身，这确实是令人惊叹之事。从那时候起，我们就开始寻找宇宙间"合法的"东西。自泰勒斯开始，我们

沿着演绎、符号数学和科学理论的方向走过了漫长的道路。然而,这些方法对激发创造性过程的隐喻想象增加了约束,正如格律和韵脚对西方诗歌起了约束作用一样。

真正综合两种传统——欧美科学的逻辑-数学方法与中国传统的隐喻类比相结合——可能会有效地打破现存的两种传统截然分离的种种限制。在人类历史上,我们正面临着复杂问题的研究,综合两种传统或许能够使我们做得更好。

两位作者都认为中国的传统哲学思想对他们的科学研究产生了影响。什么影响呢? 就是我们一直在讨论的由内而外与由外而内思维模式的差别。他们向中国哲学思想寻根的就是由内而外思维模式的密码。这么说来,第四次认知革命是一次中国认知模式的回归与复兴了。

我们可以分析一下以上两位作者的意思。普里戈金认为西方的认知模式是机械论,就是知道了初始状态,我们就可以预测未来的状态。世界就是一台大机器,我们的任务就是由外而内地去发现每一个机器零件,然后把它们组装起来,使其成为一台自动化机器,分不清现在与将来有什么区别。这是 17 世纪西方工具理性文化的产物。

约翰·霍兰德认为西方人的认知模式来自 2500 多年前古希腊的由外而内认知模式,演绎和数学是他们的有力工具。今天,面对复杂性科学,这种单一的认知模式不行了,需要中国人的隐喻认知模式。隐喻是语言中建构概念的方式,是一种由内而外建构世界图像的框架思维能力。如果没有隐喻的建构,只有西方的主客两分思维模式,我们就描述不了量子现象。现在这些科学家都用中国人的隐喻模式来表达他们的科学概念,比如说涌现、隐秩序、自组织等等,我们一看就知道是怎么回事。

西方科学家们从中国人由内而外的认知思维模式中,找到了激起他们灵感的东西,用复杂科学里面的概念来说,就是"非线性"。所谓线性,就是有一条逻辑路径供我们去走,一条路走到底。而非线性就是这条路走着走着就断掉了,要另辟蹊径,找一条新的路。耗散结构只能在断头路的情况下,也就是在远离平衡点的无序中,突然自己找到了平衡或者有序。复杂适应系统是先管好现在,将来是什么暂时不要去管。从 20世纪初开始,西方哲学家发现了荒谬与恶心的非理性社会,西方科学家发现了猫是死的同时又是活的非理性世界。旧的自然法则不灵了,也就是说前三次认知革命的三种理性需要来一次转型,建立一种新的自然法则认知观,或者说一种新的理性,那是什么呢? 要知道那是什么,首先要知道那不是什么。

为什么王东岳的认知观是错的
第110讲

链接书目：《确定性的终结——时间、混沌与新自然法则》 伊·普里戈金

上一讲我们不仅讨论了普里戈金的耗散结构理论，还讨论了西方科学家们不约而同地发现，在西方科学理性逻辑碰到危机的时候，中国的生命之道、由内而外、合作理性、天人合一思想，给了他们突破制约、创新科学理论的灵感。但仅仅有灵感是不够的，仅仅知道理性的局限性也是不够的，我们需要建立一种新的认知观、理性观，或者说是自然法则观。

我们都知道老子的一句名言，叫"道可道，非常道"。字面意思是路可以去找，但找到的路，其实就是一条断头路。我们一般理解为"可以说出来的道，不是永恒之道"。我们每天在说"道"，但是今天说的"道"明天就可能不灵了。老子在 2500 多年前告诉我们的答案就是：我们必须终结认知中的确定性思维。

普里戈金写了一本书，叫《确定性的终结——时间、混沌与新自然法则》。这是一本与旧的自然法则，也就是确定性，进行彻底决裂的分水岭式的著作。第四次认知革命不仅仅是向非理性发起进攻，它还要开始建立自己的新的理论体系。

在阅读这本书之前，我们先讨论一下王东岳的著名理论——"递弱代偿"。他有一本自认为现在大多数人看不懂，但后人肯定看得懂的书，叫《物演通论》。由于这本书介绍起来太复杂，大家可以去阅读原著。同时，他在"喜马拉雅"平台上的《王东岳的中西哲学启蒙课》，很多人听懂了。听懂了什么呢？许多听众的理解是一致的，就一句话——人类终将会毁灭。没错，他在启蒙课中有一讲叫"人类灭绝并非危言耸听"，对这个理论的描述是这样的：

> 我们会发现在物演进化的过程中，物质的存在度是一路递减的，而物质的属性和能力代偿是反比例递增的。我把这种现象叫递弱代偿原理，或者我把这个现象的逻辑整顿模型，叫递弱代偿法则。

王东岳先生把物质存在度作为一切理论的逻辑出发点，或者说逻辑路标，涵盖到了一切领域。《王东岳的中西哲学启蒙课》的"《物演通论》之学说总概括"一讲中是这么说的：

　　这个逻辑路标来源于基础理论,《物演通论》这本书的副标题——自然存在、精神存在与社会存在的统一哲学原理,它用一个递弱代偿原理,通解自然、精神和社会,这是此前任何理论不可能做到的。

　　因为王东岳先生要把所有领域一网打尽,和我们的认知革命话题很接近,所以我们今天来讨论他的观点到底对不对。他在《王东岳的中西哲学启蒙课》里的"宇宙物演的进程"一讲中,是这么说的:

　　当代天文学研究认为,40 到 50 亿年后太阳将变成红巨星,它的体积会膨胀,把金、木、水、火、土,大量近日行星吞灭在太阳之中,在高温高压之下,使其分子物质重新解离为原子。也就是说我们会发现恒星先行星而发生却迟行星而灭亡。它要从红巨星变成白矮星变成黑矮星,历经上千亿年以上时间才会消失。可是分子状态的行星迟发而早亡,它再度体现越高级越复杂的物质存在形态,总质量越低,总存在时效越短,存在度越低。

　　到了生物阶段这个现象更明显。生命物质紧紧覆盖在地球表面,铺成薄薄一层,它连地球总质量的亿万分之一都不到,质量进一步大幅度递减。而且我们会发现,越原始越低级的物种存在力度越强,存在质量越大。

　　王东岳先生认为越低级的物质,质量越大,存在度越高,越高级的物质,质量越低,存在度越低。存在度高的物质,他认为就是粒子。我不明白他的理论是怎么来的。因为我们人类的身体就是由一堆粒子组成的,有可能他认为粒子在运动中组成新的物质时,粒子就不再是粒子了,而是原子、分子、细胞和生命,但是在物理学家眼里还是一堆粒子。

　　当王东岳先生把他的物理学知识套用在生命系统和人类文明中时,一般受众往往会哑口无言。你的知识可以和宇宙规律抗衡吗?于是,他进一步说道:

　　就人性总体来说,它一定是越原始的人性越善,文明越发展的人性越恶。因为人类文明是一个不断败坏和堕落的过程……

　　…………

　　文明史是对自然史的恶性继承。

　　因此,他把人类社会叫作"残化者的每一个个体重新构和成一个有序的残残相依系统结构",最后"人类灭绝并非危言耸听"。

　　对于王东岳先生的观点,有人支持,也有人反对。反对的人认为他的一些观点是反人类、反文明的,但这些人又拿不出理论来反驳。其实,王东岳先生的递弱代偿理论不是一个新的理论,它来源于在宇宙学上没有被证实的一个叫"热寂说"的假说。而这个假说来自德国人克劳修斯在 19 世纪提出的热力学第二定律。举一个具体的生活常识例子,你拿一根铁棒的一头在火里烧到通红,拿出来之后,这个热量会沿着铁棒传达到整根铁棒,一会儿工夫,整根铁棒又会全部冷却下来。这个现象我们在"生命由内而外的科学依据是什么"一讲中已经讨论过,在物理学中叫"熵增"。

克劳修斯把这根铁棒变冷的热力学第二定律扩大到宇宙,将其变成了宇宙"热寂说"。他认为宇宙的能量保持不变,宇宙的熵将趋于极大值,伴随着这一进程,宇宙进一步变化的能力越来越小,一切机械的、物理的、化学的、生命的等多种多样的运动逐渐全部转化为热运动,最终达到处处温度相等的热平衡状态,这时一切变化都不会发生,宇宙处于死寂的永恒状态。

那么这个没有被科学家证实的假设理论对不对呢?不对!王东岳和克劳修斯都犯了一个时间悖论的错误。"熵增"是指物质趋向于灭亡的过程,他们忽视了"熵增"还和时间有关,就是"时间不可逆"。承认熵增就是承认宇宙终将毁灭,同时也承认时间不可逆,承认你完全不知道宇宙会发生什么。既然你也不知道宇宙到底会发生什么,你怎么知道宇宙一定是毁灭的呢?这就是悖论。

通过分析时间来观察这个世界,也不是新鲜事。老子就是一个分析时间的高手,"道可道,非常道"里的"常"就是指时间。《存在与时间》的作者海德格尔更是一个分析时间的高手。他们不约而同地承认了时间的不可逆性,不约而同地在时间上对确定性进行了否定。这就是普里戈金要写《确定性的终结——时间、混沌与新自然法则》这本书的原因。他想通过最新的科学成果,在时间上彻底把确定性判处死刑,从而改变我们的认知观。因此,该书引言中是这么说的:

> 20 世纪初,波普尔(Karl Popper)在他所著的《开放的宇宙——关于非决定论的论争》一书中写道:"常识倾向于认为每一事件总是由在先的某些事件所引起,所以每个事件是可以解释或预言的。……另一方面……常识又赋予成熟而心智健全的人……在两种可能的行为之间自由选择的能力。"这一詹姆斯(William James)所称的"决定论的二难推理"与时间的含义密切相关。未来是给定的还是不断变化的结构?这个二难推理对每个人都非常重要,因为时间是我们存在的基本维度。正是把时间结合到伽利略物理学概念体系之中,标志了近代科学的起源。

人类思想的这一成就正是本书所述核心问题的根源,即对时间之矢的否定。众所周知,爱因斯坦(Albert Einstein)常常说:"时间是一种错觉。"的确,物理学基本定律所描述的时间,从经典的牛顿动力学到相对论和量子力学,均未包含过去与未来之间的任何区别。甚至对于今日的许多物理学家而言,这已是一种信念:就自然的基本描述而言,不存在什么时间之矢。

作者以上强调的是,在现代科学以工具理性为导向的物理学中,有一个东西被大家忽视了,这个东西就是"时间之矢"。什么是"时间之矢"呢?就是我们在前面提到的热力学第二定律和熵增原理。时间是不可逆的,大多数人不认可这个观点,认为过去与未来肯定是相联系的。有一部苏联影片《列宁在1918》,影片中列宁在对工厂工人发表演说时讲过一句话:"千万不要忘记过去,忘记过去就意味着背叛。"我们都对此耳熟能详,但"时间不可逆"告诉我们,过去与未来是没有联系的。

这里王东岳先生的错误就显现出来了,首先,他对"生命是什么"的原理不够了解,我们前面已经学过薛定谔的理论,生命是一个对抗熵增的负熵系统。其次,他犯了时间悖论的错误,普里戈金把它称为"时间佯谬"。当时的宇宙"热寂说"就遭到了玻尔兹曼的反对,于是玻尔兹曼提出了"时间佯谬"的问题。普里戈金在该书中是这么说的:

> 然而,无论在化学、地质学、宇宙学、生物学或者人文学科领域,处处都可以见到未来和过去扮演着不同的角色。从物理学描述的时间对称的世界如何产生时间之矢?这就是时间佯谬——本书的中心议题之一。

> 时间佯谬是在19世纪下半叶,在维也纳物理学家玻尔兹曼(Ludwig Boltzmann)的研究工作之后被确认的,他试图仿效达尔文(Charles Darwin)在生物学中的研究,系统阐述物理学中的演化方法。但在当时,牛顿物理学定律长期被公认为客观知识的典范。由于牛顿定律隐含着过去与未来之间的等价性,因而,任何赋予时间之矢以基本意义的尝试均因危及这一典范而受到抵制。牛顿定律在它适用的领域被认为是终极完善的,这有点像今天许多物理学家把量子力学看作终极完善的一样。那么,在不破坏人类思想的这些惊人成就的情况下,我们如何引入单向时间呢?

如何引入单向时间?也就是说纠正克劳修斯和王东岳犯的时间悖论的错误,既要承认熵增现象的存在,又要把确定性赶走。因此,需要建立一个新的自然法则,怎么建立呢?

什么是新的自然法则
第111讲

链接书目:《确定性的终结——时间、混沌与新自然法则》 伊·普里戈金

《从混沌到有序——人与自然的新对话》

伊·普里戈金,伊·斯唐热

上一讲我们讨论了王东岳"递弱代偿"理论在认知观上的错误,其实这个错误也不是他一个人犯的,从牛顿到克劳修斯都犯了同样的错误,就是看不到时间之矢,或者说时间不可逆对确定性的终结。但是相比之下,王东岳先生是确定性认知观最大的宣传员。因为他在《物演通论》中,居然宣称该书将成为"文明史的绝笔"。他最大的错误就是把物理现象的稳定性理解为高度的存在性,认为非稳定性的物理现象只是挽回被灭绝的命运的最后一次挣扎而已。但是,以普里戈金为代表的这一批科学家,反其道而行之,他们恰恰认为,稳定性才是物理现象的死亡标志。因此,一个代表新的自然法则的物理学说产生了,就是普里戈金所从事的"非平衡物理学"。普里戈金在《确定性的终结——时间、混沌与新自然法则》的引言中是这么说的:

> 在过去几十年间,一门新学科——非平衡过程物理学——诞生了。这门新学科产生了像自组织和耗散结构这样一些概念。如今,它们被广泛应用于许多学科,包括宇宙学、化学、生物学以及生态学和社会科学。非平衡过程物理学描述了单向时间效应,为不可逆性这一术语给出了新的含义。过去,时间之矢只是通过像扩散或黏性这样的简单过程出现在物理学中,在通常的时间可逆动力学未作任何扩展的情况下,这是可以理解的。但今天已非同以往。我们现在知道,不可逆性导致了诸如涡旋形成、化学振荡和激光等许多新现象,所有这些现象都说明了时间之矢至关重要的建设性作用。不可逆性再也不会被认为是一种如果我们具备了完善的知识就会消失的表象。不可逆性导致了相干,其影响包含亿万个粒子。形象地说:不具备时间之矢的平衡态物质,是"盲目的";具备了时间之矢,它才开始"看见"。没有这种起因于不可逆非平衡过程的相干,很难想象地球上会出现生命。因此,断言时间之矢"仅仅是现象学的",或者是主观的,皆属荒谬。我们确实是时间之矢之子、演化之子,而不是其祖先。

在这里作者提出了 20 世纪认知革命的关键点,时间之矢就是时间不可逆,但不可逆不是永远不可逆,在不可逆最混乱的时候,也就是说在系统最不平衡的时候,物质运动开始转向,产生涡旋,产生化学振荡,产生有序结构。这就是普里戈金的不可逆动力学原理。不可逆过程就是一个耗散过程,在耗散的顶峰时刻,系统接受外部的影响,于是,一个系统由无序转向有序,由孤立转向合作。这就是耗散结构理论。

万事万物的演化全靠时间不可逆,才完成了单细胞、多细胞、生命、动植物和人类的演化。什么叫演化?演化就是你不知道万事万物的计划是什么,万事万物只能做一件事情,就是"物变天择,合者生存"。今天,我们成了人类,是演化的儿子,而不是演化的父亲。为什么?因为地球上的生命已经经历了 5 次大灭绝。现在普遍的观点是,人类马上要进入第六次大灭绝。原因是天人合一的生态系统正在遭受前所未有的破坏,这是王东岳《物演通论》中的理论根据之一。我们不说我们人类如何努力以全球命运共同体的合作模式去防止这种状况的继续恶化,我们只要假设,4.4 亿年前第一次大灭绝后,剩余的 15% 的生物已经有了智慧,而且又碰到 3.65 亿年前的第 2 次大灭绝,那个时候如果有某个高等智慧生物,比如说那只屡次猜中世界杯冠军的无脊椎动物明星章鱼,它也在 4.4 亿年前提出类似"递弱代偿"理论,那肯定是大受认可的。但是如果这只章鱼从 4.4 亿年前穿越到今天,看到直立行走的人类,它也会发出与普里戈金相同的感叹:原来我们再怎么聪明,再提出什么"递弱代偿"理论,也想不到无脊椎的我们怎么变成了有脊椎的你们,没有大脑的我们怎么变成了有大脑的你们。

这个关键点是什么呢?就是普里戈金所说的"新理性",一个不确定性的"新理性"。作者在该书中是这么说的:

> 时间和决定论难题,自从前苏格拉底学者以来一直是西方思想的核心。在一个确定性世界里,我们如何构想人的创造力或行动准则呢?

> 这一问题反映了西方人文主义传统中存在的深刻矛盾,这个传统强调两个方面,即知识和客观性的重要性,以及个体责任和民主理想所蕴含的自由选择。波普尔和其他许多哲学家都指出,只要自然单纯由确定性科学所描述,我们就面临无法解决的难题……

> 人类正处于一个转折点上,正处于一种新理性的开端。在这种新理性中,科学不再等同于确定性,概率不再等同于无知……

> 在 20 世纪末,常常有人问科学的未来可能是什么样子。对于某些人,比如霍

金(Stephen W. Hawking),他在所著的《时间简史》中指出,我们接近终结,即到了接近了解"上帝意志"的时刻。相反,我们认为,我们其实正处于一个新科学时代的开端。我们正在目睹一种科学的诞生,这种科学不再局限于理想化和简单化情形,而是反映现实世界的复杂性,它把我们和我们的创造性都视为在自然的所有层次上呈现出来的一个基本趋势。

这就是我们一直在讨论的第四次认知革命。不要说是王东岳了,在科学界,前有牛顿,后有霍金,当然还有爱因斯坦,他们不是也提出了"上帝掷骰子"的质疑吗?经典科学的确定性大厦在 20 世纪初爱因斯坦相对论的冲击下,已经摇摇欲坠了,再来一个量子革命,到了 20 世纪末,这个旧的自然法则,已经逐步被耗散结构、自组织、非线性、涨落、非平衡、混沌、不可逆、多样性、复杂性等眼花缭乱的新的自然法则替代。刘擎先生的理性伟大和理性局限这个两难问题解决了,一个新的科学理性出现了。

《从混沌到有序——人与自然的新对话》一书,就是要开启人与自然的一种新的对话模式。这里有一个很奇怪的凑巧,普里戈金明明是一个西方科学家,但是,他似乎也理解生命之道、由内而外的道理。除了我们在前面介绍过的他从中国哲学思想中寻根之外,他也批判了西方旧的自然法则的由外而内的本质。他在该书"经典科学的局限性"一节中是这么说的:

> 经典科学是在人和上帝的同盟所统治的文化中诞生的,人居于神明的秩序和自然的秩序之间,而上帝是理性的和可理解的立法者,是我们按照自己的形象想象出来的最高建筑师。经典科学经历了这个文化和谐的瞬间而存在下来。这个和谐曾使哲学家和神学家有资格去从事科学活动,使科学家有资格去解释和表达有关神明在创世工作中的智慧和能力的观点。得到宗教和哲学的支持,科学家们相信他们的事业是自给自足的,就是说它用尽了合理研究自然现象的一切可能性。科学描述与自然哲学之间的关系在这个意义上并非必须被证明是正当的。不言而喻,科学和哲学是汇合在一起的,科学发现了权威性的自然哲学的原理。但奇怪的是,科学家所经验的自足性,其寿命比中世纪上帝的离去和神学提供的认识论保证的撤退还要长久。最初大胆的赌注已变成了十八世纪胜利的科学,即发现了天体和地球运动定律的科学,被达兰贝尔和欧拉纳入了一个完整一致的系统中的科学,这一科学的历史被拉格朗日确认为向着完善发展的逻辑成果。这是由路易十四、弗里德里希二世和凯瑟琳大帝等人的绝对君权所建立的科学院给予了荣誉的科学,是使牛顿成为民族英雄的科学。换句话说,这是成功的科学,它确

信:自然已被证明是透明的。拿破仑曾经问拉普拉斯在他的世界体系中上帝的地位如何,拉普拉斯的回答是:"我不需要这个假设!"

以上作者所说的这段话是对西方由外而内思维模式的总结,这个由外而内首先是由上帝给予的,经过了启蒙理性运动和科学理性的发展,被一个透明、看得见的自然给替代了。也就是说,一个上帝的确定性被自然的确定性给替代了。

那么这种替代对我们人类的认知有什么影响呢?也就是王东岳所说的那个可以看得到几亿年之后的"递弱代偿"理论对我们有什么影响呢?普里戈金给了一个很好的回答。该书"一个失去人性的世界"一节中是这么说的:

但是这里还有一些东西,对于它们,牛顿——或者说得更好一些,不是牛顿一个人,而是一般的近代科学——仍能承担责任,即把我们的世界一分为二。我一直认为,近代科学打破了隔绝天与地的屏障,并且联合和统一了宇宙。而且这是对的。但正如我说过的,它这样做的方法.是把我们的质的和感知的世界,我们在里面生活着、爱着和死着的世界,代之以另一个量的世界,具体化了的几何世界,虽然有每一事物的位置但却没有人的位置的世界。于是科学的世界——现实世界——变得陌生了,并且与生命的世界完全分离,而这生命的世界是科学所无法解释的……

…………

两个世界,这意味着两个真理,或者根本没有真理。

这就是现代思想的悲剧,它"解决了宇宙之谜",但仅仅是用另一个谜,它自身的谜来代替。

以上有关两个世界的两个真理的论述,是一位叫柯伊莱的科学家的原话。面对这个量的世界,悲剧的世界,失去人性生命的世界,也就是经典科学旧的自然法则的世界,普里戈金写这本书的目的就显现出来了。作者是这么说的:

但是,我们在柯伊莱的结论中听到了帕斯卡和莫诺所表达的同样的主题——这个使人陌生的悲剧感觉。柯伊莱的批评并没有向科学思想挑战,而是向基于牛顿观点上的经典科学挑战。我们不再苦于先前的困境,在把人类归结为清醒世界的陌生之客的科学与反科学的不合理的抗议之间进行选择。柯伊莱的批评不需要乞灵于某种束缚性的理性的限制,而仅仅求助于经典科学在处理我们所生活的这个世界的某些基本方面时的无能为力。

我们在本书中所取的态度是，柯伊莱所描述的科学不再是我们的科学，而且不是因为我们今天关心着新的不可想象的客体，比起普通逻辑来更加接近魔术的客体，而是因为作为科学家的我们，现在开始找到了通向复杂过程的路，这些复杂过程组成了我们十分熟悉的世界，生物及其社会在那里相伴发展的自然世界。今天，我们真的开始越出柯伊莱所说的"量"的世界而进入"质"的世界，因而也就是"演化"的世界。这将是本书前两编的主要论题。我们相信，正是这个转向新描述的过渡使得科学史上的这一时刻如此令人兴奋。也许这样说不算是夸大：这乃是同诞生新自然观的希腊原子论者的时代或文艺复兴时代一样的时期。

如果用一句话总结第四次认知革命产生的新的自然观，是什么呢？现将普里戈金在该书结尾中的一段话摘录下来，你就知道了。

二十六种尝试发生在今天的创生之前，所有的尝试都注定地失败了。人的世界是从先前的碎片的混沌中心出现的，他也暴露在失败却无任何回报的危险面前。"让我们希望它工作吧！"上帝在创造这个世界时这样呼喊过。这个希望（和这世界及人类的所有后来的历史相伴）恰从一开始就强调了：这个历史被打上的根本的不确定性的印记。

普里戈金的《从混沌到有序——人与自然的新对话》和《确定性的终结——时间、混沌与新自然法则》告诉我们，新的自然法则就是四个字——"不确定性"。可是大家知道吗？这个所谓的新的自然法则一点也不新。为什么？

为什么"唯一不变的是变"这句话是错的
第112讲

链接书目：《确定性的终结——时间、混沌与新自然法则》 伊·普里戈金
《易经新说——我在美国讲易经》 吴怡

上一讲我们讨论了普里戈金的两本书，都是有关新的自然法则的。什么是新的自然法则？就是由外而内的传统理性、经典科学、确定性变成由内而外的新理性、复杂科学、不确定性。确定性与不确定性成了新旧自然法则的分水岭。上一讲我们说过了，其实这个所谓的新的自然法则一点也不新。今天我们来讨论是谁建立了全球第一个新的自然法则。

讲起不确定性，大家肯定知道希腊哲学家赫拉克利特的一句名言，叫"人不能两次踏入同一条河"。为什么？因为河水总是在流淌，前面那只脚踏入之后，后面还想踏入，河水已经流走了，再踏入的话，应该算是第二条河了。还有一句耳熟能详的话，叫"这个世界上唯一不变的是变化"，这句话来自一本书——《谁动了我的奶酪》，该书首次出版于1998年，2年内销售了2000万册，跃居《纽约时报》《华尔街日报》畅销图书排行榜第一名。2001年，经中信出版社引进中国后，该书连续128周雄踞中国各大媒体畅销书排行榜前列。作者是美国医学博士斯宾塞·约翰逊。

这就是我们所说的新的自然法则的"不确定性"吗？不确定性的意思就是"唯一不变的就是变"吗？都不是的，或者说这句话是不完整的。那么是什么呢？我们还是来看看普里戈金在《确定性的终结——时间、混沌与新自然法则》中是怎么说的。作者在该书"伊壁鸠鲁的二难推理"一章中是这么说的：

> 宇宙是否由确定性定律所支配？时间的本质是什么？这些问题在西方理性的萌发时期即已被前苏格拉底学者阐述过了。2500年之后，我们依然要面对这些问题……

> 希腊哲学家伊壁鸠鲁（Epicurus）第一个表述了一个根本性的二难推理。作为德谟克里特（Democritus）的追随者，他认为世界由原子和虚空组成。而且，他断言原子以相同的速度平行地通过虚空下落。那么，它们怎么发生碰撞？与原子的组合密切相关的新奇性又如何出现呢？对伊壁鸠鲁来说，科学的问题、自然的可

理解性问题以及人的命运问题是不可分离的。在确定性的原子世界里,人类自由的含义是什么呢? 伊壁鸠鲁在给梅内苏斯(Meneceus)的信中写道:"我们的意志是自主的和独立的,我们可以赞扬它或指责它。因此,为了保持我们的自由,保持对神的信仰比成为物理学家命运的奴隶更好。前者给予我们通过预言和牺牲以赢得神的仁慈的希望;后者相反,它带来一种不可抗拒的必然性。"这一引语听上去是多么现代呀! 西方传统中最伟大的思想家们,像康德、怀特海(Alfred North Whitehead)和海德格尔(Martin Heidegger),都一而再地感到,他们不得不在异化的科学与反科学的哲学之间作出悲剧性的选择。他们试图找到一些折中办法,但没有一个办法证明令人满意。

作者以上说的伊壁鸠鲁两难问题有两个:第一个,世界是确定性的还是不确定性的? 第二个,如果世界是确定性的,那么我们人类还有自由吗? 也就是说,人类想在物理学的确定性下,背着上帝做点小动作,可以吗?

在第一个问题上,伊壁鸠鲁和德谟克里特的观点是不同的。马克思第一篇公开的著作,也就是他的博士论文——《德谟克里特的自然哲学与伊壁鸠鲁的自然哲学的差别》就是讨论这个问题的。那么是什么差别呢? 马克思是这么说的:

> 伊壁鸠鲁认为原子在虚空中有三种运动。一种运动是直线式的下落;另一种运动起于原子脱离直线而偏斜,第三种运动是起于诸多原子的冲击。承认第一种和第三种运动是德谟克里特和伊壁鸠鲁共同的,不过在承认原子脱离直线的偏斜运动这一点上,伊壁鸠鲁便和德谟克里特不同了。

千万不要小看这个原子的偏离运动,它解决了第一个两难问题。德谟克里特认为世界是确定性的,伊壁鸠鲁认为世界是不确定性的,因为原子会脱离直线而偏离。这奠定了马克思此后一生的实践唯物主义思想,也奠定了 2500 多年以后物理学中的量子理论的哲学基础。为什么? 因为原子虽小,但是它知道自己可以掌握自己的命运,可以偏离直线运动,做它喜欢做的事情。伊壁鸠鲁不是物理学家,他是为了把人放在自由的地位,才说这个组成世界的原子运动是偏离的、不确定性的。

伊壁鸠鲁解决了第一个问题,但他并没有解决第二个问题。普里戈金是这么说的:

> 伊壁鸠鲁认为,他找到了解决这个二难推理困境的办法,他称之为倾向。卢克莱修(Lucretius)指出:"当一些物体因它们自身的重量而通过虚空直线下落,在

十分不确定的时间和不确定的地点，它们就会稍稍偏离其轨道，称之为改变了方向是恰如其分的。"然而，没有任何机制可以解释这种倾向。毫不奇怪，它总是被看作一种外来的、随意的因素。

普里戈金是对的，因为他是一个科学家，需要用物理学上的规律去说明这个原子是否自由。因此，对于康德所说的道德的先验自由，怀特海的实在就是过程的自由，还有海德格尔的以存在者的焦虑来表达人的自由等等观点，普里戈金都不认为是令人满意的解决方案。这些因素在普里戈金看来是一种外来的、随意的、没有科学根据的因素。

其实中国的古代哲学家们也有这种两难问题，但比西方好一点。首先，他们没有确定性和不确定性的两难，他们不确定性的观点是一致的。《易经·系辞传》中是这样说的："为道也屡迁。变动不居，周流六虚，上下无常，刚柔相易，不可为典要，唯变所适。"

我们中国人的理解也是"不变的就是变"。那么中国人是如何解决这个问题的呢？就是占卜与算卦，这是中国最早出现哲学意义的工具理性。但这个工具理性为我们提供的解决方案是"谨慎小心"，这也是如何与外部环境或者社会进行合作的自我心理状态。这个观点来自吴怡教授，他著有《易经新说——我在美国讲易经》《易经应该这样用》等作品。

在《易经新说——我在美国讲易经》中，针对西方的占星术与占卜，作者是这么说的：

《易经》在中国历史上的流变，有两条道路，一条是孔子和老子的会通的路子，这是我们所要讲的；另外一条就是占卜、象数，往往变成附会的路子。占星术，我不懂，我只听到很多朋友常常跟我讲，我是什么星座，说我是天秤座，天秤座的什么人格，有什么优点，有什么缺点。我不知道这是不是占星术。我也看到很多讲星座的名嘴在电视上说，今年是什么年，对某种星座好，一切顺利；什么什么星座之类的，好像要谨慎小心……也许占星术有一套道理，只是我不懂而已。

说到谨慎小心，我们会发现《易经》很重视这一点。《易经》六十四卦，很多爻都在讲谨慎小心；尤其是第一爻，大多数卦的初爻都在讲。我举个例，以《易经》的前十个卦来看。第一卦乾卦，初爻"潜龙勿用"，就是要谨慎小心，不要乱用。第二卦坤卦，第一爻"履霜，坚冰至"，战战兢兢、如临大敌，要小心谨慎。第三卦屯卦，初爻"利建侯"，要打好基础，即谨慎小心。蒙卦讲教育，初爻告诉我们怎么样除掉欲望，要禁足，不要乱动。需卦第一爻告诉我们要忍耐、要有恒。然后是讼卦，第一爻要我们注意别人的闲话。接下来是师卦,第一爻告诉我们,做任何事情要根据法律来做,就是谨慎小心。然后比卦,初爻也告诉我们,要靠近有道之士,就是谨慎小心。接下去是小畜卦,初爻要谨慎小心,走上有道之路。第十卦履卦,初爻即告诉我们要本着自己该做的去做,这就是谨慎小心。可见,这开始的十个卦,每个卦都有它的谨慎小心。所以,占星术里的谨慎小心,到了《易经》我们可以看到很多缘,很多事情要谨慎小心去做,这两种学问可以结合在一起。占星术走了一半要谨慎小心,接下去,另外一半是《易经》三千年来的哲学道理,告诉我们如何谨慎小心,这样一配合就是会通。这是我们做学问的一个很重要的方法,要讲会通,不要讲附会。

易经这个"谨慎小心"为中国哲学密码的由内而外、合作理性打下了思想基础。但是易经的道和老子的道,还是有区别的。易经的道是为我们提供合作理性的一个工具而已,你只找到了工具理性的变化,但所有的变化是来自何处呢?

就是普里戈金的新的自然法则。《确定性的终结——时间、混沌与新自然法则》中是这么说的:

> 今天,我们不怕"非确定性假设",它是不稳定性和混沌的现代理论的自然结果。一旦我们有了时间之矢,就会立刻明白自然的两个主要属性:自然的统一性和自然的多样性。统一性,因为宇宙的各个部分都共有时间之矢,你的未来即我的未来,太阳的未来即其他任何恒星的未来。多样性,像我写作的这间屋子,因为有空气,即或多或少达到热平衡的混合气体,并且处于分子无序状态之中;还因为有我妻子布置的美丽的鲜花,它们是远离平衡态的客体,是归功于不可逆的非平衡时间过程的高度组织化的客体。任何不考虑时间这种建设性作用的自然法则表述,都不可能令人满意。

我不知道大家有没有理解,以上普里戈金的这段话就是对"不确定性"新的自然法则的最完整的解释。什么是统一性? 统一性就是不变。什么是不变? 不变就是时间之矢,时间不可逆是永恒不变的。正是这个永恒不变,引出了一大堆的多样性。这个多样性是怎么来的? 就是不变的时间之矢,不断地推动这个宇宙从无序到有序,从有序到无序,在无序与有序间反复循环。这就是新的自然法则。因此,"唯一不变的就是变"这句话应该修正为:所有的变都是唯一不变引起的。这个不变,普里戈金认为是时间之矢,而中国的哲学家们解释得更加浅显易懂,是什么呢?

什么是真实世界的"复命曰常"
第113讲

链接书目:《易经新说——我在美国讲易经》 吴怡

《生命的涅槃——动物的死亡之道》 贝恩德·海因里希

上一讲我们讨论了一个哲学的命题:"唯一不变的就是变。"但是,很奇怪的是,要摧毁确定性,即不变性,普里戈金却发现了一个不变的东西,就是时间的不可逆性。普里戈金认为没有这个统一性不变的东西,万事万物是无法呈现其变化的,即多样性。这就是我们所说的辩证法。大家可能还记得在第55讲"'人是目的'是什么意思"中,我们也提到了老子的"不变"思想。首先,老子强调"道可道,非常道"。永恒之道不是我们可以说出来的,也就是说,这个世界是不确定性的。但是在《道德经》中,还是有两个"永恒"是可以说出来的,一个是"复命曰常",一个"知和曰常"。这个"常"就是"永恒"的意思。通行本"道可道,非常道"在以前的帛书版中就是"道,可道也,非恒道也"。普里戈金在变中找到了时间不可逆的统一性,而老子却在生命与合作中找到了统一性。那老子是怎么做到的呢?

我们阅读了吴怡的《易经新说——我在美国讲易经》,作者在该书中是这么说的:

> 《易经》在中国历史上的流变,有两条道路,一条是孔子和老子的会通的路子,这是我们所要讲的;另外一条就是占卜、象数,往往变成附会的路子。

占卜、象数的路已经被我们划为工具理性了。那老子的会通之路,又是一条什么路呢? 和生命有什么关系呢? 吴怡在该书"何谓《易经》的整体生命哲学"一章中是这么说的:

> 可见,《易经》是整体生命哲学,就像等边三角形一样,从"道"到"理"再到"用",这是中国的哲学家从体悟的道,转成理,理也包括了德,然后在人生运用上再回到道,这是一个循环。另外还有一个循环,即道本来在日常生活中,就如《易经·系辞上传》所讲的"百姓日用而不知",道不曾离开我们,一直在我们的生活里面,只是一般人不知道而已。哲学家从我们的生活里把这个道提出来,变成理或变成理论。无论是老子还是孔子,都要回归于道。这是我讲的道、理、用的两个循

环,在后续的章节中我还要讲到它们的转化。

在此,我再稍微提一下第二个循环中的"用",即"百姓日用而不知"。孟子说:"盖上世尝有不葬其亲者,其亲死,则举而委之于壑。他日过之,狐狸食之,蝇蚋姑嘬之。其颡有泚,睨而不视……盖归反蔂梩而掩之,掩之诚是也。"(《孟子•滕文公上》)这里是说,上古时候曾经有不安葬自己亲人的人,他的亲人死了,就把尸体扛起来丢到山沟里。后来路过那里,看见狐狸等野兽在撕食尸体,苍蝇蚊子也聚来叮咬。他的额头上就冒出了汗,斜着眼而不敢正视。于是这人就返回去拿藤蔓野草和灌木来掩埋尸体,那么,这一盖,到后来就演变成所谓的坟墓。坟墓的出现,到后来就变成了亲人死亡后所实行的礼制,即葬礼。丧葬之礼,在中国的礼制中是最重要的一部分。这个礼是回归到道的,又是一个循环。这两个循环,我称为中国整体生命,这个生命不是个人的生命,而是中国文化的生命。道、理、用,循环在中国历代文化中,使得中国的文化不断发展成长。总之,"用"就是我们的日常生活。理就是六十四卦卦辞与三百八十四爻爻辞所体现的观念,是文王所写的文字,理要通过道来用,六十四卦、三百八十四爻才产生重要的作用。如果不通过道的话,六十四卦、三百八十四爻就会变成了占卜,变成了后世的预测学,失去了《易经》的精神和生命。

从作者的意思来看,老子的"复命曰常"就是指生命的循环,"知和曰常"就是指文化循环。但这里,他有一个人死了之后丧葬之礼的说法,把"复命曰常"的生命循环从形而上的"道",放到了形而下的"用"去理解。这个观点太好了,这样我们就可以从科学的角度去理解生命为什么要循环了。

今天我们阅读的书,叫《生命的涅槃——动物的死亡之道》,就是讨论这个问题的。作者贝恩德•海因里希是美国加利福尼亚大学洛杉矶分校动物学博士,对昆虫生理和行为以及鸟类行为的研究做出了重大贡献。生物学家爱德华•威尔逊评价该书说:"海因里希是我们时代最好的博物学家之一。《生命的涅槃》这本书闪烁着真实性和独创性,致力于野外自然史中生命的独特之处。"《自然》杂志对该书的评价是:"尽管专注于死亡和衰弱,《生命的涅槃》却与病态相去甚远,它是对生命的肯定……告诉读者,身体的消逝不是生命的终结,而是一个循环更新的机会。"

作者是从动物学和生物学的角度,也是从动物的殡葬模式,去探讨生命的循环的。该书绪论中是这么说的:

专门的"殡葬师"将一切有机生命以其他生命形态复活,我不是第一个想要探索它们重要作用的人。但我相信,一定有很多读者愿意探索禁忌,把这个话题拿到台面上讨论,因为这是与我们人类这一物种相关的问题。我们从主要以草为食的动物进化成了狩猎和食腐的食肉动物,作为人类,我们的作用和这个话题紧密相关,因为我们的存在改变了整个世界。

那么动物的殡葬师这个角色是如何扮演的呢?作者在该书"埋葬小鼠的甲虫"一节中是这么说的:

> 猫会用树叶和杂草把猎物遮掩起来,有的黄蜂会把蜇晕的昆虫拖到巢穴中,再安然享用新鲜的肉。但据我所知,只有一类生物,即食尸甲属的甲虫,才会特意将尸体挪到合适的地方埋起来。人类会埋葬同类和作为人类替代品的宠物,这些甲虫则不同,它们会埋葬各种并非其同类的动物。它们埋葬动物尸体是为了给幼虫准备食物,埋葬行为是它们的交配和繁殖策略的核心内容。
>
> ············
>
> 埋葬虫是埋老鼠的高手。它们外形美丽,深黑色的背上装饰着亮橙色的花纹。在它们令人惊叹的生命周期中,只有一个配偶,并且一对伴侣会共同哺育后代。这种昆虫极其常见,且分布广泛,在北温带的夏天,几乎人人都能见到它们的踪迹。我每年夏天都常常和它们见面,不过只是为了给它们提供死老鼠和被车轧死的鸟。
>
> ············
>
> 老鼠和鼩鼱大小的尸体,还在这些"殡葬师"能够处理的范围之内。但我想知道,如果它们碰到的是大得多的猎物,比如特大号"老鼠"——灰松鼠,会怎么样呢?我把一只被车轧死没多久的松鼠尸体切开,扔到我的小木屋附近的地上。在这之后的两小时里,有 5 只金颈埋葬虫被吸引了过来。第二天,尸体上一下出现了 18 只甲虫,其中有 1—4 只甲虫在"召唤"雌性(后腿朝上倒立着,以释放气味吸引雌性)。不断有甲虫飞来和离开。不过,我没发现甲虫有结成伴侣的迹象。大多数甲虫在享用鲜肉,或是胡乱地交配。
>
> 第二天,气温从 24℃ 降到了 13℃。尸体上的苍蝇所剩无几,甲虫也都离开了。大部分甲虫都跑到松鼠尸体以外一米半到两米的地方,躲在树叶下或泥土里。后来,一只乌鸦把剩下的还算新鲜的尸体叼走了,就这样终结了我对甲虫行为的观察。

该书就是从动物、植物和海洋生物的殡葬模式去探讨生命的循环的。比如说一棵大树死后,开始是一些小昆虫来食用,腐烂后又来了一大堆真菌,它们的目的只有一个,让死去的生命为活着的生命,而且是为活着的其他生命提供养料。这说明生命本身就是一个命运共同体。该书绪论中是这么总结的:

> 生态学/生物学将我们与生命之网连接到了一起。我们是天地的一部分,这不是后来才有的想法——这种启示不逊于十诫之于摩西。严格地根据《圣经》的解释,我们作为"尘土仍归于地,灵仍归于赐灵的神","直到你归了土,因为你是从土而出的。你本是尘土,仍要归于尘土。"

> 但是,古希伯来人不是生态学家。如果《传道书》和《创世记》中的名句用科学假设来表述,那两千年来就不会有人理解,没有一个读者能接受这种概念。"尘土"其实是物质、土地或土壤的比喻,但在我们的头脑中,"尘土"就仅仅是泥土:我们从泥土中来,又回到泥土中去。无怪乎,早期的基督徒会贬低我们的肉身,并寻求与之分离。

> 可我们实际上并不是从尘土里来,也不会回到尘土里去。我们从生命中来,并且是去向别的生命的通道。我们的生命来自美得无与伦比的植物和动物,也将重新归于它们的生命中。即便我们活着的时候,我们的粪便也会被甲虫、青草和树木回收利用,之后进一步循环到蜂和蝶,然后是捕蝇鸟、雀鸟和鹰,再然后重新被青草吸收,最后又进入鹿、牛、羊和我们的肚子里。

作者以上这些话说明了一个问题,就是轴心时代超越的分界线还是比较明显的。上帝的生命观是由外而内的,因此是被创造的,被创造的就是分离的。而中国生命观是由内而外的,因此是一体的。在生命的循环中,殡葬师的角色不比母亲的角色差。作者在该书中是这么说的:

> 专门的"殡葬师"将一切有机生命以其他生命形态复活,我不是第一个想要探索它们重要作用的人。但我相信,一定有很多读者愿意探索禁忌,把这个话题拿到台面上讨论,因为这是与我们人类这一物种相关的问题。我们从主要以草为食的动物进化成了狩猎和食腐的食肉动物,作为人类,我们的作用和这个话题紧密相关,因为我们的存在改变了整个世界。

老子把生命之道比喻为母性之道,《道德经》中是这么说的:

> 谷神不死,是谓玄牝。玄牝之门,是谓天地根。绵绵若存,用之不勤。

生命从母性之门出来,绵绵不断。但老子更加看中的是"复命曰常",也就是生命的循环。生命的循环必将涉及生命的死亡,这个老子也看到了,因此《道德经》中是这么说的:

致虚极，守静笃。万物并作，吾以观其复。夫物芸芸，各复归其根。归根曰静，静曰复命，复命曰常，知常曰明。不知常，妄作凶。知常容，容乃公，公乃王，王乃天，天乃道，道乃久，没身不殆。

这段话的重点就在"根"和"静"里。"根"可以理解为母性之门，"静"可以参考佛教的三法印：诸行无常、诸法无我、涅槃寂静。佛教里有无数的派别，但衡量一个派别是不是属于佛教，就是用三法印。涅槃寂静就是圆寂的意思。这是佛教外向超越的结果，也就是到一个外来的极乐世界。这个问题我们在第79讲"老子是如何让幸福大象自由的"中已经讨论过了。乔纳森·海特认为这个幸福的假设是错误的。虽然也是由内而外的，但这个"外"或者说"涅槃寂静"已经不在真实世界里面了。老子把这个"静"请回到了现实世界，提出了"静曰复命"的观点，找到了生命循环的秘密所在，并把这个循环称为"永恒"，接下来就一发不可收拾了，最后连"道"也一起永恒了。这段话要表达的意思就是：认识永恒的人是能包容一切的，无所不包容就能坦然大公，坦然大公才能无不周遍，无不周遍才能符合自然，符合自然才能符合于道，体道而行才能长久，终身可免于危殆。

这个"免于危殆"就是吴怡在《易经新说——我在美国讲易经》中所说的第二条路。但老子的第一条路，通过一连串的"容、公、王、天"的修炼，也可以走到第二条路。这个"静曰复命，复命曰常"，现在得到了科学的证明，特别是老子那句"万物并作，吾以观其复"，即万物蓬勃生长，我看出了往复循环的道理，是我们许多普通人想不到的。这里明显指的是植物，植物有种子，可以生长，那植物死掉了呢？怎么传宗接代啊？我们看看《生命的涅槃——动物的死亡之道》的绪论中是怎么说的：

一种生命造就另一种生命，个体的死亡是持续生命的必要条件，这些老生常谈的说法把生命转化发生的方式忽略不计或一笔带过了。然而俗话说得好，魔鬼隐匿于细节中。

大型动物的死后循环过程可能最一目了然，也更激烈和引人注目，但更多的循环发生在植物身上，大多数生物质都集中在这里。植物摄取土壤和空气中的化学物质作为养分——所有的生物都是由碳元素链接而成的，之后又会以二氧化碳的形式分解和释放出去——但它们依然靠其他生命"为生"。植物生长所需的二氧化碳需要靠细菌和真菌发挥媒介作用才能获得，植物悄无声息地从无数死去和活着的生命中吸取大量的二氧化碳。构成一朵雏菊或是一棵树的碳元素有着几百万个来源，可能来自一周前死去的一头非洲象腐烂的尸体、石炭纪灭绝的一株苏铁、一个月前重新出现在地球上的北极罂粟。即使这些分子前一天才刚刚被释放到空气中，它们也是来自几百万年前生活着的植物和动物。所有生命都通过细胞层面的物理交换连接在一起。这种交换的网络作用创造了我们熟知的大气层，并且影响着现在的气候。

二氧化碳和氧气、氮气，以及生命的其他分子级构建模块，每天都在全世界范围内进行着一对多和多对一的自由交换，并跟随着信风、飓风和微风在大气中飘浮和移动。长期隔离在土壤中的分子可以在很长时间内供区域群落交换。植物是由来自蜈蚣、华丽的飞蛾和蝴蝶、鸟类、鼠还有包括人类在内的很多哺乳动物的分子构成的。植物"吞噬"碳元素其实是一种细微的清理行为，这种行为发生在中间媒介把其他生物分解成它们自身的一部分分子之后。动物的肉大块地分散在森林的各个角落，还没有完全分解成氮化合物，所以植物的清理过程和渡鸦吃掉鹿肉或鲑鱼肉的方法不同，但二者在概念上是一样的。

另一方面，DNA虽然主要也是由碳和氢构成，但它的结构更加严密，并从生命产生之初就通过神奇的复制机制，直接在植物或动物中逐代传递着。生物体通过遗传获得特定的DNA分子——DNA被复制并由一个个体传递给下一个个体。所以这种保守的血统传承已经持续了几十亿年，通过变异分支成了树木、极乐鸟、大象、老鼠和人类。

原来植物的养料二氧化碳是植物得以生生不息的源泉，而且这个过程还有动物和大气层的共同参与，最后作者把生命延伸到DNA。因此，我们说地球就是一个生命共同体。也许有人要提出疑问了：老子所说的"道生一，一生二，二生三，三生万物"有没有科学依据呢？生命之道毕竟是宇宙诞生和地球诞生以后的事情了，我们总是说"道"是宇宙的总根据，难道生命和宇宙是一起诞生的吗？还真是的。

第114讲
为什么说生命和宇宙一直是共存的

链接书目:《诗意的原子》 科特·施塔格
《走进奇妙的元素周期表》 吉田隆嘉

上一讲我们从生命的死亡这个角度,讨论了地球上的生命是如何循环往复、代代相传的,重点讨论了老子"归根曰静,静曰复命,复命曰常"的博物学科学依据。

既然老子说"道"是宇宙的总根据,那为什么我们迄今已知的生命诞生在地球,而地球的生命也只有 45 亿年左右,比宇宙的诞生晚了 90 多亿年。难道老子搞错了?老子没有搞错。

今天我们阅读的两本书,是要沿着老子的思路去溯源"道生万物"的物理学根据的。第一本书叫《诗意的原子》,作者科特·施塔格是美国杜克大学生物学与地质学博士。

《生命的涅槃——动物的死亡之道》告诉我们,生命是一个地球共同体。《诗意的原子》还要夸张,它告诉我们生命是一个宇宙共同体。一个活生生的生命,同时也是一堆无生命的原子。你呼吸中的碳元素,可能会变成树干的一部分;你肌肉中的氮元素,会帮助天空变成蓝色;钠元素将把你眼中的泪水与远古时就消失的沧海联系在一起。这本书讲述了 8 种对人来说最重要的元素:氧、氢、铁、碳、钠、氮、钙、磷。你会发现,你不只是由原子组成,你就是原子,这本书就是一本生命原子世界的漫游指南。该书前言中是这么说的:

> 原子会和你一起做些什么?可以说是任何事。无论是你还是你或爱或恨的每一个人,也无论你们何时做过的何种事情,它们都是现场的目击者,更是密切的参与者。你曾经闻到的每一丝气味,看到的每一片景色,欣赏的每一曲旋律,以及唇间发出的每一声哭喊与叹息,皆因那些游走于空气与你身体最深暗角落的原子而产生。当你吃下食物时,其他生物的肉体会变成你身体的一部分;当你受伤时,在一串曾经引爆宇宙中最华丽爆炸的古老原子中,流淌的是垂死恒星的碎片;当你排泄时,你将闪电与火山的原子回声散播到了全球循环之中,或许有一天它们还会重回你的身体,虽然这听起来让人不悦;而不管何时微笑,你牙齿的光泽中都暗藏着冷战时期太平洋两岸核试后放射尘的余晖。

　　为什么一堆无生命的原子，来到一个生命之中就成了生命中的一部分，而且还和你共度一生呢？如果你学习了从无序到有序、涌现、自组织等理论，你就会知道它的原理。那么，这些原子又是如何进行生命的循环往复的呢？我们就以人体中生命的最小单位细胞为例，看细胞生命的涅槃是如何发生的。作者在该书"消逝的肉体——生命和非生命的界限"一章中是这么说的：

　　意大利学者伊娃·比安科妮（Eva Bianconi）及其同事最近研究发现，成人体内的细胞总数平均在 37 万亿个左右。它们大小形态各异，有大约 8 微米的红血球和 22 微米的肝细胞，也有大约 100 微米的成熟卵细胞（作为对比，盐粒直径约为 500 微米）。有些细胞在被循环或替代之前只会存活几天或几周，而其他一些则可能会伴随一生。所以，你如何能说清它们哪个是哪个？

　　估算人体细胞替换速度的其中一个方法是测量细胞内碳-14 的含量。"冷战"期间，热核武器的大气层试验造成空气中的氮元素转变成放射性的碳-14，直到如今依旧污染着空气和海洋。这种不稳定的碳原子以二氧化碳形式进入到植物体内后，又通过食物链进入地球上所有生物的体内，其中也包括你。随着 1963 年地面核武器试验被禁止以后，海洋沉积物中埋藏的富碳有机质，其放射性碳的浓度也有所降低，并且这种变化也在我们身体中得到了反映。如果说热核武器污染有任何一点好处，那也许就是放射性碳的浓度变化，给我们提供了测定细胞年龄的全球性同位素示踪剂。

　　…………

　　伯格曼与生物学家乔纳斯·弗里森（Jonas Frisén）后来又在《科学》杂志上发表文章谈到，人类大脑中嗅球和海马体的神经细胞会不断再生。也就是说，如果有什么东西激发了你的回忆，比如烟雾缭绕的篝火或熟悉的香水味道，最初记录这种感觉的那些神经元或许早已离你而去，但那些未曾经历这一过程的细胞却已将记忆保留了下来。你大脑中其他大多数细胞都可以追溯到婴儿时期，但同位素追踪研究也说明，在你的大脑皮层内也会出现一些新的神经元，或许在更新着每一天的点滴经历。

　　消化道中的细胞没几天就会更新，而这并不让人意外，毕竟它们受着胃酸、胆汁的折磨，并被整个管道的食物与排泄物腐蚀着。生理学家贝恩德·林德曼（Bernd Lindemann）所做的工作中指出，口腔中的味觉细胞寿命大约是 10 天，而皮肤学家杰拉尔德·温斯坦（Gerald Weinstein）及其团队则估测，皮肤细胞的平均更新时间是 39 天，也就是只要两周的时间，你的最外层皮肤就会脱落上亿个细胞。这一持续脱落的过程会让你每一到两个月就能换上一层新的皮肤"包装"，同时也稳定地给房间里贡献着灰尘。

红细胞的一生则更为"污秽、野蛮而短暂"（英国政治家托马斯·霍布斯对人性的著名评语。——译注）。它们遍布于几百英里长的大动脉快速通道和只能缓慢挤过的毛细血管中，在你肾脏的渗透丛林中穿过几千条通道时不断被挤压或膨胀，因此大多数在 4 个月左右就被磨损殆尽，必须由脾脏和骨髓中的祖细胞再生。而科学记者尼古拉斯·韦德（Nicholas Wade）则表示，人体肝脏细胞的更新周期在 300 到 500 天之间，也就是说，每一到两年，你都会长出一副全新的肝脏。

瑞典生物学家克斯蒂·斯波尔丁（Kirsty Spalding）和其他一些科学家发现，你的脂肪细胞会维持 10 年左右，这对于想减肥的人来说是个好消息。过去曾有观点长期认为，饥饿只会使脂肪细胞变小而不能将它们剔掉，当节食者适应了饥饿感后，它们又会像杂货袋一样鼓起来。不过如果你能坚持健康生活足够长的时间，看起来是可以通过去除脂肪细胞帮助你稳定体重的。

你的骨骼与肌肉则会不断地被改造。每年，骨骼密实的最外层中有 3% 会被更新，而在你四肢关节的多孔骨骼中这个数字则会高达 1/4，专家计算认为全部骨骼的平均替换时间为 10 年。根据尼古拉斯·韦德所说，肋骨间的肌肉细胞大约会维持 15 年；而当你快 20 岁停止发育时，跟腱中的胶原蛋白核心就彻底定型了。

以上作者列举了神经细胞、消化道中的细胞、口腔、皮肤、红细胞、肌肉细胞等的循环周期。令人奇怪的是，测量细胞寿命用的是碳-14 同位素测量法。那么原子在我们身体中的生命周期是多少呢？作者接着说：

在史密森学会 1954 年发表的一篇高被引文献中，物理学家保罗·艾博索尔德（Paul Aebersold）讲到，我们身体中几乎所有的原子每年都会被替换一遍。在参考了一些人体生理学有关放射性同位素最早的研究数据后，艾博索尔德宣布："每一到两周，我们身体中一半的钠原子都会被新的钠原子所替代，氢原子与磷原子的情况也类似。甚至有一半碳原子都会在一到两个月内被替换。"接着他又补充道，"一年内，我们身体中大约 98% 的原子都会被我们从空气、食物及饮料中获取的其他原子所更替。"在理查德·道金斯（Richard Dawkins）创作的《上帝错觉》（*The God Delusion*）以及比尔·布莱森（Bill Bryson）所著的《万物简史》（*A Short History of Nearly Everything*）中也反复提到，此刻你身体中的任何原子或分子,几年后都将不再属于你。这样的说法可以迅速激起人们对于世事无常的共鸣,可是到底有多准确呢?

仅仅是水的周转过程就可以让你身体的近2/3在两到三周内完成更替,实际的消失过程甚至更快。水分子之间会快速交换氢原子,也会和你骨骼及组织中更大的分子共享原子⋯⋯

在消化的过程中,你的细胞也会把水分子拆开,把碎片接到食物的分子碎片上。当细胞随后将这些碎片重排成个人专属分子时,又会产生新的水分子,并将氧气转变为代谢水。因此可以肯定,你的下一次呼吸会让你自己的一些原子消失不见。

一名150磅(68千克)的成年人体内大约含有24磅(11千克)蛋白质,不仅是在肌肉和肌腱里,还有其他数千种形式。每天,有11～14盎司(312～397克)的肌肉会被分解并替代,不同蛋白质的寿命可以从几秒到数年不等。比如,肌肉蛋白中有近一半都是由肌凝蛋白纤维构成的,平均每天会有1%～2%被替换。血液中的血红蛋白更替速度与此接近,而线粒体中提供能量的细胞色素,每4到6天会有其中一半被循环。根据生理学家伊夫·舒茨(Yves Schutz)发表的论文,仅仅是对蛋白质不断的修饰和修复,就会占去你休息时20%的能量,你边看电视边吃的饼干,每五片里面就会有一片的热量因此被消耗。

那么最后的结局会是什么呢? 作者在该书"任何物质都不会永恒,但你却一直都在"一节中是这么说的:

当那一天来临时,这颗星球上的生命轨迹可以在时间轴上描绘成一个锥形的波峰,由各种原始细菌构成的薄薄边缘起源于40亿年前,多样化物种构成的高峰持续了大约20亿年,最后日渐衰落,还是终止于微生物。你的生命出现在"生命高峰"的中部。在你短暂的生命之后很久,也就是50亿到60亿年后会迎来一个更有决定性的终点,垂死的太阳最终会把你的原子——当然还有我们其他每个人的——吹向太空。

不过即便到了那时,在太阳消亡的内核冷却,地球被彻底驱散之后很久,你大多数原子的原子核仍然会存续。它们将以星云的形式扩散到星际之间的太空,就像太阳系形成前的那样。很多原子会失去电子,但其他还有很多会逗留在尘埃中的飘浮颗粒中。对于那时的氢原子而言,它们在地球上所待的时间,差不多占它们诞生后的一半。几十亿年后,它们中的一部分也许会被银河系中的某个星球俘获,也许同时还有你的其他元素。如果这些星球足够巨大,可以让它们发生聚变,那么这也就意味着它们走向了终结，即便到了那个时候，多数亚原子粒子仍然会延续，只不过换了种新的原子核组合方式。

作者以上提到了一个重要的元素，也就是氢。今天我们的一切物质形态都来自这个元素，作者在该书"原子之舞——氢"一章中是这么说的：

> 氢原子的结构最为简单，只有一个质子和一个电子，剩下的绝大部分空间都是空空荡荡——跟所有原子一样。但你要知道，对于你和这个世界而言，这个最朴素的原子却极为重要。没有氢，水也就不再存在（氢的英语"Hydro-gen"意思就是水由氢和氧生成），因此全世界的海洋、云层和极地冰盖，以及你身体里60%的物质都将消失。你的肌肉会解离成没有用的碳纤维缠绕在一起，骨骼会崩溃，细胞则会因为没有细胞膜的保护而融化。而这些都会在一个异常黑暗的世界里发生，因为太阳和恒星也都会消失不见。然而你对氢的需求其实还有更多，并且氢也是其他生命元素的祖先。

> 我的一个朋友常说："给氢元素足够的时间，就会变成人。"从长远的角度来看，这句断言是正确的。氢是在宇宙大爆炸后不久最先产生的元素，并引燃了最初的恒星，所以氢是你身体中最古老的原子形式，在宇宙中其他地方也是如此。氧原子，实际上可以追溯到氢原子核在次生代恒星上发生的氢核聚变。它们"骑在"氧原子上形成水分子，在辈分上它们却是氧的叔叔或婶婶。

从作者的意思看，氢是宇宙大爆炸产生的最重要元素，而我们的主题是生命与宇宙是共存的，由此说明生命之道是宇宙的总根据。为什么？就是因为氢和氧可以生成生命之源——水。那么，它诞生的条件和宇宙大爆炸的条件是不是一致的呢？如果一致，我们是不是可以为"道生万物"下结论了。

我们现在阅读另外一本书，叫《走进奇妙的元素周期表》，这本书是日本知名科普作家吉田隆嘉写的科普读物。作者通过元素周期表解开了一个个不为人知的科学秘密，由浅入深地向我们展示了元素周期表的无穷魅力。我们通过这本书来看看"氢"这个生命之母，也就是宇宙之母是如何诞生的。作者在该书"通过元素周期表解读宇宙"一章中是这么说的：

> 要创造出新的元素，就需要让一个原子的原子核和另一个原子的原子核接近到会产生核力的距离。然而，带电的原子核会相互排斥，除非有超级巨大的能量作用在它们身上，逼着它们接近。只有超过1000万度的超高温状态才能实现这

样的效果。

毫无疑问,地球上绝不会有超过 1000 万度温度的地方。地表肯定没那么烫,地心深处的岩浆也不过 1000 度左右,根本没法与 1000 万度相比。所以新元素不可能在地球上自然形成。

············

宇宙那么大,要上哪儿去找 1000 万度的高温呢?超高温状态主要出现在下列三种情况下:

1. 形成宇宙的"大爆炸"发生后

在 137 亿年前,宇宙诞生于一场大爆炸之中。能创造出宇宙这种庞然大物的爆炸,温度之高可想而知。据说大爆炸 1 秒后的温度足有 100 亿度,比 1000 万度高多了。

2. 发生在太阳等恒星内部的"核聚变"

恒星内部的温度高于 1000 万度,也是新元素的摇篮。我们最为熟悉的恒星太阳也是如此。太阳的核心温度有 1500 万度。在这样的环境下,氢原子会相互聚合,形成新的氦元素。

但核聚变在太阳上并非随处可见。太阳表面看似烈火熊熊,但温度只有 5500 度左右,无法孕育出新元素。这么一对比,大家就能想象出"1000 万度"有多高了吧?

3. 恒星寿终正寝时——"超新星爆炸"

当一颗巨型恒星(质量超过太阳的十倍)寿终正寝时,会发生爆炸。这就是所谓的"超新星爆炸"。科学家认为,宇宙中那些比铁更重的元素,几乎都是在超新星爆炸后的最初 10 秒内形成的。

从以上三个条件来看,只有第一个条件最符合"氢"的诞生。因此作者是这么说的:

目前学界的主流理论认为,在大爆炸发生 100 万分之 1 秒后,基本粒子就诞生了。那些基本粒子聚集起来,在 1 秒后形成了氢的原子核。在大爆炸 3 分钟后,氢的原子核聚集在一起,形成了氦。于是氢占 92%、氦占 8% 的原始宇宙就这样形成了。

之后,大量的氢汇聚到一起,形成了恒星。氢的原子核在恒星内部发生核聚变,产生了氦。巨大的能量在这个过程中被释放出来。正是核聚变产生的能量点亮了无数恒星。

氢燃烧殆尽后,氦就会发生核聚变,逐渐生成碳(C)、氮(N)、氧(O)等质量更大的元素。

现在我们可以这样说:宇宙大爆炸生氢,氢生其他元素,其他元素最后共同形成生命。今天氢仍然以60％的占比主宰着生命的生生不息,那么按照大爆炸理论,或者按照"热寂说",这个世界最后还是不能逃离彻底毁灭的结局。这么说来,老子的"复命曰常"是不是终究也是不灵的了? 不是的。

为什么《三体》会得诺贝尔物理学奖
第 115 讲

链接书目:《三体》 刘慈欣

《宇宙的轮回》 罗杰·彭罗斯

上一讲我们讨论了原子层面的"静曰复命,复命曰常",原子在我们的身体中进进出出,细胞在我们的生命中循环往复,一茬茬细胞没了,一个个生命走了,但原子还在,它们又从无序走向有序,形成了新的生命,这就是永恒之道。现在我们这个"复命曰常"从原子走向整个宇宙,看看老子的理论还会不会延续。

今天我们要读 2 本书,是八竿子打不着的 2 本书。一本是刘慈欣的《三体》,还有一本是物理学前沿书,叫《宇宙的轮回》。一位是中国的作家,一位是西方的物理学家。看看这 2 本书是如何殊途同归,找到老子的。

大家肯定知道《三体》吧。这是中国作家刘慈欣让中国文化元素登上世界科幻小说最高峰的扛鼎之作,自从 2015 年获得世界科幻最高奖雨果奖之后,还陆续狂揽了 9 项世界科幻大奖。

今天我们不讨论《三体》的故事情节,而是看看这部小说是如何结尾的。因为科幻小说最值得期待的就是结局。这是每个人所关注的人类的终极命运或者终极归宿。大家知道这部小说描写的是三体人和地球人之间的争斗,但是在结尾处,宇宙自己也要毁灭了,宇宙中所有的文明只剩下三体人和地球人了,而且只有两个人。我们看看作者刘慈欣是如何处理最后的结局的。下面涉及 3 个人物,程心是地球人,关一帆是三体人,智子是机器人。该书中是这么说的:

"我们收到了大宇宙的超膜广播!"智子说,然后调出了一个终端窗口并把它放到很大,为了让他们看清窗口中的内容,她还调暗了太阳的亮度。

窗口中快速滚动着无数行符号,那是由超膜广播所发送的点阵图形显示的,那些符号奇形怪状,无法辨认。程心和关一帆还注意到,每一行符号都不是同一类型,它们滚滚而过,像波纹凌乱的湍急河面。

"广播已经持续了五分钟,还在继续!"智子指着窗口说,"其实广播的信息很简短,持续这么长时间是因为使用不同的语言,现在已经出现了几万种语言,哦,到十万种了!"

"这是对所有小宇宙广播吗?"程心问。

"肯定是,还能是对谁呢? 动用这么大的能量,应该是重要信息。"

"有三体和地球语言吗?"

"没有。"

程心和关一帆很快明白,这是一个宇宙文明的生死簿。

现在,大宇宙可能已经过去上百亿年,不管广播信息的内容是什么,如果一个文明的语言能够被列在广播信息中,那只有两种可能:这个文明仍然存在;或者,这个文明存在过,且生存了相当长的时间,它的文化在宇宙中留下了永久的印记。

符号的大河从信息窗口中浩荡流过,已经广播了二十万种语言,三十万、四十万……一百万种语言,数量还在增加。

三体语言和地球语言依然没有出现。

"没什么,我们知道自己活过,生活过。"程心说,她和关一帆紧紧地依偎在一起。

"三体!"智子突然喊道,一手指着显示窗口,这时广播的语言种类已经增加到一百三十万左右,窗口中有一条三体文字的信息一闪而过,程心和关一帆不可能看清,但智子能看清。

"地球!"仅仅几秒钟后,智子又喊道。

当广播信息的语言种类达到一百五十七万时,广播结束了。

信息窗口中的滚动显示消失了,只静止地显示出两条分别用三体和地球语言书写的信息。程心和关一帆没有看清信息的内容,泪水模糊了他们的双眼。

在这宇宙的最后审判日,地球和三体两个文明的两个人和一个机器人激动地拥抱在一起。

他们知道,语言和文字的进化是很快的,如果两个文明存在了相当长的时间,甚至现在仍然存在,他们的文字肯定与现在显示的完全不同,但要让小宇宙中的人看懂,只能用古文字显示。与大宇宙中曾经生存过的文明总数相比,一百五十七万是个相当小的数字。

在银河系猎户旋臂的漫漫长夜中,有两颗文明的流星划过,宇宙记住了它们的光芒。

程心和关一帆平静下来后,仔细阅读信息的内容,两种语言书写的内容是一

样的,很简短:

回归运动声明:我们宇宙的总质量减少至临界值以下,宇宙将由封闭转变为开放,宇宙将在永恒的膨胀中死去,所有的生命和记忆都将死去。请归还你们拿走的质量,只把记忆体送往新宇宙。

程心和关一帆把目光从回归运动声明上移开,相互对视着。从对方的眼睛里,他们看到了大宇宙黑暗的前景。在永远的膨胀中,所有的星系将相互远离,一直退到各自的视线之外,到那时,从宇宙间的任何一点望去,所有的方向都是一片黑暗。恒星将相继熄灭,实体物质将解体为稀薄的星云,寒冷和黑暗将统治一切,宇宙将变成一座空旷的坟墓,所有的文明和所有的记忆都将被永远埋葬在这座无边无际的坟墓中,一切都永远死去。

为了避免这个未来,只有把不同文明制造的大量小宇宙中的物质归还给大宇宙,但如果这样做,小宇宙中将无法生存,小宇宙中的人也只能回归大宇宙,这就是回归运动。

这里插一句《道德经》中的"夫物芸芸,各复归其根。归根曰静,静曰复命,复命曰常,知常曰明",这也是地球人和三体人必须响应大宇宙的回归运动号召的根本原因。他们有没有犹豫不决呢? 作者接下来说:

两人的目光已经交流了一切,并且做出了最后的决定,但程心还是说出了她想说的话:

"我想回去,但如果你想留在这里,我也跟你留下。"她对关一帆说。

关一帆缓缓摇摇头,"我是研究直径一百六十亿光年的大宇宙的,不想在这个只有一千米宽的宇宙里度过一生。我们回去吧。"

....

智子拿着一个金属盒,那是他们要留在小宇宙中的东西,是要送往新宇宙的漂流瓶。它的主体是一台微型电脑,电脑的量子存储器中存储着小宇宙电脑主机的全部信息,这几乎是三体和地球文明的全部记忆了。当新宇宙诞生时,金属盒会收到门发来的信号,然后用自己的小推进器穿过门,进入新宇宙。它会在新宇宙的高维太空中飘浮,等待着被拾取和解读的那一天。同时,它还会用中微子束把自己存储的信息不断地播放出来,如果新宇宙中也有中微子的话。

程心和关一帆相信,其他的小宇宙,那些响应回归运动呼吁的小宇宙,也在做着同样的事。如果新宇宙真的诞生,其中会有许多来自旧宇宙的漂流瓶。可以相信,相当一部分漂流瓶中的记忆体里存储的信息可能达到这样的程度:记录了那个文明每一个个体的全部记忆和意识,以及每个个体的全部生物学细节,以至于新宇宙中的文明可以根据这些信息复原那个文明。

…………

程心和关一帆进入了飞船,智子最后也进来了。她早就不再穿那身华丽的和服了,她现在身着迷彩服,再次成为一名轻捷精悍的战士,她的身上佩带着许多武器和生存装备,最引人注目的是那把插在背后的武士刀。

"放心,我在,你们就在!"智子对两位人类朋友说。

聚变发动机启动了,推进器发出幽幽的蓝光,飞船缓缓地穿过了宇宙之门。

小宇宙中只剩下漂流瓶和生态球。漂流瓶隐没于黑暗里,在一千米见方的宇宙中,只有生态球里的小太阳发出一点光芒。在这个小小的生命世界中,几只清澈的水球在零重力环境中静静地飘浮着,有一条小鱼从一只水球中蹦出,跃入另一只水球,轻盈地穿游于绿藻之间。在一小块陆地上的草丛中,有一滴露珠从一片草叶上脱离,旋转着飘起,向太空中折射出一缕晶莹的阳光。

以上小说结尾的重点,就是那个小宇宙,他们离开了小宇宙,不知道到哪里去。但是他们最后响应了大宇宙的号召,把地球和三体的文明记忆的漂流瓶留了下来,还给了大宇宙,是什么呢? 就是一条象征着生命的小鱼。刘慈欣要把生命还给大宇宙,让大宇宙在膨胀的尽头复活过来。大宇宙能够"静曰复命,复命曰常"吗? 在科学上可行吗? 可行的。这是最新的物理学成果,而且这个成果还获得了 2020 年诺贝尔物理学奖。是怎么一回事呢?

2020 年诺贝尔物理学奖颁发给了一个大名鼎鼎的具有数学家、物理学家和科学哲学家三重身份的人,他的名字叫罗杰·彭罗斯,他是牛津大学数学系教授。他为什么会成为 2020 年诺贝尔物理学奖得主呢? 罗杰·彭罗斯发明了巧妙的数学方法,证明黑洞是爱因斯坦提出的广义相对论的直接结果。这些时空和空间的怪物会捕获一切进入其中的东西。任何东西,甚至是光,都无法逃离黑洞。根据彭罗斯的研究,黑洞的核心隐藏着一个奇点,在这个奇点中,所有已知的自然规律都会消失。诺贝尔奖委员会认为,彭罗斯开创性的研究是自爱因斯坦之后,对广义相对论做出的最重要的贡献。罗杰·彭罗斯有 3 本有关科学哲学与科学普及的著作,已经在中国很有名气了,它们是《皇帝新脑》《通向实在之路》和《宇宙的轮回》。这里简单介绍一下他的《宇宙的轮回》,要知道这是他在黑洞成果基础上的进一步科学探索,因此从知识的信念上来说,我是相信宇宙可以轮回的。这本书虽然是一本科普书,但是,还是很深奥的,它围绕着彭罗斯在爱因斯坦广义相对论理论基础上提出的一个新的理论——"共形循环宇宙学"展开。这本书只有三章:第一章"神秘的第二定律";第二章"奇异的大爆炸";第三章"共形循环宇宙学"。

由于这个理论太深奥,现节选该书译后记中的一些话,大家可以从中初步了解一下彭罗斯的 CCC 循环理论是什么。书中是这么说的:

> 彭老师自己感觉它很疯狂,在尾声中还借小朋友的话总结说,"那是我听过的最疯狂的思想!"什么思想呢?"共形循环宇宙学"(CCC)——从大爆炸开始的宇宙终结于一个加速膨胀的时空,形成一个世代;每个世代的终结是下一个世代的大爆炸的开始……换句话说,CCC 描绘了一个无限的宇宙循环。我们这个从大爆炸开始的膨胀的宇宙,是无限多个相似的宇宙世代中的一个。我们的大爆炸其实是前一个时代的遥远未来的延续。用数学的语言说:前一个世代的共形无限远(一个共形的 4 维流形)光滑延拓为下一个世代的大爆炸。因为无质量场的爱因斯坦方程是共形不变的,那个"垂死的"宇宙中的观测者(无质量粒子)"感觉"不到大爆炸的奇点,可以悠悠然从那个宇宙走进新的宇宙,重新捡起一个新的共形因子,进入演化的"宇宙新世代"。

> 借彭老师自己的话说(3.1 节):怎么能把遥远的未来同大爆炸式的起点等同起来呢?况且,未来的辐射冷却到零,密度稀薄到零;而在大爆炸起点,辐射有无限的温度和密度……况且,根据热力学第二定律,宇宙总是向着熵增大的方向演化,既然总是增大,如何能回到原点形成"循环"呢?

如果要理解以上表达的意思,只要记住热力学第二定律和黑洞这两个概念就行了。宇宙在热力学第二定律下走向灭亡,形成没有时间、没有空间的黑洞,但黑洞不是宇宙的坟墓,而是一个"归根曰静,静曰复命"的摇篮。这就是 CCC 循环理论的根本意思。书中是这么说的:

> CCC 对那两个问题的回答,也是它的两个要点:第一,宇宙的初态是低熵的,而终态是高熵的,其演化满足热力学第二定律;第二,一个世代的初态与前一个世代的终态通过共形几何实现光滑的过渡。

> 我们的未来最终是一个大黑洞。假定把所有物质(大约 10^{80} 个重子,不考虑暗物质)都扔进黑洞,那么根据霍金的熵公式,可得熵为 10^{123},而相空间体积是 10 后面跟那么多零。

在宇宙之初,引力自由度尚未激活,相空间很小,所以处于低熵态。当那些自由度激发起来时,引力作用就开始起主导作用,进入多彩的演化时代,形成各种尺度的宇宙结构,也包括生命和我们。

初始奇点(大爆炸)与终结奇点(黑洞)的特征,恰好可以用 Weyl 曲率张量来描述,因而它自然成为刻画引力熵的物理量。Weyl 曲率是共形不变的,在大爆炸的共形扩张会将无限大的密度和温度降到有限的数值,而无限远的共形收缩会将零密度和温度提高到有限的数值。于是,两者在界面光滑地过渡,宇宙也就从旧世代演进到新世代。这就是所谓的"共形循环宇宙论"(CCC)。

有点物理学基础的读者,可以去阅读彭罗斯的原著,但是一般人只要记住这个理论是当今物理界最新的"复命曰常"理论就行了。

刘慈欣和彭罗斯殊途同归,刘慈欣的"死神"和"归零"与彭罗斯的"黑洞"就是老子的"归根曰静",刘慈欣的"回归运动"与彭罗斯的"共形循环宇宙论"就是老子的"复命曰常"。他们和普里戈金共用一个"确定性的终结"的底层逻辑。这里又出现了一个悖论:生命循环是永恒的,确定性也是永恒的,两者不是矛盾了吗?是的。西方人为了解决这个悖论,从 20 世纪初开始掀起了一场认知运动,也可以说是第四次认知革命的前奏。是什么呢?

为什么现象学可以用一句话讲清楚
第116讲

链接书目:《现象学导论七讲》 张祥龙
《现象学入门——胡塞尔的认识批判》 何涛

上一讲我们讨论了"复命曰常"在宇宙尺度中的应用。从科幻小说到理论物理学,无不遵从这个永恒的生命循环规律。今天我们要讨论一个认知上的悖论:如何把握一种现象的永恒和事物本质的永恒。因为两个永恒搞在一起,我们又要回到确定性的世界中去了。其实在中国人的思维中是没有这种悖论的。但是,西学东渐之后,我们在理性主义的熏陶之下,也被感染了。现在西方人已经知道怎么一回事,但我们中国人还是云里雾里。为什么? 就是因为那个永远都读不懂的西方哲学理论"现象学"。

什么是现象学呢? 现在摘录一些"得到"上哲学老师的讲课片段,看看大家能不能理解。中国人民大学哲学院刘炜教授在《存在主义哲学20讲》中的第四讲"胡塞尔:用现象学的全新思维方式看世界"的结尾,是这么说的:

> 我想引用胡塞尔在《纯粹现象学和现象学哲学的观念》里面的一句话作为结束,这句话被他称作现象学的第一原理,他说:"每一种原初给予我们的直观,都是认识的合法源泉。在直观中原初地给予我们的东西,只应该按照它被给予的那样,并且也只在它被给予的限度之内得到理解。"正是这种真诚地面对直观的态度,开创了现象学,同时也给存在主义提供了源源不竭的动力。

另外一个是台湾大学哲学系原系主任傅佩荣的解释。在《傅佩荣的西方哲学课》中,傅佩荣讲到了有关胡塞尔的思想内容,是这么说的:

> 现象学不一样,现象学是要透过现象把握本质。简单用一句话来说明这两者的区别:现象论是把现象当作唯一的存在,而没有什么本质的问题;现象学正好相反,是通过对现象的描述,而可以掌握到一样东西的本质。
>
> ⋯⋯⋯⋯⋯
>
> 所以,所谓的"回归事物本身"是要回归那个在意识里面显现出来的事物。所

谓的"现象"就是意识里面显现出来的事物,这样才能说是回归到胡塞尔现象学所谓的现象。

以上这些话,刘炜强调的重点是"原初给予我们的直观"。这个好理解,现象本身就是从直观开始的。但傅佩荣强调现象学不是现象论,不能只看现象,还要透过现象看本质。那么胡塞尔到底是要现象还是要本质呢?他的那句"回到事物本身"给了我们启示,好像既要本质,又要现象。我们还是不理解,这个一点也不奇怪,因为专家们也有分歧。

北京大学原哲学系教授张祥龙先生是国内数一数二的以现象学方法研究海德格尔和中国儒家哲学的领军人物,著有《海德格尔思想与中国天道》《从现象学到孔夫子》《现象学导论七讲》等专著。他在《现象学导论七讲》中的第一讲"现象学的概况、来源与特点"里的第三节"现象学的特点——与倪梁康教授不同的理解"中是这么说的:

> 怎么理解现象学的这个基本特点呢?我的看法和一些学者不太一样。比如倪梁康先生,他是我的朋友,他的翻译对胡塞尔思想在中国的传播做出了重大贡献,但我们的看法不全一样。为什么向大家讲这个,就是让你可以感觉到,研究现象学可以在某些必要的共同前提下采取不同的切入角度。贵在有一个理解的角度,而不是平板的只有这么一种讲法,你要自己思想才是现象学的精神。倪梁康在他主编的一本现象学文集《面对实事本身》的编者序中讲道:"现象学(可)被视为一种处在实证主义与形而上学之间的学科。"同页还有一句话更重要:胡塞尔"会同意孔德将一门科学的成熟期定义为'实证科学'时期的做法"。大家知道孔德的三阶段论。人类知识的发展经过三个阶段,第一个是神学阶段,第二个是形而上学阶段,第三个即成熟期,是实证科学阶段。而倪梁康认为胡塞尔会同意孔德的这个看法,言外之意就是,现象学作为比较成熟的哲学学科,是一种实证科学。编者强调现象学是一种工作哲学,它只是从底层做具体的分析,不去建构思想体系,这点我也同意。但如果强调到把现象学看作一种实证科学,这就有点儿偏了。当然,还不是完全等同于实证科学,而是处在实证主义和形而上学之间。这个意思,大概是说形而上学在传统上偏重于普遍这一边;而实证主义注重的是观察事实,观察事实是个别的。那么"处在这二者之间"是不是也就合乎我刚才讲的意思了?不是这样的。

倪梁康先生也是中国研究现象学的权威,曾担任中山大学现象学研究所教授、国际《胡塞尔研究》学刊编委、国际《现象学世界》丛书编委、国内《中国现象学与哲学研究》期刊编委等。和傅佩荣先生一样，倪梁康先生对"回到事物本身"的理解是回到现象的本质，认为现象学是一种实证科学。而张祥龙先生坚决反对这种观点，那么他是怎么理解现象学的呢？他在该书第一讲中是这么说的：

> 从上面讲的可以看出，现象学的特点在于，它以某种方式突破了传统西方哲学对于个别与普遍、现象与本质的割裂，从而产生了突破传统哲学理论的、搞哲学的新方法。那你说现象学搞的不是理论吗？它不是传统的理论，它不怎么在乎建立那种概念的体系构架；它的注重点是，在不同的情境之中、境遇之中显示个别和普遍怎么贯通起来，显示出这个活生生的、活在现象中的本质。这个"本质"不要作传统的理解，实际上它是指最关键的、最独特的那个东西，不能够还原为现成实在的对象；它是当场被构成的，又是非常关键的、具有普遍意义的（但是不能在实体意义上被普遍化）。我们以后会用一个个学者的文本来显示这一点。通过这样一种搞哲学的新方法，就能够看出现象本身具有的本质性的、关键性的、无法替代的东西。由此看来，任何认识都离不开情境，因为情境所生的东西是无法替代的，本质的东西永远是浸透在现象里、活在现象情境里的。你想把它抽象出来成为一个概念，又用这个概念来建构体系，像柏拉图设想的那种辩证法，从理念到理念，从理型到理型，达到"第一原则"，那都不是现象学。

以上的解释大家需要记住一个关键词，就是"构成"两个字。这个就是在我们进行这段认知旅程时，强调的四大要素之一的"建构主义"。这个是理解现象学的关键所在。还是事物的本质，但这里的本质是带有当下情景，或者说当下现象的本质，具有普遍意义。但当下的现象不能被普遍化，不然又成了从概念到概念，从本质到本质的传统西方哲学了。如果你用"构成"去理解胡塞尔的那些很难懂的概念，比如说"意向性""被给予性"和"直观的原初"等等，那么就都可以理解了。不要被胡塞尔的"现象"一词概念带到沟里去。如果要举例，《道德经》中的这段话最能说明问题：

> 修之于身，其德乃真；修之于家，其德乃余；修之于乡，其德乃长；修之于邦，其德乃丰；修之于天下，其德乃普。故以身观身，以家观家，以乡观乡，以邦观邦，以天下观天下。吾何以知天下然哉？以此。

这就是老子的修道方法论，修道的目的是不断增加自己的"德"，这个大家都同意。但道与德这两样东西是跟着当下的情景与时俱进的。以家之德，肯定不能修之于邦，以邦之德，肯定不能观天下。这是中国哲学由内而外、内外有别的方法论。因此，张祥龙先生把这一套理论用在了中国哲学的方法论上，一通百通。原来现象学的老祖宗就在中国，中国原来一直被西方人认为是一个没有哲学的国度，现在终于可以扬眉吐气了。张祥龙先生是这么说的：

> 现象学大大改善了东西方或者说是中西方哲理思想之间的关系。从原来的西方哲学对东方思想的殖民统治，变为比较平等的对话和相互欣赏。比如我们在海德格尔那里看到的就是一个很典型的例子。海德格尔对中国的道家非常感兴趣，而且很尊崇，确实从中吸收了很多东西。另外像德里达，对中国的书写文字比较感兴趣。为什么会这样？因为现象学改变了西方哲学的方法，即那种割裂现象和本质、客体和主体的思维方式，使得西方不少现象学家能够看到东方思想的独特的和出色的地方，而原来在传统的西方哲学思维方式控制下的那些哲学家是看不到的。有些人想看到，像黑格尔，他在《哲学史讲演录》里提到过东方思想。但是按照他的思路看中国与印度的思想，尤其是中国的，那是最低的，完全缺乏概念的规定性，《易经》《老子》《庄子》、孔子，都是如此。他对孔子最刻薄，说如果要保持孔夫子的名声，最好不去读他的书。黑格尔说你看那本《论语》，哪有什么思辨的哲学，哪有什么概念的东西？不过是一些老生常谈，全世界哪儿都看得到的，而且别的地方都比他讲得好得多。但是现象学就不一样了，通过它的思想视野，有些思想家就能够看到东方思想的优点或特点。当然，并不都是如此，很多现象学家对东方还是很疏远的。现在西方思想作为一个整体看对东方还是很傲慢，好像还是只有他们能代表最高深的纯思想。但无论如何，由于现象学的出现，为我们中国和东方思想进入世界哲学的话语世界提供了一个契机，这里潜藏着未来哲学发展的新的可能性。

我们是讨论人类认知历史的，前面我们提到过 20 世纪初尼采打响了第四次认知革命的第一枪，胡塞尔阴差阳错也正好在这个时期，但胡塞尔的本意是维持日薄西山的西方传统哲学。什么是西方传统哲学？就是柏拉图遗留下来的从概念到概念的本质论，也就是确定性论。

有一本书，叫《现象学入门——胡塞尔的认识批判》，作者何涛是华中科技大学哲学博士。他从西方认知历史的角度，去分析现象学，和我们主题很搭调。他在该书中是这么说的：

> 胡塞尔现象学属于整个欧洲近代哲学史的认识论类型。无论从理性主义传统而言，还是从经验主义传统而言，胡塞尔都是欧洲近代哲学史开端以来这一思

想路线上最后一位秉持传统哲学精神的哲学家。欧洲近代认识论最一致的特点就是对认识之确定性的寻求……

…………

胡塞尔对于近代哲学的批判性继承，不仅在于对认识的清晰结构的寻求，更重要的在于对认识的确定性的探索。中世纪之后，哲学思考中对认识确定性的寻求，是在科学及与科学特征相关的认识活动中展开的。哲学家从各自的起点出发寻求认识的确定性。笛卡儿、休谟、康德的哲学尽管起点不尽相同，但都是围绕这一目标而努力的……胡塞尔的认识批判理论受到了近代这些哲学家的影响。

……在布伦塔诺的科学化努力及意识学说的启示下，胡塞尔将对认识的确定性及清晰性的探索追溯到纯粹意识领域，并在意向性理论的影响下，在对心理主义所面临的局限性的思考中，在对数学基础的心理主义解释所出现的困境的反思中，建立了纯粹现象学，并以此使自己的现象学与其他的现象学理论区分了开来。因此，人们也将胡塞尔现象学称为意识现象学或意识哲学。

现在大家明白了吧，胡塞尔是为了追求确定性才搞出一个现象学来的。但现象学方法论出来之后，西方思想界正好在经历第四次认知革命的前奏，这个方法论反而帮助他们向理性发起了更加猛烈的进攻，结果出人意料。作者在该书中引用了倪梁康和方向红的话，是这么说的：

《逻辑研究》出版几年后，现象学才逐渐在哲学研究领域产生影响。后来，演变为波澜壮阔的现象学运动。这些影响不能一一列举。在此，仅采用倪梁康和方向红的总结，从一定程度上可以说明现象学及胡塞尔现象学在一个多世纪以来的影响："在这一个多世纪的时间里，现象学从一个哲学家的构想变成了一个学派的研究纲领，从一个德国地方性的理论变成了一个横跨几代学者的世界性哲学运动。胡塞尔开辟的这片现象学土地孕育出了海德格尔、舍勒、伽达默尔、萨特、梅洛－庞蒂、勒维纳斯、德里达、利科、马里翁等一批哲学大师，如果没有他们，20世纪的哲学一定会黯然失色。正是由于几代现象学家的努力，现象学在对意识、存在、自我、他人、时间、空间、感知、直观、理性、情感、欲望、价值、自由、身体、世界、历史等重要哲学问题的研究上结出了丰硕的成果；正是由于他们前赴后继的批判，现象学才从意识哲学转向存在哲学，进而完成语言学转向、人类学转向、身体转向、他者转向、神学转向等等。现象学的这些成就与现象学对历史传统和现实问题的回应是密不可分的，由此产生出一连串的方法论变革和理论性突破，如现象学还原、存在论还原、本质直观、范畴直观、生存论分析、解释学循环、被给予性理论、解构主义等等。这些变革和突破逸出哲学，已经或正在向教育学、社会学、心理学、法学、精神病学、护理学、建筑学、物理学、基因工程、人工智能、艺术等学科领域渗透并对这些学科产生了重要影响，甚至由此催生出新的交叉学科，如教育现象学、社会现象学、存在心理学、艺术现象学甚至物理现象学等等。"

现象学几乎进入了所有领域，这个和胡塞尔的初衷相距甚远，所以他批评海德格尔的《存在与时间》不是他的现象学套路。现在的现象学已经大大跨越了人文领域，进入了自然科学，比如说物理学、基因工程和人工智能等领域。

真有这么厉害吗？一句话讲清现象学，我们来看看一直在讨论的两个永恒本质是不是符合现象学标准。第一个是普里戈金的时间不可逆，第二个是老子的"复命曰常"。它们永远在构成中，因此只能从现象去观察它们，老子把这个叫作"道可道，非常道"。但是它们又具有普遍性，因此我们可以在任何领域中看到它们的身影，老子把这个叫作"道乃久"。"非常道"的构成和"道乃久"的普遍性就是我们讲清现象学的那一句话。

物理学是怎么解释佛学中"空"的概念的
第117讲

链接书目:《现实不似你所见》 卡洛·罗韦利
《物理学家的智性冒险》 卡洛·罗韦利

上一讲我们讨论了胡塞尔的现象学理论。为什么?因为现象学方法论不仅仅完成了 20 世纪西方思想界的哲学、存在转向,语言转向,人类学转向,非理性转向,甚至完成了自然科学方法论转向。更重要的是在西方思想界吹进了一股东方哲学的清新之风,这就是轴心时代第三次认知革命产生的中国生命之道、由内而外的清新之风,可以说这是一次中国哲学的认知转向,为人类第四次认知革命铺平了道路。这个是后话。今天我们要讨论的是用现象学的一句话,就是以"构成"与普遍性的认知模式来认知我们宇宙的本质是什么。

今天阅读的书叫《现实不似你所见》,作者卡洛·罗韦利是当代意大利理论物理学家、圈量子引力理论的开创者之一,在时空物理学上做出了突破性贡献。他的《七堂极简物理课》畅销全球,被译成了几十种语言。他被誉为"下一个史蒂芬·霍金"、"让物理变得性感的男人"。

作者是一位物理学家,但他的这本书可以成为你了解现象学,或者说老子"道可道,非常道"和"道乃久"思想的一本参考书。首先,作者从人类认知史方面将世界的本质是什么分成了七大阶段,也就是说世界本源的图谱是跟随着我们人类的认知阶段一点点在改变的。然后作者得出了世界由什么构成的结论。

世界由什么构成的第一阶段:德谟克里特的古典原子论。但这个是形而上学的原子。什么是物理学的原子?我们在"为什么说生命和宇宙一直是共存的"一讲中讨论过了。德谟克里特提出的原子论是让我们了解世界构成的本质。因此,我们要用现象学的"构成"思路去理解。卡洛·罗韦利在该书"微粒"一章中是这么说的:

> 这永恒的原子之舞,没有终结,没有目的。我们和自然世界的其余部分一样,是这无尽之舞的众多副产物之一,都来自偶然的结合。大自然不断地对形式和结构进行试验;我们与动物一样,都是万古之中随机偶然的产物。我们的生命就是原子的组合,我们的思想由较稀疏的原子构成,梦也是原子的产物;希望与情绪由

原子组合的语言叙写;使我们看到影像的可见光也由原子构成。大海由原子组成,城市和星辰也一样。这视野如此广博,且难以置信的简单,威力惊人,整个文明的知识日后都要建基于此。

原子是永恒的吗?不是。而原子的活动是永恒的,所有由原子构成的对象物是没有终结、没有目的的,是它们之间的偶然结合,使世界的本质在原子的构成现象中显现出来了。

世界由什么构成的第二阶段:牛顿的空间、时间和粒子。单单有原子还是不够的,这个原子是怎么运动的?我们需要进入牛顿的万有引力世界。作者接着说:

> 牛顿力学的世界十分简单……它是重获新生的德谟克里特的世界。这个世界有着广阔均匀的空间,粒子在其中永不停息地运动,彼此之间相互作用,除此之外别无他物……
>
> …………
>
> 但现在人们的视野要比德谟克里特的宏大得多,因为人们不只是用头脑中的概念来理解世界,而是与数学、毕达哥拉斯的遗产、亚历山大天文学家光荣的数学物理学传统相融合。牛顿的世界是德谟克里特世界的数学化。

这里作者认为牛顿在德谟克里特原子微粒的基础上,引进了时间、空间和引力的概念。万有引力是我们认知世界的第二个阶段,这个有什么用呢?作者是这么说的:

> 牛顿理论体系的威力超乎想象,19世纪和现代社会的全部技术都依赖于牛顿的公式。三个世纪已经过去,但我们今天建造的桥梁、火车、摩天大厦、发动机、水利系统,我们驾驶飞机、进行天气预报、在探测到行星之前就能预测其存在、把太空飞船送到火星,这些全都有赖于以牛顿公式为基础的理论。没有牛顿的小月亮,现代世界都不会出现。

作者说的小月亮就是牛顿观察天体与地球相互作用的结果。现在我们进入认知世界的第三阶段,即世界由什么构成的第三阶段:法拉第和麦克斯韦的空间、时间、场、粒子。这里比第二阶段多了一个"场"的概念。为什么?因为包括牛顿自己也认为一个万有引力定律不能包含物质之间所有的力。那么什么是场呢?作者在该书"经典"一章中是这么说的:

> 法拉第把它看作很多束非常细(无穷细)的线,充满空间;就像是巨大的隐形蜘蛛网,填满我们周围的一切。他把这些线称作"力线",因为从某个角度来说,这

些线"承载了力":它们把电磁力从一个物体传递到另一个物体,就像伸缩的电线一样。

最后麦克斯韦用他的麦克斯韦方程组把场证明了出来。有什么作用呢? 作者接着说:

> 今天,麦克斯韦方程组每天都被用来描述电磁现象,设计天线、收音机、电动机与电脑。但这还不够,这些方程还需要解释原子如何运动(它们被电磁力结合在一起),形成石头的物质微粒为何会黏合在一起,以及太阳如何活动。它们可以描述各种各样的现象。我们所见的几乎一切——除了引力以外——都可以用麦克斯韦方程组很好地进行描述。

但是,按照作者的说法,麦克斯韦的光速概念和牛顿的加速度概念是矛盾的。于是,我们进入了认知世界的第四个阶段,这个时候爱因斯坦出场了。

世界由什么构成的第四阶段:爱因斯坦的时空、场与粒子。大家注意和第三阶段比较,爱因斯坦把时间、空间合并成"时空"。怎样合并呢? 爱因斯坦的发现远离了我们的常识,作者在该书中是这么说的:

> 在一个事件的过去与未来之间(例如,你正在阅读的此时此刻与你的过去与未来之间),存在一个"中间区域",一个"延展的现在",一个既非过去亦非未来的区域。这就是狭义相对论的发现。

那么这个发现为我们的现实世界带来了什么呢? 作者接着说:

> 年轻的爱因斯坦在 1905 年发现的时空结构带来了实际的成果。如图 3.2 所示的时间与空间联系紧密这一事实,意味着对牛顿力学的巧妙重建由爱因斯坦在 1905 年和 1906 年迅速完成……
>
> ……在新的力学中,"能量"与"质量"合二为一,如同时间与空间合二为一,电场与磁场合二为一……
>
> ……结果就是著名的公式 $E=mc^2$。由于光速 c 是个非常大的数,c^2 是个更大的数,因此转化一克物质得到的能量十分巨大,有数百万颗炸弹同时爆炸那么大的能量——足以照亮一座城市或给一个国家的工厂供电数月,或是反过来,可以用一秒钟摧毁像广岛这样的城市中的几十万人。
>
> 年轻的爱因斯坦的理论推导把人类带入了新纪元:核纪元,一个充满新的可能与新的危险的纪元。今天,多亏了这个不墨守成规的叛逆年轻人的智慧,我们

才有了给未来一百亿地球家庭带来光明的工具，能够太空旅行到其他星球，抑或是相互伤害，破坏地球。

但是爱因斯坦还没有停止对世界的探索。世界由什么构成的第五阶段：爱因斯坦的场和粒子。大家有没有注意到，在第四阶段，爱因斯坦把第三阶段的时间、空间、场、粒子四个元素合并成为时空、场、粒子三个元素。在第五阶段，他更进一步地浓缩他的理论，把三个元素压缩到了两个元素。那么爱因斯坦为什么要这么做呢？作者继续说：

> 发表狭义相对论后，爱因斯坦成了知名的物理学家，收到了许多大学的邀请函。但有件事一直困扰着他：狭义相对论与引力理论并不相容。他在给自己的理论撰写评论时意识到了这一点，并且想弄清楚物理学之父牛顿伟大的万有引力理论是否也应该重新考虑，使其与相对论相容。
>
> ············
>
> 爱因斯坦提出了不止一个而是两个难题。第一个是，我们如何描述引力场？第二个是，牛顿的空间到底是什么？
>
> 爱因斯坦的非凡天才就体现于此，这也是人类思想史上最闪亮的时刻之一：如果引力场实际上就是牛顿神秘的空间呢？如果牛顿的空间只不过是引力场呢？这个极其简单、优美、智慧的想法就是广义相对论。
>
> 世界并不是由空间、粒子、电磁场、引力场组成，而只是由粒子与场组成，除此之外别无他，没有必要把空间作为附加要素加进来。牛顿的空间就是引力场，或者反过来说也一样：引力场就是空间。

广义相对论的主要成果就是时空弯曲和宇宙大爆炸理论，被后来的科学理论证明是对的。爱因斯坦把时空与场合并之后，这个世界的构成只剩下两样东西：场和粒子。现在问题来了，爱因斯坦的广义相对论只解决了宏观层面的物理现象，但是在微观层面，有关粒子的理论出现了一个与广义相对论并列，被称为 20 世纪现代物理学的两大支柱理论之一的科学发现——量子力学。于是我们有关世界结构的认知进入了第六阶段。

世界由什么构成的第六阶段：时空和量子场。这个我们前面讨论过了，这里就不说了。作者为量子下的哲学定义，就是"道可道，非常道"，也就是现象学中的"构成"。作者在该书"量子"一章中是这么说的：

我认为量子力学揭示了事物本性的三个面向：分立性、不确定性与世界结构的相关性……

…………

量子力学描述的不是物体：它描述的是过程，以及过程之间连接点的事件。

量子的分立性和不确定性，我们已经知道了。量子有时候是粒子，有时候是光，是不确定的，要观察才能知道。但最重要的是第三个特征，作者接着说：

量子力学阐述的关于世界的第三个发现是最深奥难懂的，也是没有被古代原子论预料到的。

理论并没有描述事物本来如何：它描述的是事物如何出现和事物之间如何相互作用。它没有描述哪里会有一个粒子，而是描述了粒子如何向其他粒子展现自己。存在的事物被简化为可能的相互作用的范围。实在成了相互作用，实在成了关联。

作者的意思表达得很明白，世界是什么构成的，世界是实在构成的。这个实在是粒子和原子吗？不是。世界的实在就是粒子相互关联的"构成"本身。什么是"构成"？就是"道可道，非常道"啊。那么"道乃久"呢？我们总是要解决宏观引力理论和微观量子里的矛盾吧，于是我们进入了作者的第七阶段。

以上六个阶段是一群科学家已有的辛勤劳动结果。作为一位理论物理学家，作者提出了第七阶段。我们在第115讲中讨论过的彭罗斯的"共形循环宇宙论"，还有十维空间的"弦理论"等，都是解决理论物理学中的引力和量子之间的矛盾的。那么，作者的解决方案是什么呢？他的方法最简单，就是把引力和量子两个东西相加，组成一个"协变量子场"，也叫"圈量子引力理论"的东西。该书"空间的量子"一章中，是这么说的：

总结一下，圈量子引力理论，或者说圈理论，以一种相当保守的方式整合了广义相对论与量子力学，因为它并没有引入这两个理论以外的任何其他假设，只是进行了重写来使二者相容，但其结果却是颠覆性的。

…………

圈量子引力的核心预言是空间不是连续体，不是无限可分的，它由"空间原子"组成，比最小的原子核的十亿分之十亿分之一还要小。

…………

引力的量子不在空间中，它们本身就是空间。描述引力场量子结构的自旋网络不在空间之中，它们并不占据空间。空间单个量子的位置只由连线及其表示的关系来定义。

如果我沿着连线从一个点走到另一个点，直到完成一个回路，回到出发点，我就完成了一个"圈"，这就是圈理论最初的那些圈。在第四章中我曾证明，可以通过观察一个完成闭合回路的箭头的指向是原来的方向还是出现了偏折，来度量空间的曲率。理论的数学层面确定了自旋网络中每个闭合回路的曲率，这让求时空的曲率值成为可能，也可以根据自旋网络的结构来求引力场的力。

⋯⋯⋯⋯⋯⋯

还有一点是，物质不是它本身的样子，而是它们相互作用时的样子。自旋网络不是实体，它们描述了空间对物体的作用。就像电子不在任何位置，而是弥散在无处不在的概率云中，空间实际上也不是由单个的自旋网络形成，而是由覆盖所有可能的自旋网络范围的概率云构成。

在极其微小的尺度上，空间是一群涨落的引力子，它们之间相互作用，一起对物体产生作用，在这些相互作用中以自旋网络和相互关联的微粒来显现自己。

物理空间就由这些永不停息的关联网络织就。这些线本身不在任何地方；它们不在任何位置，而是通过相互作用创造位置。空间由引力子之间的相互作用创造。

作者以上的圈量子理论对我们认知这个世界由什么构成做了最后的总结。开始的构成是原子，然后是牛顿的空间、时间和粒子，再然后是法拉第和麦克斯韦加了一个场，变成了四个。到了爱因斯坦的狭义相对论，又把四个改为三个，变成时空、粒子和场。后来爱因斯坦的广义相对论又把粒子去掉了，变成了时空和量子场。由于这两个东西的理论是不兼容的，因此作者干脆用圈量子的理论把这两个东西合二为一了，这就是世界的结构。是什么呢？就是由极小细微，相当于不存在的空间原子和引力子共同作用的自旋网络相互作用。这个就是世界的实在，也是一种构成的实在，如果说这是"非常道"的话，那么提供相互作用的自旋网络就是"道乃久"。宇宙不存在大爆炸和大灭绝，只是自旋网络使宇宙收缩与反弹的循环往复。作者在该书"超越大爆炸"一章中是这么说的：

让我们想象一个致密的宇宙，由于自身的重量被挤压得极其微小。根据爱因斯坦方程，这个宇宙会被无限压缩，在某个点上会完全消失，就像陷入原子核的电子。如果我们忽略量子力学，这就会是爱因斯坦方程预言的大爆炸。

但如果我们把量子力学考虑进来,宇宙就不会被无限压缩,量子斥力会使其反弹。收缩的宇宙不会坍缩成一个点:它会反弹并开始膨胀,好像是由爆炸形成的一样。

我们宇宙的过去也许正是那样一次反弹的结果:这个巨大的反弹被称为"大反弹"而非"大爆炸"。看起来这才是把圈量子引力方程应用到宇宙膨胀时得出的内容。

⋯⋯⋯⋯

一个宇宙从收缩到膨胀,穿越大反弹阶段的概率可以用上一章描述过的时空箱方法来计算。用连接收缩宇宙和膨胀宇宙的自旋泡沫,就可以完成计算。

这里不禁想起《道德经》中对天之道的描述:

天之道,不争而善胜,不言而善应,不召而自来,繟然而善谋。天网恢恢,疏而不失。

陈鼓应先生在《老子今注今译》中对此的翻译是:自然的规律,是不争让而善于得胜,不说话而善于回应,不召唤而自动来到,宽缓而善于筹策。自然的范围广大无边,稀疏而不会有一点漏失。

如果我们理解了罗韦利的圈量子理论,就会想到:老子的"不召而自来"不就是引力子吗?而那个"天网恢恢,疏而不失"不就是自旋网络吗?这里把罗韦利那段话重复一遍,我们再仔细领悟一下老子的话。

物质不是它本身的样子,而是它们相互作用时的样子。自旋网络不是实体,它们描述了空间对物体的作用。就像电子不在任何位置,而是弥散在无处不在的概率云中,空间实际上也不是由单个的自旋网络形成,而是由覆盖所有可能的自旋网络范围的概率云构成。

这个时候有很多人会质疑:这不是牵强附会吗?罗韦利真的是这么认知的吗?说句实话,罗韦利在创造这个理论的时候是没有这样的认知的,但后来他改变想法了。

有一本罗韦利写的随笔,叫《物理学家的智性冒险》。这本书是罗韦利近10年人文科普随笔的首次结集之作,共收录46篇精品随笔,分别从物理学和宇宙奥秘、科学家的传奇人生、人文与科学三个角度,引领读者了解困扰哲学家、诗人、艺术家的亘古难题,解答关于我们所栖居世界的真相。该书中有一篇文章——《空无自性:龙树菩萨》,是这么说的:

　　我不是偶然碰到这本书的。之前有好几个人问我："你读过龙树菩萨吗?"通常是在关于量子力学或物理学的其他根本特征的讨论结束后。就我个人而言,我对将现代科学和古代东方思想联系起来的尝试通常没什么耐心;这种联系总是有点牵强,对两者都是一种简化。但是在最近又被问到"你读过龙树菩萨吗"后,我终于决定翻开这本书,结果没想到大有收获。

那么作者有什么收获呢? 作者接着说:

　　但是对龙树菩萨来说,轮回和涅槃是一回事:它们都是空,都不存在。

　　那么空是唯一的实在吗? 它是终极实在吗? 不,龙树菩萨写道,每一种视角都只是通过与其他视角的相互依存而存在的,从来都没有一个"终极"实在,而这也包含了他自己的视角:空也没有本质。向来如是。任何形而上学都无法幸存。空就是空。

　　请不要从字面上理解我对龙树菩萨思想的笨拙总结:我当然没有透彻理解他的思想。但是对我来说,我发现这个视角出乎意料地有用,我一直在想着它。

　　首先,它提供了一种模式,让我们能够条理清楚地思考量子力学,在这个领域,物体似乎只有在影响其他物体时才会神秘地存在。龙树菩萨显然对量子一无所知,但这并不妨碍他的哲学思想成为有用的工具,为现代的科学发现赋予秩序。量子力学与朴素实在论无法相容,跟任何形式的观念论更扯不上关系。那么我们该如何思考它呢? 龙树菩萨提供了一个可能的模型:我们可以在自有实在缺席的前提下思考相互依存性。事实上,真正的相互依存性——这也是他的主要观点——要求我们完全忘掉自有实在。

　　现代物理学充满了关系性概念,不只在量子领域:物体的速度不是独立存在的,它是在与另一个物体的关系中获得存在的。一个"场"自身是不带电或磁的,它是在与其他东西的关系中才如此的。诸如此类。物理学界长期以来对"终极实在"的寻找,在量子场论以及广义相对论的关系复杂性上遭遇了失败。可能一位古代印度的思想家可以为我们提供一些概念工具,进一步让我们脱离这种执着。我们总能从别人那里学到东西,从那些与我们不同的人;尽管东西方之间的对话持续了一千年,但它们依然还有很多话要对彼此说。就像在所有最好的婚姻关系里一样。

以上是罗韦利从东方哲学思想的"空"得到的启示,他从不相信到深信不疑。但如果罗韦利读了老子的《道德经》,他对东方思想的理解就会更上一层楼。

为什么男性观音菩萨在中国变成了生育女神
第118讲

链接书目:《大智度论》 龙树菩萨

《出世入世》 梁漱溟

《三生石上旧精魂——中国古代小说与宗教》 白化文

《观音——菩萨中国化的演变》 于君方

上一讲我们讨论了世界由什么构成,并解释了物理学家罗韦利对东方哲学思想中"空"的理解,得出的结论是量子加引力构成了一个恢恢的、看上去并不疏密的自旋天网,我们所看到的空间、时间、物质,甚至宇宙大爆炸,都是这个天网内部的互相作用,或者说互相合作的过程。这个世界没有终极实在,物理学家罗韦利觉得这个和印度佛教大师龙树菩萨的观点很接近。既然提到了佛教,我们就这个话题再深入一点,看看印度的佛教和中国的佛教有什么区别,中国佛教是如何受中国思想影响完成自己的本土化革命的。

我们还是接着上一讲的话题,讨论如果罗韦利碰到了老子,他会怎么想。先来说说龙树菩萨,他是著名的大乘佛教论师,在印度佛教史上被誉为"第二代释迦",大约活跃于公元150年至250年之间,他首先开创了空性的中观学说,以《中论》及《大智度论》最为著称。罗韦利所说的那本书应该就是《大智度论》,里面有这么一些话:

> 问曰:汝言一切法空,是事不然! 何以故? 一切法各各自相摄故。如地坚相、水湿相、火热相、风动相,心为识相,慧为知相;如是一切法,各自住其相,云何言空?

> 答曰:性空,自相空中已破,今当更说。相不定故不应是相,如酥、蜜、胶、蜡等,皆是地相,与火合故,自舍其相,转成湿相;金、银、铜、铁与火合故,亦自舍其相,变为水相;如水得寒成冰,转为地相;如人醉睡,入无心定,冻冰中鱼,皆无心识,舍其心相,无所觉知;如慧为知相,入诸法实相,则无所觉知,自舍知相。是故诸法无有定相。复次,若谓诸法定相,是亦不然! 所以者何? 如未来法相,不应来至现在,若至现在,则舍未来相;若不舍未来相入现在者,未来则是现在,为无未来

果报；若现在入过去，则舍现在相；若不舍现在相入过去，过去则是现在。如是等过，则知诸法无有定相。

以上龙树菩萨说了这么多，其实一句话就可以理解，就是诸行无常、诸法无我的具体解释。一切法没有定相，就是万事万物的现象，一直在变，过去、现在、将来都没有定相。这就是现象学中"构成"的意思。那我们来看看老子是如何以我们生活中的现象变化的，《道德经》中是这么说的：

> 昔之得一者：天得一以清；地得一以宁；神得一以灵；谷得一以盈；万物得一以生；侯王得一以为天下贞。其致之也：谓天无以清，将恐裂；地无以宁，将恐发；神无以灵，将恐歇；谷无以盈，将恐竭；万物无以生，将恐灭；侯王无以贵高，将恐蹶。故贵以贱为本，高以下为基。

陈鼓应先生在《老子今注今译》中的解读代表了大多数人的意见，是这样说的：从来凡是得到"一"（这里指"道"）的：天得到"一"而清明；地得到"一"而宁静；神得到"一"而灵妙；河谷得到"一"而充盈；万物得到"一"而生长；侯王得到"一"而使得天下安定。推而言之，天不能保持清明，难免要崩裂；地不能保持宁静，难免要震溃；神不能保持灵妙，难免要消失；河谷不能保持充盈，难免要涸竭；万物不能保持生长，难免要绝灭；侯王不能保持清静，难免要颠覆。

但这个解释是错的。前面一段没毛病，后面一段从"推而言之"开始，和老子的"非常道"的现象学构成意思背道而驰了。关键原因是把帛书版的"毋已"改成了"无以"，这样一改把老子的意思彻底改掉了。帛书版的"毋已"是"不停止"的意思，而"无以"是"不能"的意思。我们看看河上公是怎么解释的。

河上公，是历史上的隐士，其为老子作注的《河上公章句》成书最早、流传最广、影响最大，但是其姓名生地无人能知。《神仙传》载："河上公者，莫知其姓名也。"因为他是西汉人，应该比王弼早生几百年。河上公对以上《道德经》中的话是这么注解的：

> 其致之。致，诚也。谓下六事也。天无以清将恐裂，言天当有阴阳弛张，昼夜更用，不可但欲清明无已时，将恐分裂不为天。地无以宁将恐发，言地当有高下刚柔，节气五行，不可但欲安静无已时，将恐发泄不为地。神无以灵将恐歇，言神当有王相囚死休废，不可但欲灵变无已时，将恐虚歇不为神。谷无以盈将恐竭，言谷当有盈缩虚实，不可但欲盈满无已时，将恐枯竭不为谷。万物无以生将恐灭，言万物当随时生死，不可但欲长生无已时，将恐灭亡不为物。侯王无以贵

高将恐蹶。言侯王当屈己以下人,汲汲求贤,不可但欲贵高于人无已时,将恐颠蹶失其位。

现将上述内容理解如下:这里要告诫大家以下六件事情。天有阴阳交替,昼夜变化,万万不可期望它一直不停地清明下去,这样恐怕天会分裂成不是天。地有高下刚柔,五行节气,万万不可期望它一直不停地安静下去,这样恐怕会发泄成不是地。神或人也有被王相因于牢笼的时候,万万不可期望他一直不停地灵妙下去,这样恐怕他会气虚衰竭成不是神或人。山谷应该有盈有空,有虚有实,万万不可期望它一直不停地盈满下去,这样恐怕山谷会枯竭成不是山谷。万物随时随地生生死死,万万不可期望它一直不停地长生不老下去,这样恐怕万物会灭绝成不是万物。侯王应该屈尊礼下,求贤若渴,万万不可期望他一直不停地高贵下去,这样恐怕权力会被他人颠覆。

河上公的意思和我们一直在讨论的主题是相符的。任何东西,哪怕是天的清明、地的宁静、神的灵妙,甚至是侯王的安定,都是在变化中的,永远停留在原地的,都将消失。这个和龙树菩萨的"一切法无定相"的现象学构成意思也是相符的。那么,中国的道和印度的佛究竟区别在哪里呢?

很简单,一个是由外而内的出世,一个是由内而外的入世。这不是糊涂了吗?一点也不糊涂。对于印度佛教,前面我们学习过余英时的"外向超越"和乔纳森·海特的"幸福的假设",已经了解印度的佛教是追求彼岸世界,求得解脱,因此是出世的。但按照海特的观点,他的领悟是从内心开始的,因此容易给人造成误解。为什么?因为同样是由内而外,中国哲学的合作理性、天人合一,仍然在现实世界,而印度佛教却超越出去了,回不来了。是什么原因造成的呢?我们还是看看龙树菩萨在《大智度论》中是怎么说的:

问曰:若皆空者,何以说一切法种种名字?

答曰:凡夫人于空法中,无明颠倒取相,故生爱等诸烦恼,因烦恼故起种种业,起种种业故入种种道,入种种道故受种种身,受种种身故受种种苦乐。如蚕出丝无所因,自从已出而自缠裹,受烧煮苦。

这就是印度佛教看到的现实,如果不出世的话,岂不成了蚕茧。我们再来看看老子是怎么说的,他也有比喻。《道德经》中是这么说:

三十辐共一毂,当其无,有车之用。埏埴以为器,当其无,有器之用。凿户牖以为室,当其无,有室之用。故有之以为利,无之以为用。

陈鼓应在《老子今注今译》中是这么解释的：

> 这里所说的"有"就是指实物，老子说明实物只有当它和"无"（中空的地方）配合时才能产生用处。老子的目的，不仅在于引导人的注意力不再拘着于现实中所见的具体形象，更在于说明事物在对待关系中相互补充、相互发挥。

这是不是和《现实不似你所见》中的意思一样？虽然不是你看到的，但这个"无"或者"空"还是在现实中的，只是超越了你的认知，而不是超越了你的精神。这就是由内而外的入世。有关老子思想有太多的人理解为"出世"，这是完全错误的。但是对"出世"和"入世"的认知也有不同的看法。有一本书就叫《出世入世》，这是被称为"中国最后一位大儒家"的梁漱溟先生的随笔集。其中有一篇随笔《思索领悟辑录》是这么说的：

> 古印度人的否定人生，在人类社会发展进程上不免起着阻滞作用。我一向持世界文化三大系之说，指出世界最近未来将是古中国文化的复兴，而在复兴中国文化之后将是古印度文化之复兴。人类文化的推进恒从量变而质变（即量变之后继以突变）其核心关键则在人生态度之转变。其转变之大，几为人情所不料，而实又极其自然。儒家代表中国古文化，而代表古印度文化者则佛家是也。西洋和中国皆为世间法，印度反之，自古便是出世间成风。人类文明和文化之前进，恒有赖于革命，即旧物的否定。否定之最大者，莫如否定人生，亦即出世间。世间者，生灭也；出世间者，不生不灭也。佛家六波罗蜜中有忍辱波罗蜜，又有冤亲平等之说教，其阻碍革命、亦即阻碍社会前进昭昭然。人类不达到末后阶段所不应有，而达于末后又不能不有者，非此义乎！

梁漱溟先生认为中国是入世派，印度是出世派。这是对的。但对于印度的出世是逃离人生还是否定人生，意见不一。这个和我们的常识推理有关。因为佛教的修炼方法看上去也是由内而外的。由内而外既是一种否定当下，又是一种包容当下。否定是对自我的否定，包容是对他者的包容，因此从你和他人的关系上看就是入世。而印度的修炼是对自我一路否定下去，直到那个彼岸世界。这就是中国哲学和印度哲学的分水岭。不过梁漱溟先生的那句"世界最近未来将是古中国文化的复兴"，我们相当赞同，我们现在就在做这件事情。

现在大家明白了，中国文化为什么博大精深、包容性极强，这个由内而外后面跟着的不是奔向极乐世界，而是合作理性、天人合一。这个天可不是人类以外的"天"，而是活在当下的外部环境和人的社会。这就是印度佛教的轮回说和中国思想的循环说之所以不同的缘故。轮回说要超越人类社会到非人类社会去走一圈，而循环说还是停留在人的生命本身上。如果理解了这一点，你是不是也理解老子的"夫物芸芸，各复归其根。归根曰静，静曰复命，复命曰常"和孔子的"不知生，焉知死""子不语乱力怪神"的意思了？

但由于中国文化的包容性，佛教的这些轮回思想也逐步被中国人接受，并且做了本土化处理。有一本书叫《三生石上旧精魂——中国古代小说与宗教》，这是一本佛教学和历史、文学等等学科交叉结合出来的学术集，告诉我们中国文化是如何从人物形象、基本观念和文化心理三个方面潜移默化地对印度佛教进行加工和本土化的。作者白化文，毕业于北京大学中文系，是研究佛教和敦煌的专家。该书中对佛教轮回思想传入历史是这么说的：

> 古代的中国人，活着受帝王将相组成的政府管辖。人死了变成鬼，也得有所统属。我们在文献及文物中能够比较清晰地追溯到汉代，佛教尚未传入时，一个简单的设计是把鬼都送到东岳去，东汉应劭《风俗通义·正失》有云："俗说：岱宗上有金箧玉策，能知人年寿修短。"顾炎武《日知录》卷三十有一则论之甚详：
>
> 尝考泰山之故，仙论起于周末，鬼论起于汉末。……《博物志》所云泰山一曰天孙……知生命之长短者，其见于史者，则《后汉书·方术传》许峻自云："尝笃病，三年不愈，乃谒泰山请命。"

以上这些话的意思是原来周朝时人死后是成仙的，到汉末就成鬼了，泰山就代表人死变鬼要去报到的地方，但这个鬼还不是轮回的"鬼"。什么时候变轮回了呢？作者接着说：

> 佛教传入后，引入了轮回的概念。所谓轮回，是梵文 saṃsāra 的意译，也作"生死轮回"、"轮回转生"等等，音译"僧娑洛"。意思是：如车轮回旋不停，众生在三界六道的生死世界循环不已。它本于"种姓"制度中的宗教观念。"种姓"源于葡萄牙语 casta，又经过英语扩大传播的 caste 一词，汉语意译，音译"喀斯特、卡斯特、卡斯德"等。指的是古代南亚次大陆逐渐发展起来的特有的社会组织集团区分方式……
>
> …………
>
> 这个"轮回——因果报应——地狱"的设计是佛教传入的，但是中国人向来不愿意放弃主权，而且总是想把舶来品就地改造为伏地货。于是将地狱加以汉化改

造,将其与东岳有机结合,最后演化成十殿阎王系统。而且,连阎王都得通过轮回,如中国的官僚一样可以换人换届,这全是中国人的创造。中国古代的小说中,不涉及神、鬼的极少,涉及宗教,则魏晋以下,必然和以上的概念相联系,而且越变花样越多,逐渐脱离佛教,而成为民间信仰。乍一看,十殿阎王纯粹是中国人自己的事,其实,它的背后有佛教的影子在。

大家想一下中国道家关注的是什么?气功、炼丹、成仙还有房中术,都和延续人类的生命轮回有关,而不是非人类的生命轮回。虽然中国也把佛教本土化了,但这个外部轮回总不是很舒服。于是,中国人异想天开,把佛教中的一位地位很高的菩萨由男性转变为女性。为什么呢?

还有一本书叫《观音——菩萨中国化的演变》,作者于君方是国际知名佛学专家。这本书是作者花了十几年时间研究而成的经典著作,是全世界观音研究最重要的著作之一。该书中分析了观音的前世今生,结合中国佛教经典、造像、绘画、传说、方志、小说等材料,细致刻画了观音菩萨中国化的历史过程。该书导论中是这么说的:

> 当代集中关注观音的伟大"女神"身份,是可以理解的,因为大多数东亚人就是如此看待这位菩萨。正如我在序言中所述,起初我透过我的外祖母所认识到的观音,也是这么一位女神。许多西方人是在博物馆中初次见到这尊神祇,而馆中陈列许多制作于十七、十八世纪的白瓷观音像也确实是女性形象……起初中国人也确实没有把观音视为女性,因为许多出自敦煌的十世纪绘画清楚地呈现蓄留胡须的男性观音像。从男性到女性观音的这种性别转变,似乎是中国特有的现象,这当然引起许多学者的兴趣。

那么为什么要做这种转变呢?还是和生命,特别是和"复命曰常"有关。作者在该书中是这么说的:

> 如果必得选出两种完全不同的观音像,一种普遍通俗,另一种高雅超然,那么非送子观音和白衣观音莫属。然而,这两种观音像并不如乍看之下那样南辕北辙。白衣观音既是伟大的禅修者,也是生育女神,因此,送子观音是白衣观音的一种变体,代表她的另一面,作为生育女神的观音普受文人与一般妇女的信奉。再者,白衣观音即是送子观音的信仰,其经典依据不但是包括《白衣大悲五印陀罗尼经》在内的一些本土经典,还有《法华经》。最后,正是因为持诵这些本土经典而得子的士大夫(知识分子)宣扬其利益,白衣观音才显现为送子观音。白衣观音是印

度 Avalokiteśvara 在中国最早的女性形象,白衣观音信仰大约出现于十世纪,而这部本土经典的创作证实了白衣观音的普及。

这是中国人用生命之道、由内而外、合作理性、天人合一思想包容与改造外来文化的一个典型案例。有关佛教的中国本土化,《三生石上旧精魂——中国古代小说与宗教》注重的中国民间文化对佛教的本土化,《观音——菩萨中国化的演变》注重的是佛教经典的中国本土化。但这些本土化都有一个共同的源头,就是整个佛教体系在中国是如何本土化的。这个本土化的革命又是由谁来进行的呢?

一个舂米工是如何完成中国佛学"哥白尼革命"的

第119讲

链接书目：《铃木大拙禅论集一：自性自见》 铃木大拙

《禅外说禅》 张中行

上一讲我们讨论中国民间文化和中国佛教经典对印度佛教本土化的案例，两个案例都和生命的"复命曰常"有关。一个是轮回，也就是生命的循环往复，但中国人更注重人类内部轮回。另外一个是观音变性，观音变性的目的是促成内部轮回，因此观音由原来普度众生的印度菩萨变成了中国的生育女神。今天我们讨论印度佛教中国本土化的一个重大事件，就是中国的佛学革命是由谁开始的。

有一本书，叫《铃木大拙禅论集一：自性自见》，详细地介绍了这位人物。作者铃木大拙是一位日本佛教学者，曾师从临济宗圆觉寺派宗演学禅。他因介绍东方的禅学和文化而闻名于西方的人文学界，比之同时代的其他日本佛教学者更具有世界性，所以在日本被誉为"世界的禅者"。该书中作者是这么介绍这个人物的：

他走了大约一个月的路程才到黄梅，立即求见当时身为五百（亦说七百甚或一千）僧众之首的五祖弘忍大师。刚一见面，五祖就问：

"汝自何来？"

"岭南。"

"欲须何事？"

"唯求作佛。"

"岭南人无佛性，若为得佛？"五祖如此说。

但是这句话并没有难倒这位大胆的真理追求者，他立即答道："人即有南北，佛性岂然？"

这使五祖暗自高兴，立即派他到后面的槽厂里去为大家做舂米的工作。据说他在碓坊里做这种操持杵臼的卑微劳作，做了八个多月的时间，适逢五祖想要从他许多弟子中考选他的精神继承人（法嗣）。一天，他向大众宣布说："汝等各自随意述一偈，若语意冥符，则衣、法皆付。"那时，"学通内外""众所宗仰""咸皆推称"的上座神秀（逝于706年），作了一个偈子，表现他对佛法的观点，将它贴在禅堂外面的墙上。这偈子写的是：

身是菩提树，心如明镜台，

时时勤拂拭，勿使惹尘埃。

凡是读了这偈的人，莫不大为感动，悉皆暗自认为，此偈作者必然中彩无疑。但到次晨他们一觉醒来，颇为意外地发现这首偈子的旁边又有了另一首偈子，而这首偈子所写的却是：

菩提本无树，明镜亦非台，

本来无一物，何处惹尘埃？

这首偈子的作者是一位微不足道的居士，他的大部分时间都用在为大众做舂米和劈柴等类的卑微劳作。他为人谦下、其貌不扬，谁也不曾把他放在心上，但正因为如此，这才使得大家更加激动地来看他对这公认的权威所作的挑战。但五祖不仅已在这位不露锋芒的居士身上看到了一位未来的人类宗教领袖，而且已经决定将衣钵传给他了。

偈子指佛经中的唱颂词。通过一首偈子可以看出将来的一位宗教领袖。他是谁呢？他就是大名鼎鼎的六祖慧能。这两首偈子最根本的区别是什么？作者在该书"禅宗的南北两派"一章中是这么说的：

弘忍在将大法传给慧能之后四年（公元 675 年）逝世，享年七十四岁。但慧能依照老师的指示，一直隐居在深山之中，直到若干年后，才展开他的传教工作。一天，他想他该入世为人了。那时他已三十九岁，时在唐代仪凤元年（公元 676 年）。他来到广州的法性寺，适逢一位饱学的印宗法师在那里讲《涅槃经》，遂停下来聆听。他看着几位僧侣在那里争论风幡动静的问题，其中一个说："幡是不动的东西，是风使它飘动。"另一个说："风与幡都是不动的东西，因此，说飘说动，都是讲不通的。"第三个说："所谓飘动，是由若干因缘和合所促成。"而第四个则提出一个论点说："这里根本没有飘动的幡子，只是风在自行活动而已。"这场争论越来越激烈，而就在这个时候，慧能走上前去插嘴说道："既不是风动，也不是幡动，而是仁者心动！"这番话使得"一众悚然"，立即停止了这场激烈的争论。那位印宗法师学者听到了慧能所说的话，不禁大吃一惊，因为他的话实在太有权威了，太无争论的余地了。不久，印宗得知慧能是谁之后，立即将他请至上席，求他开示黄梅五祖之道。下面是慧能答问的大意：

我师并无特别指授，惟论见性成佛，不论禅定解脱。那是二法，不是佛法；佛法是不二之法。掌握这不二之法，就是禅的目标。佛性人人皆有，而见自佛性就是禅；但佛性不可分割，不可分为善之与恶，常与无常，色之与心，等等二元对立。见有二边，是因思想混乱。

不知道大家有没有理解作者所说的意思，有两个要点：第一，不是风动，也不是幡动，而是心动。第二，佛性人人皆有，只要自己认知了，就是禅。两点合并起来就是四个字：由内而外。

后来慧能成为六祖，并传下来一本《六祖坛经》。上面这个故事就是从这本书里来的。《六祖坛经》是唐代高僧慧能大师的言行录。一般说来，佛教典籍之中，只有佛的言行录才可以称为经。其中只有一个例外，那就是记载慧能大师言行的这部《六祖坛经》也叫"经"。一位中国高僧，其言行得以称为经，并为大家所接受，本身就说明了这部经的价值及其特殊地位。

复旦大学王德峰教授在"喜马拉雅"平台的《王德峰的中西思想的必修课》中认为，慧能发动了一场"即心即佛"的佛学革命。他是这么说的：

> 没有一个人是没希望的——在佛学看来，在禅宗看来，每个人都有希望，因为他佛性在。这在根本上提出了"众生平等"，这对中国思想的下一步发展至关重要。众生平等的根据就是每一个人，无论是贩夫走卒还是引车卖浆者，都有佛性。于是每个人都相信自己，我们都能修佛成功，见性成佛，这就是慧能发动的佛学革命的基本内容。对于打破长久以来的等级观念来说，是革命性的。
>
> 所以慧能完成了一次佛学革命。把禅宗这种精神活动从少数文人的圈子里面解放出来，让他注入了每个中国老百姓的内心深处去，他本人就是人民群众的一员，成为广大老百姓内心的信念。

王德峰先生没有提到这次革命的重点，不像"哥白尼革命"那样，把太阳绕着地球转改成了地球绕着太阳转。这一点铃木大拙禅师总结了三条，把它们说清楚了。作者在《铃木大拙禅论集一：自性自见》中的"慧能的主要思想"一章里是这么说的：

> 慧能的主要思想——使他成为中国禅宗的真正创立者的主要关键——可以归纳为以下各点：
>
> （一）我们可以说，禅已在慧能手里复苏了，菩提达摩将它从印度带来，而且成功地移植于中国，但它当时并没有完全实现它的特有福音。须待两百多年的时间之后，它才明白它的本身，并知道如何以中国人心习有的方式表现它的自身；达摩

旦在慧能手里完成之后,他的门人便立即努力展示了它的一切含意。其结果便是吾人今日所见的佛教的禅宗。那么,慧能究竟是怎样认识禅的呢?

据他所说,禅就是"见自本性"(简称见性)。这是禅宗发展史所铸的一个最有意义的片语。如今的禅就是以这个为中心而得到具体的展现的,而我们亦因此知道究竟该如何用功,究该怎样使它在我们的心中呈现。自此以后,禅宗的发展便很迅速了……

……………………

(二)其无可避免的结果便是南宗的"顿"教。"见"是一种瞬间的作用;心眼只要一瞥即可看清整个真理——超越一切二元论的真理;其所以为"顿",乃因为它不历渐次,不是持续的开展。试读下面所引《坛经》中的一段话,即可明白所谓"顿教"的要义:

若悟顿教,不执外修,但于自心常起正念,烦恼尘劳常不能染,即是见性。

善知识,内外不住,去来自由;去除执心,通达无碍……愚人忽然悟解心开,即与智人无别。

善知识,不悟,即佛是众生;一念悟时,众生是佛。故知万法尽在自心。何不从自心中顿见真如本性?《菩萨戒经》云:"我本自性清净。"若识自心见性,皆成佛道。《净名经》曰:"即时豁然,还得本心。"

善知识,我于忍和尚处一闻言下便悟,顿见真如本性。是以将此教法流行,令学道者顿悟菩提。各自观心,自见本性……

若自悟者,不假外求;若一向执谓须要他善知识望得解脱者,无有是处! 何以故? 自心内有知识自悟。若起邪迷,妄念颠倒,外善知识虽有教授,救不可得。若起真正般若观照,一刹那间妄念俱灭。若识自性,一悟即至佛地!

(三)我们知道,此种"见性"一旦得到重视,而与哲理智解相对的直观法门一旦得到高举之后,其逻辑的结论之一,便是古老的或旧有的禅学观念开始受到轻视,而被看成一种定心的训练——仅是一种定心的训练而已。而这正是六祖的看法。在有佛教之初,有关禅定的解释,一向就有两条潮流:一条认为禅定系为停止一切心灵作用或扫除一切意识尘垢而设,例如佛陀曾经求教的阿罗逻和郁头蓝,即持此见;另一条则认为禅定只是接触究竟实相的有效手段。有关禅定观念上的这种根本差异,乃是达摩起初之所以未能在中国佛教徒、佛学学者以及当时的禅师之间受到重视的一个原因。这也是牛头禅与四祖的正统禅以及五祖之下的北宗与南宗分道扬镳的一个因素。六祖慧能是以一位直观主义的积极提倡者出现于世,故而不愿将禅定的意义作静态的解释。因为,据他说明,在禅定的最高阶段,此心并不只是一种东西,并不只是空无所有、毫无作用的抽象概念而已。他要抓住某种东西——在他的一切身心作用的根本之处活动的某种东西,因为这种东西不可能只是几何学上的一点,必然是能力与知识的根源。慧能并未忘记:意志毕竟是究竟的真实,开悟并不只是理智作用而已,并不只是静观真理而已。此心或自性必须在它作用的时候加以体会。因此,禅定的目标并不就是停止自性的作用,而是使得我们投入它的川流之中,当场将它捉住。他的直观论是富于动力的。

铃木大拙以上的总结很重要,都是关于由内而外的。第一点见性即佛,就是内心就是佛,也叫即心即佛。第二点顿悟,就是我们认知中的直观,这个和胡塞尔的意向性直观有点相像。第三点最重要,这个由内而外的顿悟不像印度佛陀那样,扫清一切意识尘垢,不是空无一物的,而是有实相的,也就是说可以看到现象的规律。这个和罗韦利的量子引力理论是一样的,虽然一切物质是在量子场中构成的,但也不是空无一物的,里面有比原子小几亿倍的空间原子。

那么佛教的由外而内究竟是怎么一回事呢?有一本书叫《禅外说禅》,作者张中行先生涉猎广泛,博闻强记,遍及文史、古典、佛学、哲学诸多领域,人称"杂家"。他与季羡林、金克木合称为"燕园三老"。

他觉得佛教内容过多、过专、过繁,因此只要记住核心要义就可以了。那么什么是核心要义呢?该书"佛法通义"一章中,解释了释迦牟尼是如何由外而内成为佛祖的。

首先,佛教是从哪里来的?是释迦牟尼创造的。那么为什么要创建这个佛教呢?所有的原因来自一个字,就是来自四面八方的"苦"字。该书中是这么说的:

> 佛家就正好相反,打个比喻说,是戴着一种特制的过滤眼镜,睁眼只能见苦而不能见世俗的乐(他们的所求也可称为乐,但不是世俗性质的)。这种怪看法,大概与古印度的社会状况有关,与民族习性与文化传统或者也有相当密切的关系,这且不管。总之,是他们看到的人生无乐可言,都是苦。据说释迦牟尼为太子时曾经游城四门,一门见生苦,一门见老苦,一门见病苦,一门见死苦。这显然也是戴着特制的眼镜看的。又,佛家所谓苦,还不只是眼所见,因为还有"设想"的轮回。说全了是六道轮回,就是人的灵魂(或心识)不灭,由于业因不同,死后要相应地由六种道转生,即地狱道、饿鬼道、畜生道、阿修罗道、人间道、天上道,循环不息。这样,苦就由现世的一段苦变为无尽的苦,所谓苦海无边。

在释迦牟尼看来,反正周围是一片苦海,走投无路了,怎么办呢? 作者接着说:

> 因为痛感生老病死等苦,想解脱,二十九岁时候,扔下妻子,出了家。先学"无所有处"道,继学"非想非非想处"道,都不满意。于是到苦行外道那里去修苦行,六年,只落得皮包骨。决心改变,坐毕钵罗树下,发誓说:"我今若不证无上大菩提,宁可碎是身,终不起此坐。"(《方广大庄严经》)静坐想苦因和脱苦之道,观十二因缘,过了七七四十九日,终于成了正觉,也就是寻得解脱之道。

那么是什么样的解脱之道呢? 也就是说这个外面的"苦"到底引出了什么样的内在觉醒呢? 作者接着说:

> 这解脱之道是对人生的一整套认识或理论,分称是苦、集、灭、道,合称是四圣谛。谛是真实义,大致相当于现在所谓真理。四圣谛按性质可以分为两大类:苦和集属于"知",即领悟世间不过是这么回事,是世间法;灭和道属于"行",即这样做就能解决问题,是出世间法。两大类还可以按因果关系再分:苦是集之果,集是苦之因;灭是道之果,道是灭之因。

于是,一系列的理论就建立起来了。比如"十二因缘",这是寻找苦因的进一步发挥。按作者的意思,是因为讲苦的人生,它不停止于感知,而追到因果关系、求其所以然,目的很明显,是想找苦因,以便容易灭苦果。

如何灭苦果? 于是"八正道""戒定慧"等修炼方法都出来了。这里的"定"就是我们说过的"禅定"。但是,正如上面提到过的,慧能不走传统佛教"禅定"的静止不动套路,而是走了老子的套路。作者在该书"禅宗史略"一章中是这么说的:

> 我有时想,禅法到慧能,作为一种对付人生的所谓道,是向道家,尤其庄子,更靠近了。我们读慧能的言论,看那自由自在、一切无所谓的风度,简直像是与《逍遥游》《齐物论》一个鼻孔出气。这种合拍,更生动地表现在《六祖坛经·机缘》篇的一则故事上:
>
> 有僧举卧轮禅师偈曰:
>
> "卧轮有伎俩,能断百思想,对境心不起,菩提日日长。"
>
> 师闻之曰:此偈未明心地,若依而行之,是加系缚。
>
> 因示一偈曰:"惠能没伎俩,不断百思想,对境心数起,菩提作么长。"

卧轮禅师自以为学了慧能的那句"本来无一物,何处惹尘埃"后,他的思想就可以接近慧能了。但慧能认为这样反倒是把自己给束缚了,要反其道而行之。该想的时候还是要想。禅宗里有无数这种公案与机锋，都是这种套路。为了什么？就是让我们断了传统的外来因果链接。这在禅宗里叫"破执"，你要问"禅是什么？"要么当头一棒，要么点指天空，要么答非所问。这个"执"就是原来那个因果世界观。因此，在这一点上慧能继承了中国哲学思想的精髓，坚持先"破执"、再"传心"的由内而外的修行。作者甚至说了一个"破执"，或者说是一个打破由外而内的极端的故事，即有关德山宣鉴六世法师的故事。

有一次，天黑了，他从崇信那里出去又回来，说外面黑，崇信点个烛给他，他刚去接，崇信把烛吹灭，他悟了，便礼拜。推想是领悟明不在外、即心是佛的道理……他的教法很特别，是"道得也三十棒，道不得也三十棒"，就是"打"，所以有"临济喝，德山棒"的说法。打，目的是用更直截了当的方法破执。这种精神也表现在他的言论上，最有名的是："达摩是老臊胡，释迦老子是干屎橛，文殊普贤是担屎汉，等觉妙觉是破执凡夫，菩提涅槃是系驴橛，十二分教是鬼神簿、拭疮疣纸，四果三贤、初心十地是守古冢鬼，自救不了。"否定心外的一切，自然就成为自性清净的心至上。

宣鉴法师连禅宗老祖宗达摩和佛教老祖宗释迦牟尼也给骂进去了，这个破掉由外而内的"执"算是彻底了，这就是我们这一讲所说的中国对佛教的"哥白尼革命"。在这次由内而外对由外而内的革命中发挥主要作用的是顿悟和直观，难道这个也是从老子那里来的吗？

老子是如何让认知大象自由的
第120讲

链接书目:《为与无为:当现代科学遇上中国智慧》 森舸澜

《倚天屠龙记》 金庸

上一讲我们讨论了慧能完成了中国佛学的"哥白尼革命",即把印度佛教的由外而内转变成了中国本土化佛教的由内而外。其中,由内而外最重要的一点是顿悟,或者说是直观、直觉。我们在讨论胡塞尔的现象学时曾经提到过,这个和胡塞尔提倡"回到事物本身"的原初直观有点像。我们说老子是现象学的老祖宗,因此,慧能的这个方法也应该受其影响。今天我们就来讨论这个问题。

大家肯定记得金庸的武侠小说《倚天屠龙记》吧,第二十四回"太极初传柔克刚"里面有一段张无忌向张三丰现学现练太极剑的情节,说张无忌是如何用一把普普通通的木剑战胜手持倚天宝剑的八臂神剑方东白的。书中是这么说的:

张三丰道:"不用到旁的地方,我在这儿教,无忌在这儿学,即炒即卖,新鲜热辣。不用半个时辰,一套太极剑法便能教完。"

他此言一出,除张无忌外,人人惊骇,几乎不相信自己耳朵,均想:就算武当派的太极剑法再奥妙神奇,但在这里公然教招,敌人瞧得明明白白,还有什么秘奥可言?

…………

张三丰一路剑法使完,竟无一人喝彩,各人尽皆诧异:"这等慢吞吞、软绵绵的剑法,如何用来对敌过招?"转念又想:"料来张真人有意放慢了招数,好让他瞧得明白。"

只听张三丰问道:"孩儿,你看清楚了没有?"张无忌道:"看清楚了。"张三丰道:"都记得了没有?"张无忌道:"已忘记了一小半。"张三丰道:"好,那也难为了你。你自己去想想罢。"张无忌低头默想。过了一会,张三丰问道:"现下怎样了?"张无忌道:"已忘记了一大半。"

…………

张三丰微笑道:"好,我再使一遍。"提剑出招,演将起来。众人只看了数招,心下大奇,原来第二次所使,跟第一次使的竟没一招相同。周颠叫道:"糟糕,糟糕!这可更叫人糊涂啦。"张三丰画剑成圈,问道:"孩儿,怎样啦?"张无忌道:"还有三招没忘记。"张三丰点点头,收剑归座。

张无忌在殿上缓缓踱了一个圈子,沉思半晌,又缓缓踱了半个圈子,抬起头来,满脸喜色,叫道:"这我可全忘了,忘得干干净净的了。"张三丰道:"不坏,不坏!忘得真快,你这就请八臂神剑指教罢!"说着将手中木剑递了给他。

最后的结果大家都知道,拿着倚天宝剑的方东白失去了一条臂膀,惨败给了拿着木剑的张无忌。那么张无忌用的是什么学习方法呢?我们在第53讲"'无为'究竟是什么"和第79讲"老子是如何让幸福大象自由的"中提到了老子的"无为"概念,古时候就是放开大象,让大象自由的意思。今天,我们还是用这个概念,看看老子是如何让认知这头大象自由的。你可能疑惑:用"无为"去解释道德,解释合作理性,解释心理学,都是可以的,现在要用来解释我们的认知和决策,这个可以吗?

有一本书,为我们的疑惑提供了答案。这本书就叫《为与无为:当现代科学遇上中国智慧》,作者是森舸澜。该书前言中是这么说的:

在早期中国思想家那里,知识的极致是理解,而不是掌握一套抽象的原则。感悟之后才可能进入无为状态,以轻松自如的方式,同时还要与自然界和人类社会良好的秩序("道")和谐相处,从容面对自然与社会,如此这般才是提高能力的目的所在。因为中国传统重视怎么做,而不是知道这个或那个,所以他们在过去两千多年里不厌其烦地探索无为那种内在的、心理上的感觉,关注的是无为深处的矛盾,提出了各种与其相关的行为方法。在早期中国,理想的人更像训练有素的运动员或教养深厚的艺术家,而不是不动感情的成本效益分析员。这种理念与我们直觉上真正的至善及从科学的角度更好地理解心智活动,可谓正相吻合。

这一段话很重要,因为作者是一位西方哲学家,长期以来受到西方由外而内的二元论影响,认为"心"和"身"是分离的。因此,他受中国哲学由内而外的、"内在的、心理上的感觉"的启发,得出运动员和艺术家是如何掌握一套高于常人的知识体系,达到心身一体的。这个正是现代科学要研究的课题。那么这个"无为"在人的心与身上发挥着什么作用呢?在神经科学上应该有一个什么样的说法呢?

作者举的案例是我们熟知的庄子的《庖丁解牛》,和前文举的张无忌的案例基本是一样的。不同的是,庖丁不知道如何传授他的知识给儿子,而张三丰知道。作者在该书"庖丁解牛与名士风度"一章中的"你的大脑是如何无为的"一节里举了庄子《秋水篇》中的夔的故事。这个故事是这么说的(译文):

　　夔羡慕蚿，蚿羡慕蛇，蛇羡慕风，风羡慕眼睛，眼睛羡慕心思。

　　夔对蚿说："我只能用一只脚跳着行走，我不如你啊。现在你使用那么多的脚行走，究竟是怎么走法呢？"

　　蚿说："不是这样的，我并非有心用万足行走。你没见到过那唾沫吗？喷出来，大的如珠子，小的如水雾，夹杂着散下，不可胜数。现在我也像唾沫一样，只是动用我的自然本能，并不知道为什么这样。"

作者认为蚿所说的话是有科学依据的。该书中是这么说的：

　　最近的研究表明，上述说法未必没有道理。虽然仅有一个我，从重要的功能角度来说，我们被分为两部分。研究者普遍认为，人的思维拥有两个各不相同的系统，其作用也大不相同。二者之一，也是最重要的不说话的热认知（hot cognition）或"系统1"是迅速的、自动的、轻松的，一般来说也是无意识的，大体上与我们所谓的"身体"和庄子所说的"天机"相吻合。其次是明确的冷认知（cold cognition）或"系统2"，其特点是缓慢的、有意的、用力的和有意识的，大致与我们的"思想"相当——即我们有意识的、形诸语言的自我。

作者所说的大脑系统1和系统2，就是我们讨论过的情绪脑与思考脑，诺贝尔经济学奖得主卡尼曼称之为"快思考"与"慢思考"，其实现在的心理学、行为经济学和神经科学都在研究这个问题。作者是这么说的：

　　在一定程度上，两个系统在神经解剖学上也是不同的——因为它们安顿在大脑的不同部位。事实上，通过临床试验我们才知道两个系统的存在。研究人员通过观察选择性大脑损伤的研究过程中发现其中一个系统工作时另一个系统并没有工作。收看过影片《记忆碎片》（2000）的读者一定知道顺行性遗忘症：得病的人没法形成新的明确的短期记忆。他们知道自己是谁，也知道遥远的过去，但对此时此刻却是永远地一无所知了。有趣的是，虽然病人无法生成新的自觉的记忆，但是在下意识层面上，他们却可以生成新的模糊的记忆……我们所说的"心"和"身"在技术层面上并不准确，但是从这个角度入手足以揭示两个系统的功能差异：一个是慢的、冷的、有意识的心智；另一个是一系列快的、热的、无意识的身体本能、预感和技能。"我们"在习惯上接受冷的慢的系统，因为这是我们清醒的意识和自我感安顿的地方。不过，在清醒的自我的下面，还存在另一个自我——更大更有力——但我们却不能得其门而入。正是这个更深层的、进化时间更早的部分知道如何吐口水,如何移动我们的双腿。当我们抵抗甜食的诱惑或要把自己从床上拉起来时,和我们较劲的也是这部分。

那么问题来了,矛盾的热与冷、快与慢、情绪与理性、有意识与无意识,如何在大脑中协调地为我们服务呢?作者认为这个时候"无为"就要登场了。作者是这么说的:

> 无为的目的是使这两部分顺利而又有效地发挥作用。对进入无为状态的人来说,心智是涉身的(embodied),身体是清醒的;两个系统——一热一冷,一快一慢——相互融合。其结果是运用智能的自发性以完美的方式应对环境。庖丁手持砍刀,三下两下肢解大牛的流畅感是通过几个象声词来描述的——如"砉然"和"騞然",这些描述符号是《庄子》的鲜明印记,但要翻译出来的话,译者又无从下手。庖丁周围的旁观者在其表演中感到那种从容不迫是庖丁自己内化的经历,他已经被"意念"裹挟走了,那头牛自然而然地四分五裂。

作者接着以神经科学的两个实验来说明"无为"在大脑认知中的作用。为了使大家更加容易理解,作者在大脑中分隔了两个认知区域,热认知在前扣带脑皮层,冷认知在侧前叶皮层。作者列举了两个实验来说明两个区域里的大脑活动。第一个实验是词义与颜色错配实验,就是以黑色的字体写"红色"两个字,以红色的字体写"黑色"两个字,然后依据字体颜色大声说出"红色字""黑色字"。第二个实验是查尔斯·利姆和艾伦·布劳恩对演奏中的专业爵士乐钢琴手进行的核磁共振扫描研究。两个实验的结果就是热认知和冷认知是协同工作的。

张无忌的大脑是如何"无为"的,我来告诉大家实验的结果。作者是这么说的:"你的意识走开后,身体走上前台。"所谓的热认知,也就是无意识的认知,在我们身体发生动作的时候,冷认知也就是有意识的认知,已经参与进来了。但是,冷认知看到热认知处理问题井井有条的时候,虽然自己已经参与进来了,但不会居功自傲,而是站在旁边默默地欣赏着热认知的活动。

作者这里提出了一个21世纪才被认知科学关注的具身认知问题。庖丁也好,张无忌也好,一个共同特征就是,他们的认知是伴随着身体的行为一起发挥作用的。看来老子的"无为"不仅仅是让心中的大象自由,还要让我们的大脑与身体也自由自在,真正做到心神合一。这个有科学依据吗?这个就是第四次认知革命的一个专有名词了,叫什么呢?我们看看森舸澜在《为与无为:当现代科学遇到中国智慧》一书中是怎么说的:

如果我们用"西方"来指称启蒙后的欧洲及其殖民地的主流的思维模式,那么我们可以说,该模式在习惯上把理性思维描绘成人性本质的核心,认为推理发生在虚无缥缈的王国,与我们周围嘈杂的物理世界毫不相干。这种观点涂上了鲜明的二元论色彩,认为"心"及其可能存在的抽象理性与"身"及其情感不仅是风马牛的关系,而且还凌驾在后者之上。虽然某种身-心二元论好像是人类心理的普遍概念,但这种从柏拉图到笛卡儿的传统,却把区别人(拥有心智)和物(不拥有)的模糊的直觉变成了匪夷所思的形而上的两分法:一方是根本看不见的、被分离出来的"心智"(mind),另一方是构成我们物质世界的"实物"(stuff)。

作者所说的就是针对笛卡儿的"我思故我在",思在前,身在后,身是不管认知的,但认知科学把两者合二为一了。作者接着说:

这种明显的二元视角不仅使我们对自己感到困惑,而且对科学也造成了巨大的负面影响。早期(20世纪中期)的认知科学家把人的心智视为装在罐子里的大脑,负责处理抽象信息,此后他们取得的成绩几乎不值一提。幸运的是,过去几十年认知科学已经从二元论的概念桎梏中摆脱出来,从根本上把人的思维视为"涉身的"(embodied)[即身心合一的]。也就是说,我们的思维是以具体经验为依托的,即使表面上那些相当抽象的概念,也要通过类比和比喻与我们的身体经验发生联系。我们一想到"正义",脑海中必然出现一杆秤,或平均分成两半的物体;一想到生活,我们必然想到那些没走过的路。认知学上的涉身论还认为,思想与感觉之间存在内在的联系,同时质疑理性与情感之间硬性的分离。不仅如此,认知科学家也开始强调如下事实:人脑的设计主要是为了指导行动,而不是为了再现抽象信息——虽然必要时可以再现信息。这种"涉身认知"革命至少部分地从亚洲宗教思想里汲取了灵感——包括早期和晚期中国佛教信徒对无为的描述——所以拙著融汇认知科学与中国思想也是顺理成章的了。

作者的意思表达得很明白,老子的"无为",是让认知大象自由,就是指涉身认知,也可以叫具身认知。这是20世纪才出现的概念,最早提出这个概念的,不是认知科学家,而是现象学的哲学家。是谁呢?

为什么我们要让身体也加入认知
第121讲

链接书目：《具身认知：身体如何影响思维和行为》　西恩·贝洛克
《东南亚汉学中的上海文学研究》　王光东

上一讲我们讨论了"无为"在认知上的功能与作用。老子的"让大象自由"，其实是人参与认知的身体的自由。这是最新的有关身心合一的认知科学理论，叫"涉身认知"，也可以译为"具身认知"。这个也是我们讨论的第四次人类认知革命中的一环。今天我们进一步讨论"具身认知"是如何发挥让大象自由的功能的。

有关这方面的书籍已有不少，今天介绍芝加哥大学心理学系教授、专注研究人类表现的一流脑科学专家西恩·贝洛克的《具身认知：身体如何影响思维与行为》。

如果你不理解"具身认知"是怎么一回事，那么我告诉你，我们的中国哲学密码——生命之道、由内而外、合作理性、天人合一中的天人合一就是我们讨论的"具身认知"。我们来看看作者在该书前言中是如何介绍他对具身认知的认识的。作者是这么说的：

> 古希腊人把人的身体看作存放思想的寺庙，他们认识到头脑健康与身体之间的联系。扩展来说，身体所处的环境也是值得注意的要点。我会告诉你通过锻炼可以获得心智力量，也会向你展示为什么以身体为中心的冥想可以帮助你提高在工作中专注的能力。你还会遇见一位研究者，他发现市中心项目中的绿地会减少家庭暴力。然后你将学习到如何利用自然的力量来更加清晰地思考和自我控制。

> 你的身体会帮助你学习、理解，同时弄明白我们所处的世界。身体甚至能够改变你的想法，无论你是否知晓。生产保健产品、零食，以及饮料的公司，比如宝洁和可口可乐已经弄明白了这一点，它们利用和身体影响有关的科学信息来说服我们购买它们的产品。像谷歌这样的公司理解身体对于思考和创造力的重要性，所以鼓励员工们站起来运动，走出去锻炼。当你的身体可以跳出常规时，你的思想也会冲出条条框框。

作者所说的"具身认知"或者说"天人合一"可以让思想冲出条条框框,就是我们在讨论的"无为"神经科学机制。作者在该书"皱纹没了,忧愁也没了:情绪原来扎根在身体里"一章中,介绍了这方面的一个研究成果。作者是这么说的:

据估计,15个美国成年人中就有一个(也就是2100万人)患有抑郁症。我们大多数人有时会心情沮丧,但是抑郁却是一种持续性的悲伤感受,它会影响你的思考、你的感受、你的行为。对于患有重度抑郁症的人来说,一切都是灰色的,生活无望,没有什么值得留恋。

虽然我们对于大脑的内部活动最近又有了新的理解,但是却仍然没有发现对每个人都有效的抑郁症治疗方法。心理治疗和百忧解这样的药物已经帮助了上百万人缓解抑郁症,但是却无法帮助到更多的人。令人遗憾的是,有些人的抑郁症对于治疗具有抵抗力。

然而,稍加考虑我们就会发现,几乎所有已有的抑郁症治疗方式(无论是疗法还是药物)都是以医治大脑为目标的。是否有一种方法不通过大脑皮质,而是通过改变身体来缓解抑郁症呢? 对于一种根植于精神上的疾病来说,似乎关注身体并把其作为解药是一件很奇怪的事,但是最新的科学研究惊人地发现,身体对于我们的心理状态有着强大的影响。

……………

抑郁的人通常可以通过面部表情识别出来:蹙额皱眉,向下弯的嘴角。当像劳拉这样的病人来到整形外科医生库尔特·卡瓦诺(Kurt Cavanaugh)的办公室时,他马上注意到了这样的面部特征。在她未婚夫出事两年后的一个凉爽的秋日,劳拉去找卡瓦诺寻求肉毒杆菌治疗。

肉毒杆菌中的有效成分是一种神经毒素,注射这种毒素的肌肉会被麻痹。当人们为了眉间纹而使用肉毒杆菌时,他们发现不仅皱纹消失了,眉间纹所产生的不快或愁苦的表情也随之消失了……

……………

一个最近在德国和瑞士进行的研究进一步证实了肉毒杆菌在缓解抑郁症状方面的能力。研究人员从当地心理诊所招募了患有重度抑郁症的男性和女性,在16周的时间内,他们在这些患者的脸部(眉间和额头)进行了一系列的注射。志愿者们知道他们可能会被注射肉毒杆菌或安慰剂,但是并不知道自己得到的是哪一种。这个研究的权威性在于这是一次双盲测试,也就是说不管是负责注射的医生还是患者自己,都不知道他们得到的是肉毒杆菌还是生理盐水。装有肉毒杆菌和安慰剂的注射器无法区分。实验结果是令人震惊的。在第一次治疗后6周,那些接受肉毒杆菌注射的人的抑郁症状(如悲伤、绝望、负罪感)的程度平均减少了47%,而且在整个实验过程中,这种积极的效果一直持续。而那组接受安慰剂注射的患者并没有表现出同样显著的改善,他们的抑郁程度在整个研究的过程中都保持平稳。

对于以上作者介绍的这个实验,身体的治疗同时可以为情绪治疗,并且疗效显著,这个在我们第10讲"身上的和心中的痛苦可以用同一种药物治疗吗"中已经介绍过了,当时讨论的主题是人类的社会脑测试,其实两者是同一个概念。现在我们知道老子为什么要发明"无为"这个词了,因为身体和心灵、精神和肉体,或者说天和人,都是一体的,说出来大家是不相信的。但是笛卡儿的"我思故我在"的身-心二元论,一说出来,大家就相信了。因此,作者写该书也是要批判这种观点的。作者是这么说的:

> 笛卡儿认为精神和肉体之间存在着极大分别,精神和身体相比,是由完全不同的物质组成的。这种二元论观点,也就是我们的身体,与思考、学习、认知以及感受毫无关联,在今天仍然被广泛接受。甚至很多最近出版的脑科学书籍也都完全忽视了一点:身体在塑造精神的过程中扮演着一个具有构成性影响的特别角色。

以上我们讨论的都是身体如何控制情绪,现在我们再来看看作者是如何找到身体与学习、思考、认知之间的关系的。在该书"手指灵活,数学也强:运动体验如何提升认知能力"一章中,作者分析出我们大脑中关于数学的思维与我们的手指是共用一个神经系统的。作者是这么说的:

> MATHCOUNTS数学竞赛是一项全美国初中范围内的教学计划,这项计划通过鼓励和组织拼字比赛类的竞赛来提高数学成绩,这项竞赛的冠军通常都是精通数学和音乐的……

> 为什么音乐训练会和更好的数学技巧如影随形?这都和身体有关。在过去的几年中,科学家把研究矛头指向了我们控制手指的能力(音乐家的控制能力通常都很强)和数学表现之间的联系。手指和数字在大脑中拥有相同的神经实体;特别是在两种能力中都参与实现的顶叶皮层。最近的研究表明在音乐训练中的身体练习会帮助孩子更好地发展数学思维。相反的例子也成立——过去的几年

中有一些人在突然失去运用手指的能力之后,他们头脑处理数字的能力也出现了问题。

亨利·波兰(Henry Polish)59 岁,有一天他醒来的时候发现自己无法完成简单的算数计算,也不能拨打电话号码……

医生们对亨利做了一次完整的神经病情检查,并找到了一个奇怪的行为模式:他可以说话也能理解,可以移动也能跟随指挥,但是在参与涉及手指和数字方面的活动时他就有了困难……

亨利读字母没有任何问题;只有当涉及数字的时候他才会感到困惑。CT 扫描显示在亨利的左顶叶后部有一个小痕迹,这部分的大脑在理解数字方面至关重要,同时也和帮助我们协调手部动作的大脑动作区域有联系,比如用拇指和食指表示出字母"O"。亨利负责运动手指和理解数字的多任务指挥中心失效了,所以他的两种能力都出现了困难。

以上作者介绍了身体与情绪、身体与学习合二为一的神经科学机制,那么身体与我们对知识的理解有没有关联呢? 作者在该书"能说对,才能听懂:用身体理解别人"一章中是这么说的:

现代神经系统科学已经发现了脑功能特化的证据。比如说语言,它看上去好像在大脑中拥有一些本地化的中心。通过像功能磁共振成像(fMRI)这样的技术,科学家们已经能够在人讲话的时候窥视到人脑内部,并证实确有特定的神经实体参与到与他人交流以及理解他人讲话的过程中。同时通过这个研究,神经系统科学家已经认识到大脑处理信息的实质并不只局限于一块脑组织,而是分布在整个大脑。比如,当我们需要理解关于外在世界的语言时,我们会激活大脑中负责动作和交互的部分——甚至当时我们根本就没动。

…………

对于简单的动词(比如舔、踢和拿)来说,确实如此。在理解这些话的意义的过程中,参与进来的不仅仅是处于大脑深处的迷你语言计算机。大脑中真正指挥身体完成动作的区域也很重要。为了理解这些动词,我们利用了负责执行这些动作的大脑运动区域。"抓住"这个词之所以有含义是因为我们能够把抓住的动作和这个词相连;把动词"给"和给予的动作相连会让说出的话具有动作意义。就算你是在谈论抽象的东西,比如给你老板一个建议,用来控制给别人传递物品的运动系统也会参与进来。

作者以上的研究很重要,我们对这个世界的理解,其实都是通过动词来进行的,我们知道语言都是由主谓宾结构组成的,这个谓语通常都是动词,中文里可以用形容词做谓语,但是省略了英文里面的系动词"是",这个在英文里是一个表示"存在"的动词。作家们为了让自己的作品深深地刻入我们的大脑,他们会巧妙地运用动词来激发负责动作的大脑区域,以达到审美需求的最大化。

有一本叫《东南亚汉学中的上海文学研究》的论文集,里面有一篇论文——《造一个宏大的存在:论王安忆长篇小说诗性语言的建构和转变》,专门研究我国著名作家王安忆小说的语言,文章中列举了王安忆的独特动词用法,认为王安忆以诗意性的形象建构文学语言的可感性。书中是这么说的:

> 词类活用
>
> "心思容易活。"
>
> "她包了一眶眼泪。"
>
> "眼睛里放着光亮。"
>
> "吃了外甥女的呛。"
>
> "眼睛周围的皮肤显得很肉。"
>
> "富萍和奶奶生了隙。"
>
> "这姿态有着一种虔诚。"
>
> "公公戛哑的声音在水一般的月光里踌躇。"
>
> 王安忆认为动词是语言最主要的支撑。她说过:"动词是语言中最没有个性特征,最没有感情色彩,最没有表情的,而正是这样,它才可能被最大限度地使用。"《富萍》少了《长恨歌》用在各种修辞格上的形容词性,却以动词直接表示人物的行动,增强了视觉上的直观,也具体化了物象的可感性。"活"用于心思、"包"用于眼泪、"放"取之"发放"、声音以"踌躇"拟人化,隙是"生"出来的……使小说语言更趋陌生化,产生一定程度的新鲜感。除此,"肉"当形容词用,"虔诚"作名词用,诸如此类的词性"异化",都是刻意突破语言规范,制造出一定的审美效应。

以上从神经科学和文学欣赏两个角度描述了身体,以及由身体引起的活动加入我们认知里面的重要性,如果你对西恩·贝洛克的具身认知概念还是不理解的话,那么有一个词,你肯定理解,是什么呢?

凯文为什么死在了专家的手里
第122讲

链接书目:《直觉:我们为什么无从推理,却能决策》 格尔德·吉仁泽
《迈尔斯直觉心理学》 戴维·迈尔斯

上一讲我们讨论了为什么身体加入我们的认知有如此大的作用,这个叫具身认知,是21世纪认知科学的前沿理论。其实学习了森舸澜的《为与无为:当现代科学遇上中国智慧》一书后,知道了这是"无为"在热认知身体和冷认知大脑之间起着的协调作用。《具身认知:身体如何影响心智》的作者盖伊·克莱斯顿也是持同样的观点,该书引言部分有这么一段话:

> 这种心智与身体最原始的联系一直都存在。我们的大脑中既不存在单独储存真理和正义这种抽象概念的场所,也没有进行哲学思考的独特空间。从出生到死亡,我们的身体一直都是我们思想和愿望的基础,不管这些思想和愿望有多么复杂。研究结果表明,在复杂的环境中,当人们不仅依靠理智,还依靠"直觉"——而不是把"直觉"视为绊脚石时,他们所做出的决定会更明智。

身体和心智,热认知和冷认知,"无为"让身体的大象自由,这些概念还不如两个字"直觉",这个大家一听就懂。但此直觉,已不是彼直觉了。第四次认知革命把直觉从非理性的非科学语境中解放了出来,按照《具身认知:身体如何影响心智》作者的话,这属于情感神经科学的范畴。

其实,我们平时的思维和行为90%是由直觉控制的。今天我们要阅读的书就叫《直觉:我们为什么无从推理,却能决策》,作者是认知心理学家格尔德·吉仁泽。

什么是直觉?作者开门见山地回答了这个问题,在该书"答案就在你的心里"一章中是这么说的:

> 我们以为智慧是一种按照逻辑规律运行且有意识的活动。然而,我们的大多数精神生活都是无意识的,而且往往背离了逻辑,比如第六感和直觉。我们进行体育运动靠直觉,结交朋友靠直觉,甚至买哪一款牙膏,或是从事其他重要的活动时也靠直觉:我们会爱上一个人,我们认为道琼斯股票会上涨。这本书要解决的

问题是:这些感觉从何而来? 我们又如何得知?

作者所说的"直觉"就是老子让认知大象自由的结果,这是人类最高境界的认知。下面我们引用作者的观点与研究结果,结合老子"让大象自由"的观点,看看老子是如何从一位认知疗法大师变成一位直觉心理学专家的。我们可以更加深入地理解老子思想体系的底层逻辑。

《道德经》中说:"少则得,多则惑。"作者在该书"少即是多"一章中,举了这么一个现实的案例,是这么说的:

美国一所医学院的附属医院的儿科在全美首屈一指。几年前,医院接收了一名21个月大的男童,我们就叫他凯文好了。凯文的毛病非常多:气色差、不与人交流、相对实际年龄来说体重过轻、拒绝进食、耳部还经常感染。……当时,一名年轻的医生负责这位病人,不忍从这个瘦弱的孩子身上抽血,他注意到,打针过后,凯文就拒绝进食。根据直觉,他尽量避免进行侵入性的检查,而是给孩子创造一个关怀的环境。此后,孩子开始进食,他的身体状况也有所改善。

然而,这位年轻医生的导师并不赞同他用这种非传统的治疗方法。最后,这位年轻的医生终于阻止不了诊断上的机械流程,而凯文也被交到了一群专家的手里,专家们每个人都有一种特定的诊断方法。他们认为医生的职责就是找出这个小男孩的病因。他们认为自己不能冒险:"如果他没诊断出病因就死去,那我们就会声名扫地。"接下来的9周,凯文接受了一套又一套检查:照CT、吞钡检查、数不清的活组织检查和血培养、6次腰椎穿刺、超声波和其他临床检查。检查出什么结果了吗? 没有! 这一连串检查之后,凯文又拒绝进食了。然后,专家们忙于应付饥饿和感染的并发症,凯文还没来得及接受下一轮检查——胸腺活组织检查就死了。凯文死后,医生们继续检查他的尸体,希望找出病因。那孩子死后,一名住院医生说:"为什么,他一次性进行了三次静脉注射! 再也接受不了另外的检查,还怎么找出病因。我们所做的一切正是他丧命的罪魁祸首!"

其实,这个案例和老子的一句话很相符,《道德经》中说:"明白四达,能无知乎?"无知是少即是多的好帮手。同样是在"少即是多"这一章中,作者还真举了这么一个无知的案例。

2000年,《资本》杂志举行了一场选股比赛。包括主编在内的1万多人参加了比赛。此前,编辑已经列出如下规则:在50种国际互联网股票内随意买卖,为期6

周,获取最高利润者为胜。很多参赛者试图获取更多关于这些股票的信息和内情,另一些人则运用高速电脑选择正确的投资组合。在所有参赛的投资组合中,有一组别具一格。

这一组合是在"集体无知"的规则下建构的,没有专家的知识,也没有好用的软件,我和经济学家安德里亚斯·奥特曼(Andreas Ortmann)都主张这种方法。我们找了一些对股票一知半解,甚至都没听说过那 50 种股票的人。在柏林,我们随机询问了 100 位路人,男女各 50 人,问他们会选以上哪种股票。我们就名字最常见的 10 种股票列出了一个投资组合,并以"买入—持有"的方式递上这个方案参与比赛,也就是说,自买入后,它就不能再变动。

我们遭遇了熊市,这可不是个好消息。不过,我们这个基于集体直觉的股票组合上涨了 2.5 个百分点。《资本》杂志的主编是投资行家,他懂的比 100 名路人的股票知识加起来还多,但是他的投资组合却下跌了 18.5 个百分点。集体识别投资组合上涨的百分点超过了 88% 的参赛者,并优于《资本》杂志所设定的各种参数指标。作为对照,我们还就最不为人所知的 10 种股票列了一个低直觉组合,它和主编的组合一样糟糕。第二次研究的结果也大同小异,在这次研究中,我们仍然进行了性别的区分。有趣的是,女人知道的股票较少,然而,她们凭直觉选出的投资组合赚的钱却比男人多。这一发现印证了之前的研究:女人的财务知识不怎么样,可她们的直觉更好。

这里,我想纠正解读老子时,我们一般会犯的错误。《道德经》中有一句叫"常无欲,以观其妙;常有欲,以观其徼",我们一般解读为"常无"和"常有"。这种解读法把老子《道德经》要表达的"无为"境界给彻底毁掉了。帛书版原文是这样的:"故恒无欲也,以观其妙,恒有欲也,以观其徼。"

这个"欲"的正确意思应该是有意识地想达到目标,和我们今天"理性"与"意识"的解释有点像。"欲"本义指想达到某种目的或得到某种东西,也指想达到某种目的或得到某种东西的要求,由此又引申为"需要"。

请注意,这里"需要"是引申的。因此,如果解释为"需要"的"欲",这句话无论如何是讲不通的。老子在《道德经》里大量使用"意识"的"欲",比如《道德经》中说:"将欲歙之,必固张之;将欲弱之,必固强之;将欲废之,必固兴之;将欲夺之,必固与之,是谓微明。"

你看这里面的"欲"字和贪得无厌的欲望有关吗?但在老子 1500 年后,王安石开始用这种解读。有可能他觉得"欲"是一种贪婪的表达,怎么"常有欲"后面,还跟着"以观其徼"(意思是可以认知事物的边界)呢?于是他自作主张把"常有欲"解读为"常有",为了对称,把前面的"常无欲",也干脆解读为"常无"。

再介绍一本书,叫《迈尔斯直觉心理学》,作者是心理学大师戴维·迈尔斯。在这之前,还没有一本权威且系统的心理学著作是面向大众来科普直觉心理学的,迈尔斯的这本书填补了这方面的空白,被美国心理学会前主席盛赞为"心理学界最好的著作之一"。在该书中,迈尔斯介绍了神秘的直觉不仅在炒股、寻找配偶、招聘或者评估能力时起到了重大作用,而且还是创造力的源泉。在"直觉是创造力的源泉吗?"一节中,作者讲了这么一个故事:

> 皮埃尔·德·费马(Pierre de Fermat)是17世纪一位爱搞恶作剧的天才。他对当时的数学家提出挑战,用他的解决方案来解决各种数论问题。当数学家们破解了他的其他所有挑战后,费马提出了他最著名的挑战,被他称为"最后定理",这就是费马大定理……
>
> 三个多世纪以来,许多最伟大的数学家对这个谜题苦思不得其解,甚至在1908年悬赏200万美元(这是那笔赏金在如今的价值)的情况下也没有找到答案。像其他许多数学家一样,普林斯顿大学的数学家安德鲁·怀尔斯对这个问题思考了三十多年,他很快就要找到解答了。一天早上,令人难以置信的启示突然降临,解决了最后剩下的一点儿困惑。"那真是无法形容的美好,它既简单又精美。我不明白自己之前怎么会遗漏掉它,我难以置信地盯着它看了足足20分钟。然后我在系里到处溜达,时不时回到办公桌边看一看它是否还在那儿。答案还在那里。我控制不住自己了,我太兴奋了。那是我职业生涯中最重要的时刻。"
>
> …………
>
> 创造力的直觉维度源于无意识的加工。怀尔斯大脑里位于下层的认知工人长时间地琢磨着费马大定理。"你必须专心致志地思考这个问题,心无旁骛。然后你不再去想它。那似乎是一段放松的时期,在此期间潜意识取而代之,新的洞见也会在这个时期产生。"约翰·凯恩斯(John Maynard Keynes)指出,牛顿的创造力也是这样产生的:"他独特的天赋在于他能够持续不断地思考一个纯脑力的问题,直到彻底洞察这个问题。我猜想他之所以卓越不凡,是因为他既有天赋,又具有最强大、最持久的直觉。"

在怀尔斯放松的时候,灵感突然冒了出来。这种现象说明顿悟很多时候来得轻而易举。阿基米德在踏进澡盆时大喊："我知道了!"因为他突然想到同等质量的纯金皇冠会比银皇冠排出的水更少。凯库勒做梦梦到了两条缠绕在一起的蛇,这使他想到了苯环。在解释自己如何想到了诸如相对论这样的概念时,爱因斯坦说:"文字和语言在我的思维过程中似乎不起任何作用。"在一项调查中,83位诺贝尔奖获得者中有72位指出了直觉对于成功的作用。"有时我们觉得好像有一只手在引导我们,"1985年诺贝尔医学奖获得者迈克尔·布朗(Michael Brown)说,"我们从这一步走到下一步,不知怎么便知道了正确的方向。我真的说不清我们是怎么知道的。"

与之类似,巴赫说音乐似乎毫不费力就会流淌出来:"问题不是去寻找它们,而是在早晨起床下地的时候不要踩到它们。"毕加索说:"绘画比我更强大,它让我做它想做的事情。在开始创作每幅作品时,有个人和我在一起绘画。"而美国著名喜剧片编剧拉里·吉尔巴特(Larry Gelbart)对创造力过程是这样解释的:"就好像你的大脑是别人的大脑,你的身体被用作它的办公室。"

迈尔斯认为直觉不但是我们创造的源泉,而且还是我们学习的源泉,我们在无意识状态下的学习,有时候会成为我们知识的来源。他的结论就是:你不知道自己知道但事实上知道的事情,比你认为的更有影响力。这不就是老子的"无欲,以观其妙"吗?那么他的这个结论是怎么来的呢? 作者是这么说的:

这是从三百多个研究无意识学习的力量的实验中得出的结论(认知科学家比较喜欢称之为"非意识学习",以免与弗洛伊德的无意识心理发生混淆)。其中一些实验是由塔尔萨大学(University of Tulsa)非意识信息加工实验室(Nonconscious Information Processing Laboratory)的帕维尔·勒维克(Pawel Lewicki)及其同事实施的,他们的实验得到了美国国家科学基金会(National Science Foundation)100万美元的经费资助。勒维克的实验发现,多任务的非意识思维不只在处理着琐碎的日常事务。它在侦测复杂的信息模式方面具有惊人的能力,既迅捷又灵活。

············

塔尔萨大学的实验发现人们的非意识学习能够预期到对意识来说太复杂、太混乱,根本注意不到的模式。在一项研究中,研究者让其中一些学生观看数字"6"在电脑屏幕上到处跳动,从一个象限跳到另一个象限。尽管它的跳动似乎完全是随机的,也就是说不存在任何意识可以发觉的规则,但事先看过这种展示的学生能够比没有看过的学生更快地在满屏幕的数字中找到下一个隐藏的"6"。虽然不知道这是怎么回事，但他们追踪数字的能力确实提高了。当数字的运动真的完全随机时，学生的表现也随之变差了。

迈尔斯把大脑中进行无意识学习的功能，称为默默无闻在干活的"认知工人"，而有意识的认知是大脑中的CEO。该书中是这么说的：

> 有人曾告诉你你很了不起吗？确实如此。你在后台加工着大量的信息。你毫不费力地将许许多多认知工人分配去完成大多数思维和决策任务。这些工人在你头脑的地下室里忙碌地工作着。只有真正重要的脑力任务才会被摆上总裁的办公桌，也就是你的有意识思维运作的地方。当别人问"你在想什么"时，你的脑力CEO会提到担忧、希望、计划和问题，完全不在意底层工人的工作。

那么认知的底层工人主要是干什么工作的呢？三件事情：专业技能、灵感创造和社会直觉。专业技能我们已经通过庖丁解牛的"无为"认知解释过了，灵感创造就是上述怀尔斯的案例。那么什么是"社会直觉"呢？迈尔斯一句话就解答了，就是人际关系，也就是我们一直在讨论的合作理性。我们说合作理性既是一种生命的本能，又是一种理性，这是一个矛盾，现在迈尔斯通过直觉心理学把这个问题解决了。因此，我们在学习《道德经》的时候，不要把它仅仅作为一部道德大全，它还是一部认知大全、心理学大全。一句话，社会直觉是合作理性大全，在道德上是人与人的合作，在认知上是身体与理智的合作，在心理学上是自我与自我的合作，也就是如何找到生命的意义的合作。这个我们在前面已经讨论过了。

我们学习了直觉的认知功能，知道了凯文为什么会死在专家手里。但是人们还是有疑惑：难道理性真的没有用了吗？理智真的跟在身体后面吗？身体是先天的，难道我们的经验也是先天的吗？那么我们学习还有什么用呢？理性和理智肯定是有用的，那么它们是怎么来的呢？

为什么康德是真正的人工智能之父
第 123 讲

链接书目:《康德哲学讲演录》 邓晓芒

《纯粹理性批判》 康德

上一讲我们讨论了直觉在认知中的功能,一个是我们无从推理但能够决策的功能,另一个是我们的创新灵感来自直觉的功能。这么说来我们就不用学习知识了,我们只要凭直觉就可以认知万事万物了。真的是这样吗?今天我们来讨论这个问题。

首先一个前提必须确认,我们的大脑不是一个理智脑,它是一个直觉脑。这个秘密是康德发现的。你是不是疑惑了,康德不是写了一本叫《纯粹理性批判》的书吗?怎么能说是康德发现了直觉脑呢?今天,我们不是从神经科学机制,而是从哲学的层面去讨论这个问题。

由于康德原著很难读懂,这里还是像前面一样,引用邓晓芒先生《康德哲学讲演录》里对《纯粹理性批判》一书的导读内容。首先,我们要搞懂一个问题:康德为什么要写《纯粹理性批判》?邓晓芒先生在该书中是这么说的:

> 要理解《纯粹理性批判》,就要了解它产生的那一段历史,至少要了解康德时代的哲学环境。欧洲启蒙运动以及近代欧洲哲学在那个时候提出了一个什么问题?
>
> 当时对康德的哲学思想影响最大的是休谟,他说休谟打断了他的独断论的迷梦,也就是说,打断了他的教条主义的迷梦。
>
> 什么是独断论呢?独断论,我们也翻译为教条主义,就是指当时德国流行的理性派哲学,我们称之为唯理论。当时欧洲大陆和英国主要有两派在争论:欧洲大陆的唯理论派和英国的经验论派。唯理论派在康德的时代是以莱布尼茨和沃尔夫为代表。唯理论最早是由笛卡儿创立的,然后是斯宾诺莎,他继承了笛卡儿的思路,也就是推崇绝对理智这样一种哲学……
>
> 但与此同时,海峡对岸的英国盛行的是经验派。那是由培根所开创的,并经过霍布斯、洛克到贝克莱、休谟发展起来的。经验派注重经验,注重从感性经验和感觉里面获取知识,就像洛克讲的:人心本来是一块白板,所有的知识都是由外界

印在我们心中所留下的。理性派则不同，他们强调先验的观点，就是人心不是白板，人心中有一些先验的观念，我们凭着这些先验的观念去把握知识，一切知识的基础就是理性直观的知识。理性的有些知识是不用证明的，是不言而喻的。我们心中固有这样一些直接的知识，所以能认识和把握我们的对象，我们对对象的把握实际上都是由这些先验的观念造成的。这可以追溯到古代柏拉图的回忆说。柏拉图认为，一切知识、我们对外界的认识和学习其实都是回忆。

作者以上所说的独断论的理性派就是我们今天理解的自上而下派，经验派就是自下而上派。那么康德是什么派呢？在《纯粹理性批判》中，康德在"先验逻辑论"中是这么说的：

　　我们的知识产生自心灵的两个基本来源，其中第一个是接受表象的能力（印象的感受性），第二个是通过这些表象认识一个对象的能力（概念的自发性）；通过前者，一个对象被给予我们，通过后者，该对象在与那个（仅仅作为心灵的规定的）表象的关系中被思维。因此，直观和概念构成了我们一切知识的要素，以至于无论是概念没有以某些方式与它们相应的直观、还是直观没有概念，都不能提供知识……

　　如果我们愿意把我们心灵在以某种方式受到刺激时接受表象的这种感受性称为感性的话，那么与此相反，自己产生表象的能力，或者知识的自发性，就是知性。我们的本性导致直观永远只能是感性的，也就是说，只包含我们被对象刺激的方式。与此相反，对感性直观的对象进行思维的能力是知性。这两种属性的任何一种都不应当比另一种更受优待。无感性就不会有对象被给予我们，无知性就不会有对象被思维。思想无内容则空，直观无概念则盲。因此，使其概念成为感性的（即把直观中的对象赋予概念）和使其直观成为知性的（即将它们置于概念之下），是同样必要的。这两种能力或者性能也不能互换其功能。知性不能直观任何东西，而感官则不能思维任何东西。只有从它们的相互结合中才能产生出知识。

以上这些话，大家只要记住"思想无内容则空，直观无概念则盲"就可以了，该句说明康德是一个自下而上和自上而下的结合派。但为什么经验派的休谟会给康德带来巨大的冲击呢？因为休谟是自下而上派的极端分子，他把经验里的因果关系也给否定了。为什么？不是说世界是不确定性的吗？如果世界是不确定性的，那么你的认知也就是不确定性的，你有什么理由说，你已经掌握了客观规律呢？所以休谟是一个彻头彻尾的怀疑论者。邓晓芒是这么说的：

这是休谟的一个非常有力的批判。他对一切因果性都抱有一种怀疑态度。当然,他不否认有客观规律,他只是说我们不知道,没有看到。休谟是非常实事求是的,他把自己称作是"实在论者":我是实在论者,有一说一,有二说二。我看到什么我就说什么,没有看到的我就不说,既不肯定也不否定。据我所知,我们所说的因果性,根源于我们心理上的一种需要,一种习惯性的联想。它对于我们把握事物非常方便,它使我们的知识显得好像井井有条,如此而已。

不要小看休谟,他的观点都被今天的两个重大科学领域采纳了。一个是人工智能深度学习,只要有大数据的相关性,没有因果性,照样给出智能的解决方案。另一个是不确定性的复杂科学,这个我们已经讨论过了。休谟只承认自下而上,而不承认自上而下,给了康德一个很大的启示。

面对世界的不确定性,我们的知识也肯定是不确定性的,这样一来,我们人类的知识也变得不确定了。康德就是为了解决这个不确定性的世界一定存在确定的知识这个可能性的问题,掀起了一场人类认知史上的"哥白尼革命"。他要改变 2000 多年来西方由外而内的思维模式,确定主体和客体的关系。即把两者颠倒过来,就像哥白尼一样,把传统的太阳围绕地球转的观念转变为地球围绕着太阳转,就是把人类的思维模式从由外而内转变为由内而外。这个是不是有点像中国佛学革命里的慧能?邓晓芒是这么点评的:

> 这就是康德在认识论里的一个"哥白尼式的革命"。他把主体和客体的观念做了一个颠倒,不是主体符合客体,而是主体建立起客体,客体符合主体,这就为科学知识找到了新的基础。这个基础不在于客观物质世界,也不在于上帝赋予人的天赋观念,也不是所谓的彼岸世界的理念,而在于人的主体能动地建立起来的一种普遍必然性。普遍性就是普遍适用性,必然性就是不可能有相反的情况。因果性普遍适用于任何一个经验和现象,而且必然适用于一切现象。"一切发生的事情都是有原因的",这是一个客观规律。

这个从由外而内向由内而外的转变就是邓晓芒所说的主体能动性,这个外部世界不是不确定性的吗?如果我们还持主体符合客体的观点,那岂不是我们的知识也是不确定性的吗?怎么办呢?为此,康德为我们这个认知主体建立了他的先验哲学体系。所谓先验,是由两个要素组成的。一个是先天感性要素,管理我们大脑中的空间与时间,这就是我们在前面讨论的身体在先的直觉理论。另一个是康德的创造,叫先天逻辑要素,它对大脑接收的一切信息进行 12 类逻辑范畴管理。这两个东西合起来对大脑接收的所有外部信息进行管理,然后得出知识,康德把这个以我为主的思维模式叫作先天综合判断。我们可以把它看成世界上第一个智慧或者说认知 App 编程代码,把自下而上的数据输入大脑,然后自上而下地输出认知。这只是一个哲学上的形而上学假设,但康德的假设今天已成为现实,怪不得康德把他这个系统称为"科学的形而上学"。我们以今天的眼光来看,这是比图灵和冯·诺依曼更早提出的人工智能解决方案。那么这 12 类逻辑范畴,也就是康德预先放在我们大脑之中的"先验逻辑"是什么呢? 邓晓芒在该书中是这么说的:

> 康德开列了一个范畴表(四大类,每类三个)。
>
> 范畴表:量、质、关系和模态
>
> 量:单一性、多数性、总体性。
>
> 质:实在性、否定性和限制性。
>
> 关系:实体与偶性、原因性与依存性(原因和结果)、协同性或交互性。
>
> 模态:可能性与不可能性、现实性与非现实性、必然性与偶然性。

大家觉得这个 12 类逻辑范畴怎么样? 特别是程序员,一看就知道,这就是应用程序的开发模板。那么康德用这个开发模板做了什么呢? 邓晓芒接着说:

> 这个范畴表是人为自然界立法的根本,根本的构思,根本的构图。天地万物莫不被纳入这一套体系里,没有超出这 12 类范畴的。反过来,有了这 12 类范畴,天地万物都可以包含。例如它是一个植物,你就要看到它的实体、偶性、因果关系、交互作用等。它的实在性,也就是它的性质;它的否定性,就是说它的性质有哪些不完满的地方;实在性和否定性还要涉及限制性,它限制在哪个程度上。再就是对它的量的规定,是多数的还是单一的或是全体的。当你把所有这些规定好了之后,一个东西的全面的知识就出来了。所以,这套东西就是从分析现有的关于现象的知识里面发现的,它发现那后面有这样一些条件,如果没有这些条件或者说这些条件中间缺少一项,比如说你把别的东西都找到了,但是唯独实体没有,它不是一个实体,那其他的都垮台了。缺一样都不行。量的规定,质的规定,关系的规定,模态的规定,到底是现实的还是可能的或是必然的,这些都有所规定,然后这个具体的知识才有可能。所以,这些规范体系是从任一种自然科学知识里面揭示出来的,通过层层剥取,反思它之所以这样的前提条件是什么,它的根据是什么。所有的自然科学规律,只要提出来,康德都可以把它归入某一个范畴里。所以,这个范畴表是自然科学的形而上学的基础,未来的自然科学也将纳入这个范

畴表的体系下。据说,霍金的自然科学虽然与牛顿的和爱因斯坦的大不一样,但霍金认为他的自然科学仍然可以适用于康德的体系。霍金对上帝、对其他东西都不相信,但他相信康德的哲学。

这就是康德的人为自然立法的底气,为什么? 有了智能 App 啊,连当代科学家霍金都认为这是自然科学知识产生的途径。但是这里有一个问题:若按康德的套路,一个智能 App 解决了休谟的自下而上的经验问题,我们可以用纯粹理性的 12 类逻辑范畴作为 App 的代码,解决长期以来经验派与理性派的争论,这样两边的问题都解决了。但还是有问题留下来了,智能 App 的知识范畴解决不了上帝的问题、灵魂的问题,还有自由的问题,因为这些问题不在经验范畴之内。康德意识到了,问题是有的,但他这个只是一个自下而上的智能 App,还不是一个自下而上与自上而下结合的智慧 App。怎么办? 康德不愧是一个伟大的哲学家,于是他想了一个绝招,发明了一个叫"物自体"的东西。这是康德创造的概念,那么他为什么要创造这个概念呢? 接下来邓晓芒是这么说的:

> 康德认为,纯粹理性的法规在认识论方面已经限定了它的范围。纯粹理性作为一种认识论,作为一种思辨的理性、理论理性(都是一个意思,就是说要通过思维去把握知识、把握一种对象),这样一种法规在前面已经规定了。但它有它的限定,就是只能运用于经验和现象界。这种法规并不具有绝对的普遍性,严格说来还不是理性的法规,而只是知性的法规。范畴的运用范围也不具有绝对的普遍性,它有它的限制,它不能运用于物自体。

> 那么,纯粹理性是不是有一种法规可以具有绝对的普遍性,并适用于任何对象? 康德说,如果是作为认识来看待,这种法规是没有的;但如果作为实践的法规来看待,则是有的。纯粹理性的法规作为一种普遍的法规,它只能从实践的意义上去理解,就是行动的法规。这种法规主要是针对物自体的世界,物自体的不可知的世界——不可知,但是可以做。不可知的东西,你可以去实行。比如自由,自由不可知,人们自由的本体不可知,但每个人都是自由的,都可以按照自由的法规去行动。

康德的意思表达得很明白,你已经按照纯粹理性的法规搭建出了一个全知全能的 App,但它还是有局限性的。为什么? 因为它不理解物自体。物自体是什么? 是一个我们发现不了,但又一成不变的东西。如果这个东西有了,那么他的自下而上的智能 App 就可以成为自上而下的智慧 App 了。如果这个物自体出来了,康德就可以和老子平起平坐了? 为什么? 请大家仔细阅读邓晓芒以下所说的这些话:

这种法规适用于物自体,那么当然也就适用于一切,包括信仰、实践,也包括认识活动,因为认识活动从某方面说也是一种实践的活动。这种法规可以把认识、实践通通纳入它之下,形成一种真正普遍的法规。例如认识、科学知识也有一个实践的目的,就是为了人的幸福。对幸福的追求已经是一种自由了,但还带有感性的因素,因而只是"自由的任意",而不是纯粹理性的"自由意志"。只有自由意志的法规才是纯粹理性的普遍法规,它在任何情况下都确定地规定什么是应当的,规定自由意志的自律即道德法则,并且能够设定灵魂不死和上帝存在,保证感性世界和道德法则的相互协调一致。这种实践的法规是纯粹理性唯一可能的普遍的法规,而认识的法规还不具有普遍性,它有它的限度。所以康德说,真正的纯粹理性还不是理论理性、思辨理性,而是实践理性,因为它不受经验的限制。

真正的完全没有界限的就是实践、实践的法规,它涉及物自体,包括上帝。这些你都不能认识,但是在实践中你可以相信,按照上帝的要求、按照好像有一个上帝那样去行动、去做。就像孔子讲的"祭如在,祭神如神在"——在祭神的时候,就好像有一个神在那里一样。这种祭祀就是一种行动,一种宗教的行动。对上帝的信仰使我在实行道德律时抱有一种希望,即我的行为是配享幸福的,但我并不是为了幸福去做道德的事,我的自由意志并不以此为目的,只是这种信仰使道德与幸福有了一种合理的搭配,因而把理论的领域和实践的领域结合起来了。这就为德福一致的"至善"提供了理论根据。所以纯粹理性的法规就从认识理性过渡到实践理性,最终通过实践理性的"悬设"(即自由意志、灵魂不朽和上帝存在),达到认识和实践、幸福和道德相统一的"至善"。因此,真正的法规就是实践理性的法规,实践理性才是严格意义上的纯粹理性,它是完全不受感性的东西约束的。康德说实践理性要高于理论理性。当然,在用语方面,康德并没有区分得很严格,当他讲"纯粹理性"的时候,他可以在不同的层次上运用这个词。

原来康德的"物自体"就是人的自由、道德、信仰、灵魂。这个不是和老子的"让大象自由"搭上边了吗?其实康德是不会随随便便用纯粹理性这个词的,作为一个伟大的哲学家,他肯定要打通世界、人生与自我三者之间的关系。老子用"无为"这个概念来打通,康德用"物自体"来打通,但他们的目标是一致的。老子比康德高超的地方是,他不用发明什么概念,一个概念用到底,"无为无不为",让大象自由,这个大象可以代表一切,如幸福、认知、他人等等,认知的"无为"导致"无不为"的结果。而康德的难处在于,他建立了智能 App,作为经验的大数据可以自下而上运行了,可以随时随地、自上而下解决科学知识问题了,但它无法让认知大象自由,因为对待道德这样的问题,是无法用大数据的。这是一个由内而外、永恒的自上而下解决方案。缺了大数据怎么办? 于是强行引入一个"物自体"概念,把上帝和自由作为物自体,给道德来了个不能改变的"心中律令",最终还是回到了由外而内的西方传统认知模式。这个问题我们在"为什么道德没有认识上的意义"和"'人是目的'是什么意思"两讲中,都有详细解读。那么老子是如何解决这个问题的呢?

为什么老子是智慧 App 的创始人
第 124 讲

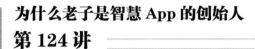

链接书目:《终身学习:怎样与世界同步进化》 罗振宇

《专注》 丹尼尔·戈尔曼

《直觉:我们为什么无从推理,却能决策》 格尔德·吉仁泽

　　上一讲我们讨论了康德是如何用自下而上的感性直观,也就是先验的时间与空间,还有纯粹理性的 12 类逻辑范畴,或者说是编码程序,来构建我们的自下而上的智能 App 的。但是这个智能 App 只能解决自然科学的知识,不能解决道德的知识,于是康德引入了物自体和上帝的概念,可以说是一个由外而内的、有点勉强的让大象自由的智慧 App。因此,从这个意义上来说,康德是智能 App 的创始人,还不能算得上是智慧 App 的创始人。那么谁是智慧 App 的创始人呢? 我们还是从"终身学习"的话题说起。

　　有关知识学习,当下最火爆的大事件就数美国 OpenAI 公司的聊天工具 ChatGPT 了。这东西不但能够"懂人话",而且能够"说人话",也就是说人工智能进入了创造性阶段。高考卷子可以满分,程序员不用写代码……一夜之间,人工智能有可能替代人类智慧的恐惧症,突然降临到现实中。如何消除这种恐惧,而且还要找到自己知识学习的正确定位,就是我们的目的。

　　那怎么定位呢? 我们要放弃以前一直认为正确的终身学习方法论,采用一种全新的学习方法,与 ChatGPT 在同一条路上携手并进,它有多智能,我们就有多智慧。这可能吗?

　　"得到"知识服务平台创始人罗振宇先生,写了一本书,就叫《终身学习:怎样与世界同步进化》,该书中有这么一段话:

　　　　这些年,一见到书店我就头疼,因为心情很矛盾,又想逛又不想逛。那简直就像君王检阅军队一样,古往今来的思想家都在那儿争先恐后地争取得到你的宠爱,买我吧,看我吧。但是每次出书店我的心情都很沮丧,算了算账,那么多书,那么多知识,我就是穷其一生,每天其他什么事都不干只看书,也只能看到一个皮毛。所以你说能不绝望吗? 这就是我们这一代人的知识焦虑。

那么怎么办？该书结尾提供了解决方案，是这么说的：

> 怎样成为一个高手？答案很简单，四个字，刻意练习。

> …………

> 为什么？因为认知是学习得来的，你通过不断地练习，不断获得正确的反馈，然后你的认知不断地蹿高，把绝大部分人留在身后。而在认知上，高手和低手的差别判若云泥。

其实这个方法大家都知道，不断学习、终身学习，你就可以成为一个知识高手。可是，这样做可以和 ChatGPT 同台竞技吗？肯定不可以。为什么？因为 ChatGPT 用的也是这个套路。首先，它有深度学习算法和基于人类大脑的神经网络学习原理；其次，它有庞大的算力；最后，它有大数据支撑。原来的 GPT-3 用了 1700 亿个参数，就达到震惊世界的程度，而新的 GPT-4 可以用 100 万亿个参数。这样，罗振宇所说的那个书店里的书，估计 ChatGPT 几秒钟就读完了。我们原来为读不完的书焦虑，现在雪上加霜，又要为 ChatGPT 把我们远远甩在后面而焦虑了。知识焦虑症看来是治不好了。怎么办？我们有解决方案吗？

有的！1984 年史学大家金克木写了一篇短文，叫《"书读完了"》。该文章中讲了这么一个故事：

> 有人记下一条轶事，说，历史学家陈寅恪曾对人说过，他幼年时去见历史学家夏曾佑，那位老人对他说："你能读外国书，很好；我只能读中国书，都读完了，没的读了。"他当时很惊讶，以为那位学者老糊涂了。等到自己也老了时，他才觉得那话有点道理：中国古书不过是那几十种，是读得完的。说这故事的人也是个老人，他卖了一个关子，说忘了问究竟是哪几十种。现在这些人都下世了，无从问起了。

许多人读到这里总是不明白，难道书还能读完？如果真是这样，还怕 ChatGPT 什么呀？是的。这是一种比终身学习法更好的学习方法，但这也不是金克木发明的。我们来比较一下三位古代中国思想家介绍的学习方法。

第一位是庄子。他说："吾生也有涯，而知也无涯。以有涯随无涯，殆已；已而为知者，殆而已矣！"意思和罗振宇的观点相似，面对无边无际的知识，心里已经够烦了，想到不知什么时候是个头，就更烦了。估计庄子如果知道现在还有 ChatGPT，会烦上加烦。

第二位是孔子。他说："吾十有五而志于学，三十而立，四十而不惑，五十而知天命,六十而耳顺,七十而从心所欲,不逾矩。"孔子的方法就是终身学习法,但等到实现"从心所欲,不逾矩"时,已经七老八十了。时间成本太高。

第三位就是老子了。他提出的学习方法至今还有人不理解,但可靠实用。是什么方法呢?在《道德经》最早的郭店竹简版中,老子是这么说的:"为学日益,为道日损,损之又损,以至于无为,无为无不为……绝学无忧。"

什么意思呢?老子说世界上有两种学习方法。一种是"为学日益"法,学习知识每日增加,这就是我们所说的终身学习法,也可以称为自下而上法。还有一种是"为道日损"法,这个"损"我们可以理解为"简化"的意思。简化又简化,到达最高的"无为"层次,但"无为"只是手段,"无不为"才是目的。达到目的之后,老子还不忘告诉你"绝学无忧",顺便把你的知识焦虑症也一块治好了。

但问题没有"日益"和"日损"这么简单。老子把今天人类智慧和人工智能的根本区别指出来了。《道德经》中是这么说的:

> 孔德之容,惟道是从。道之为物,惟恍惟惚。惚兮恍兮,其中有象;恍兮惚兮,其中有物;窈兮冥兮,其中有精,其精甚真,其中有信。自古及今,其名不去,以阅众甫。吾何以知众甫之状哉?以此。

老子一开始自下而上,一步步推进。最后是自上而下,"以阅众甫",意思是依据它可以知道万物的本始,但这不是这段话的重点。重点是这个道从一开始就是存在的,只是刚开始有点惟恍惟惚而已,需要我们一路上去发现它们。一旦发现,就是"自古及今,其名不去"。原来我们的学习,不是外面有什么,我们学什么,而是这里面蕴含着一条从当今追溯到古代,一直没有消失的"道"的底层逻辑主线。而且这条主线能解决我们今天的问题。

如果说 ChatGPT 是一个人工智能 App,那么老子的"道纪"可以理解为人类智慧App。有了这个智慧 App 之后,我们就可以达到老子所说的:

> 不出户,知天下;不窥牖,见天道。其出弥远,其知弥少。是以圣人不行而知,不见而名,不为而成。

这是什么意思呢?大家知道 App 是靠信息输入得以运行的。信息输入越多,输出就越多,这是正反馈,这个就是智能 App 的工作原理。但也有负反馈,就是信息输出越多,信息输入却减少了,这是智慧 App 的工作原理。

什么意思呢?就是智慧 App 建好了,老子那条"道"的认知主线也找到了,我们不用过度依赖大数据了。当然不是不要大数据,而是你已经有能力输出超出大数据输入量的认知了。这个就像我们的身体需要能量一样。18岁以前的能量是参与身体成长和发育的,是正反馈。18岁以后身体定型了,但维持生命的能量没有变,你已经能够"三十而立,四十不惑,五十知天命"了,你输出的能力已经大于输入了。医生看病,"小白"医生要求病人做一大堆检查,甚至还不能确诊,而资深医生一看就能确诊。这就是"不行而知"。老子把负反馈原理用到了极致,比如"少则得,多则惑""多言数穷,不如守中"等等。

智慧App是一个输入少、输出多的负反馈,这已经得到了广泛的认可。亚马逊创始人贝佐斯有一个著名的判断成功创新团队的标准,叫"两个比萨原则"。意思是如果两个比萨不足以喂饱一个项目团队,那么这个团队可能是太大了。

但正反馈的人工智能App不行,离开了大数据,它就一事无成。举一个例子。听说ChatGPT可以立即写一封可以打动无数情人的求爱情书,为什么?因为它用全世界最优美的情书大数据,以概率来分析哪些情书最打动人,从而进行写作。但是有一点,它肯定不知道爱情的体验是什么。两个情窦初开的情人,用最蹩脚词语写的情书,也可以打动对方到死去活来。假设全世界有关情书的大数据全部反着写,比如说爱意浓浓变成刻骨仇恨,那么这个智能App通过深度学习也就会给你写出一封充满敌意的情书。但两个现实中的情人就不同了,他们肯定不同意写这种情书,如果逼着写,甚至不让他们见面,这时负反馈大爆发,于是变成了罗密欧与朱丽叶。

这说明作为人生真理的"道"早就自上而下地存在于我们的生命之中。我们只要按照老子的学习方法把这个"道"找出来就可以了。

这就是两个App的根本差别,一个是离不开大数据的自下而上的智能,一个是可以离开大数据的自上而下的智慧。这个也得到了神经科学的证明。丹尼尔·戈尔曼有一本畅销书,叫《专注》。戈尔曼以其深耕多年的心理学研究功底,精确提炼出了专注力的三种形式,即内在专注、对他人专注和外在专注。其中最重要的是内在专注,也就是我们一直在讨论的"由内而外"。那么内在专注是从哪里来的呢?作者在该书"专注力:自上而下 vs 自下而上"一章中是这么说的:

> 追溯人类几百万年的进化历史,行动迅速、反射性的自下而上神经回路偏爱短时思考、冲动及快速决策。而位于大脑前部和顶部的自上而下神经回路,是大脑后期发展的产物,直到几十万年前才发育完全。
>
> 自上而下神经回路为大脑添加了自我意识、沉思、衡量及计划等功能。自上

而下的注意是一种有意注意,为意识控制大脑提供了途径。专注力在不同的任务、计划或感受之间切换,就会激活相关的大脑回路。例如,跳舞的美好回忆,会激活负责快乐和运动的神经元;想起至爱亲友的葬礼,负责悲伤的神经回路就会活跃起来;在脑海里反复想象高尔夫球挥杆动作,负责挥杆动作的神经元的轴突和树突就会联结得更加紧密。

人脑属于差强人意的进化产物,但算不上十全十美。自下而上神经系统出现的时间相对久远,在人类史前文明的大部分时间里,对于保障人类的基本生存起到了重大作用,但它在今天却引发了一些问题。这个古老的神经系统在很多时候表现出有利的一面,但有时也有不利的一面:过度消费、成瘾症以及超速驾驶等,都是这个系统发生紊乱的标志。

在人类进化的早期,出于生存需要,人脑预设了自下而上的程序,用以调节生儿育女、趋利避害等基本的生物行为。人类发展到今天,情况已经完全不一样了。空想和冲动常常试图操纵自下而上意识,因此,我们越来越需要用自上而下意识去掌控生活。

从作者对自上而下和自下而上两种大脑程序的分析中,我们找到了智能 App 和智慧 App 的根本区别。智能 App 需要自下而上的大数据提供知识解决方案,对环境很敏感。而智慧 App 有一条自上而下的逻辑主线,在认知上叫自觉,在脑科学中叫专注力。那么终身学习中的刻意练习和这个专注力有什么关系呢?是不是可以通过现在流行的"1 万小时定律"自下而上练习出来呢?不是的。作者在该书"1 万小时之谜"一章中是这么说的:

"1 万小时定律"——在任何领域取得显著成功的秘诀在于练习 1 万个小时,现已成为神圣不可侵犯的绝对真理。它充斥于各类网站,并且在各种高效能研讨会上像真理一样被不断重复。但问题是,1 万小时只道出了一半真理。

假设你是高尔夫球新手,每次挥杆或推杆时总是犯同样的错误,那么 1 万小时错误的练习并不能改善你的技术。你依然是新手,一个老新手。

安德斯·埃里克森是佛罗里达州立大学的一位心理学家,专门研究与"1 万小时定律"有关的技能。他表示:"机械重复没有作用,不断调整动作才能越来越接近目标。"

·············

学习改进技巧需要自上而下意识。神经可塑性,即对于训练的技能,会增强已有的大脑回路,构建新的大脑回路,但需要专注才能做到。如果练习时心不在焉,大脑就不会为特定的行为重新设定相关的回路。

走神会削弱练习效果。一边练习一边看电视的人,永远不会达到最高水平。全心全意则可以提高大脑的处理速度,加强突触的联结,扩展或创建负责练习活动的神经网络。

作者认为业余选手满足于大运动量的刻意练习,而专业选手培养的是专注力,就像锻炼自己的肌肉一样。因此,专业选手的训练不是我们想象中的每天大运动量,为什么? 作者接着说:

集中专注力和收缩肌肉一样会产生疲劳。埃里克森发现世界一流的选手,无论是举重运动员、钢琴家还是狗拉雪橇队,每天刻苦训练的时间限度大约为 4 个小时。休息,恢复体力和精力,是他们训练系统的一部分。在训练环节,他们努力使自己和身体状态发挥到极致,但以专注力不下降为限度。最优练习保持了最优专注力。

现在我们知道老子的智慧 App 的功能了,自上而下的专注力需要自下而上的练习,但不是全部。专注力应该是一种理性的训练,而不是大数据的训练。什么理性? 合作理性,就是《道德经》中的"天之道,利而不害;人之道,为而不争"。

那么,以研究情商见长的丹尼尔·戈尔曼写这本自上而下的《专注》和老子写《道德经》是不是为了同一个目标呢? 是的。作者在该书"专注:决胜未来"一章中是这样说的:

三种专注力帮助我们走向成功,但我们最后将走向何方? 我们必须扪心自问,我们穷尽才智,所为何求? 若只关心个体和小团体,注重自我利益,讲求即时回报,那么从长远看,全人类将会陷入万劫不复的深渊。

全球系统是我们视野最广所及之处。同时,还要关心每个人的需要,包括无权者、穷人以及未来的同类。最后,需要指出的是,无论我们在做什么或者做出什么决策,请不要忘记拷问内心,想一想最初我们为何出发:

为自己,还是为别人?

为少数人的利益,还是为多数人的利益?

为现在,还是为将来?

这个结尾和《道德经》的结尾是不是很相像? 这就是我们所说的智慧 App。自上而下就是一种理性,是按照中国哲学的生命之道、由内而外、合作理性、天人合一的代码编程的。那么我们讨论过的直觉呢？因为这个也是自上而下的认知逻辑，我们来看看《直觉：我们为什么无从推理，却能决策》的作者格尔德·吉仁泽是怎么说的。作者在该书"无知者无畏"一章中，是这么说的：

> 我也承认，有时候我们的行为是自私的。但是，我也认为，意识到人类的驱动力有多个，有助于我们理解人类的本质。自私与两种基本的社交直觉是相互冲突的。

> 人们一直生活在相对较小的群体中，直到一万年前农业得到推广。我们的社交直觉是在某种小的社交网络中形成，所以两种基本的社交直觉就是家庭直觉和（群体）部落直觉。家庭直觉是我们和灵长类祖先所共有的，而群体直觉是人类独有的。

> 家庭直觉：照顾好你的家人。

> 群体直觉：支持某个具有象征意义的群体，与群体成员合作，保护他们。

> ⋯⋯⋯⋯⋯

> 群体直觉建立在互利主义的基础之上。在《人类的起源》一书中，达尔文得出了一个结论——互利主义是道德的基石。达尔文把互利主义——我给你什么，你就得还我什么，叫作社交直觉。交换的可以是物品和金钱，也可以是道德支持和反对。我支持你的信仰、努力和神圣的价值观，同时我也希望你能支持我的。社会契约就是基于信任和互利主义的结合。

格尔德·吉仁泽和丹尼尔·戈尔曼都是心理学大师，他们不约而同地用直觉理论和自上而下的专注力理论为老子确立了全球人类智慧 App 创始人的地位，这是很难得的。他们共同把我们认知心理中的"直觉"和"专注"概念，用到了"道德""利他"和"社会"层面。请大家再学习一下老子的六步修道法，进一步理解什么是智慧 App。《道德经》中是这么说的：

> 载营魄抱一，能无离乎？专气致柔，能婴儿乎？涤除玄览，能无疵乎？爱民治国，能无为乎？天门开阖，能为雌乎？明白四达，能无知乎？生之畜之，生而不有，为而不恃，长而不宰，是谓玄德。

我们前面说过了，老子的"玄德"是把工具理性的方法论与合作理性、价值理性等同起来的，既包括方法，又包括智慧的理性能力。并不是所有的心理学家都会把方法论与智慧等同起来的，也有心理学家不是这么认为的。是谁呢？

为什么卡尼曼的《思考，快与慢》是有缺陷的
第 125 讲

链接书目:《具身认知:身体如何影响心智》 盖伊·克莱斯顿

　　　　《思考,快与慢》 丹尼尔·卡尼曼

　　上一讲我们讨论了老子的智慧 App，也就是老子的学习方法论，包括自下而上的"为学日益"和自上而下"为道日损"，我们这里叫超链接学习法。按老子的学习方法，超链接学习法就是智慧 App 学习法。因为方法论与目的论是一致的，这个我们以后还要详细讨论。上一讲中两位认知心理学家为老子的方法论背书，还有一位心理学大师，他写的《具身认知:身体如何影响心智》一书也在为超链接学习法背书，他就是英国科学院院士盖伊·克莱斯顿。老子在《道德经》中有一句很重要的话，叫"无欲，以观其妙"，这个"无欲"和"无为"是一致的，这里应该解释为"无意识"。为什么这样解释？以后我们会详细讨论。我们只要记住直觉和无意识在文本理解上是一致的。《具身认知:身体如何影响心智》中的引言部分专门介绍了为什么具身认知和"无意识"是强关联关系，是这么说的:

　　　　从某种意义上来说，本书是我撰写的三部曲中的第三部（也可能是收官之作）。第一部作品《兔子大脑，乌龟心智:为什么思考越少智能越高》于 1997 年出版。我是率先在科学研究的基础上提出如下观点的研究者之一:人类的智能在很大程度上取决于我们没有意识到的过程——大部分是我们无法意识到的过程。我称之为底层心智，现在人们普遍称之为适应性的无意识或认知性的无意识。2006 年我又写了一部续篇《任性的思维:无意识之秘密历史》，目的是在更广泛的文化和历史背景下定位这种新的"无意识"。我汇集了自公元前 4000 年以来社会上流传至今的各种有悖于常识的心理现象——如催眠、幻觉、精神疾病和灵感，试图对它们加以解释。也许它们来源于上帝、恶魔和神灵这些外部因素，也许它们来源于潜意识——一种充满奇想的、狂野的、黑暗的、内在的旋涡（正如生活在西格蒙德·弗洛伊德时代很久之前的柏拉图所提出的那样），也许它们只是来源于组成人类身体的物质活动（这种活动有时无法用常理解释），也许只是"黑胆汁"分泌过旺。我展示了这三种不同版本的解释，它们在迄今为止的整个人类历史中反

复发生。我认为每一种理论都有自身的价值和缺陷。这些解释即使不能被客观地证明,依然十分有用。

随着情感神经科学和具身认知的兴起,我们现在可以提供更强大、更令人信服的第三种版本的理论解释。以最激进的观点来看,我认为不仅上帝和神灵不存在,而且潜意识也是说不通的。我们可以选择继续把它们当作隐喻性或诗性的谈话方式,但压根儿就没有这种存在。每天我们身体内的大多数过程最终都没能导致有意识的行为发生,但我们身体内没有哪个特定的器官可以脱离意识和理智为我们提供动力。就像心智一样,"无意识"也只是填补空缺的东西,是一种假想的解释。它就像牙齿里的临时填充物一样,只是暂时放在那里,等有更好的材料就换掉它,而现在时机成熟了。

有必要提及一下我的风格和素材。我阅读了数百篇研究论文,其中有很多原始资料是技术性很强,甚至晦涩难懂的。我试图挖掘主要观点,并以通俗易懂的方式呈现出来;我既要尊重研究的严谨性和缜密性,又要使本书富有趣味性,所以我努力平衡二者之轻重。但是,这意味着我不可避免地要回避很多争论点,而这些争论点正是我那些从事学术研究、更有学识的同事认为很重要的观点。对于所谓的"难题"——意识——我们将暂且不谈,那些被称为系统一和系统二(依据丹尼尔·卡尼曼《思考,快与慢》的说法)的内容之间的关系也暂不在本书的讨论之列。

以上摘录内容是想说明四个问题:

第一,克莱斯顿的三本书都是一个主题,无意识思维在我们大脑中起着主要作用。第二,克莱斯顿有三个直觉理论基础:首先,由外而内来自上帝;其次,由内而外来自弗洛伊德的无意识;最后,也是 21 世纪大家公认的,由内而外来自我们的身体内部。第三,我们从开始到现在一直在讲中国哲学的形而上学密码,"生命之道、由内而外"终于在神经科学层面得到了认证,这是第四次认知革命的成果之一。第四,克莱斯顿在该书中提到了卡尼曼的系统 1 和系统 2 理论,但是在这么重要的问题上,他有意回避了卡尼曼。为什么?无非是两个原因:一是卡尼曼是一位以心理学理论获得诺贝尔经济学奖的重量级人物,而卡尼曼的观点和他本人是不同的,故不方便讨论。二是卡尼曼的思想有可能还是被大家认可的,而他的观点反而被边缘化了。讨论认知革命,卡尼曼这关是一定要过的。接下来我们阅读卡尼曼的成名作《思考,快与慢》,从直觉或者说无意识的角度,看看该书中的观点,到底缺陷在哪里。

丹尼尔·卡尼曼是一位获得诺贝尔经济学奖的心理学家,因此很具有传奇性。对于这个不确定性的世界，如何做出自己的判断，作者设计了系统 1 和系统 2 两个思维模块，在该书结语中，作者是这么说的：

> 系统 1 在处理信息时，可能会产生认知放松。当信息不可信时，系统 1 也不会生成警告信号。人们会快速且自信地进行直觉性回答，不管这些回答是否源于技能或启发式。系统 2 没有简单的方式来区分有技能的和启发式的回答。唯一的方式是放慢速度、自身构建出一个答案，这个答案可能不会被轻易接受，因为系统 2 比较懒惰。系统 1 的很多建议常常没有通过最基本的检验就得到了人们的支持，就像球拍和球的问题。这就是系统 1 得到"错误和偏见的起源"这个负面称号的原因。系统 1 的运行特征，包括眼见即为事实、强度匹配和联想一致性等，会产生可预测的偏见和认知错觉，比如锚定效应、回归平均值的预测、过度自信，以及许多其他错觉。

这里卡尼曼的观点和我们在前面讨论的直觉优先理论完全不同了。他认为直觉是一个虽然勤快，但经常会犯错误的快系统，会产生认知错觉，"锚定效应"是他研究的成果。那么什么是"锚定效应"呢？作者在该书"锚定效应在生活中随时可见"一章中是这么说的：

> 我们研究的现象在日常生活中很普遍也很重要，因此你应该记住它的名字：锚定效应。人们在对某一未知量的特殊价值进行评估之前，总会事先对这个量进行一番考量，此时锚定效应就会发生。这一效应是实验心理学中最可靠也最稳健的结果，即估测结果和人们思考的结果很相近，就好比沉入海底的锚一样。如果有人问你甘地死时年龄是否大于 114 岁，你在估测他的死亡年龄时会比锚定问题是 35 岁（死亡）时更高。你在考量买房要花多少钱时，也会受到要价的影响。同样的房子，如果市场价格高，它就显得比市场价格低时更有价值，即使你决心抵制价格的影响也没有用。此类事例不一而足，锚定效应的事例不胜枚举。一旦你要考虑某个数字是否会成为一个估测问题的可能答案，这个数字就会产生锚定效应。

这个"锚定效应"是商家在搞"双十一"促销时惯用的手法，提价再减价，折扣越大越吸引人。另外作者还有一个前景理论，就是在决策时对前景的判断，人们大多数会有一个损失厌恶直觉。作者在该书"更人性化的前景理论"一章中是这么说的：

> 现在，用抛硬币来打赌。
>
> 如果是背面，你会输掉 100 美元。

如果是正面,你会赢得 150 美元。

这个赌局吸引人吗?你想参加吗?

为了做出选择,你必须平衡得到 150 美元时的满足感和失去 100 美元时的失落感。你有何想法?尽管这个赌局的预期值显然是有利的,因为你坐收的赢利铁定比你可能遭受的亏损小,但你可能还是不愿下这个赌注——大多数人都不会愿意这样做。拒绝这个赌局是系统 2 的行为,但那些关键的输入信息是由系统 1 产生的情感反应。对于大多数人来说,对失去 100 美元的恐惧比得到 150 美元的愿望更强烈。我们从众多此类观察中得出结论,即"失去比得到给人的感受更强烈",因此人们往往会规避损失。

其实,卡尼曼的研究最早源于 20 世纪 70 年代,那个时候正好是西方理性现代化思维遭到挑战的时候,大家都在动脑子想办法,思考如何面对这个不确定性的世界。因此卡尼曼的研究受到了大家的关注。特别是在经济领域,人们开始讨论理性的经济人和非理性的直觉人,到底是谁在做主。1974 年卡尼曼在《科学》杂志上发表了他的《不确定性下的判断:启发法和偏见》一文,这篇文章得到了美国国防部高级研究计划局和位于以色列耶路撒冷的希伯来大学研究与开发部门的支持,可见他的理论的重要性。这篇文章也被收录在《思考,快与慢》中。作者在该书"典型性启发的两宗罪"一章中是这么说的:

用典型性来判断概率有一些重要的优点,它所带来的初始印象通常比乱猜一气更为精确。

- 在大多数情况下,表现得很友好的人实际上也很友好。
- 又高又瘦的职业运动员很有可能是打篮球的而不是踢足球的。
- 获得哲学博士学位的人比只读完高中的人更有可能订阅《纽约时报》。
- 年轻的男性会比年老的女性更不要命地踩油门。

在这些例子及其他更多例子中,典型的形象特征左右着我们对典型性的判断,受这种典型性启发得到的预测有可能是对的,这样的说法在某种程度上就是事实。然而在其他情况下这种典型形象却是错误的,因而典型性的启发也会造成误导,尤其会使人们忽略基础比率信息、找错预测方向。即使启发性具有一定的真实性,但绝对依赖启发效应就是违背统计学逻辑,是有严重"罪过"的。

看来卡尼曼的结论很明显,非理性的直觉人永远比理性的经济人占优势。其实这个就像我们在前面介绍过的尼采和海德格尔一样,他们都在自己的领域里宣告理性世界的没落。《黑天鹅》一书的作者纳西姆·塔勒布给予了《思考,快与慢》很高的评价:"这是社会思想的一部里程碑式著作,堪与亚当·斯密的《国富论》和西格蒙德·弗洛伊德的《梦的解析》相媲美。"

真的是这样吗?而我们的标题开门见山地说它是有缺陷的。有什么缺陷呢?我们来看看该书结语部分的一段话:

> 避免系统1出错的方法从原则上讲是很简单的:认识到你正处于的认知领域,放缓并要求系统2来加以强化。当再次碰到缪勒-莱耶错觉图时,你会怎么做?当你看到有箭头的线段指向不同的方向时,你会意识到现在你不能相信自己对长度的直觉。不过,这种明智的过程在最需要的时候不会被应用到生活中。我们都希望在自己要犯错时能有个铃声提醒自己,但这是不可能的,认知错觉比感知错觉更难以识别。理性的声音也许比错误的直觉响亮又清晰的声音更微弱。当你面临着重大决策的压力时,质疑自己的直觉会让你感到不愉快。当你处于麻烦中时,最不愿意看到的就是有更多的质疑。这样的结果就是,相比自己要犯错时,你在观察别人是否要犯错时,能更容易辨认出雷区。观察者会比实施者在认知上更为放松,更愿意接收信息。我写本书的一个原因就是指导批评家和传闲言碎语的人,而不是指导决策制定者。

这是卡尼曼自己承认的这本书最大的缺陷:第一,明知不为而为之。知道自己要犯错,但这个快系统1还是让你一往无前。第二,他写的这本书没有能力为犯错的人指明方向,只是向那些说风凉话的人说明这是客观规律,到时你也可能会犯同样的错误。

那么问题来了,难道提出问题而没有解决方案的理论也可以获得诺贝尔奖吗?现在行为经济学已经成为经济学中的一门显学,继卡尼曼2002年获奖之后,2013年罗伯特·席勒、2017年理查德·塞勒都因为在行为经济学中的贡献而获得了诺贝尔经济学奖。接下来,我们看看塞勒是如何弥补卡尼曼理论的缺陷的。

幸福指数与约会频率有关吗
第 126 讲

链接书目:《助推——如何做出有关健康、财富与幸福的最佳决策》

理查德·塞勒,卡斯·桑斯坦

上一讲我们讨论了卡尼曼的《思考,快与慢》,我们都不否认人类有两套思维系统,但我们的传统认知是,我们的大部分决策是由系统 2,即理性系统做出的。但 20 世纪以来不少哲学家和科学家都认为是系统 1,也就是直觉系统做出的。卡尼曼的功劳就是把这个问题从心理学层面展开,并通过行为经济学方面的实验确定了直觉系统的作用。作为心理学家,他的任务完成了,但作为行为经济学家,他的任务没有完成。因为经济学不但要提出问题,还要解决问题。卡尼曼大胆地承认他的理论不能指导决策者,那么只能通过自己做最大的努力去克服直觉思维的缺陷,回归理性思维。但卡尼曼也承认这是不可能的。这就是我们说的《思考,快与慢》给我们留下的缺憾。

幸运的是卡尼曼的后继者 2017 年诺贝尔经济学奖获得者理查德·塞勒为卡尼曼弥补了这个缺憾,使经济学重归它的初创者制定的路线,即合作理性之路。那么是什么呢? 就两个字"助推"。

"助推"的英文是 nudge,本义就是用胳膊肘等身体部位轻推或者轻戳别人,以提醒或者引起别人的注意。这里有两个意思,一个是主动帮助他人,另一个是身体力行。前面我们已经讨论过了,直觉思维来自情绪,情绪来自身体,直觉思维是一种具身认知,这就是人们快思考的来源。既然来源搞清楚了,而人们的快思考习惯又改不了,那我们何不助推一下呢?

今天我们要阅读的书,就是《助推——如何做出有关健康、财富与幸福的最佳决策》,这是塞勒的成名作,他不仅凭此获得了诺贝尔经济学奖,而且该书还具有实用价值,该书中的理念已经成为欧美政坛最热门的议题。奥巴马政府成员和 2010 年英国大选获胜热门——英国保守党成员都在迫不及待地阅读这本书。为什么? 接下来我们开始介绍这本书。

首先,我们还是从卡尼曼的"锚定效应"说起,所谓"锚定效应"就是人们喜欢先入

为见,这是系统 1 的特点。如何为这个特点助推一下,把它从负面和消极转化为正面和积极呢? 塞勒在该书中是这么说的:

锚定法则甚至能够影响到你对生活的认知。在一项实验中,组织实验者向大学生们提出了两个问题:第一,你有多幸福? 第二,你约会的频率有多高? 如果按照这一顺序来提问,这两个问题的回答相关度便很低(相关系数为 0.11)。但是,如果将两个问题的次序颠倒,把关于约会的问题放在前面,那么两个问题的回答相关度立刻会上升到 0.62。看起来,经过约会问题的提醒之后,学生们很可能便会利用这一"约会启发"回答下一个关于生活是否幸福的问题。一些已婚人士会说:"啊,我已经记不起上次约会是在什么时候了! 我一定是过得不幸福了!"然而,如果将约会问题换成做爱,那么已婚人士在这两个问题的回答上也会呈现出很高的相关度。

在本书中,我们定下的"锚"起到了助推的作用。我们可以为你们的思想施加一个巧妙的起点,从而影响到你们在特殊情况下所做出的选择。

助推的功能就是利用人们的先入为见或者说锚定效应的快思维,为人们提供正能量的决策依据。那么卡尼曼说的"损失厌恶"这个快思维可以用得上助推功能吗? 这个就是塞勒最大的助推功能。

人们憎恶失去属于自己的东西,他们的直觉思维系统对此会难以接受。大体上来讲,失去某件东西使你难过的程度比你得到这件东西使你快乐的程度要大一倍,我们将这一现象称为"损失厌恶"。我们是如何发现这一点的呢?

············

"损失厌恶"容易使人产生惰性,即一种强烈的保持现状的欲望。如果你因为不想招致损失而不愿意放弃某些事情,你便会拒绝因此发生的交易⋯⋯

············

"损失厌恶"并不是造成惰性的唯一原因,诸多原因使人们总体上更倾向于保持现有的状况,这一现象在很多情况下都会发生。1988 年,威廉姆·萨缪尔森和理查德·济科豪瑟将这种现象命名为"现状偏差"。大多数老师都知道,学生上课时倾向于每次坐在同一个座位上,即便是在没有座次要求的情况下。然而,如果在一些危急情况下仍保持"现状偏差",那么我们就会遇到许多麻烦。

塞勒认为损失厌恶其实是一种人们保持现状的偏见,那么如何利用人们的这种偏见,为人们提供更好的决策呢? 他的助推计划就是减少人们的选项。作者是这么说的:

"现状偏差"的原因之一是用心程度不够。许多人都会采取一种"顺从"的态度……那些杂志发行机构深知，若续订杂志是默认的，如果不想续订，人们必须打电话才能取消订阅，在此情况下续订的可能性要比人们必须打电话表示其要续订的可能性高得多。

人类身上的"损失厌恶"和"选择盲目"暗示着，如果某项选择被设计为"默认"，那么它会吸引更多人的眼球。因此，默认选项便起到了强力助推的作用。在很多情况下，默认选项的助推极为强大，因为消费者会感觉（无论对错）默认选项是被默认选项设计者所认可的选择，不管这些设计者是企业老板、政府工作人员还是电视节目策划者。因此，我们在写作本书的过程中力求将默认选项设定到最好。

塞勒以上说的"默认"就是利用人们的直觉系统，为人们的决策提供助推。比如说，男士们的小便池旁，经常会有一句"上前一小步，文明一大步"，这是为了让男士们在小便时不要把小便撒出来。但是，如果你利用人们的直觉系统来优化决策环境，在小便池中画一只苍蝇，这个时候的效果可能比一句劝导的话更有效。又比如说，很多人有做慈善的冲动，但觉得程序太麻烦，于是他们采取了塞勒的助推计划，效果马上得到改变。塞勒在该书"欢迎来到助推的世界！"一章中是这么说的：

许多人有很强的慈善冲动，但我们认为，由于惰性的存在，我们实际的捐赠会远远少于我们真正愿意给予的数额。我们的理性思维系统希望自己做出善举，然而直觉思维系统却无法让我们实现这一点。你可以想象一下，你是否多次认为自己应当向别人伸出援助之手，却最终没能这样做。原因是在那一阵头脑发热过后，你的注意力便转移到别处去了。

一种简单的助推方式便是"明天给予更多"计划。这一做法受到了"明天储蓄更多"计划的启发，它让人们回答是否愿意尽快从小处开始实践自己的慈善诺言，然后承诺每年都增加自己的捐款数额（将捐款增加数额与收入增长数额挂钩很可能是不现实的）。如果人们决定退出"明天给予更多"计划，他们仅需要在任何时间打一个电话或者发一封简单的电子邮件即可。我们认为会有许多人加入这一计划。

安娜·布雷曼在 2006 年与一家大型慈善组织针对这一计划进行了一次实验。已经按月捐款的捐款者被要求立即或者在两个月之内增加捐款金额。结果，捐款增长的比例为 32%。我们与我们所在的大学也合作进行了一些实验，初步结果看上去还不错。如果我们的目的是增加人们的捐款数额，那么这是一个很简单的做法。实际上,如果"明天给予更多"计划能够为有需要的人带来更多的钱,那么它的效果也应使人感到惊奇。同时,这一计划也是那些怀有良好初衷却因疏忽而忘记捐款的捐款人所乐于看到的。

上文提到的"明天储蓄更多"计划,是让刚就业的年轻员工尽快加入养老保险的计划。他们为什么要这么做呢?该书"'明天储蓄更多'计划"一章中是这么说的:

"明天储蓄更多"是一种选择体系,这一体系的设计基于 5 种能够影响人类行为的心理状态。这 5 种心理状态如下:

• 许多参加保险的人都会说,他们愿意并已经开始计划储蓄更多的钱为自己养老,但他们却很少能够坚持到底。

• 如果自我约束行为发生在将来,那么实施起来会容易得多。(许多人都会说"最近"将实施减肥计划,却几乎从来不说从"今天"开始实施。)

• 损失厌恶:人们不喜欢看到发到手的工资数额下降。

• 货币错觉:不考虑通货膨胀的因素,认为 2005 年的 1 美元仍相当于 1995 年的 1 美元。

• 惰性会产生巨大的影响力。

"明天储蓄更多"方案要求人们事先承诺会在未来按照工资涨幅提高缴存金额。通过将工资增长和缴存金额增长挂钩会使参加保险者不再感到自己拿到手上的钱越来越少,并且也不会将增加的缴存金额看作是自己的损失。一旦人们加入了养老保险计划,缴存金额便会自动增加,这便是利用人们的惰性,从而使他们多缴存。公司如果将这一方案与自动登记方案联合使用,就既能获得高的参保率又能提高人们的缴存金额。

············

在该方案试行成功后的几年内,有很多公司也采用了这一方案,包括 Vanguard 公司、T. Rowe Price 金融集团、美国教师退休基金会、富达投资集团以及翰威特咨询公司。目前,"明天储蓄更多"方案已被数千家公司使用。美国利润分享委员会的报告中说,从 2007 年开始,美国已经有 39% 的大公司采取了自动提高缴存比例的方式。由于这一方案可以通过多种方式实施,因此对于其成功之处,我们便可以看得更清楚了。

从以上的"明天给予更多"和"明天储蓄更多"两个案例中我们可以看到,助推在社会公共领域里发挥着巨大的作用。这就是我们在前文所说的为什么奥巴马政府成员和英国保守党成员都在阅读这本书。因为西方的国家治理模式,总是在自由主义和专制主义这两条路上摇摆不定。塞勒认为他的助推计划走出了国家治理的第三条路,他在该书"助推:真正的第三条道路"一章中是这么说的:

> 本书涉及了诸多领域,包括储蓄、社会保障、记账市场、环境政策、医疗保健、婚姻等领域。然而实际上,助推潜在的应用范围要远远超过我们谈到的上述领域。我们的一个最大的愿望是对选择体系和助推力的理解能够使人们创造性地思考出提高人们在其他领域的生活水平的方法。这些领域中有许多仅仅是单纯的个人行为。工作场所、公司董事会、大学、宗教组织、俱乐部甚至是家庭,都可以用到并且受益于自由主义的温和专制主义。

> 我们希望,在这个两极分化现象显著的社会中,政府的一般行政方法能被各方接受。整个20世纪,人们都在广泛地讨论是否能够走"第三条道路"。我们希望,自由主义的温和专制主义能够提供一条真正的第三条道路,这条道路能够平息当代民主议题中出现的一些争论。

那么,塞勒的这条自由主义的温和专制主义真的有用吗?

让大象自由我们还缺少什么
第 127 讲

链接书目:《助推:快与慢——人类动因与行为经济学》 卡斯·桑斯坦

上一讲我们讨论了塞勒的助推之路。虽然塞勒和卡尼曼都认为系统 1 是我们行为决策中的主要因素,但是两个人的解决方案不同。卡尼曼认为既然承认我们做决策时是非理性的,那么就要多问问系统 2;塞勒却认为,我们不必强迫自己转向系统 2,而是要顺势而为,让我们的直觉的子弹再飞一会儿,也就是说要在我们的情绪大象后面助推一把,让大象自由。

让大象自由不就是无为吗? 西方人会接受吗? 这个助推解决方案究竟有没有效果呢? 今天我们来阅读另外一本有关助推的重量级行为经济学书籍。书名很奇怪,叫《助推:快与慢——人类动因与行为经济学》。作者为什么要起这个书名呢? 是为了博眼球吗? 不是的。该书作者卡斯·桑斯坦是行为经济学的代表人物之一。他既是《助推——如何做出有关健康、财富与幸福的最佳决策》一书的合著者,又是《思考,快与慢》作者丹尼尔·卡尼曼的研究合作者之一。他为什么要写这样一本书呢? 就是为了我们这一讲的主题——让大象自由我们还缺少什么。

行为经济学不否认理性的存在,但与此同时也重申,直觉和情感非常重要。如何才能有效激发人们内在的社会偏好呢? 行为经济学家提出了助推导向的政策设计理念,就是通过较低的成本对社会成员施加某种行为干预,从而激发其内在的社会偏好,并诱导其行为走向有利于社会福利改进的方向。这个就是塞勒的第三条道路,让大象自由,但也要给大象铺一条路。那么这个东西西方人买不买账呢?

该书就是围绕这个问题展开讨论的,让大象自由就是系统 1 助推,给大象铺路就是系统 2 助推。系统 1 助推是利用默认设置,引导人们做选择,系统 2 是提醒人们在优劣性中做选择。因此该书把系统 1 助推称为"非教育型助推",系统 2 助推称为"教育型助推"。为什么搞得这么复杂? 就像我们在前面讨论过的防病毒戴口罩一样,西方人对个人的自由是相当敏感的。他们认为系统 1 助推利用人们的直觉认知缺陷,来达到助推者的目的,这里有侵害他人隐私的嫌疑。但是如果你辩解,说这是公共社会服务,是为了你们好,西方人是不买账的。作者在该书中是这么说的:

正如哲学家杰里米·沃尔德伦(Jeremy Waldron)所说:"我希望我能被塑造成一个更好的选择者,而不是有人利用我当下的无知和可怜的直觉牟利(即使是为我的个人利益)。"

从理论上说,沃尔德伦的愿望值得尊敬,某些助推旨在实现这一愿望。但现实中,当某项助推代价高昂、存在干扰性、很难使人们在某些领域成为更好的选择者,或者系统1助推带来的总收益远远高于系统2助推带来的总收益时,挑战也随之增加。通常来说,利用某些社会框架是帮助人们的最佳手段。系统1助推,例如自动加入计划,使生活变得更为简单和美好,这一收益并不微小。亦有证据表明,系统2助推会影响到人们的信念,但并不会改变人们的行为,因此,系统1助推在切实改变人们行为的方面更为有效。

作者为此做了问卷调查。由于西方人不喜欢被选择,因此在第一轮问卷中,他们偏好教育型助推,也就是说他们反对直觉助推。但是随着问卷调查的深入,非教育型助推逐步占上风。作者在该书"人们(在某种程度上)偏好教育型助推"一章中,是这么说的:

为了回答这一问题,我设计了一个能够在特定环境下诱发被试偏好的全国代表性调查。艾斯艾国际市场调查公司实施了此项有偿调查,共调查了超过2 800个美国人。我同样也在亚马逊土耳其机器人上进行了一系列明确的调查,但我的研究重点是全国代表性调查。简单来说,被试被分为七组,每组超过400人。他们需要指出其在两类助推之间的偏好。被试需要在包括了默认规则和图形化警示的系统1助推,以及包括了某些教育形式的系统2助推之间作出抉择。

············

对我提出的所谓四类标准问题,这里有四个主要发现:

(1)第一个,也是最基本的发现是:在被试不了解任何关于系统1助推和系统2助推的有效性的中性条件下,所有组中的大多数被试在上述四个问题上都偏好系统2助推。然而,值得注意的是,相当少数的一部分人(在26%~45%之间)支持系统1助推……

(2)当人们假定系统1助推"显著高效"时,许多被试的偏好会转向系统1助推,但是这种转变比较温和,通常引起大约12个百分点的变动。

(3)当给人们提供了具体的数量上的证据证明系统1助推更为有效时,偏好向系统1助推转变的幅度与人们仅被告知系统1助推"显著高效"时是相同的。

（4）当人们被告知系统 2 助推"显著高效"时，助推偏好并不会发生明显的转变（同中性条件相比）。

以上四个主要发现说明了一个问题，一开始西方人不相信直觉助推，喜欢理性被告知的教育型助推，但得知系统 1 助推效率更高时，人们就改变了看法。这说明什么？直觉胜于理智，人们最终还是偏好系统 1 助推的。

作者还发现了另外一个事实。该书中是这么说的：

> 我利用三个特殊问题考察了人们在系统 1 助推和系统 2 助推之间的偏好：增加选民注册率，抵抗儿童肥胖以及减少堕胎。三种情形下的模式明显不同。在中性条件下，大部分人在前两个问题上并不支持系统 2 助推。相反地，自动选民注册获得了大部分人的支持，在儿童肥胖问题上，大部分人认同餐厅设计比家长教育更好。当被试被告知假定系统 1 助推具有更高的效率时，确实增加了系统 1 助推的支持率水平，但即使没有此类信息，系统 1 助推的支持率依然很高。关于人们偏好系统 1 助推的最佳解释是，人们对于特权保护（对自动选民注册的支持）以及儿童保护（对餐厅设计的支持）的评判。
>
> 在减少堕胎数量的问题上，大部分被试一致支持系统 2 助推，这种偏好并不会在人们了解到系统 1 助推更具效率的条件下发生变化。毫无疑问地，这是由于很多人都赞成这样的观点：公共机构并不应当利用系统 1 助推去阻止妇女作出自己的选择。

作者的这个实验很重要，防止儿童肥胖和增加选民注册率，这些都是正能量的事情，人们用直觉就能判定其价值。而减少堕胎侵犯了妇女的堕胎自由权，人们当然不喜欢默认的选项，因为一不留神，自己的利益就要受损。这说明了什么？直觉是人类自我保护的一种合作理性潜意识，对于所有可能为自己带来危害的非合作环境，人们都需要公共机构说明白、讲清楚。

今天我们讲的"让大象自由"就是老子的无为思想，"无为无不为"不是胡作非为，让大象四处撒野，我们还要为大象铺路。就像前两年的北迁南归的云南野象，我们对它们进行监测和引导，最终大象自由自在地回到了自己的栖息地。这就是塞勒说的自由主义的温和专制主义的第三条道路，也就是合作理性的道路。

什么是合作理性？合作理性就是通过自己的付出和对方达到共同的目的。这个助推是一个典型的合作理性案例，公共机构要达到自己的目的，或者说全社会的目的，就要利用直觉系统的快思维优势，为人们提供决策的方便性操作。那些极端自由的人,哪怕觉得目的是好的,也不喜欢被选择,可是最后看到整个过程可以提高效率、节约时间,就会想到:这不就是最大的自由吗? 既然过程自由、目的自由,还有什么反对的理由呢?

因此,该书结语中是这么说的:

> 选择可以带来巨大的收益,是一种恩赐;或者相反,也有可能带来沉重的负担,变成某种诅咒。确实,人们喜欢动因和控制,并愿意为它们付出额外代价。同时,人们想要保留自己的认知资源,他们珍视思想的宁静。生活中最珍贵的礼物很简单,那就是时间。

是的。如果是极端的自由者,甚至是不让他人自由的自由者,他也会认识到,控制可以节约时间成本,这不就是空间换时间吗? 最后还是自由呀。桑斯坦在奥巴马执政期间,主持成立了白宫社会与行为科学小组,在西方这个个人自由主义至上的国度里,推动了很多助推政策的落地。同时,桑斯坦的搭档理查德·塞勒还为英国卡梅伦政府提供了助推政策建议,并取得显著成效。截至 2019 年,世界上已经有 130 个国家开始采用助推政策。可以说,助推是迄今为止应用最广的经济学建议之一。

为了进一步验证助推在不同文化和国家中的有效性,桑斯坦团队在全球范围内进行了测试,测试的题目有 15 项,比如"要求连锁店添加卡路里标签""要求食品通过信号灯标签表示健康程度""鼓励消费者自动加入绿色能源计划"等等。其中 12 项得到了一致的支持,但西方国家对其中 3 项的支持率较低,认为有被操控的动因,即"要求航空公司额外收取碳排放补贴费""影院播放戒烟潜意识广告""默认公民获利时向红十字会捐款 50 欧元"。但出乎意料的事发生了,作者是这么说的:

> 中国对于所有被测试的助推都表现出了相当可观的高支持率(15 条助推中的 10 条都获得了超过 90% 的支持率)。与中国类似,韩国表现出了对被测试的助推相当可观的高支持率。事实上,在韩国所有 15 项助推都获得了绝大部分人的支持(包括潜意识广告和红十字会默认捐赠),支持率普遍超过 80% 甚至 90%(潜意识广告获得了 75% 的支持率,向红十字默认捐赠的支持率为 62%,而在中国二者的支持率分别为 90% 和 83%)。

这是一个很重要的数据。经济的本质是什么? 就是老子的"天之道"和"人之道"的互动。人之道是减少自己的不足,奉献自己的有余,这样整个社会就处于以有余弥补不足的动态平衡中。老子的方法论是"让大象自由",但问题是如何让有余的人奉献出来，也就是谁来为大象铺路。对于这个问题，老子也有方法论。《道德经》中说：

> 道常无为而无不为。侯王若能守之，万物将自化。化而欲作，吾将镇之以无名之朴。无名之朴，夫亦将无欲。

这句"吾将镇之以无名之朴"中的"吾"指的是圣人，圣人不是简简单单地在那里喊口号，比如"无为无不为""圣人不仁，以百姓为刍狗"。圣人是要有所作为的，如果一味提倡"万物自化"，一味让大象自由，就会产生"化而欲作"的自由散漫状态，因此我们在读《道德经》的时候，往往会忽视老子的这段话，没有人注意这段话的真正意思，特别是"镇之"两个字。这个"镇"是指强力推行的意思，而"无名之朴"就是指"道"。天之道与人之道如何进行？需要圣人出来为大象铺路。如何铺路？需要有一点强力的措施，弥补"让大象自由"的最后一块短板。这就是第三条道路。这样我们也就理解了老子的"夫亦将无欲"的意思。使人们无欲，不是没有欲望，而是利用人们的无意识直觉系统，推行他的系统1助推计划。老子利用自己的权威成了一个助推者，人们利用自己的直觉系统1成了一个被助推者。

以上我们介绍的系统1助推模式主要用于公共社会领域里的公共政策实施，那么这个直觉系统对我们个体来说，除了认知以外，还有什么功能呢？

为什么今天还要用古老的蜥蜴脑法则
第128讲

链接书目:《蜥蜴脑法则》 吉姆·柯明斯

上一讲我们讨论了直觉系统1助推在公共社会政策中的作用,其实这就是我们一直在讨论的合作理性。人类的快思维至今还保持着几亿年前的进化痕迹,我们称之为"爬行脑"。爬行动物的大脑在进化中演化为仅用来应对饥饿、繁殖、呼吸、消化、疼痛等等,使得它们的反应速度很快,这就解释了为什么蜥蜴很难被捉到。卡尼曼的系统1理论就是来自蜥蜴爬行脑的启示,现在被用在了行为经济学上,说明人类至今还有爬行脑的痕迹,而且这种痕迹还很深。今天我们就来讨论"爬行脑"或者说"蜥蜴脑"在我们说服他人接受自己观点时的特殊技能。

有一位叫吉姆·柯明斯的人,是芝加哥大学社会学博士。他在DDB(恒美广告)任职27年,其客户包括大众汽车、戴尔电脑、百威啤酒、威斯汀酒店集团等公司,在这27年当中,他一直在思考一个问题——"人是如何做决定的",以便解决他一直困惑不解的问题——为何传统广告的失败率这么高。和丹尼尔·戈尔曼一样,最后他从人类大脑进化的角度发现了问题的关键所在。为此,他写了一本书,这本书就叫《蜥蜴脑法则》。什么是蜥蜴脑? 作者为什么想到用蜥蜴脑去说服他人呢? 蜥蜴脑能够说服他人吗? 作者在该书中是这么说的:

> 在这本书中,我考察了大脑科学方面的最新发现,并将它们运用于说服艺术中。直到目前,说服别人都只能靠运气,因为那些以说服者自居的人并不理解人们是如何选择的。但得益于丹尼尔·卡内曼(Daniel Kahneman)、阿莫斯·特沃斯基(Amos Tversky)及其他一些科学家始于40年前的开创性研究及继起的大脑科学革命,今天我们对人类的决策机制已经有了更清晰的理解。我将大脑革命的成果转化成了一系列能帮人们获得成功的实用说服术。这些实用技术能让任何人变得更有说服力,无论他的目标是影响一个人——一位亲戚、朋友或同事——还是大批苹果智能手表(Apple Watch)或雪佛兰汽车的潜在买家。

其实作者的观点也是来自卡尼曼的系统 1 和系统 2,不过他的说法和卡尼曼稍有不同。作者是这么说的:

> 我们有两种不同的思维方式:
>
> (1)自动式思维系统——无意识的思维方式。
>
> (2)反射式思维系统——有意识的思维方式。
>
> 现在我们已经知道,我们所有的决定都受到自动式思维系统的影响。在很多决定中,自动式思维系统甚至是唯一的主宰。
>
> 我们的自动式无意识思维系统起源于古老的大脑构造,人类、蜥蜴以及所有的脊椎动物都具备这一大脑构造。尽管对不同的物种而言,无意识大脑的发展程度千差万别,但其基本功能是一致的,那就是追寻快乐,避免痛苦。自动式思维系统正是理查德·赛勒(Richard Thaler)和卡斯·桑斯坦(Cass Sunstein)所说的"内在的蜥蜴"。

作者这里提到了塞勒和桑斯坦的比喻,其实这个比喻相当贴切。我们知道一个人的蜥蜴脑比他的理性脑反应快 0.03 秒,大多数人的决定,都是在这 0.03 秒之内做出的。人的绝大多数行为,甚至包括那些事关生死的重要行为,都是由人的蜥蜴脑控制的。蜥蜴脑运转极快,不知疲倦、昼夜不停、无法阻止,就连人在睡觉时,蜥蜴脑也仍在工作。塞勒和桑斯坦只是发现了蜥蜴脑的这种特性,作者却从这些特性中发现了蜥蜴脑的价值观,我们的说服他人的技能就是建立在这种价值观上的。作者是这么说的:

> 我们内在的蜥蜴有着不同于有意识思维系统的价值观。
>
> ·在内在蜥蜴看来,最容易被大脑接受的就是最真实的。他无法分辨"相似"与"精确"的差异。
>
> ·对内在蜥蜴来说,人就是他的行为,不论他有什么理由。内在蜥蜴关注行为,忽略行为动机。
>
> ·由于内在蜥蜴的存在,说服者应该以行为而非态度为说服目标。因为行为更容易被改变。
>
> ·由于内在蜥蜴的特性,我们绝不应该询问人们他们的行为有何理由。他们自己也不知道理由,只是以为自己知道而已。你可以发现他人的动机,但却无法靠询问别人发现。
>
> 内在的蜥蜴容易被即刻、确定和感性的奖赏打动,但节食、储蓄、戒烟之类"为你好"的选择却会让他产生抵触情绪。理解了内在蜥蜴的这一特点,你就能改变

奖赏的形式:把延期奖赏变为即刻奖赏,把不确定的奖赏变为明确的奖赏,把理性奖赏变为感性奖赏。

作者的分析很到位,所谓的行为经济学就是"行为"两个字。作者接着从神经科学机制方面,对蜥蜴脑和理智脑进行了考察,得出以下四点结论:

第一,模式不同。

反射性有意识思维系统只有一种处理模式,它要么处于活跃状态,要么处于休眠状态。同样地,我们要么是清醒的,要么是睡着的。

自动化无意识思维系统拥有多种处理模式。我们的自动式思维系统同时指引着许多重要但各自独立的活动,如维持消化、血液循环和呼吸功能,感知深度,保持平衡,运用语言等等。有些脑部受损的病患可能会完全丧失某些能力(如感知深度的能力),但其另外的能力,如语言能力等,依然不受影响。

第二,速度不同。

反射性思维系统慢速而复杂,而自动式思维系统相当敏捷。西北大学(Northwestern University)的心理学家们发表的一份研究报告通过实验揭示了这两种系统的处理速度。

工作人员在电脑屏幕上向参加受测试者展示了一些表情惊奇的人类面孔。这些受测者看到这些面孔之前,在他们不知情的情况下,工作人员用30毫秒的时间向他们分别播放了一些表情恐惧或快乐的面孔。在播放时间仅有30毫秒,也就是3/100秒的条件下,由于画面出现时间极短,画面中恐惧或快乐的表情根本不会进入受测者的意识。

随后受测试者被要求按照从"极为积极"到"极为消极"的顺序为那些表情惊奇的面孔打分。

结果表明,与那些下意识中看到快乐表情的受测者相比,那些下意识中看到恐怖表情的受测者给后来看到的惊奇表情打的分数更低。

自动式无意识思维系统在3/100秒的时间里看到了最初展示的面孔并弄清了其含义,然后将自己的倾向传达给了有意识层面的知觉。尽管有意识的知觉系统甚至根本不知道曾播放过画面,但还是受到了来自无意识系统的影响。

其实以上第二点中的这个测试,说明人类的直觉系统就是为合作理性而设计的。只要外部环境是合作的,人就不会产生恐惧感,因此蜥蜴脑对外界的第一反应就是排除非合作的不利条件。

第三,传递信息的带宽不同。

科学家们也想到了一个好主意来测量自动式无意识思维的"带宽",方法就是计算出有多少向大脑发送信号的神经连接,每个神经连接每秒又发送多少信号。单是眼睛每秒钟就向大脑传送 1000 万字节信息。我们的其他感觉——触觉、听觉、嗅觉、味觉——加起来每秒向大脑传送超过 100 万字节信息。换句话说,我们的无意识思维系统每秒钟处理 1100 百万字节由感官传达的信息。

这两种思维系统在处理能力上的巨大差别使有些人忍不住怀疑科学家们的评估是否精确。即便科学家们的评估结果存在误差,自动式无意识思维的能力依然足以令反射式有意识思维望尘莫及。就算无意识思维系统的真实处理能力比目前科学家们评估的低上三分之一,有意识思维系统的真实处理能力比科学家们评估的高出三倍,比较之下,自发性思维系统的能力依然超过反射性思维 25,000 倍。

第四,获得的信息量不同。

与反射式思维系统相比,我们的自动式无意识思维系统获得的信息要多得多,它也能以相当熟练的方式理解这些信息。

用神经学家的话说,自动式思维系统"在意识到优选策略之前就已经在进行优选了",这一点也在另一个实验中得到证实。

在一场模拟的赌博任务中,参加实验的受测者按照爱荷华大学(University of Iowa)科学家们的要求,从面前的四组牌中选一组,然后把牌翻开。多数情况下,翻开的牌意味着奖赏,但有时某张牌也会不可预料地带来损失。受测者并不知道,四组牌中有两组招致损失的概率更大。在实验进行不久后,受测者便开始避开那两组风险更高的牌,这时,在意识层面他们甚至都不知道哪组牌更有风险。在反射思维系统意识到这一点之前,自动式无意识思维就已经感觉到了。自动式思维系统把感觉到的风险通过情绪体验传达了出去,并最终影响了受测者的选择。

既然人的蜥蜴脑在神经科学机制上有以上四大特点,于是作者想出了一个好办法,让你和要说服的对象的蜥蜴脑直接对话,这就是成功说服他人的蜥蜴脑法则。作者是这么说的:

为了在说服中取得成功,我们必须同内在的蜥蜴,即我们的自动式思维系统打交道。这就需要运用下面七个说服秘诀:

1.说蜥蜴的语言。我们的无意识思维方式自有其交流方式,它的语言有自己的语法规则和风格。

2.将行为而非态度作为说服目标。改变他人的行为比改变其感觉更容易。

3.不要改变他人的愿望,帮他们实现。当你告诉别人如何获得他们想要的东西时,说服才会有效果。

4.不要询问,去发掘。人们往往不知道自己想要什么,但你可以找出他们想要什么。

5.关注感觉。罗列事实无助于改变人们的感性决定。

6.借助期待感来提升实际体验。人们对某种经历的期待能改变其实际体验。

7.增加点艺术性。艺术能让无意识思维成为你的盟友。

我们这里就说第一点——说蜥蜴的语言,作者是这么说的:

我们熟知的反射式有意识思维方式的语言是信息、逻辑和理性。因此,多数"说服"的定义都会强调以理性论据去让别人信服。但理性论据并非说服蜥蜴的正确方式——远远不是。

我们内在的蜥蜴,我们的自动式无意识思维系统,拥有自己的语言。近25年来,心理学、行为经济学和神经系统学方面的研究已经证明,自发式思维系统的语言自有其基本语法规则:心智显著性(Mental availability)、联想(Association)。它同样有自己的风格:行为、感觉、他人的偏好。

由于内在的蜥蜴主宰着我们的多数决定,并对其余决定产生重要影响,所以,熟练掌握蜥蜴的语言是成功说服他人的关键。作者举了下面这个例子:

我们常常忽略心智显著性对行为的巨大影响。下面要介绍的管道疏通剂标签的例子说明,即使在心智显著性方面小小的改变,也能对消费者的购买选择造成巨大影响。

通乐(Drano)是庄臣公司(S. C. Johnson)旗下的管道疏通剂品牌。而另一个知名管道疏通剂品牌 Liquid Plumr 则属于高乐氏(Clorox)公司。当你选购管道疏通剂时,这两个品牌的疏通剂往往都在货架上,它们的价钱也差不多。而且,当其中一个牌子有所创新时,另一个马上就会跟上,这两种产品的化学配方也基本一样。在这种情况下,心智显著性就成了影响消费者选择的主要因素。

自动式思维系统会对大脑最容易想到的品牌最有兴趣,并会赋予它最高的级别。由于用户需要清理的是排水管(drain)，通乐(Drano)显然更胜一筹。单凭名字它就是最先被人想到的管道疏通剂，它压倒性的市场占有率也证明了这一点。通乐品牌的销量超过所有其他管道疏通剂的总和。

我们 DDB 公司曾提出过一个增加 Liquid Plumr 心智显著性的广告创意，这一创意后来也得到了高乐公司的资金支持。这个创意很简单，就是让 Liquid Plumr 这个水管工(plumber)(plumber 与 Plumr 发音相近。——译者注)进入人们的头脑。这样当消费者遇到管道堵塞的情况时，立刻就会想到"先找水管工 Liquid Plumr"。在我们制作的广告中，可以看到一群"真正"的水管工说："它(Liquid Plumr)很好使。这对我们水管工来说不太妙，但它真的很好使。"他们还会说："这活儿不大。但既然我们来了，就得向你收费。"当然，画外音要及时提醒人们"先找水管工 Liquid Plumr"。

遇到水管堵塞时，多数人都会想到找水管工。利用这一点，Liquid Plumr 逐渐占据了销售优势。当心智显著性改变时，市场份额也会改变。

其实，我们身边就有这么一个人人皆知的案例。一句广告词，不仅改变了市场份额，还救活了一个人。这句广告词就是 20 世纪 90 年代风靡大江南北的"今年过节不收礼，收礼只收脑白金"，这个案例把作者的 7 个蜥蜴脑法则全部用上了。

脑白金是助力老年人睡觉的保健品，这个广告针对的是要过年回家看望老人的年轻消费者，可看上去又好像是为老年人做的。甚至很多人不知道脑白金是什么，但脑白金不知不觉就成了那个时代年轻人送礼的必需品。产品创始人史玉柱在这之前做了十多种保健品，不但没有成功，还面临破产的边缘。当时号称要在深圳建造中国最高楼巨人大厦，却只建了三层，最终成了烂尾楼。之后他沉寂了 3 年，去做调研，发现老年人对延年益寿的需求远远不及孩子们回家去看望老年人的需求，于是设计了这个广告词。用的完全是蜥蜴脑法则，"脑白金"取之于原来的产品"脑黄金"，这是心智显著性。"过年不收礼"，让人联想到回家看望老人。产品没有介绍功能，但这却是一个关注人的动机，鼓励送礼的行为，直达消费者心底深处的情感。史玉柱全凭这句以情动人的广告语起死回生，脑白金自 1997 年问世后，在中国市场上，销量可以说是势不可挡，不但成了一两代人记忆中的烙印，也永远成了行业龙头。

看来今天我们还是沿着几亿年前的爬行动物蜥蜴脑法则，继续前行。我们讨论了尼采打响第四次认知革命的第一枪，是从反对理性，提倡非理性这个话题开始的。经过了这么多讲的理性与非理性讨论，我们该给"非理性"一个正式的名头了，是什么名头呢？

我们应该给"非理性"一个什么科学名头
第129讲

链接书目:《理性动物》 道格拉斯·肯里克,弗拉达斯·格里斯克维西斯

上一讲我们讨论的古老的蜥蜴脑法则,在今天可以成为说服他人的有力工具了。从"谁打响了第四次认知革命的第一枪"开始,从生命主义、存在主义、不确定性、现象学、直觉认知,一直到上一讲中的蜥蜴脑法则,我们一直在给"非理性"正名。西方人认识到理性的问题,知道"非理性"在认知、情绪、道德,甚至创新方面都起到了重大作用,但很少有人给予它一个科学概念的定义。虽然我们在讨论非理性的好处,但是这个"非理性"名头还是给人一种不舒服的感觉。刘擎先生给了一个比较舒服的委婉说法:人类因为理性而伟大,因为知道理性的局限而成熟。但这个还不是科学的表述,那什么是"非理性"的科学表述呢?

今天我们要阅读的这本书叫《理性动物》,作者道格拉斯·肯里克是美国亚利桑那大学心理学教授、进化心理学的奠基人之一。这本书的主题和前几讲一样。我们决定做某件事情的时候,到底是象的作用,还是骑象人的作用,说白了就是非理性还是理性的问题。但作者这里要为"非理性"这个概念正名了,所以这本书叫《理性动物》。

大家肯定知道亚里士多德的一句名言——"人是理性的动物"。那么作者的观点难道和亚里士多德一样吗?不一样。那么他为什么把这本书命名为《理性动物》呢?我们来看看作者在引言中是怎么说的:

> 从亚里士多德、笛卡儿到伯特兰·罗素、奥斯卡·王尔德,伟大的思想家都在讨论人类是不是"理性动物"。哲学家、科学家和各界专家、学者都曾关注了硬币的一面,热烈地争辩人类是不是"理性的",但是这些争论大多忽略了硬币的另一面——"理性动物"中"动物"这个词。而本书即着眼于此。

不知道大家有没有理解作者的意思。既然是动物,省去了人的定义,那么这本书的书名应该叫"非理性动物"。作者在该书引言中提出了以下几个问题,让我们回答。作者是这么说的:

我们先来快速回答几个问题。你是否会做下列任何事情：

• 假如你是个有点儿音乐天赋的年轻人，在密西西比州的低收入家庭中长大。那么，你是否会花 785400 美元去买一辆私人订制的凯迪拉克汽车？它的轮毂镀金，经过 40 道喷漆工序，车漆由珍珠、东方鱼鳞和钻石粉特制而成。

• 假如你是一位失业的英国单身母亲，你一直利用业余时间写作，作品开始大卖特卖。这时你是否会把辛辛苦苦赚来的钱捐赠出去？

• 假如你是来自某贫困国家的移民，在那个国家你曾经排队 4 小时才买到人生中第一根香蕉。当你乘坐泛美航空公司的大型喷气式客机在美国着陆后，就立刻被带到一家大型超级市场，满眼是难以想象的美味的食品。如果富有的美国亲戚愿意给你买一样东西，你是否会选择只买一包粉色的西瓜味泡泡糖？

• 假如你是一位大学教授，一直把有限的退休基金存在安全的债券投资账户里，小心保管。但眼看股票市场疯涨了多年，金融专家们也盛传经济泡沫就要破灭。你会在这时把本来就少得可怜的退休基金拿出一半投入高风险的股市吗？

• 假如你是一位印度富翁，居于帕蒂亚拉（Patiala），法律赋予你妻妾成群的权利，想娶多少就娶多少。现在，你已经拥有了 90 位妻子，那么你会开始寻找第 91 位新娘吗？

• 假如你生活在纽约市，在曼哈顿东 86 街的一幢公寓里做物业主管，工作时间很长。你是否会拿出全部积蓄去买彩票？

作者提出的以上几个问题，你会怎么回答？如果你是一个有理性思维的人，你会觉得没有人会去干这些事。但问题是真的有人干了，而且还不是普通人，作者在该书中是这么说的：

• 猫王埃尔维斯·普雷斯利不仅买了那辆史上最艳俗的凯迪拉克，还接连买了 100 多辆。

•《哈利·波特》的作者 J. K. 罗琳，把她赚的大部分辛苦钱都捐了出去，其中包括一张 1500 万美元的支票。

• 弗拉达斯·格里斯克维西斯（本书的作者之一）作为新晋资本主义者的第一个决策，就是买了一包粉色西瓜味的泡泡糖。至于在原来的国家排队 4 小时买回来的那根香蕉，他是连皮一起吃掉的，他认为这样难得的美食扔掉任何部分都愚蠢至极。

• 道格拉斯·肯里克（本书的另一位作者），眼见股市狂飙而自己的退休账户增长迟缓，于是在2001年把其中一大部分资金转到了股市，却正好赶上几次前所未有的股价暴跌。除非本书登上《纽约时报》畅销榜，否则他只能计划过了79岁生日再退休，因为他有可能要住到厄瓜多尔乡下的窝棚里去。

· 印度帕蒂亚拉第六代帮主拉金德尔·辛格不仅迎娶了第91位妻子，而且这句"我愿意"一直说到他娶了第365位新娘时才停下来。

· 纽约物业主管雷·奥特罗不仅为彩票倾尽积蓄，而且继续每年花30000美元购买彩票——虽然他至今都未中过大奖。

以上的决策，被作者称为是愚蠢的决策，我们一般会表达为非理性的决策，但作者认为不应该用这个词，为什么？作者在该书中是这么说的：

在关于人类决策是理性还是非理性的大辩论中，经济学家和心理学家都醉心于研究决策的表面特征——一个人在特定情境下的特定选择是否实现了他的目标。例如，买一张2美元的彩票或一辆崭新汽车的决策，是否会让一个人更富有或更快乐？但是，若要充分理解我们的决策，则必须透过表面，把我们现在的选择和过去的进化联系起来。为了理解人们如何做出决策，我们需要问一个被传统观点所忽视的根本问题：大脑为何会进化出这样的选择行为？

这个问题转变了我们看待人类决策的方式。新的科学研究表明，我们的决策并不是关于理性或非理性的问题，而是具有"深层理性"（deep rationality）的特点。我们今天的选择反映了深层次的进化智慧，是人类祖先历经由成功与失败的千锤百炼而来。本书即是探讨在现代社会中，你、我和猫王所做的选择是如何植根于一套祖传的精密机制，它常常运行于我们有意识的意识之外。

作者以上的回答为我们一直在讨论的一个概念提供了科学的背书。这个概念就叫作"深层理性"。作者和我们一样，开启了人类认知的探秘之旅，因此，我们很有兴趣地把该书中的阅读指导摘录如下：

在接下来的章节中，我们将开启一场深入人类祖先思维的探索之旅。在每一章的开篇，我们都将访问人类决策行为的一个神秘角落。例如，为什么有3/4的职业橄榄球选手会破产？为什么那么多原本精明的投资者会被伯纳德·麦道夫骗走千百万美元？为了解开每个谜题，我们会透过表面，目击最新的科学发现，让你窥探内幕找寻证据。在此过程中，你会发现，排卵期的脱衣舞女、华尔街的金融家、睾丸激素旺盛的滑板玩家、猫王和你之间都存在着密切的关系。

我们这场幕后考察之旅的行程如下：第 1 章，我们通过高度理性的约瑟夫·帕特里克·肯尼迪和他那些众所周知的不理性的后代，引入深层理性的概念。第 2 章，我们向你正式介绍你的次级自我，探讨马丁·路德·金到底是伪君子还是常见的多重人格障碍的受害者。第 3 章，我们来看看每个次级自我是如何跟其他人谈判的，并探究当迪士尼公司不再是家族企业时出现的一些棘手问题。

第 4 章，我们进一步观察你的每个次级自我常犯的偏差和错误，尝试理解为什么某非洲国家的人宁愿挨饿也不接受援助。第 5 章，我们探讨对次级自我的理解将如何帮助我们做出更好的决策，看看为什么那些深居于亚马孙河流域没受过正规教育的部落成员竟能解决难倒了哈佛大学学生的逻辑问题。

第 6 章，我们观察一生中次级自我的变化，试着去理解为什么很多穷人暴富后又会破产。第 7 章，我们探讨为什么人们购买炫目的金质凯迪拉克汽车和呆板的绿色丰田普锐斯汽车其实是出于完全相同的原因，即使他们自己都没有意识到这一点。第 8 章，我们更加深入地研究男性和女性的次级自我有哪些不同，试图搞清楚为什么在某些国家男性要付出多年的收入以换得女性的陪伴，而在另一些国家中女方的家庭则要以巨额嫁妆为之购买男性的陪伴。

第 9 章，我们探讨故事的阴暗面——在现代社会中，那些原本是深度理性的倾向如何遭到聪明的"寄生虫"的剥削，而且这些"寄生虫"往往身着西装革履并带有真挚笑容的伪装。最后，我们挥手告别，并送你一些五颜六色的明信片，上面记录着我们这场大脑决策中心之旅的重要收获。

按作者的意思，深层理性是由多个自我构成的。1 个是大我的自我，还有 7 个是大我中的小我，作者称之为"次级自我"。我们看似愚蠢的，或者说非理性的决定都是由它们做出的。作者将其比喻为"7 个小矮人"，作者在该书中是这么说的：

> 让我们来认识一下这 7 位次级自我。我们可能认为这些次级自我就像住在脑子里的 7 个疯狂的小矮人，但事实并非如此，我们要把他们想象成由人类先辈组成的智囊团。每位先辈都有几十万年成功解决问题的经验，这正是我们祖先智慧的结晶。当你在现实世界中面临重要的决策时，你脑中的智囊团就会明智地听从在进化中最适合处理这种情形的那位先辈的指令。

那么什么是 7 个小我呢？作者用马斯洛的人类需求金字塔模型，自下而上地描述了它们的功能。请记住，这些功能全部与合作理性有关。作者在该书中是这么说的：

1.自我保护型次级自我:保安人员

2.避免疾病型次级自我:强迫症患者

3.社交型次级自我:团队合作者

4.社会地位型次级自我:积极进取者

5.择偶型次级自我:活跃的单身汉

6.留住配偶型次级自我:好配偶

7.育儿型次级自我:养育后代的父母

金字塔的底层是自我保护型次级自我,顶层是育儿型次级自我,这些就是组成人类"深层理性"的"7个小矮人"。大家看看是不是全部与他人有关、与社会有关、与合作有关,特别是后面的第五、六、七个小矮人是不是和生命的"复命曰常"有关。这不就是我们一直在讨论的合作理性吗?每一个小矮人都与合作理性有关。如果你说第一个自我保护型"小矮人"和第二个避免疾病型"小矮人",好像和合作理性无关,那你就错了。他们是基本的动因,当然和合作理性有关。

我们现在可以用合作理性的概念,把"7个小矮人"的活动轨迹梳理如下:

第一,自我保护型"小矮人",这是爬行脑的底层逻辑,对非合作环境产生恐惧,形成自我保护机制。第二,对外开放的大门守住了,接下来避免疾病型"小矮人"可能老是担心会不会生病,病了怎么办。第三,社交型"小矮人"说,有没有人给我看病啊?我需要社会来帮助我。第四,"小矮人"病好了,觉得自己做个医生不但可以医治他人,而且在他人眼中有一定的地位,于是出现了社会地位型"小矮人"。因为名声是最好的合作润滑剂,他人不但不会欺负他,还主动投桃报李。第五,"小矮人"成了医生之后,受到大家的欢迎,特别受到异性欢迎,于是成了择偶型"小矮人"。下一步要开始选择自己的终身合作伴侣了。选好之后,两人就能够相敬如宾白头到老了,这就是留住配偶型"小矮人"。还有第七步,生命的最终目的就是按照基因的嘱咐,复制自我,传宗接代,登上合作理性的最高峰——育儿型"小矮人"。为什么这是最高峰?因为这个合作是不求回报的。这就是老子的"复命曰常"境界。

以上是为"7个小矮人"规划的人生轨迹,但"7个小矮人"并不是依次排队等在那里被动挨个承担深层理性的责任,有时候,他们会根据环境的变化,根据自己的能力发挥自己的作用。老子的一句话我们要永远记住,"以身观身,以家观家",小矮人的功能就是由内而外、合作理性,最后达到天人合一的目标。因此,环境、反馈、行为是小矮人的底层逻辑。下面是作者所做的有关广告的心理实验,证明了这一点。该书"7个次级自我"一章中是这么说的：

> 如果我们是多个次级自我的集合，那就意味着即使我们一直感觉自己是同一个人，但实际上我们也会根据在哪里、在做什么以及周围的环境而改变自己。若要了解其中的机制，先让我们来看一项研究，它是关于同一个人在被不同的次级自我主宰时，如何对一则广告做出迥异的反应。
>
> ··············
>
> ……同一则广告可能有效也可能无效，它取决于当下你的大脑中是哪一个次级自我在看广告。这意味着即便对同一个人来说，同一则广告可能会取悦于其中的一个次级自我，却引起另一个次级自我的反感。
>
> ··············
>
> 为了检验这种可能性，一些受试者观看了经典恐怖片《闪灵》（*The Shining*）的片段，片中杰克·尼克尔森扮演的精神病人在一座与世隔绝的酒店里拎着斧子追杀妻儿。观看一会儿后，在一个非常恐怖的情节处，我们开始播放若干广告。有些广告向观众介绍产品多么热门、需求多么旺盛（例如"每年超过 100 万人次光顾"）；而有些广告并没有提到产品很热门或是需求很旺盛。
>
> 结果表明，当受试者在观看恐怖片时，他们更喜欢那些强调产品热门程度的广告。例如，在博物馆的广告中加入"每年超过 100 万人次光顾"的信息，会增强人们参观的意愿。这说明，在看过恐怖片段之后，人们尤其容易接受从众信息。就像角马遇到豹子时那样，人们在感觉自己受到威胁时，都希望自己是群体中的一员。
>
> ··············
>
> 然而，人们在观看浪漫爱情片时，其喜好也会有巨大的转变。在观看同样的广告之前，另一组受试者观看了爱情片《爱在黎明破晓前》（*Before Sunrise*），该剧描述了一对俊男靓女在欧洲风景最美的城市乘火车旅行时一见钟情的故事。这个电影片段引导出了另一个次级自我。跟看恐怖片的观众不同，这些大脑处于浪漫模式的受试者最容易被强调商品独特性的广告所打动。如同正在求偶的动物一样，处于浪漫模式的人都希望自己能从人群中脱颖而出。相反，关于商品如何热门的信息会令这些满脑子浪漫的受试者心生厌恶；加上"超过 100 万人次光顾"的信息让博物馆看起来庸俗不堪，根本不是浪漫之人想去的地方。

作者认为深层理性是远古人类的设计，因此我们现代人是不能改变的。作者在该书结论中提醒我们在出门之前，想想以下 3 条经验。作者是这么说的：

关于理性动物的三条经验

....

经验1：不要以为别人是傻瓜

最近很流行一种关于决策的观点是：人们的决策是随意的，具有非理性的偏差。其实这种观点并没有充分理解人们是如何做出日常重要决策的。决策几乎永远是有偏差的，有时甚至是愚蠢的。但如果你挖得再深一点儿，这些决策的偏差和表面的不理性从进化角度看往往是很有道理的。

....

经验2：理性的私利并非是你的私利

古典经济学的决策模型假定大脑天生追求个人利益最大化。这适用于华尔街交易员之间的关系，或是消费者向陌生人买汽车的情形，但要描述大多数人如何做出人生中大多数重要的决策时，却是极为不妥的。

....

经验3：出门之前先问问其他自我的意见

你的头脑中有不止一位效用最大化的银行家。一个人至少有7位不同的次级自我，每位次级自我都在根据不同的进化需要计算成本与收益，它们在下意识中轮流操控我们意识上的决策。

认为自己的大脑中有位无所不知的华尔街银行家是不正确的，而认为只有唯一的决策者也同样不正确。实际上，那里面有不止一个你——有社交型次级自我，愿意跟朋友和同事分享人生点滴；有社会地位型次级自我，喜欢拼搏取胜；还有避免疾病型次级自我，时时准备避开细菌。

其他3位次级自我分别致力于繁殖过程的不同方面。择偶型次级自我，尤其是男性，关心的都是如何约到女伴，并愿意为此承担风险、耗费资源。而留住配偶型次级自我则小心翼翼地在巢中孵蛋，对待同巢的配偶一般本着慷慨的交换原则：你付出多少爱就会收获多少爱。最慷慨的就是育儿型次级自我，只求付出、不求回报，当家人快乐生活幸福时，感觉尤为满足。

以前我们一直把人的情感、身体和直觉与"非理性"挂钩，现在如果我们说这也是理性，是人的本能理性，那么马上有人把它们与心理学、神经科学挂钩，但"非理性"的帽子，还是摘不下来。现在作者用"深层理性"来定义"非理性"，指出了有7个理性"小矮人"在辛勤地工作。好了，我们独创的概念"合作理性"也可以大大方方地从幕后走到前台了,而且我们觉得"合作理性"比"深层理性"的表述更加具有科学的理性。这是我们中国人在轴心时代人类第二次认知革命中发现的,但可惜的是,直到今天才被西方人认识到。这个认识过程是漫长而艰巨的,不会被很多人接受,但是他们确实感受到了理性的局限和非理性的伟大。而且工具理性的发展还是一路高歌猛进,并没有停下来的意思。怎么办呢? 于是在西方社会又发起了一场否定现代化的思潮,是什么思潮呢?

为什么这是一场无可奈何的文化思潮
第130讲

链接书目:《知识考古学》 米歇尔·福柯

《解读后现代主义》 克里斯托弗·巴特勒

上一讲我们讨论了"非理性"的理性概念,即"深层理性"。这个概念正好为我们的"合作理性"主题提供了科学背书。但是,由于250万年前工具理性革命已经在西方文化的头脑中深深地扎下了根,再加上2500多年前轴心时代由外而内的价值理性加持,20世纪西方理性主义、科学主义和现代主义大踏步地继续前进。他们看到了现代化转型中无法解决的问题,尼采发动的"非理性"革命好像作用也不大,于是在20世纪60年代产生了一场无可奈何的文化思潮,这场思潮蔓延到了整个西方思想界。是什么思潮呢?它的名称叫"后现代主义"。

有一本书,叫《后现代主义》,是社会科学文献出版社1993年出版的,里面结集了西方一大批后现代主义思潮代表人物的文章。其中有一篇是德国后现代主义者沃·威尔什的文章——《我们的后现代的现代》,该文章中是这么介绍"后现代"这个概念的:

> 近年来,一个新的概念——"后现代"的概念——越来越广泛地在欧美大陆流传。在今天,没有一篇文章、一次会议、一个信息灵通的当代人士不把它当作一种时髦挂在口头上。然而,许多言必称"后现代"的人并不知道这个词的确切内涵。人们用以界定我们生活的这个时代及其可预见的未来,并试图说明我们已经越过了"现代"时期而处在"现代之后"状况的这个词的含义的确模糊不清,并且存在着广泛的争论。

我们为什么说这个概念是西方为了反对现代性而产生的一种无可奈何的思潮,原因就是作者所说的,许多言必称"后现代"的人,却还在争论这个词的内涵是什么。作者总结了4个争论焦点,是这么说的:

> 争论的焦点首先是这一概念的合法性问题。某些人认为,事实上并不存在能为这一新的术语的运用提供证明的社会现象,所谓的后现代只不过是新瓶装旧

酒,是故弄玄虚的新潮预言家的拙劣杜撰,或那些试图通过虚构一个新时代的到来而逃避对当今时代应尽的义务的人玩弄的花招而已……

关于"后现代"概念的争论所涉及的第二个问题是它的运用范围。现在,这一术语几乎已经泛滥成灾。最初,它只是一个文学批评概念,但后来逐渐蔓延到其他领域,开始是建筑学,接着是绘画,然后是社会学,再后来在哲学中得到了空前的发展。今天,几乎没有一个领域未被这一"病毒"所感染。一九八四年美国出版了一部关于"后现代神学"的著作,一九八五年一本"后现代旅游"的书问世,而一九八六年则可以买到一本"后现代疾病患者"必读书,一九八七年某出版社甚至预告将出版"后现代体育"和"后现代交际"的书籍。这一势头发展下去,将来必定还会出现各式各样的"后现代"著作:"后现代恋爱"(对此,已有报刊作了报道)、"后现代美食学"、"后现代占卜术"直至"后现代做爱法",如此等等。诸如此类令人啼笑皆非的胡拼乱凑使"后现代"这一概念愈来愈声名狼藉。

"后现代"这一概念之所以引起争论,原因之三是它的时间确定问题。在美国,当这场争论开始时,最初指的是五十年代出现的一些现象。后来——大约在七十年代初,这股思潮传到欧洲大陆,人们的着眼点却转到了七十年代以来的状况,而这时,美国的某些思想家又宣告后现代主义已经衰落,并预言一种"后——后现代主义"业已诞生……

围绕"后现代"概念展开的争论涉及的第四个问题,也是最重要的问题,是这一概念的内涵。在某些人看来,后现代无疑是指新的科学技术得到普遍运用的时代,或者更明确地说,是高科技时代。另一些人则认为,后现代的特点恰恰是科技统治的解体与终结,后现代时期应当是绿色的、保护生态的、反科技的。此外,意见分歧还表现在另一层面上:一些人把后现代的本质归结为一个四分五裂的社会重新获得一体化(例如通过一种新的神话)的过程,而另一些人的看法则完全相反,他们把社会的日益多元化和非一体化视为新的时代最突出的特征在这个问题上,争论双方的意见虽然尖锐对立,但在另一方面却也有一致之处。例如,新神话论者和多元论者都对理性持否定态度,虽然这种否定是从完全相反的立场作出的:前者认为,在今天,理性已不再能维护一个社会的统一性,相反,在破坏着这种统一性;而后者则指责说,理性事实上为社会的一体化提供了基础,因而本质上是一种统一的社会模式和统治秩序的维护者。

作者以上所说的四个争论不休的原因，最后还是回到了"理性"两个字。因为他们实在挡不住理性的野蛮生长，所以"后——后现代主义"这种概念混乱的东西也出来了。怎么办呢？于是他们提出了多方面的解决方案来解释这个问题。这里介绍两位后现代主义者是如何从认知的角度，来看待后现代主义的。

第一位是法国后现代主义哲学家让-弗·朗索瓦·利奥塔。西方虽然有后现代主义者的思想，但很多人不愿意承认，而利奥塔旗帜鲜明地标榜自己是一个"后现代主义者"，他的最著名的作品叫《后现代状况：关于知识的报告》。利奥塔原作中的导语部分，是这么说的：

> 本书研究的对象是有关最发达社会里的知识状态。我决定以后现代一词表述这种状态。该词目前在美洲大陆的社会学家和批评家中间颇为流行，人们用它来指示我们眼下的文化处境：历经十九世纪末以来的多重变革，从科学、文学到艺术的游戏规则均已改换。本书试将上述变革置于叙事危机的范围内加以考察。

> 科学始终同叙事发生冲突。依照科学的标准来衡量，大部分叙事不过是寓言传说。但是，科学除了在陈述有用常规和追求真理方面可以不受限制，它仍然不得不证明自己游戏规则的合法性。于是它便制造出有关自身地位的合法化话语，即一种被叫作哲学的话语。我将使用现代一词来指示所有这一类科学：它们依赖上述元话语来证明自己合法，而那些元话语又明确地援引某种宏伟叙事，诸如精神辩证法，意义阐释学，理性或劳动主体的解放，或财富创造的理论。例如，按照理性的双方可以达成一致意见这一观念来判断，具有真理价值的陈述在陈述者和倾听者之间导致共识的规律便能够成立：这就是启蒙叙事，在这类叙事中，知识英雄总是朝着理想的伦理-政治终端——宇宙的和谐迈进。从此例可以看出，如果利用暗含着一种历史哲学的元话语去证明知识的合法性，随之引起的疑问便将是有关那些支配社会制约关系的机制的合法性，它们本身也需要合法化证明。因而正义同真理一样都受到宏伟叙事的关照保护。

> 用极简要的话说，我将后现代定义为针对元叙事的怀疑态度。这种不信任态度无疑是科学进步的产物，而科学进步反过来又预设了这种怀疑态度。与合法化叙事构造瓦解的趋势相呼应，目前最突出的危机正发生在思辨哲学领域，以及向来依赖于它的大学研究部门。叙事功能正在失去它的运转部件，包括它伟岸的英雄主角，巨大的险情，壮阔的航程及其远大目标。它逐渐消散在各种叙事语言因

素的迷乱星云里,其中掺杂着叙事、指示、命令、描述等等成分,而每一星云又依照它自身独有的语用学规律进行旋转。

如果大家不太明白利奥塔在说什么,没有关系,一句话就可以把以上这些话的意思总结出来:在现代,人们相信普遍的、理性的、整体的、可以解决一切问题的叙事方式,作者把它叫作"元话语",也可以把它叫作"元叙事",或者叫"宏大叙事"。所谓"宏大叙事"就是指现代科学知识是一个伟岸的英雄主角,主宰着这个世界的一切话语权,后现代主义就是要用碎片化的叙事去打破它的权威性。是不是有点太抽象? 你继续阅读下面这个案例,就觉得不抽象了。

大家知道现在有一个相当流行的概念,叫"元宇宙"。2021 年 10 月 28 日,扎克伯克不惜把家喻户晓的脸书公司更名为元宇宙公司,并且宣布计划再雇佣 10000 名员工在欧洲从事元宇宙工作。从此全球互联网从业者闻鸡起舞,一片欢呼。如果我们去查一下这个词的来源,有人会告诉你,这个概念来自 1992 年科幻作家尼尔·斯蒂芬森的作品《雪崩》,该小说中提到了"Metaverse",Meta 代表"元",verse 代表"宇宙"。其实错了! 这是一个新瓶装老酒的概念转换。但这个老酒不是几十年或者几百年前的,而是 2500 多年前的。大家知道亚里士多德有一部相当有名的著作,叫《形而上学》,它的英文名就叫"Metaphiscs"。"Meta"还是"元"的意思,而"phiscs"是物理学的意思,故 Metaphiscs 的原意就是"元物理学"。西方人为什么喜欢用这个"元"字? 这就是 2500 多年前轴心时代第三次认知革命留下来的"由外而内"思想的种子。一切东西都是来自这个可以控制一切的终极存在。在自然界,这个"元"可以追溯到"原子"的产生;在精神界,这个"元"就是上帝。所以利奥塔把现在的科学叙事方式称为"元话语"或者"元叙事"。后现代主义者的任务就是去除这种宏大叙事方式,代之以碎片化的叙事方式。但这样做可以阻挡现代化的脚步吗? 肯定不可以。于是后现代主义者又想出了一个新招。

后现代思潮里名气最大的法国哲学家米歇尔·福柯,有一本书叫《知识考古学》,还是从认知上解释后现代的解决方案。不过他的解决方案很奇特,把知识作为考古学来研究。什么意思呢? 在该书引言中,作者解释了为什么要写这本书:

> 本书不是要(也谈不上)使用文化整体性的范畴(如:世界观、思想类型、时代的特殊精神)以便把结构分析的形式强加给历史,而不管它是否愿意。书中描述的系统、确定的界限、建立起来的对比和对应关系不以古老的历史哲学为依据,它们的目的是重新提出目的论和整体化的问题。

福柯所说的意思很明白,不要误以为他是结构主义者,因为结构主义和目的论、整体论是一起的。他这本书是要对整体论质疑的。如何质疑的?作者是这么说的:

> 然而,几乎与此同时,那些被称为观念史、科学史、哲学史、思想史,还有文学史(它们的特殊性可暂时不管)的学科……人们的注意力却已从原来描绘成"时代"或者"世纪"的广阔单位转向断裂现象。今天,人们正力图在人类思想长期的连续性中,在某一精神或某一集体心理充分的和同质的体现中,在某一竭力使自己存在下来、并且在一开始即至善至美的科学的顽强应变中,在某种类型、某种形式、某项学科、某项理论活动的持久性中,探测中断的偶然性。这些中断的地位和性质多种多样。

福柯所说的其实就是指我们的知识,和利奥塔一样,他也反对宏大思维,但利奥塔用的是微叙事解决方案,他用的是考古学解决方案。他要在知识的断层里做文章,把知识转化为断层里的文物,这就是福柯所说的考古学。作者在该书中是这么说的:

> 在今天,历史则将文献转变成重大遗迹,并且在那些人们曾辨别前人遗留印迹的地方,在人们试图辨认这些印迹曾经是什么样的地方,历史便展示出大量的素材以供人们区分、组合、寻找合理性、建立联系,构成整体。曾经有段时期,考古学作为一门探究无声的古迹、无生气的印迹、无前后关联之物和过去遗留之物的学科,与历史十分相似,它只有重建某一历史话语才具有意义。我们可以这样说,不妨作一个文字游戏,历史而今趋向于考古学——对历史重大遗迹作本质的描述。

福柯所说的对知识的考古,以及断层和文物的概念,马上和后现代主义的核心思想"非连续性"挂上钩了。作者是这么说的:

> 因此,我们可以看到一大堆展开的问题,其中有些是我们所熟知的,而历史的这种新形式正是要试图通过这些问题制订它自己的理论:如何阐述那些使人联想到不连续性的各种不同的概念(界限、决裂、分割、变化、转换)?以什么样的标准区分这些我们涉及的单位:什么是科学?什么是作品?什么是理论?什么是概念?什么是本文?怎样使我们可以涉身的层次多样化?这些层次中的每一个都具有自己的断裂和自己的分析形式:什么是形式化的合理的层次?什么是解释的层次?什么是结构分析的层次?什么是因果性的确定层次?
>
> 总而言之,思想、知识、哲学、文学的历史似乎是在增加断裂,并且寻找不连续

性的所有现象,而纯粹意义上的历史,仅仅是历史,却似乎是在借助于自身的无不
稳定性的结构,消除事件的介入。

也许大家觉得福柯说的还是太抽象,但我为什么还是要把这些后现代主义的思想
介绍给大家?因为这些思想与尼采的非理性革命,胡塞尔的现象学理论、心理学的直
觉理论,以及经济学家的系统1,都和第四次认知革命有关。每一次我们都拿老子说
事,为什么?因为西方的思想史和中国思想史比较起来,他们走了一条比较曲折的弯
路,我们中国人不需要妄自菲薄,觉得一定要把西方的那些思想搞清楚,其实只要把老
子的思想拿出来比较,我们的理解能力肯定大大超过西方人。因此有关后现代思想,
我们还是得请教一下老子。

知识的"非连续性",可以参考老子的"名可名,非常名"。"名"就是我们为一切
"道"定义的知识符号,"道"都是"非连续性"的,何况知识。《道德经》中就有讲"非连续
性"的。"故飘风不终朝,骤雨不终日。孰为此者?天地。天地尚不能久,而况于人
乎?"老子的意思是"非连续性"连天地都不能幸免,何况人呢?更何况"知识"呢?利奥
塔的解构"宏大叙事",更加为老子的这句话背书了。"道可道,非常道。"作为"宏大叙
事"的道,是可以言说的,但"宏大叙事"也不能持久啊。利奥塔提出的碎片化叙事,老
子也想到了。《道德经》中说:"道常无名。朴虽小,天下莫能臣也。侯王若能守之,万
物将自宾。""常无欲,可名于小;万物归焉而不为主,可名于大。以其终不为大,故能成
其大。""见小曰明,守柔曰强。"

我们说后现代无可奈何,是指它还是抵挡不住西方现代化的步伐。还有一个重要
因素是后现代主义者的思想不统一,他们的目的是解构,但大多数人原来是结构主义
者,就像代表人物福柯一样,他质疑整体性,但他的著作看上去是整体主义,甚至他也
不承认自己是一个后现代主义者。牛津大学英语语言文学系教授克里斯托弗·巴特
勒,给后现代主义戴了一顶帽子,叫"多疑症"。《解读后现代主义》一书中是这么评价
后现代主义的:

> 因此,后现代主义者支持的并不仅仅是某些审美"流派",或者是诸如简约主
> 义或概念主义(安德烈的砖块等作品就源于此)等先锋派思潮。他们以一种与众
> 不同的方式将世界看作一个整体。他们所运用的一套哲学思想不仅支持一种审
> 美观,而且对"后现代性"这个"晚期资本主义"文化状况进行分析。这种状况据说
> 影响我们每一个人。这种影响并不仅仅来自先锋派艺术,在更根本的层面上,它
> 源于电子技术带来的传媒的快速发展,20世纪60年代马歇尔·麦克卢汉称之为

"电子村"。然而矛盾的是,在我们这个新的"信息社会",大多数信息显然不值得信赖,因为这些信息与其说在推进知识,倒不如说被有权阶层操纵用来塑造形象。因此,可以说后现代主义态度是一种怀疑的态度,有时甚至近似无端臆想的多疑症(这从托马斯·平钦和唐·德里罗的阴谋论小说和奥利弗·斯通的电影中可见一斑)。

作者这里提到了一个人的名字,叫麦克卢汉,他是谁呢?正是有了此人的一个预言,第四次认知革命才能从只破不立到有破有立。那么是什么预言呢?

为什么"媒介"与传播学无关
第131讲

链接书目:《理解媒介:论人的延伸》 马歇尔·麦克卢汉

上一讲我们讨论了后现代主义的两个代表人物利奥塔和福柯的话语与观点。一个反对宏大叙事,一个用知识考古学质疑整体性,他们强调的是碎片化和偶然事件。如果你觉得这些概念很抽象,那么你也许看过或者听说过展览馆中的后现代艺术作品。最有名的案例是 1917 年法国艺术家杜尚将一个从商店买来的男用小便池起名为《泉》,匿名送到美国独立艺术家展览要求作为艺术品展出,成为现代艺术史上里程碑式的事件。还有 1976 年卡尔·安德烈在伦敦泰特美术馆展出的《等价物Ⅷ》,其实就是一堆用砖块垒成的长方体。与其说是在展示艺术品,不如说是在对现代存续的一切认为理所当然的东西进行嘲讽和批判。他们逮住什么就批判什么。为什么?原因很简单,第一是对工具理性的泛滥无可奈何,第二是对西方由外而内的价值理性产生严重的怀疑,第三就是把合作理性还是放在非理性的层面,认为可有可无,只是理论上的探讨。

但是,人类第四次认知革命已经出发,谁也挡不住。没有解决方案,先破了再说,总有一天会有的。现在这个转机出现了,一位加拿大英语文学教授,为西方的工具理性困境找出了一条出路。那么他是如何找的? 找什么? 对西方有多么大的影响呢?

今天我们阅读的书是《理解媒介:论人的延伸》,作者是马歇尔·麦克卢汉。一本普普通通介绍媒介的书难道真的引起了那么大的动静吗? 我们引用的是译林出版社 2019 年出版的译本,其中胡泳是这么介绍该书的:

> 《理解媒介》这本书,如果我们刨除副题,单单只看"理解媒介"这几个字的话,我们会发现书名相当浅显,简直像是写给大众看的。但这个标题其实充满欺骗性,"理解"从来不是容易的。麦克卢汉在书名里其实想表达的是:你们都在使用媒介,有些人还拥有媒介或投资媒介,所有人的生活都离不开媒介,但其实你们都根本不理解媒介,也不明白媒介究竟会给我们的人类行为以及人性造成什么样的影响。

麦克卢汉从一个新的视角去理解媒介,什么视角我们后面讨论,但胡泳说的下面这段话很重要,请大家记住,因为这个和我们的第四次认知革命有关。胡泳是这么说的:

> 麦克卢汉对媒介进行了彻底的重新定义。如果我们单纯从传播学角度来看,我们会说一个学英语文学的人杀进了传播学界,把此处搅得翻天覆地。但是,如果你把麦克卢汉的定义放在媒介对于社会、心理的影响这样更大的范畴来看,那你可能就会认可汤姆·沃尔夫的想法——沃尔夫将麦克卢汉说成是继牛顿、达尔文、弗洛伊德、爱因斯坦和巴甫洛夫之后最重要的思想家。这些思想家无一例外都在学科中扮演着带有范式转变性质的颠覆者角色。而颠覆者和颠覆者之间也是不一样的,比如巴甫洛夫作为一个颠覆者,他的那套东西就很难真正流行,但是弗洛伊德则不一样,人的潜意识、无意识、梦、各种情结等,每个人都会在其中找到共情的东西。所以弗洛伊德很容易成为一个流行的文化英雄。达尔文也是如此。而麦克卢汉恰好具有弗洛伊德和达尔文的学科属性,其理论很容易在社会当中引起共鸣,因为每个人受到的媒介影响都太大了。

以上这段话有两个意思:第一,麦克卢汉对媒介的重新定义的历史地位和牛顿、爱因斯坦等是在一个层次的。第二,麦克卢汉的理论里包含了弗洛伊德和达尔文的思想。大家是不是很想知道,麦克卢汉到底对这个稀松平常的媒介说了什么?那只要看看副书名就知道了,叫"论人的延伸"。这就奇怪了,媒介不是人们传播信息的中介吗?怎么成了人的延伸呢?要理解媒介是人的延伸,首先要理解麦克卢汉独创的概念——"媒介即讯息"。但大家在理解这句话的时候千万不要和信息搭上边,麦克卢汉在该书"媒介即讯息"一章中是这么说的:

> 我们这样的文化,长期习惯于将一切事物分裂和切割,以此作为控制事物的手段。如果有人提醒我们说,在事物运转的实际过程中,媒介即讯息,我们难免会感到有点吃惊。所谓媒介即讯息只不过是说:任何媒介(即人的任何延伸)对个人和社会的任何影响,都是由于新的尺度产生的;我们的任何一种延伸(或曰任何一种新的技术),都要在我们的事务中引进一种新的尺度。比如,由于自动化这一媒介的诞生,人类协作的新型模式往往要淘汰一些职业,这是事实。这是其消极后果。从其积极因素来说,自动化为人们创造了新的角色;换言之,它使人深深卷入自己的工作和人类协作之中,而以前的机械技术却把这种卷入摧毁殆尽。许多人会说,机器的意义或者讯息不是机器本身,而是人们用机器所做的事情。但是,如

果从机器如何改变人际关系和人与自身的关系来看,无论机器生产的是玉米片还是凯迪拉克高级轿车,那都是无关紧要的。人类工作和协作的结构改革,是由切割肢解的技术塑造的,这种技术正是机械技术的实质。自动化技术的实质则与之截然相反。机器在塑造人际关系中的作用是分割肢解的、集中制的、肤浅的,自动化的实质是整体化的、非集中制的、有深度的。

以上这段话有三个意思:第一,任何媒介都是人的延伸;第二,任何延伸都是一种技术;第三,也是最重要的一点,技术延伸的本质不是技术,而是塑造人际关系。虽然麦克卢汉不知道早在 2500 多年前的中国哲学"生命之道、由内而外、合作理性、天人合一"的思想,但是他的思想已经在向这里靠拢了。在"露西的后代们为什么能够走出非洲"一讲中,我们把工具描述为符号,和语言一样,符号就是人的延伸,但我们的重点在于,人类使用工具是实现人的肢体的延伸。和麦克卢汉的观点比较,这个格局小了点,他认为代表工具的技术只是人的延伸中的转换器而已。该书"作为转换器的媒介"一章中是这么说的:

借助置身于我们外延的中枢神经系统,借助电子媒介,我们创造了一种动力。有了这一动力以后,虽然一切技术仅仅是手、足、齿和体温控制系统的延伸,虽然一切技术包括城市都是人的延伸,可是它们都会转换成信息系统。电磁技术要求人绝对恭顺、沉思默想。对于精神业已转到头颅之外、神经业已转到肌肤之外的生物体来说,这些要求是很适合的。人曾经以高度的忠诚伺候他的柳条船、独木舟、印刷术以及其他一切人体器官的延伸。他现在要以同样准确的伺服机制去为自己的电力技术服务。但是这里有一种差别:过去的技术是不完整的、支离破碎的,而电力技术却是完整的、无所不包的。现在,一种外在的共识和良心,和个人的意识一样,是必不可少的。但是,有了新的媒介以后,人们又可以储存和转换一切。至于速度的储存和转换,根本不成问题。在没有超越光障(light barrier)之前,再没有比电速更高的加速度了。

由于物理和化学里信息水平的上升,任何东西都可以用作燃料、纤维品或建筑材料了。同样,有了电力技术,一切实物商品都可以借助信息电路,以实物商品的形式被召唤到我们的眼前,信息电路是以所谓自动化和信息检索的有机模式建立起来的。在电力技术条件下,人的全部事务都变成了学习和认识。从我们依然视为"经济"(希腊语的意思是家居环境)的方面来说,这意味着一切职业都成了有薪金的学习,一切形态的财富来源于信息的运动。求职问题将会困难,寻找财富却相当容易。

人谋求将自然转换为人为技术的漫长革命，我们一直称之为"运用知识"。"运用"的意思是从一种材料转换成或跨越进另一种材料。凡是愿意思考西方文明中应用知识的惊人过程者，莎士比亚的《皆大欢喜》(*As You Like It*)都给他提供了许多思考的余地，他的亚登森林是一个金色的世界，充满各种东西转换而来的好处，充满闲暇无为的乐趣，我们穿过电力自动化的大门，正在进入这样的世界。

要知道麦克卢汉以上这些话是在 20 世纪 60 年代说的，那个时候没有电脑，没有互联网，更没有 ChatGPT。他仅仅通过点燃电灯泡的那点电力，就做出了今天我们觉得还没有过时的预言：一切技术只是我们中枢神经的转换器而已。麦克卢汉是不是可以和牛顿、爱因斯坦等并驾齐驱了？下面我们举例该书中的 3 个转换器，看看麦克卢汉是如何界定技术和人际关系的。该书"服装：延伸的肌肤"一章中是这么说的：

衣服作为肌肤的延伸，既可以被视为一种热量控制机制，又可以被看作社会生活中自我界定的手段。在这两个方面，衣服和住宅几乎是一对孪生子，虽说衣服更贴近人体、年岁更大些。因为住宅延伸的是机体的内在温度控制机制，而衣服则是体表更直接的延伸。今天的欧洲人已开始为使自己引人注目而穿衣，这本来是美国人衣饰的风格。与此同时，美国人却开始放弃他们传统的偏重视觉的风格。媒介分析家知道，为何这两种截然相反的风格突然调换了位置。自第二次世界大战以来，欧洲人开始强调视觉价值。他们的经济支持大量整齐划一的消费品生产，这一点并非巧合。相反，此时的美国人第一次开始反叛整齐划一的消费价值。在用车、穿衣、读平装书方面，在蓄须、育婴和蜂巢式发型上，美国人赞成要着重触觉、参与、卷入和造型的价值。

作者认为从人的感知功能看，服装是延伸的肌肤，但是从人的价值观看，服装受到人际关系中他人的价值观影响，这个肌肤是在不断改变的。也就是说人类交往的功能大于生物功能。那么住宅呢？从生物功能看，住宅和服装一样是机体的控制功能，但麦克卢汉认为它还有新的功能。该书"住宅：新的外貌和新的观念"一章中是这么说的：

自那时以来，吉拉尔与哥伦比亚广播公司(CBS)及美国全国广播公司(NBC)的技术人员合作，已经研究出借助光线作画的一些新技巧。他的工作与住宅的关系,使我们能构想建筑和艺术中调节空间的全新可能性。借光作画犹如设计没有围墙的住宅。上述电力技术延伸到提供全球性恒温控制时,鲜明地显示出,作为人体调温机制的住宅已经过时了。集体无意识过程的电力延伸在产生没有围墙的意识中,可能会使语言的障壁过时,这一点同样是可以想到的。语言是我们五官的结合巴巴的延伸,五种感官的比率和波长因语言而有所不同。最近的意识模拟将以大规模的超感官知觉的形式超越语言,正像全球恒温机制可以超越我们称为住宅的肌肤和身体的延伸一样。这样一种凭借电力模拟意识过程的延伸,很容易发生在 20 世纪 60 年代。

大家仔细理解一下,这不就是我们今天的虚拟现实,或者说元宇宙概念吗?虽然那个时候完全没有这种概念,但麦克卢汉所说的模拟意识过程的延伸,基本上就是现在 VR(虚拟现实)和 AR(增强现实)的同义词。但麦克卢汉还有更绝的创造,在该书"道路与纸路"一章中,他是这么说的:

> 靠轮子、道路和纸片加速的要害,是在日趋同质和一致的空间中实现力的延伸。所以,直到印刷术赋予道路和轮子的速度大大超过了罗马涡旋(Roman vortex)的速度,罗马技术的潜力才真正得到发挥。然而,电力时代的加速度对偏重文字和线性逻辑的西方人的破坏力,和罗马的纸路对部落村民的破坏力一样大。我们今天的加速度并不是缓慢地从中心向边缘的外向爆炸,而是瞬间发生的内爆,是空间和各种功能的融合。我们专门化的、分割肢解的中心—边缘结构的文明,突然又将其机械化的碎片重新组合成一个有机的整体,而且这一重组又是瞬间完成的。这是一个地球村的新世界。

这就是麦克卢汉的最伟大之处,我们在理解技术是人的器官延伸时,注重的是技术的功能,而他的"媒介即讯息"的核心思想注重的是人类社会。地球村这个概念在互联网普及的 50 年前就被预言了,这就是麦克卢汉的最伟大之处。

我们自始至终一直在讨论合作理性以及对工具理性的批判。麦克卢汉扛起了工具理性的转向大旗,把工具理性的功能弱化了,将人与人关系的合作理性功能增强了。这个观点能够得到西方人的认可吗?

技术是干巴巴的工具还是活生生的生命
第 132 讲

链接书目:《技术的本质》 布莱恩·阿瑟

上一讲我们讨论了麦克卢汉的"媒介即讯息"的观点。他认为一切技术的工具都有两个功能,一个是延伸人类的感知系统,另一个是增强人与人之间的联系。比如说延伸我们走路功能的道路和延伸看见世界的纸张,可以使我们人类的大千世界变成一个地球村。这么说来,代表工具理性的技术不再是一大堆干巴巴的材料、图纸、制造工具的集合,而是一个具备合作理性,并且可以进化的生命过程。果真是这样的吗?

今天我们阅读的《技术的本质》,可能会给你答案。这本书我们在"为什么基因知道'物变天择,合者生存'"一讲中已经介绍过了。作者是"复杂经济学"创始人布莱恩·阿瑟,他涉猎的领域非常多,包括电子工程、数学、经济学等等。他曾经是美国斯坦福大学最年轻的终身教授,Java 编程语言就是根据他的思想开发的。

我们所理解的技术是一个工具理性的标的物,是为我们人类提供能量与信息和延长器官功能的一个符号而已。但是布莱恩·阿瑟不是这么认为的。《财富的起源》作者埃里克·拜因霍克是这样评论该书的:"《技术的本质》是自熊彼特以来关于技术与经济的最重要的一本书。阿瑟通过明晰、易懂的行文,引人入胜的例子,描述着在从石器到 iPod 的进化过程中,技术怎样'创造着它自己'。这是一部值得被广泛阅读的,具有深入、持久的重要性的著作。读完本书,你将会以全新的方式思考技术。"

这是不是一个全新的观点? 技术难道和生命一样,也是一个用合作理性来自我复制、自己创造自己的物种吗? 我们来看看该书前言中是怎么说的:

人在十几二十岁的时候,常会碰到一些没办法解答的问题,它们可能就此盘踞于心,很久都无法释怀。我是 17 岁开始接受电子工程本科教育的,我很快就意识到,其实我并没有真正理解我所学的东西的本质,即什么是技术真正的本质。尽管那时我可以得到很高的分数,但我认为那只是因为我的数学还不错。教授们解释道:技术是科学的应用;技术是经济中关于机制和方法的研究;技术是工业过程中的社会知识;技术是工程实践。但是所有这些答案似乎都不能令我十分满意,没有哪个答案触及"技术的本性"(technology-ness)这个层次。因而对我来说，它始终是一个未解之谜。

…………

　　其后的很多年，我都没有再过多地思考这个问题。直到 20 世纪 80 年代，当我开始研究收益递增理论时，我的注意力才被重新拉回到技术上……

　　为了寻找合适的例子，我从 1981 年开始关注具体技术及其产生和发展的过程。这些考察对我的理论建构都很有帮助，但实际上吸引我的并不是那些直接与收益递增相关的技术，而是在技术呈现之初，那些看起来模模糊糊的状态。我意识到，新技术并不是无中生有地被"发明"出来的，我看到的技术的例子都是从先前已有的技术中被创造（被建构、被聚集、被集成）而来的。换句话说，技术是由其他的技术构成的，技术产生于其他技术的组合（combinations）。这个观察结果看起来太简单了，以至于一开始会让人觉得并不特别重要，但是我很快意识到，如果新技术是从已有技术中建构出来的，而且被当作一个整体来看的话，那就意味着技术自己创造了自己！后来，我接触到了弗朗西斯科·瓦雷拉（Francisco Varela）和温贝托·马图拉纳（Humberto Maturana）的自创生系统理论（self-producing systems）。我知道，如果我直接采用"技术是自我创生的（autopoietic），或者自我创造的（self-creating）"这样的阐述，其实可以令读者印象更加深刻。但是在 20 世纪 80 年代，我根本不知道瓦雷拉和马图拉纳。当时我能做的只是观察这个自我创生的对象的宇宙，惊讶于这种自创生的结果。

那么技术是如何自己进化的呢？作者提出了一个不同于生命进化的概念，叫"组合进化"。作者在该书"问题"一章中是这么说的：

　　有一种理解技术进化的途径，但是若要理解它，我们需要转换思维。我们真正要寻找的，不应该是达尔文机制如何对产生技术的根本新颖性起作用，而是"遗传"是如何作用于技术的。如果完整意义上的进化存在于技术中，那么所有的技术，包括新技术，一定是脱胎于之前存在的技术。也就是说，它们一定连接于、繁殖于某种之前的技术。换句话说，进化需要遗传机制——某种连接现在与过去的具体联系。从外部看（即视技术为黑箱的办法），是不可能看到这种机制的，就像我们很难说清激光是怎样脱胎于先前存在的技术一样。

　　如果我们从技术内部看技术会怎样呢？我们能看到任何能够告诉我们技术中的新颖性是如何作用的东西吗？我们能看到任何能产生一种适合技术的进化论的东西吗？

如果你打开一架喷气机引擎(专业名词叫作航空燃气涡轮发动机),你会发现里面的零部件,压缩机、涡轮增压机、点火系统。如果你打开在它出现之前的其他产品,你会发现同样的组件。20世纪早期的发电系统里面是涡轮和燃烧系统,同时期工业鼓风机期内部是压缩机。技术继承之前技术的某个部分,所以把那些技术放在一起(组合起来),在很大程度上解释了技术是怎样产生的。这就使得根本性创新原本的不连续特征忽然显得没那么不连续了。技术在某种程度上一定是来自此前已有技术的新组合。

从作者的观点中我们可以发现,技术在合作理性方面比生命更高一筹。生命是内部同类的复制、模仿与学习,如果碰到不同类的外部环境,就通过自我变异来被大自然选择。可是技术不但可以在同类中复制,而且在他类中不用过多地变异自己,只要和他类合作或者说组合起来就可以了,这个就是"组合进化"。为了进一步说明这个问题,作者在该书"进化机制"一章中介绍了从二极管到计算机的进化过程。

窥一斑可见全豹,你可以从这个集合的一个角落去观察这个技术自创造过程的微缩图景。在20世纪初期,李·德·福雷斯特(Lee de Forest)一直在试验改进无线电信号检测手段,他尝试在一个二极管中再插进第三个电极,他期待他的三极管能使信号放大。因为当时无线电信号传输能力很弱,所以这样的诉求在当时的情况下显得非常强烈。但是他没有成功。在1911年和1912年期间,包括福雷斯特自已在内的一些工程师几乎同时致力于如何设法把三极管与已有的电路元件合并起来以生产出一种可行的放大器的工作。放大器电路与标准元件(线圈、电容器及电阻)进行了一些稍有不同的组合之后便产生了振荡器电路,这种电路能产生出被当时社会寄予厚望的东西:纯粹的单频无线电波。当然,它依然需要其他标准元件的配合才能使现代无线电传输机与接收机成为可能。之后还要再通过结合其他元件才能使无线电广播最终成为可能。

而这还不是故事的全部。在一个稍有不同的电路中,三极管还可以被用作继电器:它能作为一个开关,通过控制三极管栅极的电压来开合电路。如果断开开关,继电器可以表示为0或逻辑值为"假";如果连接开关,则表示为1或"真"。将继电器进行恰当的组合就可能产生原始的逻辑电路。这样的逻辑电路与其他逻辑电路和电子元件一起工作,就使早期计算机成为可能。因此,在其后大约40年的时间里,无论对无线电还是对现代计算技术来说,三极管都是一个承前启后的关键要素。

以上是一个个例,作者还以原始社会中的一个简单工具为起点,论述了技术是如何自创生和进化的。作者是这么说的:

自创生给人一种感觉:技术是通过扩展延伸到未来的,也给了我们一种去思考人类历史中的技术的方式。通常,历史呈现的是一套发明,它们发生在不同的时间,并且是不连续的,有时会有一些交互的影响。如果我们用这个自创生的观点重新回溯技术的起源方式的话,这个历史看起来会像什么?让我在这里作一个简略的回顾。

最初,第一个被利用的现象是自然界能直接呈现的。有些材料被切削时出现了薄片状,这就是燧石或黑曜石带刃工具的根源;重物在坚硬的表面上可以碾碎东西,这是碾磨草药和种子的根源;柔韧材料通过弯曲可以蓄积能量,这是用鹿角或小树杈制成弓的根源。这些现象自然地直陈在大地上,使原始的工具和技术成为可能。接下来,这些原始工具技术再继续使其他技术成为可能。火使烹饪成为可能;挖空的原木使最原始的独木舟成为可能;烧制使陶器成为可能。由此又开启了更多其他的现象:某些矿石在高温下产生可以被塑形的金属,又因之产生了武器、凿子、锄头以及钉子。元素的组合就此开始发生:用纤维编织的带子或绳索被用来将木柄和金属绑到一块,这样就组成了斧子。技术和工艺实践的集群开始出现了,如染色、制陶、纺织、采矿、打铁、造船。风和水被用作能源。滑轮、杠杆、曲柄、绳索、齿轮的组合出现了,这些早期的机器被用于碾磨谷物、灌溉、建筑、计时。围绕在这些技术周围的工艺实践随之也有了进步。还有通过实验过程获取的对一些现象及其应用的粗浅理解。

随着时间的流逝,这些理解提供了近距离观察现象的方法,随后对这些现象的利用开始系统化起来,也就是开始使用科学的方法——这是现代纪元的开始。化学、光学、热力学、电学的现象开始被理解和应用,通过仪器的使用(例如,温度计、热量计、扭秤)达到了精确的观察水平。技术的巨大领域开始运作,如热机、工业化学、电力、电子等。借由这些,人们又发现了更进一步的现象:X射线、无线电波传输、相干光等。进而是激光、无线电传输以及逻辑电路元件的不同组合——现代通信和计算就此诞生了。

作者以上这些话的意思是,与其说技术是一个人类为了达到自己理性的工具,还不如说是技术对自然现象的发现与捕获,这种现象作者用了一个经济学的概念,即"机会利基"来解释。利基指的是小众市场,也就是一种和大众需求不同的特殊需求。这

种需求不是人类给的,而是技术自己创造的。也就是说,技术不仅自己可以创造自己,还会自己创造机会。作者是这么说的:

> 绝大多数技术创造的利基市场不是缘于人类的需求,而是缘于技术自身。之所以如此,原因很多:其中一个原因是,每个技术通过它的存在建立了一个能够更经济或更有效地实现其目的的机会;另一个原因,每项技术的存在总是需要另外的支撑技术来制造它,组织它的生产、分配、供给,提高它的性能等,而这些支撑技术反过来又需要它们自己的次级支撑技术。

> 汽车在1900年创造了一套与之配套的需求(机会利基市场):需要流水线生产方式,需要铺设道路和汽油提纯,需要维修设施和加油站。接下来,汽油又产生了进一步的需求:炼油厂、原油进口以及石油的开采。

> 技术之所以能够催生机会利基,还有第三个原因。技术经常引发间接性的问题,这会产生需要提供解决方案的需求或者机会。在17世纪的时候,欧洲比较容易开采的矿山储备都被开发殆尽了,进一步的开采需要深层采掘技术。渗水此时成为一个很大的问题,因此需要更有效的排水手段。这一问题在1698年由托马斯·萨弗里(Thomas Savery)发明的一款原始版的蒸汽机解决了(尽管不太成功),他号称这是一项"以火力推进的,用于排水以及所有类型工厂所需动力的新发明"。

现在我们理解了阿瑟所说的技术的本质是什么了。但大家是不是还有一个疑问:这个看上去无生命的东西能够做到这一点,凭什么呀?这里需要大家回顾一下我们学习过的复杂科学原理,就是"涌现"。涌现是这个不确定性的、非线性的、无序的世界走向确定性的、线性的和有序的唯一途径。

因此,作者在该书"进化机制"一章中是这么说的:

> 当然,说技术创造了自身并不意味着技术是有意识的,或能以某种阴险的方式利用人类为它们自身的目的服务。技术集合通过人类发明家这个中介实现自身建构,很像珊瑚礁通过微小生物自己建构自己一样。所以,假如我们把人类活动总括为一类,并把它看成是给定的,我们就可以说,技术体是自我创生的,它从自身生产出新技术。或者,我们可以采用温贝托·马图拉纳和弗朗西斯科·瓦雷拉自创的一个词——自创生,来描述这种自创生系统,这样就可以说技术是自创生的(autopoiesis)。这个词的希腊语是"自我创造"(self-creating)或"自身涌现"(self-bringing-forth)的意思。

　　这不是又回到"生命之道，由内而外"了吗？其实作者的这本书回答了我们一个终极问题：为什么人类的吃喝拉撒睡、行立坐卧走、喜怒哀乐悲，至今还是保留了几亿年之前生命的本质，比如爬行脑，还有几百万年前的能力，比如说直立行走。但现在这个世界已经完全不同了，以后这个世界走向何方我们也不知道，但有一点至今未变，就是生命之道、由内而外、合作理性、天人合一。这个和我们学习过的麦克卢汉的"媒介即讯息"，有异曲同工之妙。因为一切技术都是人与人合作时传达讯息的中介而已，人在进化，这个中介当然也在进化。那么讯息呢？大家注意讯息的英文叫 Message，麦克卢汉说"Media is Message"，而不用英文 Information 的"信息"的概念。那么后来这个"讯息"是如何变成"信息"的，这里又有一个技术组合进化的真实故事。

为什么这么多专家搞不清信息与数据的区别
第133讲

链接书目:《香农传》 吉米·索尼,罗伯·古德曼

《知识的边界》 戴维·温伯格

《未来简史》 尤瓦尔·赫拉利

上一讲我们讨论了"技术的本质是什么"这个全新的话题。原来技术和我们的生命一样是自我进化而来的。对技术的认知,我们原来只有一个单纯的工具理性概念。但麦克卢汉告诉我们这是人的中枢神经系统的延伸,是人与人关系的媒介。还有阿瑟告诉我们技术是一个自己创造自己、组合进化的类生命体。它们都有一个共同点,即需要一个"媒介",麦克卢汉说是讯息,但现在这个地球村把它变成了"信息"。这个转变是如何发生的呢?

今天我们要阅读的书叫《香农传》,作者是吉米·索尼和罗伯·古德曼。吉米·索尼是《纽约观察家》和《华盛顿观察家报》的编辑,《赫芬顿邮报》的执行编辑、演讲撰稿人。罗伯·古德曼是哥伦比亚大学博士,《石板》《大西洋月刊》《政客》等刊物的撰稿人。

香农是谁? 大家肯定知道。他被称为我们这个时代,也许也是今后许多时代的"信息之父"。这就奇怪了,信息不是早就有了吗? 比如说麦克卢汉把它叫作"讯息",只是叫法不同,但还是"信息"。香农对它做了些什么呢? 该书引言中是这么说的:

> 当然,信息早在香农之前便已存在,正如惯性之于牛顿。但在香农之前,几乎没有人认为信息可以是一种理念,是可测的量,是可适配硬科学的主体。在香农之前,信息是一封电报、一张照片、一段话,乃至一首歌。而在香农之后,信息被完全抽象为比特(bit)。发送者不再重要,意图不再重要,媒介不再重要,甚至它的意义也不再重要:一通电话、一段被抓取的莫尔斯电报、一页侦探小说,都可以用通用代码表示。正如几何学家将沙子的圆和太阳的圆归为同质,物理学家将钟摆的摆动与行星的轨迹归为同质一样,克劳德·香农通过把握信息的本质,使我们当今的世界成为可能。

香农发明了信息理论,那作者为什么说他是游戏人生呢? 这个就和我们所说的"技术的本质"有关了。《香农传》用大量的事例告诉我们,香农的发明创造是如何通过多种技术发明组合进化而来的,特别是他的 0 和 1 的二进制逻辑是如何来的。该书引言中是这么说的:

> 香农能够如此熟练地使有形的世界抽象化,还能够颇具天赋地操纵它,这是他一生的难解之谜。他天生就喜欢摆弄小发明:将带刺的铁丝网围栏用作电报线,搭建谷仓里的临时升降机,制作自家后院里的手推车。这些故事都在述说着他在密歇根某小城里度过的童年时光。后来,他成为更高级别的发明家,吸引了范内瓦·布什的关注(布什很快成为美国最有实力的科学家,以及对香农影响最大的导师)。布什将香农带入麻省理工学院,让他承担起养护微分分析仪,如房间般大小的模拟计算机,"大量磁盘上的轴、齿轮、线路以及滚轮"的工作,这些刚好是那个年代最先进的具备思考能力的机器。
>
> ·············
>
> 他的发明包括被命名为"忒修斯"的、可以自动穿越迷宫的电子老鼠,能够在他家散步的"建造模型"龟,IBM(国际商业机器公司)"深蓝"的远祖——首台能下国际象棋的电脑,首台可穿戴电脑,代号为 THROBAC(全称是"简约的罗马数字反向计算机")的使用罗马数字进行运算的计算机,以及私人定制的独轮车队。多年来,他一直致力于科学地研究"杂耍"。

正因为不断地进行这些技术方面的组合游戏,他才能从继电器的开关中进化出 0 和 1 的二进制逻辑科学理论。该书中是这么说的:

> 香农对使用电子开关控制巨型机械的研究,使他洞察到了数字时代的基础:开关能够做到的远不止通过电路控制电流,它们可以被用来评估我们能够想到的任何逻辑陈述,甚至还能"做出决定"。一系列二元选择(开/关、真/假、1/0)原则上可以模拟大脑的行为。正如沃尔特·艾萨克森所指出的,这一飞跃"成为支撑一切数字计算机的基础概念"。这是香农在抽象领域做出的第一个了不起的贡献。那一年,他只有 21 岁。

按照作者的意思,香农由继电器开关启示的电路设计,有两大亮点。作者在该书"麻省理工学院的开关"一章中是这么说的:

> 电路设计,有史以来第一次成为一门科学。将技术变为科学,将成为香农职

业生涯的标志。

这一体系的另一个亮点在于，一旦开关被简化为符号，开关就不再重要了。这一符号体系可以被运用到任何媒介中，无论是笨重的开关还是微观的分子排列。唯一需要的就是能够表达"是"或"否"的"逻辑"门，这个门可以是任意事物。给像房间那么大的机械计算机的工作减负，其规则与真空管、晶体管、微芯片电路中的规则一样，每步都是 0 和 1 的二进制逻辑。

但这只是香农对人类的一大贡献，今天我们所有的计算机电路原理都是从香农的开关论里来的。香农对人类的第二大贡献就是 1948 年发表的《通信的数学理论》这篇论文，也就是对信息的定义。香农认为信息不是我们理解中的只是一条消息而已，它是一整套通信体系，这个和麦克卢汉的"媒介即讯息"的观点是一样的。他们都在认知的顶峰用各自的观点表达着同一个意思。该书"信息论炸弹"一章是这么介绍这个体系的：

> 这便是香农的任务了。他接下来的所作所为充分展现了他的野心。每一个通信系统（而不仅是 1948 年的系统，不仅是人工完成的系统，而是每一个可能的系统）都能够被简化为最简本质。
>
> ············
>
> • 信源生成信息。
> • 发射器将信息转码成能够发射的信号。
> • 信道是信号通过的媒介。
> • 噪声源代表了信号在被接收的过程中遭到的扭曲与破坏。
> • 接收器解码消息，与发射器原理相反。
> • 信宿是信息的接收者。

这种精简模式的妙处在于它的普遍适用性。信息对于一则故事来说无意义，却能将它播放出来，包括人的信息、电路中的信息、神经元中的信息、血液中的信息。你对着电话听筒讲话（信源）；电话将你声音的声压编码成电信号（发射器）；信号通过电线（信道）；附近的电线会干扰信号（噪声）；信号被解码回声音（接收器）；声音到达另一个人的耳中（信宿）。

在细胞中，DNA 链指导蛋白质的生成（信源）；它通过编码转录储存在信使 RNA 链中（发射器）；信使 RNA 携带代码到细胞的蛋白质合成处（信道）；RNA 编码中的一个"字母"随机地在"点突变"（噪声）中切换；每 3 个"字母"代码被翻译成氨基酸-蛋白质的构件(接收器);氨基酸被结合到蛋白质链中。DNA由此得到复制(信宿)。

战争期间,盟军总部计划攻击敌方海滩(信源);参谋人员将计划变成书面命令(发射器);命令的副本通过无线电、信使或者信鸽(信道)被发送到前线;总部故意将信息加密,使其看起来尽可能随机(一种人为的"噪声");一个副本到达前线的盟军手中,他们通过密钥移除加密并将其转化为战斗计划,而另一个副本则被敌方拦截,地方的密码分析人员破解代码(接收器)。总部下达命令与敌方拦截命令成为战争发展走向(信宿)的战略和对策。

从作者对这套体系的分析,我们可以理解为,原来信息是一个消除不确定性的使者。它可以存在于人、电路、神经元甚至血液中,而让这个信息使者跑来跑去的系统可以是一部电话,一个细胞,也可以是一份战斗计划。那么这个使者在系统中的身份是什么呢?最后香农还是用二进制逻辑来量化,称之为比特。比特就是信息的量化单位。这里香农又超前了,他把电子通信系统的信息概念扩大到了生物学概念,也就是说十多年后基因分子式的发现,也是用同一个信息的概念。这不就是技术组合进化的强有力证据吗?

看来信息不是一个人工智能和互联网产业的技术概念,而是一个科学概念,甚至是一个哲学概念。今天我们讲这个题目是有针对性的,有一本书叫《知识的边界》,作者戴维·温伯格是哈佛大学伯克曼网络与社会研究中心的高级研究员。这本书是大数据时代反思知识的富有洞见的一本著作,奠定了温伯格作为数字时代重要思想家之一的地位。但是他犯了一个严重的错误,就是把信息和数据的位置给颠倒了。在该书"知识超载"一章中,作者是这么说的:

1988年,知名组织理论家罗素·艾可夫(Russell Ackoff)在其就任国际一般系统研究学会(International Society for General Systems Research)主席的发言中,勾勒了一个金字塔。此后可以说,几乎每个小时都有人在世界某处的某个白板上画下这个金字塔。这个三角形的最下层是数据,往上逐渐收窄的每一层,依次是信息、知识、理解和智慧。这幅图在视觉上很容易理解:世界上显然有太多的数据,却没有多少智慧。从简单的数字1和0开始,上升至它们代表了什么,它们意味着什么,它们有什么意义,它们能为我们提供什么洞见,金字塔中的每一层,都从它下面的那一层汲取了价值。

艾可夫并不是第一个提出这种数据—信息—知识—智慧(DKIW,datainformation-knowledge-wisdom)层级的人。米兰·泽兰尼(Milan Zeleny)已经在之前一年发表的文章中提出了类似观点,而迈克尔·库利(Michael Cooley)则在比泽兰尼稍早的一篇文章中提出了差不多的概念。事实上,1982 年,哈兰·克利夫兰(Harlan Cleveland)仅在他刊发于《未来学家》(*The Futurist*)的一篇文章中描述了这种层级,他还指出了这种结构已知的最早的版本。

作者所说的数据—信息—知识—智慧(DKIW)层级的知识金字塔概念,现在不但充斥在绝大多数的人工智能书籍中,而且许多人工智能教科书也是持这个观点的。这个知识金字塔概念究竟来自哪里? 作者追根寻源,最后发现是从 1948 年诺贝尔文学奖获得者托马斯·斯特尔那斯·艾略特那里来的。但作者错了。以下是 1934 年艾略特在诗作《岩石》中写下的段落:

> 我们在生存中失掉的生活在哪里? 我们在知识中失掉的智慧在哪里? 我们在信息中失掉的知识在哪里?

艾略特这首诗的知识层级是信息—知识—智慧,他没有错,这是我们传统的知识金字塔。但温伯格在这个金字塔底层加了数据这个层级,当然也不是温伯格自己加上去的,是人们想当然地认为现在进入数据时代了而加上去的。我们为什么把这一讲叫作"为什么这么多专家搞不清信息和数据的区别",而不是叫作"为什么这么多专家对知识金字塔有认知误区",是为了让大家更清楚地了解信息和数据的区别。这好比大象与蚂蚁的区别,甚至更大。我们今天的大数据再大,可以和整个自然界的信息比拟吗? 更不要忘记,人本身也是一个产生信息的信息源。信息是消除不确定性的,自然界还有多少不确定性需要我们去确定呢? 根据不确定性的复杂科学理论,好像整个自然界的不确定性是无穷无尽的。因此,把 DKIW 定义为知识金字塔的概念是有局限性的,甚至是错误的。这是第四次认知革命一般人都会犯的常识错误,主要体现在以下四个方面:

第一,没有从根本上理解香农的信息论。简单地认为香农的 0 和 1 与比特就是信息论概念。因此,只认为信息就是比特数据,而没有从信息是一个系统,其本质是消除不确定性,是涵盖整个大自然的物理世界,数据只是人类用工具去转换信息的结果等这些角度去理解。

第二,不理解第一点,就犯了第二个错误——不知道人工智能的发展方向在哪里。是速度更快的计算机吗? 是最高级的算法吗? 是无穷无尽的大数据吗? 都不是。人工智能的发展方向是尽一切可能把自然界中的信息转变为比特世界的数据,然后用数据为人类服务。这是一个艰巨和长期的工作,我们现在的算法再快、数据再多,也只是自然界信息的冰山一角。自动驾驶、物联网和数字孪生等新技术的产生就是奔着这个目标去的,以后会有更多的新技术出来,大家不要惊奇,它们的目的就是一个功能,把更多的信息转化为数据,再把数据转化为知识,最后使其成为服务人类的智能。

第三,不理解第二点,就会犯第三个错误——不知道人工智能和人类智慧的根本区别是什么。人工智能离不开大数据转换而来的信息,但人类智慧可以不依赖数据以及计算机,直接使用自然界的信息。

第四,不理解第三点,就会犯第四个错误,也是最严重的错误。既然信息是由数据产生的,那么今后人工智能就可以控制我们人类生存所必需的一切信息。人工智能威胁论也就顺理成章了,人类智慧的道路也到此为止了。

赫拉利的《未来简史》也因对知识的错误认知,而创造了一个新的概念,叫数据主义,得出了以上第四点的结论。作者在该书中是这么说的:

> 在此过程中,数据主义将传统的学习金字塔彻底翻转。在这之前,大家认为数据只是智力活动这个漫长过程的第一步,我们要把数据转化为信息,信息转化为知识,最后把知识转化为智能。但数据主义者认为,数据的流动量已经大到非人所能处理,人类无法再将数据转化为信息,更不用说转化成知识或智能。于是,处理数据的工作应该交给能力远超人类大脑的电子算法。实际上,这也就代表着数据主义对人类知识和智能有所怀疑,而倾向于信任大数据和计算机算法。

赫拉利的结论是悲观的,人类的知识今后真的要全部被数据控制吗?人类真的失去了把信息转化为知识的能力了吗?"信息之父"香农创造了信息,这个时候该"人工智能之父"图灵登场了。

为什么人工智能之父做不出 ChatGPT
第 134 讲

链接书目:《人工智能哲学》 玛格丽特·博登

上一讲我们讨论了香农的信息概念,这是一个包含六个子系统的科学概念。这与麦克卢汉"媒介即讯息"的概念完全相同,从原始人创造文字,用烽火通知敌人来了就开始了。信息能消除不确定性,转化成人类知识的基础。进入人工智能时代之后,当然也包括转化为数据。我们错误地用数据替代信息,使其成为我们知识的底层逻辑,建立了一个没有信息根基的知识金字塔,于是数据主义的恐慌开始蔓延。这种蔓延随着 ChatGPT 智能化程度的提高而扩大。和对信息的认知误区一样,这是我们对人工智能的认知误区引起的。

今天我们讨论的主题是:为什么人工智能之父做不出 ChatGPT? 可能有一大堆人会回答这个问题,并且答案不外乎硬件、网络、大数据差距不是一个等量级别等等。错了。

首先,我们必须知道谁是"人工智能之父"。一般从计算机科学的发展历程来看,有三个人可以被称为"人工智能之父"。第一个是阿兰·图灵,因为图灵机的创立,所以他是思想上的"人工智能之父"。第二个是冯·诺依曼,他把图灵的思想付诸实践,创造了全球第一台计算机,因此他是实践上的"人工智能之父"。第三个是约翰·麦卡锡,他在 1956 年达特茅斯会议上第一次使用了"人工智能"一词,人工智能作为一门正式学科被确立,因此他是学科上的"人工智能之父"。

但是,我们只能承认图灵是"人工智能之父",为什么? 因为他和今天的 ChatGPT 有关。有一本书叫《人工智能哲学》,是上海译文出版社 2001 年出版的。原著主编兼作者玛格丽特·博登是英国科学院院士,著有《人工智能史》一书。《人工智能哲学》由 15 篇文章组成,文章作者多是 AI(人工智能)思想界的著名人物,而这 15 篇文章在 AI 发展史上则具有里程碑式的地位。文章写作时间始于 1950 年止于 1990 年,它们是 AI 思想近半个世纪发展历程的记录。如果大家了解人工智能历史,就会发现这本书比现在市面上流行的此类书都有价值。里面有一篇图灵的论文,叫《计算机器与智能》。这是一篇划时代的文章。为什么? 因为文章从一开始,图灵就设计了一个提问游戏。

现在我们要问的是:"如果在这个游戏中用一台机器代替 A,会出现什么情况?"在这种情况下做游戏时,提问者作出错误判断的次数,和他同一个男人和一个女人做这一游戏时一样多吗?这些问题替代了原来的问题:"机器能够思维吗?"

···········

新问题有利于在人的体力能力和智力能力之间划出一条截然分明的界线。任何工程师或化学家都认为,我们不可能制造出与人类皮肤一模一样的材料。即使到了某个时候,有可能做到这一点,但是假定这项发明成为现实,我们还是会觉得,试图用这种人工血肉把一台"思维机"装扮起来使它更像人类,是没有什么意义的。我们设定的这问题的形式,在防止提问者看到或接触到其他竞赛者或是听到他们的声音的条件下,反映了这个事实。这个判据的其他一些优点,可以在提问和回答的样本中得到说明。我们来看:

问:请以福斯河大桥为主题,给我写一首十四行诗

答:这件事我可干不了,我从来不会写诗。

问:把 34957 与 70764 相加。

答:(停顿约 30 秒,然后给出答案)105621。

问:你会下象棋吗?

答:会。

问:我在我方的 K1 处有 K,再没有别的子了,你只剩 K6 处的 K 和 R1 处的 R,该你走了,你走什么呢?

答:(停顿 15 秒之后)R 到 R8 处,将死。

看来,问答法适合于引入几乎任何一个我们希望涉及的人类需要花费心力的领域。我既不希望贬低不能在选美竞赛中有出色表现的机器,也不希望贬低同飞机赛跑失败的人。这个游戏的条件使这些能力缺陷成为不相干的。那些"证人"可以尽量夸耀他们的魅力、力量或英雄气概,如果他们认为这样做是可取的话,但是提问者不会要求这些实际方面的证明。

这个游戏可能会因为条件对机器太不利而招致批评。如果有人想要装作机器,他显然只能做出拙劣的表现。他会因做算术时的迟缓和不准确而立即暴露出来。但是,机器在做那些理应看成是思维的事情时,难道不会采用完全不同于人类的方式吗?这一反问是相当有力的,但是我们至少可以说,尽管如此,如果能够

制造出一台机器,使它在模仿游戏中做出令人满意的表演,我们就不必再为这个反问操心了。

如果你觉得图灵的描述有点复杂,那么你只要理解,这就是 ChatGPT 的前身,叫"图灵测试"就可以了。今天 ChatGPT 回答的问题的难度肯定比图灵的问题的难度大得多,但是基本意思没有变,图灵对人工智能划的这条测试标准没有变。也就是说 ChatGPT 通过了图灵测试,完成了图灵"机器可以思维"的目标。如果某个人要装扮 ChatGPT,号称可以回答任何哲学问题,但图灵冷不丁地问 34957 加 70764 等于多少,一个问题就把这个人问倒了,这说明人类在回答计算问题上,已经不及人工智能了。其实早在 2011 年,IBM 公司的沃森超级计算机就在美国的电视智力竞猜节目中击败人类,成为"图灵测试"里程碑式的证明。今天的 ChatGPT 基本上已经没有人可以问倒它。如果再进行类似的比赛,在双盲的条件下,在比赛中有胜出者,那绝大多数人会相信那个胜出者是 ChatGPT。人工智能领域有一个被称为"计算机科学的诺贝尔奖"的奖项,叫"图灵奖",这是一点也不夸张的。但是,如果告诉你,这个 ChatGPT 的算法不是图灵当初的算法,你会不会感到吃惊?那么图灵的算法是什么呢?我们继续阅读图灵那篇《计算机器与智能》的文章。他是这么描述数字计算机的原理的:

有关数字计算机的思想,可以从这种说法中得到解释:这种机器将完成人类计算机所能完成的任何运算;我们假定人类计算机是遵循固定规则的,他没有任何权力稍许偏离这些规则。我们可以假定这些规则是由一本书提供的,人一旦从事新的工作,这本书就要更换。还有无限多的纸张可供演算。他也可以在"台式机"上做乘法和加法,不过这并不重要。

如果我们把上述解释作为定义,就有进入论证循环的危险。为了避免这一点,这里提出一个可以取得满意效果的方法纲领。通常认为一台数字计算机是由三个部分组成的:

1)存储器

2)执行期

3)控制器

存储器是存储信息的,相当于人类计算机使用的纸张,可以在这些纸上做演算,也可以用它来印出充满规则的书。当人类计算机在他的头脑里做演算时,一部分存储由他的记忆承担。

执行单元的作用是完成演算中所包含的各种具体的运算。这些具体运算的内容因机器而异,一般情况下,可以完成相当长的运算,如"3540675445 乘以 7076345687",但是在有些机器中,只能做非常简单 48 的运算,如"写出 0"。

上面提到过,供计算机使用的"规则书"可以用机器中的一部分存储替代,这时就称它为"指令表"。控制器的职责就是监督这些指令按正常顺序正确执行。控制器的构造方式决定了这种结果必然出现。

存储器中的信息一般被分成大小适中的数据包。例如,在一台机器中,一个数据包可能由十个十进制数字构成。存储器中存放着各种信息的数据包,数字按照某种系统方式被分配到存储器的这些部分中。一个典型的指令可能指示道:

"把存储在 6809 位置上的数字加到存储在 4302 位置的数字上去,并把结果放入后一存储位置。"

当然,它不可能以英语表达方式出现在机器中,它很有可能以这种方式编码:6809430217。这里,17 的意思是指,在各种可能的运算中,要对这两个数字执行哪一种运算。在这一情况下,运算是如上所述:"把数字……加上。"我们注意到,这个指令用了十个数字,从而构成一个信息数据包,十分方便。在正常情况下,控制器会使这些指令按照它们存储位置的顺序——执行,但是偶然也会遇到这样的指令:

"现在执行位于 5606 处的指令,然后由此继续。"

或者:

"如果位置 4505 存的是 0,接着执行存在 6707 处的指令,否则的话,按原有方式进行。"

上面这两种类型的指令非常重要,因为它们能够使一个运算序列一遍遍地被替代,直到某个条件满足为止,但是在这样做的过程中,不是每次执行新的指令,而是一遍遍地重复执行同一些指令。我们用一个家务例子作比喻:假定妈妈要托米每天早晨在上学的路上去鞋匠那里看一看她的鞋做好没有,她可以每天早晨向托米说一遍,她也可以用另一种一劳永逸的方法,即在厅里贴一张提示条,托米离家去上学时就能看到,内容是叫他去鞋匠那里看看,并在他取到鞋之后把字条取去。

说我们人类计算机是在使用充满规则的书,这当然只是一种方便的说法,真实的情况是,实际的人类计算机记住了他们要做的事情。如果要使一台机器模仿人类计算机在某种复杂运算中的行为，必须问一问人是怎样做到这一点的，然后把答案翻译成指令表形式。建立指令表通常被说成是"编程序"。"给机器编程序，让它完成运算 A"就意味着把一个恰当的指令表放入机器，使它执行 A。

如果大家对以上数字计算机工作原理的描述不是太明白，只要记住这就是"图灵机"的工作原理就可以了。图灵对人工智能最大的贡献，一个是"图灵测试"，另一个就是"图灵机"。现代电子计算机其实就是这样一种图灵机的模拟，它能接受一段描述其他图灵机的程序，并运行程序实现该程序所描述的算法。图灵机同时也叫"通用图灵机"，或者叫"可编程图灵机"。其实，图灵的思想很简单，就是要让计算机模拟大脑的工作原理，他认为我们大脑的工作原理就是从我们的记忆中调取知识而已。记忆需要存储，调取需要控制，因此，他认为计算机只要解决存储问题和逻辑控制问题，就是通用的思维机器了。

那么图灵的这种简单算法是不是今天 ChatGPT 的算法呢？完全不是。图灵的算法和今天人工智能的算法还有很大的差距，比如说他是用十进位制来描述他的思想实验，认为任何问题都要依靠指令，而不是依靠硬件来解决。1946 年世界上第一台通用电子数字计算机在美国研制成功。它由 1.8 万个电子管组成，是一台又大又笨重的机器，体重达 30 多吨，占地面积有两三间教室那么大。它当时的运算速度为每秒 5000次加法运算，而现在我们一个普普通通的手机的运算速度也已达到每秒上亿次了。

但图灵的思维可以编程和通用人工智能思想，一直在影响着人工智能的发展。更重要的是图灵让第四次认知革命进入了一个新的阶段，工具理性从延伸人的手发展到了延伸人的大脑。图灵以表现功能结果来衡量人工智能和人类智慧的差别，这叫作"功能主义"，是将来很长一段时间内我们普通人衡量一个人工智能体与人类差别的唯一方法。但第四次认知革命并不是从人工智能技术的出现开始的，而是从对工具理性的质疑开始。人工智能一出现，就得到了各个学科的关注，首先是来自哲学家的关注。这个关注就是一个对功能主义的质疑。是什么呢？

第 135 讲 为什么 ChatGPT 其实就是一间中文屋

链接书目:《人工智能哲学》 玛格丽特·博登

上一讲我们讨论了图灵的"机器能够思维"的工作原理,也就是"图灵机"的原理。但是,图灵对人工智能最大的贡献是"图灵测试",原理很简单,机器把人的活儿干了,人却不知道是机器干的,这就是通用人工智能。既然人工智能一开始提出的目标和人类智慧一样,是"通用"的,那么,理所当然地认为,这不是人工智能自己的事情。首先对图灵的功能主义质疑的是当今世界最著名、最具影响力的哲学家之一约翰·赛尔。他是美国人文科学院院士。在《人工智能哲学》中,有一篇他的文章,叫《心灵、大脑与程序》。在这篇文章中,他提出了人工智能哲学中的第一个大问题,叫"中文屋"问题。他反对图灵的功能主义吗? 没有。该文章中是这么说的:

就"强"AI 而言,计算机不只是研究心灵的工具,更确切地说,带有正确程序的计算机确实可被认为具有理解和其他认知状态,在这个意义上,恰当编程的计算机其实就是一个心灵。在强 AI 中,由于编程的计算机具有认知状态,这些程序不仅是我们可用来检验心理解释的工具,而且本身就是一种解释。

赛尔承认计算机具有认知能力,可以和人类的心灵媲美,但他用了另外一个检验方式,就是"中文屋"。那人工智能和中文有什么关联呢? 他是这么说的:

无论对于什么心灵理论,检验它的方法,就是问一问自己,如果我们的心灵实际按照这一理论所说的那种所有心灵都采用的原则去工作,将会出现什么样的情况。我们就通过下面要讲到的思想实验,将这种检验应用于尚克的程序。假定我被锁在一间屋子里,并给了我一大批中文文本:而且,假定我对中文一窍不通(事实也是如此),既不会写,也不会说,甚至我也没有把握,在辨认中文文本时能否把中文文本同日文文本或无意义的曲线区分开来。对我来说,中文文本和许多无意义的曲线简直一模一样。再假定,在第一批中文文本之后,接着又给了我第二批中文脚本,并带有一套规则,使第二批与第一批发生联系。规则是用英文写的,我和其他以英文为母语的人一样是理解这些规则的。用这些规则,我可以把一组形式符号与另一组形式符号联系起来,这里"形式"的意思只是说,我根据这些符号的形状就完全可以确认它们。现在,假定又给了我第三批中文符号,同时还有一些指令,仍是英文的,这些指令使我可以把第三批的元素同前两批联系起来,并指示我怎样送回某种特定形状的中文符号,作为对第三批中送给我的那些特定形状符号的响应。给我所有这些符号的人,我并不认识,他们把第一批符号叫"脚本",第二批符号叫"故事",第三批符号叫"问题",而且把我送回响应第三批文本的符号叫作"对问题的回答",同时,把他们给我的那套英文规则叫作"程序"。现在,让故事变得稍微复杂一点,设想这些人又给了我一些我所理解的英文故事,然后他们用英文问了我一些关于这些故事的问题,我也用英文回答他们。又假定,经过一段时间,我变得擅长遵循指令来处理中文符号,同时程序员也变得擅长编写程序,以致从外部来看,也就是据我被关屋外的那些人来看,我对问题的回答与讲中文母语的人的回答毫无区别。凡是看过我的回答的人,谁也不会知道我一个中文字也讲不了。让我们再假定,我对英文问题的回答,与其他讲英文母语的人也没有区别,这当然是毫无疑问的,理由很简单,我本来就是一个以英文为母语的人。从外部来看,也就是在那些读了我的"回答"的人看来,我对中文问题和英文问题回答得同样好。但是与英文的情况不同,在中文的场合,我是通过处理不理解的中文符号而得出答案的。对中国人来说,我的行为简直像是一台计算机。我是根据形式上规定好的元素来执行计算操作的。就中国人的目的而言,我不过例示了一个计算机程序。

以上赛尔讲述的过程比较复杂,意思其实很简单,人工智能程序就像那个躲在"中文屋"里回答问题的不懂中文但对答如流的外国人。从智能的角度来说是合格的,但从心灵的角度或者意识的角度来说,是完全不合格的,因为他是一个不懂中文的人。这个比喻可以用在今天的 ChatGPT 上,它有智能,但没有心灵、没有意识,也就是说没有智慧。说到底 ChatGPT 就是外国人的"中文屋"。赛尔不是要和图灵较劲,而是从人类智慧的角度帮我们进一步理解人工智能是什么。

这是哲学家对人工智能的参与。还有经济学家的参与,这位经济学家的名字叫赫伯特·西蒙。西蒙于 1943 年获得芝加哥大学政治学博士学位后,先后获得了其他 8 所大学的博士学位,分别是哲学、法学、经济学等领域,还获得了 1978 年的诺贝尔经济学奖,可见他具有了逻辑一致性的高智慧。还有一个人叫艾伦·纽厄尔,是西蒙指导的博士生。他们共同创建了一个新的人工智能概念,叫"物理符号系统假设",成了人工智能领域中影响最大的符号学派的创始人。那么这个符号主义和图灵的功能主义有什么区别吗？没有区别。它是图灵思想的继续。在《人工智能哲学》一书中，有一篇西蒙和纽厄尔合写的文章，叫《作为经验探索的计算机科学：符号和搜索》，该文章中是这么说的：

> 指称符号和符号处理的概念直到 50 年代中期才出现，这并不是说较早的进展是非本质的，或不够重要。这一总的概念综合了可计算性、（通过多种技术的）物理可实现性、通用性、过程的符号表述（即可解释性），最后还有符号结构和指称。每一步进展都为这一整体提供了不可或缺的部分。
>
> 这个链条的第一个步骤是由图灵创立的，它是由理论方面的兴趣推动的，但是其他各步都深深地植根于经验。我们始终受到计算机本身进展的引导。存储程序原理出自电子数字积分计算机的经验。表处理方法出自构造智能程序的尝试，随机存取存储装置的出现使它受到启发，它为编址的指称符号提供了一个明显的物理实现方式。LISP 语言则来自表处理方面不断发展的经验。

其实他们走的还是通用机的路子，但在技术上比图灵的存储概念更进一步，他们提出了表处理的概念。提到表处理，我们在"为什么康德是真正的人工智能之父"一讲中已经讨论过了。我们的认知大脑中存在着一张具有 12 类逻辑范畴的表，西蒙和纽厄尔认为我们一切认知的对象和过程就是物理符号，要管理这些符号，就需要建立一张数据结构表。这和康德的先验理性处理经验知识的路径是一样的。因为如果只是像图灵那样存储和抽取信息，工作量太大了，需要一张抽象表来管理。该文章中是这么说的：

> 存储程序概念实现了解释原理的另一半，这一部分指出可以对系统拥有的数据作出解释。但是它仍未包含指称的观念——作为意义基础的物理关系的观念。
>
> 下一步——表处理，是在 1956 年完成的。现在数据结构内容成了我们物理符号系统意义上的符号，即被指称的模式意义上的符号，因而具有了所指对象。一些表拥有容许向另一些表做存取的地址——这就是表结构的观念。在表处理刚出现时，同行们一再向我们提出数据存在于何处的问题，就是说，最终是哪一个表拥有作为系统内容比特的集合体，这种情况向我们证明这是一个新观点。同行们惊异地发现，根本没有这样的比特，有的只是指称别的符号结构的符号而已。
>
> 在计算机科学的发展中，表处理同时表现为三件事情：
>
> 1. 它是机器中真正的动态存储结构的创建，而以前一直认为机器只有固定结

构。它在替换和改变内容的操作之外,为我们的操作总体增添了建立和修正结构的操作。

2. 它及早地证明了这一基本抽象方式:计算机是由一组数据类型和一组对这些数据类型来说是恰当的操作组成的。这样,计算系统就能运用任何一种对应用来说是恰当的数据类型,而不受处于基础地位的机器影响。

3. 表处理产生出一个指称模型,而这样定义符号处理与我们今天把这一概念用于计算机科学时具有同样的意义。

西蒙和纽厄尔对表的符号处理,完成了数据结构的完整性。这个表就是数据的逻辑结构和图灵的存储物理结构相配合,形成的计算机算法的工作原理。同一逻辑结构可以对应不同的存储结构,算法的设计取决于数据的逻辑结构,而算法的实现依赖于指定的存储结构。

但是单单有一个物理符号系统,还不是智能,因为符号自己不知道什么是智能,与这个符号系统配套就是启发式搜索。该文章中是这么说的:

启发式搜索 AI的第二个定性结构定律是,符号系统是通过生成潜在可能的解,并对其进行检验,也就是通过搜索的方式,来解题的。建立符号表达式,对它们进行一系列修正,直到它们满足解的条件,这就是寻找解的一般方式。因而符号系统是通过搜索来解题的。由于它们的资源有限,这一搜索不可能立即全部完成,而必须依次进行。它留给我们的或者是从起点到目标的一条单一路线,或者是在必须修正和退回的情况下由所有这些路线组成一整棵搜索树。

符号系统处于完全混沌的环境时,不可能表现出智能。从一个问题域中抽取出信息,并运用这些信息指导搜索,从而避开错误方向和迂回曲折的分叉,符号系统是通过这种方式来行使智能的。

作者的意思是,符号、数据、知识对象之间的关系就像一棵树,是一对多、多对多的关系。他们所说的依次进行、修正和退回,直到找到解决问题的方法,就是人类智慧的负反馈功能。但是它缺少了人类智慧中一条"道"的认知主线,这就是人工智能的缺陷。所有的解决方案不过是一个外国人在"中文屋"里查字典查出来的,由于他查字典的速度很快,所以你感觉他的回答和人类智慧一样快,甚至更快。

人工智能没有认知主线,而人类智慧有。谁呢?就是这个拥有9个博士学位的西蒙。接下来我们看看他究竟做了些什么。

为什么西蒙得了图灵奖还能得诺贝尔经济学奖
第136讲

链接书目:《认知:人行为背后的思维与智能》 赫伯特·西蒙

《科学迷宫里的顽童与大师:赫伯特·西蒙自传》

赫伯特·西蒙

《管理行为》 赫伯特·西蒙

《透过决策看组织:解读西蒙〈管理行为〉》 李慧才

上一讲我们讨论了人工智能历史上有重大影响的两篇文章。赛尔和西蒙、纽厄尔一样都继承了图灵的思想,一致认为思维是可以编程的。也就是说,人类智慧是可以被工具化的,但赛尔把思维和心灵的功能分开了。西蒙与纽厄尔为智慧工具化提出了更加完善的解决方案,即物理符号系统。但西蒙对人工智能的贡献远远不及这些。在文章《作为经验探索的计算机科学:符号和搜索》中还提到了"逻辑理论家程序""语义识别系统""下棋程序""表处理语言 ILP"等等,这些都是西蒙或他与他人合作的成果。1975 年,西蒙和艾伦·纽厄尔因在人工智能、人类心理识别和列表处理等方面进行的基础研究,荣获了计算机科学最高奖——图灵奖。

今天我们不讨论西蒙的人工智能理论,我们要讨论西蒙是如何认知人类智慧的。因为人工智能只是人类智慧的复制品而已。讲到人类智慧,就又回到了我们的认知旅程。西蒙不但是人工智能的开创者,而且是第四次认知革命的发起人之一。为什么这么说?因为他是一门新的心理学的创始人之一。是什么心理学呢?

今天我们阅读的书,是西蒙的另一部著作,叫《认知:人行为背后的思维与智能》。看书名我们就可以知道,西蒙是新兴的认知心理学创始人。那么他为什么要创立这门学科呢?灵感还是来自他建立的"物理符号系统"。在该书"绪论"一章中,作者对比了人的认知心理和物理符号系统的工作原理。以下这些话很长,但你耐心读完,基本上就是认知心理学半个专家了。作者是这么说的:

> 我们把人看成一个信息加工系统。信息加工系统也叫"符号操作系统"(symbol operation system),更常称作"物理符号系统"(physical symbol system)。用"物理符号系统"主要是强调所研究的对象是一个具体的物质系统,如计算机的构造系

统、人的神经系统、大脑的神经元等。所谓符号就是模式(pattern),任何一个模式,只要它能和其他模式相区别,它就是一个符号。不同的英文字母就是不同的符号。一页书上有许多不同的符号,也有重复出现的相同的符号。对符号进行操作就是对符号进行比较,即找出哪几个是相同的符号,哪几个是不同的符号。物理符号系统的基本任务和功能就是辨认相同的符号和区分不同的符号。为此,这个系统就必须能辨别不同的符号之间的物理差别,如光波和声波的差别。人的眼睛无论在物理光学上或在知觉上,都能认出"心理学"和"心电图"两个词中的"心"字,虽然这两个"心"字严格说来并不完全一样。人类机体能够学会认识同类的符号和区分不同类的符号是一个很大的成就。纸页上书写的文字符号是物理的符号,即用物质的铅笔写在物质的纸上的符号。符号既可以是物理的符号,也可以是头脑中的抽象的符号,也可以是计算机中的电子运动模式,还可以是头脑中神经元的某种运动方式。纸上的文字是物理符号系统,但这是一个不完善的物理符号系统,因为它的功能只能是存储符号,即把字保留在纸上。一个完善的符号系统还应该有更多的功能,归纳起来有下列六种:

(1)输入符号(input):纸、铅笔加上手的运动,可以给白纸输入符号。

(2)输出符号(output):纸本身并不能输出符号,但我们的眼睛可以使之输出。当我们阅读时,文字符号就从纸上输出而进入眼睛了。

(3)存储符号(store)。

(4)复制符号(copy):认出"心理学"三个字,并把这三个字复制出来,存储在某个地方就是复制符号。

(5)建立符号结构(build symbol structure):通过找到各种符号之间的关系,在符号系统中形成符号结构。

(6)条件性迁移(conditional transfer):依赖已掌握的符号而继续完成行为。如果在记忆中已经有了一定的符号系统,再加上外界的输入,就可以继续完成这个活动过程。

如果一个物理符号系统能够完成上述全部六个过程,它就是一个完整的物理符号系统。人能够输入符号,如用眼睛看,用耳朵听,用手触摸等;计算机也能输入符号,它是通过卡片打孔或用键盘打字输入的。人说话、写字、走路等动作都是输出;计算机的输出在显示器上显示出来,也可以打印出来。人类可以把输入保存在头脑里,叫作记忆。遗憾的是,我们只能假定记忆是神经元的作用,还不十分清楚其生理过程是什么。计算机可以用许多不同的方式存储信息,过去老式计算机用电子管和二极管,后来计算机用磁带上的磁场,或用其他方式存储信息。计算机的存储就是把模式存进去,并且长时间保存起来。以上是物理符号系统的输入、输出和存储三项功能。人可以通过自学接收信息,然后对符号进行不同的组合,得出新的关系。学生听教师讲课时,脑子里进行不同的活动,组成新的符号系统,这是第四项和第五项功能,即复制和建立新的结构。一个物理符号系统可以根据原来存储的信息加上当前的输入而进行一系列的活动,这就是条件性迁移。可以用一个很简单的例子来说明人类的条件性迁移。给被试一个只有四个指令的程序:"迈开左脚","再迈开右脚","重复做","一直走到屋子的一端就停止"。条件性迁移有个假定:如果满足了某种条件,即如果有了条件 A,就去进行活动 B;如果没有条件 A,就不要进行活动 B。在上例中,告诉被试"向前走","继续向前走",如果没有"走到屋子的一端就停止"的指令,被试就要撞到墙上。这里,"走到屋子的一端"就是条件 A,有了这个条件就引出来 B,即"停止"。计算机是能够完成这种所谓条件性迁移的。正因为它有这种本领,所以它就获得了很大很大的能量和灵活性,可以完成多种功能。事实上,无论是现代的大型计算机还是小型计算机,都具备物理符号系统的这六种功能。

不知道大家有没有明白西蒙的认知心理学信息加工理论。别人是拿人来比喻机器,西蒙是拿机器来比喻人,是不是有点"哥白尼革命"的那种感觉?我们前面提到了慧能和康德都是"哥白尼革命"的先锋,意思是他们创立了一门学派。西蒙也不例外,那么现在问题来了,康德认为我们的认知是客体围绕主体,慧能认为佛是由内而外,不是由外而内的,他们的"哥白尼革命"贯穿着一条"道"的主线,即以人为中心的"生命之道"主线,西蒙是不是也是走这条主线呢?是的。他在学术上最值得称道的是,1975 年获得图灵奖之后,1978 年他获得了诺贝尔经济学奖。经济学是什么?我们前面已经解释过了,就是"生命之道,由内而外,合作理性,天人合一"中的合作理性学。这么说来,西蒙除了是人工智能科学家、认知心理学家,还有一顶桂冠,就是经济学家。一个已经得到世界认可的人工智能科学家是何时开始研究经济学的呢?每个人心中都有这么一个谜团。

有一本西蒙写的自传,叫《科学迷宫里的顽童与大师:赫伯特·西蒙自传》。在该书"从获得诺贝尔奖至今"一章中,作者解答了人们心中的谜团,是这么说的:

> 我获得诺贝尔经济学奖,让人惊讶。许多经济学家和大多数媒体人士认为我是个局外人,名不见经传,侥幸入围并获奖。有这种看法的人完全忽略了经济学

专业的社会学特征。他们显然没有意识到根据几年前公布的一项研究成果，20 世纪 50 年代我的文章被引用的频率在经济学家中名列第五名（主要统计了经济学期刊）。当时，我投入了大量时间进行经济学研究。

战后经济学史最显著的事实是经济学家突然被数学和统计学征服。1950 年，假如某篇文章里有方程，就很难在《美国经济学评论》（*American Economic Review*）上发表（图片比较容易让人接受）。25 年前，成立了计量经济学会作为有数学癖好的经济学家聚会的场所，《计量经济学》杂志就成了这些学者研究成果最好的展示平台。我认为应该提一提 20 世纪 70 年代的情况，数学已经接管了经济学（无论是好是坏），以致最简单的理论也得穿上数学的外衣，才能让人们正眼相看。而"实证研究"则是计量经济学的代名词。

也许把那些发动这场革命的人称为"计量经济学小集团"（Econometric Mafia）并不算不尊重。他们是什么人？如果你查一下第一次诺贝尔经济学奖颁发 15 年之前，即 1954 年的计量经济学学会荣誉会员名单，你会发现，在前面 27 名诺贝尔经济学奖得主之中，有 20 名名列这份清单。还有 3 名（鲍勃·索洛、乔治·施蒂格勒和利奥尼德·坎特洛维奇）后来获得诺贝尔奖，但此前他们就成了该协会的荣誉会员。剩下的泰德·舒尔茨（Ted Schultz）、亚瑟·刘易斯爵士（Sir Arthur Lewis）、詹姆斯·米德和詹姆斯·布坎南（James Buchnan）不在这份神奇的名单上面。1954 年这份名单上只有 120 个名字，其中到 1969 年还健在的不到 80 人。因此，科学史学家可能会将这个记录作为一种证据，证明有个"隐形学院"对诺贝尔经济学奖提名和选拔产生重大的影响。

因此，我不是个局外人，我还是一名计量经济学小团体的成员，这一点比我在经济学专业的地位和历史更为同行熟知。1954 年这些荣誉会员中，我几乎与其中一半都有私交。这些朋友和熟人几乎囊括了在我之前获奖的所有诺贝尔经济学奖得主。此外，还有像马歇克、特里格夫·哈维尔莫、杰德勒·德布卢、拉里·克莱因、莫迪·格里亚尼、奥斯卡·摩根斯特恩、吉姆·托宾（Jim Tobin）、施蒂格勒和索洛这样的人，在 20 世纪五六十年代我们之间的沟通比较频繁。他们大部分人（除了两个人）都在后来获得了诺贝尔经济学奖，这些人都非常了解我在经济学领域的研究成果。

以上西蒙的自述完全把我们带到了一个专业性极强的顶级诺贝尔经济学家俱乐部。再看看时间轴，是在 20 世纪 50 年代初，而人工智能概念出现的时间已经接近 20 世纪 50 年代末了。人工智能是研究人类智慧的，而经济学是研究一群人之间的资源交换关系的,他用同一个工具——数学,用这个工具理性的产物来研究生命之道和合作理性。那么西蒙的经济学理论说的是什么呢?

还是西蒙的著作——《管理行为》。这是一本组织管理理论研究中的重要经典著作,西蒙就是因为此书及其在组织理论研究中的贡献获得了1978年的诺贝尔经济学奖,这本书是新古典组织理论的代表性成果。

该书再版时,作者把他的物理符号系统和认知心理学理论都用上了,突出介绍了该书的两个基本观点。是什么观点呢?作者是这样说的:

> 在过去的60年里,对人类思维和决策过程的研究也一直在蓬勃地进行,从而为本书所开发的"有限理性"理论奠定更加坚实的经验基础。而且随着计算机的出现及其在企业界的广泛运用,新的通信系统和信息处理系统也被引入了。最后,人们对于组织结构和过程对环境和技术的依赖性,有了更加清楚的了解。上述内容都是本版新增的评论部分讨论的新主题。

那么什么是"有限理性"呢?如果学习了我们关于理性与非理性的介绍,你一听就能明白了。该书"有限理性的经验证据"一节中是这么说的:

> 过去50年以来,心理学界又重新开始对人类思维感兴趣。因此,如果要构造一个既考虑人类行为的真实特性,同时又符合经济人模型某些正式要求的理性抉择模型,现在比撰写《管理行为》初稿时更加可行。要把第4章所说的经济人变成第5章所说的管理人(就是我们日常生活中常见的只有有限理性的人),需要经历两种至关重要的变化:
>
> (1)尽管"经济人"追求最优,也就是从所有备选方案中选择最好的那种,他的近亲"管理人"却追求满意,也就是寻找一种令人满意或"足够好即可"的行动方案。"市场份额""合理利润"和"公平价格"都是满意准则,多数经济学家都不熟悉这些准则,商人对它们却耳熟能详。
>
> (2)经济人旨在与这个"真实世界"的一切复杂要素打交道。而管理人认为,感知的世界只是对纷繁复杂的真实世界的极度简化模型;各种情境只是松散地连接在一起,真实世界里的多数事实都与某一具体情境没有多大关系;最重要的因果链非常简短。因此,我们可以把在特定时间看似无关紧要的大部分现实暂时置之不理。管理人只考虑少数几个最攸关也最关键的情境要素,其实在这方面,所有人都是这样。特别是,他们一次只能处理一个或少数几个问题,因为注意力存在限制,所以他们不可能一下子就注意到一切。

因为管理者追求"满意"而不是"最优",所以他们在做出抉择之前,不需要考察所有可能的行为方案,也不需要预先确定所有的备选方案确实就是这些。因为他们认为这个世界非常空洞,并且忽略所有事物之间的相互联系(让思考和行动变得茫然若失),所以管理人只用相对简单的经验法则,对思维能力不提过高要求就能够制定决策。简化固然可能导致错误,但面对人类知识和推理能力的限制,除了简化,别无其他现实的方法。

作者以上所说的管理人和经济人的两个根本性差别,一个是够用就行,另一个是简化。这是不是我们学习过的老子的"道可道,非常道"的理论?如果把"道"比喻为理性,那我们的理性是有限的。如何在有限的理性下认知这个世界?老子的办法是"以身观身,以家观家",当下满意就行,不需要最优。还有一个就是"为道日损,损之又损",简化又简化。西蒙把"简化"原理用在了物理符号系统上,在《作为经验探索的计算机科学:符号和搜索》一文中,是这么说的:

> 符号系统所面临的任务就是使用它有限的加工资源去生成可能的解,一个接一个,直到找到一个解满足对所定义问题的检验……如果一个符号系统在一定程度上成功地做到了这一点,它就有可能在这一程度上表现出智能。对一个加工资源有限的系统来说,智能就在于对下一步做什么作出明智的选择。

西蒙终于把人类智慧的精髓全部打通了,这不就是我们"生命之道,由内而外"的过程吗?西蒙从 20 世纪 40 年代写的《管理行为》,到 50 年代写的《作为经验探索的计算机科学:符号和搜索》,一直到 80 年代写的《认知:人行为背后的思维与智能》,一直在用这个"由内而外""道可道,非常道"的有限理性理论。在《认知:人行为背后的思维与智能》一书的结尾,作者是这么说的:

> 信息加工心理学的理论基础是物理符号系统的假设。研究表明,人脑具有思维和解决问题的能力,可以认为人脑具有物理符号系统的功能。人可以解决各种各样的认知任务。实验材料证明,信息加工理论能够解释人类完成认知任务的心理过程。人在复杂的环境中生活,他必须适应环境,否则就不能生存下去,这是进化论的基本观点。适应环境的需要使人发展了各种各样的认知技能,也使人产生了有限合理性的行为。所谓有限合理性的行为,是指人并不一定要确切地解决复杂的问题,而只希望得到满意的解决,满意的程度则取决于人脑的能力和所获得的信息。然而,对问题的满意的解决也促进了确切的解决。因为人的行为的有限

合理性,所以,在一般情况下人并不进行大量的计算,以得到确切的解决,而只借助于启发,以获得满意的解决。另外,人能够把注意集中到某一活动上,这也是能使人适应复杂环境的基本机制。总之,以有限合理性满意地解决问题,运用启发式和能集中注意,这是人脑的信息加工特点。

这就是西蒙作为人工智能创始人的伟大之处,他从合作理性的哲学认知出发,横跨工具理性,在管理学、经济学、计算机科学、人工智能、心理学、认知科学等领域取得了非凡的成就,并获得了图灵奖和诺贝尔经济学奖。那么有人可能要问一个问题,我们在"孔子为什么要做一条丧家狗"一讲中说过,老子这个玄德是包含价值理性、合作理性与工具理性三位一体的"道",那西蒙算不算呢? 当然算。除了合作理性和工具理性外,他还理所当然地跨越了价值理性。

这里引用一本中国学者学习西蒙《管理行为》一书的体会集,叫《透过决策看组织:解读西蒙〈管理行为〉》。作者李慧才,是中国人民大学商学院管理学博士。在该书"决策活动中的三重'螺旋'"一章中,作者是这么说的:

> 西蒙的洞见就在这里开始了! 西蒙巨大的理论构建能力也就此发力! 他要接纳被传统研究丢掉的东西,他要将决策命题中的价值要素包容到决策研究的框架之内! 西蒙的做法是:把决策命题中的祈使句(价值命题)巧妙地转化为陈述句(事实命题)! 这里显示出西蒙强大的逻辑力量。

> 他说:"因为多数祈使句本来并非终极目的而是中间目的,所以它们是否适合更进一步的目的,这仍然是一个事实问题。至于究竟能够沿着手段目的链一直追踪到足以分离出一个'纯粹'价值的地步,也就是能否找到一个单纯目的的问题,我们不必在这里解决。目前讨论的重点是对于任何包含道德要素的陈述,无论是中间的目的陈述还是最终目的陈述,都不能用正确与否来判断,而且决策制定过程必须以某些'给定'的道德前提为起点。"

看来在认知上可以跨越工具理性、合作理性和价值理性的人除了老子和康德,西蒙算是第三人了。也许还有,这个需要我们阅读大量经典,进一步发现。不管怎么说,携带着合作理性基因出生的人工智能,开始掀起第四次认知革命的浪潮。但并不是那么一帆风顺,为什么呢?

为什么黑客与画家是同一路人
第 137 讲

链接书目:《黑客与画家》 保罗·格雷厄姆

上一讲我们讨论了西蒙在人工智能、管理学和心理学等方面的观点,得出一个结论:西蒙是横跨工具理性、合作理性与价值理性的跨界认知科学家。这里我们就用西蒙在《科学迷宫里的顽童与大师:赫伯特·西蒙自传》中的一句话作为总结。他在该书中是这么说的:

> 我当时关于社会科学(尤其是认知科学)的观点(这种观点在很大程度上推动了大学教育的发展),直接起源于自己近几年针对学习和解决问题过程的研究。当代的认知科学,为我们提供了提升教育过程的必备知识,还揭示了横跨各个学科领域的人类思维过程的共性,使我们有理由相信:有效地交流可以在多个专业化的文化中建立并维系——这些专业化的领域恰恰构成了今天的职业、智力和艺术的社会。

综观西蒙的学术历程,我们一直在讨论的前三次认知革命所产生的人类理性,西蒙用横跨各个学科领域的人类思维过程的共性认知科学,把它们集合在了一起。原来人文与科学是同路人,这个在人工智能出来之后我们才认识到。今天我们就阅读一本有关同路人的书,叫《黑客与画家》。"极客时间"创始人池建强是这么评价这本书的:

> 《黑客与画家》是一本老书,也是经典之作。什么是经典?经典一定是可以穿越时光的作品。十几年过去了,这本书里的大部分文字,依然如同珍珠美玉,在岁月长河中闪烁着温润的光芒。这本书我读过很多遍,常读常新。读一本好书,就如同与作者几十年的智慧对话,在不同的时间和场景里,会给我们带来不一样的启示。

> 这本书的中译本最早出版于 2011 年 4 月,它的作者是美国互联网界的"创业教父"、哈佛大学计算机博士保罗·格雷厄姆,书中内容大部分来自他 2001 年前后写的随笔。20 多年前的文字,到了今天,依然具备很强的现实意义,甚至你可以循着这本书的脉络去解读未来。

那么保罗·格雷厄姆为什么被称为"创业教父"呢？该书"保罗·格雷厄姆其人其事"中是这么说的：

青少年时代，格雷厄姆就开始编程。但是，他还喜欢许多与计算机无关的东西，这在编程高手之中是很少见的。中学时，他喜欢写小说；进入康奈尔大学以后，他主修哲学。后来发现哲学很难理解，于是研究生阶段他就去了哈佛大学计算机系，主攻人工智能。

……博士读到一半，他又去哈佛艺术系旁听。拿到博士学位以后，他报名进入罗德岛设计学院暑期班，学习绘画课程，梦想成为画家。

上完暑期班，他去了欧洲，在有 500 年历史的佛罗伦萨美术学院继续学习绘画。第二年，钱花完了，他不得不返回美国，在波士顿的一家创业公司担任程序员。那时是 1992 年。

从上述描述看，格雷厄姆也是一个和西蒙一样的跨界人物。该书接着介绍他的编程从业经历，是这么说的：

1995 年初夏，他找到了读书时认识的朋友罗伯特·莫里斯（Robert Morris），希望合作编写一个软件来赚钱。后者是一个非常聪明的黑客，曾经在 1988 年编写了历史上第一个蠕虫病毒——莫里斯蠕虫。

那时正赶上第一家互联网公司网景上市，大量的造势广告在媒体上轮番播出，整个资本市场都为"互联网概念"而疯狂。格雷厄姆心想，如果网景公司的设想是正确的，未来人们都在互联网上购物，那么必须有人为零售商们开发软件。所以，他决定开发一个帮助人们搭建网店的软件。

…………

一开始，他们的软件完全采用传统模式，即用户首先下载安装，然后在自己的硬盘上做出网店的雏形，最后再上传到服务器。后来，格雷厄姆灵机一动：为什么不让用户通过浏览器直接操作服务器呢！这样就完全省去了安装和上传的步骤。

于是，他们改变方向，决定把软件做成一个互联网程序。这是世界上第一个通过互联网使用的软件。因为这一点，他们就把这个产品起名为 Viaweb。

格雷厄姆的这个灵感很重要。传统的软件，或者说人工智能软件，是模拟人类智慧的，因此只要具备西蒙所说的认知心理学的六个模拟要素就可以了。格雷厄姆超前意识到了互联网的作用,虽然他是从用户安装与上传的角度去考虑,但他尝到了甜果,同时也为人工智能的发展指明了一条光明大道。该书中接着说:

> 他们来到纽约,向两个天使投资人展示,希望能够筹集到 5 万美元。结果,两个投资人都表示愿意投资,于是他们就拿到了 10 万美元……
>
> 1996 年夏天,Viaweb 得到了第二轮天使投资 80 万美元……
>
> …………
>
> 1998 年,收购终于成功。雅虎以 4900 万美元的价格兼并了 Viaweb,将其改名为 Yahoo Store,这是雅虎最早的收购行动之一……
>
> 被收购之后,格雷厄姆就成了雅虎的员工,继续从事编程。他在那里工作了一年半,总是感觉很不自在,不适应雅虎的企业文化……于是,他选择了辞职。
>
> 离开了雅虎,他的生活顿时就空闲了。他开始将自己对于技术和创业的观点写成一系列文章,并发表在个人网站上。这些文章受到读者的好评和追捧,访问量不断上升。2004 年,最受欢迎的那部分文章由 O'Reilly 出版社结集出版,取名为《黑客与画家》,这两个词正是格雷厄姆前半生的人生写照。他在前言中写道:"我们生活中的一切,都正在成为计算机。所以,如果你想理解我们目前的世界以及它的未来动向,那么多了解一些黑客的想法会对你有帮助。"
>
> 2005 年 3 月,哈佛大学的学生团体"计算机协会"邀请格雷厄姆做演讲。他选择的题目是《如何成立创业公司》。

像西蒙一样,格雷厄姆要把工具理性的成果用到合作理性上。怎么用呢? 创业培训与投资,这个钱比他苦思冥想编程序来得更快。该书中接着说:

> 2005 年的暑假,他重新找到了莫里斯(他现在是麻省理工学院计算机系的教师),两人一起举办了一个夏令营,旨在帮助那些有创业念头的大学生成立自己的公司。入选者都将得到他们的悉心指导以及 5 000 美元的资助。
>
> …………
>
> ……他和莫里斯、布莱克韦尔以及杰西卡·利文斯顿合伙在硅谷成立了 Y Combinator(简称 YC)。根据格雷厄姆的设想,它既是一个创业公司的孵化器,也是一个教导员,还是一个与投资人联系的中介。
>
> YC 在每年的 1 月和 6 月举办两次训练营,每次为期 3 个月。通常每次大概有 500 个申请者,他们从中挑出 20 个项目。每个项目将得到 1.1 万美元的启动资金,外加每个项目成员 3 000 美元的生活津贴,交换条件是 YC 将拿走该项目

5％的股份。如果项目成功,5％的股份将非常值钱。

…………

到目前为止,从 YC"毕业"的创业公司共有 200 多家,其中失败的公司不到20％,远低于 90％的业内平均水平。这些 YC 学员成为新一代硅谷创业公司的主流,他们组成了一张不断壮大的关系网,有人把这些迅速崛起的硅谷新成员称为"YC 匪帮"。

以上就是格雷厄姆之所以被称为"创业教父"的历程。格雷厄姆比西蒙还要更进一步,西蒙是在理论上扫除人文与科学的障碍,而格雷厄姆是以自己产生经济效益的实践来扫除这个障碍。怎么扫除? 就是以工具理性的成果去挖掘合作理性的成果,满足创业者的价值理性,一举三得。这就是第四次认知革命产生的威力,而这个威力的来源就是格雷厄姆关于黑客与画家的同路人思想。那么,格雷厄姆是如何看待编程和画画的呢? 这两个八竿子也打不着的东西,到底是什么关系呢? 编程和画画的认知共性是什么呢? 格雷厄姆在该书"黑客与画家"一章中,是这么说的:

我发现,黑客新想法的最佳来源,并非那些名字里有"计算机"三个字的理论领域,而是其他创作领域。与其到"计算理论"领域寻找创意,你还不如在绘画中寻找创意。

举例来说,我在大学受到的教育是,在上机编程之前,应该先在纸上把程序搞清楚。可我自己一直不是这样编程的,我喜欢直接坐在计算机前编程,而不是在纸上编程。更糟的是,我不是耐心地一步步写出整个程序,确保大体上是正确的,而是一股脑地不管对错,先把代码堆上去,再慢慢修改。书上说,调试是最后的步骤,用来纠正打字错误和疏忽。可是我的工作方法看上去却像编程就是在调试。

很长一段时间内我都为此事沮丧,就像小学里老师教我怎么拿铅笔,我却总是学不会的那种感觉。如果我那时看到其他创作领域,比如绘画或者建筑,我就会想到,自己的方法其实有一个正式的名称:打草稿。我现在认为,大学里教给我的编程方法都是错的。你把整个程序想清楚的时间点,应该是在编写代码时,而不是在编写代码之前,这与作家、画家和建筑师的做法完全一样。

明白这一点对软件设计有重大影响。它意味着,编程语言首要的特性应该是允许动态扩展。编程语言是用来帮助思考程序的,而不是用来表达你已经想好的程序。它应该是一支铅笔,而不是一支钢笔。如果大家都像学校教的那样编程,那么静态类型是一个不错的概念。但是,我认识的黑客,没有一个人喜欢用静态类型语言编程。我们需要的是一种可以随意涂抹、擦擦改改的语言，我们不想正襟危坐，把一个盛满各种变量类型的茶杯，小心翼翼放在自己的膝盖上，为了与一丝不苟的编译器大婶交谈，努力地挑选词语，确保变量类型匹配，好让自己显得礼貌又周到。

以上这些话不知大家有没有明白，其实就是老子的"为学日益"法，也就是自下而上法，这个和西蒙的有限理性是一样的。看来人工智能的命运就是自下而上，这和科学家们的自上而下法，还是有点区别的。格雷厄姆是这么说的：

> 创作者不同于科学家，明白这一点有很多好处。除了不用为静态类型烦恼以外，还可以免去另一个折磨科学家的难题，那就是"对数学家的妒忌"。科学界的每一个人，暗地里都相信数学家比自己聪明。我觉得，数学家自己也相信这一点。最后的结果就是科学家往往会把自己的工作尽可能弄得看上去像数学。对于物理学这样的领域，这可能不会有太大不良影响。但是，你越往自然科学的方向发展，它就越成为一个严重的问题。

> 一页写满了数学公式的纸真是令人印象深刻啊。（小窍门：用希腊字母表示变量名会令人印象更深刻。）因此，你就受到巨大的诱惑，去解决那些能够用数学公式处理的问题，而不是去解决真正重要的问题。

> 如果黑客认识到自己与其他创作者——比如作家和画家——是一类人，这种诱惑对他就不起作用。作家和画家没有"对数学家的妒忌"，他们认为自己在从事与数学完全不相关的事情。我认为，黑客也是如此。

读到这里你可能觉得这不是很正常吗？"为学日益"，自下而上。可是你可能不知道大公司的编程流程不是这样的，这就是软件工程师和黑客的区别，也就是为什么黑客一般都是那种智商极高，独往独来，或者自己创业的人。作者是这么说的：

> 如果大学和实验室不允许黑客做他们想做的事情，那么适合黑客的地方可能就是企业。不幸的是，大多数企业也不允许黑客做他们想做的事情。大学和实验室强迫黑客成为科学家，企业强迫黑客成为工程师。

> 直到最近我才发现这一点。雅虎收购 Viaweb 的时候，他们问我想做什么。我对商业活动从来都没有太大兴趣，就回答说我想继续做黑客。等我来到雅虎以后，发现在他们看来，"黑客"的工作就是用软件实现某个功能，而不是设计软件。在那里，程序员被当作技工，职责就是将产品经理的"构想"（如果这个词是这么用的话）翻译成代码。

　　这似乎是大公司的普遍情况。大公司这样安排的原因是降低结果的标准差。因为实际上只有很少一部分黑客懂得如何正确设计软件,公司的管理层很难正确识别到底应该把设计软件的任务交给谁,所以,大部分公司不把设计软件的职责交给一个优秀的黑客,而是交给一个委员会,黑客的作用仅仅是实现那个委员会的设计。

　　从作者的意思看,黑客是自下而上的编程模式,大公司是自上而下的管理模式,因此对人工智能来说,大公司管理模式工作效率不高。作者在该书第二部分"黑客如何工作及影响世界"中是这么说的:

　　Viaweb 的开发者只有 3 个人。我一直在不停地招聘,压力很大,因为我们要把公司卖掉。我们很清楚地知道,买家不愿花大价钱买下一个只有 3 个程序员的公司。(解决方法:雇更多的人,在公司内创设其他项目,让他们去做。)

　　开发软件需要的程序员人数减少,不仅意味着会省下更多的钱。正如《人月神话》一书中所指出的,向一个项目增加人手,往往会拖慢项目进程。随着参与人数的增加,人与人之间需要的沟通成本呈现指数级增长。人数越来越多,开会讨论各个部分如何协同工作所需的时间越来越长,无法预见的互相影响越来越大,产生的 bug 也越来越多。幸运的是,这个过程的逆向也成立:人数越来越少,软件开发的效率将呈指数式上升。我不记得我们在 Viaweb 开过讨论如何编程的会议。在步行去吃午饭的路上,我们就能把该说的话说完,从来没有例外。

　　自下而上、高效率就是黑客的本质吗?不是的。我们前面说过人工智能对第四次认知革命的贡献不是智能,而是三个理性的合作进入了应用阶段,也可以叫人文与科学的合作,这就是黑客在做的事情。那么他们做的是什么事情呢?

为什么林纳斯也要让大象自由
第138讲

链接书目:《大教堂与集市》 埃里克·雷曼

《只是为了好玩:Linux之父林纳斯自传》

林纳斯·托瓦兹,大卫·戴蒙

上一讲我们讨论了黑客与画家是同路人的问题。西蒙认为所谓认知科学其实就是横跨各个学科领域的人类思维过程的共性,是科学与人文的合作。人工智能在应用上被它实现出来了,因此人工智能对认知的贡献不仅仅是对人类智慧的模拟,还是什么呢? 大家知道中国哲学密码"生命之道、由内而外、合作理性"后面是什么吗? 就是"天人合一"。所谓"天人合一",就是人与人、人与自然、人与机器的大合作。现在的互联网、物联网、社交网络、产业互联网等等概念,就是现实版的"天人合一"。老子有一句话叫"天网恢恢,疏而不失",很多人理解为坏人终究恶有恶报。这个完全错了。以后我们会详细讨论。这里字面上的意思就是:巨大的天就是一个网络,虽然稀疏但不会有一点漏失。第四次认知革命就是干这个活的。谁干的? 就是黑客。

有一本书叫《大教堂与集市》,书中对黑客文化做了全面的定义,是这么说的:

具体而言,黑客文化是人类学家所称的礼物文化。你之所以获得地位和荣誉,不是通过支配别人,不是通过美貌,也不是通过拥有别人想要的东西,而更多是通过给出。特别是给出你的时间、给出你的创造力、给出体现你技能的成果。

基本上讲,做以下五件事,会让你得到其他黑客的尊敬:

1.写开源软件。

第一件事(最核心的和最传统的)是写出其他黑客认为有趣或有用的程序,然后将程序源码发布给整个黑客文化。

(以前我们称这些作品为"free software",但这困惑了太多的人,人们不能确定"free"究竟是想说什么。现在,我们之中很多人更愿意称之为"开源软件",http://www.opensource.org/。)

在黑客圈中,最受尊敬的偶像是这样一类人:他们写出了大型的、能满足广泛需求的程序,并将程序贡献了出来,使得任何人都可以使用这些程序。

2.协助测试和调试开源软件。

黑客还尊敬那些调试开源软件的人,在这个不完美的世界里,我们在软件开发过程中,不可避免地要将大量时间花费在调试阶段。这就是为什么任何开源作者稍加思考后都会告诉你,好的 beta 测试员无比珍贵(他们会清楚地描述症状,很好地定位问题,忍受早期版本中的 bug,并愿意使用一些简单的诊断例程)。对有的人来说,调试过程可能是一场旷日持久、辛苦不堪的噩梦,而对于好的测试人员来说,可能只是一个有益于程序的清理过程罢了。

如果你是一个新手,试着去找一个正处于开发状态并且你感兴趣的程序,并试着去做一个好的 beta 测试员。从帮助测试到帮助排错,再到帮助修改,这是一个很自然的过程,你会从中学到很多,而且,善有善报,以后也会有人乐意帮助你。

3.发布有用的信息。

另一件好事是收集、过滤那些有用并且有趣的信息,将他们放到网页或者类似 FAQ(常见问题)列表的文档中,并让人们容易看到。

技术性 FAQ 的维护人员甚至会得到和开源作者一样的尊敬。

4.帮助做一些基础工作。

黑客文化(以及互联网的发展)是靠志愿者推动的。有很多必要但并不吸引人的工作要有人来做——管理邮件列表,主持新闻组,维护大型软件库,提出 RFC 和其他技术标准等等。

把这类工作做好的人会得到很多尊敬,因为每个人都知道这些工作会耗费大量时间,并且不像玩代码那样有趣,做这些事体现了奉献精神。

5.服务黑客文化自身。

最后,你可以服务和宣传黑客文化自身,比如,写一本关于"如何成为黑客"的精准的入门教程。这并不需要你在这个圈子里待很久并且因为以上四件事中某件而成名后才能做。

毋庸置疑,黑客文化没有领导人。但它的确有文化英雄、部落长老、史学家和发言人。如果你在这个战壕里时间足够长,你可能也会成为其中之一。记住:黑客并不信任部落老人们的自我炫耀,公然追求这种名声是危险的。与其为此奋争,倒不如摆正位置,静待名声降临,然后对你的地位保持谦逊和优雅。

作者以上这些话告诉了我们两个事情:第一,黑客文化是礼物文化,是奉献文化。第二,黑客在干的活是写开源软件代码。这个"开源"不仅是任何人可以免费使用代码,还是黑客自愿不要报酬免费提供代码。这是一个 20 世纪现实版的"无为无不为"群众运动,也是一个"让大象自由,自己就自由"的文化普及运动。这里"大象"不仅是他人,还是那个巨无霸的网络服务器操作系统。

《大教堂与集市》的作者埃里克·雷曼,是软件开源运动和黑客文化的代言人、宣传家、大使。《大教堂与集市》在人工智能界的地位很高,是开源运动的独立宣言,它清晰、透彻和准确地描述了开源运动的理论与实际应用,对开源软件运行的成功和 linux 操作系统的广泛采用都起到了至关重要的作用。用黑客们的话说,这是"黑客藏经阁"的第一收藏。

既然讲到了 Linux 操作系统,那么我们就来阅读另外一本书,叫《只是为了好玩:Linux 之父林纳斯自传》。作者林纳斯·托瓦兹,就是"Linux 系统之父",以及开源理念的发起者之一。

Linux 有多厉害,我们来看看该书引言中是怎么说的:

20 世纪末的数年间,世界沉浸在极度的兴奋之中。在一系列的革命浪潮中,一场革命风暴席卷了全球。几乎是一夜之间,Linux 操作系统引起了世界的关注。它从创始人林纳斯·托瓦兹狭小的卧室里横空出世,引起了无数极客的狂热追捧。瞬息间,许多掌控着地球命脉的企业机房里都出现了它的身影。从前 Linux 系统只是一个人的狂欢,现如今已在各大洲拥有数百万用户,甚至连南极洲也不例外。如果算上 NASA 的前哨站,它甚至拥有外太空的用户。在所有提供万维网数据共享的电脑服务器上,Linux 是应用得最广泛的操作系统。不仅如此,Linux 特有的开发方式——由数十万程序员志愿者组成的强大社区,更使它成为有史以来最大的协作项目。其背后的开源哲学再简单不过:信息——在这里具体是指操作系统的源代码或基本指令,应该对有兴趣改良它的人们免费开放并被自由分享。而这些改良后的信息也应该是自由共享的……

有些人瞥见了行业的未来走向,却没有因此感到高兴。林纳斯戴眼镜的胖脸蛋被印在微软员工爱玩的飞镖靶子上,现在微软已视他为真正的头号劲敌。然而更多的时候,人们也想深入了解这个小伙子本身是什么样子的—这位始于借力,实则领跑这份事业的小伙子。遗憾的是,随着 Linux 系统及开源运动的成功,他越来越不愿意谈起此事。作为 Linux 之父,他偶然始创了 Linux,却仅仅是因为喜欢玩电脑(也因为其他一切都不如电脑来得好玩)。因此,当有人告诉他,数百万的追随者希望至少能亲眼一睹他的风采,并借此说服他在重要活动中发表演讲时,林纳斯和善地提出愿意在活动中亲自上阵玩落水台游戏。他觉得那样更好玩,而且还能筹到款。他们婉言谢绝了。他们心目中的革命的经营形式可不是这样的。

革命者并非天生,革命无法事先安排好,革命无法被左右。但革命往往就这样发生……

以上引言是该书的合著者记者大卫·戴蒙写的。大卫·戴蒙曾是《纽约时报》《美国周末》等刊物的专栏作家。该书于 1999 年开始筹划,2001 年出版,由林纳斯本人口述,记者大卫·戴蒙整理而成。该书出版时,林纳斯只有 32 岁,但他已经是公认的互联网革命开拓者了。这个引言告诉了我们:第一,今天互联网企业提供的云计算、大数据、物联网、元宇宙等等所有网络服务的操作系统,绝大部分是由 Linux 提供的,因此 Linux 的出现就是一个人工智能发展史上的革命风暴。第二,这个革命风暴最大的亮点是开源软件,它可以自由分享,也可以自由开发,所以是一次"让大象自由"的风暴,靠操作系统起家的微软是它的头号敌人。第三,这个软件虽然偶有所为,但林纳斯凭一己之力,四两拨千斤,"让大象自由"了,追随者有数百万。他说只是为了好玩,果真是这样的吗? 以下是林纳斯和大卫有关出版该书的一个访谈录:

林纳斯:我对生活的意义有一些看法。咱们可以在第 1 章跟读者说一下生活的意义来钓他们上钩,等他们上钩,并且花钱买书以后,我们再随便扯点别的把剩下的章节糊弄过去。

大卫:对啊,这倒是个好点子! 有人说,自从人类起源,人就一直被两个问题困扰着:第一,"生活的意义是什么?"第二,"到头来,口袋里攒下来的那点儿闲钱该往哪儿花?"

林纳斯:第一个问题我已经有答案了。

大卫:有答案了? 是什么?

林纳斯:基本上这个答案既干脆又漂亮。答案本身不会解释生活的意义,但会直接告诉你生活中会发生什么。有三件事对生活是有意义的,它们是生活中所有事情的动机——包括你做的所有事和任何一个生命体会做的事:第一是生存,第二是社会秩序,第三是娱乐。生活中所有的事都遵循着这个顺序,娱乐之后就再无其他。所以从某种意义上说,生活的意义就是要你达到第三个阶段。一旦达到了第三阶段,这辈子你就算成功了。但是你得先超越前两个阶段。

林纳斯是个风趣幽默的人,该书的主书名原本是为了吸引读者来买他的书,但他的话题是严肃的。他做 Linux,是为了实现生存、社会秩序和娱乐三位一体的生活意义。为什么？这就回到了《大教堂与集市》里介绍的 Linux 的主题:黑客文化是礼物文化,是奉献文化。《只是为了好玩:Linux 之父林纳斯自传》中讲了一个和 Linux 同时代出道,做开源软件的网景公司的故事,我们来看看两者对开源的理解,该书中是这么说的:

> 我们的开源社区"自由软件社区"(直到最近才改了名字)跨出了前所未有的一大步。当时,网景公司在一个叫作 Mozilla 的项目中开放了浏览器技术的源代码。一方面,这让新闻组上的人都非常激动,因为这个举措让大众看到了开源的前景。但在另一方面,这件事也让一些人相当紧张,其中也包括我。当时网景公司的处境还挺麻烦的,主要是和微软之间的摩擦,而这种开源行动则更像是一种权宜之计。具有讽刺意味的是,网景浏览器其根源本来就是开源的,它最早是伊利诺伊大学的一个项目。
>
> 新闻组上的人都在担忧,怕网景把这件事搞砸,从而给开源理念带来恶名。那个时候,业内有两个鼎鼎大名的开源项目:网景的 Mozilla 和我的 Linux。要是两者中较为知名的网景出了什么岔子,那么 Linux 的名声势必也会受到牵连。
>
> 在很大程度上,网景确实搞砸了。这要怪他们没能长久地调动起开发者的参与兴趣。网景公司的开源运动只是提供了一大堆源代码,而真正参与到代码建构工作中的则只有网景的人。
>
> 这个项目似乎注定会失败。除了规模过于庞大外,还有另外一个原因:尽管已经开源,但他们并没把所有东西都开源。只有开发版本的源代码公开了出来,而在发布时,该版本就已经出现了很多问题。

要让大象自由,就要彻底自由,网景公司这样遮遮掩掩地让大象自由,自己留一点,放一点。为什么?因为网景走的不是林纳斯的开源之路,微软看出了网景的这点小心思,几次想要收购网景作为自己的浏览器,但网景的目标是微软的服务器,故没有同意,但最后还是被微软干掉了。这种遭遇,林纳斯也有。不过对手不是比尔·盖茨,而是苹果的乔布斯。那么林纳斯是什么态度呢?很简单,一口拒绝。为什么?该书中是这么说的:

> 我和乔布斯的世界观存在根本分歧。史蒂夫就是史蒂夫,跟媒体描述的没什么两样。他只对自己的目标感兴趣,尤其市场这一块,他极为看重。而我则对技术有兴趣,所以他的目标和言论打动不了我。他一直在强调,要是我想进入台式机市场,就应该与苹果联手。但我心想:我不在乎啊!为什么我就应该对苹果的事

情感兴趣？我就是不感兴趣，我就是觉得苹果没意思。我的人生目标可不是为了抢占台式机市场啊（当然，这种情况总有一天会发生，但这从来就不是我的目标）。

他本以为说服我不用费多少口舌，认为我理所当然会对他的提议感兴趣。他怎么也想不到（也无法想象）这世界上竟然会有人对提升 Mac 的市场份额一点儿也不感兴趣。当他知道我一点儿也不关心 Mac 市场的大小，也不关心微软市场大小时，确实非常惊讶。但是，他事先并不了解我有多讨厌 Mach 内核，所以我也不怪他。

尽管我基本上并不认同他的观点，但却还挺喜欢这个人的。

林纳斯能够保持"让大象自由，自己就自由"的黑客文化世界观，对一个成功的黑客来说，在当时确实凤毛麟角，因为比尔·盖茨也是黑客出身。后来微软文化与黑客文化就渐行渐远了。因此，要恒久不改变一种世界观是有代价的。代价就是拒绝外部商业化和财富的诱惑，林纳斯是这么说的：

> 作为开源社区里不管是技术上还是道德上都能服众的人，要在社区里坚持自己的立场，我感到挺有压力的。对我来说，在互相竞争的 Linux 公司中保持不偏不倚的立场是很重要的。红帽公司为了表示感激而十分好心地给了我一些期权，我也并不因此出卖自己，绝对不。不过，当伦敦的一个企业家要给我一千万美元，要我做他们那家羽翼未丰的 Linux 公司的董事会挂名成员，我拒绝他就有我的道理。他没能理解，不费吹灰之力就能得到那么大一笔钱，为什么我会拒绝。他仿佛在这样质问我："这可是一千万美元，难道你不明白吗？"
> ············

> 记者们可喜欢我的事情了。盖茨住在一套高科技的湖边别墅里，而我却住在没劲的圣塔克拉拉市一座简陋的复式三居室牧场式房子，管道系统糟透了，而且在房子里走到哪儿都会踢到女儿们的玩具。我开一辆看起来很没劲的庞蒂亚克车。我还自己接电话，没有助理或秘书什么的。这样的我，谁不爱啊？

但林纳斯还是坚持下来了，为了什么呢？为了好玩。但这个好玩的哲学意义是"合作理性，天人合一"。"天人合一"在好玩的名义下，干的就是让世界更美好的事情。作者是这么说的：

> 开放源代码，就是要让人人都有得玩。如果商业圈子也遵守游戏规则，那么凭什么他们给这个社会的技术进步添了那么多砖瓦，反而要被排除在外呢？开源

运动没有什么其他大能耐,唯一能干的事就是把商业公司创造出来的技术进行改善,说不定还能让那些公司不那么贪婪。

············

顺便提一下,我从来就不觉得自己身在理想主义者的阵营。当然,我倡导开源的确是把它当作让世界更美好的法宝,但更重要的是,我把它当作一件好玩的事。这可不是什么理想主义。

这里林纳斯把他的世界观告诉了世人,他做的这个让他人的大象自由,自己就自由的开源运动,在好玩的名义下实现了。但这个好玩有两个条件:第一,每个人都能生存;第二,社会需要好的秩序。

老子为了实现"无为无不为"的理想,说:

人之道则不然,损不足以奉有余。孰能有余以奉天下?唯有道者。是以圣人为而不恃,功成而不处,其不欲见贤。

这句话用在当代"道者"林纳斯身上,再适合不过了。现在第四次认知革命西蒙的共享认知理论有了,格雷厄姆的共享软件有了,林纳斯的共享网络操作系统也有了,人工智能可以一飞冲天了。但是没有。为什么?因为人工智能发生了三次大的危机。是什么危机呢?

人工智能遭遇了什么寒冬
第 139 讲

链接书目:《人月神话》 弗雷德里克·布鲁克斯

《科学之路——人、机器与未来》 杨立昆

上一讲我们讨论了林纳斯的 Linux 操作系统,这是一个现实版的"让大象自由,自己就自由"的生动案例。这是 1998 年的事情。其实,早在 1958 年,西蒙和纽厄尔就预言 10 年之内人工智能可以解决很多问题,比如说战胜国际象棋冠军、发现和证明有意义的数学理论、谱写优美的乐曲、在计算机上形成大多数的心理学理论等。但 1968 年到来的时候,这些预言都没有实现。为什么呢?

有一本书,叫《人月神话》。作者弗雷德里克·布鲁克斯是图灵奖获得者,曾任 IBM 公司计算机体系结构设计师,被称为"IBM 360 系统之父"。这是一本讲如何进行项目开发的工具书。所谓"人月"就是项目参与者计划好的每人每月的生产效率,但作者认为这是一个无法完成的"神话"。为什么呢?因为这不是作者一个人的困惑,而是整个 IT 从业者的困惑。该书前言中是这么说的:

> 软件作为一个行业,逐步背起了"solving the wrong problem"的名声。问题决定解决方案,这也就是说,我们一直在制造错误解决方案! 这方面有大量的证据,其中最著名的是美国政府统计署(GAO)的数据:全球最大的软件消费商——美国军方——每年要花费数十亿美元购买软件,而在其所购软件中,可直接使用的只占 2%,另外 3% 需要做一些修改,其余 95% 都成了 Rubbish。一句话,不管这些软件是否符合需求规格,但它们显然没有满足客户的需求。面向对象技术并没有给我们带来"神奇的效应",不管开发商如何吹嘘面向对象 OO(Object-Oriented)工具是多么万能,也不管那些 OO 狂热者是多么毅然地前赴后继,这方面的数据从 20 世纪 80 年代以来并没有发生大的改观。

> 这实在是令我们的软件工程专家和从业人员们羞愧,因为它揭示了我们可能一开始就从根本上做错了什么!

这是 20 世纪 80 年代的事情,那么后来这种情况有所改观吗?《人月神话》再版

时,作者总结了 20 年来的经验,得出了以下结论。该书"20 年后的《人月神话》"一章中是这么说的:

为大型用户群设计。个人计算机革命的一个结果是,至少在商业数据处理领域中,客户应用程序越来越多地被商用软件包所代替……

但自相矛盾的是,设计通用工具比设计专用工具更加困难,这是因为必须为不同用户的各种需要分配权重。

盲目的功能。对于如电子表格或字处理等通用工具的结构师,一个不断困扰他们的诱惑是以性能甚至是易用性为代价,过多地向产品添加边界实用功能。

功能建议的吸引力在初期阶段是很明显的,性能代价在系统测试时才会出现。而随着功能一点一点地增加,手册慢慢地变厚,易用性损失以不易察觉的方式蔓延。

对幸存和发展了若干代的大众软件产品,这种诱惑特别强烈。数百万的用户需要成百上千的功能特色,任何需求本身就是一种"市场需要它"的证明。而常见的情况是,原有的系统结构师得到了嘉奖,正工作在其他岗位或项目上,而现在负责体系结构的结构师,在均衡表达用户的整体利益方面往往缺乏经验……

定义用户群。用户群越大和越不确定,就越有必要明确地定义用户群,以获得概念完整性。设计队伍中的每个成员对用户都有一幅假想的图像,并且每个设计者的图像都是不同的。

那么今天情况有所改观吗?回答是已经改观,或者说将有更大的改观。为什么?因为现在的 ChatGPT 们已经可以自我编程了,你只要告诉它们需求就可以了,架构设计、编程劳动等码农们的劳动密集型工作都将一去不复返了。那么今天我们来讨论这个事情,已经过时了吗?没有。为什么?因为我们讨论的是认知革命中,也就是人工智能发展中最重要的一环,西蒙的符号主义成了人工智能发展的最大瓶颈。什么瓶颈呢?就是他的"有限理性"论。

什么是"有限理性"?这个我们在第 136 讲中已经提到了,这是人类智慧的一个特征。人类无法追求无限理性,所有的智慧都是当下的解决方案。按照西蒙的说法,就是"满意"就行,老子的说法就是"以身观身,以家观家",达尔文的说法就是进化论。老子还有一个超级有限理性论,叫"无为无不为"。一个"无为"可以搞定任何事情,而这个"无为"是通过"为道日损",也就是"简化"而来的。第一个人工智能系统,西蒙的"逻辑理论家"是一个模仿人类思考的过程,通过搜索已有的人类经验,建立简化数据表,表达具有因果关系的知识算法系统结构。

但问题来了。在没有达到超级有限理性之前,人类智慧是一个说出来的"道",不是永恒之道,而且永远行走在"道可道"智慧探索路上的东西。因此,老子说:"故以身观身,以家观家,以乡观乡,以邦观邦,以天下观天下。"

身建好了,就要观家,家建好了,就要观乡,乡建好了,就要观邦,最后达到人类智慧的最高峰——天下。在没有爬到这个高峰之前,智慧是不肯停下来的。于是就产生了《人月神话》中所讲述的人们对软件功能的无限追求,这就苦了那帮码农了。你让他把所有的需求想象出来,那不就成了无限理性吗?用户看到了现有的功能,才有了下一步的功能需求,这永远是有限理性。因此,码农们只能被动地、永远无休止地把代码一个一个敲进去,而且大部分是无效劳动。《人月神话》的作者写这本书的目的就是要处理好无限的功能需求和有限的劳动密集型生产效率问题,但他只能是改善而不能解决这个问题。

有一本书,叫《科学之路——人、机器与未来》。作者是人工智能行业的大佬,"卷积神经网络之父",2018 年图灵奖得主,Facebook 首席人工智能专家,纽约大学教授、数据科学中心创始主任。他的名字叫杨立昆,大家不要误解,他不是中国人,是法国人。该书没有高深的大道理,是一本人人都能读、超燃超励志的学术传记和励志经典。杨立昆是在人工智能遭遇"寒冬"的时候入行的,对于初期人工智能的发展历史,他的定论是"传统智能难以复制"。该书"传统智能难以复制"一节中是这么说的:

> 此后,部分科学家认为智能机器的底层逻辑就是树搜索和专家系统的结合。工程师为机器提供事实数据和规则,系统基于提供的数据和规则推断出其他事实。研究的目的是制造出一种可以代替人类进行复杂推理的机器。卡内基·梅隆大学的艾伦·纽维尔(Allan Newell)和赫伯特·西蒙(Herbert Simon)提出了逻辑理论家计划(Logic Theorist),期望通过探索由数学公式转化构成的树来证明简单的数学定理。那是一个对人工智能寄予厚望的时代。

> 但是在 1970 年,美国国防部下属的 ARPA 削减了美国国内人工智能领域基础研究的预算,人工智能由此进入第一个寒冬。三年后,因为莱特希尔的报告极大地打击了科学家对人工智能的热情,英国同样采取了削减预算的战略。没有资金投入,研究也就陷入停滞状态。

> 20 世纪 80 年代初,因为受到专家系统的巨大鼓舞,历史的车轮再次转动起来。日本开启了雄心勃勃的"第五代"计算机项目,旨在赋予计算机系统逻辑推理

能力,使其能够进行对话、翻译文本、解释图像,甚至像人类一样进行推理,可惜项目以失败告终。类似于我们描述过的专家系统 MYCIN,它的实际开发与商业化都比人们的预期困难很多。事实证明,让技术工程师坐在医生或其他工程师身边,试图详细记录两者在识别疾病或诊断故障时的智力活动过程,是行不通的。人们幻想将专家的知识体系和智力活动过程简化为一套规则,但事实远比幻想要复杂得多、昂贵得多、不可靠得多。

树搜索研究取得的巨大成功离不开传统智能,然而这种传统智能却难以复制。

作者最后一句话点明了人工智能发生危机的主要原因,人工智能的技术发展离不开人类智慧,但要复制人类智慧是很难的。

这里,大家肯定会说,西蒙的符号系统,或者说符号主义不行,那不是还有一个神经网络系统,或者说联结主义吗?其实联结主义不是人工智能的新发明。联结主义和西蒙的符号主义一样,也是产生于 20 世纪 50 年代,发明这个系统的人叫马文·明斯基。西蒙的符号主义虽然达不到人工智能的高标准,但做做那些普通的信息处理系统还是可以的。联结主义就没有这么幸运了,作者在该书中是这么说的:

神经网络的起源可以追溯到 20 世纪中叶。20 世纪 50 年代,加拿大心理学家和神经生物学家唐纳德·赫布(Donald Hebb)热衷于研究神经连接在学习过程中起到的作用。人工智能领域的乌托邦主义者是唐纳德理论的拥护者,他们认为,与其重现人类推理的完整逻辑序列,不如探索它们的载体,也就是大脑这个强大的生物处理器。

因此,旨在模拟生物神经电路的计算机科学家被人们统称为神经流派(与之前的逻辑流派或顺序流派相反)。他们孜孜不倦地追求基于一种原创体系结构的机器学习方式,这种体系本质上是一种数学函数网络,我们类比人类的神经网络,称它为人工神经元。当网络接收了输入信号,其中的神经元将以原创体系结构对其进行处理,以便输出端能够识别该信号。简期素——人工神经元——的共同作用产生了复杂的认识。就像在大脑中,基本功能器——神经元——之间的相互作用使人产生了思想一样。

············

1969 年,西摩尔·帕普特(Seymour Papert)和马文·明斯基(后者在 20 世纪 50 年代曾热衷于人工神经网络的研究,后来放弃了)联合出版《感知器:计算几何学概论》一书。他们在书中指出了学习机的局限性，其中有些局限性对于技术发展会造成严重阻碍。因此对他们来说，神经网络的研究之旅已经走入了死胡同。这两位都是麻省理工学院极负盛名的权威教授，他们的作品在领域内引起了轰动：资助机构纷纷退出，不再支持该领域的研究工作。与 GOFAI 一样，神经网络的研究也遭遇了它的第一个"冬天"。

　　大多数科学家不再谈论制造具有学习能力的智能机器之事，转而把目光转向了更容易落地的项目。

按作者的说法，马文·明斯基算是"神经网络之父"了，可是他最后不仅放弃了，还对神经网络算法泼冷水。那么这个神经网络算法用到哪里去了呢？作者接着说：

　　比如，运用一些原本用来研究神经网络的方法创建了"自适应滤波"，这是许多现代通信技术的起源。在此之前，当我们通过电话线在两台计算机之间交换数据时，电话线可能会发生以下情形：我们输入一个二进制信号，电压从 0 伏升到 48 伏，而信号在距离目的地还剩几公里时就已经损坏了。但现在，自适应滤波器能将其复原，这个过程是通过以其发明者鲍勃·拉迪（Bob Lucky）的名字命名的 Lucky 算法实现的。20 世纪 80 年代后期，鲍勃·拉迪曾在贝尔实验室担任部门经理，领导着约 300 人工作，我也是其中一员。

作为一个卷积神经网络的创始人，杨立昆不是一开始就从事人工智能的，而是从研究通信技术进入神经网络算法的。但是，他的心中已经有了解决方案。什么解决方案呢？就是让人工智能不要在人类的智慧后面亦步亦趋，只知道复制，而是让人工智能用自己的方式自己学习。作者在该书中是这么说的：

　　因此，所有因为"寒冬"而被忽视的人工智能问题都呈现在我面前。在思考这些问题时，我慢慢形成了自己的理念：以逻辑的方式无法建构真正的智能机器，我们必须赋予机器学习的能力，让它们能以经验为基础进行自我建构。

这不是又回到了我们开始所说的"建构主义"了吗？那么如何让人工智能自我建构学习能力达到智慧的程度呢？

是什么拯救了人工智能
第 140 讲

链接书目:《深度学习》 特伦斯·谢诺夫斯基

上一讲我们讨论了人工智能遭遇的"寒冬",而且是两种主流人工智能方法论,一种是模拟人类思考的符号主义,另一种是模拟大脑神经网络的联结主义。人工智能从此走向了低谷。那么后来人工智能在什么时候,以什么方法最终走出寒冬,迎来了今天的 ChatGPT 的春天呢?

今天我们要阅读的这本书是重量级的,叫《深度学习》。作者是全球人工智能十大科学家之一的特伦斯·谢诺夫斯基。这本书最大的亮点是为人工智能专业以外的普通读者写的,该书一上市就成了风靡全球的智能时代前沿读本,被翻译成多国语言,获得了读者的一致好评。如果要了解今天驱动智能时代的核心力量,那么读这本书就可以了。这本书的副书名是"智能时代的核心驱动力量"。那么什么是智能时代的驱动力量呢?我们从谢诺夫斯基在 1989 年人工智能还处于"寒冬"的一段经历中就可以知道了。作者在该书"人工智能的重生"一章中是这么说的:

1989 年,MIT 计算机科学实验室主任迈克尔·德图佐斯(Michael Dertouzos)邀请我到 MIT 做一个有关我在基于神经网络的人工智能领域采用的开拓性研究方法的"杰出学者讲座"……

房间里挤满了差不多一百人,德图佐斯也很意外。科学家们站成一个圈,足足有三层:高级教员在第一层,第二层是初级教员,学生在最后一层。我走到圆圈的中心,正对着自助餐的主菜。我要在这 5 分钟里说些什么,才能让那些讨厌我工作的人改变想法呢?

我开始即兴发挥,"食物上这只苍蝇的大脑只有 10 万个神经元;它大概重 1 毫克,要消耗 1 毫瓦的能量,"我边说边驱赶苍蝇,"苍蝇能看,能飞,可以自己确定飞行方向,还能觅食。但最不可思议的是,它可以通过繁殖来进行自我复制。MIT 拥有一台价值 1 亿美元的超级计算机:它消耗的能量是兆瓦级的,并需要一台巨型空调进行冷却。但是,超级计算机的最大成本是要消耗大量人力,也就是说程序员要满足它对程序的巨大需求。这台超级计算机不能看,不能飞,虽然它能与其他计算机交流，但它不能交配或自我复制。看得出这个场景描述里有什么问题吗？"

··········

"这个场景出了什么问题？"······第三排的一名学生这样回答："数字计算机是一种通用设备，它可以被编程来计算任何东西，虽然效率很低，但苍蝇是一种专用计算机，可以看和飞，但无法平衡我的账户收支。"这就是正确答案。苍蝇眼中的视觉网络进化了数亿年，其视觉算法嵌入了它本身的网络。这就是为什么你可以利用苍蝇眼神经回路的布线图和信息流对视觉系统进行逆向工程，以及为什么你不能在数字计算机上这样做，因为硬件本身需要软件来指定要解决什么问题。

··········

那天下午我做演讲的房间很大，挤满了本科生，新生代想要展望未来，而不是徘徊在过去。我谈到了一个学习如何玩西洋双陆棋的神经网络，这是一个与伊利诺伊大学香槟分校（the University of Illinois in Urbana-Champaign）复杂系统研究中心（Center of Complex Systems Research）的物理学家杰拉德·特索罗（Gerald Tesauro）合作的项目。西洋双陆棋是两名玩家之间的比赛，棋子根据掷骰子的点数向前移动，在途中可以跳过对方的棋子。与具有确定性的国际象棋不同，西洋双陆棋是由偶然因素控制的：每次掷骰子的不确定性都使得对特定棋步结果的预测更加困难。这是一款在中东地区非常受欢迎的游戏，其中一些人以玩高赌注的比赛为生。

考虑到有 1020 个可能的西洋双陆棋棋盘摆法，基于逻辑和试探法编写程序来处理所有可能的摆法将会是一个不可能完成的任务。于是，我们让神经网络观看教师对局，通过模式识别来学习下棋。杰拉德后来让西洋双陆棋网络通过跟自己下棋进行学习，创建了第一个世界冠军级别的西洋双陆棋程序。

演讲结束之后，我听说那天早上《纽约时报》有一篇关于政府机构如何大幅削减人工智能资金投入的头版文章。虽然对主流 AI 研究人员来说，寒冬已经来临，但它并没有影响到我和我的研究组成员，对我们来说，神经网络的春天才刚刚到来。

然而我们新的 AI 实现方法需要 25 年的时间才能在视觉、语音和语言方面提供实际应用。即使在 1989 年，我也知道这需要很长时间。1978 年，我还在普林斯顿大学读研究生时就在想，按照摩尔定律，计算机的运算能力会呈指数级增长，每

18个月翻一番,那达到大脑的计算能力需要多长时间?我的结论是,到2015年会实现。幸运的是,这并没有阻止我继续探索。我对神经网络的信仰是基于我的直觉,即如果大自然解决了这些问题,我们也应该能够从大自然中学习到同样的解决方法。而我不得不耐心等待的这25年,与自然界的数亿年相比,它仅仅只是一个瞬间。

在视觉皮层内部,神经元呈多层次排列结构。随着感官信息在皮层间层层传递,对世界的呈现也变得越来越抽象。几十年来,随着神经网络模型层数的增加,其性能也在不断提高,直到最终达到了一个临界点,让我们能够解决在20世纪80年代只能幻想却无法解决的问题。深度学习可以自动找出能区分图像中不同物体的优质特征的过程,这就是今天的计算机视觉比5年前好得多的原因。

到2016年,计算机的运行速度已经快了上百万倍,计算机内存也从兆字节升级到了太字节(terabytes)。与20世纪80年代只有数百个期和数千个连接的网络相比,现在模拟出的神经网络具有数百万个期和数十亿个连接。尽管按照拥有数千亿个神经元和千万亿个突触连接的人类大脑的标准来看,这个数字仍然很小,但现有神经网络的规模已经可以在有限领域中进行原理的证明。

基于深度神经网络的深度学习已经出现了。

作者以上讲的故事把神经网络和深度学习的原理,他对深度学习的信仰和追求,以及深度学习可以成功的外部条件,全部说清楚了。关于长达几十年的深度学习算法演进,这里把该书第六章到第十一章的目录介绍给大家,朋友们可以自己去阅读,一点也不深奥。它们依次是:语音识别的突破、霍普菲尔德网络和玻尔兹曼机、反向传播算法、卷积学习、奖励学习、火爆的NIPS。

那么深度学习究竟有多厉害?大家肯定知道AlphaGo,2016年战胜世界围棋冠军李世石,2017年又在乌镇战胜世界围棋冠军柯洁,但大家可能不知道后续的故事。作者在该书"机器学习的崛起"一章中是这么说的:

在开始跟自己下棋之前,AlphaGo是通过观察学习16万次人类围棋比赛起步的。有人认为这是作弊——一个自主的AI程序应该能够在没有积累任何人类知识的条件下学习下围棋。2017年10月,一款名为AlphaGo Zero的新版本AI程序面世了。它从游戏规则开始一步步学习下围棋,击败了曾战胜柯洁的版本AlphaGo Master,战绩为100∶0。此外,AlphaGo Zero的学习速度比AlphaGo Master快100倍,而计算能力差不多只有后者的1/10。完全忽略人类的知识,

AlphaGo Zero 变成了无敌超人。随着机器学习算法的不断进步,AlphaGo 还会变得多么优秀,并没有已知的上限。

　　AlphaGo Zero 虽然没有和人下棋,但仍然有许多围棋知识被人为添加到程序中强化棋艺的特征。如果没有任何围棋知识,AlphaGo Zero 也许仍有进一步改进的空间。就像零度可乐将可口可乐里所有的热量分离出来一样,围棋的所有知识都被从 Alpha Zero 中剥离出来。结果,Alpha Zero 能够更快、更果断地打败 AlphaGo Zero。为了进一步说明"少就是多",Alpha Zero 在没有改变任何一个学习参数的情况下,学会了如何以超人的水准下国际象棋,还创造了人类从未使用过的着数。在与 Stockfish 这个已经是超人级别的顶级国际象棋程序的对决中,Alpha Zero 还没有输过。在一场比赛中,Alpha Zero 大胆地牺牲了一个象——这种做法通常用来获得位置上的优势,随后又牺牲了王后,这一步看起来像是个大昏着儿,直到很多步以后,Alpha Zero 冷不防将了一军,无论是 Stockfish 还是人类棋手都没能预见到这样的结果。外星人已经着陆,地球从此要改头换面了。

看上去是深度学习拯救了人工智能,而人工智能要拯救地球,果真是这样的吗?作者在该书"大自然比我们聪明"一节中是这么说的:

　　我们的意识觉知只是冰山一角,我们大脑的大部分活动依然神秘莫测,无法进行自我反思。我们用"注意力"和"意图"这些词来描述我们的行为,但这些都是含糊的概念,隐藏了大脑活动过程的内在复杂性。基于直觉大众心理学的人工智能的发展迟迟得不到令人满意的成果。我们的眼睛能看到东西,但没人知道其背后的原因。"我思故我在",但思考背后的机制仍是一个谜。大自然向我们揭示大脑如何运转,并不会给我们带来生存上的优势……

　　……我们拥有高度发达的视觉系统,但这并不能让我们成为视觉领域的专家。许多人甚至都没有意识到,我们的眼部存在一个眼中央凹,其能提供的清晰视角只有 1 度的弧度,相当于以一臂为半径,拇指长度为弧长所对应的角度,另外,我们在眼中央凹之外什么都看不到,几乎相当于法定盲人……

　　当计算机视觉领域的先驱开始设计视觉功能时,他们的目标是从图像中创建出一个完整的世界内部模型,而这个目标已经被证明是难以实现的。但是,一个完整而准确的模型对于大多数实际目的来说可能是不必要的,而且考虑到目前的摄像机取样率很低,这似乎更不可能实现。

为什么会这样呢?作者是这么说的:

在 20 世纪 80 年代，尚在罗切斯特大学的计算机科学家杰罗姆·费尔德曼（Jerome Feldman）采用了联结主义（connectionist）网络的方式来研究人工智能。杰罗姆几乎没说错过什么话，他曾经指出，人工智能中使用的算法在运行了数十亿个步骤之后，却常常得不到一个正确的结论，而大脑只需要经历大约 100 个步骤，通常就会得出一个正确的结论。这个"100 步法则"当时在人工智能研究人员中并不像现在那样受欢迎，但少数人，其中最著名的是卡内基-梅隆大学的艾伦·纽厄尔，的确已经开始把它作为一种约束。

结合我们了解的两种人工智能方法论，我们可以总结一下作者的观点：人工智能是一个"有限环境，无限理性"的联结主义智能体，而人类智慧是一个"有限理性，无限环境"的符号主义智能体。前面提到的纽厄尔，就是和西蒙一起合作设计出第一个人工智能软件的人，他肯定是赞同"100 步法则"的。

这里我们不得不承认谢诺夫斯基不但是一个人工智能深度学习之父，还是一个超链接学习者之父，为什么这么说？我们的认知主线是"生命之道、由内而外、合作理性、天人合一"，这是人类智慧的最高境界，但谢诺夫斯基认为这也是人工智能的最高境界。该书"深度智能"一章中是这么说的：

> 我们已经看到，强化学习的时间差分学习算法可能导致高度复杂的行为，通过人类大脑皮层的深度学习，强化了人类的复杂性。自然界有一系列的智能行为，可以让人工系统从中学习。跨越计算机科学和生物学的算法生物学是一个新的科学领域，寻求使用算法的语言来描述生物系统所使用的问题解决策略。我们希望，确定这些生物算法将会启迪新的工程计算范式，并能让我们对生物网络有系统级的理解。以上都不是重点，最终的目标是解释跨空间和时间尺度的生物系统中嵌套的复杂性：基因网络、代谢网络、免疫网络、神经网络和社交网络——全部都是网络。

> ....

> 我们仍在寻找暴露智能最高形态秘密的核心概念。我们已经确定了一些关键原则，但是却没有一个概念框架能像 DNA 解释生命本质那样，优雅地解释大脑如何运转。学习算法是寻找统一概念的好地方。也许，我们在理解深度学习网络如何解决实际问题方面取得的进展，将引出更多线索。我们可能会发现细胞和大脑中使进化成为可能的操作系统。如果我们能解决这些问题，就可能会有想象不到的收获。自然可能比我们每一个人都更聪明，但作为一个物种，我并不认为人类无法解决智能难题。

那么作者是如何想到生命是人工智能最终的解决方案的呢？说出来你可能不相信。最后还是"有限理性，无限环境"的套路。作者在该书"人类终将解决智能难题"一节中是这么说的：

> 莱斯利告诉我，奥格尔的第一法则指出，细胞中的每一个基本反应都会演化出一种酶，来催化这种反应。这种酶不仅加速了反应，而且还可以通过与其他分子的相互作用来调节反应，从而使细胞更加高效，适应性更强。自然以一个巧妙的反应路径开始，通过添加酶和备份路径逐渐改善这个路径。然而所有这些在缺失核心过程的情况下是无法工作的，这个核心过程对于细胞来说就是 DNA 的维护和复制，它在细胞生物化学领域中扮演着"蜂王"的角色。

> 单细胞生物已经适应了许多不同的环境，并在生态中演化出它们自己的位置。例如，细菌已经适应了极端的环境——从海底的高温液体喷口到南极洲的冰层，以及更多温和的环境，比如我们的胃肠中有数千种细菌。像大肠杆菌这样的细菌（图 18-3）已经发展出了按照梯度游向食物来源的算法。由于细菌太小，在几微米的体长里不能直接检测到梯度，于是就使用了趋化性，这涉及周期性地翻滚并随机游动。这看起来可能会适得其反，但通过在高浓度的地方将游动时间延长，细菌可以准确地按浓度梯度爬行。它们的智能是一种原始智能，但细菌比最聪明的生物学家还要聪明。这群最聪明的生物学家尚未弄清楚细菌是如何在如此多样的环境中生存的。在多细胞动物中可以发现更复杂的智能形式。

作者以上这些话的大致意思就是，所有生物甚至看上去只有原始智能水平的细菌，它们比最聪明的生物学家还要聪明。为什么？因为它们可以适应任何环境。这种能力是通过与其他分子的相互作用一步步发展过来的，它们既可以在高温中生存，又可以在低温中生存，甚至还在人的大肠中生存。这是不是"生命之道、由内而外、合作理性、天人合一"的复杂智能算法？看来有限理性在未来的人工智能中还要发挥它的作用，西蒙的符号主义没有过时。这个观点来自另一位人工智能专家。是谁呢？

贝叶斯之父为什么抛弃贝叶斯神灵
第 141 讲

链接书目:《为什么》 朱迪亚·珀尔,达纳·麦肯齐

《简捷启发式:有限理性让我们更聪明》

格尔德·吉仁泽,彼得 M.托德,德国 ABC 研究组织

上一讲我们讨论了帮助 ChatGPT 登上人工智能武林霸主地位的神经网络深度学习算法,它也是一种和符号主义对立的联结主义。不管怎么说,还是停留在一个机器学习的思维,在功能主义图灵测试面前,深度学习算法胜出,但符号主义者并没有甘认失败。原因很简单,那个 AlphaGo 虽然可以战胜人类,但除了下棋以外,什么都不会。它只是某一个领域里的专家,在综合智能上,连一个小孩也不如。这就是谢诺夫斯基的困惑。这种困惑使他转向了更深层次的生命之道探索,但另一位联结主义的人工智能大师却回到了符号主义。

今天我们阅读的书是《为什么》,该书作者之一的朱迪亚·珀尔是加州大学洛杉矶分校计算机科学教授、"贝叶斯网络之父"。那么什么是贝叶斯网络呢?

《深度学习》的作者特伦斯·谢诺夫斯基在介绍深度学习的演进时,把它归类在卷积学习算法里面,是这么说的:

> 在 21 世纪的头几年里,图形模型被开发出来,并与被称为"贝叶斯网络"(Bayes networks)的丰富的概率模型相结合,后者是基于 18 世纪英国数学家托马斯·贝叶斯(Thomas Bayes)提出的一个定理,该定理允许使用新的证据来更新先前的信念。加州大学洛杉矶分校的朱迪亚·珀尔,在早些时候曾将基于贝叶斯分析的"信念网络"(belief networks)引入人工智能,通过开发能够利用数据在网络中学习概率的方法,对贝叶斯分析进行了加强和扩展。这些网络以及其他网络的算法为机器学习研究人员打造出了强大的工具。

这就是我们今天计算机大数据算法的底层逻辑。机器不知道什么是知识,它是根据数据之间的相关关系出现的概率来确定知识的。而《为什么》却是对"相关关系并不意味着因果关系"这一经典论断的反叛。因此,该书的副书名是"关于因果关系的新科

学"。珀尔对他自己的"贝叶斯网络"发起了反叛，而且成功了。2011 年珀尔因创立因
果推理演算法获得图灵奖，同时他也是美国国家科学院院士。有关珀尔对他的"贝叶
斯网络"理论的认知，该书"因果关系之梯"一章中是这么说的：

> 正如我将在第三章中解释的那样，我创建了一种关于不确定性的推理方法，
> 名为"贝叶斯网络"，用于模拟理想化的、去中心化的人类大脑将概率纳入决策
> 的方法。贝叶斯网络可以根据我们观察到的某些事实迅速推算出某些其他事
> 实为真或为假的概率。不出所料，贝叶斯网络立即在人工智能领域流行开来，
> 甚至直至今天仍被视为人工智能在包含不确定性因素的情况下进行推理的主
> 导范式。

> 虽然贝叶斯网络的不断成功令我欣喜不已，但它并没能弥合人工智能和人类
> 智能之间的差距。我相信你现在也能找出那个缺失的要素了——没错，就是因果
> 论。是的，"因果幽灵"无处不在。箭头总是由因指向果，并且研究者与实践者常
> 常能注意到，当他们反转了箭头之后，整个推断系统就变得无法控制了。但在很
> 大程度上，他们认为这只是一种文化上的惯性思维，或者是某种旧思维模式的产
> 物，并不涉及人类智能行为的核心层面。

> 那时，我是如此陶醉于概率的力量，以至于我认为因果关系只是一个从属概
> 念，最多不过是一种便利的思维工具或心理速记法，用以表达概率的相关性以及
> 区分相关变量和无关变量。在我 1988 年的著作《智能系统中的概率推理》
> (Probabilistic Reasoning in Intelligent Systems)中，我写道："因果关系是一种语
> 言，运用这种语言，人们可以有效谈论关联关系的某些结构。"如今，这句话令我备
> 感尴尬，因为"关联"显然是第一层级的概念。实际上在此书出版时，我在心里已
> 经意识到自己错了。对我的计算机科学家同行来说，我的书被视为不确定性下推
> 理的圣经，而我自己却变成一个叛教者。

读了这些话，我们不禁对珀尔的伟大人格肃然起敬。他自己认识到说出来的道，
不是永恒之道，而且还敢去掉自己脑袋上的光环，这就是科学家的胸怀。那么他的因
果关系到底是一个什么东西呢？该书前言中是这么说的：

> 大约 20 年前，在为我的书《因果论》(Causality,2000)作序时，我发表了一段
> 颇为大胆的评论，以致朋友们都劝我低调行事。"因果论经历了一次重大转变，"
> 我写道，"从一个笼罩着神秘色彩的概念转变为一个具有明确语义和逻辑基础的
> 数学对象。悖论和争议得以解决，模棱两可的概念得以阐明，那些依赖于因果信

息、长期被认为是形而上的或无法解决的实际问题,现在也可以借助初等数学加以解决了。简言之,因果论已经完成了数学化。"

原来珀尔不是像符号主义那样通过少数经验得出的因果关系,而是把因果关系本身数学化。该书导言中是这么说的:

> 我知道,当听到我把这些成就描述为一门"新科学"时,你可能会心存疑虑。你甚至可能会问,为什么科学家没有在更早的时间就开始这样做?比如在古罗马诗人维吉尔首次宣称"幸运儿乃是能理解众事原委之人"(公元前 29 年)的时候,或者,在现代统计学的奠基人弗朗西斯·高尔顿和卡尔·皮尔逊首次发现人口统计数据可以揭示一些科学问题的答案的时候。在这些关键性的时间节点上,他们很遗憾地与因果关系失之交臂,这背后的曲折故事我将在本书有关因果推断的历史渊源的章节中一一道来。在我看来,阻碍因果推断这一科学诞生的最大障碍,是我们用以提出因果问题的词汇和我们用以交流科学理论的传统词汇之间的鸿沟。

> ··········

> 我的大学教授们就没能做到这件事,也从没有为此抱怨过。我敢打赌,你们的大学教授中也没人研究过这个问题。现在,我们已经明白原因为何了:他们从未见识过一种关于因果的数学语言,也从未发现到它的好处。这种语言的发展被好几代科学家漠视,其实质是一种科学的衰败。众所周知,按动开关按钮会导致一盏灯的打开或关闭,夏日午后的闷热空气会促使当地冰激凌店的销售额增加。那么,为什么科学家们没有像用公式表达光学、力学或几何学的基本法则那样,用公式去捕捉这些显而易见的事实?为什么他们容忍这些事实在原始的直觉中凝滞,而不去运用那些促使其他科学分支走向繁荣和成熟的数学工具呢?

那么这门用数学工具做出来的新科学有什么用呢?作者是这么说的:

> 这门新科学解决了以下这些看似简单明了的问题:
> - 一种特定的疗法在预防某类疾病方面的效果如何?
> - 是新税法的颁布还是层出不穷的广告推销活动导致了销售额的增长?
> - 由肥胖引发的医疗保健成本增长的总体占比为何?
> - 雇用记录能否证明雇主实施了涉及性别歧视的招聘政策?
> - 我打算辞掉工作。我究竟该不该这么做?

珀尔既然有了因果关系的新科学,那么他是怎么看待大数据的呢?作者接着说:

> 今天,这种以数据为中心的观念仍然阴魂不散。我们生活在一个相信大数据能够解决所有问题的时代。大学中"数据科学"方面的课程激增,在涉足"数据经济"的公司中,"数据科学家"享有极高的工作待遇。然而,我希望本书最终能说服你相信这一点:数据远非万能。数据可以告诉你服药的病人比不服药的病人康复得更快,却不能告诉你原因何在。也许,那些服药的人选择吃这种药只是因为他们支付得起,即使不服用这种药,他们照样能恢复得这么快。

> 在科学和商业领域,仅凭数据不足以解决问题的情况一再发生。尽管或多或少地意识到了其局限所在,但多数热衷于大数据的人仍然选择盲目地继续追捧以数据为中心的问题解决方式,仿佛我们仍活在因果禁令时代。

> 正如我刚才所说的,在过去的 30 年里,情况发生了戏剧性的变化。如今,感谢那些设计精巧的因果模型,当代科学家得以着手解决那些一度被认为是不可能解决的甚至是超出了科学探索范围的问题。例如,仅在 100 年前,人们还认为"吸烟是否危害健康"这一问题是非科学的。仅仅是在研究论文中提及"因"或"果"这样的词都会在任何稍有名气的统计期刊上引发强烈的批判。

至于珀尔究竟使用了什么因果关系数学工具,我们这里留一个悬念,大家可以去读原著。你只要随时用大数据这把标尺去对照着读,或者说批判性地读,就可以读得很轻松。

我们今天阅读珀尔的书,主要是想让大家知道,人类智慧和人工智能并不是互相对立的。人类智慧处理数据只需要 100 步,而人工智能处理数据需要几亿步,具有无限理性功能,但在数学算法上面永远是机器赢。于是因果关系新科学给我们指出了一条光明之路。那么今后人工智能是不是也可以用 100 步的"有限理性"来解决问题?

关于"有限理性"和"无限理性"的争论,有一本书也有涉及,叫《简捷启发式:有限理性让我们更聪明》。这本书来头很大,是由德国顶尖计算机科学家、认知科学家、神经科学家、经济学家、数学家、统计学家等组成的跨学科研究团队,历时 3 年的科研成果。什么成果呢?人类在认知资源有限的情况下,是如何做出决策的。该书得到了诺贝尔经济学奖获得者赫伯特·西蒙和莱茵哈德·泽尔腾、美国认知心理学家史蒂芬·平克和唐纳德·诺曼联袂推荐。诺贝尔经济学奖获得者、决策科学之父赫伯特·西蒙称赞这本书:"带来了一场引人入胜的认知科学革命,给人类理性这一研究领域带来了巨大的震荡。"西蒙为什么这么说？事出有因。作者在该书"理性的视野：从全能神灵到有限理性"一节中指出了人类有两种理性、四种模式。作者是这么说的：

> 理性可通过多种方式表现出来。图 1-2 的左半部分代表了这样一类理性模式，即假设人类的头脑从本质上来看，拥有不受限制的神灵般的或是超自然的推理能力，由此假设，我们实际上只使用了非常有限的理性来进行推断。这种模式包含两种神灵，"无限理性"（unbounded rationality）和"受限制条件下的最优化"（optimize under constraints）。"无限理性"是一种忽略甚至是完全无视人们所面临的时间、知识和计算能力限制的决策策略，传统意义上，它是借助概率理论来建构其模型的，其最著名的例子是"预期效用的最大化"（the maximization of expected utility）和"贝叶斯模型"（Bayesian models）。有限理性也包含两种形式，按序列搜索可用选项的"满意性启发式"（satisficing heuristics）和利用很少信息和运算做出多种决策的"快速节俭启发式"（fast and frugal heuristics）。我们接下来会结合现实生活中人们经常会遇到的决策问题，来分别描述这四种理性观，以揭示神灵究竟蛰伏在何处。

以上作者提到的"有限理性"就是西蒙的发明。书中是这么说的：

> 有限理性之父赫伯特·西蒙（Herbert Simon）强烈反对将有限理性曲解为受限制的最优化模型："有限理性并不是关于环境任务最优化的研究。"（Simon，1991，p. 35）在相关的个人谈话中，他曾经幽默而又比较愤怒地谈及，他考虑过要起诉那些滥用他的有限理性概念，来建立更加复杂和非现实人类决策模型的人。

> 西蒙的有限理性观点包含两种相互联系的成分：人类大脑的局限性和大脑发挥作用所处的环境结构。第一种成分意味着，人类判断和决策制定模型应该建立在我们对人脑容量实际了解的基础之上，而不是建立在虚构的容量基础之上。在许多现实情境下，最优化策略都是未知的或不可知的（Simon，1987）。即便是在下国际象棋这类确实存在最佳走法的简单游戏任务上，也没有任何策略可在允许的时间内计算出最佳玩法（不论是人脑还是计算机），尽管在此类活动上有待搜索的选项已经得到了很好的限定。在不受限定的自然情景中，我们确认一种可用的最优化策略的希望将会变得更加渺茫。由于头脑的局限性，人们"必须采用近似的方法去对待多数任务"（Simon，1990，p. 6）。这些方法包括可以最大限度地避免继续进行信息搜索的再认过程、指导搜索并决定何时终止搜索的启发式规则，以及充分利用既得信息的简单决策规则。在本书中我们将详细讨论这些不同类别的方法。

作者把和"有限理性"相对的"无限理性"称为神灵,我们就知道作者的意图了。该书"贝叶斯神灵"一节中是这么说的:

第 1 章在两种理性观之间做出了区分:全能神灵模型和有限理性模型。我们所谓的神灵并不像拉普拉斯设想的超级神灵那样,生来就具有确定无疑和无所不包的广博知识。相反,它们更像是一个计算能力不受限制的智者,可以置节俭性于不顾,情愿且能够通过长时间深思熟虑来解决手头的问题,并能够运用最先进的计算能力来解决它。在本书所涉及的诸多神灵中,贝叶斯模型也许属于神性化程度较高的一类。它们是我们所考虑过的模型中最不节俭、运作起来较为缓慢的模型。然而,从其成效及理论上的一致性和透明性来看,它们又是最富有魅力的神灵。

前面的章节已经证明采纳最佳启发式之类的简单快速节俭策略可以与多元回归之类的普通神灵模型相媲美,甚至做得更好一些。无论在拟合训练项时,还是在推论到测试项时,采纳最佳启发式均表现出了一定优势。本章的目的是将采纳最佳启发式的成绩与更为复杂的贝叶斯神灵的成绩加以比较。

作者写这本书的目的就是要和最富有魅力的贝叶斯神灵比一个高下。作者在该书"快速节俭启发式 ABC:一项新的研究项目"一节中,对他们的新项目是这么总结的:

研究项目的总结

上面所描述的研究项目,可用来阐明理性的三个相互区别但又具有内在联系的方面(Chase et al.,1998)。

有限理性 现实生活中的决策者必须在有限的时间、信息和计算能力限制下,做出他们的判断。为了寻找有限理性的推断机制,我们设计并检验了快速节俭启发式的计算模型,以及它们的心理构成模块,即指导信息搜索的启发式规则、终止信息搜索的启发式规则和做出决策的启发式规则。

生态理性 决策运行机制,能够利用环境信息结构获得更加富有适应性的结果。为了理解不同启发式规则是怎样才能具有生态学上的合理性,我们详细描述了不同决策环境中信息结构化的方式,以及启发式规则如何才能与这种结构化方式协调起来,成为快速的、节俭的、准确的,同时又是适应于现实环境的。

社会理性 一个决策者所处环境的重要方面,通常是由与之相互作用的其他决策者构成的。因此,食肉动物必须做出关于其捕捉对象行为的关键性推断(第12章),雄性和雌性动物必须决定它们有兴趣与哪些其他动物进行交配(第13

章),而为人父母者必须找到帮助他们孩子的有效方法(第14章)。社会理性是生态理性的一种特殊形式,为了研究它,我们设计了利用社会环境信息结构与其他对象进行适应性互动的快速节俭启发式,并对它们进行了检验。这些启发式,包括具有社会适应性的构成模块,例如,愤怒情绪、父爱母爱以及社会规范等方面,它们可以作为指导和终止信息搜索的启发式规则的补充。关于这一点,我们很快将会作进一步阐述。

以上作者所说的快速节俭启发式就是该书的重要观点,这个和作者在《直觉:我们为什么无从推理,却能决策》一书中的观点是一致的,不过这次是以计算机模型来证明的,具体内容大家可以阅读原著。这里我们要进入第四次认知革命的一个重要阶段,就是人类200万年前的工具理性、10万年的合作理性,以及2500多年前的价值理性,在这里会师了。有限理性就是工具理性,生态理性就是合作理性,社会理性是合作理性与价值理性的融合。但我们的工具理性概念比作者还要宽泛,作者没有包括无限理性,我们认为以大数据为基础的深度学习算法也是可以包括进来的。因为这三种理性的融合,使人工智能发挥了重要的作用。要知道,在人工智能的方法论中,抛弃了贝叶斯神灵的因果关系新科学,会后来者居上,这一点我们以后再讨论。生态理性最好理解,就是天人合一。为什么社会理性包含了合作理性与价值理性?因为我们人类的价值理性就是社会规范的主要来源。

那么第四次认知革命的三种理性的融合,我们可以在日常生活中感觉得到吗?可以的,而且你的所有认知,都离不开这三种理性。为什么呢?

乔布斯是如何让苹果红遍世界的
第 142 讲

链接书目:《从"为什么"开始》 西蒙·斯涅克

上一讲我们讨论了"贝叶斯网络之父"珀尔不惜抛弃如日中天的大数据思维模式,而致力于因果关系的新科学研究,同时我们也讨论了人类因果关系思维中的三种理性,我们认为有限理性、生态理性和社会理性,正好对应我们认知革命中的工具理性、合作理性和价值理性。第四次认知革命从反对单纯工具理性开始,经过三种理性的融合,现在正式步入正轨了。

今天我们专门阅读关于这三种理性如何融合的一本书,书名很有趣,叫《从"为什么"开始》。上一讲珀尔介绍了他的新科学"为什么",而这本书是教我们如何把"为什么"落地。作者西蒙·斯涅克,是国际知名演讲家,还是《纽约时报》《华尔街日报》《商业周刊》等媒体的专栏作家。那么为什么要从"为什么"开始呢?该书前言中讲述了发明飞机的莱特兄弟、苹果公司创始人还有马丁·路德·金的故事。其中,"第二个故事:苹果改变生活",书中是这么说的:

> 沃兹尼亚克设计苹果一代的时候,个人电脑的革命正方兴未艾。电脑科技刚刚赢得人们的关注,大家都把它看作是商用的工具。对于普通大众来说,电脑这东西太复杂,而且价格也太贵了。可沃兹尼亚克的动力不是金钱,他为电脑技术赋予了更为高贵的含义。他认为,个人电脑可以让普通人做到公司才能做的事情。如果他能想出办法,让个人用上电脑,那几乎人人都能像个资源丰富的公司一样,做出很多很多事。个人电脑会改变竞争局面,改变世界运行的方式。沃兹设计出了苹果一代,然后又推出了改进过的苹果二代,把电脑变得价格便宜、容易操作。
>
> 不管产品的愿景多么宏伟,多么迷人,要是没人肯买,也就等于一钱不值。那时,沃兹尼亚克最好的朋友,时年21岁的史蒂夫·乔布斯完全知道该怎么做。他曾经推销过电子元件,可结果证明,他的才能远不止做个"不错的推销员"。他想在世上做出一番事业,而创业正是他打算使用的手段。苹果公司,正是他掀起革命的工具。
>
> 下海第一年,苹果公司只有一个产品,公司收入却已达100万美元。到了第

二年,他们的销售额达到了 1000 万。公司成立的第四年,他们已经卖出了价值 1 亿美元的电脑。短短 6 年间,苹果电脑公司已经发展成为雇有 3000 多名员工、价值 10 亿美元的企业。

参与这场个人电脑革命的,并非只有乔布斯和沃兹两个人。商界也并非他们两人最聪明。其实他俩对经商的门道并不太懂。苹果公司之所以特别,不是因为他俩有本事创建出一个成长如此快速的企业,也不是因为他俩能用全新的视角看待个人电脑。苹果之所以特别,是因为他们能够一次又一次地重复这个模式。苹果跟所有的竞争对手都不一样,它成功地挑战了一个又一个领域的传统观念:电脑行业、小型电子产品行业、音乐行业、手机行业,还有广义上的娱乐业。原因很简单,苹果能启发人们的灵感和热忱,而且它先问了"为什么"。

那么不问"为什么"会产生什么后果呢?作者在该书"一个不会先问'为什么'的世界"一章中,讲了一个为什么日本车厂不用橡胶棒敲车门的案例。作者是这么说的:

一群美国汽车公司的高管到日本去参观装配生产线。在生产线末尾,车门装到了铰链上,跟美国车厂的做法一模一样。可有个步骤不见了。在美国,工人会用一支橡胶棒敲敲车门,确保严丝合缝。可是日本的车厂里没有这一步。美国人十分迷惑,就问日本人,他们是在哪一个步骤确保车门跟车体严密贴合的。日本向导腼腆地笑了:"在做设计的时候。"在日本的汽车厂,他们不是检查毛病,收集数据,然后找出最好的解决办法,而是在一开始就设计出了想要的结果。如果没得到想要的结果,他们就知道,肯定是源头的某个地方出了问题。

一天参观下来,下线的新车中,美国车和日本车上的车门都跟车体很合适。只是日本人用不着雇人敲车门,也用不着买橡胶棒。更重要的是,在事故中,日本车的车门似乎更坚固、更耐冲撞。这一切只有一个原因:他们从一开始就确保车门的尺寸是合适的。

那么什么是"为什么"呢?作者把它叫作"黄金圈法则"。这个法则不是只有一个"为什么",还有两个配套的东西,不然就不能叫"黄金圈"。作者在该书"发挥黄金圈的感召力"一章中是这么定义"黄金圈"的。

"为什么"只是个信念,"怎么做"是我们为了履行信念而做出的举动,而"做什么"是这些举动的结果。当三个层面达到均衡状态的时候,你建立了信任,你的价值观也得到了认可。

作者在书中画了一个圆圈,"为什么"是一个中心圆,"怎么做"围绕着"为什么",圆圈最外面圆圈是"做什么"。这个是不是把我们三次认知革命的理性全部包括进去了?"为什么"是价值理性,"怎么做"是合作理性,"做什么"是工具理性。如果从作者的黄金圈层次运行路线图看,这个是不是我们一直在说的中国哲学密码中的运行路线图——由内而外。这真是巧了,作者也用了中国哲学概念。该书"由内而外还是由外而内"一节中,是这么说的:

> 大多数组织和个人的做事方法和沟通方式是从外而内的,也就是从"做什么"到"为什么"。这么做很合理,从最简单明了的问题开始,最后才是最困惑的问题。我们告诉别人,自己是干什么的,有时候我们会说我们是怎么做的,可我们极少说,为什么要这么做。

> 可那些能够启发人、鼓舞人、唤起人们心中热忱的公司和领导者不是这样。无论组织的规模大小,无论他们身处什么行业,他们每个人的想法、行为和沟通方式,都是从核心开始,再往外扩散的。

作者在书中还是以苹果公司为案例,来对照由内而外和由外而内两种思维模式的差异。在"苹果的思考方式:从为什么开始"案例中,作者是这么说的:

> 如果苹果像大多数公司一样,他们的营销信息会是从外到内的。第一句先说这家公司是做什么的;之后,是他们认为自己的产品哪里跟对手不一样,或是哪里比对手强,然后说句号召性的话,鼓励人们采取行动。公司希望凭借这些信息引起某些预期行为,在这个例子中就是人们掏钱购买。如果苹果公司像别人一样,那他们的营销信息多半是这样的:

> 我们生产的电脑特别棒。

> 它们的外观特别漂亮,操作起来很简单,而且很人性化。

> 想不想买一个?

> ············

> 咱们再来看看苹果的例子,把刚才的营销信息按照苹果的实际做法重写一遍。这回要从"为什么"开始了。

> 我们做的每一件事,都在挑战现状。我们热爱标新立异。

> 我们挑战现状的方法是,采用漂亮的外观设计,让产品操作起来很简单,而且很人性化。

> 我们生产的电脑特别棒。

想不想买一个？

这次的信息完全不一样了。从第一句话开始，感觉就不一样。读过第二个版本后，我们更想买一台苹果电脑了，而我只是把信息的顺序换了换而已。字里行间没耍花招，没有操纵，没有免费礼品，没有煽动性的话语，也没有明星代言。

苹果绝非简单地调换了句子顺序而已，他们的信息是从"为什么"开始的，始于原因、意图和信念，和他们是"做什么的"没一点关系。他们所做的那些东西（他们的产品，从电脑到小型电子设备），不再是购买的原因，而是公司理念的具体实证。苹果产品的外观设计和用户界面固然重要，但要创造出如此惊人的顾客忠诚度，这些都还不够。这些重要的因素起到的是帮助作用——把公司的理念变成具体的物件，让它更有说服力。别的公司也可以聘请一流的设计师和聪明的工程师、做出漂亮易用的产品、照抄苹果的做法，他们甚至可以从苹果挖角来完成这些工作，可结果肯定不一样。单纯模仿苹果的"做什么"和"怎么做"是没用的。让苹果拥有如此强大的市场影响力的，是这些因素之外的某些东西，某些难以描述、几乎不可能复制的东西。这个例子证明，吸引人们购买的，不是"你是做什么的"，而是"你为什么这么做"。这句话值得再重复一遍：吸引人们购买的，不是"你是做什么的"，而是"你为什么这么做"。

以上作者没有说清楚，他说这个"为什么"是"某些东西，某些难以描述、几乎不可能复制的东西"。可是从这些话里来理解，是"怎么做"这个"合作理性"起到了关键作用。什么是"合作理性"？这里不是产品"怎么做"，而是我的"为什么"和顾客的"为什么"的合作共享，或者叫"共鸣"。每一次苹果发布新产品之后，就会有一部分消费者猜下一代产品，而这个下一代产品和消费者的想象八九不离十，或者更加超前，这个也就成了苹果的新产品文化。但作者下面这些话，把"为什么"讲清楚了。作者在该书"伟大的领导者是那些相信直觉的人"一节中，是这么说的：

黄金圈法则中包含的道理，远不止是进阶式的沟通方法。它的原则深深镌刻在人类行为的进化过程中。"为什么"的威力并非来自看法和观念，它来自生物学。如果你看看人类大脑的沟回，你会发现，从外到内，黄金圈的三个层次是与大脑的三个皮层精确对应的。

人类大脑最外部的新皮层，也就是我们的"智人"大脑，叫作新皮质。它对应的是"做什么"。这个新皮质负责的是理性思维、分析和语言。

中间的两层叫作边缘脑。这个区域负责的是我们的情感，比如信任和忠诚。

它也负责所有的人类行为和决策过程,但它没有语言能力。

当我们从外到内做沟通的时候,也就是先说"做什么"的时候,人们的确能够理解大量的复杂信息,比如事实和特性,可这不会促使人采取行动。但是当我们从内到外做沟通的时候,我们是在直接对着控制决策过程的脑区说话,而负责语言的皮层允许我们为这些决定找出理由。

控制情感的那部分大脑没有语言能力。正是这种"断裂",让我们很难用语言来表达情感。比如我们很难说明白,为什么要跟身边这个人结婚。我们费劲地想用言语解释清楚,为什么会爱上这个人。我们绕来绕去,想为爱情找到理由。"她很风趣,她很聪明,"我们找到了词儿。可世上风趣又聪明的人多了去了,我们并不爱他们,也不想跟他们结婚。显然,爱上一个人的原因,远不止是欣赏对方的性格和能力。理智上,我们知道这个解释并不是真正的答案。真正的原因是,身边的爱人会让我们产生一种感觉,可这种感觉真的很难用语言描述清楚。因此,逼急了时候,我们就开始绕来绕去地解释。我们甚至会说出一些完全没道理的话。比如,"她让我变得完整。"这话是什么意思啊?你如何找到这样的人,然后谈婚论嫁?这就是爱的吊诡之处,只有当我们找到爱情的时候,我们才会知道,因为"感觉是对的"。

以上这些话很重要,如果从生物的角度去理解"从'为什么'开始",可以把黄金圈法则的三层结构变成二元结构,一个是管理"做什么"的新皮质层,一个是共同管理"为什么"和"怎么做"的边缘系统,"由内而外"就是从边缘系统到新皮质层。作者不知道这个边缘系统的根源是什么,所以用了"直觉"这个概念,一用到"直觉",就来到了我们的"生命之道、由内而外、合作理性、天人合一"。难道作者也要让市场这头大象自由吗?是的。不过他是用另外一种方法说出来的。该书"一个不会先问'为什么'的世界"一章中的"胡萝卜加大棒"里,专门解释了一个词——"操纵"。这一节讲了四个问题,依次是:操纵真的管用;操纵的高昂代价;操纵带来的是交易,不是忠诚;别形成操纵依赖症。这里将部分内容摘录如下:

我没法跟你抬杠说,操纵手段不起作用。每一种操纵手段的确都能影响顾客的行为,都能给公司带来不少好处。可这么做是有代价的。这些操纵手段中,没有一个能培养出客户忠诚。随着时间流逝,代价会越来越大,收益却只是短期的。而且,买方和卖方的压力都因此而增大了。如果你财力特别雄厚,或是只想获得短期收益,可以完全不考虑长远发展的问题,那这些招数可谓是完美无缺。

．．．．．．．．．．．

在当今的美国商界，操纵已经成为如此主流的手段，以至于有些人养成了改不掉的恶习。就像一切上瘾症一样，沉迷操纵，其动力不是为了获得清醒，而是为了更快、更频繁地解决问题。短期的感觉固然很爽，可对组织机体的长远健康发展来说，这些做法危害极大。由于如今的企业沉迷于追求短期结果，在很大程度上，这些公司已经成了一连串"快速见效"做法的大集合。短期策略已经演变得如此复杂精密，以至于商业圈里产生了一套专为操纵手段服务的方法，其中用上了统计学，还有所谓"准科学"。例如，做直述营销的公司会提供数据分析，告诉你发出的直邮邮件中，哪个字眼最能促进销售。

．．．．．．．．．．．

当今世界的现实就是，操纵成了常态。

可是，我们还有另一种做法。

作者所说的"另一种做法"，就是"由内而外"从"为什么"开始。这也是作者写这本书的初衷，原来他是要通过黄金圈法则来输出他的合作理性价值观，让大象自由，自己才能自由。

如果大家理解了该书中的黄金圈法则，那么你对智慧和智能的区别就一目了然了。而这些区别，老子在2500多年前就已经告诉我们了。那么他是怎么说的呢？

黄金圈法则是如何解密"道可道,非常道"的
第143讲

链接书目:《创新者》 沃尔特·艾萨克森

上一讲我们讨论了西蒙·斯涅克的黄金圈法则,现在这个法则很流行,因为每个人、每个团队、每家公司,甚至每个国家都有一个"为什么",它是深植内心的目标、理想或信念,是激情与灵感的源泉,找到自己的"为什么"能重新点燃对工作的热情,得以做出更好的决定。这是一种价值理性,但第四次认知革命把它和合作理性、工具理性融合起来了。这和2500多年前轴心时代的价值理性完全不同。因为那只是一种停留在自我精神中的超越,第四次认知革命把它们变成了现实。正如西蒙·斯涅克所说的,以前我们分不清"为什么""怎么做"和"做什么"的区别,现代科学的工具使我们无论"做什么"都越来越顺手,我们就误以为来到这个世界上,是为了发明和使用这些工具,结果把人和人的目的也当作了工具,陷入了工具理性的泥潭。今天ChatGPT这个工具理性的最高杰作出现了。有人悲观,有人欢呼,但更多的人是迷茫。为什么?因为我们还没有弄懂"道可道,非常道"这个2500多年前就有的黄金圈法则。

我们阅读过《现实不似你所见》,讨论了世界是由什么构成的这个问题,解释了"非常道"和"道乃久"之间的关系,但没有从根本上解开老子的"道可道,非常道"之谜。这个谜就是"说出来的道,不是永恒之道"。前面我们从字面上理解,就是"有限理性",认知是一个进化的过程。这只解释了"非常道"的意思,还有一个"常道"没有解释。黄金圈法则通过"由内而外"的大脑层次结构,解释了这个问题。在大脑外面一层的工具理性"做什么"之道,就是那个"非常道",是一个不断在演化和进步的道,我们可以叫它"科学之道"。而大脑里面一层的价值理性"为什么"和合作理性"怎么做",是一个永恒不变的人性之道,我们可以叫它"人文之道"。"非常道"指人类在工具理性上的创新精神,而"道乃久"是人类对价值理性与合作理性的坚守。因此,两者分别代表的科学与人文不是二元对立的,而是和谐共存的。我们可以从人类200年数字文明创新史去证明这一点。

今天我们要介绍的这本书,叫《创新者》,是《史蒂夫·乔布斯传》《爱因斯坦传》《本杰明·富兰克林传》的作者沃尔特·艾萨克森写的。这本书不是教你如何创新,而是

一幅科学与人文,工具理性、合作理性与价值理性,科技与艺术完美交织的"诗意科学"的人类认知图景。该书前言中是这么说的:

> 计算机和互联网都是当代最重要的发明之一,但是很少有人知道是谁创造了它们。这些发明者不是独自在阁楼或者车库中凭空将它们创造出来,也不是在杂志封面上单独出现的人物,更不是能够比肩爱迪生、贝尔或摩尔斯的发明巨擘。相反,数字时代的大多数创新都是多人合作的结果。有很多杰出的人物都参与了这些合作,他们当中既有匠心独运的创新者,也有绝顶聪明的天才。本书就是关于这些先驱、黑客、发明家和企业家的故事——他们是谁? 他们是如何思考的? 是什么让他们如此富有创造力? 本书还将讲述他们进行合作的方式,以及团队协作让他们发挥出更多创造力的原因。

作者开门见山地把 200 年的数字认知革命的精髓——合作理性点出来了。那么该书介绍的第一位创新者是谁呢? 不是图灵,不是香农,也不是冯·诺依曼,而是一个你想不到的人,时间也不是图灵发明思想机器的 20 世纪。她是谁呢? 是哪个时代的呢?

她就是 19 世纪初英国伟大诗人拜伦的女儿埃达·拜伦,作者在该书的开始和结尾浓墨重彩描述的人物就是她。她从小热爱数学,但是在诗人拜伦的人文思想影响下,和当时的天才数学家巴贝奇一起,致力于全球第一台通用计算机的老祖宗——差分机的发明工作,并且她的一些思想在今天还是具有现实意义的。当时,她很想参与巴贝奇的差分机发明工作,但没有机会,因为当时的科学界不接受女性发表论文。有一次,机会来了,一位叫梅纳布雷亚的人发表了一篇论文,巴贝奇给了埃达一个留名青史的机会,给这篇论文增加一些注解。作者在该书"埃达·洛夫莱斯伯爵夫人"一章中是这么说的:

> 巴贝奇建议埃达为梅纳布雷亚的论文增加一些注解,她欣然地接受了这项提议。于是她开始为这篇论文撰写一个叫作"译者注解"(Notes by the Translator)的章节,注解内容最终达到了 19136 字,相当于原论文长度的两倍多。她为这份注解署上了"A. A. L."的名字,这是"奥古斯塔·埃达·洛夫莱斯"(Augusta Ada Lovelace)的缩写。这份"注解"比论文本身还要出名,而且它注定要将埃达变成计算机历史上的一位标志性人物。
>
> 1843 年夏,埃达在萨里郡的乡间别墅进行这份注解的编写,在此期间,她与巴贝奇交换了大量信件。她在同年秋天搬回了伦敦的家中,随后与巴贝奇进行了多

次会面。这篇"注解"的学术专业性和作者女性的身份也引起了少量的争议,有人认为注解的内容主要是巴贝奇的想法。巴贝奇在自己的回忆录中将大部分的功劳都归于埃达:"我们一起讨论了各种可以采用的实例:我提出了其中一部分,但最终的实例都是她自己选定的。此外,不同问题的代数计算部分也是由她完成的,除了一项关于伯努利数的计算之外,因为我当时主动提出要帮助洛夫莱斯夫人解决这个难题。后来她发现我在计算过程中出现了一个重大的错误,于是她将这部分的内容寄回给我进行订正。"

埃达在这份"注解"当中探究了四个概念,它们在一个世纪之后诞生的计算机身上得到了重现。埃达提出的第一个概念是关于通用型计算机器的,这种机器不仅可以进行预设的任务,还可以根据编写和重编的程序完成无限数量的可变任务。换句话说,她构想了现代的计算机……

…………

埃达提出的第二个重要概念来自她对通用型机器的描述。她意识到它的运算不必限制于数学和数字。在参考了德摩根将代数扩展为一种形式逻辑的思想之后,她表示像分析机这样的机器能够储存、计算和操作任何可以使用符号表示的对象,包括文学、逻辑和音乐。

为了解释这个想法,她谨慎地定义了什么是计算机操作:"也许这是一个恰当的解释,我们所说的'操作'指的是任何改变两个或两个以上事物之间的相互关系的处理,这种关系可以是任何类型的。"她提到计算机操作不仅可以改变数字之间的关系,还可以改变任何逻辑相关符号之间的关系。"它可以处理除了数字以外的对象,这些对象的相互基本关系可以使用抽象的操作原理来表达。"从理论上来说,分析机甚至可以进行关于乐谱的操作。"假如和声学与乐曲当中的音调之间的基本关系可以进行这种表达和改编,那么这台机器或许可以做出精妙、严谨和复杂的乐曲。"她写道。这正是埃达式"诗意科学"的终极概念:一首由机器做出的精妙而严谨的乐曲! 她父亲要是听到这个想法肯定会吓得不轻。

这种远见将成为数字时代的核心概念:任何内容、数据或者信息(音乐、文本、图像、数量、符号、声音、视频)都可以采用数字形式来表达,并由机器进行处理。即便是巴贝奇也无法完整看到这些,因为他关注的只是数字。但是埃达认识到这些齿轮上的数字可以用来表示数学数量以外的东西。因此她完成了一次概念上的飞跃——从简单的计算器上升到我们现代的计算机……

埃达的第三个贡献出现在最后一条"注解 G"当中,她在这部分想出了分析机的详细工作步骤,这相当于我们现在所说的计算机程序或者算法。她当时采用的例子是一个用于计算伯努利数的程序,伯努利数是一种极为复杂的无穷级数,拥有多种表现形式,它在数论当中占有相当重要的地位。

…………

在解决了这个难题之后,她在注解中加入了一个主要属于自己的贡献:她在一份图表中明确展示了将算法输入计算机的详细步骤,包括两个递归循环。这是一个带有编号的代码指令列表,其中含有目标寄存器、运算和注释——这些是现在任何一位 C++(计算机程序设计语言)程序员都耳熟能详的概念……

根据这份图表及其生成伯努利数的复杂过程,埃达的仰慕者们把她尊称为"世界首位计算机程序员"……

她在这份"注解"当中还引入了另外一个重要概念,这个概念可以一直追溯到玛丽·雪莱在拜伦勋爵的提议下所创作的《科学怪人》的故事。它提出了一个关于人工智能的问题,而且直到现在,这仍然是计算机领域中最发人深思的一个哲学问题:机器能够思考吗?

以上这个故事告诉我们一个数字时代创新的本质——合作理性。作者在该书"永远的埃达"一章中,总结出了以下启示:

首先,创新是一个协作过程。与孤独天才的灵光一闪相比,创新更多是来自团队协作。历史上每一个创意活跃的时代都是如此。科学革命、启蒙运动和工业革命都有专门进行协同工作的机构和用于分享想法的网络。而对于数字时代来说,团队协作比以往任何一个时代都更为重要。即便是那些参与发明互联网和计算机的天才们,他们的大部分成就也都是通过团队协作取得的。就如罗伯特·诺伊斯一样,他们当中最优秀的一群人会更倾向于成为公理会的牧师,而不是孤独的先知;成为合唱歌手,而不是独唱者。

举个例子,推特的创始团队在通力协作的同时也经常会出现意见分歧的情况。根据《纽约时报》的记者尼克·比尔顿(Nick Bilton)的说法,当推特的一位联合创始人杰克·多尔西(Jack Dorsey)开始在媒体采访中包揽大部分功劳的时候,另外一位联合创始人埃文·威廉姆斯(之前曾经创办 Blogger 的连续创业家)告诉他要淡定。"但是我发明了推特。"多尔西如是说。

"不,你没有发明推特,"威廉姆斯回应道,"我也没有发明推特,比兹(Biz

Stone，比兹·斯通，另外一位联合创始人）也没有。人们没有发明互联网上面的东西，他们只是发展了现有的想法。"

这句话为我们总结了另外一条启示：虽然数字时代似乎是一个颠覆历史的时代，但是它的发展基础是历代流传下来的想法。协作不仅会在同一时代的参与者之间进行，它还是跨越时代的。最优秀的创新者能够理解技术变革的轨迹，并接过前一代创新者们手上的接力棒。史蒂夫·乔布斯的成果建立在艾伦·凯的研究之上，启发艾伦·凯的人是道格·恩格尔巴特，而恩格尔巴特是 J.C.R. 利克莱德和万尼瓦尔·布什的继承者。当霍华德·艾肯在哈佛大学设计数字计算机的时候，他的灵感来自查尔斯·巴贝奇的差分机零件，而且他会要求自己的下属阅读埃达·洛夫莱斯的"注解"。

作者认为数字时代的创新，或者说所有工业革命的创新，存在着两种合作理性元素，一种是同时代的团队合作，另一种是跨越思想的历史接力棒合作。为什么会这样呢？还是合作理性。作者接着说：

数字时代的另外一条启示可以一直追溯到亚里士多德："人类是一种社交动物。"如果不是这样的话，还有什么可以解释民用频段电台和业余无线电出现的原因呢？更不用说像 WhatsApp（一款通信应用程序）和推特这样的继承者了。几乎所有的数字工具，无论它们的设计初衷是什么，人类总会把它们用作社交目的：建立社区、促进交流、实现社交网络。即便是最初被当作个人创意工具的个人电脑也不可避免地促进了调制解调器和在线服务的兴起，它最终还为我们带来了脸谱网、Flickr 和 Foursquare 等社交网站。

如果作者说的第一条团队协作启示是黄金圈法则的"做什么"，那么亚里士多德的第二条启示就是黄金圈法则的"为什么"。"做什么"和"为什么"共同起作用了，那么"怎么做"也就不是什么问题了。最后人文边缘系统脑由内而外地和科学新皮质脑融合成一个东西，就是"诗意科学"。作者在该书"埃达的永恒启示：诗意科学"一节中，是这么说的：

数字时代的最后一条启示将我们重新带回了埃达·洛夫莱斯的话题。她曾经指出，人类为人机共生关系提供了一个关键因素：创造力。数字时代的历史（从布什到利克莱德再到乔布斯，从 SAGE 到谷歌到维基百科再到沃森）为我们进一步证实了这个观点。只要我们仍然是一个拥有创造力的物种，这种情况也许会一直持续下去。"机器将会变得更加理性和善于分析,"IBM 的研发总监约翰·凯利说道,"而人类则负责提供判断、直觉、共情、道德准则和创造力。"

我们人类可以继续在认知计算的时代发挥自己的作用,因为我们能够不同凡响,这是算法几乎不可能做到的事情。正如埃达所说的,我们拥有的想象力可以"采用新颖的、独创的、无限的、不断变化的方式将事物、事实、思想和概念组合起来"。我们可以识别不同的图案,并欣赏它们的美。我们可以将信息编织成故事,除了热衷于社交以外,我们还是一种善于讲故事的动物。

人类的创造力包含价值观、意图、美学判断、情感、个人意识和道德观念。这些是艺术和人文教会我们的东西,也是人文学科的价值不亚于科学、技术、工程学和数学的原因。如果我们想要维持人类在人机共生关系当中的地位,如果我们想要继续作为机器的创意搭档,我们就必须继续滋养自身的想象力、独创性和人性的泉源。这是我们所能提供的东西。

史蒂夫·乔布斯在自己的产品发布会上经常会用同一张幻灯片作为总结,在他身后的大屏幕上会出现一个路标,上面标示着"人文"(Liberal Arts)和"技术"(Technology)的交叉口。他最后一次登台发布产品是在 2011 年的 iPad2 发布会上,他当时站在这张图像的中间宣布道:"苹果的基因决定了只有技术是不够的。我们笃信,是技术与人文的联姻才能让我们的心灵歌唱。"这点让他成为我们这个时代中最具创造力的技术创新者。

然而,人文学科的反面也同样值得礼赞。热爱艺术和人文的人也应该尝试欣赏数学和物理学的美,就如埃达·洛夫莱斯一样。否则,他们将会沦为艺术和科学的交叉口的匆匆过客,无缘于数字时代创新。他们也会将自己对这个领域的控制权拱手让给工程师们。

在那些赞美艺术和人文,并向它们的学术价值致敬的人当中,有很多都会毫不掩饰地(有时甚至会面带笑容地)对外宣告自己不懂得数学或物理学。他们吹捧学习拉丁语的好处,但是他们却对如何编写算法一无所知,也不能说出 BASIC、C++、Python 和 Pascal 这些计算机程序语言之间的区别。他们认为不能分清《哈姆雷特》和《麦克白》的人是俗不可耐的,然而他们却可以大方地承认自己分不清基因和染色体,晶体管和电容器,积分和微分方程。这些概念也许是难以理解的,但《哈姆雷特》也并非通俗易懂。而且跟《哈姆雷特》一样,上面提到的每一个概念都有其独特的美感。正如一道优美的数学方程,它们都展现出了宇宙的伟大之处。

C. P. 斯诺（C. P. Snow）曾经提出我们需要同时尊重科学和人文"这两种文化"。这个说法固然是正确的，不过从目前来看，更为重要的是理解它们之间互相交融的方式。那些率领技术革命的人往往都是埃达的继承者——能够将科学和人文结合在一起的人。埃达从父亲身上遗传了诗意的气质，从母亲身上继承了数学的天赋，这两种特质的融合让她逐渐培养出对"诗意科学"的热爱。虽然她的父亲为破坏机械织布机的勒德分子辩护，但是埃达却对那些织布机用来编织精美图案的打孔卡片爱不释手，她还想到了这种艺术与技术的美妙结合会如何在计算机中展现出来。

数字革命的下一阶段将会涌现出更多将技术融入创意产业的方式，它们将会进一步改变媒体、时尚、音乐、娱乐、教育、文学和艺术等各个行业。之前的第一轮数字创新大潮主要是将旧酒（书籍、报纸、杂志、歌曲、电视节目、电影）装到数字化的新瓶里面，而全新的平台、服务和社交网络将会为个人想象力和集体创造力提供越来越多的机会。角色扮演游戏和互动游戏正与协作的叙事方式和增强现实技术结合起来。这种技术与艺术之间的相互影响终将催生出全新的表现形式和媒体类型。

这种创新将来自那些能够为工程实现美感、为技术赋予人性、为处理器注入诗意的人。也就是说，创新将会来自埃达·洛夫莱斯的精神继承者——这群创新者会在艺术和科学的交叉口上大显身手，他们身上的叛逆精神和好奇心会向他们展现出艺术和科学的绝妙之处。

如果进一步理解作者关于诗意科学的理论，再结合黄金圈法则，我们会发现，所谓的人文与科学结合是不对的，应该是人文引领科学。因为人文圈里的东西，比如作者说的"价值观、意图、美学判断、情感、个人意识和道德观念"等是永恒不变的，这是创造力的来源，这是"恒常道"。而科学圈里的东西，比如说技术创新产生的一切产品，甚至说整个行业都是可变的，这是"道可道"。我们的认知旅程一路走来看到的人类认知风景都是这样的，那这么说来，科学的观察发现，自下而上的方法论全部错了吗？是的。错了。这个是当代科学哲学家亲口说的。谁呢？

是谁把"非理性"大旗插上了科学哲学高峰
第144讲

链接书目:《科学发现的逻辑》 卡尔·波普尔

《猜想与反驳:科学知识的增长》 卡尔·波普尔

上一讲我们讨论了黄金圈法则是如何由内而外解密"道可道,非常道"这道千古谜题的。"为什么"和"怎么做"的合作理性是我们永恒坚守的人文价值,而不断进化的科学"做什么"一直是由人文价值驱动着的创新动力。也就是说,我们一直在说的科学方法论,由观察实验结果来证实科学的真与伪的归纳法是不对的。因为这是由外而内的过程。我们说过由内而外与由外而内是2500多年前轴心时代中西方思想的分水岭,西方人以为西方的科学发展就是沿着这条认知路线过来的。但有人提出了质疑,而这个人不是别人,正是西方20世纪自然科学与哲学的跨界思想家卡尔·波普尔。我们最熟悉的就是他的"科学不是被证明是对的,而是被证明是错的"这句话。这个证伪理论迷惑了许多人,但还是没有被解释清楚。

《刘擎西方现代思想讲义》中在解释"什么是证伪主义"时,是这么说的:

> 这里我要强调一下,波普尔并不是说科学理论必定会被证伪,而是说理论本身必须包括"经验上被证伪"的可能性——你不能事先就排除了任何出错的状况。

> 我和"得到"App的创始人罗振宇聊起这个话题的时候,他举的一个例子就非常好。他说有两种关于地震的理论:根据第一个理论,大地被一头大象驮在背上,大象一崴脚,人间就会发生地震。这个理论很离谱吧? 但这个理论是可以被证伪的:只要挖到地底下,看下面是不是有一头大象就行了。这当然是一个错误的理论,但却符合科学理论的条件。而根据第二个理论,说地震是阴阳失调引起的,而且它有一套非常系统的论述,能讲出很多道理。但是呢,你就是没办法检测这个理论。这个理论哪怕是正确的,也不是一个科学的理论。

以上这个解释对吗? 不完全对。为什么? 我们看看波普尔是怎么说的,他在正式提出证伪主义观点的专著《科学发现的逻辑》中的"对于若干基本问题的考察"一章里,

第一个问题就是归纳问题。罗振宇所说的两个地震理论,就是出自归纳问题。作者在该书中是这么说的:

> 按照流行的观点(本书反对这种观点),经验科学的特征是它们运用所谓"归纳方法"。按照这种观点,科学发现的逻辑等同于归纳逻辑,即这些归纳方法的逻辑分析。

> 一般把这样一种推理称作"归纳的",假如它是从单称陈述(有时也称作"特称陈述"),例如对观察和实验结果的记述,过渡到全称陈述,例如假说或理论。

> 从逻辑的观点来看,显然不能证明从单称陈述(不管它们有多少)中推论出全称陈述是正确的,因为用这种方法得出的结论总是可以成为错误的。不管我们已经观察到多少只白天鹅,也不能证明这样的结论:所有天鹅都是白的。

读了波普尔以上这些话,你就知道罗振宇举的两个例子是不对的,因为他用的是同一个科学发现逻辑,以经验事实来证明科学理论对与错的归纳法。但也不完全错,为什么?这个就要理解波普尔所说的证伪究竟是怎么回事了。因为波普尔自己也举了爱因斯坦广义相对论被事实观察证明的案例。这不是矛盾了吗?因此,波普尔在该书"可证伪性"一章中是这么说的:

> 我们必须清楚地区别可证伪性和证伪。我们引进可证伪性只是作为陈述系统的经验性质的标准。至于证伪,必须引进特殊规则来决定一个系统在什么条件下应被看作已被证伪。

> 我们说一个理论已被证伪,只有当我们已经接受和理论相矛盾的基础陈述时(参照第11节,规则2)。这个条件是必要的,但不是充分的,因为我们知道,不能复制的个别偶发事例对于科学是没有意义的。因此少数偶然的与理论矛盾的基础陈述不会促使我们把理论作为已被证伪而摈弃。只有当我们发现一个反驳理论的可复制的效应时,我们才认为它已被证伪。换句话说,只有当描述这样一种效应的一个低水平的经验假说被提出和确认时,我们才接受这个证伪。这种假说可以称作证伪假说。证伪假说必须是经验的因而是可证伪的,这一要求的意思只是,它必须和可能的基础陈述具有一定的逻辑关系;因此,这个要求只与假说的逻辑形式有关。这假说应该得到验证,这一个附加条件是指它应该通过检验——使它面对着已接受的基础陈述的检验。

> 因此,基础陈述有两个不同的作用。一方面,我们使用所有在逻辑上可能的基础陈述的系统,是为了借助它来得到我们正在探求的经验陈述形式的逻辑特

征。另一方面，已接受的基础陈述是假说得到验证的基础。如果已接受的基础陈述和理论相矛盾，那么我们就认为仅当它们同时验证了一个起证伪作用的假说时，它们就为理论的证伪供给了充足的理由。

作者以上这些话告诉我们，证伪就是证明这个理论是错的，有两种途径，而且缺一不可。一种是理论的证伪，另一种是经验的证伪，一般经验的证伪，又叫作"可证伪性"。那么，波普尔似是而非地提出这种证伪理论到底是为了什么呢？他是为了划清科学与非科学的界限，在该书"划界问题"一节中是这么说的：

> 对这里提出来的观点，大概会有许多反对意见，其中最严重的或许是下面这种意见。反对者说，我由于摈弃了归纳法，就剥夺了经验科学最重要的特性；并且意味着我撤除了分隔科学和形而上学的思辨之间的屏障。我对这个反对意见的回答是：我摈弃归纳逻辑的主要理由，正在于它并不提供理论系统的经验的、非形而上学性质的一个合适的区别标志，或者说，它并不提供一个合适的"划界标准"。

> …………

> 这表明，归纳主义的划界标准如何不能在科学系统和形而上学系统之间划出一条分界线，以及为什么必定使二者处于同一地位；因为实证主义关于"意义"的教条判定二者都是无意义的假陈述的系统。这样一来，实证主义没有从经验科学中把形而上学根除掉，却使得形而上学侵入了科学的领域。

> 和这些反对形而上学的策略（就是说，意图反对形而上学）相反，我的工作不是去推翻形而上学，而是表述概括经验科学的合适特征，或对"经验科学"和"形而上学"这两个概念下一定义，使得我们对于一个给定的陈述系统，能说对它的仔细研究是否属于经验科学的事情。

这里有趣的事情出现了，原来波普尔是想把科学界深恶痛绝的形而上学请回来，还把形而上学划到了科学一边，怪不得我们不了解他为什么要提出证伪理论。形而上学是什么？就是理性主义一直在批判的"非理性"。比如罗振宇提出的两种关于地震的理论，科学家们一听就知道是在胡说八道，是无意义的瞎扯。但波普尔不是这么认为的，那他是怎么看待这个"胡说"和"无意义"的呢？

> 实证主义者通常以一种自由主义方式来解释划界问题，他们把它解释为仿佛它是一个自然科学的问题。他们不认为他们的工作是提出一个合适的约定，他们相信，必须在经验科学和形而上学之间发现一种似乎在事物的本性中存在的区

别。他们不断地试图证明:形而上学按其本性不过是无意义的蠢话,正如休谟所说:"诡辩和幻想",我们应该将它们"付之一炬"。

假如想要通过定义用"胡说"或"无意义"等词表达的只是"不属于经验科学",那么将形而上学表征为无意义的胡说就没有价值;因为形而上学通常被定义为非经验的。但是,当然,实证主义者认为,关于形而上学他们可以说得更多一些,不只是说它的某些陈述是非经验的。"无意义"或"胡说"这些词表示或意在表示一种贬抑的评价。毫无疑问,实证主义者真正想完成的与其说是成功的划界,不如说是彻底推翻和消灭形而上学。不管是哪一种情况,我们发现,每次实证主义者试图把"有意义的"一词的意思说得更清楚一些时,总是导致同一个结果——导致"有意义语句"(区别于"无意义伪语句")的定义,不过是重申他们归纳逻辑的划界标准。

看来波普尔是站在"胡说"和"无意义"一边了,这难道是一个科学哲学家的态度吗? 那么他自己的科学发现逻辑方法论究竟是什么呢? 在该书"理论的演绎检验"一节中,作者是这么说的:

按照这里我要提出的观点,批判地检验理论和根据检验结果选择理论的方法,总是按下列路线进行的。借助演绎逻辑,从尝试提出来且尚未经过以任何方式证明的一个新思想——预知、假说、理论系统,或任何其他类似的东西——中得出一些结论;然后将这些结论,在它们相互之间,并和其他有关的陈述加以比较,来发现他们之间存在的逻辑关系(如等价性、可推导性、相容性、不相容性)。

我们可以(如果我们愿意)区别出四条不同的检验理论的路线。第一,在这些结论之间加以逻辑的比较,以此来检验理论系统的内部一致性。第二,考察理论的逻辑形式,目的是确定这理论是否具有经验的或科学的理论的性质,或者它是否是,比如重言的命题。第三,同其他的理论作比较,主要目的是确定,假如这理论经受住我们的各种检验,它是否构成科学上的进展。最后,通过能从理论推导出的结论的经验应用来检验理论。

这最后一种检验的目的,是要找出理论的新推断(不论它自认为如何新法)耐受实践要求考验的程度。

现在大家明白波普尔的意思了吧。第一,他的科学发现方法论是和经验科学归纳法对立的演绎法。第二,科学理论的第一步是预知。第二步才是假说,这就有点形而上学的味道了,但他认为这是创新思想的源泉。第三,有三条逻辑一致性证伪过程给这个形而上学的演绎法把关。第四,他并没有放弃经验或者说实践把关这一步,只不过是最后一步而已。

理解了波普尔的证伪四步法,我们讨论一下罗振宇的两种地震理论。首先,两种理论都是结论在先,要靠我们自己用理论和经验共同去演绎。其次,两者都是独创的形而上学假说,按波普尔的观点,也说得过去。再次,从逻辑一致性这一点来衡量,和其他理论相比,差距出来了,大象找不到其他理论的逻辑一致性。但阴阳理论却有大把,比如:老子的"万物负阴而抱阳,冲气以为和";中医的阴阳平衡理论;莱布尼茨根据太极阴阳图发明的 0 和 1 的二进制;普里戈金的从无序到有序的耗散结构理论;等等。最后就是经验的可证伪性。我们知道地球分为 3 层:中心层是地核,中间是地幔,外层是地壳。地壳厚度为 35 千米左右,大多数破坏性地震就发生在地壳内。现在最流行的理论是板块挤压说,但是地震不仅发生在地壳之中,也会发生在软流层中。据地震部门测定,深源地震一般发生在地下 300～700 千米处。到目前为止,已知的最深的震源是在地下 720 千米。从这一点来看,传统的板块挤压地层断裂学说并不能合理解释深源地震,因为 720 千米深处并不存在固态物质。而阴阳理论完全可以解释。

波普尔的观点和我们讨论的人类智慧的黄金圈法则有点像,由内而外首先是"为什么",然后才是"怎么做"和"做什么",这和西蒙的有限理性论也是相符的,人类要创新只能是从从来没有出现过的东西入手。归纳法和我们现在的人工智能大数据算法有点像,也不能说是无用的,但如果按照归纳法方法论,以事实与经验慢慢地去发现科学真理,那么有限的理性加有限的环境会把我们捆绑得死死的,人类就不是今天这个样子了。要突破有限理性和有限环境,唯一的方法就是用创新的非理性思维。看来波普尔提出证伪理论不是告诉我们被证明是错的才算是科学,而是高举非理性大旗向传统理性主义的科学方法论发起进攻,他的目的是证明科学就是从被认为无意义或者胡说开始的。这就是《道德经》中反复强调的"道常无名"。让人们大胆创新,这种创新可能 90% 是错的,不要紧,有波普尔的证伪理论支撑。

波普尔为了让大家更加理解他的非理性理论,后来又出了一本书,叫《猜想与反驳:科学知识的增长》。该书中提出了三种科学知识观点,第一种是伽利略的本质主义,第二种科学家们喜欢的工具主义,第三种就是作者自己的演绎方法论。该书"关于人类知识的三种观点"一章中是这么说的:

> 不管怎样说,像我已试图表明的那样,工具主义并不比本质主义更可接受。
>
> 而且,也没有必要非接受其中之一不可,因为还存在着第三种观点。

我认为,这"第三种观点"并不十分令人吃惊,甚至也不会使人感到意外。它保留了伽利略的原则,即科学家的目的在于真实地描述世界或者世界的某些方面,在于真实地解释可观察事实;它还把这原则同非伽利略的观点结合起来,后者认为,尽管科学家的目的现在仍是如此,但科学家绝不可能确凿地知道他的发现究竟是不是真实的,虽然有时他可能有一定的把握确定他的理论是虚假的。

我们可以把关于科学理论的这"第三种观点"简单表述为科学理论是真正的猜想——关于这个世界的提供丰富信息的猜测,它们虽然不可能证实(即不可能表明为真实),但可以付诸严格的批判检验。这种猜测是致力于发现真理的严肃尝试。就此而言,科学假设就像数论中有名的哥德巴赫猜想一样。哥德巴赫认为,他的猜想可能是真实的;而且很可能事实上是真实的,即便我们现在不知道,也许永远不会知道它是不是真实的。

波普尔为什么要提出这种猜想与反驳的理论,这个和我们学习过的不确定性理论有关,因此,虽然是形而上学的猜想,但他认为这也是一种理性之举。如果对照认知革命的三种理性路径,你觉得这个应该叫什么理性? 我们看看波普尔是怎么说的。在该书"科学:猜想与反驳"一章中,作者是这么说的:

假定我们自觉规定我们的任务是:生活在这个未知世界之中,使我们自己尽可能适应它;利用我们可能从中找到的机会;如有可能(不必假定真是这样),则尽可能借助于规律和解释性理论来解释世界。如果我们以此为我们的任务,那么,就没有比试错法或猜想与反驳的方法更加理性的程序。这种方法就是大胆地提出理论,竭尽我们所能表明它们的错误;如果我们的批判努力失败了,那就试探地加以接受。

....

当然,试错法并不简单等同于科学的、批判的方法——猜想和反驳的方法。不仅爱因斯坦用试错法,变形虫阿米巴也用试错法,然而它是以比较教条的方式用。二者的差别与其说在于试探,不如说在于对错误采取批判的建设性的态度;科学家有意识地、审慎地试图发现错误,以搜寻论据驳倒其理论,包括诉诸他以自己的理论和才智设计的最严格的实验检验[tests]。

批判态度可以说成是有意试图让我们的理论、猜想代替我们自己去经受适者生存[survival of fittest]的竞争。它给我们机会在不恰当的假说被排除以后仍然得以幸存——当一种更教条的态度会通过排除我们而排除这假说的时候。

波普尔的这些话是我们理解他的证伪理论感觉最简单的一些话。为什么要证伪？就像阿米巴虫，是为了生存。因为我们生活在未知世界，未知世界的规律和解释性理论我们不知道，为了适应这个世界，唯一的方法就是猜想有什么好的规律可以帮助到我们。但谁都知道猜想这东西靠不住，所以我们要对所有的猜想竭尽全力证明它是错误的，最后我们证明它是错误的这个过程失败了，科学和知识也就诞生了。所以说反驳和证伪过程是一个工具理性的过程，也是一个永远不会结束的过程，这就是"道可道，非常道"。而猜想是一个人与自然如何互相适应的合作理性过程。猜想在先，也是永远不会改变的，这就是"道乃久"。波普尔的"非理性"大旗不但插上了科学哲学的高峰，同时也向老子看齐了。老子说"道常无名"，什么意思呢？就是人类的智慧不是从已知到未知，而是从未知到已知。这无名之道是哪里来的？"无名，万物之始"，它是从万物的开始来的。可是万物的开始什么也没有，怎么办？就剩下猜想一条路了。

这么说来，归根结底，猜想是为了适应世界的合作理性，才被科学用来作为发现真理的逻辑，那是人与自然的合作。那么人与人呢？我们已经讨论过了，数字科学发展历史告诉我们：科学与人文的结合，就是猜想在先、反驳在后，也就是人文在先、科学在后。但是，又有一位重量级的科学哲学家，把这个范围扩大到了整个科学领域。他是谁呢？

科学是如何回归人文的
第 145 讲

链接书目:《科学革命的结构》 托马斯·库恩

上一讲我们讨论了波普尔的证伪理论。其实在波普尔那里,证伪与证实是一个意思。如果你证伪错了一个理论,那就是证实。但波普尔不是在玩文字游戏,如果说科学理论是证实的,那么就意味着所有的理论一开始就是正确的。那么波普尔的猜想就没有用武之地了,人类最伟大的智慧,形而上学也就无处安身了,老子说的"道常无名"就没有意义了。波普尔也好,老子也好,都是在纠正我们认知中的常识错误。特别是ChatGPT 成功进入我们的视野之后,我们都以为知识学习是自下而上的,所以人类智慧也是自下而上的,主观围绕着客观转的。康德来了一个"哥白尼革命"的大翻转,认为我们的认知是客观围绕着主观转的,我们只是把它当作形而上学的故事听听而已。因为,这是一个人文在先还是科学在先的划界问题,是人类智慧与人工智能今后如何相处的大是大非问题。因此,我们还是要从哲学上搞清楚。

今天阅读的这本书一经面世就引起了强烈反响,掀起了一股世界性的研究热潮,至今不衰,被称为是 20 世纪学术史上极具影响的著作之一,是科学史与科学哲学研究者们不可不读的基本文献。它引导了科学哲学界的一场认识论的大变革,成为科学哲学史上一道重要的分水岭。其影响不仅在于科学史、科学哲学、科学社会学等相关领域,还延伸到了社会学、文化人类学、文学史、艺术史、政治史、宗教史等人文和社会科学领域,甚至在社会公众领域也产生了深刻影响。该书中提出的关键概念如今已成为世界性的重要词汇。是什么书呢?

这本书就是《科学革命的结构》,作者是美国科学哲学家托马斯·库恩。他的经历很奇特。1943 年,年仅 21 岁的库恩获得物理学学士学位,当时他的心中只有一个目标:当一名理论物理学家,完全没有想要成为一名科学史家或科学哲学家。然而,1947年,发生了一件十分寻常,但对库恩一生的学术生涯产生决定性影响的事情。当时库恩被邀请参加一期为社会科学家举办的讲述物理学发展的讲座,这次讲座使他第一次对科学史有所了解,然而出乎意料的是,他竟推翻了自己以前对科学的本质和获得成就的某些基本想法,于是阴差阳错成了一位科学哲学家。

那么这本书究竟说了什么？为什么被认为是人类认知史上的大变革呢？这就是我们一直讨论的"非理性"革命。波普尔以猜想与反驳的科学方法论证明了科学的"非理性"，而库恩则把科学的架构放到了"非理性"的历史长河中去观察。那么库恩是用什么概念来表达科学结构的"非理性"的呢？该书"后记——1969"中是这么说的：

> 在本书中，"范式"一词很早就出现了，其出现方式其实是循环的。范式就是科学共同体成员所共有的东西，以及反过来，科学共同体由共有一个范式的人所组成……

> 根据这一观点，科学共同体由从事同一个科学专业的人所组成。他们都受过类似的教育和专业启蒙，其程度是大多数其他领域所不能及的；在此过程中，他们钻研过同样的专业文献，从中吸取了许多同样的教益。这种标准文献的范围通常会标明一个科学主题的界限，每个共同体一般都有一个自己的主题。科学中、共同体中都有学派，也就是说，它们以不相容的观点来探讨同一主题。但与其他领域相比，科学中的学派要少得多。它们总在竞争，而且竞争通常很快就会结束。结果，科学共同体的成员认为只有自己才负责追求一套共有的目标，包括训练其继承者，别人也这样看待他们。在这样的群体内部，交流相对充分，专业判断也相对一致。另一方面，由于不同的科学共同体聚焦于不同的问题，所以不同群体之间的专业交流有时非常吃力，常常导致误解。如果继续下去，还可能引发难以预料的重大分歧。

这就是库恩的科学革命的"非理性"结构的观点。科学是什么？科学肯定是客观真理。真理面前人人平等，我们的主观必须符合客观。但库恩不是这么看的，他认为科学是一个共同体共同认可一种东西，这个东西就叫"范式"。作者在该书"常规科学之路"一章中，对范式是这么解读的：

> 我选择这个词是想表明，一些公认的实际科学实践范例——包括定律、理论、应用和仪器——为特定的融贯的科学研究传统提供了模型。这些传统就是历史学家所谓的"托勒密天文学"（或"哥白尼天文学"）、"亚里士多德力学"（或"牛顿力学"）、"微粒光学"（或"波动光学"）等等。研究者要想成为他所要加入的特定科学共同体的成员，主要是通过对范式（包括许多比上面那些名称专门得多的范式）进行研究。他所要加入的共同体，其成员都是通过相同的明确范例来学习其领域的基础，所以他随后的做法将很少在基本原则上引起争议。以共同的范式为研究基础的人，都信守相同的规则和标准来从事科学。那种信守和由此产

生的明显共识乃是常规科学的先决条件,也就是某个特定研究传统创生和延续的先决条件。

这种不去研究客观事物本身,而是通过加入一个共同体去拥护一个范式的做法,被他人理解为非理性。库恩大大方方地承认,如果科学是非理性,那么它也是一个群体的"非理性"。作者在"后记——1969"中是这么说的:

> 我提到默会知识,同时又拒绝接受规则,这便引出了另一个问题,它困扰着我的许多批评者,似乎为指责我赞美主观性和非理性提供了依据。有些读者认为,我试图使科学依赖于不可分析的个人直觉,而不是依赖于逻辑和定律。但这种诠释在两个基本方面误入了歧途。首先,如果说我谈论的是直觉,那也并非个人的直觉,而是一个成功群体的成员所共同拥有的经过检验的东西。新手通过训练以获得直觉,这种训练是为了加入群体而作的一部分准备。其次,这种直觉并非原则上不可分析。恰恰相反,我正在用一个计算机程序作试验,以研究它们在一个基本层次上的性质。

如果说库恩认可科学依赖直觉是非理性的话,那么他在该书中大量使用的价值、信念、危机、革命等概念,更加说明科学本身就是一个主观意义上的结构。为了更好地阐明他的观点,他甚至把范式放在了世界观的范畴之内。在该书"革命作为世界观的改变"一章中,作者讲述了一个英国化学家道尔顿的故事。该书中是这么说的:

> 在18世纪的大部分时间里一直到19世纪,欧洲化学家几乎普遍认为,构成所有化学物质的基本原子是靠相互之间的亲和力结合在一起的。例如,银块是靠银微粒之间的亲和力而内聚在一起的(直到拉瓦锡之后,这些微粒才都被认为由更基本的微粒所构成)……

> ……化学家在其范式指导下,大都把整个中间范围看成化学的,因为其中涉及的过程都受同一种力的支配。盐溶于水或氮气中加入氧气和铜的氧化一样是化合的例子。把溶液看成化合物的证据非常有力。亲和力理论本身已经得到很好的证明,此外化合物的形成也解释了观察到的溶液的同质性……

> …………

> 正是在这样的背景下,道尔顿的研究最终引出了其著名的化学原子论。但在那些研究临近结束之前,道尔顿既不是化学家,对化学也不感兴趣。他其实是个气象学家,研究关于水吸收气体和大气吸收水的物理问题。既是由于受到了不同

专业的训练,也是由于他在那个专业中的工作,他用一种不同于当时化学家的范式来研究这些问题。特别是,他把气体的混合或水吸收气体看成亲和力在其中不起任何作用的物理过程……

　　不用说,道尔顿的结论刚一发表就受到了广泛攻击。特别是,贝托莱从未被说服。考虑到这个问题的本质,他也无须被说服。但对于大多数化学家而言,事实证明,道尔顿的新范式显然要比普鲁斯特的更令人信服,因为它的意义要比一个区分混合物与化合物的新标准广泛和重要得多……化学家从道尔顿那里得到的并不是新的实验定律,而是一种从事化学的新方式(他本人称之为"化学哲学的新体系")。事实证明,这种方式很快便结出了硕果,以至于在法国和英国,只有少数几个老派的化学家才反对它。结果,化学家们渐渐生活在一个新的世界中,那里化学反应的表现与以前大不相同。

以上这个故事说明,范式使科学家共同体改变了世界观,他们来到了一个新的世界。但同时也告诉我们,新的世界观也不是随随便便被他人接受的,要在旧的范式产生危机、没有出路的时候,才能引起新的科学革命。为什么用革命这个词? 有很多人理所当然地认为,随着科学证据的累积,这种革命就是应该发生的。但库恩从头到尾都否认这个观点。在该书"对危机的反应"一章中,他是这么说的:

　　从处于危机中的范式转变为新范式(从而产生一种新的常规科学传统)绝不是一个累积性过程,即不是一个可以通过对旧范式进行阐述或扩展来实现的过程。毋宁说,它是在新的基础上对该领域进行重建,这种重建改变了该领域某些最基本的理论概括,也改变了许多范式方法和应用。在转变时期,新旧范式所能解决的问题之间有很大交集,但并不完全重叠。在解题方式上也有一个决定性的差异。转变完成后,这门学科的视野、方法和目标都将改变。一位富于洞察的历史学家最近在考察科学因范式改变而重新定向的一个经典案例时,把它称为"倒转乾坤",这个过程虽然需要"处理和以前一样的一堆材料,但却通过赋予它们一个不同的框架而把它们置于一个新的关系体系之中"。

作者举了一个哥白尼和托勒密新旧范式革命的案例,在该书"危机与科学理论的出现"一章中,他是这么说的:

　　我们先来看一个特别著名的范式改变的案例,那就是哥白尼天文学的出现。它的前身托勒密体系最初是在公元前两个世纪和公元后两个世纪发展起来的,此时它在预言恒星和行星的位置变化方面极为成功,任何其他古代体系都无法与之相比。对于恒星,托勒密天文学时至今日仍被广泛用作一种具有实用价值的近似;对于行星,托勒密的预言与哥白尼的预言一样好。但对于一个科学理论来说,极为成功并不等于完全成功。在行星位置和岁差这两方面,托勒密体系的预言从未完全符合当时的最佳观测。对于托勒密的许多继承者来说,如何进一步减少这些微小的不符,就成了常规天文学研究的重要问题,就像对于牛顿在 18 世纪的后继者来说,力图把天文观测与牛顿理论结合起来成为常规研究的问题一样。一段时间以来,天文学家有充分的理由认为,这些努力和那些导致托勒密体系的努力一样成功。碰到不符之处时,天文学家总能通过对托勒密的复合圆体系作出某种调整而消除它。但随着时间的推移,关注天文学常规研究最终结果的人会发现,天文学的复杂性远比其准确性增加得更快,而且不符之处在一个地方纠正了,在另一个地方又可能出现。

由于天文学传统一再受到外界的影响而中断,天文学家之间的交流也因为没有印刷术而受到限制,所以这些困难只是慢慢才被认识到。但最后终于有人察觉到……哥白尼本人则在《天球运行论》(*De Revolutionibus*)一书的序言中写道,他所继承的天文学传统最后只造就了一个怪物。到了 16 世纪初,越来越多一流的欧洲天文学家认识到,托勒密的天文学范式没能成功地应用于它自身的传统问题。这种认识是哥白尼拒斥托勒密范式、寻找新范式的先决条件。他那篇著名序言仍然是对危机状态的经典描述。

好了,我们可以总结一下库恩的科学革命与波普尔的科学发现的方法论。一个是旧范式—危机—革命—新范式,另一个是猜想—反驳—再猜想—新理论。两者都是一个套路,一个是世界观,一个是方法论,都是形而上学的直接产物。波普尔是承认这一点的,那库恩有没有把这个归于形而上学呢?库恩在该书中是这么说的:

历史研究常常表明,一些更高层次的准形而上学信念虽然并非科学的不变特征,但较少受到时空限制。例如,1630 年左右,特别是笛卡儿影响深远的科学著作问世以后,大多数物理学家都假定,宇宙是由微观微粒构成的,所有自然现象都能用微粒的形状、大小、运动和相互作用来解释。事实证明,这套信念既是形而上学的又是方法论的。作为形而上学信念,它告诉科学家们宇宙包含什么类型的东西,不包含什么类型的东西:宇宙中只有不断运动的、有形的物质。作为方法论信念,它告诉科学家们终极定律和基本解释必须是什么样子:定律必须详细说明微粒的运动和相互作用,而解释必须将任何给定的自然现象归结为受这些定律支配的微粒作用……

最后,在更高层次上还有一组信念,如果没有这些信念,人就不能成为科学家。例如,科学家必须致力于理解世界,扩展世界所由以构造的精度和广度。而这种信念又会引导他或其同行对自然的某个方面作出详细的经验考察。如果这种考察显示出明显的无序,他就不得不重新改进其观测技巧,或者进一步阐明其理论。像这样的规则无疑还有,它们对科学家始终有效。

这个由各种信念——概念的、理论的、工具的和方法论的——组成的强大网络,是将常规科学与解谜题联系起来的隐喻的一个主要来源。正因为该网络所提供的各种规则告诉一门成熟科学的研究者,世界和这门科学是什么样子,他才能放心地专注于研究这些规则和现有知识共同为他界定的只有内行才懂的问题……常规科学是一种具有高度确定性的活动,但它未必完全由规则决定。因此在本书开头,我认为常规研究传统的连贯性源于共有的范式,而不是源于共有的规则、假定和观点。我认为规则源于范式,但即使没有规则,范式也能指导研究。

库恩以上这些话以形而上学的信念为起点,然后是概念、理论、工具和方法论组成的强大网络,再就是合作理性的范式共同体。所有的科学规则来自这个共同体,即使没有规则,范式也能独当大任指导科学,科学就是这样回归人文怀抱的。

回顾 20 世纪两位最负盛名的科学哲学家的理论,我们发现原来两人的共同点就是以形而上学人文观念,让科学回到人文的怀抱。但是两人并没有反对科学的逻辑确定性,一个是证伪逻辑,一个是常规科学的高度确定性活动。这就像今天 ChatGPT 已经达到了通用人工智能的程度,但还是科学范畴之内的确定性活动。特别是 ChatGPT 之后,各类通用人工智能爆发性发展,但是这些 ChatGPT 共有的特征是,它们都不具备人类智慧才有的形而上学思维。为什么?

从弗洛伊德到互联网,何谓 20 世纪最优秀的思想
第 146 讲

链接书目:《20 世纪思想史:从弗洛伊德到互联网》 彼得·沃森
《知识大融通——21 世纪的科学与人文》 爱德华·威尔逊

上一讲我们讨论了库恩是如何让科学回归人文怀抱的。科学不是我们所理解的一个完全按照客观规律建立起来的理论体系,科学是由一个具有共同价值观、世界观和信念建构的合作理性共同体,在范式遭到危机时所进行的范式革命。这个范式里面有规则有假说,但最重要的是来自人类的形而上学思维模式,这是人类智慧区别于人工智能最重要的分水岭。为什么人类会有形而上学的思维模式,没事老是想那些在当下看起来是无意义的或胡说的东西呢? 很简单,因为人类是一个生命体。那生命体为什么会这样呢? 大家肯定记得我们读过的一本书,叫《每当我找到生命的意义,它就又变了》。生命是一个永远追求意义,永远不能满足欲望的物种。因此,我们的认知旅程是从生命开始的,现在接近终点,还是要回到生命。但现在讨论的生命和开始讨论的生命,已经今非昔比了。我们从生物的原始生命出发,一路走来,充分认识到人类的认知一直沿着生命之道、由内而外、合作理性、天人合一的路径前行。到了 100 年前,从尼采开始,人类开始步入第四次认知革命阶段,100 年后的今天,200 万年前工具理性的杰出代表 ChatGPT 登上了历史舞台。这是认知革命的产物,但同时告诫我们认知革命远远没有成功,因为生命之道还没有登场。可是,整个 20 世纪已经在为第四次认知革命的最后成功做舆论宣传了。

今天阅读的书,叫《20 世纪思想史:从弗洛伊德到互联网》。这是一部皇皇百万言、面向普通读者的百科全书式巨著,是一部用思想写成的 20 世纪通史。作者彼得·沃森是英国思想史学者,以拒绝简化的恢宏思想史作品闻名于西方世界。他为什么要写这本书? 该书中文版序中是这么说的:

《纽约时报》专栏作家戴维·布鲁克斯最近在文章中提及,互联网上能够获取的信息犹如"一条浑浊的信息河流"。这话当然说得有点过,但他的核心意思是互联网上的信息未经提炼和归纳,其中有着太多纷繁复杂的细节,还称不上是知识。布鲁克斯的观点得到了诸多证据的支撑,而尽管互联网毫无疑问给我们带来了好

处，却也可能让我们进入了新的无知时代。

在我们今天栖居的世界里，无知正在大范围地蔓延、扩张，在美国尤其如此，其程度已经到了令人警觉的地步。一项近期的调查显示，42％的美国受访者认为人类自宇宙伊始便已经存在于地球上，而有20％的受访者仍然相信太阳绕着地球公转。在美国，有一个人数相当可观的群体，主要基于宗教原因，仍然拒绝接受进化论的基本理论。另一项调查发现三分之一的美国受访者不知道美国独立战争发生在哪个世纪。在高中生群体中，只有不到20％的美国人学习外语，而这一比例在欧洲高达92％。

这一状况并不会迅速改善。在美国，我们从目前已知的数据得知，高校历史学位的授予数量在2016年相较2013年下降了30％。而这一数据应当与另外一个现实相对观之：耶鲁、普林斯顿、布朗等美国精英大学的历史系毕业生仍旧在连年增加。历史学正逐渐成为一种带有精英色彩的活动。

随着互联网的到来，这个世界变得如斯碎片化，学科之间变得如斯迥异，信息变得如斯原始而未经提炼，我们显然急需对诸种信息进行综合，并将网上大量"浑浊"的现成信息整合、梳理成明晰、连贯的体系。我们急需让信息脱胎换骨，变成知识。

按彼得·沃森的意思，在一个互联网如此发达，知识唾手可得的当今世界，我们正在变得无知。如果按这个逻辑推理，那么在ChatGPT等人工智能大爆发的今天，不要说毕业论文和编程代码，甚至情书也可以代劳的未来，是不是我们人类都要变成白痴了？看来"一条浑浊的信息河流"，会变成"一条浑浊的智能河流"，这应当被及时阻止。10万年前的人类合作理性和2500多年前中国哲学思想的生命之道应该被复兴。那么这本号称是人类思想史的百科全书的著作有没有想到呢？想到了。

该书都是在介绍20世纪被科学证明的伟大和优秀的思想。其中，"人类历史上最优秀的思想"一章集中讨论的就是生命科学。作者在该书中是这么说的：

哲学家丹尼尔·丹尼特（Daniel Dennett）任教于波士顿附近的梅德福的塔夫茨大学，他也是一位坚定的新达尔文主义者。在《达尔文的危险观念：进化和生命的意义》（1995）一书中，丹尼特直言不讳地说："如果要我就人类历史上最优秀的思想颁奖，我不会颁给牛顿和爱因斯坦或其他人，我会颁给达尔文。自然选择进化的观点轻松地将生命、意义和目的的领域与空间、时间、因果、机制和物理法则的领域相结合。"

达尔文是 19 世纪英国生物学家、进化论的奠基人,为什么作者把他放在 20 世纪思想史中讨论呢?作者在该书中是这么说的:

在如此强劲的研究或经验背景下,有关进化的理论研究工作一派繁荣也就不足为奇了。20 世纪 80 和 90 年代,生物学著作一度成为文坛现象,这倒有点奇怪。生物学家、古生物学家和哲学家写出的众多畅销书遍布书店的书架,这表明阅读趣味发生了明显的变化,能与之相提并论的只有下一章我们会谈到的物理学和数学的发展。按照字母顺序,在这轮达尔文主义研究的复兴中出现的主要作者有:理查德·道金斯、丹尼尔·丹尼特、尼尔斯·埃尔德雷奇、史蒂芬·杰·古尔德、理查德·莱旺庭、史蒂芬·平克、史蒂芬·罗斯、约翰·梅纳德·史密斯和 E. O. 威尔逊。这些人合称新达尔文主义者……

由于有太多的人物,而且观点的细节有所不同,这里主要介绍新达尔文主义的代表人物爱德华·威尔逊的观点,他是我们的重量级嘉宾,我们介绍过他的许多著作。作者在该书中是这么说的:

威尔逊本人著有两类书。第一类是《社会生物学》(1975)、《论人性》(1978)和《论契合》(1998)。这些书都含有某种坚定的新达尔文主义,其中心观点在于,威尔逊认定“基因牢牢地掌控着文化”。威尔逊想在 C. P. 斯诺所说的两种文化之间架起桥梁,他认为这种桥梁是存在的,他还想证明科学能洞察人性,从而解释文化:“这个论点的本质在于,大脑之所以存在,是因为它能帮助那些负责组装大脑的基因存活下来并实现复制。”威尔逊相信,生物学最终将能够解释人类学、心理学、社会学和经济学,所有这些学科将实现更密切的融合。在《论人性》中,他进一步阐述了《社会生物学》的观点,认为人类经验的很多方面能够用相应的术语解释。例如,他谈到了高攀婚姻的概念,即女性与拥有财富和地位相当或稍高的男性结婚;他指出,世界上的伟大文明虽然互不接触,却以大致相同的顺序发展出相似的特征;他相信,长期的肉类短缺可能导致了伟大宗教的诞生,因为随着早期人类离开野味丰富的地区,精英集团发明了宗教规则,仅限某一宗教集团能食肉;他还引用西弗吉尼亚州阿尔德森联邦女子管教所的犯人为例,在那里,有一对妇女性关系活跃,互称“丈夫”和“妻子”,其他女性则以这对夫妻为核心组成了类似于家庭的单位,相互之间称“兄弟”和“姐妹”,年长一些的则称“叔叔”和“阿姨”,他指出男性犯人从未出现过这种组织方式。我们可以看出,威尔逊的作品中自始至终贯穿着一个主题,那便是揭示人类的文化生活,甚至伦理生活都可以从生物学和遗传学角度加以解释,他的措辞欢快、乐观,却强硬而不容妥协。

在其第二批作品中,特别是在《热爱生命的本性:人类与其他物种的纽带》(1984)中,威尔逊的目标是要揭示,相较于其他任何方式,人类与自然的关系能够更为深入、全面地解释我们的生活。他认为生物热爱生命的本性可以解释人的审美观(相对于都市景观,我们更喜欢草原风光),可以解释为何科学地理解动物生活能够丰富我们对自然诗篇的解读,也可以解释为何不同民族的人们都害怕蛇(因为它很危险,无须搬出弗洛伊德的理论);此外,他还带领读者加入科学发现之旅,不仅说明科学发现在思想上如何令人振奋,而且说明科学发现如何赋予生命以意义(诚然是指部分意义)。例如,他向我们揭示他如何证明一个岛屿的大小与它能容纳的物种数量有关,从而深化我们对环境保护的理解。《热爱生命的本性》一书引发了读者的共鸣,也催生了很多研究。十年后,即 1992 年 8 月,马萨诸塞州伍兹霍尔海洋研究所召开了一场专门会议,将这些研究成果汇集到了一起。会议还收到了更为系统的研究成果,例如,如果可以选择,人们更喜欢在不起眼的乡村山水中生活;一项监狱研究表明,比起囚室面向操场的犯人,囚室面向田野的犯人相对不容易生病;研究还发现了一系列可能引发身心失调疾病的生物群(苍蝇、蜥蜴、秃鹰),而且这种现象与食物禁忌有关。这次会议还探讨了詹姆斯·拉夫洛克于 1979 年发表的盖亚理论,这一理论认为整个地球生物群是一个相互调节的体系,相较于物理学,它更接近于生理学(即,大气中的气体、海洋的盐度和碱度等都通过调节保证最多数量的生物存活,如同一个庞大的有机体)。生物热爱生命的本性是社会生物学的延伸,是其不太反传统的版本,却不如社会生物学那么流行。

作者以上所说的威尔逊的两种关于生命的观点,都是生命之道的底层逻辑。一种是代表生命之道本质的基因决定论,人类文明创造的所有文化现象都和基因有关,这是他的社会生物学观点。另一种是生命的合作理性,威尔逊认为地球上所有的生命都是一个生态共同体,人类从生命中发现意义和审美,这也是基因,是和生物基因不同的文化基因。

其实威尔逊还有第三种观点,彼得没有说,因为这个观点是威尔逊的新书,即我们介绍过的《知识大融通——21 世纪的科学与人文》中所阐述的。是什么观点呢?威尔逊在《知识大融通——21 世纪的科学与人文》中的"自然科学"一章里,回答了科学的本质是什么这个问题。

简言之，"科学是一种有组织、系统化的产业，它收集和这个世界相关的知识，并且把这些知识凝聚成可以验证的定律和原理"。我们可以利用科学的某些特性来区分科学和伪科学。第一是再现性（repeatability）：同样的现象接受其他独立方法的检测，则先前的解释如果不是得到支持，就是被新的分析和实验所推翻。第二是精简性（economy）：科学家企图将信息抽象化成最简单又最赏心悦目的形式，这两种特质合称为简洁（elegance）；同时，他们也希望以最小的力气产出最多的信息。第三是测量法（mensuration）：如果可以用举世皆准的量度恰当地测量事物，那么当我们对这些事物做广泛的推论时，就不会含糊不清。第四是启发性（heuristics）：最佳的科学研究能够刺激进一步的发现，而且往往是朝着一个不可预测的新方向；新知识也能对当初导致这个新发现的原理提供进一步的测试。第五，也是最后一点，为融通性（consilience）：在对各种不同现象所做的解释中，那些能够彼此关联而且证实为具有一致性看法的解释，最有可能存留下来。

天文学、生物医学和生理心理学具备上述的所有条件；占星术、幽浮学（ufology）、神造论科学（creation science）和基督教科学，则不幸地完全不符合条件。我们不该忽略的是，真正的自然科学在理论和证据上会相互结合，以形成现代文明中不可磨灭的技术基础；伪科学则满足个人的心理需求（我在后面会解释原因），但缺乏提供技术基础的想法和方法。

在科学与人文是一体的、融合的这个观念之下，波普尔用的是猜想与反驳的思维模式，库恩用的是共同体的范式革命，而威尔逊独辟蹊径，提出用生物学来统一科学与人文。那么在对待 ChatGPT 的态度上，威尔逊是怎么说的呢？他在该书"为的是什么？"一章中是这么说的：

> 启蒙运动的精神在于相信我们可以完全凭自己的能力来认识事物，并且由认识中获得理解，由理解中做出明智的选择。这样的自信随着科学知识的成长而上升，这些科学知识也被包含在逐渐完备的因果诠释网络里。在这样的过程中，我们学到了许多关于我们人类的知识。我们已经比较了解人类从何而来，也比较知道人类是什么了……
>
> …………
>
> 我相信在寻找创新思想之路的过程中，我们也会同时得到关于生存的保护主义。值得我们反复询问的是，我们最深的根源在哪里？我们似乎是旧大陆中的狭鼻灵长类，是一种突然出现的聪明动物，在遗传上具有独特的起源，并且受惠于自

己新发现的生物天分；同时，如果我们愿意的话，也可以拥有一个安全的家园。这一切又有什么意义？这就是全部的含义：我们如果依赖人工替代品来维持自身和生物圈的活力，所有的事物终将变得脆弱；我们如果抛弃其他生命，必定使我们人类变得永远贫乏；我们如果放弃遗传天性，接受机器辅助下的理性，并且以进步为名，让伦理、艺术和生命意义屈服于散漫不经的习惯之下，幻想自己如神一般尊贵，而不受古老传承的束缚，那么我们将变得什么也不是。

威尔逊以上这段话告诉我们，人类虽然意识到自己的创新能力，并发展出最优秀的科学知识，但是人类的认知旅程并没有结束，因为有关我们生命的问题才刚刚开始，第四次认知革命不是人工智能的胜利，应该是生命的胜利。以生命作为人类认知的起点，就是我们要告诉大家的道理。其实，从生命的角度去看待科学与人文，去统一人类的思想史和文明史，也不是彼得与威尔逊的独创，还有其他人。他们是谁呢？

黑格尔和凯文·凯利是如何理解"上德不德"的
第147讲

链接书目:《思辨的张力——黑格尔辩证法新探》 邓晓芒

《小逻辑》 黑格尔

《失控》 凯文·凯利

上一讲我们讨论了 20 世纪最优秀的思想是什么。其实这是涵盖整个人类思想发展史的,这就是 10 万年前由全人类共同发现的合作理性人文传承和 2500 多年前由老子发现的生命之道。虽然工具理性的认知革命一直没有停止过,但人文合作理性和生命之道价值理性也一直没有缺席。威尔逊认为到 21 世纪应该让它们融合在一起了。为什么? 因为作为一个生物学家,他发现了人类认知的秘密:生命之道是人类的起点,科学不过是人类的认知结果而已。我们的认知旅程快要结束了,但有关生命的话题还没有结束。今天,我们就从认知来自生命之道这个话题入手,再阅读几本书。我们要读的第一本书是黑格尔的《小逻辑》。

在读这本书之前,我们把黑格尔的思想体系以及历史地位简单介绍一下。前文多次出现的邓晓芒先生,是国内研究黑格尔的顶级权威,他的《黑格尔〈精神现象学〉句读》,达 10 卷,共 600 万字。这在国外研究黑格尔的专家中也是绝无仅有的。他还有一本全面解读黑格尔思想,而且浅显易懂的好书,叫《思辨的张力——黑格力辩证法新探》。在该书"黑格尔辩证法的两个起源"一章中,邓晓芒先生是这么评价黑格尔在当代思想界的巨大作用的。

在某种意义上说,彻底扬弃黑格尔哲学的任务直到今天也还没有最后完成。这不光是指马克思本人终于未能完成他计划要写的《辩证法》就过早地去世,而且是指:当代哲学无论如何也摆脱不了黑格尔的巨大阴影,并周期性地将黑格尔当作热门话题。黑格尔辩证法的合理内核在我们时代仍有强大的生命力。除了它在各个人文科学领域内所具有的开拓性力量之外,它本身也还需要进一步加以挖掘。在许多场合之下,正当我们自以为对这一颇具魔力的"法宝"已能运用自如的时候,我们不过是剥取了它那些最表面、最肤浅的僵死的外部形式。实际上,正如不懂得黑格尔,就不能真正理解马克思一样,不研究西方哲学的历史,尤其是不钻研黑格尔辩证法的历史发源地即古希腊辩证法,也就不能深入理解黑格尔。

我们这里在邓晓芒先生的这段话后面再加一句:今天 ChatGPT 的出现,也离不开黑格尔的思想,而且他早已规划好了其今后的发展方向。那么黑格尔辩证法的两个起源是什么呢? 作者是这么说的:

> 黑格尔辩证法在古希腊有两个起源,一个我称之为语言学的起源,它导致黑格尔辩证法的"逻各斯(Logos)"主义、理性主义和方法论倾向;另一个则可称之为生存论的起源,它赋予黑格尔辩证法以"努斯(Nous)"精神、历史主义和能动的本体论特征。

那么什么是努斯呢? 作者在该书"生存论的起源"一节中是这么说的:

> 努斯的提出是古希腊哲学家力图将精神从自然物质中区分出来的第一个大胆尝试。这尝试当然还是不彻底的,因为努斯仍有大小、有形状。但这种东西是不与其他事物相混合的,它是与物质完全分开并对立起来的精神范畴:"别的事物都具有着每一件事物的一部分,但是心灵(Nous)则是无限的、自主的,不与任何事物相混淆,而是单独的、独立的、自为的"。只有一种东西可以包含努斯在内,这就是"有精神理智活动的生命体"。

看来黑格尔也是一个注重理性来自生命体的哲学家,但他的无限理性和中国哲学的有限理性还是有区别的。这个区别就是从轴心时代开始的。那么在被称为概念极度抽象的《小逻辑》里,黑格尔到底说了什么呢?《小逻辑》一书是黑格尔哲学大厦的重要组成部分,它代表了黑格尔晚年渐趋成熟的哲学体系的形成。黑格尔哲学体系的核心思想观点,如"绝对精神"以及辩证法思想,在该书中有着最全面的阐述。

逻辑学研究的是纯粹理念,即研究思维的最抽象的要素所形成的理念,研究理念的纯粹规定。这样一个纯粹规定的系统就是代表人类思维基本原理的逻辑学,同时还代表着事物的本性。但黑格尔却把这个纯粹的逻辑学和生命扯上了关系。不但扯上了关系,干脆还把理念比喻为生命。《小逻辑》一书的第三篇"概念论"里是这么说的:

> 直接的理念就是生命。概念作为灵魂,而实现在肉体里,灵魂是借肉体的外在性,以直接地自己和自己加以联系着的普遍性。肉体同样也是灵魂的特殊化,所以肉体除了表示在它那里的概念规定外,不表示任何别的差别。最后,肉体的个体性作为无限的否定性,乃是它的彼此外在存在着的客观性的辩证法,这客观

性从独立持存的假相返回到主观性。所以肉体内一切器官肢体,均彼此在不同时间内互为目的,互为手段。所以生命既是开始的特殊化作用,又是达到否定的自为存在着的统一的结果,因而生命在它的肉体里只是作为辩证的过程和它自身相结合。所以生命本质上是活生生的东西,而且就它的直接性看来,即是这一活生生的个体。在生命范围里,有限性的特点即由于理念的直接性的缘故,灵魂与肉体才是可分离的,这就构成了有生命者之有死亡性。但只有当有生命者死亡时,理念的这两方面,灵魂与肉体,才是不同的组成部分。

以上这段话很抽象,但从头至尾跟着我们学习的人可以大致了解黑格尔在说什么。首先,生命是一个活的东西,是一个灵魂与肉体相连的东西。其次,这个东西活在世界上永远有自己的目的,黑格尔叫它"理念",我们一直在讨论的是认知理性。再次,生命为了生存不断地否定自己,这个否定大家可以理解为生命需要自由,自由就是一个否定之否定的过程,同时也是生命"复命曰常"的过程。最后,生命死亡之时,也就是灵魂离开肉体之时。如何不分离? 黑格尔提出了绝对理念的概念,是这么说的:

> 绝对理念首先是理论的和实践的理念的统一,因此同时也是生命的理念与认识的理念的统一。在认识里,我们所获得的理念是处于分离和差别的形态下。认识过程的目的,即在于克服这种分离和差别,而恢复其统一,这统一,在它的直接性里,最初就是生命的理念。生命的缺陷即在于才只是自在存在着的理念,反之,知识也同样是片面的,而且只是自为存在着的理念。两者的统一和真理,就是自在自为存在着的理念,因而是绝对理念。在这以前,我们所有的理念,是经过不同的阶段,在发展中作为我们的对象的理念,但现在理念自己以它本身为对象了。这就是纯思或思想之思想,亚里士多德早就称之为最高形式的理念了。

按照黑格尔的意思,理念从生命出发,经过了认知,最后达到了统一,这是不是和我们的认知主线从"生命之道"到"天人合一"是一致的? 天人合一是我们的最高理念,按黑格尔的说法就是理论和实践的统一。黑格尔在该书中是这么描述的:

> 理念作为过程,它的发展经历了三个阶段。理念的第一个形式为生命,亦即在直接性形式下的理念。理念的第二个形式为中介性或差别性的形式,这就是作为认识的理念,这种认识又表现为理论的理念与实践的理念这双重形态。认识的过程以恢复那经过区别而丰富了的统一为其结果。由此就得出理念的第三个形

式,即绝对理念。这就是逻辑发展过程的最末一个阶段,同时又表明其自身为真正的最初,并且只是通过自己本身而存在着。

这个"通过自己本身而存在",就是黑格尔经常说的从"自在"到"自为"。这就是绝对理念,这个"自为"可以理解为老子的"无不为"。但这个绝对理念的"无不为"不是好高骛远地乱作为和空作为。黑格尔是这么说的:

> 一说到绝对理念,我们总会以为,现在我们总算达到至当不移的全部真理了。当然对于绝对理念我们可以信口说一大堆很高很远毫无内容的空话。但理念的真正内容不是别的,只是我们前此曾经研究过的整个体系。按照这种看法,也可以说,绝对理念是普遍,但普遍并不单纯是与特殊内容相对立的抽象形式,而是绝对的形式,一切的规定和它所设定的全部充实的内容都要回复到这个绝对形式中。在这方面,绝对理念可以比作老人,老人讲的那些宗教真理,虽然小孩子也会讲,可是对于老人来说,这些宗教包含着他全部的生活意义。即使这小孩也懂得宗教内容,可是对他来说,在这宗教真理之外,还存在着全部生活和整个世界。同样,人的整个生活与构成他的生活内容的个别事迹,其关系也是这样。所有一切的工作均只指向一个目的,及当这目的达到了时,人们不禁诧异,何以除了自己意愿的东西以外,没有得到别的东西。意义在于全部运动。当一个人追溯他自己的生活经历时,他会觉得他的目的好像是很狭小似的,可是他全部生活的迂回曲折都一起包括在他的目的里了。同样,绝对理念的内容就是我们迄今所有的全部生活经历(decursus vitae)。那最后达到的见解就是:构成理念的内容和意义的,乃是整个展开的过程。

黑格尔的著作中一般是不太举例的,但以上的举例相当好。第一个是老人与小孩的案例。绝对理念就像一个老人,他不仅懂得字面知识,还懂得字面知识背后的全部生活和这个世界,这就是人类智慧与人工智能的区别,一个是凭直觉,一个是凭大数据信息。小孩可以凭现有的知识说出宗教是什么,但是不明白宗教背后的意义。但老人不需要知识,就可以说出宗教的意义。

黑格尔这里举的第二个案例,是人实现了目标之后要自问目标是什么。但他发现好像没有目标,如果有,也是小目标。目标就是他一生的全部经历。这个是不是和老子的"以其终不为大,故能成其大"意思完全相同?我们在"为什么'弱者'是极度成功的密码"一讲中解释过老子的一句名言"上德不德,是以有德",我们把这个"德"解释为实践的"德",学习了黑格尔对"绝对理念"的生命与认知统一、理论与实践统一的解释之后，我们觉得这个"上德"很符合。甲骨文中的"德"是一个会意兼形声字。它的左边是"彳"（chì），它在古文字中多表示"行走"之义；右边是"直"字，其字形像一只眼睛上面有一条直线，表示眼睛要看正；二者相合就是"行得要正，看得要直"之义，意思是做事情时要有一个目标。最大的目标做出最大的事情，其实不是把大目标挂在嘴上，而是大目标是由小目标逐步完成的。老子还说"下德不失德，是以无德"，就是指那些好高骛远，时刻抱着远大目标，但一事无成，最后失去了目标的人。

但老子的绝对理念远远不止这个目标大与小的关系，我们把老子的"玄德"理解为绝对理念是最恰当的。在《道德经》中有这样一句话："生而不有，为而不恃，长而不宰，是谓玄德。"老子考虑问题更长远，他告诉你，当你所有大目标都完成之后，应该怎么办。

从生命出发，在认知上实现"上德不德，是以有德"的生命实践是黑格尔的思想境界。现在我们从黑格尔快进到凯文·凯利，看看他是如何解释生命与"上德不德，是以有德"的关系的。

今天我们要阅读的书是凯文·凯利的《失控》。我们在第 43 讲"为什么蚂蚁、象棋和神经网络用的是同一规律"讨论过该书中他的网络经济学观点。凯文·凯利为什么要用"失控"作为书名呢？该书中文版序言中是这么说的：

> 事实上，这本书在今天比在二十年前更应景。当我开始写这本书的时候，还没有万维网，因特网刚刚进入实用阶段；仿真处于初级阶段；计算机绘图还很少见；电子货币尚不为人知。虚拟生活、去中心化的力量以及由机器构成的生态等概念，即使是在美国，也没有太多意义。这些故事和逻辑看上去太抽象、太遥远。

> 而今天则一切都改变了。万维网，遍布全球的网络，由电话、iPad 和个人计算机组成的实时网络，还有可以自动驾驶的汽车，都出现在我们眼前。我在这本书中所概括的原则显得更加必要和重要。事实上，这本书如今在美国的销量要比它当初发行时的销量还要好。

> 这就是我说的好消息。坏消息是，在过了二十年之后，我们对于如何使大规模复杂事物运作起来的理解仍然少有进展。我很遗憾地告知大家，不论是在人工生命还是机器人技术，抑或是生态学或仿真学领域中，并没有出现新的重大思想。我们今天所知的，绝大多数是我们二十年前就已知的，并且都在这本书中提及了。

凯文·凯利很幽默,他的好消息和坏消息就是一个消息:我们人类正在回归生命之道。作者在该书"人造与天生"一章中是这么说的:

> 人类在创造复杂机械的进程中,一次又一次地回归自然去寻求指引。因此自然绝不仅仅是一个储量丰富的生物基因库,为我们保存一些尚未面世的救治未来疾患的药物。自然还是一个"文化基因库",是一个创意工厂。在丛林中的每一个蚁丘中都隐藏着鲜活的、后工业时代的壮丽蓝图。那些飞鸟鸣虫,那些奇花异草,还有那些从这些生命中汲取了能量的原生态的人类文化,都值得我们去呵护——不为别的,就为那些它们所蕴含着的后现代隐喻。对新生物文明来说,摧毁一片草原,毁掉的不仅仅是一个生物基因库,还毁掉了一座蕴藏着各种启示、洞见和新生物文明模型的宝藏。

那么生命的法则或者说规律是什么呢?于是作者就引出了"失控:全人类的最终命运与结局"这个话题。该书"学会向我们的创造物低头"一节中,是这么说的:

> 向机器中大规模地植入生物逻辑有可能使我们满怀敬畏。当人造与天生最终完全统一的时候,那些由我们制造出来的东西将会具备学习、适应、自我治愈,甚至是进化的能力。这是一种我们还很难想象的力量。数以百万计的生物机器汇聚在一起的智能,也许某天可以与人类自己的创新能力相匹敌。人类的创造力,也许总是属于那种华丽绚烂的类型,但还有另外一种类型的创造力值得一提——一种由无数默默无闻的"零件"通过永不停歇的工作而形成的缓慢而宽广的创造力。
>
> 在将生命的力量释放到我们所创造的机器中的同时,我们就丧失了对他们的控制。他们获得了野性,并因野性而获得一些意外和惊喜。之后,就是所有造物主都必须面对的两难窘境:他们将不再完全拥有自己最得意的创造物。
>
> 人造世界就像天然世界一样,很快就会具有自治力、适应力以及创造力,也随之失去我们的控制。但在我看来,这却是个最美妙的结局。

凯文·凯利完全回归到了我们的认知主线:生命之道、由内而外、合作理性、天人合一。这里由内而外与由外而内最重要的区别是:由内而外是生命的法则,是自我进化的法则,是不需要控制的法则;而由外而内是机器的法则,是他人设计的法则,是一个被控制的法则。最令人惊奇的是,凯文·凯利在《道德经》里的"上德不德,是以有德;下德不失德,是以无德。上德无为而无以为,下德为之而有以为"中找

到了终极灵感,而且他还用自己的语言翻译了这段话。在该书"控制的兴起"一章中,作者是这么说的:

> 古代中国人尽管其创造从来没有超出过指南车,却拥有一种正确的关于控制的无念心态。听听老子这位神秘的学者在二千六百年前的《道德经》中所写的,翻译成最地道的现代话语就是:
>
> 智能控制体现为无控制或自由,
>
> 因此它是不折不扣的智能控制;
>
> 愚蠢的控制体现为外来的辖制,
>
> 因此它是不折不扣的愚蠢控制。
>
> 智能控制施加的是无形的影响,
>
> 愚蠢的控制以炫耀武力造势。
>
> 老子的睿智,完全可以作为二十一世纪饱含热忱的硅谷创业公司的座右铭。在一个练达、超智能的时代,最智慧的控制方式将体现为控制缺失的方式。投资那些具有自我适应能力、向自己的目标进化、不受人类监管自行成长的机器,将会是下一个巨大的技术进步。要想获得有智能的控制,唯一的办法就是给机器自由。
>
> 至于这个世纪所剩下的那一点点时间,则是为了二十一世纪那个首要的心理再造工作而预留的彩排时间:放手吧,有尊严地放手吧。

这就是凯文·凯利从生命之道出发发出的呐喊,是"让大象自由"的呐喊,是老子"无为"思想的呐喊。凯文·凯利对老子的理解已经达到登峰造极的程度。

其实,黑格尔从认知的角度,凯文·凯利从人类文明的角度,去理解"上德不德",都是对的。哪怕你不理解也不要紧,为什么?因为人类的知识大图景从工具理性出发,历经了合作理性和价值理性,最终还是要回到第四次认知革命的终极目标。是什么目标呢?

第148讲

30亿次心跳的终极认知大图景是什么

链接书目:《大图景:论生命的起源、意义和宇宙本身》 肖恩·卡罗尔

上一讲我们讨论了黑格尔和凯文·凯利,一个是德国古典哲学家,一个是当代的未来学家。他们殊途同归,都回到了老子在2500多年前轴心时代提出的生命之道认知框架。特别是凯文·凯利,完全正确地翻译了老子的"上德不德"。谈到黑格尔,我们只是想间接地证明他的思想和老子也是接近的。这里再补充一些信息,是这么说的:

黑格尔在其哲学体系中,既充分吸收了古代西方的哲学思想,也明显地表现出他受到中国道学思想的巨大影响。他在《哲学史讲演录》中,对孔子、孟子讲得很简略,一笔带过;但是对《周易》,——尤其是对道家的老聃,的确很重视,并且用专门的章节特别讨论了《老聃》中的"道"和"无"。

黑格尔的哲学思想,逻辑合理,充满生气,立论新奇,论述动人。他研讨每个命题,完全按照太极图的正、反、和的三维形式,采用三段式解读法。他的哲学总是分三大部分,每部分论述三大命题,每个命题分三个论点,每个论点又分出三个步骤来进献解明。在解读和运用老聃"三生万物"的方法论中,黑格尔可以说是在西方哲学领域中将它发挥得最淋漓尽致的人物。

黑格尔按照老子的"道生一,一生二,二生三,三生万物。万物负阴而抱阳,冲气以为和"的"一阴一阳一和"三段论逻辑论证方法来研讨命题,真是绝了。我们这里把《小逻辑》这本书的目录分析一下,看看是不是这样的。

《小逻辑》由三个篇章组成,分别是存在论、本质论和概念论。存在论分为质、量和尺度三段论;本质论分为实存根据、现象和现实三段论;概念论分为主观概念、客体和理念三段论。下面还能细分,都是三段论的模式。比如概念论下面的"理念"细分为生命、认识和绝对理念。绝对理念是人类认知的最高峰。可见黑格尔把老子的"一阴一阳一和"三段论发挥到了极致。那么在以生命为导向的人类认知巅峰,我们今天的终极认知图景,或者说绝对理念已经到了哪一步呢?

　　今天我们要阅读的书,叫《大图景:论生命的起源、意义和宇宙本身》,作者肖恩·卡罗尔。我们在第37讲"大象和细菌受什么样的同一法则制约"和第108讲"为什么非理性的解决方案还是理性"分别阅读过他的两本书,《生命的法则》和《隐藏的宇宙》。作为一位科学家,从认知的角度已经够得上黑格尔所说的"绝对理念"层次了。为什么这么说? 看一下该书的副书名"论生命的起源、意义和宇宙本身",研究宇宙的物理学家变成了生物学家。是不是他发现了宇宙的底层逻辑就是对生命之道的回归呢? 是的。我们在第143讲提到,数字科学创始人埃达的探索之路是一条"诗意科学"之路。埃达认为机器不可能像人类一样思考,为什么? 因为机器不懂"诗意"。卡罗尔的生命回归之路和埃达殊途同归,他走的是一条"诗性自然主义"之路。在该书"诗性自然主义"一章中,作者首先提出了认知中的一个根本问题,我们是如何描述这个世界的,是这么说的:

　　　　有一个叫作忒修斯之船(Ship of Theseus)的古老思想实验,它提出的正是同一个问题。忒修斯是雅典的传奇建立者,他拥有一艘令人赞叹的船,陪着他立下赫赫战功。为了纪念他,雅典市民在港口将他的船保留了下来。船上偶尔会有木板或者部分桅杆年久失修,为了让船保持良好状态,这些部件坏到一定程度就会被换掉。我们又一次遇到了身份的问题:在替换掉其中一块木板之后,船是否还是原来的船? 如果是的话,那么如果我们一块接一块地替换掉所有木板的话,又怎么样? ……如果我们用所有换下来的旧木板重新建造一艘船,又怎么样? 重新建造的这艘船会突然成为忒修斯之船吗?

　　其实这个问题也在人类生物体中存在,人体更换一次细胞周期大约为120～200天,大约每6～7年全部更新一次,你说我们还是原来那个人吗? 卡罗尔有解决方案。什么解决方案呢? 他接着说:

　　　　我要在这里提倡的策略可以叫作诗性自然主义(poetic naturalism)。诗人缪丽尔·鲁凯泽(Muriel Rukeyser)曾经这样写道:"构成宇宙的是故事,而非原子。"世界就是所有的存在和事件的总和,但在不同的描述方法中,我们能领悟很多东西。

　　　　自然主义可以归结为三点:

　　　　一、只有一个世界,那就是自然世界。

　　　　二、世界依据颠扑不破的模式运转,那模式就是自然规律。

　　　　三、知晓世界的唯一可靠途径就是观察。

从本质上来说,自然主义就是这样一种概念:科学研究向我们揭示的就是世界的本来面目。当我们开始描述世界时,"诗性"的特质就走上了前台。它可以用三点概括:

一、有许多描述世界的不同方法。

二、所有好的描述方法都应该互相保持一致,也应该与世界本身一致。

三、我们的目的决定了此刻最好的描述方法。

诗性自然主义者会同意,无论是柯克船长还是忒修斯之船,都不过是描述在空间和时间中延伸的某些原子集合的方法。区别在于,消去主义者会说"所以它们只是幻象",而诗性自然主义者会说"但它们并不会因此变得虚幻"。

以上的"诗性自然主义"描述世界的方法是不是和我们的认知主线"生命之道、由内而外、合作理性、天人合一"有点相似?如果你不信,卡罗尔向我们证明了。他接着说:

在诗性自然主义中,我们能区分三种不同的有关世界的叙事。首先,是我们能想象到的,对世界的最深层最本质的描述——包含整个宇宙在所有微观细节上的确切情况。现代科学现在还不知道这个描述到底是什么,但我们至少可以假定这样最根本的现实是存在的。其次是那些"涌现的"或者"有效的"描述,它们在某些有限的领域里是正确的。我们就是在这个层次谈论船和人之类的概念,它们是宏观的物质集合,但由我们归结为独立的个体,作为更高层次语汇的一部分。最后是我们的价值观:关于正确与错误、目的与责任、美丽与丑陋的概念。与高层次的科学描述不同,确定这些概念的并不像科学那样,以符合观察数据为目标。我们还有别的目标:做个好人,与其他人和谐共处,还有寻找生命的意义。找出描述世界的最好方式,就是向这些目标努力迈进的重要一环。

大家把卡罗尔以上这段话和我们的认知主线对照,看出有什么差别吗?以上三点是对这个世界的描述。第一,对自然世界可以用量子理论描述;第二,对世界上所有事物可以用复杂科学的"涌现"理论描述。以上两点我们都已经讨论过了。第三点才是最重要的,人是有目标的,这个目标就是人类的理性,最后对世界的总描述就是"生命之道、由内而外、合作理性、天人合一"。这是描述世界的最好方法。

如果对我们用一条认知主线去描述整个世界,或者说用一条认知主线去读懂全球经典,大家感到困惑的话,接下来卡罗尔的这段话,可能会消除你的困惑。

诗性自然主义是关于自由和责任的哲学。自然世界向我们赋予了生命这一原料,我们必须努力理解它,接受相应的结果。从描述转到原则,从谈论发生的事情转到对什么事情理应发生的价值判断,这是一种创造性的举动,从根本上充满人性。世界还是那个世界,依照自然的模式运转,没有任何价值判断的属性。世界就这样存在着,而美与善是我们带来的造物。

如果说我们看到的世界就是一堆粒子和原子的组合,那么在这个世界上,只有一种特殊的组合可以对其他粒子原子组合提出自己的价值判断,那就是生命。而在生命中,只有那个有 30 亿次心跳的物种,才可以有价值判断。为什么是 30 亿次呢? 作者在该书"三十亿次心跳"一章中是这么说的:

我们有限的生命提醒了我们,人类也是自然的一部分,并没有独立于自然以外。物理学家杰弗里·韦斯特(Geoffrey West)在各种各样的复杂系统中研究过一系列引人瞩目的标度律(scaling law)。这些标准律描述了系统中某个特性在其他特性变化时的响应模式。比如说,在哺乳动物中,物种的预期寿命与物种个体平均质量的四分之一次方成正比。这意味着比另一种哺乳动物重 16 倍的物种,寿命会是前者的 2 倍。但同时哺乳动物物种之中心跳的间隔也与质量的四分之一次方成正比。结果就是两种效应互相抵消,而所有哺乳动物典型生命周期中的心跳次数差不多相等——大概 15 亿次心跳。

典型的人类心脏每分钟跳动 60～100 次。在现代社会,我们能享受先进的医疗和良好的营养,而人类的平均寿命大概是韦斯特的标度律预测的两倍。就算是 30 亿次心跳吧。

那么我们这个 30 亿次心跳的特殊生命体,对价值判断的方法论是什么呢? 说出来可能你不相信,就是我们认知主线中的"由内而外"。作者是这么说的:

我们并不习惯这样思考。我们直觉中的本体论将意义看成与这个世界的实体物质完全不同的事物。它可能来自上帝,或者植根于生命的灵性范畴,又或者是宇宙自身的目的论倾向的一部分,还可以是现实某个难以言状超脱尘世的层面。诗性自然主义否定所有这些可能性,要求我们迈出一大步,让我们在审视意义这个概念时,与面对人类为了描述宇宙所发明的其他概念时一样,也要用上相同的视点。

作者所说的就是关于这个世界的终极本体论,我们一般认为它是由外而内的,但诗性自然主义否认由外而内。该书中是这么说的:

这些价值观的源泉并不是外部世界,而是我们内心。我们是世界的一部分,但是我们已经看到,谈论自身最好的办法就是将自身看成有思考、有目的、能作出选择的客体,其中无法避免的一个选择就是我们到底想过上什么样的生活。

那么这个由内而外的产生机制是什么呢？也就是说价值观,你判断某个事物在心中的地位、层次、值不值钱,说白了就是"意义",是如何由内而外冒出来的呢？作者是这么说的:

在有关量子场的核心理论,也就是我们日常生活背后的物理学中,没有"意义""道德"和"目的"这类概念的栖身之地。"浴缸""小说"和"篮球规则"也是如此。这不会让这些概念变得不再真实——它们在世界的高层次涌现理论中都各自扮演了关键的角色。意义、道德和目的也是如此。它们并没有嵌入在宇宙结构之中,而是通过涌现成为人类尺度环境的不同说明方式。

但它们有点不同,对意义的寻求并不是另一种科学。在科学中,我们希望尽可能有效而准确地描述这个世界。对美好生活的探求却不像是这样,它关乎对世界的衡量,评判各种事物的实际情况和可能性。我们希望能够指着不同的事件可能性,然后评论道"这是一个值得努力的目标"或者"我们应该这样做"。科学毫不关心这样的判断。

作者所说的由内而外的产生机制就是"涌现"。有关这个话题我们已经多次讨论过,这里就不再重复了。我们人类有关价值判断的意义是涌现出来的,但有一点要记住,它不是胡乱涌现的。因为涌现的结果是从无序到有序,从他组织到自组织,从控制到自由,是正能量的,它的目标就是"合作理性、天人合一"。这个代表大自然的"天"并不是奇迹,代表生命之道的人才是这个世界的奇迹。作者在该书"存在主义疗法"一章中是这么说的:

宇宙不是奇迹。它就这样存在,没有指引也不受约束,展现出拥有不偏不倚规则性的自然规律。上百亿年来,它自然演化,从低熵的状态向复杂度增加的方向演化,而最终会坠落为毫无特点的均衡态。我们人类就是奇迹,但不是那种打破物理法则的奇迹,而是说在完全符合那些自然法则的情况下,如此复杂、有意识、有创造性、带来关怀的生物竟然可以出现,这是如此奇妙而令人惊叹的奇迹。我们的生命有限而无常,并且珍贵得无法衡量。我们的出现给世界带来了意义和重要性。

作者在这里提到了存在主义。存在主义有一句名言,叫"存在先于本质",意思是机器是有本质的,比如说 ChatGPT 的只能和人聊天的功能。但人没有特定的本质,认识在生活中由意义导向来决定自己的本质。因此,萨特说人是虚无的。存在主义是什么?存在主义就是生命主义。难道生命没有本质吗?作者在该书最后一节解释了生命的本质,这个解释为我们解答了人类智慧与人工智能的终极答案。作者是这么说的:

> 我想念祖母,但我不需要想象她还活在什么地方。她继续生活在我们的记忆里,但最后即使这些记忆也会消逝。改变和消逝是生命的一部分——不仅仅是我们不情不愿地接受的一部分,而正是生命的本质,它让我们能满怀希望地期盼未来。我关心自己对过去的记忆,关心对未来的希望,关心更广阔世界的情况,也关心我正在过的生活,其中有我深爱的妻子,我对她的爱超越了夜空中的所有星系,还有一份持久不变的乐趣,就是解明自然的本性。
>
> 生活千姿百态,有些人面临着其他人永远不会知道的困难。但我们分享同一个宇宙,同一组自然法则,还有同一个任务,就是在我们存在于世界上的短暂时间中,为自己和周围的人创造意义和重要性。
>
> 三十亿次心跳,时针正在转动。

作者所说的生命的本质,我们以后还要讨论。这里大家只要记住一点:改变和消逝就是生命的本质。这就是生命创造意义的根本原因,因为生命不愿意随随便便消逝。人类智慧的终极目标就是对付匆匆而来组成生命,又匆匆而去回归大自然的那些粒子与原子。而人工智能没有这个终极目标。

这就是我们认知旅程最后得出的结论,这个结论也是作者说的:

> 但我们分享同一个宇宙,同一组自然法则,还有同一个任务,在我们存在于世界上的短暂时间中,为自己和周围的人创造意义和重要性。

我们的认知旅程快要结束了,现在我们可以回答我们在第 1 讲中提出的问题了。全球 8000 位人工智能专家在焦虑什么?我们的结论是:8000 位人工智能专家不必再焦虑了。为什么?

第149讲
为什么智能时代陶工开宝马,程序员擦桌子

链接书目:《未来简史》 尤瓦尔·赫拉利

《全新思维:决胜未来的6大能力》 丹尼尔·平克

上一讲我们讨论了终极认知大图景,也就是我们的知识大图景。我们的知识体系看上去光怪陆离,体系庞大。其实很简单,就是三大块:第一是宇宙,工具理性的终极描述是量子场;第二是生命,合作理性的终极描述是天人合一;第三是精神,价值理性的终极描述是意义。但是,在卡罗尔的眼中,这三大块知识体系最终都是统一、融合的。即在同一个宇宙中,生命用同一组自然法则,为自己和大家创造意义。这也是我们一路走来,在欣赏了人类文明缤纷灿烂的知识景观之后,得出的一条认知主线:生命之道、由内而外、合作理性、天人合一。这里的天人合一,有与自己生命肉体和精神的合一,有与自己的亲人、社群、团队、国家,甚至是全球人类的合一,有与代表大自然的整个宇宙的合一。最重要的是人类历史上三次认知革命产生的工具理性、合作理性和价值理性的合一。正是由于这种合一,我们人类进入了第四次认知革命。我们的认知旅程是从"全球8000位人工智能专家在焦虑什么"开始的。今天我们的认知旅程快结束了,该对这个问题做出回答了。

大家有没有注意到,我们是从"谁打响了第四次认知革命的第一枪"一讲开始讨论第四次认知革命的,我们讨论了非理性、后现代主义、信息革命、认知科学,一直到人工智能。这么说来第四次认知革命就是人工智能了? 不是的。赫拉利在《未来简史》中,是这么定义即将到来的认知革命的。在该书"意识的海洋"一章中,作者是这么说的:

> 7万年前,认知革命改变了智人的心智,让原本毫不重要的非洲猿类成为世界的统治者。智人的心智经过提升后,忽然能够接触到主体间的领域,于是创造了神和企业,建立了城市和帝国,发明了文字和货币,最后也能够分裂原子、登上月球。据我们所知,这种翻天覆地的革命,只是因为智人的DNA发生了一点儿小变化,大脑神经稍微调整了一下布线。如果真是如此,那么科技人文主义或许也只需要对人类的基因组再多做些改变,将大脑再稍微调整一下布线,也就足以启动第二次认知革命。第一次认知革命的心智改造,让人类能够接触主体间的领域,

也就让智人成了地球的统治者;而第二次认知革命则可能会让神人接触到目前还难以想象的新领域,让神人成为整个星系的主人。

赫拉利认为新的认知革命会让人类成为神人,而且还会成为宇宙的主人。这个观点和我们在认知旅程中发现的人类认知主线完全是背道而驰的。说明什么问题呢?说明我们人类在 200 万年前第一次认知革命中启动的人类智慧,远远还没有到达"天人合一"这个目标,至少在认知上还是 200 万年前的工具理性思维。这也是我们在第 1 讲中提出的问题:全球 8000 位人工智能专家在焦虑什么? 焦虑什么呢? 他们焦虑的是人工智能会不会成为人类的主人。

今天我们要阅读的书,可能会消除这些专家的焦虑。从这本书中我们也能看到人类第四次认知革命,即把人类的三种理性合而为一的曙光,但还有一段路程要走。

这本书叫《全新思维:决胜未来的 6 大能力》。作者丹尼尔·平克是一位趋势专家、未来学家,主要著作有《驱动力》《全新销售》《菜鸟职场物语》等等。

那么这本书是在什么环境下写的? 和我们今天的 ChatGPT 时代有什么关联? 如果不依赖人工智能,我们人类还有什么拿得出手的好东西,可以与之抗衡呢? 该书中文版序中,解答了我们这个问题。

大约 50 年前,我出生在美国一个中产阶级家庭。当时,美国是一个高度发达的国家,正处于经济转型期。20 世纪中叶,美国经济发展的主要动力是大规模制造,对从事重复性工作的劳动力需求激增,这就拓宽了跻身中产阶级的道路。很多美国的男孩子在中学毕业后,就可以在工厂找到一份工作,过上稳定、安逸的生活。

但是,情况慢慢发生了变化。一些常规的体力工作转移到成本更低的亚洲国家,还有一些工作也由机器取代了人力。试想一下两个人搬运一堆箱子和用叉车运输同样数量的箱子之间的差别! 这种转变,也影响了我未来的人生道路。中学毕业后就在工厂找一份稳定工作的人生之路再也行不通了,一条新的道路正在慢慢形成。

这条新兴之路大致是这样的:取得好成绩,考上好大学,再找一份适应新兴经济格局的好工作,成为一名会计师、律师或工程师,做一份需要常规认知技能而非常规体力劳动的工作。

在 20 世纪 70 年代的美国,这就是自小父母就给我的教诲,而且我也照做了:在学校努力取得好成绩,考上好大学,获得了法学博士学位。

但在过去的几年中,我看到规则又发生了改变,就像在我童年时发生的那样。今天,成为一个工程师、会计师或律师,已不再是过上稳定生活的不二之选。这是为什么呢?

第一个原因是,世界发展中国家迅速崛起,尤其是亚洲,已经增幅超越北美、日本和西欧。现在,左脑擅长的常规计算型工作在印度、菲律宾、中国等亚洲国家也有人做,而且成本更低。

同时,白领工作也面临同样的压力,就像上一代蓝领工作一样。20世纪,机器取代了人力;21世纪,软件则取代了我们的大脑。但是到目前为止,软件能取代的大脑工作还仅限于常规的计算型工作,比如会计和律师的很多职能。

第二个更重要的原因是,随着各国物质生活水平的提高,包括经济正处于上升期的中国,企业要想在竞争激烈的市场上取胜,不得不寄希望于物品的新颖性和创新性。例如,在电视已相当普遍的今天,仅提供屏幕稍大的电视已不再是持久的营销策略。企业需要做的已不再是附加某些改进、仅在现有基础上加以提升,而是要创造新的商品和服务——看看iPad的出现及其迅速发展,四年前,它还根本不存在;如今,很多人已无法想象没有它的日子。

作者上面所说的这些话,如果改变几个数字,换成是今天这个时代,想必大家再熟悉不过了。为什么?今天的ChatGPT不就是一个替代我们常规认知技能的工具吗?我们不是在担心ChatGPT要替代工程师、律师、会计师,甚至是程序员和医生吗?按赫拉利在《未来简史》中的预测,大概90%以上的人要失业了。怎么办呢?我们先来看看作者是如何从我们的认知历史去找解决方案的。在该书"高概念与高感性,知识不再是力量"一章中,作者是这么说的:

我们可以把过去的150年看作一场三幕剧。

第一幕是工业时代,推动经济发展的是无数的工厂和高效的流水线工作。这一幕的主角是从事大规模生产的工人,基本特征是体力和个人毅力。

第二幕是信息时代,美国和其他国家逐步发展起来。大规模生产退居幕后,信息和知识成为驱动发达国家经济发展的主要力量。这一幕的主角是知识工作者,其特征是擅长左脑思维。

第三幕是概念时代,当今,物质财富的充裕、亚洲的崛起和自动化的影响在不断深化,其影响力越来越大,第三幕正渐渐拉开帷幕。我们把这一幕称为概念时代。这一幕的主角是创造者和共情者,其特征是擅长右脑思维。

　　我用图 3-1 描述了这一发展,并将整个发展过程扩展开来,把工业时代之前的农业时代也包括在内。横轴表示时间,纵轴表示充裕的物质财富、技术进步和全球化(缩写为 ATG)。随着人们越来越富有,这三种力量也逐渐汇聚,最终将我们推向一个新时代。这就是我们如何随着时间的推移,一步步从农业时代走向工业时代,进而走向信息时代的。这一模式的最新阶段是当今从信息时代向概念时代的过渡,而推动力量依然是充裕的物质财富(这是西方生活的典型特征)、技术进步(某些白领工作的自动化)和全球化(某些知识工作转移到了亚洲)。

　　作者这里提出了三个重要概念:第一,以我们的器官作为三个时代的划分标准,手代表工业时代,左脑代表信息时代,右脑代表概念时代。第二,概念时代的提出,对完全依赖工具理性的信息时代做出了否定。第三,作者提出了右脑决定未来,但三种力量会逐步融合,这个和我们的第四次认知革命不谋而合。那么这个右脑究竟有什么能力呢? 作者认为它有两种能力,即高概念和高感性。该书引言中是这么说的:

　　　　高概念能力包括:创造艺术美感和情感美,辨析各种模式,发现各种机会,创造令人满意的故事,以及将看似无关的观点组合成某种新观点。

　　　　高感性能力包括:理解他人,了解人际交往的微妙,找到自己的快乐并感染他人,以及打破常规、探寻生活的目标和意义。

　　这个高概念有点像我们所说的自上而下的人类智慧,而高感性就是我们所说的合作理性。这两个都是右脑的功能,但我们千万不要误解,而就此抛弃了左脑。作者是这么说的:

　　　　我们的大脑分为两个半球,左半球主要负责顺序组合、逻辑思考和分析判断;右半球主要负责非线性思维、直觉判断和综观全局。然而,它们之间的差别被过分夸大了。当然,即使是最简单的任务,也需要两个大脑半球同时运转。以大脑左右半球的差异作比喻,使我们能够解读现在,展望未来。上一个时代所标榜的技能,即驱动信息时代的“左脑”能力,在今天依然是必要的,但已远远不能满足当前的需要。我们曾经蔑视或认为无足轻重的能力,即“右脑”的创造力、共情力、娱乐感和意义感,将越来越能决定谁会蒸蒸日上。

　　右脑和左脑的结合,就是作者所说的全新思维。那么这个以右脑为主的全新思维是否已经进入了我们今天的现实社会呢? 该书中举了很多案例,现摘录部分内容,看看以理性和算法为主的知识是不是不再是我们依赖的唯一的力量了。作者是这么说的:

纵观整个世界经济和社会,高概念和高感性正在崛起。但是,最有说服力的证据出现在最不可能的地方。以医学院为例,医学院本是一个精英大本营,里面全都是成绩最好、得分最高以及分析能力最强的精英。但是,当前的美国医学院正在经历最深刻的变革。

全新思维案例

哥伦比亚大学医学院的学生以及其他地方的学生,正在学习"叙事医学"。因为研究表明,电脑诊断虽然十分强大,但是诊断中很重要的一部分是患者对病情的陈述。耶鲁大学医学院的学生正在耶鲁英国艺术中心训练他们的观察能力,因为学过绘画的学生十分擅长发现患者病情的微妙细节。同时,全美有50多家医学院将精神学纳入课程当中。加州大学洛杉矶分校医学院成立了一项"医院过夜项目"(Hospital Overnight Program),大二学生可以假装自己是一名病人,然后在医院过一夜。这一角色扮演的目的是什么呢?学校称:"是为了提升学生对病人的理解能力。"费城的杰斐逊医院甚至还采取了一种新策略,通过衡量"共情指数"来提高医生的能力。

以上通过右脑共情力来辅助医生的左脑诊断能力是第一个案例。第二个案例是代表左脑的 MBA 工商管理硕士和代表右脑的 MFA 艺术管理硕士,在美国的就业情况。作者是这么说的:

进入哈佛商学院是一件很容易的事,至少每年未被加州大学洛杉矶分校艺术系录取的几百人是这么认为的。哈佛商学院的录取率大约是10%,而加州大学艺术研究生院的录取率只有3%。这是为什么呢?在当今社会,甚至连通用汽车公司都已进入艺术领域的情况下,艺术硕士(MFA)已成为最热门的文凭之一。公司的招聘专员开始在各大顶级艺术研究生院作宣讲,以招揽人才,如罗德岛设计学院、芝加哥艺术学院、密歇根葛兰布鲁克艺术学院。这种现象已越来越普遍,并给传统 MBA 的就业带来了冲击。

1993 年,麦肯锡管理咨询公司招聘的新员工中有61%都有 MBA 学位。之后不到 10 年,该比例就降到了43%,在麦肯锡看来,其他学科同样可以使新员工有良好的表现。

随着越来越多的艺术毕业生前来应聘,并逐步占据公司的主要职位,规则已经发生了变化:MFA 变成了新时代的 MBA。

为了进一步说明现代社会对高感性人才的需求不断增加,作者还提供了下列数据:

在美国,平面设计师的人数在 10 年间增加了 10 倍,远远超过了化学工程师的数量,其比例是 4:1。

自 20 世纪 70 年代以来,在美国以作家为谋生职业的人增加了 30%,以作曲或演奏谋生的人增加了 50%。目前有 240 所美国大学开设了创意写作艺术硕士学位,而在 20 年前开设这一学位的大学还不足 20 所。

············

2002 年,卡内基·梅隆大学的城市规划师理查德·佛罗里达(Richard Florida)锁定了 3800 万个美国人,把他们定义为"创意阶层",并宣称他们是社会经济发展的关键。虽然佛罗里达对"有创意的人"的定义过于宽泛,他把会计、保险理算员和税务律师都包括在内,但是该阶层的发展确实不可小觑。自 20 世纪 80 年代以来,这一阶层的从业人员已增加了一倍,是 100 年前的 10 倍。世界其他地方也出现了向高概念类工作发展的趋势。

英国分析家约翰·霍金斯(John Howkins)对"有创意的人"的定义更为贴切,涵盖了设计、表演艺术、研发及电子游戏等 15 个行业。据霍金斯估计,英国创意产业每年产品和服务总产值近 2000 亿美元,在 15 年内这一产业的全球产值将达 6.1 万亿美元,从而使高概念国家成为世界上最大的经济体之一。英国的一些机构,如伦敦商学院和约克郡水务公司成立了艺术家居留项目;英国联合利华聘请了画家、诗人和漫画创作者来启发员工的灵感;伦敦北部的一家足球俱乐部甚至还有自己的常驻诗人。

最后,作者总结了高概念和高感性全新思维的 6 大能力,是这么说的:

你不必去开发新一代手机,或探寻新的可再生资源。概念时代不仅有众多的发明家、艺术家和企业家,还有大量想象力丰富、高情商、右脑思维活跃的专业人员,如咨询师、按摩师、教师、设计师以及优秀的推销员。除此之外,我想说明的是,你所需要的设计感、故事力、交响力、共情力、娱乐感和意义感这 6 大能力是人类的基本能力,是人人都具备的本能,只要加以训练就会激发出来。

不知道那 8000 位人工智能专家听了以上这段话之后会不会不再焦虑了,建议那些对 ChatGPT 有天生恐惧感的读者好好去读一读《全新思维:决胜未来的 6 大能力》,特别是关于 6 大能力,作者有详细的阐述。但你在阅读时,一定要记得我们的认知主线:生命之道、由内而外、合作理性、天人合一。这里把作者引用的金句摘录如下,大家可以领悟一下作者的全新思维到底是什么。最主要的是这些金句为我们的认知旅程做了一个完美总结。作者是这么说的：

> 左脑思维是司机，而右脑思维是乘客。现在，右脑思维突然抢走了方向盘，并决定我们要去哪里，以及怎样到达目的地。

> 人类的确有两个大脑，它是"宇宙世界已知的最复杂的东西"。

> 在人类世界，我们不必非要作出取舍，说到底，阴总是需要阳。

> 左脑是狐狸，右脑是刺猬。狐狸知道很多事情，而刺猬只知道一件大事。

> 左脑思维让生活更加美好，但未必让我们更加快乐。"软件已成为头脑的铲车"，只有具备电脑无法企及的能力，才能在未来占据领先地位。

> 物质让生活更加美好，却未必让我们更加快乐。当代文化最显著的特征，是对完美的无限追求。

> "软件是头脑的铲车。"它不会清除每一个左脑工作，但会把很多左脑工作都淘汰掉。

> 拥有高智商，不如拥有高情商。高概念和高感性能力，正从生活的边缘走向生活的中心。生活的意义，是一种新的财富。

> 未来，开宝马的将是坐拥百万的陶工，而程序员却只能在快餐店擦柜台。

> 我们需要的不仅仅是一套规则，而更多的是交际力、创造和直觉。

> 智商可以影响一个人的职业，但在某些领域，左脑思维能力几乎无足轻重。更重要的是，高概念和高感性能力。

> 设计，是每个人每天都会做的活动。优秀的设计能够改变世界，而"设计师就是改变的缔造者"。我们无须了解他们，只需将自己打造成设计师。

> 优秀的设计是一种融合了技术、认知科学、人类需求和美感的复兴态度。有些东西早已消失，而世人却对此毫无知觉，优秀的设计就是要再创这些已经在不知不觉中消失的东西。

> 人类生来并不能很好地理解逻辑，但是却能很好地理解故事。

> 故事，从"纺线姑娘"到《战争与和平》，是人类所创造的理解事物的基本手段之一。存在没有汽车的社会，但是却不存在不讲故事的社会。

> 人类的大脑总是倾向于把各种经历编成故事，而打动观众的关键，不是抵制这种冲动，而是接受它。

> 如果有人给你讲故事，一定要认真听。在必要的时候你也可以讲给别人听。有时候，让人生存下去的不是食物，而是故事。

精通某一领域已不再是成功的保证,今天,能取得最大回报的,是那些在迥然不同的领域也能游刃有余的人。

我们是在和人打交道,而不是物品。共情不是同情,不是惋惜别人的不幸,是与他人产生共鸣。

依赖逻辑、哲学和理性思考的人,最终会荒废头脑中最好的思维模式。

共情力既不是对智力的否定,也不是提高智力的唯一途径。有时候,我们需要客观冷静的态度;但更多时候,我们需要的是对他人的理解。

快乐和游戏不仅仅是快乐和游戏,笑声也不只是笑声。娱乐的对立面不是工作,而是沮丧。娱乐感,已成为工作、企业和个人幸福的关键。

毫无疑问,幽默愉快的态度是创新型人才的典型特征。

快乐和幸福不一样,幸福是有条件的,而快乐不需要条件。喜欢笑的人更富有创造性,一起谈笑的人,也能在一起工作。

我们生来就是要探寻人生意义,而不是来享乐的。理想的生活并不是在惊恐中寻找奶酪,而是走完这段路程,发现人生的真谛。

从别人写在石头下面的文字中,你永远不会找到人生的意义。只有自己用心思考,给生活增添色彩,才会发现它。

幸福不是追求来的,是随之而来的。

好了。我们的认知旅程到此结束,现在我们要对第四次认知革命做出一个颠覆性的总结。所谓颠覆性,就是一改传统对人工智能的价值判断,我们认为 ChatGPT 的到来只是第四次认知革命的辅助条件,人类智慧创造性思维的空间比人工智能不知要大多少。因此,作者所说的创意者,哪怕是一个陶工,活得都比程序员潇洒。程序员只要把创意告诉 ChatGPT,让它来负责算法和编程,擦桌子的事还是让机器人去做。如果我们每个人都是设计师,而且设计的东西都实现了,那么第四次认知革命的目标就达成了。

什么目标? 生命之道,由内而外,合作理性,天人合一。

参考文献

[1] 迈克斯·泰格马克.生命 3.0[M].汪婕舒,译.杭州:浙江教育出版社,2018.

[2] 陈嘉映.哲学·科学·常识[M].北京:中信出版社,2018.

[3] 理查德·费曼,拉尔夫·莱顿.别逗了,费曼先生![M].王祖哲,译.长沙:湖南科学技术出版社,2019.

[4] 爱德华·威尔逊.知识大融通:21 世纪的科学与人文[M].梁锦鋆,译.北京:中信出版社,2016.

[5] 刘擎.刘擎西方现代思想讲义[M].北京:新星出版社,2021.

[6] 尤尔根·哈贝马斯.交往行为理论(第一卷)[M].曹卫东,译.上海:上海人民出版社,2018.

[7] 莫顿·亨特.心理学的故事:源起与演变[M].寒川子,张积模,译.北京:外语教学与研究出版社,2019.

[8] 邓晓芒.哲学起步[M].北京:商务印书馆,2017.

[9] 马克斯·韦伯.经济与社会(第一卷)[M].阎克文,译.上海:上海人民出版社,2009.

[10] 杰弗里·萨克斯.全球化简史[M].王清辉,赵敏君,译.长沙:湖南科学技术出版社,2021.

[11] 大卫·克里斯蒂安.起源:万物大历史[M].孙岳,译.北京:中信出版社,2019.

[12] 凯文·凯利.技术元素[M].张行舟,等译.北京:电子工业出版社,2012.

[13] 伊恩·莫里斯.西方将主宰多久:东方为什么会落后,西方为什么能崛起[M].钱峰,译.北京:中信出版社,2014.

[14] 尤瓦尔·赫拉利.人类简史:从动物到上帝[M].林俊宏,译.北京:中信出版社,2014.

[15] 克里斯·戈斯登.走出黑暗:人类史前史探秘[M].陈炳辉,陈星灿,译.北京:外语教学与研究出版社,2015.

[16] 罗宾·邓巴.人类的算法[M].胡正飞,译.成都:四川人民出版社,2019.

[17] 罗宾·邓巴,克莱夫·甘伯尔,约翰·格列特.大局观从何而来[M].刘鹏达,译.

成都：四川人民出版社，2019.

[18] 马修·利伯曼.社交天性：人类社交的三大驱动力[M].贾拥民，译.杭州：浙江人民出版社，2016.

[19] 列维-布留尔.原始思维[M].丁由，译.北京：商务印书馆，1981.

[20] 罗宾·邓巴.社群的进化[M].李慧中，译.成都：四川人民出版社，2019.

[21] 古斯塔夫·勒庞.乌合之众[M].陆泉枝，译.上海：上海译文出版社，2019.

[22] 迈赫迪·穆萨伊德.新乌合之众[M].刘耘，译.北京：中信出版社，2021.

[23] 史蒂芬·科特勒，杰米·威尔.盗火：硅谷、海豹突击队和疯狂科学家如何变革我们的工作和生活[M].张慧玉，徐开，陈英祁，译.北京：中信出版社，2018.

[24] 尤查·本科勒.合作的财富[M].简学，译.杭州：浙江人民出版社，2018.

[25] 维克托·迈尔-舍恩伯格，肯尼思·库克耶.大数据时代[M].盛杨燕，周涛，译.杭州：浙江人民出版社，2013.

[26] 贾雷德·戴蒙德.枪炮、病菌与钢铁[M].王道还，廖月娟，译.北京：中信出版社，2022.

[27] 李中元.文化是什么[M].北京：商务印书馆，2014.

[28] 余秋雨.何谓文化[M].武汉：长江文艺出版社，2012.

[29] 彼得·图尔钦.超级社会[M].张守进，译.太原：山西人民出版社，2020.

[30] 亚历山大·本特利，马克·伊尔斯，迈克尔·奥布莱恩.窃言盗行：模仿的科学与艺术[M].何亚婧，译.北京：清华大学出版社，2013.

[31] 亚历山大·本特利，迈克尔·奥布莱恩.从祖先到算法：加速进化的人类文化[M].任烨译.北京：中信出版社，2019.

[32] 刘易斯·达特内尔.世界重启：大灾变后如何快速再造人类文明[M].秦鹏，译.北京：北京联合出版公司，2015.

[33] 柯浩德.交换之物：大航海时代的商业与科学革命[M].徐晓东，译.北京：中信出版社，2022.

[34] 乔治·威尔斯，卡尔顿·海斯.全球通史[M].李云哲，编译.北京：中国友谊出版公司，2017.

[35] 河森堡.进击的智人[M].北京：中信出版社，2019.

[36] 梁振杰.从诸子之学到官方经学：儒学由先秦至汉的转变研究[M].北京：中华书局，2021.

［37］陈正宏.“孝”与中华传统［M］.上海:上海文艺出版社,2020.

［38］詹姆斯·乔治·弗雷泽.金枝［M］.耿丽,编译.重庆:重庆出版社,2017.

［39］李泽厚.由巫到礼 释礼归仁［M］.北京:人民文学出版社,2022.

［40］许宏,等.中国通史大师课［M］.长沙:岳麓书社,2019.

［41］亨德里克·威廉·房龙.圣经的故事［M］.邓嘉宛,译.杭州:浙江文艺出版社,2016.

［42］赵汀阳.惠此中国:作为一个神性概念的中国［M］.北京:中信出版社,2016.

［43］卡尔·雅斯贝斯.历史的起源与目标［M］.李夏菲,译.桂林:漓江出版社,2019.

［44］奥义书［M］.黄宝生,译.北京:商务印书馆,2010.

［45］柏拉图.理想国［M］.张竹明,译.南京:译林出版社,2015.

［46］柏拉图.蒂迈欧篇［M］.谢文郁,译注.上海:上海人民出版社,2003.

［47］余英时.论天人之际:中国古代思想起源试探［M］.北京:中华书局,2014.

［48］王德峰.哲学导论［M］.上海:上海人民出版社,2000.

［49］庄子.庄子［M］.萧无陂,注译.长沙:岳麓书社,2021.

［50］牟宗三.中国哲学十九讲［M］.贵阳:贵州人民出版社,2020.

［51］陈剑,译注.老子译注［M］.上海:上海古籍出版社,2016.

［52］赫尔曼·黑塞.悉达多［M］.张佩芬,译.长春:时代文艺出版社,2018.

［53］史蒂芬·柯维.高效能人士的七个习惯［M］.高新勇,王亦兵,葛雪蕾,译.北京:中国青年出版社,2008.

［54］丹尼尔·西格尔,玛丽·哈策尔.由内而外的教养:做好父母,从接纳自己开始［M］.李昂,译.杭州:浙江人民出版社,2013.

［55］张世英.天人之际:中西哲学的困惑与选择［M］.北京:人民出版社,2007.

［56］色诺芬.回忆苏格拉底［M］.吴永泉,译.北京:商务印书馆,2011.

［57］赵汀阳.天下的当代性:世界秩序的实践与想象［M］.北京:中信出版社,2016.

［58］李零.丧家狗:我读《论语》［M］.太原:山西人民出版社,2008.

［59］李零.去圣乃得真孔子:《论语》纵横读［M］.北京:生活·读书·新知三联书店,2008.

［60］西格蒙德·弗洛伊德.精神分析纲要［M］.刘福堂,等译.合肥:安徽文艺出版社,1987.

［61］西格蒙德·弗洛伊德.图腾与禁忌［M］.文良文化,译.北京:中央编译出版社,2015.

［62］埃尔温·薛定谔.生命是什么［M］.麦穗,译.北京:中国商业出版社,2020.

［63］波音.无字史记［M］.北京:中信出版社,2021.

［64］马伦·霍格兰,伯特·窦德生.生命的运作方式［M］.洋洲,玉茗,译.北京:北京联

合出版公司,2018.

[65] 尼克·莱恩.复杂生命的起源[M].严曦,译.贵阳:贵州大学出版社,2020.

[66] 肖恩·卡罗尔.生命的法则[M].贾晶晶,译.杭州:浙江教育出版社,2018.

[67] 马克·里德利.孟德尔妖:基因的公正与生命的复杂[M].何朝阳,林爱兵,译.北京:北京理工大学出版社,2004.

[68] 达尔文.物种起源[M].苗德岁,译.南京:译林出版社,2018.

[69] 达尔文.物种起源[M].舒德干,等译.北京:北京大学出版社,2018.

[70] 托马斯·罗伯特·马尔萨斯.人口原理[M].杨菊华,杜声红,译.北京:中国人民大学出版社,2018.

[71] 布莱恩·阿瑟.技术的本质[M].曹东溟,王健,译.杭州:浙江人民出版社,2018.

[72] 史钧.其实你不懂进化论[M].北京:世界图书出版有限公司北京分公司,2020.

[73] 爱德华·威尔逊.社会生物学[M].毛盛贤,孙港波,刘晓君,等译.北京:北京联合出版公司,2021.

[74] 理查德·道金斯.自私的基因[M].卢允中,张岱山,陈复加,等译.北京:中信出版社,2018.

[75] 爱德华·威尔逊.创世记:从细胞到文明,社会的深层起源[M].傅贺,译.北京:中信出版社,2019.

[76] 博尔特·霍尔多布勒,爱德华·威尔逊.蚂蚁的故事[M].毛盛贤,译.杭州:浙江教育出版社,2019.

[77] 约翰·霍兰德.涌现[M].陈禹,方美琪,译.杭州:浙江教育出版社,2022.

[78] 凯文·凯利.失控[M].陈新武,陈之宇,顾佩钦,译.北京:新星出版社,2011.

[79] 斯蒂芬·斯托加茨.同步[M].张羿,译.成都:四川人民出版社,2018.

[80] 托马斯·霍布斯.利维坦[M].刘胜军,胡婷婷,译.北京:中国社会科学出版社,2007.

[81] 亚当·斯密.道德情操论[M].宋德利,译.南京:译林出版社,2014.

[82] 亚当·斯密.看不见的手[M].马睿,译.北京:中国对外翻译出版有限公司,2011.

[83] 马特·里德利.理性乐观派:一部人类经济进步史[M].闾佳,译.北京:机械工业出版社,2021.

[84] 蒂莫西·泰勒.斯坦福极简经济学[M].林隆全,译.长沙:湖南人民出版社,2015.

[85] 罗纳德·H.科斯.企业、市场与法律[M].盛洪,陈郁,译校.上海:格致出版社,2014.

[86] 埃里克·拜因霍克. 财富的起源[M]. 俸绪娴, 刘玮琦, 尤娜, 译. 杭州: 浙江人民出版社, 2019.

[87] 克里斯·安德森. 免费: 商业的未来[M]. 蒋旭峰, 冯斌, 璩静, 译. 北京: 中信出版社, 2009.

[88] 蒂法妮·博瓦. 增长智商: 有效构建企业未来的十大路径[M]. 崔祥芬, 译. 北京: 中信出版社, 2019.

[89] 萨提亚·纳德拉. 刷新: 重新发现商业与未来[M]. 陈召强, 杨洋, 译. 北京: 中信出版社, 2018.

[90] 陈志武. 文明的逻辑: 人类与风险的博弈[M]. 北京: 中信出版社, 2022.

[91] 米华健. 丝绸之路[M]. 马睿, 译. 南京: 译林出版社, 2017.

[92] 大卫·李嘉图. 政治经济学及赋税原理[M]. 周洁, 译. 北京: 华夏出版社, 2013.

[93] 梁捷. 梁捷西方经济思想史讲稿[M]. 上海: 复旦大学出版社, 2019.

[94] 罗伯特·阿克塞尔罗德. 合作的进化[M]. 吴坚忠, 译. 上海: 上海人民出版社, 2017.

[95] 彼得·弗兰科潘. 丝绸之路: 一部全新的世界史[M]. 邵旭东, 孙芳, 译. 杭州: 浙江大学出版社, 2016.

[96] 郭建龙. 丝绸之路大历史: 当古代中国遭遇世界[M]. 成都: 天地出版社, 2021.

[97] 骆昭东. 朝贡贸易与仗剑经商: 全球经济视角下的明清外贸政策[M]. 北京: 社会科学文献出版社, 2016.

[98] 陈鼓应. 老子今注今译[M]. 北京: 中华书局, 2020.

[99] 邓晓芒. 康德哲学讲演录[M]. 北京: 商务印书馆, 2020.

[100] 大卫·休谟. 人性论[M]. 石碧球, 译. 南昌: 江西教育出版社, 2014.

[101] 康德. 实践理性批判(注释本)[M]. 李秋零, 译注. 北京: 中国人民大学出版社, 2011.

[102] 丹尼尔·科伊尔. 极度成功[M]. 张子源, 刘欣, 译. 杭州: 浙江教育出版社, 2020.

[103] 戴维·埃德蒙兹. 你会杀死那个胖子吗? 一个关于对与错的哲学谜题[M]. 姜微微, 译. 北京: 中国人民大学出版社, 2014.

[104] 塞缪尔·亨廷顿. 谁是美国人?: 美国国民特性面临的挑战[M]. 程克雄, 译. 北京: 新华出版社, 2010.

[105] 约翰·巴特曼, 西蒙·塔吉特. 英格兰的商业冒险史[M]. 武上晖, 译. 北京: 中国

纺织出版社有限公司,2021.

[106] 托尼·霍维茨.险路漫漫:早期美洲征服史:维京人,西班牙冒险家,与失落殖民者的奇闻逸事[M].巢骏至,丁宇岚,译.上海:上海人民出版社,2020.

[107] 布·斯里尼瓦桑.美国四百年:冒险、创新与财富塑造的历史[M].扈喜林,译.海口:海南出版社,2022.

[108] 马克斯·韦伯.新教伦理与资本主义精神[M].阎克文,译.上海:上海人民出版社,2010.

[109] 威廉·曼彻斯特.光荣与梦想[M].四川外国语大学翻译学院翻译组,译.北京:中信出版社,2015.

[110] 瑞·达利欧.原则:应对变化中的世界秩序[M].崔苹苹,刘波,译.北京:中信出版社,2022.

[111] 威尔·杜兰特.世界文明史:宗教改革[M].台湾幼狮文化,译.成都:天地出版社,2017.

[112] 马克斯·韦伯.中国的宗教:儒教与道教[M].康乐,简惠美,译.上海:上海三联书店,2020.

[113] 金·麦夸里.印加帝国的末日[M].冯璇,译.北京:社会科学文献出版社,2017.

[114] 尼尔·弗格森.帝国[M].雨珂,译.北京:中信出版社,2012.

[115] 伊莎贝尔·威尔克森.美国不平等的起源[M].姚向辉,顾冰珂,译.长沙:湖南文艺出版社,2021.

[116] 以赛亚·伯林.自由论[M].胡传胜,译.南京:译林出版社,2003.

[117] 埃里希·弗罗姆.逃避自由[M].刘林海,译.北京:国际文化出版公司,2007.

[118] 海因里希·奥古斯特·温克勒.西方的困局:欧洲与美国的当下危机[M].童欣,译.北京:中信出版社,2019.

[119] 许倬云.许倬云说美国[M].上海:上海三联书店,2020.

[120] 费孝通.美国人的性格[M].北京:北京联合出版公司,2018.

[121] 理查德·兰厄姆.人性悖论:人类进化中的美德与暴力[M].王睿,译.北京:中信出版社,2022.

[122] 阿比盖尔·马什.人性中的善与恶[M].张岩,译.北京:中信出版社,2019.

[123] 斯蒂芬·平克.人性中的善良天使:暴力为什么会减少[M].安雯,译.北京:中信出版社,2019.

[124] 亚伯拉罕·马斯洛. 动机与人格[M]. 杨佳慧,译. 杭州:浙江人民出版社,2022.

[125] 马克·郭士顿. 只需倾听[M]. 苏西,译. 重庆:重庆出版社,2010.

[126] 艾伦·拉扎尔. 道歉的力量[M]. 林凯雄,叶织茵,译. 北京:北京联合出版公司,2017.

[127] 王阳明. 传习录[M]. 张权,译注. 北京:台海出版社,2020.

[128] 玛莎·斯托特. 当良知沉睡:辨认身边的反社会人格者[M]. 吴大海,马绍博,译. 北京:机械工业出版社,2016.

[129] 托马斯·布拉斯. 好人为什么会作恶[M]. 赵萍萍,译. 杭州:浙江人民出版社,2017.

[130] 弗兰克·菲雷迪. 恐惧:推动全球运转的隐藏力量[M]. 吴万伟,译. 北京:北京联合出版公司,2019.

[131] 乔纳森·海特. 正义之心:为什么人们总是坚持"我对你错"[M]. 舒明月,胡晓旭,译. 杭州:浙江人民出版社,2014.

[132] 乔纳森·海特. 象与骑象人[M]. 李静瑶,译. 杭州:浙江人民出版社,2012.

[133] 亚历克斯·佩塔克斯,伊莱恩·丹顿. 思维的囚徒[M]. 赵晓瑞,译. 北京:中信出版社,2019.

[134] 维克多·弗兰克尔. 活出生命的意义[M]. 吕娜,译. 北京:华夏出版社,2010.

[135] 阿尔弗雷德·阿德勒. 自卑与超越[M]. 马晓娜,译. 北京:北京联合出版公司,2016.

[136] 阿尔弗雷德·阿德勒. 洞察人性[M]. 张晓晨,译. 上海:上海三联书店,2016.

[137] 丹尼尔·克莱恩. 每当我找到生命的意义,它就又变了[M]. 李鹏程,译. 北京:北京联合出版公司,2017.

[138] 武志红. 为何越爱越孤独[M]. 广州:花城出版社,2023.

[139] 三谷宏治. 有限管教:如何培养独立、自信、上进的孩子[M]. 宋瑶,译. 北京:人民邮电出版社,2020.

[140] 史钧. 疯狂人体进化史[M]. 重庆:重庆出版社,2018.

[141] 德斯蒙德·莫利斯. 裸猿[M]. 何道宽,译. 上海:复旦大学出版社,2010.

[142] 马丁·塞利格曼. 真实的幸福[M]. 洪兰,译. 杭州:浙江教育出版社,2020.

[143] 马丁·塞利格曼. 持续的幸福[M]. 赵昱鲲,译. 浙江:浙江人民出版社,2012.

[144] 迈克·维金. 为什么我只记得你[M]. 韩大力,译. 成都:四川美术出版社,2021.

[145] 丹尼尔·亚蒙. 幸福脑[M]. 谭洁清,译. 杭州:浙江人民出版社,2018.

[146] 阿尔伯特·埃利斯,阿瑟·兰格. 我的情绪为何总被他人左右[M]. 张蕾芳,译.

北京:机械工业出版社,2015.

[147] 阿尔伯特·埃利斯.控制焦虑[M].李卫娟,译.北京:机械工业出版社,2014.

[148] 阿尔伯特·埃利斯.理性情绪[M].李巍,张丽,译.北京:机械工业出版社,2014.

[149] 乔瓦尼·弗契多.情绪是什么[M].黄珏苹,译.杭州:浙江人民出版社,2018.

[150] 陈嘉映.《存在与时间》读本[M].桂林:广西师范大学出版社,2019.

[151] 马丁·海德格尔.存在与时间[M].陈嘉映,王庆节,译.北京:生活·读书·新知三联书店,2021.

[152] 丹尼尔·戈尔曼.情商:为什么情商比智商更重要[M].杨春晓,译.北京:中信出版社,2010.

[153] 卡罗琳·韦布.七堂思维成长课:精英群体的行为习惯[M].熊舟,译.北京:中信出版社,2018.

[154] 弗朗斯·德瓦尔.共情时代[M].刘旸,译.长沙:湖南科学技术出版社,2014.

[155] 阿尔贝·加缪.局外人[M].柳鸣九,译.杭州:浙江文艺出版社,2010.

[156] 赫伯特·R.洛特曼.加缪传[M].肖云上,陈良明,钱培鑫,等译.南京:南京大学出版社,2018.

[157] 张容.加缪——西绪福斯到反抗者[M].长春:长春出版社,1995.

[158] 阿尔贝·加缪.西西弗斯的神话[M].闫正坤,赖丽薇,译.南京:江苏文艺出版社,2012.

[159] 赫伯特·马尔库塞.单向度的人:发达工业社会意识形态研究[M].刘继,译.上海:上海译文出版社,2008.

[160] 赵林.西方文化的传统与演进[M].北京:中信出版集团,2021.

[161] 马克斯·韦伯.新教伦理与资本主义精神[M].阎克文,译.上海:上海人民出版社,2018.

[162] 艾克曼.歌德谈话录[M].洪天富,译.南京:译林出版社,2022.

[163] 弗里德里希·尼采.查拉图斯特拉如是说[M].杨恒达,译.南京:译林出版社,2016.

[164] 马丁·海德格尔.形而上学导论[M].熊伟,王庆节,译.北京:商务印书馆,2017.

[165] 比尔·布莱森.人体简史[M].闾佳,译.上海:文汇出版社,2020.

[166] 萨特.萨特说人的自由[M].李凤,编译.武汉:华中科技大学出版社,2018.

[167] 许钧,宋学智.二十世纪法国文学在中国的译介与接受[M].南京:译林出版社,2018.

[168] 黑格尔.精神现象学[M].贺麟,王玖兴,译.上海:上海人民出版社,2013.

[169] 萨特.存在与虚无[M].陈宣良,等译.北京:生活·读书·新知三联书店,2007.

[170] 萨特.存在主义是一种人道主义[M].周煦良,汤永宽,译.上海:上海译文出版社,2012.

[171] 罗洛·梅.人的自我寻求[M].郭本禹,方红,译.北京:中国人民大学出版社,2013.

[172] 费伊·邦德·艾伯蒂.孤独传:一种现代情感的历史[M].张畅,译.南京:译林出版社,2021.

[173] 博·雅各布森.存在主义心理学的邀请[M].郑世彦,译.北京:北京联合出版公司,2022.

[174] 威廉·巴雷特.非理性的人[M].段德智,译.上海:上海译文出版社,2012.

[175] 克里斯托弗·加尔法德.极简宇宙史[M].童文煦,译.北京:北京联合出版公司,2022.

[176] 曹天元.上帝掷骰子吗?:量子物理史话[M].北京:北京联合出版公司,2019.

[177] 亚当·哈特-戴维斯.薛定谔的猫:改变物理学的50个实验[M].阳曦,译.北京:北京联合出版公司,2017.

[178] 肖恩·卡罗尔.隐藏的宇宙[M].舍其,译.长沙:湖南科学技术出版社,2021.

[179] 约翰·霍兰德.隐秩序:适应性造就复杂性[M].周晓牧,韩晖,译.上海:上海科技教育出版社,2019.

[180] 伊·普里戈金,伊·斯唐热.从混沌到有序:人与自然的新对话[M].曾庆宏,沈小峰,译.上海:上海译文出版社,2005.

[181] 伊·普里戈金.确定性的终结:时间、混沌与新自然法则[M].湛敏,译.上海:上海科技教育出版社,2018.

[182] 吴怡.易经新说:我在美国讲易经[M].石家庄:花山文艺出版社,2020.

[183] 贝恩德·海因里希.生命的涅槃:动物的死亡之道[M].徐凤銮,钟灵毓秀,译.上海:上海科技教育出版社,2019.

[184] 科特·施塔格.诗意的原子[M].孙亚飞,译.北京:北京联合出版公司,2016.

[185] 吉田隆嘉.走进奇妙的元素周期表[M].曹逸冰,译.海口:南海出版公司,2017.

[186] 刘慈欣.三体[M].重庆:重庆出版社,2016.

[187] 罗杰·彭罗斯.宇宙的轮回[M].李泳,译.长沙:湖南科学技术出版社,2018.

[188] 张祥龙.现象学导论七讲[M].北京:商务印书馆,2022.

[189] 何涛.现象学入门:胡塞尔的认识批判[M].北京:社会科学文献出版社,2019.

[190] 卡洛·罗韦利.现实不似你所见[M].杨光,译.长沙:湖南科学技术出版社,2017.

[191] 卡洛·罗韦利.物理学家的智性冒险[M].胡晓凯,译.北京:北京联合出版公司,2022.

[192] 龙树菩萨.大智度论[M].鸠摩罗什,译.北京:宗教文化出版社,2014.

[193] 梁漱溟.出世入世[M].北京:北京大学出版社,2011.

[194] 白化文.三生石上旧精魂:中国古代小说与宗教[M].北京:北京出版社,2005.

[195] 于君方.观音:菩萨中国化的演变[M].陈怀宇,姚崇新,林佩莹,译.北京:商务印书馆,2012.

[196] 铃木大拙.铃木大拙禅论集一:自性自见[M].徐进夫,译.海口:海南出版社,2017.

[197] 张中行.禅外说禅[M].北京:中华书局,2006.

[198] 森舸澜.为与无为:当现代科学遇上中国智慧[M].史国强,译.北京:现代出版社,2018.

[199] 金庸.倚天屠龙记[M].广州:广州出版社,2013.

[200] 西恩·贝洛克.具身认知:身体如何影响思维和行为[M].李盼,译.北京:机械工业出版社,2016.

[201] 王光东.东南亚汉学中的上海文学研究[M].上海:上海远东出版社,2021.

[202] 盖伊·克莱斯顿.具身认知:身体如何影响心智[M].孟彦莉,刘淑华,译.北京:中信出版社,2022.

[203] 格尔德·吉仁泽.直觉:我们为什么无从推理,却能决策[M].余莉,译.北京:北京联合出版公司,2016.

[204] 戴维·迈尔斯.迈尔斯直觉心理学[M].黄珏苹,译.杭州:浙江人民出版社,2016.

[205] 康德.纯粹理性批判[M].李秋零,译.北京:中国人民大学出版社,2011.

[206] 罗振宇.终身学习:怎样与世界同步进化[M].北京:北京联合出版公司,2017.

[207] 丹尼尔·戈尔曼.专注[M].杨春晓,译.北京:中信出版社,2015.

[208] 丹尼尔·卡尼曼.思考,快与慢[M].胡晓姣,李爱民,何梦莹,译.北京:中信出版社,2012.

[209] 理查德·塞勒,卡斯·桑斯坦.助推:如何做出有关健康、财富与幸福的最佳决策[M].刘宁,译.北京:中信出版社,2018.

[210] 卡斯·桑斯坦.助推:快与慢:人类动因与行为经济学[M].王格非,路智雯,译.

北京:中国人民大学出版社,2021.

[211] 吉姆·柯明斯.蜥蜴脑法则[M].刘海静,译.北京:九州出版社,2016.

[212] 道格拉斯·肯里克,弗拉达斯·格里斯克维西斯.理性动物[M].魏群,译.北京:中信出版社,2014.

[213] 中国社会科学院外国文学研究所,《世界文论》编辑委员会编.后现代主义[M].北京:社会科学文献出版社,1993.

[214] 米歇尔·福柯.知识考古学[M].谢强,马月,译.北京:生活·读书·新知三联书店,2003.

[215] 克里斯托弗·巴特勒.解读后现代主义[M].朱刚,秦海花,译.北京:外语教学与研究出版社,2015.

[216] 马歇尔·麦克卢汉.理解媒介:论人的延伸[M].何道宽,译.南京:译林出版社,2019.

[217] 吉米·索尼,罗伯·古德曼.香农传[M].杨晔,译.北京:中信出版社,2019.

[218] 戴维·温伯格.知识的边界[M].胡泳,高美,译.太原:山西人民出版社,2014.

[219] 尤瓦尔·赫拉利.未来简史[M].林俊宏,译.北京:中信出版社,2017.

[220] 玛格丽特·博登.人工智能哲学[M].刘西瑞,王汉琦,译.上海:上海译文出版社,2001.

[221] 赫伯特·西蒙.认知:人行为背后的思维与智能[M].荆其诚,张厚粲,译.北京:中国人民大学出版社,2020.

[222] 赫伯特·西蒙.科学迷宫里的顽童与大师:赫伯特·西蒙自传[M].陈丽芳,译.北京:中译出版社,2018.

[223] 赫伯特·西蒙.管理行为[M].詹正茂,译.北京:机械工业出版社,2013.

[224] 李慧才.透过决策看组织:解读西蒙《管理行为》[M].天津:天津人民出版社,2021.

[225] 保罗·格雷厄姆.黑客与画家[M].阮一峰,译.北京:人民邮电出版社,2022.

[226] 埃里克·雷曼.大教堂与集市[M].卫剑钒,译.北京:机械工业出版社,2014.

[227] 林纳斯·托瓦兹,大卫·戴蒙.只是为了好玩:Linux之父林纳斯自传[M].陈少芸,译.北京:人民邮电出版社,2014.

[228] 弗雷德里克·布鲁克斯.人月神话[M].王颖,译.北京:清华大学出版社,2015.

[229] 杨立昆.科学之路:人、机器与未来[M].李皓,马跃,译.北京:中信出版社,2021.

[230] 特伦斯·谢诺夫斯基.深度学习[M].姜悦兵,译.北京:中信出版社,2019.

［231］朱迪亚·珀尔,达纳·麦肯齐. 为什么［M］. 江生,于华,译. 北京:中信出版社,2019.

［232］格尔德·吉仁泽,彼得 M.托德,德国 ABC 研究组织. 简捷启发式:有限理性让我们更聪明［M］. 黄琳妍,译. 北京:机械工业出版社,2017.

［233］西蒙·斯涅克. 从"为什么"开始［M］. 苏西,译. 深圳:海天出版社,2011.

［234］沃尔特·艾萨克森. 创新者［M］. 关嘉伟,牛小婧,译. 北京:中信出版社,2017.

［235］卡尔·波普尔. 科学发现的逻辑［M］. 查汝强,邱仁宗,万木春,译. 杭州:中国美术学院出版社,2008.

［236］卡尔·波普尔. 猜想与反驳:科学知识的增长［M］. 傅季重,纪树立,周昌忠,等译. 杭州:中国美术学院出版社,2003.

［237］托马斯·库恩. 科学革命的结构［M］. 张卜天,译. 北京:北京大学出版社,2022.

［238］彼得·沃森. 20 世纪思想史:从弗洛伊德到互联网［M］. 张凤,杨阳,译. 南京:译林出版社,2019.

［239］邓晓芝. 思辨的张力:黑格力辩证法新探［M］. 北京:商务印书馆,2008.

［240］黑格尔. 小逻辑［M］. 贺麟,译. 上海:上海人民出版社,2008.

［241］侯道娟. 中西人文主义哲学比较研究［M］. 北京:九州出版社,2016.

［242］肖恩·卡罗尔. 大图景:论生命的起源、意义和宇宙本身［M］. 方弦,译. 长沙:湖南科学技术出版社,2019.

［243］丹尼尔·平克. 全新思维:决胜未来的 6 大能力［M］. 高芳,译. 杭州:浙江人民出版社,2013.